文化部外联局组织编写

总顾问 ◎ 谢金英　李健钢

国际文化市场报告2017

REPORT ON INTERNATIONAL CULTURAL MARKETS

主　编 ◎ 李怀亮

副主编 ◎ 方　英

首都经济贸易大学出版社

Capital University of Economics and Business Press

·北 京·

图书在版编目(CIP)数据

国际文化市场报告.2017/李怀亮主编.—北京:首都经济贸易大学出版社,2017.8

ISBN 978-7-5638-2609-4

Ⅰ.①国… Ⅱ.①李… Ⅲ.①文化市场—研究报告—世界 Ⅳ.①G114

中国版本图书馆CIP数据核字(2017)第023329号

国际文化市场报告 2017

主　编　**李怀亮**

副主编　**方　英**

Guoji Wenhua Shichang Baogao 2017

责任编辑　王玉荣　彭伽佳

封面设计　砚祥志远·激光照排 TEL:010-65976003

出版发行　首都经济贸易大学出版社

地　　址　北京市朝阳区红庙(邮编 100026)

电　　话　(010)65976483　65065761　65071505(传真)

网　　址　http://www.sjmcb.com

E-mail　publish@cueb.edu.cn

经　　销　全国新华书店

照　　排　北京砚祥志远激光照排技术有限公司

印　　刷　北京玺诚印务有限公司

开　　本　787毫米×1092毫米　1/16

字　　数　678千字

印　　张　38.5

版　　次　2017年8月第1版　2017年8月第1次印刷

书　　号　ISBN 978-7-5638-2609-4/G·394

定　　价　150.00元

《国际文化市场报告 2017》编委会

前　言 | PREFACE

研究国际文化市场的出发点是为了更多地获取国际文化市场的信息，更好地了解国际文化市场的特点、规律和运行方式，从而为中国文化“走出去”提供更为可靠的决策依据。文化部外联局一直十分重视国际文化市场的研究工作，早在2005年就组织编写了《国际文化发展报告》，2014年又组织编写了《国际文化市场报告》，推动了我国的国际文化市场研究。我们这个国际文化贸易研究团队有幸承担了这两项工作。在总结前两部报告经验的基础上，这次的《国际文化市场报告2017》加强了对国际文化市场前沿动态和趋势的研究，既有理论分析，也有市场研判，对国内文化企业走出去具有更好的参考价值。

全球视野是我们在编写这部报告的过程中坚持的第一个原则。报告对全球文化产品及服务的进出口情况进行了深入研究，涵盖范围不仅包括了欧美发达国家的文化市场，而且对全球文化市场的地区结构进行了分析，力图为读者描绘出一幅全球文化市场发展的全景式图画。报告指出：北美和欧洲的文化产品出口额占全球的比例由2004年的69%下降到了2013年的49%；而同期，南亚和东亚在全球文化产品出口中的地位有所上升，其出口额从2004年的26%上升到2013年的45.4%；中亚和东欧由2004年的1.6%升至2.7%；阿拉伯国家、太平洋、非洲撒哈拉以南地区等地的文化产品出口发挥的作用甚微，其总比例不足1%。

数据翔实是我们在编写这部报告的过程中坚持的第二个原则。报告通过对近千份外文原版资料，包括市场统计、专题报告、行业资讯、著作和论文等的梳理、挖掘和研究，以高端、专业的文字，翔实准确的数据和几百幅生动直观的图表，对2013—2015年期间国际文化市场的规模、结构、市场主体、地区差异、市场偏好及未来走势等进行了概括、扫描和分析，所提供的参考对策都有可靠的数据支撑。

力争反应前沿动态是我们在编写这部报告的过程中坚持的第三个原则。在经济全球化过程中，随着新兴市场国家的崛起，文化产业的国际市场格局也发生了很大变化，出现了许多新的特点。从国别上来讲，报告显示，中国2013年文化产品出口总值达601亿美元，高出排名第二的美国（279亿美元）一倍多，成为全球文化产品最大出口国。美国虽然已不再是文化产品的最大出口国，但依然是这类产品的最大进口国。总体来看，发达国家在文化产品出口中所占比例下降，但在进口中依然处于主导地位。与此同时，新兴市场的文化产品出口在增长，土耳其和印度文化产品出口近年快速增长，已跻身世界十大文化产品出口国行列。从行业上来讲，传统文化产业增长缓慢，新兴文化产业增长迅猛。2010—2014 年，作为传统媒体的全球电视产业，年均增长速度不到5%。全球电视产业主要收入来自付费电视、广告和公共基金。其中付费电视收入和广告收入占整个电视产业收入的绝大部分。而出版产业则出现了下降的趋势，全球出版市场 2010—2014 年 5 年的复合年均变化率为 -0.3%。而作为新兴文化产业的游戏产业则增长迅猛。2015 年全球游戏市场总收入达 915 亿美元，并保持每年约 10% 的增长。

对国际文化市场进行深入细致的具体分析，是本报告编写过程中坚持的第四个原则。分行业对国际文化市场进行全景式扫描，既要大处落墨，又必须精雕细刻，尽量避免粗疏空泛。本报告按照行业和国别，对国际演出市场、国际电影市场、国际图书出版市场、国际游戏市场、国际动漫电影市场、国际艺术品市场、国际音乐市场和国际电视市场进行了较为具体的分析，探讨了不同国家和地区的不同文化产业门类在市场规模、文化差异、技术条件、经济发展水平、政策、竞争格局、市场热点、消费者特征、市场机制、版权保护体系、产业集聚、运营模式、价格策略及利益分配等方面的特征和趋势，并据此提出了我国文化产品和服务进入不同市场的对策和建议。

对国际文化市场和国际文化贸易的研究，既要有丰富的资讯和动态信息，也要做理论的归纳和总结，是本报告编写过程中坚持的第五个原则。报告第一、十和十一章，从宏观角度，分析了全球文化产品和服务贸易的概况、地区结构；从版权产业增加值、版权产业就业率和版权产业贸易量三个方面比较分析了全球重要文化产业国家的产业竞争力。报告从学理层面对国际文化贸易的主要影响因素进行了理论分析，对技术进步、文化距离、政策、国内市场规模和经济发展水平与文化贸易的关系进行了学术探讨，提升了本书的理论水平。

当然，对国际文化市场和国际文化贸易的研究，是一项非常复杂而艰巨的工作，需要较高的理论水平和深入细致的工作。由于经验所限，本书还存在着各种各样的问题，希望能得到读者和同行专家的批评指正。同时也希望本报告能对我国文化产业走向国际市场助一臂之力。

李怀亮

中国传媒大学文法学部学部长、教授、博士生导师

中国传媒经济与管理学会副会长

国家文化贸易理论研究基地负责人

2017 年 7 月

目 录 | CONTENTS

1 国际文化市场总报告①

1.1 全球文化产品贸易概况

2016 年 3 月 10 日，联合国教科文组织发布了《文化贸易全球化：文化消费的转变——2004—2013 年文化产品与服务的国际流动》报告，报告对全球文化产品及服务的进出口情况进行了深入研究。尽管受全球经济不景气影响、大批电影和音乐消费者转向网络相关服务，2004—2013 年间，文化产品的贸易额还是翻了一番。2013 年，文化产品出口贸易额达到 2 128 亿美元(见表 1 - 1)，几乎是 2004 年贸易额的两倍，2013 年，文化产品出口额占全球商品出口总额的 1.22%，这进一步证明文化产业在全球经济中扮演的重要角色。

报告显示，中国 2013 年文化产品出口总额达 601 亿美元，高出排名第二的美国(279 亿美元)一倍多，成为全球文化产品最大出口国。美国虽然已不再是文化产品的最大出口国，但依然是这类产品的最大进口国。总体来看，发达国家在文化产品出口中所占比例在下降，但在进口中依然处于主导地位。与此同时，新兴市场的文化产品出口在增长，土耳其和印度文化产品出口近年来快速增长，已跻身世界十大文化产品出口国行列。

表 1 - 1 2004—2013 年全球文化产品出口贸易额 (单位:亿美元)

年份	2004	2005	2006	2007	2008	2009	2010	2011	2012	2013
出口额	1 084.4	1 199.8	1 345.2	1 544.0	1 752.8	1 492.4	1 656.7	2 001.7	2 140.9	2 128.0

1.1.1 经济危机对全球文化产品贸易的影响

联合国商品贸易统计数据库对 161 个国家 2004—2013 年全球文化产品的流动进行了统计分析。文化产品和服务属于特殊商品，具有符号价值、美学价值、艺术价值和文化价值。各国文化产品和服务贸易规模反映了不同国家文化产业的竞争力和文化产品的供需状况，文化贸易推动了各国的经济增长。例如，中国在过去 20 多年中保持了两位数的经济增长速度，其文化产品和服务出口起了核心作用。

然而，当各国逐步开放国内文化市场的同时，也有必要采取一些措施保护国内市场，以保护文化的多样性和确保本土文化产品不会被国外产品所取代。此外，价值链全球化意味着某一产品的生产并不一定在特定国家完成，在数字化时代，文化产品的实物形态可以在国与国之间流动，但文化所代表的价值观和理念等则可以通过网络传播。

① 本文撰稿：李怀亮，中国传媒大学文法学部部长，教授，博士生导师，研究方向：国际文化贸易。方英，中国传媒大学经济与管理学院教授，研究方向：国际文化贸易。

2008 年的金融危机严重影响了世界经济的发展，导致 2009 年全球贸易额的下降，2011—2013 年，国际贸易增速明显低于经济危机前的增长水平。文化产品贸易也受到金融危机的影响，在 2009 年出现明显下跌。

2013 年，全球文化产品出口额达 2 128 亿美元，进口额达 1 683 亿美元。2013 年，全球文化产品出口额与 2004 年的 1 084 亿美元相比增长了近一倍。文化产品出口额占出口总额的 1.22%。图 1－1 和图 1－2 对 2004—2013 年文化产品进出口额的发展变化进行了对比，文化产品的出口较少受到经融危机的影响。2008—2009 年，文化产品出口额下降了 13.5%，低于货物总出口额 22.4% 的下降幅度。从 2010 年开始，文化产品贸易额和贸易总额都开始增长，然而，从 2011 年开始，文化产品出口增速大幅放缓，2010—2011 年增长 21%，2011—2012 年仅增长 7%。2012—2013 年，文化产品出口额以每年 0.6% 的速度持续微减，与此同时，出口总额自 2012 年明显下跌之后在 2013 年又开始增长（见图 1－1）。

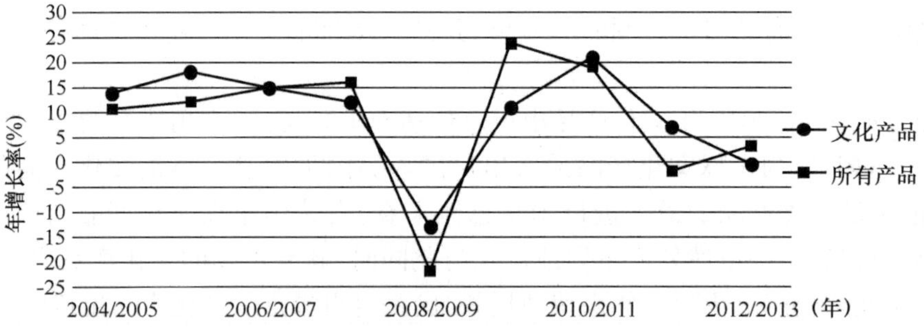

图 1－1　2004—2013 年全球文化产品出口额和产品出口总额年增长率

数据来源：联合国教科文组织数据研究院根据联合国商品贸易统计数据库 2015 年数据整理。

2008—2009 年，文化产品进口额和进口总额的年增长率大幅下降，分别下降 22% 和 23%。然而，经济危机后文化产品的进口难以恢复，2010—2011 年，平均年增长率为 9.4%，明显低于进口总额同期 19% 的年增长速度。2012—2013 年，进口总额的年增长率为 1.6%，而同期文化产品的进口额却下降了 2.6%（见图 1－2）。

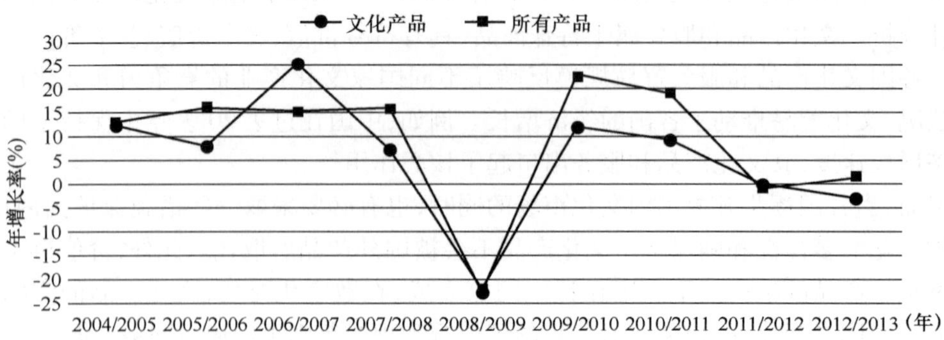

图 1－2　2004—2013 年全球文化产品进口额和产品进口总额年增长率

数据来源：联合国教科文组织数据研究院根据联合国商品贸易统计数据库 2015 年数据整理。

1.1.2　全球文化产品贸易的地区结构

2004 年,北美和欧洲的文化产品出口额占全球的 69% ,占据主导地位(见图 1 -3);然而到 2012 年,北美和欧洲文化产品的占比下降到 48% ,2013 年微增至 49% ,达 1 044 亿美元。同期,南亚和东亚在全球文化产品出口中的地位有所上升,其出口额从 2004 年的 281 亿美元(26%)上升到 2013 年的 968 亿美元(45.4%)(见图 1 -4),其他国家和地区在世界文化产品出口中的占比较小。2013 年,第三大文化产品出口区域是中亚和东欧,只占世界出口的 2.7%(57 亿美元),而在 2004 年只占 1.6%(17 亿美元)。阿拉伯国家、太平洋、非洲撒哈拉以南地区等地的文化产品出口发挥的作用甚微,其总比例不足 1% 。2013 年,加勒比地区只占 0.02%(3 990 万美元),太平洋地区国家只占 0.45%(9.615 亿美元)。

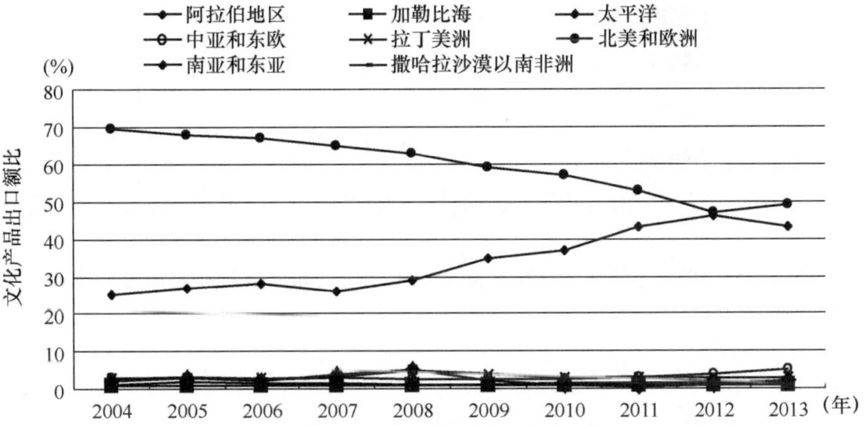

图 1 -3　2004—2014 年世界各地文化产品出口份额

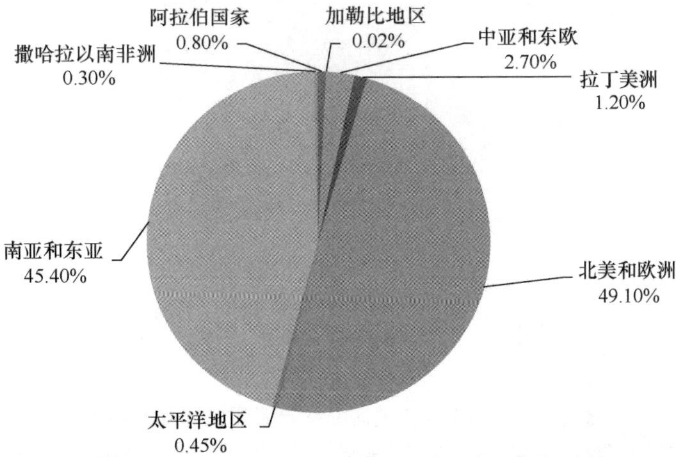

图 1 -4　2013 年文化产品出口额的地区分布

数据来源:联合国教科文组织数据研究院根据联合国商品贸易统计数据库 2015 年数据整理。

图 1 –5 比较了 2013 年各地区文化产品出口市场份额和所有产品出口份额，北美和欧洲的文化产品出口份额与所有产品出口份额相似，都在 50% 左右。南亚和东亚是唯一一个文化产品出口份额（46%）高于所有产品出口份额（31%）的地区。相反，中亚和东欧的文化产品出口份额（2.7%）低于其所有产品的出口份额（5.3%），拉美地区的文化产品出口份额仅为 1.2%，只有所有产品出口份额（6.1%）的近 1/5。

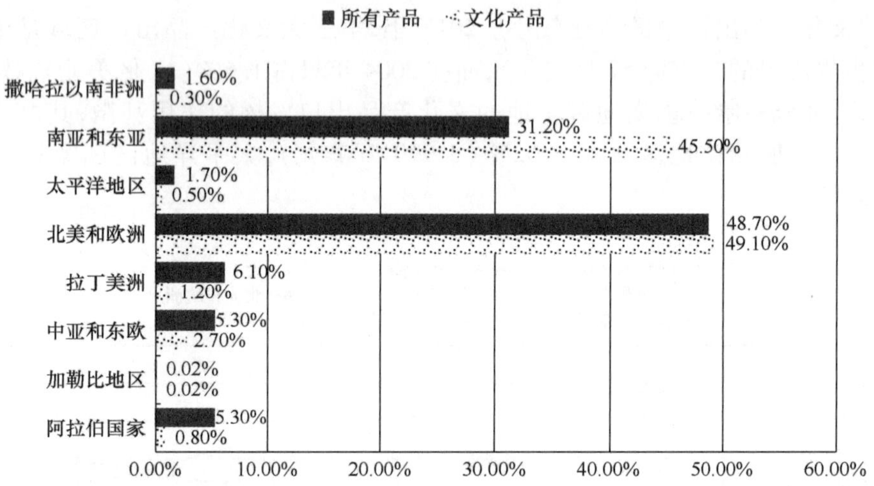

图 1 –5　2013 年各地区文化产品出口市场份额和所有产品出口份额比较

数据来源：联合国教科文组织数据研究院根据联合国商品贸易统计数据库 2015 年数据整理。

2013 年，北美和欧洲文化产品进口额占全球文化产品进口额的比重为 61.7%，南亚和东亚文化产品进口的世界市场份额从 2004 年的 17% 增长到 2013 年的 26%，拉丁美洲以 3.4% 的份额排第三名（见图 1 –6）。

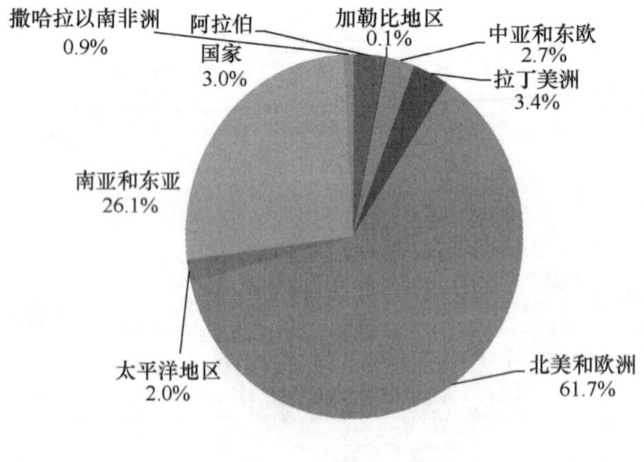

图 1 –6　2013 年各地区文化产品进口市场份额

数据来源：联合国教科文组织数据研究院根据联合国商品贸易统计数据库 2015 年数据整理。

图 1 –7 比较了 2013 年各地区文化产品进口市场份额和所有产品进口份额，北美和欧洲的文化产品进口份额为 61.7%，高于其所有产品进口份额（50%）。太平洋地区（文

化产品进口份额2%）和阿拉伯国家（文化产品进口份额3%）是除北美和欧洲外，唯一文化产品进口份额大于所有产品进口份额的国家。

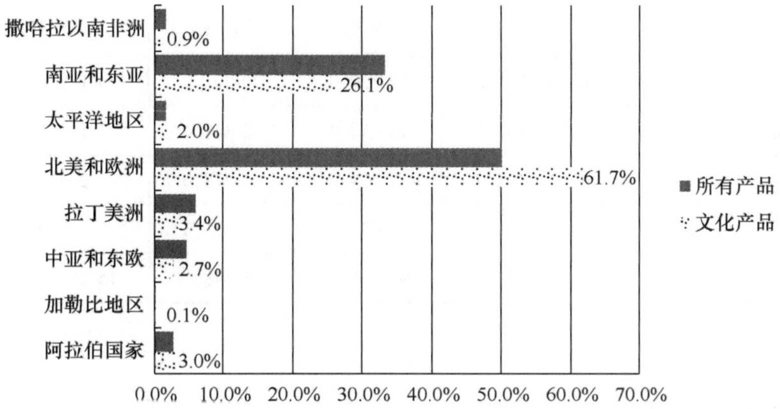

图1－7 2013年各地区文化产品进口市场份额和所有产品进口份额

数据来源：联合国教科文组织数据研究院根据联合国商品贸易统计数据库2015年数据整理。

1.1.3 不同收入水平国家的文化贸易比较

表1－2和表1－3列出了2013年度不同收入水平国家各类文化产品出口额和进口额。图1－8表明，2004—2013年，高收入国家的文化产品出口份额明显下滑，从2004年的80%下降到2012年的58%，并在2013年保持平稳。与此同时，中上等收入国家的出口份额增长超过一倍，从2004年的16%上升到2013年的35%。同时，出口额以4倍的速度增长，从2004年172亿美元增长到2013年的748亿美元，这在很大程度上源于中国文化产品出口的快速增长。2008年的经融危机主要影响了高收入和中上等收入国家，它们的文化产品出口额分别下降了20%和19%。

表1－2 2013年不同收入水平国家文化产品出口额 （单位：10亿美元）

	(A) 文化和 自然遗产	(B) 演出和 节庆产品	(C) 视觉艺术品 和工艺品	(D) 图书等 出版物	(E) 视听和 互动媒体	(F) 设计和创意 服务类产品
高收入国家	3 628.1	18 469.6	76 415.0	19 649.3	4 984.4	162.4
中上等收入国家	50.5	2 731.7	61 915.4	3 725.7	6 314.9	21.3
中下等收入国家	33.9	531.7	13 378.8	658.0	14.9	9.7
低收入国家	13.3	4.1	59.9	24.6	0.007	0.001
总计	3 725.8	21 737.1	151 770.1	24 057.7	11 313.3	193.5

表 1-3　2013 年不同收入水平国家文化产品进口额　(单位:10 亿美元)

	(A) 文化和 自然遗产	(B) 演出和 节庆产品	(C) 视觉艺术品 和工艺品	(D) 图书等 出版物	(E) 视听和 互动媒体	(F) 设计和创意 服务类产品
高收入国家	4 875.5	18 830.8	84 320.0	20 991.2	14 186.4	70.4
中上等收入国家	114.9	4 100.1	10 050.4	2 847.4	1 110.5	27.0
中下等收入国家	36.7	402.9	3 704.0	978.0	297.9	60.0
低收入国家	1.2	39.3	1 037.5	231.3	0.9	2.5
总计	5 028	23 373	99 112	25 048	15 596	160

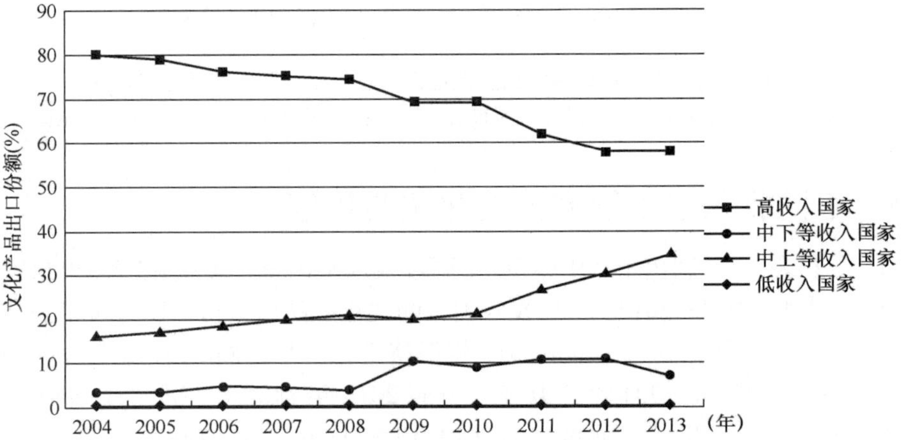

图 1-8　2004—2013 年不同收入水平国家文化产品出口份额比较

数据来源:联合国教科文组织数据研究院根据联合国商品贸易统计数据库 2015 年数据整理。

图 1-9 比较了 2013 年不同收入水平国家的文化产品出口份额和所有产品出口份额。2013 年,高收入国家和中上等收入水平国家所有产品出口份额的差距(分别为 68% 和 25%)高于其文化产品出口份额的差距(分别为 58% 和 35%)。然而,中上等收入水平国家文化产品出口份额要高于所有产品出口份额,高收入水平国家与此相反;中下等收入国家文化产品出口份额(6.9%)略高于所有产品出口份额(6.1%);低收入水平国家文化产品出口份额为 0.05%,所有产品出口份额为 0.3%,几乎可以忽略不计。

2004—2013 年,高收入国家的文化产品进口占据主导地位,从 2004 年的 992 亿美元增加到 2013 年的 1 433 亿美元。2004—2013 年,高收入国家文化产品进口份额下降了 4.5%(见图 1-10),而同期文化产品出口份额下降了 22%。2013 年,高收入国家文化产品进口份额占比为 85%,所有产品进口份额占比为 68.8%(见图 1-11)。在这一时期,其他收入水平国家的文化产品进口份额较小,如中上等收入国家文化产品进口份额只有 11%,所有产品进口份额只有 23%。对于中下等收入国家和低收入国家,其文化产品进口份额分别为 3.3% 和 0.8%,其所有产品进口份额分别为 7.3% 和 0.6%。

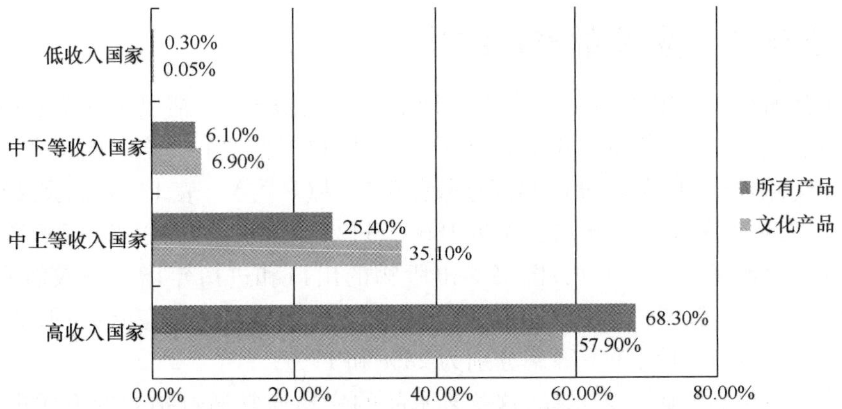

图 1 -9　2013 年不同收入水平国家文化产品出口份额与所有产品出口份额比较

数据来源:联合国教科文组织数据研究院根据联合国商品贸易统计数据库 2015 年数据整理。

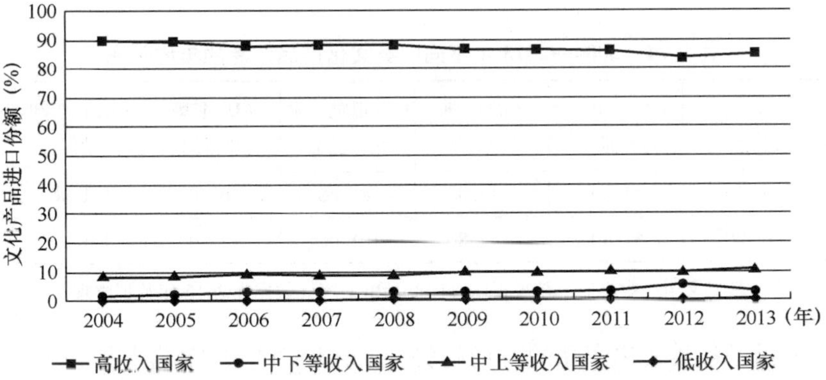

图 1 -10　2004—2013 年不同收入水平国家文化产品进口份额比较

数据来源:联合国教科文组织数据研究院根据联合国商品贸易统计数据库 2015 年数据整理。

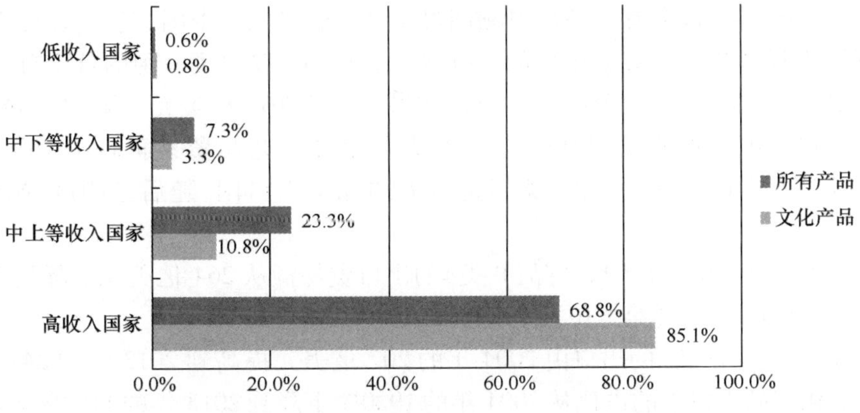

图 1 -11　2013 年不同收入水平国家文化产品进口份额与所有产品进口份额比较

数据来源:联合国教科文组织数据研究院根据联合国商品贸易统计数据库 2015 年数据整理。

1.1.4 全球文化贸易的产品结构

根据联合国教科文组织的文化产业统计框架,文化产品包括以下 6 类:文化和自然遗产(A 类)、演出和节庆产品(B 类)、视觉艺术品和工艺品(C 类)、图书等出版物(D 类)、视听和交互媒体(E 类)、设计和创意服务类产品(F 类)。表 1 –4 显示:2004—2013 年,视觉艺术品和工艺品出口年增长率近 186%,进口年增长率约 101%;视听和互动媒体的进出口贸易额也逐年稳步增长;图书等出版物的出口和进口年增长率较缓和,分别为 16% 和 12%;演出和节庆产品的出口和进口逐年均下降 18%;设计和创意服务类产品的出口和进口同样有所下降,年下降率分别为 28% 和 11%。

视觉艺术品包括绘画等艺术品,这些艺术品的交易通常通过拍卖的方式进行,因此,这些数据没有被包括在文化产品的贸易统计中。但是,近年来艺术品市场发展较快,交易额从 2004 年的 125 亿美元增长到 2013 年的 152 亿美元。2004 年,美国是艺术品交易的中心,占全球艺术品拍卖成交额的 46%,到 2013 年,中国取代美国成为艺术品交易中心,占有全球艺术品拍卖 37% 的市场份额。

表 1 –4 2004—2013 年不同门类文化产品贸易的年增长率%

2004—2013 增长率	全部文化产品	(A)文化和自然遗产	(B)庆典产品	(C)视觉艺术和工艺品	(D)书籍和新闻	(E)视听和互动媒体	(F)设计和创意服务
出口	96.20	45.40	–17.80	185.60	16.30	111.90	–28.20
进口	52.00	57.30	–17.80	101.00	12.40	111.90	–11.30

数据来源:联合国教科文组织数据研究院根据联合国商品贸易统计数据库 2015 年数据整理。

报告还分析了各类文化产品的市场趋势(见表 1 –5),视觉艺术品和工艺品市场(C 类)进入贸易额最大的十大文化产品之列,主要包括珠宝(黄金和白银饰品)、绘画、雕塑、雕像、手工艺品等。2004 年,这些艺术品和手工艺品的出口额达 531 亿美元,占全部文化产品出口额的一半;2013 年,这些产品的出口份额提高到 71.3%(出口额为 1 518 亿美元),这得益于黄金首饰的畅销——尤其在经济形势不明确的情况下,黄金是一个安全的"避风港"。2013 年,黄金首饰的出口额超过 1 000 亿美元。中国、美国、印度以及马来西亚、泰国、土耳其是黄金首饰出口的引领者。2013 年,仅中国一国的黄金首饰出口额就达 320 亿美元,相比之下,美国的黄金首饰出口额为 107 亿美元。雕塑、小雕像和绘画作品的出口额也出现增长,2013 年,它们为艺术和工艺品贸易贡献了 190 亿美元。关于这些商品的出口,中国、美国、英国是最大的几个出口国,随后是印度、越南、印度尼西亚。

2004—2013 年,演出和节庆产品(B 类)的出口贸易额从 264 亿美元下降到 217 亿美元,出口占比也由 24.4%(第二位)下降到 10.2%(第三位)。

图书等出版物(D 类)的出口由 2004 年的 207 亿美元提高到 2013 年的 241 亿美元,但在国际文化产品出口中的占比从 2004 年的 19.0% 下降到 2013 年的 11.3%。2013 年,图书等出版物(D 类)的出口市场份额位于第二位。

设计和创意服务类产品(F 类)、文化和自然遗产(A 类)的出口贸易额占比很小,

2013 年的出口贸易额分别为 1.93 亿美元(占比 0.09%)和 37 亿美元(占比 1.7%)。

表 1－5　2004 年和 2013 年各类文化产品出口额和市场份额

	全部文化产品	(A)文化和自然遗产	(B)庆典产品	(C)视觉艺术和工艺品	(D)书籍和新闻	(E)视听和互动媒体	(F)设计和创意服务
2004 年出口额(亿美元)	1 084	25.63	264.4	531	207	53.4	2.7
2004 年市场份额(%)	100	2.4	24.4	49.0	19.1	4.9	0.2
2013 年出口额(亿美元)	2 128.4	37	217.4	1518	241	113.1	1.9
2013 年市场份额(%)	100	1.7	10.2	71.3	11.3	5.4	0.09

数据来源:联合国教科文组织数据研究院根据联合国商品贸易统计数据库 2015 年数据整理。

1.1.5　全球文化产品贸易的国别结构

表 1－6 列出了 2013 年各类文化产品出口 20 强,全球文化产品出口市场比较集中,图 1－12 展示了前十大文化产品出口国的市场份额,这 10 个国家依次为:中国、美国、英国、瑞士、印度、德国、意大利、法国、新加坡和土耳其。它们的文化产品出口额增长了 126%,从 2004 年的 743 亿美元增长到 2013 年的 1 682 亿美元,同时,其文化产品出口份额从 2004 年的 69% 增长到 2013 年的 79%。

表 1－6　2013 年文化产品出口贸易 20 强　　　(单位:百万美元)

	(A)文化和自然遗产		(B)演出和节庆产品		(C)视觉艺术品和工艺品	
排序	国家和地区	出口额	国家和地区	出口额	国家和地区	出口额
1	英国	1 455.3	德国	3 936.4	中国	49 370
2	美国	933.3	美国	3 312.4	美国	18 340
3	法国	329.0	中国	2 017.1	印度	11 390
4	瑞士	319.7	新加坡	1 425.6	瑞士	11 060
5	德国	202.8	奥地利	1 221.2	英国	10 230
6	奥地利	88.0	荷兰	1 919.9	意大利	8 700
7	比利时	42.8	日本	1 113.1	法国	6 390
8	荷兰	39.0	英国	916.0	土耳其	4 100
9	加拿大	32.8	爱尔兰	866.9	泰国	4 080
10	中国	25.7	法国	849.7	新加坡	3 740
11	意大利	24.3	瑞典	605.5	德国	3 380
12	新西兰	23.9	捷克	588.7	马来西亚	2 340
13	赞比亚	19.9	波兰	518.3	韩国	2 310
14	新加坡	19.2	印度尼西亚	478.8	日本	1 890
15	丹麦	17.0	墨西哥	370.4	其他亚洲国家	1 460
16	南非	16.4	韩国	254.5	香港	1 100

续表

	(A)文化和自然遗产		(B)演出和节庆产品		(C)视觉艺术品和工艺品	
排序	国家和地区	出口额	国家和地区	出口额	国家和地区	出口额
17	西班牙	14.8	意大利	208.7	西班牙	1 090
18	澳大利亚	14.6	加拿大	193.0	俄罗斯	760
19	津巴布韦	12.9	比利时	176.8	墨西哥	680
20	印度	12.2	瑞士	173.8	加拿大	660

	(D)图书等出版物		(E)试听和交互媒体		(F)设计和创意产品	
排序	国家和地区	出口额	国家和地区	出口额	国家和地区	出口额
1	美国	3 797.9	中国	6 100.1	新加坡	28.0
2	英国	3 423.9	美国	1 473.3	德国	22.2
3	德国	2 671.6	日本	925.0	韩国	18.4
4	中国	2 578.6	德国	680.0	英国	17.6
5	法国	1 353.8	英国	360.8	瑞典	14.5
6	意大利	945.6	加拿大	290.8	中国	14.4
7	荷兰	897.9	荷兰	230.0	法国	13.0
8	新西兰	828.6	新加坡	226.8	日本	10.8
9	西班牙	738.6	墨西哥	155.9	美国	10.2
10	比利时	681.9	比利时	127.8	印度	7.1
11	波兰	560.9	丹麦	119.3	捷克	4.5
12	捷克	408.9	瑞典	95.6	波兰	4.5
13	加拿大	376.2	法国	92.2	土耳其	3.2
14	俄罗斯	342.5	西班牙	74.9	西班牙	3.2
15	印度	290.0	意大利	59.2	以色列	2.8
16	瑞士	235.0	波兰	42.1	奥地利	2.7
17	墨西哥	199.3	斯洛伐克	36.0	乌克兰	2.6
18	丹麦	196.5	奥地利	27.1	荷兰	2.5
19	奥地利	185.4	沙特	23.6	泰国	1.8
20	马来西亚	177.4	突尼斯	21.0	比利时	1.2

尽管2004—2013年全球文化产品出口额持续增长,但在危机期间,前十大文化产品进口国家的市场份额有所下降,2008年降至最低点(份额为62%)(见图1-13)。这10个文化产品进口大国和地区分别是:美国、中国香港、英国、瑞士、法国、德国、加拿大、中国内地、日本和新加坡。前10个文化产品进口国家和地区主要是发达国家,它们在金融危机期间经济遭受重创,对文化产品的需求下滑,影响了它们的文化产品进口额。2004年,前十大文化产品进口国家的进口额为739亿美元,2013年增长至1 162亿美元。

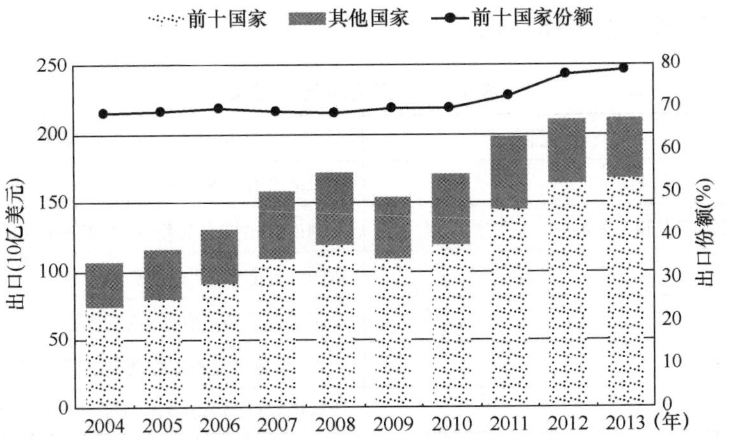

图 1－12　2004—2013 年文化产品出口前 10 个国家的出口额和市场份额

数据来源：联合国教科文组织数据研究院根据联合国商品贸易统计数据库 2015 年数据整理。

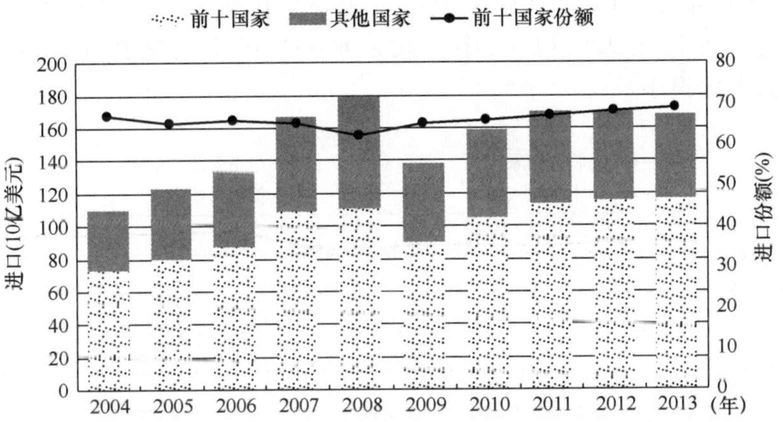

图 1－13　2004—2013 文化产品进口前 10 个国家的进口额和总份额

数据来源：联合国教科文组织数据研究院根据联合国商品贸易统计数据库 2015 年数据整理。

1.2　全球文化服务贸易概况

从传统意义上讲，文化服务是指满足人们文化兴趣及需要的行为。这种行为一般不以货物的形式出现，而是政府、私人机构和半公共机构对社会文化实践提供的文化支持。这种文化支持包括举行各种演出、组织各种文化活动、推广文化信息和文化产品收藏（如图书馆、博物馆和文献资料中心）等。表 1－7 是与联合国教科文组织（UNESCO）文化产业分类口径相对应的国际收支统计中的文化服务项目，本书的文化服务数据是按该口径统计得到的。近年来，在互联网和移动互联网向各个行业快速渗透的背景下，在相关科技快速迭代的基础上，以创新、创意、创造为特征的文化创意服务业快速发展，在文化产品出口方面，发达国家和发展中国家各具优势，但在文化服务出口方面，发达国家占据主导地位。

表 1－7　文化服务的定义

UNESCO 关于文化产业分类口径	2010 年国际收支统计中的文化服务
A：文化和自然遗产	文化遗产和娱乐服务
B、C：庆典产品，视觉艺术和工艺品	复制或分销许可服务、艺术相关的服务
D：出版和新闻	新闻代理服务、其他信息服务
E：视听和互动媒体	复制或分销许可服务、视听服务
F：设计和创意服务	广告、市场研究和民意调查、建筑设计服务
设备和辅助材料	计算机软件的分销和许可服务、计算机服务

2003—2012 年，文化服务出口额以每年 10% 的速度增长，到 2013 年达到 1 500 亿美元。危机对文化服务出口影响较小，但是文化服务出口额增速放缓仍然可见。发达国家占据了世界服务贸易 2/3 的市场份额，高收入水平的发达国家更是主导了文化服务贸易（见图 1－14），2003—2012 年，高收入国家文化服务出口额占全球文化服务出口额的比重持续保持在 90% 以上，中上收入水平的国家文化服务出口额占比约为 5%，其他国家占比很小。

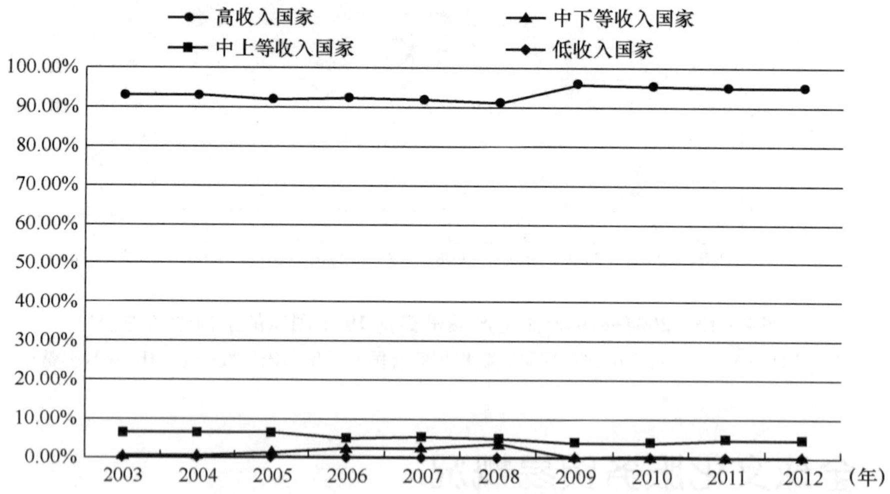

图 1－14　2003—2012 年不同收入水平国家文化服务出口市场份额

数据来源：联合国教科文组织数据研究院根据 UNCTAD/WTO/ITC 贸易数据整理，2014 年。

国际文化服务进口的模式与出口模式相似，2003—2012 年，全球文化服务进口增长了 11%，达到 1 331 亿美元。然而，与文化服务出口相比，全球经济动荡更能影响文化服务进口增长，中等收入国家的文化服务进口额在 2009 年并无增长，到 2011 年有所下降。而高收入国家的文化服务进口份额从 2003 年的 90% 增长到 2012 年的 93%，在此期间，中上等收入国家的份额有所下降（见图 1－15）。

在图1－16中，高收入国家在文化服务出口中的主导地位可以清晰地体现出来，文化服务出口前十位的均为经合组织国家。2012年，美国文化服务出口额达686亿美元，5倍于第二大出口国英国（138亿美元），处于绝对领导地位。

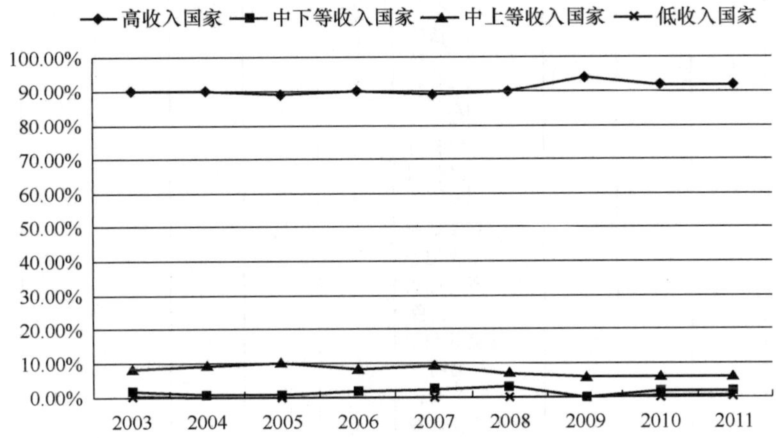

图1－15　2003—2012年不同收入水平国家文化服务进口市场份额

数据来源：联合国教科文组织数据研究院根据UNCTAD/WTO/ITC2014年贸易数据整理。

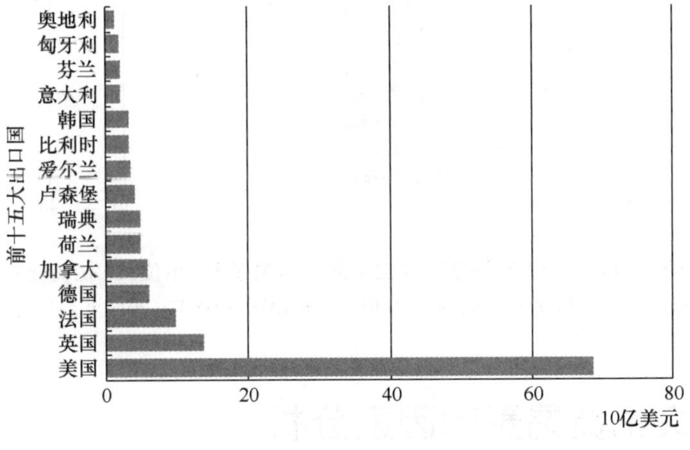

图1－16　2012年文化服务出口十强的出口额（单位：10亿美元）

数据来源：联合国教科文组织数据研究院根据UNCTAD/WTO/ITC 2014年贸易数据整理。

文化服务贸易收支情况分析表明，2012年，在选出的67个国家中，只有21个国家的文化服务贸易产生贸易顺差，美国是最大的文化服务净出口国，有近451亿美元的贸易顺差，而在图的另一端，爱尔兰有226亿美元的贸易逆差，其次是日本，有52亿美元的贸易逆差（见图1－17）。

2004—2013年，视觉艺术品和手工艺品是国际文化产品进出口贸易的主要交易对象，文化服务贸易对象与货物贸易不同，与试听和交互媒体、演出和节庆、视觉艺术品和工艺品相关的服务是主要的文化服务交易对象，其次是与图书和出版相关的服务。

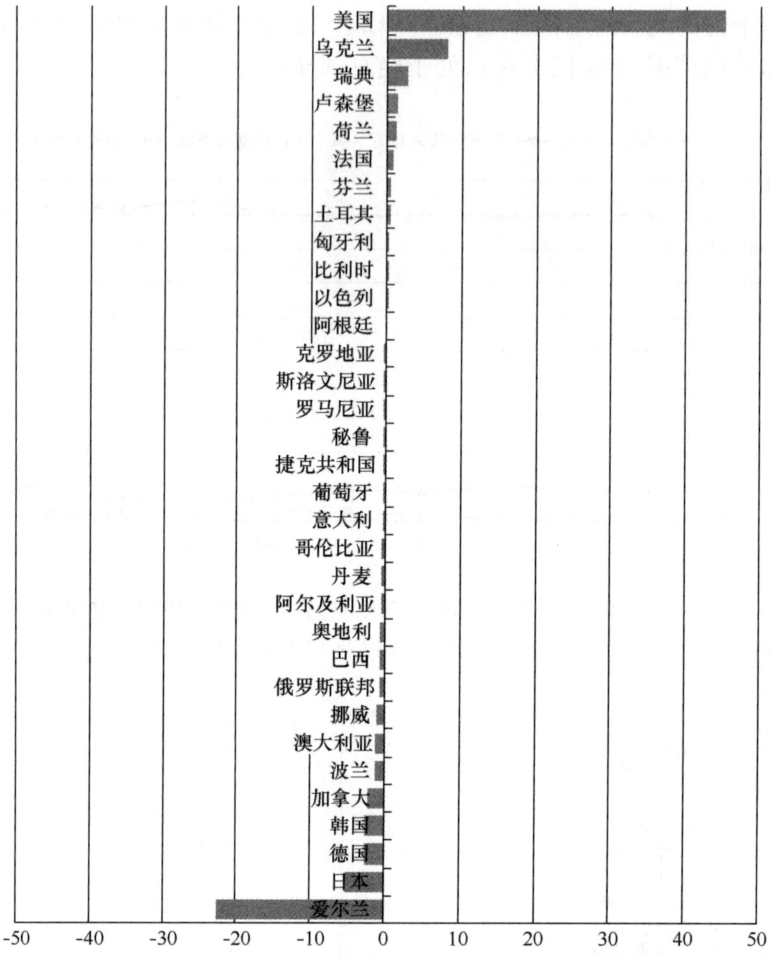

图 1－17　2012 年部分国家文化服务贸易差额(单位:10 亿美元)

数据来源:联合国教科文组织数据研究院根据 UNCTAD/WTO/ITC 2014 年贸易数据整理。

1.3　国际文化贸易影响因素分析

研究国际文化市场的出发点是为了更多地获取国际文化市场的信息,更好地了解国际文化市场的特点、规律和运行方式,从而为中国文化"走出去"提供更可靠的决策依据。文化部外联局领导站在全球文化产业发展的高度,一直十分重视国际文化市场的研究工作。早在 2005 年就组织编写了《国际文化发展报告》,2014 年又组织编写了《国际文化市场报告》,推动了我国的国际文化市场研究。

从世界范围来看,最早把国际文化产业和文化市场作为一个整体来进行研究和把握的是美国学者。20 世纪中期以来,美国娱乐产品在国际上占据了支配地位。就影视产品而言,美国的影视产品向其他国家的单边流动,形成了世界影视节目贸易的基本模式。长期以来,国际学术界对世界文化市场的研究,焦点都集中于探讨美国娱乐产品在国际上占支配地位的原因。代表性的学者有霍斯金斯 Hoskins、Mirus、沃特曼(Waterman)、Wildman Siwek(怀尔德曼)等人。他们把这一问题的讨论放在经济学的框架内,认为国际电视节目的单向流动是自由市场力量造成的。自由市场力量为经济大国提供了比较优势,使它们能够在与小国的竞争中占据有利地位。这些学者已经建立起了一套经济学模型来解释为什么美国的发行商会在国际电视节目市场的竞争中取胜[①]。Michel Dupagne 和 David Waterman 合著的《西欧进口电视剧的决定因素》一书中假设一个国家的国民生产总值(GDP)越高,或者这个国家的广播电视基础设施规模越大,这个国家从美国进口电视节目的比例就越低;相反,如果一个国家 GDP 越小,或者其广播电视基础设施规模越小,这个国家从美国进口电视节目的比例就越大。1994 年,Waterman 和 Rogers 对 9 个东亚国家的进口节目进行了统计调查,并进行了比较系统的分析,研究结果再次证明了这一理论:一个国家的 GDP 或者该国的广播电视基础设施规模越大,国产节目的比例也就越大,对进口节目的依赖度也就越低,特别是连续剧的进口[②]。美国佛罗里达大学新闻与传播学院的西尔维娅·陈—奥姆斯特德(Sylvia M. Chan – Olmsted)专门研究了影响美国文化产品出口的东道国因素。她与人合著的《影响美国视频传媒产品出口的东道国因素研究》一文调查了在不同国家中,影响美国视频传媒产品(包括电影、电视节目)出口情况的主要因素。研究发现,经济环境、地理距离、技术条件以及市场规模影响着一个国家购买美国摄制的图片和视频的意向。此外,那些经济环境较好、知识产权保护更得力、政治权利更完善、市场更大、文化差异更迥异、语言相似度更高的国家,似乎从美国进口了更多广播类内容产品[③]。美国北得克萨斯大学的埃尔伯兰教授等著的《全球传媒产业》一书主要从市场结构、市场行为和市场绩效出发来考察世界各国文化传媒产业,其出发点也是。

在国际文化市场上,一个国家的文化产品为什么能够畅销,甚至在国际市场上占据支配地位?根据以上这些学者的研究,发现主要有以下几个方面的影响因素,这些因素对我国文化产品出口决策同样具有重要的参考价值。

1.3.1 国内市场规模

从历史的角度来看,电影、电视节目等视频产品的确大量地从美国流向其他国家。20 世纪初,全世界几乎有 1/3 的人观看美国节目[④]。美国电影拿走了欧洲、日本以及其他很多国家的大部分票房收入[⑤]。美国电影和电视节目之所以能够在国际贸易中一直占据比较优势,是因为其拍摄水平的高质量和相对较低的价格。上述优势显然得益于美国巨大的国内市场规模。规模经济显著地降低了产品的单位成本。高水准、大制作的美国电影,平均成本在 6 000 万美元之上。不论是制作特效的技术人才、精致考究的布景,还是一流的演员、作家和导演,都提高了其电影的品质和对观众的吸引力。再结合人口众多

① 李怀亮. 多维视野中的国际电视节目市场——西方国际电视节目贸易研究综述[J]. 现代传播,2004(5).

② Waterman David,Rogers Everett M. The economics of television program production and trade in Far East Asia[J]. Journal of Communication,Summer 1994.

③ Sylvia M. Chan – Olmsted et al. An Examination of the Host Country Factors Affecting the Export of U. S. Video Media Goods[J]. Journal of Media Economics,2008(21):191 – 216.

④ Banerjee M. Trends in international TV broadcasting[J]. Media Asia,2002,29(2):107 – 110.

⑤ Jayakar K P,Waterman D. The economics of American theatrical movie exports:Anempirical analysis[J]. Journal of Media Economics,2000(13):153 – 170.

和人均收入高这两大优势，这些通常都被视为美国电影和电视节目能主导国际市场的主要原因。

由于视频媒介产品具有公共商品的特性，即它的制作成本与消费人数没有相关性，美国传媒公司可以以相对较低的价格出口高品质的视频产品。美国市场的规模和富有让制片人单从国内市场就能收回成本甚至盈利，这使他们能以进口方愿意支付的任何价格出口这些视频产品。20 世纪 80 年代中期，欧洲电视台私有化之后，大量的美国节目涌入欧洲的私人电视台。当时在英国电视网上，一个小时美剧的价格，也就是这部剧的最高出口价，大约只有美国电视网支付费用的 1/8①。

中国拥有规模巨大的国内市场，为文化产业的发展奠定了良好的基础。21 世纪以来，我国文化产业高速发展。2014 年，文化产业已占到中国国民生产总值的 3.76%。这为中国文化产业在国际市场上的竞争提供了有力的支撑。我们要统筹国际、国内两个市场、两种资源，抓住有利时机，鼓励更多的中国文化产品走出去，扩大中国文化产品的国际市场份额。

1.3.2 文化差异和文化距离

文化差异是指不同国家在价值观、信仰、思维方式、习俗习惯等文化内涵方面的不同。20 世纪 90 年代以来，不少文献探讨文化差异性对贸易的影响，通常使用共同语言、共同边界、宗教信仰、殖民关系、区域经济合作关系等因素来衡量文化差异性，如梅利斯(Meliz)使用语言近似度、罗斯(Rose)使用过去的殖民关系等。但是单维度的指标不能科学反映文化的多维度特征，部分学者使用文化距离来反映不同国家间的文化差异，如曲如晓、韩丽丽用文化距离变量来衡量两个国家间居民偏好、习俗、价值观、信仰和道德观念等的不同而形成的心理距离，分析了文化距离对文化产品的贸易流量的影响②。塔德斯(Tadesse)和怀特(White)则认为，文化距离对两国间商品流动有负向的影响③。

最早对国家文化差异进行测度的是霍夫斯泰德(Hofstede,1991)，他通过对遍布全球 60 个国家和地区的 IBM 分支机构的员工进行问卷调查，用 4 个维度来区分国家之间关于价值和道德方面的差异，这涉及社会生活的方方面面，包括政治制度、宗教信仰、性别角色、家庭价值观、社会团体、民事参与、道德关注、价值观等，并代表了世界上不同国家或地区的文化特征④。2010 年，霍夫斯泰德的最新研究将文化分为权利距离(PDI)、风险规避(UAI)、个人与集体主义(IDV)、男性与女性主义(MAS)、长期取向(LTO)、放纵与克制(IND)6 个维度⑤。

这 6 个文化维度指标的具体含义分别是：权力距离(PDI)是指社会群体内人际间的

---

① Hoskins C, McFadyen S, Finn A. Global television and film: An introduction to the economics of the business[M]. New York: Oxford University Press, 1997.

② 曲如晓，韩丽丽. 中国文化商品贸易影响因素的实证研究[J]. 中国软科学，2010(11)：19 - 33.

③ Tadesse B, White R. Does Cultural Distance Hinder Trade in Goods? A Comparative Study of Nine OECD Member Nations[J]. Open Economies Review, 2010, 21(2): 237 - 261.

④ Geert Hofstede. Cultural roots of economic performance: A research note[J]. Strategic Management Journal, 1991, 12(1): 165 - 173.

⑤ Geert Hofstede, Gert Jan Hofstede, Michael Minkov. Cultures and Organizations: Software of the Mind[J]. Revised and Expanded 3rd Edition.

平等或不平等程度，亦即“一个国家内机构和组织中权力较弱的成员期望和接受权力分配不平均的程度”。个人主义（IDV）即个体或集体取向的程度，范围从“个体间联系很松散的社会”到“人从出生开始就被纳入强大的一体化凝聚力的社会”。男性与女性主义（MAS）即男性与女性的相对影响力程度，范围从“社会性别角色有明显不同的社会”到“社会性别角色有所重叠的社会”。风险规避（UAI）是对确定性的偏好程度，亦即“一种文化的成员感到不确定和未知情况的威胁的程度”。长期取向（LTO）价值更重视借鉴和毅力，短期取向价值更重视尊重传统、完成社会责任和保全“面子”。放纵与克制（IND）：放纵意味着一个社会允许享受生活和寻找乐趣等人的基本的、自然的内在需求得到相对自由的满足；克制则意味着一个社会压抑需求的满足，用严格的社会准则来控制需求。

科格特（Kogut）和辛格（Singh）提出基于各国文化维度离差构造的测度国家间文化差异程度的指标——文化距离（Culture Distance）①。

$$culdis_{ij} = [\sum_{k=1}^{6} (I_{ik} - I_{jk})^2/V_k]/6$$

式中，I_{ik} 表示 i 国在第 k 个文化维度上的得分，I_{jk} 表示 j 国在第 k 个文化维度上的得分，V_k 表示所有样本国家第 k 个文化维度上的方差。

运用上式计算的中国与20个样本国家地区间的文化距离见表1－8。

表1－8　中国及20个样本国家地区的文化维度得分以及中国与20个国家地区间的文化距离得分

	PDI	IDV	MAS	UAI	LTO	IVR	文化距离
中国	80	20	66	30	87	24	0.00
美国	40	91	62	46	26	68	3.71
英国	35	89	66	35	51	69	3.05
日本	54	46	95	92	88	42	1.94
韩国	60	18	39	85	100	29	1.35
德国	35	67	66	65	83	40	1.71
法国	68	71	43	86	63	48	2.13
俄罗斯	93	39	36	95	81	20	1.70
加拿大	39	80	52	48	36	68	3.17
新加坡	74	20	48	8	72	46	0.54
澳大利亚	36	90	61	51	21	71	4.16
瑞典	31	71	5	29	53	78	4.64
荷兰	38	80	14	53	67	68	3.71
罗马尼亚	90	30	42	90	52	20	1.66
中国香港	68	25	57	29	61	17	0.32
印度	77	48	56	40	51	26	0.65

① Kogut, Singh. The effect of national culture on the choice of entry mode[J]. Journal of international business studies, 1988, 19(3): 411－432.

续表

	PDI	IDV	MAS	UAI	LTO	IVR	文化距离
中国台湾	58	17	45	69	93	49	1.04
南非	49	65	63	49	34	63	2.37
巴西	69	38	49	76	44	59	1.85
新西兰	22	79	58	49	33	75	4.09

数据来源：https://geert-hofstede.com/new-zealand.html。

全球领导力和组织行为有效性研究项目（Global Leadership 和 Organizational Behavior Effectiveness Research）借鉴了霍夫斯泰德的思想，调查了全球 951 家机构的 17 300 名中层经理，用 9 个指标来考察一个国家的文化维度，并根据这 9 个指标，同时参考地理因素和气候条件，将 62 个国家和地区划分为 10 个文化圈（见表 1-9）。

表 1-9　全球文化圈的划分

文化圈	国家和地区
盎格鲁文化圈	英国、澳大利亚、南非（白人示例）、加拿大、新西兰、爱尔兰、美国
阿拉伯文化圈	阿尔及利亚、卡塔尔、摩洛哥、埃及、科威特、利比亚、突尼斯、黎巴嫩、叙利亚、也门、约旦、伊拉克、阿拉伯联合酋长国、巴林岛、沙特阿拉伯、阿曼
儒家文化圈	中国台湾省、新加坡、中国香港特区、韩国、中国内地、日本、越南
东欧文化圈	匈牙利、保加利亚、罗马尼亚、捷克共和国、斯洛伐克、波兰、立陶宛、拉脱维亚、爱沙尼亚、塞尔维亚、希腊、斯洛文尼亚、阿尔巴尼亚、俄罗斯
日耳曼文化圈	欧洲荷兰语系（荷兰、比利时和法国荷兰语区）
德语系文化圈	奥地利、瑞士德语区、德国、南蒂罗尔、列支敦士登
拉丁美洲文化圈	哥斯达黎加、委内瑞拉、厄瓜多尔、墨西哥、萨尔瓦多、哥伦比亚、危地马拉、玻利维亚、巴西、阿根廷
拉丁欧洲文化圈	意大利、葡萄牙、西班牙、法国、瑞士（法语和意大利语区）
北欧文化圈	芬兰、瑞典、丹麦、挪威
南亚文化圈	印度、孟加拉国、印度尼西亚、马来西亚、泰国、伊朗、菲律宾、土耳其
撒哈拉以南地区文化圈	非洲、纳米比亚、赞比亚、津巴布韦、南非（黑人）、尼日利亚

这 9 种全球文化指标是：①绩效取向——一个组织或社会为了绩效提高和优秀而鼓励和奖励团队成员的程度。②自信取向——组织或社会的个体在社会人际关系中自信的、挑衅的、好强的程度。③未来取向——组织或社会的个体从事于未来导向的行为，如规划、投资未来和延迟满足的程度。④人本取向——组织或社会的个体为了公平、无私、友好、慷慨、体贴和善待他人而鼓励和奖励个人的程度。⑤机构集体主义——反映了组织和社会制度实践鼓励和奖励集体分配资源和集体行为的程度。⑥群体内集体行为——反映了个体在他们的组织或家庭中表达自豪、忠诚和凝聚力的程度。⑦性别平等主义——一个组织或一个社会减少性别角色差异和性别歧视的程度。⑧权利差距——

一个组织或社会的成员期待和同意权利应该被不平等分配的程度。⑨不确定性规避——一个组织或社会的成员努力避免因社会规范、习俗和官僚作风造成的不确定性，以减轻未来事件不可预见性的程度。

1.3.3 技术条件

文化产业的发展离不开技术的进步。科技发展是传媒变革的直接推动力。《中国文化产业年度发展报告 2013》指出，文化与科技的融合已经成为提升文化贸易竞争力的重要突破口，以互联网技术和数字技术为主的高新技术促成的产业融合，给文化产业的发展带来新的机遇。一个国家的电信基础设施、卫星和有线电视等广播电视传输覆盖、互联网和移动互联网的发展状况，对该国文化产业的出口能力和进口需求都有着一定的影响。尼尔森市场研究公司(Nielsen Research)指出，电脑、手机以及互联网在人们生活中的渗透，与直接关涉到视频产品需求的视频点播(VOD)的增长呈现为正相关的关系[①]。发达的通信技术和成熟的通信条件不仅能够促成更多内容消费，并且能激发人们消费多样化的内容产品，无论本土的还是外来的。早在 2002 年，伊斯拉姆(Islam)就提出："技术及相关的基础条件影响着传媒发展的规模、市场竞争的程度。"[②]沃特曼(Waterman，1998)提出，电视节目等视频产品进口国的电视网络越发达，对出口国提供的机会就越多。一个国家电视节目的频道越多，这个国家对电视节目的需求量就越大。如果外来节目的成本比自己制作节目的成本还要低的话，这个国家电视节目进口的需求就越大[③]。本质上来说，更加成熟的通信和传媒条件会带来更多视频展览机构以及各种各样触手可及的传媒产品的信息，使国产片和进口片的需求量增加。

因此，世界各国纷纷加大了对信息传播基础设施的投入。2008 年，美国 4 大移动通信运营商进一步扩充其 3G 网络，并将眼光投向 4G；2009 年，美国政府通过了总额为 7 870亿美元的经济刺激计划，其中 72 亿美元将用于改善网络宽带，特别是偏远山区的基础设施；2010 年 10 月 25 日，英国政府公布了《国家基础设施规划》，其总投资额超过 2 000亿英镑，规划中计划在 2015 年建成全欧洲最好的高速宽带网；欧盟 2008 年发布宽带建设情况研究报告，提出宽带网络建设新目标，敦促各成员国重视宽带网络建设；2009 年 4 月，澳大利亚总理宣布将投入约 310 亿美元建设国家超高速宽带网络，90% 为光纤网络，辅以无线与卫星技术，提供全澳洲皆可使用的、人人负担得起的宽带服务。

统计资料显示，2013 年，全球平板电脑和手机出货量达到 23. 2 亿部，其中，手机出货量超过 18 亿部，平板电脑出货量达 1. 84 亿部，同比增长分别为 3. 7% 和 42. 7% 。在移动终端越来越占据主流位置的今天，我国乃至世界各国人们对媒体的接触和使用都发生了重大变化。从我国的情况来看，根据 CNNIC 中国互联网络发展状况调查，到 2016 年 12 月底，我国网民规模已达 7. 31 亿人，其中，手机网民规模达 6. 95 亿人，较 2015 年年底增

---

① Television Bureau of Advertising. Video on demand in the news [OL] . http://www. tvb. org/ppt/selling/VOD_2006. ppt,2007 - 7 - 10.

② Islam R. Into the looking glass: What the media tell and why—An overview. In World Bank(Ed.) ,The right to tell: The role of mass media in economic development. Washington, DC: World Bank,2002 :1 - 26.

③ Dupagne M & Waterman D. Determinants of U. S. television fiction imports in Western Europe [J] . Journal of Broadcasting and Electronic Media,1998,42:208 - 220.

加了 550 万人，网民中使用手机上网的人群占比提升至 95.1%。

当今数字化浪潮席卷全球，信息领域的数字技术向人类生活各个领域全面推进。在数字制式全面替代传统模拟制式的转变过程中，文化产品和服务的国际贸易不仅改变了传统国际文化贸易的方式，而且开辟了新的贸易途径。在数字化时代，文化产品的表现形式日渐多样化。微电影、网络游戏、手机电视等各种新型文化产品样态不断出现。消费者也有了更多渠道接触这些文化产品和服务，如手机、iPad、iPod 等。而随着文化产品样态和消费者接触渠道的增多，真正意义上的"注意力经济"时代已经到来。广大受众在网络、手机、iPad 等文化产品消费平台中面临更多选择。在海量信息面前，受众选择越来越倾向于品牌，即品牌聚合功能在数字化时代更加明显。比如，苹果手机的 App Store 中拥有大量相关软件和游戏，即使是在苹果公司网络与一般网络平台不能兼容的情况下，苹果公司也会因为其巨大的品牌聚合功能而吸引大量消费者。在一定程度上可以说，App Store 已经成为一个类似于家乐福、沃尔玛的巨型"虚拟文化产品超市"。

过去，世界各国都通过设置显性或隐性贸易壁垒的方式，阻挡其他国家文化产品对本国的过度入侵，如产品配额制度、关税、产业补贴、内容限制等。在互联网时代，受众有了更多的文化产品接受渠道，文化产品的消费方式也有所改变，因此，为阻挡他国文化产品而设置的贸易壁垒，其功能在很大程度上受到削弱，甚至成为摆设[①]。比如，韩国虽然实行电影配额制度，规定每年必须有 73 天以上的时间放映国产电影，但对绝大多数通过互联网消费电影产品的受众而言，他们可以通过电影网站、专业视频软件等消费大量美国电影，即使在规定的 73 天时间内，仍有大量受众正在通过网络观看美国电影。从这一意义上说，73 天的电影配额已经形同虚设。对我国的电影贸易而言也是如此。

1.3.4 经济发展水平

经济发展水平影响着一个国家消费文化传媒产品的能力。研究显示，一个国家经济增长与传媒渗透程度紧密相关[②]。由于大众传媒是由消费者和广告商买单的，必然会受到国家整体经济的影响。任何一个经济层面的变动都会引发与之平行的大众传媒消费的变化[③]。20 世纪 90 年代末，美国学者度盘和沃特曼的研究也表明，相对富裕的国家有更多的手段生产更多本土产品，对进口的视频传媒内容依赖较少，所以发达国家更容易产生文化产品和服务出口的顺差[④]。而且政府的贸易政策、货币政策赋予的自由度，经济干预以及其他市场活动、经济权利，都顺理成章地影响着对外国传媒产品的需求程度。

全球文化产业和文化贸易的实践充分印证了这些学者的观点。2004 年，经济发达的北美和欧洲的文化产品出口额占全球的 69%，占据主导地位。2013 年，北美和欧洲的占比有所下降，占到 49%，达 1 044 亿美元。北美和欧洲的占比下降，主要是把其原有的份

---

① 李怀亮，佟雪娜. 数字化条件下国际文化贸易的发展趋势[J]. 中国文化研究，2012(3).

② Islam R. Into the looking glass: What the media tell and why—An overview. In World Bank(Ed.), The right to tell: The role of mass media in economic development. Washington, DC: World Bank, 2002: 1 – 26.

③ McCombs M, Nolan J. The relative constancy approach to consumer spending for media [J]. Journal of Media Economics, 1992, 5(2): 43 – 52.

④ Dupagne M, Waterman D. Determinants of U. S. television fiction imports in Western Europe [J]. Journal of Broadcasting and Electronic Media, 1998, 42: 208 – 220.

额让给了经济上崛起的南亚和东亚。由于经济的强势增长，南亚和东亚在全球文化产品出口中的地位有所上升，其出口额从2004年的281亿美元(26%)上升到2013年的968亿美元(45.4%)。经济相对缺乏活力的其他国家和地区在世界文化产品出口中的占比较小。2013年，第三大文化产品出口区域是中亚和东欧，只占世界出口额的2.7%(57亿美元)，而在2004年只占1.6%(17亿美元)。阿拉伯国家、太平洋、非洲撒哈拉以南地区等地的文化产品出口发挥的作用甚微，其总比例不足1%。2013年，加勒比地区只占0.02%(3 990万美元)，太平洋地区国家只占0.45%(9.615亿美元)。

从国家层面来看，高收入国家的文化出口和文化进口都占据了非常高的比例。2013年，高收入国家和中上等收入水平国家所有产品出口的份额分别为68%和25%，其文化产品出口的份额分别为58%和35%。中下等收入国家所有产品出口份额为6.1%，文化产品出口份额为6.9%。低收入水平国家文化产品出口份额为0.05%，所有产品出口份额为0.3%，几乎可以忽略不计。

文化产业生产的产品和提供的服务主要满足人民的精神文化需求，是一种较高层次的消费，是社会消费结构中的重要组成部分。根据马斯洛的需求层次理论，随着人们收入水平的增加，人们的基本物质消费需求得到满足后，精神、娱乐方面的需求将会上升为主要需求。按照世界各国的普遍经验，人均GDP超过3 000美元后，文化产品和服务的消费会快速增长。人均GDP接近或超过5 000美元后，文化消费将会出现井喷。2004—2013年，高收入国家的文化产品进口占据主导地位，从2004年的992亿美元增加到2013年的1 433亿美元。2013年，高收入国家文化产品进口份额占比为85%[①]。这说明中高收入国家对文化产品的消费能力十分强劲，我国文化产品和服务的主要目标市场应该确定为这些国家。

1.3.5　政策

国际文化贸易研究领域对政策的研究基本上集中在3个方面：①自由宽松的管制更有利于文化产品内容的多样化生产；②对外国文化产品的配额问题；③文化产品的知识产权保护问题。

政府政策能够提升媒体渠道，于是会影响到这个国家对内容商品的需求。一个国家的法律法规和政治环境与它的媒体发展息息相关。世界银行的报告指出，通信产业在信息流动更自由的民主社会呈现出发展更快的趋势[②]。罗德里格兹和威尔逊(Rodriguez和Wilson)认为，想要促进信息和交流技术的提高，民主自由的环境、对财产权的保护、政府较低程度的曲解是最基本的。一个更成熟的政治环境能够带来对更多多样化内容的需求，催生更高比例的国产内容，或者两者兼而有之[③]。帕克(Park)通过对韩国电影生产的研究指出，朴正熙和全斗焕军事政府当权期间(1961—1987年)，韩国的传媒产品受到严格管控。受限的政治自由加上严格的电影审查阻碍了韩国电影生产。而1998年亚洲金

---

① 以上数据依据2016年3月10日联合国教科文组织发布的《文化贸易全球化：文化消费的转变——2004—2013年文化产品与服务的国际流动》。

② World Bank. The right to tell:The role of mass media in economic development[R]. Washington,DC:Author,2002.

③ Rodriguez F,Wilson E J. Are poor countries losing the information revolution[OL]. from http://www.infodev.org/library/Working Papers/wilsonrodriguez.doc,2007-7-10.

融危机之后，韩国确立了文化立国的政策，取消了电影审查。韩国的文化生产力得到解放，文化出口增强，形成了强劲的“韩流”①。

关于各个国家对外国（主要是美国）文化产品的配额问题，也引起了国际学者的很多讨论。两次世界大战期间，欧洲各国忙于战乱，美国的广播电影电视产业抓住机遇，得到了迅速发展，特别是美国电影风靡全球。法国为了捍卫本土电影，率先对美国电影实行配额制。二战之后，法国为了取得美国的重建贷款，迫于美国的压力，取消了配额。20 世纪 80 年代中期之后，欧洲各国开始了媒体的私有化历程。大量私营电视台的出现，对电视节目产生了极大需求。这对美国电视节目出口来说是天赐良机。由于美国电视节目在国内市场已收回成本，在国际市场上就可以低价倾销，因此很快占领了欧洲市场，导致欧洲国家的电视频道被美国电视节目充斥。于是，以法国为旗帜的一些欧洲国家，为了保护国内的传媒产业以及民族文化地位，防止本国文化产品由于外国视频产品以低价大量涌入而受到侵害，开始对外国进口的视频产品实行配额制。欧盟的影音政策“电视无国界指令”（Television without Frontiers Directive）要求所有欧盟广播电视网中播出的节目至少 50% 要在欧洲制作，从而创造一个欧洲影音空间②。出于保护动机的配额制政策亚洲国家和地区也有。在中国台湾，《有线电视法》规定，本土制作的节目要占全网播出节目的 20% 以上。韩国的《有线电视法》则把外来节目限制在 30% 以内③。不过，一般来说，配额制还不足以阻止其他国家进口美国视频产品。度盘和沃特曼（Dupagne 和 Waterman）的实验研究发现，配额制的存在与进口美国产品的比例并没有关系④。

目前，在数字化条件下，配额的作用越来越有限。过去，世界各国都通过设置显性或隐性贸易壁垒的方式，阻挡其他国家文化产品对本国的过度入侵，如产品配额制度、关税、产业补贴、内容限制等。在互联网时代，受众有了更多的文化产品接受渠道，文化产品的消费方式也有所改变，因此，为阻挡他国文化产品而设置的贸易壁垒，其功能在很大程度上受到削弱，甚至成为摆设。

文化产品的知识产权保护是文化贸易研究中的一个突出问题。2001 年，国际知识产权联盟把电影（包括电视上播的电影、供影院而非电视放映的电影以及家庭录像）、广播、电视和有限广播产业归类为核心版权产业。美国电影协会透露，仅在印度，由于电影政策不完善，美国各大公司估计损失了大约 6 600 万票房收入⑤。许多学者认为，版权保护得力的国家一般剽窃率较低，有利于美国公司把电影出口到这些国家。

中美之间的文化贸易摩擦，除了市场准入之外，最主要的问题就是版权保护。美国电影家协会宣称，中国境内的盗版每年导致美国电影企业产生 20 亿美元以上经济损失。

---

① Park S H. Film censorship and political legitimation in South Korea, 1987—1992. Cinema Journal, 2002, 42, 120－138.

② European Union. Audiovisual policy [OL]. Retrieved May 7, 2005, from http://europa.eu.int/comm/avpolicy/regul/regul_en.htm

③ Hong J, Hsu Y. Asian NIC's broadcast media in the era of globalization [J]. The International Journal for Communication Studies, 1999(61): 225－242.

④ Dupagne M, Waterman D. Determinants of U.S. television fiction imports in Western Europe [J]. Journal of Broadcasting and Electronic Media, 1998(42): 208－220.

⑤ Marvasti A, Canterbery E R. Cultural and other barriers to motion picture trade [J]. Economic Inquiry, 2005(43): 39－54.

美国商务部长古铁雷斯和美国贸易代表施瓦布在不同场合均表示,中国应进一步对美开放文化市场。由于通过谈判要求没有得到满足,2007 年,美国政府向 WTO 提起两项针对中国的诉讼。2008 年,WTO 成立仲裁小组并开始调查。WTO 仲裁机构已做出对美国有利的裁决。美国一直认为中国反盗版方面的法律过于宽松,并且对国内盗版行为打击不力。在 2007 年、2008 年和 2009 年度的《特殊 301 报告》中,美国贸易代表办公室继续将中国列在知识产权保护"重点观察"国家名单内;并进一步升级,将中国列入"306 条款监督国家"。"306 条款监督国家"可视为美国实施贸易报复的"最后通牒"。一旦被列为该等级,美国即可不经过调查和谈判自行发动包括贸易制裁在内的贸易报复措施。

美国有一套比较完备的知识产权法律体系。比如,对制作人在制作节目过程中可能发生的一系列版权问题,美国的法律有较为详细的规定。例如,对在节目制作过程中需要进行的拍摄许可、制片保险、音乐的使用问题、可能会涉及的隐私权问题、诽谤问题等。媒体经营管理者一不小心就会掉入法律纠纷的陷阱。我国文化企业在与美国进行文化贸易的过程中,应当熟悉这些规定,尽量避免或减少贸易摩擦发生。

1.4 世界主要发达国家促进文化贸易的政策举措

作为一种经济性的产业,文化产业"走出去"是历史的必然,这既是文化产业自身发展的需要,也是全球化的发展要求。

当前的世界文化市场由发达国家所主导。从市场份额来看,美国占 43%,欧盟占 34%,日本约占 10%。

发达国家文化产业"走出去"的利益不仅体现在利润和市场份额方面,更体现在国际影响力方面,特别是对出口国文化的认同和接受程度。发达国家在文化产业"走出去"的过程中,以文化内容含量较高的核心产品为主,在文化服务贸易领域占据主要份额,并实现了对他国的文化影响和渗透,提升了本国的软实力。

从 20 世纪 90 年代开始,世界范围内兴起了跨国公司并购的热潮,世界文化产业格局也随之发生了新变化,形成了一批超大型传媒集团,如时代华纳、迪士尼集团、默多克新闻集团等。这些大型传媒集团集中资本、技术和人才的优势,通过多种形式向全球文化市场进军。

发达国家的文化产品反映了特定的价值观,他国的消费者将潜移默化地受到影响,对此产生一定的路径依赖,而发达国家在文化产业"走出去"中实现了对他国的文化渗透。

1.4.1 美国:市场主导全球性扩张

美国是成熟的市场经济国家,文化产业的发展以及"走出去"都依据市场规律进行,政策、法律、税收、公共财政等因素具有重要影响但并不具有决定性的作用,文化产业"走出去"采取的是由市场主体来主导的自由发展模式。具体内容如下。

(1)自由的市场制度。美国政府采取了各种放松规制的手段,打破了文化企业的行业垄断,促进了文化行业的良性竞争。美国政府鼓励文化企业在平等竞争的基础上,以兼并、重组的形式形成跨国文化产业集团。在面对国际市场的不确定性时,这些跨国文化产业集团能够在寻求资金来源、技术更新速度、先进管理方式快捷转换方面做出有效反应，从而占据国际文化竞争的主导地位。例如，美国五家大型跨国文化集团控制着全球的音乐制作。同时，随着美国经济生产和资本的集中，金融体系逐渐完善，银行资本与工业资本加速融合，形成许多大型金融财团；加强了产业链的整合，使文化产业与制造业、建筑业、旅游业等其他行业逐渐融合，实现了文化产业的规模化、集约化、全球化发展。

（2）良好的竞争氛围。美国政府对文化产业的管理以法律为基本依据，不对文化企业的内部事务进行直接干预，而是为文化企业的跨国生产经营创造优良的外部条件。

（3）贸易自由化的主张。美国政府认同“文化即商品，商品即文化”的营销理念，而文化产业“走出去”不仅能带来可观的经济利润，而且可以在无形中输出美国的价值文化观。因此，美国政府借助强大的经济和政治优势，推动美国文化产品进入国际市场。

（4）加强版权保护的国际合作。第一，为了促进文化产业发展和全球竞争力的提升，美国开始全面实施版权战略，加强版权保护。在版权立法方面，1790 年制定并通过了《版权法》；为强调对数字化知识产权的保护，颁布了《反电子盗版法》（1997）、《跨世纪数字版权法》（1998）等，构建了保护范围广泛、相关规定详尽的法律体系。第二，美国还根据时代发展要求完善版权保护制度，不断修订《版权法》。仅版权保护有效期一项就从 1909 年制定的 28 年，延长到 1976 年制定的 75 年或作者去世后 50 年，再次延长到 1998 年制定的 95 ~ 120 年或作者去世后 70 年。此举免除了创作者的后顾之忧，激发了创意人员的热情，美国涌现出了更多具有国际价值的文化创意产品。第三，美国积极加入以《伯尔尼公约》（1988）为代表的国际版权保护体系，不断推动国际版权保护的合作，推动建立与国际贸易相关的版权保护体制。1988 年，美国利用《综合贸易与竞争法》中的特别 301 条款强化了国际版权保护。1994 年，在美国的积极倡导下，《与贸易有关的知识产权协定》最终达成。完善保护文化贸易与知识产权的法律制度，为本国知识产权保护赢取了更广泛的国际支持，美国为文化产业在海外的拓展提供了更全面的保障。

在多因素的作用下，世界市场对美国版权产业的产品和服务的需求保持旺盛，极大地促进了美国核心版权产业产品和服务的出口。2013 年，美国核心版权产业的四个主要行业——图书报纸期刊产业、录音产业、电影电视录像产业、计算机软件产业对外销售和出口额为 1 563 亿美元，且美国核心版权产业的对外销售和出口额一直保持着增长态势。美国版权产业的出口额远远高于其他产业的出口额，包括化学产品、航空航天产品及配件、农产品、食品及类似产品、药品等，为美国贸易收支平衡做出了较大贡献。

1.4.2 英国：政府—市场的双重推动

英国文化产业“走出去”主要依靠国民广泛参与，政府推动、扶持，非政府中介组织充分发挥作用。在英国文化产业“走出去”的过程中，政府与市场都具有重要的影响和作用，在一定时期和一定阶段，尽管两者的作用和影响力并非绝对均等，但差异并不明显，形成了政府—市场的双重推动模式。具体内容如下。

（1）实施面向全球市场的发展理念。英国对本国丰富的文化资源进行了合理开发和商业化运作，注重建立产业链及产业集群，关注小企业培育，积极拓展海外市场，形成了具有地域特色的产业文化。英国政府于 2006 年资助发起了“世界创意之都”项目，由伦敦艺术大学负责组织实施,在中国和印度设立了5个创意产业中心,以促进英国的创意企业与当地创意企业进行交流合作。英国政府和非政府中介组织还在极力向全世界推广传播它们的创意产业理念和创意产业项目。通过主流媒体,包括BBC电视台、英国《金融时报》等著名媒体,向全球密集发布创意产业资讯,向其他国家推广介绍创意产业项目,争取更多的合作。英国政府为此制定了新的政策,激励国内企业积极地向外发展和扩张。这些企业在向外发展的过程中既壮大了自己,也把创新理念和英国的文化价值观推向了全世界。

(2)具体措施。英国为创意产业提供了相当大的政策空间,通过创意出口推广、教育及技能培训、协助企业融资、税务和规章监管、保护知识产权以及推动地方自主权6项文化产业推动政策来鼓励市场发展。在出口推广方面:第一,通过对外文化交流及贸易手段扩大英国文化的海外影响,加大对国际知识产权的保护力度,重点支持海外市场的开发和文化产品的出口。第二,采取政策和经济手段保护和发展国粹文化,提高全民文化素质及英国文化的国际地位。第三,成立创意出口团队,在贸易组织与政府帮助下,为英国创意从业者协调与国外市场的联系。特别注重强化对创意产业出口的援助,为此,英国专门成立了创意产业输出推广顾问团(CIEPAG)。创意产业输出推广顾问团调查研究政策对创意产品出口的效益情况,提供咨询建议,并对不同部门间协调整合与创意产业出口方针等提出意见。第四,贸易及投资部以及英国文化协会共同设立了创意出口网站,为英国文化创意产业从业者提供便利。

(3)发挥“走出去”市场主体的主动性,强化财政,金融调控,为创意企业提供强有力的资金支持。英国文化创意产业的从业者多为中小型企业,甚至是以个人工作室的方式存在。资金是中小型文化创意企业创办与发展的关键。英国文化机构采用“三三制”的资本结构方式:1/3投入来自政府;1/3来自社会资金;另外1/3来自组织自身的商业活动等。英国科学、技术及艺术基金会(NESTA)为具有创新点子的个人提供发展资金等,并且出版了《融资一点通》手册,公布了《创意产业资金地图》,指导相关企业从政府部门或金融机构获得资金上的支持。

(4)完整的文化产业管理体系。“一臂之距”是英国文化产业管理的主要原则,主要是指英国政府要管理文化,对文化产业进行资金、政策的扶持,可以适度地分权。同时,政府要保持距离,不干涉文化企业的运作。英国鼓励文化产业先在国内市场中做大做强,形成比较优势,如伦敦戏剧、曼彻斯特音乐、布里斯托尔电视和数字媒体等,然后走向国际市场。政府在这一过程中所起到的作用是主导文化产业“走出去”的战略、法规和理论研究的完善,并成立专门的顾问团为文化产业“走出去”提供咨询和信息,提供各种各样的融资渠道,如政府拨款、准政府组织资助、基金会资助等,但并不直接介入文化企业的决策。

1.4.3 以法国、德国为代表的欧盟:“对内开放,对外保护”的双轨制

相比于英国,欧盟成员国在世界视听产品贸易中占有较少比例。英国受益于英语在世界范围内适用的普遍性,一直奉行文化自由的政策,认为排除政府干预、完全开放市场才能提高文化产业的竞争力;法国为了保护和发展法语文化,抵制英语文化的强势输出,

主张文化政策应尊重和体现多样性，特别是保护边缘群体少数者文化。

法国相比其他欧盟成员国提供给视听文化产业的补贴要高很多，其中对法国电影业影响最大的是 1989 年以来的“朗格计划”（Plan Lang）。该计划对法国电影制造提供高额补助，旨在捍卫并传播法语文化和增强文化的多样性。

法国规定，法国电视广播公司要将 2% 的营业额用于投资法国电影。这些电影最终必须在它们的电视台上映。此外，所有的电影都将从法国电影票房收入的税收中获得一定的补贴，这意味着美国电影也资助了法国电影，因为大部分在法国上映的电影都是美国的。该项政策使得法国无法迎合大众口味的电影不会受到歧视。另外，影片制作人通常会要求额外的补贴，这种补贴会根据影片的品质而有所区别。政策会特别照顾只能吸引一小部分法国观众的文艺片。

随着欧盟经济一体化的不断深入，欧盟出台了一系列推动区域内人员、资本、服务自由化的政策，极大促进了区域内文化贸易。

为了保护欧盟文化产品输出，欧盟理事会 2009 年出台了《文化产品出口条例》，专门规定了文化产品出口许可证制度。规定任何文化产品出口均需取得成员国当局机构的批准，已经批准于欧盟境内有效的，成员国可以国内保护历史文化艺术品为由拒绝批准特定文化产品出口。

2010 年 3 月 10 日，欧盟最新出台了关于成员国视听媒体服务合作指令，统一各国立法和实践，对涉及广播电视播出与跨界收听、广告内容、电话购物、少数者保护等一系列问题进行协调，进一步规范了欧盟境内视听服务。

欧盟在极力促进内部市场自由化的同时，对外来文化产品输入保持较高的警惕。欧盟和美国同为世界上首屈一指的经济体，在文化产业输出上，欧盟稍逊一筹。以电影媒介为例，虽然欧盟每年制做的电影总数比美国多，但欧盟影院 70% 的收入仍来源于美国影片的票房收入，因此，欧盟在试听媒体服务指令中也对荧幕配额做了限制，规定了欧盟电影播放的最低比例，这也从一个侧面反映了欧美文化产业较量及欧盟对美国文化强势输出的担心。

一直以来，美国文化政策秉承自由主义传统，以强调文化产品生产、销售的高度市场化和最小化政府干预为主旨。欧盟则相反，为了限制美国文化产品对欧盟的输出，在文化产品准入上采取了保守政策，强调“文化例外”和“文化多样性”，为自身文化产业发展和输出创造空间。欧盟限制措施具体包括补贴、市场准入限制、税收、许可证限制、外国投资及所有权限制、本国内容要求和有关知识产权的措施等。因此，欧盟文化贸易政策在内部和外部市场上并非一致，基本上是“对内开放，对外保护”，在限制美国文化产品对欧盟强势输出的基础上，极力促进成员国间文化交流及文化产品流动。

1.4.4 日本：多管齐下，文化立国

根据日本的《文化产业促进法》，日本称文化产业为内容产业，主要包括 4 大类：一是影像业，包括电影、电视及动画等；二是音乐产业；三是游戏产业；四是出版产业，包括报纸、期刊、绘画等。

（1）作为日本传统优势产业部门，其内容产业自 21 世纪以来取得了较快发展，这与日本政府推出的促进内容产业发展的一系列政策措施密切相关，如建立和完善内容产业

管理机构、颁布实施配套法律法规、积极培育创意人才、科学保护与开发文化资源等。

据估计,1999 年,日本创意产业的销售额为 51 万亿日元,2004 年为 45.2 万亿日元(2010 年估计),2011 年为 44.0 万亿日元。创意产业的销售额占所有行业销售额的比重约为 6.6%(约 44 万亿日元)。在创意产业中,服务行业占主要部分(总计 38 万亿日元,占创意产业总销售额的 86.2%),"软件和计算机服务"是创意产业中销售额占比最大的行业(总计 17 万亿日元,占比 39%)。

在 21 世纪的前几年里,日本电影结束了 20 世纪 80 年代以来的持续颓势,逐渐复苏。经过 20 世纪几次公司联合、兼并和重组,日本电影业已形成角川映画、日活、东映、松竹和东宝五大电影公司,21 世纪先后推出了《入殓师》《千与千寻》等一系列电影精品,其中,《ROOKIES》(2009)、《借物少女艾莉缇》(2010)和《海猿 4:勇敢的心》(2012)分别以 85 亿、92 亿和 73 亿日元的总票房成为当年票房冠军。

日本动漫游戏产业主要包括漫画、动画、游戏以及相关衍生品。日本素有"动漫王国"的称号,是世界最大的动漫原创、制作、消费和输出国。早在 20 世纪 60 年代,日本动漫便开始了产业化和规模化的生产,至 20 世纪末,日本与美国、韩国形成世界动漫市场三足鼎立之势。日本 2010 年实际上映的电视动画有 195 部;上映的动画电影数量为 55 部,达到了过去 10 年中的最高点,影像制品总销售额为 93 414 万美元。目前,日本动漫在世界 70 多个国家的电视节目中播放,占据了世界动漫市场 60% 的份额、欧洲动漫市场 80% 的份额。

日本是世界第二大游戏生产国,日本游戏软件和游戏机销售总额多年连续占据世界第一的位置。2008 年金融危机之后,日本游戏市场总规模约为 5 000 亿日元,其中,硬件市场 2 000 亿日元,软件市场 3 000 亿日元,从业总人口已达 7.3 万人,是当今名副其实的世界游戏产业大国。

日本新闻出版产业包括图书、报纸、杂志及其他印刷品。出版产业也是日本传统优势产业,在过去几十年中,在报纸发行量、期刊发行量、广告收入等指标上均夺得多项世界纪录。日本是世界人均报刊订阅量最高的国家,主流报纸发行量都很大。在世界报纸与新闻出版者协会(WAN & IFRA)公布的全球最大的 100 家报纸排行榜中,日本报纸连续数年占据全球日报发行榜前三名。2007 年,日本全国性报纸和地方性报纸共计 100 多家,从业人员约为 5.3 万人,每年消耗新闻纸 376 万吨,每天生产 5 256 万份报纸。日本平均每户订阅 1.02 份报纸,报纸普及率世界第一。2011 年,日本仅由县发行的报纸总数就达到了 4 834.5 万份。其中,早版 3 397.6 万份,晚版 113.4 万份,早版晚版合刊 1 323.6万份。东京以 537.6 万份的日发行量高居日本各地之首,其次是大阪和神奈川。2008 年金融危机后,日本新闻出版产业遭到重创,五大报业集团除《日本经济新闻》外,其他四家全部出现赤字,其中拥有 800 万发行量的世界第二大报《朝日新闻》创刊 130 年来首次出现赤字。2010 年,日本杂志共有 4 056 种,包括月刊 2 320 种,双月刊 520 种。这比 2000 年的 4 533 种下降了 10.5%,杂志销售额创下连续 15 年滑坡的纪录。2012 年,书籍、杂志的销售总额比 2011 年下降的幅度达 3.6%,已连续 8 年呈现下滑态势,销售总额更是 26 年来最低。

(2)建立健全文化产业管理服务机制。日本内容产业管理服务机构体系庞大、组织严密、分工明确、协作高效,主要由政府机构、专业咨询机构和行业自律组织三方组成。

政府机构承担的主要职责有:文化艺术产业发展的战略制定、政策法规的执行和修订、相关部门的合作、公共文化艺术产品的合作供给、重大文化活动和海外文化交流活动的组织协调。专业咨询机构主要以文化智囊的形式或设立于政府机构之内,或独立于政府之外,主要负责为政府和企业提供内容产业发展的战略咨询和具体实施建议;日本政府往往通过设立战略会议、恳谈会、幕僚会议、审议会等形式,协调文化产业智囊团共同研究制定促进文化产业发展的具体对策。

(3)制定完备的政策法规。20 世纪 90 年代后,日本经济长期低迷,汽车、电子机械等传统产业发展呈现衰落势头。针对上述挑战,日本政府采用"文化立国"战略取代 20 世纪 70 年代以来长期执行的"经济立国"战略。1996 年通过的《21 世纪文化立国方案》成为指导日本 21 世纪新闻出版、动漫游戏、表演艺术等重要内容产业群发展的纲领性文件。步入 21 世纪以来,日本又颁布了《文化艺术振兴基本法》(2001)、《著作权管理法》(2001 修订)、《知识产权基本法》(2002)、《文化产品创造、保护及活用促进基本法》(2004)、《文字・活文字文化振兴法》(2005)、《文化艺术展出损害赔偿法》(2011)等一系列重要法律法规。

(4)强大的资金支持系统。日本文化产业发展的资金来源主要有政府财政、税收减免和私人基金三大渠道。一是政府财政支持。2011 年度,日本政府的财政预算总额是 924 116 亿日元。同年,日本文化厅的预算额是 1 031.27 亿日元,比 2010 年度增加 1.1%。二是税收减免。2001 年以来,日本政府推出了与文化产业相关的十几种税收优惠措施,涉及文化财产捐赠、文化遗产收入税、艺术品赠予、非营利组织举办文化艺术活动和历史遗产遗址保护开发等多个方面。三是成立私募基金。日本政府日益重视发挥私人部门在电影制作发行、动漫原创和制作、印刷品储存和流通等环节中的促进作用。

(5)充分保护利用文化遗产。

(6)积极促进国内外文化交流。日本政府促进文化交流的形式包括开办重要门户网站、举办重大文化艺术活动、海内外艺术家交流和扩大文化产品与服务贸易等四项。

1.4.5 韩国:政府全面介入

在促进文化产业"走出去"的过程中,韩国的国家战略以及相关的政策措施发挥了重要的作用。韩国政府全面介入,通过政策、法律、税收、公共财政等强有力的手段推动文化产业"走出去",市场体制尽管起到了重要的作用,但不具有决定性的影响。具体来看方法如下。

(1)将发展文化产业上升到国家战略。第一,《内容韩国蓝图》(2001)五大核心项目之一就是扩大国际市场的战略市场营销。在战略地区设立海外市场据点;挖掘具有竞争力的"明星项目"并给予集中支持;通过举办世界性的文化内容展会活动,推进内容分配的基地化;支持文化内容项目的国际共同制作。第二,《内容韩国战略 2010》(C-KOREA,2010)(2005)把成为世界第五大文化产业强国作为三大政策目标之一,四大核心项目中的第三项就是要活跃著作权产业并建立相关基础。要设立"著作权振兴中心",组织"海外著作权保护协议体",推动与中国、东南亚等主要国家的著作权保护与合作,促进实际项目协议的签署。第三,《内容产业振兴战略》(2011)以"体现智慧内容的韩国"为战略目标,制定了 2015 年进入国际内容产业五大强国行列的具体计划,以及五大核心促进战略和十五大重点项目。扩大国际市场是五大推进战略之一，对应的是“根据不同地区的特点加强战略化市场开辟；建立国际网络；集中扶持能国际化的优秀内容”三大重点项目。

(2)设立专门管理机构。在制定文化产业政策和规划的同时，韩国政府还设立了专门的管理机构，为文化产业的发展提供管理支持。韩国的文化观光部主要负责韩国文化产业管理，设有文化政策局、艺术局和文化产业局3个专业局和文化内容振兴院、文化产业振兴委员会、韩国游戏产业开发院等文化产业振兴机构。文化政策局负责制定韩国文化发展及与版权、图书馆相关的基本政策。艺术局负责制定相关政策，开展和普及各种文化艺术活动，维护国民享受文化艺术的权利和承办文化艺术对外交流活动。文化产业局主要负责建设电影、游戏、动漫等具体产业基础设施，培养专业人才，开发文化产业链以及开拓国际市场等事项。

(3)制定开拓国际市场的规划。需求相似理论提出，两国之间的需求结构越相似，则两国之间进行贸易的可能性就越大。基于此，韩国政府为开拓国际市场，重点把东亚地区的中国、日本等与韩国具有文化相似性和地缘性的国家作为通向国际市场的台阶，促进韩国文化产业大发展，大力发展文化贸易。2009年，韩国政府加大对文化产业的投资，尤其是对海外市场开拓给予足够的重视。韩国政府“瞄准国际市场，以中国和日本为重点的东亚地区作为登陆世界市场舞台的台阶”，再进一步扩展到欧美市场。依靠国内市场收回制作成本，利用海外市场实现赢利。

(4)推动文化产业“走出去”的具体措施。第一，针对市场开发适销对路的产品。通过加大调研力度，韩国针对市场开发适销对路产品。第二，集中力量开发名牌产品，发挥名牌效应。第三，积极举办和参加国际性展销洽谈活动。韩国还注重建设国内外的营销推介平台，推出国内文化产品。第四，积极采取构筑海外营销网等措施开拓国际市场。第五，集中资金支持重点出口项目。遵循“选择和集中”原则，韩国政府设立了出口奖励制度，对年生产1 000份以上的出口影像制品和排前十名的出口唱片项目均有制作费补贴。政府对影视、网络游戏等文化产品的输出提供大量的支持，提高文化企业促进出口的积极性。为了促进“韩国文化世界化”，政府还特别成立了影音公司，负责将韩国出口的各种文化产品翻译成外语，几乎全额补助翻译费与制作费。

2 国际演出市场[①]

2.1 国际演出市场发展概况

国际演出市场是一个复合且复杂的概念,其表现为政治、经济、社会、文化及制度等多方面的作用的结果。在人类历史的长河中,演出一直是艺术创作的表现形式,并不存在所谓的竞争性一说。然而,全球化让整个世界不仅从地理边界上连成一片,更重要的是,让所有国家的利益被连环捆绑在一起。南北半球的任何一个国家或者地区,都不得不加入到这场貌似没有硝烟的斗争中。

国际演出市场作为文化市场的一部分,在全球文化产业发展的宏观背景下,从20世纪90年代至今出现了稳定持续的增长,特别是在2000年之后,国际上的竞争要素流动加速,国际演出市场的活动明显频繁,诸多国家政府间和民间的演出交流和商业性演出开始升温,以中国、印度和巴西为代表的新兴经济体国家的演出市场也出现了非常明显的联动效应。美国和英国等传统演艺强国的演出机构纷纷开始了大规模的跨国化经营,国际演出市场整体趋于繁荣。根据UNESCO(联合国教科文组织)关于文化、艺术和娱乐活动的比重推算,2010年,国际演出市场的总体规模达到了1 239.27亿美元;2014年,国际演出市场总体规模能够达到1 500亿美元,演出相关产业总值则达到了6 000多亿美元。

2.1.1 2013—2015年国际演出市场的新趋势

2008年国际金融危机爆发以后,全球经济维持低速增长,而推动增长的力量格局在改变。2013年,世界整体经济继续向下滑行,达到金融危机后的最低水平。2014年,世界经济继续温和复苏,复苏格局分化明显。发达经济体中,美国、英国增速相对强劲,增长率分别为2.4%和2.6%。新兴经济体经济增速放缓。2014—2015年,由于受到石油等大宗商品价格疲软、区域性地缘政治冲突影响等多种原因,国际贸易整体表现较为萧条。受世界经济低速增长拖累,2013—2015年国际演出市场增速依然低位徘徊。特别是在大型剧目巡演、国际演出贸易展会及国际演出市场票房方面的指标,均出现了低速微增的趋势。

在全球化竞争浪潮的影响下,2013—2015年,国际演出市场在内容创意、版权创作、产业融合、分工协作、资金投入与剧目产出、新媒体舞台技术、网络营销及观众拓展等方面延续了近十年发展趋势的同时,也出现了一些新亮点。

(1)演出版权贸易日趋增加,大型舞台剧依旧是国际演出市场的核心产品。根据世界贸易组织(WTO)2015年的世界贸易组织年报统计,2013年和2014年,知识产权出口

① 本文撰稿:马明,北京舞蹈学院副教授,研究方向:艺术管理。闫玉刚,中国传媒大学经济与管理学院副教授,研究方向:文化产业管理与国际文化贸易。

贸易达到了2 850亿美元和3 000亿美元,其中主要集中在北美、欧盟地区及亚洲。亚洲新兴地区从2010年的14.3%增长至2014年的16.7%,而欧盟和北美地区则出现了小幅下降。具体在进出口方面,除了美国、日本及欧盟等传统优势的国家和地区外,中国在知识产权贸易进口方面的排名占主要统计国家第五位,知识产权贸易逆差明显。

由于知识产权保护在全球文化贸易中的逐渐强化和规范,全球演出市场的知识产权贸易也出现了微幅增长,特别是以美国和英国的《战马》《狮子王》等大型音乐剧剧目版权贸易为代表。各个国家的演出制作公司、艺术教育机构及文化主管部门积极投身于大型剧目的创作,寄希望于成为国际演出市场中的流行指标。美国、欧盟国家、日本、韩国、加拿大依旧是全球主要的演出版权贸易出口国。从国际细分市场来看,以伦敦西区和纽约百老汇为代表的演艺集聚区的细分市场规模比较强势,依旧以大型舞台剧和音乐剧为主要剧目,另外就是大量结合旅游、庆典以及主题乐园的演出节成为诸多国家细化演出市场的重要选择。例如,《战马》自2007年首演至今,已创造出戏剧史上最为辉煌的观演纪录,目前已经在全世界演出超过3 000场,截至2014年2月,观众总数已经超过500万人次。

(2)演艺市场分工协作细化,舞台新媒体技术继续受到热捧,与相关文化产业业态融合加速。近年来,商业性大型演出投入日益增加,大型剧目制作分工协作更为细化,同时受到移动互联网、移动社交等新型媒介方式的影响,演艺产业和相关影视、动漫、设计等行业之间的融合加速。在市场分工协作上,编剧和创意编导、制作人、投资人、演员、舞美等传统分工再次被细化,大量新媒体交互技术和舞台技术被广泛应用。例如,美国百老汇音乐剧《狮子王》被称为史上最昂贵的百老汇音乐剧,总投入达到了约6 500万美元,制作团队分工极为细化,聘请知名乐队U2创作部分歌曲,舞台服装设计华丽,舞美设计在剧中成功运用了各种悬浮、漂移甚至飞翔的效果,令观众叹为观止,上演后打破了百老汇单周票房进账纪录。可见,互联网时代,传统剧场演艺和很多行业一样遇到了困惑。剧场如何创新模式,将艺术与观众的需求互联互通,创造维持剧场生长的生态圈,也是越来越多的从业者关心的问题。

(3)现场音乐会和艺术节演出增长依旧强劲,亚洲地区演出规模增长较为显著,剧目巡演和剧目授权是主要对外演出方式。《2015年全球演出市场商业报告》显示,2015年,全球排名前100场的巡演收入达47.1亿美元,与2014年相比上涨了11%。巡演共卖出了5 978万张门票,与2014年相比上涨16%。2015年,全球票房最高的艺术节是科切拉音乐节(Coachella),持续两个周末仅票房收入就达8 400万美元。相较于电影、电视以及网络文化市场,国际演出市场在整个文化经济中的比重和产值都略低。国际演出市场在近10年的发展中基本呈现稳步增长的趋势,其中,商业性的演出表现比较突出,特别是以音乐类为代表的巡演活动,非常受人瞩目。从国际地域市场来看,美国和英国在整个国际演出市场中的综合占比较突出,非洲和南美洲的比重相当,以日本、韩国和中国为代表的亚洲新兴国家发展潜力较足。在对外演出方面,巡回演出和传统剧目输出依旧是大部分国家参与国际演出市场竞争的主要方式。

2.1.2 2013—2015年国际演出市场竞争格局

20世纪90年代之后,国际演出市场中的竞争已经摆脱了明显的意识形态,开始集中在市场内容流行和市场话语权等方面。进入 21 世纪之后，美国、英国等西方发达国家凭借其在大型音乐剧和现场演唱会方面的竞争优势，成为国际演出市场的主力军。首先，大规模制作的音乐剧和舞剧开始成为国际演出市场中的香饽饽，各个国家的演出制作公司、艺术院校及文化政策主管部门积极投身于音乐剧的发展中，都寄希望于成为国际演出市场中的流行指标。其次，大型的传媒集团纷纷开始涉足演出领域，演艺产品和传媒产品之间的渗透趋势加速，演出市场的传统剧场媒介开始出现了数字化和网络化的创新探路。这种竞争趋势也促使各国的文化、艺术研究者开始对于演出市场话语权以及文化主权提出了诸多的不同看法。最后，对外演出贸易不再以单纯的剧目输出为主，主要的对外演出贸易国家开始通过版权贸易、对外直接投资剧院和剧场以及本土化合资经营等方式开拓国际市场，从而推动着与演出市场相关的剧目、人才及资金等竞争要素的跨国流动。

2008 年金融危机对国际演出市场的影响也是非常明显的。美国演艺娱乐产业在 2009 年和 2010 年的增加值均出现了下滑趋势。2013—2015 年，国际演出市场整体处于危机后的恢复上升阶段，整体格局依旧呈现为“多强争霸、区域深化、新兴追赶”的竞争格局。“多强争霸、区域深化”方面主要是美国、英国和日本在北美、欧洲和亚洲市场各自多年耕耘后，进一步深化了在区域性演出市场的影响力，同时也借助不断发展的版权贸易，将本国著名的剧目和演出品牌推向新兴市场。“新兴追赶”则是以中国为代表的新兴发展中国家在演出领域通过内部文化体制改革和政策创新，不断提升演艺产品的世界竞争力，通过参加艺术节、对外交流活动和开展演艺贸易展览等形式不断地向国际市场推介本国优质演艺剧目和品牌。

同时，我们也看到，由于演出剧目、内容创作、复制成本及文化认同等诸多复杂因素，演出市场的全球化和区域化进度不可能像影视、动漫等文化产品一样在国际市场要素流动、版权贸易量及受众数量方面出现跨越式的发展。事实上，国际演出市场依旧是一个垄断竞争市场，演艺产品在国际化过程中，其“文化折扣”影响非常明显。正如海尔布伦在《艺术文化经济学》一书中指出的：“垄断竞争是这样一种市场结构，它同时拥有垄断因素和竞争因素……在表演艺术产业的独立部门中，百老汇能够恰如其分地被称为垄断竞争者。在每个演出季度中，都会上演三十余部的戏剧和音乐剧，而它们彼此之间自然就形成了对观众的竞争。然而，每家公司对自己的演出都具有垄断权，并且在定价时，它们都假设自己的政策不会引起竞争者的反应。如果我们采用一个更广泛的定义，在这一广泛定义下，所有的表演艺术组成一个单一行业，那么在多数大规模的城市当中，该产业本身是垄断竞争的。歌剧公司、交响乐团、舞蹈团体以及常驻剧院公司彼此之间都进行着竞争，方法是提供独特的但又可以作为艺术娱乐形式而被近似替代的产品。”①此外，各国对传统表演艺术和商业性演出剧目基本上都制定了相对分离的文化政策。传统高雅艺术依旧必须依靠除政府财政资金外的商业合作、个人和基金会捐赠等力量的支持。大型商业性演出剧目的边界也开始模糊，各类先进舞台新技术的使用，在不断提升剧目制作成本的同时，也吸引了更多的潜在观众走进剧场。同时，互联网新兴技术的发展，使剧场体验观演模式也受到进一步冲击。音乐演唱会直播、剧场直播等各类试验性的观演活动

---

① 海尔布伦. 艺术文化经济学[M]. 詹正茂，译. 北京：中国人民大学出版社，2007：33.

也在不断兴起。

2.2 国际演出市场发展现状

2.2.1 美国演出市场发展现状

2.2.1.1 美国演出市场的现状

美国虽然仅有两百多年的历史,但是在其多元种族的文化背景和雄厚的经济基础上,美国在国际演出市场长期以来一直饰演强势者的角色。美国在演出市场相关的内容创作、版权交易、贸易输出、人才培养及多元投资体系等方面均体现了明显的竞争优势。

美国经济分析局(BEA)的调查数据显示,1999—2013 年,美国文化艺术领域增加值变动浮动较大,特别是 2005 年和 2009 年,均出现过增长率下降的趋势(见图 2-1),自 2008 年金融危机之后,美国演艺娱乐业开始复苏。其中,表演艺术在 2013 年生产附加值增加了 3.7%。2014 年和 2015 年,美国演艺娱乐总产值分别达到了 2 941 亿和 3 109 亿美元,在 GDP 中的比重进一步提升。

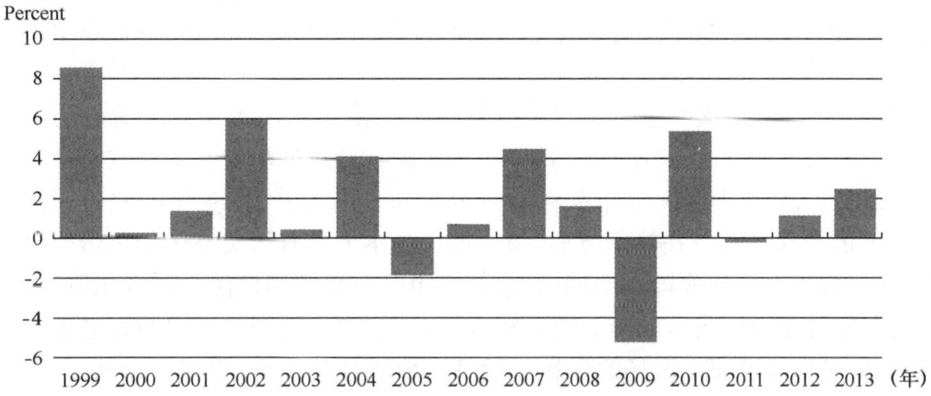

图 2-1 1999—2013 年美国文化艺术行业生产附加值增长率

数据来源:美国经济分析局,http://www.bea.gov/。

虽然至今美国依旧没有设立中央文化主管部门,但实际上却是第一个进行文化立法的国家,特别是对于文艺演出长期坚持着商业与非营利性互补发展的管理理念。由于美国公共文化和文化产业平衡发展的文化模式,演出活动基本上是由非营利性的文艺组织、营利性的演出公司及部分商业场所演出组成。自 1965 年成立了国家艺术基金会(NEA)之后,加之政府对公共表演艺术组织大规模的政策扶持,非营利的演出机构就专注于公共艺术演出、表演艺术教育以及慈善义演;代表营利性的演出公司则倾向于大众娱乐演出、商业演出以及对外演出。营利性商演主要以票房、广告收入为主;非营利性演出则依靠政府支持、社会组织和个人捐赠及基金会支持。长期以来,美国演出市场表现出演出层次多元、运作机制成熟规范、商业化程度高的特征。

美国演出市场在市场主体、观众参与、剧目创作、配套机制以及创收效益等方面均具有较为明显的比较优势。美国联邦统计局关于演出市场的统计通常是依据《北美产业分类体系》(NAICS)的分类标准,其中,演艺娱乐行业代码为 7111,表演艺术及相关赛事推广行业代码为 7113,演艺经纪及相关管理行业代码为 7114,独立编创、演员及制作人行业代码为 7115。2002 年,美国各类艺术、娱乐和消费机构总计 11.1 万多家,其中多数为非营利性组织,就业人数有 189.5 万人,经济效益达 137.78 亿美元①。根据美国 Guidestar 机构的统计,2015 年,在美国现有注册的非营利性表演艺术机构共 3.13 万个,商业性娱乐演出公司则有 9 万多家。美国劳工局(BLS)统计数据显示,2015 年从事演艺娱乐业人员达到了 216.2 万人,其中,表演艺术行业及相关行业从业人员达到了 45.55 万人。根据美国统计门户网站(The Statistics Portal)数据,2009—2014 年,美国非营利性的剧场收入从 8.1 亿美元增长至 11.9 亿美元,捐赠收入从 9.7 亿美元增长至 10.5 亿美元。

2.2.1.2 美国演出市场的主要特点

(1)演出市场各类主体完善,商演与非营利性演出互补。美国演出市场由表演团体、演出中介经纪和相关演出协会和联盟等主体组成,发展较为完善,机制较为健全。其中,演出中介公司包括专业的经纪、融资、营销以及媒体公关公司。据美国表演协会的不完全统计,美国现有的专业经纪公司已经达到 1 500 家之多,其中以哥伦比亚艺术家经纪公司、ICM(国际创新管理公司)、艺术家经纪公司等大公司为主占据了主要的演出市场。一般的表演团体和演出制作公司都有自己长期合作的专属经纪公司,负责演出剧目的推介营销。

美国在舞蹈、戏剧、交响乐以及音乐剧等各个表演艺术门类中都有着较为强势的表演团体。在音乐演出方面,美国约有 1 400 个交响乐团分布在各个重要城市。流行音乐演唱会密集多样,如贾斯汀·汀布莱克(Justin Timberlake)在 2014 年的北美巡演创造了 1.84 亿美元的票房传奇。在舞蹈方面,每个城市基本上都有历史悠久的芭蕾舞团和现代舞团公司,如亚特兰大芭蕾舞团、旧金山芭蕾舞团以及葛兰姆舞团。在音乐剧方面,美国音乐剧制作公司在国际演出市场上的份额占到七成左右,特别是以纽约百老汇为代表的音乐剧演出,成为美国演出市场的标签。2014—2015 年演出季,百老汇上演了 42 部音乐剧(16 部新剧),百老汇音乐剧收益达到了 11.08 亿美元,戏剧收入达到了 2.48 亿美元,百老汇演出市场为纽约市经济贡献了 125.7 亿美元,提供了 8.9 万个就业岗位,观众人数为 1 310 万人次②。在传统剧目类型方面,虽然演出机构、票房收入以及观众参与并未像商业娱乐演出一样出现大幅度的增长,但是在近 30 年发展期间,歌剧、芭蕾、现代舞以及交响乐基本保持了增长的态势。由美国联邦统计局 2009—2014 年统计数据可见,在金融危机之后,由于美国整体经济放缓,致使诸多非营利演出机构在资金筹措和观众参与方面出现了下滑趋势,然而商业性对外演出由于在海外演出市场获得了较高的收益,整体趋于稳定增长。

(2)以专业剧场为核心主导,演出交易会机制成熟。美国的演出剧场被分为美国西部艺术联合会、美国中部艺术联盟、美国中西部艺术联盟、新英格兰艺术基金会、大西洋

① Statistical Abstract of the United States,2004—2005,US Census Bureau,No. 1225.

② 数据来源:美国统计门户网站,http://www.statista.com/。

中部艺术基金会和美国南部艺术联合会 6 大区块。每年还有诸如全国性的表演艺术制作人年会、剧院联盟等各类推广活动和组织。在这些交易会和年会上，各类演出公司挑选希望推出的艺术家，观看文字、视频资料以及现场展示，然后在接下来的数月内通过网络与艺术家或其经纪人进行沟通并完成演出制作签约。美国舞蹈协会、室内乐协会和音乐剧联盟等各行业组织也都定期召开年会，有的还定期举办专门的演出交易会。据美国演出协会的统计，全美现约有 2 300 多家演出场所，其中，加州、纽约和俄亥俄州拥有数量位列前三，如著名的肯尼迪艺术中心、林肯艺术中心。

在美国，剧院联盟业已形成成熟的运作机制和管理体制，在演出市场中发挥着重要的平台性作用。剧院联盟具有明确的区域性和专业性分类联盟，功能和作用定位准确。一般较成熟的剧院联盟都是一个整合演艺产业链的综合性平台。剧院联盟提供多种管理培训与金融服务，以保障和促进会员的成长。美国剧院联盟按照联盟的属性和类别，设置明确的成员加盟标准和不同的会员级别。例如，波士顿剧场艺术营销联盟的入会标准为：是波士顿区域的专业性非营利性剧院；成立时间至少 3 年以上；年度业务预算低于 120 万美元。在运作体制和机制上，美国剧院联盟推行剧目运作、整体宣传、票务优惠、为艺术家提供奖励和赞助等常规性活动，使参与联盟的会员能够从联盟中得到切实的利益①。从演出场所的性质来看，美国的剧场分布可以分为 4 大类：第一，专业剧场演出，一般是指专业艺术团体的高水准演出，这类演出是美国演艺市场的主体。第二，节事场所演出，一般就是在各种艺术节、博览会、大型会议和特定节庆活动上的演出。根据美国演出联盟的统计，在美国定期举办的艺术节约 500 个，其中音乐、舞蹈、戏剧、弦乐、爵士乐、室内乐、音乐剧等专项艺术节 300 多个，综合性艺术节 100 个左右。第三，公共场所演出，一般是指在学校、社区以及城市公共空间所组织的演出活动，其中以学校的演出为主要部分。美国大部分高中和大学都拥有自己的剧场和多功能演出场所，一般都会接洽剧目巡演和大型节事演出。第四，娱乐场所演出，一般是指在游乐场、主题公园及豪华饭店等地演出，一般这一类演出的艺术水准并不高，娱乐性意味较浓。其中最为著名的就是在佛罗里达州迪士尼乐园的 3 个主题公园的演出，每年接近 1 700 多万观众观看。

在剧目市场销售方面，主要包括自产自销、经纪代销以及交易会销售 3 种方式。在自产自销方面，美国知名的表演团体和专业院团都有着长期租用的剧场，每年演出季度前都会同长期合作的剧场进行合同谈判。在经纪代销方面，院团或者个体表演者会委托专业的经纪公司去协调具体的演出时间以及剧场信息等内容。交易会销售主要是指在大型的演出交易会和交易平台上进行的剧目销售。例如，2015 年 1 月，在纽约举行全美表演艺术演出交易会，邀请美国及全球知名的演出公司和机构负责人 3 500 多人参与，并通过现场片段预演、样片等形式进行交易洽谈。

（3）演艺产业增加值显著，艺术生产力高效。作为国际演出市场中的重要支柱力量，美国演出市场在近 20 年的发展中，整体演出机构数量并未出现大幅增长，但是其创造的产值规模却出现了激增。在剔除通货膨胀的因素之后，演艺机构在 20 年间的平均单位产值依旧呈现出飞速的发展（见图 2 – 2）。根据美国经济分析局（BEA）数据可知，1997 年，艺术及娱乐休闲产业增加值为 804 亿美元，而到 2015 年增至 1 833 亿美元。相较于

① 陈庚. 演出业联盟式经营的美国经验与中国路径[J]. 中国文化产业评论，2013(2)：94 – 108.

传统的汽车制造、钢铁以及石油化工等部门,美国艺术及娱乐休闲年均产业增加值非常显著,进一步说明艺术生产力的发展之迅速。

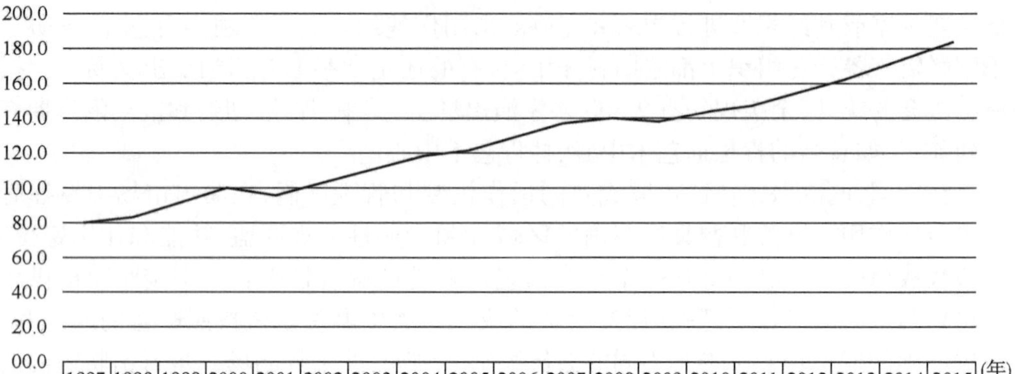

	1997	1998	1999	2000	2001	2002	2003	2004	2005	2006	2007	2008	2009	2010	2011	2012	2013	2014	2015
—— Series1	80.4	82.8	90.4	99.0	96.6	103.8	111.1	118.0	122.3	130.3	137.6	140.1	138.8	144.4	147.5	157.0	164.3	172.4	183.3

图 2-2　1997—2015 年艺术及娱乐休闲产业增加值(单位:10 亿美元)

数据来源:美国经济分析局,http://www.bea.gov/。

(4)驻演与巡演互补,演出季机制完善,两级演出市场渗透力强。美国非营利职业戏剧的演出季和季票订购制度在戏剧制作生产和营销方面找到了艺术和市场之间的平衡点。一方面,不以演员剧团为基础的定期演出季制度离美国戏剧人心目中以演员剧团为基础的巡演演出季制度的理想有很大的距离,体现了美国非营利职业戏剧艺术对商业的妥协;另一方面,基于定期驻演制度的美国非营利职业戏剧特有的季票订购的营销方式,又体现了美国非营利职业剧院和观众之间的紧密联系以及剧院的社区性和地区性特征。

剧目选择和观众拓展之间也有很大关系,演出季的传统剧目适合于季票订购观众。为了拓展新的观众,新剧目的上演非常有效,虽然新剧目的上演有可能与老观众的审美趣味有一定的距离,但同样也是对老观众的艺术挑战。比如,在 20 世纪 80 年代中期,最早的地区性非营利职业剧院的小巷剧院的季票订购观众,经过 20 多年和剧院的共同成长,年龄也增至 60~70 岁,艺术审美趣味趋于保守。①

无论是营业性的商业剧院,还是非营利性剧院,在美国演出市场进行剧目推广都分为驻演和巡演两部分。驻演主要是集中在特定剧场的固定性演出,被称为一级演出市场,而巡演则是通过和演出经纪商的合作,在整个国内进行规模性的巡回演出,被称为二级演出市场。考虑到各个城市的实际消费水平,巡演的票价略低于驻演价格。一、二级演出市场的并存是建立在美国成熟发达的院线制基础上的,比较有规模的演艺集团会拥有多个城市的剧场,各州的演出协会组成了战略院线平台。

根据美国非营利剧场协会(NTO)的统计,一般剧目在驻演和巡演中的演出收入基本相当,剧目巡演市场的收入占到了其驻演收入的 46.8%。从 2001—2008 年的全国一、二级市场的票房走势可见,大型城市驻演的平均票房价格基本维持在 68.4 美元,巡演的平

① 沈亮.美国非营利职业戏剧的演出季和季票订购[J].戏剧艺术,2012(2).

均票房价格为55.5美元。特别是对于在大型城市驻演票房不佳的剧目,二级市场往往成为其减少演出投资的救命稻草。由于美国演出市场成熟的分层区隔,使演艺产品在整个市场渗透方面非常强劲。

2.2.2 英国演出市场分析

2.2.2.1 英国演出市场的现状

在第二次世界大战之后,随着英国经济的复兴和产业升级,演出市场逐渐开始发展。近年来,英国演出市场在其提出的"创意产业"宏观战略下不断稳步提升。1997年布莱尔政府上台后,设立英国文化、媒体和体育部(DCMS),内设创意产业工作组,大力推进创意产业。

英国文体部2014—2015年年报的数据显示,2012—2015年,创意产业发展依旧明显优于其他行业。2013年,创意产业为英国经济贡献了769亿英镑产值,较2012年增长了9.9%,提供了171万个工作岗位。2012年,创意产业服务贸易出口值为173亿元,占据英国出口服务贸易的8.8%①。其中,2013年表演艺术、音乐及视觉艺术对英国经济的总贡献值达到了45亿英镑,提供了22.4万个工作岗位,78%的成年人均参与各类艺术演出或展示活动。而非营利性演出大部分集中在英格兰、苏格兰及威尔士艺术委员会每年所资助的各个院团,这些非营利表演院团收入来源于每年艺术委员会的财政预算、演出票房以及其他公共基金会和个人捐赠。

英国的剧院演出市场之活跃在世界上是有名的。从精美高雅的古典音乐到充满实验创新的前卫戏剧,在英国可谓应有尽有。剧团是剧院演出市场的灵魂。在众多优秀剧团中,英国皇家莎士比亚剧团就是一家成功的古典剧团,年营业额达到3 200万英镑(1英镑约合1.88美元)。它不仅是莎士比亚经典戏剧艺术的代表和传播者,而且面向大众。以英国非营利性的皇家剧院为例,2014—2015年收入来源中,皇家剧院共收到了英国文化艺术理事会38%的财政预算资金,票房营收占到了31%,商业赞助占到了17%,剩余14%来自其他渠道资金。2014年9月,为了进一步支持英国剧院的发展,吸引更多的观众走进剧院,在文体部的推动下,英国政府推出了剧场税收优惠政策。

在演出行业协会方面,伦敦剧院协会和全英剧院联合会是英国较为知名的商演协会。伦敦剧院协会(SOLT)成立于1908年,是伦敦表演艺术制作人、剧院老板和管理者的行业联盟,不仅涵盖了伦敦所有的商业剧院和剧院集团,还有主要的非商业剧院,如英国皇家歌剧院、莎士比亚环球剧院、英国国家剧院等。全英剧院联合会(TMA)成立于1894年,会员包括英国各地的剧院、多功能场地、艺术中心、音乐厅、商业制作人、巡演剧院、歌剧与芭蕾剧团、演出代理及其他相关组织和人员。

英国的演出活动主要集中在剧场演出和艺术节演出。据英国戏剧联盟统计,英国目前共有541家剧院,其中以伦敦的100多家剧院最为著名。② 据英国艺术节联合会的统计,英国有600多个规模不等的艺术节事,包括爱丁堡艺术节、大不列颠艺术节及格拉斯

① DCMS, Annual Report and Accounts 2015:22-23.

② 该数据来源于英格兰、苏格兰、威尔士及北爱尔兰艺术委员会的汇总。

顿伯里艺术节等著名演出艺术节,每年吸引将近两千多万的游客观众参与演出节事。2013 年,全球知名的玛捷国际票务公司(Ticketmaster)公布了《英国戏剧观众消费调查报告》,报告显示,走进剧场观演已经成为主流社交休闲活动。其中,63% 的受访者曾经观看戏剧,53% 的受访者出席了音乐会。近年来,购票者的年龄呈现了一定的下降趋势,年轻观众的流动性也比较强。此外,39% 的观众希望能在观演时同演员互动,超过一半的受访者建议增加视频直播。

根据英国文体部(DCMS)调查数据分析可知,2014 年 4 月至 2015 年 3 月,77% 的成年人观看了各类艺术展演活动,与 2005 年统计数据相近,但相比较 2012 年有所下降。从观众(受众)年龄分层可见,65 ~74 岁的观众参与率从 2005 年 71% 增长至 78% ,75 岁及以上阶段的观众参与率从 2005 年 58% 增长至 2014 年的 62% ,整体受调查各年龄层的观众参与度明显有所提高(见图 2 -3)。在观众性别方面,女性观众的参与率达到了 80% ,而男性观众为 73% 。

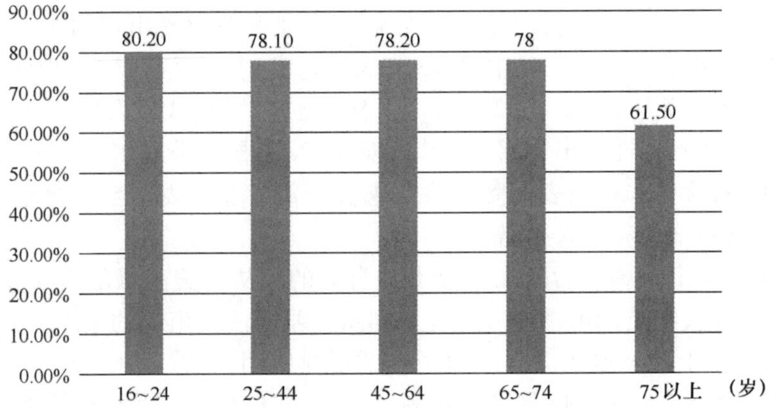

图 2 -3　2014 年 4 月至 2015 年 3 月英国地区受众艺术活动观演参与率

数据来源:英国文体部 www. culture. gov. uk/。

在观演频次方面,超过 62% 的成年观众在 2014—2015 年度参与了 3 次及以上的艺术表演或展示活动,约 8% 的成年观众仅参与了 1 次,与 2005 年数据相似,约 23% 的观众几乎没有参与任何艺术活动(见图 2 -4)。在具体观演内容方面,现场音乐活动的参与率从 2005 年的 26% 增长至 32% 。芭蕾舞、哑剧、爵士乐和戏剧基本未出现大幅变化,现代舞观众参与率增长了 1% 。古典音乐会、嘉年华演出及展示活动均出现了下降的趋势。在观众满意度调查方面,35% 的观众认为参与的展演活动非常不错,相比较于 2007 年 29% 的满意度有所提高。97% 参与展演活动的观众都认为极有可能还会参加该类活动。

凭借着音乐产业的竞争优势,英国流行音乐演出市场也很繁荣。英国音乐产业年报(Measuring Music)数据显示,2014 年,英国的音乐产业为英国经济贡献了 41 亿英镑的收入,现场音乐最为亮眼,它占整个英国音乐产业总收入的 1/4。其中,出口收入达到了 21 亿英镑,出口同比增长 17% 。英国有 2 000 多家唱片公司,音乐产业年产值约达 50 亿英镑,其中,出口约 13 亿英镑,净出口收益比英国钢铁工业还要高。在音乐销量方面,英国

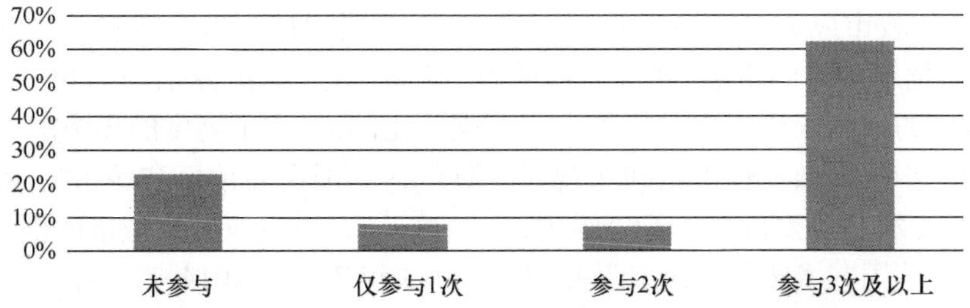

图 2－4　2014 年 4 月至 2015 年 3 月英国地区受众艺术活动观演频次

数据来源：英国文体部 www.culture.gov.uk/。

市场居世界第三；音乐产量占全球音乐产业的 15%，仅次于美国位居第二。[①] 2014 年，现场音乐演出的收入与去年同比增长了 17%，达到 9.24 亿英镑，同时也带来了英国旅游经济 31 亿英镑的收入。英国音乐工业组织（BPI）统计数据也显示，2014 年，英国投资了近 5 亿英镑，用于制作新作品、签约并推广新艺术家，在国际音乐演出市场萎靡不振的背景下异军突起。

2.2.2.2　英国演出市场的主要特点

（1）商演集中在重点城市，非营利性演出分布相对均衡。根据英国 DCMS 2011—2015 年年报数据，英国各个地区演出、娱乐和休闲方面等服务性花费支出中，英格兰地区占有的比重最大。2014 年，英格兰地区服务性支出占全英 84.36% 的比重，苏格兰、威尔士以及北爱尔兰则分别为 5.97%，6.74% 以及 2.93%（见表 2－1）。可见，在整个英国的演出娱乐消费支出方面，英格兰地区的比重占据了英国总体的八成，可谓是高度集中。

表 2－1　2010—2014 年英国四大地区演出娱乐消费支出（单位：百万英镑）

地区	2010 年	2011 年	2012 年	2013 年	2014 年
英格兰地区	2 917	2 966	2 855	2 780	2 417
苏格兰地区	179	147	186	189	171
威尔士地区	176	212	258	176	193
北爱尔兰地区	77	63	77	52	84

数据来源：英国文体部 www.culture.gov.uk/。

从地域方面看，英国的商业性演出主要集中在伦敦、伯明翰及曼彻斯特等主要大城市，而英国艺术协会所组织和扶持的演出大部分在中等城市。从演出内容看，英国商业演出多为经典音乐剧、大型舞剧及流行音乐演唱会，而政府和文艺协会扶持的剧院多半侧重于英国本土戏剧、戏曲及交响乐的演出。不同于美国的一、二级巡演市场，英国由于受到国土面积的影响，商业演出集中在全国三大城市区，而在二、三线城市的演出多为非营利性组织的演出。而在英格兰地区，又以伦敦、纽卡斯尔、曼彻斯特、谢菲尔德及伯明

① 数据来源：中国商务部驻英国经商参处，http://gb.mofcom.gov.cn/index.shtml.

翰等几个城市为主要的演出娱乐消费地区,从 2010 年整个英国主要地区的演出娱乐消费支出可知,伦敦市成为主要的商业演出娱乐地,其演出娱乐收入为整个英国演出市场的 25.9%,占据了 1/4 的份额,其次为伯明翰、曼彻斯特,比重分别为 7.6% 和 8.4%,英国前五大城市的演出娱乐支出占据了全国六成的比例,形成了高度的集中。

为了进一步平衡商业性演出和非营利性演出在英国主要地区和城市的状况,在政府的授权下,以英国艺术委员会(ACE)为主,每年对于二、三线地方性城市的演出给予大量的资金扶持。英国艺术委员会统计数据显示,2013 年 7 月至 2014 年 3 月,英国艺术委员会共扶持各类文化艺术机构和项目 2 160 个,其中包括含资助剧场 646 项、舞蹈项目 159 个、视觉艺术 486 项。2014 年 4 月至 2015 年 3 月,英国艺术委员会共扶持各类文化艺术机构和项目 4 010 个,其中包括含资助剧场 1 169 项,舞蹈项目 312 个,视觉艺术 841 项[①]。

在对非营利演出的资助额度方面,仅 ACE 每年的投入就达到了约 6 亿英镑,而全英国各个机构对非营利性的演出资助每年保持在 12 亿 ~ 15 亿英镑。以 2015 年 12 月为例,ACE 对艺术的扶持资金达到 614 万英镑,其中包括剧场、表演艺术及综合艺术等。在非营利性演出方面,以 ACE 为主的公共机构每年根据各个地区的人口和演出剧场等条件,按照不同比例予以资助。伦敦市由于其人口数量的原因,占用了超一半的资金,其余各个分地区占比则基本在 4% ~7% 范围。其余东米德兰、东部地区以及东北地区占比都维持在 5% 左右。各个地区的非营利演出基本维持了分散均衡的态势。

(2)剧目内容制作体系完善,演出配套机制健全。英国本身也是一个文化大国,在文学、戏剧、舞蹈、美术、音乐等方面都有着丰厚的文化资源和悠久的历史。英国剧场演出剧目较为丰富,包括戏剧、舞蹈、音乐剧等,在剧目内容制作方面细化程度非常高。伦敦西区音乐剧演出制作机构或制作人更是各具特色,有些演艺机构善于传统戏剧题材再开发(卡梅龙・麦金托什),有些制作人则善于明星团队的建设,还有些制作人更是集策划、创作、制作及推广为一体(安德鲁・韦伯)。英国商业演出制作机制非常健全。在演出制作方面,英国发展了一套“试演”、“预演”以及“非定本”的模块化制作流程,在整个剧目创作过程中提前邀请观众观看,不断修正。在剧场公演阶段,一旦发现连续周票房不佳,就转战到成本较低的地方剧场。虽然模块化的制作模式使剧目的创作和生产时间比较长,但是它给予了制作公司提前的修订时间,特别是对于观众的预演步骤,已经开始被其他国家的演艺机构所学习采纳。事实上,这种模块化的制作流程是和英国的演出市场规模分布及市场风险相关的。伦敦地区占据了全英商演一半的票房收入和近 1/4 的观众,其他地区大部分的剧院将整个伦敦地区的表现视为风向标,所以演艺制作公司竭尽全力首先保证市场低风险,避免在伦敦演出的失守。即使是这样,在所有大型制作的舞台剧中依旧也只有 30% 左右剧目的票房非常顺遂。

在市场配套机制方面,英国演出市场中的票房营销网络、经纪服务以及演职人员培训等诸多方面在长期的发展中不断成熟。第一,演职人事方面,整个演出活动以剧目内容为中心,演职人员经常多为招考和聘用。英国商业剧院的演员中除了非常专业的优秀明星外,大部分的演员都采用项目聘用制。英国演出市场的繁荣背后主要是其已经长达

---

① 数据来源:英格兰艺术委员会 www. artscouncil. org. uk/.

百年的艺术人才教育。艺术院校的专业教育和演出机构的职业教育并行，舞蹈、声乐及戏剧课程设置完善，特别是这些教育机构和商业剧院之间建立了平衡的对话平台，优秀的演艺人才直接被商业剧院所聘用。第二，演出销售方面，票房营销网络发达，英国的票务销售公司和地铁、旅行社、电影院及饭店等机构建立长期的合作关系，观众通过这些地方和网络均可以订票。英国演出的票价也实行同一剧目多档位、不同剧目多层次的设置，更为广泛地吸引了各个阶层的观众。第三，在演出经纪服务方面，2014 年，在英国经纪协会注册的专门针对剧院服务的演出经纪公司约有 45 家，音乐演出服务的经纪公司有 55 家，综合性的演出经纪服务公司则达到了 400 多家。英国的演出经纪公司在音乐类演出和剧目推介方面较为出名。英国大型的演艺机构都有长期合作的经纪公司，大部分的业务在欧洲市场。

(3)演艺人才培养模式成熟，集聚区与节事双翼齐飞。英国商业性音乐剧演艺人才的培养主要以未来职业选择为主要目的。如演员培养以舞台演出为目的，制作人培养则以赢利为目的。以伦敦剧院协会(SOLT)等为代表的行业管理机构以及健全的演出经营管理机制和制度是英国音乐剧演出生态健康运营的保障。在伦敦西区，选拔音乐剧演员的体制和演员的竞争体制非常健全，有不少非常著名的戏剧学校和音乐剧演员培训基地，如 LSMT 等。英国演出市场人才培养和竞争机制健全。英国音乐剧学校最大的特色就是和西区剧院的直接联系，所有师资力量大都就职于西区剧院，表演经验丰富。课程设置非常完善，而且也极富欧洲特色，力求培养优秀、全面的“三位一体”的演员①。伦敦剧院协会(SOLT)2003 年的年度报告显示，西区剧院已经有将近 15 亿英镑的产值，而其他所有剧院的总产值仅为 7 亿英镑。西区演出市场的佳绩离不开常驻剧院的经典剧目，如音乐剧《猫》和《歌剧魅影》已上演了 21 年和 26 年。在经历了金融危机的冲击之后，2015 年，伦敦西区依旧吸引了 1 400 万观众，收入超过了 6 亿英镑。

作为一个国际大都市，伦敦西区(West End)的存在是伦敦城市魅力的重要组成部分。伦敦西区(West End)在夏夫茨伯里和黑马克两个不足 2.6 平方千米的街区汇集了 49 个剧院，加上周边几条街区的剧场，一共有 60 多家剧院，分布密度甚至超过了百老汇，平均为 600 ~ 1 000 座的中大型剧场，年度上座率都保持在九成。除了皇家歌剧院、英格兰国家歌剧院、皇家剧场、皇家国家剧院和皇家莎士比亚剧院享受政府资助外，其余西区剧院均为商业剧院，像莱斯特广场(Leicester Square)附近上演《歌剧魅影》的女王陛下剧院(Her Majesty's)、上演《悲惨世界》的皇后剧院(Queens)、上演《妈妈咪呀》的威尔士王子剧院(Prince of Wales)等。伦敦西区凭借着在戏剧演出方面的悠久历史和集聚影响，成为英国演出市场的名片。

根据调查发现，西区观众无论是英国人还是海外游客，多以受过良好教育的人群为主。西区音乐剧的观众主要是外地游客，而严肃话剧、歌剧和芭蕾舞等则以伦敦本地和将观看演出作为经常性消费项目的人群为主；34 岁以下的年轻观众偏爱喜剧、悬念剧，35 ~ 55 岁的观众喜爱经典话剧和音乐剧，55 岁以上的观众则更喜欢话剧、歌剧和芭蕾；年长一些的观众比年轻人更经常到西区观看演出，在每年平均到西区观看演出 6 次以上

① 慕羽. 伦敦西区音乐剧产业结构分析[J]. 北京舞蹈学院学报，2009(2).

的观众中,55 岁以上的人占 47% ,25 岁以下的年轻人占 34%①。和百老汇一样,伦敦西区的演出活动已经成为游客的必选内容。

英国在演出市场、艺术节事以及旅游业相结合方面取得了显著的成绩。演出节事成为整个英国演出市场的重要组成部分。而在这些诸多的艺术节中,以苏格兰地区的爱丁堡系列艺术节最负盛名。爱丁堡市每年平均有 50 多个的演出节事,吸引了英国及欧洲观众达 2 000 万人次,尤其是从 7 月至 9 月中旬的夏季节事,成为国际演出市场的焦点。而在整个节事分布中,英格兰地区和苏格兰地区占据了重要的部分,分别达到了 113 个和 75 个。苏格兰地区的演出节事分布密度排在整个欧洲的前列,平均每月有 5 个节事活动,全英国每月的平均节事活动达到了 17 个之多。根据英国 BOP 调研咨询机构的数据,2015 年,爱丁堡艺术节共吸引了 450 万观众,12 项主要的艺术节共给爱丁堡和苏格兰地区带来了 2.8 亿和 3.13 亿英镑的收入,提供了 5 660 个全职的就业岗位。大量的演出节事繁荣了英国的演出市场,更重要的是,在这些演出节事的吸引下,英国旅游业和演艺产业之间互相融合更为密切,推动了整体经济的不断增长。

2.2.3 日本演出市场分析

2.2.3.1 日本演出市场的现状

日本是高度工业化、城市化和市场化的世界经济大国。在日本,文化产业已经成为重要的支柱产业,电影、动画、音像制品、游戏软件的销售额在世界名列前茅,演艺产业也有很强的实力。日本作为亚洲传统的经济强国,一直以来在世界经济中保持着较强的影响力。第二次世界大战之后,包括漫画、电视、电影及演出等内容文化产业逐渐开始复苏。日本于 1996 年 7 月公布实施《21 世纪文化立国方案》,旨在通过发展文化产业,拓展文化市场,从而为日本经济发展注入新的增长力。2002 年 12 月,日本国会通过了《有关振兴文化艺术的基本方针》,政府开始对文化产业发展的基础条件发力。2007 年 5 月,日本"亚洲前景战略会议"委员会通过《日本文化产业战略》,成为日本文化产业的纲领性文件。虽然日本的演艺产业并非如动漫业一样享誉全球,但是它仍然是整个亚太地区演出市场的主要力量。

日本传统戏剧包括歌舞伎、能乐和木偶戏等。和日本繁盛的演唱会事业相比,舞台剧的发展也丝毫不逊色。日本拥有市场非常稳定的舞台剧,种类繁多,基本上能满足各种口味的观众需求。除了原创的戏剧佳作之外,复排世界著名电影、小说、音乐剧等也层出不穷,其中由动漫改编成舞台剧是其演出市场的特色内容。日本政府不直接管理演出团体,主要是为演艺产业发展提供政策环境,在人才培养、国际交流等方面提供资助,建立其国立剧场为传统演艺团体和交响乐、芭蕾舞等演艺团体提供演出场所。② 日本音乐协会(Concert Pro Motors)调查数据显示,2014 年,日本全国音乐会公演次数相比 2013 年增加了 25.5% ,达到了 27 581 场,观众人数同比增加 9.7% 。

日本的戏剧演出形式和剧场建筑从明治维新时代开始就有了很大的变化,取得了长

---

① 王书羽. 伦敦西区:英国表演艺术产业的代名词//国际文化发展报告[M]. 北京:商务印书馆,2004:559.

② 欧阳坚,于平,雷喜宁. 文化部组团赴日考察演艺产业报告[J]. 艺术百家,2010(1):2.

足的进步。第二次世界大战之后,各类剧场和专用展演空间又经历了一次大的发展与普及。日本的演艺剧院可以分为现代剧场、商业剧院、音乐剧院、儿童剧院及剧团附属剧院。根据日本剧院协会(JAA)对其265个成员的统计,2015年,日本国内及海外作品在剧场演出达到了1.08万场次,总演出天数为1.5万天,观众人数为631万。通过对其33个管弦乐团成员的调查可知,2006年,管弦乐团演出总计3 587场次,观众人数为370万。[①] 仅在东京周边,座位数就在1 800~2 500,能够举办大型演出的剧场有东京文化会馆、简易保险剧场、文化村ORCHARD(奥查德)剧场、新国立剧场、神奈川县民剧场等。日本舞团包括了现代舞、当代舞、舞踏、芭蕾舞及爵士舞等团体。日本是全世界最大的芭蕾舞演出市场之一,特别是东京,高水平演出几乎长年不断。不仅有众多日本国内知名芭蕾舞团,还有很多国外来访芭蕾舞团轮番演出。

日本主管文化事业的部门是文化厅,成立于1968年,是直属日本文部科学省的副部级单位,主管文化艺术、文物保护、国民娱乐、国语教育及著作权等方面的工作。日本对表演艺术的支持主要是通过国家文化厅、地方文化部门、企业和基金会赞助等形式。日本艺术院是直属文化厅的特别机构,是褒奖在文化艺术领域做出突出贡献的艺术家的荣誉机构,每年都会对表演团体给予直接的补贴或间接性的优惠政策。此外,成立于1990年3月的日本艺术基金(JAF)是演出团体和个人直接补助的重要渠道,目前整个基金拥有65.3亿日元的资金,其中54.1亿日元来源于政府财政,公司和私人捐赠了11.2亿日元,日本艺术基金会还建立了国家大剧院和东京大剧院等剧场机构服务于各个表演团体。1990—2009年,整个艺术基金对14 704个申请项目给予了353亿日元的补助。[②]

日本政府对演艺产业也贯彻其"不干预内容"的文化政策,中央政府主要是通过文化厅和内阁官方为演艺产业发展提供一些政策辅助和指导。政府通过如音乐协会(MCA)、日本民间演出协会(JFPAA)及日本传统文化演出组织(TPAO)等非营利性质的协会组织为传统演艺团体和交响乐、芭蕾舞等演艺团体提供演出场所和政策资金扶持。日本政府通过税收政策的引导,使日本的演艺公司和机构得到了诸多大型公司和个人的直接捐赠和资助。日本的国税和地税细则中都规定了捐赠艺术演出的减税细则,如大型公司对演出的资助中,总收入的5%或总资产的0.25%可以计入公司税进行减免。在实际的运营中,所有的演出机构都必须面向市场竞争,吸引观众走进剧院。

2.2.3.2 日本演出市场的主要特点

(1)规模剧团呈现垄断竞争态势。无论是在都道府县,还是社区文化中心,日本的文化设施均较为完善。就剧场而言,规模、种类一应俱全。东京都内既有国立剧场、四季剧场、涩谷果园剧场等容纳成百上千观众的剧场,供人欣赏能乐、狂言、歌舞伎、话剧等各种舞台表演艺术,也有未列入统计的家庭式小剧场。

宝冢歌剧团、四季剧团、东宝公司以及松竹公司被誉为日本演艺产业的四强。这四家公司每年所制作、引进以及推广的商业演出占到了整个日本演出市场的一半以上。这四家重点剧团在日本东京、大阪、名古屋、京都及福冈等核心城市都拥有自己的专属剧

---

① 数据来源:Japan Theater Arts Association,Theater Yearbook 2007.

② 数据来源:日本文化厅网站,http://www.bunka.go.jp/.

场。四家剧团公司互相竞争，但是彼此特色差异明显。这四家公司通过集团化模式经营，各自就是一个独立的演艺舰艇编队，围绕这四家剧团的整个演出活动。此外，还有一大批专门从事剧目策划、演员培训、票务营销及资金投资的公司，特别是通过将传统演出和动漫、电影整合，使演艺产业链在横纵向方面都实现了延伸。日本的四大剧团并没有完全把演出重心放在东京、大阪等重点区域城市，每年针对不同剧目均有一部分巡演计划。正如四季剧团团长浅利庆太所述："打破文化集中于东京一地的格局，将戏剧的感动送往全国。"

以四季剧团为例，日本四季剧团成立于 1953 年，是由导演艺术家浅利庆太领导的亚洲规模最大的剧团，迄今已走过了 60 多年的历史，每年都有大约 300 余万观众观看剧团年均超过 3 700 场的演出。经过 60 多年的风风雨雨和持续不断的发展，四季剧团的年演出场次超过 3 700 场，其年票房收入高达 16 亿元人民币，占日本整个演出市场的 1/6，是日本最具代表性的演出团体，它所创造的奇迹被称为"四季神话"。目前，该团在东京、大阪、名古屋、京都、福冈 5 个主要城市拥有 10 个专用剧场，专业演职人员上千人。四季剧团上演过的剧目共有 156 部，包括音乐剧、话剧、儿童剧等多个剧种，有引进也有原创。

日本剧团的垄断竞争发展离不开实体经济的支持和行业政策的规划指导。首先，在日本，没有所谓的"国有院团"，所有的企业都是私营的，需要"自产自销"。而四季从一开始就注重寻求日本经济界的支持，企业为它提供土地，并支持其兴建专属剧场。通过四季剧团举办的各种文化活动，间接地提高了企业的知名度，更利于开拓市场。其次，多元化销售渠道与完善的会员制度，真正做到一切以观众为本。为了提高售票效率，方便观众买票，四季剧团实现了电话售票、网上售票、票务中心等多种形式，并与各大票务公司、地铁售票网点和 24 小时便利店合作。另外，更重要的是四季剧团的企业化经营、演员专业化培养、演艺产业化拓展经营模式。例如，四季剧团每年秋季面向社会举办一次演员招生考试，在年龄、性别甚至国籍等各方面都不做限制。进入剧团的演员必须严格遵守团内的训练制度，研修生和没有演出的演员从周一到周六的上午都要参加剧团训练课。最后，四季剧团另一个成功的经验就是严格控制预算，保证演出低票价，低票价是支撑长线演出和维持观众持久上座率的最好保证。截至 2013 年 3 月，四季剧团引进的《狮子王》在日本的演出达 8 450 场，从每场演出超过 98% 的上座率中不难看出，观众对它的热情仍然是有增无减。

同样地，宝冢歌剧团在演艺人才培养、观众拓展等方面也具有较鲜明的特色。在演员培训方面，宝冢歌剧团的演员全部为宝冢音乐学校的毕业生，演员全部称为"学生（生徒）"，导演、编剧、编舞等全部被称为"老师"，排练场被称为"教室"，完全按照剧场培训和课堂教学整合一体的模式来运作。宝冢音乐学校入学的淘汰率很高，在日本曾拥有"东之东大，西之宝冢"的美誉。在剧目营销方面，宝冢歌剧团的主管部门阪急电铁株式会社有专门的部门承担剧团宣传、票务管理、会员服务、杂志发行等事宜。在观众拓展方面，宝冢歌剧团专门成立了"宝冢友之会"，通过定期举办观众与演出明星见面和剧目演讲课程等活动，到 2008 年，其会员已经超过了 10 万人。在舞台管理方面，宝冢舞台公司负责整个集团公司各个剧场和剧目生产中舞台美术设计与制造任务。

（2）突出明星制效应，相关业态融合渗透发展。日本的演出公司在内部管理上实行较为严格的科层制，在对外运营中突出演出市场的明星效应，同时演艺产业与动漫和电影业互动极其密切,依托相关文化市场不断提升演艺市场的效益。日本演艺公司对演员的培养非常严苛,如宝冢音乐学校成立90余年来只培养了4 000名左右的学生,平均每年40多人。学生在宝冢音乐学校要参加2年专科和5年大学教育,而剧团每年只选择极其优秀的团员签订聘用合同。诸多的演出明星都是在小剧场不断积累经验和人气的基础上开始进入大型剧场。为了提升明星演员在剧目表演中的吸引力,剧团施行专属编导制度,力求所有剧目都由其专属的剧作家和导演一个人创作完成,从而使编导能够完全为演出明星量身包装和订制角色,呈现出观众愿意欣赏的作品。

在相关业态融合渗透方面,日本较为有名的漫画几乎都有在剧场演出的版本,实现了动漫业和演艺产业之间的互相渗透。特别是近年来,日本2.5次元舞台剧成为市场新宠。日本琵雅研究所的调查显示,2015年,舞台剧观众人数为145万人,比上年增加了17万人。公演作品超过100部,周边产品的销量也在上升。2.5次元出身的演员开始在电视荧屏上活跃,2.5次元的实力派创作人也开始崭露头角。其中由著名漫画家池田理代子的代表作《凡尔赛玫瑰》改编而成的舞台剧更是创下了观看人数逾400万人次的纪录。漫画大师手冢治虫的《丝带骑士》、宫城理子的人气连载漫画《我的帅管家》等多部经典漫画被改编成戏剧后进入剧场演出。

(3)政府极力支持版权保护、本土化制作剧目、音乐和旅游类演出繁荣。日本政府对于剧场演出和内容版权均给予较高的重视和保护。除能得到部分文化厅补贴及日本国际交流基金会项目援助外,日本剧场有90%以上的演出靠自主经营,场次安排提前量很大,一般演出预约要提前一年半以上。以东京新国立剧场为例,该剧场有3个演出厅,大厅主要是自主经营,定期引进世界各地的优秀歌剧和音乐剧。中厅和小厅以场租为主,中小厅设施齐全,座位可拆卸,既可以欣赏高雅音乐,也适合讲座、舞会、多功能会议等。靠大厅的自主经营可以维持中小厅的日常开支。三得利音乐厅也是如此,大厅举办钢琴、交响乐等高雅艺术演出,小厅经常是小规模的音乐欣赏。①

长期以来,日本政府对文化产业的版权问题非常重视,而且对于漫画、图书、电影、电视以及演出各个行业都制定了版权保护措施条例。每年度政府还会组织文化管理部门、日本知识产权保护组织(ACA)以及警察局共同合作打击盗版,2011年11月28日至11月30日,日本在全国47个行政区划中采取了针对文化创意产业著作权侵权的集中取缔行动,共进行了76项搜索,逮捕30人。日本文化厅下设的文化事务委员会(OCCA)除了对文化艺术的扶持之外,主要职能就集中在版权保护和补贴上。

在版权保护方面,文化事业部几乎每年投入整个预算的一半以上。2011年,文化事务预算达1 031.27亿日元,比2010年增长了1.1%,其中知识产权保护方面共投入了651.3亿日元,占整个预算支出的65.3%,对传统表演艺术的扶持也达到了7.5%。

在内容题材方面,日本的四大剧团除了引进西方著名的音乐剧外,同时也积极拓展演艺产业,特别是在剧目内容的本土化制作方面取得了较为显著的成绩。四季剧团是以艺术表演团体直接面对市场的方式,将原创音乐剧演出和购买版权、引进世界经典音乐剧演出并行。采用本土化制作,既降低了成本,也符合当地观赏习惯。四季剧团有不少原创音乐剧,虽然题材多样,却都蕴含着很深刻的教育意义。由于在操作时注重艺术品

---

① 王晨.日本剧场经营:专注每个细节[J].中国文化报,2013-9-26.

质和商业化的结合,这些剧目都成为四季剧团常年公演的保留剧目。而对引进剧目,四季剧团的选择侧重那些表现人类共同关注的博爱主题,如《狮子王》《猫》以及具有现实意义的剧目《妈妈咪呀》等,而非一些带有浓郁地域色彩和文化特征的剧目,因此,这些引进剧目具有广泛的受众群体。对欧美授权引进的剧目,四季剧团也并非全盘照搬,而是将其翻译成本国语言,用自己的演员来演出,这种本土化的做法使观众欣赏起来没有任何语言障碍,可以全身心地投入戏剧氛围之中。①

日本音乐节演出和旅游性演出也是其演出市场的重要组成部分。根据日本《读卖新闻》的报道,2014 年和 2015 年,访日外国游客数量连续上涨,分别为 1 341 万人和 1 970 万人,外国游客在日本的旅行消费金额也达到了 2. 3 万亿日元,创下历史新高。根据日本音像协会的数据(RIAJ),2009 年,其音乐产业产值占全球的 22. 8%,低于美国的 24. 5%,近年来数字音乐产品的发展尤其迅速。音乐类的演唱会和音乐节成为日本国内演出市场的重要组成部门。日本每年举行包括 Asagiri Jam 音乐节、富士摇滚乐音乐节、夏季音乐节及 Metamorphose 音乐节等在内的 6 大音乐节,主要以流行音乐和摇滚乐演出为主。以富士摇滚乐音乐节为例,平均每年有超过 200 组日本国内外的乐团参与演出,音乐节能够吸引观众和游客约 12 万人,票房收入超过 22 亿日元,经济影响力达到了 88 亿日元左右。

2. 3　中国对外演出贸易的新态势

近几年,中国演出市场总体规模呈现稳中有增的平稳发展态势。中国演出行业协会相关报告数据显示,2014 年,中国演出市场总体经济规模达 434. 32 亿元人民币②,2015 年,演出市场总体经济规模达 446. 59 亿元人民币,比 2014 年上升 2. 8%③。伴随着中国演出市场的稳步增长,中国对外演出贸易也得到长足发展,大量国际经典演出产品被引进中国市场,对中国演出产业的发展起到重要推动作用,极大丰富了中国演出市场的产品构成。在对外演出贸易的模式上,也逐步从过去单纯的剧目、产品引进,走向共同合作运营,推动了中国演出企业经营水平的提升。在"走出去"方面,中国演出产品近几年"走出去"的步伐不断加快,"走出去"的产品不再单纯依靠"香蕉产品"和"动作产品",中国元素明显增加,对传播中国声音、讲好中国故事具有重要的推动作用。

2. 3. 1　中国演出"引进来"

近几年,中国引进演出产品数量不断增加,类型也更为丰富,从韦伯经典音乐剧《剧院魅影》到百老汇大秀《极限震撼》,再到日本新型偶像初音未来上海演唱会,各类型、各层次的演出产品纷纷进入中国内地市场。从演出平台来看,大型演出季、戏剧节、艺术节仍是国际经典演出产品进入中国内地市场的重要平台。从类型来看,引入的演出产品类型不断丰富,音乐剧、演唱会、儿童剧等各类演出产品纷纷进入中国内地市场。从引进方

① 郑洁,裴秋菊. 日本四季剧团:艺术与经营的秘密[N]. 中国文化报,2014 - 01 - 18.
② 中国演出行业协会:《2014 中国演出市场年度报告》。
③ 中国演出行业协会:《2015 中国演出市场年度报告》。

式来看，近年来，演出产品的引进正从过去的单一产品、项目引入，转向双方共同合作开发和全产业链运营，合作深度不断加强。从演出城市来看，引进剧目、演唱会等多选择北京、上海、广州这三个经济水平和演出市场最为发达的一线城市。其中，北京和上海会有更长的演出周期和更多的演出场次。同样作为一线城市的深圳也是众多引进剧目演出的目的地，其次便是较为发达的二、三线城市，如杭州、长沙、青岛。从演出城市的选择中可以看出，一个城市的经济水平对其政治及文化发展都有着较为重要的影响，大众的消费意识也会依经济水平而有所不同。

2.3.1.1 演出季、戏剧节成为国外经典演出产品引进的重要平台

演出季、戏剧节是各类型演出集中展示的重要平台，经过多年发展，法国阿维尼翁戏剧节、英国爱丁堡戏剧节、日本东京戏剧节、柏林戏剧节等，已经成为当代世界最为重要的戏剧节，对新剧目展示、推广起到极为重要的作用，很多世界知名演出团体都是立足于演出季、戏剧节等平台，获得业界和受众认可。

早在1944年，剧作家欧阳予倩和田汉等就在桂林举办了中国最早的戏剧节——西南剧展，集中演出了《木兰从军》《人面桃花》《名优之死》等著名剧目。改革开放以来，为推动演出产业的发展，中国许多城市纷纷开办演出季、戏剧节。相关节庆已经成为优秀演出剧目集中展示的重要平台，如北京国际戏剧舞蹈演出季、北京国际音乐节、北京国际戏剧节、杭州国际戏剧节、天津曹禺国际戏剧节、乌镇戏剧节等。在戏剧节蓬勃发展的同时，中国也出现了一批针对细分市场的演出季和戏剧节，如中国儿童戏剧节、北京国际青年戏剧节、国际女性戏剧节等。随着近几年戏剧节的不断发展，中国戏剧节在运作模式趋于成熟的同时，视野也更加国际化。戏剧节集中引进国外经典演出作品，成为中外演艺产品交流、展示的重要平台。

2014年，第一届天津曹禺国际戏剧节引进了德国柏林列宁广场剧院的《朱丽小姐》、德国汉堡塔利亚剧院的《耶德曼》、俄罗斯高尔基模范艺术剧院的《蘑菇沙皇》《在底层》和波兰华沙话剧院的《假面·玛丽莲》，各自代表了所在国家的最高戏剧水准。2015年，南锣戏剧节有13部来自世界10个国家和地区的舞台作品；北京青年戏剧节有来自7个国家和地区的戏剧；乌镇戏剧节聚集法国、德国、巴西、瑞士、意大利、荷兰、波兰、立陶宛、俄罗斯等12个国家和地区的剧目。

作为中国戏剧节的后起之秀，乌镇戏剧节从一开始就有很深的国际基因。自2013年以来，乌镇戏剧节已经连续举办三届，戏剧节期间，世界多家知名演出团体齐聚乌镇，带来大批经典国外演出剧目，众多剧目更是首次来华演出。在2015年10月举办的第三届乌镇戏剧节上，世界8大国家级名团齐聚乌镇，奉献了来自法国、德国、巴西、瑞士、意大利、荷兰、波兰、立陶宛、俄罗斯等12个国家和地区的20台顶尖剧目共73场演出。

创办于1998年的北京国际音乐节已经成为北京的标志性文化活动，是世界著名的音乐节之一。2015年北京国际音乐节引进的瓦格纳的两部恢宏巨作《纽伦堡的名歌手》和《特里斯坦与伊索尔德》，填补了中国歌剧舞台历史性空白。

除国内举办的各类戏剧节外，相关演出节庆方面的中外合作也不断深入推进。2014年11—12月，第六届戏剧奥林匹克首次在中国举办。作为唯一获得国际奥委会授权使用“奥林匹克”的文化交流活动，戏剧奥林匹克是当代世界影响最大、学术地位最高的戏

剧交流展演活动,第六届戏剧奥林匹克以“梦想”为主题,汇集了来自全球22个国家和地区的45台顶尖剧目,为中国观众奉献了一场国际戏剧的饕餮盛宴。

2.3.1.2 音乐剧引进逐渐多元化

早在1987年,作为中央歌剧院对外文化交流项目的《乐器推销员》和《异想天开》就被认为是中国引进西方音乐剧的源头,但直到2003年的经典音乐剧《猫》,国外的市场化运作模式才被引入中国。[①] 近年来,随着中国人教育水平的提高,音乐剧、交响乐等高端演出产品引进来的数量和质量都呈现上升态势。不过,受经济基础、欣赏水平等方面的影响和制约,音乐剧高端演出产品的引进主要集中于北上广等一线城市。

在音乐剧引进的过程中,世界知名音乐剧仍然是中国音乐剧市场的重要引领者。作为最早引进的音乐剧目,《猫》《悲惨世界》《音乐之声》《妈妈咪呀》《狮子王》等百老汇经典音乐剧都对中国内地音乐剧市场的培育起到了重要作用,直到今天仍被中国观众所熟知,《猫》《妈妈咪呀》也进行了中文版改编。2015—2016年,世界四大音乐剧之一《歌剧魅影》在广州、北京、上海三地连续上演150多场。在北京天桥艺术中心的演出中,每日上座率高达95%,截至2015年年底,仅在广州、北京两个月的演出票房就已过亿。[②]

除了百老汇、伦敦西区的经典音乐剧外,中国音乐剧市场的经营机构在近几年也开始拓宽视野,将目标瞄准更为多元化的剧目引进。2014年12月,德语音乐剧《伊丽莎白》在上海文化广场连续上演40场,平均上座率达到72%。法语音乐剧《罗密欧与朱丽叶》、德语音乐剧《莫扎特》等非英语音乐剧也都已经或将要登录上海文化广场。音乐剧引进方面的拓展与成熟得益于十多年的市场培育,使得音乐剧演出拥有了一批成熟而稳定的观众群体。

海外经典音乐剧在培育中国内地音乐剧市场的同时,也推动了音乐剧的本土化进程。近几年来,中文版《妈妈咪呀!》和《猫》等本土化音乐剧均已在全国各地巡演多场。截至2013年,《妈妈咪呀!》中文版已在中国20多个城市巡演370多场,票房累计突破1亿7千万元。[③] 除经典音乐剧的中文版外,国内一些有实力的公司也投身到音乐剧本土化的制作之中,如松雷文化集团的《蝶》《爱上邓丽君》《王牌游戏》《妈妈再爱我一次》,都获得了良好的经济效益和社会效益。尽管中国音乐剧市场仍处于起步阶段,国内众多原创音乐剧也因为演出场次太少而无法收回成本,但部分原创品牌音乐剧目和团体初步形成,《空中花园谋杀案》《妈妈再爱我一次》等千万量级品牌剧目的出现,对中国音乐剧市场的发展和原创能力的提升无疑具有重要带动作用。

2.3.1.3 演唱会引进持续火爆

在众多演出门类中,明星演唱会是最大众化、市场化的类型之一。自20世纪90年代“拉丁歌王”胡里奥·伊格莱西亚斯进入中国内地观众的视野以来,众多海外明星在中国内地举办过多次演唱会,如鲍勃·迪伦、艾薇儿、后街男孩、老鹰乐队等。

---

① 李琼.音乐剧市场营销策略全透析——兼析《妈妈咪呀!》的商业运作[J].文化产业导刊,2012(2).

② 肖旋.《剧院魅影》,中国巡演票房破亿1月10日收官[OL].搜狐娱乐,http://ent.southcn.com/8/2015-12/31/content_139935354.htm.

③ 李澄.《妈妈咪呀!》中文版巡演收官[N].北京晨报,2013-12-26.

2014 年和 2015 年两年,演唱会市场态势继续火爆。日韩、欧美许多大牌明星来华举办演唱会,泰勒·斯威夫特等当红歌星首次来华演出。同其他演出一样,众歌星都会将北京、上海、广州选为演出城市,若巡回城市众多,则可能在北上广三地增加演出场次,因为这三地对欧美音乐市场的培育已相对成熟,但是在同一城市加场却可能造成票房的下滑。泰勒·斯威夫特在上海的第一场演出,门票迅速售罄,上座率极高,但是当她宣布在上海加演两场后,后两场的门票便不再像第一场那样抢手。

然而,来华明星增多、演唱会数量上涨,并不代表演唱会质量可以得到保证。2014 年,艾薇儿中国巡回演唱会杭州站的演出过程中,现场音响和话筒先后出现故障,而歌手本人也在发生故障后回到了后台,在观众等待演出继续的时候,主办方却宣布演出结束。如此草草收场,使许多观众感到不满,现场的舞台设计也十分粗糙。官方将这种提早收场的失误解释为歌单印制有误,导致观众认为歌手并没有完成预先的演唱计划,如此的演唱会质量使许多歌迷感到十分遗憾。

由此可见,虽然中国引进的演唱会越来越多,市场越来越火热,但是离真正的成熟还有一定的距离。这种距离不仅体现在演出场馆的各类指标以及引进演唱会开唱艺人的国际知名度上,还体现在中国歌迷的身上。歌迷专业素质的提高、演出场馆的技术、演唱会的用心程度,种种细节都应被投以更多的重视,甚至多于对引进演唱会数量的追求。

除明星演唱会外,在年轻一代中具有较高人气的虚拟偶像初音未来,也在 2015 年首度在上海举办了 4 场演唱会。演唱会与展览、衍生品销售相结合,演唱会不仅更新了歌单,还增加了两首中文曲目。现场歌迷虽不能与虚拟角色有更多互动,但是歌迷们利用荧光棒的颜色与舞台上的演唱角色相配合,使现场氛围空前良好。

2.3.1.4 儿童剧引进发展迅速

近几年来,中国儿童剧市场发展迅速。中国演出行业协会数据显示,2014 年中国儿童剧市场呈现井喷式增长,演出场次达 1.85 万场,比 2013 年上升了 50.41%,平均票价 100 元,比 2013 年上升了 25%,票房收入 7.40 亿元,比 2013 年上升了 80% 以上。[①] 大量海外优秀儿童剧的引进进一步丰富了中国儿童剧市场。

截至 2016 年,中国儿童戏剧节已经连续举办 6 届。在 2015 年的第五届中国儿童戏剧节上,芬兰亲子舞剧《八音盒的秘密》《糖果屋历险记》,日本歌舞剧《冲绳灿灿》等国外优秀儿童剧相继亮相。2016 年 8 月举办的第六届中国儿童戏剧节上,罗马尼亚芭蕾舞儿童剧《足尖上的辛德瑞拉》、立陶宛儿童剧《白色摇篮曲》等首次来华演出。2016 年,上海儿童艺术剧场首次针对 0~3 岁婴幼儿推出“小宝宝启智系列”11 台节目,丹麦儿童剧《回到妈妈肚子里》、英国节目《跳舞吧! 宝贝》、西班牙作品《米罗的星空》等儿童剧都针对婴幼儿进行编排,极大地丰富了中国儿童剧市场,对中国儿童剧创作起到重要推动作用。

中国儿童剧市场的发展得益于“80 后”家长日渐成熟的文化消费理念,也和当下演出市场运作日益成熟有着密切的关系。国外儿童剧的引进在丰富中国儿童剧市场的同

---

① 中国演出行业协会. 2014 年中国演出市场年度报告[OL]. 中国演出行业协会官网. http://www.capa.com.cn/news/showDetail? id=76150.

时，也为中国儿童剧创作理念提升、运营模式改进起到重要推动作用。在演出规模上，较之于国内动辄大制作、大剧场、大规模、大场景、大舞美的创作理念，国外儿童剧往往采用小制作方式，以利于巡演的成本控制。在表现形式上，《八音盒的秘密》《糖果屋历险记》等国外儿童剧都针对儿童的接受特点，采用形体动作的方式讲述童话故事，极少甚至根本不使用对白，这样既有利于儿童接受，同时也给观众留下无穷的想象空间。在运作模式上，国外儿童剧主要依靠演出生存，极少有政府赞助，因此十分注重成本节约、巡演规划等市场化运营手段，比如，风之子剧团全部成员只有 5 人，日本道化剧团的“变变变”系列，每次只有 3 个演员演出。在演出氛围上，引入的国外儿童剧在演出过程中十分注重现场互动，强化“在场”效应，如韩国儿童剧《库比克斯》的整个演出就像过儿童节一样气氛热烈。①

2.3.1.5 中外演出合作深度推进，艺人培养模式渐趋成熟

从 2013 年中芬合作的音乐剧《玩我》，到 2015 年中法合作的歌剧《参孙与达丽拉》，近几年，中外联合制作、出品演出产品的步伐不断加快，中外演出产品合作深入推进。在合作模式上，演出产品合作已经不再局限于单纯的剧目、产品合作，而是逐渐走向从策划、制作到营销、衍生品开发的全产业性的深度合作，舞台剧《战马》便是其中最为重要的代表案例之一。

2013 年 8 月，中国国家话剧院与英国国家剧院签署协议，双方共同打造《战马》舞台剧中文版，并进行亚洲巡演。这标志着中英戏剧深度、全面战略合作的开始。以“中英文化交流年”为契机，2015 年 9 月，《战马》开启了全国巡演之旅。在首轮 50 多场的北京站演出中，出票率达到 85%，上座率则达到 95%，近 45 000 人观看演出，票房达 1 100 多万元。舞台剧《战马》中文版不仅是单一的演出项目合作，更是中外演出产品全产业链运营的有益尝试。在合作过程中，中国国际演出剧院联盟打破传统营销策略，充分利用联盟的国内剧场资源优势，提前安排好《战马》的巡演路线和剧场，大大降低了演出成本；该项目充分利用新媒体营销，实现国际化的全媒体营销和整合营销；为《战马》搭建专门的运营体系和票务营销体系；提前策划衍生活动，并积极谋划打造后续衍生产品。②

与日韩、欧美等娱乐产业发达国家相比，中国演出产品在演出产品策划、制作、营销方面存在一定差距的同时，更面临传统艺人培养模式无法满足当下受众需求的困境。近年来，我国演出机构在引入相关产品的同时，更注重艺人经纪模式的借鉴和探索，以本土化方式引入国外艺人培养模式。北京时代峰峻文化艺术发展有限公司、上海丝芭文化传媒有限公司、乐华娱乐、天娱传媒等国内演艺机构借鉴日韩偶像文化的“练习生”模式，推出 TFBOYS、SNH48 团体、UNIQ、H2K 等一系列偶像团体组合，面向国内年轻受众打造偶像演出团体。尽管上述部分偶像团体在打造过程中面临低龄化、抄袭等诸多质疑，在操作手法上也有生搬硬套之嫌，但从长远来看，对中国艺人培养模式、经纪模式的发展具有一定的开拓和探索意义。

---

① 艾莉. 国外儿童剧带来创作运营新理念[N]. 光明日报，2015 - 08 - 05.

② 王珏，曹雪盟. 舞台剧，中外合璧为哪般[N]. 人民日报，2015 - 11 - 09(14).

2.3.2 中国演出产品“走出去”

在中国演出产品引进来数量不断增加、类型更为丰富的同时，中国演出产品“走出去”的步伐也逐渐加快。近几年来，中国演出产品积极参与国际艺术节、戏剧节，充分利用国际性演出平台推动中国演出“走出去”。在“走出去”的方式上也不断创新，针对东南亚市场的旅游驻场演出模式、中外合资合作模式等都为中国演出产品“走出去”的模式创新起到了积极的探索意义。同时，中国演出产品“走出去”也不再单纯依靠动作类产品和“香蕉”产品，中国元素极大丰富。

2.3.2.1 充分利用国际平台，推动中国演出产品“走出去”

在国外众多经典演出产品通过戏剧节、演出季进入中国内地市场的同时，中国的很多演出产品也充分利用国外戏剧节、演出季这一展示平台“走出去”。作为中国演出产品“走出去”的经典案例之一，京剧版《王子复仇记》的诞生便是上海京剧院应丹麦“哈姆雷特之夏”艺术节的邀请，要创作一台“京剧版的《哈姆雷特》”赴克隆堡演出。自2005年首度海外演出以来，《王子复仇记》已经赴丹麦、荷兰、德国、西班牙、法国、英国、墨西哥、智利、厄瓜多尔、哥伦比亚等十多个国家进行演出，荷兰“中国文化节”、德国科隆艺术节、爱丁堡国际艺术节、墨西哥塞万提斯艺术节等，都是《王子复仇记》“走出去”的重要平台。

近年来，除《王子复仇记》外，众多京剧、话剧等演出产品也充分利用国际性艺术节“走出去”。2013年7月，黑龙江京剧团参加摩洛哥沃吕比利斯国际艺术节。2015年5月，天津青年京剧团参加津巴布韦“2015哈拉雷国际艺术节”，演出《天女散花》《三岔口》等经典剧目。2013年8月，北京人艺演出的话剧《大将军寇流兰》参加爱丁堡国际艺术节。国家话剧院的《青蛇》参加2013年第41届香港艺术节、2014年肯尼迪艺术中心戏剧节和爱丁堡戏剧节。话剧《活着》参加2014年德国汉堡莱辛戏剧节。2015年1月，孟京辉执导的话剧《琥珀》登录德国莱辛艺术节。2015年6月，上海戏剧学院演出的话剧《中国梦》参加罗马尼亚锡比乌国际戏剧节。国际艺术节成为展示中国话剧艺术成就的绝佳舞台。

在积极参与国际艺术节、戏剧节的同时，国内艺术节的国际化发展路径也渐趋明晰，“相约北京”演出季、上海国际艺术节等也成为国内演出产品“走出去”的重要平台。《清明上河图》《丝路花雨》《鄂尔多斯的婚礼》《又见国乐》等都是通过“相约北京”演出季走向世界重要舞台的。微电影交响诗《女书》、话剧《青蛇》、京剧街舞剧场《融》、舞剧《十面埋伏》等国内原创演出产品也都是通过上海国际艺术节迈出“走出去”的步伐。

2.3.2.2 山水实景演出产品走出国门，探索海外驻演新模式

2004年以来，以《印象刘三姐》《印象丽江》《印象西湖》《印象大红袍》等“印象”系列为代表的山水实景演出产品成为中国旅游演出产品最为“吸睛”“吸金”的重要演出类型，获得了国内外游客的认可。近年来，中国文化企业也开始与国外合作，联合打造驻场旅游演出产品，积极探索海外驻演的新模式。

早在2010年，云南文投集团下属的柬埔寨暹粒演艺投资有限公司便投资500万美元在柬埔寨吴哥窟打造驻场旅游演出产品《吴哥的微笑》。迄今为止，已有来自全球的110

多万游客观看了该演出,该项目在被列入“文化出口重点项目”的同时,也被柬埔寨政府授予“柬埔寨旅游特殊贡献奖”。2016 年 6 月,水盛典文化产业有限公司与越国文化管理演出公司签署协议,双方将在越南岘港、下龙湾、河内、会安、富国岛 5 个城市共同打造实景演出《玄真公主》。①

目前来看,中国与海外合作的驻场旅游演出主要集中在东南亚国家,主要原因有以下几点:首先,与欧美等国相比,中国文化企业在东南亚国家的资金、人才、创作能力等方面的优势更为明显;其次,东南亚国家与中国具有较近的地缘关系,文化亲缘性也比较强,尤其是对云南、广西等省区来说更是如此,这些省份的演出机构在国内积累的运作经验在东南亚国家的实际操作中比较容易落地;再次,东南亚国家是中国游客最主要的出境游目的地,相关数据显示,2016 年 1—4 月,中国内地游客赴泰国人数较上年同期增长 27%,是泰国第一大客源国;一季度赴马来西亚短途游的游客中,中国游客同样大涨 35. 2%,中国赴东南亚各国的游客人数上半年增长迅速,已成为东南亚旅游的主要客源国。② 驴妈妈旅游网的调查结果显示,在中国游客出境游的十大热门目的地中,东南亚国家占据 4 席,分别是泰国、菲律宾、印度尼西亚和新加坡。大量中国游客的到来也为相关演出项目提供了客源保障。

2. 3. 2. 3 演出产品“走出去”数量增加的同时,中国元素更为明显

在中国演出产品“走出去”的初级阶段,我们在产品上主要依靠“香蕉产品”和“动作产品”。所谓“香蕉产品”,即演出产品在形式上采用中国化表现手段,但在内容上则是对西方元素的重新开发和演绎。比如,早期的京剧《王子复仇记》、河北梆子《美狄亚》《忒拜城》、杂技芭蕾《天鹅湖》等。“动作产品”则是主要采用功夫、杂技等动作类表现形式,对相关故事进行演绎,如《风中少林》《功夫传奇》等。在中国对外演出贸易的初级阶段,采用“香蕉产品”“动作产品”有效降低了文化折扣,使海外受众能够比较容易接受和认可中国演出产品,是在一定阶段的必然选择。到目前为止,杂技等动作类剧目仍是中国演出“走出去”的重要组成部分,近几年国内演出团体也充分利用杂技、功夫等比较优势,更多地注入了中国文化元素,如融合了杂技、京剧等元素的京剧意象杂技剧《北京梦》便于 2015 年下半年在北美地区连续巡演多场,杂技剧《十二生肖》《梦幻西游》《梦之旅》《金小丑的梦》《丝路彩虹》等体现“中国梦”“一带一路”主题的杂技剧,在近几年也多次进行海外巡演。

然而,从长远来看,单纯依靠这些产品虽然有利于中国演出产品“走出去”,但对于中华文化海外传播、中国故事的讲述和融入难以起到很大作用,同时也会使海外受众因审美疲劳进而产生抵触情绪,不利于中国演出产品的持续传播。近两年来,中国演出产品走出去的数量稳步增长的同时,中国元素也在不断增加,以过去依靠“香蕉产品”和“动作产品”为主的模式逐渐改变。

2015 年 9 月,京剧程派名家张火丁在美国纽约林肯艺术中心、多伦多地区密西沙加

① 中越五地实景演出项目今天在北京签约. 央广网, http://news.cnr.cn/native/gd/20160616/t20160616_522419503.shtml.

② 金杰,甘婷婷. 中国游客热衷东南亚游[N]. 广州日报,2016-07-29.

市的演艺中心演出了京剧传统剧目《白蛇传》和《锁麟囊》，获得良好反响，《纽约时报》、《华尔街日报》、CNN等美国主流媒体都对其进行了报道。改编自中国传统神话题材的话剧《青蛇》2014年在美国、英国演出，获得圆满成功。2014年2月，改编自余华小说的话剧作品《活着》在德国柏林德意志剧院、汉堡塔利亚剧院演出；赖声川执导，许晴、李宇春等主演的话剧《如梦之梦》在新加坡滨海艺术中心上演。这两部话剧都获得了良好反响。《活着》在德国的演出谢幕5次，CD和T恤衫也都被观众抢购一空。①

除"中国元素"外，国内演出团体也越来越注重生态、动物保护等全球共同话题的"中国化表达"，上海歌舞团舞剧《朱鹮》便是其中的典型代表。《朱鹮》以国际珍稀保护鸟朱鹮为题材，以唯美的舞剧形式，在表现朱鹮高贵、典雅、纯洁的同时，充分展现中国传统文化中的和谐理念，启发受众对人与自然和谐相处、休戚与共的深度思考。2015年5—8月，该剧在日本巡演长达64天，观众近12万人次。演出所到之处近乎座无虚席，谢幕时观众集体起立，眼含热泪。

2.3.2.4 演出产品"走出去"扶持力度继续加强

对当前中国演出产品"走出去"而言，演出交流和演出贸易必须"两条腿走路"。从文化内容来看，由于受到文化差异性和文化折扣的制约，中国元素较强的演出产品完全通过市场渠道走出去目前还难以实现。与其他文化产品一样，演出产品的消费也有较强的路径依赖特征，通过交流方式逐渐降低文化折扣，进而培养海外受众对中国文化内容的消费习惯，是中国文化产业发展初级阶段的必然选择。从这一意义上说，演出的对外交流与对外贸易并非割裂存在，而是相互影响，相互作用，若运作得当，就会形成良性互动关系。近年来，我国政府有关机构极为重视演出产品的对外交流和对外贸易，国家艺术基金等资金也给予了大力扶持。

国家艺术基金不断加强探索海外合作，其资助的部分演出项目也成为对外文化交流的亮点。2015年，共有18项国家艺术基金资助项目在国(境)外组织实施。"中国故事·大地之歌叶小纲交响音乐会"在美国华盛顿和圣荷西启动，舞剧《孔子》获得艺术基金资助赴欧洲巡演，舞剧《红色娘子军》受邀参加美国纽约林肯中心艺术节演出活动，话剧《茶馆》、舞剧《运之河》《天鹅湖》等也都获得基金资助赴德国、意大利、荷兰进行巡演。这些资助项目对传播当代中国价值观念、体现中华文化精神、反映中国人民审美追求、展示我国文化发展的成果具有重要的推动作用，成为促进中外演出交流的重要载体。②

在2015—2016文化出口重点企业目录中，中国对外文化集团、天创演艺、中国杂技团、沧州杂技演艺有限公司等多家企业入选。《武林时空》，舞剧《野草》《马可波罗传奇》《冰上特技秀》《时空之旅》《艺海春梦》《花木兰》《浓情中国韵》《孔雀》《吴哥的微笑》《丝路花雨》等杂技剧、舞剧等演出产品被列入2015—2016年度国家文化出口重点项目名录。除演出项目走出去外，天创演艺的美国布兰森白宫剧院经营管理项目也被列为国家文化出口重点项目。

---

① 和璐璐，柴春霞. 中国话剧登海外舞台《活着》《如梦》受追捧[N]. 北京晨报，2014-02-07.

② 国家艺术基金积极助力中国对外文化交流[N/OL]. 国家艺术基金官方网站，http://www.cnaf.cn/gjysjjw/jjdtai/201601/c277b02b25764eefa7b5c2ddb5301d19.shtml.

2.3.2.5 演出产品“走出去”的系列创新尝试

除上述措施外，中国演出机构还通过一系列创新性探索，积极开拓中国演出产品“走出去”的新渠道、新模式。

作为中国演出产品“走出去”的重要推动者，中国对外文化集团推动了多部优秀演出产品走向国际市场，如《龙狮》《武林时空》《美猴王》等。仅 2013 年，中国对外文化集团就派出 42 个演出项目，在全球 300 多个城市举办各类演出 5 500 多场，其中，商业项目 31 个，占 73.8%。① 中国对外文化集团在推动演出产品走出去的同时，还积极探索新的合作模式。2013 年 11 月，中国对外文化集团与美国国际管理艺术集团共同投资成立中美环球演艺股份有限公司，合资公司将全面打造三大平台：中国艺术人才的经纪营销平台、世界高端演艺产品制作平台、中国文化“走出去”的全球推广营销平台，推动中国艺术家、演出精品走向美国主流市场。②

在建立合资公司的同时，中国对外文化集团等国内演出企业更重视中国演出系列产品的“品牌化”运营，通过推动品牌化系列产品“走出去”，改变过去依靠单一产品单打独斗的运营方式。中国对外文化集团致力将包括《丝路花雨》《十里红妆》《牡丹亭》《一把酸枣》《梁祝》等演出产品在内的系列产品打造成“中华风韵”舞剧品牌，将中国传统的古韵古风有效地推向国际市场。③

除中国对外文化集团外，北京演艺集团等机构也积极探索“走出去”的模式创新，在“文化交流”之外，希望通过“产品行销”“品牌推广”“品牌定制”等方式，推动中国演出产品走向国际市场。

---

① 李慧. 世界劲吹“中国风”——中国对外文化集团公司文化“走出去”素描[N]. 光明日报，2014-4-25(01).

② 廖翊. 中美合资成立环球演艺公司：探索“走出去”新路径[OL]. 新华网. http://news.xinhuanet.com/politics/2013-12/03/c_118393477.htm.

③ 中国对外文化集团公司：演艺走出去开启“任意门”[N]. 国际商报，2014-06-27.

3 国际电影市场①

3.1 国际电影市场产业格局

3.1.1 国际电影市场票房格局

2015 年,国际电影市场票房达到了 383 亿美元,比 2014 年增长了 5%,其中,美国(包括加拿大,以下统称美国)国内的电影票房达到了 111 亿美元,比 2014 年增长了 8%,其他国家的票房总和达到了 272 亿美元,比 2014 年增长了 4%。在国际电影市场的票房构成中,美国国内市场占到了 29%,其他国家的市场份额总和为 71%②。总体上看,美国国内市场票房规模在全球票房中的占比缓慢下降。这是因为经过多年的发展,美国国内电影市场已经非常成熟,人均观影次数已经接近 4 次/每年,总观影人次已经基本稳定,而美国之外的中国、俄罗斯、阿根廷等国家的电影市场出现了高速增长,由此导致美国电影国内市场在国际市场份额中的相对下降。

美国电影市场协会将全球电影市场按照地理位置分布,分为北美、欧洲与中东及非洲地区、亚太地区以及拉丁美洲 4 大区域。由于近年来中国电影市场的爆发性增长,亚太地区已经取代北美地区成为全球最大的票仓(见表 3-1)。2015 年,亚太地区的票房总额为 141 亿美元,年增长率达到 13%,成为驱动国际电影票房增长的主要推动力,其中,中国电影市场的票房总额达到了 68 亿美元,占亚太区电影总票房的将近一半,已经成为除美国之外最大的电影市场,比尾随其后的全球票房第二名英国的电影票房多了将近 50 亿美元。2015 年,中国电影票房的增长率达到了 49%,成为全球票房增速最高的市场。

2015 年,拉丁美洲的电影票房增长率也达到了 13%,其中,阿根廷的年度票房增长率达到了 38%。欧洲、中东及非洲地区的票房较之 2014 年下降了 9%,其中,法国下降了 18%,俄罗斯下降了 34%,西班牙下降了 8%。这些国家票房下降的主要原因在于本国货币相对美元出现贬值,导致经过折算后以美元计价的票房出现了下降,实际上很多国家的票房如果用当地货币计价的话还是有所增长的。

表 3-1 国际电影市场票房格局 (单位:亿美元)

	2011	2012	2013	2014	2015	2015 较 2014 年增长率	2015 较 2011 年增长率
北美地区	102	108	109	104	111	8%	9%
欧洲、中东及非洲地区	108	107	109	106	9.7	-9%	-10%

① 本文撰稿:虞海侠,中国传媒大学经济与管理学院副教授,研究方向:国际电影贸易。

② Theatrical Market Statistics 2015, MPAA.

续表

	2011	2012	2013	2014	2015	2015 较 2014 年增长率	2015 较 2011 年增长率
亚太地区	90	104	111	124	141	13%	56%
拉美地区	26	28	30	30	34	13%	31%
全球	326	347	359	364	383	5%	18%

数据来源：Theatrical Market Statistics 2015，MPAA。

3.1.2 国际电影银幕格局

2015 年，国际电影银幕的数量增长了 8%，达到了 152 000 块，这在很大程度上归功于亚太区域出现了高达 19% 的两位数增长。全球数字电影银幕增长了 11%，增速有所下降。这是因为经过多年的高速增长，数字银幕的市场渗透率已经很高，2014 年的数字银幕占有率已经达到 90%，2015 年更是达到了 93%。从数字银幕的区域分布来看，亚太区域的数字银幕比例相对偏低，数字化率为 86%，这是因为印度还存在大量模拟电影银幕，总体上拉低了亚太区域的数字银幕比例。

全球数字 3D 银幕的数量还在继续增长，但较之 2014 年 22% 的年增长率，2015 年的增长速度有所下降，为 15%。2015 年，全球 3D 数字银幕的占有率增长了两个百分点，达到了 53%，其中，亚太地区 3D 数字银幕的比例最高，达到了 74%（见图 3－1）。

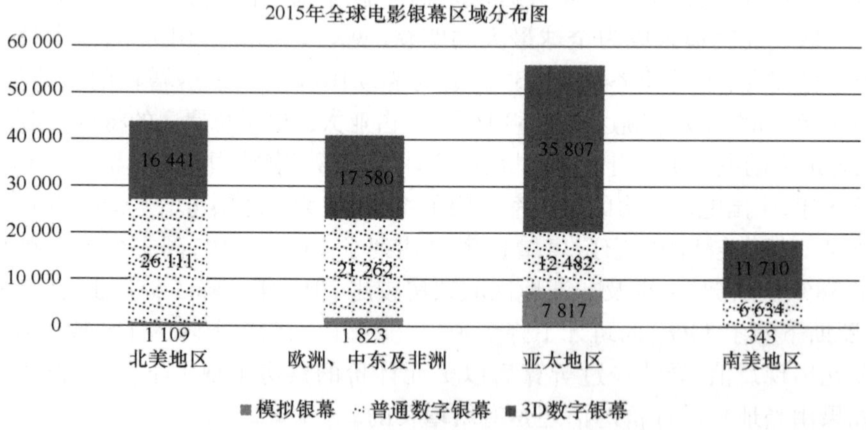

图 3－1 2015 年全球电影银幕区域分布图

数据来源：Theatrical Market Statistics 2015，MPAA。

巨型电影银幕现在的数量还比较少，但是发展速度很快，2015 年较之 2014 年的增速达到了 26%。目前拥有最多巨型电影银幕的国家是美国，达到了 888 块，这很好地反映了美国作为全球电影产业引领者的地位；其次是亚太地区，数量为 763 块，这也与亚太地区作为新兴电影市场的地位相一致。截至 2015 年，全球巨型电影银幕的总数量为 2 087 块。根据 HIS 的研究，巨型电影银幕将成为今后 10 年电影产业最主要的业绩增长点，有着极大的增长潜力。

3.1.3 国际电影市场的特点与发展趋势

经过100多年的发展，国际电影市场已经形成了相对稳定的市场格局，并呈现出明显的特点与发展趋势。

3.1.3.1 国际电影市场的总体规模保持低速发展

2010年，国际电影市场的票房规模是316亿美元，2015年为383亿美元，5年间，全球票房仅增长了21.2%，年均复合增长率不到4%。如果剔除掉高速增长的中国市场，其余地区5年间总票房的增长率仅为4.65%，年均复合增长率不到1%[①]。所以从全球电影市场来看，已经从总体上进入了低速发展时期，市场发展空间不大。

3.1.3.2 美国大制片厂的市场地位仍然不可动摇

国际电影市场仍然是美国大制片厂的天下。在北美本土市场上，2015年，票房收入最高的25部影片中，只有排名第九位和第二十二位的影片为狮门影业所发行，其他23部影片的发行被六大制片商包揽，仅这23部电影的票房就达到了55亿美元左右，占据了北美电影市场的半壁江山。国际电影市场上的市场格局与北美市场相仿。2015年，全球票房收入前十名的影片中只有排名第九的《饥饿游戏》由狮门影业发行，其余9部电影全出自迪士尼、环球等好莱坞大制片商，而全球票房排名前20的影片中，由六大制片商发行的电影占到了17部。仅这17部电影的全球票房就达到了近140亿美元[②]，美国大制片商在国际电影市场上的影响力可见一斑。

3.1.3.3 数字技术在电影产业得到了广泛应用

虽然近年来全球票房收入变化不大，但是电影产业链的各个环节却在数字技术的影响下悄然发生着各种变化。2009年年底，由卡梅隆导演执导的3D电影《阿凡达》横空出世，一举刷新了由他自己保持的《泰坦尼克号》创下的全球最高票房纪录，票房总收入超过27亿美元，至今无人能破。《阿凡达》的成功带动了3D电影制作、3D影院建设以及数字影院建设的热潮。2015年，北美票房最高的4部电影都是3D电影，北美票房排名前25的电影中，3D电影占了14部。3D技术已经成为电影获取高票房的重要工具。在影院建设环节，数字银幕取代模拟银幕已经成为普遍趋势，而3D银幕在数字银幕中的比例也在不断上升。2015年，全球数字银幕的占有率达到93%，3D银幕在数字银幕中的比例也达到53%，德国、法国、韩国等国家已经实现了全部银幕的数字化。目前剩余的模拟银幕主要存在于印度。相信随着数字技术的进一步扩散，越来越多的国家会实现银幕的完全数字化，3D银幕的比例也会进一步提高，从而为影院留住观众提供更好的技术条件。

---

① 数据来源：Focus2016与Focus2013，WORLD FILM MARKET TRENDS，European Audiovisual Observatory.

② 数据来源：Theatrical Market Statistics 2015，MPAA.

3.2 国际电影市场国别比较

3.2.1 美国电影市场

第一次世界大战以后,美国便取代欧洲成为全球电影产业的领头羊,这一优势一直保持至今,无论从国内票房规模还是国际市场占有率上,美国都遥遥领先,无人能望其项背。

3.2.1.1 美国电影票房分析

2015 年,美国国内电影票房达到了 111 亿美元,比 2014 年增长了 8%,按名义美元计算的票房创历史新高,其中,3D 电影的票房收入达 17 亿美元,比 2014 年增长了 20%,在总票房中占 15% 的份额,总观影人次达到了 13.2 亿次,较 2014 年增长了 4%。从美国这几年的国内票房发展轨迹来看,美国电影市场的发展已经进入了平稳期,2011—2015 年 4 年间,票房收入仅增长 9%,发展速度远低于亚太地区和拉美地区,然而这并不意味着美国电影产业已经失去了竞争力,恰恰相反,美国电影产业成为全球电影产业扩张的最大受益者。表 3-2 列出了 2015 年全球票房收入前十名的影片名单,可以发现,这些影片基本上被美国大制片商所包揽,即使把这个片单再扩展到前 20 名,也不会改变美国影片的绝对优势地位。而对比这些影片的北美票房和全球票房可以发现,这些影片的北美票房平均只占到了全球票房的 1/3 左右,由此可见,虽然美国国内市场趋于饱和,但这丝毫不影响美国电影产业在更广阔的全球电影市场上取得新的突破。

表 3-2 全球票房收入前十名影片 (单位:亿美元)

排名	英文片名	中文片名	制片商	北美票房	全球票房
1	Jurassic World	侏罗纪世界	环球	6.52	15.97
2	Furious 7	速度与激情 7	环球	3.53	14.32
3	Avengers:Age of Ultron	复仇者联盟 2:奥创纪元	迪士尼	4.59	13.66
4	Star Wars:The Force Awakens	星球大战:原力觉醒	迪士尼	6.52	13.12
5	Minions	小黄人大眼萌	环球	3.36	11.10
6	Inside Out American Sniper	头脑特工队	迪士尼	3.56	8.83
7	Spectre 007	幽灵党	索尼	1.97	8.22
8	Mission:Impossible - Rogue Nation	碟中谍 5:神秘国度	派拉蒙	1.95	6.52
9	The Hunger Games:Mockingjay - Part 2	饥饿游戏 3:嘲笑鸟(下)	狮门	2.70	6.15
10	The Martian	火星救援	福克斯	2.25	5.79

数据来源:Focus2016,WORLD FILM MARKET TRENDS,European Audiovisual。

3.2.1.2 美国电影银幕的分布及类型分析

截至 2015 年年底,美国拥有超过 40 500 块银幕(见表 3-3),比 2014 年稍有增长,其中,大部分银幕(84%)属于5块银幕以上的多厅影院,而且4块银幕以下的小型影院的数量还在逐步减少。美国电影产业在第二次世界大战后曾经因为电视的出现、美国社会人口结构的变化等原因陷入低谷,20世纪80年代以后,多厅影院的日益增加迎合了电影市场进一步细分的需要,促进了电影市场的复苏。从美国的影院变化趋势来看,影院的多厅化趋势仍在继续,可以说,多厅影院已经成为美国影院的主流。

表3-3 银幕在不同规模的影院中的分布情况 (单位:块)

	2011年	2012年	2013年	2014年	2015年
1~4块银幕的小型影院所拥有的银幕数量	6 570	6 386	6 487	6 461	6 449
5块以上银幕的多厅影院拥有的银幕数量	33 010	33 276	33 537	33 824	34 098
银幕总数量	39 580	39 662	40 024	40 285	40 547

数据来源:Theatrical Market Statistics 2015,MPAA。

从美国电影银幕的总数量来看,近几年变化不大,基本稳定在4万块左右,然而这并不意味着美国的影院建设已经停滞不前。在总量保持稳定的表象之下,涌动着银幕数字化的暗流。自2011年以来,美国银幕的数字化程度不断提高,已经从2011年的65%上升到了2015年的97%,其中,3D影院的比例从33%上升到37%(见图3-2)。从美国电影银幕的数字化率以及3D银幕的比例来看,美国在影院基础设施的建设方面较其他国家并没有明显优势。

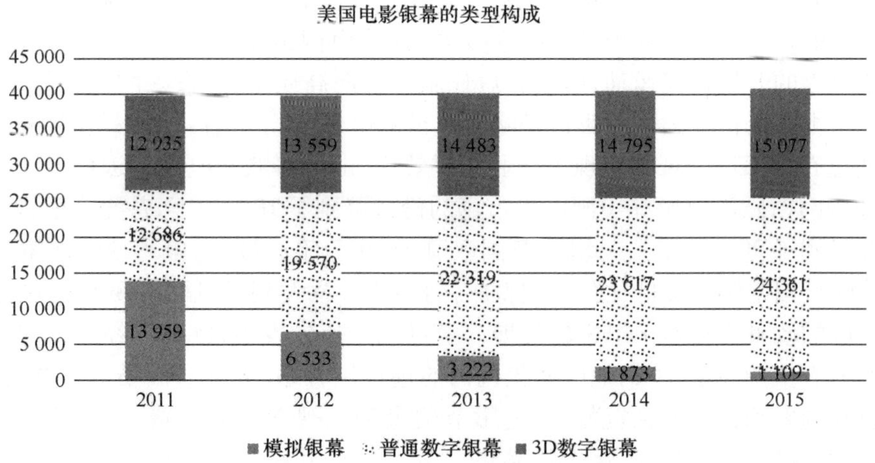

图3-2 美国电影银幕的类型构成

数据来源:Theatrical Market Statistics 2015,MPAA。

3.2.1.3 美国电影观众分析

电影是美国人最喜闻乐见的娱乐方式。根据美国电影协会发布的报告,2015年,美国总观影人次达到了13.21亿,而主题乐园的参观人次只有3.88亿,各项运动赛事(包括全面橄榄球联赛、冰球联赛、篮球联赛以及棒球联赛)的观众仅有1.34亿人次。这很大程度上得益于电影票价非常亲民。同样根据美国电影协会提供的 2015 年的数据，以四口之家的消费为例，看一场电影的平均费用为 33.72 美元，而观看一次棒球联赛、篮球联赛、冰球联赛以及橄榄球联赛的平均费用分别是 115.76 美元、215.92 美元、248.72 美元以及 343.32 美元，参加一次主题乐园的平均费用则是 209.44 美元。电影消费的价格优势非常明显。2015 年，北美 2 岁以上的人口规模为 3.433 亿，其中有 2.353 亿人，也就是占比 69% 的人口观看过电影。就这些电影观众而言，平均年观影次数达到了 5.6 次。从电影观众的年龄分布来看，12 ~ 24 岁为观影热情最高的人群。这一年龄段的人口占总人口的 18%，观影人次占比为 30%，而 50 岁以上中老年人的观影热情较低，这一年龄段的人口占比为35%，观影人次占比仅为25%。这样的人口分布特征意味着电影在北美仍然受到年轻人的欢迎。另外，对于3D/巨幕电影这种近年来出现的新型电影，年轻观众的接受程度要明显高于其他群体。数据显示，2015 年，35% 的北美居民看过 3D/巨幕电影，而2 ~ 17 岁这一年龄段的群体中，有 47% 的人看过 3D/巨幕电影[①]。3D/巨幕电影代表着电影未来发展的方向，这一发展趋势刚好符合未来电影观众的需求，由此可见，北美电影市场仍然有着良好的发展前景。

3.2.2 欧洲电影市场

欧洲电影市场是世界电影的发源地。法国的卢米埃尔兄弟被誉为电影之父，法国百代电影公司曾经是世界上最大的电影公司。根据 Bakker · Gerben 的研究，在 20 世纪早期，欧洲电影在欧洲电影市场上的占有率达到了 90% 以上，同时占领了美国 50% 左右的电影市场[②]，地位堪比当今的好莱坞电影。然而好景不长，第一次世界大战成为欧洲电影国际竞争力的转折点。在欧洲各国陷入战争的泥沼而无暇顾及电影的发展之时，美国适时发起了电影的升级换代运动，由电影短片制作转向高质量、高投入的长篇故事片制作，涌现出了一批至今仍在国际电影市场叱咤风云的电影公司（包括派拉蒙、华纳兄弟、环球等），并通过在好莱坞的聚集实现了产业集群效应，由此将欧洲电影远远甩在了身后。到 20 世纪 20 年代，欧洲电影在美国电影市场的份额降到了 10% 以下，甚至在欧洲本土的市场份额都降到了 20% 以下[③]。此后，英国政府于 1927 年通过了《电影放映法案》，规定了电影院放映英国电影的最低比例，以保护本土电影，意大利、法国、西班牙等国家也纷纷推出了相应的政策支持本土电影的发展。经过几十年的发展，欧洲已经建立起了一套非常复杂的电影扶持体系，小到地区文化机构的选择性补贴，大到欧洲委员会的公用基金，从国家税收倾斜到银行无息贷款，从电影节奖金到电视业的分摊费，欧洲的电影扶持体系异常庞大。简单概括起来，这个体系可以分为从低到高的 4 个层次。第一层，享受政府优惠政策、补贴的电影企业、民间协会、文化机构等机构实体，在政策引导下，向有较高文化含量、艺术价值的电影倾斜，这种“倾斜”主要体现在小额补贴、剧本补贴或奖金等方面，是扶持体系最低的环节。第二层，各国电影管理机构给予形式多样的政策性资金援

---

① Theatrical Market Statistics 2015，MPAA.

② Bakker，Gerben. The Decline and Fall of the European Film Industry：Sunk Costs，Market Size and Market Structure，1895—1926[J]. Economic History Review 58，2005(2)：311 -52.

③ Bakker，Gerben. The Decline and Fall of the European Film Industry：Sunk Costs，Market Size and Market Structure，1895—1926[J]. Economic History Review 58，2005(2)：311 -52.

助,比如,补助、预付款、扶助金等。欧洲的电影大国几乎都有具备政府监管性质的行业管理机构,功能相当于中国的广电总局,负责管理国家预算中专门用来扶持电影产业的资金,并向制片公司、编剧、导演发放固定的、选择性的或阶段性的辅助金。在这个层次上,各国政府的扶持力度、管理方法和辅助范围都略有不同。第三层是国家政策机构、立法机构在法律、税收和商贸等周边政策方面对本土电影的扶持,这些政策通过制定当地电影市场的游戏规则,利用法律和税收间接起到扶持本土电影的作用。第四层,欧洲一体化的进程加快,欧洲的国家间组织为了发展欧洲的电影工业,保护欧洲文化,提高欧洲电影的市场竞争力,对欧洲各国的电影进行直接或间接扶持。这种扶持范围更广,这些政策往往鼓励欧洲国家之间的电影合作,通过在成员国范围内的电影保护政策,为欧洲电影提供另一个有力保障①。

在欧洲电影扶持体系的保护之下,虽然欧洲电影在国际市场上的影响力已不复当年,但就本土市场规模而言,仍然在国际电影市场上处于名列前茅的位置。根据欧洲视听观察委员会发布的数据,2015 年,全球电影产量最高的 10 个国家和银幕数量最多的 10 个国家排行榜上,欧洲国家占据了 5 个席位,而在 2015 年票房收入排行榜上,有 3 个欧洲国家进入了前十名。

2015 年,28 个欧盟国家的电影票房总收入达到了 73. 5 亿欧元(83 亿美元),较 2014 年增长了 16. 2% ,创历史新高,观影人次达到了 9. 76 亿次,较 2014 年增长了 7. 4% ,人均观影次数为 1. 9 次。除法国之外,德国、英国、意大利、西班牙等传统欧洲电影大国的观影人次都出现了明显增长。2015 年,欧盟电影市场观影人次的增长很大程度上得益于美国大制片商出品的多部电影受到了观众的普遍欢迎。像《星球大战:原力觉醒》《小黄人》《幽灵党》《侏罗纪世界》等电影的观影人次都超过了 3 000 万。2015 年,欧盟国家的影片产量达到了 1 643 部,其中,国际合拍片占到了 24%②。从市场份额来看,美国影片的票房收入占总收入的 64. 0% ,欧洲本土电影的市场份额为 26. 1% ,美国在欧洲投拍的电影创造了 7. 3% 的票房收入,其他地区的影片仅创造了 2. 6% 的票房。可以说,欧洲电影市场是欧美电影的天下。

3. 2. 2. 1 法国电影市场

法国是欧洲传统电影大国。尽管 2015 年法国的观影人次较 2014 年下降了 1. 8% ,但 2. 053 亿的观影人次仍足以使法国保持欧洲电影市场观影人次第一的位置,同时法国的人均观影人次达到了 3. 1 次,远高于欧盟国家 1. 9 的平均观影人次。2015 年,法国电影票房收入总额为 13. 3 亿欧元(14. 8 亿美元),全球排名第六。然而进一步分析法国电影市场的票房构成,会发现法国这个传统上在抵抗好莱坞电影入侵方面最为成功的欧洲国家正在不断丧失其领地。2015 年,法国票房收入前 20 名的榜单上,美国电影占据了 15 个席位,排名第一和第二的都是美国电影,其中《星球大战:原力觉醒》的观影人次达到了 732 万,《小黄人》的观影人次达到了 635 万,而排名第三的是法国电影《贝叶利一家》,观

① 李洋. 欧洲院线的三类扶持政策及其启示[J/OL]. http://wenku.baidu.com/link?url=TNAmHgoUltgRD1t120adaeNvE7LqRwB-iMub-UJ_7k9bc30H5RDYqoSQyob-tlWbPrhRyYoHW2YXbbOlF8zoVML8q-s1HgRiIgEVSX4t4-q.

② Focus2016,WORLD FILM MARKET TRENDS,European Audiovisual Observatory.

影人次为535 万。2015 年,有 14 部法国电影以及 26 部美国电影的观影人次超过了 100 万。从观影人次的分布来看,法国电影的市场份额降到了 35.5%,较之 2014 年的 44.4%出现了明显的下降。美国电影的市场份额为52%,欧洲电影的市场份额为 8.9%,其他国家的电影总共仅吸引了 3.6% 的观影人次。截至 2015 年,法国共拥有 5 741 块银幕,平均每块银幕创造了 35 759 次观影人次。

2015 年,法国国家电影中心共批准了 300 部电影的制作,部均投资成本为 438 万欧元,远低于好莱坞电影的投资水平。2015 年,法国影片制作的总投资额达到了 12.2 亿欧元,其中,9.7 亿欧元来自法国国内,2.54 亿资金来自国外。对于由法国主导的法国本土电影来说,电视台构成了其最主要的融资渠道,占 2015 年法国电影总投资额的 35.5%,而法国电影制作资金的第二大来源是法国本土电影制片商,占比为 30.4%,外国资本的投资份额为 9.8%[①]。为了吸引更多的外国资金进入法国电影产业,拉动法国经济,推动法国文化在全世界的广泛传播,法国政府在 2016 年进一步修改了国际制片税收减免政策(TRIP),把外国资本在法国电影投资过程中所涉及支出的税收抵扣比例从 20% 提高到了 30%,同时把单个项目可抵扣支出上限从 2 000 万欧元提高到了 3 000 万欧元[②],也就是说,单个项目最多可以从政府获得 900 万欧元的财政资助。当然,法国政府对获取国际制片税收减免所必须具备的资格规定了详细的条件。在投资金额方面,要求在法国境内的费用支出需要在100 万欧元以上,对于总预算不到200 万欧元的电影,法国境内的费用支出需占到总费用的 50% 以上。在影片制作所涉及的故事内容、主创人员、费用构成等方面,则分别针对真人电影与动画片列出了具体的评分标准,其中,真人电影需要至少获得 38 分中的 18 分,动画片需要至少获得 74 分中的 36 分才有资格申请税收减免。相信这一措施会进一步促进更多的外国资本进入法国电影产业从事电影制作。

3.2.2.2 英国电影市场

英国电影市场的发展轨迹与美国及其他西方国家相似。自第二次世界大战结束后,随着人民收入水平的提高以及电视等其他新型娱乐形式的出现,英国的观影人次不断下降,从 20 世纪 40 年代高峰期的超过 18 亿人次降到了 20 世纪 70 年代后的 2 亿人次以下。随着观影人次的下降,英国银幕数量也有所下降,由此进一步导致电影观影市场的萎缩,而 20 世纪 80 年代录影带的出现更是让电影市场雪上加霜,到 1984 年,英国的年观影数量降到了人均 1 次的历史低点。1985 年以后,随着多厅影院的出现,英国电影市场开始触底反弹,观影人次稳步回升。进入 21 世纪以后,英国电影市场的观影人次基本上稳定在 1.55 亿~1.7 亿的水平。

2015 年,英国电影市场共实现票房收入 12.36 亿英镑(19 亿美元),较 2014 年增长了 17%,创下了历史新高,成为当年欧洲票房收入最高的国家,同时成为全球票房排行榜的季军。2015 年,英国与爱尔兰总共上映了 759 部电影,创造了 12.98 亿英镑的票房收入,这跟前面的数据有出入是因为这里的数据包括 2015 年发行的电影在 2016 年 2 月 21 日之前产生的票房收入,另外还包括了爱尔兰共和国的票房收入,因为通常发行商都把

① 数据来源:CNC.

② The Tax Rebate for International productions(TRIP) general description of the incentive, CNC.

英国与爱尔兰共和国视为一个电影市场，如果没有特别说明，下文中的分析都将以这一统计口径为基础。英国电影在数量上占比为28%，在票房上占比为44.7%，创造了近年来英国电影最好的票房成绩，然而通过进一步分析可以看到，真正由英国独立制片的电影虽然在数量上达到了182部，但仅创造了10.5%的票房份额，而另外27部名义上为英国电影实际上由美国大电影制片厂投资的电影却创造了34.2%的市场份额，除此之外，来自美国的218部电影还创造了51.1%的票房，两部分票房相加占据了英国电影市场85.3%的市场份额。（见表3－4）

表3－4 2015年英国电影票房国别构成

影片国别	上映数量(部)	上映数量占比(%)	票房(亿元)	票房占比(%)
美国	218	28.7	663.5	51.1
英国电影	209	27.5	579.8	44.7
好莱坞大制片商投资的英国电影	27	3.6	443.9	34.2
英国独立制作的电影	182	24	136.0	10.5
其他欧洲电影	119	15.7	30.9	2.4
印度	115	15.2	17.2	1.3
其他国家	96	12.9	7.0	0.5
总计	757	100	1 298.4	100

数据来源：BFI Statistical Yearbook 2016，BFI

回顾10年来英国电影市场的票房国别结构（见图3－3），可以发现好莱坞电影在英国市场上一直具备绝对优势，市场份额稳定保持在80%以上，有些年份甚至超过90%，好莱坞电影在英国电影市场的影响力可见一斑。

3.2.2.3 德国电影市场

2015年，德国电影市场表现强劲，电影票房较2014年增长了19.1%，达到了11.7亿欧元（12.9亿美元），观影人次较2014年增长了14.4%，达到了1.392亿人次，创下了2009年以来的新高。2015年，德国上映的电影数量为596部，比2014年增加了26部，也创下了历史新高。而2015年上映的德国本土电影（包括德国参与的合拍片）数量为236部，本土电影的观影人次为3 710万次，仅次于2009年的人次，市场份额达到了27.5%。截至2015年，德国共有银幕4 692张，已经百分百实现了银幕的数字化，其中，3D数字银幕达2 178张。

2016年3月，德国政府通过了新的《德国电影法案》，并将于2017年正式实施，为期5年。根据这一法案，德国联邦电影委员会（FFA）从电影放映商、广电运营商、视频运营商等渠道获得的收入将有所减少。FFA与法国国家电影中心CNN职能相似，但CNN划归文化部，而FFA由德国商业部管理，其基本目标是发展德国的电影电视产业。FFA根据下设的评选委员会来决定扶持哪一部影片，对电影制作和拍摄的扶持由评选委员会（Vergabekommission）决定，对剧本的资金扶持由评选委员会下设的剧本评选委员会（Unterkommission Drehbuch）评议决定。1968年，在FFA刚刚成立时，其总额只有1 500

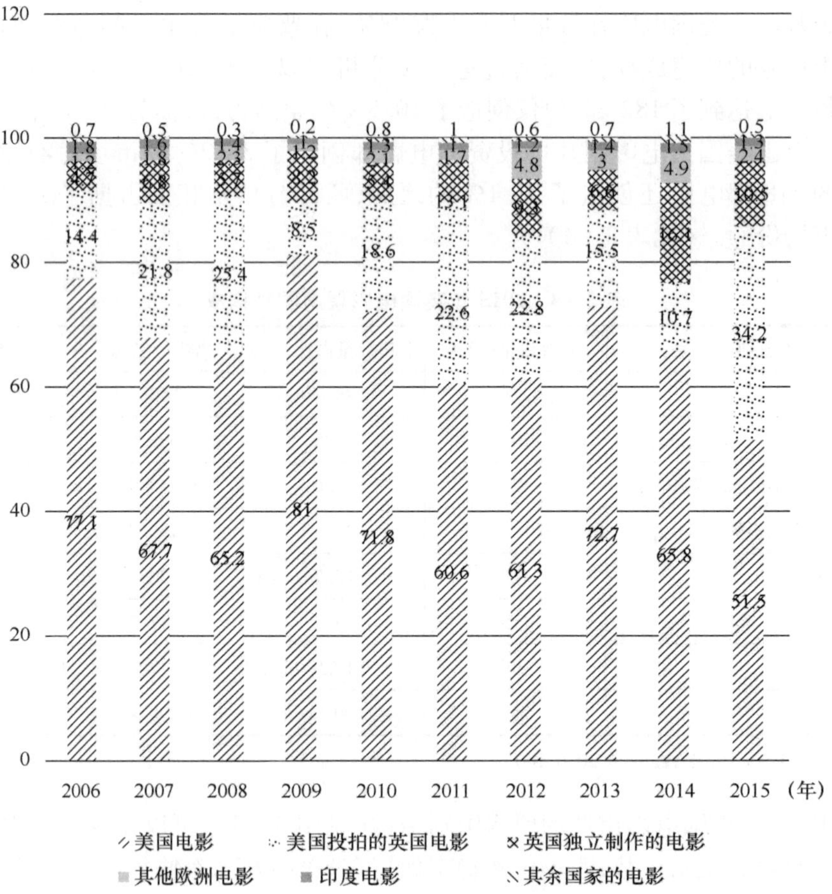

图 3-3　2006—2015 年英国电影市场票房国别结构

数据来源:BFI Statistical Yearbook 2016,BFI。

万马克(Deutsche Mark),到 1998 年,FFA 的收入提高到了 7 546.5 万德国马克,其收入主要由 3 部分构成:第一部分收入来自放映、录像制品的税收。从 1987 年起,这个项目除了征收传统的票价收入税,还开始征收包括录像制品的贩售和租售点的税收。到 1998 年,后者的税收收入达到 3 778.6 万德国马克。第二部分收入来自发放的贷款利息。1998 年,这笔收入达到 621.5 万德国马克。第三部分收入来自电视分摊税。德国的电视分摊税像其他欧洲国家一样,在最近 30 年来的电影产业扶持方面发挥了越来越重要的作用。1988 年以前,只有公立电视台上缴这部分税收,1988 年后,公立和私立电视台都需要缴纳这项税收。1973 年,这项税收只有 100 万德国马克,到 1995 年则上升到 2 900 万。同样,根据新的法案即《德国电影法案》,更多财政资金将向小型电影项目倾斜。2015 年,德国各项投入电影产业的财政资助资金总额为 3.11 亿欧元,较 2015 年减少了 1 500 万欧元。但是 2016 年一项新的电影基金"德国电影基金"成立,旨在支持制作成本较高的国际合拍片和电视剧,另外,德国文化与传媒部在 2016 年将资助资金预算提高了 1 500 万欧元,而德国联邦电影基金(DFFF)仍然将预算保持在 5 000 万欧元的水平。

3.2.3 亚洲电影市场

根据 MPAA 对国家电影市场的划分,亚洲电影市场所处的亚太电影市场是近年来发展速度最快的一个区域,其 2015 年较之 2011 年的票房收入增长幅度达到了 56%。从 2013 年开始,亚太电影市场的票房规模已经超越北美和欧洲、中东及非洲市场,成为世界上最大的电影区域市场。在这个市场中,除了中国电影票房收入连年以 20% 以上的增长率持续高速增长,自 2012 年开始成为全球第二大电影市场以外,印度、日本、韩国也都进入全球前十大电影票房收入国家的行列。

3.2.3.1 日本电影市场

2015 年,日本的观影人次较之 2014 年增长了 3.4%,达到了 5 年来的最高——1.666 亿人次,同时由于电影票价的上涨,票房收入达到了 2 171 亿日元(18 亿美元),较 2014 年增长了 4.9%。进入 21 世纪以来,日本的总观影人次变化不大,而日本本土电影的票房份额则逐步上升,自 2008 年以来,日本本土电影已经成为日本电影票房市场最大的赢家,市场占有率超过 50%。近三年来,日本的银幕数量也保持了稳定增长的态势。2015 年,日本新增了 103 块数字银幕,数字银幕的渗透率已经超过 99%①。

日本电影在 21 世纪的发展首先得益于日本内容产业的发展战略。早在 1996 年,日本文化厅就正式提出了《21 世纪文化立国方案》,标志着日本"文化立国"战略的正式确立。

进入 21 世纪后,这一战略得以实质性推行。日本政府于 2003 年 6 月颁布了《内容产业促进法》,以法律形式推进内容产业国家战略;2004 年 5 月制定《知识产权推进计划》;2007 年 5 月通过的《日本文化产业战略》成为日本文化产业的纲领性文件。另外,日本还出台了《内容产业振兴政策》,将内容产业确定为国家的重要支柱产业,大力推行"文化外交新构想",以全面推销日本文化。2010 年更是确定了《文化产业大国战略》。围绕此战略,日本政府推出了一系列政策,采取了相关措施,如逐年增加内容产业的政府预算,并通过政府出资与民间捐款相结合的方式设立了"艺术文化振兴基金",对各领域的文化艺术活动进行资金援助。此外,日本还分阶段推行不同的内容产业促进项目与活动等。例如,在海外输出方面,无论是日本经产省与文部省联手促成建立民间的"内容产品海外流通促进机构",拨专款支持该机构在海外市场开展文化贸易与维权活动,还是将日本时装、设计、漫画、电影等文化商品向海外推行的"酷日本"计划,都对日本文化产业的输出发挥了重要的作用。

电影作为内容产业的重要组成部分,因政策推动而出现新的生机,成果显著。如日本动画片的海外推行就极为成功,如今全球播放的动漫作品中有六成以上出自日本,在欧洲更达到八成以上。

从图 3-4 可以看出,1996 年以后,日本的电影票房收入明显上了一个台阶,而且本土票房的市场占有率也有了很大的提高,近 10 年来基本稳定在 50% 以上日本电影曾经的大制片厂制度在 20 世纪 90 年代已完全被打破,在政府的政策扶植下,独立制片开始盛

---

① Focus 2016, WORLD FILM MARKET TRENDS, European Audiovisual Observatory.

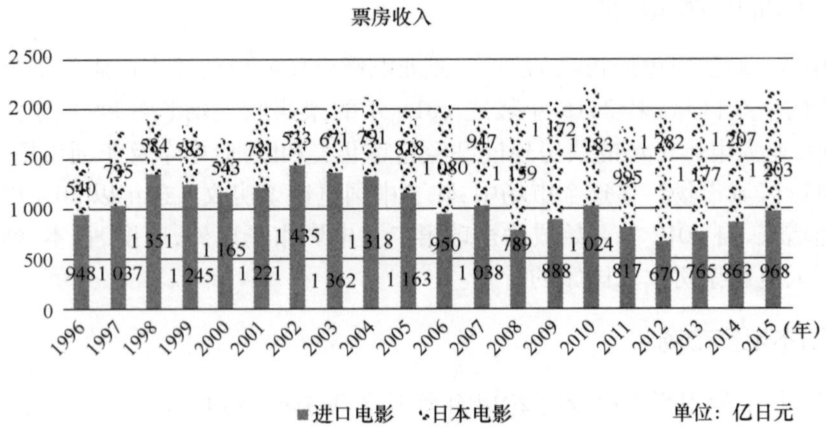

图 3－4 1996—2015 年日本票房收入构成图

行，这一变化给日本电影创作带来了新的起色。进入 21 世纪后，电视媒体大举进入电影市场成为日本电影产业发展的一大特色，二者的联姻使日本电影的创作格局重新洗牌。在如今的行业格局中，电影的制作发行由东宝、松竹、东映三大公司和多个中小独立电影公司及电视台共同组成，具有一定的独特性与相对的稳定性。而电视台介入电影制作，对日本电影产业的发展起到了十分积极的作用，成为其摆脱困境的一个重要契机。20 世纪 80 年代后期到 20 世纪 90 年代，由于团体预售票机制的盛行，日本国产电影的信誉一落千丈。在这种情况下，电视台开始掌握制作的主导权，连续创作了一批卖座影片。例如，富士电视台的《跳跃大搜查线》剧场版系列取得了票房成功。2008 年，在 29 部票房过 10 亿日元的日本本土影片中，有 27 部是电视台参与制作的。2009 年，共 34 部票房过 10 亿元的本土影片，有 29 部是电视台制作的。富士电视台、日本电视台、TBS 等都是电影制作的中坚力量。电视台的介入不仅使日本电影在创作实力上有所增强，同时，在资金投入、营销环节等方面都有力推动了电影产业的发展。由于票房成功与否直接关系到电视台自身的经济利益，因此，电视台对电影的宣传尽心竭力。电视广告是最常见的一种宣传方式。此外，由于许多电影改编自电视剧，电视台为了配合电影版的上映，经常会在电影上映期间播放相关的电视剧来提高电影的知名度。如《极道鲜师》电影版上映期间，日本电视台就播放了电视剧版最新特别剧集。这些手段对电影的成功都起到了推波助澜的作用。①

3.2.3.2 印度电影市场

在观影人次增加及票价上涨双重因素的作用下，2015 年，印度电影市场的票房收入达到了 1 014 亿第纳尔（15 亿美元），较 2014 年增长了 8.5%，总观影人次达到了 20.16 亿，以绝对优势保持着全球观影人次第一大国的地位。而在影片生产方面，印度也一直雄踞第一大国宝座，每年产量在千部以上，2014 年产量甚至达到了 1 966 部。在市场占

① 日本电影产业政策：文化外交与政府扶持[OL]. http://www.ccdy.cn/xinwen/huanqiu/xinwen/201412/t20141219_1038140_1.htm.

有率上,印度是所有电影大国中抵御好莱坞文化入侵最为成功的国家。印度观众喜欢自家明星,爱看自己国家的电影,每年本土电影的市场占有率在90%以上。2015年,由于《速度与激情》等美国电影的优异表现,好莱坞电影在印度市场的占有率实现了翻番,但也只达到了15%,印度本土电影的占有率仍然有85%①。

印度电影产业发达的原因与政府政策鼓励有关。因为印度幅员辽阔,人口逾12亿,境内阶级分明、贫富悬殊极大,多数民众生活穷困,为使民众宣泄苦闷生活,政府鼓励拍制商业通俗电影,并以低廉票价(2015年印度电影的平均票价为0.8美元)让普罗大众买得起电影票,看电影成为全民运动。印度与孟买近年来经济欣欣向荣,许多投资人视电影产业为摇钱树,国内外资金蜂拥而入,更使宝莱坞如虎添翼。

在政府的政策鼓励下,宝莱坞的制片路线以商业娱乐为主要导向,剧情大多通俗易懂,而且是由俊男美女担纲演出爱情故事,歌舞排场华丽。近年来,宝莱坞的歌舞片电影甚至风行到美国好莱坞,北美、欧洲及澳大利亚等地也都流行看宝莱坞电影学跳宝莱坞的舞蹈,宝莱坞电影成为印度最成功的文化输出项目。2014年,北美最卖座的10部外语片中,印度电影占了5部,成绩最好的《P. K.》的北美票房达到915万美元,成为年度最卖座的外语片。而中国在北美最卖座的是《心花路放》,票房只有78万美元。

一直以来,印度电影就是歌舞片的代名词。印度盛产歌舞片有其深刻的社会文化背景:首先,印度是个多民族国家,民族语言繁多,歌曲和舞蹈容易为各种语言的观众理解;第二,印度具有悠久的歌舞传统,在平日的聚会活动中,人们习惯用歌舞的方式表达情感;第三,印度电影一般都在3小时以上,观众的注意力很难集中如此之久,这时候就要靠若干次的歌舞在片子中间歇性地穿插以调节气氛。

在一般的印度片中,节奏分明的音乐配上大段大段的舞蹈,总让人不禁产生脱离现实的感觉,不管影片中男女主人公正在经历着怎样的事情,这样的歌舞总能将观众从或黑暗或现实的世界里带向一个童话世界。这就是印度的歌舞片,永远让人充满对乌托邦的向往与遐想。这种模式化的歌舞片在迎合普通观众审美趣味的同时也招致了很多影评人的批评,认为宝莱坞电影的通俗与陈腔滥调,很难受到国际影展的青睐,因此,"宝莱坞"也被有些人士解读为双关含意:一方面是指其电影产业规模可媲美好莱坞,另一方面暗讽其多数影片粗拍滥制。

近年来,印度经济突飞猛进,消费者可支配收入增加,对高品质视听娱乐产品的需求不断提高,促使印度电影业者在电影制作及发行一方面的技术不断提升。此外,随着印度新生代导演如雨后春笋般冒出头,电影制作技术的推陈出新,以及技术愈见纯熟制作团队的形成等,改变了主流电影的呈现属性,传统宝莱坞歌舞片固守的老套以及公式化的固定模式已日渐减少,针对特定消费族群所拍摄的电影以及更贴近或反映社会现实生活的影片也日益增多。

3.2.3.3 韩国电影市场

2015年,韩国电影票房收入为1.59万亿韩元(13.7亿美元),较2014年减少了4.1%,这是2008年以来第一次出现的票房下降现象。而韩国电影的观影人次比2014年

① Focus 2016, WORLD FILM MARKET TRENDS, European Audiovisual Observatory.

微增 1%，达到 2.173 亿人次，其中，本土电影的观影人次占到了 52%。在电影观影人次排行榜上，前两名被韩国本土电影包揽，前十名中，韩国电影占据了 6 个席位，前 20 名中，韩国电影占据了 10 个席位，其余 10 个席位则全部属于好莱坞大片，这 20 部电影创造了 2015 年 57.1% 的观影人次，体现了韩国电影市场很高的市场集中度。在电影银幕方面，韩国在 2013 年便完全实现了数字化，2015 年，韩国电影银幕数量较 2014 年增加了 4.6%，达到了 2 492 块。

2015 年，韩国共生产了 269 部电影，比 2014 年多了 21 部，比 2009 年几乎多了 1 倍。2015 年，232 部韩国电影进入影院实现了首次上映。尽管近年来韩国电影产量不断上升，但有些电影只是象征性地在影院露一下脸，这些电影实际上真正的目标是 IPTV 市场①。

近年来，韩国影视娱乐产业发展较快，在亚洲甚至世界范围内引发了“韩流”。尽管韩国并未出现真正意义上的大制作影片，但是中小制作的影片在业内取得了良好的口碑。韩国政府对韩国国产影片的重视与支持是值得众多国家参照学习的。

韩国电影的发展与 20 世纪 90 年代韩国政府出台的一系列政策有着密切的关系。1990 年，政府修改了《电视法》，对民营电视台及有线电视台采取了鼓励政策。1995 年，有线电视台开播，大宇的 DCN 和三星的 Catch On Channels 等电视频道亮相，韩国电视剧从此有了突飞猛进的发展，大宇和三星财团积蓄了大量资金。1997 年的亚洲金融危机爆发后，虽然导致大企业资金的收缩，但是手上仍有资金的韩国企业家苦于无出路。大企业的财阀们从调查中发现，股票市场不稳定，银行利息又低，不如投资拍电影。大宇、三星这样的大财团开始把电影作为新的投资目标，三星成立了现在每年生产电影量占全韩国 60% 的 CJ&EM 公司。当年各种渠道的电影投资基金总额超过 1.5 亿美元。随之而来的是拍摄条件、器材和胶片的改善。韩国电影所用的胶片是世界上最好的胶片，这一点已经丝毫不逊色于美国。而韩国本土的后期制作也是世界上最好的，例如，韩国电影振兴的转折点《生死谍变》就是得力于大财阀的投资。1998 年，韩国官方废除了韩国的电影审查制度，采用西方的分级制度。1999 年的光头运动推动了韩国电影本土保护机制的诞生，规定韩国影院每年至少需要播放 146 天本土电影。此外，韩国政府还推出了对电影产业的各项支持政策，包括为就读影视专业的学生提供更多的就业机会、扶持新人导演、引入国外最先进的技术手段、制定优惠税收政策、设立基金会模式并投资电影等。韩国政府文化观光部下属的韩国电影振兴委员会是韩国电影发展的重要推动力量。一方面，作为韩国最高电影主管机构，韩国电影振兴委员会设立基金会模式对电影产业进行实质性的投资，资金主要来自于电影票税收及政府预算。此外，通过减免税收的形式吸引投资机构关注电影产业。另一方面，韩国政府建立融资辅导机制，设立抵押无息贷款、低利率电影创业基金。电影创业基金也提供低利率的融资贷款。通过系列措施，韩国电影产业已经形成畅通的融资渠道，目前，韩国具有信保基金、技术信用保证基金，对风险实业提供融资信用保证，从而降低了金融机构或政府基金的投融资风险②。

---

① Focus 2016, WORLD FILM MARKET TRENDS, European Audiovisual Observatory.

② 亚洲国家和地区典型的电影融资方式 [OL]. http://wenku.baidu.com/link? url = lbTxG - eQJ93iw80Azko28ljcuYoEWwWOBGnPoebStv0yK9GVbwXRoHVrssWbZduigetJMdd9kEa7Sb4rkzRRbVGXS9zMAsxs5JgePm _ GiMe.

2011 年开始,韩国电影振兴委员会对在韩国拍摄的外国电影和电视剧系列的制作费给予部分补贴。在韩国持有工商执照的法人通过与外国影视制作公司签署项目服务合同,提供外国影视作品在国内制作所需的劳务,并管理海外公司在韩国国内制作费的支出①,即可申请获得补贴。具体要求包括:海外资金必须超过纯制作费的 80%;在韩国国内支出需要达到 1 亿韩元以上。韩国电影振兴委员会考核影视项目对韩国的观光旅游电影产业及参与度的贡献,然后以此为基础判断是否发放补贴。在符合条件的前提下,在韩国支出的制作费的 30% 可以现金形式获得补贴,每部电影最高补贴金额为 20 亿韩元(约 1 120 万元人民币)。通过这种优惠措施,韩国可以吸引更多的外国制作公司进入韩国电影产业,由此推动韩国电影产业乃至韩国经济的繁荣。

3.3 中国电影市场分析

3.3.1 中国电影市场外部环境分析

自 2002 年中国开始院线制改革以来,中国电影产业便开始了火箭式的腾飞过程,从影院数量、银幕数量到影片生产数量、观影人次、票房收入,无不出现爆发式增长。一个产业的发展与该产业面临的外部环境存在密切的联系。PEST 是战略管理中关于宏观环境分析的经典工具,主要对影响企业(产业)的 4 个方面的环境因素进行分析,具体包括政治法律环境(political)、经济环境(economic)、社会文化环境(social)和技术环境(technological)。下面就从这 4 个方面对电影产业所面临的外部环境进行分析。

3.3.1.1 政治法律环境

政治法律环境是指一个国家或地区的政治制度、体制、方针政策、法律法规等方面构成的环境。在改革开放以前,电影因其具有意识形态属性而受到中国政府的严格管制,从制片、发行到放映,都要服从国家计划。改革开放以后,中国开始了以市场化为导向的经济、政治和文化体制改革探索,电影管理体制改革不断深入,电影产业准入不断放松。2002 年,党的十六大报告里提到了"加快文化体制改革和文化产业发展",明确将文化产业纳入国家发展的宏观战略格局中。2007 年 11 月,党的十七大报告再次强调发展文化产业的重要性,正式形成了文化产业国家战略。在这样的背景下,作为文化产业的重要组成部分,中国电影产业受到政府主管部门的日益重视,并获得了日趋宽松的政策环境。一方面,中国政府继续贯彻和完善对电影产业的扶持政策,包括利用专项资金对国家鼓励的重点影片、少数民族影片、农村影片(包括农村实用科教片)、儿童影片和动画片等进行长期扶持,利用国债资金扶持历史悠久、影响深远的大型国有制片基地进行改造,给予电影企业一定的财税优惠政策等;另一方面,中国政府积极推进中国电影的产业化改革,包括调整电影审批方式、降低电影行业的准入门槛等。与报纸、电视等其他传统媒体相比,电影产业已经成为传媒产业中开放程度最高的一个领域。电影产业链上的三大核心

---

① 海外影视拍摄优惠政策全攻略,韩国最高补贴 1120 万[OL]. http://www.entgroup.cn/news/Markets/2724848.shtml.

环节——制片、发行和放映已经向国有和民营资本全面开放，而外国资本也已经可以进入制片和放映环节。电影产业建设正由以国有经济为主向国有、民营、外资等多种经济成分并存、非公有制电影产业比重逐步增加的趋势转变，电影产业经营主体、投资主体呈现多元化的趋势。

2009 年 9 月，国务院发布了《文化产业振兴规划》，这是新中国成立 60 年来国家第一次从战略高度对振兴文化产业做出整体规划和重大部署。电影产业作为中国文化产业中的重点产业，将直接受惠于《文化产业振兴规划》所确定的规划目标、政策措施和保障条件。2010 年 1 月，国务院办公厅发布了《关于促进电影产业繁荣发展的指导意见》，对促进电影产业繁荣发展提出了重要指导方针和具体政策措施保障，进一步明确了中国电影产业的发展方向和工作任务，明确提出"鼓励加大投融资政策支持"，为促进电影产业的繁荣发展提供了难得的契机和良好的条件。应该说，当前中国为电影产业发展提供了良好的政治法律环境，从而为探索电影产业完善的投融资机制奠定了坚实的基础。2015 年 9 月 1 日，国务院第 104 次常务会议讨论通过了《中华人民共和国电影产业促进法（草案）》（以下简称草案），明确提出要加大对电影产业的扶持力度，进一步规范产业发展和电影市场秩序，提高电影产业发展水平。相信随着《中华人民共和国电影产业促进法》正式法案的出台，中国电影产业的生态环境可以得到进一步改善，电影市场活力有望得到进一步激发。

然而电影产业作为以版权为核心的文化产品生产部门，其生存和发展与知识产权的保护体系是否健全有着密切的联系。事实上，中国政府已经充分认识到了知识产权保护制度在促进科学技术进步、文化繁荣和经济发展中的作用，把保护知识产权作为改革开放政策和社会主义法制建设的重要组成部分，从 20 世纪 70 年代末即开始着手制定有关法律、法规，同时积极参加相关国际组织的活动，加强与世界各国在知识产权领域的交往与合作。1990 年 9 月 7 日，第七届全国人民代表大会常务委员会第十五次会议通过了《中华人民共和国著作权法》，并于 1991 年 6 月 1 日起正式实施（目前执行的是根据 2001 年 10 月 27 日第九届全国人民代表大会常务委员会第二十四次会议对著作权法进行修订以后的版本）。此外，中国政府于 20 世纪 90 年代初成为《伯尔尼公约》、《世界版权公约》以及《录音制品公约》的成员国。虽然从制度设计的角度来看，中国已经构建了比较完善的电影版权保护制度，但是从中国电影版权的实际保护状况来看，却并不理想。在第 9 届上海国际电影节"金爵"国际电影论坛上，美国电影协会公布了这样的调查数据："中国电影市场每年因盗版而受到的损失达 26.89 亿美元。"[①]因此，从版权保护的角度来看，中国电影产业的法律环境尚不够理想。

3.3.1.2 经济环境

经济环境主要是指构成企业或产业生存和发展基础的国民经济发展状况，主要包括国内生产总值、人均国民收入、产业结构、分配结构、消费结构、储蓄情况等因素。电影产业作为提供精神文化产品、满足人们精神文化需要的生产部门，其发展与国民经济发展

---

① 梅倩．中国电影反盗版携手世界同行．中国知识产权报资讯网．引自 http://www.cipnews.com.cn/showArticle.asp? Articleid = 2320.

状况有着密切的联系。中国传媒大学文化产业研究院研究员齐勇锋指出，根据国际经验，当人均 GDP 低于 800 美元时，人们的需求以解决温饱为主；当人均 GDP 上升到 1 000 ~ 3 000 美元时，人们对精神文化产品的消费需求开始活跃；当人均 GDP 超过 3 000 美元时，人们对精神文化产品的消费需求就会大幅攀升。2008 年，我国人均 GDP 达到了 3 200 美元，已经进入文化消费需求大幅攀升阶段①。电影消费作为文化消费的重要组成部分，其消费需求的增加必然会带来引致需求——电影投资需求的增加。而从资金供给的角度来看，中国存在大量的社会闲置资金。截至 2015 年年末，中国城乡居民存款余额达 54.60 万亿，其中，活期存款为 20.28 万亿，定期及其他存款为 34.32 万亿，居民存款总额比上年增加 3.82 万亿②。居民存款的持续增多折射出的是当前中国居民收入不断提高的现实。另外，改革开放以来，中国涌现出了一批具有良好经济效益、雄厚资金实力的上市公司、国有企业以及民营企业。这些企业在本行业站稳脚跟后，有着向其他行业渗透以及为闲置资金谋求理想收益的强烈愿望，近年来呈现爆发式增长的电影产业便引起了不少企业的投资兴趣。尤其在当前面临全球性经济发展放缓的形势下，中国出口导向型的制造业因国外需求的萎缩而遭遇了严重的生存危机，中国加快第三产业发展、促进产业结构调整的紧迫性愈显突出。从历史经验看，文化产业的发展具有与经济周期不同步的特点。众所周知，美国在 20 世纪 30 年代经历了严重的经济大萧条，然而其电影产业反而呈现欣欣向荣的局面，成为经济增长的亮点。在 1997 年亚洲金融危机中，日本和韩国却迎来了动漫产业、影视产业、电子游戏业、网络游戏业发展的黄金期。中国也是如此。近年来，在中国宏观经济增速放缓的背景下，电影产业迎来了井喷式的发展。2015 年，中国城市电影票房收入达到 440.69 亿元，同比增幅达到 48.7%。因此，无论从居民收入增长还是产业结构转型的角度来看，中国电影产业的发展都有着良好的经济环境。

3.3.1.3 社会文化环境

社会文化环境包括一个国家或地区的人口规模、居民受教育程度和文化水平、宗教信仰、风俗习惯、审美观点、价值观念等。电影产业有着明显的规模经济效应，中国庞大的人口规模为电影产业的扩张提供了广阔的上升空间。另外，改革开放以来，中国教育事业取得了长足的进展，国民素质显著提高。1978—2007 年，中国初中毛入学率从 20% 上涨到 98%；高中阶段教育毛入学率从不到 10% 提高到 66%；高等教育毛入学率从不到 1% 提高到 23%。目前，中国 15 岁以上人口和新增劳动力的平均受教育年限分别接近 8.5 年和 10.5 年，人力资源开发处于发展中国家较高水平③。国民文化素质的提高会带来对精神文化产品需求的增加，这给电影产业扩大规模带来了市场机遇。另一方面，观众文化素质的提高带来的欣赏水平的提高也给电影创作提出了更高的要求，从而加大了电影创作的难度。因此，从中国社会文化环境的变化来看，它给电影产业的发展带来的既有机遇也有风险。

---

① 张雁. 发展文化产业在应对金融危机中的重要作用——访中国传媒大学文化产业研究院研究员齐勇锋[N]. 光明日报. 2009-04-12. 引自中国作家网：http://www.chinawriter.com.cn/2009/2009-04-12/58318.html.

② 数据来自中国人民银行网站：www.pbc.gov.cn.

③ 张力. 改革开放 30 年我国教育成就和未来展望[OL]. 新华网. 2008 年 10 月 7 日. 引自 http://news.xinhuanet.com/theory/2008-10/07/content_10160445.htm.

3.3.1.4　技术环境

技术环境是指企业或行业所在的地区或国家的技术水平、技术政策、新产品开发的能力以及技术发展动向等。电影是一项高度依赖于科学技术的艺术形式,可以说,科技是电影诞生、成长、发展、壮大的先决条件。从默片到有声片,从黑白电影到彩色电影,从标准银幕到宽银幕立体声,从胶片电影到数字电影,无不依赖于高科技在电影上的应用,从而使电影有了源源不断、推陈出新的生命力。近年来,对电影产业影响最大的技术莫过于计算机带来的数字技术。从制片环节来看,一方面,数字技术把原来电影表现不了的题材变成了可能,同时巨额数字特技制作费用也推高了投资成本;另一方面,同样利用数字技术,价格低廉、使用方便轻巧的数字摄像机可以让电影工作者在缺少资金的情况下拍摄数字电影,从而降低了电影投资的门槛。从放映环节来看,数字放映技术较之传统胶片放映技术具有显而易见的优势。一方面,数字电影大大降低了传统胶片电影发行过程中产生的胶片和运输费用,大大降低了放映成本;另一方面,数字电影放映的声音、图像质量较之胶片放映都有很大的提高,大大改善了观影效果。改革开放 30 多年来,中国非常重视电影技术水平的提高,努力缩小与国际上先进电影技术的差距。2008 年,中国建立了国家中影数字制作基地,结束了中国大片到海外加工的局面,同时,电影数字化放映和数字影院建设也在稳步推进。到 2015 年 9 月,中国拥有 28 968 块数字银幕,在数字银幕的拥有量上居世界第二位,其中,3D 数字银幕达到了 25 983 块,已经超越美国成为拥有 3D 数字银幕最多的国家。同时,中国还在中小城市影院大力推广符合中国国情的 1.3K 数字电影技术,以及在农村普遍推广 0.8K 数字电影放映。应该说,中国电影数字技术的发展为电影产业的发展提供了更广阔的空间。

通过上述分析可以看出,中国在政治法律、经济、社会文化以及技术发展各方面都为电影产业的发展提供了良好的宏观环境,从而有力地推动了中国电影产业十几年来的高速发展。

3.3.2　中国电影产业发展情况分析

3.3.2.1　中国电影产业的收入规模

根据中国信息产业网发布的数据,2015 年,中国电影总票房以 440.69 亿元完美收官,同比增长 48.7%。其中,国产故事片产量 686 部,票房 271.36 亿元,占比总票房 61.58%,票房贡献率创近年来新高。2015 年,全年观影人次为 12.6 亿,同比增长 51.08%①。从总体上来看,中国电影产业的收入主要来自国内票房,平均占产业总收入的 70% 左右,而且这一比重还在不断上升。从海外销售收入来看,虽然 2012 年以来呈现出了明显的增长趋势,但仍然没有达到 2009—2011 年的水平,说明中国电影在海外市场上的竞争力并没有获得提升;而国内非票房收入则呈现出了明显的上升趋势,从 2009 年的 11 亿到 2014 年的 49 亿,5 年时间里增幅达到了 345%(见图 3-5)。

① 2015 年中国电影票房收入、票房人次统计,2016 年 3 月 16 日,中国产业信息网,http://www.chyxx.com/industry/201603/395715.html.

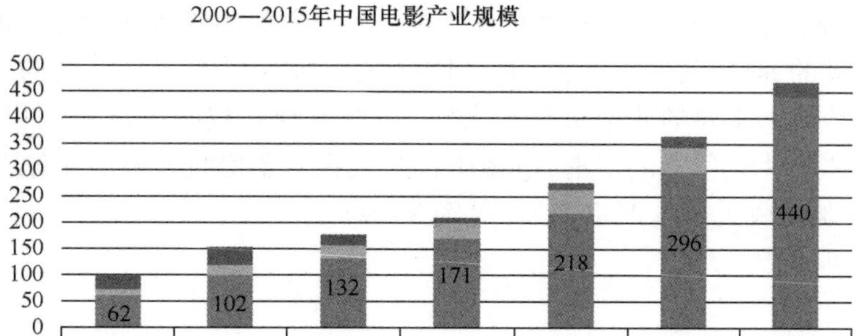

	2009	2010	2011	2012	2013	2014	2015
■海外收入	27.7	35.2	20.3	10.8	14.1	18.7	27.7
■国内非票房收入	11	16	26	29	45	49	0
■国内票房收入	62	102	132	171	218	296	440

■国内票房收入 ■国内非票房收入 ■海外收入

图 3－5 2009—2015 中国电影产业规模

数据来源：根据艺恩咨询及其他公开资料整理而成，其中 2015 年国内非电影票房收入缺失。

在国内非票房收入中，影片广告植入和网络版权收入构成了非票房收入的主要增长点。电影广告植入收入从 2005 年的 2 000 万元增长到了 2013 年的 10. 2 亿元，8 年间增长了 50 倍（见图 3－6）。电影广告植入收入是一种前置性收入，这部分收入的获取可以大大降低制片方的盈亏平衡点，从而在很大程度上降低投资风险，像徐静蕾导演的《亲密敌人》、冯小刚导演的《私人定制》《非诚勿扰》等电影，基本上仅依靠广告植入就收回了制作成本。然而太多的广告植入有可能会影响影片质量和观众的观影体验，所以不能盲目追求广告植入收入的增长。而网络版权收入则是一种更有发展前景的产业收入增长点。从目前的增长情况来看，从 2007 年的 1 000 万元到 2014 年的 12 亿元，7 年间增长了

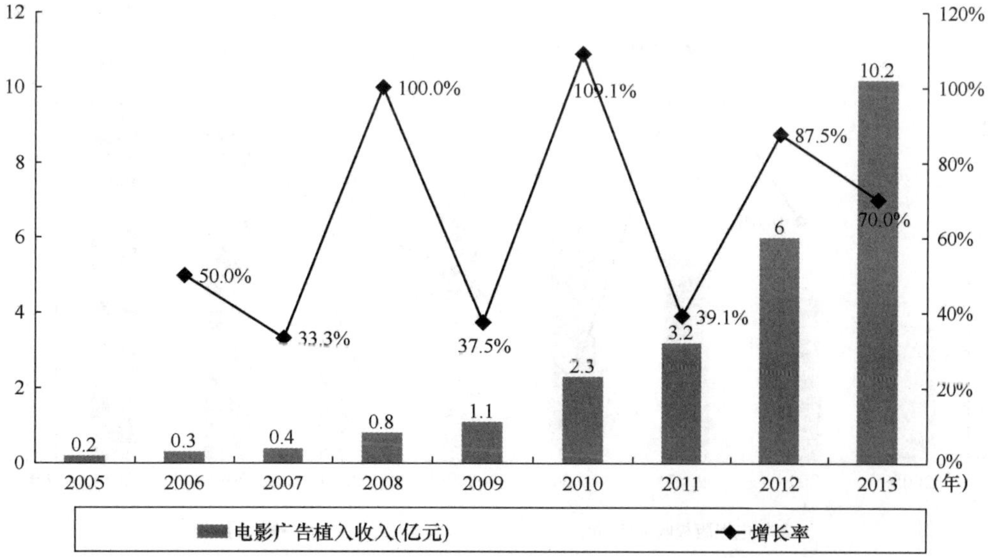

图 3－6 2005—2013 年中国电影广告植入收入

数据来源：根据艺恩咨询及其他公开资料整理而成。

100 多倍(见图 3 -7),发展速度可谓惊人。而随着我国版权保护力度的加大以及观众网络观影习惯的养成,我们有理由相信,网络版权收入仍然有着广阔的上升空间。电视版权收入是传统上主要的非票房收入来源,虽然电视版权收入近年来仍然稳步增长,但随着电视媒体整体竞争力的下滑,电视版权收入在非票房收入中的地位不断下降(见图 3 -8)。DVD 版权收入更是严重萎缩(见图 3 -9)。

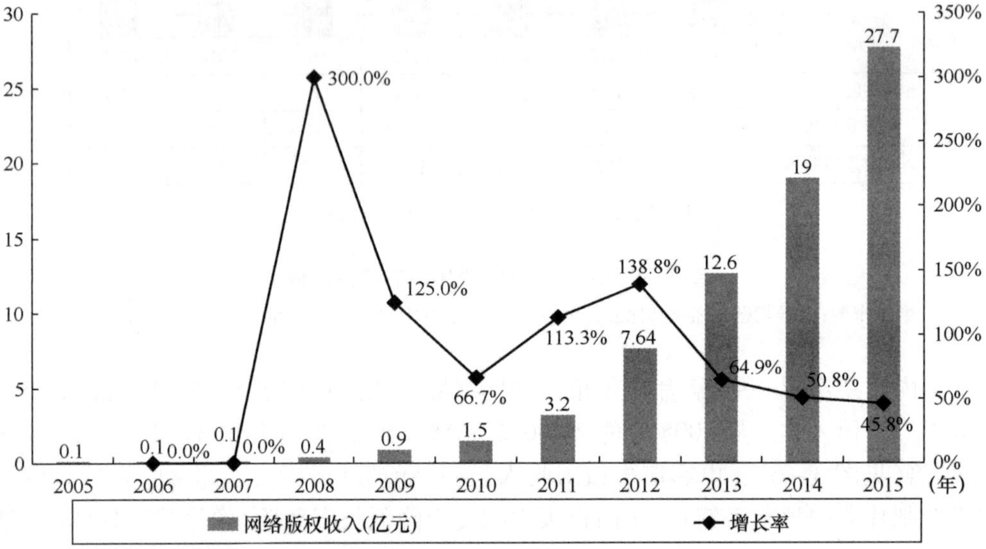

图 3 -7　2005—2014 年中国电影网络版权收入

数据来源:根据艺恩咨询及其他公开资料整理而成。

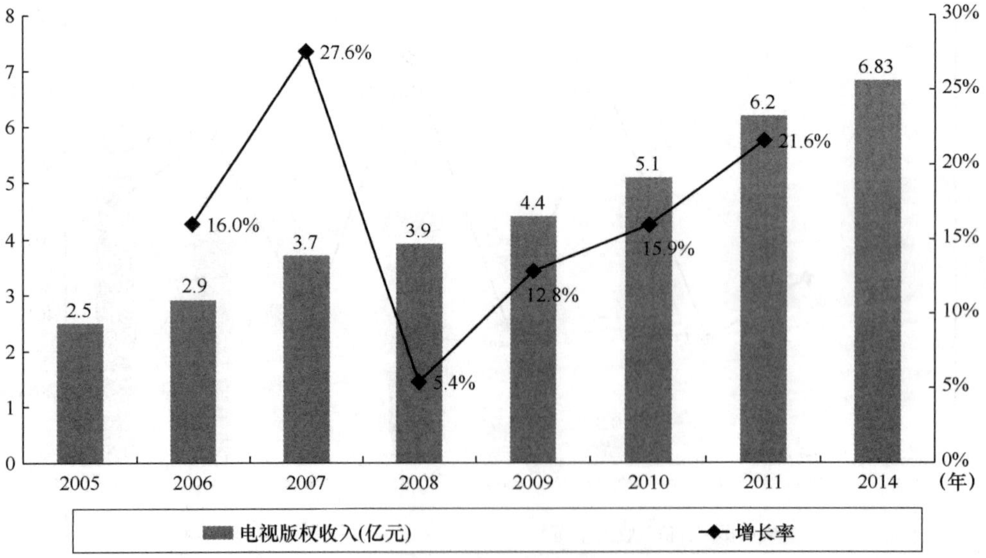

图 3 -8　2005—2014 年中国电影电视版权收入

数据来源:根据艺恩咨询及其他公开资料整理而成。

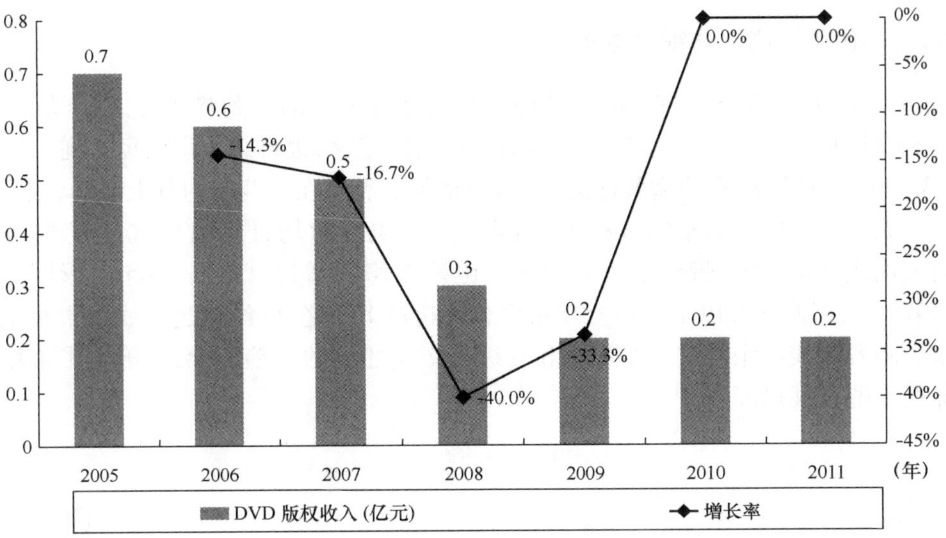

图 3－9　2005—2011 年中国电影 DVD 版权收入

3.3.2.2　中国电影生产状况

自院线制改革以来，中国电影生产数量一路走高，在 2012 年达到了创纪录的 745 部，随后有所回落。从影片生产的绝对数量来看，中国已经超过美国成为仅次于印度的第二大电影生产大国，而从上映数量来看，尽管中国银幕数量保持了高速的增长态势，还是有很多电影无缘进入院线与观众见面（见图 3－10），因此，中国电影生产不应该再追求量的增长，而应该注重质的提高。

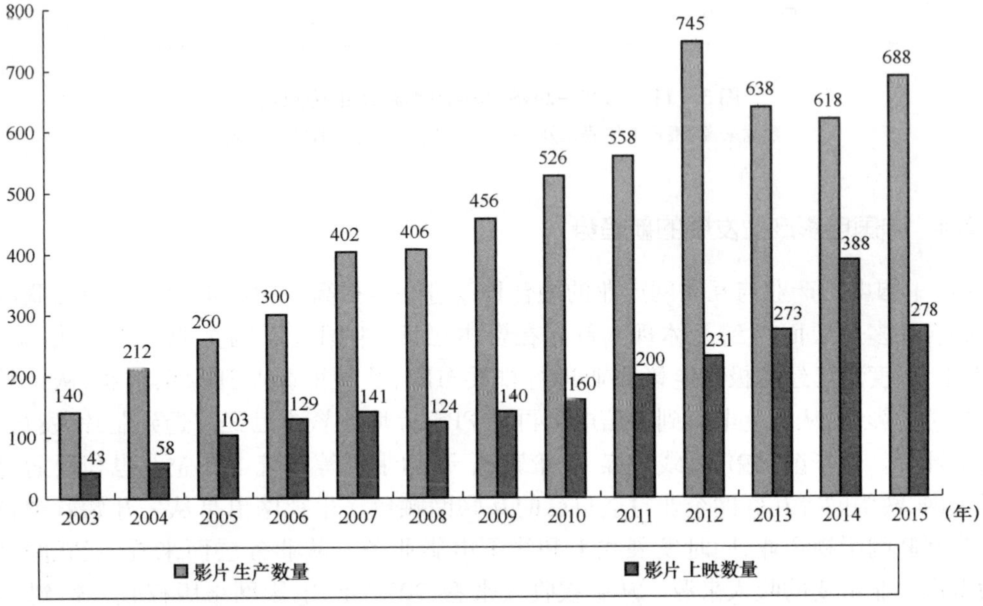

图 3－10　2005—2015 年中国国产电影生产及上映数量

数据来源：根据艺恩娱乐及 1905 电影网公布的数据整理而成。

3.3.2.3 中国电影影院与银幕数量

2015 年，中国影院建设依然延续了前几年爆炸式增长的强劲势头，总银幕数较 2014 年增加 8 027 块，几乎平均一小时就会增加一块新的银幕，银幕总数量已经达到 31 627 块（见图 3－11）。按照这样的增长速度，中国银幕数量有望在一两年内赶上美国，成为银幕数量第一大国。在银幕数量的分布上，随着一二线电影市场日趋饱和，新建影院与银幕逐渐向三四线城市扩散，带动了三四线城市电影票房的增长。根据 1905 电影网发布的数据，2015 年，三四线及以下城市全年票房总计超过 155 亿，已经超过一线城市贡献的票房比重。随着院线扩张的进一步深化和县级市影院建设的日趋完善，中国电影市场会迎来更加均衡的发展局面。

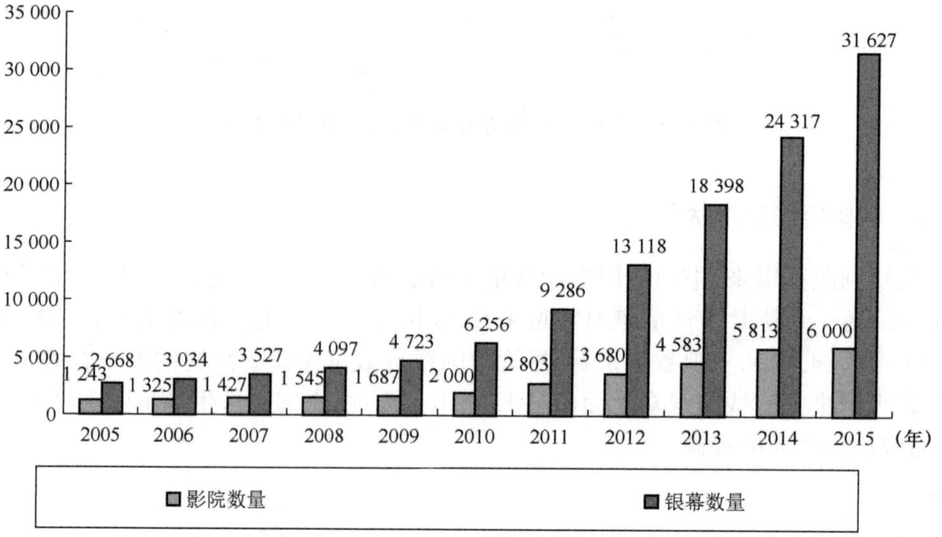

图 3－11　2005—2015 年中国影院及银幕数量

数据来源：根据艺恩娱乐及 1905 电影网公布的数据整理而成。

3.3.2.4 中国电影产业发展的新趋势

（1）中国电影产业与互联网产业的融合程度进一步提高。中国电影产业与互联网产业的融合在多个层面得到了体现。首先在资本层面，中国互联网企业三大巨头——阿里、腾讯、百度都已经积极在电影产业进行排兵布阵，从阿里影业到腾讯影业、从企鹅影业到爱奇艺影业，从淘宝电影到微信电影再到 PPS，互联网资本已经渗透到制片、发行、放映各个环节。而华谊兄弟、光线传媒、华策影视、万达影视等传统电影企业也积极通过收购卖座网、网票网等互联网企业打造自己的互联网触角。乐视网更是从一开始就把自己定位为互联网影视企业，同时发展线上和线下电影业务。从业务层面来看，互联网已经成为电影产业重要的收入来源。从版权收入来看，2015 年，电影网络版权收入达到 27.7

亿元①,已经成为电影版权收入最重要的渠道,而网络付费观影习惯的逐渐养成为电影版权收入的进一步提高提供了良好的基础。截至2015年12月底,国内视频网站付费用户规模达到2 200万,较2014年的945万增长了133%。保守估算,2016年,这一数字可达到3 500万左右。2015年,随着付费用户规模的持续增长,视频网站付费收入进入了"高速增长期",2015年第三季度已较2014年初增长463%。从票房收入来看,在线购票已经成为电影票最主要的销售渠道(见图3-12)。在线购票平台的发展一方面可以为观众提供购票便利,并通过各种消息推送而同时成为电影营销平台,另外,在线购票平台还可以通过收集观众购票行为的数据,为精准营销奠定基础,并为未来的电影制作、发行提供市场依据。

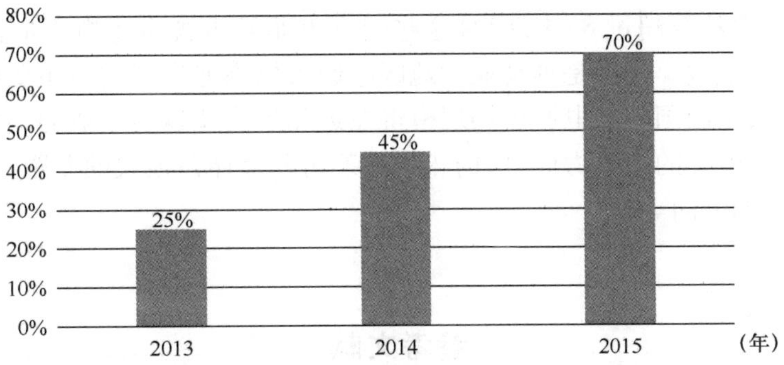

图3-12 2013—2015年中国电影在线票务占票房收入比例

数据来源:中国互联网影视产业报告,艺恩咨询。

(2)金融创新成为中国电影产业的热点问题。在中国电影产业一路狂飙猛进之时,资本市场也在虎视眈眈地瞄准这一块香饽饽——从制片环节的资产证券化、P2P融资、众筹,到发行环节的保底发行,再到放映环节等,在利益的驱逐下,金融创新工具在电影产业链的每个环节都发挥得淋漓尽致。从2011年电影《大唐玄机图》开启中国电影项目资产证券化的探索,到2015年《港囧》将票房收益权预售,导演徐峥在没有任何风险的情况下提前大半年拿到了个人收益,并且关联交易的上市公司股票也水涨船高,资产证券化成为电影圈联手金融圈的热点;从《十万个冷笑话》电影众筹开始,到《狼图腾》的众筹,再到《大圣归来》股权众筹的大获成功,影视众筹的热度一浪高过一浪;从2013年国内首部保底发行电影《西游降魔篇》以最终票房12.48亿元让发行方华谊兄弟赚得盆满钵满,至今已有十多部电影采用这一方式降低拍片风险;而《叶问3》在资本市场的圈钱游戏、票房造假等一系列问题的爆发,则让电影产业链上金融创新工具背后隐藏的诸多问题浮出了水面,引起了业界的高度关注和反思。应该说,大量资本涌入电影产业一方面很好地缓解了中国电影产业一直以来融资难的问题,另一方面也催生了票房造假、虚假宣传等扰乱电影市场秩序的行为。电影从本质上来说只是一种内容产品,是满足人民精神生活需要的文化产品,有效利用金融工具为电影生产服务而不是任由电影沦为投机者的金融操作工具,应该成为电影从业者与金融从业者共同努力的方向。

① 中国互联网影视产业报告,艺恩咨询。

3.4 小结

经过一百多年的发展,电影产业已经成为一个非常成熟的产业,其全球票房规模近年来保持着低速增长的态势。从全球电影产业的竞争格局来看,美国好莱坞电影的龙头地位依然不可动摇,无论是国内市场的规模还是在国际市场上的占有率,尚无人能望其项背;欧洲市场是传统的电影重镇,从国内市场规模、人均观影次数等指标来看,英国、德国、法国等国家仍然可以称得上电影大国,但其本土电影在好莱坞电影的冲击下发展前景不容乐观;亚太地区电影市场是近年来发展最快的电影市场,日本、印度、韩国等国的国内票房规模都名列全球前十名,而且本土电影的市场占有率都超过了50%,印度电影的本土市场占有率甚至超过85%,同时这些国家也非常重视本土电影向国际市场的输出,并取得了一定成效。中国是推动亚太地区电影市场高速发展的最主要的力量。按照目前的发展速度,中国国内的电影市场规模将在近几年内超越美国成为全球第一电影大国,但就中国国产电影的竞争力而言,仍然与好莱坞电影存在很大的差距,而这也是中国电影下一步努力的方向。

参考文献

[1]2015 Theatrical Market Statistics[R]. MPAA.

[2]BFI Statistical Yearbook 2016[R]. BFI.

[3]Key film figures in 2015[R]. CNC.

[4]Focus 2016:World Film Market Trend[R]. European Audiovisual Observatory.

[5]Bakker, Gerben. The Decline and Fall of the European Film Industry: Sunk Costs, Market Size and Market Structure 1895—1926[J]. Economic History Review 58,2005(2): 311 -52.

[6] Christopherson, Susan and Michael Storper. Flexible Specialization and Regional Agglomerations:The Case of the U. S. Motion Picture Industry[J]. Annals of the Association of American Geographers 77,1987(1).

[7]Krugman,Paul R,Maurice Obstfeld. International Economics:Theory and Policy[M]. 6ed. MA:Addison - Wesley,2003.

[8]Sedgwick,John. Product Differentiation at the Movies:Hollywood,1946 - 1965[J]. Journal of Economic History,2002(63):676 -705.

[9]Sedgwick,John,Michael Pokorny. The Film Business in Britain and the United States during the 1930s. [J]. Economic History Review 57,2005(1):79 -112.

[10]Sedgwick,John,Mike Pokorny,editors. An Economic History of Film[M]. London: Routledge,2004.

[11] Caves, Richard E. Creative Industries: Contracts between Art and Commerce. Cambridge[M]. MA:Harvard University Press,2000.

[12] Gomery, Douglas. The Hollywood Studio System[M]. London: MacMillan/British Film Institute, 1986.

[13] Dal Yong Jin. Cultural politics in Korea' s contemporary films under neoliberal globalization[J]. Media, Culture & Society, 2006, 28(1): 5 – 23.

[14] Mark Lorenzen, Florian ArunTäube. Breakout from Bollywood? The roles of social networks andregulation in the evolution of Indian film industry[J]. Journal of International Management, 2008(14): 286 – 299.

[15] Ganti, T. Bollywood: A Guidebook to Popular Hindi Cinema[M]. New York: Routledge, 2004.

[16] Greg Elmer, MikeGasher. Contracting Out Hollywood: Runaway Productions and Foreign Location Shooting[M]. Rowman & Littlefield Press, 2005.

[17] Julian Petley. Is There a British Film Industry[J]. Journal of British Cinema & Television; 2004, 1, Issue 1.

[18] C Edward Fee. The Costs of Outside Equity Control: Evidence from Motion Picture Financing Decisions[J]. The Journal of Business. 2002, 75(4).

[19] De Vany A. Hollywood Economics: How Extreme Uncertainty Shapes the Film Industry[M]. London: Routledge, 2004.

[20] Jordi Mckenzie. The economics of movies: Aliterature survey[J]. Journal of Economic Surveys, 2012.

[21] Reinstein D, Snyder C. The influence of expert reviews on consumer demand for experiencegoods: a case study of movie critics[J]. Journal of Industrial Economics, 2005, 103(1): 27 – 51.

[22] Moul C. Retailer entry conditions and wholesaler conduct: the theatrical distribution of motionpictures[J]. International Journal of Industrial Organisation, 2008(26): 966 – 983.

[23] Pokorny M, Sedgwick J. Profitability trends in Hollywood: 1929 to 1999: somebody must knowsomething[J]. Economic History Review, 2010, 63(1): 56 – 84.

[24] Palia D, Ravid S A, Reisel N. Choosing to co – finance: analysis of project – specific alliances inthe movie industry[J]. Review of Financial Studies, 2008, 21(2): 483 – 511.

[25] Orbach B, Einav L. Uniform prices for differentiated goods: the case of the movie – theaterindustry[J]. International Review of Law and Economics, 2007, 27(2): 129 – 153.

[26] Sedgwick J, Pokorny M. The risk environment of film making: Warner Bros in the inter waryears[J]. Explorations in Economic History, 1998(35): 196 – 220.

[27] 2015 年国产电影发行白皮书[R]. 艺恩咨询.

[28] 2015 中国电影营销研究白皮书[R]. 艺恩咨询.

[29] 2014—2015 中国电影产业研究报告[R]. 艺恩咨询.

[30] 2015 中国视频行业付费研究报告[R]. 艺恩咨询.

[31] 中国互联网影视产业报告[R]. 艺恩咨询.

[32] 2016 年中国电影在线票务市场研究报告[R]. 艺恩咨询.

[33] 虞海侠. 中国电影产业投融资机制研究[M]. 北京:经济管理出版社, 2012.

[34]黄树清."电影股票"辨析:如何实现真正的电影证券化融资[J].当代电影.2011(10):108.

[35]李洋.欧洲院线的三类扶持政策及其启示[EB/OL].2008,http://wenku.baidu.com/link?url = TNAmHgoUltgRD1t120adaeNvE7LqRwB - iMub - UJ _ 7k9bc30H5RDYqoSQyob - tlWbPrhRyYoHW2YXbbOlF8zoVML8q - s1HgRiIgEVSX4t4 - q.

[36]高庆秀.电影+保底发行:《美人鱼》《叶问3》的天壤之别背后,保底发行错了吗?[EB/OL].http://mp.weixin.qq.com/s? _ biz = MzA5NjcxNTIyNg = = &mid = 2650621091&idx = 1&sn = c4304de4afe5cb0d678902fcc17a3d31&scene = 0.

[37]曹乐溪.电影+P2P:隐藏在资产证券化背后的"圈钱游戏"[EB/OL].http://mp.weixin.qq.com/s? __biz = MzA5NjcxNTIyNg = = &mid = 2650621349&idx = 1&sn = 473f18e43b5f406a07796b85b9832bd4&scene = 0.

[38]于帆.资本之于电影:"创新"或"泡沫"[EB/OL].http://www.ce.cn/culture/gd/201604/25/t20160425_10822605.shtml.

[39]日本电影产业政策:文化外交与政府扶持[EB/OL].中国文化传媒网,http://www.ccdy.cn/xinwen/huanqiu/xinwen/201412/t20141219_1038140_1.htm.

[40]梅倩.中国电影反盗版携手世界同行[EB/OL].中国知识产权报资讯网.http://www.cipnews.com.cn/showArticle.asp? Articleid = 2320.

[41]张雁.发展文化产业在应对金融危机中的重要作用——访中国传媒大学文化产业研究院研究员齐勇锋[N].光明日报,2009-4-12.

[42]张力.改革开放30年我国教育成就和未来展望[EB/OL].新华网.2008-10-7.

[43]亚洲国家和地区典型的电影融资方式[EB/OL].http://wenku.baidu.com/link?url = lbTxG - eQJ93iw80Azko28ljcuYoEWwWOBGnPoebStv0yK9GVbwXRoHVrssWbZduigetJMdd9kEa7Sb4rkzRRbVGXS9zMAsxs5JgePm_GiMe.

[44]海外影视拍摄优惠政策全攻略,韩国最高补贴1120万[N/OL].http://www.entgroup.cn/news/Markets/2724848.shtml.

[45]2015年中国电影票房收入、票房人次统计[N].2016-3-16.中国产业信息网,http://www.chyxx.com/industry/201603/395715.html.

4 国际图书出版市场[①]

4.1 国际图书出版市场发展现状

4.1.1 市场定义和市场分析

图书出版市场包括学术、专业、综合及其他虚构、非虚构等类型书籍的出版与贸易。图书出版市场价值是指国内 B2C 市场按零售价销售书籍所创造的价值。

全球出版市场近年来一直停滞不前,欧洲市场呈现下滑趋势,亚太市场则有迅猛增长。不过,预计当西方经济复苏时,全球市场有望回暖并得到适度地增长。随着欧洲和北美市场的不断萎缩,只有大力促进亚太出版市场的增长才能缓解全球图书出版市场的停滞状态。

4.1.2 国际图书出版产业格局

从市场价值来看,2014 年度全球出版市场下降了 0.1%,市场价值达 3 082 亿美元,2010—2014 年的复合年均变化率为 -0.3%。具体而言,欧洲出版市场下降了 1.2%,市场价值为 1 166 亿美元,2010—2014 年的复合年均变化率为 -2.1%;亚太出版市场则上涨了 1.8%,价值达到 997 亿美元,2010—2014 年的复合年均增长率达 3.3%。

从市场价值前景来看,全球出版市场价值自 2014 年以来增长了 7.1%,预计到 2019 年将达到 3 300 亿美元,未来 5 年的复合年均增长率将达 1.4%。同期预测,欧洲自 2014 年以来下降了 0.3%,到 2019 年预计将达到 1 162 亿美元,未来 5 年的复合年均变化率为 -0.1%;而亚洲自 2014 年以来增长了 19.8%,到 2019 年预计将达到 1197 亿美元,未来五年的复合年均增长率将达 3.7%。

从类别细分来看,图书作为全球最大的出版市场,2014 年,图书出版市场创下最多利润,年度总收入达到 1 259 亿美元,占全球出版市场总收入的 40.9%。这是自 2012 年起,图书连续 3 年在利润创造和价值比例上远超报纸出版市场而稳居出版市场第一。在欧洲地区,图书占出版市场总价值的 39.9%;在亚太地区,图书所占出版市场的比例达到 44.3%。[②]

从区域划分来看:2014 年,在全球出版市场中,欧洲出版市场所创价值占全球的 37.8%,亚太地区约占 32.3%,美国占 22.4%,中东占 1.8%,其余地区约占全球市场的 5.7%。如图 4 -1 所示。

---

① 本文撰稿:王娟,中国传媒大学社会服务与发展办公室副教授,研究方向:国际图书版权贸易。

② 本页数据来源于:GlobalPublishing, MarketLine Industry Profile, August2015.

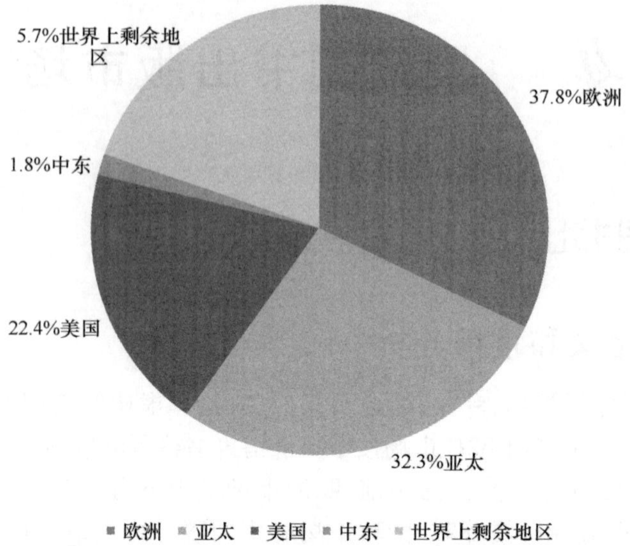

图 4-1　2014 年全球出版市场创造价值比例图

资料来源：MarketLine Industry Profile, Global Publishing, August 2015。

2014 年，从欧洲出版市场分布可以看出，德国占欧洲出版市场价值的比例最高，达到 22.6%；法国次之，占 14.1%；英国又次之，占 14.0%；意大利和西班牙分别占到 8.6% 和 4.4% 的比例（如图 4-2 所示）。

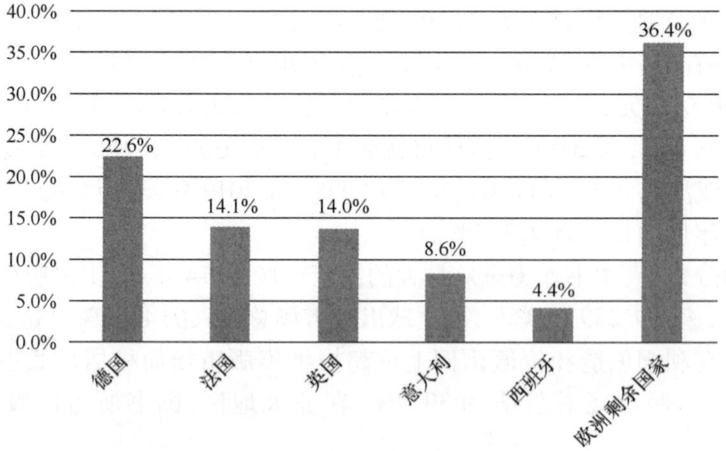

图 4-2　2014 年欧洲出版市场创造价值比例图

资料来源：MarketLine Industry Profile, Publishing in Europe, August 2015。

2014 年从亚太出版市场分布可以看出：中国占亚太出版市场价值的比例最高，达 36.2%；日本次之，占 33.0%；韩国和印度分别占 5.9% 和 4.4%（如图 4-3 所示）。

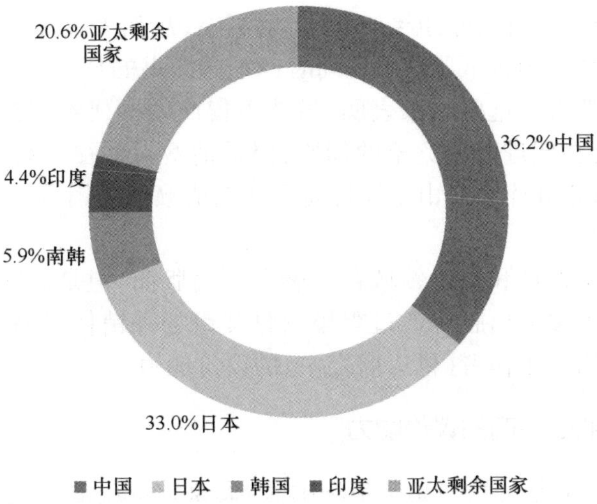

图 4－3　2014 年亚太出版市场创造价值比例图

资料来源：MarketLine Industry Profile，Publishing in Asia－Pacific，August 2015。

4.1.3　国际图书出版业五力分析

迈克尔·波特（Michael Poter）教授在《竞争战略》一书中提出了五种竞争力模型，也就是"波特五力分析法"。波特教授认为：产业竞争远不只在现有企业间进行，而是存在于 5 种竞争力量之中，即潜在进入者的威胁、现有企业间的竞争、购买者讨价还价的能力、供应商讨价还价的能力、替代品的威胁。这 5 种力量的状况及综合强度决定着产业竞争的激烈程度及盈利水平，从而决定着企业在产业中的竞争优势和最终盈利能力。[①] 不同的企业在面临五种竞争力时强弱各异，因而"五力"对企业的影响也会有所不同。

通常来说，出版市场会对图书、报纸和杂志的出版商进行分析。一般认为，图书、报纸、杂志等零售商和商业印刷商为主要购买商；办公空间及其设备的提供者、作者、记者和设计师为主要供应商。

图书出版市场以学术类、专业类、一般类和其他贸易类图书为分析主体。图书出版市场的产品差异十分明显，这减少了竞争。一般而言，购买商是大型群体，资金实力雄厚。然而，一些出版商本身也具备图书销售实力，从而大大减少了购买商的议价能力。出版市场上的供应商数量相当多，不过许多大型出版社都有自己的印刷工序，加之自出版的不断增长，促使一些供应商的议价能力逐渐降低。对新进入者来说，可能会因大型传统出版社的存在而难以进入市场。但是，随着数字出版技术的出现以及印刷需求的灵活性，新进入者不一定必须采用传统模式去花费大量经费才能进入出版市场。

在图书出版市场上，大多数购买商的需求是相当多元化的，他们经常在销售图书的

① 迈克尔·波特．竞争战略［M］．陈小悦译．北京：华夏出版社，2005．

同时也销售食品、电子产品、电影和其他产品。消费者购买图书的渠道也在发生着变化，人们越来越多地在网上而不是在传统的书店里买书，从而大大增加了购买商的议价能力。有时，图书零售商在销售纸质图书的同时也销售图书的替代品，如有声读物、二手书等，吸引了大量的消费者。这些现象表明，虽然零售商的低成本转换和实体零售商相对较高的存储成本可能会促进市场竞争的加剧，但是消费者往往容易忽略转换成本，更多地关注零售商们的价格和库存。由于零售商不那么依赖图书销售，这在某种程度上降低了零售商的销售风险。

此外，虽然在学术领域和文学领域存在著名的出版商，但是品牌的忠诚度往往指向作者而不是出版商，大多数出版商通过零售商打开市场并销售产品，读者则通过零售商购买作者的作品，这增加了作者（供应商之一）的议价能力。

4.1.3.1 图书出版业购买商的议价能力

在 B2B（“企业—企业”模式）出版市场中，购买商数量众多、大小不一。从大型零售商，例如亚马逊、沃尔玛、罗森株式会社，到小型的独立商店和书店以及小众网站都有。大型购买商雄厚的金融财力和谈判实力提高了购买商的议价能力。

由于转换成本相对较低，购买商需要购买产品并发送给终端消费者，因此购买商将从众多不同的供应商中购买，并与之进行互相转换。产品的相对差异性会削弱购买商的议价能力。大范围书籍的廉价出售意味着，选择供应商对购买商来说将变成一个更复杂的问题，而且他们必须考虑更多的因素，这削弱了购买商的议价能力。

从某种程度上来看，购买商的客户忠诚度越低，那么，对个性化出版商的选择就会越来越多，依赖度越来越少。但是，购买商必须有库存产品，这削弱了购买商的议价能力。例如，一家出售书籍的商店必须有最新发行的或畅销的图书库存，否则它可能会失去客户。

在技术的推动下，消费者们正逐渐远离纸质书籍，出版市场中的购买商对价格相对比较敏感。随着电子书市场的增长，终端用户越来越多地进行在线阅读，购买商必须以低价出售纸质书籍来赢得客户。

购买商不可能干预供应商的生产和商品提供行为，这会降低购买商的议价能力，而供应商却能够主动向购买商提供可供销售的商品。许多较大的购买商能够通过销售其他产品，如食品、电子产品、个人护理用品、家居用品和服装来获得收入。这些购买商比起那些仅仅依靠书籍、报纸和杂志的购买商有着更高的议价能力。

总体而言，购买商的议价能力被评定为中等。

4.1.3.2 图书出版业供应商的议价能力

图书出版市场中除了要有好的文章外，还要有包括记者和作家在内的劳动力。因为图书的出版一般需要一个较高的教育和培训标准，工资可以说是出版商的一个相当大的支出，图书出版工作人员所出版的作品质量非常重要，质量高的出版作品能够提高供应商的议价能力。在图书出版市场，转换成本往往是相当高的。例如，在考虑用新系统培训员工的培训成本时，电脑软件的更换就是昂贵的成本。转换成本还要考虑劳动力的问题，包括登广告、招聘和培训新员工过程中所花费的时间和金钱成本等。

尽管印刷公司之间的差异很小,但他们的声誉很重要,出版商会经常关注与印刷公司之间的长期合作关系。近年来,无纸化的电子书迅速增长,逐渐成为印刷商的替代品,虽然在2014年时,它只占到全球图书市场不到11%的比例。

一些大型出版商通常有自己的印刷工序,能够减少自身对外部印刷服务的依赖,因此,供应商的议价能力被削弱了。然而,印刷商们不太可能从事出版业务,这会增加他们对出版商的依赖,并去推销他们的产品。不过,印刷商往往有一系列的客户,这减少了他们对特定出版商的依赖。

作为供应商,作者和记者能够通过自出版提高其议价能力,作家自出版的书或媒体中可以没有出版商只有作者。出版技术使自出版更简易、成本更低。例如,由E.L.詹姆斯出版的《五十度灰》三部曲,作为网络小说《暮光之城》的同人文①小说,在2015年6月已售出超过1.25亿本。

整体而言,供应商的议价能力评估为中等。

4.1.3.3 图书出版业新进入者的威胁

全球出版市场主要由大型跨国出版商来主导,如新闻集团、时代华纳责任有限公司、德国的阿克塞尔·施普林格出版社和贝塔斯曼出版集团、日本的朝日新闻公司等。这些公司通常使用各种议价能力和资金与供应商合作获益。这些出版商与小型出版商联合经营,小型出版商主要集中在小众或特定领域,如学术界。新进入者可以通过提供一个利基(niche)产品来参与竞争。还有互联网零售商,如亚马逊公司,比传统的高街②零售商有更少的开销。而且成功的互联网零售商体现了消费者的意愿,即消费者转向愿意提供最好报价的零售商。

图书出版市场上转换成本低,购买商的购买需求易受到顾客消费需求的驱动。这意味着新进入者如果提供了一个抢手的产品,是能够成功进入图书市场的。有品牌忠诚度的作者,而不是零售商,如果能创作出一个很好的作品,那么,出版商将会取得成功。

在出版市场中,新进入者的规模并不是那么重要,不具备大量资金优势的公司也可以进入市场。随着数字出版技术的出现和印刷需求的灵活性,新进入者不需要大规模的生产基础设施就可以进入市场,也不需要和传统的出版社进行印刷数量的挑战。而且书籍消费越来越多地转移到网络在线,电子图书赢得了市场占有率,这为新进入者打开了市场。但对出版商来说,找到好的供应商,获得有才华的作家、记者和设计师以及能够与商业印刷商建立良好的关系仍然是十分必要的。如果出版纸质书籍,以上这些对于一个出版集团的成功是至关重要的,然而,这也是困难的。知名作家往往由文学代理人出面将他们的作品推销给出版社并与之进行合同谈判。即使有经验的出版商,也很难判断一本书在市场上的盈亏。更重要的是,出版商已经提前支付了一大笔预付款。这些都增加

---

① 同人文小说是指二度创作,即"同人之名以为文"。它是一种新兴的文章形式,将有名作家的原作中之角色与剧情放在新环境里改写,加入作者自己的想法,表达新的主题。在中国文学中,习惯称为仿作、拟作、改作。(资料来源于360百科"同人文"词条)

② 高街是指一个城镇的主要商业与零售街道,譬如北京的西单、王府井等地,后来发展为"高街品牌""高街时尚"。而高街零售商最早是指英国主要高端商业街的商店。(资料来源于百度百科"高街"词条)

了新进入者的市场风险。

“剩货保退”的市场商业模式可能会阻碍潜在的新进入者进入图书市场。出版商、供应商和零售商之间的这种模式意味着，如果零售商将货退给出版商，出版商就要为未售出的图书付款。这就是说，潜在的新进入者必须认真考虑他们的产品放在哪里零售，以保障他们顺利进入图书市场。

在规章约束层面，图书出版市场比报纸、杂志更宽松，因此，图书更容易进入市场。此外，零售商的进入也是至关重要的。一家小型的图书出版公司可能会发现很难说服主要的图书销售连锁店去销售它的出版物。书商可能会要求折扣，而且剩货保退的配送方式是常见的，这意味着销售不佳的风险将由出版商来承担。或者说，出版商能够通过亚马逊网站等来寻求网络零售商；或者甚至通过它们自己的网站来销售，如亚马逊、拉加代尔集团等，其直销的连锁店就直接向消费者销售图书。

近年来，各国的出版市场有的上升、有的下降，视国别而不同。其中，英国、印度和中国的出版市场综合表现有所增长，有助于新进入者进入出版市场，而美国、德国、澳大利亚、日本等国的出版市场综合表现都在不断下降，这将会延迟新的进入者进入。

总之，新进入者的威胁评估为中等。

4.1.3.4 图书出版业替代品的威胁

书籍由广泛的购买商来出售，许多购买商有各种不同的替代品来替代图书。传统的替代品包括二手书籍和杂志。博客、新闻和娱乐网站提供的大量免费在线资源其实是一种类似间接竞争的替代品。它们的优缺点不容易确定，因为它们取决于个人消费者的口味。电子书和电子阅读器对消费者具有明显的优势，如可携带、任意调整字体大小、快速访问新内容和内置屏幕照明。

零售商的绝大部分收入是通过出售图书创造的，像美国的巴诺书店（Barnes and Noble）、英国的沃特斯通连锁书店（Waterstones）、德国的胡根杜贝尔书店（Hugendubel）和塔利亚书店（Thalia）、日本的纪伊国屋书店（Kinokuniya），就是以图书销售为主要收入的，因此它们的替代性选择较少。然而，这些类型的商店也可以通过销售玩具、游戏、电影、音乐和糖果来实现多样化。而其他出售书籍的零售商，包括多样化的大型专卖店，如沃尔玛（Walmart）、家乐福（Carrefour）、乐购（Tesco）、雷韦中心股份有限公司（REWE AG）。这些零售商有较多的选择，并经常通过销售食物、电子产品、衣服和家居用品来创造绝大部分收入。

网上在线零售商，如亚马逊，其销售的产品很广泛，可以用一系列可替代的休闲品或教育资源来替代。亚马逊网站上出售的一个重要的替代品是电子阅读器——亚马逊kindle阅读器。它迅速地占有了不小的市场份额，而且未来很有可能成为图书市场一个强有力的威胁。

对于图书的最大威胁是将纸质版本转换成数字版本。转换成数字模式可能会产生较高的初始成本，例如，电子阅读器比纸质书昂贵。虽然个人消费者越来越多地转向数字模式，但实体需求仍然存在。零售商以数字形式提供这些产品，以避免收入损失。例如，2010年，巴诺书店（Barnes and Noble）发布了自己的电子阅读器——Nook。

总体而言，替代品的威胁评估为中等，但是不同的零售商由于各自不同的经营模式，其零售经验也千差万别。

4.1.3.5 图书出版业内部竞争的威胁

图书出版市场的主要出版社都是规模庞大、实力雄厚的，这些因素加剧了竞争。例如，美国的新闻集团出版了《纽约邮报》《泰晤士报》《太阳报》等；德国的阿克塞尔·施普林格集团出版了《滚石杂志》、《新闻周刊》和《德国世界报》等报刊。这些出版社投资于品牌建设和广告，并与购买商和供应商建立良好的关系。尽管小众版商会发现这种竞争有所减弱，但出版社间的竞争依然非常激烈。而且对小众出版社来说，必须经历不断的竞争，因为它们不能与规模较大的连锁店和网络零售商竞争，也不能进行价格激战。

购买商可以选择不同的书籍进行销售，但是如果某出版社出版了一本畅销书，购买商将会主动销售它来迎合消费者的阅读需求。这在某种程度上降低了购买商低成本转换对出版商的威胁。出版商可以根据目标年龄和阅读偏好来进行区分，这意味着购买商更有可能依据产品的价值而不是价格来决定是否购买该产品。

图书市场的出版商可以很容易地扩大输出，因为一旦图书定稿，这就是一个印刷量的问题。这增加了出版商彼此之间的竞争。但很多出版商的经营范围同时又是相当多元化的，可以有效地降低竞争。例如，美国新闻集团既出版书籍、报纸，也出版有线网络编程、房地产信息和数字教育信息等。

4.1.4 国际图书市场主要出版集团及协会

4.1.4.1 主要出版集团

(1)德国的贝塔斯曼集团。贝塔斯曼集团(Bertelsmann SE & Co. KGaA)是一家国际传媒公司，它旗下的子集团主要包括RTL电视集团、欧唯特服务集团、企鹅兰登书屋、古纳雅尔杂志社和贝塔斯曼印刷集团等。目前，该集团已在全球50多个国家开展电视广播、图书出版、杂志出版、音乐唱片及发行、服务和印刷等业务。

RTL集团是欧洲领先的娱乐网络公司，在全球55个电视频道和27个广播电台以及多个制作公司持有股份。作为欧洲最大的广播电视公司，其电视频道包括德国的RTL电视，法国的M6频道，荷兰、比利时、卢森堡、克罗地亚和匈牙利的RTL频道以及西班牙的Antena 3频道。

欧唯特服务集团是一个业务流程外包(BPO)服务的全球供应商，为将近40个国家的客户提供一系列服务，并为各行各业的商业客户提供定制解决方案，其服务范围广泛，主要包括数字营销、金融服务、客户关系管理(CRM)、供应链管理(SCM)和信息技术服务等。

企鹅兰登书屋是领先的图书贸易出版集团，在世界五大洲拥有将近250家独立出版社。该出版集团每年出版15 000种新书，在全球范围内售出7亿多册纸质书、有声书和电子书。其图书品牌包括历史上著名的出版社，例如：美国的双日(Doubleday)出版社、维京(Viking)出版社和阿尔弗雷德·克诺夫(Alfred A. Knopf)出版社；英国的埃伯雷(Ebury)出版社、哈米什·汉密尔顿(Hamish Hamilton)出版社和乔纳森·凯普(Jonathan

Cape)出版社;西班牙的普拉扎·简斯(Plaza & Janés)出版社;阿根廷的苏达美瑞凯(Sudamericana)出版社等。

古纳雅尔杂志在30多个国家提供超过500项媒体活动、杂志和数字业务。该集团旗下最重要的棱镜媒体(Prism Media),是法国第二大杂志出版商。古纳雅尔还在中国、意大利、荷兰、奥地利、波兰、西班牙等地区出版、发行和销售杂志以及其他媒体内容,并在亚得里亚海地区和墨西哥地区从事销售或市场方面的业务。

贝塔斯曼集团的其他经营活动被归为集团投资部门,业务主要包括BMG音乐版权管理公司、贝塔斯曼数字媒体投资基金(BDMI)和贝塔斯曼亚洲投资基金(BAI)以及贝塔斯曼教育集团,致力于在亚洲、美国和欧洲市场寻求符合贝塔斯曼集团的发展战略。

(2)法国的拉加代尔集团。拉加代尔集团(Lagardère SCA)由法国著名企业家让·拉加代尔创建,是一个多元化的媒体集团,也是世界三大出版集团之一。该集团在与新闻、教育、文化和娱乐等相关领域表现十分活跃,其业务主要涉及服务业、出版业、广电媒体、体育娱乐业,业务范围跨越全球20多个国家,包括美洲、欧洲和亚太地区。

阿歇特(Hachette Livre)出版集团作为法国拉加代尔集团旗下出版业务的主力军,主要负责图书出版与电子书出版,涉及教育、大众文学、插图册、丛书、字典等多个图书类别,在以英语、法语和西班牙语为主的图书出版市场占据主要地位。阿歇特出版集团的出版业务除法国外,还面向西班牙、英国、日本、波兰、意大利和俄罗斯等国家展开。该集团每年印刷2.5亿册图书,供应法国12 000家书店、报刊亭和超级书店,其业务规模已经直接或间接地覆盖全球70多个国家和地区。

拉加代尔集团的媒体业务包括广播、电视频道、音像出版和分销、杂志出版以及数字业务等。该集团主要提供37种杂志和其他87家国际许可的杂志,其中,旗舰杂志包括著名的《她》(*Elle*)、《巴黎竞赛画报》(*Paris Match*)、《费加罗报》(*Tele 7 Jours*)等。目前,该集团已经进入中国的杂志领域,出版的杂志有《健康之友》《心理学》《中国》等,同时它也在积极进军中国的图书市场。

(3)新闻集团。美国的新闻集团(News Corporation)是全球规模最大、国际化程度最高的媒体集团之一,是一家多元化的媒体、新闻、教育和信息服务公司。该公司的业务主要有新闻信息服务、有线网络编程、数字房地产服务、图书出版和付费电视等,其品牌包括:《华尔街日报》、道琼斯公司、《先驱太阳报》、《太阳报》、《泰晤士报》、哈珀·柯林斯出版社等,并且在北美、澳大利亚和英国等国家和地区都有业务运营。

新闻集团的新闻和信息服务业务主要由道琼斯公司、新闻集团澳大利亚公司(包括新闻有限公司及其附属公司)、《英国新闻》(前身是新闻国际)、《纽约邮报》和美国新闻营销集团来运营。道琼斯公司是一家全球新闻和商业信息的供应商,主要通过报纸、通讯社、网站、电子阅读器、移动应用、时事通讯、杂志、专利数据库、会议、广播和视频等多种媒介渠道来分配内容和数据。

新闻集团的图书出版部门主要是哈珀·柯林斯出版社,这是一家面向英语消费者的出版商,已在美国、英国、加拿大、澳大利亚、新西兰和印度等国家建立子公司并开展出版业务。哈珀·柯林斯出版社重点出版一般虚构类、非虚构类、儿童类和宗教类图书,同时也从事数字出版业务。该出版社包括超过60个品牌的出版公司,例如,雅芳出版公司（Avon）、哈珀·柯林斯儿童图书出版商（Harper Collins Children's Publishers）、威廉·莫罗和基督教出版商（William Morrow and Christian publishers）等。哈珀·柯林斯出版社在全球范围内出版的纸质书籍和电子书籍已超过50 000种，图书库存量约10万本。

（4）皮尔森公司。皮尔森公司（Pearson plc）是一家全球性的出版和教育公司，在北美、欧洲和亚太地区的80多个国家开展业务，主要为教师和学生提供教育材料、技术、评估及相关服务，为教育机构、公司和专业机构提供电子学习程序和开发测试、审核和评分服务。

皮尔森公司主要由皮尔森教育出版集团和英国金融时报集团（该集团在企鹅兰登书屋持有47%的股份）组成。其中，皮尔森教育出版集团是世界最大的教育出版集团，主要提供教育材料和学习技术；而金融时报集团是世界财经新闻和分析权威，向国际商界提供纸质和电子版的商业和金融新闻、数据、评论和分析等。

皮尔森公司主要运营4项业务：北美教育、国际教育、专业教育和金融时报。皮尔森的北美教育、国际教育和专业教育是皮尔森教育业务的一部分。北美教育业务主要是为美国和加拿大的师生服务。它的产品和服务提供包括教材和其他学习资料，学生评估和测试服务以及教育技术。在皮尔森数字化系统学习中，该公司还提供数字化教学方案，通过皮尔森学校系统提供学生信息、评估、报告和教学解决方案，以记录和管理学生的出勤和表现；并通过"校园网"这一教学改进系统，实现教师的个性化教学。此外，北美教育业务部门为美国的学院和大学编辑和出版教科书及相关教材。

皮尔森公司的国际教育业务涵盖北美以外所有的教育出版和相关服务。包括课本、数字化学习解决方案，在线测试和评估以及一套综合服务。北美国际商学院在一些国家出版地方语言教材，该集团通过朗文出版社为儿童和成人提供英语语言教学（ELT）材料，并且通过华尔街英语语言学校来教英语。

专业教育业务主要是为专业人士提供出版、培训、测试和认证服务。其著名的品牌包括艾迪生·韦斯利专业出版社、皮斯比特出版社、普伦蒂斯·霍尔出版社、沃顿商学院出版社和思科出版社。该公司的专业测试部门主要是思科认证考试，它提供从测试发展到测试交付和数据管理的服务范围。此外，它通过163个国家的网络测试中心提供测试。例如，为美国的全国护理局联合委员会提供执照考试，为研究生招生管理委员会提供研究生入学考试等。

英国金融时报集团则主要通过纸媒、网站和移动终端为商务人士和金融机构提供一系列的数据、分析和服务。金融时报集团包括金融时报、金融时报集团的网站、一系列金融杂志以及在线金融信息公司。

（5）亚马逊有限公司。亚马逊有限公司（Amazon，简称亚马逊）成立于1995年，是一家大型网络在线零售商。该公司通过其注册的电子商务网站"亚马逊"提供一系列的产品和服务，其产品主要包括从供应商处购买的商品和第三方卖家提供的产品。公司还生产和销售Kindle电子阅读设备。

从地理位置来看，公司业务主要分为北美市场和国际市场。北美市场重点是通过www. amazon. com和www. amazon. ca网站进行零售、处理订单和外销，而且通过亚马逊网站服务（AWS）平台为所有的开发商和企业提供信息技术基础设施服务，并为客户提供

"亚马逊超级会员"计划。而国际市场则是向除美国和加拿大之外的国际区域进行消费品的出口销售,目前该市场已经在英国、德国、法国、日本、意大利、中国、西班牙、巴西、印度、澳大利亚和墨西哥等国家都建立了亚马逊网站。

亚马逊公司主要服务于4大主要客户群体:消费者、销售者、企业和内容创造者。该公司通过其零售网站为消费者服务。亚马逊设计的网站能够售出数百万独特的产品,其中一部分由亚马逊销售,其他的则交给第三方供应商销售。公司通过日常低产品定价策略和航运优惠,包括使用亚马逊超级会员等,以最低价提供商品。亚马逊还为顾客提供订单服务,通过在美国和其他国家的订单和仓库中心来完成客户订单。

亚马逊公司也是内容服务的创造者,例如作家和独立出版社通过 Kindle 直接出版图书内容,Kindle 是一个网络平台,该平台为独立的作者和出版商提供了 70% 的出版特权,从而使他们的书籍能够在 Kindle 商店里出售。亚马逊还为作家、音乐家、电影制作者、应用程序开发人员和其他人员提供了出版和销售图书的平台。

4.1.4.2 主要出版协会

(1)国际出版商协会(International Publishers Association,简称 IPA)。IPA1896 年成立于法国巴黎,总部设在瑞士的日内瓦,是图书和杂志出版业的国际性行业联盟组织,是被联合国认可的非政府组织。其成员由各国家或地区的出版商协会及一些专业出版商协会组成,包括非洲、亚洲、澳大利亚、欧洲和美国等50多个国家的60多个组织。该协会在国际平台上代表出版业的利益。

IPA 的最初目的是确保世界各国对版权的尊重,执行新的国际版权条约《保护文学和艺术作品伯尔尼公约》。① 其主要宗旨是促进和保护出版自由、人类基本的言论自由和阅读自由;加强各会员国之间的国际合作;减少因缺少图书和教育经费所造成的文盲现象。IPA 不但保护所有语言和文化在出版上的自由和文化多样性,同时也保护出版贸易自由,支持发展中国家通过加入 WTO 实现出版贸易自由和本国出版业的繁荣。②

IPA 的权力机构是国际委员会,它由每个会员国派两名代表组成,负责制定协会的基本政策,每年举行一次会议。该国际委员会推选其成员中的 14 人组成执行委员会。在常设机构日内瓦处理日常工作,出版会刊《国际出版商联合会出版新闻》和有关报告、会议记录等。每年还颁发 IPA 自由奖。③

IPA 一般以会议、论坛等形式处理世界范围的知识产权问题以及相关法律、条约和协议,以保证图书和相关产品的正常流通。④ 每两年与它的一个成员协会合作,交替举办一届国际出版商大会或者国际版权论坛,旨在为来自全世界的出版商建立一个开放的平台,讨论行业面临的问题和挑战。第一届版权论坛于 1986 年在德国海德堡召开。

IPA 与各相关的国际组织建立了联系,包括世界知识产权组织(World Intellectual

---

① http://www.internationalpublishers.org/.

② http://www.dajianet.com/world/2011/0427/155600.shtml.

③ http://www.dajianet.com/world/2011/0427/155600.shtml.

④ http://cips.chinapublish.com.cn/sz/hw/syzx/gjcbygk/gjxh/200702/t20070214_20988.html.

Property Organization)、联合国教科文组织(United Nations Educational, Scientific and Cultural Organization)和全球邮政协会(Universal Postal Union)等。

(2)国际数字出版论坛(International Digital Publishing Forum,简称 IDPF)。IDPF 是一个数字出版行业的全球贸易和标准化组织,致力于电子出版和内容消费的发展与推广,主要讨论电子出版技术的相关问题。IDPF 促进电子出版的应用和电子产品的发展,使内容创造者、阅读系统制造商和消费者获益。IDPF 发展和维持 EPUB(电子出版)的内容出版标准,使数字图书得以创建和回流。① 1999 年,从"OEB"开始,围绕 HTML,定义了 OPS(开放出版结构)、OPF(开放包裹格式)和 OCF(开放容纳格式)等 EPUB 的基本规格。②

国际数字出版论坛的宗旨有几点:一是通过标准制定、会议、模范实践和技术示范来促进全行业广泛采用电子出版;二是开发、发布和维护有关电子出版物的共同的标准(如 EPUB),并促进这些规格的成功应用;三是鼓励电子出版物和阅读系统可互操作的实现,并提供一个互操作性问题的解决论坛;四是确定、评估和推荐其他有关电子出版所创建的标准;五是为讨论与电子出版有关的问题和技术提供一个论坛;六是调节不同语言、文化、阅读和学习风格以及个人能力上的差异。③

(3)美国出版商协会(The Association of American Publishers,简称 AAP)是美国最大的消费、教育、专业和学术出版业的贸易协会。该协会有 200 多个会员单位,包括美国跨国公司、独立出版商、大学出版社、非营利出版商、专业和学术团体和行业服务提供商。④

美国出版商协会下分一般图书和大众市场纸皮书、教辅读物、高教出版、职业培训图书和学术著作,以及国际市场等分支。该协会由会员单位资助,分支单位则由所在会员单位评估后资助。协会政策由一个 20 人的理事会制定。理事由会员单位每 4 年选举一次,主席每两年选举一次。协会主席、副主席、秘书长、司库,加上不少于两位理事,组成常务理事会。协会在纽约和华盛顿各有一处办事处,约有 30 名职员。⑤

AAP 的会员资格分为 3 种:正式会员(Regular Membership)、准会员(Associate Membership)和附属会员(Affiliate Membership)。⑥ 该协会的网站向会员提供工具如"每月净销售收入报告"(StatShot)和"美国出版与图书行业研究集团生产协会的年度调查报告"(BookStats)。美国出版协会也是国际出版商协会(IPA)的成员,是世界范围内历史最悠久、规模最大的出版商协会。通过 IPA,他们与其他国家的出版商协会共同处理出版商的相关问题,如知识版权问题。⑦

美国出版商协会承担美国出版行业最重要的服务和管理工作,它有 4 项主要职责:公关活动、版权保护、行业调研、组织交流。具体来讲是:拓展美国各种类型出版物的市场;提升出版产业在美国及全球的地位;保护知识产权特别是版权;促进公众对图书及其

① http://idpf. org/.

② https://en. wikipedia. org/wiki/International_Digital_Publishing_Forum.

③ http://idpf. org/.

④ http://aap. com. au/.

⑤ http://cips. chinapublish. com. cn/sz/hw/syzx/gjcbygk/gjxh/200702/t20070214_20990. html.

⑥ http://www. dajianet. com/world/2011/0427/155635. shtml.

⑦ John Rodzvilla, Modern Book Publishing: Websites for the Trade.

他出版物在美国文化及政治生活中的价值的认可；促进文化自由权，反对各种形式的审查制度；为会员提供贸易、政策、政府行为、法律等方面的信息；帮助会员探寻新技术环境下的机遇；为会员提供企业管理方面的培训、信息和方案等。①

（4）美国大学出版社协会（The Association of American University Presses，简称AAUP），创建于1937年，是非营利性的出版商组织，目前协会有130多位成员，主要是在美国。其成员通过各自的出版来推进学术发展。规模从年出书5本到几百本，“按照协会的统计，成员社年销售额规模大约为25万～5 000万美元，成员社平均职员人数是30人，年出版品种数（包括新版与重印品种）为2～2 200种”②。主要出版社会学、人文、艺术、科学技术等类型的图书，也出版富有地方特色的图书。目的是宣传和促进大学出版社的工作，并以组织的形象开拓市场，使大学出版社适应市场经济的发展③。

美国大学出版社协会主要是在专业教育、合作服务和公共宣传方面协助其成员。该协会通常会举办培训项目和研讨会，举办专业化的年会，并汇总和发布行业信息。协会的合作服务扩大了协会成员的数量，提高了它们的效率。主要是推动大学出版社的内外双重性（专业学术性和面向市场性），发挥成员的言论自由、学术自由、版权自由和其他核心问题的发言权。④

AAUP的宗旨是开展行业服务、行业自律和行业发展性指导等方面的工作。协会不断扩大会员之间的共享，以扩大大学出版社对知识界的影响，并加强它们的营销能力。除了各项正式活动，协会还搜集编制了美国和加拿大大专院校教师名录，包括了分类详细的50万名教师的名单。世界各地大专院校类似的名录也可以通过协会获取。另外，该协会搜集编制的《教育名录》一书，包括400个分类的学术期刊订户和学术团体会员的名单，供大学出版社租用。⑤

（5）学术出版协会（The Society for Scholarly Publishing，简称SSP）。SSP于1978年成立，是一个致力于学术出版的组织，大约有来自24个国家的约1 100名成员，包括出版商、供应商、图书馆员、研究人员与顾问和其他个人。该协会专注于专业发展及专业持续性，公开鼓励争议性话题的讨论，包括公开学术出版的途径。学术出版协会在学术交流协会中也是独一无二的，它不用考虑政治问题。SSP也是为数不多的允许成员以个人身份参加的学术交流协会组织。该组织负责2008年注册的“学术厨房”博客，主要是随时更新学术和出版的发展动态，以及国际政策变化。

学术出版协会自成立以来，每年按地区轮流举办年会。第35届年会于2013年6月在旧金山举行，有800多人参加。该协会在全球最大的职业社交网站——领英（LinkedIn）上也一直是一个活跃的社交媒体，领英集团的成员超过7 000余个，如推特（Twitter）、脸书（Facebook）等⑥。

（6）学术和专业社会出版商协会（The Association of Learned and Professional Society

① http://www.dajianet.com/world/2011/0427/155635.shtml.
② http://www.dajianet.com/world/2011/0427/155636.shtml.
③ http://www.dajianet.com/world/2011/0427/155636.shtml.
④ http://www.aaup.org/.
⑤ http://www.dajianet.com/world/2011/0427/155636.shtml.
⑥ https://en.wikipedia.org/wiki/Society_for_Scholarly_Publishing.

Publishers,简称 ALPSP)。ALPSP 成立于 1972 年,是非营利出版商的国际贸易协会,也是世界最大的学术和专业出版商协会,拥有 40 个国家的 330 多名成员①。协会会员包括杂志出版商、图书出版商、学术和专业团体、数据库出版商、大学出版商和政府间组织等。其正式会员资格面向非营利性的学术和专业出版组织,准会员资格面向与学术或专业出版、发行等相关的组织或个人。ALPSP 的会员共出版 1 万多种杂志,此外还有图书、报告、数据库等其他产品和服务。②

该协会允许其成员访问与 SSP 合作的同行学会出版的期刊。该网站还为其成员提供了 20 多个学术出版的报纸和报道、同行评审和电子书创作。学术和专业出版商协会特点话题页面提供了一个丰富的系列专题链接,如编辑、版权和语义网的发展。③ 该协会运营了一系列工作,包括培训班、研讨会、讲座和其他会议事务,如法兰克福书展和伦敦书展。④

ALPSP 总部设在英国,在北美洲和大洋洲设有分部。协会出版的期刊有季刊《学术出版》(Learned Publishing)和电子月刊《ALPSP 快讯》(ALPSP Alert)。ALPSP 每年颁发三大奖项:ALPSP 最佳新期刊奖(Award for Best New Journal)、ALPSP 出版创新奖(Award for Publishing Innovation)和 ALPSP 学术出版服务奖(Award for Service to Scholarly Publishing)。

4.1.5 国际图书出版产业发展趋势

4.1.5.1 全球纸质书市场保持增长

2015 年,多个国家纸质图书销售实现增长。根据尼尔森公司监测数据显示,2015 年,在尼尔森监测的 9 个区域市场(美国、英国、爱尔兰、意大利、澳大利亚、新西兰、南非、巴西、西班牙)中,有 6 个区域市场的纸质书销量相比于上一年度有所上升。其中,美国和英国纸质书市场分别增长 2.8% 和 3.7%;爱尔兰和新西兰同比分别增长 2.6% 和 7.1%;南非和巴西同比分别增长 20% 和 10.7%。从增长速度可以看到,纸质书市场现状比较乐观,相比于 2014 年,多个地区在 2015 年的市场发展表现有所提升。2011 年以来,电子书快速增长导致纸质图书销售受到影响而一度出现全面负增长的情况已经在 2014 年有明显改观,2015 年,纸质书继续呈现正增长态势。美国由 2013 年的负增长转向 2014 年的正向增长,2015 年继续维持正向增长,且增长幅度有所上升;而英国也从 2013 年下降 9.1% 放慢了下降速度,2014 年度增长率为 -1.9%,2015 年呈现正向增长态势,增长率为 2.8%。⑤ 通过尼尔森公司的数据分析可以看出,正如之前图书行业预测的那样,纸质图书不可能在短期内消亡,读者对纸质图书的阅读习惯在未来很长一段时期还将保持。

---

① http://www.alpsp.org/.

② http://www.dajianet.com/world/2011/0427/155685.shtml.

③ John Rodzvilla, Modern Book Publishing: Websites for the Trade.

④ https://en.wikipedia.org/wiki/Association_of_Learned_and_Professional_Society_Publishers.

⑤ 尼尔森:2015 全球图书零售市场报告[OL]. http://www.wtoutiao.com/p/19bnyax.html.

4.1.5.2 云技术在图书出版业不断被应用

云技术在全球图书出版行业已经受到了出版商们的广泛关注。未来即将改变整个图书出版行业的生态环境。通俗地讲,“云”就是专业内容的大数据聚合,“端”就是移动终端和智能终端等各种端口。安徽出版集团总经理田海明认为,“出版的 1.0 时代是铅与火的时代,2.0 时代是光与电的时代,3.0 时代应该是数与网的时代,而出版 4.0 时代是云与端的时代。当前,出版 4.0 时代已然到来”。在未来的图书出版行业,大数据的存储、交易、生产、分析以及数据产品的增值将进入图书的文字创作、编辑排版、生产制作、市场销售等各个环节。未来数据产品的生产和增值,直接交易数据可能成为一种趋势,形成巨大的交易市场,数据将从储存、应用转向市场交易要素禀赋,谁占领了数据协同集成和交易的高端,谁就能创造巨大的数据消费需求。①

4.1.5.3 数字出版增长出现市场分化

2015 年,全球电子书市场呈现区域性的市场分化情况。总体来说,欧美电子书市场一改往年强劲增长趋势,欧美市场的数字出版业务在 2015 年出现业绩下滑,数字出版业务反而拉低了出版商们的整体销售额,欧美数字业务板块的前景并不明朗。哈珀・柯林斯、西蒙・舒斯特、霍顿・米夫林・哈考特、阿歇特等一些国际出版巨头在近期发布的 2015 年三季度财报中都提及电子书业绩的下滑以及因此给整个公司带来的不利影响。据了解,哈珀・柯林斯的数字产品主要包括电子书和有声书两部分,其中,该公司三季度数字产品销售额占总营业额的 20%,为 8 200 万美元,相比去年同期的 9 300 万美元下滑了 23%。而有声书方面虽然也出现了 11.8% 的销售下滑,但总体表现算尚可。2015 年第三季度,西蒙・舒斯特公司销售额增长了 2%,其中,数字产品占比 24.8%(约 5 000 万美元),相较去年同期的 28.3%(约 5 600 万美元)有所下滑。有声书却逆风飞扬,2015 年前 9 个月的销售额比去年同期增长了 40%。电子书的疲软一定程度上抵消了该公司有声书和儿童书的强劲表现。作为美国最大的教育出版商之一,霍顿・米夫林・哈考特集团在 2015 年三季度的大众电子书营业额同比下滑 6.5%,净利润从去年同期的 350 万美元下降至 164 万美元,销售额则从 4 630 万美元下滑至 4 330 万美元,调整后的税息折旧及摊销前利润(EBITDA)从去年同期的 720 万美元下滑至 380 万美元。此外,美国专业调查机构皮尤研究中心最新发布的调查数据显示,美国成年人持有电子阅读器的人数下滑了 13%。该项调查访问了 1 907 名美国成年人,分析他们所持有电子设备的情况,发现只有 19% 的受访者拥有电子阅读器,相比 2014 年 32% 的调查结果出现大幅下滑。②

与欧美国家形成对比的是,澳大利亚、印度以及南美诸国的电子出版市场呈现出增长迹象。这些地区的电子书在市场的精心培育下,继续保持着两位数的增长。英国权威分析机构威尔萨(Vearsa)对全球多个国家电子出版市场的抽样调查显示,澳大利亚电子书市场相对于 2014 年增长了 17%,这也在一定程度上说明澳大利亚读者对稍高定价的

---

① 陈文玲.“互联网+”与未来五个下一代业态[OL]. http://www.360doc.com/content/16/0210/12/29380426_533583020.shtml.

② 2015 全球电子书发展现状观察[OL]. http://www.aiweibang.com/yuedu/73471491.html.

电子书有着较好的承受能力。其中,虚构类作品不出意外地成为电子书市场上最受欢迎的板块,而与家庭生活相关的选题也尤为受欢迎。除此之外,传记/自传类电子书则经历了爆发式的增长,该板块销售额相较去年大幅上扬 58%。南美洲多国电子书市场的增长仍不可忽视。逐月的增长帮助这片市场在 2015 年完成了 45% 的提升。而虚构类图书则是驱动增长的最重要推手,尤其以西班牙语图书为代表。除此之外,南美洲的读者对英语经典作品的渴求也异常强烈,在一定程度上体现了他们对学习这门语言的热衷。印度的电子书市场也刚刚起步,但同样经历着连续的增长,相对于 2014 年,印度电子书市场业绩上涨 44%。这一数据与电子书数量的攀升有很大关系,同时该市场单本电子书利润也同比上涨了 10%。自助心理类图书和经管类图书成为驱动印度电子书市场增长的两大板块,更具体的观察发现,自助心理板块下的个人成长类图书表现尤为抢眼。①

4.1.5.4 数字出版著作权保护形势依然严峻

图书出版的著作权保护可以说是图书出版业一直以来面临的常态化问题。在数字化时代,互联网数字技术的变革发展为图书出版业注入了新的生机,大大提高了图书出版业的效率。然而,在传统出版向数字出版转型的过程中,各种著作权侵权问题陆续出现。由于图书内容被出版商数字化后,作品就可以在未经授权的情况下轻易地被复制、转载和发行。网络化的环境下,这种数字化的广泛复制传播行为又可以无限进行下去,作者和出版商的权益受到严重侵害,数字版权保护的难度进一步加大。由于互联网的无国界化,数字出版的著作权保护问题具有跨地区、跨国界性质,单靠某一个国家无法实现真正意义上的维权行为,国际社会应该建立统一的体系来打击这一侵权问题。"数字出版侵权规模大、方式多、增速快、危害深,已经威胁到数字出版产业的生存与发展,为有效应对数字出版中遇到的一系列著作权问题,保障数字出版产业的持续、健康发展,必须要加强数字出版的著作权法律保护。"②

4.2 国际图书出版市场国别比较

4.2.1 美国图书出版市场

4.2.1.1 美国图书出版市场分析

从市场价值来看,美国图书出版市场价值 2014 年降低了 1.5%,达到 689 亿美元,2010—2014 年期间的复合年均变化率为 -2.4%。就市场价值前景而言,市场整体表现预计将进一步下降,但下降速度较缓,预计 2014—2019 年期间的复合年均变化率为 -0.1%,自 2014 年以来降低了 0.7%,到 2019 年年底,美国出版市场价值预计将达到 685 亿美元。从类别细分来看,图书作为美国第二大出版市场,2014 年年度贡献收入达

① 2015 全球电子书发展现状观察[OL]. http://www.aiweibang.com/yuedu/73471491.html.

② 盘点数字出版著作权法律保护中容易出现的五大误区[OL]. http://www.cdpi.cn/xzx/toutiaoyaowen/20150924/13835.html.

270 亿美元,约占美国出版市场总价值的 39.2%。从地理划分看,美国占全球出版市场价值的 22.4%。从市场竞争来看,美国图书市场上的图书差异化明显,一定程度上减少了竞争。

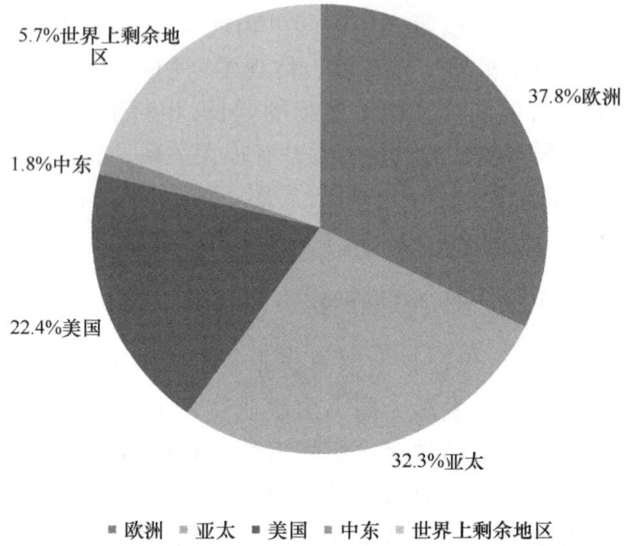

图 4-4　美国在全球出版市场的价值所占比例图

资料来源:MarketLine Industry Profile, Publishing in the United States, August 2015.

美国出版市场近年来处于小幅下降中,预测表明,市场仍将会持续轻微的负增长。根据美国出版商协会的报告指出,2014 年,美国出版市场上,儿童读物、青少年读物、电子读物和有声读物有了显著的增长。印刷书和电子书在美国市场不断增长。

4.2.1.2　美国出版业新态势

20 世纪 90 年代以前,美国的大众出版商包括兰登书屋、企鹅集团、哈珀 · 柯林斯等在内,每年出版大量的纸皮书,享受着传统出版模式带来的巨额盈利。20 世纪 90 年代后,技术环境的变化打破了传统出版商的赢利模式,威胁了纸质图书出版商的中间环节。作为世界上数字出版起步较早的国家之一,美国自 20 世纪 70 年代电子出版革命开始,至今已有 50 多年的发展历史,进入 21 世纪以来,随着数字出版在全球的普及和发展,美国的数字出版行业飞速发展,无论是出版形式、阅读载体,还是版权保护,均走在世界数字出版业的前端。近年来,美国图书出版主要呈现出以下态势:

(1)图书产品呈现快速数字化趋势,逐渐超过传统的纸质出版产品。这主要归功于移动互联网等新技术的发展,尤其是云计算在出版领域的应用。当下美国数字出版企业的三大巨头——亚马逊、苹果和谷歌纷纷进军数字出版领域,创造了更多的出版形式。例如,手机出版、按需印刷、电子书和产品组合营销方式,从而促进了图书出版的数字化转型升级。此外,各大出版集团还通过与技术型公司并购完善出版的数字化升级。

(2)出版产业结构持续调整,即主要形成了“内容 + 平台 + 终端”的数字出版产业链结构。主要表现在以下方面:第一,图书内容在数字出版的推动下逐渐多元化。在内容提供方面,除了传统的作家作者,还出现了大量的网络原创文学出版商,为优质的出版内容输送了更多的新鲜血液。而且更多社交媒体和网络的出现满足了用户免费获取和广泛阅读的需求,降低了阅读成本,节约了阅读时间。第二,在线发行平台逐渐主导出版的新形式。例如,亚马逊的自助出版平台 Kindle Direct Publishing 就是一个全开放式平台,它不仅为个体提供了一个出版平台,也极大地丰富了亚马逊自己的内容资源,在降低出版门槛的同时,构建起亚马逊自身独有的平台优势。第三,图书出版的终端呈现移动化和多屏化。终端主要包括互联网和各种移动设备。随着人们阅读习惯的改变,阅读终端为了适应不同人的阅读需求,加快了更新换代的速度,促进了阅读终端的低成本化和高普及率。阅读的载体不只局限于个人电脑、智能手机,大批量用户已踏入使用平板电脑、电子阅读器等智能性和可移动性更强的设备行列。

(3)美国出版技术不断创新。数字技术在美国图书出版的主要形式是电子书出版。值得注意的是,二维码在图书出版领域的应用,将用户从线下拉到线上,促进了美国图书出版商与读者之间的良性互动,为读者提供了增值服务,也为出版商创造了更多的商机。二维码(2 - Dimensional Barcode),也有人称为 QR 码(Quick Response Code,快速反应码)或魔码(Magic Code)①,作为一种全新的信息存储、传递和识别技术,其前身即条码技术最早诞生于 20 世纪 40 年代初。"它是在条形码的基础上扩展出的另一维具有可读性的条码,使用黑白矩图案表示二进制数据,通过图像输入设备或光电扫描设备自动识读,传达信息的图像符号"。② 近年来,二维码技术的出现在图书出版行业掀起了市场热潮,它作为一种独特的标识,利用手机的唯一性,可以将图片、文字、声音等内容通过条码编辑后呈现给用户,一方面有利于防止盗版,另一方面能够节省用户搜索书目和浏览网页的时间,提供给用户更多的增值服务,加强了与用户之间的有效互动。与此同时,二维码技术在出版业的应用对图书的推广和宣传以及图书的管理等都十分便捷。例如,早在 2010 年,美国一家名为 Ubimark Books 的出版社就在书中内置了二维码,这一举措率先打开了二维码在图书出版中的应用之路。目前,在图书出版市场中,二维码的使用多是纸质图书向数字图书转型升级的渠道之一,仍处于不成熟的阶段,会出现诸如设备无法兼容和识别、产业链不均衡等问题,但随着移动终端和互联网的飞速发展,二维码应用于出版业的前景还是值得期待的。

还有使包含各种浏览和应用的跨平台开发成为可能的 HTML5 技术③。HTML 是一种超文本标记语言,主要是通过激活各种"超链接",使浏览器方便地获取新的网页,这种技术的优势在于可以进行多设备、跨平台的使用,并且能够根据用户使用的设备,自动识别屏幕宽度,并做出相应的网页调整等,这些技术一次次颠覆了出版秩序,促进了美国数字出版业的不断变革。

(4)自出版推陈出新。自出版即自助出版(Self - publication 或 Self - publishing),是指"个人绕开出版社等传统出版发行机构,自助投资制作并出版发行数字化图书、期刊、

---

① 刘燕丽. 传统出版业中二维码技术的多维思考[J]. 编辑之友,2013(4).

② 夏然,等."二维码"技术在出版行业的应用[J]. 中国传媒科技,2013(7).

③ 马必文. 美国数字出版业发展及其启示[J]. 岭南学刊,2012(5).

音像制品等传播品的活动”①,是“在没有第三方出版商参与的情况下,由作者自行出版的新兴出版业态”②。自出版起源于19世纪末20世纪初,目前已成为美国出版业的一种趋势,适应了小众作者和读者的个性化需求。自助出版分为纸质书自助出版和电子书自助出版两个阶段。目前,美国的自助出版平台主要有Kindle Direct Publishing、Createspace、Smashwords、Author Solutions、Lulu等。Bowker的报告显示,2011年,美国自助发行电子书数目达到8.7万种,自助出版发行的纸质书籍数目达到14.8万种,占全国纸质书出版总数的43% ③。

(5)版权保护受到美国政府的高度重视。早在1952年,美国就签订了《世界版权公约》,积极加入世界版权保护的行列;1989年加入《伯尔尼公约》,后又签署《世界知识产权组织版权条约》;1998年,美国还颁布了《数字版权保护千禧法案》等。这些政策和举措表明美国对版权保护的意识由来已久,不论是在传统出版盛行的时代,还是数字出版出现的时代,在其他各国深受侵权之弊时,美国能够在出版改革的大潮中稳步前进,促进出版业良好而健康的发展。

4.2.1.3 美国政府积极推动图书出口

美国的图书出版业在全球占有举足轻重的地位,美国也是世界图书出口大国。在图书出口方面,美国政府扮演了重要的角色。作为高度市场化、商业化的市场经济主导国家,美国政府推动图书出口的手段并不是直接干预,而是通过一些政府机构和非官方机构在法律、财政、税收等方面对图书出口进行间接的隐性干预。

在机构设置方面,美国并没有设置专门管理图书产品出口和版权输出事务的政府部门,但美国原来的新闻总署的工作内容之一就是推动美国的对外文化传播事务,后来新闻总署归并到国务院。此外,美国国会还设置了美国版权局和版权裁判所,专门负责登记和保护版权以及解决版权纠纷等事务。在美国,非官方性质的出版行业协会在图书出版活动中起着重要作用。政府鼓励一系列行业协会参与图书出口活动。例如,美国书商协会、美国出版商协会等行业协会都会通过举办国际图书展、参加海外图书展览、进行海外图书出版合作等方式,扩大美国图书的国际影响力,推动美国图书出口业务。

美国政府还通过法律手段间接推动图书出口,例如《克莱顿法》《联邦贸易委员会法》等都对美国的图书出口以及版权输出进行了有效支持。在税收方面,美国政府实行图书出口的免税政策。对图书出版机构的图书出口业务,政府采取先征后退的免税方法。同时,政府还给予出口企业许多资助,鼓励出版企业进行图书出口。此外,美国政府还通过投资和基金的形式鼓励出版机构出口图书。美国国会经常直接资助美国政府印刷局的出版和图书对外传播活动。美国政府还设立并直接资助了国家科学基金会(NSF)和国家人文基金会(NHF),推动美国报刊和科研成果的出版发表。④

---

① 郑一卉.美国自助出版热潮评析[J].中国出版,2008(5).

② 刘蒙之.美国自助出版的发展现状与存在问题评析[J].燕山大学学报,2012(4).

③ Bowker. Self-Publishing Sees Triple-Digit Growth in Just Five Years[EB/OL]. http://www.bowker.com/en-US/aboutus/press_room/2012/pr_10242012.shtml,2012-10-24.

④ 崔斌箴.政府助力美国成为图书出口大国[J].出版参考,2012(1).

4.2.2 英国图书出版市场

4.2.2.1 英国图书市场现状分析

从市场价值来看,英国出版市场价值 2014 年增长了 0.3%,达到 163 亿美元,2010—2014 年的复合年均变化率为 -2%。就市场价值前景而言,英国图书市场的表现预计将加速,2014—2019 年的复合年均增长率预计为 1.5%,到 2019 年年底,英国出版市场价值预计将达到 176 亿美元(详见图 4-5),自 2014 年以来提高了 8%。从类别细分来看,图书作为英国最大的出版市场,2014 年度贡献收入值为 68 亿美元,约占英国出版市场总价值的 42%。从地理划分来看,英国占欧洲出版市场价值的 14%、德国约占 22.6%、法国占 14.1%、意大利占 8.6%、西班牙占 4.4%,欧洲其余地区约占 36.4%。英国出版市场近年来处于小幅下降中。不过,预测市场有望回暖。

根据英国广播公司的新闻报道,与 2012 年相比,2013 年,英国纸质书籍的销售下降了 6.5%,印刷书籍市场 2013 年在数量和价值上跌至 11 年来最低。其中一个主要原因是英国的经济状况不稳定;更严格的家庭预算迫使人们控制图书的购买行为。而且近年来,电子书的迅速增长也导致纸质书籍销售的下降。高级互联网普及率和电子阅读设备的可用性使数字出版开始蓬勃发展起来。随着经济的发展,出版市场正在复苏,市场前景依然看好。

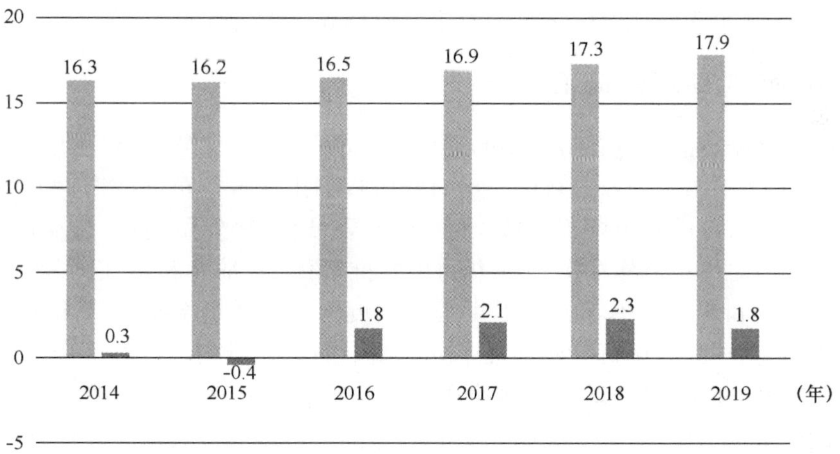

图 4-5 2014—2019 年英国出版市场价值预测图

资料来源:MarketLine Industry Profile, Publishing in the United Kingdom, August 2015.

4.2.2.2 英语语言教学读物(ELT)

凭借得天独厚的语言优势,英国的语言教学出版市场近年来持续保有较高的市场占有率。作为使用英语语言的母语国家,英国图书出口贸易更加活跃,其出口对象主要是以英语为第一或第二外语的国家,促使 ELT 英语语言教学读物拥有海量的海外用户。在英国所有出版集团和大型独立出版社都设有 ELT 图书出版部,如牛津大学出版社、培生出版集团、麦克米兰公司和剑桥大学出版社等基本占据了英国英语语言教学出版市场的 90% 以上。

值得一提的是牛津大学出版社。它由英国印刷先驱 T・罗德创于 15 世纪末,以向世界各地出版优质的词典、参考资料、英语教材和学术书而为人所知,在海外还拥有众多分支机构。因其特殊的出版性质,在英语语言教学出版领域占有举足轻重的地位。近年来,随着数字时代的到来,牛津大学出版社逐渐开始采用虚拟经营和数字化经营模式,即"以信息技术为基础,对多个具有独立市场利益的企业集团通过非资本纽带媒介生成的一种相对稳定或临时性的产品生产、营销和服务的分工协作关系"[①],并利用其海外出口贸易,联合第三方制作英语语言电子教材,实现图书生产投资与零售的数字一体化,为用户提供全方位的电子资源。

4.2.2.3 电子书市场

尼尔森图书监测机构 2015 年 6 月 5 日公布的统计数据显示,英国的电子书市场下滑趋势明显。而此前在 2012—2014 年,英国电子书的涨幅曾一度从 20% 涨至 30% ,2015 年又下滑至 29%[②],这表明电子书市场并不总是稳定的,它将在一段时间里与纸质书市场保持相持或此消彼长的状态。但电子书的出现对读者的阅读习惯和新的终端设备的影响在便捷度上远远超过了纸质书籍。例如,从读者使用的阅读设备来看,2014 年年底,英国有 47% 的读者使用 kindle 阅读器、38% 用平板电脑、8% 的读者用智能手机[③]。由此可见,电子书市场对读者有很强的渗透力和极大的影响,尤其是近年来自出版的电子书籍也已崭露头角,开始逐渐获取电子书中的市场份额和广大女性读者。

4.2.2.4 英国政府助力图书出口

英国政府借助英语为世界最重要的通用语言这一优势,积极倡导"出版无国界"的理念,推动本国的图书出版企业进行图书出口和版权输出业务。英国政府对出版业图书出口进行资助的政府部门有英国文化委员会、艺术委员会、海外贸易局、外交部、海外开发署等。这些部门对出版机构在英国图书的海外推广传播、举办和参加国际书展、代表团的书展摊位费用和差旅费用等方面提供资助。英国文化委员会成立于 1934 年,是一家半官方机构,是英国政府负责向海外推广英国图书的重要机构。该委员会内设出版顾问委员会、书刊和新闻司,在全球 100 多个国家和地区设有代表处。委员会每年都提供上百万英镑的图书推广费用,鼓励英国图书的海外推广。该委员会除了在国外举办英国书展、研讨会外,还资助英国出版商参加国际大型书展,扩大英国图书在国际上的影响。其使命是促进国际英语教学、开展文化交流、扩大英国书刊的出版与出口。[④]

此外,英国政府还鼓励英国的出版机构设立专门部门和建立国外分公司或办事机构,与海外图书出版商合作出版图书。政府鼓励英国图书出版商通过这些部门或办事机构,把图书出口作为重要的文化传播和商业贸易战略,根据目标国家和地区的读者习惯

---

① http://baike.so.com/doc/5933963-6146893.html.

② http://www.chuban.cc/gjcb/201506/t20150612_167785.html.

③ http://www.chuban.cc/gjcb/201506/t20150612_167785.html.

④ https://www.britishcouncil.org/organisation.

与需求,从出版策划、印刷制作和发行销售等各环节进行全球化运作。最近几年,英国政府还积极鼓励出版机构利用网络渠道进行图书的海外销售,并取得了很好的效果。①

4.2.2.5 英国图书市场主要出版集团

(1)三一镜报集团(Trinity Mirror plc)。英国三一镜报集团是于 1999 年由三一集团和镜报集团兼并而成的英国最大的报纸出版商,是英国为数不多的对记者有一套评估体系的报业公司,是一个多平台的发行商,通过多种媒体品牌提供新闻、娱乐信息、财经资讯和服务。该公司在英国、爱尔兰地区和欧洲大陆都有客户,主要运营 4 项业务:出版、印刷、专业数字营销和综合中心。

(2)牛津大学出版社(Oxford University Press)。牛津大学出版社(OUP)出版所有学科的学术著作,有音乐、学校和大学教材、儿童读物、对外汉语教材、商务书籍、字典和参考书等。牛津大学出版社是牛津大学的出版部门,它在亚太、欧洲、美洲和南非等 50 多个国家进行国际化运作。

牛津大学出版社出版了一系列学术类、一般类和参考类的书籍,领域涉及艺术和建筑、企业管理、计算机科学与信息技术、经济学、教育、电子工程、英语教学、历史、法律与社会、生命科学、文学、医学、哲学和宗教、政治经济学、心理学、科学、社会学、社会文化学、价值观教育等。

牛津大学出版社提供英语词典、双语和多语词典、儿童字典、主题词典和英语教学词典。牛津大学出版社还出版科学、计算机科学、数学、环境学、人文和社会科学、地图集、高等教育、儿童书籍和乐谱等教科书。

4.2.3 德国图书出版市场

4.2.3.1 德国图书出版市场现状

从市场价值来看,德国图书出版市场价值 2014 年降低了 2.1%,达到 263 亿美元,市场在 2010—2014 年的复合年均变化率为 -1.8%。就市场价值前景而言,德国图书市场表现预计将加速,2014—2019 年的复合年均增长率预计将达到 0.4%,自 2014 年以来增加了 1.9%,到 2019 年年底,德国出版市场价值预计达到 268 亿美元。从类别细分来看,图书是德国出版市场中最大的市场,总收入达到 128 亿美元,占市场总价值的 48.7%。从地理划分来看,德国占欧洲出版市场价值的 22.6%。

德国出版商和书商协会在年度新闻发布会上提出,2014 年度整体销售略有下降。该协会指出,传统的实体书店仍然很受欢迎,在整体图书销售中占据较高的比例,但是,纸质图书网上书店的销售额出现了明显下降。在德国,数字出版正在蓬勃发展,在一般图书销售中获得越来越大的份额。

4.2.3.2 德国的绿色出版

图书出版产业由于需要使用纸张、能源和油墨,被公认为是一项主要的污染行业。

---

① 崔斌箴. 英国政府和出版商力促"出版无国界"[J]. 出版参考,2011(12).

2013 年 1 月,在德国城市美因兹召开的为期一天名为“环保产品在书架上吗?”的学术会议,讨论了传统的德国环保模式是否适用于德国的图书出版业。会议上提出了对“绿色出版”的讨论。

“绿色出版”在德国成为一个很流行的词语,但是它的定义很不清晰。德国的《图书贸易》杂志中广泛使用这个词汇,通过新闻发布会、访谈等方式不断提到它。“绿色出版?是的,请”是来自《图书贸易》杂志 2012 年一篇文章的副标题。然而,《图书贸易》杂志并没有对这个术语加以解释。杰拉尔德・杰克逊和玛丽・莱斯特路普在《出版》(*Getting Published*)这本书中对“绿色出版”的定义是非常恰当的,他们将其定义为“环保、可持续的出版”。传统的出版并不环保,纸张生产格外有毒,由无花果叶子制成的环保的无酸性纸张以及植物染料并不能解决图书全球运输过程中产生的污染问题。电子出版被标榜成环保的替代方式,但是互联网的产业方式几乎无法实现碳排放平衡,例如服务器群会消耗大量的能量。杰克逊和莱斯特路普的定义是有帮助的,因为它是一个非常全面的定义。他们超越了一般对“绿色出版”的理解,他们考虑到了印刷生产环节。此外,他们在谈论电子阅读时,还提到运输和基础设施建设等问题。

德国的生态运动起源于 20 世纪 60 年代末的学生抗议活动,并在 20 世纪 70 年代和 80 年代的反核能抗议中得以发展。1980 年,“德国绿党”发起了主要的环境政策项目,1983 年,环境话题首次进入德国国会。从 1998—2005 年,“德国绿党”领导德国与德国左翼(SPD)联盟,从那时起,德国一直被认为是生态运动的先驱。德国被评为“世界上最环保的国家”。国际上,德国被认为是气候和能源政策方面的先导者,德国公民被认为是最热衷于回收和环保的公民。但这些对德国图书出版业而言就不那么适用了。图书生产中对环境产生最大影响的就是纸张制造(40% 的木材生产用于造纸)和印刷环节(除了印刷过程中的能源投入,仅欧盟每年就使用一百万吨的油墨)。不过,德国的一些出版商一直致力于环保活动。从 1980 年开始,罗沃尔特出版社使用再生纸出版旅游系列平装书。自 2009 年,彼得・迈尔出版社就捐赠一半的收益给气候类项目,补偿书籍制造过程中所排放的二氧化碳。自 2000 年之后,环保出版得到了进一步的关注。比如说,2005 年第一本使用通过森林管理委员会认证纸张(简称:FSC - certified)的图书在德国出版,从那以后,贝塔斯曼(Bertelsmann)等大型媒体企业同意,只在森林管理委员会认证纸张上打印。从 2012 年开始,学术类的瓦尔特・德・格鲁依特出版社全部使用森林管理委员会认证纸张打印。在德国,儿童读物也是出版商着重发展绿色出版的一个领域。父母都愿意花费额外的费用为孩子购买环保的图书。出版商们也在不断地把更为环保的造纸技术、印刷技术和包装技术运用到儿童读物的出版上来。①

德国在绿色出版方面的确走在世界前列,随着全球能源危机和环境污染的加剧,“绿色出版”这一观念也引起了世界图书出版业的普遍关注。由于当今图书出版生产的国际化运作方式,绿色出版的使命不是一个国家所能实现的,还需要依靠国际化的问题解决路径。

4.2.3.3 德国政府鼓励德国图书出口

德国政府在德国的图书出口方面起到了积极的作用,德国政府积极搭建世界级的图

① 资料来源于:MarketLine Industry Profile, Publishing in German, August 2015.

书展览会平台,为本国图书的出口推广以及德国与其他国家的图书出版合作牵线搭桥。德国的图书出版业不但以其高效的出版工作效率和图书销售量闻名于世,其举办的国际性图书博览盛会也使德国出版业在世界出版业中处于引领地位。德国国内的国际性图书博览盛会主要有两个,即上半年的莱比锡国际书展(每年的3—4月份在德国莱比锡展览中心举行)和下半年的法兰克福国际书展(每年10月的第一个星期三至第二个星期一在法兰克福举行)。法兰克福书展每年都会推出数十万种新书,供来自世界各地100多个国家和地区的出版社和书商选购。

除了国际性图书博览会这种方式,德国政府还设立了专门奖项,以鼓励世界范围内德语图书的出版,促进德国文化在全球范围内的传播。例如,创办于1950年的"德国书业和平奖"以及创办于2005年的"德国图书奖"都是德国图书出版领域的重要奖项。这些奖项为推动德国图书业发展,促进德国文化在世界范围内的传播起到了重要的作用。此外,德国十分重视德语图书的译介和推广工作,德国政府与出版行业通过德国图书信息中心项目、德国联邦文化基金会的Litrix项目,以及德意志学术交流中心(DAAD)等资助德语图书的翻译和出版,有力地促进了德语图书和德意志文化在世界范围内的推广。①

4.2.3.4 德国图书市场主要出版集团

(1)阿克塞尔·施普林格出版集团(Axel Springer SE)。阿克塞尔·施普林格出版集团,是一家从事出版报纸和杂志的媒体公司。该公司还经营数字销售渠道,公司最大的地理市场分布在德国,在47个国家都有业务,通过其子公司、合资企业和许可证经营。该集团主要运营4个版块,包括付费模式、营销模式、分类广告模型和服务模式。

(2)里德·埃尔塞维尔集团(Reed Elsevier)。里德·埃尔塞维尔集团由里德国际公司和埃尔塞维尔公司合并组成,公司业务范围横跨北美和欧洲,主要经营5项业务:科学、技术和医疗、法律、风险解决方案、展览和商务信息,主要提供专业信息和在线工作流程解决方案。

科技和医疗模块主要提供信息和工具,以帮助客户提高科学和医疗保健效果。它在埃尔塞维尔旗下运营。埃尔塞维尔给科学家、卫生专业人士和世界各地的学生提供科学、技术和医学信息。它通过出版发行主要的研究、参考和教育内容,以及提供一系列的数据库和工作流程解决方案来适应科学、技术和医学的需要。埃尔塞维尔的期刊主要通过the Science Direct平台(荷兰一家全球著名的学术期刊出版商,也是世界上公认的高品位学术期刊)来出版和发行,这是一个科学和医学研究的数据库,包含1 200万本期刊和26 000本全文电子书。它的旗舰期刊包括《细胞》和《柳叶刀》等。

此外,该公司还提供权威性和最新的专业参考内容,包括作品如格雷解剖学、纳尔逊儿科学和内特人体解剖学图谱。在医学教育中,埃尔斯维尔通过印刷和电子图书及电子解决方案给学生提供服务。埃尔斯维尔的数据库和工作流程方案为科学、技术和医学领域的专业人士提供了一系列的工具和解决方案。

(3)霍尔茨布林克出版集团公司(Verlagsgruppe Georg von HoltzbrinckGmbH)。霍尔茨布林克出版集团公司是德国一家综合性出版公司,主要出版文学书、专业书、教科书、

① 王娟. 中国图书对外贸易问题及对策研究[M]. 北京:中国书籍出版社,2013:60-61.

工具书等。该公司为北美、英国、欧洲和其他地区的客户提供服务。该公司提供的服务涵盖了科学和教育领域;小说和非小说的出版;信息和服务,包括互联网公司、新闻媒体和服务。它也给学生、教师和研究人员提供技术解决方案。霍尔茨布林克集团出版公司在全球超过138个国家和地区有业务运营。

4.2.4 澳大利亚图书出版市场

4.2.4.1 澳大利亚图书出版市场现状

从市场价值来看,澳大利亚出版市场价值2013年降低了2.7%,达到19亿美元,2009—2013年的复合年均变化率为-2.9%。就市场价值前景而言,市场表现预计将进一步下降,但下降速度较慢,到2018年,澳大利亚出版市场价值预计达到18亿美元,且未来的2013—2018年的复合年均变化率达-0.9%。[①] 从类别细分来看,纸质图书销售构成了澳大利亚图书出版市场中最主要和最盈利的市场,贡献了16亿美元的收入,占市场总价值的85%;数字出版则贡献了约3亿美元的收入,相当于市场总价值的15%(如表4-1所示)。

表4-1 2013年澳大利亚图书市场出版品种所创造的价值及比例

种类	创造的市场价值(百万美元)	所占比例(%)
纸质出版	1 602.8	85.0
数字出版	282.8	15.0

资料来源:MarketLine Industry Profile, Books in Australia, April 2014.

从地理划分来看,澳大利亚占亚太图书出版市场价值的4.9%,如图4-6所示。

从市场竞争来看,随着互联网零售业的普及和扩张,竞争变得激烈,因为商家也在与消费者竞争看谁更容易掌握价格和库存。

4.2.4.2 澳大利亚图书出版历史概况

澳大利亚是继美国和英国之后的第三大英语图书市场,平均每年的购书量达到1.3亿册,人均每年购书量为6本[②]。20世纪50年代,澳大利亚图书市场开始发展,并在政府的鼓励下于20世纪六七十年代图书出版业得到迅速发展,积极建立官方出版机构,直至20世纪80年代,澳大利亚的出版业才初具规模。澳大利亚的大型出版商都属于英国或美国的大型出版商在澳大利亚的分支机构,他们既出版本土作者的图书,同时也出版大量英、美两国的图书,如培生、兰登书屋、阿歇特等在澳大利亚都有分支机构;而澳大利亚本土的出版商则把焦点放在国内的细分图书市场上,其最大的本土独立出版商是艾伦昂温公司(Allen & Unwin),此外还有小型出版商,如默多克图书公司(Murdoch Books)、孤独星球出版公司(Lonely Planet)、五英里出版社(The Five Mile Press)等,主要通过满足专业化的特殊市场来谋求发展。

---

① 资料来源:MarketLine Industry Profile, Books in Australia, April 2014.

② http://www.dajianet.com/world/2009/0702/90728.shtml.

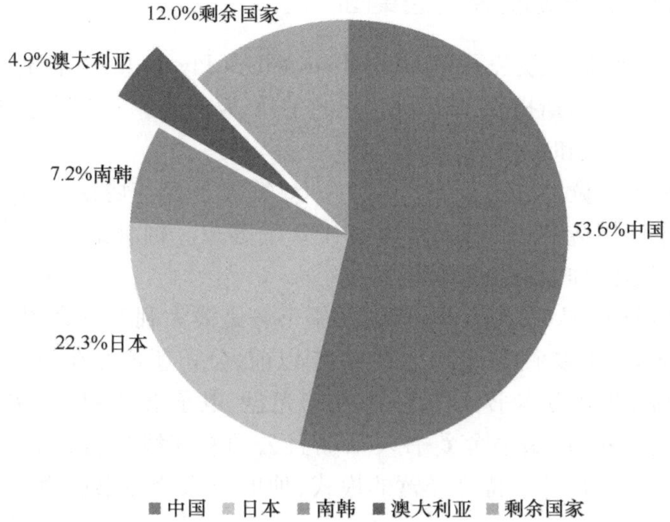

图4－6 2013年亚太地区图书出版市场比例图

资料来源：MarketLine Industry Profile, Books in Australia, April 2014.

澳大利亚的图书发行市场主要分为两个领域：一般类图书和教材。一般图书的发行方式主要是通过自办或者交给第三方发行公司来进行，而教材主要是通过第三方批发渠道向用户发行。麦克米兰发行服务公司是澳大利亚最大的图书发行商之一，而盖里·埃伦是最大的本土图书发行商。

澳大利亚的图书零售市场以连锁书店为主，A&R公司是澳大利亚当地最主要的连锁书店，拥有澳大利亚的第一市场占有率，与此同时，该公司还开辟了网络图书零售平台。此外，澳大利亚的数字出版也在逐渐深入并获得长足发展，一些独立出版商在数字化运营中开展数字出版业务。2007年，澳大利亚的迪莫克斯公司推出"伊利亚特(iliad)"电子书阅读器。①

4.2.4.3 澳大利亚的电子书市场

在全球化影响下，澳大利亚的电子书格局也呈现数字化高度集中的趋势，主要表现在两个方面：一是电子书模式的不断创新。由于澳大利亚是全球社交媒体渗透率最高的国家，当地居民花费在社交媒体上的时间远远超出其他国家。因此许多出版商，尤其是独立出版商在数字化运营中通过社交媒体来发布图书信息，将内容社交化，从而促进了电子书模式的多元发展。二是建立自己的发行平台。此前澳大利亚的图书主要是通过区域性平台如Bookish和第三方数字发行平台如谷歌、亚马逊等发行。近年来，在多元化平台选择策略的影响下，为了最大限度地推广数字图书，分散代理风险，越来越多的出版商开始尝试建立自己的B2C平台，避免了被发行平台巨头如亚马逊等扼杀的命运。②

---

① http://www.dajianet.com/world/2009/0702/90728.shtml.

② http://blog.sina.com.cn/s/blog_49e653b00100z8sn.html.

4.2.4.4 澳大利亚图书市场重要 零售集团

(1)柯林斯书商企业有限公司(Collins Booksellers Pty. Ltd.)。柯林斯书商是一家澳大利亚图书零售商。柯林斯提供了范围极广的书籍,从成人和儿童的虚构到非虚构类都有,包括传记、自传、诗歌和食谱。

该公司销售电子阅读器和电子书,并与 Kobo 签署了合作协议。Kobo 是一家电子阅读器和电子书的全球供应商,在很多国家有 430 个客户。柯林斯基于特许经营模式,他的每家个体书店都是由加盟商授权并运营的。

(2)恬墨书舍(Dymocks Booksellers)。恬墨书舍是澳大利亚一家图书零售商,在澳大利亚和中国香港拥有 70 多个连锁书店,2012 年以前,公司还曾经在新西兰有图书零售业务。它每年销售约 6 000 万本书,以及一系列的光盘、电子书、DVD 和文具。该公司还建立了客户诚信忠诚计划"恬墨书舍爱书人",而且公司有在线平台,允许消费者快速购买并下载电子书。恬墨书舍基于特许经营的模式,他的每家个体书店也都是由加盟商授权并运营。

4.2.5 日本图书出版市场

4.2.5.1 日本图书出版市场分析

日本出版市场近年来处于停滞状态,预测市场在未来一段时间内仍将继续保持这种状态。专业图书杂志出版商——中央经济社的首席执行官山本纪夫指出,日本出版市场在过去的 10 年中持续跌落。

从市场价值来看,2014 年,日本出版市场价值降低了 0.6%,市场价值达到 329 亿美元,2010—2014 年的复合年均变化率为 -1%。就市场价值前景而言,市场整体表现预计将会进一步下降,但下降速度较缓,自 2014 年以来降低了 2.7%,预计到 2019 年,日本出版市场价值将达到 320 亿美元,2014—2019 年日本出版市场的复合年均变化率预计为 -0.5%。从类别细分来看,报纸作为日本最大的出版市场,2014 年度贡献收入值达 150 亿美元,约占日本市场总价值的 45.5%。从地理划分来看,日本占亚太出版市场价值的 33%,中国约占亚太市场的 36.2%。

4.2.5.2 日本的手机阅读市场

手机阅读作为一种碎片化、袖珍化的阅读方式,与传统媒体、网络媒体相比,在消费、传播等方面都在不断满足人类的信息需求,是新时代的微传播。手机阅读终端的特殊性体现在:内容短小精悍、题材新颖别致,重视用户体验和个性化阅读。20 世纪后半叶,日本成为出版强国。进入 20 世纪 90 年代后,由于受亚洲金融危机和新媒体等因素的冲击,日本图书出版市场低迷,进入萧条期。

近年来随着手机普及率愈来愈高,尤其是智能手机的广泛应用,使得日本的纸质出版物销售在逐年锐减的同时,手机阅读日益繁荣起来。2004 年,日本手机用户为约 8 000 万人,手机市场中出现了一种由年轻的业余作者通过手机撰写,青少年通过手机阅读并互动、反馈的"手机小说"。至 2016 年,日本手机用户已达 1 亿以上,且智能手机用户数量占到日本手机用户的一半。自2005年以来,日本手机用户中利用手机读取电子书籍的群体越来越多。由于漫画是日本读者最喜欢的书籍,因此在手机阅读市场中电子漫画的比例很高,2012年时漫画在日本电子书中所占的比例已超过八成。

日本手机阅读起步较早,且阅读内容丰富,主要来源于出版商、大型门户网站、专业内容提供网站,以及各大网站举办手机小说写作大赛所提供的优质内容资源。在日本,使用手机阅读的多为年轻的女性消费者。年轻人的心态决定了他们在碎片化时间里对浅阅读和娱乐、消遣阅读的更大需求。在内容格式上,日本手机阅读采用EPUB格式,作为电子书出版格式,这也是国际数字出版论坛(IDPF)所提倡和使用的电子书格式标准。这种格式为用户的阅读提供了方便,同时也有利于行业之间内容的交换和整合,其版权保护机制较完善,处于世界领跑者的地位,日本版权保护采用了DRM技术①。

日本手机阅读的特点是:互动性强,关注用户体验,提高服务质量。增加了手机阅读的趣味性,提升了用户的参与度,吸引更多的手机阅读用户,成为手机阅读市场潜在的价值增长点。日本手机阅读的营利主要来源于3个方面:①基于i-mode技术的广告模式;②以手机报为主的有偿阅读模式;③以动漫、游戏和音乐等为主要内容的增值服务模式。② 从日本的手机阅读发展模式来看,手机阅读的内容提供者都能从商业模式出发,生产符合用户需求的付费意愿较强的内容产品,如言情、玄幻等小说,因此,日本手机小说不但发展迅速,而且赢利前景较好。③

日本手机阅读市场的阅读内容十分丰富,既有借助数字技术,将纸质图书或网络图书转化为手机阅读格式的类型,也有原创的手机报、小说、手机漫画等各种类型。日本手机阅读的盈利模式主要有两种:付费阅读和广告。只有确保优质的图书资源和版权,推动移动阅读产业链全面发展,才能实现手机阅读的赢利。

随着手机阅读的不断兴起,电子阅读器终端成为手机阅读的内容承载终端之一。电子阅读终端厂商除了技术、界面的友好设置外,还不断地寻求与内容提供商的合作,通过内容端的不断深化,增加在手机阅读市场的竞争力。④ 手机阅读市场已成为数字出版产业中比重最大、发展最快的领域。在未来,要尽可能寻找扩大数字平台、消费渠道的方法,进一步提高手机阅读产品的文化价值,增加附属价值,加大图书的传播对象。我们还应看到,手机阅读在3G时代如火如荼,它在试图取代传统纸质阅读的同时,也经受着其他数字化阅读方式,如电子阅读的强烈冲击。手机阅读最常用的格式是UMD、TXT以及JAVA等,而更多终端阅读设备和软件的出现,在便携的阅读模式之外,还为用户提供了更智能化、人性化的兼容模式。版权纠纷则是另一个市场发展的隐患,没有版权限制的图书作品,将会制约手机阅读的长远发展。

4.2.5.3 日本图书市场主要出版集团

(1)一桥集团(Hitotsubashi Group)。一桥集团是日本规模最大的出版集团,下设小学馆(Shogakukan)、集英社(Shueisha)和白泉社(Hakusensha)等株式会社。小学馆成立

---

① 衣元宏. 日本手机阅读服务的发展及对我国的启示[J]. 企业技术开发,2015(16).
② 衣元宏. 日本手机阅读服务的发展及对我国的启示[J]. 企业技术开发,2015(16).
③ 白晓晴. 手机阅读市场前景探析与发展建议[J]. 产业经济,2009(11).
④ 白晓晴. 手机阅读市场前景探析与发展建议[J]. 产业经济,2009(11).

于 1922 年,是一家综合出版社,主要业务是出版和销售图画书、字典、百科全书和文学作品等书籍和杂志。集英社是 1926 年从小学馆的娱乐图书部门独立而成的会社,销售近 40 种杂志以及一系列跨多个领域的书籍。白泉社成立于 1973 年,主要出版书籍、漫画、杂志、绘本等。

(2)讲谈社(Kodansha Ltd.)。讲谈社是日本一家主要从事图书和杂志的出版、销售和发行的综合性出版社。讲谈社的前身是 1909 年在东京创立的大日本雄辩会,以创始人野间清治(Seiji Noma)在当时出版的《辩论》(*Yuben*)杂志为标志。然而,当今大众所知的"讲谈社"名称,主要是得名于 1911 年推出的《柯丹俱乐部》(*Kodan Club*)杂志。讲谈社还出版了一系列包括虚构类、非虚构类、插图本、儿童书等图书。讲谈社出版的著名漫画作品有《无限之住人》和《噢! 我的女神》。

(3)日经公司(Nikkei Inc)。日经公司是日本一家大型媒体公司,重点关注金融和商业信息,以及报纸、数字、出版、广播和市场活动。其出版部门包括日经出版公司(Nikkei Publishing Inc),主要出版经济类和商业类、非虚构类等书籍和工作手册。

日经公司的主打报纸是一家专门从事经济新闻的《日经报》(*The Nikkei*),该公司在日本和海外的 33 个地区印刷报纸,出版的其他报包括《日经商业日报》(*The Nikkei Business Daily*)、《日本经济新闻》(*The Nikkei MJ*)和《日经新闻社》(*The Nikkei Veritas*)。

日经公司发行了 40 种杂志,包括《日经公司季刊》(*Nikkei Corporate Quarterly*)、《日经商业》(*Nikkei Business*)、《日经电子》(*Nikkei Electronics*)和《日经计算机》(*Nikkei Computer*)。除了与外国媒体公司合作外,日经公司还出版了《日本国家地理杂志》(*Nikkei Geographic*)和《日经科学》(*Nikkei Science*)等。

日经公司(Nikkei Inc)的子公司——日本商业出版公司(Nikkei Business Publications Inc)(简称 Nikkiei BP),是日本最大的出版商和内容供应商,以杂志、图书和网站等多种媒体组合的形式提供服务。日本商业出版公司还通过举办展览会和研讨会进行研究和提供咨询服务。日本商业出版公司的杂志和时事通讯范围包含商业、个人电脑、计算机、电信、电子、机械、建筑和医疗保健的生活方式、健康和娱乐等范围的信息。

4.2.6 印度图书出版市场

4.2.6.1 印度图书出版市场现状

从市场价值来看,印度的图书出版市场价值 2013 年迅速扩大,上升了 11.4%,达到 22 亿美元,2009—2013 年间的复合年均增长率为 13.9%。就市场价值前景而言,印度图书市场整体表现预计将有所提高,到 2018 年年底,印度出版市场价值预计达到 39 亿美元,自 2013 年以来增长了 77.3%,2013—2018 年间的复合年均增长率预计为 11.5%。从类别细分来看,实体销售是印度图书出版市场中最大的市场,占市场总价值的 99.5%,数字销售占市场剩余的 0.5%。从地理划分看:2014 年印度占亚太图书出版市场价值的 4.4%。从市场竞争看,在快速扩张的市场和国家主导市场的商家缺位中,某种程度上缓解了印度的市场竞争局面。

2013 年,实体业务作为印度出版市场中最活跃的模式,贡献收入值为 22 亿美元,相当于市场总价值的 99.5%。数字业务贡献收入值为 1 120 万美元,相当于市场总值的0.5%。

由于客观原因,对印度图书出版市场的数据统计是非常困难的,统计的数据主要来源于主流传统的销售渠道,对非主要渠道销售、网上在线销售以及非大中城市图书销售的数据则很难统计。印度图书出版业的发展以及数据统计,面临着一个非常难以跨越的障碍——语言。根据2001年印度的官方调查,使用人数超过百万的语言在印度就有30多种,使用人数超过一万的语言在印度有122种之多。除此以外,还有数百种地方方言。在这种多语言的情况下,图书出版数据的统计带有一定局限性。

作为一个前英国殖民地,印度的英语语种出版业尤其值得重视。印度出版业在世界上排名第七,印度的英语语种出版业在世界上排名第三(排名在美国和英国之后)。印度的图书出版行业,60%的出版物为教育类图书,其他的主要是贸易类图书。印度拥有超过10个文学图书类节日,包括广受欢迎的斋浦尔文学节(Jaipur Literary Festival)和在特里凡得琅(Trivandrum)举行的海伊文学节(Hay Festival)。印度的文学情感似乎一直在上升。印度是唯一一个两次(1986年和2006年)作为主宾国参加法兰克福图书展(Frankfurt Book Fair)的国家,这足以证明印度图书出版行业的重要性。

随着网上销售机制的产生,在印度形成了有组织的零售商(每年以15%的比例增加[①]),这为出版商和批发商打开了新的交付渠道。目前,零售书店销售额在图书的总零售销售额中占据7%。超市和大型综合商场正在稳步向印度的郊区和农村发展图书销售业务,这种销售模式使图书同音乐、电影、生活用品以及电子产品一同销售给非传统的图书购买者。在未来几年,预计印度的图书销售额还将成倍增长。[②]

市场的快速扩张和国家主导市场中的出版商缺位在某种程度上缓解了印度的市场竞争局面。人们趋向于网络购买图书的行为,可以促进零售分配,终端消费者能够更容易地比较价格。出版商范围包括独立书店、大型连锁店和大型互联网零售商,此外,还有小型出版商。小型出版商们要经历不断的竞争,因为他们不能与规模较大的连锁店和网络零售商竞争,也不能进行价格激战。许多零售商在销售纸质图书的同时也出售替代品,如有声读物、二手书,都具有很大的吸引力,极大地削弱了竞争。互联网零售商比传统的高街零售商开销更少。成功地互联网零售商体现了消费者的意愿,即消费者愿意转向提供更低报价的零售商,这也为新进入者提供了进入市场的契机。

4.2.6.2 印度儿童书市场

根据印度出版行业估计,印度儿童出版物占印度英文出版行业(包括进口)规模的15%左右[③]。根据尼尔森图书调查公司的数据可知,仅在2011年的上半年,印度出版业中儿童、青少年和教育板块的出版物数量增长率高达27%(与此相对的成人小说类图书增长率为47%),价值额增长高达38%(成人小说类图书为47%)。

根据印度人口普查报告,2011年,印度的识字率达到74.04%(1947年为30%)。实际上,这说明每4个印度人中,就有3个人具有读写能力(尽管这种说法的真实性值得商

---

① http://idosi.org/mejsr/mejsr11%284%2912/12.pdf. Accessed 15 December 2012.

② Manasi Subramaniam, Children's Book Publishing in India. Pub Res Q(2013)29:26-46.

③ http://www.telegraphindia.com/1100801/jsp/7days/story_12755840.jsp. Accessed 25 April 2012.

榷)。2005 年的全国读者调查(The National Readership Survey)显示,阅读花费的时间有明显的上升——从 2002 年的平均每天 30 分钟到 2005 年的平均每天 39 分钟。这种增幅在印度的城市里尤为明显(从每天 32 分钟到每天 42 分钟)。

印度的人均出版图书量为每 10 万人中,有 8 人出版过图书。这个数字相比英国、美国、法国和德国等国家要低得多。在语言方面,每 10 万人的人均出版物中,6.3% 是孟加拉语,6.2% 是古吉拉特语,5% 是印度语,4.8% 是坎那达语,4.2% 是泰卢固语,3.9% 是乌尔都语,7.7% 是阿萨姆语,其中,阿萨姆语是使用率最高的语种。泰米尔语和马拉雅拉姆语的出版物在出版行业十分活跃,即使讲阿萨姆语的人口数量很少,但是有关阿萨姆语的出版物要比马拉地语、孟加拉语、泰卢固语、古吉拉特语或坎那达语活跃的都多。①

2010 年,印度国家图书信托基金会(National Book Trust of India)做的一项全国调查显示,青年人口的 1/4,将近 8 300 万人确认自己为图书读者。其中,58% 的人处于或者低于大学入学考试的水平,这说明印度的青少年图书产业是全球该类型市场中的最大市场之一。② 这意味着儿童类和青少年类的图书市场十分巨大,至今还没有被完全发掘出来。尽管拥有这些惊人的数据,但是 18 岁以下的高质量文学和非小说类的市场并没有被开发出来。

印度是一个对教育和信息极为重视的国家。印度学术出版始于 1980 年,如今仍然盛行。新兴中产阶级不仅重视充斥整个市场的励志和管理类书籍,同样重视教育和一些小说类文学图书。如果要谈印度的儿童出版业,那我们就得从印度保守的教育体系谈起。印度的教科书比较保守落后,但依然给大多数的印度儿童进行了启蒙,带他们走进书的世界。印度儿童图书行业主要集中于教育、学习和早期开发上。印度儿童图书的主要需求是一些与教学大纲有关联的书。父母对知识的追求、学校严格的学业要求以及竞争越来越激烈的评估机制导致了这种情况。虽然这些教科书的内容被要求标准化,但是孩子接触到的内容不总是相关的、及时的或者根据上下文可辨识的。20 世纪 90 年代,为乐趣而读书的习惯在学校受到阻碍。从某种意义上说,教科书出版是印度儿童出版产业的基础。尤其是在国家独立之后,直到 20 世纪 80 年代,儿童出版业的内容主要集中在教育领域。在 20 世纪 80 年代和 90 年代,图书出口仍是不可行的,因为法律使其成为费用高昂的行为。2003 年,这类限制才得以放宽。这些独立出版商努力出版贸易类图书,使他们在国内可以靠销售这些书得以生存。这为印度造就了一批优秀的出版人才。

20 世纪 90 年代,印度出现了自由化风潮,开始允许外国公司在印度设立机构并开展业务,而不是之前实行的强制性的少数控股。这大大改变了印度出版产业的格局。大型的跨国公司在印度设立商店,并为印度出版业带来了资金和技术。对国外投资的开放也意味着,国际出版商们开始注意到这个大国的出版市场需求和创造性的资源,印度是全球出版产业的一个重要市场。2012 年,印度政府也在外商直接投资的多品牌零售领域发起了有争议的改革,这对出版业的影响还有待观察。

20 世纪 90 年代末,儿童图书的独立出版商在印度这片土地上蓬勃发展。卡拉狄童

① http://www.business - standard.com/india/news/shri - nath - sahai - publishing - industry - onroll/358315/. Accessed on 16 May 2011.

② http://publishingperspectives.com/2011/04/the - indian - invitation - publishing/. Accessed on 17 May 2011.

话(Karadi Tales)、图里卡(Tulika)、塔拉(Tara)、年轻祖班(Young Zubaan)以及卡萨(Katha)等书商就是代表。同时,印度学者出版社、海燕出版社以及一些其他的跨国出版商,都在出版儿童类读物并以此进入印度出版市场。从那时起,将各个区域的语言翻译成英文也成为印度出版行业中的重要环节。[①] 正如世界上其他国家一样,印度也在经历着数字化的洗礼。新兴的经济独立的中产阶级正在探索和推进数字化的投资。然而,印度儿童中至少有99.5%的孩子难以接触到数字技术。印度语言的多样性也是印度图书数字出版的另一个问题。可以说,印度语言的数字出版面临着重重挑战。目前来看,只要平装书比电子书更便宜,数字阅读市场就不太可能超越传统图书市场。就印度儿童出版而言,在未来可预见的市场内,数字出版获利空间很小。

当前,低识字率、口头讲授故事的传统、缺少良好的图书馆基础设施、注重学术成就而非创造性成就、数字媒体的出现、印刷和生产成本提高等因素使印度儿童图书市场面临着很多发展障碍。[②]

4.2.6.3 印度图书贸易和图书外包服务业

法兰克福书展公布的一份报告指出:2009 年的《德国图书和书商统计》(Buch und Buchhandel in Zahlen)报告表明,在图书许可证贸易领域,亚洲伙伴体现了其重要性(这当中包括拥有78 个许可证的印度)。尽管其20%的市场份额只是东欧的一半,亚洲市场还是表现出色。报告继续提到,儿童类书籍的贸易变得十分繁荣(尤其在亚洲国家),这一点在新德里世界书展(New Delhi World Book Fair)上得以证实。整个儿童读物的部分占到了许可证贸易的25%。[③] 儿童书籍中大量的国际贸易主要发生在非洲和亚洲的部分地区。如同其他数据统计情况一样,没有足够可用的数据以获知印度的图书贸易情况。相关资料显示,2009—2010 年,印度图书出口价值为16 亿卢比,大约占据世界出口额的0.5%。[④] 印度印刷行业通过配备先进的印刷技术,每年以12%的速度增长。近些年来,改善基础设施、政府提供支持、纸张的易获得性、交通的完善(如港口、道路)等因素都在改变着这个行业。

与此同时,因为经济与效率的原因,大量的全球出版商到印度寻求外包服务。在印度,图书的内容服务行业比主流出版业增长更快,而且比以往有更多的服务提供商。早在1977 年,麦克米伦出版集团(Macmillan)就开始了其在印度的离岸外包业务。印度图书外包服务业的成功将越来越取决于优质的质量、低廉的定价以及精干的出版商。

印度有望成为图书出版外包服务的全球领先者,该行业在过去的10 年中发生了快速的变化,并且迅速在价值链中上移。印度为全世界的图书出版商提供诸如内容开发、研究和权限管理、杂志和漫画书生产、复杂插图等服务。印度供应商已经开始关注和投资图书外包服务的培训、技术以及创新等领域。数字领域的供应商提供如转换电子阅读器格式的服务,极大地扩大了离岸出版市场业务。印度国内的信息技术优势使其自然成

① http://aptstudio.com/timesemit/2009/03/18/overview-of-the-indian-publishing-industry/. Accessed on 12 May 2011.

② Manasi Subramaniam, Children's Book Publishing in India. Pub Res Q(2013)29:26-46.

③ http://www.buchmesse.de/pdf/buchmesse/buchmarkt_indien_e.pdf. Accessed on 26 April 2012.

④ http://www.printweek.in/Feature/284243,bookonomics-of-indias-exports.aspx. Accessed on 27 April 2012.

为一个数字转换和其他前媒体服务的外包中心,全球图书出版业 60% 的外包业务是在印度完成的。印度公司提供一系列的外包服务,从数据转换、数字化、文字编辑加工到出版项目管理。许多重要的科学类、技术类和医学类(简称 STM)的出版商,以及来自世界各地的法律类出版商,在印度进行图书的数字化、编辑设计以及内容生产。①

4.2.6.4 印度图书市场主要出版集团

(1)纵横字谜书店有限公司(Crossword Book Stores Limited)。纵横字谜书店有限公司是一个印度零售商,主要是销售书籍、电影、音乐、玩具、文具、杂志和光盘,经营印度地区的 83 家书店。该公司提供了一个图书奖励计划,其中有 25 000 位客户签约。此外,该公司的在线平台提供了一系列图书并与 Kobo 电子书进行合作。

(2)地标有限公司(Landmark Limited)。地标有限责任公司在地标品牌下经营图书和音乐零售连锁店。该公司经营着 18 家大型商店、一家酒店书店、一家机场商店和一个 IT 公园商店,以及一个网络零售商店,此网络零售商店提供一系列产品,如图书、文具、与音乐相关的产品、贺卡、袜子、古玩、玩具及其他礼品等。地标有限责任公司作为特伦特有限公司的子公司,是塔塔集团的一部分。

4.3 中国图书出版市场

4.3.1 中国图书出版概况

4.3.1.1 中国图书出版市场分析

从市场价值来看,2014 年,中国出版市场价值增长了 4.6%,价值达到 361 亿美元。2010—2014 年,中国出版市场的复合年均增长率为 9.9%。就市场价值前景而言,中国出版市场整体表现预计将有所增长,自 2014 年以来增加了 42.1%,到 2019 年年底,中国出版市场价值将达到 513 亿美元,中国出版市场预计在 2014—2019 年的复合年均增长率为 7.3%。从类别细分来看,图书作为中国最大的出版市场,2014 年度贡献收入值达 223 亿美元,约占中国出版市场总价值的 61.7%(见图 4-7)。

如图 4-7 所示,2010—2014 年,图书在出版市场中所占的比例分别为 61.5%、60.6%、62.1%、62.7% 和 61.7%,这说明图书市场的份额已超过出版市场的半数,中国图书市场为中国出版市场做出了重要贡献。

从地理划分来看,中国占全球出版市场价值的 36.2%。中国出版市场近年来一直处于两位数的增长中。中国出版市场尽管发展速度较慢,但仍有望在预测期内迅速增长。强劲的经济表现为中国出版市场的健康发展奠定了坚实的金融基础。此外,网络图书逐渐流行也促进了市场价值的增长。数字出版是中国出版业发展最快的领域之一。根据《中国日报》的报道,2014 年,中国出版市场的收入为 3 168 亿元人民币(即 551 亿美元)。

图书出版市场中许多商家地理位置的分散性减少了彼此之间的竞争。中国把加快

① Manasi Subramaniam, Children's Book Publishing in India[J]. Pub Res, 2013(29):26-46.

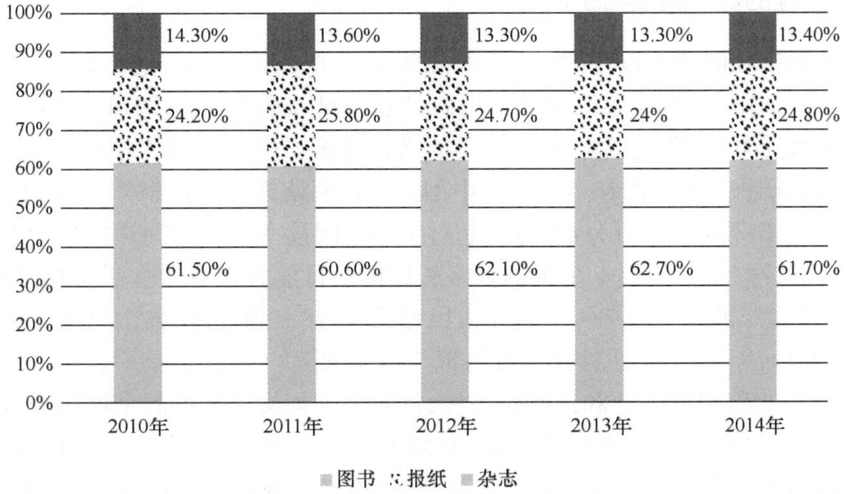

图 4－7　2010—2014 年中国出版市场各类别比例图

资料来源：MarketLine Industry Profile，Publishing in China，August 2015.

出口作为提高其国际文化概况的一个更广泛的策略。例如，2014 年，美国的电子图书经销商与中国腾讯公司签订协议，向美国发行了 20 万本电子图书。

4.3.1.2　中国的现代数字出版

进入 20 世纪 90 年代以来，中国的图书出版产业开始不断地刷新增长纪录。数字出版来源于传统的纸质出版而不断转型升级，利用网络平台和终端设备逐步实现内容资源最大化、销售发行全球化、产业价值链条化。

中国的现代数字出版主要是以百度、阿里巴巴、腾讯为代表的互联网巨头纷纷进军数字出版产业，并逐渐形成了新的出版产业格局。2014 年，我国数字出版产业收入为 3 387.7亿元人民币（约 554 美元），比 2013 年增长了 33.36%，数字出版产业收入在新闻出版产业收入的总比由 2013 年的 13.9% 提升至 17.1%，仅次于印刷复制领域。[①] 传统的图书出版企业进行原有实体出版的同时也创建相应的数字资源，形成双向盈利模式。各大互联网企业推行 O2O（即线上线下模式），也就是“互联网 + 书店”的模式，通过并购的方式形成了内容提供和影视改编的自上而下的垂直发展路径。

传统出版和数字出版的融合发展将是中国图书出版业未来的发展方向。[②] 2016 年是我国“十三五”规划的开局之年，在 2015 年“十二五”规划年收官之后，图书出版领域需继续推动传统出版的转型升级，抓住“互联网 + ”的市场机遇，完善出版管理体制和出版生产经营体制，实现又快又好的发展，持续推动文化产业成为国民经济的支柱性产业。

---

① 《2014—2015 中国数字出版产业年度报告》，http://www.cdpi.cn/xzx/toutiaoyaowen/20151207/14163.html

② 转引自：《2015 中国科技图书出版形象回顾：以科技的力量激发科技出版力》，《科技与出版》，2016.

4.3.1.3 中国的数字阅读和手机阅读

中国的数字化阅读手段主要包括：在线阅读、手机阅读、电子阅读器阅读、光盘阅读、Pad 阅读等。《2014—2015 年中国数字出版产业年度报告》指出，2014—2015 年，中国的数字阅读率快速上升，移动端电子书阅读量增长显著。中国新闻出版研究院“第十二次全国国民阅读调查”数据显示：2014 年，中国数字化阅读方式的接触率为 58.1%，较 2013 年的 50.1% 上升了 8.0 个百分点，首次超过了图书阅读率。数字阅读的广泛普及带动了数字技术和阅读终端的发展。中国的数字阅读市场目前大多集中在手机移动阅读领域。2014 年，移动出版的收入为 784.9 亿元人民币（约 128 美元），在数字出版总收入中所占比例为 32.17%。[①] 在未来，“移动阅读将成为数字阅读的主要方向”[②]。而手机移动凭借其众多的用户以及 APP 平台和终端设备等，满足了不同阅读人群的个性化需求。

目前，国内领先的手机阅读品牌是：掌阅 IReader。2015 年 7 月，国内领先的手机阅读品牌掌阅与北京印刷学院新闻出版学院共同发布了《2015 年国人阅读数据报告（上半年）》。其中，人均阅读数量从 2014 年的 8 本上升至 12 本，每天平均阅读时间从 60 分钟上升至 65 分钟。在移动阅读平台不断丰富普及的今天，全民阅读正在以一种全新的形式成为整个社会向前发展的不竭驱动力。[③]

据 2016 年第 38 次《中国互联网络发展状况统计报告》显示，截至 2016 年 6 月，中国网民规模达 7.10 亿，上半年新增网民 2 132 万人，增长率为 3.1%，互联网普及率达到 51.7%，与 2015 年年底相比提高 1.3 个百分点。而其中仅手机网民的规模就达 6.56 亿，网民中使用手机上网人群占比由 2015 年底的 90.1% 上升至 92.5%（如图 4－8）。也就是说，中国有一半人在使用互联网，几乎人人都在使用移动互联网络，移动互联网络的广泛应用成为拉动网民规模增长的主要因素，这极大地改变了人们的日常生活。

4.3.1.4 中国的数字版权保护

数字技术的飞速发展以及互联网的普及、移动通信技术的应用、平板电脑和手机等各种传输技术和阅读移动终端设备的融合发展，极大地丰富了数字出版的载体，拓展了数字出版的传播途径，形成了以互联网出版为核心的多元化出版格局。

数字技术为用户提供了快速复制以及信息共享等福利，为数字出版提供了必要的技术平台支撑和网络传输技术[④]，但也在某种程度上对著作权人的利益造成了损害，打破了传统出版所造就的著作权人、经营商和用户之间的利益平衡。当然，这不能只归因于互联网的弱点，还在于人们阅读习惯和阅读环境的改变，因此在不断满足用户需求的同时，就不可避免地形成漏洞，版权问题就是其中影响颇深的一个。

---

① 2014—2015 中国数字出版产业年度报告［OL］. http://www.cdpi.cn/xzx/toutiaoyaowen/20151207/14163.html.

② 2014—2015 中国数字出版产业年度报告［OL］. http://www.cdpi.cn/xzx/toutiaoyaowen/20151207/14163.html.

③ 葛方圆. 出版行业半年报：数字出版竞争加剧［N/OL］. 2015－9－28. http://www.hupress.com/index.php?m=content&c=index&a=show&catid=11&id=298.

④ 刘瞻. 数字出版著作权保护问题研究［D］. 河南：郑州大学，2013.

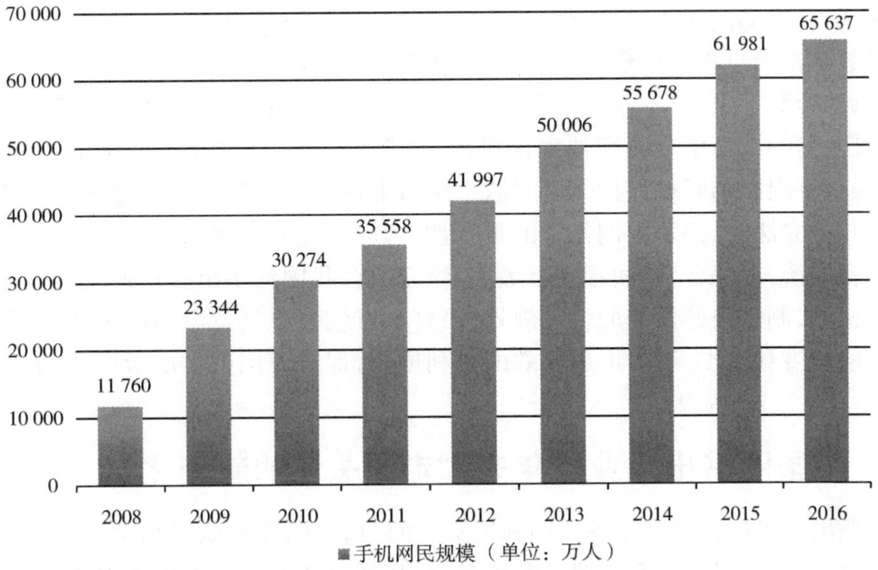

图 4－8 2008—2016 年中国手机网民规模变化趋势图

资料来源：CNNIC 2016 年第 38 次《中国互联网络发展状况统计报告》

版权保护意识在数字出版产生之前就已经广泛存在于图书出版的各个领域中了。与传统图书出版不同的是，数字出版具有以下几个特点：首先，数字出版的作者良莠不齐，出版内容的质量无法保障；其次，在互联网快速发展的时代，数字出版的程序不断简化，出现了如“自出版”等新型的出版方式，这在一定程度上激发了创作者的信心，但无法保证作品的独一无二。最后，数字出版还处于标准体系的建设阶段，原创与再创造双方都无法为其本身正名。

中国的数字版权保护机制逐步完善。与传统出版相比，数字出版的侵权现象更普遍，侵权手段更复杂且危害程度颇深。近年来，中国政府为了规范和引导数字出版的健康发展，逐步推进对版权标准的建设工作。一方面发布了《数字版权标识符》（DCI）、《版权保护标准体系表》和《数字版权保护平台基本技术要求》等相关的版权标准；另一方面搭建了数字版权保护平台，并多元化地研发数字版权保护技术。[①] 2014 年 3 月，中国国务院发布了《关于推进文化创意和设计服务与相关产业融合发展的若干意见》。2015 年，国际标准化组织（International Standardization Organization，简称 ISO）正式批准了由中国提出的首个新闻出版领域的国际标准。

目前，中国各类数字出版物的技术标准尚没有统一规定，各大数字出版商分别采用不同的技术标准，如方正的 CEB、书生的 SEP、万方数据的 PDF、超星的 PDG、中国知网的 CAJ、中文在线的 OEB 等，极不利于行业内容的交换和整合。不统一的行业技术标准不仅使数字出版物的兼容性、便捷性大打折扣，也不利于数字出版业内部的分工协作，阻碍和制约了产业的健康发展。尤其是我国还未出台专门的数字版权保护法，对原创文学、

① 张立伟，衣保中．促进我国数字出版产业技术创新的对策研究[J]．求是学刊，2015(1)．

电子书数字出版产品等都面临着维权难、监管难的问题。与传统出版实行审批登记的管理方式不同，政府部门无法对数字出版达到全部且有效的监管。

针对数字出版过程中出现的版权漏洞，我们可以从以下几个方面来考虑：

首先，整合数字出版产业链，一方面整合数字内容出版商，实现数字出版产品数据格式的一致性；另一方面整合数字技术提供商，加强集成研发，优化产业链上的利益分配。因此，加强数字出版的版权保护力度对数字出版业的可持续发展至关重要。在制定数字出版产业相关立法时，必须强调创新的重要性。其次，建立数字出版管理平台，实现对数字出版平台的统一、综合、全面管理。最后，建立适合我国数字出版产业发展实际状况的资源共享机制，制定集群发展的合理规划，培育具有较强市场竞争力的企业群，提高企业协作共赢的程度和水平，逐步形成有效的盈利模式，促进我国数字出版产业的长期、可持续发展。①

4.3.2 中国图书出版业近年来“走出去”的新变化

中国各出版机构积极把握各大国际博览会时机，与国外出版界和学术界进行了广泛而深入的交流，在展会期间举办图书发布会，并开展洽谈合作。在传播传统图书的同时，有效推动了中国图书的数字出版“走出去”进程。例如，中国外文局旗下的中国国际图书贸易集团公司的数字新产品——华文联盟平台“READONE”因在 2015 年法兰克福书展上正式推出而备受关注。这些成果无一例外地显示了中国图书国际传播能力在不断地提高。近年来，中国图书“走出去”主要在以下几个方面取得了进步。

4.3.2.1 中国图书版权输出数量再创佳绩

2015 年，在美国书展上，中国图书版权共输出项目 1 328 项，这极大地改变了长期以来美国与中国版权引进与输出的局面，每年中美图书版权贸易量占中国对外图书版权总量的 1/4。在该届书展上，中国各出版机构积极准备并向美国主流出版机构进行了版权输出。例如，广东人民出版社在展会上向美国著名馆藏图书和参考用书出版机构——美国宝库山出版集团一次性输出了《广东改革开放决策者访谈录》《广东美术史》《岭南文化》《广东古村落》《简明广东史》《粤东客家生态与民俗研究》等 10 种书的英文版权。②

而同年在法兰克福书展上，仅中国出版集团的 13 家出版社就展出图书 277 种，涵盖了对外推介和版权输出的重点品种。与此同时，在北京国际图书博览会上，共达成中外版权贸易协议 4 721 项，同比增长 8.6%。其中，达成各类版权输出与合作出版协议 2 887 项，同比增长 11.3%；达成引进协议 1 834 项，引进版权与输出版权比为 1∶1.57，中文图书版权输出实现了进一步增长③。

4.3.2.2 中国出版机构积极与国际知名出版集团开展合作项目

在 2015 年 5 月美国纽约举办的美国书展上，时代出版集团携带各类外向型图书 266

① 张立伟，衣保中. 促进我国数字出版产业技术创新的对策研究[J]. 求是学刊，2015(1).

② http://news.xinhuanet.com/zgjx/2016-02/16/c_135102340.htm.

③ http://news.xinhuanet.com/zgjx/2016-02/16/c_135102340.htm.

册参展。公司在展会期间与美国的梅里亚姆·韦伯斯特(Merriam - webster)出版社、畅销书(Sellers publishing)出版社、哈佛医学院(Harvard medical school)出版社、沃西·肖茨(Worthy Shorts)出版社;英国的鲁斯特(Roost books)出版社;加拿大的华尔道夫(Waldorf)出版社、桑巴拉(Shambhala)出版社等近50家机构代表分别接洽和交流,现场签订版权合同22项,版权输出项目总计48项,引进合作意向15项①。

同年10月,在德国举办的法兰克福书展上,中国出版集团积极与各国进行了文化交流和出版合作,并且与伦敦书展达成在2016年合作的共识,加快了时代出版集团的国际化步伐。此外,三联书店与荷兰博睿学术出版社签署了战略合作框架协议,荣宝斋出版社与美国康菲·丹诗(Confidential Concept)公司达成合作协议,中译出版社与法国出版社签约等。

值得一提的是,通过参加书展,不仅创造了中国与其他出版集团合作的可能,而且极大地吸引了国外出版集团的投资目光。例如,新华书店总店副总经理张雅山提到了在法兰克福书展会场遇到斯洛伐克第二大连锁书店的经营者的情形,对方非常想与中国的新华书店合作,尤其想了解目前国内书店改造升级情况,并欢迎新华书店到当地投资②。

4.3.2.3 中国参与和主办国际图书博览会的积极性和主动性明显增强

2009年,中国第一次以主宾国身份参加世界规模最大、影响最大的国际图书博览会,即法兰克福图书博览会(FRANKFURT BUCHMESSE)。2015年10月,中国也参加了德国法兰克福举办的第67届书展,该届由印度尼西亚担任主宾国。中国展团携带1 000余种出版物出席,可谓内容丰富。展台设计分为6部分:"走出去"重点单位展区、集团展区、专业出版社展区、综合展区、纪念反法西斯战争胜利70周年主题图书展区及活动区。这为中国出版的"走出去"之路进一步拓宽了道路。

2015年5月,中国首次以主宾国身份参加美国纽约举办的美国书展,"这是中国出版业在美国举办的规模最大的中美出版交流活动,这也是美国书展自1947年创办以来规模最大的主宾国活动"③。中国在展会上展示了近万种图书,种类丰富。最重要的是,在此期间,中国出版集团美国公司成立、凤凰出版传媒集团的凤凰美国控股公司和山东出版集团的纽约尼山书屋也相继揭牌,这些都不断印证着中国出版业"走出去"道路的可行性。

2015年8月,第22届图书博览会在中国国际展览中心新馆举办,此次参展图书达27万种,参展的国家和地区达到了82个,2 302家参展商中,有1 305家来自英、法、美、韩、日等国的海外出版机构。北京国际图书博览会是中国规模最大、对公众开放的综合性图书博览会,也是国际四大书展之一,是中国出版走出去的重要平台。④ 此外,国际版权贸易谈判和国际图书出版规则日益成熟,尤其是通过中国国际图书博览会这个平台,进行图书发布和学术讨论活动,提高了中国图书的影响力。⑤

① http://www.press - mart.com/ArticleInfo - - view - - 2jtdt - - b44b87f3 - b217 - 47a3 - 874a - 0469ff449d7d.shtml.

② http://www.cssn.cn/ts/ts_sksy/201510/t20151021_2504865.shtml.

③ http://news.xinhuanet.com/zgjx/2016 - 02/16/c_135102340.htm.

④ http://www.chuban.cc/rdjj/2011bibf/.

⑤ 盘点2015年出版业风云变幻[OL].http://news.xinhuanet.com/newmedia/2015 - 12/23/c_134944942.htm.

4.3.2.4 中国出版机构的选题策划水平日益国际化

选题策划是"策划主体根据主客观条件和未来发展战略开发出版资源的创造性活动,是一定的出版理念、经营思路和市场预期的综合表现"①。中国出版机构就主题类图书从中国如何"走出去"与国外专家学者共同策划,近年来取得了实质性的进步。

但是,中国图书在不断"走出去"的过程中,也不断地暴露出新的不足,主要表现在以下方面:首先,当代中国的图书在图书展会上缺乏说服力和感染力;其次,随着数字出版的不断崛起,版权输出和专业翻译人员出现了缺口,需要各出版机构培养和吸纳数字出版人才,提高出版机构的整体质量;最后,需要整合图书出版资源,以更好地进行对外版权贸易和版权输出。

4.3.3 中国重要的数字与图书大会

4.3.3.1 北京国际图书博览会

北京国际图书博览会(Beijing International Book Fair,BIBF,以下简称"图博会")于1986年经国务院正式批准创办,是中国规模最大、对公众开放的综合性图书博览会,也是国际四大书展之一。它是兼具版权贸易、图书贸易、文化活动、展览展示、信息交流、业界沟通等功能的国际出版交流盛会,是中国出版走出去的重要平台。② 图博会定期逢双年9月上旬举行,展期为1周。首届图博会于1986年9月5—11日举办,自2002年开始,由两年一届的办展周期缩短为一年一届,至今已成功举办了22届。现每届图博会均有国内500多家出版单位及来自英、法、美、日等70多个国家和地区的2 000多家中外出版机构参展,参观人数约20万人次。③ 2015年8月26—30日,第22届图博会在中国国际展览中心新馆举办,此次参展图书达27万种,参展的国家和地区达到了82个。图博会的宗旨是向中国广大读者介绍世界各国的最新出版物,使他们了解世界政治、经济、教育、文化和科学技术发展的最新信息;促进中国出版界与国际同业之间的图书贸易和合作出版业务;推动中国与各国、各地区之间的科技与文化交流。④

4.3.3.2 中国数字出版博览会

中国数字出版博览会(Chinese Digital Publishing Exposition,简称"数博会"),是中国唯一以促进数字出版产业和电子书产业发展为目的的国家大型交流会展活动⑤,也是中国数字出版行业规模最大的交流会展。数博会自2005年开始,每两年举办一届,时间为7月份,每届展期约为3天。首届数博会于2005年7月8—10日在北京国际会议中心举办,以"互联互通,共建共享"为主题,旨在深度探讨并推动数字出版产业的发展。2015年7月14—16日,第六届中国数字出版博览会在北京成功举办。以"融合、创新、发展"

---

① 舒钢. 数字出版时代的选题策划创新[J]. 出版科学,2003(1).

② http://www.chuban.cc/rdjj/2011bibf/.

③ http://baike.so.com/doc/6398198-6611856.html.

④ http://baike.so.com/doc/6403187-6616848.html.

⑤ http://www.chuban.cc/rdjj/sbh/.

为主题,有 1 000 余名来自全国各出版单位、数字技术、在线教育、高等院校、科研机构、电信、网络、动漫等部门和企业的代表参会。

4.3.3.3 中国数字出版年会

中国数字出版年会(China Digital Publication Annual Conference)由国家新闻出版总署支持、中国新闻出版研究院主办,与"中国数字出版博览会"以交替举办的模式逐年举行,会议为期 3 天。自 2006 年开始,中国数字出版年会在 2008、2010、2012、2014 年已经成功举办了 5 届年会,每届均有来自全国出版界、报刊界、影视界、图书馆界、新闻界以及高新技术企业等各方面的代表和负责人参会。①

4.3.3.4 国际数字出版大会

国际数字出版大会(International Digital Publishing Conference)自 2014 年起,每年一届并于当年的 11 月份举行为期两天的会议。首届国际数字出版大会于 2014 年 11 月 19—20 日在北京召开,以"出版界的手持革命"为主题,为期两天。在会上,中国新闻出版研究院院长魏玉山指出,2013 年中国的数字出版产业总收入达到 2 540 亿元人民币(约 415 亿美元),比 2012 年增长了 31%。2013 年,中国成年人的数字化阅读方式也有较大的提高,中国国民的数字化阅读量达到了 46%,其中手机阅读接近 40%。② 2015 年 11 月 18—19 日,第二届国际数字出版大会以"年轻的移动阅读群体与出版业的变革"为主题在北京顺利召开,并有来自中国、美国、德国等国家的数字出版人列会。

4.3.3.5 中国数字阅读大会

中国数字阅读大会(China Digital Reading Conference)是国内数字阅读领域的高层次交流盛会。2015 年 4 月 21 日,首届国际数字阅读大会以"融合 · 创新 · 梦想"为主题在中国浙江杭州开幕,有政府和产业重量级领导、专家出席以及众多数字出版、文化产业和互联网相关企业等代表出席会议③。

4.3.4 中国图书市场主要出版集团

4.3.4.1 中国出版集团(China Publishing Group)

中国出版集团是一家大型出版集团,涉及出版、营销、零售、进出口、版权所有、印刷和复制、信息技术服务、科学研究和发展,以及筹款等业务。

每年该集团出版超过 6 500 本书,1 500 种音像制品和电子出版物,44 种期刊和 3 种报纸。它还涉及超过 2 000 个标题的版权贸易和 20 余万种出版物的进出口贸易。

该集团目前拥有 70 多个子公司、控股公司和股份制企业。中国出版集团拥有 29 个出版社、44 个杂志社和 3 份报纸,以及出版单位、220 家国内书店和 28 家海外书店和写字

---

① http://www.chuban.cc/rdjj/06sznh/gdxw/200612/t20061221_5814.html.

② http://www.sinobook.com.cn/guide/newsdetail.cfm? iCntno = 13104.

③ http://culture.people.com.cn/GB/22226/395584/.

楼。①

4.3.4.2 中国国际出版集团(China International Publishing Group,简称 CIPG)

中国国际出版集团是中国历史最悠久、规模最大的专业对外出版发行机构。作为中国对外出版的主力军,该集团每年以四十余种文字出版近 4 000 种图书,书刊发行遍及世界多个国家和地区,输出数量一直领先于国内其他出版集团。2015 年,中国国际出版集团版权输出共计 548 种,覆盖全球 25 个国家和地区②,并于 2016 年参加了英国伦敦国际书展,吸引了世界各地出版商的关注,极大地提升了中国图书的影响力。③

4.3.4.3 壹传媒有限公司(Next Media Limited)

壹传媒有限公司总部位于中国香港,是一家在中国香港交易所注册上市的印刷媒体公司。该公司主要运营三个板块:报纸的出版印刷、书籍和杂志的出版印刷、数字业务。壹传媒集团的书籍出版印刷业务主要涉及中国香港、中国台湾、北美、欧洲等国家和地区。该集团在港台两地出版多份报纸、杂志,并曾在台湾经营电视台"壹电视"和多媒体平台 IPTV"壹网乐"。

壹传媒有限公司为中国香港和台湾地区提供互联网订阅、移动游戏和应用程序的内容设置和规划。它经营在线门户网站,包括香港的 atnext. com 和台湾的 1 - apple. com. tw,主要提供本公司出版物的在线版本。

该公司的其他子公司包括 Anyplex 有限公司、苹果日报体育有限公司、苹果日报有限公司、苹果日常出版发展有限公司、数据库网关有限公司、Easy Finder I. P. 有限公司、FACE 杂志社有限公司、FACE 杂志营销有限公司、美食和旅游周刊有限公司、壹杂志广告有限公司等。④

4.4 小结

随着互联网的全球普及、移动互联网技术的多元发展,国际图书出版市场逐渐形成传统出版与数字出版并存的格局,但并未形成固定的出版业态形式。在当今阅读移动化和碎片化的时代,电子书的迅猛发展极大地方便了人们的阅读生活,但纸质出版物的回暖仍然掌控着出版市场的另一端。此外,云技术、大数据等信息技术的迅速崛起极大地控制了阅读成本,提升了智能设备的技术含量,为图书出版提供了新的发展方向,一定程度上推动了传统纸媒和门户网站的创新和转型。

中国的图书出版产业在"走出去"战略的指导下不断地刷新着增长纪录。中国图书的现代数字出版,利用网络平台和终端设备逐步实现了内容资源最大化、销售发行全球化、产业价值链条化等;数字阅读的广泛普及带动了中国图书出版数字技术和阅读终端的发展;加之对版权保护机制的不断完善,中国逐渐开始积极主动地抓住各大国际博览

① http://cn. cnpubg. com/.

② http://news. 163. com/16/0413/00/BKGAMJU900014JB6. html.

③ http://www. cipg. org/.

④ http://mp. ppsj. com. cn/brand/0282. html.

会的契机,与各国出版界和学术界互相交流、扩大输出、开展合作项目,并致力于中国图书的数字出版与建设,这意味着中国实施图书出版"走出去"的策略是可行的,未来也将继续实施下去。

4.5 案例:图书的数字化出版与生产——兰登书屋

兰登书屋(Random House Inc.)1925 年成立于美国,1998 年被德国贝塔斯曼集团收购并成为该集团下的一家分公司,并于 2012 年与英国培生集团旗下的企鹅出版社合并组成企鹅兰登书屋(Penguin Random House),成为全世界最大的大众图书出版集团,是全球出版业的超级航母。该公司主要出版小说和非小说类图书,每年出版的新书有 1.1 万多种,包括精装书、平装书和电子书等,出版传播范围遍及 17 个国家和地区的不同语言,每年销售 5 亿多册图书。同时,兰登书屋拥有众多世界上著名的作家,包括政治名人、诺贝尔奖得主和畅销书作家。

兰登书屋的数字出版起步于 2000 年,通过购买在线出版网站、建设数字存储、积极开发和创新数字技术、与网络服务商等公司合作等措施,确立了兰登书屋在数字出版市场中的领先地位。兰登书屋在数字图书的生产制作和出版方面不断适应着新环境,一方面以电子书和有声书扩展海外市场。早在 2001 年 1 月,兰登书屋就初步开始电子书的出版之路,出版了 20 本以 atrandom 命名的系列电子书①,实行在线销售或按需印刷平装本。此后在不断的探索中,依托品牌来扩大电子书市场的份额,与网络服务商共同合作研究图书内容的检索、数字化及发行等来提升用户阅读体验。2008 年伦敦国际书展上,兰登书屋首次推出"浏览和搜索"应用。而作为美国重要的电子书品种——有声书,兰登书屋有声出版集团主要由兰登有声书公司(Random House Audio)和聆听图书馆公司(Listening Library)组成,每年出版的有声书超过 300 种②。凭借"哈利波特系列"电影和纸质书在全球范围内的影响力,兰登书屋有声出版集团推出的该系列有声读物也顺利获得了哈利迷的青睐,截至 2005 年,该系列有声书的销量超过 500 万册。与此同时,兰登书屋注意到数字版权问题的严重性,率先试行多种保护措施,如加水印、付费模式、分销模式等,转变版权保护观念,对个人读者市场所采用的数字版权加密保护措施有助于提高其市场竞争力,吸引更多的受众。2009 年 11 月初,兰登书屋率先公开向网络读者提供基于每页次浏览计价的服务。

另一方面,兰登书屋凭借作者、资金、技术的优势和内容的多元化来扩大自身的影响力。通过投资产品开发,将文本、音频和视频等结合起来,为读者创造了更多的阅读增值服务;此外,兰登书屋利用零售渠道将出版商与读者紧密结合起来,在获得消费者信赖的同时,让作者的作品得到最大限度的宣传和推广,如 2012 年自助出版的《五十度灰》在与兰登书屋签约后成为畅销书,创造了大众图书销售的奇迹。

兰登书屋的发展之路正是传统出版业在数字化背景下转型的缩影,而转型的关键还是

---

① david d. kirkpatrick. random house to establish exclusively digital unit [eb/ol]. [2001 - 07 - 10]. http://www.nytimes.

② about us[eb/ol]. [2011 - 07 - 08]. http://randomhouse.com/audio/about - us/.

要以读者为本,将自身的传统图书优势与先进的信息技术充分结合,开发图书的多样化出版道路。在数字革命化的浪潮中,兰登书屋在审时度势中实现了进一步跨越式发展。①

参考文献

[1](美)迈克尔·波特. 竞争战略[M]. 陈小悦,译. 北京:华夏出版社,2005.

[2]王娟. 中国图书对外贸易问题及对策研究[M]. 北京:中国书籍出版社,2013.

[3]舒钢. 数字出版时代的选题策划创新[J]. 出版科学,2003(1).

[4]蔡继辉. 中国书出版产业国际竞争力分析[J]. 出版经济,2004(9).

[5]郑一卉. 美国自助出版热潮评析[J]. 中国出版,2008(5).

[6]白晓晴. 手机阅读市场前景探析与发展建议[J]. 产业经济,2009(11).

[7]欧阳志荣. 坚守与突围——略论媒介融合时代传统图书的出版[J]. 江西社会科学,2011(1).

[8]刘寒娥. 数字出版时代图书选题策划的全媒体攻略[J]. 内蒙古社会科学,2011(3).

[9]程美华. 改革开放以来中国图书出版历史分期探讨[J]. 编辑学刊,2011(5).

[10]崔斌箴. 英国政府和出版商促"出版无国界"[J]. 出版参考,2011(12).

[11]陈明瑶. 美国图书出版业的发展轨迹[J]. 中国出版,2011 年 3 月下.

[12]崔斌箴. 政府助力美国成为图书出口大国[J]. 出版参考,2012(1).

[13]刘蒙之. 美国图书"自出版"模式的历史、现状与评价[J]. 燕山大学学报,2012(4).

[14]罗紫初,秦洁雯. 教辅图书出版发行面临的问题及政策建议[J]. 出版发行研究,2012(4).

[15]马必文. 美国数字出版业发展及其启示[J]. 岭南学刊,2012(5).

[16]章光琼. 电子图书出版模式及其版权保护探析[J]. 出版科学,2012(6).

[17]张新建. 提高精品图书出版质量的四大策略[J]. 出版科学,2012(6).

[18]刘燕丽. 传统出版业中二维码技术的多维思考[J]. 编辑之友,2013(4).

[19]夏然,等."二维码"技术在出版行业的应用[J]. 中国传媒科技,2013(7).

[20]彭柳,徐嘉琪. 日本手机阅读媒体内容特点及其对我国的启示[J]. 出版发行研究,2013(1).

[21]代周阳. 我国图书出版产业结构状况研究[J]. 北京印刷学院学报,2013(5).

[22]文艳霞. 微信公众平台自媒体的发展及其对传统出版的影响[J]. 出版发行研究,2013(11).

[23]魏蕊,初景利. 国外开放获取图书出版模式研究[J]. 图书情报工作,2013(11).

[24]张晗. 文化科技融合创新下的美国数字出版业[J]. 全球视野,2013(20).

[25]陈镜波. 日本纸质图书下滑电子图书上扬[J]. 今日印刷,2013(12).

[26]孙忠. 并购视角下国际图书出版产业的竞争战略[J]. 出版科学,2014(3).

① http://www.penguinrandomhouse.com/.

[27]卢林. 互联网、大数据和云技术的发展与美国经济[J]. 国际关系研究,2014(4).

[28]黄意武,游登贵. 我国图书出版产业现状及发展路径探究[J]. 中国出版,2014(4).

[29]白琼. 专业图书出版的社会化媒体新机遇[J]. 科技与出版,2014(6).

[30]甄西. 2013 年日本图书出版综述[J]. 出版参考,2014(8).

[31]戎骞,刘宇阳. 微信的数字出版发展研究[J]. 数字出版,2014(12).

[32]王睿. 从 PW 风云人物看国际出版新趋势[J]. 出版人,2015(1).

[33]张立伟,衣保中. 促进我国数字出版产业技术创新的对策研究[J]. 求是学刊,2015(1).

[34]向青. 关于云技术的应用研究[J]. 通信设计与应用,2015(2).

[35]李琳. 云技术的发展应用趋势[J]. 研究与探讨,2015(11).

[36]高辉,沈佳. 数字时代基于 O2O 的图书出版产业发展研究[J]. 中国出版,2015(13).

[37]衣元宏. 日本手机阅读服务的发展及对我国的启示[J]. 企业技术开发,2015(16).

[38]谢广灼. 二维码在图书出版行业中的应用[J]. 出版广角,2015(12).

[39]李世娟,张鹏翼,黄文彬. 管窥我国出版机构数字化转型——基于三家出版社的调研分析[J]. 出版科学,2016(1).

[40]赵亚可. 中国图书走向日本市场的思考[J]. 文化视野,2016(2).

[41]雷茜. 美国出版业数字转型及其案例分析[J]. 出版发行研究,2016(3).

[42]金月华. 大数据时代可视化出版研究[J]. 出版发行研究,2016(3).

[43]张炯. 网络图书出版研究[D]. 武汉:华中师范大学,2005.

[44]冯琳. 英国出版业的发展特点及其启示[D]. 北京:北京印刷学院,2006.

[45]孙洪军. 日本出版业研究[D]. 长春:吉林大学,2007.

[46]冯晗. 中国数字出版产业发展模式研究[D]. 北京:北京邮电大学,2010.

[47]姚娟. 中美数字出版商业模式研究——以电子书为例[D]. 湘潭:湘潭大学,2011.

[48]贾佳. 手机阅读视角下的出版模式创新[D]. 北京:北京印刷学院,2012.

[49]肖洋. 我国数字出版产业发展战略研究[D]. 南京:南京大学,2012.

[50]修安萍. 美国大众出版社之转型研究[D]. 武汉:武汉理工大学,2012.

[51]刘瞻. 数字出版著作权保护问题研究[D]. 郑州:郑州大学,2013.

[52]王欣. 互联网时代的自出版平台研究[D]. 合肥:安徽大学,2014.

[53]龙锦. 日本新媒介产业发展及动因研究[D]. 上海:上海大学,2015.

[54] Anna-Maria Rimm. Conditions and Survival: Views on the Concentration of Ownership and Vertical Integration in German and Swedish Publishing[J]. The Author(s) 2014,(2014)30:77－92.

[55]Veronika Licher. Trade Book Publishing in Germany[R]. Summary Report for 2011.

[56]Corinna Norrick－RÜhl · Anke Vogel. Green Publishing in Germany: A Passing Trend or a True Transition?

[57]Manasi Subramaniam. Children' s Book Publishing in India[J]. Springer Science + Business Media New York,2013(29):26－46.

[58] Cristina Mussinelli. Digital Publishing in Europe: a Focus on France, Germany, Italy and Spain.

[59] Pierre Danet. The Future of Book Publishing: Seven Technology Trends and Three Industry Goals[J]. Springer Science + Business Media New York, 2014(30): 275 – 281.

[60] Ted Hill. The Inevitable Shift to Cloud – Based Book Publishing: The Next Step in the Digital Transformation of Book Publishing May be Closer than You Think[J]. Springer Science + Business Media, LLC, 2012(28): 1 – 7.

[61] John Rodzvilla. Modern Book Publishing: Websites for the Trade.

[62] Erin Carreiro. Electronic Books: How Digital Devices and Supplementary New Technologies are Changing the Face of the Publishing Industry[J]. Safe Creative, 2010(26): 219 – 235.

[63] Academic anaesthesia: the trend in UK publishing in the BJA between 2004 and 2013.

[64] Romy Fröhlich. Book People in Germany: A Study on the Professional Situation and Career Conditions of Men and Women in the German Book Publishing Industry and the Book Trade[J]. Springer Science + Business Media New York, 2014(30): 223 – 243.

[65] Xuemei Tian, Bill Martin. Digital Technologies for Book Publishing[J]. Springer Science + Business Media, LLC, 2012(28): 100 – 115.

[66] Wuping Zhao. From Fifty Editions of The Old Man and the Sea to Fifty Shades of Grey: A Glimpse of Translation Rights Market in China(2002—2012)[J]. Springer Science + Business Media New York, 2012(28): 340 – 344.

[67 David Alan Rech. Finalize the Manuscript Before Pages[J]. Springer Science + Business Media New York, 2012(28): 307 – 312.

[68] Chen Xiaomei. 2010: The Turning Point for Chinese Book Publishing Industry[J]. Springer Science + Business Media, LLC, 2011(27): 76 – 82.

[69] Anatu Kande Mahama. Enforcing Copyright in the Book Publishing Industry in Ghana [J]. Springer Science + Business Media, LLC, 2012(28): 41 – 52.

[70] http://www.cnnic.net.cn/hlwfzyj/hlwxzbg/hlwtjbg/201608/t20160803_54392.htm.

[71] Xuemei Tian, Bill Martin. Business Model Sustainability in Book Publishing[J]. Springer Science + Business Media, LLC, 2010(26): 151 – 167.

[72] Veronika Licher. Trade Book Publishing in Germany: Summary Report for 2011[J]. Springer Science + Business Media, LLC, 2012(28): 130 – 134.

[73] Simon Carolan, Christine Evain. Self – Publishing: Opportunities and Threats in a New Age of Mass Culture[J]. Springer Science + Business Media New York, 2013(29): 285 – 300.

[74] Padmini Ray Murray. Behind the Panel: Examining Invisible Labour in the Comics Publishing Industry[J]. Springer Science + Business Media New York, 2013(29): 336 – 343.

[75] W Vergueiro, RED Santos. Gibi magazine and the consolidation of the publishing market of comic books in Brazil.

[76] Olivia Tapper. Romance and Innovation in Twenty – First Century Publishing [J]. Springer Science + Business Media New York, 2014(30):249 – 259.

[77] Erin Carreiro. Electronic Books: How Digital Devices and Supplementary New Technologies are Changing the Face of the Publishing Industry [J]. Publishing Research Quarterly. December, 2010, 26(4):219 – 235.

[78] Wilbourne, Sara. The Expanding Ocean of Difference Between Academic Research and Book Publishing.

[79] Ziv, Nina D. New Media as Catalysts for change in the Transformation of the Book Publishing Industry.

[80] Ghai, S. Glimpses of Indian Publishing Today in the Words of Publishing Professionals.

[81] Mussinelli, Cristina. Digital Publishing in Europe: a Focus on France, Germany, Italy and Spain.

[82] By KovaČ, Miha. Reading the Texts on Book Publishing: A New Body of Knowledge about an Old Body of Knowledge.

[83] Tian, Xuemei; Martin, Bill. Business Models in Digital Book Publishing: Some Insights from Australia.

[84] Lichtenberg, James. In from the Edge: The Progressive Evolution of Publishing in the Age of Digital Abundance.

[85] Buschow, Christopher and Nölle, Isabelle and Schneider, Beate. German Book Publishers' Barriers to Disruptive Innovations: The Case of E – Book Adoption.

[86] Hetherington, David. Book Publishing: New Environments Call for New Operating Models.

[87] Asai, Sumiko. The Impact of Networks on the Market Size of Japanese Book Publishing.

[88] Thomlison, Adam and Belanger, Pierre. Authors´Views of e – Book Self – Publishing: The Role of Symbolic.

[89] Stuart Hannabuss. E – Books Platforms and Aggregators: An Evaluation of Available Optiosn for Publishers.

[90] Wouter van der Velde, Olaf Ernst. The future of eBooks? Will print disappear? An end – user perspective.

[91] Hanho Jeong. A comparison for the influence of electronic books and paper books on reading comprehension, eye fatigue, and perception.

[92] XianRong Huang, Ting Hao. System of digital publishing policies and regulations in China.

[93] Phillip Barker. The future of books in an electronic era.

[94] Maurice B. Line. Books in the Digital Age: The Trans formation of Academic and Higher Education Publishing in Britain and the United States.

[95] Jenny Wrenn, Carolyn Weathers. Visibility through Book Publishing: The Story of

Clothespin Fever Press.

[96] Hean Tat Keh. Evolution of the book publishing industyr: Structural changes and strategic implications.

[97] Peter Just. Electronic books in the USA – their numbers and development and a comparison the Germany.

[98] Jen (J. L.) Pecoskie, Heather Hill. Beyond traditional publishing models: An examination of the relationships between authors, readers and publishers.

[99] Philip Barker. E – book Publishing Success: How Anyone can Write, Compile and Sell E – books on the Internet.

[100] José Antonio Cordón García, Julio Alonso Arévalo, Helena Martín Rodero. The emergence of electronic books publishing in Spain.

[101] MarketLine Industry Profile, Global Publishing, June 2014.

[102] Publishing Industry Profile, Global Publishing, August 2015.

[103] MarketLine Industry Profile, Books in Europe, April 2014.

[104] Publishing Industry Profile Europe, August 2015.

[105] MarketLine Industry Profile, Books in Asia – Pacific, April 2014.

[106] Publishing Industry Profile Asia – Pacific, August 2015.

[107] Publishing in the United States, June 2014.

[108] Publishing in the United States, August 2015.

[109] Book Publishing Industry: 2015. U. S. Capital &Expenses Outlook (Barnes Report).

[110] Publishing in the United Kingdom, August 2015.

[111] Publishing in Germany, August 2015.

[112] Publishing in the United States, August 2015.

[113] MarketLine Industry Profile, Books in Australia, April 2014.

[114] Publishing in Japan, August 2015.

[115] MarketLine Industry Profile, Books in India, April 2014.

[116] Publishing in Belgium, May 2014.

[117] Publishing in France, August 2015.

[118] Publishing in Spain, August 2015.

[119] MarketLine Industry Profile, Books in Netherlands, April 2014.

[120] Publishing in the Netherlands, August 2015.

[121] MarketLine Industry Profile, Books in Canada, April 2014.

[122] Publishing in Canada, August 2015.

[123] MarketLine Industry Profile, Books in Italy, April 2014.

[124] Publishing in Italy, August 2015.

[125] MarketLine Industry Profile, Books in China, April 2014.

[126] Publishing in China, August 2015.

5 国际游戏市场[①]

5.1 国际游戏市场发展状况

5.1.1 国际游戏市场规模

美国娱乐软件协会(Entertainment Soft Association,ESA)主席兼 CEO 迈克尔 D. 加拉格尔(Michael D. Gallagher)提到:"游戏即未来。从教育到商业,从艺术到娱乐,游戏业集合了最具创生力的思想,创造出前所未有的激动人心的沉浸感和体验。未来,游戏背后杰出的游戏研发商、设计师、创作者们将会继续挑战极限,推动空前的科技进步,造福我们的生活。"[②]

电子游戏业的收入近年来保持高速增长,业内统计分析公司 Superdata 发布的《2015年全球数字游戏市场报告》显示,2015 年,全球范围内所有平台的数字游戏市场收入高达610 亿美金,比 2014 年增长了 8%[③]。市场调研机构 Newzoo 发布的报告《2015 年全球游戏市场报告》(*2015 Global Games Market Report*)[④]显示,2015 年,全球游戏市场总收入达915 亿美元,并保持每年约 10% 的增长,到 2017 年,预计会达到1 070亿美元的市场收入规模。Michael D. Gallagher 说:"游戏行业规模的增长是因为它满足了人们的需求,在人们还没有意识到的时候就提供给他们优秀的体验,带动了无数领域的娱乐趋势发展。我们的产品在不断地进化,改变了我们对媒体的消费和互动方式。我们知道硬件和软件创新已经使游戏业成为高科技研发的领导行业之一。"[⑤]

Newzoo 的数据显示,2015 年,中国游戏市场收入规模增长了 23%,达到 222 亿美元,以微弱优势超过美国成为全球最大的游戏市场[⑥]。Newzoo 还预计,亚太地区将会成为全球游戏市场份额最高(占比 47%)的地区,2015 年,亚太地区游戏市场份额将同比增长15%,达到 431 亿美元的规模,远高于欧洲、中东和非洲地区的 205 亿美元(占比 22%)以及北美地区的 238 亿美元份额(占比 26%)。与此同时,市场规模最小的拉美地区也将迎来较高增长,上涨 18%,达到 40 亿美元(占比 4%)(见图 5-1)。

---

① 本文撰稿:刘静忆,中国传媒大学经济与管理学院讲师,研究方向:国际文化贸易。

② 2016 Essential Facts About the Computer and Video Game Industry[OL]. ESA. http://essentialfacts. theesa. com/Essential-Facts-2016. pdf.

③ 2015 年全球数字游戏市场报告:魔兽不敌手游[R/OL]. 腾讯游戏. http://games. qq. com/a/20160128/023273. htm.

④ Newzoo 的《2015 年全球游戏市场报告》将游戏市场按照游戏设备和表现形式划分为电脑(含网页游戏和客户端游戏)、个人(含智能手机和智能手表)、流动(含掌机和平板电脑)以及娱乐(含家用游戏主机和虚拟现实设备)。

⑤ 美国 2015 年游戏市场收入1 533亿元. 汇众教育. http://www. gamfe. com/news/201602/yxsc-9816. html.

⑥ Newzoo 全球游戏市场报告:亚太地区份额第一,中国将超过美国成为最大市场[OL]. 游戏葡萄. http://youxiputao. com/articles/4861.

图 5-1　2015 年全球游戏市场按地区统计收入和玩家数

此外，根据 Newzoo《2015 全球游戏市场报告》的数据，前 100 个国家占据了 99.7% 的份额，而这 100 个国家中的前 20 名也占全球总收入的 90.8%。目前位列全球游戏市场收入榜前十名的国家分别是：中国、美国、日本、韩国、德国、英国、法国、加拿大、西班牙和意大利。虽然大部分都是欧美国家，但总的来说，人口最多的亚太地区还是占据了半壁江山，2015 年，前 100 强中亚太地区国家占据了 47.2% 的总收入，其中，中国处于绝对领先地位①，更新的数据截至 2016 年 4 月，详情见表 5-1②。

表 5-1　截至 2016 年 4 月多个国家和地区游戏市场收入排行榜 TOP15

排名	国别	人口	网民	总收入(美元)
1	中国	1 383 837 000	789 252 000	24 368 794 000
2	美国	324 432 000	293 871 000	23 543 121 000
3	日本	126 427 000	117 648 000	12 447 570 000
4	德国	80 754 000	72 410 000	4 048 498 000
5	韩国	50 555 000	44 591 000	4 047 335 000
6	英国	65 173 000	61 157 000	3 895 103 000

① 2015 全球游戏市场收入 100 排行榜中国终于第一[OL]. 有趣点. http://www.aiweibang.com/yuedu/57291869.html.

② Top Countries by Game Revenues. Newzoo. https://newzoo.com/insights/rankings/top-100-countries-by-game-revenues/.

续表

排名	国别	人口	网民	总收入(美元)
7	法国	64 725 000	56 791 000	2 734 468 000
8	加拿大	36 322 000	32 833 000	1 847 521 000
9	西班牙	46 108 000	37 612 000	1 753 616 000
10	意大利	59 850 000	41 363 000	1 697 938 000
11	巴西	209 812 000	136 503 000	1 438 585 000
12	俄罗斯	143 594 000	110 199 000	1 336 499 000
13	墨西哥	128 786 000	67 080 000	1 215 967 000
14	澳大利亚	24 334 000	21 508 000	1 199 680 000
15	中国台湾	24 006 000	21 109 000	972 028 000

全球游戏市场正处于转型期,市场风云变幻莫测,据 Digi – capital 公司预计,到 2020 年,游戏软件收益将高达1 150亿美元,长期复合年均增长率(CAGR)将缓慢稳定在 7% 左右。

2016 年 4 月 21 日,Newzoo 最新发布了 *Global Games Market Report*①,数据显示,2016 年,全球游戏市场将产生 996 亿美元的收益,比 2015 年将增长 8.5%,而且移动游戏将首次超过 PC 游戏成为第一大游戏类别,规模高达 369 亿美元,占比 21.3%。见图 5 – 2。

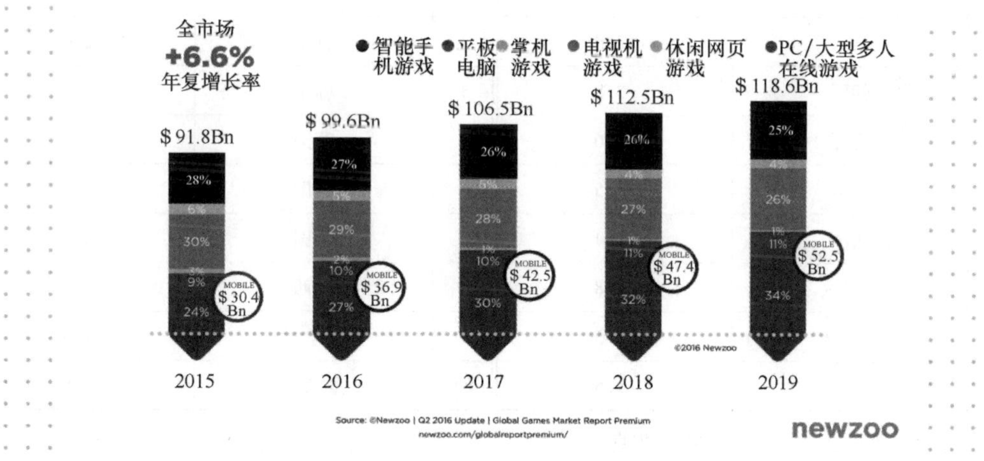

图 5 – 2　2015—2019 年全球游戏市场收入②

亚太地区仍是收入最高的地区,占比 47%,其中中国贡献全球游戏收入的 1/4。见图 5 – 3。

① Global Games Market Report. Newzoo. https://newzoo. com/solutions/revenues – projections/global – games – market – report/

② 图 2,图 3 引自 Global Games Market Revenues 2016. Newzoo. https://newzoo. com/insights/articles/global – games – market – reaches – 99 – 6 – billion – 2016 – mobile – generating – 37/

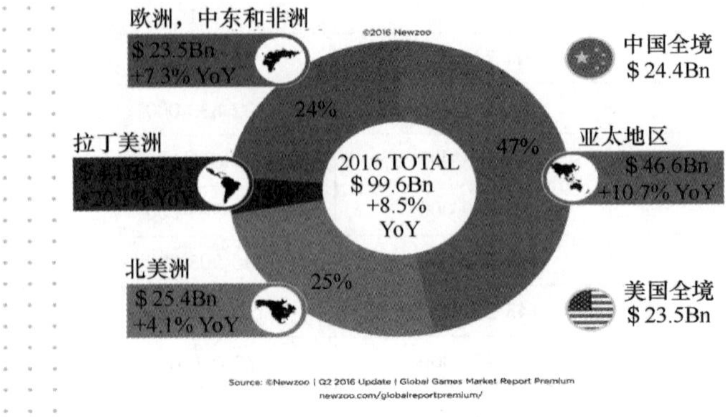

图 5-3　2016 年全球游戏市场地区份额

到 2018 年，中美两国将占据全球游戏市场 50% 以上的份额。日本、韩国、德国、英国分居第三、四、五、六位。见表 5-2。

表 5-2　2014 年和 2018 年游戏收益 TOP10 对比

排名	2014	总收入（10 亿美元）	排名	2018	总收入（10 亿美元）
1	美国	21.3	1	中国	32.88
2	中国	18.0	2	美国	24.0
3	日本	12.0	3	日本	12.6
4	韩国	3.8	4	韩国	4.3
5	德国	3.6	5	德国	3.9
6	英国	3.5	6	英国	3.7
7	法国	2.4	7	法国	2.6
8	加拿大	1.8	8	巴西	2.1
9	西班牙	1.5	9	加拿大	1.9
10	意大利	1.5	10	墨西哥	1.8

资料来源：Newzoo2105 全球游戏市场报告。

5.1.2　国际游戏市场结构

自 2012 年开始，Newzoo 开始采用设备及终端类型来评估市场结构。从历年的数据来看，全球游戏市场各种设备所占的份额正在趋向于平均化。从图 5-4 可以看出，2015 年，全球游戏市场总计收入 915 亿美元，PC 设备（包含页游和 PC 网游）收入年增长率 7%，共计 337 亿美元，占据了 37% 的市场份额，其中，休闲页游占比为 7%，PC 网游占比为 30%；而电视、主机与虚拟现实设备占比 27%，达到 251 亿美元，年增长率仅 2%；智能手机和手表预计占比 23%，总收入达到 206 亿美元，增长率最为快速，达到 21%；平板电脑与掌机则占比

13%，达到121亿美元，年增长率达14%，其中，平板电脑增速很快，年增长率27%，而掌机则相反，增长率下降了16%，一定程度上反映了掌机领域日薄西山的市场前景。

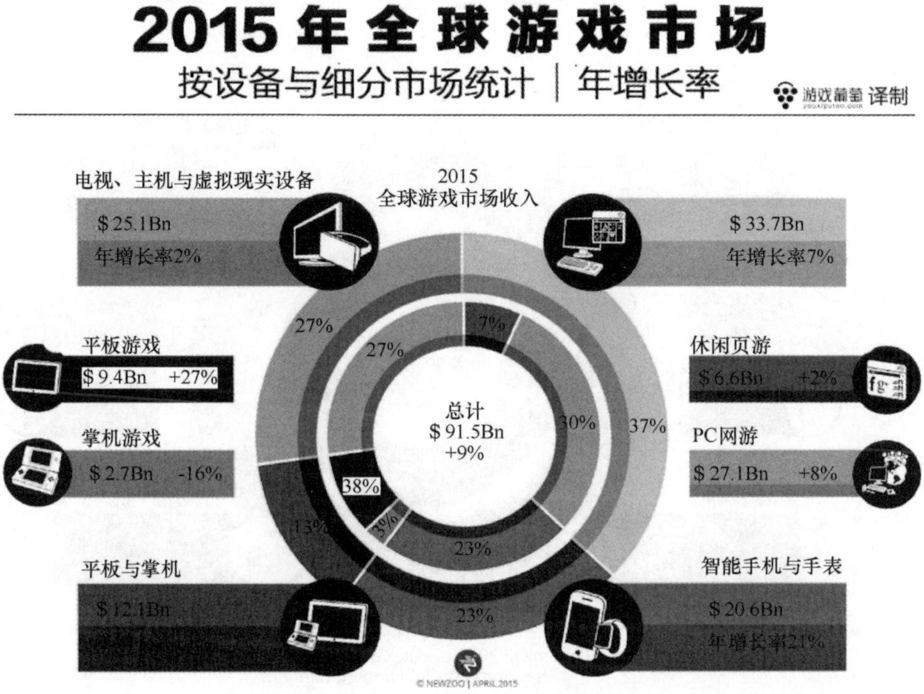

图5-4 2015年全球游戏市场按设备与细分市场统计数据

2016年，按照Newzoo的预估，移动游戏收入将达369亿美元，占全球游戏市场37%的份额，超过PC游戏(32%)和主机游戏(29%)①(见图5-5)。

游戏市场在过去的5年里变动很大，主要表现为移动游戏的强势崛起。App Annie②和IDC③发布的《2015年度回顾聚焦游戏》④显示，2015年，移动端游戏消费支出指数继续遥遥领先于PC和Mac、家用游戏机和掌上游戏机，见图5-6。

据Digi-Capital公司数据预估，到2020年，移动游戏收入将从2016年的350亿美元增长至480亿美元，年均增长率为8%。而VR游戏将快速增至100亿美元。MMO/MOBA游戏和主机游戏将失去部分市场，eSports或将成为另一个前途光明的细分领域⑤，见

---

① Global Games Market Revenues 2016. Newzoo. https://newzoo.com/insights/articles/global-games-market-reaches-99-6-billion-2016-mobile-generating-37/.

② App Annie是移动应用和数字内容时代数据分析和市场数据的行业领导者，其平台帮助企业主、市场人员和投资者了解其自身应用业务状况以及整个应用市场的趋势，帮助他们更好地制定与产品、国际化、营销和投资策略相关的市场决策。

③ 国际数据公司(International Data Corporation，IDC)，是全球著名的信息技术、电信行业和消费科技市场咨询、顾问和活动服务专业提供商，帮助IT专业人士、业务主管和投资机构制定以事实为基础的技术采购决策和业务发展战略。是国际数据集团(International Data Group，IDG)旗下子公司。

④ App Annie&IDC，《2015年度回顾聚焦游戏》。

⑤ 数据来源：Games to grow from $90B in 2016 to $115B by 2020. Digi-Capital. http://www.digi-capital.com/news/2016/01/games-to-grow-from-90b-in-2016-to-115b-by-2020/#more-1155.

图 5-5　2016 年全球游戏市场按设备细分情况

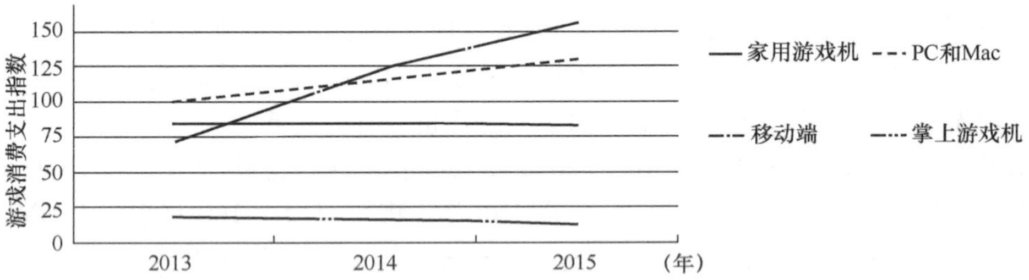

图 5-6　2013—2015 全球游戏消费支出(按设备划分)

资料来源:App Annie 和 IDC。

图 5-7。

从地区来看,亚洲近年来已成为优势地区,Digi-Capital 预估,到 2020 年,每花在游戏软件上的 10 美元中就有 4 美元来自亚洲,届时亚洲将成为第一大市场,其后依次为欧洲及北美。尤其在移动游戏领域,中国强大的国内市场使其能保持领先地位,未来移动游戏收益将有一半来自亚洲,见图 5-8。

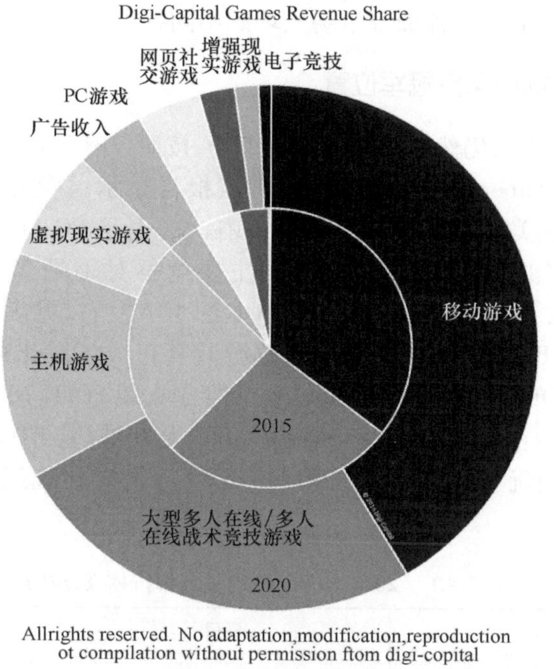

图 5－7 Digi－Capital2015 年和 2020 年游戏收入对比①

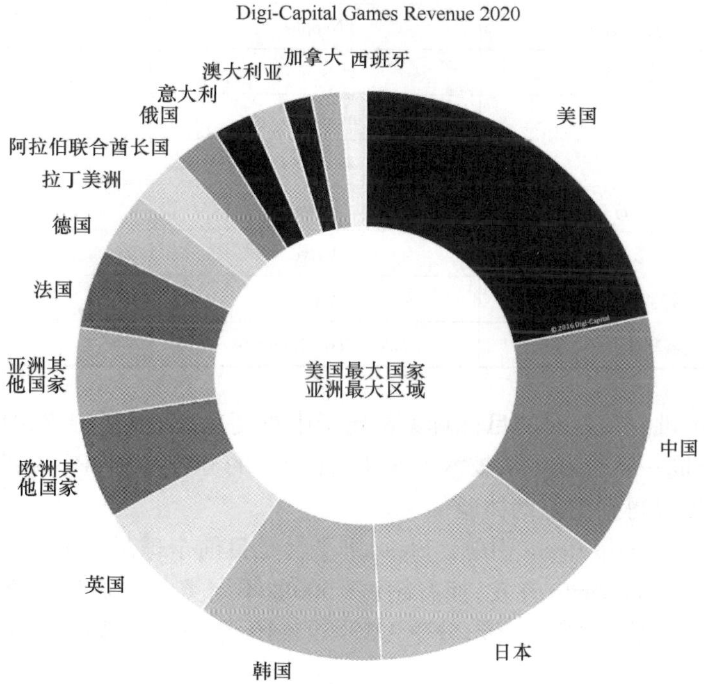

图 5－8 Digi－Capital 2020 年按地区预估游戏收入

① 图 7，图 8 引自 Games to grow from ＄90B in 2016 to ＄115B by 2020. Digi－Capital. http://www.digi－capital.com/news/2016/01/games－to－grow－from－90b－in－2016－to－115b－by－2020/#more－1155.

更进一步,我们尝试总结各细分市场呈现的不同特点。

5.1.2.1 PC 游戏市场仍保持冠军位置

2015 年,PC 游戏市场仍然是第一大游戏市场,按照仅有 7% 的增长率在 2016 年就可能被移动游戏超过。Superdata 发布的电子游戏报告显示,《英雄联盟》(*League of Legends*,LOL)以 16.26 亿美元的收入名列 PC 游戏首位,也是 PC、主机、移动和三大平台上收入最高的游戏。在 PC 端,《英雄联盟》的主要竞争对手是 MOBA 类游戏鼻祖续作《Dota2》,2015 年收入 2.38 亿美元,但仅有 LOL 的 1/7 左右,见表 5-3。腾讯现在已对《英雄联盟》开发商 Riot 持股 100%,让这款游戏真正成了腾讯的游戏。事实上,名列 2015 年 PC 端收入 TOP3 的游戏:《英雄联盟》、《穿越火线》(11.10 亿美元)和《地下城与勇士》(10.52 亿美元)在国内的代理商都是腾讯。尤其是《穿越火线》[①],这款曾是 2014 年最赚钱的游戏,中国玩家占大多数。2012 年,350 万同时在线用户曾有 94% 的玩家都是中国服务器登陆[②]。

表 5-3 2015 年 PC 游戏收入排行榜 TOP10 (单位:百万美元)

排名	游戏名称	公司	收入
1	英雄联盟	腾讯/Riot Games	1 628
2	穿越火线	SmileGate	1 110
3	地下城与勇士	Neople	1 052
4	我的世界	动视暴雪	814
5	坦克世界	Wargaming. net	446
6	天堂	NCSOFT	339
7	冒险岛	Nexon	253
8	刀塔 2	Valve	238
9	反恐精英:全球攻势	Valve	221
10	侠盗猎车手 5	Take - Two Interactive	205

PC 游戏跟主机游戏面对的目标玩家都属于中重度玩家,很多游戏大作也在 PC 平台和主机平台发布同一款游戏。从技术上来讲,在同样的分辨率下,PC 端的画质比主机平台强很多,玩家可以得到更好的体验[③]。

PC 单机游戏市场由 Steam 引领。Steam[④] 平台是目前全球最大的综合性数字发行平台,由美国著名开发商 Vavle 开发,拥有超过3 500款不同类型的游戏,玩家可以在该平台购买游戏和软件、下载、讨论、上传、分享。2015 年 10 月,Steam 获第 33 届金摇杆奖最佳

① 《穿越火线 2》的代理权被朱俊带领的九城拿下。

② 2015 游戏收入排行里,赢家是腾讯和它的《英雄联盟》[OL]. 游戏好奇心日报(QDaily). http://www.qdaily.com/articles/21461.html.

③ PC 电脑与游戏主机谁才是真正的霸主[OL]. 网易数码. http://digi.163.com/15/0922/12/B4490CU00016192R.html.

④ STEAM. http://store.steampowered.com/.

游戏平台。2015 年 11 月 4 日,Steam 平台开放了人民币、港币、新台币结算,中国内地成为 Steam 又一个低价区,国内玩家自此有了购买正版游戏的最佳场所。在游戏定价策略方面,Steam 平台一直有着"区域定价"的理念,一款游戏会在不同国家设定不同的价格。Steam 平台销量数据库 SteamSpy 的开发者 Sergey Galyonkin 曾经在一篇有关于 Steam 游戏价格的文章中提到:中国和俄罗斯两个国家,由于国内破解游戏的数量十分庞大,导致这两个国家的游戏购买力非常低,玩家普遍没有购买正版游戏的习惯。但是一旦当游戏价格降低到符合当地玩家的购买力和预期值时,结果就完全不同了。在中国,购买正版游戏的玩家平均仅有 1%,但在国区定价只有美区一半的游戏《GTA5》上,这个数字涨到了 10%。《GTA5》已成为 2015 年圣诞假期期间中国玩家购买最多的游戏。在 Steam 上《GTA 5》的总销量中,俄罗斯和中国占据了很大一部分的比重,这就很能说明问题:只要游戏的价格、本地化和市场处理都符合当地的国情,游戏的销量就会很可观[①]。2013 年,Steam 有效会员数是7 500万,2014 年上升至 1 亿,到达 2015 年的 1.25 亿。虽然桌机/笔记本的出货量由 2011 年的 3.6 亿衰落至 2014 年的 3 亿,再到 2015 年的 2.7 亿,但 Steam 会员数却能继续扩大。可见 PC 游戏市场比起家用机市场的最大优势是潜在用户的数量。[②]

Newzoo 和 Overwolf 每个月都会发布美国和欧洲市场核心 PC 游戏排行榜[③],2016 年 4 月该榜 TOP10 见表 5-4。

表 5-4 2016 年 4 月美国和欧洲 PC 游戏市场排行榜 TOP10

标识	排名	游戏名称	发行商
	1	英雄联盟(League of Legends)	Riot
	2	我的世界(Minecraft)	Mojang
	3	反恐精英:全球攻势(Counter-Strike: Global Offensive)	Valve
	4	炉石传说(Hearthstone: Heroes of Warcraft)	动视暴雪

① Steam 正式支持人民币后国区成为"不完整的低价区"[OL]. 搜狐. http://mt.sohu.com/20151104/n425289373.shtml.

② 外媒发布 2015pc 及主机游戏市场对比总结[OL]. 百度贴吧. http://tieba.baidu.com/p/4255940355.

③ Top Core PC Games | US & Europe. Newzoo. https://newzoo.com/insights/rankings/top-20-core-pc-games/.

续表

标识	排名	游戏名称	发行商
	5	坦克世界(World Of Tanks)	Wargaming
	6	魔兽世界(World of Warcraft)	动视暴雪
	7	刀塔 2(Dota 2)	Valve
	8	侠盗猎车手:圣安地列斯(Grand Theft Auto: San Andreas Multiplayer)	Rockstar Games
	9	火箭联盟(Rocket League)	Psyonix
	10	激战 2(Guild Wars 2)	NCSoft

5.1.2.2 主机游戏市场显露颓势

由于移动游戏市场快速发展所带来的冲击,主机游戏市场逐渐显露出颓势。2016年,销量累计超过8 000万的 Xbox 360 收入下滑严重、产品周期完结,正式宣布停产,成为上一代游戏主机谢幕的标志。微软公司表示,停止生产 Xbox 360 的原因是它的系统过于老旧,已经无法满足玩家的需求,而且花费更多的人力、物力来维护这个系统也没有太多价值。“尽管我们的运营情况一直很好,但现实是持续制造一款寿命已超 10 年的产品已经对我们造成了不利影响。这就是为什么我们决定停止生产 Xbox 360 新机。”主机游戏的落寞和移动游戏的强势折射出玩家游戏方式的改变和游戏业自身的升级换代。PC、主机上的“史诗大作”们不那么适合游戏消费群体越来越快的生活节奏,人们更愿意用碎片化时间进行游戏。

截至 2015 年年底,索尼 PS4 主机问世以来销量达3 770万台,仅 2015 财年销量就有1 770台,比 2014 财年的1 480万台增长了 20%,截至 2016 年 3 月 31 日,PS4 主机问世以来出货量大约有4 000万台,成为索尼公司 2015 财年盈利的原因之一。而艺电首席财务官布雷克·乔根生(Blake Jorgensen)不小心在艺电 2015 年第三财季财报分析师电话会议上泄露数据,微软 Xbox One 销量约为1 910万台,这甚至低于1 984万台的悲观估计。任天堂的 Wii U 总销量为1 261万台,在 3 大主机中数量最少,见图 5 –9。

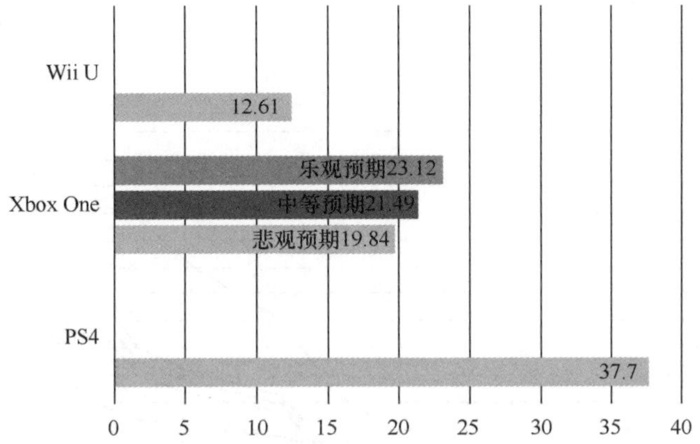

图 5 –9　三大主机问世以来至 2015 年 12 月出货量(单位:百万台)①

从 3 大主机出货量所占份额来看,自 2013 年以来,PS4 的份额在不断扩张,2013 年第四季度仅占 32%,2015 年年底即占 53%,所占份额超过半壁江山。与之相对应的是 Wii U 份额的不断缩减,从 2013 年第四季度 41% 的份额缩小到 2015 年第四季度 18% 的份额。Xbox One 的份额变化不大,保持在接近 30% 的水平上(见图 5 –10)。

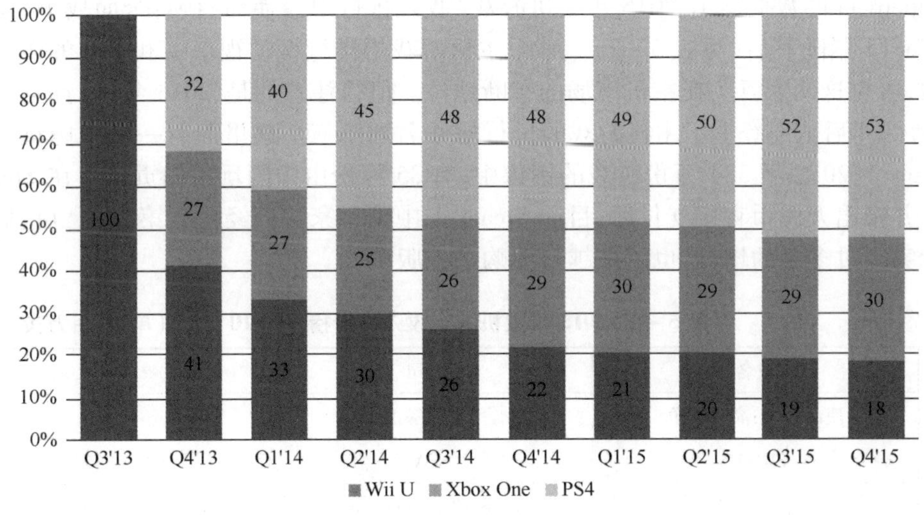

图 5 –10　2013—2015 年全球三大主机所占份额②

从图 5 –11 可知,PS4 自上市以来,迅速在主机领域取得优势地位。尽管 XboxOne 销

① 图 10、图 11、图 12 引自 Sony further extends PS4's console sales lead over the 2015 holidays . Ars Technica. http://arstechnica.com/gaming/2016/02/sony–further–extends–ps4s–console–sales–lead–over–the–2015–holidays/.

② 由于四舍五入百分数相加可能不等于一百。

量落后于 PS4，但微软在 PC 游戏领域占有主导地位。微软在 2016 年 3 月份曾表示，XboxOne 可能是其最后一款游戏主机，计划通过未来版本的 Windows 统一游戏机和 PC。微软 Xbox 部门负责人菲尔·斯宾塞（Phil Spencer）说，“为通用 Windows 应用打造完整游戏生态链”是公司未来的重点。

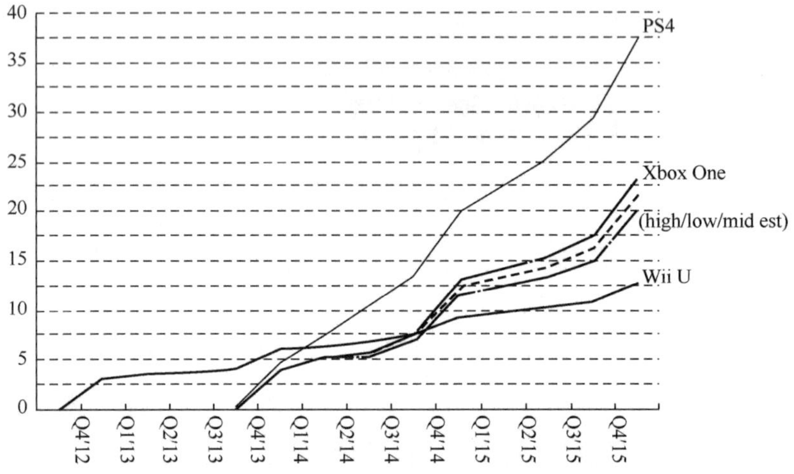

图 5－11　2012—2015 三大主机销量走势图

Superdata 的数据显示，2015 年主机游戏[①]收入排行中，《使命召唤：全面战争》拿下第一，FIFA 15 紧随其后（见表 5－5）。整个主机游戏的排行榜动视暴雪和 EA 的游戏就占据八席，可见这两家巨头在主机市场的垄断地位。值得注意的是，2013 年发行的《侠盗猎车手 5》两年后依旧登上了主机游戏的排行榜并名列第三。这里面有一些中国玩家的功劳，Steam 上 2015 年 384 万份游戏的销售中，有 35 万份由中国玩家的贡献。在 Steam 支持中文并推出人民币直接支付后，目前 Steam 上中国玩家数已经排名第五[②]。可见，中国游戏玩家经过多年的培养，也越来越习惯购买正版游戏。

表 5－5　2015 年主机游戏收入排行榜 TOP10　　（单位：百万美元）

排名	游戏名称	公司	收入
1	使命召唤：高级战争	动视暴雪	355
2	FIFA15	EA	332
3	侠盗猎车手 5	Take－Two Interactive	322
4	命运	动视暴雪	291

① 根据 Superdata 的统计口径，主机游戏包括了所有在主机上发行的游戏，不管是否有无登录 PC 平台，其中一些游戏国人可能更加熟悉其 PC 版本。

② 2015 游戏收入排行里，赢家是腾讯和它的《英雄联盟》. 游戏好奇心日报（QDaily）. http://www.qdaily.com/articles/21461.html.

续表

排名	游戏名称	公司	收入
5	使命召唤:黑色行动	动视暴雪	224
6	FIFA 16	EA	212
7	辐射 4	Bethesda Softworks	108
8	星球大战前线	EA	106
9	疯狂橄榄球 16	EA	76
10	疯狂橄榄球 15	EA	73

中国的主机市场虽然在 2014 年解禁,但销量并没有预期的成功,Xbox One 和 PS4 在中国的总销量不足百万。原因有以下几点:第一,多年游戏机禁令使主机游戏市场的消费习惯没有被培养起来。游戏玩家已经习惯于在电脑或手机平板上玩游戏,在碎片化的消费时代,重新培养一代对主机游戏感兴趣的玩家,并不是一件容易的事情。第二,主机游戏设备及软件价格颇高,Xbox One 国行价格为4 299元,PS4 国行售价为2 899元,Wii U 日版为1 980元。主机游戏的价格最高大约 60 美元,一般折扣价格大约在 45 ~ 50 美元,外加后续的 DLC①,售价也不等,一般在 20 美元左右。例如,《摇滚史密斯 2014》中 DLC 平均售价在 12 美元左右,但是数量却有 616 个,合计高达11 614美元,号称"每一秒都是钱";《模拟人生 3》中国区售价 99 美元,一共 19 个 DLC,合计1 881美元的价格令人却步。根据美国媒体 2014 年 1 月发布的一份报告,70% 的中国玩家月收入不足 645 美元(约合 4 000元人民币)②。第三,主机游戏审批制度严格,审核期过长,势必有大批游戏或者难以过审,或者要进行内容修改删减,导致正版游戏数量不够多、类型不够丰富,主机游戏开发商也选择谨慎观望的态度。

5.1.2.3 移动游戏市场快速增长,硬核游戏受青睐

2015 年是移动游戏(包括智能手机游戏和平板电脑游戏)有史以来最为重要的一年。2015 年移动游戏收入 300 亿美元,占全球游戏市场营收的 33%,年增长率为 23%,见图 5 - 12。全球移动游戏玩家共计 16.75 亿人。App Annie 市场公关副总裁法比安·尼克拉斯(Fabien Nicolas)在接受国外媒体采访时表示,"毫无疑问,移动平台终于成了头号游戏平台。移动游戏收入占游戏市场总收入的比例达到 40%,这也能够解释动视暴雪为何斥资 59 亿美元收购 King。在游戏体验总时长和总收入方面,移动游戏都已经处在领先地位。"

分地区来看,2015 年,亚洲在移动游戏市场居于领先地位。中国移动游戏营收 65 亿美元,占游戏市场 22%;日本移动游戏营收 61.9 亿美元,占其游戏市场 21%,韩国移动游

---

① Downloadable Content(可下载内容),亦可称追加内容下载包,或称可下载资料包,一般是指在游戏发售后,厂商又推出的下载包,对游戏内容进行扩展,如新地图,新游戏模式,新的地图、人物、剧情扩展等。玩家在体验原版游戏完整故事情节的同时,将享受更多游戏扩展内容。

② 外媒:中国游戏市场让主机游戏制造商失望[OL]. 17173. http://news.17173.com/content/2015 - 07 - 10/20150710142652297.shtml.

戏营收18.5亿美元，占其游戏市场6%，年增长率相对平稳；中、日、韩三国移动游戏市场共计营收145.4亿美元，占全球移动游戏市场份额的49%。北美移动游戏营收65亿元，移动游戏玩家共有1.69亿人；欧洲、中东及非洲移动游戏营收56亿元，移动游戏玩家共有4.82亿人；拉丁美洲移动游戏营收11亿元，移动游戏玩家共有1.71亿人。其中，年增长率较快的地区有非洲（82.8%）、拉丁美洲（72.9%）和亚洲其他地区（69.1%），这是由于后发优势的缘故（见图5-13）。

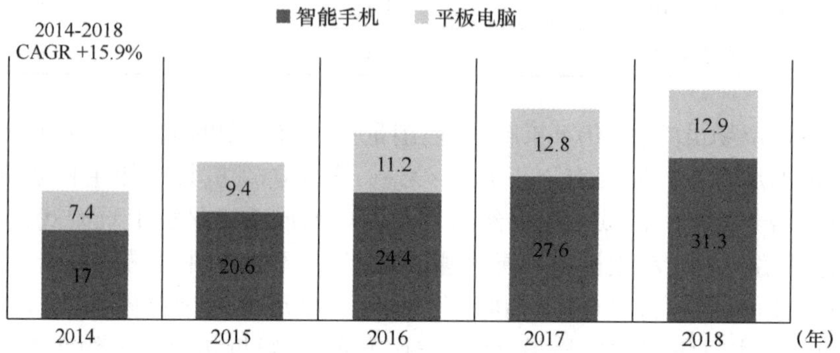

资料来源：Newzoo2015 全球游戏市场报告。

图5-12　2014年—2018年全球移动游戏市场收入（单位：十亿美元）①

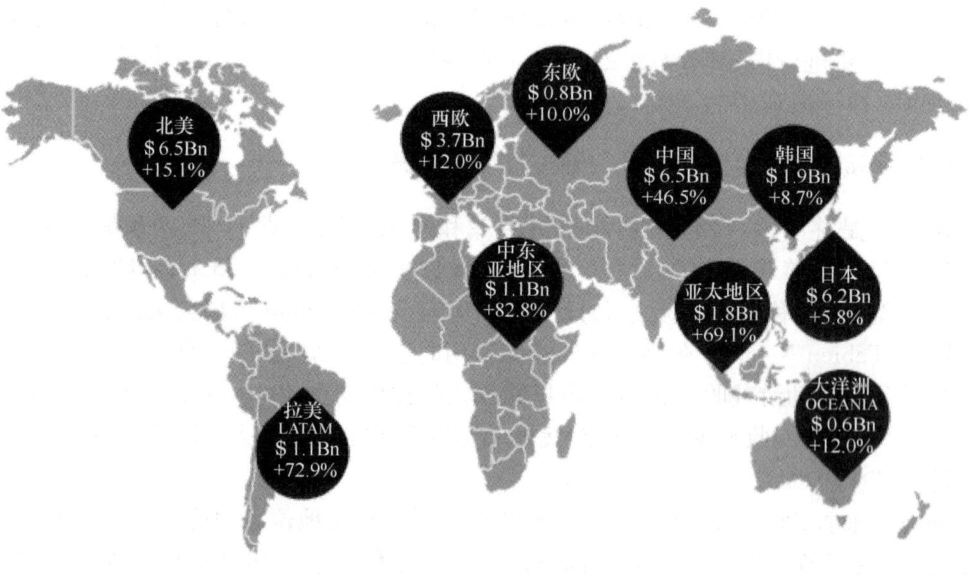

图5-13　2015年各地移动游戏营收和年增长率（YOY）

① 图12、图13引自 The Mobile Games Market in 2015: A Look Back. Newzoo. https://newzoo.com/insights/trend-reports/the-mobile-games-market-in-2015-report/

从各国的具体情况来看，中国在 2015 年成为全球第一大移动游戏市场，收入达 65.3 亿美元，占全球市场份额的 21.7%，年增长率为 46.5%。紧随其后的依次为日本(61.8 亿美元)和美国(60.2 亿美元)，营收在 10 亿美元以上的还有韩国(18.5 亿美元)和英国(10.1 亿美元)。亚洲地区排名在 TOP20 的国家和地区还有中国台湾(NO. 20)、中国香港(NO. 17)、泰国(NO. 18)和马来西亚(NO. 20)，其中，中国台湾移动游戏营收 4.8 亿美元，年增长率为 51.2%。全球移动游戏营收排前 10 的国家共占 81.3% 的份额，市场集中度颇高(见表 5 -6)。

表 5 -6　2015 年移动游戏营收 TOP10 国家/地区

排名	国别/地区	2015 年移动游戏营收（单位：百万美元）	占全球份额	2014—2015 年增长率
1	中国	6 530	21.7%	+46.5%
2	日本	6 180	20.6%	+5.8%
3	美国	6 020	20.0%	+15.2%
4	韩国	1 850	6.2%	+8.7%
5	英国	1 010	3.4%	+11.3%
6	德国	820	2.7%	+12.7%
7	法国	520	1.7%	+10.9%
8	澳大利亚	520	1.7%	+10.8%
9	加拿大	510	1.7%	+13.5%
10	中国台湾	480	1.6%	+51.2%
总计		24 440	81.3%	+18.9%

虽然说移动游戏市场是以休闲游戏和从社交网络移植游戏到移动平台起家的，但之后随着游龄的增长和用户黏性的增加，一些中核游戏和优先面对移动平台的原生 IP 逐渐成为市场主流，而 2015 年网易《梦幻西游》手游的成功预示着硬核游戏或将在移动平台赢得一席之地(见表 5 -7)。此外，IP 热使移动游戏市场也会出现更多像《辐射：避难所》这样基于传统游戏 IP 开发的产品。传统游戏巨头动视、任天堂和科乐美都在加速布局移动游戏市场。这意味着 Gree、DeNA、Supercell 和 Machine Zone 等移动游戏公司将面临来自传统豪强的竞争。

表 5 -7　2015 年移动游戏畅销排行榜前 5 名(按平台划分)

排名	IOS App Atore	Google Play	掌机游戏
1	《部落冲突》Supercell，芬兰	《怪物弹珠》Mixi，日本	《动物之森：快乐家园设计师》★ N3DS；任天堂，日本
2	《怪物弹珠》★Mixi，日本	《部落冲突》Supercell，芬兰	《怪物猎人 X》★ N3DS；Capcom，日本

续表

排名	IOS App Atore	Google Play	掌机游戏
3	《战争游戏:火力时代》Machine Zone,美国	《智龙迷城》GungHo Online,日本	《塞尔达传说:姆吉拉的假面3D》★N3DS;任天堂,日本
4	《智龙迷城》GungHoOnline,日本	《战争游戏:火力时代》★Machine Zone,美国	《妖怪手表破坏者:赤猫团/白犬队》★N3DS;Level-5,日本
5	《梦幻西游》★Garena Online Private Ltd,新加坡	《糖果传奇》King,英国	《口袋妖怪:欧米茄红宝石/阿尔法蓝宝石》N3DS;Game Freak/任天堂,日本

注:★为2015年新进入前5名的游戏

资料来源:App Annie 和 IDC

2015年,全球IOS & Google Play发行商收入前三甲为芬兰的Supercell(《部落战争》)、英国的King(《糖果粉碎传奇》)和英国Mixi公司(《怪物弹珠》)①(见表5-8)。其中,IOS平台和Andorid平台收入最高的移动游戏分别为《部落战争》和《怪物弹珠》。

表5-8　2015年全球IOS & Google Play发行商收入TOP10

排名	发行商	代表游戏	国家
1	Supercell	部落冲突	芬兰
2	King	糖果粉碎传奇	英国
3	Mixi	怪物弹珠	日本
4	GunHo Online	智龙迷城	日本
5	腾讯	全民突击	中国
6	LINE	迪士尼消消看	日本
7	Machine Zone	战争游戏:火力时代	美国
8	Netmarble	掠夺者	韩国
9	网易	梦幻西游	中国
10	COPOPL	白猫计划	日本

从游戏类型来看,2015年,全球手游玩家偏好角色扮演类、策略类和消除类3大游戏类型。从国家来看,芬兰、中国、日本、美国、韩国、英国手游业收入较高(见表5-9)。

① Teebik:2015全球移动游戏产业报告[OL].中国经济网——国家经济门户.http://www.ce.cn/culture/whcyk/cysj/201601/18/t20160118_8350538.shtml.

表 5－9 2015 年进入过全球 IOS & Google Play 手游收入 TOP10 的游戏①

游戏名称	游戏类型	开发商	发行商
Clash of Clans	策略类	Supercell(芬兰)	Supercell(芬兰)
Monster Strike(怪物弹珠)	角色扮演类	Mixi(日本)	Mixi(日本)
Puzzle & Dragons(智龙迷城)	消除类	GungHo Online(日本)	GungHo Online(日本)
Game of War: Fire Age(战争游戏:火力时代)	策略类	Machine Zone(美国)	Machine Zone(美国)
Candy Crush Sage(糖果粉碎传奇)	消除类	King(英国)	King(英国)
Candy Crush Soda Sage(糖果粉碎苏打传奇)	消除类	King(英国)	King(英国)
Fantasy Westward Journey(梦幻西游)	角色扮演类	网易(中国)	Garena Online(新加坡)网易(中国)
The White Cat Project(白猫计划)	角色扮演类	COLOPL(日本)	晨之科(中国)COLOPL(日本)Sony(日本)
Boom Beach(海岛奇兵)	策略类	Supercell(芬兰)	Supercell(芬兰)
Disney Tsum Tsum(迪士尼消消看)	消除类	Line(日本)	Line(日本)
Clash of King(列王的纷争)	策略类	智明星通(中国)	智明星通(中国)
Hay Day(卡通农场)	休闲类	Supercell(芬兰)	Supercell(芬兰)
The Legend of Mirs2(热血传奇)	角色扮演类	盛大游戏(中国)	盛大游戏(中国)
Westward Journey online(大话西游)	角色扮演类	网易(中国)	网易(中国)
Everybody's Marble(天天富翁)	棋盘类	N2PLAY(韩国)	Netmarble(韩国)腾讯(中国)
Raven(掠夺者)	角色扮演类	Netmarble(韩国)	Netmarble(韩国)
MU Miracle(全民奇迹)	角色扮演类	天马时空(中国)铠英网络(中国)	昆仑游戏(中国)Webzen(韩国)铠英网络(中国台湾)

5.1.3 国际游戏市场热点趋势

5.1.3.1 虚拟现实(VR/AR/MR)

(1)虚拟现实概述。虚拟现实技术起源于20世纪60年代,是指借助计算机系统及传感器技术生成三维环境,创造出一种崭新的人机交互方式,通过调动用户各种感官(视觉、听觉、触觉、嗅觉等)来享受身临其境的更加真实的体验。20世纪90年代,就已有3D游戏上市,虚拟现实在当时也引起了极大的关注度。近年来,随着硬件性能的提升和成本的大

① 表8、表9转自 Teebik:2015 全球移动游戏产业报告. 中国经济网——国家经济门户. http://www.ce.cn/culture/whcyk/cysj/201601/18/t20160118_8350538.shtml.

幅度降低①,虚拟现实产品获得了广泛发展,当前计算机的运算能力足够强大,足以用于渲染虚拟现实世界。同时,手机的性能也得到大幅提升。简言之,当前的技术进步已经解决了 20 世纪 90 年代虚拟现实的困境,为 VR 做好了充分的准备。2014 年,Facebook 以 20 亿美元收购 Oculus 之后,虚拟现实领域的投资日趋白热化,VR 热再次袭来。2015 年有超过 829 家 VR 游戏开发公司成立②。2016 年,美国消费电子展 CES③ 上,虚拟现实产品为展会的绝对主角。为方便读者了解,虚拟现实的发展历程用图 5-14 展示出来。

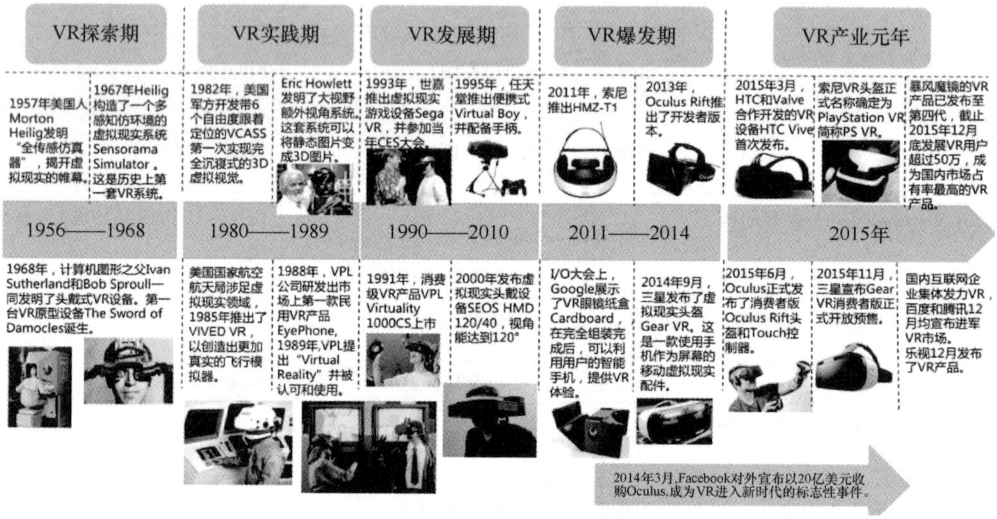

图 5-14 VR 虚拟现实的发展历程④

我国工信部发布的《虚拟现实产业发展白皮书 5.0》中指出,虚拟现实技术是一种计算机仿真系统,通过对三维世界的模拟创造出一种崭新的交互系统。它利用计算机生成一种模拟环境,是一种多源信息融合的交互式三维动态视景和实体行为系统仿真,并使用户沉浸到该环境中。在产业界,将虚拟现实定义为三类技术应用方式:虚拟现实(Virtual Reality,VR)、增强现实(Augmented Reality,AR)⑤和混合现实(Mixed Reality,MR)。实际上,在学术界的划分中,混合现实技术还分为增强现实和增强虚拟环境(AVE,Aug-

---

① 《Wired》(连线)杂志创始主编凯文·凯利(KK)在 2016 年 4 月第二届深圳论坛·聆听大师之"洞见由'必然'的未来"活动上提及,1989 年的虚拟现实设备要花费 100 万美元购买。

② SuperData:2016 年 VR 市场规模或超 336 亿. 腾讯游戏. http://games.qq.com/a/20160107/029704.htm.

③ 2016CES 的游戏和虚拟现实展位比 2015CES 增长了 77%,超过 40 家参展商将会带来虚拟现实系统和相关内容以及硬件设备。而尽管这些设备尚未进入大众市场,消费电子协会还是预测 2016 年虚拟现实设备的销售量将达 120 万。

④ 知萌咨询:2016 年中国 VR 用户行为研究报告[OL]. 中文互联网数据资讯中心. http://www.199it.com/archives/458293.html

⑤ VR 和 AR 有着不同的应用领域、技术和市场机会。VR 让用户置身于一个想象出来或者重新复制的世界(如游戏、电影或航班模拟),抑或是模拟真实的世界(如观看体育直播)。VR 领域主要的硬件厂商有 Oculus、索尼(PlayStation VR)、HTC(Vive)和三星(Gear VR)。AR 是把数字想象世界加在真实世界之上,主要硬件包括微软(HoloLens)、谷歌(Google Glass)和 Magic Leap。区分 VR 和 AR 的一个简单的方法是:VR 需要用一个不透明的头戴设备完成虚拟世界里的沉浸体验,而 AR 需要清晰的头戴设备看清真实世界和重叠在上面的信息和图像。从现有的观察来看,AR 比较适合服务企业级用户,而 VR 同时适用于消费者和企业用户。有些情况下,两者还会出现重叠市场。例如,目前大多数游戏基于 VR 研发,但微软也用 HoloLens 重新创作了《我的世界》这样的游戏。

mented Virtual Environment)两类①。虚拟现实的特点包括沉浸感(immersion)、交互性(interaction)、想象性(imagination)。德银报告指出,VR 的目标是"在场"(presence),即让大脑认为自己正处于所见到或正在互动的环境或场景中。这里引述傲库路思(Oculus)首席科学家迈克尔·亚伯拉什(Michael Abrash)对"在场"的定义:"研究人员都知道,戴上 VR 设备后,让我们真正身处其中的感觉就叫'在场'。'在场'与沉浸其中也是不同的,后者仅代表你感觉到被虚拟世界中的图像所包围,而'在场'是你感觉到自己正身处这个虚拟世界中。"②

业界普遍认为,VR 将成为继智能手机之后的下一个革命性创新平台。据游戏业界分析公司 SuperData 统计预测,2016 年,全球 VR 游戏市场规模预计在 51 亿美元左右,消费者设备购买数量在3 890万美元左右,其中,欧洲市场以 19 亿美元的规模领先③。截至 2017 年年底,世界范围内将存在7 000万名 VR 设备用户,他们将带来 89 亿美元的硬件收益和 61 亿美元的软件收益。而目前 VR 的生态系统周期正相当于 2007 年智能手机所处的生命周期④,彼时 IPhone 刚刚推出,应用也乏善可陈。在美国,智能手机用户突破 1 亿用了 4 ~5 年时间。高盛认为,VR/AR 技术的普及会慢于智能手机或平板电脑。虽说 VR 的普及速度相对较慢,但也足以撑起一个庞大的市场。2016—2017 年将是 VR 硬件的普及期,而高度互动和'杀手级'应用往往会出现在硬件普及之后的 2 ~3 年。对 VR 来说,开发者要开发出能让消费者将 VR 融入日常生活的应用程序还需要数年时间。目前,虚拟现实的生态系统已经初步形成,高盛在《虚拟现实与增强现实:解读下一个通用计算平台》报告中对 VR 生态系统进行了归纳总结。根据高盛的预期,到 2025 年,VR/AR 市场规模将达到 800 亿美元,其中,软件 350 亿元,硬件贡献 450 亿元。此外,视频游戏、事件直播、视频娱乐、医疗保健、房地产、零售、教育、工程和军事 9 大领域被认为有极大发展潜力。

德银在《了解关于 VR 的一切》报告中将 VR 生态系统分为硬件、软件和中介平台三部分⑤。在 VR 的诸多应用程序中,最为成熟的应用就是游戏领域。目前在游戏软件领域,EA、动视暴雪、育碧等公司已有布局。在硬件领域,Oculus Rift、HTC Vive 等已抢滩市场。

(2)虚拟现实在游戏领域的应用。基于种种考虑,VR 游戏领域将是 VR 技术最有可能首先突破的消费者市场,因为 VR 技术使游戏玩家获得了沉浸式互动体验,是游戏模式的升级换代,游戏领域对此技术也相当热衷,进一步推动了硬件和软件的发展。其中,硬

---

① 工信部《VR 产业白皮书》全文 14000 字的官方解读. 新浪游戏. http://games.sina.com.cn/y/n/2016-04-19/fxriqqv6269503.shtml.

② 德银 VR 报告中文完整版:了解关于 VR 的一切[OL]. 腾讯科技. http://hea.qq.com/a/20160415/009083.htm.

③ SuperData 报告:2016 年 VR 游戏市场规模 51 亿美元[OL]. 百度百家. http://baijing.baijia.baidu.com/article/290012.

④ 2007 年年中,IPhone 刚刚推出,上面只有一个应用。一年后的 2008 年 7 月,苹果才为开发者上线 ISO APP Store。最初的 IOS 应用也乏善可陈,直到 WhatsAPP、Instagram、Uber 等杀手级应用推出后,IOS 生态系统才真正成熟。直到 2011 年,也就是 IPhone 上市 4 年后,IOS 下载量才真正腾飞。至 2015 年 6 月,累计 APP 下载量已超过千亿大关。

⑤ 德银 VR 报告中文完整版:了解关于 VR 的一切[OL]. 腾讯科技. http://hea.qq.com/a/20160415/009083.htm.

件部分，据 SuperData 预估，2016 年 VR 主机的总销量或将达到3 810万台。其中，类似“Google Cardboard”（谷歌纸盒）这样的廉价移动设备用 VR 机器将有2 710万台（占比 71%），“Samsung Gear VR”这样的中端 VR 设备占 250 万台（占比 7%），高端 PC 用 VR 机器，如 Oculus Rift、HTC Vive，将达到 660 万台（占比 17%），而索尼的 PlayStation VR 被预测只有 190 万台（占比 5%）①。

基于高盛的标准预期，2025 年，VR 在视频游戏领域的应用将达到 116 亿美元，能获得 2.16 亿用户，VR/AR 在游戏市场上将成为颠覆性力量，不断吸引新用户，提高老用户黏度，以扩大市场规模。

①台式机/游戏主机 VR 领域。在台式机/游戏主机 VR 领域，HTC、Oculus Rift 和索尼是领跑的三驾马车。在 3 大 VR 主机中，硬件规范基本相似，均能提供“完全在场”体验，但从易用性和体验质量来看，HTC Vive 稍微领先。用户数量对早期 VR 主机的竞争优势获得是十分重要的，核心目标用户群的品牌忠诚度较高。从表 5－10 可见，PlayStation 拥有9 000多万用户（其中 PS4 为3 500万），这些用户会有规律地升级到新版本 PS。同样，Steam 拥有超过 1.25 亿活跃用户，成为 PC 游戏玩家的重要品牌社区。

表 5－10　三大 VR 主机优劣势对比

VR 产品	优势	劣势
PS VR	• 高端硬件配置 • 强大的 PlayStation 生态系统（1 亿用户） • 玩家无须再额外购买约 1 000 美元的 PC • 自家内容优势（100 多款游戏） • 定价较低（399 美元）	• 索尼不会提供太多硬件成本补贴 • 输入控制器基于 PS
Oculus	• 出色的硬件配置 • 可获得 Facebook 大量投资 • 正在打造独家游戏内容 • 游戏之外的内容相对丰富 • 价格较 HTC Vive 低 200 美元	• 当前游戏只能坐着玩 • 不具备像 Steam/PSN 这样的生态系统 • 初始拥有成本较高 • 与开发者关系有限
HTC Vive	• 在台式机 VR 产品拥有最佳的体验 • 最接近提供“完全在场”的 VR 体验 • 生态系统强大（1.2 亿 Steam 用户） • 利用 Vive 控制器提供“完全在场”体验	• 需要较大空间来部署 • HTC 不会提供太多硬件成本补贴 • 来自 Steam 的支持存在不确定性 • 价格昂贵（799 美元） • Valve 占据生态系统大部分

此外，内容构建也对 VR 主机的竞争具有重要作用。一方面，游戏玩家在做出购买决策之前，会首先对比各平台的内容差异。另一方面，许多 AAA 级游戏开发商也在观望各 VR 平台的发展状况，待看清形势后确定具体针对哪一平台进行开发。当前，三大平台均

① SuperData：2016 年 VR 市场规模或超 336 亿[OL]. 腾讯游戏. http://games.qq.com/a/20160107/029704.htm.

有通过合作或补贴的方式为自己的平台开发游戏。表 5 – 11 对三大 VR 主机的内容进行了对比。

表 5 – 11 三大 VR 平台已公布的游戏内容

	Sony PS VR	HTC Vive	Oculus
合作平台	Sony PS	Steam	xBox/PC
游戏数目	100 +	124①	30
游戏名称	《星球大战:前线》《驾驶俱乐部》《直到黎明》《石像人》《方舟:生存进化》《雪》	《太空海盗训练》《工作模拟:2050 档案》《精英:危险》《异想天开的机器》《云之国:VR 迷你高尔夫》	《EVE:太空战舰》《星际漫游》《美丽水世界》《深海迷航》

根据德银的预计,到 2020 年,台式机 VR 的整体保有量将达2 000万部,约占全球 5 亿游戏玩家的 3.5%,占 2.1 亿 Steam 和 PlayStation Network 用户数量的 9%。3 大 VR 主机中,Oculus Rift 最早上市,市场对其期望值很高,预计 2016 年 Oculus Rift 活跃用户数量将达到 100 万,而 2020 年将达到 360 万,占据台式机 VR 市场 18% 的份额。HTC Vive 是目前体验最佳的 VR 产品,主要优势在于面向拥有 1.25 亿(2015 年)玩家的 Steam 平台,生态系统成熟,但价格比 Oculus Rift 要贵 200 美元,2016 年用户数量将达到 100 万,2020 年有望达到450 万。索尼 PlayStation VR 将在 2016 年 10 月发布,价格初定 399 美元②,同样拥有强大的生态系统,PS 当前拥有9 000多万用户,近 1/3 为 PS4 用户,而且搭配 PS4 使用的 PS VR 的拥有成本比搭配 PC 使用的 Oculus 要低,2016 年 PS VR 用户数将达到 250 万,2020 年有望超过1 100万(见表 5 – 12)。

表 5 – 12 德银预估 2016—2020 年 VR 厂商用户数量及市场份额

VR 用户总数(百万)	2015	2016	2017	2018	2019	2020
PS VR		2.5	5.3	7.7	9.9	11.4
HTC Vive		1.0	1.7	2.6	3.5	4.5
Oculus Rift		1.0	1.5	2.1	2.8	3.6
台式 VR 总数		4.5	8.5	12.3	16.2	19.5
年增长率			89%	46%	31%	20%
占 PC 游戏玩家比例		0.7%	1.3%	2.0%	2.8%	3.5%
全球玩家总数	711	677.1	644.9	614.2	584.9	557.1
年增长率		–5%	–5%	–5%	–5%	–5%

① 三大 VR 平台在游戏上都做了哪些布局? [OL]. 新浪科技. http://tech. sina. com. cn/e/z/2016 – 03 – 04/doc – ifxqaffy3594722. shtml.

② Sony will let you sample PlayStation VR months before October launch. Ars Technica. http://arstechnica. com/gaming/2016/04/sony – will – let – you – sample – playstation – vr – months – before – october – launch/.

续表

VR 用户总数(百万)	2015	2016	2017	2018	2019	2020
Oculus 市场份额		22%	18%	17%	17%	18%
Vive 市场份额		22%	20%	21%	22%	23%
Sony PS VR 市场份额		56%	62%	62%	61%	59%

②移动 VR 领域。根据所能提供的沉浸式体验级别,当前的移动 VR 设备可分为 3 个子类别:

一是轻量 VR。主要是指没有位置或动作追踪功能的低成本 VR 头盔,如谷歌 Cardboard[①]。当前,谷歌 Cardboard 保有量为 500 万部,应用下载量遥遥领先。在轻量级移动 VR 市场,Cardboard 处于早期领先地位。但在过去的数月,包括 Mattel、Goggle Tech、Homido 和 Knox Labs 在内的许多 OEM 厂商都基于谷歌 Cardboard 建议设计规范(RDS)推出了略微高级版本的 Cardboard,当然价格也相应有所提高。

二是基于智能手机的 VR。这类设备通过将 VR 头盔与智能手机相连接来提供 VR 体验,其技术规范高于之前的轻量级 VR 产品。目前,三星 Gear VR[②] 是该领域的领先者,但未来会有更多厂商进入。基于视频观看时长,Gear VR 的用户互动度为 Cardboard VR 的 20 多倍,凸显了基于智能手机的 VR 和轻量级 VR 之间的巨大差异。

三是独立式 VR。独立式 VR 头盔通常内置 CPU/GPU、WiFi、OLED 屏幕、电池、IMU(惯性传感器)和其他传感器等,因此无需智能手机的支持。这是一个相对高端的移动 VR 市场,还有较长一段路要走。但未来我们可能会看到更多这样的产品。

当前国际移动 VR 市场,Gear VR 和 Cardboard 处于领跑地位。由于预定三星 Galaxy S7 的用户可免费获赠 Gear VR,所以 2016 年,基于智能手机的 VR 设备用户量将显著增长,接下来其他几家 Android 智能手机厂商也很可能推出基于智能手机的 VR 设备,如果也能免费赠送,将加速推动移动 VR 市场的发展。根据德银的预计,到 2020 年,移动 VR 用户数量将高达 1.35 亿,VR DAU(日活跃用户数量)将达到400 万,VR APRU 值将达到45 美元。基于 45 美元的 ARPU 和 1.35 亿用户,预计 2020 年移动 VR 的市场规模将达到 60 亿美元[③]。

③VR 视频游戏软件领域。在标准预期模式下,2020 年,VR 视频游戏营收将达到 69 亿美元,2025 年将达到 116 亿美元。通过研究 VR 游戏玩家数量、用户每年平均购买的游戏数量以及每款游戏的成本,可以窥知 VR 在视频游戏软件市场的潜力。在标准预期模式下,2020 年,VR 游戏玩家数量将达到7 000万,占当前 2.3 亿台游戏主机保有量的 30%。2025 年,VR 游戏玩家数量将达到 2.16 亿。玩家每年平均购买的游戏数量开始可

---

① Google Cardboard 由 Google 位于法国巴黎部门的两位工程师大卫·科兹(David Coz)和达米安·亨利(Damien Henry)的创意,他们利用谷歌的"20% 时间"(允许工程师每周拿出一天的工作时间从事自己感兴趣的课外项目)规定,打造出来这个实验项目,意在将智能手机变成一个虚拟现实的原型设备。Cardboard 只是一副简单由几块硬纸板、透镜、磁铁、橡皮筋组成的 3D 眼镜,但这个眼镜加上智能手机的 Cardboard 配套应用,就可以组成一个 VR 设备,在 Cardboard 的帮助下,玩家可以用简单、高效、廉价的方式体验 VR 技术。

② 三星 Gear VR 是在 2015 年推出的基于智能手机的 VR 设备,虽然体验不如台式机 VR,但胜在简单、易用、免费。

③ 德银 VR 报告中文完整版:了解关于 VR 的一切[OL]. 腾讯科技. http://hea.qq.com/a/20160415/009083.htm.

能是每年买 2.5 款游戏,随后会降至 1 款。至于游戏价格,如果跟目前的 2D 游戏价格一致,那么均价为 60 美元。

(3)VR 游戏面临的挑战。具有以下几方面:

首先,当前 VR 在视频游戏领域的普及面临着“鸡和蛋”的窘境。这意味着,如果 VR 设备的保有量不高,那么开发者会对开发 VR/AR 内容和应用也持谨慎态度。而 VR/AR 内容不丰富或应用不成熟进一步制约着 VR 硬件的销量。长期来看,要解决这一问题,还是需要 Facebook、谷歌、索尼和微软等大厂商在硬件、软件方面的支持。

其次,VR 游戏领域取得突破的主要障碍在于目前的游戏无法简单移植到 VR/AR 平台上。据 EA Sports 和动视暴雪等大型发行商的经验,一个全新的游戏系列需要7 500万美元到 1 亿美元的创作成本,而续作版本可低至1 000万美元。如果没有足够的 VR 硬件保有量支撑,游戏发行商就会对投资 VR 游戏持谨慎态度。

再次,移动 VR 在技术层面尚未做到“完全在场”。移动 VR 在帧率和延迟方面均未达到标准,无法让用户真正沉浸在 VR 体验中。此外,还存在电池续航时间有限、缺少动作控制器以及存储空间有限等问题,这些问题有望在未来几年内得以解决。预计未来几年移动 VR 体验将飞速提升,多家大型 OEM 厂商正在该领域投入大量资源来解决相关问题。

(4)对 VR 游戏的预期。如果能够克服技术壁垒,VR/AR 将成为下一个计算平台。高盛用标准预期模式、乐观预期模式和悲观预期模式 3 种方式对 VR 游戏的未来进行了预测①。IDC 预计,PS4 和 Xbox One 用户中 30% 属于核心玩家(每周投入游戏时间 15 小时以上的用户)。2014 年,NPD Group 在报告中称,PlayStation、Xbox、PC 和 Mac 平台的核心玩家为3 400万,他们平均每周游戏时间超过 22 小时。

在标准预期模式下,5 年内,VR 设备的潜在目标用户按照游戏主机平台不同的核心玩家比例计算。其中,索尼的 PS 平台很可能成为 VR 设备普及的早期推动力,其中 30% 玩家是核心玩家。PS 平台的核心玩家忠诚度很高,而且该平台很可能实现与 VR 和主机系统的无缝整合,再加上内容因素的助力,索尼已经宣布,旗舰游戏《GT 赛车》(GranTurismo)将登陆 PS VR 平台。此外,Steam 可能成为推动 VR 普及的第二个主要推动力,主要得益于丰富的内容,以及与 Oculus 和 HTC 合作等,将其中 15% 的玩家作为核心玩家。Xbox One 平台选取 9% 的玩家作为潜在 VR 目标用户。在此模式下,到 2020 年,全球 VR 设备保有量为6 965万部。

在乐观预期模式下,如果 VR 技术成为游戏的“杀手级”应用,并得以迅速普及,那么乐观预期的结果就可能会变成现实。在标准预期模式下,PS4 游戏玩家若按照 30% 比例采用 VR 头盔,则其他游戏平台的 VR 普及率会较低。而在乐观预期模式下,所有主要游戏平台的 VR 普及率都按 30% 计算,在该预期模式下,到 2020 年,全球 VR 设备保有量为 1.11 亿部。相比之下,2015 年全球视频游戏机用户数量为 3.78 亿,而 PC 游戏玩家数量为 7.06 亿。

在悲观预期模式下,预计仅 10% 的 PS4、Steam/PC 用户采用 VR 技术,而 Xbox One 并未配备 VR 技术。在该预期模式下,主要是用户黏度和内容方面存在问题,到 2020 年的保有量仅为3 140万部。

(5)中国 VR 市场。国内 VR 设备和 VR 游戏市场的发展周期较为相似,根据国内易

---

① 高盛 VR 与 AR 报告:下一个通用计算平台[OL]. 腾讯科技. http://tech.qq.com/a/20160202/011274.htm.

观智库的估计，市场发展将经历探索、启动、高速发展和应用成熟期。目前，中国的虚拟现实市场已到启动期，各大厂商纷纷布局，产业链开始形成。根据易观智库的数据，近几年，中国 VR 市场快速增长，2016 年市场规模将达 8.5 亿元，预计到 2017 年，中国 VR 市场规模将达到 21.6 亿元①，见图 5－15。

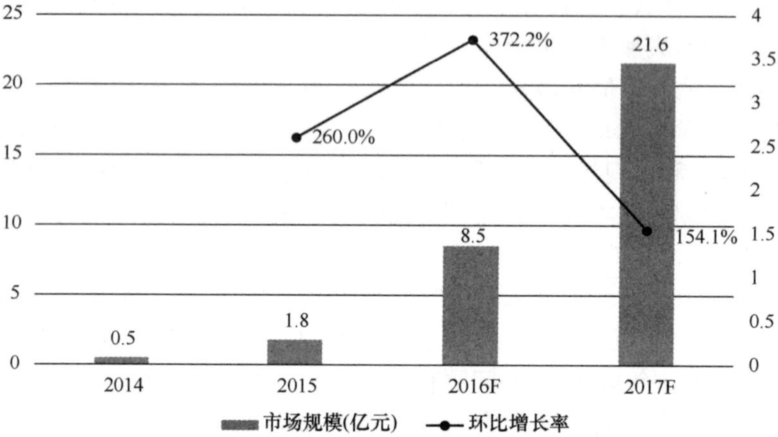

图 5－15 2014—2017 中国虚拟现实市场规模②

资料来源：Analysys 易观智库。

目前，经过国内厂商的追赶和资本市场的加持，中国 VR 游戏产业链已初步形成，产业链由硬件与内容组成整个上游部分，线上、线下、媒体、电商 4 部分组成中游渠道来对应下游用户，初步形成了一个完整的产业链闭环，见图 5－16。

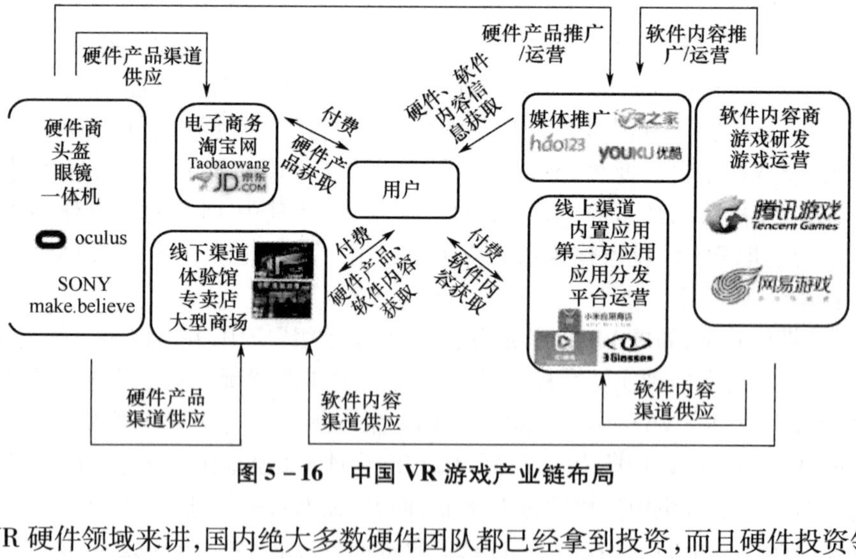

图 5－16 中国 VR 游戏产业链布局

从 VR 硬件领域来讲，国内绝大多数硬件团队都已经拿到投资，而且硬件投资领域的最佳时机已经过去，尤其是 PC 头戴式 VR 设备领先企业的优势已经足够大。从融资轮次和产

① 了解 VR 市场趋势深度解读 VR 游戏. 游戏产业网. http://www.cgigc.com.cn/subject/2878.html.

② 图 15、表 16、表 17、表 15 引自《了解 VR 市场趋势深度解读 VR 游戏》，游戏产业网. http://www.cgigc.com.cn/subject/2878.html.

品知名度来讲，优势最大的四家企业是暴风、乐相、蚁视和 3 Glass，均已拿到 B 轮融资。例如，暴风魔镜获得中信资本和英雄互娱 2.3 亿投资，乐相获得迅雷、铠英3 000万美元投资，蚁视获得高新兴3 亿投资。总体来看，国内硬件相对国外差距还是很大的，至少在一年以上，移动端 VR 设备差距相对 PC 端会小一些。所以未来移动端 VR 市场前景要大于 PC 端 VR 市场，一体机或许会是未来最主要的产品形态，盒子类产品可能只是过渡性产品。各大硬件厂商也全方位出击，例如，暴风魔镜既有盒子，也有一体机，还有内容平台 APP。

从 VR 内容领域来讲，国内 VR 游戏厂商在该领域内容研发方面尚处于试水阶段，很多游戏上市公司往往通过投资、合作、平台搭建的方式布局 VR，而非直接参与内容研发。目前已曝光或推出的 VR 游戏产品也大多从手机或 PC 游戏移植而来，专门针对 VR 平台开发的游戏产品极少，见表 5－13。未来，VR 游戏内容需要在类型、玩法和体验 3 个方面进行改进。

表 5－13　代表性中国 VR 游戏研发商情况

开发商	VR 游戏产品	适配平台	开发进度
网易游戏	命运起源（支持 VR 的 MMORPG 手游）	N/A	已曝光，开发中
完美世界	深海迷航（海洋探险类，单机游戏）	Oculus Rift	已上线
铠英网络	坦克大战 VR	大朋 VR 一体机	已上线
触控科技	捕鱼达人（VR 版）	大朋 VR 一体机	已上线
墨麟集团	装甲风暴、风云无双	3Glasses	研发中

所有市场参与方都希望能在 VR 成为下一个通用平台的趋势中抢占先机。建好一个平台包括硬件和内容两方面，其中，内容或是未来平台竞争的关键因素。表 5－14 列举了中国主要游戏厂商在 VR 游戏领域的布局。

表 5－14　中国主要游戏厂商在 VR 游戏领域的布局

游戏厂商	核心技术研发	VR引擎	VR开发工具/平台	VR游戏内容研发	VR游戏发行	VR内容分发平台	VR媒体	VR硬件设备	VR线下体验
腾讯游戏			Tencent VR SDK			VR Store			
网易游戏				命运起源					
恺英网络	投资光场技术公司Lytro					投资乐相科技		投资乐相科技	
掌趣科技		投资Unity			投资星游纪				投资乐客VR
完美世界				深海迷航					
三七互娱				投资加拿大VR游戏内容提供商Archiact					
盛大集团	投资VR技术创业公司Survios			投资冰岛开发商Solfar Studios			投资VR媒体UploadVR	投资智能眼镜公司Atheer Labs	投资VR主题公园The Void
触控科技			Cocos VR	捕鱼达人、我是车神					
游族网络	Fancy3D引擎		投资VR内容开发平台WakingApp						
昆仑万维								投资蚁视科技、睿悦信息	
奥飞娱乐	投资动作捕捉技术公司诺亦腾			投资VR游戏开发商时光机(TVR)		投资乐相科技		投资乐相科技	
游久游戏	投资数字虚拟角色提供商Pulse Evolution								
墨麟集团				装甲风暴、风云无双					

总之,VR 征程已经起航,经历 10 年的征程,将有可能成为下一个通用计算平台。但目前内容尚未准备到位、移动技术亟待升级、生态系统尚未成熟,未来任重而道远。

5.1.3.2 电子竞技和电竞直播平台

电子竞技 Esports(Electronic Sports)是利用电子设备作为运动器械进行的人与人之间的智力对抗运动①。电子竞技现在是游戏娱乐业最热的话题之一,有业内人士将电子竞技给游戏业带来的改变与 2007 年 iPhone 的发布相提并论。作为一种专业的体育和娱乐方式(见图 5-17),Esports 正在全球范围内快速发展。很多投资者、赞助商、游戏发行商、媒体公司和用户正深入参与这一领域,而 2016 年也被认为是决定电子竞技经济方向和步伐的关键一年。

图 5-17 电子竞技全球赛事现场

电子竞技正重新定义游戏业的 DNA。日益精致复杂和沉浸感加深的游戏体验、流媒体技术和社交媒体平台深刻地改变了电子游戏业。个体的游戏体验日渐被团体体验所取代。游戏从个人娱乐方式渐渐转向为吸引大量观众的体育运动。这种消费者行为的转变正在游戏价值链上创造新的令人激动的机会,从游戏本身挖掘商业价值变成玩家自身就能成为赚钱的内容。电子竞技发展背后的趋势因素有:商业、科技和消费者。在商业层面,"游戏作为一种服务"意识的实践和跨屏娱乐(Cross - screen Entertainment)的趋势,推动了电子竞技的推广。在科技层面,现场直播流媒体技术的发展和视频平台及社群的兴起加速了电子竞技的发展。在消费者层面,玩家创作参与意识浓厚和自娱自乐(Consumers Entertain Consumers)的氛围也是重要的影响因素。

① 电子竞技. 百度百科. http://baike. baidu. com/link? url = gkRncoowT71OLlcZ_NjDhf7ap81OJOfBLQYBShFULZXOTspkuz-7JqagQ-xN9dqGGXHR0JQABgoHlg1Wpgbyv_.

(1)全球电子竞技市场概况。

①收益。据 Newzoo 数据分析,2015 年,全球电子竞技收入 3.25 亿美元。2016 年,我们将会见证电子竞技市场增长至 4.63 亿美元,年增幅 43%。而到 2019 年,电子竞技收入将接近 11 亿美元,复合年增长率为 40.7%(见图 5-18)。

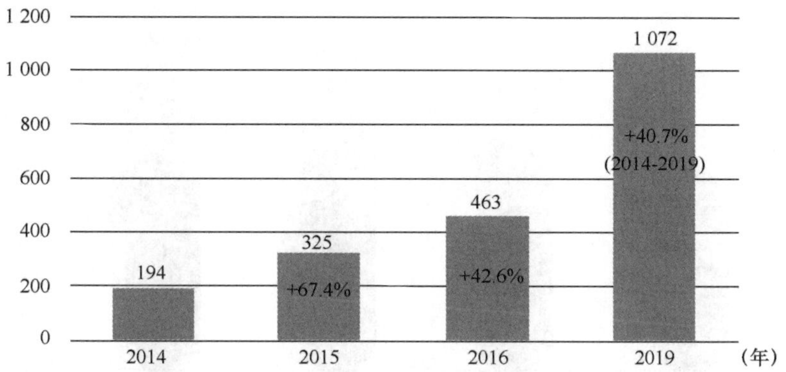

图 5-18 2014 年、2015 年、2016 年和 2019 年全球电子竞技市场收益及增长率(单位:百万美元)①

分地区来看,2016 年,北美仍然稳坐电子竞技收入头把交椅,通过电子竞技相关商品、赛事门票、赞助、网络广告和媒体版权预计收入 1.75 亿美元。其中,大部分收入流向游戏开发商,但是游戏开发商在电子竞技市场的投资目前是高于直接收益的。2016 年,中国和韩国占全球电子竞技收入的 23%,预计将达到 1.06 亿美元(见图 5-19)。

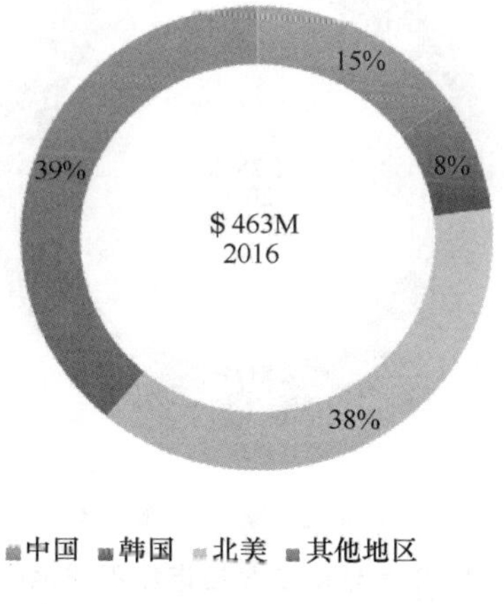

图 5-19 2016 年全球电子竞技市场不同地区的收益

②消费者数量。2016 年,全球电子竞技市场将涵盖 1.31 亿电子竞技爱好者(Esports En-

---

① 图 5-19 至图 5-26 引自 2016 GLOBAL ESPORTS MARKET REPORT. NEWZOO. https://newzoo.com/insights/trend-reports/free-esports-report-the-esports-audience/.

thusiasts①)和 1.25 亿主要关注国际大赛事的普通观众(Occasional Viewers②)③(见图5 -20)。

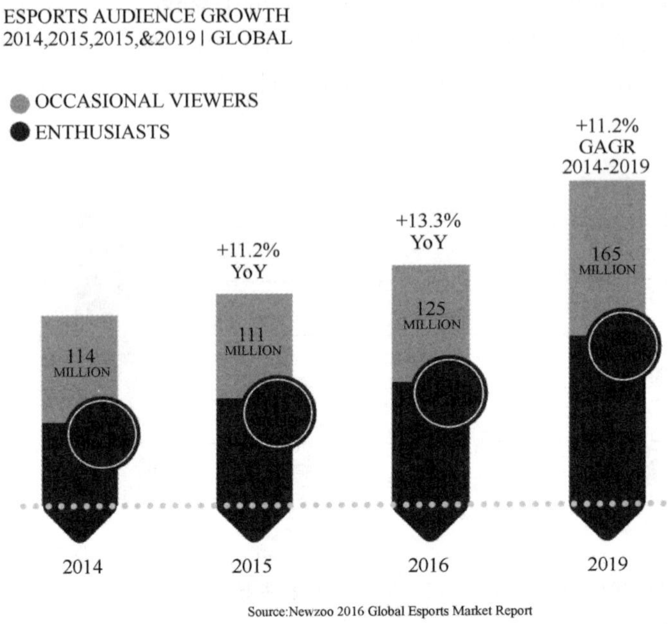

图 5 -20　2014—2019 年全球电子竞技观众数量

按地区来看,亚太地区的电子竞技观众占 44%、欧盟占 25%、北美占 19%。未来东南亚国家的崛起将进一步推动亚太地区电子竞技市场的发展(见图 5 -21)。

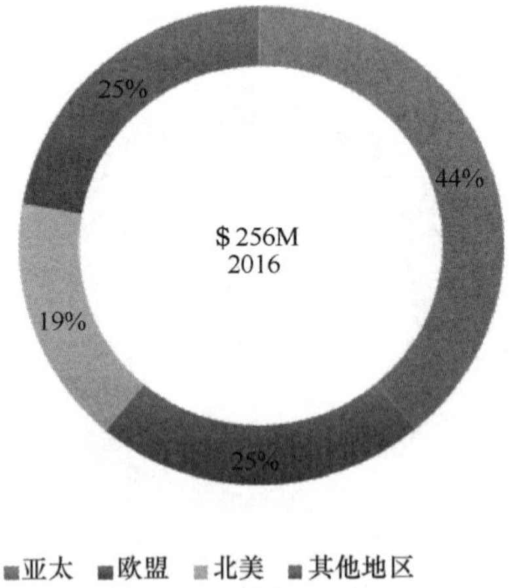

图 5 -21　2016 年全球电子竞技市场不同地区的观众数量

每名电子竞技粉丝所能创造的平均收益与传统运动相比还是偏低。例如,2014 年,每名 NBA 粉丝创造的收益为 20 美元,每年 NFL 粉丝创造的收益为 60 美元。而在电竞

① 观看电子竞技一个月超过一次的用户或者参加电子竞技战队的用户。

② 观看电子竞技赛事一个月少于一次的用户,主要以关注国际大赛事为主。

③ Esports Insights. Newzoo. https://newzoo.com/insights/markets/esports/.

领域,同期每位粉丝产生的平均收益仅为 2.2 美元。到 2019 年,电竞每粉丝平均收益乐观估计为 11 美元,标准估计为 6 美元(见图 5 - 22)。

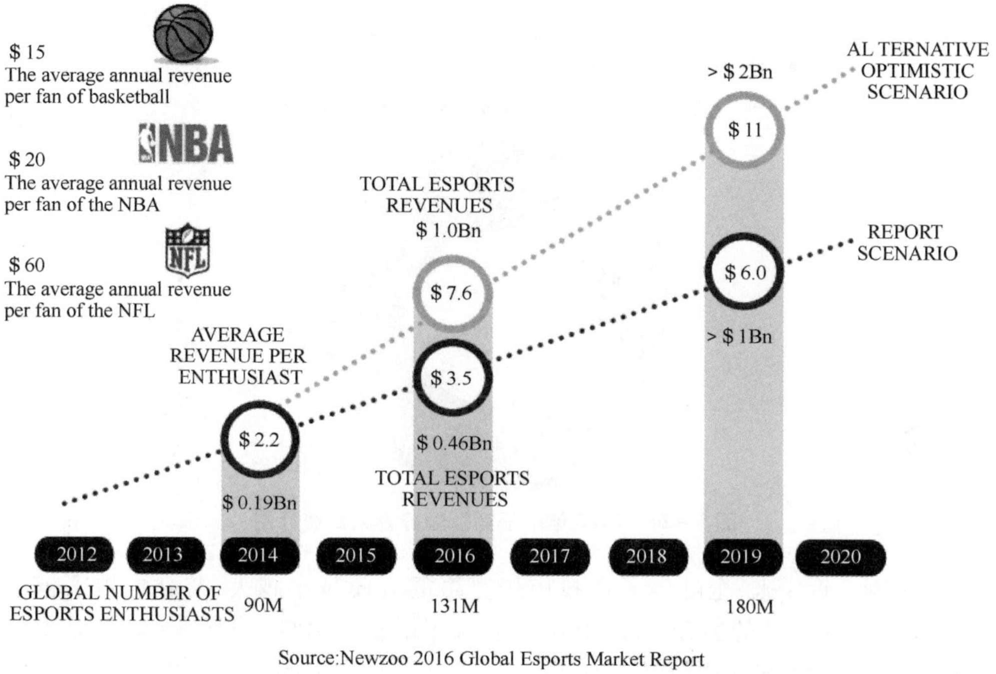

图 5 - 22　2012—2020 年电子竞技市场每名粉丝年均收益增长情况

2015 年,电子竞技领域有 112 个大型赛事,门票收入约为2 060万美元。2015 年,全球电子竞技受众包括 2.26 亿玩家和 1.15 亿电子竞技爱好者,年增幅 27.7%;2015 年,全球电子竞技收入 3.25 亿美元,年增幅 67.4%,北美收入 1.21 亿美元;网络广告是收入增长最快的部类,年增幅 99.6%(见图 5 - 23)。

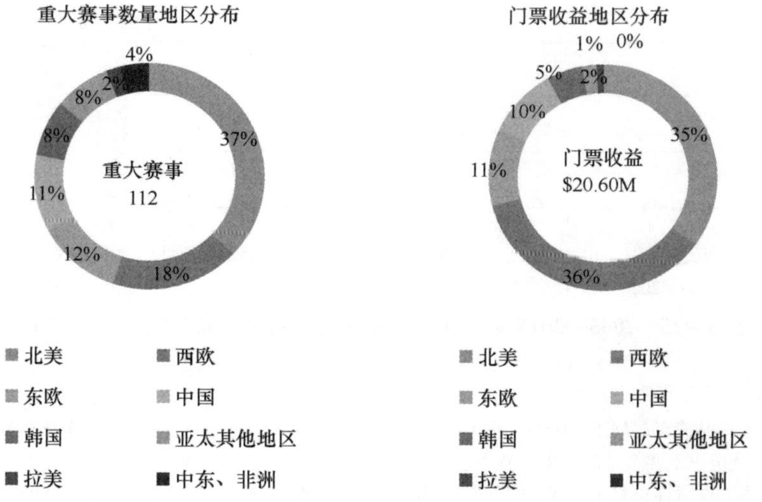

图 5 - 23　2015 年全球电竞市场不同地区赛事数量和门票收益

由图 5－24 可见，电子竞技爱好者 54% 的份额是 21～35 岁的人群，这类消费者通过传统的广告越来越难接触到，因为他们在电视、广播、纸媒等传统媒体领域花费的时间越来越少。所以从这个角度来讲，电子竞技市场观众的人口统计学相当令人满意。

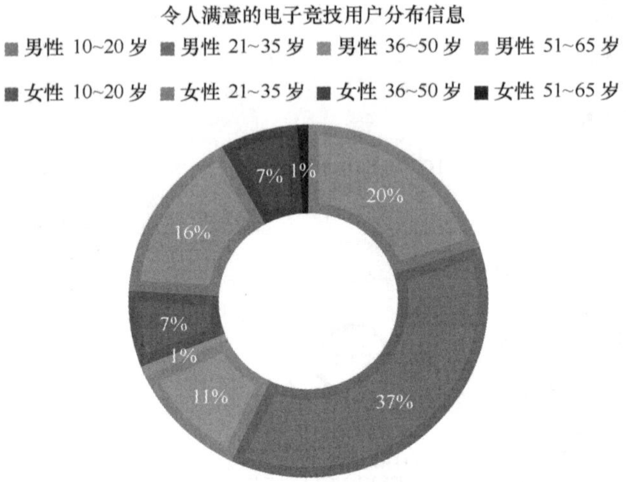

图 5－24　2015 年电子竞技爱好者人口统计图

③奖金额。近年来，全球电子竞技市场赛事的规模越来越大，奖金也越来越丰厚。2015 年，全球电子竞技的奖金累计6 100万美元，年增长率 70%，见图 5－25。其中，奖金最高的赛事是 Dota2 国际邀请赛（The International Dota2 Championships，简称 TI①），2015 年（TI5）奖金为1 837万美元（折合约 1.1 亿元人民币），其中，中国战队豪夺 806 万美元②。奖金池的累积采用众筹的模式，即在游戏中推出虚拟道具“国际邀请赛互动指南”，凡是购买的用户，就有部分资金纳入奖金池，而发行商 Vavle 只付出 160 万美元。

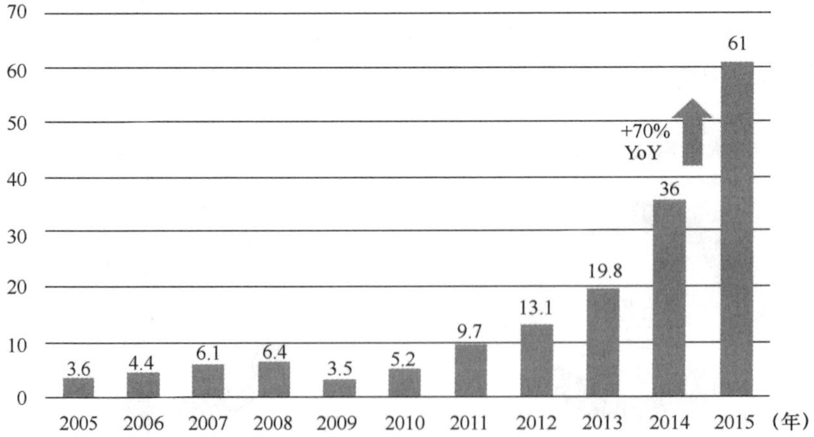

图 5－25　2005—2015 年全球电子竞技奖池持续增长（单位：百万美元）

数据来源：《Newzoo2016 全球电竞市场报告》。

① DOTA2 国际邀请赛首创于 2011 年，由 DOTA2 发行商 Valve Cooperation 主办，是一个全球性的官方电子竞技赛事，也是电子竞技历史上奖金最高的电竞赛事。

② DOTA2 国际邀请赛总奖金 1837 万美元中国战队豪夺 806 万美元奖金[OL]. 第一财经. http://www.yicai.com/news/4667612.html.

2015 年,奖金排名前十的电竞赛事项目中(见表 5 - 16),《Dota2》排名第一,《英雄联盟》次之,《反恐精英:全球攻势》赛事数量高达 692 场,选手数量也最多,奖金总额居探花位置①。

表 5 - 15 2015 年电竞赛事奖金的项目分布

项目	奖金(美元)	赛事数量(场)	选手数量(位)
1. Dota 2	31 015 892.86	219	976
2. 英雄联盟	7 641 535.59	288	1 849
3. 反恐精英:全球攻势	6 177 015.13	692	2 941
4. Smite	3 648 508.66	37	231
5. 星际争霸 2	2 806 475.29	651	478
6. 使命召唤:高级战争	2 471 347.19	361	744
7. 风暴英雄	2 410 690.57	226	617
8. 炉石传说	2 355 853.44	234	538
9. Heros of Newerth	755 546.49	42	260
10. 超级街霸 4	559 346.83	91	119

(2)移动电竞市场。移动电竞(Mobile Electronic Athletics)是指以移动设备终端(包括手机、平板电脑、PSP 等)为载体进行的电子竞技。2013 年,WCG 首次引入手游项目,移动电竞开始受到关注,到 2015 年,各移动电竞游戏和赛事已成为热门话题。移动电竞之所以成为风口,是基于这样的基础规律:手游曾经凭借便携性和对碎片化时间的充分利用获得迅速发展,但经过多年发展已经进入瓶颈期,操作体验差和续航差的问题日渐凸显,而且整个手游市场存在开发周期短和同质化严重的问题,导致产品生命周期过短、盈利模式过于单一。而电子竞技领域的游戏多为精品游戏,业已形成较为成熟的产业链条,玩家广泛且产品生命周期强,自然成为手游效仿的标杆。此外,传统电竞市场操作复杂,呈现职业化的特点,在时间碎片化的趋势下,有从 PC 端向移动端迁移的需求;多年游领使手游玩家黏性增长,有转向重度竞技玩家的可能性。2014 年被称为"电竞奥运的"WCG 停办之后,中国手游 COO 应书岭认为:"PC 端电子竞技大赛已经落幕,移动电子竞技将崛起。"并积极撮合全球游戏竞赛及文化活动组织 Aegis Gaming Networks Inc.(AGN)与全球移动游戏联盟(GMGC)举办全球电子竞技大赛(World E - Sport Championship Games,WECG),中国手游 CMGE 成为该赛事的顶级赞助商。所以在手游电竞化和电竞移动化相互融合的趋势中,催生了移动电竞的出现。

①全球移动电竞市场发展状况。在全球移动电竞市场,《炉石传说》《虚荣》《坦克世界闪电战》《皇室战争》等游戏颇受关注。据暴雪称,2016 年《炉石传说》世界锦标赛(Hearthstone: Heroes of Warcraft world championship)的奖金总额高达 200 万美元。核心成员来自暴雪(Blizzard)和拳头(Riot)两个游戏巨头的游戏开发商 Super Evil Megacorp 旗下的《虚荣 Vainglory》,是一款魔幻风格的 MOBA 类(Multiplayer Online Battle Arena,多人

① 2015 年全球电竞赛事总奖金排行 DOTA2 居榜首[OL]. 凤凰游戏. http://games.ifeng.com/a/20160110/41537215_0.shtml.

在线竞技)游戏,采用3V3联网对战,凭借其卓越的点触操作设计,以及堪称完美的竞技性和观赏性,已率先在全球范围内搭建起了专属的多级职业赛事构架。韩国OGN《虚荣Vainglory》国际高级联赛Vainglory International Premier League(VIPL)是当前《虚荣Vainglory》规模最高的国际赛事。在北美、欧洲、东南亚、日韩等地,《虚荣Vainglory》地区常规赛已颇具规模,从先期的线上预选赛到后期的线下总决赛,各个地区的数百支精英战队将在为期数个月的捉对厮杀中,用实力争夺最终的荣耀。也只有每个地区的冠军队伍才有机会晋升到《虚荣Vainglory》国际高级联赛(VIPL)中。如此声势浩大的系列赛事,自然在YouTube以及亚马逊旗下的视频直播平台Twitch上引发了广泛的关注,《虚荣Vainglory》相关的直播视频甚至达到了超过990万的点阅数①。2016年,Twitch宣布和《虚荣Vainglory》开发商签订了为期3年的赛事合作协议。合作达成后,Twitch将投入数百万元,为《虚荣Vainglory》赛事提供专业的团队来组织直播、赞助和营销等活动,这也是Twich首次涉足移动电竞领域。据Twitch表示,截至2015年年底,《虚荣Vainglory》的相关视频在Twitch共计被播放1.5亿分钟,其冬季锦标赛的直播吸引了150万观众②。

②国内移动电竞市场发展状况。国内移动电竞正蓬勃兴起,以腾讯、英雄互娱为代表的各大厂商纷纷布局移动电竞游戏及其赛事。2013年,《我叫MT》武道大会开赛,是国内移动电竞的试水期。2014年,移动电竞市场继续探索,腾讯TGA大奖赛加入手游比赛,WCA也加入了《刀塔传奇》项目。英雄互娱的FPS手游《全民枪战》上线后,其贴近传统端游电竞的同屏PVP(Player Versus Player)③模式受到欢迎,《全民枪战》英雄联赛形成常规化的专业赛事,并入选WECG项目。2015年,网易的MOBA手游《乱斗西游》公测,《乱斗西游》最强王者等系列赛事展开,并入选了IET、NEST项目。专业化常规化的移动电竞赛事已经成型④。

2015年,移动电竞市场规模⑤已达50.9亿元人民币,占移动游戏市场规模的1/9。目前市面上已发移动电竞游戏超过50款。从游戏流水来看,2015年上半年,移动电竞游戏TOP5分别是腾讯旗下《全民突击》(5.91亿元人民币)、英雄互娱的《全民枪战》(5.55亿元人民币)、网易的《乱斗西游2》(5.23亿元人民币)、英雄互娱的《天天炫舞》(1.50亿元人民币)和腾讯的《天天飞车》(1.21亿元人民币)。从游戏数量来看,腾讯依然占据主导地位,占比高达22%,腾讯移动电竞类游戏《王之荣耀》《斗地主》《全民超神》《天天飞车》分别占安卓平台上该类游戏的第一、二、四、五名;从游戏类型来看,MOBA和STG类游戏占据了半壁江山。在中国收入排名TOP100游戏中,移动电竞类游戏在安卓平台占24%,在苹果平台占19%⑥。

---

① 势不可挡!《虚荣》引领移动电竞国际赛事品牌崛起[OL].4399手机游戏网.http://news.4399.com/gonglue/xwry/zixun/m/580312.html.

② Twitch将借《虚荣》举办首次移动电竞联赛[OL].凤凰游戏.http://games.ifeng.com/a/20160401/41589070_0.shtml.

③ PVP指玩家互相利用游戏资源攻击而形成的互动竞技,即玩家与玩家的对战。与PVE(Player Versus Environment)玩家VS环境或PVC(Player Versus Computer)玩家VS电脑相对。

④ 2015年中国移动电竞行业研究报告[OL].艾瑞咨询.http://www.docin.com/p-1297638085.html.

⑤ 中国移动竞技行业市场规模包括电竞游戏收入(玩家为移动电竞游戏消费的总金额)和电竞赛事收入(赛事门票、周边、众筹等用户付费以及赞助、广告等企业围绕赛事产生的收入)。

⑥ MOBILE ESPORTS GAMES IN CHINA REPRESENT 24% OF TOP GROSSING TITLES ON ANDROID[OL].Newzoo.https://newzoo.com/insights/articles/mobile-esports-games-in-china-represent-24-of-top-grossing-titles-on-android/.

国内移动电竞产业链已经初步形成。与端游电竞行业兴起的背景相似,随着 CP 加快竞技手游的布局,官方赛事、职业联赛、职业战队、移动游戏直播等移动电竞行业各个部分的兴起,国内已经初步构建了相对完整的移动电竞产业链[①]。见图 5-26。

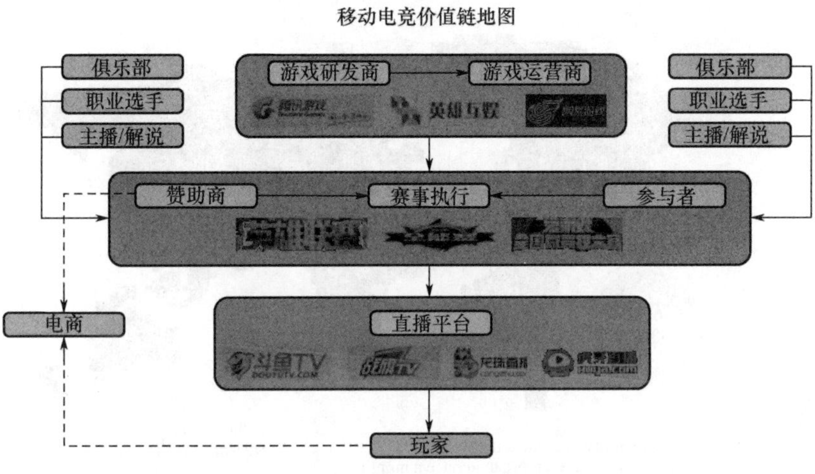

图 5-26 我国移动电竞价值链

值得一提的是,自 2003 年国家体育总局将电子竞技列位正式的体育项目开始,中国政府一直对电子竞技进行扶持,2009 年,体育总局体育信息中心还成立了电子竞技项目部。据新闻出版广电总局公布的数据,2015 年,我国整体电子竞技市场规模达到 270 亿元,超越美国成为全球第一大市场。2016 年 3 月,国家体育总局与大唐电信共同举办全国首届移动电子竞技大赛(CMEG2016)[②]。这意味着政府牵手资本力量共同推动移动电竞产业驶入快车道。

(3)电竞和游戏视频直播市场。Newzoo 首席执行官彼得 · 沃曼(Peter Warman)表示:"自 2007 年 iPhone 发售至今,在线视频是游戏市场的最大变化趋势之一。在现阶段,游戏正在演变成为跨屏幕的跨媒体娱乐产品,随之而来的是职业玩家、主播和观众受到越来越多的关注。这为游戏公司创造了巨大的新机遇,同时将加速传统媒体的变革。"[③]

超过 56% 的游戏玩家(4.7 亿人)观看过游戏在线视频。2016 年年内,亚太、欧洲、北美和拉丁美洲在线游戏视频观众总人数有望突破 5 亿。其中,亚太市场在线游戏视频领域的受众群体规模最大,经常上网观看游戏视频的用户比例达到 53%,用户数超过了 1.99 亿。在欧洲和北美,在线游戏视频观众分别为 1.16 亿人和9 740万人。拉丁美洲在线

① 移动电竞专题报告(上)[OL]. DataEye. https://www.dataeye.com/assets/reports/DataEye%E7%A7%BB%E5%8A%A8%E7%94%B5%E7%AB%9E%E4%B8%93%E9%A2%98%E6%8A%A5%E5%91%8A(%E4%B8%8A).pdf.

② 体育总局首推移动电竞大赛[OL]. 中国日报中文网. http://cnews.chinadaily.com.cn/2016-03/21/content_23986943.htm.

③ 2016 年全球在线游戏视频观众或超 5 亿 YouTube 影响力最大[OL]. 游戏陀螺. http://www.youxituoluo.com/112383.html.

游戏视频观众比例高达 66%，人数约为5 850万[①]（见图 5 – 27）。

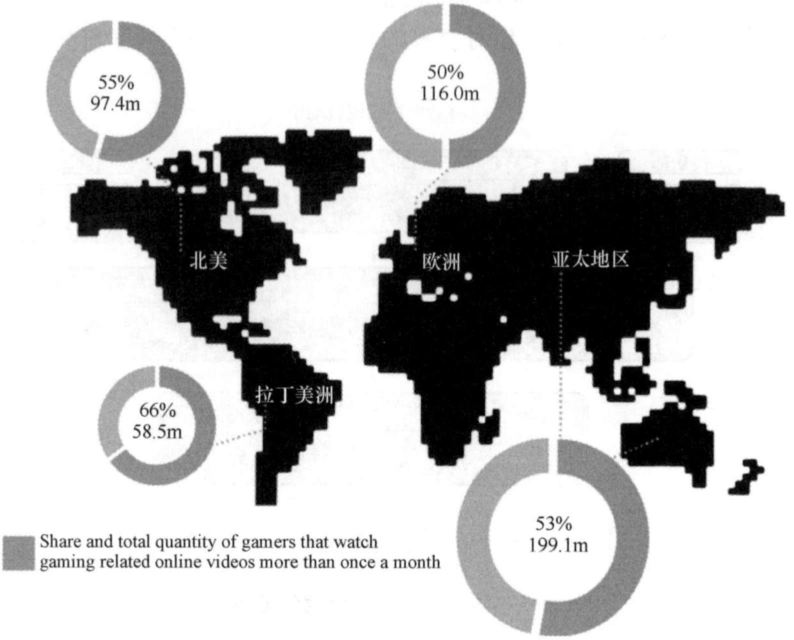

图 5 – 27　2016 年全球游戏视频观众人数

国际市场上知名的电竞直播平台有 Youtube 和 Twitch[②]。Newzoo 与营销机构 Nevely 联合发布的数据报告显示，YouTube 仍在全球范围内占据主导地位，去 YouTube 观看游戏视频的用户人数与游戏视频直播网站 Twitch 用户人数的比例约为 2∶1。在美国，大约一半玩家经常到 YouTube 观看游戏视频，选择 Twitch 的玩家占比仅 21%。而在非英语国家，YouTube 和 Twitch 受玩家欢迎程度的差距更大。例如，在法国，49% 游戏玩家经常访问 YouTube，但只有 9% 玩家常去 Twitch[③]。在 Twitch 平台上 MOBA（多人在线战术竞技游戏）和射击游戏是最受欢迎的电竞类型，占据了电竞观看总时长的 85% 以上。MOBA 类游戏占据了 Twitch 平台电竞观看总时长的 58%，其中最突出的是 Riot（拳头公司）的《英雄联盟》和 Valve（威尔乌）的《Dota2》，射击游戏紧随其后，两个类型加起来的总观看时间达到了 4.07 亿小时[④]（见图 5 – 28）。2015 年下半年，Twitch 平台上观看电子竞技内容的总时长占 21.3%。

市场研究公司 Gamoloco 发布的 Twitch2015 年最受欢迎新游戏的报告内容显示，

---

① Infographic Let's Play Global 2016. Nevaly&Newzoo. https://newzoo.com/wp – content/uploads/2016/02/nevaly_infographic.pdf.

② 2014 年 8 月，海外电商亚马逊（Amazon）宣布斥资 9.7 亿美元收购直播平台 Twitch，当时该平台的月活跃用户人数（Monthly Active Users，MAU）达到了千万级别，而且成为很多欧美玩家看游戏直播的首选平台，短短一年多时间里，该平台迅速发展，尤其是电子竞技在全球范围的爆发，让 Twitch 平台的 MAU 在 2015 年年初成功破亿。

③ 2016 年全球在线游戏视频观众或超 5 亿 YouTube 影响力最大[OL]. 游戏陀螺. http://www.youxituoluo.com/112383.html.

④ Esports' Share of Twitch Viewership Hours & Top Genres. Newzoo. https://newzoo.com/insights/articles/esports – drives – 21 – 3 – of – twitch – viewership/.

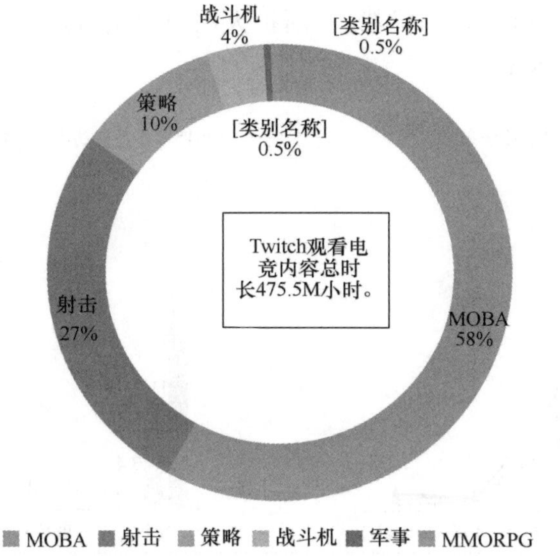

图 5－28 2015 年下半年 Twitch 平台按类型统计电竞观看时长

数据来源：《Newzoo2016 全球电竞市场报告》。

《辐射 4》(《Fallout 4》)是 2015 年最受 Twitch 用户欢迎的新游戏，上线后首周视频总观看时长达到1 260万小时。[①]。值得注意的是，对高付费玩家人群，在线视频的影响力远远超过了电视广告。35%高付费玩家通过在线视频寻找新游戏，仅 14%通过电视广告获取新游戏信息。除了这两项游戏曝光渠道之外，通过游戏网站、家人和朋友以及杂志渠道了解新游戏的玩家人数分别占比 41%、24%和 13%[②]。这给游戏市场的市场营销带来了新的契机。"电竞在过去似乎只是一个小众现象(Niche Phenomenon)，但它现在却伴随着玩家的活跃度和忠诚度而起飞，显然很受玩家们欢迎。"NPD 产业分析师连姆·卡拉汉(Liam Callahan)表示："从各个层面来说，这都将对游戏行业带来积极影响。电竞赛事不光活跃了游戏行业，且从市场营销的角度考量，消费者了解出现在电竞赛场的游戏后很可能进行购买。"[③]

国内的电竞和视频游戏直播市场也非常活跃。目前，斗鱼、虎牙、战旗和龙珠等各大游戏直播平台纷纷开设了移动游戏直播频道，平台用户集中于 20～29 岁(见图 5－29)，与手游用户年龄高度匹配，游戏直播的兴起将进一步助推移动电竞快速发展。移动电竞观众趋于年轻化。以《自由之战》为例，更为年轻化的战旗和斗鱼视频点播量远远超过虎牙和龙珠直播平台。2016 年开年，被称为电竞第一女神的女主播韩懿莹(Miss)以总额近 1 亿元(年薪3 000万元人民币签约 3 年)的价码签约虎牙直播平台。这反映了在稳定

① 2015 年 Twitch 十大热门新游戏揭晓：《辐射 4》排名榜首。http://www.youxituoluo.com/110366.html.

② 2016 年全球在线游戏视频观众或超 5 亿 YouTube 影响力最大. 游戏陀螺. http://www.youxituoluo.com/112383.html.

③ The NPD Group Reports On Consumer Viewing Habits of eSports And Streaming Gameplay. NPD. https://www.npd.com/wps/portal/npd/us/news/press－releases/2016/the－npd－group－reports－on－consumer－viewing－habits－of－esports－and－streaming－gameplay/.

的商业模式形成之前，各直播平台为争夺流量不断烧钱的激烈竞争状态。先砸钱拿下最好的资源，再转化成自有内容的优势，不断扩大用户数量，这是目前直播平台的最优策略，毕竟，流量意味着未来。

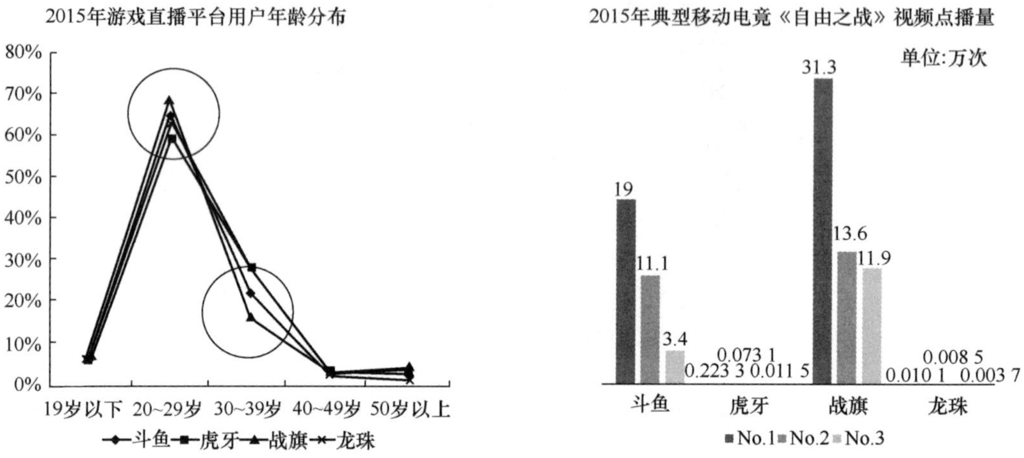

数据来源:DataEye数据中心

图 5-29 2015 年游戏直播平台用户年龄分布

总体而言，正如 Newzoo 首席执行官 Peter Warman 所说："2016 年对电子竞技是关键的一年，刚开始的热议将会平息下来，一些推动市场发展的关键因素将变得更明显，例如相关法规、内容版权和传统媒体的介入。职业游戏大联盟（MLG）①的陷落提醒电子竞技市场成熟还有很长的路要走，必须现实地看待这个市场提供的机遇。"②各路资本逐鹿电子竞技领域，将给游戏产业带来历史性的突破，我们拭目以待。

5.1.3.3 IP 泛娱乐趋势：文、影、戏、漫、游联动

泛娱乐是基于互联网与移动互联网的多领域共生，以 IP（知识产权）为核心，进行跨领域、跨平台衍生的粉丝经济。通过 IP 授权，将其他产业的资源和品牌引入游戏当中，开辟了游戏行业竞争的新战场。当前无论是文学，还是影视、动漫，在泛娱乐的趋势下，与游戏产业的融合越发紧密。从本质上说，文、影、漫、游联动还是 IP 在文学、影视、游戏几个领域内的深度挖掘、孵化和变现，外加互联网和粉丝经济的助力，实现 1×1×1 的跨领域、跨平台的复合叠加规模效应。

以影、游联动为例，可以分为游戏端向影视端的拓展和影视端向游戏端的延伸。

（1）游戏端向影视端的拓展方面，已有《古墓丽影》《刺客信条》《最终幻想》《生化危机》《极品飞车》《寂静岭》等游戏改编的电影上映，虽有像《古墓丽影 1》这样的成功之作，但大多数作品却没有期待中的良好表现，往往画面华丽、剧情单薄，招来游戏玩

① MLG 联赛，全称 Major League Gaming（职业游戏大联盟），是在北美电子竞技界享有巨大声望的顶级电子竞技联赛，也是全球规模最大的专业视频游戏联盟。

② Newzoo 发布《2016 年全球电子竞技市场报告》. 搜狐. http://mt.sohu.com/20160218/n437732450.shtml.

家和电影观众的双重讨伐,成功跨入电影市场的游戏寥寥无几。2016 年 6 月 10 日,受全球 1 亿魔兽粉丝热盼的史诗级游戏《魔兽世界》大电影公映,这距离魔兽电影化的计划已有 10 年。数年来"为了部落"的游戏玩家走进电影院,观赏这部见证他们青春的魔幻大片。情怀的羁绊和暴雪"电影公司里游戏做得最好"之名号已经为这次影游联动埋下了胜利的种子。而在国内,《仙剑奇侠传》《古剑奇谭》等也是游戏端向影视端拓展的成功案例。

(2)影视端向游戏端延伸。国外市场这一尝试很多,迪士尼旗下的皮克斯、漫威和卢卡斯、梦工厂、派拉蒙等好莱坞公司很擅长同一 IP 的跨行业全产业链运作,上映过的动画大多有改编游戏。例如,迪士尼的《米老鼠》《唐老鸭》《狮子王》《阿拉丁》《白雪公主》《人猿泰山》《101 忠狗》《爱丽丝梦游仙境》等,皮克斯的《超人总动员》《美食总动员》《机器人总动员》《海底总动员》《汽车总动员》《海绵宝宝》《豚鼠特工队》《史酷比》《勇敢的女孩》《虫虫危机》《飞屋环游记》等,梦工厂的《怪物史莱克》《驯龙记》《马达加斯加》《穿靴子的猫(水果忍者版)》《辛巴达》《功夫熊猫》都有对应的游戏,主打低龄市场。其他诸如《蝙蝠侠》《变形金刚》《指环王》《星球大战》《星际迷航》《哈利波特》《007》《速度与激情》《权利的游戏》《黑客帝国》《侏罗纪公园》《终结者》《迷失》《行尸走肉》[①]等影视均有改编的游戏作品,数量繁多,类型多样。2015 年,国内市场影视端向游戏端的拓展也风生水起。例如,《花千骨》《琅琊榜》《蜀山战纪》《屌丝男士》《小时代》《十万个冷笑话》《仙剑客栈》《大闹天宫》《师父》《功夫熊猫》等也有同期或异步推出的游戏作品。其中,《花千骨》大获成功,获得了大量女性玩家的青睐。几乎所有有市场影响力的影视 IP 都会有相应的游戏产品上线,大多为手游产品。这与游戏的独特优势密不可分,游戏可以拿内容直接变现,而不用通过先圈流量再通过其他的方式来变现。《盗墓笔记》作者南派三叔曾表示:"我们把小说和漫画称为种子业务,把影视作为放大器,游戏称为钱包业务,这过程当中都有一个固有价值的存在。"这深刻地说明了 IP 产业链条上的各环节之间联动的关系和意义。而手游作为游戏类型中轻量型、低成本、易携性的类型,在影游联动中充当了急先锋的角色。

简单来说,影游联动获得成功需要有几个先决条件:一是影视作品影响力大,市场号召力强,有大量的 IP 粉丝做基础。二是影视作品和游戏玩家之间的转换率要高。要想提升影游用户的转换率,需要着重注意的是:手游能否高度还原影视资源,包括剧情、画面、角色、音效等体验;影视公司与游戏公司二者能否精诚合作,整合营销推广 IP 资源;影视作品与游戏作品发布时机的强强联手。三是游戏本身的质量过硬,作品本身优秀才是硬道理,好作品才能对 IP 产生加成,否则是对 IP 的消耗。

客观地讲,在 IP 狂潮中,也出现了很多换皮快速上线、急于用游戏变现的情况,反而导致游戏口碑差、生命周期短的情况发生,不但对 IP 本身具有负面影响,也没有实现游戏借势 IP 的目的。2016 年以后,游戏业与影视、动漫、文学的联动可能会更加理性。

① 动画、影视剧改编游戏大评点[OL]. 乐游网. http://www.962.net/html/63686_all.html.

5.2 国际主要游戏市场分析

5.2.1 美国游戏市场

5.2.1.1 美国游戏市场概况

Newzoo 数据显示，2015 年，美国游戏市场收入 220 亿美元，年增长率 3.5%。其中，数字收益 158 亿美元，占 72% 的份额。美国市场中最主要的细分市场仍然是娱乐屏幕，包括电视主机和 VR，收入达 99 亿美元，占据市场份额的 45%。虽然经常有一种误解，认为美国的移动游戏市场已经饱和，但数据显示，该市场仍然保持了相当高的增长率，智能手机游戏和平板电脑游戏分别保持了 13.4% 和 17.8% 的年增长率，总收入高达 60 亿美元，占总体收入的 27%。电脑游戏（包括网页游戏和 PC/MMO 游戏）收入达 53 亿美元，占比 24%，年增长率为 -1.3%。见图 5-31。总体而言，2014—2018 年的年复合增长率是 3.1%，到 2018 年，美国在线网民将达到 3 亿，游戏玩家会有 1.95 亿，总收益将高达 241 亿美元，其中，移动游戏份额进一步提升到 31%[①]（见图 5-30）。

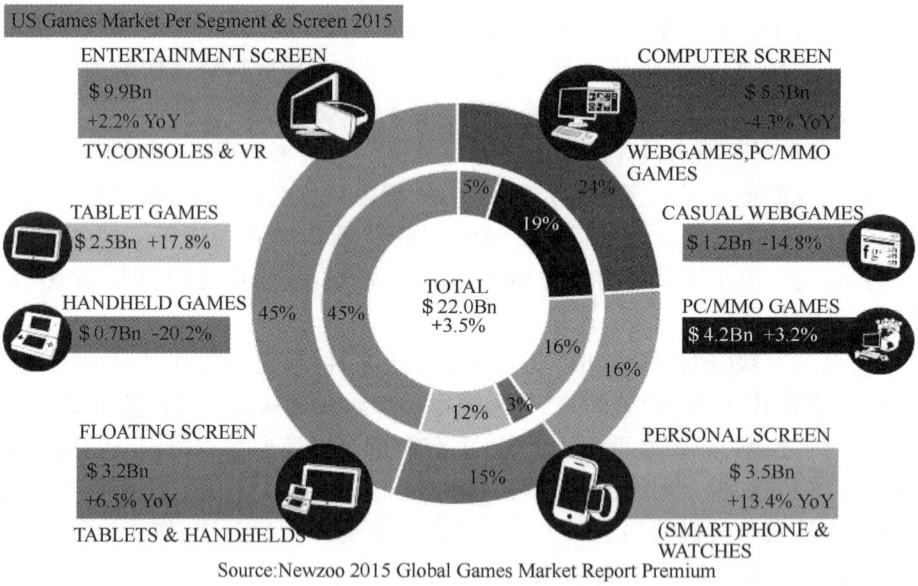

图 5-30　2015 年美国游戏细分市场[②]

① US & China Battle for #1 World's Top Games Markets CASUAL CONNECT FREE REPORT: 2015. NEWZOO. https://newzoo.com/insights/trend-reports/casual-connect-free-report-us-china-battle-for-1-worlds-top-games-markets-2/.

② 图 31，32，表 17 引自 US & China Battle for #1 World's Top Games Markets CASUAL CONNECT FREE REPORT: 2015. NEWZOO. https://newzoo.com/insights/trend-reports/casual-connect-free-report-us-china-battle-for-1-worlds-top-games-markets-2/.

2015 年,美国游戏市场和中国游戏市场的规模对比成为热点话题。在官方统计数据出台之前,业界普遍认为,中国游戏市场继 2013 年超越日本成为世界第二大游戏市场之后,在未来几年会超过美国成为全球第一大游戏市场,见图 5 – 31。

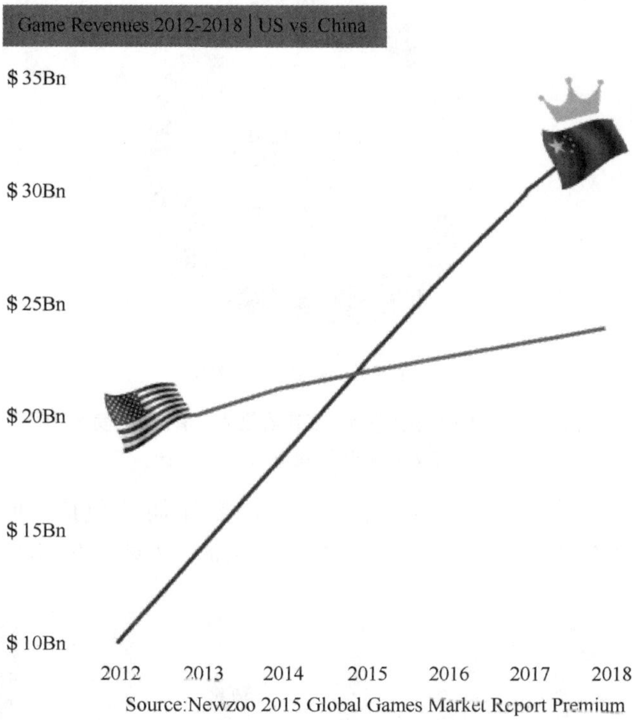

图 5 – 31　2012—2018 中美游戏市场规模之战

我们从中美游戏市场对比的角度进一步了解游戏市场的现状。2015 年,美国游戏玩家总数为 1.84 亿,占总人口数的 56.8%,占上网人口总数的 65%,其中,付费玩家 1.09 亿,占总玩家数的 59.5%。与之相比,中国游戏玩家总数为 4.46 亿,占总人口数的 31.8%,占上网总数的 60%,其中,付费玩家为 1.57 亿,占总玩家数的 35%(见表 5 – 16)。虽然玩家总数美国不及中国,但从游戏玩家占总人口和上网用户的比例,尤其是付费比例来看,美国远高于中国。

表 5 – 16　2015 年中国与美国游戏市场成长 KPI 对比

	中国	美国
人口	1 401 587 000	325 128 000
在线人口	740 038 000	283 511 000
玩家	446 284 000	184 896 000
付费玩家	156 976 000	109 955 000
总收益(美元)	22 193 562 000	22 007 854 000
人均 GDP(美元)	11 587	57 080

2016 年 4 月 28 日,美国娱乐软件协会(ESA)发布了《美国电脑和视频游戏行业重要事实》①的报告。报告数据显示,2015 年,美国游戏行业的总体收入规模为 235 亿美元,这项统计数据包括硬件、软件和游戏配件产生的收入(见图 5 - 32)。

图 5 - 32　2015 年美国游戏市场收入(单位:亿美元)②

数据来源:《NPD 游戏市场动态:美国》

其中,实体游戏占比 44%,数字游戏占比 56%,数字游戏包括订阅用户收入、数字游戏完整版、数字增值内容、移动游戏 APP 和社交网络游戏(见图 5 - 33)。

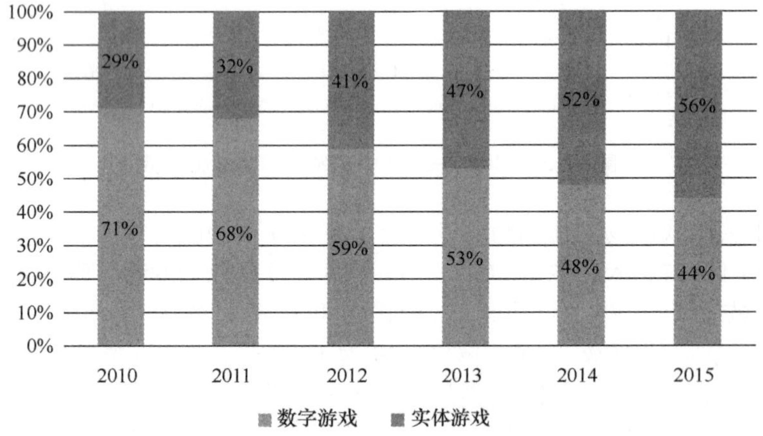

图 5 - 33　2010—2015 年数字游戏和实体游戏销售情况

数据来源:《NPD 游戏市场动态:美国》

5.2.1.2　美国玩家特征解析

(1)从游戏设备偏好来看,北美市场对家用游戏机的偏好明显高于其他地区。从图

① 2016 Essential Facts About the Computer and Video Game Industry. ESA. http://essentialfacts.theesa.com/Essential - Facts - 2016.pdf.

② 图 33,34 引自 2016 Essential Facts About the Computer and Video Game Industry. ESA. http://essentialfacts.theesa.com/Essential - Facts - 2016.pdf.

5 - 34 可见,2015 年第 3 季度美国游戏设备用户统计中,家用游戏机用户平均每周玩游戏超过 10 小时,掌上游戏机和 PC/MAC 平均每周玩游戏接近 10 小时,安卓平台移动游戏玩家平均每周玩游戏时间低于 3 小时(见图 3 - 35)。41% 的 PC 和 Mac 玩家以及 22% 的游戏机玩家每周玩游戏的时间低于 5 小时。14% 的 PC 和 Mac 玩家以及 8% 的游戏机玩家每周玩游戏的时间高于 20 小时①。可见,安卓平台手机玩家的周均游戏时间明显低于其他游戏平台,甚至不及家用游戏机、掌上游戏机以及 PC 和 Mac 游戏玩家所花费时间的 1/3。这可能是由于安卓平台手机用户群比较广泛,既包括休闲游戏玩家,也包括非传统用户,属于轻度游戏用户。

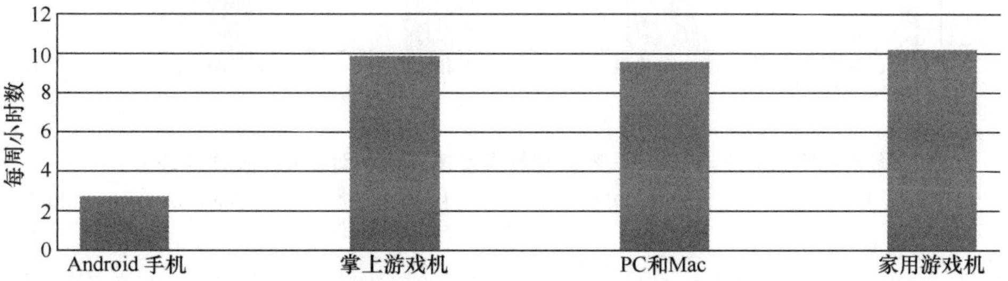

图 5 - 34 2015 年第 3 季度美国游戏设备用户统计数据(按人均游戏时间划分)②

资料来源:IDC 美国游戏玩家调查,2015 年第 3 季度(样本量:5 687);App Annie Intelligence,2015 年 7 月—2015 年 9 月。

(2)从美国游戏玩家性别划分来看,59% 的玩家为男性,41% 的玩家为女性。见图 5 - 35。

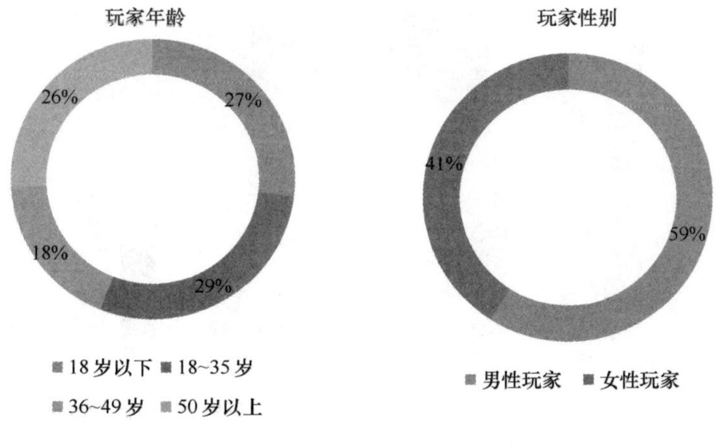

图 5 - 35 2015 年美国游戏玩家年龄和性别③

将游戏设备类型与性别结合来看,2015 年第 3 季度,iPhone 和 Android 移动游戏玩家以

① App Annie&IDC. 2015 年度回顾:聚焦游戏。

② 图 35,37,39 引自 App Annie&IDC. 2015 年度回顾:聚焦游戏.

③ 图 36\40\41,表 19\20 引自 2016 Essential Facts About the Computer and Video Game Industry. ESA. http://essentialfacts.theesa.com/Essential - Facts - 2016.pdf.

及 PC 和 Mac 游戏玩家的男女比例都比较均衡，美国家用游戏机的男性玩家更多（约占59%），而掌上游戏机的女性玩家更多（约占 53%）（见图 5－36）。所以客观来讲，游戏营销人员有机会同时赢得男性玩家和女性玩家青睐，传统被忽视的女性玩家也证明了其影响力。

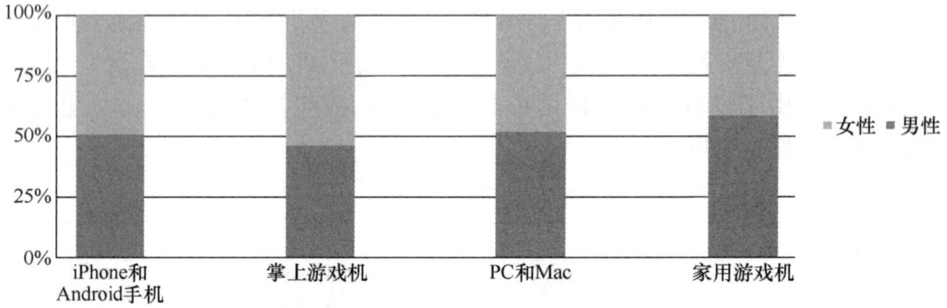

图 5－36　2015 年第 3 季度美国游戏设备用户统计数据（按性别划分）

资料来源：IDC 美国游戏玩家调查，2015 年第 3 季度（样本量：5 687）；App Annie Intelligence，2015 年 7—9 月。

Newzoo 数据显示，2015 年，美国移动游戏玩家中的 4.8% 可归为土豪型消费者（Big Spender），中国这个对应数据是 2.6%。其中，美国移动游戏土豪型玩家近半数为 21～35 岁的男性玩家，约占 48%（见图 5－37）。

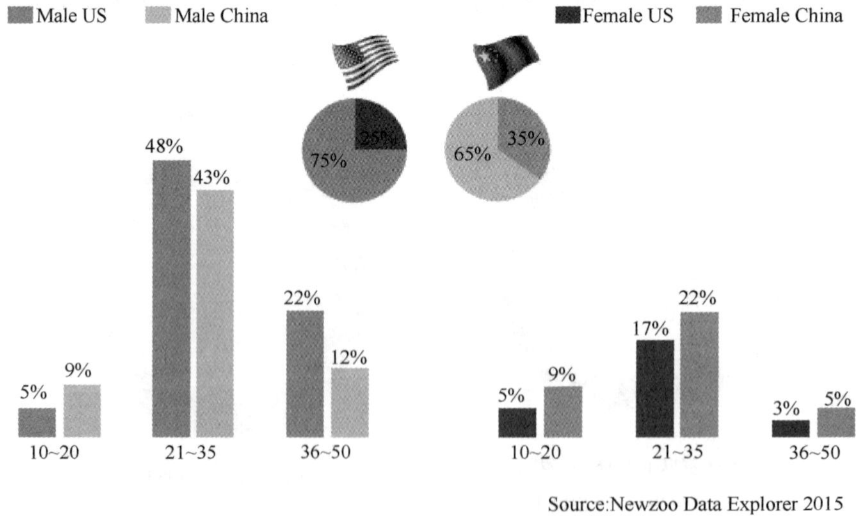

图 5－37　2015 中美移动游戏玩家性别年龄分布

（3）从年龄来看，美国游戏玩家的平均年龄为 35 岁。27% 在 18 岁以下，28～35 岁玩家人数最多占 29%，36～49 岁玩家占 18%，50 岁以上的玩家占 26%。

将游戏设备类型与年龄结合来看，2015 年第 3 季度，PC 和 Mac 游戏玩家中，中老年用户的占比高于其他游戏设备，45 岁以上的用户约占 59%，而掌机玩家中，年轻人的占比最高，24 岁以下的用户占 36% 以上。iPhone 和 Android 手机游戏玩家中，25 岁到 44 岁年龄段的玩家占比最高,约为40%(见图5-38)。

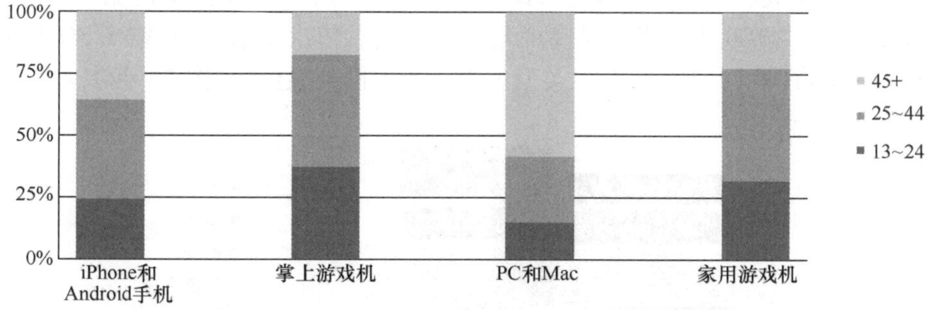

图5-38 2015年第3季度美国游戏设备用户统计数据(按年龄划分)

还有一些有趣的事实是,最常玩游戏的女性玩家年龄为44岁,而男性玩家平均年龄为35岁,最常付费的玩家平均年龄是38岁。与我们通常认为的大多是小男孩在玩游戏的想法不同,数据显示,18岁以下的男孩玩家仅占游戏总人口的17%,而18岁以上的女性玩家却占到31%。与3年前相比,美国玩家因为游戏时间增长,减少了玩桌游、观看电视和看电影的时间。①

5.2.1.3 美国市场类型偏好及销量排行

(1)美国游戏市场类型偏好。2015年,美国畅销视频游戏中,最受欢迎的游戏类型是射击游戏(24.5%)、动作游戏(22.9%)、运动游戏(22.9%),其后依次是角色扮演游戏(11.6%)、冒险游戏(7.7%)、格斗游戏(6.7%)、赛车游戏(4.1%)、策略游戏(3.8%)、家庭娱乐游戏(3.6%)等(见图5-39)。

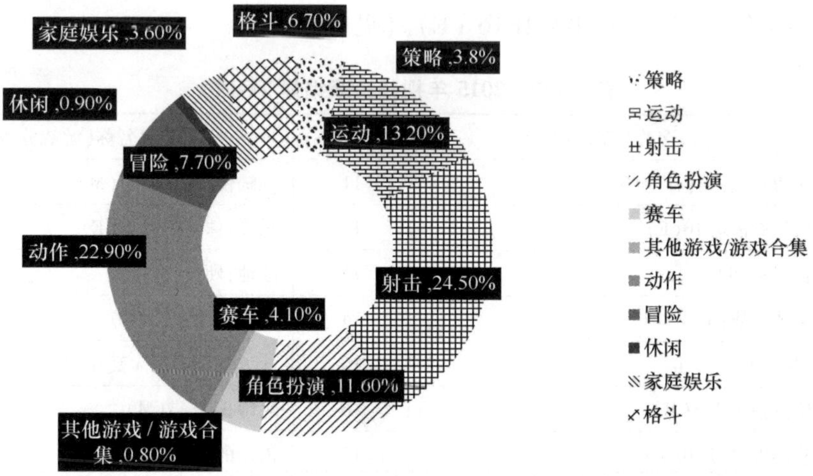

图5-39 2015年美国畅销视频游戏类型分布

数据来源:NPD集团销售追踪服务。

① 2016 Essential Facts About the Computer and Video Game Industry. ESA. http://essentialfacts.theesa.com/Essential-Facts-2016.pdf.

2015 年，美国畅销 PC 游戏中，局面不太一样，最受欢迎的游戏类型是策略游戏（36.4%）、休闲游戏（25.8%）、角色扮演游戏（18.7%），这 3 种类型占据了市场的 80.9%，可见，美国 PC 游戏市场类型是高度集中的。其后依次是射击游戏（6.3%）、冒险游戏（5.9%）、动作游戏（4.1%），其他类型的游戏所占份额很少（见图 5－40）。

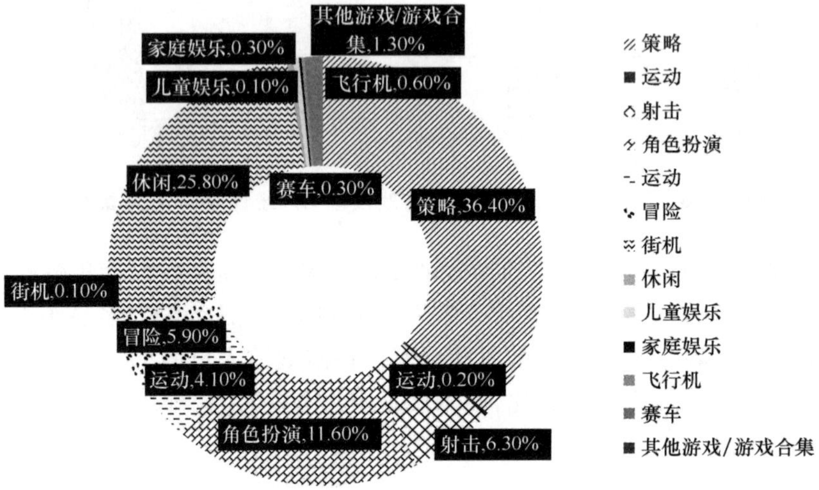

图 5－40　2015 年美国畅销 PC 游戏类型分布

数据来源：NPD 集团销售追踪服务

（2）美国游戏畅销排行。2015 年，美国视频游戏中，销量排名前 5 的是《CALL OF DUTY：BLACK OPS Ⅲ（M）》（《使命召唤：黑色行动 3》）、《MADDEN NFL 16（E）》（《疯狂橄榄球 16》）、FALLOUT 4（M）（《辐射》4）、《STAR WARS BATTLEFRONT 2015（T）》（《星球大战：前线 2015》）、《NBA 2K16（E）》（见表 5－17）。

表 5－17　2015 年视频游戏销量 TOP20

排名	游戏名称（游戏分级）	排名	游戏名称（游戏分级）
1	使命召唤：黑色行动 3（M）	11	蝙蝠侠：阿甘骑士（M）
2	疯狂橄榄球 16（E）	12	乐高：侏罗纪世界（E）
3	辐射 4（M）	13	战地：硬仗（M）
4	星球大战：前线 2015（T）	14	光环 5：守护者（T）
5	NBA 2K16（E）	15	任天堂全明星大乱斗（M）
6	侠盗猎车手 5（M）	16	巫师 3：狂猎（M）
7	我的世界（E 10＋）	17	消逝的光芒（M）
8	真人快打 X（M）	18	命运：被夺走的国王（T）
9	FIFA 16（E）	19	NBA 2K15（E）
10	使命召唤：高级战争（M）	20	合金装备 5：幻痛（M）

数据来源：NPD 集团销售追踪服务。

2015 年,美国 PC 电脑游戏中,销量居前的是《THE SIMS 4 (T)》(《模拟人生 4》)、《FALLOUT 4 (M)》(《辐射 4》)、《THE SIMS 3: STARTER PACK (T)》(《模拟人生 3:初学者包》)、《THE SIMS 4 GET TO WORK EXPANSION PACK (T)》(《模拟人生 4:工作扩展包》)、《STARCRAFT II: LEGACY OF THE VOID (T)》(《星际争霸 2:虚空之遗》)、《ELDER SCROLLS V: SKYRIM (M)》(《上古卷轴 4:天际》)。老牌 PC 网游《WORLD OF WARCRAFT: WARLORDS OF DRAENOR EXPANSION PACK (T)》(《魔兽世界:德拉诺之王》)排名第九。《模拟人生》系列备受玩家钟爱(见表 5-18)。

表 5-18 2015 年电脑游戏销量 TOP20

排名	游戏名称(游戏分级)	排名	游戏名称(游戏分级)
1	模拟人生 4(T)	11	模拟人生 3:宠物(T)
2	辐射 4(M)	12	模拟人生 3:季节扩展包(T)
3	模拟人生 3:入门包(T)	13	暗黑破坏神 3:夺魂之镰(M)
4	模拟人生 4:工作扩展包(T)	14	暗黑破坏神 3(M)
5	星际争霸 2:虚空之遗(T)	15	模拟人生 3:岛屿天堂扩展包(T)
6	上古卷轴 5:天际(T)	16	模拟人生 3: 大学生活扩展包(T)
7	辐射:选集(M)	17	模拟人生 3:超自然扩展包(T)
8	侠盗猎车手 5(M)	18	星际争霸 2:自由之翼(T)
9	魔兽世界:德拉诺之王扩展包(T)	19	模拟城市 2013(E 10+)
10	星球大战:前线(T)	20	魔兽世界标准版 2013(T)

5.2.1.4 美国移动游戏市场探析

美国游戏市场中,PC 游戏份额逐年减少,主机游戏增长乏力,掌机游戏直线下降,而移动游戏却保持高速增长,成为焦点。下面就详细分析一下美国的移动游戏市场。

(1)美国移动游戏市场进化史。我们首先通过 2010—2015 年的美国 App Store 游戏榜单变化来观察美国移动游戏市场的玩家偏好变化。见图 5-41。

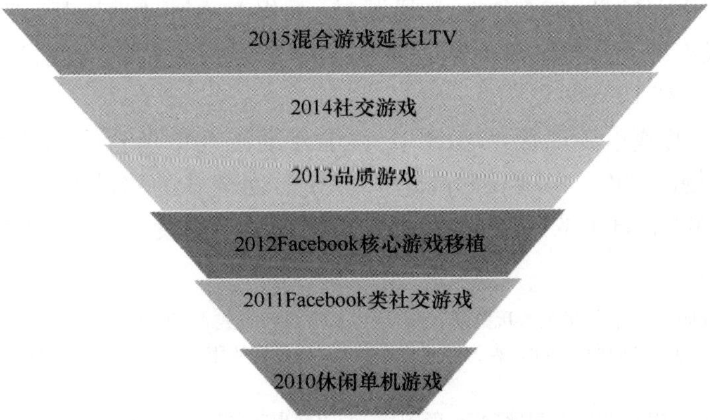

图 5-41 2010—2015 美国移动游戏市场进化史

2007 年，Zynga 公司成立，一度成为炙手可热的社交游戏巨头，同时也让社交游戏成为 Facebook 的主流。正是同一年，iPhone 上市，预示着将来移动游戏市场将掀起的风暴。2010 年是休闲单机称霸的一年，该年付费下载游戏（如《愤怒的小鸟》）畅销全球，大部分 F2P[①] 游戏还是文字类角色扮演类游戏，同时 isometric（2.5D 或伪 3D）休闲模拟类游戏也开始出现。2011 年，休闲模拟类游戏开始爆发，很多公司把 Facebook 上热门的社交游戏的玩法（如 Zynga 的《乡村度假 Farmville》）搬到手机上，像 Storm8、Pocket Gems 和 Tiny Co 等公司对这类游戏设计信手拈来，他们的社交模拟建造类游戏，如《Farm Story》和《Tap Zoo》占领了 App Store 畅销榜。2012 年，Facebook 核心游戏移植到移动平台，用户获取成本（Consumer Price Index，CPI）高涨。曾在 facebook 平台大获成功并专注于核心游戏的公司，如 Kabam，开始寻求在移动平台的成功。之前两款核心手游代表作都是文字类 RPG，一款是 Storm8 的《iMobsters》，另外一款是 Addmired（Machine Zone 的前身）的《Original Gangstaz》。更多高品质、复杂的游戏从 Facebook 平台移植到移动平台，如 Kabam 的手游版《亚瑟王国》（Kingdoms of Camelot）等占领了榜单。同时，日本卡牌游戏的成功带动了 Gree、DeNA 等日本巨头的国际扩张之路。卡牌游戏《巴哈姆特之怒》（Rage of Bahamut）因其创新、高效且改良的游戏玩法霸占畅销榜。这类游戏提高客户终生价值（Life Time Value，LTV）[②]的同时，也提高了 CPI，对美国本土开发商产生了很大的影响。Gree 和 DeNA 投入巨大的广告费用，以至让人觉得在一夜之间，平均用户获取成本提高了 65%。此外，F2P 老虎机游戏也开始出现。2013 年是品质游戏和运营模式之年。玩家对游戏品质的要求越来要高，休闲游戏如 King 的《糖果传奇》（Candy Crush）、Supercell 的《卡通农场》（Hay Day）不仅提高了游戏品质，而且重新定义了手游的交互体验。另外，借鉴日本在线运营模式的游戏，如《Modern War》也占领了畅销榜。2014 年，社交游戏和 IP 是市场的主旋律。社交博彩类游戏开始霸占畅销榜榜单。Supercell 史诗级的策略类手游《部落冲突》（Clash of Clans）以其高品质加受众广泛的画风让中核游戏（midcore）拥有了大众用户，并且该游戏开始长期霸占畅销榜榜首的位置。开发者开始开发核心游戏（core games）以提高 LTV。此外，北美市场开始将已被证明成功的游戏类型与 IP 结合，比如《漫威战争英雄》（Marvel War of Heroes）这个 IP 制作成卡牌游戏，通过 IP 来降低用户获取成本。2015 年的主题是混合，表现亮眼的硬核游戏（hardcore）将经济体系与休闲模拟游戏中的留存设计相结合，如《魔灵召唤》（Summoners War），以此来延长 LTV；休闲游戏搭载明星 IP，如 Glu Mobile 的《金·卡戴珊：好莱坞》（Kim Kardashian：Hollywood）；Machine Zone 的《战争游戏》（Game of War）证明实时翻译交流系统及改良版的中国 VIP 系统也可以延长留存和 LTV[③]（见图 5－42）。

（2）美国移动游戏市场现状。2015 年，美国移动游戏市场营收高达 60.2 亿美元，占全球移动游戏市场的 20%，年增长率高达 15.2%。而全球的移动游戏厂商，无论是美国本土的厂商还是欧洲、日本的厂商，都将美国市场作为产品发行和推广的重要阵地。

---

① F2P（Free to Play）游戏，是指免费玩游戏，然后通过对道具收费或者 VIP 收费的模式。

② LTV 字面意思为生命周期总价值，意为客户终生价值，是公司从用户所有的互动中所得到的全部经济收益的总和。

③ 美国 App Store 2010—2015 榜单演变 + 畅销榜 Top 100 现状分析[OL]. 游戏陀螺，http://www.youxituoluo.com/97821.html.

从美国移动游戏发行商的竞争格局来看，Supercell 和 King 在美国市场占据了重要地位（见表5－19），研发运营一体化是游戏发行商保持竞争力、延长游戏生命周期的核心。

表5－19 美国主要移动游戏发行商信息

发行商	成立时间	推出智能机手游的时间	国家	自主研发	第三方游戏发行
Supercell	2010 年	2011 年	芬兰	√	
King	2003 年	2011 年	英国	√	
Machine Zone	2008 年	2009 年	美国	√	
EA	1982 年	2010 年	美国	√	√
Caesars Entertainment	2009 年	2011 年	美国	√	
Zynga	2007 年	2010 年	美国	√	√
GREE	2004 年	2011 年	日本	√	√
Kabam	2006 年	2011 年	美国	√	√
Big Fish Games	2002 年	2008 年	美国	√	√
Glu	2001 年	2010 年	美国	√	√

数据来源：易观智库。

与中国市场安卓应用商店数量众多、渠道商掌握主导地位（分成超50%以上）的情况不同，美国移动游戏的分发渠道集中于苹果 APP STORE 和安卓 GOOGLE PLAY 两大官方应用商店，且分成比例稳定，抽成30%，排名规则相对透明，这使手游厂商的竞争重心能够放在游戏的创新品质及推广运营上。美国移动游戏市场产业链地图见图5－42。

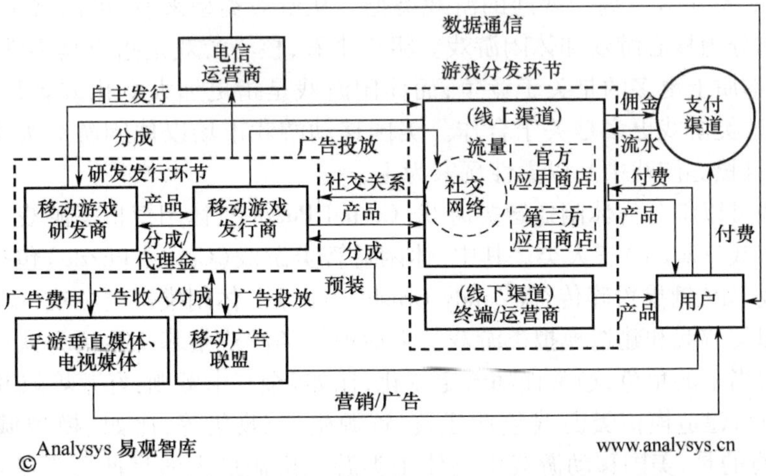

图5－42 美国移动游戏市场产业链地图

美国的移动游戏市场可以分为4个主要参与方，分别是研发商、发行商、渠道商和支撑环节（见表5－20）。在渠道商里，苹果、谷歌两大应用商店垄断了游戏内支付和发现新游戏的主要通道。随着两大应用商店关于应用内推广的政策趋严，迫使发行商们对应用商店之外的手游推广渠道更加依赖。例如，Facebook 就在美国手游市场中扮演着社交链提供商和导量平台的角色。

表 5-20　美国移动游戏产业不同环节典型厂商

移动游戏产业环节	行业参与者	典型厂商
游戏研发环节	移动游戏研发商	Supercell，king，EA，Zynga，Kabam，Glu
游戏发行环节	移动游戏发行商	Supercell，king，EA，Zynga，Kabam，Glu
游戏分发环节	移动游戏渠道商	苹果 App Store，Google Play，亚马逊 AppStore，三星 Galaxy App Store
游戏支撑环节	移动广告联盟	Chartboost，Tapjoy，Flurry，Facebook，Google，Twitter
	移动游戏媒体	Touch Arcade，IGN，GameSpot，Twitch
	电视媒体	NBC，CBS，Fox，ABC
	支付渠道	Paypal，信用卡厂商，电信运营商
	电信运营商	AT&T，Sprint，T-Mobile，Verizon，US Cellular

来源：易观智库 2015。

当前美国移动游戏市场处于高速发展期（2008—2016 年）的中后段。游戏产品数量和流水高速增长，马太效应加剧，应用商店畅销榜长期被少数几款游戏占据，绝大多数游戏很难被玩家发现。手游发行商正在增加市场推广投入，通过社交网络、广告联盟、电视媒体、游戏直播平台等多渠道进行营销，从而使用户获取成本快速增加，行业门槛提高，小厂商的成功概率降低。预计美国移动游戏市场将于 2017 年左右进入成熟期，届时移动游戏在美国整体游戏市场中的份额将接近 1/4①。

（3）美国移动游戏市场受欢迎的游戏类型。从游戏类型来看，可以将美国移动游戏市场类型简单分为核心游戏和休闲游戏。粗略来看，核心游戏是指更具男性化气质的游戏，这类游戏本质上更多的是关于竞争；而休闲游戏是指更加大众化或者是更具女性化气质的游戏，这类游戏更多是关于合作。美国移动游戏市场以休闲游戏为主，核心游戏占比较低，而且核心游戏中又以男性玩家为主。

休闲游戏可以细分为休闲益智类游戏（Casual Puzzle）、休闲模拟类游戏（Casual Sim）以及博彩类游戏（Casino）三大类。其中，休闲益智类游戏（Casual Puzzle）包括三消、射击泡泡类等游戏，如《糖果粉碎传奇（Candy Crush Saga）》。休闲模拟类游戏（Casual Sim）又包括生活模拟类游戏和建造模拟类游戏。生活模拟类游戏是基于生活方式的模拟，把玩家想象成游戏当中的角色，通常伴随着定制化，比如《金·卡戴珊：好莱坞》（Kim Kardashian：Hollywood），建造模拟类游戏包括建筑、资源生产/收集等，比如《模拟城市》（Simcity）。值得注意的是，美国移动游戏市场休闲类游戏份额最大的是博彩类游戏（Casino），包括 Poker（扑克）类、老虎机游戏（Slots），如《Slotomania Casino》，以及多种博彩类游戏（Multi-Casino），如《DoubleDown Casino》。

① 美国移动游戏市场专题研究报告 2015[OL]. 易观智库，http://www.analysys.cn.

核心游戏又可以分为中核游戏(Midcore)和重核游戏(Hardcore)。中核游戏代表中度复杂的游戏设计,受众群体也更加广泛。例如,角色扮演类游戏(RPG)《真人快打X》(Mortal Kombat X)《漫威格斗冠军》(Marvel Contest of Champions)关注角色属性、能力及团队;以及实时策略类游戏(RTS)《部落战争》《海岛奇兵》等,关注资源、建造,能够实时互动。重核游戏代表设计更加复杂的游戏,受众群体也相对较小。例如,卡牌类游戏(CCG/TCG)《炉石传说》《魔灵召唤》,以及策略游戏《战争游戏》(GOW)、《列王的纷争》(COK),也关注资源建造,但不强调实时,比 RTS 拥有更强的社交性及更复杂的设计。

总体来说,美国移动游戏市场对社交类和博彩类游戏较为青睐(见图 5-43)。

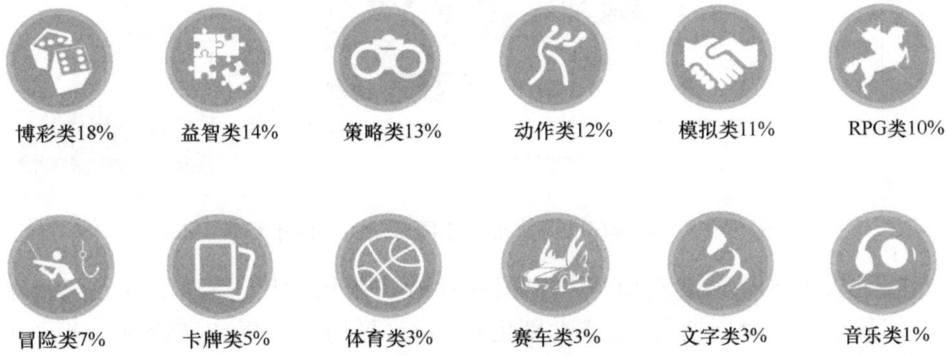

图 5-43 美国移动游戏市场类型分布

(4)美国移动游戏市场不同游戏类型的市场表现。图 5-45 中,Y 轴代表 ARPPU①/营收,X 轴代表留存/活跃。可以看出,大部分休闲游戏在右下方,这意味着代表 ARPPU 相对较低但留存活跃高;核心游戏位于左上方,代表 ARPPU 更高,但留存活跃低,具体来说:

①SLG、RPG、卡牌(Card Battle)在左上方,代表 ARPPU 值高,但活跃留存低。这三者比较,SLG 的 ARPPU 值最高,但活跃留存方面仅略微高于卡牌类游戏,排列倒数第二;而卡牌和 RPG 的 ARPPU 值接近,但 RPG 留存活跃方面明显高于卡牌类游戏和 SLG。

②以《部落冲突》(COC)为代表的 RTS 在右上方,代表吸金能力强,活跃留存高。

③休闲游戏三大类中,博彩类游戏(Casino)ARPPU 值最高,留存活跃也不错,排在中位;休闲益智(Social Puzzle)留存活跃方面最好,但是 ARPPU 值最低;休闲模拟(Casual Sim)的 ARPPU 值比休闲益智高,但留存活跃是休闲类中最低的。

经过上述分析,我们得出结论,美国移动游戏市场中休闲游戏是大势,而核心游戏基本可以算作小众市场(占 1/5 左右),受众较少且以男性为主,因而 CPI 和 ARPPU 也会较高。那么,为了吸引这些核心游戏玩家留存并且付费,就需要在游戏类型和游戏质量上下更多的工夫。

---

① 平均每付费玩家贡献收入。

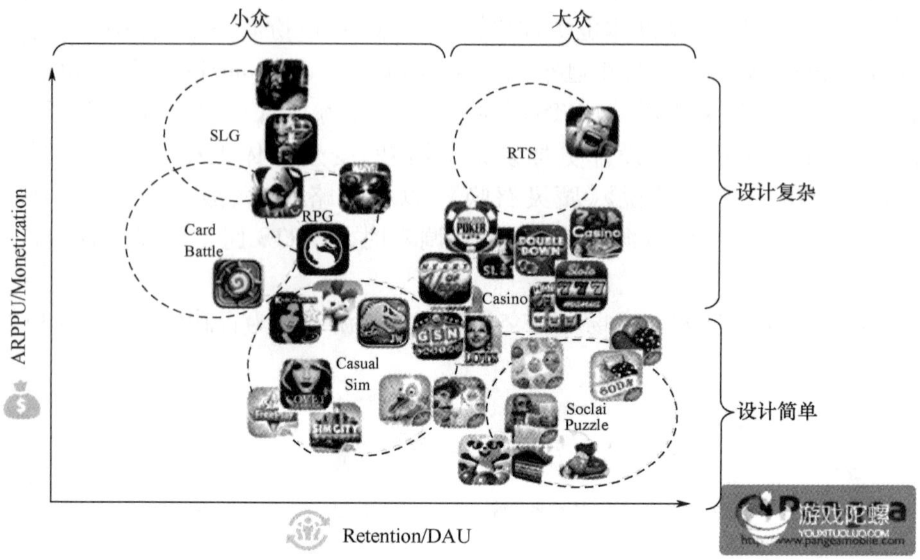

图 5－44 美国移动游戏市场不同游戏类型的市场表现①

总的来说,美国移动游戏市场与中国移动游戏市场相比,呈现出分发渠道垄断单一、明星产品霸榜生命周期长、玩家性别更加均衡、平均年龄更高等特点。美国手游玩家在游戏类型及题材的喜好上与中国玩家有较大不同,所以中国游戏厂商在进入美国手游市场时,应该在以下几个方面多加注意:首先是游戏内容的"海外本地化",在游戏题材及玩法设计上,要尽量符合美国玩家的偏好习惯,类型以休闲模拟社交类和博彩类为主。其次是当地发行推广渠道的建立,受制于应用商店内推广资源的稀缺,游戏厂商应在美国本地建立起多元且畅通的推广渠道,根据目标玩家群的分布和媒体喜好,合理组合 Facebook、Twitter 等社交媒体、垂直游戏媒体、移动广告联盟、电视媒体等推广资源。

5.2.1.5 代表性企业——动视暴雪豪掷 59 亿美元收购手游公司 King

2015 年 11 月,全球游戏业发生了一件令人震惊的大事。美国知名游戏巨头动视暴雪宣布以 59 亿美元②的价格收购英国移动游戏公司、《糖果粉碎传奇》开发商 King。这次收购是手游公司并购历史上金额最高的一笔交易,在 King 当时的股价基础上进行了 20% 的溢价。在全球游戏收入 Top 10 的公司中,动视暴雪位列第五,King 位列第十,而且 King 也是唯一进入 Top 10 的手游公司。两大公司合并之后,2015 年收入达到了 34 亿美元,成为仅次于腾讯的第二大上市游戏公司(见图 5－45)。

动视暴雪和 King 合并后的玩家数将超过 5 亿。两家公司的合并基于以下考量:

---

① 美国 App Store 2010－2015 榜单演变 + 畅销榜 Top 100 现状分析[OL]. 美国 Pangea Mobile 公司. 游戏陀螺. http://www.youxituoluo.com/97821.html.

② 其中 36 亿美元的资金将通过动视暴雪在美国以外以现金支付,由于 King 位于爱尔兰地区,此举可以让动视暴雪在不支付资金遣返税的前提下利用海外现金完成交易。

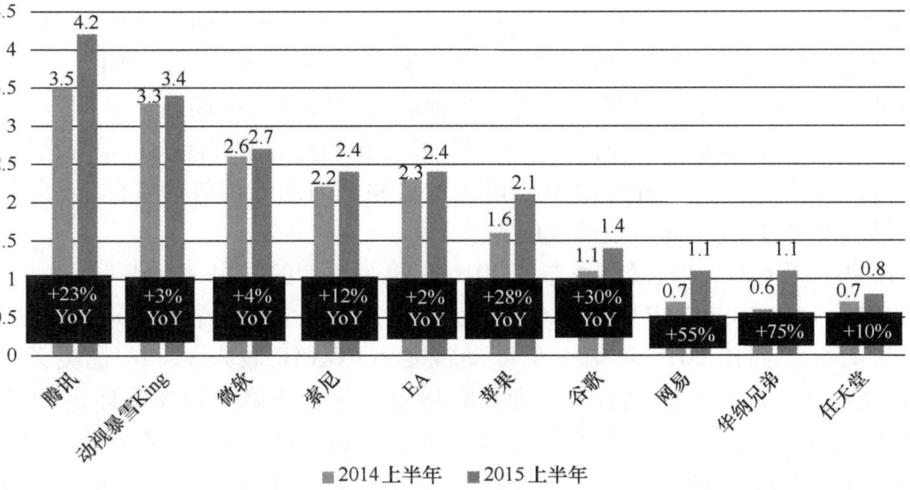

图 5-45 2014 上半年—2015 上半年全球游戏公司收入 TOP10

资料来源:2015Newzoo 全球游戏市场报告

(1)动视暴雪全平台的战略布局。前文已述,移动游戏市场已经成为全球第一大细分类型市场,且代表着未来的发展方向,传统大厂都在向移动领域扩展动作或规划。暴雪旗下移动游戏作品仅有《炉石传说》《吉他英雄》的移动版本比较受玩家欢迎,在以休闲游戏为主的美国移动游戏市场仍属重度产品,很难获得大多数玩家的青睐。两家公司合并后,全球+全平台的布局将使动视暴雪进一步巩固其在全球互动娱乐领域的领先地位。除动视暴雪外,其他传统PC/主机大厂也纷纷布局移动端,例如,EA收购《植物大战僵尸》的开发商PopCap[①]和《愤怒的小鸟》游戏发行商Chillingo曾公开表示坚决不做手游的任天堂,也跟DeNA合作,计划推出5款手游,第一款《Miitomo》已问世。

(2)动视暴雪和King各自发展瓶颈的解决之道。作为传统的PC/主机大厂,在付费游戏时代驾轻路熟的动视暴雪,在F2P免费游戏这一快车道上,成功经验较少。截至2015年前三季度[②],《魔兽世界》全球付费玩家数量共流失450万,跌至550万[③],这也使动视暴雪产生了危机感,迫切需要在移动端布局以应对未来。正像旧希尔斯布莱德副本时萨尔所说:"既然时间紧迫,那我们,就骑马过去。"而过度依赖"三消"游戏《糖果粉碎传奇》系列的King也逐渐进入平稳期,未来的利润增长乏力,公司也有鼎固革新的动力。

(3)King公司顶尖人才和游戏用户数量的吸引力。动视暴雪CEO Bobby Kotick在公布的声明中点名称赞了King公司的顶尖游戏人才,并且声称"King的游戏能够为遍及全球各个年龄段的玩家带来快乐,长期以来,我们都对King的这种模式赞赏有加。动视暴雪将通过资金、经验和技术的支持,帮助King进一步发挥其优势,挖掘新的潜力,吸引更

① 59亿美元收购King,动视暴雪官网解读4大要点[OL].搜狐科技.http://it.sohu.com/20151104/n425269258.shtml.

② 该季度也是动视暴雪最后一次提供付费用户数量的情报,未来将采用新指标反映暴雪的整体经营状况。

③ 玩家流失严重!暴雪不再提《魔兽世界》付费用户数[OL].游迅网.http://www.yxdown.com/news/201511/238242.html.

多的玩家。我们对双方的合作十分期待”。目前,King 的游戏产品有 4.74 亿月活跃用户,其中拥有接近 2 亿的女性玩家①,成年女性玩家是玩家群体中最具增长力的部分,这有利于动视暴雪获得很多宝贵的渠道和资源,也省下来很多游戏推广费用。

经过上述分析,我们已经明了移动游戏领域对美国游戏市场的重要性,传统大厂动视暴雪和手游巨头 King 的合并正是这个时代性变化趋势的最好注脚。乐观估计,基于动视暴雪优良的管理水平,合并后两家公司在各自领域内固守优势的基础上,会继续在跨平台满足玩家对多类型、高质量游戏的需求。

2016 年 5 月 6 日,动视暴雪发布了 2016 年第一季度的财报,GAAP② 收入 14.6 亿美元,同比增长 14%;非 GAAP 收入 9.08 亿美元,同比增长了 29%;净利润 3.36 亿美元,同比下滑了 15%。同比 2015 年第一季度动视暴雪(GAAP 收入 12.78 亿美元)和 King(GAAP 收入为 5.7 亿美元)的收入之和(18.48 亿美元),下降了 21%。环比 2015 第四季度动视暴雪(GAAP 收入 13.53 亿美元)和 King(GAAP 收入 4.61 亿美元)的收入之和(18.14 亿美元),净利润也下滑了 19.5%③。可见,用户量的增加并不简单等于收入和净利润的增长,1+1>2 的期许在现实世界需要更多的磨合、努力和尝试,对动视暴雪来说,重拾初心、放眼全球(Think Globally)、集思广益(Every Voice Matters)、精益求精(Commit to Quality)、趣味第一(Gameplay First)、诚信为本(Play Nice; Play Fair)、尽显王者风范(Lead Responsibly)④,或许才是这家经典大厂的出路。

5.2.2 日本游戏市场

5.2.2.1 日本游戏市场概况

据电子游戏杂志《Fami 通》(《电玩通》)年度报告,2015 年,日本家用机游戏市场规模为 179 亿元人民币左右(3 210亿日元),与去年同比下降了 13%。其中,主机硬件销售 1 300亿日元,下降了 8.5%,游戏软件销售下降了 16%,收入1 910亿日元⑤。这 13 个百分点的下滑让 2015 年成为日本游戏主机产业 26 年历史中盈利最低的一年。上一次日本主机游戏市场的低点出现在 1989 年,当时的年收入为3 580亿日元。2015 年的收入也是日本主机游戏市场进入 20 世纪 90 年代之后的最低点⑥,见图 5-46。

与之相对应的是,手游市场则实现了快速增长。2015 年,日本手游市场规模达到

---

① 动视暴雪收购手游开发商 King:为何是 59 亿美元[OL]. 一游网. http://www.eeyy.com/chanye/20151112/67680.html.

② 美国一般会计准则。

③ 动视暴雪 59 亿美元打水漂? 手游遭遇天花板. GAMELOOK. http://www.gamelook.com.cn/2016/05/252784

④ 根据传统,暴雪会给每一位为公司效力满 5 年、10 年、15 年、20 年的员工发放特殊纪念品。2011 年,动视暴雪成立 20 年,无论工龄长短,所有员工都得到了一个“狗圈”类物品。上面复刻了暴雪总部著名的“八大箴言”:“Think Globally(放眼全球)”、“Commit to Quality(精益求精)”、“Gameplay First(趣味第一)”、“Every Voice Matters(集思广益)”、“Play Nice; Play Fair(诚信为本)”、“Lead Responsibly(王者风范)”、“Learn & Grow(学无止境)”、“Embrace Your Inner Geek(拥抱真我)”。多年来,动视暴雪正是遵循着这些理念和原则,创造出了多部脍炙人口的经典作品。

⑤ 这些销售收入只统计了实体零售的部分,并没有将数字零售的数据计算在内。但是盒装游戏仍然是主机游戏市场的主体。

⑥ 2015 年日本主机游戏市场十大销售榜公布[OL]. PCGAMES. http://news.pcgames.com.cn/588/5881874.html? ad=3327.

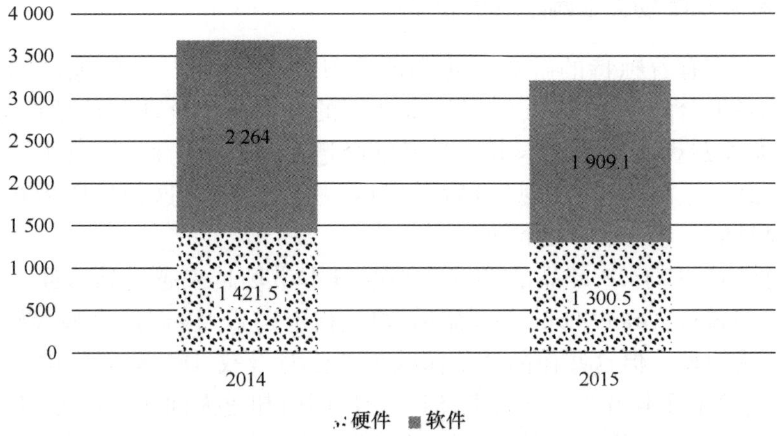

图 5－46　日本 2014—2015 家用机游戏市场规模(单位:亿日元)

7 462亿日元(约 418 亿元人民币),相比 2014 年的5 501亿日元(约 336 亿元人民币)增长了 35%。根据预测,2016 年将达到8 238亿日元(462 亿元人民币),见图 5－47。手游的快速发展带动了衍生产业,在日本被称为二次产业市场,主要是指由手游产品代理发行、联运等二次交易。2014 年,日本的手游二次产业市场为 47 亿日元(约 2.6 亿元人民币),2015 年增长到 218 亿日元(约 12 亿元人民币),增长了 3.6 倍。日本手游市场的详细分析见本节后面的内容“日本移动游戏市场探析”。

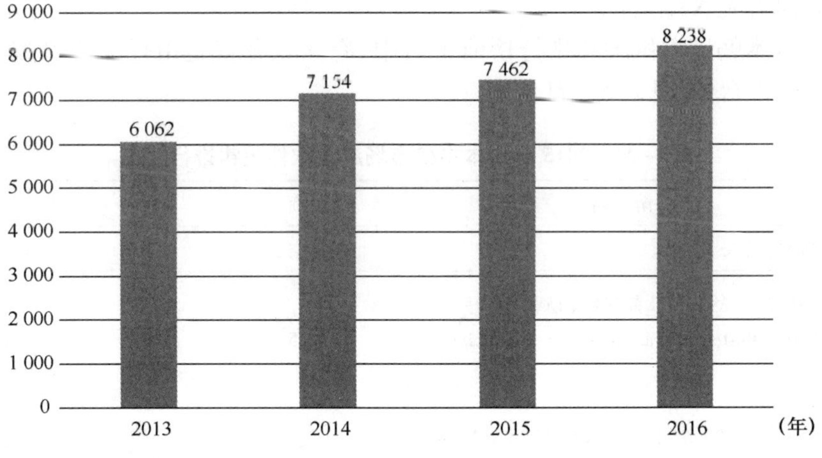

图 5－47　2013—2016 日本移动游戏市场规模(单位:亿日元)

从世界范围来看,从 2014 年开始到 2015 年,游戏内购和广告收入都呈现增长态势。但具体到不同国家,游戏内购和广告收入的比例还是有较大的差异。日本市场整体市场内购和广告的收入比大概是 8∶2。当然,随着《猫咪后院》等一系列免费游戏内的广告持续创造营收,广告模式或将在日本市场进一步发展。而欧美国家的情况则完全相反,广告收入所占比重更高。

5.2.2.2 日本游戏市场类型偏好及销量排行

日本游戏玩家有着独特的游戏文化和消费习惯,需求也与其他地区的用户很不一样。如果对比各平台的畅销榜,会发现日本地区的畅销榜跟全球其他地区完全不一样,正因为如此,海外游戏在进入日本市场时经常会遭遇滑铁卢。此外,日本玩家付费率较高,因此,当下载量很高时,会出现像《智龙迷城》《怪物弹珠》这种仅凭借在日本市场的收入便进入全球收入榜 Top10 的情况。

值得注意的是,基于 IP 产品的游戏类型在日本市场越来越受到欢迎。例如,《最终幻想:记录者》《Fate / Grand Order》(《命运/冠位指定》)以及《偶像大师灰姑娘》等 IP 作品收入上升势头明显。但这些作品并不像欧美地区对漫威、DC 等经典 IP 改编之作那样普遍受欢迎,虽然在日本当地可以大卖,但一走出国门却乏人问津。可见,欧美地区对 IP 全产业链运作更为成功,像《模拟城市》这种经典的主机游戏系列在移动平台的续作通常也能取得比较亮眼的成绩。而日本的经典 IP 更多是在本土流行。此外,在美国市场流行的博彩类游戏在日本也不受关注,这与日、美两国的文化差异和玩家偏好有关。日本游戏玩家大多受过主机游戏时代的熏陶,对中重 RPG 游戏情有独钟,喜欢生命周期长、有沉浸感的游戏体验,这与欧美地区的移动游戏玩家差异较大,因此,进入日本市场时必须做详细的、有针对性的分析与调查。

2015 年,日本主机游戏市场上表现最出色的作品当属 CAPCOM(卡普空公司)的 ACT(动作游戏)游戏《怪物猎人 X》(Monster Hunter X),这款游戏自 2015 年 11 月发售以来,销量突破 300 万份,排名第二的是由 Level 5 发布的《妖怪手表:破坏者/白犬队》系列,要比《怪物猎人 X》落后不少。

2015 年日本畅销主机游戏排行榜前十名中,有 5 款游戏是由任天堂开发的,有 8 款作品都是 3DS 平台的,见表 5 - 21。

表 5 - 21　2015 年日本主机市场游戏软件销售排行榜①

排名	游戏名	开发商	平台	销量
第一名	《怪物猎人 X》	卡普空	3DS	2 441 977
第二名	《妖怪手表:破坏者/白犬队》(Yo - Kai Watch Busters: Akaneko - dan / Shiroinu - tai)	Level 5	3DS	1 965 202
第三名	《动物之森:快乐家园设计师》(Animal Crossing: Happy Home Designer)	任天堂	3DS	1 282 880
第四名	《喷射美少女》	任天堂	Wii U	1 064 897
第五名	《勇者斗恶龙 8:天空、海洋、大地与被诅咒的公主》(Dragon Quest VIII: Journey of the Cursed King)	史克威尔艾尼克斯	3DS	864 865

① 数据来自《电玩通》。

续表

排名	游戏名	开发商	平台	销量
第六名	《马里奥制造》	任天堂	Wii U	674 194
第七名	《怪物弹珠》(Monster Strike)	Mixi	3DS	636 709
第八名	《妖怪手表 2:真打》	Level 5	3DS	625 223
第九名	《节奏天堂:精选 +》(Rhythm Heaven: The Best +)	任天堂	3DS	607 343
第十名	《火焰纹章命运:白夜王国/暗夜王国》(继承/征服)(Fire Emblem Fates: White Kingdom/Black Kingdom (Birthright / Conquest))	任天堂	3DS	538 669

因此,3DS 正是日本 2015 年最畅销的主机硬件,共卖掉 219 万台 3DS 主机。日本第二畅销的主机硬件是 PS4,销售量达 120 万台,而 PS Vita 系列的销量则接近 96 万台,但索尼的这两个平台没有一款游戏可以挤入游戏软件排行榜的前 10 位。除了 3DS 游戏之外,在游戏软件排行榜前 10 位中,另外两款游戏是 Wii U 平台的作品——《喷射美少女》(Spalatoon)与《超级马里奥制造》(Super Mario Maker)。Wii U 主机 2015 年在日本市场卖出了820 304台,见表 5 - 22。

表 5 - 22　2015 年日本主机市场游戏硬件销售排行榜

排名	硬件平台	销量
第一名	任天堂 3DS(含 3DS、3DS LL、新 3DS 以及新 3DS LL 在内)	2 189 900
第二名	PS4	1 205 163
第三名	PS Vita(含 Vita 电视在内)	959 342
第四名	Wii U	820 304
第五名	PS3	188 207
第六名	Xbox One	18 093

5.2.2.3　日本移动游戏市场探析

2015 年,日本移动游戏市场收益高达 61.8 亿美元,居世界第二位,占全球移动游戏市场 20.6% 的份额,年增长率 5.8%。进入过全球 iOS & Google Play 发行商收入 TOP10 的发行商共 12 家,其中,日本有 5 家,占 42%,分别是发行《怪物猎人 X》的 Mixi、发行《智龙迷城》的 GungHo Online、发行《Disney Trum Trum》的 LINE、发行《白猫计划》的 COLOPL、发行《海贼王:万千风暴》(《One Piece: Thousand Storm》)的 BANDAI NAMCO,日本在亚洲乃至全球的手游发行实力可见一斑。日本移动游戏市场受欢迎的类型主要是 RPG 游戏和卡牌游戏,分别占比 57% 和 14%,见图 5 - 48。

日本手游玩家数量为4 580万,对比中国 3.148 亿和北美 1.365 亿手机玩家来讲,数

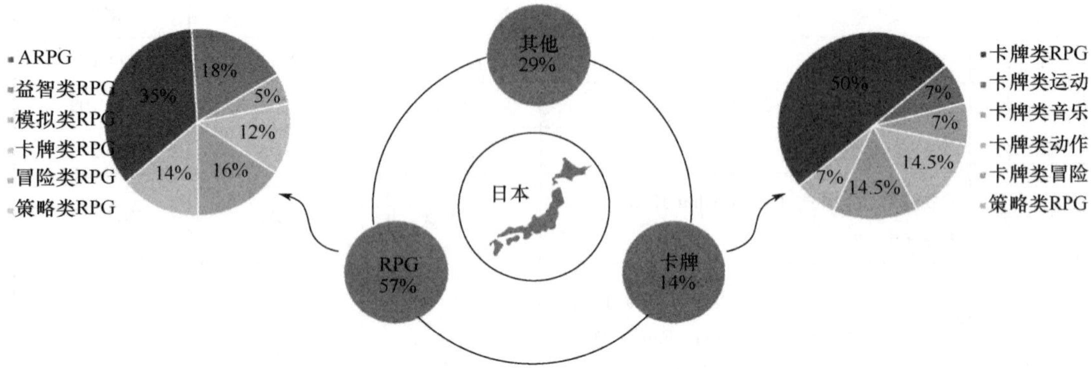

图 5-48　日本移动游戏市场类型分布

量不算多,但这4 580万手游玩家却是质量最高的,平均每用户年贡献 112.68 美金,北美和中国的这一数据分别为 39.63 美元和 15.84 美元。而且,中、美、日、韩四大市场中,日本的重度玩家(Heavy Player)占比最多为 8%,平均贡献 882.40 美元,而中国、北美、韩国重度玩家占比分别为 3%,5%,5%①。

App Annie 日本负责人泷泽琢人在谈及日本手游市场的未来时表示,今后游戏与各方的跨界联动将越来越普及,收入模式也将随之变得更加丰富,其中,广告收入的比例也将进一步增长②。日本移动游戏市场具有以下鲜明的特点:

(1)用户付费率高,ARPU 值高,大约是美国的 4 倍。与之相对的是,日本地区的游戏受制于人口问题,下载量相对偏低。据 App Annie 数据,2016 年第一季度 IOS App Store 和 Google Play 综合下载量国家/地区排名中,日本仅排第 9 位,但在综合收入排名中,日本居第 2 位,略微低于美国,超过中国、韩国、英国等地。见图 5-49。例如,2015 年 Aniplex 发布的黑马游戏《Fate/Grand Order》可谓是日本手游市场的一朵奇葩,自 2015 年 7 月底和 8 月中旬分别登陆 GooglePlay 和 iOS 平台,其下载量虽然较低,即使是在大规模投放电视广告后,下载榜成绩也未曾回升至 Top100,但收入榜排名一直在 TOP10,2015 年 12 月还一举超越《怪物弹珠》和《智龙迷城》登顶日本收入榜。考虑到系列实体游戏销量基本都在 10 万~20 万的区间,可以推断该作的核心付费玩家大概在 10 万人左右,可见十万“月厨”③付费能力之强④。

① 四大手游市场对比:日本鲸鱼用户占 8%,北美/韩国占 5%,中国仅 3%[OL]. 浙江省文化厅。http://www.zjwh.gov.cn/dtxx/2016-04-19/198049.htm.

② 2015 中国手游远超日本附 2015 日本手游市场全年分析[OL]. 上方网. http://news.ikanchai.com/2016/0105/44379.shtml.

③ 月厨,即 TYPE MOON 的追随者。TYPE-MOON 是日本的游戏发行商有限会社ノーツ在发行成人游戏时所使用的品牌名称,作品有《月姬》系列、《Fate》系列等。在动漫界、同人界等网络流行用语中,厨的含义是喜欢某一种角色到接近走火入魔的地步的人,因为喜欢某一人物/事物不惜贬低或诋毁其他东西,或是不允许其他人对该人物/事物有负面的评价,甚至是不允许存在令他们不能接受的关于该人物/事物的言论。

④ AppAnnie11 月日本手游指数报告主机大厂制霸下载榜[OL]. 白鲸社区. http://www.baijingapp.com/article/3050.

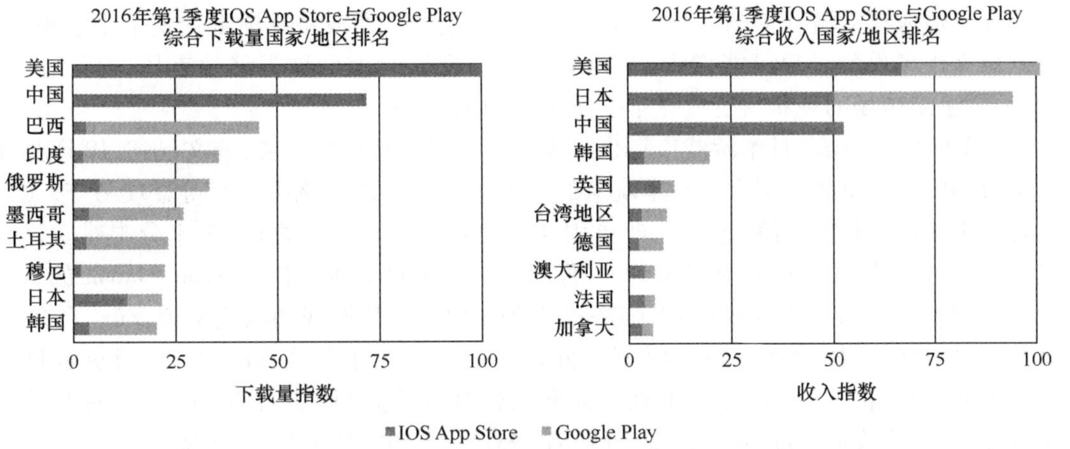

图 5-49 2016 年第 1 季度 IOS App Store 和 Google Play 综合下载量和综合收入国家/地区排名①

(2)日本手游市场呈现固榜特点,新作很难脱颖而出,玩家忠诚度高,而且市场相对封闭,很难渗透,也呈现出"加拉帕戈斯化"现象。加拉帕戈斯化(Galapagosization)是日本的商业用语,是指在孤立的环境(日本市场)下,独自进行"最适化",而丧失和区域外的互换性,面对来自外部(外国)适应性(泛用性)和生存能力(低价格)高的品种(制品/技术),最终陷入被淘汰的危险,以进化论的加拉帕戈斯群岛生态系作为警语,也称作加拉帕戈斯综合征(Galápagos Syndrome)。海外知名手游 Supercell 旗下的《部落冲突》在全球 150 多个国家霸榜 TOP5,而在日本畅销榜也只在 TOP20 徘徊。2015 年,海外手游仍未取得重大突破,在日本畅销榜上形单影只,仅 Spercell、乐元素②和 Machine Zone 表现较好。可见,日本的游戏市场相对独立、很难渗透。近几年,中国手游进军日本市场力度之大及成功率之低也让无数厂商望而却步,需更详细的战略布局和更本地化的作品突破。此外,值得注意的是,日本安卓系统和 iOS 系统的占比分别为 62.9% 和 35.1%。尽管 iOS 的占比不高,但是 60% 以上的日本年轻人喜欢 iOS 系统。所以为了保证收益,必须发行 iOS 版本的游戏。

(3)主机厂商转型移动领域。日本老牌主机游戏厂商 SEGA、任天堂、Konami、Level5、Sony 等在手游领域均有布局,并将向手游转型作为未来发展的主要战略。2015 年,Konami 社长早川英树曾表示将重心转移到手游业务,而受此影响,公司的应收以及利润也大幅上升③。所以对 KONAMI 而言,与其投入巨大资金去开发 AAA 大作,还不如从手游中来钱更快、更多、更保险,这也是目前 KONAMI 这些原主机大厂转型的根本原因。Konami 在移动游戏的道路上越走越远,与多名制作人产生意见分歧,即诸多知名制作人纷纷退社后,公司最后的王牌制作人小岛秀夫也离职创业成立新的小岛工作室。这些主

① AppAnnie2016 年一季度数据:中国超日本 iOS 收入全球第二[OL]. 中商情报网. http://www.askci.com/news/hlw/20160421/2031465426.shtml.

② 在日本有两款游戏稳定在畅销榜 TOP50 的乐元素,在当地设有子公司且研发团队由早前收购的日本团队领导,本地化程度高。

③ 根据其最新财报显示,KONAMI 公司 2015 年 4—12 月营收1 792亿日元,同比增长 15%;营业利润 174 亿日元,增长 62.3%;利润比也从此前的 15.8% 增长至 27.3%,而这可以说都是移动游戏的功劳。

机游戏大厂一方面有更多的资源,另一方面其技术储备也较那些手游厂商更加强大,等它们完全适应移动游戏市场的节奏后,假以时日,这些厂商或将逐渐蚕食整个手游市场,占据更多市场份额。很可能像中国市场一样,出现端游大厂称霸移动市场的局面。目前,中国手游市场的现状将变成日本手游市场的未来。

(4)ACGN 联动。日本游戏市场也呈现 ACGN 联动加速的趋势,前文已述,IP 产品在日本市场所占比重越来越大。日本玩家的高忠诚度属性也让该市场变得难攻易守,无论是海外手游还是日本新游,想要在严重固化的榜单上争得一席之位,都十分艰难。这也使 IP 和细分市场成为重要的切入口[①]。像《Fate / Grand Order》作为 Type - Moon 的 Fate 系列[②]改编之作,最大亮点就是 IP,强势进入 TOP10。而从游戏动画化来说,mixi 在 2015 年 5 月宣布推出《怪物弹珠》的动画版,并在之后成立了子公司 XFLAG,专门负责打造《怪物弹珠》IP 生态。根据优酷土豆的数据,《怪物弹珠》动画版自 2015 年 10 月开播以来,在国内的播放量接近 160 万。此外还有 SEGA 的《锁链战记》、GungHo 的《神赐之门》等作品。甚至日本公信榜 oricon 此前发布的 2015 年度日本动画作品收入排行榜 Top10 中就有 4 部是根据游戏改编的[③]。

5.2.2.4 代表性企业——Mixi:《怪物弹珠》令社交巨头 Mixi 再度崛起,却在中国市场铩羽而归

日本知名社交网站 Mixi 有日本 Facebook 之称,是当时日本最大的社交网络公司,早在 2006 年就进行了 IPO,被认为是当时走上 IPO 之路的首个"Web 2.0 企业"。此后相当长一段时间内,Mixi 一直增长稳健,后来诸如 DeNA、GREE、Twitter、Facebook 和 Line 这些社交和游戏公司开始同 Mixi 展开竞争,Mixi 也停止了自己的创新步伐,Mixi 股价大跌。事实上,在 2011 年和 2012 年左右,不少日本用户都认为 Mixi 实际上已经濒临倒闭。Mixi 曾尝试数次新动作以挽救公司,比如,Mixi 同门户网站兼网络社区 Mobage 达成了合作关系,联手日本最具影响力的游戏软件商之一科乐美(KONAMI)推出移动游戏网络平台,同日本 Twitter 展开合作,积极开拓美国市场,收购一系列初创企业,委任新 CEO,寻求风投以及推出了诸如电子商务、图片分享、在线交友等全新服务[④]。可惜 Mixi 的这些动作几乎没有奏效,Mixi 公司的股价下跌到了其峰值的 5%。直到公司决定进军游戏业,事情开始有了转机。"进军游戏产业是一个大大的赌注",公司新领导 Hiroki Morita 在一次采访中谈及向游戏产业扩展的决定时这样说。尽管这一方面并非没有先例,比如,日本当前最大的两个手机游戏平台 Gree 和 DeNA 是从和互联网商业毫不沾边的行业起步的,但在当时 Mixi"已然落后了"。为了使自己与众不同,Mixi 公司决定要开发一款人们可以面对面玩的游戏。公司新领导 Hiroki Morita 说:"我们想开发这样的游戏,比如说,如果你和

---

① 日本手游市场之变:畅销榜 TOP100 竖屏手游占七成[OL]. 腾讯游戏. http://www.youxituoluo.com/108261.html.

② 系列初代《Fate/Stay Night》作为一款 18 禁游戏自 2004 年登录 PC 平台以来,已经历经十余年了,期间也陆续被改编为动画、漫画、小说、游戏等。

③ 变革中的岛国盘点 2015 日本手游市场[OL]. 游戏大观. http://news.gamedog.cn/a/20160204/1590977.html.

④ 看怪物弹珠如何让日本版 Facebook 起死回生_手游让 Mixi 起死回生[OL]. 叶子猪. http://news.yzz.cn/foreign/201403-764838.shtml.

朋友出去吃饭喝酒,你们就可以一起玩。"[①]2013 年 10 月,《怪物弹珠》(Monster Strike)[②]上线并大获成功,超过《智龙迷城》成为日本移动平台最受欢迎的游戏。《怪物弹珠》的 MAU 率(月活跃率)高达82%,DAU 率(日活跃率)高达52%。根据 Mixi 公司的财报,《怪物弹珠》的单日收入达到420 万美元。《怪物弹珠》在 2015 年 9 月甚至超过《部落战争》首登全球 iOS & Google Play 手游收入排行榜第一,并在 2015 年 10 月、11 月持续霸占榜首。Mixi 公司 90% 的收入来自《怪物弹珠》。东京咨询公司 Kantan Games 公司的创始人 Serkan Toto 说:"我们正在目睹 Mixi 的第二次归来,而且它比第一次愈发庞大了。"

Mixi 凭借《怪物弹珠》一款游戏再次崛起的案例,说明在移动游戏市场,即使毫无经验的新进入者,也是可以通过精准定位和用心设计弯道超车的。英国手游巨头公司 King 创始人在进军游戏行业之前也是以一个网上约会服务起家的,现在它是爆款手游《糖果粉碎传奇》(Candy Crush Saga)的开发者。日本最成功的手游开发商是 GungHo Online Entertainment,该公司在发布其大受欢迎的游戏《智龙迷城》(Puzzle & Dragons)之前也不为人所知。

《怪物弹珠》进行了一系列扩展海外市场的尝试。从图 5-50 可知,《怪物弹珠》在日本本土获得成功后,也陆续推出了北美、韩国、中国,以及中国台湾、中国香港版本进军海外市场。鉴于中国已成为全球重要的手游市场,曾有日本厂商表示:"眼下只要产品能够三者取其二(欧美、日本、中国),就可以成为全球市场顶级产品。"

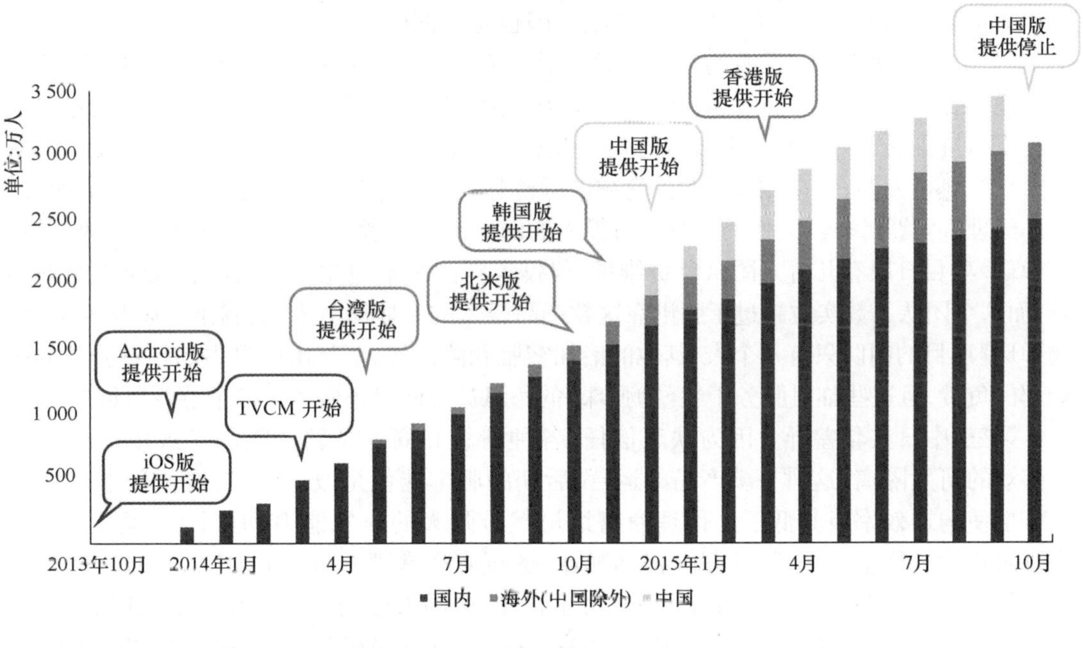

图 5-50 《怪物弹珠》各月下载量(■为日本、■为海外、■为中国)

---

① 借手游怪物弹珠发力日本社交巨头 Mixi 欲再度崛起[OL]. 网易科技. http://tech.163.com/14/1230/22/AEOECO0G000915BF.html.

② 《怪物弹珠》是一款混合类弹珠手游,游戏玩家手动控制自己的怪物,调整出最佳角度去弹击敌人,获取最大伤害,还可以触发队友友情技能,是一款回合制游戏。

与欧美市场相比，中国文化与日本文化在背景和习惯上具有相似相容性，所以很多日本游戏公司很自然地认为中国会成为日本手游产品的后花园①，日本手游也对中国手游市场有诸多启发和影响，比如，乐卓 CEO 邢山虎就曾表示，《我叫 MT》立项，正是因为对《智龙迷城》的喜爱和模仿才有了后来的《我叫 MT》。2014 年 12 月，《怪物弹珠》开始在中国运营，由腾讯公司代理，可惜未取得预期效果，2015 年 10 月，《怪物弹珠》在中国市场停止运营。上线不足一年的日本第一手游铩羽，使日本游戏业大为震动，受连续几款日本产品在中国市场失利的影响，日本著名版权方集英社已收紧了对中国游戏公司的 IP 授权。

《怪物弹珠》之所以在中国市场失败的原因主要有以下几个方面：

第一，中日合作双方对中国市场过度自信且产品节奏不匹配。从日方来说，由于日本崇尚内容产业，对内容质量过于自信，认为只要内容好，用户自然会被吸引过来，它忽视中国市场的独特性。所以 Mixi 希望慢慢做《怪物弹珠》的口碑，希望改得更适合中国市场口味再上线。对中方来说，签约时抱着抢占先机的心态，下手很快，但对后续运营推广却没有细致规划，想当然地认为日本王牌在中国也会受到追捧。其实由于日本市场的“加拉帕戈斯现象”，只有关注日本游戏的玩家才会了解并追捧日本游戏，用户基数其实不算大，认可度也一般。而且中国市场非常看重游戏早期的收入、留存率等数据，要想做长线，很可能会遭到本地渠道商的逼迫。腾讯当时在微信平台上已有近 20 款产品等待上架，资源十分紧张，所以要求在年底必须上架，导致尚未完全本地化的《怪物弹珠》在 2014 年 12 月匆忙在并不太合适的微信平台上线。日本游戏公司是以制作人为主导，对合作方的要求有更高的话语权，这一点跟中国也是不同的。

第二，本土化不够。手游的本土化并不是只有翻译这么简单的事情，必须得从整体上进行把控，深刻理解游戏的内涵，把握住该款游戏吸引玩家的精髓核心是什么，否则难以应对越来越挑剔的手游玩家。中日双方对产品的理解深度并不一致。还有一点是发行团队本土化的对接失误。一般来说，发行商在进行游戏发行工作时，需要配备客服、市场、媒介、产品经理、运营等岗位，大作的发行商所投入的团队人数一般不会少于研发团队人数。《怪物弹珠》项目日服有几百人团队负责维护，仅投入到国服本地化工作的就有几十人全职团队，而这个团队人数实质超过了腾讯在这款产品投入的专职团队人数，腾讯专职服务于《怪物弹珠》项目的团队只有几个人，其他的诸如客服和测试等，都是由腾讯内部相对公共的职能部门负责，且这些临时服务于《怪物弹珠》的腾讯员工同时还服务于多个游戏项目②。

第三，中日文化差异。因为缺乏信任，各种猜忌和商业条款的限制导致用户的反馈与游戏的研发隔离，这对一款产品的运营、后期的版本迭代是致命的，沟通过程中过多的环节也使沟通效率极其低下。代理商腾讯虽然有强大的研发能力，但因为无源码，导致修改游戏的过程十分缓慢。因此《怪物弹珠》的玩家经常遭遇游戏有 BUG 却迟迟得不到修正的问题。据 Mixi 内部人士的反思，对于合作，中国人倾向于在一开始用试探的角度，逐渐对合作方投入，从而建立更深的信赖关系；而日方正好相反，会根据对对方的判断而在起初选择信任，如果对方在合作中出现问题和分歧，信任的程度会逐渐下降，最终甚至

① 《怪物弹珠》中国停运幕后真相调查：看日本游戏公司的野望与挣扎[OL]. 经理人分享. http://www.managershare.com/post/202574.

② 《怪物弹珠》中国停运幕后真相调查：看日本游戏公司的野望与挣扎[OL]. 经理人分享. http://www.managershare.com/post/202574.

选择不再合作。更多的文化差异还体现在交流上，腾讯很多次提出的建议是很重要的，但中国人说话委婉，含蓄和隐晦的语气让日方误以为这不是在提条件、提建议，而是在商量，以至于忽略了很多重要的决策时机①。

《怪物弹珠》的成功令 Mixi 重新站在了行业弄潮儿的前列，但其在中国市场的铩羽而归却为我们提供了一个很好的研究案例，日方应该考虑如何扬长避短适应他国市场，而中方也应深刻考虑优秀产品成功背后的因素，尊重创新，放眼长线，为中国玩家带来更好的游戏体验。

5.3 中国游戏产品"走出去"状况

5.3.1 中国游戏市场概况

5.3.1.1 市场基本数据和各细分市场特点

2015 年，中国游戏（包括客户端游戏、网页游戏、社交游戏、移动游戏、单机游戏、电视游戏等）市场实际销售收入达到1 407亿元人民币，同比增长 22.9%②（见图 5 -51）。

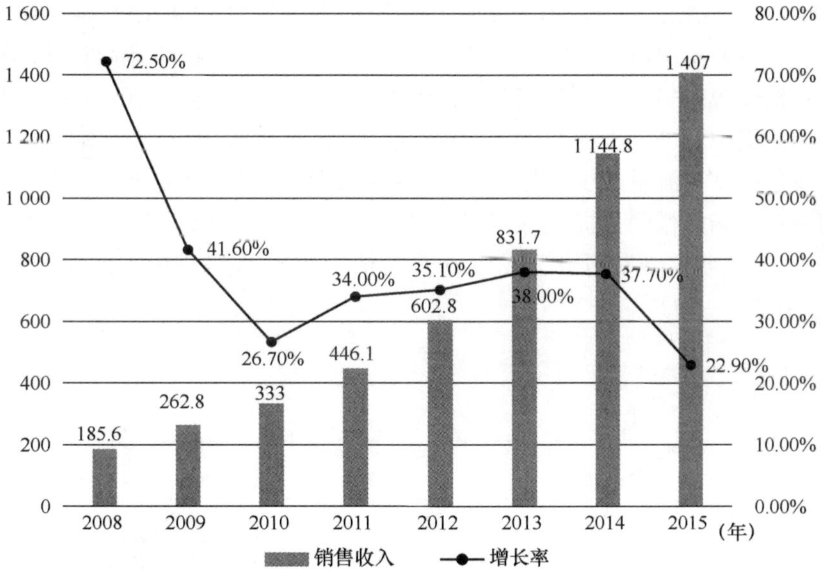

图 5 -51 2008—2015 年中国游戏市场实际销售收入（单位：亿元）③

数据来源：GPC IDC and CNG。

① 三大反思：Mixi 首谈《怪物弹珠》停服[OL]. 游戏葡萄. http://youxiputao. com/articles/6073.

② 2015 年中国游戏产业报告（摘要版）[R/OL]. 中国音像不数字出版协会游戏出版工作委员会（GPC）/CNG 中新游戏研究（伽马数据）/国际数据公司（IDC）. http://cdn. cgigc. com. cn/report/2015/report_2015_12 -1. pdf.

③ 图 5 -52 至图 5 -59 以及图 5 -64 引自 2015 年中国游戏产业报告（摘要版）[R/OL]. 中国音像不数字出版协会游戏出版工作委员会（GPC）/CNG 中新游戏研究（伽马数据）/国际数据公司（IDC）. http://cdn. cgigc. com. cn/report/2015/report_2015_12 -1. pdf.

2015 年，中国游戏用户达到 5.34 亿人，同比增长 3.3%（见图 5－52）。

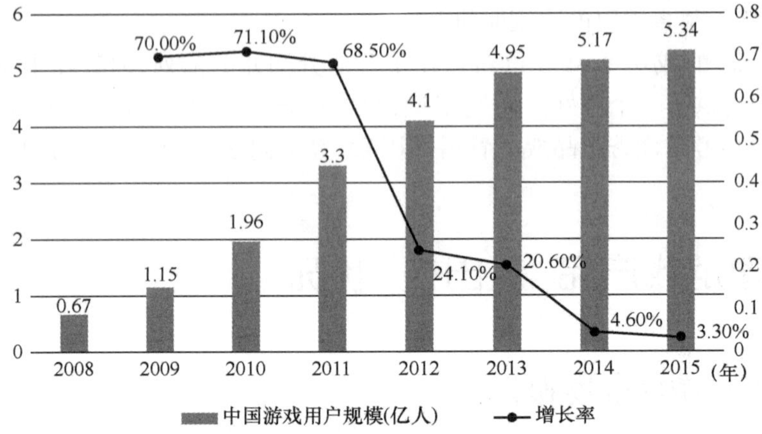

图 5－52　2008—2015 中国游戏用户规模

数据来源：GPC IDC and CNG。

总体来看，2015 年，中国游戏产业规模增速放缓。从具体细分市场来看，传统的客户端游戏增长乏力，新作匮乏，经典旧作已处于生命周期中后阶段，MMORPG 游戏甚至出现负增长；移动市场经过多年快速发展后增速渐缓，而新兴的电视游戏、H5 游戏、移动竞技等尚处于开始阶段，整体规模较小。可见，经历了高速发展的游戏产业逐渐进入平台期。从竞争格局来看，产业集中度进一步提升，大中型游戏企业占据优势地位，客户端游戏市场逐渐稳定，网页游戏是由掌控流量的少数几家发行商把控，腾讯、网易等端游大厂霸榜移动游戏市场，使移动游戏市场门槛明显提升，排名前十的移动游戏收入占该市场总收入的 40% 以上。

2015 年，中国自主研发网络游戏市场实际销售收入达到 986.7 亿元人民币，同比增长 35.8%（见图 5－53）。

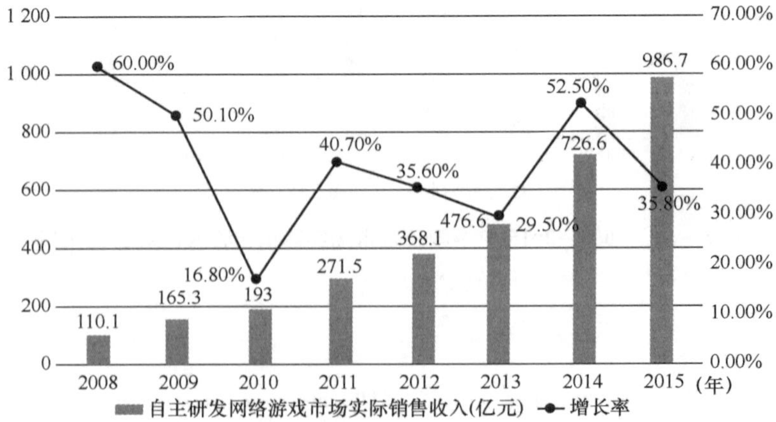

图 5－53　2008—2015 年中国自主研发网络游戏市场实际销售收入

数据来源：GPC IDC and CNG。

从分市场来看,2015 年,中国客户端游戏市场实际销售收入达到 611.6 亿元人民币,同比增长 0.4%(见图 5-54)。可以看出,客户端游戏市场已进入固守阶段,用户群稳定。由于市场相对成熟稳固,厂家也在这一市场采取了更为保守、稳健的竞争策略,由于成本高,企质量提升,新游戏推出节奏缓慢,旧作则通过"降价"方式提高用户留存率。此外,端游大厂如网易等开始改编同名移动作品在移动端发力,并取得霸榜成果,这也反过来促使客户端游戏厂家开始重视培养品牌和 IP,放眼长线,寄希望养肥 IP 后在移动市场再分一杯羹。

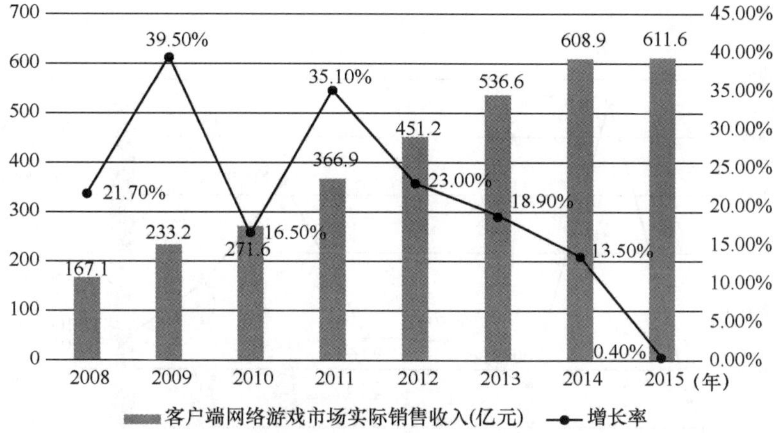

图 5-54 2008—2015 年中国客户端网络游戏市场实际销售收入

数据来源:GPC IDC and CNG。

2015 年,中国网页游戏市场实际销售收入达到 219.6 亿元人民币,同比增长 8.3%(见图 5-55)。整个 2015 年,网页游戏也呈现固化状态,而且厂家成本越来越高。用户流量导入一直是网页游戏获取用户的重要手段,不过方式方法越来越多样化,除传统的弹窗广告、贴片广告外,明星代言和 IP 改编也经常被采用。影游联动趋势加快,《花千骨》《琅琊榜》等页游在影视剧热映时上线,快速变现。但导流量高成本的方式也使页游发展呈现隐忧,例如三七游戏仅半年购买流量的费用就高达 7 亿元。这提高了页游的进入门槛,也使风险加大,所以很多中小页游厂商开始谋求转型,进军移动游戏市场。

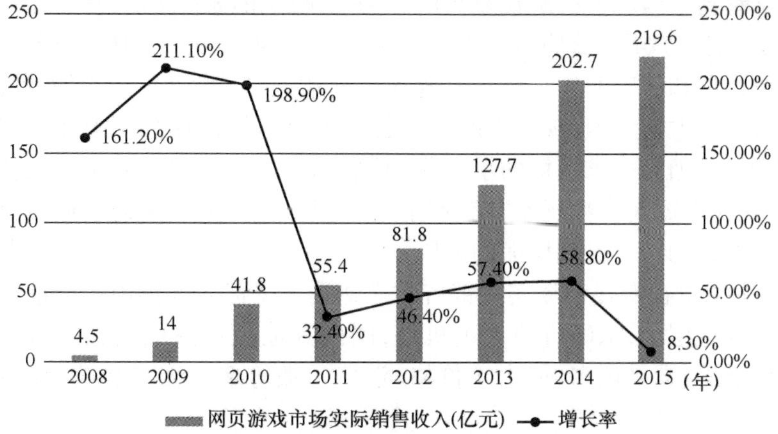

图 5-55 2008—2015 年中国网页游戏市场实际销售收入

数据来源:GPC IDC and CNG。

2015 年,中国移动游戏市场实际销售收入达到 514.6 亿元人民币,同比增长 87.2%。移动游戏市场依然保持高速增长,但较 2013、2014 年增速已明显放缓(见图 5-56)。人口红利效应的递减使厂商从单纯获取流量向深度挖掘用户价值转变。移动游戏也在通过精品 IP 获取目标用户,但存在泥沙俱下的现象,大量换皮低质游戏充斥市场,当然也存在少数精品。端游大厂如网易等借助多年培养的《梦幻西游》这一品牌,发力移动端,也在"流量为王"的市场上独辟蹊径,面对安卓渠道商时十分强势,掌握更高话语权。

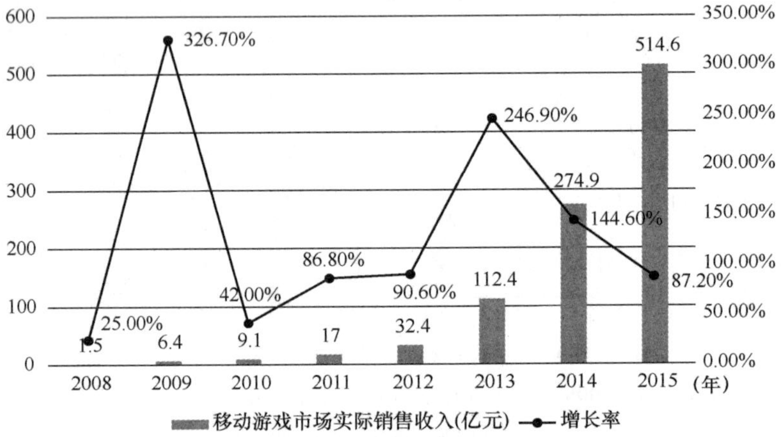

图 5-56　2008—2015 年中国移动游戏市场实际销售收入

数据来源:GPC IDC and CNG。

2015 年,中国单机游戏市场实际销售收入达到 1.4 亿元人民币,同比增长 180.0%(见图 5-57)。这一年可以说是单机游戏井喷的一年,各大游戏厂商如雨后春笋一般发行新作,大宇资讯旗下经典角色扮演游戏《轩辕剑外传:穹之扉》(Xuanyuan Sword The Gate Of Firmament)、《仙剑奇侠传 6》(Chinese Paladin 6)、《侠客风云传》(Tale of Wuxia)、《御天降魔传》(Yu Tian Xiang Mo Zhuan)、《洛川群侠传》(luo chuan Legend)①等大作,让单机游戏玩家看到了国产单机游戏复兴的希望。国际市场上,《消逝的光芒》《巫师 3:狂猎》《合金装备:幻痛》《最终幻想 13:雷霆归来》《辐射 4》《使命召唤》等大作也给单机游戏玩家奉献了视觉和体验的盛宴。单机游戏受到欢迎或许还有一个因素是,网络游戏带来的社会负反馈正愈演愈烈,现如今的网络游戏不再是躲避社会压力休闲娱乐的世外桃源,在某种程度上,因为追求目标的单一化,网络游戏社会里的压力比现实社会来得更为直接和明显,往往形成大多数玩家"陪玩"服务器里少数土豪玩家的局面。这或许是单机游戏重新受到青睐的一个心理层面的原因。

2015 年,中国电视游戏市场实际销售收入达到 2.2 亿元人民币。当前电视游戏尚处于探索阶段。硬件层面,除国行两大主机外,国内其他主打主机概念的游戏硬件产品尚未成熟。软件层面,数量虽多,但由于价格、消费习惯等多种因素影响,依然缺乏引爆市

① 几家欢喜几家愁 2015 年国产单机游戏回顾[OL]. 新华网. http://news.xinhuanet.com/info/2015-12/17/c_134922849.htm.

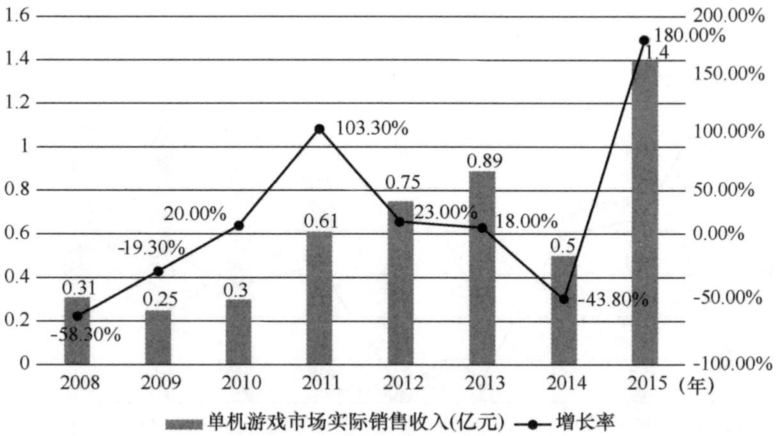

图 5-57　2008—2015 年单机游戏市场实际销售收入

数据来源:GPC IDC and CNG。

场的现象级产品。主机游戏市场尚在路上。

综上所述,中国游戏市场实际销售收入的市场份额如图 5-58 所示。

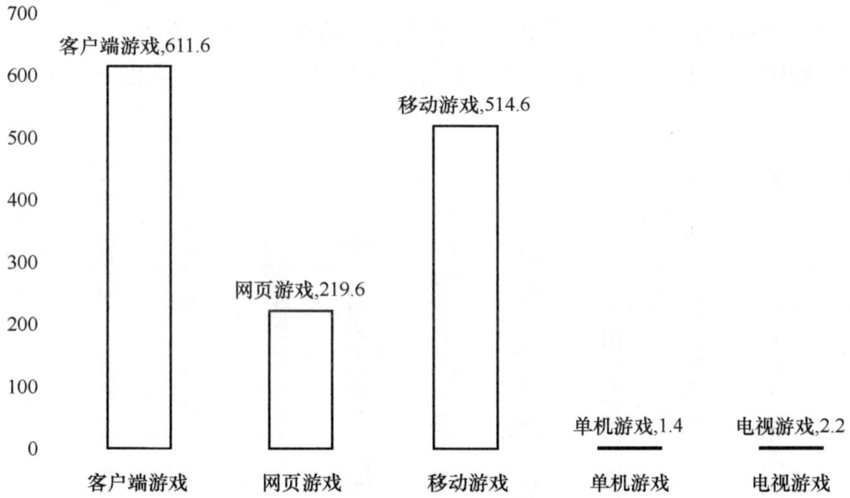

图 5-58　中国游戏市场实际销售收入细分市场份额(单位:亿元)

数据来源:GPC IDC and CNG。

5.3.1.2　中国移动游戏市场

(1)中国移动游戏市场基本数据分析。2015 年,中国移动游戏市场已成为世界第一大移动游戏市场。从图 5-59 可以看出,市场销售收入稳步增长,但增速有所放缓。老游戏表现稳定,新作品表现疲软,市场基数越来越大,使环比增长率大幅度降低。中国移动游戏市场全年实际销售收入为 515 亿元。

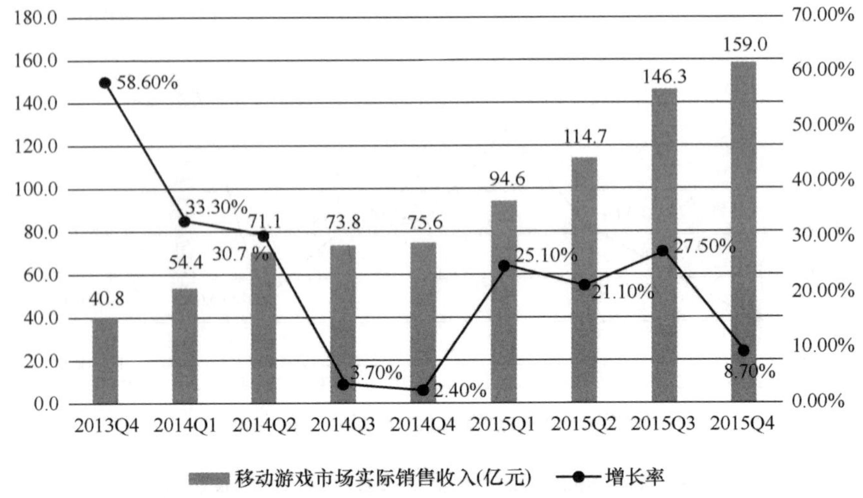

图 5-59 2013—2015 中国移动游戏市场实际销售收入(亿元)①

数据来源:GPC、CNG。

从细分平台来看,iOS 平台 2015 年第四季度实际销售收入为 60.9 亿元,环比增长 16.7%,成为市场总收入的主要动力;而安卓游戏市场 2015 年第四季度实际销售收入达 81.4 亿元,增长率仅为 2.9%,市场也无强势新游拉动用户,增长乏力。

从用户规模来看,移动用户规模达 3.84 亿,增速进一步放缓(见图 5-60)。

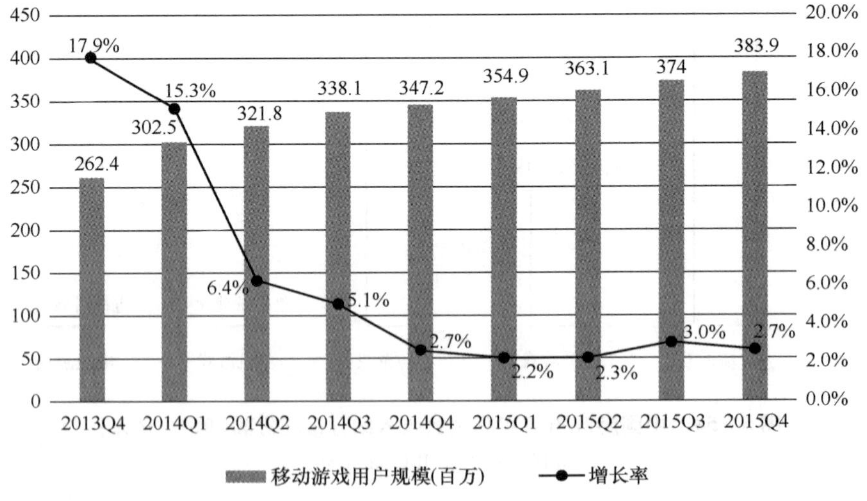

图 5-60 2013—2015 中国移动游戏市场用户规模(百万)

数据来源:GPC、CNG。

① 图 5-60,5-61,5-63,5-65,5-66 和表 5-25,5-27 引自 2015 年 10—12 月移动游戏产业报告[OL]. 中国音数协游戏工委(GPC)\伽马数据(CNG 中新游戏研究)\TalkingData. http://cdn.cgigc.com.cn/report/2015/report_2015_10-12_mobile.pdf.

(2)中国移动游戏市场特点。具体有以下几点:

①中国移动游戏市场呈现行业集中度加剧的特点。网易、腾讯等大厂商控场局面明显,网易的优势在于自主研发实力强悍和海外代理善得先机,旗下代表游戏作品有《梦幻西游》《大话西游》《功夫熊猫》《炉石传说》《乖离性百万亚瑟王》《时空之刃》等,其中,《梦幻西游》手游版自推出后迅速登顶,成为业界忘而兴叹的重度手游巨作,腾讯的战略是重度转型、游戏代理和IP战略,旗下代表作品有《王者荣耀》《热血传奇》《拳皇98终极之战OL》《六龙争霸》《全民无双》《火影忍者》,奉行泛娱乐化战略。2015年第四季度,移动游戏研发收入TOP10厂商总收入占比超过76%,可见行业集中度颇高(见表5-23)。就产品来说,2015年第四季度TOP10游戏收入约为94.4亿,占移动游戏市场总收入的59.4%。

表5-23 2015年第四季度中国游戏企业移动游戏研发收入①榜单

排名	企业名称	占比(%)
1	网易游戏	29.0
2	腾讯游戏	19.7
3	掌趣科技	7.3
4	盛大游戏	6.3
5	智明星通	3.3
6	祖龙娱乐	2.8
7	乐元素	2.7
8	天神互动	2.1
9	胜利游戏	1.5
10	游族网络	1.5

数据来源:GPC、CNG。

②游戏产品以IP作品、重度手游为主流趋势。《星球大战》《火影忍者》《万万没想到》等作品皆为IP作品,影游联动的趋势有所加强,对影游联动前文已述,此处不再赘述。手游重度化是另外一个典型的市场特点,经过一段时间手游对玩家习惯和偏好的培养,一些相对忠诚的手机玩家已能接受和适应重度手游,这也为传统手游生命周期短、留存率低提出了很好的解决路径。

③中国手游玩家付费率较低。与其他手游大国日本、美国、韩国相比,中国付费用户的比例并不高,仅占40%,尤其每位重度玩家的平均花费仅为234.49美元,仅相当于日本重度玩家平均花费的1/4左右,②(见图5-61和表5-24)。

① 中国游戏企业移动游戏研发收入仅监测不同游戏企业自研游戏产品所产生的流水(分成前),即产品研发商与发行商不同时,其流水计入研发企业。

② 四大手游市场对比:日本鲸鱼用户占8%,北美/韩国占5%,中国仅3%[OL].浙江省文化厅.http://www.zjwh.gov.cn/dtxx/2016-04-19/198049.htm

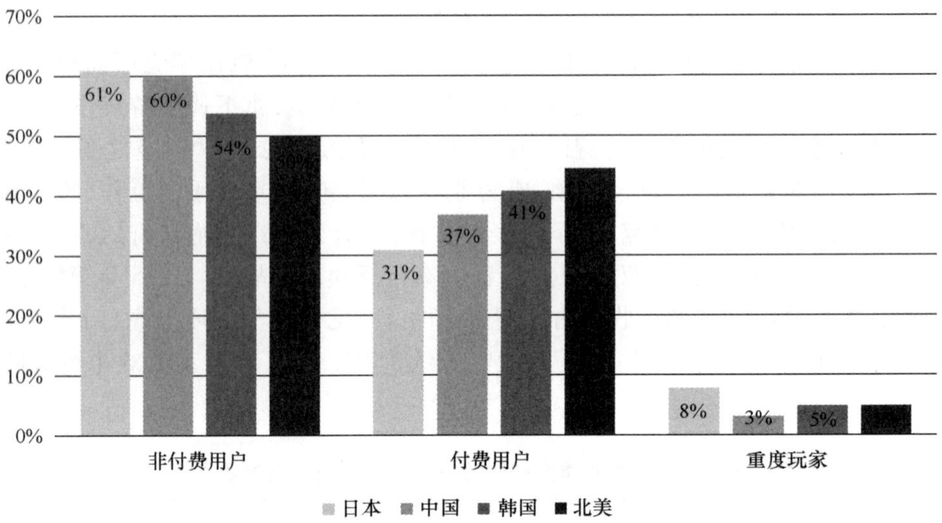

图 5－61　2015 年中、日、美、韩移动游戏玩家付费比例

表 5－24　2015 年中、日、美、韩移动游戏重度玩家年均付费

平均花费	重度玩家(美元)
日本	882.40
韩国	732.42
北美	396.15
中国	234.49

从各游戏类型付费率来看，中国的 RPG 及棋牌类付费率相对较高，动作类和益智类居中，策略类和模拟类付费率最低①（见图 5－62）。

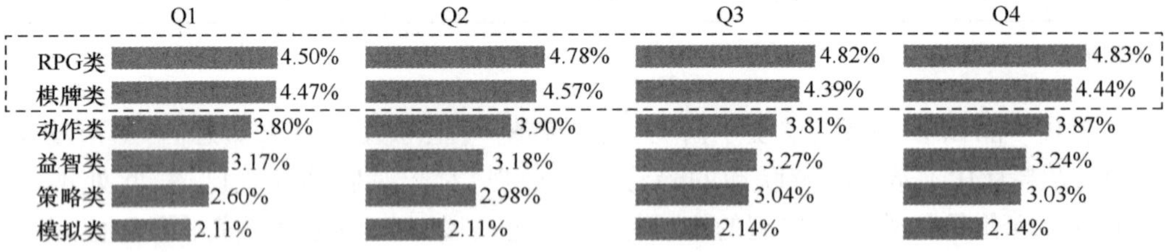

图 5－62　2015 年中国移动游戏付费率状况

数据来源：GPC、CNG。

5.3.1.3　中国游戏市场发展趋势

据 Newzoo 发布的报告，到 2016 年，中国游戏市场规模将达 262 亿美元，远超过美国

① 2015 年 10－12 月移动游戏产业报告[R/OL]. 中国音数协游戏工委（GPC），伽马数据（CNG 中新游戏研究）. TalkingData. http://cdn. cgigc. com. cn/report/2015/report_2015_10－12_mobile. pdf.

的226亿美元,并且增长率将会持续推动中国游戏市场2018年达到300亿美元的规模①。中国游戏市场未来的发展趋势可以概括为以下3点②:

(1)移动游戏市场将引领整个游戏产业保持多元化高速增长。中国游戏市场的各细分市场分别处于不同的发展阶段,比如,客户端游戏、网页游戏、单机游戏等细分市场已较为成熟,市场增幅有限且波动幅度不大;移动游戏市场经过几年的高速发展后增势渐缓,但仍然保持87%以上的年增长率,按这样的增长速度,3年后它将成为中国游戏市场第一大细分门类,未来将继续引领游戏产业高速增长,而且随着电视游戏、电子竞技、移动电竞、H5游戏等新兴游戏市场的探索,游戏产业呈现多元化趋势。除此之外,海外市场也存在很多机会,游戏“走出去”将继续开花结果。

(2)游戏市场竞争格局初成,大中小企业共赢共生。当前中国游戏市场形成了大企业控场、中小企业承压的竞争格局。一方面,大企业凭借雄厚的资金实力、研发投入、人才积累、发行渠道和优质游戏,不但固守原有的客户端游戏、网页游戏市场,并且向移动领域发力且效果卓著,这些优势可以被称为“护城河”;另一方面,游戏业毕竟是一个创意驱动的行业,那么,中小企业凭借船小好调头、触角敏锐、反应速度快的优势还是可以从一些细分领域分一杯羹的。所以部分小企业在大企业的视觉盲区顽强生存,形成一种“共生”关系,共同维护游戏市场的生态环境。

(3)VR、电子竞技(移动电竞)、H5、电视游戏等新兴市场成为未来发展趋势。第一,正如前文在国际游戏市场热点趋势中所提到的,VR、电子竞技、移动电竞正成为资本密切布局的下一个风口,具体不再赘述。第二,H5游戏发展基础已经初步构建,白鹭、触控、layabox等发布了多个针对H5游戏研发的引擎,吸引了很多游戏开发者,在游戏发行领域,腾讯等企业也开放了H5游戏的接口,为H5游戏的发展提供了平台化条件。第三,智能电视和电视盒子的用户量增加,为电视游戏的发展提供了硬件基础,或将成为游戏业的另一个蓝海。

5.3.2 中国游戏市场出口分析

5.3.2.1 中国游戏市场出口概况

近年来,游戏产业在文化产业中不仅发展速度最快,而且“走出去”的步伐也不断加快,作为中国文化的优秀代表走出国门。游戏产业的出口规模已经数倍于影视、音乐等,成为提升中国文化全球影响力的最主要渠道之一。越来越多承载中国文化内涵的游戏产品获得了东南亚、俄罗斯、美国、日本等海外市场的好评,成为中国文化出口的急先锋和主要增长点。同时,通过对海外市场拓展所积累的重要经验,中国的游戏企业开始大量创作出一系列符合海外市场特性、适应海外市场需求的网络游戏产品,进而成就了中国游戏在全球市场的地位,也因此在中国文化出口领域取得了丰硕成果③。

---

① US & China Battle for #1 World's Top Games Markets CASUAL CONNECT FREE REPORT:2015. NEWZOO. https://newzoo.com/insights/trend-reports/casual-connect-free-report-us-china-battle-for-1-worlds-top-games-markets-2/.

② 2015年中国游戏产业报告(摘要版)[OL]. 中国音像不数字出版协会游戏出版工作委员会(GPC)、CNG中新游戏研究(伽马数据)、国际数据公司(IDC). http://cdn.cgigc.com.cn/report/2015/report_2015_12-1.pdf.

③ 2014年度中国游戏产业海外市场报告[OL]. GPC/CNG/IDC. http://www.youxiping.com/news-4501-1.html.

2015 年，中国自主研发网络游戏海外市场实际销售收入达到 53.1 亿美元，同比增长 72.4%，见图 5-63。总体来看，自主研发网络游戏出口呈现两个特征：一是出现了一批聚焦海外市场的公司，以出口为导向，如智明星通、成都尼毕鲁等，海外市场收入大幅超过国内市场的收入；二是海外出口增量部分以移动游戏和网页游戏为主，移动游戏和页游也成为带动出口增长的动力所在。

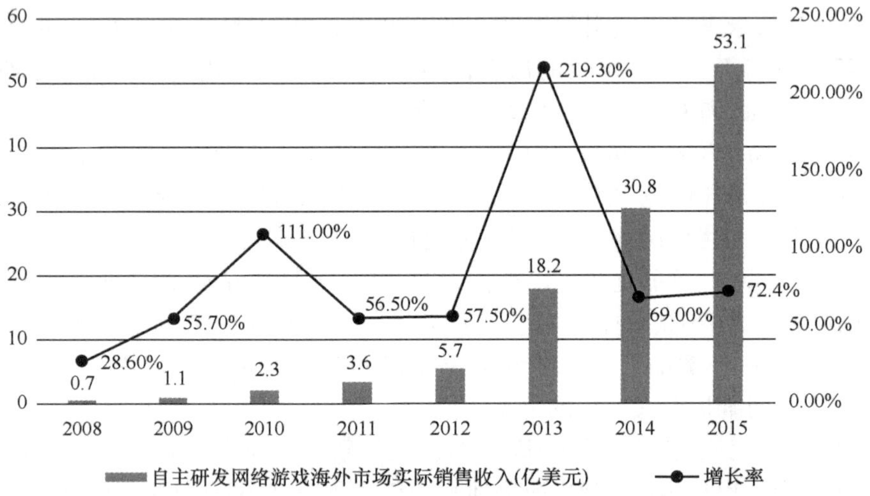

图5-63　2008—2015 年自主研发网络游戏海外市场实际销售收入（单位：亿美元）

数据来源：GPC IDC and CNG。

拓展海外移动游戏市场的国内游戏研发商主要有智明星通、成都尼毕鲁、掌趣科技、游族网络等公司，发行商有易幻网络和昆仑万维等公司，见表 5-25。

表 5-25　拓展海外移动游戏市场的部分国内游戏公司名单

公司类别	公司名称	代表作品
研发商	智明星通（ELEX）	《Clash of Kings》（欧美、亚洲）
	成都尼比鲁（Tap4fun）	《Invasion》《King's Empire》《银河传说》
	掌趣科技	《全民奇迹 MU》《拳皇 98 终极之战 OL》（韩国、中国台湾）
	游族网络	《少年三国志》（美国、加拿大）
	游戏蜗牛	《太极熊猫》（北美、拉丁美洲）
	完美世界	《神雕侠侣》《魔力宝贝》《神魔大陆》
发行商	易幻网络（Efun）	《天龙八部》《神雕侠侣》
	昆仑万维	《乱斗西游》（韩国）、《奇迹 MU》（东南亚）

中国台湾、中国香港、中国澳门对国产手游接受度还是很高的，图 5-64 显示了 2015 年第四季度港澳台地区 iOS 畅销榜国产手游的受欢迎情况。《列王的纷争》《拳皇 98 终极之战 OL》《刀塔传奇》《六龙御天》等游戏均排过畅销榜榜首的位置。

中国台湾
01 列王的纷争
New01 拳皇98终极之战OL
New02 有杀气童话
07 暗黑黎明
New11 九阴真经手游版
New11 师父有妖气
New15 刀锋无双
23 雄霸天地
24 仙剑奇侠传
27 梦幻西游
39 雷霆战机
37 天龙八部3D
01 Efun-六龙御天
01 刀塔传奇
New03 熹妃传
New07 花千骨
New11 超神战记
12 太极熊猫
19 少年三国志
New24 拳皇97OL
23 超级舰队
26 十万个冷笑话
New34 不良人
38 苍穹变

中国澳门
01 刀塔传奇
New01 有杀气童话
New01 Magic Rush
02 Efun-巨炮连队
02 太极熊猫
06 欢乐斗地主
15 Efun-神雕侠侣
01 列王的纷争
01 Invasion
New01 Efun-六龙御天-港澳版
02 暗黑黎明
05 我叫MT2
10 仙剑奇侠传
New17 九阴真经

中国香港
New01 拳皇98终极之战OL
New01 Efun-六龙御天-港澳版
03 刀塔传
07 暗黑黎明
New11 大富豪2
18 太极熊猫
New27 Magic Rush
New01 有杀气童话
02 梦幻西游
New03 九阴真经
09 Efun-神雕侠侣
12 天天炫斗
New26 熹妃传

（以上游戏排名为名地区iOS畅销榜第四季度最高排名。）
New所标注游戏为各市场在第四季度新上线游戏

图 5－64　港澳台地区 2015 年第四季度国产手游 iOS 畅销榜排名

与港澳台地区相比，欧美国家对国产手游的认可度较低，其中，智明星通（ELEX）旗下策略类游戏《列王的纷争》（COK）是唯一在英、美、日、韩、德、法 6 国畅销榜上均上榜的作品。《太极熊猫》是除日本外其他 5 国皆上榜的 ARPG 游戏（见图 5－65）。

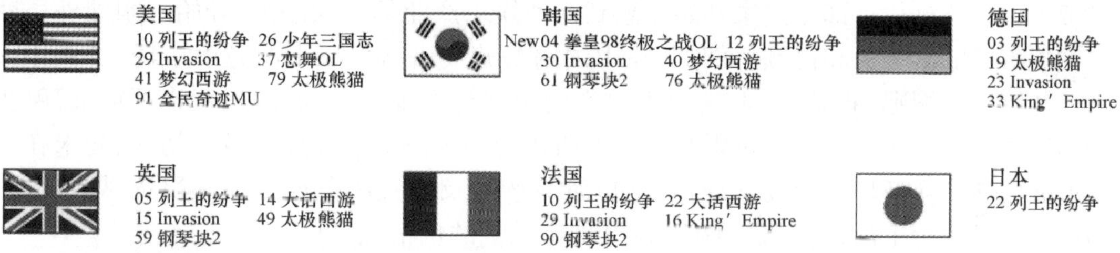

图 5－65　2015 年英美日韩德法排名居前的国产手游

5.3.2.2　中国自主研发游戏出口 SWOT 分析

（1）优势（strength）：一是产品本地化速度提升，这体现了游戏产业由端游时代向移动时代转化的趋势。端游时代产品研发时间较长，新产品开发时间大概需要 4 年，到海外市场的本地化转换大概需要 1～2 年时间，而一般的移动游戏时代，开发时间缩短至半年，本地化转换时间更是少于开发时间。这样中国游戏企业在拓展海外市场时，能够用比原来更少的时间完成本地化修改、市场测试和推广等流程，能达到更快速抢占市场份额的结果。二是主管部门加强支持力度、搭建贸易平台。新闻出版广电总局等监管部门积极搭建中外游戏产业交流合作平台，重点推动“中国自主研发网络游戏海外推广计划”的实施，探索和研究外向型网络游戏企业认定标准与扶持政策，成为中国游戏企业海外运营的重要支撑。同时，设立“一带一路”国际级版权交易服务平台，并组团参与东京电玩展、德国科隆展、美国 E3 展等国际游戏展览，也在国内举办中国国际数码互动娱乐展览会等展会，将优秀的中国游戏产品推向世界。三是资本优势。国内资本市场对游戏概念股的追捧导致游戏资本运作明显受益。众所周知，A 股游戏股的估值明显高于港股和美股，在这种资金流向下，游戏企业更容易获得定向增发等资本投入，提升了游戏企业资源整合和产品研发的能力。

(2)劣势(weakness)：一是游戏数量虽多，但精品游戏仍属少数，基本符合"二八定律"。国内游戏业在热钱涌动的行业背景下，简单换皮快速上线、同质化现象等问题层出不穷，不符合游戏出海的高质量要求。二是国产游戏研发能力较弱，山寨、仿制、同质化现象伤害了国产游戏的国际竞争力。中国游戏公司过于强调市场营销推广能力，看重流量的快速变现，而忽视研发技术能力的提高，这在面临欧美等成熟市场挑剔的游戏玩家时就处于劣势地位。三是海外运营资源与团队建设尚在积累阶段。海外市场拓展是需要很多本地经营经验和渠道资源积累的，由于存在文化差异，国内游戏企业在初次涉足海外市场时，往往采取授权代理形式，但这种模式的盈利能力和对经营权的把控力都是最差的。

(3)机遇(opportunity)：一是移动游戏产业正处于快速增长期，借助移动游戏跨越式发展可以拓展海外市场。例如，智明星通公司借助《列王的纷争》这款移动游戏快速打开国际市场，在多国 iOS 和 Google Play 排行榜上名列前茅。二是把握海外市场机遇。除竞争强度更低的东南亚、印度、巴西、俄罗斯等新兴市场外，中国互联网巨头和硬件厂商的"出海"也为游戏出口提供了一些有利条件。例如，华为与完美世界达成合作关系，在海外销售的华为手机上预装完美世界的游戏。

(4)挑战(threat)：海外市场准入门槛有所提高、监管有所加强，这给国产游戏的出口带来了一些挑战。部分国家开始注意到互动娱乐产业的巨大潜力，开始限制国外厂商在本国市场的影响力和份额。例如，在中国网络游戏占八成以上的越南市场，自 4 年前已经开始受到网吧"宵禁令"和暂停发放新的游戏许可证，停止游戏运营许可审批，停止新的游戏运营公司设立等多重限制。而巴西作为一个游戏产业发展较为初级、尚未在本土形成成熟产业环境的市场，政府对进口游戏产品及相关服务征收高额税费，导致输入的游戏产品定价上涨，无法获得在全球其他市场上的价格优惠①。

5.3.2.3 游戏出口海外运营模式分析

(1)非独立运营模式。非独立运营模式包括授权代理运营模式及合作研发联合运营两种。往往一些海外运营经验不足、经济实力较弱的企业会采用授权代理运营模式，而积累了一定海外运营经验、预计未来将进一步拓展海外游戏出口业务的企业往往将其业务发展方向转向合作研发联合运营，乃至更高级别的独立运营模式，或者创新新型运营模式。其一，授权代理模式。这种方式是指中国的游戏公司跟海外运营商签署代理合作协议，将其游戏作品委托给代理公司进行海外市场运作，中国游戏公司仅参与产品技术维护等工作。这种模式简单易行，但缺点在于主要利润都由海外运营商获得，游戏开发企业只能获得不足 30% 的利润，与此同时，游戏企业也无法接触第一手的用户需求信息，后期的产品升级和运营维护也无法做到及时、准确、高效。其二，合作研发联合运营，这种模式是指中国游戏公司除了进行版权贸易外，自身也参与到海外市场的游戏运营维护工作中。通过这种方式，中国游戏公司能获得的收入相较授权代理模式有所提高，收入

---

① 2014 年度中国游戏产业海外市场报告[OL]. GPC/CNG/IDC. http://www.youxiping.com/news-4501-1.html.

参与分成,但受当地市场具体状况影响较大,一般运用于一些当地市场具有特色、相对成熟、消费者更喜欢消费本国产品、本地贸易保护限制更强的地区,如日本、韩国等。

(2)独立运营模式。当国产游戏公司海外运营经验逐步累积、市场占有率逐步提高时,这些企业的产品和品牌声誉也达到了一定高度,此时会倾向于采取独立运营模式。具体包括自建子公司独立运营和海外研发全球运营两种方式。其一,自建子公司独立运营。中国知名游戏公司腾讯、完美世界、畅游等都在海外设立子公司,一方面对自营出口产品保持更强的控制力和执行力,另一方面也可以协助其他企业拓展代理业务,分享其他游戏公司的产品运营收入。其二,在海外工作室研发全球运营产品。完美世界旗下的《无冬之夜》就是由北美研发团队 Cryptic Studios 研发并在国际市场推广的,实现了全球资源的战略整合。

(3)海外运营创新方式。其一是接受国内公司委托代理海外运营。部分对国外市场运营经验丰富的企业接受国内难以独立开展海外运营的游戏企业的委托,担当其海外代理运营商或发行商,并收取相关费用。例如,焦扬网络就专注于游戏的海外运营和发行,除自营游戏产品外,也代理《可乐三国》《吞噬苍穹》等游戏出口海外。其二是游戏软件公司与硬件设备公司合作进入海外市场。

5.3.3 中国游戏产品"走出去"战略及措施——以腾讯游戏为例

20 世纪 80 年代,哲学大师冯友兰就曾提出,"中国文化要像女排那样,冲出亚洲,走向世界",这应该是冯老先生彼时的"中国梦"。30 年多过去,文化"走出去"已经从文化精英的前瞻性愿景成为国家的重要文化方略。提到文化"走出去",我们为某些作家海外获奖、某部电影海外票房高、某部国产电视剧在海外播放而欢欣鼓舞时,却往往忽略了国产自主研发的游戏正成为走出国门的代表性文化产品。上海市新闻出版局局长徐炯也感慨:"在我们的心目中,中国文化'走出去',有影视、有图书,或是其他一些文化门类,但恐怕没几个人会想到游戏。"正是被主流视野忽视的游戏,正悄无声息地成为中国文化"走出去"的主力军。中国网游公司在世界各地落地生根,不像其他文化产品那样往往是被"推出去"的,而确确实实是收获了真金白银,所以也有评论认为,这既是自己"走"出去,也是被"拉"出去的。拉动的力量是强劲的市场需求①。近年来,游戏产业始终作为中国文化出口的一面旗帜,成为文化产业"走出去"的好榜样。

腾讯公司在国内以 QQ、微信等社交平台为人所熟知,但事实上它还是全球首屈一指的游戏公司。2015 年,腾讯公司继续位列全球游戏公司收入排行榜第一位,见表 5 - 26②。据《腾讯公布 2015 年第四季度及全年业绩》③,腾讯公司 2015 年总收入为人民币 1 028.63亿元(158.41 亿美元),比去年同期增长 30%;其中,网络游戏收入 565.87 亿元,同比增长 26%,占腾讯总收入的 55%。

---

① CJ 闭幕:产业惊人增长游戏在"走出去"[OL]. 中关村在线. http://game. zol. com. cn/533/5338938. html.

② Top Video Game Companies By Revenue. Newzoo. https://newzoo. com/insights/rankings/top - 25 - companies - game - revenues/.

③ 腾讯公布 2015 年第四季度及全年业绩[OL]. 腾讯官网. http://www. tencent. com/zh - cn/content/at/2016/attachments/20160317. pdf.

表 5-26 2015 年全球游戏公司收入排行榜 TOP10

IMAGE	RANK	COMPANY	Q1	Q2	Q3	Q4	FULL YEAR	CHANGE
Tencent 腾讯	1	Tencent	2 053	2 000	2 210	2 463	8 725	21% ▲
Microsoft	2	Microsoft *	1 846	1 463	1 517	2 013	6 839	36% ▲
SONY	3	Sony *	1 318	1 115	1 411	1 950	5 793	13% ▲
ACTIVISION BLIZZARD	4	Activision Blizzard	1 278	1 044	990	1 353	4 665	6% ▲
	5	Apple *	993	1 096	1 102	1 193	4 384	26% ▲
EA	6	EA	1 185	1 203	815	1 070	4 273	4% ▲
Google	7	Google *	675	722	762	802	2 961	25% ▲
网易 NetEase	8	NetEase	501	621	820	849	2 792	76% ▲
WB	9	Warner Bros	386	727	622	479	2 214	39% ▲
King	10	King. com	570	490	480	461	2 000	12% ▲

腾讯公司也制定了全球化战略，在拓展国际市场的同时希望推动游戏“走出去”。现阶段，腾讯游戏“走出去”主要采取以下几种战略。

5.3.3.1 资本“走出去”

通过投资并购实现游戏全球化是腾讯的一大战略。腾讯历年公开的投资并购案例①中，游戏业是其最主要的聚焦点。据公开信息显示，腾讯在海外投资入股的公司有：Nexon、Riot、Glu、KakaoTalk、Aiming、暴雪、Level Up、EpicGames、PATI Games、CJ Games、Reloaded studios、Redduck、Eyedentity games、GH hope Island、Topping、ZAM、Raptr、Studios、Hon、Next play、Out、Spark、Tapzen、Robot Entertainment、Pocket Gems、Miniclip、Creative lab、Playdots、Aiming、Kamcord、Hammer、Chisel 等②。而且腾讯往往会与风投基金机构共同进

① 腾讯虽然是上市公司，但其对外投资并购的全貌却并不完全透明。因为多数情况下，其并购行为并没有触及港交所强制披露的“上限”。港交所对一项资本交易是否需要即时披露，有一个“5% 规则”，即：(1)交易的资产占总资产的 5%；(2)交易资产的盈利能力占企业总利润的 5%；(3)交易资产的创收能力占企业总收入的 5%；(4)交易资产的对价占企业总市值的 5%；(5)交易资产所涉及的股份数占企业总股份数的 5%；以上 5 条只要满足任何一条，即为必须强制披露的交易。基于腾讯体量太大，其收购标的就显得相对“渺小”，因而鲜有触及“5% 规则”的。实际上，腾讯过往所进行的收购中，只有对京东(JD. NSDQ)的入股，因为达到了“5% 规则”而成为必须强制披露的交易。对于众多并未触及“5% 规则”的交易，腾讯对少数金额较大的并购也自愿进行了披露，比如，对华南城(01668. HK)、乐居(LEJU. NYSE)、58 同城等上市公司的入股交易，以及对搜狗、大众点评、韩国 CJGame 等非上市公司的入股交易。即使是年报中，腾讯对该年度的并购投资详情，也只是选择性地披露，并未做到逐一披露。

② 腾讯内冷外热精品策略下的市场蚕食与入侵[OL]. 游戏陀螺. http://www. youxituoluo. com/110445. html.

行投资。据美国知名调研机构 CB Insights 透露,腾讯在美国经常与两家知名风投机构 SV Angel 和 Andreessen Horowitz(A16Z)一同投资。这种模式可以帮助腾讯在优质投资机会稍纵即逝、海外市场环境相对复杂的情况下,快速融入当地的创投文化,降低试错成本。这种与国外知名投资机构共同协作的战略对中国公司快速融入当地创投文化很有借鉴意义。而且,这种模式还有一个好处:在优质投资机会稍纵即逝、异国环境又相对复杂的情况下,找当地伙伴一起,可以"少交学费"①。腾讯海外并购的重点区域是美国、韩国,此外也有很多并购分布于俄罗斯、日本、瑞士、越南、泰国、印度、新加坡、以色列、中国香港等地区。

腾讯公司董事长兼 CEO 马化腾曾对媒体表示:腾讯最成功的海外投资是收购了 Riot Games,做了《英雄联盟》。《英雄联盟》(LOL)是目前世界上最受欢迎和市场收入最高的大型多人在线战术竞技游戏(Multiplayer Online Battle Arena,MOBA),2015 年共收入 16.28亿美元,是同类型游戏《DOTA2》总收入(2.38 亿美元)的 7 倍。毫无疑问,LOL 已成为腾讯最主要的"现金牛"之一。腾讯已拥有《英雄联盟》开发商拳头公司 Riot Games②100% 的股权。早在 2008 年,Riot Games 融资 800 万美元,引入腾讯、Benchmark Capital 及 Firstmark Capital 作为投资者,彼时腾讯持股 22.34%,随后腾讯也获得《英雄联盟》中国大陆代理权。2011 年,腾讯进一步花费现金 2.31 亿美元(15.25 亿元)和价值 1.55亿元的现有股权认沽期权收购更多股份,持股比例上升到 92.78%。这笔投资在当年并没有获得很好的回报,2011 年财报显示,Riot Games 为腾讯带来 4.13 亿元营收及 8.21亿元的净亏损,当然,8.21 亿元并非全部都是运营产生的亏损,也包含收购过程中产生的一些开支(收购无形资产的摊销、相关税项影响及股份薪酬开支)。2015 年 12 月 17 日,Roit Games 在官网宣布,大股东腾讯收购了公司剩余的股份。这代表腾讯已对拳头公司实现 100% 的控股。与大量收购优秀工作室却毁游戏不倦而被人所诟病的美国游戏巨头 EA③ 不同,Roit Games 被腾讯收购后还能保持全权独立运营,这是颇值得称道的一点。此外,腾讯借 2013 年动视暴雪从维旺迪手中回购股份的机会,持有老牌游戏巨头动视暴雪 6% 的股权。除投资游戏开发商外,腾讯还进一步收购上游的游戏引擎公司。2012 年,腾讯以约 3.3 亿美元的代价收购美国 EpicGames④ 公司 48.4% 的股权,并且获得相应的董事会席位。除了上游的游戏开发及游戏引擎,腾讯的并购还同时向下游的游戏渠道和游戏辅助延伸。2012 年,腾讯通过收购 LevelUp,掌握了巴西、菲律宾及美国部分游戏分发渠道;同年收购的 ZAM 公司则是知名的游戏插件社区⑤。

---

① 揭秘腾讯全球化的四大布局[OL].搜狐. http://mt.sohu.com/20151226/n432673721.shtml.

② Riot Came 成立于 2006 年,其主创团队是由 Dota - Allstars 的核心人物以及暴雪等著名游戏公司的美术、程序、策划人员组成。其运营特点是专注于一款游戏,快速更新迭代。

③ 20 年间,曾被 EA 收购又关闭的游戏工作室有西木工作室(代表作品《沙丘》《银翼杀手》《命令与征服》《红色警戒》《黑暗王座》《凯兰迪亚传奇》)、牛蛙(代表作品《主题公园》《上帝也疯狂》《地下城守护者》)、Origin 工作室(代表作品《创世纪》)、NUFX、Visceral Games、Pandemic 、Maxis Emeryville(代表作品《模拟城市》《孢子》《模拟人生》)等。

④ EpicGames 公司作为全球知名的网游公司,其研发的虚幻 3 游戏引擎为全球无数的网游开发公司所采用,客户几乎包括了世界上所有的大型游戏开发商,如微软、索尼、EA、THQ、NCSoft、Webzen 等。

⑤ 图文详解腾讯 537 亿并购的 80 家公司(最全版)[OL].中商情报网. http://www.askci.com/bschool/2015/03/02/174416y4qn_all.shtml.

随着移动游戏时代的到来,腾讯又开始布局海外手游投资。2015 年 3 月,马化腾曾表示:布局全球手游,这是腾讯的主业。2012 年 5 月,腾讯斥资 4.032 亿元投资韩国 KakaoTalk。2014 年 3 月,腾讯斥资 5 亿美元收购韩国游戏公司 CJ Games28% 的股份,同年 8 月,CJ Games 与 CJ E&M 旗下的游戏发行部门 Netmarble① 合并成为韩国手游界恐龙 CJ Netmarble(网石游戏)。2014 年 9 月,腾讯以约 1.2 亿人民币投资韩国游戏研发商 PATIGames(代表作品有《I Love Coffee》)。2014 年 11 月,腾讯跟 Line 以 1.1 亿美元投资韩国游戏工作室 4:33 Creative Lab(代表作品《Blade》)。2014 年 12 月,腾讯耗资1 000万美元投资此前曾在全球取得极高人气度的休闲手游《Dots》的开发商 Playdots,并在 C 轮投资了日本游戏开发商 Aiming。2015 年 2 月,腾讯投资瑞士在线游戏公司 Miniclip 并成为其最大股东(代表作品为《8 Ball Pool》),投资 MOBA 手游《永恒命运》(Fates Forever)的开发商 Hammer & Chisel。2015 年 4 月,腾讯跟 Glu Moblie(代表作品《枪火兄弟连》《小小王国》《荒岛余生》《金·卡戴珊:好莱坞》《猎鹿人》)达成战略合作协议,以 1.26 亿美元的价格收购 Glu14.6% 的股权,开拓美国市场。2015 年 5 月,腾讯以6 000万美元获得 Pocket Gem 约 12% 的股权②。腾讯高层也表示,未来将携手海外合作伙伴,借助他们的资源和经验,将移动游戏推向全球市场,拓宽其全球游戏收入来源。而 2016 年上半年,全球游戏市场最重磅的消息莫过于腾讯收购全球排名第一的芬兰手游开发商 Supercell。2016 年 6 月 21 日,腾讯宣布以 86 亿美元③收购日本软银集团以及部分员工所持的 Supercell 股份,占股约 84.3%,这使 Supercell 估值达 102 亿美元,相应 PE 为 10.6,对比国内游戏公司动辄几十倍的市盈率,这是一笔划算的交易。腾讯借此获得了 Supercell 多达 1 亿的全球用户,并可以有效地改善腾讯的营收结构,使手游收入比重上升至 50% 甚至更多,腾讯终于成为 PC 和手机游戏并重的全球最大游戏开发商④。

经历一段时间的探索和尝试,腾讯在资本“走出去”带动游戏“走出去”这条路上已经有所收获。2015 年 9 月,腾讯旗下手游《全民突击》尝试进入电竞发达的韩国。一个月后,该游戏收入在韩国 Google Play 应用商店中位列第 5,继而攀升至榜首。该游戏的韩语版发行商正是腾讯作为第三大股东的 CJ Netmarble。有趣的是,当时腾讯收购完成后,Netmarbel CEO 李承元接受媒体采访时,曾表示可以接受中国游戏公司的借鉴行为。2016 年,腾讯与 Glu Moblie 合作,推动枪战手游《全民突击》⑤登陆美国市场。截至 2016 年 5 月 6 日,腾讯已持有 Glu Mobile21.33% 的股份,是其第一大股东⑥。Glu Mobile 可能

① Netmarble 创办于2000 年,2004 年成为 CJ 集团旗下公司,更名为 CJ Internet,2011 年3 月,CJ 旗下的6 家公司合并为 CJ E&M 游戏事业部。2014 年8 月,CJ Games 和 Netmarble 宣布脱离 CJ E&M,合并成立新的 Netmarble 公司。合并后,法人代表将继续由兼任 CJ Games 和 CJ Netmarble 的权永植担任。新公司人员超过2 000人,推出的重度手游《Raven with Naver》成功超过 Supercell 开发的《Clash Of Clans》,取得韩国 Google Play Appstore 收入榜第一名的好成绩,真正跨入韩国一线游戏公司的行列。

② 超 35 亿元投韩国腾讯海外手游布局. 游戏陀螺. http://youxituoluo. baijia. baidu. com/article/67077

③ 其中,腾讯向银行方借贷金额为 35 亿美元的无追索权融资。

④ 腾讯史上最高价投资:86 亿美元买下 Supercell. 搜狐科技. http://it. sohu. com/20160621/n455554097. shtml

⑤ 《全民突击》是腾讯制作的一款 3D 枪战手游,发行于 2015 年。游戏结合了 FPS 和 TPS 等射击模式,以定点瞄准射击、躲避掩体为游戏的基础操作,同时在 PK 模式增加了自由移动射击的操作体验。玩家在游戏中可以培养角色、佣兵,升级武器和载具,还可以在战斗中使用道具、雇用好友一起参战。

⑥ Glu 移动(GLUU)十大股东. 网易财经美股行情. http://quotes. money. 163. com/usstock/GLUU_holders. html#US6a03

也做了同样的妥协,《全民突击》刚推出时就曾被吐槽明显带有 Glu Mobile 旗下著名射击类手游系列《火线指令》(《Frontline Commando》)的痕迹,其人机对战中站桩射击 + 掩体 + 闪避动作的玩法、大量的枪械数值升级、UI 设计和场景风格都是《火线指令 2》的翻版①。

资本"走出去"带动游戏"走出去",这是被腾讯游戏证明行之有效的一条路径。对拳头公司开发商《英雄联盟》的成功收购,使腾讯尝到了资本出海的甜头。对自主研发能力不够强大的腾讯来说,可以预见到未来将会持续布局海外市场,力争在移动游戏时代能够借助资本的力量拓展海外市场。

5.3.3.2 泛娱乐 IP 战略

泛娱乐战略最早由腾讯副总裁程武在 2011 年提出,是以 IP 授权为核心,以游戏运营和网络平台为基础展开的电影、音乐、动漫等多领域、跨平台的商业拓展。2014 年,文化部发布《2013 中国网络游戏市场年度报告》,提到了"泛娱乐",这是中央部委报告首次提及"泛娱乐"概念。目前,腾讯互娱在腾讯游戏基础上,相继推出腾讯动漫、腾讯文学、腾讯影业共 4 大实体业务平台,已基本构建了一个打通游戏、文学、动漫、影视、戏剧等多种文创业务领域的互动娱乐新生态,初步打造了"同一明星 IP、多种文化创意产品体验"的创新业态②。

腾讯公司不仅在国内将大量顶级 IP 纳入麾下,也在泛娱乐战略的支撑下,抢占海外的知名 IP,如《火影忍者》等。2014 年 11 月 10 日,连载 16 年的《火影忍者》宣告完结,一年后,腾讯旗下的《火影忍者》手游上线。该游戏的监制委员会由《周刊少年 JUMP》的出版方集英社③、东京电视台、Pierrot④、万代南梦宫游戏⑤、CyberConnect2(CC2)组成。该游戏的研发采取 4 方合作方式,原版权方是集英社和岸本齐史。动画版权在东京电视台,万代游戏负责全程监修,CC2 作为《火影忍者疾风传》的开发商与腾讯在研发方面进行合作。具体来说,为了提高游戏的还原度和漫画粉丝的留存度,《火影忍者》由集英社负责监制游戏的世界观,游戏中每一个主线、副本剧情的发展都需要经过集英社审核,对于每一个游戏场景中的建筑画面展现都有着极为严苛的要求。在设计过程中日方会反复监

---

① 腾讯怎么把国产游戏推到海外? 靠直接投资一堆公司[OL]. 好奇心日报. http://www.admin5.com/article/20151209/636853.shtml.

② 泛娱乐[OL]. 百度百科. http://baike.baidu.com/link?url=YEmy1OUM-vq6ScXNyR93N2RFlV7SeWfEIn0pLBKDY-uWRxV3eAViWu4k9cz9z1in86tl99uNs5oWx-xd8oMYCK

③ 集英社成立于 1925 年,是日本三大出版社之一,公司名有"睿智汇集"之意。集英社的出版物涉足各个领域,其中最强项是漫画出版,拥有全世界发行量最大的漫画杂志《周刊少年 JUMP》。深受广大中国朋友喜爱的《圣斗士星矢》《航海王 ONE PIECE》《火影忍者》等经典漫画均由集英社出版。

④ Pierrot 成立于 1979 年,中国香港、台湾地区多称呼为"小丑社",是日本著名动画制作公司。初期以改编学习研究社作品为主,凭《尼尔斯骑鹅旅行记》等作品获得了业界认可。以《魔法天使》为代表的魔法少女系列作品进一步令该公司家喻户晓。1990 年后,其作品多改编自《周刊少年 JUMP》的连载漫画,深受观众欢迎。

⑤ 万代南梦宫游戏,简称"NBGI",由万代(BANDAI)与南梦宫(NAMCO)2006 年合并成立,旗下作品包括《吃豆人》《铁拳》《山脊赛车》《太鼓达人》《龙珠》《火影忍者疾风传》等。

修，也会持续对游戏内容修改提供建议。原作者岸本齐史①还特地托集英社将其珍贵的设定手稿转交给研发人员。拥有10年以上火影游戏制作经验的CyberConnect2和万代南梦宫游戏则为火影手游研发团队提供了最全面的技术及资源支持，并对《火影忍者》手游的游戏质量进行了最严格的监修。在玩法制作方面，CC2拥有10年以上的火影系列主机游戏研发经验，作为全球总计销量已超过1 000万套的《火影忍者疾风传究极系列》制作方，CC2将火影系列游戏10年的经验倾囊相授，从忍术技能制作到忍者战斗数值策划，CC2都对游戏进行了严格的监控把关，以精益求精的态度和诚意与腾讯联手研发。而万代南梦宫对火影动画特效也拥有沉淀累积数十年的先进经验，其在游戏制作过程中，对每一处动画特效的细微展现都进行了严格的把关，确保游戏会为所有玩家呈现出媲美主机游戏的震撼画面表现。日本知名动画制作公司Pierrot为《火影忍者》手游提供了官方原画支持。游戏中每一位忍者的动作和形象都百分之百还原原著。游戏中每一位忍者的动作帧都围绕200帧左右，已经接近端游的制作水平②。

《火影忍者》手游在ChinaJoy上亮相和公测上线后，不少海外游戏媒体都对其进行了集中报告。有媒体以"naruto hand on"③（火影手游传承火之意志）表达了对该游戏的期待和赞美。《火影忍者》作为一款超级IP，全球范围内有大量粉丝，借助这款IP打造一款拥有全球知名度的手游，这是腾讯的愿景，也是泛娱乐IP战略的题中之意。

除腾讯公司外，掌趣集团秉持"以IP打造精品，以精品输出海外"战略，持续引进国外精品IP，并交由旗下各知名研发团队开发，其围绕热门IP研发的《全民奇迹》《不良人》《拳皇98终极之战OL》等精品产品皆在海外市场成功立足。其中《拳皇98终极之战OL》在亚洲市场取得了相当亮眼的成绩。这款游戏是掌趣与日本SNK Playmore正式签署协议，引进海内外热门格斗IP《拳皇98UM》，并由成员公司玩蟹科技自主研发的一款游戏。这种借力海外知名IP、打造精品游戏并向海外市场持续输出、与海外渠道建立深度合作关系、建立成熟完善的海外市场体系④也成为国产游戏"走出去"的有效战略。

5.3.3.3 工业化标准下的精品差异化战略

国内游戏市场格局已经渐趋于稳定，尤其移动游戏市场已成二分天下之势。2016年1月，App Annie官网更新的iOS指数显示，游戏收入榜TOP10中，腾讯、网易占据9席（见图5-67）⑤，留给中小厂商的空间已经很少，渐成红海之势，因此，拓展海外市场成为中国游戏公司提高收入的合理选择。

---

① 岸本齐史是日本人气漫画家，1999年起在《周刊少年JUMP》上正式连载《火影忍者》，该作品于2002年被改编为动画。《火影忍者》在全球都有着极高的知名度。漫画在超过23个国家和地区出版发售。动画在超过60个国家播放。

② 腾讯正版《火影忍者》手游致敬火影完结一周年[OL]. 游民星空手游频道. http://shouyou.gamersky.com/news/201511/681998_2.shtml.

③ 《火影忍者》手游风靡全球格斗之风席卷而来[OL]. 腾讯游戏. http://games.qq.com/a/20150824/028557.htm#p=1.

④ 拳皇98终极之战OL港澳台上线掌趣科技精品输出海外[OL]. 网易财经. http://money.163.com/15/1016/11/B61VABAI00254TI5.html.

⑤ 1月iOS指数：TOP榜腾讯网易10占9，中小厂商怎么办[OL]. 界面新闻JMedia. http://www.jiemian.com/article/552172.html.

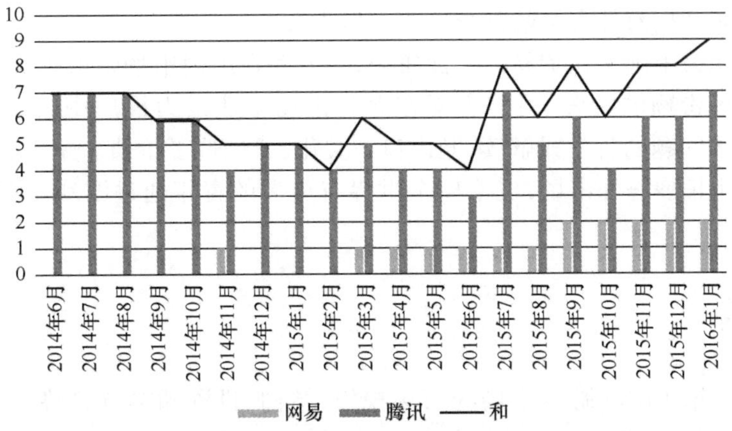

图 5-66 2014—2016 年 iOS 畅销榜 TOP10 中腾讯和网易所占席位

游戏产业已经过了通过数量抢滩市场的人口红利期，尤其对移动游戏市场来说，用户正在不断成熟，渠道已经不再起决定性作用，游戏本身的质量越来越有说服力。与网易等大公司一样，腾讯也在聚焦精品战略，打造“精品产业链”。所谓“精品产业链”战略，是指通过全方位推动包括内容、发行、渠道在内的产业链各个环节的精品化，实现移动游戏产业规模与质量并行成长的战略发展思路①。腾讯公司内部的资源抢夺和内部淘汰是非常残酷的，如果一年或一年半内没有取得好的收益，那产品的命运堪忧很难不被裁撤，包括很多腾讯引进的海外游戏，本章前文所述日本排名第一的游戏《怪物弹珠》即是一例，在 2015 年 10 月停运。尤其在海外市场，比如欧美玩家对游戏质量要求更高，精品战略是保证腾讯在激烈的市场竞争中提升玩家体验、延长游戏产品生命周期的重要策略。

除精品化之外，玩家对游戏的需求也越来越多元化，所以细分战略、差异化战略也是腾讯的重要法宝。腾讯互动娱乐副总裁程武曾说：“虽然大家都在提蓝海战略，以差异化的产品抢占细分市场，但实际上很少有企业能做到，现实的状况是大家仍在红海市场里拼杀”②。而提前抢占蓝海市场的腾讯是当之无愧的休闲游戏之王，在国内，跑酷、飞行、射击、卡牌等游戏领域有绝对领先地位，且有高 DAU，而高 DAU 正是拥有高收入的基础。在国际市场上，腾讯旗下 MOBA 和 FPS 类型的游戏也有相当的竞争力。在细分战略的指引下，腾讯会进入每一个已经被验证的细分领域，并且取得市场份额的领先地位（回合制除外）。即使在同一个细分品类，腾讯也会推出多款产品，利用这种类似“左右互搏”③的方式占据多个品类的优势位置。不过效果也显而易见，腾讯这几年尝尽了关于开创新品类所带来的红利好处。

综上所述，腾讯游戏在大数据、大流量的支持下，在全球搜寻精品游戏，借助资本“走出去”弯道超车，乘着泛娱乐 IP 战略的东风，在差异化市场上打造精品游戏开拓细分和

① 腾讯公布移动游戏平台发展战略：聚焦精品[OL]. 腾讯科技. http://tech. qq. com/a/20140417/012007. htm.

② 腾讯游戏：差异化的蓝海战略[OL]. HRoot. http://www. hroot. com/contents/79/262447. html.

③ 腾讯的内冷外热精品策略下的市场蚕食与入侵. 百度百家. http://youxituoluo. baijia. baidu. com/article/316944.

垂直市场，这就是腾讯游戏“走出去”的战略和经验，也与网易、完美世界、智明星通等其他中国游戏公司开拓海外市场的部分经验有所重合。

游戏产业作为中国文化贸易的一面旗帜，一方面在国内市场阻击了高水准海外游戏对国内游戏市场份额的蚕食，另一方面在海外市场不遗余力推广中国文化对“天人合一”、生死命运等问题的哲学式解读，既出口了文化，又创造了价值。未来，我们期待中国游戏产业进一步拓展海外市场，也希望全世界有更多的青年通过游戏了解中国文化，喜爱中华文明。

5.4 小结

本章首先介绍了国际游戏市场的市场规模、结构、投资和热点趋势。市场结构按地区来看，亚太地区成为收入最高的细分区域，其中，中国成为当前游戏市场总收入最高的国家，贡献了全球游戏收入的 1/4。就市场结构来说，PC 端游戏仍居霸主地位，但增速较移动游戏低，预计很快将被移动游戏市场超过。主机游戏市场显露颓势，PS4 是当前最受欢迎的主机，Xbox One 次之，Wii U 最末。随着移动游戏的发展成熟，中重度游戏受到青睐。就市场投资状况来说，游戏业的投资渐趋理性，国内市场却呈现更高的热度。其中，虚拟现实（VR/AR）领域的投资日趋白热化，是全球游戏市场的投资焦点。当前国际游戏市场的热点主要在虚拟现实、电子竞技和电竞直播平台，以及 IP 泛娱乐领域。

本章重点聚焦了美国、日本、欧洲游戏市场，包括市场概况、分级制度、玩家特征解析、市场类型偏好和销量排行的介绍，并重点关注即将成第一平台的移动游戏市场。美国市场仍然举足轻重，占全球份额的 1/4，其中最主要的细分市场是娱乐屏幕，包含游戏主机和 VR，移动游戏增长率最快，游戏类型以休闲模拟社交类和博彩类为主。日本游戏市场收入大幅下滑，尤其主机游戏市场，移动游戏则增长迅速，收益高居世界第二，RPG 游戏和卡牌游戏较受欢迎，并呈现出用户付费率高、ACGN 联动等鲜明特点。欧洲游戏市场以主机游戏为主，并且对 VR 设备的接受度是最高的；这一部分以英国为例来分析了欧洲游戏市场代表性国家的游戏市场规模、结构和兴盛原因。本章详述了美国、日本、欧洲、德国 4 地的游戏分级制度，列举了包含中国台湾在内的 20 个国家和地区的游戏分级标准，期待中国能早日出台有自己特色的游戏分级制度，以推动游戏产业的规范性发展和游戏出海。

除此之外，韩国游戏市场在全球排名也居于前五，其中，韩国的手游市场仅次于中国和日本，也呈现重度化的特点。在新兴市场中，巴西、俄罗斯等地表现出色，分列世界第十一、十二位。

本章最后描述了中国游戏市场的概况和出口状况。当前中国游戏市场仍是以客户端游戏为首，移动游戏正快速追赶。本节用 SWOT 分析法对游戏出海的优势、劣势、机遇、挑战进行了分析，并列举了三种主要的游戏出口海外运营模式。最后以腾讯游戏为例，归纳总结了中国游戏产品“走出去”的战略：资本“走出去”、泛娱乐 IP 战略和工业化标准下的精品差异化战略。

5.5 案例:Supercell 称霸手游市场——芬兰游戏业启示

芬兰作为一个地处北欧、人口 500 万左右的小国,曾以手机巨头诺基亚闻名,近年来却因为 Ravio、Supercell 等手游巨头的全球化扩张,成为一个超级手游帝国。新千年以来,芬兰游戏业成为芬兰文化出口的重要组成部分,打破了“小国无文化”的魔咒,游戏业的全球化属性和狭小的国内市场共同推动游戏业成为芬兰经济和出口的主要组成部分,超过 90% 的游戏产品都有出口。2015 年,芬兰核心游戏产业收入达 24 亿欧元(见图 5 - 67),游戏业从业人员超过2 700人(见图 5 - 68)①。

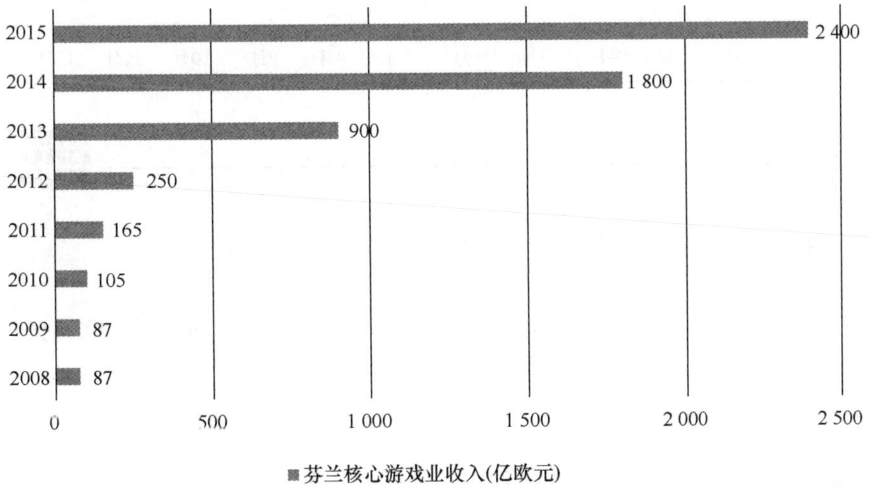

图 5 - 67　2008—2015 芬兰核心游戏业收入

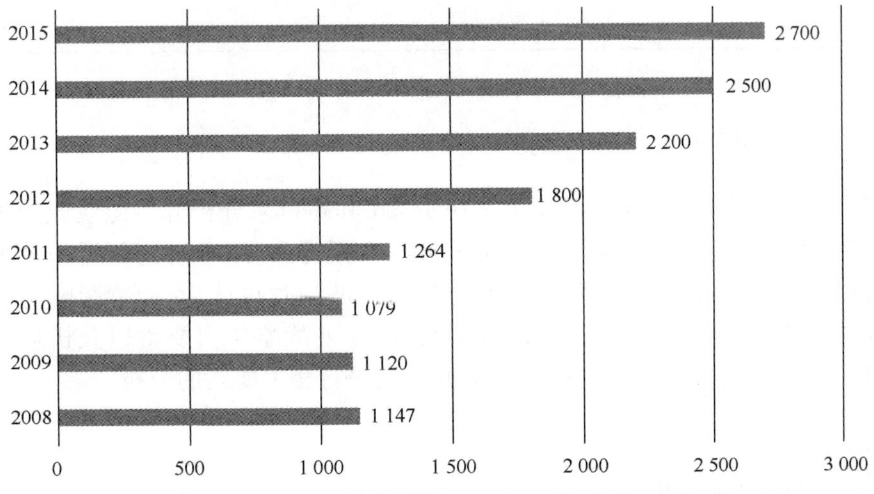

图 5 - 68　2008—2015 芬兰游戏业从业人数

① Industry info. Neogames. http://www.neogames.fi/en/industry - info/.

手游巨头 Supercell 已经连续两年霸占 App Annie 年度 52 强移动应用发行商榜榜首①,而该公司一共只有 4 款游戏,《部落冲突》(《Clash of Clans》)和《海岛奇兵》(《Boom Beach》)都位列 2015 年全球 iOS & Google Play 手游收入 TOP10,其聚焦精品战略的成功显得尤为难得。全球覆盖游戏平台 Teebik 的数据也显示,2015 年,全球 iOS & Google Play 发行商收入第一名即为 Supercell,其后才是 King 和 Mixi 公司②,见图 5-69。Supercell2015 财年的财报数据显示,2015 财年,Supercell 总收入 23.26 亿美元,利润 9.64 美元,相较 2014 年收入上涨 37%,利润上涨 64%。2016 年 3 月,Supercell 宣布旗下 4 款手游产品的累计日活跃用户超过 1 亿,新作《皇室战争》(《Clash Royale》)也在全球急速霸榜中。根据日活量 1 亿推算,月活跃用户或在 3 亿左右,这在全球范围内或许只有腾讯和 King 两家公司可以与之并驾齐驱。

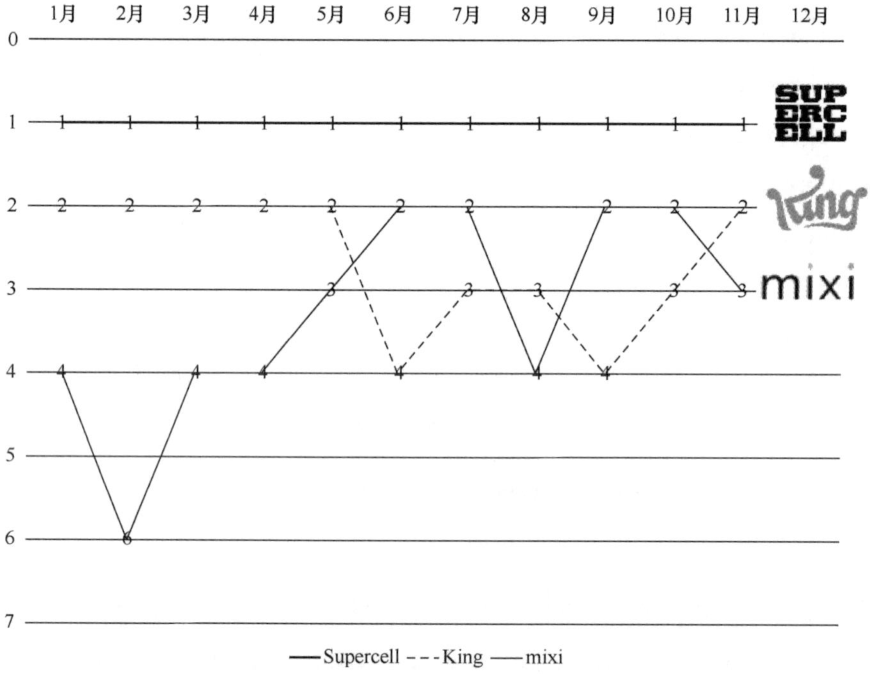

图 5-69 2015 年全球 iOS & Google Play 发行商收入 TOP3

本节以波特钻石模型(Michael Porter Diamond Model)来分析芬兰游戏业的国际竞争力,该理论由美国哈佛大学商学院迈克尔·波特教授提出,用于讨论分析一个国家如何形成整体的竞争优势,因而在国际上具有竞争力。波特教授认为,能够影响国家竞争优势的因素主要有:资源要素、需求条件、辅助行业、企业战略 4 大要素以及机遇和政府两个影响变量。本书对芬兰游戏业和 Supercell 公司进行相关要素的分析:

① Top 52 Winners Profile: How King and Supercell Capitalized on Their Flagship Titles[OL]. App Annie. http://blog.appannie.com/app-annie-52-top-spotlight-king-supercell/.

② Teebik:2015 全球移动游戏产业报告[OL]. 中国经济网——国家经济门户. http://www.ce.cn/culture/whcyk/cysj/201601/18/t20160118_8350538.shtml.

（1）资源要素。资源要素包括人力资源、天然资源、知识资源、资本资源、基础设施等，又可分为初级要素和高级要素两大类，前者包括自然资源、气候、地理位置、人口统计特征，后者包括通信基础设施、复杂和熟练劳动力、科研设施以及专门技术知识。波特教授认为，高级要素对竞争优势具有更重要的作用。人才对芬兰游戏业成功的重要性是不言而喻的。芬兰人口不足550万，但有超过200家游戏公司，从业人员也在不断增长。尤其值得一提的是诺基亚在芬兰游戏帝国崛起过程中的重要作用。在这方面，芬兰图尔库大学（University of Turku）信息技术专业教授乔尼·森德（JouniSmed）做了大量研究，他发现，“诺基亚为芬兰带来了大量信息产业方面的投资和人才，这些都是日后游戏产业崛起的关键铺陈”。早在2003年，诺基亚就成立了涉足手机平台游戏软件的部门N－Gage，在开发游戏的过程中，诺基亚曾把许多环节外包给赫尔辛基的小公司，例如，Ravio公司就曾获得过诺基亚的订单，让这类中小企业获得了大量的游戏开发经验。尤其诺基亚的数次裁员，给赫尔辛基的游戏公司送去了大量的优秀人才，这些都是移动游戏开发的主力军。诺基亚还特地为前员工设立了一个“诺基亚大桥计划（Nokia Bridge Programme）”，为他们提供2.5万欧元的启动资金。根据森德教授的调研，不少诺基亚的前员工选择了游戏产业进行创业。Rumilus Design就是其中的代表，这家公司的4名创始人都是诺基亚前员工，2012年参加了该计划并成功在微软智能手机上推出了《奇趣火柴棍》（《Collapsticks》）①。

（2）需求条件。波特理论十分强调国内需求在刺激和提高国家竞争优势中的作用，他认为，如果一国国内的消费者是成熟、复杂和苛刻的话，会有助于该国企业赢得国际竞争优势。从国内市场来看，芬兰国民对室内休闲娱乐的需求由来已久。Supercell首席执行官兼联合创始人埃卡·潘纳宁（Ilkka Paananen）说，“倒回200年前，芬兰是一个非常贫乏的国家，人们住在小小的房子里。秋冬时节，天寒地冻，非常难过。人们在户外无事可做，所以只能聚在屋子里讲故事了。所以会讲故事的人简直就是摇滚明星。讲故事的传统确实历史悠久。但另一部分活动是发明游戏，有点像桌面游戏。这种创意长期植根于我们的文明中。文化与技术人才相结合，我认为这就是芬兰游戏业发展繁荣的原因。”②此外，国内市场的狭小使芬兰游戏开发商必然将目标市场着眼于全球，满足全世界游戏玩家的需求。

（3）企业战略和同业竞争。芬兰的游戏业竞争激烈，Supercell首席执行官埃卡·潘纳宁曾指出：“Rovio的成功大大启发了所有芬兰游戏公司。这些人对芬兰最大的贡献是拔高了整个游戏界的标杆。他们的案例说明，你怀抱哪种雄心，就有可能成就哪种事业。”本书以移动游戏行业的标杆企业Supercell为例阐述芬兰游戏业的企业战略。

①精品聚焦战略。Supercell并不以数量取胜，而是追求将一款游戏做到极致。游戏玩家中一直流传着“暴雪出品、必属精品”的说法，如今同样的说法也可以用在Supercell身上。迄今为止Supercell旗下一共有4款游戏：《部落冲突》《卡通农场》《海岛奇兵》《皇室战争》。其中，《部落冲突》是2015年iOS & Google Play手游收入最高的游戏，每天的

---

① 无法复制的芬兰：手游帝国是这样炼成的[OL]. 速途网. http://www.sootoo.com/content/450537.shtml.

② Supercell解密芬兰游戏产业以及公司成功因素[OL]. GameRes游资网. http://www.gameres.com/thread_200366_1_1.html.

收入高达 156 万美元,集中了塔防、经营、即时战略等多种要素,玩家黏性强,属于移动平台上难得的精品。其 2016 年新作《部落冲突:皇室战争》创新性地融合了卡牌、塔防、策略等玩法,用前所未有的游戏类型开拓了全新的蓝海市场。Supercell 员工中很多人都是《魔兽世界》的铁杆粉丝,他们立志创造像《魔兽世界》那样具有长久生命力的游戏,而且希望游戏能被尽可能多的玩家所喜爱,通过社交给玩家带来与朋友一起玩游戏的 PC 和主机游戏时代曾有的体验。“在客户方面,Supercell 一直有长远眼光,那就是不立即从他们身上掏钱,而是创造一个本质上就很有趣的游戏,保证花钱带来的主要是愉悦之感,而不是发泄怒气”。[①]具体到产品开发上,早在 2011 年,Supercell 开发《COC》《部落冲突》的同一个月,《皇室战争》的原型就已经初步成型了,一个 5 年前的创意直到 2016 年才上线,可见其团队耐心打磨优化一款游戏的决心。

②精准市场定位,实施蓝海战略。以《魔兽世界》为标杆的 Supercell 一开始也选择做 MMO(大型多人在线)游戏,其第一款游戏产品《Gunshine》当时达到了 50 万的 MAU,但仍然是个失败,Supercell 果断关掉了这款他们认为不够有趣的游戏。这很值得在 MMO 类型游戏中惨烈竞争的国内游戏厂商学习。在反思失败经验的过程中,Supercell 转向了中度游戏。根据 App Annie 预测,全球智能手机和平板电脑保有量将由目前的 26 亿增长 139%,达到 2020 年的 62 亿,占 77.6 亿总人口的 80%[②]。在这个时代风口上,用户增长最快速的就是中度和轻度游戏。重度游戏玩家主要还是来源于多年来主机\PC 游戏平台,或经典 IP 对游戏玩家的吸引和号召,以及轻、中度移动游戏玩家的逐年转化。那么,对 Supercell 来讲,手头既没有经典 IP,又有没有主机、PC 平台的积累转化,中度游戏就是一个非常恰当的选择。况且中度游戏对技术、资源、团队等要求相对重度游戏来讲也较低,适合小团队作战的开发运营方式。再加上在中度游戏领域,掌握千万级用户积累的 IP 和厂商是任天堂,但当时却迟迟不肯进入移动游戏市场,这对 Supercell 来讲恰是一个蓝海市场。经过几年的运营,Supercell2016 年的新作《部落冲突:皇室战争》大受欢迎,这意味着 Supercell 自己也开始拥有了全球性的白金级 IP。

(4)重视人才:小团队开发和扁平化管理。Supercell 公司的核心信仰第一条就是:最好的人才创造最好的游戏(The Best People Make The Best Games.)[③]。Supercell 总裁埃卡·潘纳宁认为,“这些收入上的成果当然是非常棒的,我们为此感到非常骄傲。然而,对我们来说,真正出彩的是我们如何走到了现在,同时一直坚持以人为中心的创立宗旨。我们相信如果我们把最优秀的人聚集在一起,为他们创造可能的最好的环境,然后伴随着足够的时间和一些幸运,就会出现一些很棒的游戏——那种全球数百万人都想要玩很多很多年的游戏。”[④]在这种指导思想下,公司创始人和管理团队竭尽全力为每一个职位招聘最优秀的人才,为他们创造尽可能好的工作环境,然后任其施展才华。这样的环境被认为是零官僚主义的,最大限度地保证最优秀的人才做出最大的贡献,而且没有什么可以阻拦他们创新。其他的事情,包括经济收入在内,都是次要的。

---

① 手游领域的“暴雪”:芬兰人的游戏文化[OL]. 腾讯游戏. http://games.qq.com/a/20160229/021232.htm

② Supercell 全球 DAU 破亿:国内该反思什么[OL]. 腾讯游戏. http://games.qq.com/a/20160308/061125.htm

③ Our story × Supercell[OL]. Supercell. http://supercell.com/en/our-story/.

④ Supercell:是的,我们 180 个人赚了 23 亿美元[OL]. 百度百家. http://baijing.baijia.baidu.com/article/354327.

Supercell 公司核心信仰的第二条是:小而独立的细胞(Small and independent cells.)。Supercell 公司员工人数只有 180 名,共有 5 个办公室。公司名字就体现了其小团队开发的基因和理念,公司表示:我们发现,最高质量的工作往往是来自小团队,而且这些团队里的每一个成员都对自己的工作非常有热情。通常情况下,当团队变得更大的时候,做事情程序化的时候,官僚主义甚至政治因素介入的时候,工作就没那么有趣了。这也是我们想要创建一个由小团队组成的游戏公司的原因,我们把每一个小团队都看成细胞(Cell),公司的名字 Supercell 就是来源于这个概念,每款游戏都是由单个细胞创造的,他们都极其独立,完全控制自己的研发进度。我们的公司模式只为了速度和热情而优化,而不是为了控制。①

(5)资金优势。Supercell 在资金方面的充裕保证了其有底气只制作少量而高品质的精品游戏。早在 2011 年 5 月,Accel Partners 在 400 万美元的 A 轮融资中投入了1 100万美元,这是 Supercell 的第一家机构投资商,也是当时最大的股东。2013 年 10 月,Supercell 将 51% 的股权以约 15 亿美元价格卖给了软银集团和《智龙迷城》开发商 GungHo。2014 年 8 月,GungHo 将所持 Supercell 股份卖给了母公司软银。2015 年 6 月,日本软银集团宣布风险投资公司 Accel Partners 已出售其持有的《部落冲突》开发商 Supercell 股份,令软银对 Supercell 的持股比例扩大至 73.2%。在这笔交易中,Supercell 估值高达 55 亿美元,已经超过上市公司 Zynga 和 King 的市值。"我们在很多方面都很幸运,包括遇到了很优秀的投资人。"埃卡·潘纳宁表示:"一直以来,Accel 都支持我们的远期愿景,在我们决定只制作少量精品游戏时也是如此。我们之所以能够创作出伟大的游戏,原因之一就是得到了来自 Accel 的支持。这家公司富有见地,有战略眼光,支持我们并且响应积极。"②2016 年 6 月,腾讯豪掷 86 亿美元买下日本软银集团和部分员工所持的股份,占股 84.3%,使 Supercell 估值一跃达到 102 亿美元。

正如 2015 年 GMIC(全球移动互联网大会)上接受媒体采访的埃卡·潘纳宁所说:"我们的一个优势是,我们在财务上来说资金是比较雄厚的,我们可以在屹立于世界游戏之林 100 年都不会倒,而 100 年这样一直尝试下去,总能做出一款像 COC 这样成功,甚至比 COC 更成功的产品的。"③可见其资金实力之雄厚。

此外,Supercell 并不是一家上市公司,这意味着他们并不需要为了把财报数据做漂亮而不得不做出伤害游戏产品的举措。相反,有一些公司财务上取得成功,获得海外投资或者上市后,有了必须要达成的发展目标,大规模扩张,雇员人数激增,公司开发成本也越来越高,但开发新产品的勇气、创新性和趣味性却在递减,不断地开发续作,失去了新作创新能力,患上"大企业病",这正是 Supercell 竭力避免的。埃卡·潘纳宁曾经举过 Zynga 的例子,旗下游戏《FarmVille》一开始只是由五六个人制作的,但非常受欢迎,不过之后的新产品开发动用了上百人,耗时 18 个月,而玩家却并不买单。"真是令人难以置信,游戏界一次又一次地落入这个陷阱。你越大,你就越慢,你的产品就越贵,但你的产

---

① Supercell 全球 DAU 破亿:国内该反思什么[OL]. 腾讯游戏. http://games.qq.com/a/20160308/061125.htm.

② 日本软银集团:提升对 Supercell 持股比例至 73.2%[OL]. 腾讯游戏. http://games.qq.com/a/20150602/042440.htm.

③ 触乐采访 Supercell CEO:做游戏运气最重要,继续开发 100 年,总能做出比 COC 更成功的产品[OL]. 触乐. http://www.chuapp.com/2015/04/28/152393.html.

品对玩家来说未必就是最好的。”[①]Supercell“小即大”的思路使其成为一家建立在激情而非指标之上的公司。

(6)全球化战略。首先是人才的全球化。Supercell 在赫尔辛基的 100 多员工来自于 32 个国家,全公司超过 50% 的员工来自于芬兰以外的国家。在这样一个真正的全球化的城市里面开发出来的游戏,就有可能比较容易满足全球各类玩家的喜好。该公司也在中国设立了办公室,主要职能有三:一是营销;二是尽可能让产品本地化;三是用本地化的方式服务玩家,比如用微信、微博的方式给玩家提供更多的信息。在游戏本地化问题上,Supercell 也有相当值得借鉴的经验。部分公司在本地化过程中存在“过度本地化”的情况,意思是失去了游戏自身的特色,混同于无数国产游戏之中。Supercell 的思路却不一样,他们不希望其产品在每一个国家都有很大的改动,原因是希望大部分国家能原汁原味地感受到一款游戏设计之初灵魂的东西,这才是该款游戏的吸引力所在,所以除了语言,并不希望对游戏做太大改动,但这就对市场推广、运营和后续服务就提出了更大的要求[②]。

其次是用户的全球化。芬兰国民只有 550 万人口,本地市场的狭窄迫使芬兰游戏业“走出去”,尤其中国、日本这两个体量最大的移动游戏市场,必将对造就世界级收入的游戏有重要意义。Supercell 在全球 DAU 破亿后发布的视频[③]显示,他们的玩家来自地球上的各个角落,除图瓦卢(Tuvalu)[④]外,地球上每一个国家都有人在玩他们的游戏。每一款开发出的新游戏,Supercell 都会先拿到不同市场上进行测试,如果测试结果不好的话,就重新来过;如果数据很好,就会进一步推动该款游戏。

最后是创意的全球化。游戏领域的世界语言就是创造乐趣的玩法。在顽固的文化壁垒面前,独特的玩法是游戏开发商出奇制胜的取胜法宝。Supercell 做产品的方法之一就是游戏的创意来自世界各地,例如《皇室战争》这款游戏,集合了 RTS、卡牌、炉石等玩法的影子,当各种好点子融合到一起,使《皇室战争》如此与众不同。要打破全球市场的文化壁垒,如果没有全球性的强大 IP,那么最好的选择是以玩法为突破口,当然游戏业没有公司能说自己的玩法是完全原创的,这种唯一的独特性多半只存在于几十年前的主机游戏市场,所以见多识广是必要的,要领先于市场、创造好的玩法,必须关注全球各游戏市场的好点子以及新的市场趋势。同时,采用一些已被市场验证的全球化手段也是必要的。创意全球化并不意味着所有事情都需要从头发明,Supercell 多年来贯穿始终的视觉语言风格就是基于迪士尼全家欢动画的视觉风格,这在大众消费市场上早已被验证过是全球通行的成功规律之一[⑤]。

(7)政府。芬兰政府一直不遗余力地支持游戏业的发展。为扶持创新企业成长,芬兰政府在国家技术创新局下面成立了一个名为 Tekes 的国立机构。Tekes 每年能为1 500

---

① Supercell 全球 DAU 破亿:国内该反思什么[OL]. 腾讯游戏. http://games. qq. com/a/20160308/061125. htm.

② 触乐采访 Supercell CEO:做游戏运气最重要,继续开发 100 年,总能做出比 COC 更成功的产品[OL]. 触乐. http://www. chuapp. com/2015/04/28/152393. html.

③ Our story × Supercell[OL]. Supercell. http://supercell. com/en/our - story/.

④ 位于南太平洋,由 9 个环形珊瑚岛群组成,国土面积约为 26 平方公里,是仅次于瑙鲁的世界第二小岛国,还是世界面积第四小的国家(仅高于梵蒂冈、摩纳哥和瑙鲁)。

⑤ Supercell 全球 DAU 破亿:国内该反思什么[OL]. 腾讯游戏. http://games. qq. com/a/20160308/061125. htm.

个企业研发项目和600个科研学术项目提供共计6亿欧元的资金支持。由于Tekes旨在创造长期的经济和社会公益回报,其资金资助不要求任何回报甚至知识产权方面的权利,因此很多企业和个人都会选择在赫尔辛基接受Tekes的赞助。2005—2007年,《愤怒的小鸟》开发商Rovio就从Tekes机构处获得共计40万欧元的资金支持。那时正是Rovio公司最困难的一段时间。如果没有Tekes的支持,很可能就没有后来《愤怒的小鸟》的一鸣惊人。在Rovio公司成功以后,芬兰政府对游戏业的资助力度进一步加大,制度也更为成熟。2012年,Tekes特别成立了扶持项目"Skene",专注于芬兰游戏产业的开发。而在以高税收闻名的北欧,芬兰政府为了扶持游戏产业,还对小型游戏产业得到的投资有一系列的免税政策①。

我们通过Supercell来深入研究芬兰手游业的成功,可以发现,其独特的企业文化和游戏文化本身是很难复制的成功基础,但除此之外的精品聚焦战略、蓝海战略、细分市场、尊重人才重视创新、资金充裕、扁平化管理、政府扶持、全球化战略等,却是我们中国游戏公司可以学习借鉴的有效方法。乘着移动游戏市场快速发展的东风,中国的游戏企业也站在了风口上,最终能否飞得起来,能不能成为令全球游戏玩家尊敬的游戏公司,诞生世界级的优秀游戏作品,我们拭目以待。

参考文献

[1]张宇庆:游戏出海是大势所趋[OL].腾讯游戏. http://games.qq.com/a/20150701/018187.htm.

[2]从EA vs 暴雪看游戏公司大而全vs少而精的文化对比[OL].游戏葡萄. https://www.baidu.com/link?url=GKZirF_egRpdyJ6qiHFmrKfuk8NMkDFESISkfzb9tcTev5tQ60oUHZfa92nYuebsrKcOM2tDcRFoO4bP4SPlqq&wd=&eqid=e0cbbc9d00001e11000000065742f7a5.

[3]移动游戏"全球化"趋势正在快速蔓延,或在2017年实现爆发[OL].搜狐. http://mt.sohu.com/20150928/n422250610.shtml.

[4]游戏是任何行业的垂直行业,《游戏改变世界》读后感[OL].游资网. http://www.gameres.com/thread_320357_1_1.html.

[5]我们应该如何对待游戏,毕竟它已经成为当今世界的第一媒介[OL].好奇心日报. http://www.qdaily.com/articles/4158.html.

[6]为何中国移动游戏在国际市场上难获成功[OL].上方网. http://www.sfw.cn/xinwen/459793.html.

[7]工信部《VR产业白皮书》全文14 000字的官方解读[OL].新浪游戏. http://games.sina.com.cn/y/n/2016-04-19/fxriqqv6269503.shtml.

[8]知萌咨询:2016年中国VR用户行为研究报告[OL].中文互联网数据资讯中心. http://www.199it.com/archives/458293.html.

① 无法复制的芬兰:手游帝国是这样炼成的[OL].速途网. http://www.sootoo.com/content/450537.shtml.

[9]德银 VR 报告中文完整版:了解关于 VR 的一切[OL]. 腾讯科技. http://hea. qq. com/a/20160415/009083. htm.

[10]高盛 VR 与 AR 报告:下一个通用计算平台[OL]. 腾讯科技. http://tech. qq. com/a/20160202/011274. htm.

[11]SuperData 报告:2016 年 VR 游戏市场规模 51 亿美元[OL]. 百度百家. http://baijing. baijia. baidu. com/article/290012.

[12]Global Games Market Revenues 2016[OL]. Newzoo. https://newzoo. com/insights/articles/global - games - market - reaches - 99 - 6 - billion - 2016 - mobile - generating - 37/.

[13]The Mobile Games Market in 2015: A Look Back[OL]. Newzoo. https://newzoo. com/insights/trend - reports/the - mobile - games - market - in - 2015 - report/.

[14]体育总局首推移动电竞大赛[OL]. 中国日报中文网. http://cnews. chinadaily. com. cn/2016 - 03/21/content_23986943. htm.

[15]Newzoo 发布《2016 年全球电子竞技市场报告》[OL]. 搜狐. http://mt. sohu. com/20160218/n437732450. shtml.

[16]Free Esports Report: The Valuable Esports Audience[OL]. https://newzoo. com/insights/trend - reports/free - esports - report - the - esports - audience/.

[17]2016 GLOBAL ESPORTS MARKET REPORT[OL]. NEWZOO. https://newzoo. com/insights/trend - reports/free - esports - report - the - esports - audience/.

[18]Sony further extends PS4's console sales lead over the 2015 holidays[OL]. Ars Technica. http://arstechnica. com/gaming/2016/02/sony - further - extends - ps4s - console - sales - lead - over - the - 2015 - holidays/.

[19]Analysis: Sony continues to widen its console sales lead over Microsoft[OL]. Ars Technica. http://arstechnica. com/gaming/2015/11/analysis - sony - continues - to - widen - its - console - sales - lead - over - microsoft/.

[20]Analysis: Sony pushes past 50 percent of the worldwide console market[OL]. Ars Technica. http://arstechnica. com/gaming/2015/07/analysis - sony - pushes - past - 50 - percent - of - the - worldwide - console - market/.

[21]索尼 2015 财年财报:净利润 13 亿美元 PS4 出货量破4 000万[OL]. 游民星空. http://www. gamersky. com/news/201604/746681. shtml? tag = wap.

[22]艺电无意间泄露微软 Xbox One 销量不足2 000万台[OL]. 腾讯数码. http://digi. tech. qq. com/a/20160420/041281. htm.

[23]榨干最后一滴血! 从 DLC 看游戏厂商是怎么圈钱的[OL]. 新浪游戏. http://games. sina. com. cn/j/n/2016 - 02 - 08/fxpfhzk9100382. shtml.

[24]主机游戏售价贵　免费网游模式更适合国情[OL]. 电玩巴士. http://ol. tgbus. com/news/pcgame/201404/13552247. shtml.

[25]Teebik:2015 全球移动游戏产业报告[OL]. 中国经济网——国家经济门户. http://www. ce. cn/culture/whcyk/cysj/201601/18/t20160118_8350538. shtml.

[26]Rating System. Computer Entertainment Rating Organization[OL]. http://www. ce-

ro. gr. jp/e/rating. html.

[27]Computer Entertainment Rating Organization[OL]. WIKIPEDIA. https://en. wikipedia. org/wiki/Computer_Entertainment_Rating_Organization.

[28]2016 Essential Facts About the Computer and Video Game Industry[OL]. ESA. http://essentialfacts. theesa. com/Essential - Facts - 2016. pdf.

[29]2015 年全球数字游戏市场报告:魔兽不敌手游[OL]. 腾讯游戏. http://games. qq. com/a/20160128/023273. htm.

[30]美国 2015 年游戏市场收入1 533亿元[OL]. 汇众教育. http://www. gamfe. com/news/201602/yxsc - 9816. html.

[31]Newzoo 全球游戏市场报告:亚太地区份额第一,中国将超过美国成为最大市场[OL]. 游戏葡萄. http://youxiputao. com/articles/4861.

[32]2015 年中国游戏产业报告(摘要版)[OL]. 中国音像不数字出版协会游戏出版工作委员会(GPC)/CNG 中新游戏研究(伽马数据)/国际数据公司(IDC). http://cdn. cgigc. com. cn/report/2015/report_2015_12 - 1. pdf.

[33]2015 年 10—12 月移动游戏产业报告[OL]. 中国音数协游戏工委(GPC)/伽马数据(CNG 中新游戏研究)/TalkingData. http://cdn. cgigc. com. cn/report/2015/report_2015_10 - 12_mobile. pdf.

[34]了解 VR 市场趋势　深度解读 VR 游戏[OL]. 游戏产业网. http://www. cgigc. com. cn/subject/2878. html.

[35]腾讯正版《火影忍者》手游致敬火影完结一周年[OL]. 游民星空手游频道. http://shouyou. gamersky. com/news/201511/681998_2. shtml.

[36]《火影忍者》手游风靡全球　格斗之风席卷而来[OL]. 腾讯游戏. http://games. qq. com/a/20150824/028557. htm#p = 1.

[37]拳皇 98　终极之战 OL 港澳台上线　掌趣科技精品输出海外[OL]. 网易财经. http://money. 163. com/15/1016/11/B61VABAI00254TI5. html.

[38]美国 App Store 2010 - 2015 榜单演变 + 畅销榜 Top 100 现状分析[OL]. 游戏陀螺. http://www. youxituoluo. com/97821. html.

[39]美国移动游戏市场专题研究报告 2015[OL]. 易观智库. http://www. analysys. cn.

[40]59 亿美元收购 King,动视暴雪官网解读 4 大要点[OL]. 搜狐科技. http://it. sohu. com/20151104/n425269258. shtml.

[41]玩家流失严重! 暴雪不再提《魔兽世界》付费用户数[OL]. 游迅网. http://www. yxdown. com/news/201511/238242. html.

[42]动视暴雪收购手游开发商 King:为何是 59 亿美元[OL]. 一游网. http://www. eeyy. com/chanye/20151112/67680. html.

[43]动视暴雪 59 亿美元打水漂? 手游遭遇天花板[OL]. GAMELOOK. http://www. gamelook. com. cn/2016/05/252784.

[44]2015 年日本主机游戏市场十大销售榜公布[OL]. PCGAMES. http://news. pcgames. com. cn/588/5881874. html? ad = 3327.

[45]Rating System. Computer Entertainment Rating Organization[OL]. http://www. cero. gr. jp/e/rating. html.

[46]Computer Entertainment Rating Organization[OL]. WIKIPEDIA. https://en. wikipedia. org/wiki/Computer_Entertainment_Rating_Organization.

[47]日本游戏分级制度 CERO[OL]. 游戏开发者. http://developer. 178. com/201004/66586909968. html.

[48]日本游戏分级机构 CERO 遭玩家吐槽　18 禁还要打码[OL]. 3DMGAME. http://www. 3dmgame. com/news/201411/3393192. html.

[49]四大手游市场对比:日本鲸鱼用户占 8%,北美/韩国占 5%,中国仅 3%[OL]. 浙江省文化厅. http://www. zjwh. gov. cn/dtxx/2016 - 04 - 19/198049. htm.

[50]2015 中国手游远超日本　附 2015 日本手游市场全年分析[OL]. 上方网. http://news. ikanchai. com/2016/0105/44379. shtml.

[51]AppAnnie11 月日本手游指数报告　主机大厂制霸下载榜[OL]. 白鲸社区. http://www. baijingapp. com/article/3050.

[52]日本手游市场之变:畅销榜 TOP100 竖屏手游占七成[OL]. 腾讯游戏. http://www. youxituoluo. com/108261. html.

[53]变革中的岛国　盘点 2015 日本手游市场[OL]. 游戏大观. http://news. gamedog. cn/a/20160204/1590977. html.

[54]Anna - Maria Rimm. Conditions and Survival:Views on the Concentration of Ownership and Vertical Integration in German and Swedish Publishing[J]. The Author(s),2014(30):77 - 92.

[55]Veronika Licher. Trade Book Publishing in Germany: Summary Report for 2011[J]. Pub Res Q,2012(28):130 - 134.

[56]Corinna Norrick - R? hl o Anke Vogel. Green Publishing in Germany: A Passing Trend or a True Transition? [J]. Pub Res Q,2013(29):220 - 237.

[57]ManasiSubramaniam. Children's Book Publishing in India[J]. Springer Science + Business Media New York,2013(29):26 - 46.

[58]Pierre Danet. The Future of Book Publishing: Seven Technology Trends and Three Industry Goals[J]. Springer Science + Business Media New York,2014(30):275 - 281.

[59]Ted Hill. The Inevitable Shift to Cloud - Based Book Publishing: The Next Step in the Digital Transformation of Book Publishing May be Closer than You Think[J]. Springer Science + Business Media,LLC,2012(28):1 - 7.

[60]Erin Carreiro. Electronic Books: How Digital Devices and Supplementary New Technologies are Changing the Face of the Publishing Industry[J]. Safe Creative,2010(26):219 - 235.

[61]Ward, PA. Academic anaesthesia: the trend in UK publishing in the BJA between 2004 and 2013[J]. British Journal of Anaesthesia,2014,113(1):191.

[62]Romy Fr? hlich. Book People in Germany: A Study on the Professional Situation and Career Conditions of Men and Women in the German Book Publishing Industry and the Book

Trade[J]. Springer Science + Business Media New York, 2014(30):223 – 243.

[63]Xuemei Tian · Bill Martin. Digital Technologies for Book Publishing [J]. Springer Science + Business Media, LLC, 2012(28):100 – 115.

[64]Wuping Zhao. From Fifty Editions of The Old Man and the Sea to Fifty Shades of Grey: A Glimpse of Translation Rights Market in China (2002 – 2012) [J]. Springer Science + Business Media New York, 2012(28):340 – 344.

[65]David Alan Rech. Finalize the Manuscript Before Pages[J]. Springer Science + Business Media New York 2012(28):307 – 312.

[66]Chen Xiaomei. 2010: The Turning Point for Chinese Book Publishing Industry [J]. Springer Science + Business Media, LLC, 2011(27):76 – 82.

[67]Anatu Kande Mahama. Enforcing Copyright in the Book Publishing Industry in Ghana [J]. Springer Science + Business Media, LLC, 2012(28):41 – 52.

[68]Erin Carreiro. Electronic Books: How Digital Devices and Supplementary New Technologies are Changing the Face of the Publishing Industry [J]. Pub Res Q, 2008 (26): 219 – 235.

[69]Xuemei Tian o Bill Martin. Business Model Sustainability in Book Publishing [J]. Springer Science + Business Media, LLC, 2010(26):151 – 167.

[70]Veronika Licher. Trade Book Publishing in Germany: Summary Report for 2011 [J]. Springer Science + Business Media, LLC, 2012(28):130 – 134.

[71]Simon Carolan o Christine Evain. Self – Publishing: Opportunities and Threats in a New Age of Mass Culture[J]. Springer Science + Business Media New York, 2013(29):285 – 300.

[72]Padmini Ray Murray. Behind the Panel: Examining Invisible Labour in the Comics Publishing Industry[J]. Springer Science + Business Media New York, 2013(29):336 – 343.

[73]OliviaTapper. Romance and Innovation in Twenty – First Century Publishing [J]. Springer Science + Business Media New York, 2014(30):249 – 259.

[74]Erin Carreiro. Electronic Books: How Digital Devices and Supplementary New Technologies are Changing the Face of the Publishing Industry[J]. Publishing Research Quarterly. December 2010, 26(4):219 – 235.

[75]Wilbourne, Sara. The Expanding Ocean of Difference Between Academic Research and Book Publishing[J]. Publishing Research Quarterly. Fall 2001:29 – 32.

[76]Ghai, S. Glimpses of Indian Publishing Today in the Words of Publishing Professionals[J]. Pub Res Q, 2008(24):202 – 214.

[77]Mussinelli, Cristina. Digital Publishing in Europe: a Focus on France, Germany, Italy and Spain[J]. Publishing Research Quarterly. 26(3):168 – 175.

[78]By Kova?, Miha. Reading the Texts on Book Publishing: A New Body of Knowledge about an Old Body of Knowledge[J]. Pub Res Q, 2008(23):241 – 253.

[79]Tian, Xuemei; Martin, Bill. Business Models in Digital Book Publishing: Some Insights from Australia[J]. Publishing Research Quarterly. June 2009, 25(2):73 – 88.

[80] Lichtenberg, James. In from the Edge: The Progressive Evolution of Publishing in the Age of Digital Abundance[J]. Publishing Research Quarterly. March 2011, 27(2): 101 – 112.

[81] Buschow, Christopherand N? lle, Isabelle and Schneider, Beate. German Book Publishers' Barriers to Disruptive Innovations: The Case of E – Book Adoption[J]. Publishing Research Quarterly. March 2014, 30(1): 63 – 76.

[82] Hetherington, David. Book Publishing: New Environments Call for New Operating Models[J]. Pub Res Q. September 2014(30): 382 – 387.

[83] Asai, Sumiko. The Impact of Networks on the Market Size of Japanese Book Publishing[J]. Publishing Research Quarterly. December 2015, 31(4): 275 – 281.

[84] Thomlison, Adam and Belanger, Pierre. Authors´Views of e – Book Self – Publishing: The Role of Symbolic[J]. Publishing Research Quarterly. December 2015, 31(4): 306 – 316.

[85] Stuart Hannabuss. E – Books Platforms and Aggregators: An Evaluation of Available Optiosn for Publishers[J]. Associaiton of Learned and Professional Publishers. 2006.

[86] Wouter van der Velde, Olaf Ernst. The future of eBooks? Will print disappear? An end – user perspective[J]. Library Hi Tech. November 2009, 27(4).

[87] XianRong Huang, Ting Hao. System of digital publishing policies and regulations in China[J]. Library Hi Tech. 2014, 32(3): 397.

[88] Phillip Barker. The future of books in an electronic era[J]. International Information and Library Review. 1992, 24(4): 1057 – 2317.

[89] Hean Tat Keh. Evolution of the book publishing industyr: Structural changes and strategic implications[J]. Journal of Management History. 1998, 4(2): 104 – 123.

[90] Philip Barker. E – book Publishing Success: How Anyone can Write, Compile and Sell E – books on the Internet[J]. Online Information Review. 2006, 29(5): 686 – 687.

[91] José Antonio Cordón García, Julio Alonso Arévalo, Helena Martín Rodero. The emergence of electronic books publishing in Spain[J]. Library Hi Tech. November 1983.

[92] MarketLine Industry Profile, Global Publishing, June 2014.

[93] Publishing Industry Profile, Global Publishing, August 2015.

[94] MarketLine Industry Profile, Books in Europe, April 2014.

[95] Publishing Industry Profile Europe, August 2015.

[96] MarketLine Industry Profile, Books in Asia – Pacific, April 2014.

[97] Publishing Industry Profile Asia – Pacific, August 2015.

[98] Publishing in the United States, June 2014.

[99] Publishing in the United States, August 2015.

[100] Book Publishing Industry: 2015. U. S. Capital & Expenses Outlook (Barnes Report).

[101] Publishing in the United Kingdom, August 2015.

[102] Publishing in Germany, August 2015.

[103] Publishing in the United States, August 2015.

[104] MarketLine Industry Profile, Books in Australia, April 2014.

[105] Publishing in Japan, August 2015.
[106] MarketLine Industry Profile, Books in India, April 2014.
[107] Publishing in Belgium, May 2014.
[108] Publishing in France, August 2015.
[109] Publishing in Spain, August 2015.
[110] MarketLine Industry Profile, Books in Netherlands, April 2014.
[111] Publishing in the Netherlands, August 2015.
[112] MarketLine Industry Profile, Books in Canada, April 2014.
[113] Publishing in Canada, August 2015.
[114] MarketLine Industry Profile, Books in Italy, April 2014.
[115] Publishing in Italy, August 2015.
[116] MarketLine Industry Profile, Books in China, April 2014.
[117] Publishing in China, August 2015.

6 国际动漫电影市场[①]

有人认为动漫的开端始于由英国的著名画家贺加斯在1743—1745年间创作的世界上最早的漫画《时髦婚姻》，还有人认为应该始于1906年美国人图尔特·勃莱克顿摄制的《滑稽面孔的幽默姿态》，但如果把中国的皮影戏算作世界上最早的卡通动画的话，那么动漫这种艺术形式经存在近千年了，在此期间，动漫由少数人的痴迷爱好变成了一种家喻户晓、喜闻乐见的大众娱乐方式，乃至成为一种产业。尤其是在今天，其经济和文化地位发生了巨大的变化。

6.1 国际动漫市场发展状况

6.1.1 动漫的产业市场结构

动漫简称ACG(Animation Comic & Game)是动画、漫画、游戏的总称。也有人简称ACGN，即在ACG的基础再加上N(即Novel，指小说，泛指轻小说)。英语一般使用"Anime and Manga"(动画和漫画)，不包括Game(游戏)，ACG这个词并不普及。动漫作品包括动画、漫画、插画、游戏和周边衍生品。

动漫产业是指以"创意"为核心，以动画、漫画为表现形式的，包含动漫图书、报刊、电影、电视、音像制品、舞台剧和基于现代信息传播技术手段的动漫新品种等动漫直接产品的开发、生产、出版、播出、演出和销售，以及与动漫形象有关的服装、玩具、电子游戏等衍生产品的生产和经营的产业，因为有着广泛的发展前景，动漫产业被称为"新兴的朝阳产业"[②]。

动漫产业链是产业间以"投入—产出"为目的，以"创意"为核心，以动画、漫画为表现形式，以与动漫内容相关的投资融资，设备制造，软件开发，产品代理、发行、放映、播出，衍生品制造、销售、物流等一系列相关经济活动为基础，带动动漫系列产品"开发—生产—出版—演出—播出—销售"的各个不同产业部门间的上下游链条关系和生产营销过程，如图6-1所示。

纵观全球文化产业和经济发展，动漫对全球消费市场的影响具体体现在和衣食住行相关的多种产业上。其衍生产品已经超越了动画、漫画和游戏本身，以其消费群体广、市场需求大、产品生命周期长、附加值高等特点，遍及与大众生活密切相关的电影、旅游、游戏、书籍、杂志、服饰、日用品、玩具、食品、文具、装饰品、家庭装饰、主题公园、游乐场甚至建筑等每一个具体层面。ACG(或ACGN)早已不再只是全世界低龄受众的最爱，而是凭

---

① 本文撰稿：魏婷，中国传媒大学经济与管理学院副教授，研究方向：国际文化贸易。葛欣航，中国传媒大学经济与管理学院博士研究生，研究方向：国际文化贸易。

② 动漫产业(动漫行业)，http://baike.baidu.com/subview/645743/5127863.htm.

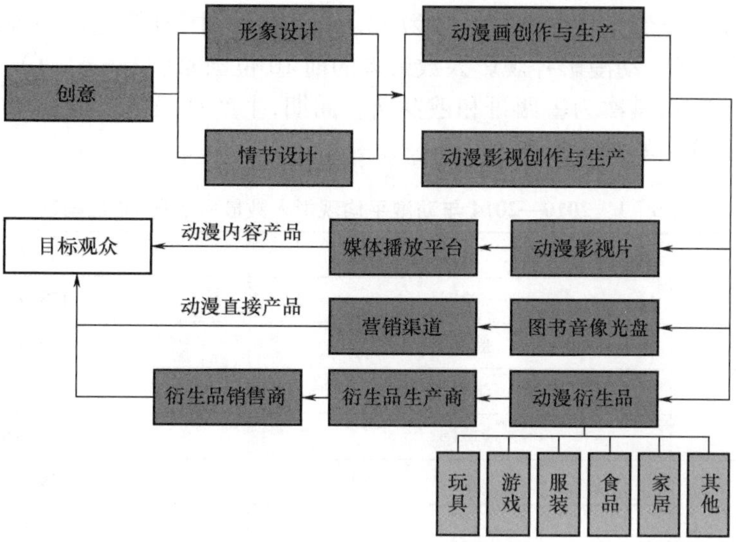

图 6－1　动漫产业链示意图

资料来源：艺恩数据库、安信证券研究中心。

借其资金密集型、科技密集型、知识密集型和劳动密集型优势，成为许多发达国家的重要经济支柱产业，完成或即将完成对成人世界的全面征服，在 21 世纪成为引导世界知识经济快速发展的主导产业。

6.1.2　动漫市场的规模

从全球及主要国家来看，动漫产业已经成为一个庞大的朝阳产业。据统计，截至 2006 年，全球动漫产业的产值已达2 228亿美元，与动漫产业相关的周边衍生产品产值则在5 000亿美元以上。世界主要的动漫产业国家是美国、日本、韩国和英国。其中，20 世纪 90 年代中期，美国动画产品及其衍生产品的出口就超过了传统的工业产品，成为贸易的重要支柱，其动画产品及其服务在国民生产总值中已占到第六位。日本动漫产业的收入占其 GNP（国民生产总值）总量近 1/5，在国民经济中位列第六，其游戏市场每年创造着 2 万亿日元市值规模，目前，漫画杂志及单行本的发行量已占杂志和图书发行总量的 45%，营业额在 230 万亿日元以上，日本销往美国的动画产品出口额是钢铁出口额的 3.4 倍，达到 43.6 亿美元。在日本电视节目出口总量中，动画产品占 60%。日本贸易振兴会认为，到 2010 年，日本影像制品的对外出口额将占其总出口额的十分之一。韩国政府将动漫产业确立为“战略出口产业”，韩国的游戏产业在政府的大力支持下，近年来已达到每年 10 % 的增长速度。其 2005 年的市场规模已经达到3 000亿韩元以上，韩国动漫业产值占全球的 30%，已成为韩国国民经济的六大支柱产业之一。韩国成为世界第三大动漫产业国①。英国数字娱乐产业年产值占 GDP 的 7.9%，成为英国第一大产业。由此可

① 2005—2006 年中国动漫产业分析及投资咨询报告[OL]. http://www.164.com.cn/（中国投资咨询网），2005－6.

见,动漫产业已经从各国经济生活中的边缘地位跻身于国民经济的支柱产业。

2014 年,全球电影市场的观影人数为 32.64 亿人,其中,动漫电影的观影人数为 4.68 亿人,2010—2014 年,动漫影片观影人数最多的前 10 位国家(见表 6 -1),美国以总人数 1.79 亿人稳居榜首,其次为墨西哥和俄罗斯。同期,生产动漫电影的前 10 位国家(如表 6 -2 所示),日、美、法占据前三甲。

表 6 -1 2010—2014 年动漫平均观影人数最多的前 10 位国家 单位:百万人

位次	国家	观影人次
1	美国	178.96
2	墨西哥	49.33
3	俄罗斯	33.46
4	英国	31.20
5	法国	29.14
6	巴西	27.03
7	加拿大	18.59
8	德国	18.45
9	韩国	16.00
10	西班牙	15.44

资料来源:欧洲视听观察组织《2015 年聚焦动漫产业报告》。

表 6 -2 2010—2014 年动漫电影生产国前十强 单位:部

位次	国家	产量
1	日本	110
2	美国	109
3	法国	47
4	中国	42
5	西班牙	28
6	瑞典	25
7	英国	23
8	俄罗斯	21
9	韩国	21
10	丹麦	19

注 1:数据包含 2010—2014 年生产并发行的影片,之前生产以及 2015 年未发行的不在统计之列。

注 2:因日本数据的不可获得性,只在日本本国发行的影片不在统计之列,因此日本实际生产量应高于该数据。

资料来源:欧洲视听观察组织《2015 年聚焦动漫产业报告》。

6.1.3 动漫市场的主体结构

随着经济全球化步伐的不断加快,各国文化产业壁垒不断被打破,一批规模庞大的跨国文化产业集团涉足文化产业的众多领域，成为文化产业领域中的“巨无霸”，占据国际文化贸易的主体地位。全球50家娱乐传媒公司占据了世界文化市场95%的份额。目前传播于世界各地的新闻，70%由跨国公司垄断，世界最有影响力的文化企业巨头都是大型跨国公司。从事动画制作与发行的文化娱乐公司主要有：迪士尼、Viacom公司、索尼公司、福克斯娱乐集团公司、时代华纳公司、NBC Universal公司、贝塔斯曼公司、EMI集团工业公司。其中，迪士尼公司作为行业老大，具有无可争议的垄断地位。此外，成立于1986年的能够自主研发多项动画制作软件、以技术见长的皮克斯于1991年5月与迪士尼签订具有历史意义的协议，皮克斯负责制作，迪士尼负责发行，两大动画巨人公司联合生产了一系列经典动画形象，刷新了动画史上多项纪录。成立于1994年的新兴计算机动画领先公司梦工厂，由原迪士尼公司高层领导人卡赞伯格、音乐界泰斗大卫·格芬以及著名大导演斯蒂文·斯皮尔伯格共同组建，从1998年开始陆续推出非常有票房号召力的大型动画片，堪与迪士尼公司分庭抗礼。工业光魔公司(ILM)是卢卡斯数字影音公司的子公司，拥有一支为《星球大战》等票房大片工作的计算机特技团队，是世界上最大的数字生产公司。太平洋光魔公司(PDI) 为商业界和娱乐界提供高端动画和视觉效果。皮克斯动画工作室开发了拥有自主知识产权的软件，涉及的领域包括模型、动画、灯光、制作管理和图像着色。华纳兄弟公司，成立于20世纪20年代，20世纪三四十年代开始制作动画短片，1962年关闭了动画部门，直到20世纪90年代，又开始重新制作动画片。

日本从事动漫产业的主体则是由成立于1956年的东映动画公司、成立于1961年的手冢制作公司、成立于1985年的宫崎骏和高畑勲的吉卜力工作室以及众多分工严密的小动漫制作公司组成。

中国动漫市场除了大约十个实力雄厚的大公司之外，其他公司规模都偏小，基本上处于“有量无质”的局面，产业集中度低。

6.1.4 国际动漫市场的竞争格局

从全球动漫产业和市场的布局分析来看，世界动漫国主要是日本、美国、韩国和加拿大，以及一些专门承接动画片外包业务的像中国内地、中国台湾、印度、菲律宾等一些发展中国家和地区。

20世纪70年代，日本承接了美国的动画制作加工转移。20世纪80年代，日本经济开始腾飞，动漫原创也得到迅速发展，并逐渐成为动漫大国。2003年，日本销往美国的动漫产品是其钢铁出口的4倍。目前日本仍然是高水平动画外包的承包国。日本作为世界第一动漫大国，动漫产业是日本文化产业中最为突出的亮点，在全球娱乐经济中占据举足轻重的地位。日本动漫产业涉及影视、音像、出版、旅游、广告、教育、服装、玩具、文具、网络等众多领域，并以超过90亿美元的年营业额成为世界第一动漫大国。日本的动漫内容产业市场的总体规模估计已占日本GDP的10%强，成为日本的第三大产业。在平面书籍领域，日本的漫画也占据世界市场半数以上的份额。据统计，目前，日本动画片占据了全球60%以上的市场份额，欧洲动漫产品的80%来自于日本。长期以来，日本形成了销售集团垄断，创作和制作企业小、散、多，以原创为主、外包为辅的产业结构，国际化和市场化并举的市场结构。

美国是动画产业的发源地。20世纪初，动画电影在美国面世并形成产业，至20世纪五六十年代进入繁荣时期,美国动漫产业在 80 多年的发展中,依托发达的经济力量、雄厚的创作和技术力量、完备的市场化组织力量,始终处于世界领先地位。美国动漫产业在发展中形成了几大动漫垄断企业集团。这些集团对动漫产品进行大投入、大制作、大产出、大运作,形成了进行独立开发和市场独立运营、比较单一的原创产业结构、国内外并举的市场结构,其产品处于向国际社会强势输出的地位,并主导国际动漫产业的发展。此外,美国将大量的中低档次的动画制作和衍生品设计和生产发包给其他国家,降低了成本,同时还承接世界上三维动画高水平制作的服务外包。有数据显示,2004 年,美国动漫产业规模达到 183 亿美元,其中动画产值 50 亿美元,游戏软件 73 亿美元(计算机游戏软件 11 亿美元,游戏机软件 62 亿美元),游戏机及其接口设备 37 亿美元,漫画 23 亿美元。但据业界人士估计,美国动漫产业产值远大于此,加上漫画、动画、游戏的衍生产品及其出口收入,至少也有2 000亿美元。

20 世纪 80 年代,韩国承接了日本的动画制作加工转移,从简单的上色到后来承接整套工程,在外包中积累了动漫制作的理念、管理和技术,成为世界上最大的动画加工厂。韩国以数码动画技术为突破口,提高三维以及三维与二维技术的合成能力,以计算机及其网络为基础,实施动漫产业特别化战略。在衍生产品的开发上,韩国也坚持了同一战略理念,将动画衍生产品的开发集中在网络游戏上,完成对内容资源的深度开发和对目标消费群的再利用。同时,承接外包仍然是其产业发展的主要支撑。20 世纪 90 年代后期至今,韩国经济崛起,韩国动漫原创迅速发展。2006 年,其国内市场动漫产业销售额为 116 亿美元,而出口竟达到 294 亿美元,占国际市场近 10% 的份额,成为第三动漫产业大国。

加拿大从 20 世纪 80 年代开始承接美国的动画加工,20 世纪 90 年代开始发展动漫原创,采取了原创和外包同时发展的模式,其方式灵活,不拘泥于原创和外包的形式。一是合作制片。主要是国际合作,产权大部分由加方控制。这样做既有利于分享更丰厚的市场回报,又能通过合作方有效地拓展国际市场。二是本土原创。这样做市场回报高,但市场销售由自己独立完成。三是承接外包。加拿大拥有世界上一流的动画制作技术和企业管理,拥有多个著名企业,承接美、日、欧外包项目,形成了原创与外包相结合、国际国内市场并举的结构。

6.1.5 国际动漫市场的发展特点

纵观当今世界范围内,以动画产品生产和销售最活跃的国家和地区为研究对象,如美国、欧洲、日本、韩国、中国台湾、中国内地和印度,其动漫产品的国际贸易基本遵循着类似的规律。日本从 1951 年开始进口美国的电影和电视动画产品,并在 20 世纪 60 年代达到高峰;20 世纪 50 年代后期,日本开始为美国动画产品外包,一直持续到 20 世纪 70 年代初期;20 世纪 60 年代前期开始向美国出口电视动画产品,20 世纪 70 年代前期向韩国和中国台湾地区出口过时动画产品,同时将动画产品的中期制作向韩国和中国台湾地区转移。韩国和中国台湾地区几乎是同时起步的国家和地区;在 20 世纪 50 年代末和 60 年代初进口美国和日本的动画产品;在 20 世纪 70 年代初为日本和美国进行外包;20 世纪 90 年代中期后开始向整片出口转换,并将中期制作部分向中国内地、泰国、菲律宾等劳动力更便宜的国家转移(见表 6-3);20 世纪 90 年代,中国、印度等国家加入国际贸易。在此过程中,美国、日本这两个动漫大国强国居于国际动漫产业发展的领先地位,对国际动漫产业的创作、制作、生产和市场起着主导作用。此外,从单个国家的角度来看,在进入国际市场的过程中,除了美国是动漫产业的发源国,其原创占主导地位外,其他国家都是从外包做起,基本上都有大约 10 年的大规模承接外包经历。外包不仅为发包国带来了利润,也为接包国传授了技术和管理以及市场运作经验,使接包国积累了资金、培养了人才,为其原创的发展奠定了基础,有力地推动了接包国动漫产业的快速发展。

表 6－3　20 世纪主要动漫国家和地区加入国际动漫市场的历程

模式	美国	日本	韩国和中国台湾	中国和印度
整片进口	60 年代初期	50 年代初期	60 年代初期	80 年代初期
外包出口		50 年代后期	70 年代初期	90 年代初期
整片出口	30 年代	60 年代初期	80 年代后期	
外包进口	50 年代后期	70 年代初期	90 年代初期	

资料来源:苏锋博士论文《动画产品国际贸易研究》。

从国际动漫产业发展模式可以看出,国际动漫产业发展呈现出以下特点:

一是动漫大国强国引导动漫产业发展。美国、日本居于国际动漫产业发展的领先地位,对国际动漫产业的创作、制作、生产和市场起着引领作用。

二是外包为动漫产业的发展提供了机遇。4 个动漫大国强国,除了美国是动漫产业的发源国,其原创占主导地位外,其他 3 个国家都是从外包做起,基本上都有大约 10 年的大规模承接外包的经历。

三是原创崛起与经济崛起基本同步。经济基础在动漫产业发展中起着决定作用。动漫产业不仅是高投入、高产出、高技术的产业,而且需要较大的市场购买力支撑其发展,而购买力是由具有购买力的人口构成的。同时,动漫人才培养也需要经济的支撑。日、韩、加等国动漫产业大发展尤其是原创崛起的年代,正是其经济崛起的年代,动漫产业的崛起与经济的发展程度基本同步。

四是外包在国际动漫产业的发展中占有重要位置。为追求利润最大化,动漫产业发达的国家将动漫产品的许多中低档次制作和衍生品设计生产等项目外包出去。外包不仅为发包国带来了利润,也为接包国传授了技术和管理以及市场运作经验,使接包国积累了资金、培养了人才,为其原创的大发展奠定了基础,有力地推动了接包国动漫产业的快速发展。

6.2　国际动漫市场国别比较

6.2.1　美国动漫市场

6.2.1.1　美国动漫市场的发展模式

美国是世界上最先涉足动漫产业的先行国家,是全世界公认的动漫产业链形成最早、最完整和最高效的国家,其动画产品和衍生产品年产值约占美国文化产业总值近 1/3,达到两千多亿美元,是本土文化产业中的龙头老大。

从 1907 年问世的第一部黑白动画片《一张滑稽面孔的幽默姿态》,到国际影响力巨大的有声有色的米老鼠、唐老鸭,直至今天有着巨额投资的以数字技术和高科技为基础的大型 3D 电影动画,美国动漫尤其是动画电影和主题公园等一系列产品一直领跑其他国家,造就了世界上较为成功的"制片人制作动画片、代理商销售、影视系统播放、企业购买动漫产品形象开发衍生产品、商家销售产品"美国动漫产业链。

美国动漫产业成功的主要原因是依靠本国成熟的市场体制、先进的科学技术、雄厚的金融资本和完善的知识产权法律体系等,在坚持"依靠商业运作,限制过度竞争;媒体监督社会,法律监管媒体;保护知识产权,确保衍生品收益;着眼宏观调控;力推文化输出。"①等政策原则下,通过完全的市场化及合理的市场分工与运作机制,以精品动画片的创作、生产为基础,通过商业运营让最好的动漫产品进入市场继而在国际上流行,被社会、民众喜爱后在世界范围内推出众多美国动画明星,并依靠品牌和动漫明星形象授权,在完全市场化的竞争机制下重视和保证动漫衍生品的开发,随着品牌和动漫明星形象衍生品的多维度创新并大量生产,促进了世界范围内的动漫产品的消费,从而实现了动漫产业的利润最大化。

由于知识产权保护体系完善、资金雄厚、集团化管理水平高,现今美国主流动漫产业公司一般采用高科技、高投入、高产出动画大片的"迪士尼"发展模式。动漫巨头公司并联或串联一大批分工合理、管理缜密、产业链运营可靠高效的相关公司和企业加入,依托成熟的自由市场机制,形成了具有以下特征的多维立体模型和产业链条:在迪士尼公司掌控下的以好莱坞电影工业制作和影片发行传播平台支持;主题乐园设计及高科技设施制造;影视故事及卡通形象的创新创作;广告公司的宣传推广;动漫衍生产品的开发、设计和生产;动漫作品的网络推广播放;以唱片公司、出版社等为基础的,集策划、创作、生产、销售、推广于一身模型。既合理高效地使动漫产品链条中制作、发行、播映和衍生产品生产等各环节高速运转,又因其优秀动漫作品"一呼百应"的市场效果迅速形成品牌效应,带动音像、图书、衍生产品的开发和主题乐园等相关产品开发、生产和销售。具体做法包括:充分运用好莱坞"片厂制度"的管理优势,让动画大片的制作流程变得像生产线一般合理高效;利用高科技的先进电脑数码技术,使动画大片的画面精美绝伦;逼真感人的创意创新使动画大片的艺术感染力成为文化影响力;国际化的品牌战略成就了动画大片海外市场票房及衍生品销售,保证了美国动漫产业在全球娱乐市场的领先地位。

这种大资本发展模式既为动画大片及其衍生品制作、推广、销售提供了可靠保障,降低了相对投资风险,同时也为资本市场里的其他竞争者设立了较难逾越的技术和资金壁垒,由美国迪士尼出品的《狮子王》《玩具总动员》《虫虫特工队》《海底总动员》、梦工厂的《怪物史莱克》《鲨鱼黑帮》、20 世纪福克斯公司的《冰河世纪》等大投入、高科技、高产出模式的动画大片,都是以高质量的动画大片开始,继而开发出大受欢迎的卡通形象和动画明星,利用后续不断开发和生产的相关游戏软件、图书、玩具、服装、装饰品甚至旅游项目,使整个动漫产业链产生巨额回报。

---

① 王静.中国动漫产业政策探析[D].长春:东北大学,2009.

和美国其他产业一样，美国动漫产业从诞生之日起就已经完全融入其自由主义市场经济的整体竞争环境中。在良好的知识产权法律体系保护和经济发展环境中经过残酷的市场竞争与磨砺自生自灭，从无到有，从小到大。也正因为此，美国动漫产业起步早，发展历史悠久，国际影响力大，领先优势明显，在美国政策、外交、互联网 +、媒体技术等多种因素的综合作用下，其动漫产业取得了经济效益和社会效益的双赢，成为全球化程度最高的产业之一。

6.2.1.2 美国动漫电影市场规模

2014 年，北美电影总票房收入约为 104 亿美元，其中，美国为 98.77 亿美元，加拿大为 10.09 亿美元。总观影人次为约 12.70 亿人次，其中美国为 11.55 亿人次，加拿大为 1.16 亿人次。动漫影片总票房收入为 13.44 亿美元，其中美国为 12.15 亿人次，加拿大为 1.29 亿人次，动漫电影观影人次平均为 1.642 亿人次，其中美国为约 1.49 亿人次，加拿大为 0.158 亿人次；2010—2014 年，动漫电影平均观影人次为 1.92 亿人次。北美总银幕数43 265块（数字银幕占比 96%），其中美国为40 158块（数字银幕比例 95.7%），加拿大为3 107块（数字银幕比例 100%）。

2014 年，全球电影市场的观影人数为 32.64 亿人，其中动漫电影的观影人数为 4.68 亿人。2010—2014 年，动漫影片观影人数最多的前 10 位国家中（见表 6－1），美国以总人数 1.79 亿人稳居榜首，观影人数甚至超过位列其后的墨西哥、俄罗斯、英国、法国与巴西 5 个国家观影人数之和。2014 年，美国共拍摄了 707 部影片（其中 110 部由 8 大制片公司拍摄），动漫电影生产平均占到 2.8% 的比例，但是动漫影片观影人次却能占到总观影人次的 12% 之多。此外，大多数专业制片商都会生产或者有专门部门生产动画影片。长篇动画影片的观影人数在 2010—2014 年间达到年均 1.79 亿人次，如果我们仅看新影片（以发行日期一到两年时间为限），动漫影片平均售票 1.739 亿张，占美国全国观影人数的 14.2%。

北美（美国和加拿大）市场是世界上第二大电影观影人次市场（2014 年达到 12.70 亿人次），仅次于印度，印度 2014 年电影观影人次为 104 亿人次。虽然 2014 年加拿大只生产了两部动画片（见表 6－4），仍然有 7 部动画片通过与国外合作的方式生产出来（与法国合作 4 部、与美国合作 2 部、与韩国合作 1 部）。

表 6－4 2010—2014 年美国、加拿大动漫影片生产数量 （单位：部）

年份／国别	2010	2011	2012	2013	2014
美国	17	23	27	22	20
加拿大	1	2	1	4	2

资料来源：欧洲视听观察组织《2015 年聚焦动漫产业报告》。

长篇动画影片的观影人数在 2010—2014 年间达到年均 1.79 亿人次，如果仅看新影片（以发行日期一到两年时间为限），动漫影片平均售票达 1.739 亿张，占据美国全国观影人数的 14.2%。在同等模式下，占据加拿大动画市场最大份额的自然也是来自于他的南部邻居美国。

美国的电影制作和生产不管是在所有题材影片还是动漫影片方面，都占据了最大的市场份额。2014 年，这二者分别占比达 95.3% 和 94.6%，接下来，欧洲生产的影片在 2010—2014 年间在美国平均市场份额为 5.76%（其中 2014 年仅为 2.8%），仅有的一两部商业大片（多数为与美国共同投资）将份额瓜分殆尽。同样，欧洲产动漫影片几乎没有立足之地（2014 年进展 0.027%），尽管在 2010—2014 年间曾达到过平均 2.96% 的份额，这要归功于《罗密欧与朱丽叶》、《亚瑟圣诞》和《神奇海盗团》这三部动画片，占据了 75% 的观影人次。2010—2014 年，有 29 部欧洲动漫影片在美国发行，有 16 部在加拿大发行。

2010—2014 年，全球动画电影前 20 强基本由美国动画大片占据（见表 6 – 5）。

表 6 – 5　全球动画电影前 20 强（按入场人次排名）

排名	影片名称	出产国	导演	入场人次	制作年份
1	《玩具总动员 3》	美国	李・昂克里奇	115 178 819	2010
2	《冰雪奇缘》	美国	克里斯・巴克，詹妮弗・李	113 208 834	2013
3	《卑鄙的我 2》	美国	克里斯・雷诺德，皮埃尔・科芬	107 669 272	2013
4	《冰河世纪：大陆漂移》	美国	史蒂夫・马蒂诺，麦克・特米尔	99 701 226	2012
5	《怪物史莱克 4》	美国	迈克・米歇尔	90 381 490	2010
6	《马达加斯加 3》	美国	埃里克・达尼尔	81 190 497	2012
7	《怪兽大学》	美国	丹・斯坎隆	76 025 021	2013
8	《勇敢传说》	美国	史蒂夫・普切尔，马克・安德鲁斯，布兰达・查普曼	64 903 885	2012
9	《驯龙高手 2》	美国	迪恩・德布洛斯	64 033 657	2014
10	《长发公主》	美国	内森・格里诺，拜恩・霍华德	63 882 564	2010
11	《卑鄙的我》	美国	克里斯・雷诺德，皮埃尔・科芬	62 306 657	2010
12	《疯狂原始人》	美国	科克・德・米科，克里斯・桑德斯	61 571 950	2013
13	《穿靴子的猫》	美国	克里斯・米勒	60 744 472	2011
14	《功夫熊猫 2》	美国	詹妮弗・余	60 573 616	2011
15	《汽车总动员 2》	美国	约翰・拉塞特，布拉德・刘易斯	59 860 402	2011
16	《里约大冒险 2》	美国	卡洛斯・沙尔丹哈	57 648 950	2014
17	《蓝精灵》	美国	拉加・高斯内尔	57 364 944	2011

续表

排名	影片名称	出产国	导演	入场人次	制作年份
18	《驯龙高手》	美国	迪恩·德布洛斯,克里斯·桑德斯	55 699 442	2010
19	《里约大冒险》	美国	卡洛斯·沙尔丹哈	53 787 126	2011
20	《乐高大电影》	美国、澳大利亚、丹麦	克里斯·米勒,菲尔·罗德	53 105 916	2014

6.2.2 欧洲主要动漫市场

2014 年,欧洲总人口为 7.26 亿人,电影总票房为 64.07 亿欧元(约 85.17 亿美元),总观影人数为 11.47 亿人;动漫电影的总票房收入为约 9.44 亿欧元(12.54 亿美元),动画电影总观影人数为 16.84 亿人,银幕总数为34 773块。而欧盟总人口的 5.06 亿人,2014 年,电影票房总收入为53.28 亿欧元(70.67 亿美元),总观影人数为 9.09 亿人;动漫电影的总票房收入约为 7.54 亿欧元(10.03 亿美元),动画电影总观影人数为 12.87 亿人,银幕总数为29 953块。

毫无疑问,欧洲最大的市场同时也是动漫电影最大的市场。2010—2014 年,俄罗斯、英国和法国占领了一半以上的动漫市场份额。但说到每个国家的动漫电影市场份额,更小的国家和地区,像 3 个波罗的海诸国,斯洛伐克和斯洛文尼亚表现突出,2014 年,占据了欧洲市场动漫观影人数的 14.7%。

2014 年,在欧盟发行的 188 部新的动漫电影当中,有 107 部产自欧盟,但产自美国的 44 部动画电影占据了欧盟 71.6% 的观影人数。在过去的 5 年中,有 250 部动画电影由欧洲制作,半数以上来源于 4 个主要的生产国,分别是法国、西班牙、英国和瑞典。一些像比利时、卢森堡这样的产量较少的国家主要是合作生产。欧盟的动画电影产生的观影人数大多数是在本国之外,只有 36% 是本国观众,较之于欧盟所有题材的电影 50% 以上的观影人数来自于国内而言,部分原因在于在非本国的欧盟市场上,占据了 29% 的动漫电影观影人数(但所有题材的影片只占 23.7%)。然而,在非欧盟地区,这种差异则表现得非常明显,观看欧盟的动画电影的观影人数占 34.8%,只有 26.3% 来自于欧盟所有题材的电影。

这些数据证明,欧盟动画电影的表现远远好于其他类型电影的表现,尽管如此,还有一个事实就是,动漫电影观影人数的集中度远高于世界平均水平。2010—2014 年,票房最高的 20 部欧盟动漫电影观影人数占比高达 84%。

没有任何一部欧盟独自制作的动画电影观影人数位列前 30 位,前 30 位全部由美国生产的动画电影独揽(见表 6-6)。反过来,只有 8 部动漫电影被描述为欧盟是主要制作者,只有 6 部观影人数超过 500 万人,而这 6 部电影也是近几年获得奥斯卡最佳外国动画电影提名的影片(见表 6-7)。

表 6－6　2010—2014 欧洲动漫电影观影人数前 30 强影片

Rank	Title	Country of origin	Director	Admissions	Year of production
1	Ice Age: Continental Drift	US	Steve Martino, Mike Thurmeier	42 845 050	2012
2	Frozen	US	Chris Buck, Jennifer Lee	34 660 424	2013
3	Shrek Forever After	US	Mike Mitchell	34 150 837	2010
4	Despicable Me 2	US	Pierre Coffin, Chris Renaud	32 306 548	2013
5	Madagascar 3: Europe's Most Wanted	US	C. Vernon, T. McGrath, E. Darnell	31 433 260	2012
6	Toy Story 3	US	Lee Unkrich	29 982 852	2010
7	Puss in Boots	US	Chris Miller	27 073 527	2011
8	Tangled	US	Nathan Greno, Byron Howard	24 005 218	2010
9	How to Train Your Dragon 2	US	Dean DeBlois	23 095 644	2014
10	The Croods	US	Chris Sanders, Kirk De Micco	21 381 212	2013
11	The Smurfs	US	Raja Gosnell	20 979 327	2011
12	Kung Fu Panda 2	US	Jennifer Yuh	19 164 435	2011
13	Rio 2	US	Carlos Saldanha	19 070 569	2014
14	Cars 2	US	John Lasseter, Brad Lewis	18 918 442	2011
15	Monsters University	US	Dan Scanlon	18 810 009	2013
16	Brave	US	S. Purcell, M. Andrew, B. Chapman	18 473 506	2012
17	The Smurfs 2	US	Raja Gosnell	17 840 564	2013
18	The Adventures of Tintin	US/NZ	Steven Spielberg	17 651 829	2011
19	Despicable Me	US	Pierre Coffin, Chris Renaud	17 510 827	2010
20	How to Train Your Dragon	US	Dean DeBlois, Chris Sanders	16 368 857	2010
21	Rio	US	Carlos Saldanha	15 732 399	2011
22	Alvin and the Chipmunks: ...	US	Mike Mitchell	14 789 019	2011
23	Turbo	US	David Soren	13 267 737	2013
24	The Lego Movie	US/AU/DK	Phil Lord, Christopher Miller	13 231 170	2014
25	Wreck-It Ralph	US	Rich Moore	13 029 053	2012
26	The Princess and the Frog	US	Ron Clements, John Musker	12 644 760	2009
27	Hotel Transylvania	US	Genndy Tartakovsky	11 873 875	2012
28	Penguins of Madagascar	US	Eric Darnell, Simon J. Smith	11 501 426	2014
29	Rise of the Guardians	US	Peter Ramsey	11 110 416	2012
30	Megamind	US	Tom McGrath	10 183 778	2010

OBS LUMIERE

资料来源:欧洲视听观察组织《2015 年聚焦动漫产业报告》。

表 6－7　2010—2014 年提名为奥斯卡最佳动画片的欧洲动画电影

位次	片名	原产国	年份	欧洲观影人次	全球观影人次
3	The Pirates! Band of Misfits	德、美	2012	6 837 855	12 825 654
39	The Illusionist	德、法	2009	673 855	1 027 280
43	Ernest & Rita	法、比、卢	2012	611 655	688 418
44	A Cat in Paris	法、荷、瑞、比	2010	593 580	644 405
58	Chico & Rita	西、德	2010	360 693	421 590
92	Song of the Sea	爱尔兰丹、比、卢、法	2014	152 394	159 434

资料来源:欧洲视听观察组织《2015 年聚焦动漫产业报告》。

6.2.2.1　法国动画市场状况

2014 年,法国电影的票房总收入约为 12.16 亿欧元,总观影人数为 1.91 亿人次,动漫电影总票房收入约为 1.65 亿欧元,总观影人次为月 0.26 亿人次,银幕数5 653块。2014 年,法国电视拥有量约为 0.27 亿台,数字电视占比 95%,国家儿童频道有 13 个,其中,自由电视台一个,私有 12 个;对外儿童频道 2 个,外国儿童频道 15 个,国家电影频道 19 个,外国电影频道 21 个。

2014 年,法国动漫电影的观影人数约为 0.26 亿人次,低于 2010—2014 年平均 0.29

的观影人次，但这是自2011年以来首次在总观影人次中占比超过14%，居欧盟各国首位。

2010—2014年的5年间，法国共生产动漫电影47部，平均一年9.4部的水平，使法国在欧盟各国中高居榜首，2011年生产13部，达到顶峰，在2014年降至7部（见表6-8）。2014年的法国电影生产中有4部为百分百的法国制造，所有影片平均预算为785万欧元。提供的资金中，外国合作者出资38.7%，授权者提供22.5%，11.6%由电视渠道提供。在2014年动漫电影观影人数前十强中，无一部法国生产的动漫电影入围（见表6-9），法国动画电影《亚瑟和他的迷你王国》居13位，这部出产于2010年的法国本土电影吸引了400万的观影人次，其中75%来自于法国。举办于2015年6月的安纳西国际动画电影节公开的数据显示，2014年，法国的动画电影在影院的表现抢眼，尽管其只占据了2014年电影4.4%的份额，却创造了占比12.4%的票房收入。法国2014年生产的7部动画电影吸引了504万观众。这些电影包括票房150万欧元的《微不足道：蚂蚁消失的山谷》、票房268万欧元的《阿斯泰里克斯：神的土地》等。实际上，动画片的题材得益于"extensive print runs"的豁免（之前，去年平均有358部电影没有得到豁免）、"强劲的营销活动"（一部动画电影的总广告费用达到148.9万欧元）。这些作品的海外销售也非常好，2014年，法国动画电影海外获得346万欧元的收入，观影人数自2015年以来增长了45.6%。

表6-8 2010—2014法国动漫电影产量

年份	产量（部）
2010	6
2011	13
2012	10
2013	11
2014	7

资料来源：欧洲视听观察组织《2015年聚焦动漫产业报告》。

表6-9 2010—2014年法国动漫电影观影人次10强

Rank	Title	Country of origin	Director	Distributor	Admissions	Year of production
1	Ice Age: Continental Drift	US	S. Martino, M. Thurmeier	20th Century Fox (FR)	6 625 903	2012
2	The Adventures of Tintin	US/NZ	Steven Spielberg	Sony Pictures .. (FR)	5 308 461	2011
3	Despicable Me 2	US	P. Coffin, C. Renaud	Universal Pictures	4 655 036	2013
4	Shrek Forever After	US	Mike Mitchell	Paramount .. (FR)	4 625 118	2010
5	Toy Story 3	US	Lee Unkrich	Walt Disney ..(FR)	4 353 253	2010
6	Puss in Boots	US	Chris Miller	Paramount .. (FR)	3 858 651	2011
7	The Princess and the Frog	US	R. Clements, J. Musker	Walt Disney .. (FR)	3 842 600	2009
8	Tangled	US	N. Greno, B. Howard	Walt Disney ..(FR)	3 550 281	2010
9	Madagascar 3: Europe's ...	US	C. Vernon, T. McGrath, ..	Paramount ..(FR)	3 412 055	2012
10	How to Train Your Dragon 2	US	Dean DeBlois	20th Century Fox (FR)	3 375 600	2014

OBS LUMIERE

资料来源：欧洲视听观察组织《2015年聚焦动漫产业报告》。

在法国,播放动画片的主要电视频道有 M6、France 5、Canal +、France 3、France 2 和 TFI,其中 France 5 播放数量最多,其次为 France 3 和 TFI 频道(见图 6 –2)。

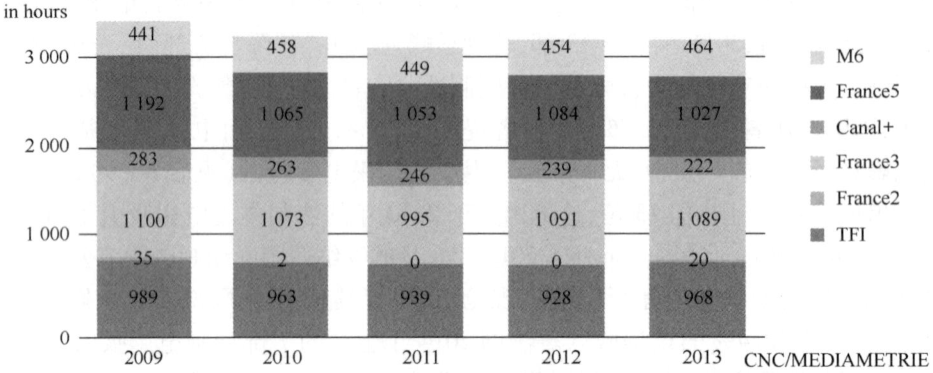

图 6 –2　2009—2013 年法国主要电视频道播放动画片情况(CNC 数据)

2013 年,法国主要的综合频道和儿童频道播放动画节目总数为近 10 万小时,其中非欧洲产的动画片占据半壁江山,法国本土生产约占 21.1%,其他欧洲国家生产的占 21.4%;儿童频道播放动画节目月 9 万多小时,非欧洲生产动画节目占 53.2%,其他欧洲国家生产占 28.3%,法国本土生产的仅占 18.6%;而美国所属儿童频道播放非欧洲本土动画片比例高达 61.6%(见图 6 –3)。

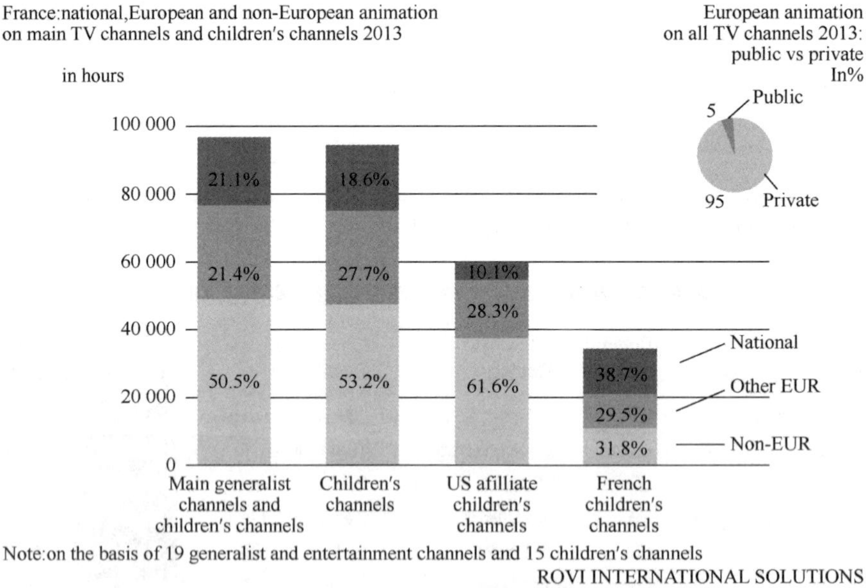

图 6 –3　2013 年欧洲动画片在法国主要电视频道及儿童频道播放情况(CNC 数据)

6.2.2.2　德国动画市场状况

2014 年,德国总人口约 0.81 亿人,人均 GDP 为47 210美元,2014 年,德国电影总票房收入为约9.62 亿欧元,总观影人次为约1.2 亿人次,总票房收入为:动漫电影观影人次为 15.6 百万人,银幕数4 637块(数字银幕占比 90%)。2013 年,德国电视的家庭拥有量为35.8百万台,数字电视拥有量占比达84%,拥有儿童频道12个,面向其他国家的儿童频道2个,可看的外国儿童频道7个,有22个电影频道,面向国外的电影频道1个,可看的外国电影频道2个。

德国在电影票房收入及观影人数方面位列欧洲第三位,2014年,动漫观影人数下降至15.6百万人次,较之2010—2014年5年间平均值18.3百万人次,下降了约15%,票房收入占总电影票房收入的13%。2014年,本国动漫电影份额占比12.6%。没有任何一部德国动漫影片进入票房榜前10名(见表6-10),只有一部本国产动漫影片位列第20名。2010—2014年,德国动漫电影的平均观影人数为4.2百万人次,在经历了2013年的市场低迷之后,2014年观影人数增长了258%(见图6-4)。之所以出现这种状况,主要得益于3部动画片的上映,分别是:《丛林之王》、《马亚历险记》和《七个小矮人》,这3部动画影片观影人数高达1 000万人次(见表6-11)。

表6-10 2010—2014德国市场动漫影片观影人数10强

位次	片名	原产国	发行商	观影人次	发行年份
1	Ice Age:Continental Drift	美	福克斯(德)	6 694 620	2012
2	Frozen	美	迪士尼(德)	4 758 788	2013
3	Madagascar3:Europe's	美	派拉蒙(德)	3 958 925	2012
4	Tangled	美	迪士尼(德)	3 931 585	2010
5	Despicable Me 2	美	环球(德)	2 887 419	2013
6	Puss in Boots	美	派拉蒙(德)	3 193 804	2011
7	How to Train Your Dragon 2	美	福克斯(德)	2 723 730	2014
8	The Smurfs	美	索尼(德)	2 701 742	2011
9	Despicable Me	美	环球(德)	2 513 345	2010
10	The Smurfs 2	美	索尼(德)	2 513 159	2013

资料来源:欧洲视听观察组织《2015年聚焦动漫产业报告》。

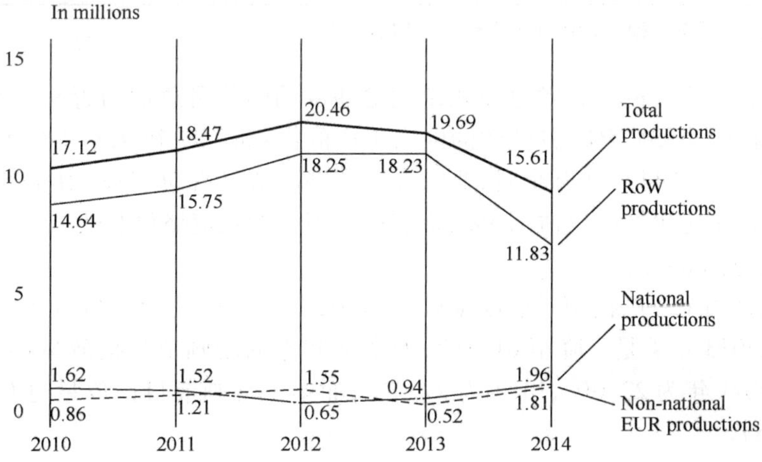

①It only inoludes new productions (films produced up to one year before the release year).

图6-4 2010—2014年德国动画电影观影人次及生产情况

资料来源:欧洲视听观察组织《2015年聚焦动漫产业报告》。

表 6－11　2010—2014 年德国动画影片观影人数 5 强

位次	片名	原产国	发行商	观影人次	生产年份
1	Die Konferenz der Tiere	德	康斯坦丁影业	151 4087	2010
2	Maya the Bee Movie	德、澳	乌发影业	763 807	2014
3	Prinzessin Lillifee und	德	乌发影业	628 097	2011
4	Ritter Rost-Eisenhart und	德	乌发影业	610 215	2012
5	Der Kleine Rabe Socke	德	乌发影业	488 481	2012

资料来源：欧洲视听观察组织《2015 年聚焦动漫产业报告》

2010—2014 年，德国共生产发行了 20 部动漫影片，这在欧盟居第 4 位，2012 年产量达到峰值，为 5 部（见表 6－12），同时观影人数也显著下降（较上年下降 16%），随后，2013 年又有一个显著的上升（达到 14.6 百万人次）。

2009—2013 年，电视动漫的播放总时数大幅度下降，这主要归结于日本动画片在 RTL 和 Tele5 频道的减少，德国最重要的儿童频道为 KiKA 和 Super RTL，公共频道 KiKA 可以在欧洲 13 个国家播放，但 Super RTL（50% 归 Disney 所有）可以在 18 个国家播出。

表 6－12　2010—2014 年德国动画影片产量

年份	产量（部）
2010	3
2011	5
2012	5
2013	2
2014	4

资料来源：欧洲视听观察组织《2015 年聚焦动漫产业报告》。

2013 年，德国主要的综合频道和儿童频道播放动画节目总数为近 9 万小时，其中非欧洲产的动画片占据 54.5%，其他欧洲国家生产的占 40.7%，德国本土生产仅占4.8%；儿童频道播放动画节目约 9 万小时，非欧洲生产动画节目占 56.5%，其他欧洲国家生产占 39.1%，德国本土生产的仅占 4.5%；而美国所属儿童频道播放非欧洲本土动画片比例高达 68.4%（见图 6－5）。

2009 年，德国主要电视频道播放动画节目中，非欧洲产动画节目占 88.9%，2011 年降至 71.5%，2013 年更是下降至 61.1%；而欧洲制作的动画节目播放量逐年上升，2009 年为 6.4%，2011 年为 22.0%，13 年为 27.4%；而本土动画节目播放量也有了明显的提升（见图 6－6）。

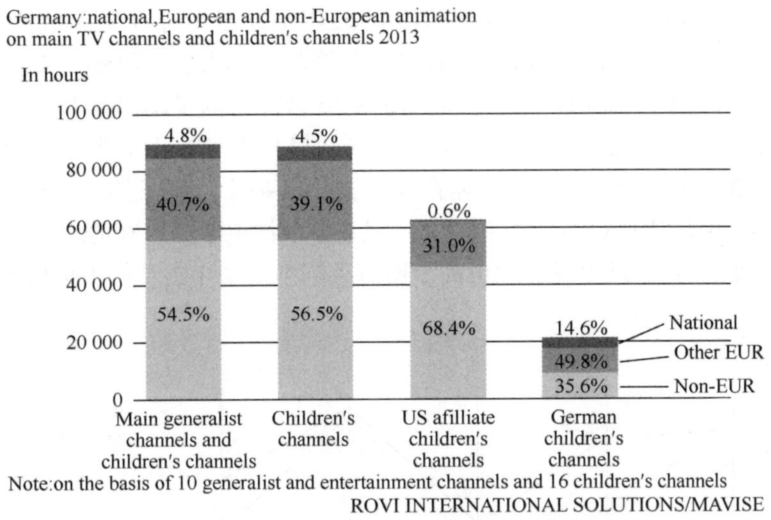

图 6-5 德国电视动画在主要电视频道及儿童频道播放情况

资料来源：欧洲视听观察组织《2015 年聚焦动漫产业报告》。

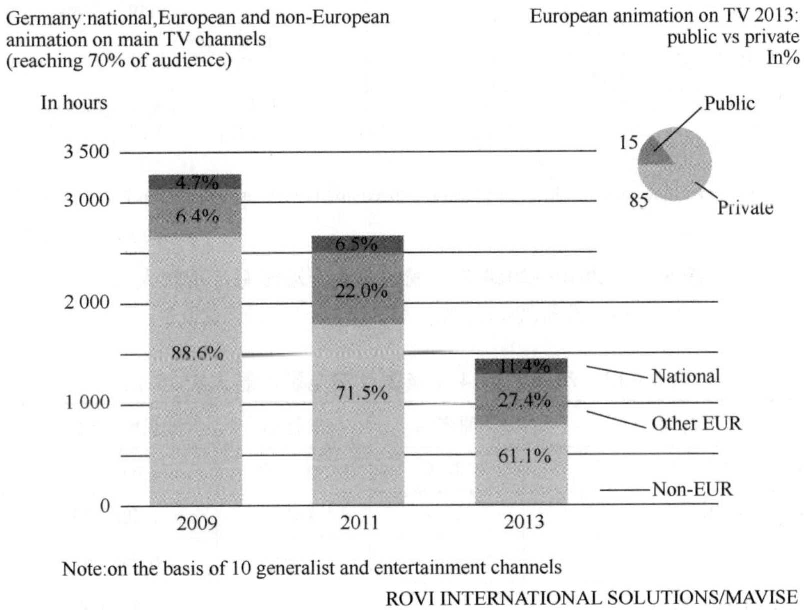

图 6-6 2009—2013 年德国电视动画在主要频道播放情况

资料来源：欧洲视听观察组织《2015 年聚焦动漫产业报告》。

6.2.2.3 英国动漫市场

2014 年，英国电影总票房收入约为 11.25 亿欧元，总观影人次约为 1.675 亿人次，动漫影片总票房收入为 1.87 亿欧元，动漫电影观影人次为 27.8 百万人，银幕数3 909块（数字银幕占比 90%）。2014 年，英国电视的家庭拥有量为 28.1 百万台，数字电视拥有量占比 95%，拥有儿童频道 22 个，面向其他国家的儿童频道 120 个，可看的外国儿童频道 1 个，有 37 个电影频道，面向国外的电影频道 54 个，可看的外国电影频道 2 个。

英国是欧洲最大的动漫市场,2010—2014 年,年均动漫影片观影人数为 30.5 百万人次,2014 年则为 27.8 百万人次。占据了 16.6% 的影院观影人次(见图 6-7)。动漫观影人数的集中度略高于总体情况(10 部票房最高的动漫影片占据了动漫影片总票房 35% 的份额)。然而没有一部为英国国产动漫影片(见表 6-13),说到本土动漫电影,4 部票房最高的动漫影片(3 部为英国公司制作)占据了本土票房的 46%。这三部对内投资的动画影片《亚瑟圣诞》《神奇海盗团》《罗密欧与朱丽叶》是 4 部动漫电影当中在海外传播最广的,占据了 36.4% 的海外票房,而且市场份额也高于所有英国本土制作影片的市场份额。

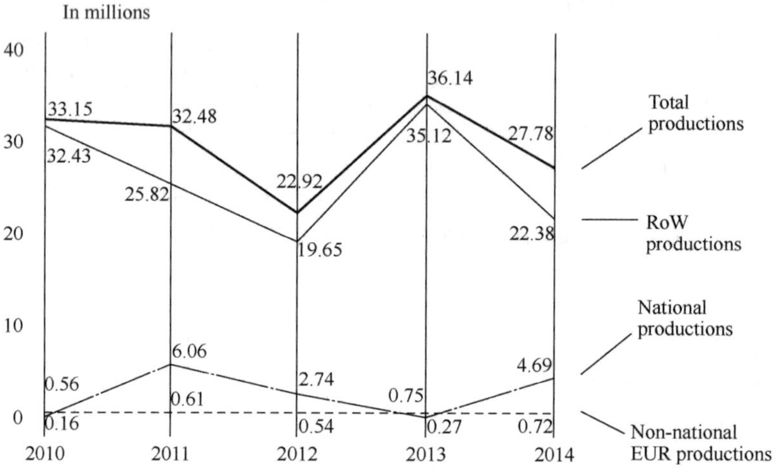

①It only inoludes new productions (films produced up to two year before the release year).

BFI,OBS LUMIERE

图 6-7　2010—2014 年不同国家生产动漫影片观影人数

资料来源:欧洲视听观察组织《2015 年聚焦动漫产业报告》。

表 6-13　2010—2014 年英国动漫电影观影人次 10 强

位次	片名	原产国	发行商	观影人次	发行年份
1	Toy Story 3	美国	迪士尼	12 635 504	2010
2	Despicable Me 2	美国	环球	7 285 745	2013
3	Frozen	美国	迪士尼	6 958 653	2013
4	Shrek Forever After	美国	派拉蒙	5 545 098	2010
5	The Lego Movie	美国、澳大利亚、丹麦	华纳兄弟	5 049 754	2014
6	Ice Age:Continental Drift	美国	福克斯	4 781 086	2012
7	Monsters University	美国	迪士尼	4 703 462	2013
8	The Croods	美国	福克斯	4 098 939	2013
9	Paddington	德国、法国	Studio Canal	4 012 645	2014
10	How to Train Your Dragon 2	美国	福克斯	3 688 797	2014

资料来源:欧洲视听观察组织《2015 年聚焦动漫产业报告》。

正像欧洲其他国家一样,美国动画影片在英国也获得了大多数的观影人次,在过去的5年中,英国共生产了26部电影动画片(见表6-14)。英国是动画频道影响遍及整个欧洲的一个主要国家,重要的国家儿童电视频道包括CBBC,CBeebies(BBC),CITV以及隶属美国的一些频道,如迪士尼、尼克国际儿童频道,美国动画频道、卡通电视网和幼儿频道。

对于英国的儿童电视频道动画部分的数据来自于ROVI。ROVI的样本来自于19个专业和娱乐频道以及9个儿童频道,不包括儿童频道Pop和Tiny Pop。图6-8所示为主要频道的动漫播放情况,图6-9是2013年所有频道的动漫播放比例,对主要的专业和娱乐频道来说,非欧洲产动漫播放比例要远高于儿童频道的播放比例(2013年高达60%以上),有两个频道美国动漫播放比例惊人,分别是Comedy Central 和Sky1。英国儿童频道(如CBBC、CITV和CBeebies)国产动画的播放比例在83%以上。

表6-14 2010—2014年英国动漫影片生产情况

年份	产量(部)
2010	3
2011	7
2012	8
2013	4
2014	4

资料来源:欧洲视听观察组织《2015年聚焦动漫产业报告》。

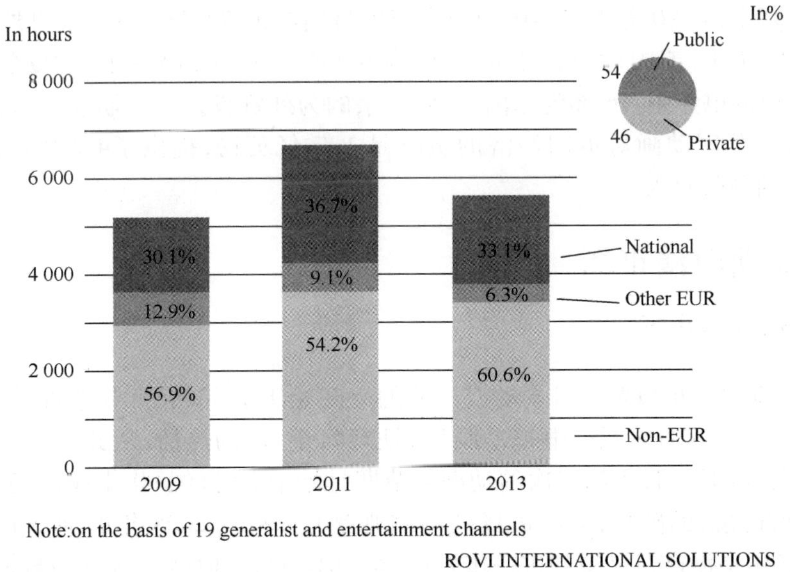

图6-8 2009—2013年英国国产、欧洲产及非欧洲产动画片在主要电视频道播放情况

资料来源:欧洲视听观察组织《2015年聚焦动漫产业报告》。

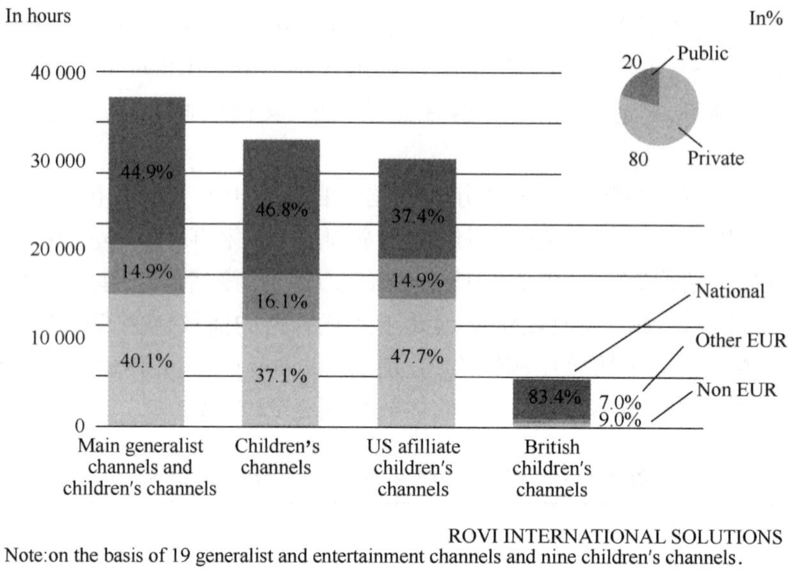

图 6-9　2013 年英国国产、欧洲产及非欧洲产动画片在主要电视频道和儿童频道播放情况

资料来源：欧洲视听观察组织《2015 年聚焦动漫产业报告》。

2013 年 4 月税收抵免政策实施以来，从《The Clangers》①到《憨豆先生》，一大批动画作品在英国诞生。关于税收抵免政策影响的 Olsberg SPI 报告出炉，报告显示，英国动画产值 2011 年为 4 600 万英镑，税收政策实施第一年为 5 170 万英镑，2013—2014 年的增幅为 11%。其中，4 390 万英镑为国内及合资项目创造，0.78 千万英镑来自外来投资。

2013—2014 年，英国动画产业的支出为 5 170 万英镑，提供了1 100个全职岗位。2014 年已拍摄的电影中，16 部为国内产品，其余的为外资投入。全职动画人员平均工资为31 772英镑；英国动画对英国经济的贡献是 1.7 亿英镑，提供了4 700个全职岗位和 5 200万英镑的税收收入。

6.2.3　亚洲动漫市场

6.2.3.1　日本动漫市场

（1）日本动漫市场概览。日本动漫产业的兴旺始于 1958 年的彩色动画片《白蛇》的放映，得益于 1963 年日本系列电视动画片《铁臂阿童木》的热播，从此以后，日本动漫业经历了 50 年的成长。日本第三次的动漫繁荣期是始于 20 世纪 90 年代市场的大爆发直至 2000 年泡沫经济的破裂，动漫市场的萎缩则是从 2007—2008 年的泡沫破裂开始，自 2010 年后，日本动漫产业又得到进一步发展，至 2013 年达到顶峰，从近期数据来看，日本

---

①《The Clangers》是 1969 年开始制作的针织风格的动画连续剧，讲述了一群毛线编织而成的小老鼠的家族生活。

动漫产业的良好发展态势至少会持续到2016年。

日本动画协会在其2015年8月发布的《日本动漫产业报告》中指出,2014年,日本动漫产业的总产值为135亿美元,较2013年的124亿美元增长率约10%。日本动漫协会将这个增长归因于特许销售,以及在中国销售的流媒体播出权的增加。

①剧场版动画创造了史上第二的票房收入,达到470亿元,比上年增长15%。大友克洋的《短暂和平》在暑期档获得全年票房收入冠军,同样,另外一部出自于吉卜力工作室由高畑勋导演的动画片也获得了不菲的票房收入。2013年可以说是日本动画产业的吉卜力之年,但非吉卜力制作的动画片在票房收入上也获得了长足的进步。尽管吉卜力的关张以及大友克洋的退休对动漫业产生了深远的影响,但就目前看来,日本动漫产业在剧场版动画方面已经奠定了强有力的基础,并可以确保票房收入的稳定增长。

②自2012年以来,动画市场年均增长8.9%——在萎缩的市场上这是一个令人吃惊的数字。尽管CD和DVD市场面临全球性的衰退,但日本动漫业界在动画包销售市场的表现很惊人,2015年较2013年增长了8.9%。自有动画包销售统计数据的1983年以来,动漫一直是动漫产业的核心内容,然而,自2005年以来,受到全球市场萎缩的影响,销售逐年下降,近三年下降了几乎200亿日元,但日本动漫业界一直在竭力阻止下滑,即使在2008年伴随着其他领域例如音乐CD市场规模的缩小。那2013年增长的8.9%是从何而来呢?这主要是由于动画片《新福音战士3:你能再战》创造的高于50亿日元的巨大票房收入,而且在影片发行日19.9万张蓝光碟的销售也是史无前例的。除此之外,该片全年的蓝光碟销售达38.8万张,DVD销量达17.7万张,至此,该片荣获蓝光碟销量榜首,剧场版动画蓝光碟销量榜首以及剧场版动画片DVD销量榜首三大桂冠。位居第二位的是《机动高达战士:独角兽6》,各自的版本销售量达25万张,位列第三的是东映动画格式出产的《海贼王》。

③新流派诞生及其快速发展。2013年,一种被称为“现场娱乐”的新形式在动漫行业应运而生,这种方式与音乐行业的现场演唱会类似。这种新形式包括动漫歌曲音乐会、音乐剧、博物馆以及其他与动漫相关的事件。2013年的销售收入达到288亿日元,从销售状况来看,这种形式创造的收入今后会有进一步的增长。

(2)日本动漫市场发展状况。

①广义的动漫市场规模不断扩大。日本广义的动漫产业市场①规模在经历了2009年以来连续5年的增长之后,于2014年达到1兆6 297亿日元,是2013年的109.2%,为历年来的最高值,继2013年以来连续两年刷新历史纪录(见图6-10)。

从2002年开始,经历了连续6年扩张的日本动漫产业市场,由于碟片(DVD/BD)销售额的急速下降,在2009年经历了1 000亿日元以上的大幅缩水。然而,接下来的2010年开始渐渐转为上升,并在2013年全方位超越上年度,并超越2008年的总销售额,创造了史上第一的销售额纪录,2014年,这一记录又再次被更新。总的来说,日本动漫产业市

---

① 在《日本动漫产业报告2015》中,对动漫市场的定义分为广义和狭义两类分别统计,其中,广义的动漫市场,即市场规模基于对用户对动漫市场和动漫关联市场;狭义的动漫市场,即市场规模基于商业动画工作室的销售收入的市场

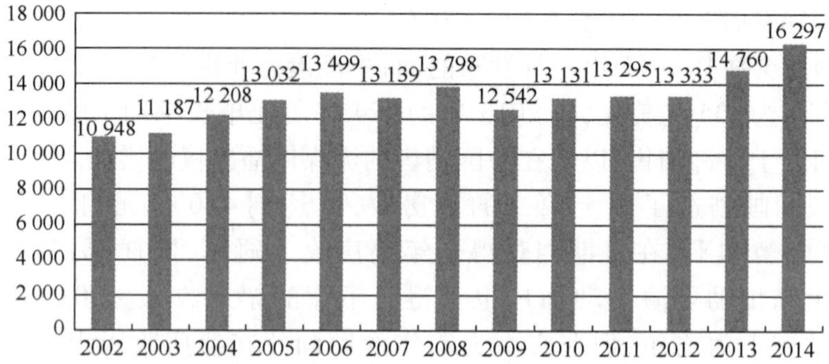

图 6－10　2002—2014 年广义动漫产业市场发展趋势（单位：亿日元）

数据来源：日本动画协会调查资料汇总

场不断加速扩大的原因主要是传递动漫内容的渠道多样化了。

日本动漫作品用50 年的时间走进电影院，又用25 年的时间登上录像带平台，之后包含音乐在内的商品化和以海外贩售为名的市场开拓又塑造了其商业雏形。而如今由于新媒介的不断发展，动画的传播渠道有了新的扩展，包括 21 世纪初开始的网络分销、日本独有的游戏机及游戏场所，以及 2010 年开始迅猛发展的现场演出（见表 6－15）。

表 6－15　广义日本动漫市场趋势　　　　**单位：亿日元**

类别＼年份	2006	2007	2008	2009	2010	2011	2012	2013	2014
电视	1 003	924	946	955	895	900	951	1 020	1 107
电影	284	212	338	299	338	285	409	470	417
广播	1 358	1 278	1 113	1 052	1 085	1 067	1 059	1 153	1 021
网络分销	84	98	102	123	149	160	272	340	408
销售	5 305	5 974	5 364	5 597	6 374	5 943	5 732	5 985	6 552
音乐	261	263	270	307	297	245	230	246	237
海外	5 204	4 390	4 137	2 544	2 867	2 669	2 408	2 823	3 265
柏青哥等弹子赌博机	—	—	1 528	1 665	1 226	2 026	2 272	2 427	2 981
现场演出	—	—	—	—	—	—	—	296	308
总计	13 499	13 139	13 798	12 542	13 131	13 295	13 333	14 760	16 297

注 1：电视市场的收入的计算基于以下公式：商业电视台的放送收入与 NHK（日本广播协会）的放送收入之和 × 动漫节目播放时间占全部节目播放时间的比率 + 动漫频道的营业收入。

注释 2：柏青哥等弹子赌博机的收入基于对游戏机使用的动漫角色和主题的数量的估计。

注释 3：调查中的柏青哥等弹子赌博机始于 2008 年。

注释 4：调查中的现场演出始于 2013 年。

数据来源：日本动画协会《日本动漫产业报告 2015》。

②产品类型不断多样化。在电视动画方面，日本电视动画制作分钟从 20 世纪 90 年

代中期开始显著上升，在2006年创造了最高纪录。然后在2010年下降触底，接着分钟数又有增加，呈V型复苏。但2014年日本动画制作分钟数连续增长5年，却只有119 962分钟、远低于2006年的136 407分钟（见图6－11）。

这种局面主要与近几年来的“碎片化”情况有关。深夜时段动画作品的拆分播放情况加剧，同时以“泡面番”[①]为代表的短篇动画作品不断增加。一般动画的单集时长为30分钟左右，制作成本在1 200万日元至1 500万日元之间；而泡面番则普遍在5分钟左右，除去片头和片尾的部分，每集需要制作的内容大概在3分钟左右。这样短小的篇幅单纯按时间换算，成本只需要200万～300万日元之间，使单集成本得以急剧压缩。同时，由于移动互联网络的日益发达，越来越多的人习惯于利用上下班地铁上、午休、睡前等这类“碎片化”的时间进行移动的、更为便捷的娱乐，短短的泡面番正好适应了这类观众的需求。在这种情况下，泡面番的逐年增加，既可以说是为了填补市场的青黄不接，也可以理解成是为了顺应时代潮流、适应动画制作形式而采取的变革。

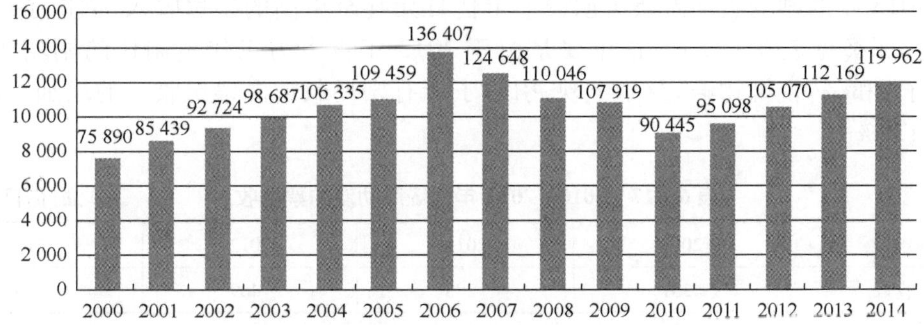

图6－11　2000—2014电视动画制作分钟数

数据来源：基于日本动画协会进行的调查。

另外，根据表6－16对比不同时长作品在不同时间段的收视率能够发现，15分钟以下作品较通常（30分钟）作品在全天除18：00—24：00时间段之外的18个小时里都更受观众欢迎。其中，在6：00—12：00的午前时段，其收视率几乎是正常作品的3倍，具有压倒性的优势。

表6－16　2015年电视播放动画作品收视分段表

播放时间段	15分钟以下		26～30分钟	
	作品数	收视率（%）	作品数	收视率（%）
6：00—12：00	43	48	28	18
12：00—18：00	5	6	6	4
18：00—24：00	19	21	68	44

① 泡面番是指一集时间很短的动画，通常在3～6分钟左右不等，以四格漫画改编居多，相当于泡一杯方便面的时间，因此被动漫爱好者如此戏称。还有部分日本动画制作公司以几集短篇连载动画作为精简版，以测试市场反应，为正式版推出做准备，也会被称为泡面番。

续表

播放时间段	15 分钟以下		26～30 分钟	
	作品数	收视率(%)	作品数	收视率(%)
24:00—6:00	23	25	52	34
合计	90	100	154	100

数据来源:《日本动漫产业报告 2015》中资料整理。

"泡面番"短小的篇幅还让动漫制作方在制作过程中可以充分吸收观众的反馈,用充足的时间根据观众对之前播放剧集的评价对下集进行修改,真正做到制作观众需要的动漫来扩大市场。导演谷东在 2013 年东京国际动画比赛访谈时,就曾明确表示在 TV 动画《罗马浴场》中该手法的运用。①

在动画电影方面,相比于2010 年的9 部影片,2011 年的10 部影片,2012 年的8 部影片,2013 年的剧场版动漫票房创造了十亿日元甚至更高的票房收入,创造了历史第二高的纪录(见表 6－17)。这主要是由于 2013 年吉卜力工作室制作的剧场版动漫《起风了》和《辉夜姬物语》分别上映,引起了所有剧场版动漫票房收入的增加,比上年增长 14.9%。

表 6－17　2010—2013 年剧场版动漫的票房收入　　单位:亿日元

年份	2010	2011	2012	2013
收入	337	285	409	470

注:根据 Motion Picture Producers Association of Japan, Inc.、Kinema － Junpo 和 Bunkatsushin 提供的数据编辑(由 Mindbase,Inc. 编辑 2000—2008 年数据,以及由 The Association of Japanese Animations 编辑 2009—2013 年数据。)

2010—2013 年,剧场版总制作时间和数量基本处于稳定增长态势,剧场版动漫的数量随着媒介的变化而增加。2013 年,剧场版动漫制作时间的总数量是历史最高水平。这可能是因为带来直接收入的剧场版动漫吸引了动漫产业中比以前更多的注意(见表 6－18)。

表 6－18　2010—2013 年剧场版动画制作时间及数量

年份	2010	2011	2012	2013
制作分钟数	4000	3581	4713	4782
制作数量(部)	55	54	59	63

注:根据 The Association of Japanese Animations 的调查整理。

录像制品的出货价值 2010—2013 年基本没有太大变化(见表 6－19),考虑到音乐 CD 和其他录像制品销售量的不断下降,这一数字也是很乐观的。

① 日本动画制作五大趋势 2016 年或遇危机[OL]. 天极网游戏频道. http://gameonline. yesky. com/205/98738705. shtml.

表 6－19 2010—2013 对录像制品出货值 单位:百万日元

年份	2010	2011	2012	2013
出货值	75 946	75 289	74 132	80 735

注:根据 the Japan Video Software Association 发表的报告。

2013 年,与日本动漫人物相关联的商品市场的销售收入是6 160亿日元,比上年增长了 0.4%(见表 6－20)。针对儿童/家庭的商品销售略有减少,然而针对成人的商品销售却走势良好。

表 6－20 2011—2014 年与动漫相关的商品销售 单位:亿日元

年份	2011	2012	2013	2014
销售额	6 421	6 041	6 120	6 146

注:由 HUMAN MEDIA INC. 编辑,根据来自"CharaBiz DATA"的数据,由 CHARACTER DATA BANK Ltd 发表(2001—2013 年)

注:只统计在国内销售中占前 100 的日本动漫人物周边的销售总额。

日本动漫网络分销的市场容量是 340 亿日元,较上年增长 25%。伴随着智能手机市场的拓展,该市场预计将进一步增长(见表 6－21)。

表 6－21 2010—2013 年日本动漫的网络分布(2002—2013) 单位:亿日元

年份	2010	2011	2012	2013
网络销售额	149	160	272	340

注:根据由 The Association of Japanese Animations 执行的调查。

③日本动漫的海外市场销售状况。日本动漫产业 2014 年与海外所签合同数位列前 20 位的分别为:韩国 90 个、中国台湾 81 个、美国 73 个、加拿大 62 个、泰国 54 个、中国内地 50 个、中国香港 44 个、意大利 35 个、澳大利亚 31 个、新西兰 19 个、法国 19 个、马来西亚 17 个、中国澳门 16 个、菲律宾 15 个、新加坡 14 个、英国 14 个、德国 10 个、文莱 8 个、俄罗斯 8 个、智利 8 个。其中,亚洲占 56.4%,南美洲占 18.9%,欧洲占 12.9%,位居前三位。

2013 年,日本与 53 个国家或地区签订了 989 份合同。合同的主要签订国家(地区)都与日本相邻。近几年,日本与韩国、中国台湾和美国签订的合同数排名保持同方向增长,法国和中国香港的合同数量排名有少量下浮。值得注意的是,前 10 名的国家 2012 年占海外市场总额的 48.5%,而 2013 年占 75.4%。

近年来,日本动漫市场的海外收益情况见表 6－22,其中,背景音乐收益占很大比例(见表 6－23)。

表 6－22 2010—2013 日本动漫市场的海外收益 单位:亿日元

年份	2010	2011	2012	2013
海外收益	2 867	2 669	2 408	2 823

数据来源:《日本动漫产业报告 2015》中资料整理。

表 6－23　2013 年与 2014 年外国向日本支付音乐版权费最多的前 10 名背景音乐

排名＼年份	2013	2014
1	《火影忍者・疾风传》	《火影忍者・疾风传》
2	《龙珠》	《海贼王》
3	《口袋妖怪》	《麻辣教师 GTO》
4	《机甲露宝》	《海贼王》
5	《バーバパパ世界をまわる》	《美少女战士》
6	《小熊贝贝》	《怪侠索罗利》
7	《战斗陀螺》	《龙珠》
8	《光之美少女 SPLASH STAR》	《妖精的尾巴》
9	《死神》	《全职猎人》
10	《索尼克 X》	《口袋妖怪》

数据来源:《日本动漫产业报告 2015》中资料整理。

《日本动漫产业报告 2015》中特别提到 2014—2015 年,海外行情一直坚挺,不仅面向北美和中国的动漫作品销售情况良好,通过网络分销的作品还为日本动漫增加了众多海外粉丝,并且导致在海外的日本动漫关联活动也继续增长。株式会社 ASATSU－DK(简称 ADK)在 2014 年 12 月取得擅长全球内容业务的世界知名动漫公司 D－rights 51% 的股份,将两公司技术与内容上的优势加以整合以拓展海外市场;ANIPLEX 公司于 2015 年春与德国企业 peppermint 合并成立公司 peppermint anime CmbH,并在法国出资加入视频网络平台 WakanimSAS,积极在欧洲拓展核心粉丝业务;另外,由包括 ADK、Toei 东映、Aniplex、Sunrise、TMS、NAS、电通公司在内的日本 9 家公司联合成立的 DAISUKI 动画视频网站全力打造海外一站式动画平台,Netflix 决定入驻日本市场,使日本能够更加便捷迅速地向世界配送动画作品,打造以网络为中心的商业模式成为日本动漫产业进行海外扩张的重要办法之一。

④日本动漫工作室的分布地图。大多数动漫工作室(87%)在东京,尤其是练马区和杉并区。就练马区而言,东映动画和 Mushi Production 这两个著名工作室分别位于大泉町和高野台,这鼓舞了其他工作室也坐落在练马区。至于与练马区邻近的杉并区,另一个著名工作室 TMS Entertainment 于 1970 年坐落在那里。这大概是多数工作室集中在相同区域的原因。

当地政府与当地产业一样,全力开发有潜力创造高附加值的动漫。埼玉县的久喜市(原鹭宫)以动漫《幸运☆星》的背景而出名。由于粉丝将这座城市视为“圣地”而纷纷前来参观,这座城市获得了巨大的经济收益。宫城县将动画《战国 BASRA》的角色印在味增和米饭产品上来增加销量。他们与仙台七夕庆典也有合作项目。另一个例子是茨城县大洗町的案例,自动漫《少女与战车》发行上映后,大量游客慕名前来参观。虽然大多数动漫工作室都集中在东京,京都动画和 P. A. Works(富山县南砺市)等个别工作室也运营良好。

(3)日本动画市场发展趋势。

①"2016危机"。"2016危机"是日本动画界根据每年定期对动画企业员工发放的调查报告所收集来的一些问题做出的崩盘预测。主要是由于近几年来动画制作分钟数不断上升导致各制作公司和工作室的工作能力达到极限而产生的危机感。

据问卷调查回收的情况来看,作品的增加带来工作量的增加,却没有带来同比例工作人员的增加,动画制作现场为及时完工气氛紧张,动画界部分成员认为作品的增加只是数量上而非质量上,制作公司和工作室的营业额难以提升等这些问题都是"2016危机"的先兆,有人认为这一失衡现象有可能在2016年导致动画市场崩盘。

面对这种扭曲的局面,动画制作业界在近两年的《日本动画产业报告》中都发表了悲观的预测,频繁提及"2016危机"。同时也提到了业界为解决这个问题而采取的措施之一,即"制作的数字化",提到需要动画作品从作者到制作方等多个环节向数字化方向转变,以提升动画制作的质量与效率。

②动画产业面向儿童的趋势。《日本动画产业报告2015》(下称《报告》)中特别提到日本动画应更加关注儿童市场的发展趋向。日本电视动画经过多年的发展,形成了基本的档期分段:晚上8点半至10点半是"黄金时段",播放面向青少年或老少咸宜的动画;深夜时分播放面向高中及以上至成人的动画;周六、日上午播放面向儿童的动画。其中,日本的深夜系动画,即面向非青少年群体的动画在全球范围内的动画市场中具有压倒性的竞争优势,因此很多动画制作公司在动画产品企划的选择上会更多地选择深夜系动画而放弃对儿童·家庭类动画的投入。对于这种情况,《报告》首先肯定了这种选择的合理性,但同时提出成年人观看深夜系动画的习惯往往是孩童时期观看儿童·家庭类动画的延续,因此,依靠儿童·家族类动画从观众幼少期就开始的启蒙培养必不可少,动画业界不应该只注重眼前的经济利益而忽略整个动画产业长远发展的潜在动力。为此,东京电视台在2015年加大了儿童·家庭类动画放映比例,SUNRISE公司也于4月成立了针对儿童类业务的子公司BANDAINAMCO Pictures。可以说,在经历了近一个世纪的创新与开拓后,日本动画呈现出一种"回归"本源的态势——面向儿童的动画产品。

③CG时代的全面推进。虽然在世界范围内以美国皮克斯为代表的写实系CG动画电影在10多年前已成为主流,但日本的动画制作一直习惯于2D手绘的表现方式而对CG写实表现手法有所抵触。然而自2011年年末3DCG动画电影《朋友:怪物岛的纳基》实现14.9亿日元票房之后,业界对3D的抵触感有所减轻,动画电影的制作方式也发生了一定的改变。2014年,迪士尼的CG动画电影《冰雪奇缘》和《超能陆战队》分获254.8亿日元与90亿日元的高额票房,其结果成为鼓励日本动画制作走上CG表现时代的转折点。

表6-24是日本在2014年部分或全部运用CG写实表现手法制作的动画电影和TV动画作品,其中《哆啦A梦:伴我同行》的票房收入高达83.8亿日元,在为日本动画带来新的突破的同时也给传统手绘动画制作业平添不少压力。

表 6 - 24　2014 年日本主要 CG 动画

作品	类型	制作公司	特点
圣斗士星矢:圣域传说	电影	东映动画	长年累积的海外人气基础以及 3D 仿 2D 技术的部分应用
哆啦 A 梦:伴我同行	电影	白组、ROBOT、SHIN - EI 动画	主打"童年"的情怀作品,83.8 亿日元超高票房
新剧场版头文字 D	电影	SANZIGEN LIDENFILM	只有速度竞赛部分采用了 CG 制作
乐园追放	电影	GRAPHINICA	企划、制作由东映动画完成,素材格式全 CG 的表现手法引人注目
苹果核战记:阿尔法	电影	SOLA DIGITAL ARTS	动作捕捉及精细建模的实力运用
剧场版苍蓝钢铁战舰	电影	SANZIGEN	仿 2D 的全 3DCG 制作
花与爱丽丝杀人事件	电影	Rockwell Eyes STEVEN'STEVEN	转播技术与 3DCG 的结合运用
希德尼娅的骑士	TV 系列	Polygon Pictures	Polygon Pictures 活用旗下的海外分公司,凭借 2D 与 CG 技术的熟练结合而打造的实力作品
绿林女儿罗尼亚	TV 系列	Polygon Pictures	原吉卜力公司导演宫崎骏吾朗的初次 CG 作品
吃豆人世界	TV 系列	OLM Digital Sprite Animation Studios	改编自世界级的人气游戏作品的全 CG 制作动画,海外市场优先放映
信长协奏曲	TV 系列	富士电视台	富士电视台旗下 CG 部门指导

资料来源:根据树土直志研究制作。

然而,正如《日本动漫产业报告 2015》中指出的一样,虽然日本动画产业的 CG 时代正在临近,全 CG 动画制作亦将成为今后的发展主力。但是在配套 CG 制作的前期设备投资、后期成品的数字化管理、一线制作人才的培养、与传统手绘行业的兼容等问题都不可避免凸显出来。而这恰恰是未来日本动画发展及行业转型的关键。

同时,对 CG 大作而言,庞大的制作费用与时间也限制了制作方在企划层面的挑战意愿。随着观众自身的快速成长以及消费者的代际更迭,CG 动画制作的旧作改编市场将逐渐收缩。在这种背景下,如何有预见性地开拓新市场,以及对原创作品的挖掘显得尤为重要。①

④动画制作投资的新形式——独立投资与众筹。在数字动画技术日新月异、新媒体传播渠道发展迅速的今天,动画制作资金的调配模式也发生了变化,成本回收的手段也变得更加多元化,这使日本动漫原有的"制作委员会"投资方式②备受挑战,新的投资方式逐渐出现。

资金雄厚的企业为了版权利益的最大化,采取独立投资制作的方式,这种企业多为

① 日本动画制作五大趋势 2016 年或遇危机. 天极网游戏频道. http://gameonline. yesky. com/205/98738705. shtml.

② "制作委员会方式"是一种在制作动画和电影时分散风险的方式。由多个公司出资制作动画或电影,其收益会基于出资的比例进行分配。

IT 技术背景的企业。如,2014 年秋季电视台放送的《巴哈姆特之怒 GENESIS》,由原作游戏 Cygames 公司单独出资;2015 年 7 月制作发表的《怪物弹珠》也是由原作游戏的 MIXI 公司单独出资,这种新出现的制作投资方式在日本引发了热议。

除了独立投资,“众筹”这种用小股资金汇聚成强大力量的动画制作投资方式也不断出现,这种新型资金调度模式通过越来越发达的互联网从 2015 年开始正式进军日本主流动画制作市场。如,剧场版《小魔女学园:魔法的盛装游行》(60 万美元)、TV 动画《UNDER THE DOG》(88 万美元),仅凭“众筹”就募集到了可能需要的制作经费,这对日本动画制作来说实属罕见。

就目前而言,日本的动画“众筹”多采用海外站点,而剧场版《这个世界的角落》的成功募集则标志着日本本土“众筹”站点(MAKUAKE)的起步。至于《这个世界的角落》的成功是否具有可复制性,在日本动画制作中能否普及“众筹”,则取决于接下来日本国内“众筹”业务的发展。①

6.2.3.2 中国动漫产业状况

《动漫蓝皮书:中国动漫产业发展报告(2015)》的调查数据显示,在经历了近 5 年的高速增长后,中国动漫产业总产值于 2014 年突破千亿,2015 年更是增至1 131.58亿元,5 年复合年均增长率(CAGR)为 19.2%(见图 6-12)。另外,报告还显示,我国核心二次元用户的规模在 2015 年达到5 939万人,用户总人数达 2.19 亿(见图 6-13),不断增长的受众数量为动漫产品提供了巨大的需求与市场,成为今后动漫产业持续发展的内生动力。据 2015 年公开统计数据,中国国内动漫企业已达4 600余家,专业人员近 22 万人,从业人员 50 余万人。

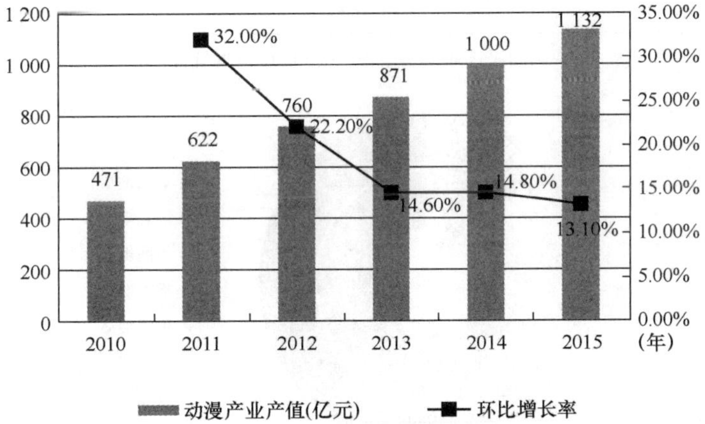

图 6-12 2010—2015 我国动漫产业总产值②

(1)民营企业进军动漫领域,有效地促进了中国动漫产业的市场化进程。在中国动漫产业逐步形成多种经济成分共同发展的产业背景下,动漫企业在改革开放的大潮中不断成长壮大,实力持续增强。借助中国扶持动漫产业政策的不断完善和大力支持,中国

① 日本动画制作五大趋势 2016 年或遇危机. 天极网游戏频道. http://gameonline.yesky.com/205/98738705.shtml.

② 资料来源:中国产业信息网,2016 年 5 月 20 日《2016 年中国动漫行业市场现状及发展前景分析》。

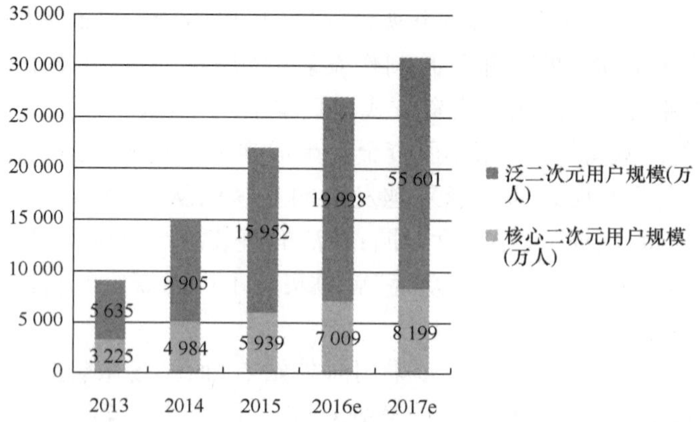

图 6－13　2013—2017 年中国二次元用户规模①

动漫企业数量不断增加，越来越多有实力、有特色的民营企业凭借市场机制脱颖而出，进军动漫领域并迅速发展，在动漫产品生产制作过程中成为动漫产业和市场的主力军，有效地促进了中国动漫产业的市场化进程。根据《文化部 财政部 国家税务总局关于公布2015 年通过认定动漫企业名单的通知》（文产函〔2016〕76 号），2015 年又有北京中视互动科技发展有限公司等 61 家动漫企业通过文化部、财政部、国家税务总局的认定，全国通过认定的动漫企业累计数量达到 730 家，其中，重点企业 43 家。

表 6－25　2015 年我国三大经济带动漫企业数量及占比

经济带	动漫企业数	占比（%）
东部地区	462	63.29
中部地区	176	24.11
西部地区	92	12.6

数据来源：根据《动漫蓝皮书：中国动漫产业发展报告（2015）》中数据统计。

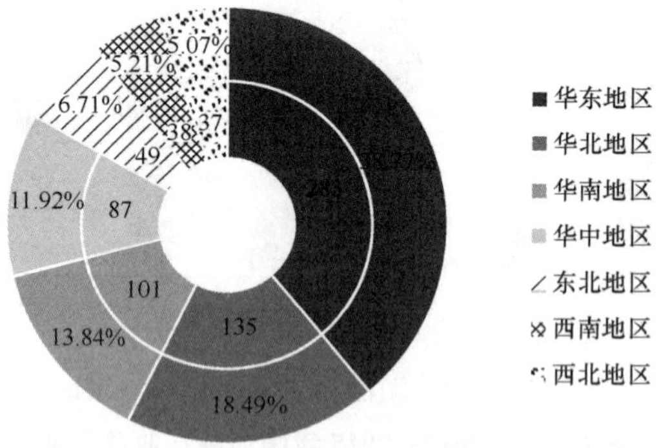

图 6－14　我国各地理区域动漫企业分布情况

数据来源：根据《动漫蓝皮书：中国动漫产业发展报告（2015）》中数据统计。

从省份来看，江苏省、广东省和北京市动漫企业最多，江苏省和广东省各有 89 家，北京市有 72 家；长三角（江浙沪两省一市）有 166 家，占 22.74%；环渤海（京津冀鲁辽三省

① 资料来源：中国产业信息网，2016 年 5 月 20 日《2016 年中国动漫行业市场现状及发展前景分析》。

两市)有162家,占22.19%。[①]

根据南方财富网的统计,自文化部、财政部、国家税务总局2008年关于印发《动漫企业认定管理办法(试行)》的通知发布以来,已有4批500家动漫企业通过国家级认定,其中,国家级重点动漫企业34家,重点动漫产品66个,产值过亿元(RMB)的13家。共有2批22家被认定为进口动漫开发生产用品免税资格企业,这些企业已经成为我国动漫产业的领头羊和主力军。

中国动漫业界由奥飞娱乐、华强动漫等综合运营商,央视动画、宏梦卡通等专业内容供应商,及知音传媒、光线传媒等战略投资者三分天下,相互竞争,齐头并进,更有不在少数的其他领域的成功企业试水动漫并在业绩上有不菲的斩获。仅从2015年动漫概念上市公司财务报表来看,奥飞娱乐(002292)2015年实现营业收入25.89亿元,同比增长6.56%;实现净利润4.89亿元,同比增长14.26%。美盛文化(002699)2015年实现营业收入4.08亿元,同比增长10.50%;实现净利润1.26亿元,同比增长30.15%。

(2)中国电视动画行业由数量增长转向质量提升的趋势明显。进入21世纪以来,由于政策扶持补贴的力度不断加大,金融市场的缺陷以及部分企业不顾自身条件因利益驱动直接进军动漫领域,2003年至2011年的8年间,国产电视动画片持续保持高速增长的态势,由于研发原创度低,创作偏重于模仿而缺乏技术创新和形式创新;终端环节市场化细分程度不够,电视频道播出资源有限等因素使这个时期蜂拥而上生产制作的国产动画片质量相对低下,电视节目片源累计存量数量惊人,电视动画生产和播出的突出矛盾一直难以缓解,市场自身就迫使国产动画要移动降低产量和提高质量的砝码以求得平衡和发展。

在市场杠杆作用和政策调控等多种因素的引导下,2015年中国电视动画行业已能看出由连续几年的数量增长转向产品质量不断提升的明显趋势。

2015年备案公示的国产电视动画片剧目数量为399部,同比增长-6.12%,剧目时间长度近30万分钟,增长9.95%;全国制作完成的国产电视动画片仅为2011年最高产量的一半,创2009年以来最低产量纪录(见图6-15)

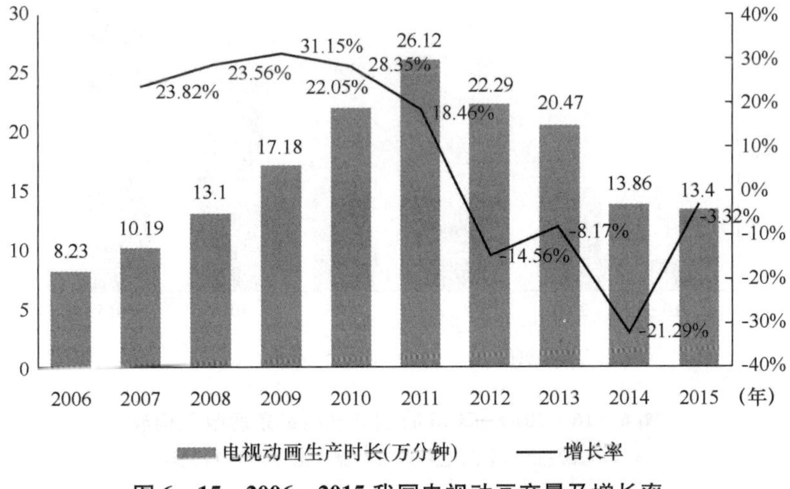

图6-15 2006—2015我国电视动画产量及增长率

资料来源:根据历年《中国统计年鉴》整理。

① 中国出版网,2015年中国动漫游戏产业发展报告。

2014 年,全国各级电视台动画片播出总量为304 839小时,其中,国产片播出288 955小时、进口片播出15 883小时,播出时间比率约 19 比 1。由表 6 - 26 看出我国国产动画与进口动画电视播出时间的比率自 2012 年之后逐年递减,这也在另一个层面表现出我国电视动画制作与播出不再单纯看重数量,同时合理引进国外优秀动画作品的慎重态度。

表 6 - 26　2011—2014 年全国电视动画播出数量　　(单位:万小时)

指标	2011 年	2012 年	2013 年	2014 年
电视动画播出时间	28.03	30.49	29.31	30.48
进口动画电视播出时间	1.48	1.21	1.40	1.59
国产动画电视播出时间	26.55	29.28	27.91	28.90
国产动画与进口动画播出时间比率	17.9	24.2	19.9	18.2

数据来源:根据历年《中国统计年鉴》整理。

(3)动画电影需求旺盛,整体质量仍有待提高。动画电影作为横跨电影与动漫两大产业的特殊部分,其发展受到动漫市场和整体电影市场两方面的影响。2015 年,我国电影市场总票房突破 440 亿元人民币,其中,动画电影的票房收入较前几年有大幅提升,以 42.45 亿的历史最高水平占据电影总票房 9.65% 的份额,体现出我国观众对动画电影不断增加的旺盛需求。

由图 6 - 16 可以看出,自 2012 年以来,我国动画电影票房总额持续增长,2015 年 42.45亿的动画电影总票房中,国产片(含合拍片)票房达到 19.26 亿元,进口片票房为 23.19 亿元,国产片和进口片所占比例分别为 45.38% 和 54.62% 。与往年相比,国产动画电影与进口动画电影的票房收入差距正在逐步缩小。

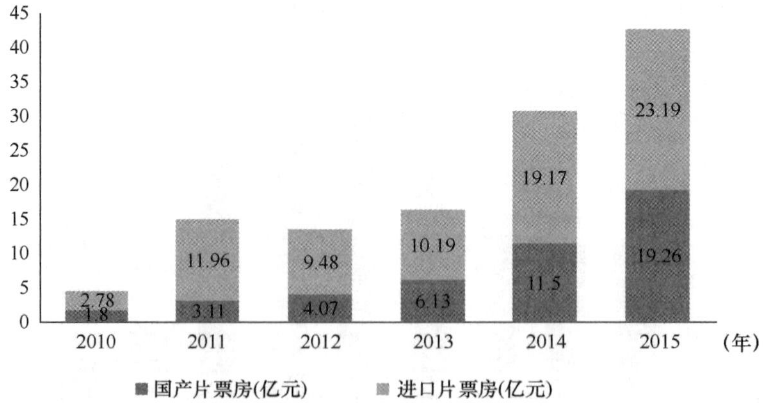

图 6 - 16　2010—2015 我国动画电影票房收入构成

资料来源:根据中国电影票房数据中心公开资料整理。

然而,再观察表 6 - 27 的数据可以发现,在国内与国外制作的动画电影票房均不断增长的背后,是高速增长的国内动画电影上映数与近几年几乎不变的进口影片数,这从一个侧面反映出我国国产动画电影在票房、口碑与受关注程度与进口动画电影的差距。

表 6-27 2009—2015 年各国动画电影年累计上映数量 单位:部

国家	2009	2010	2011	2012	2013	2014	2015
中国	6	7	11	16	18	26	33
合拍	2	2	5	5	3	8	8
美国	3	4	3	6	6	7	7

数据来源:根据《动漫蓝皮书:中国动漫产业发展报告(2015)》中数据统计。

纵观 2015 年的国产动画电影,必须关注的一匹黑马是 2015 年 7 月暑期档上映的影片《西游记之大圣归来》(简称《大圣归来》),它凭借着 9.56 亿元的票房,不但创下国产动画电影票房新纪录,同时还超过进口动画电影票房冠军《功夫熊猫 2》的 6.12 亿元,一度晋升为国内动画电影票房新冠军。然而,除此之外的其他国产动画电影却表现平平,仅另有《熊出没之雪岭雄风》和《十万个冷笑话》两部获得 1 亿元以上票房,跻身国内上映动画电影票房榜(表 6-28)前十。其余的国产动画电影票房在5 000万元 ~1 亿元的有 5 部、1 000 万 ~5 000万元的有 12 部、1 000万元以下的有 21 部。

表 6-28 2015 年中国上映动画电影票房前十

排名	电影名称	总票房(万元)	备注
1	《西游记之大圣归来》	95 484	
2	《哆啦 A 梦:伴我同行》	52 989	日/东宝
3	《超能陆战队》	52 596	美/迪士尼
4	《小黄人大眼萌》	43 556	美/环球影业
5	《熊出没之雪岭雄风》	29 452	
6	《小王子》	15 837	法国
7	《十万个冷笑话》	11 963	
8	《精灵旅社 2》	11 962	美/哥伦比亚影业
9	《头脑特工队》	8 721	美/皮克斯
10	《名侦探柯南 2015:业火的向日葵》	8 158	日/东宝

数据来源:根据《动漫蓝皮书:中国动漫产业发展报告(2015)》中数据统计。

不断增长的动画电影需求与大多数国产动画电影票房走低的现象切实反映了我国动画电影“去低劣化”的诉求,目前我们看到的国产动画电影不乏呕心沥血的良心之作,同时市场上仍充斥着太多粗制滥造的低幼动画片糊弄观众。比如,2015 年上半年的《汽车人总动员》,海报及造型几乎都与皮克斯《赛车总动员》一模一样,上映后遭遇了众多差评,豆瓣评分仅为 2.1 分,然而导演回应却不以为然,声称仅仅是长得像;而下半年的一部《莫日根:人熊大战》,其海报盗用了游戏《英雄联盟》的原画,而实际动画的画风却截然不同,在得到众多恶评的同时也仅以不到 1 万元的票房收入收场。

(4)动漫出版数量不断增长,市场集中度较高。动漫图书出版作为动漫产业的基础环节,是许多动漫作品最初被读者了解的第一种方式。国家新闻出版广电总局作为原创动漫图书出版的主管部门,十分重视对原创动漫创作的支持与鼓励,从 2009 年至今,通过“原动力”中国原创动漫出版扶持计划,以专项资金扶持的形式,对创作优秀动漫作品进行引导和奖励,扶持鼓励原创动漫作品的创作生产,加快推动我国动漫出版产业的繁荣发展。经过多年的培育,原创动漫图书市场出现了繁荣局面,不但品种丰富,产品设计精美,而且深受读者喜爱。①

在动漫期刊市场方面,呈现出较高的市场集中度,图 6-17 是 2014 年动漫期刊市场占有率分布图。其中,《知音漫客》以 38.74% 的市场占有率位居动漫期刊销售市场首位;《漫画世界》位居第二,市场份额为 14.31%;《漫画派对》市场份额为 7.25%,排名第三;余下的杂志市场份额均不超过 5%。经过计算,前四位企业市场占有率(CR4)接近 65%,市场集中度较高。

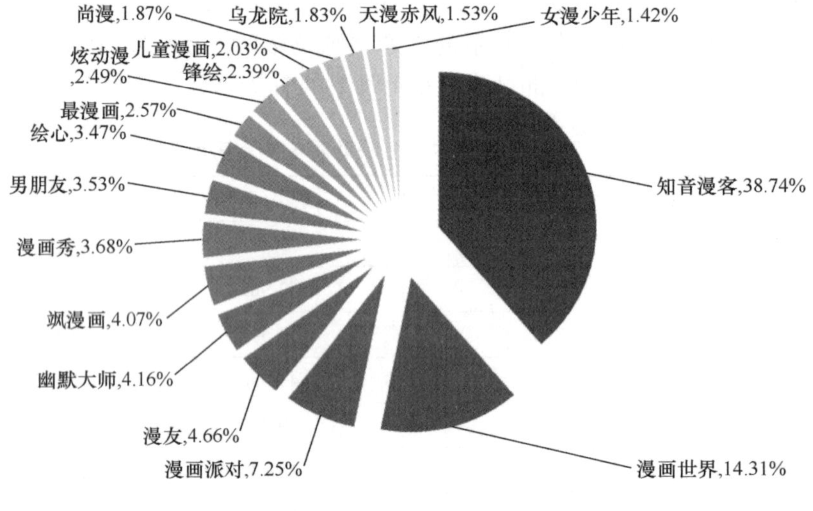

图 6-17　2014 年动漫期刊市场占有率分布

(5)“互联网+”动漫传播渠道已成趋势。在社会化媒体、互联网、移动通信技术日新月异与智能终端设备飞速发展的多重推动下,动漫产业正逐渐从传统媒体向新媒体加速迁移,数字动漫产品的互联网化已成为不可逆转的潮流趋势。在高新技术的支撑下,动漫产品的传播介质和呈现方式发生了变化,传统的报刊、图书、磁带、胶片、光盘介质+物理运输被现今的数字格式+网络传输+多种终端呈现所取代。② 互联网化的传播模式不仅节约了动漫产品的储存、运输成本,并且使其边际成本大大降低,复制成本趋近于零,而且提高了动漫内容从制作方到观众的传播速度与传播效率,真正做到了跨越时空的内

① 中国漫画出版行业运行现状[OL]. 前瞻网. http://www.qianzhan.com/analyst/detail/220/160406-ab29d211.html.

② 《动漫蓝皮书:中国动漫产业发展报告(2015)》。

容传递。

动漫内容在传播渠道方面的互联网化仅仅是互联网化"内容+平台+应用+终端"生态体系中的一个环节,但已经带来了不小的改变。正如表6-29列出的,目前动漫已成为国内视频网站和阅读网站的重要板块,各网络巨头及主流网络视频网站已纷纷开设在线漫画阅读版块和动画频道,以便更广泛地吸引动漫内容受众。

表6-29 部分动漫网站、频道及APP一览

漫画			动画	
在线漫画网站	在线漫画阅读版块	移动APP	垂直动画视频网站	主流网络视频网站动漫频道
有妖气	腾讯	布卡漫画	Bilibili	中国网络电视台
漫客栈	新浪微博	有妖气漫画	AcFun	腾讯视频
i尚漫	网易云阅读	Vista锋绘	酷米网	搜狐视频
n次元漫画	小米多看阅读	漫画魔屏	淘米视频	爱奇艺
KuKu漫画	当当读书	开卷漫画	百田卡通	优酷土豆
极速漫画		漫画控		乐视
		Bilibili		酷6
		AcFun		56
		布丁动画		风行网
				迅雷看看

据易观千帆监测数据显示,2015年,国内活跃用户数量较大的动画类APP主要有哔哩哔哩动画、布丁动画、猫团动漫、AcFun、前沿动漫,漫画类APP主要包括布卡漫画、爱动漫、快看漫画、暴走漫画、腾讯动漫。其中,哔哩哔哩动画、布卡漫画、爱动漫、快看漫画和暴走漫画这5款APP在2015年的年均活跃用户人数超过百万,哔哩哔哩动画APP更是以年均活跃用户数302.8万人位居动漫类APP榜首。

(6)动漫版权贸易日益活跃,美、日为主要贸易国。我国动漫内容产品海外版权贸易额也在不断扩大,动漫产品正成为文化版权贸易的新亮点和新增长点。为鼓励和支持我国文化企业参与国际竞争,扩大文化产品和服务出口,推动中华文化走出去,商务部、中宣部、财政部、文化部、国家新闻出版广电总局根据《文化产品和服务出口指导目录》,经各地组织申报、相关部门评审,共同认定了2015—2016年度国家文化出口重点企业和国家文化出口重点项目。北京天视全景文化传播有限责任公司、央视动画有限公司、灵然创智(天津)动画科技发展有限公司等47家动漫企业,以及50部国产原创漫画版权出口计划,童子山动画电影、东联动画系列片《中华德育故事》等15个动漫项目被分别认定为

2015—2016 年度国家文化出口重点企业和国家文化出口重点项目。①

2015 年,我国电视动画节目共对外出口2 628小时,出口贸易金额3 190万元,均价为 1.21 万元/小时;同期进口4 560小时,进口贸易金额11 028万元,均价为 2.42 万元/小时;存在贸易逆差 7838 万元,且平均进口价格为出口价格的 2 倍。从进口洲域和国别来看,我国电视动画节目主要进口自亚洲、美洲和欧洲,以及日本、美国等国家以及中国台湾、中国香港等地区。从出口洲域和国别来看,我国电视动画节目主要出口到亚洲、美洲、大洋洲、欧洲和非洲,以及美国、日本、韩国等国家和东南亚、中国香港、中国台湾等地区(见表6 -30)。

表 6 -30　2015 年我国电视动画节目进出口贸易金额和数量

(单位:万元人民币,小时)

类别	欧洲	非洲	美洲		亚洲						大洋洲	合计
			美国	总计	日本	韩国	东南亚	中国香港	中国台湾	总计		
进口总额	229	0	1 019	1 019	8 384	0	0	249	1 147	9 780	0	11 028
进口量	416	0	1 041	1 041	2 421	0	0	159	523	3 103	0	4 560
出口总额	42	1	1 238	1 244	617	23	22	951	102	1 810	92	3 190
出口量	41	19	419	689	9	3	137	230	184	1 795	84	2 628

数据来源:《中国统计年鉴(2015)》。

(7)动漫产业的快速发展以其衍生品市场的巨大空间将会改变文化产业的格局。根据 2016 年《动漫蓝皮书:中国动漫产业发展报告(2015)》的报告和统计数据,中国动漫产业正在以互联网为核心,以跨形态、跨媒介、跨行业融合发展为平台,从 21 世纪开始,成功向数字动画、影视动画、电影动画、网络动画、动画游戏、动漫玩具、服装、文具、动漫主题乐园等多种产业辐射,成为高速发展的具有典型的跨行业、跨领域、跨学科特征的新兴文化创意产业,动漫产业链在"动漫 + 互联网 + 相关产业"的融合和互联网 + 及移动互联网通信高速发展的"撬动"下,从动漫制作、发行、品牌化到动漫衍生品的长尾效应正逐渐向一体化系统发展,动漫产品的消费人群已经从最初的儿童群体逐渐覆盖青少年乃至成年人的全年龄段的动漫消费群体。作为世界上最成功的动漫品牌,上海迪士尼度假区尚未开园就已经有了售票系统一度因抢票激烈陷入瘫痪的市场热度,国产动画电影《大圣归来》因对孙悟空的成功再塑造,获得了相当不错的票房和近2 000万元的衍生品众筹,小黄人、大白等动漫衍生品在国内风行一时,国内动漫周边市场的巨大潜力等都足以表明国内有足够的市场体量和意愿可被动漫市场开发,中国动漫市场已从初生期走入快速成长期,权威机构预测,中国动漫总产业将拥有数千亿元产值的巨大发展空间,动漫市场不断扩张的消费人群和产业消费格局,必将驱动动漫产业及其衍生品的创新和制作,使中国动漫衍生品产业经过快速成长期拐点而进入发展的"井喷"阶段,从而改变今天文化

① 2015 年中国动漫游戏产业发展报告[OL]. 中国出版网. http://www.chuban.cc/cbsd/201606/t20160627_174573.html.

产业的格局并使其更好更快地发展。

6.3 美、日、韩动漫产业政策解析

动漫产业的发展离不开良好的国家经济背景、规范性政策实施及良好的产业环境。由于文化差异和国情不同，除了在规范的法治及政策环境中使动漫产业彻底融入市场经济，完完全全整体市场化外，很大程度上动漫产业的发展还要依赖政府力量的规制、引导、调控和相关政策的支持。已经在国际动漫市场上均能独树一帜的美国、日本、韩国等政府在本国动漫产业的发展和政策扶持模式方面各有千秋。

6.3.1 美国的动漫产业政策及全球化扩张

美国是世界公认的市场经济体制较为完善的国家，由于美国的体制、市场自由开放竞争环境、移民国家不同文化的融合和创新、较为完整的知识产权法律体系、国际政治、经济和军事实力以及较为完善的法制化等因素，使美国政府并没有组建特别的文化部门或机构来专门管理和调控本国动漫产业的发展，也没有专门针对动漫产业的扶持和规制政策，而是以国家法律和规范性产业规制为准。这些法律和规范经过适时补充和调整，覆盖了动漫产业发展的各个环节，充分考虑该产业特点并且详尽到具体产业发展措施和方案。

6.3.1.1 相对缜密完整的美国知识产权法律法规体系

《美国宪法》是美国的根本大法，知识产权在一开始就被写进了《美国宪法》。近几十年来，美国政府为了其自身的利益和美国企业竞争的需要，对以《美国宪法》为基础的《专利法》、《版权法》、《商标法》等传统知识产权法律法规不断进行修改与完善，在以《美国宪法》和《专利法》为主线构建的知识产权法律保护体系基础上，通过《版权法》《电子盗版禁止法》《半导体芯片保护法》《伪造访问设备和计算机欺骗滥用法》《跨世纪数字版权法》等版权法律相关条款的修订与补充，进一步完善了产业发展的法制体系，不但扩大了保护范围，而且进一步加强了保护力度。时至今日，美国已经建立起一套较完整缜密的知识产权法律体系。

专利法方面，1996 年，美国国会修改了《专利法》，1999 年又颁布了《美国发明人保护法》，2011 年 9 月，美国总统奥巴马签署《美国发明法案》，再度修改了美国现行《专利法》。

美国现行《商标法》来自 1946 年制定的《兰哈姆法》，亮点是规定了商标使用在先原则。美国 1996 年开始实施的《美国联邦商标反淡化法》为著名商标保护加码，明确了著名商标的保护和使用原则，规定了对著名商标混淆、诋毁行为的法律责任，较好地解决了牵涉互联网域名的商标淡化问题。

美国联邦知识产权法是直接由宪法针对版权和专利准许的。就商标和其他形式的知识产权而言，联邦政府仅拥有通过规范商业活动的能力制定法律的权限。

和美国动漫产业发展有关的知识产权法律法规体系框架及主要内容见表 6 – 31。

表 6－31　美国动漫产业相关的知识产权法律法规体系框架

保护主体	主要国内法	内容	主要国际协定	备注
版权保护	《美国宪法》	版权条款		自 1978 年开始，联邦版权法取代了多数州的版权法
	《美国法典》第十七编	当前的版权法规被编入其中		
	《美国联邦条例法典》第三十七编	与版权有关的联邦行政法规		
			《保护文学和艺术作品伯尔尼公约》	
			《布鲁塞尔公约》	
			《录音制品公约》	
			1952 年《世界版权公约》	包括《议定书》之一、之二和之三
			1971 年《世界版权公约》	包括《议定书》之一和之二
			《世界知识产权组织公约》	
			《世界知识产权组织版权条约》	
			《世界知识产权组织表演和录音制品条约》	
			世界贸易组织《与贸易有关的知识产权协定》	
专利保护	《美国宪法》	专利条款		美国直到最近一直在采用发明优先的专利制度，根据该制度，互相竞争的专利或专利申请根据发明日期确定其优先顺序
	《美国法典》第三十五编	专利法载于此		
	《专利法》			1996 年美国国会修改
	《美国发明人保护法》			1999 年颁布

续表

保护主体	主要国内法	内容	主要国际协定	备注
专利保护	《美国发明法案》	再度修改了美国现行专利法		2011 年 9 月美国总统奥巴马签署
	《联邦法规汇编》第三十七编	与专利有关的联邦法规		专利受到联邦法律的完全管辖
			《布达佩斯特条约》	
			《巴黎公约》	
			《专利合作条约》	
			《专利法条约》	
			《斯特拉斯堡协定》	
			《世界知识产权组织公约》	
			世界贸易组织《与贸易有关的知识产权协定》	
工业品外观设计保护				美国法律未做出明确的规定。然而，根据其特征，工业品外观设计可以作为外观设计专利、版权或商业外观加以保护
			《巴黎公约》	
			《世界知识产权组织版权条约》	
			世界贸易组织《与贸易有关的知识产权协定》	
商标保护	《美国宪法》	商业条款		在商标方面，联邦法律与州法之间的共存程度相当大，商标既受到联邦注册系统①的保护，也受到州法的保护

① 被编入《兰哈姆法》(《美国法典》第十五编第二十二章)，由美国专利商标局负责实施。

续表

保护主体	主要国内法	内容	主要国际协定	备注
商标保护	《兰哈姆法》	规定了商标使用在先原则，即商标的先使用者获得商标法律的保护。如果能够提供使用在先的证据，商标即使没有注册，只要处于使用状态同样可获得法律保护		1946 年颁布
	《美国联邦商标反淡化法》	规定了著名商标的保护和使用的原则，以及混淆、诋毁行为的法律责任等内容，解决了与互联网域名有关的商标淡化问题		1996 年开始实施
	各州商标法			
			《马德里议定书》	
			《尼斯协定》	
			《巴黎公约》	
			《新加坡条约》	
			《商标法条约》	
			《世界知识产权组织公约》	
			世界贸易组织《与贸易有关的知识产权协定》	
对未披露信息（或商业秘密）的保护	《统一商业秘密法》			美国统一法律委员会发布
	联邦《经济间谍法》	当盗取或滥用商业秘密是为了某个外国的利益，或为了商业或经济目的时，将其视为联邦犯罪行为		
			《世界知识产权组织公约》	
			世界贸易组织《与贸易有关的知识产权协定》	

资料来源：根据网络资料《美利坚合众国知识产权法律和监管框架纲要》整理，http://www.wipo.int/wipolex/zh/outline/us.html.

由于美国动漫等产业的完全市场化，只要能在相关知识产权法律法规体系框架下保证美国市场竞争环境相对公平，政府除了根据具体情况适时出台和修订相关法律法规以保证和规制市场公平竞争环境外，不会再对其他做过多干涉。对政府、社会、企业及市场竞争等监督则由美国政府、社会和媒体之间特有的制衡机制来完成。

6.3.1.2 相对完善的政府知识产权维护管理机构及动漫产业链条化市场运作机制

根据《美国宪法》和《专利法》等建立起来的美国知识产权法律法规体系对完全市场化的美国动漫等产业的保护与相对完善的政府知识产权维护管理体系和结构密不可分。美国除专利商标局、著作权局外，国防部、能源部、农业部、环保署、航空航天局等政府重要机构也都拥有各自的专利管理部门，都有权以各自机构的名义进行专利的申请、维护以及许可转让。尽管美国政府对其动漫产业的发展不做专门的引导、扶持和调控，但美国较为完善的知识产权保护法律体系已经从法律层面保证了动漫创作者、生产企业及销售商的利益，同时也在很大程度上保护了消费者的权益。

另外，为了在国际范围内保护本国知识产权及相关利益，强化国际产权保护，帮助本国文化产业向其他国家渗透与扩张，美国还专门设有“国际知识产权执法协调员办公室”等产权保护机构，甚至在美国专利商标局下面就设立有“国际司执法办公室”。这种法治背景下的由多个政府部门和重要机构组成的知识产权维护体系与运作机制，公平、公正、公开的市场化竞争环境，形成时间早、发展模式较为成熟，营利模式清晰和相对完整合理的动漫产业链条，共同造就了美国动漫作品投资创作创新的较为可靠的回报及盈利保证。只要被市场认可，动漫投资和作品版权在所有产业的任何分支延伸时都会得到相应的产权回报使其升值。优秀的动漫作品衍生品的开发和生产必须先得到创作者的许可，看上动漫产品衍生品增值前景的开发商在开发或生产前必须购买版权，未经许可擅自使用或生产，将会被严厉处罚。由于版权所有者在产业链条各个环节都有升值保证，增加了动漫作品投资者和创作者的投资红利和创新或创意回报，保护了美国动漫生产及销售商的利益及创作者的权益，无形中增加了投资者的投资积极性和创作者创新创意热情，使世界上不少顶尖企业家和专业人才被美国的知识产权发展带来的盈利空间及公平竞争环境吸引，使包括动漫在内的美国文化产业迅速发展成世界排名前三甲的美国经济支柱性产业。

6.3.1.3 包括动漫产业在内的美国文化全球化扩张和渗透

1997 年，美国国会文件中提到了关于文化艺术发展的目标。对美国这样一个移民国家来说，文化发展意味着城市文明和各种族凝聚力的提升，包括动漫等文化、传媒艺术正好能恰到好处地通过其特质使各种族移民和社会机构和谐相处、共同发展，在取得经济效益的同时实现其社会效益。虽然并没有制定对动漫产业的专门扶持政策，但符合美国文化艺术发展目标和指导思想要求的所有活动和项目都会得到政府的大力支持，因为文化传播就是要为美国世界霸主地位服务的目标非常明确。在完全市场化和多样化原则基础上，美国国内包括动漫产业的传媒和文化等产业政策虽然规制宽松，美国动漫和美国文化的全球性扩张也多数为文化企业为利润驱动的经营性活动，但在实际操作中无不受到政府的密切关注，在对外宣传和对外贸易方面政府一定会鼎力支持，为实现其“全球化”战略不遗余力，在保护本国动漫、传媒、文化等产业不受或少受外来冲击的同时，尽可能瓦解和摧毁其他国家对本国文化产业的保护性政策，其目的就是为美国文化进入世界各国清除障碍，在美国的动漫全球化扩张策略中，美国政府就经常秀其世界强权“肌肉”，利用 WTO、WIPO“特别 301 条款”“337 条款” 等工具，为其动漫、传媒、文化等产业在全球市场的扩张劈山开路，在国际影音市场，美国国会就经常拿“特别 301 条款”“337 条款”等说事，为保护延长美国文化作品的国内著作权鸣锣开道。

在美国政府的支持和经济利益的驱动下，美国动漫产业不断向别国输出带有美国标志的米老鼠、小美人鱼、怪物史莱克、迪士尼主题公园等众多动漫产品，利用迪士尼的温情、梦工厂的反叛、皮克斯的技术等在获取巨额红利的同时向全世界传播美国精神、意识形态、价值观念和生活方式，让其他国家和民族于润物无声中不知不觉地认同、向往和接受美国的一切。这种以攫取商业利益为基础，以对其他国家进行意识形态渗透为旨归的全球对外文化战略，在其政策、外交、互联网、媒体技术等多种因素的综合作用下，确实已经让美国动漫产品和文化风靡全球，既让美国文化取得了经济效益和社会效益的双赢，也使包括动漫产业在内的美国传媒和文化产业成为全球化程度最高的产业之一。

6.3.2 日本动漫产业政策

从 20 世纪中后期直到 21 世纪初，日本为了保持国民经济持续稳定的发展，一直在积极寻求除汽车、电子产品等工业制造之外的经济增长点，提出要“从一味追求经济大国向文化先进国家转变”的理念，希望通过文化的产业化实现经济结构从工业化向知识密集型的文化创意产业转化，引导产业重心从 GDP 转向 GNC（国民幸福总值），从硬实力（经济和军事）转为软实力（文化价值观和品牌效应）并开始制定国家文化发展战略，而包含动漫产业在内的内容产业则成为日本的首选。

为了大力促进本国动漫产业等内容产业的发展，日本政府制定了《文化产业促进法》《知识产权基本法》《内容促进法》等法律法规，从国家层面确立了动漫产业的战略地位，为动漫产业战略的发展提供了全方位的立体保障，制定了包括设置专门机构，制定和实施发展战略；确立和真正落实动漫产业的版权、形象权等知识产权地位；重视动漫人才的培养，提高人才待遇，营造最好的创作环境；开发海外市场，提供资金支持，积极开展动画产业的国际交流；组织成立数字动画研究团体，专门成立了内容产业全球策略委员会，并在东京设立了东京动画中心（Tokyo Animation Center）；设立了国际漫画奖，任命动漫文化大使，每年拿出部分政府预算及设立文化勋章表彰优秀动漫作品和作者；对动漫企业尤其是中小企业进行扶助等一系列鼓励和扶持动漫产业发展的政策措施，为动漫产业的发展提供了大量的资金和人才，中央与地方政府积极采取各种措施保障动漫产业的发展，使动漫产业成为日本文化产业的重要组成部分，在经济效益、社会效益、国家形象等方面取得了巨大的成功，不仅为日本带来了不菲的经济效益，还促进了国际文化交流，改善了日本的国际形象。

以动漫产业最核心的竞争力——版权和形象权为例，确立和保护动漫产业的版权、形象权等知识产权不受侵犯，是对动漫作品的创意成果给予最严格的法律保护，从根本上遏制盗版，才能长期有效地形成动漫产业及动漫作品的利益回报机制，在整个业界维护和推动动漫产品生产和市场的良性有效运转。1970 年开始，日本政府依据颁布的新

《著作权法》，强调社会和相关企业对文化产品的正当利用，严厉打击非法复制及传播盗版动漫作品，在政府的支持和引导下，日本专门成立了知识产权保护的财团法人，专门保护日本动画片及其衍生产品的知识产权。进一步确立了作品、表演、录制品和广播等作者权益和相关的利益，明确了对知识产权的保护就是对动漫产业最核心的无形资产的保护，就是保证创意理念的法定垄断权利，只有真正把对动漫产业最核心的无形资产的有效保护落到实处，才能够保证动漫产业整个产业链中各个环节的利益，进而有效保障本国动漫产业和市场的有序发展。

表 6－32 日本发展动漫产业的战略与措施一览表①

年代	发布主体	战略构想及相关政策	主要内容	备注
1978 年	日下公人	率先提出了发展文化产业的理论	文化产业是最终需要产业中最有前途的产业之一。日本人要利用文化资源创造新文化，从人的大脑中寻找资源、开辟市场，用人文精神去创造经济奇迹，所以日本在制定经济立国政策的时候，应当同时考虑"文化立国"的政策	该主张被时任首相的竹下登所采纳
1996 年 7 月	日本文部省	《21 世纪"文化立国"方案》	正式确立日本"文化立国"的战略	
1998 年 8 月	日本文化厅	《文化振兴总体规划——为了实现文化立国》	将文化发展战略上升为与经济、政治战略等同的高度	
2001 年	日本政府	"知识产权立国战略"	提出要把日本建设成一个崇尚发明与创造的国家，进一步振兴以电影、动漫、游戏等为主的内容产业，以此提升日本经济社会的活力	进一步为文化产业的发展构建制度性框架
		"新兴产业发展战略"	确定内容产业是承担影像（电影、电视、动漫）、音乐、游戏及书籍等的制作、流通产业的总称，动漫产业则是内容产业的重要组成部分	7 个新兴产业为内容产业、燃料电池、信息家电、机器人、健康·福利·器械·服务、环境·能源·器械·服务、商业援助服务

① 根据经济贸易东北亚学刊《日本发展动漫产业的战略与措施》龚娜 2014 年 3 月第 2 期及网络资料整理。

续表

年代	发布主体	战略构想及相关政策	主要内容	备注
2001 年 11 月	日本政府	《文化艺术振兴基本法》	第三章第九条针对动漫产业明确提出要“支援媒体艺术的制作、上映，以振兴电影、漫画、动漫及利用计算机等制作的其他媒体艺术”	
2002 年	日本政府	设置“知识产权战略本部”	负责制定每年度的知识产权发展战略，监督、审议和统一协调知识产权的相关事宜，并在知识产权战略本部下设立“内容专业调查委员会”	
2002 年 7 月	日本政府	“知识产权战略大纲”	确定了日本知识产权战略的基本发展方向	
2002 年 12 月	日本政府	《知识产权基本法》	不仅为“知识产权立国”提供法律保证，还对动漫产业的保护与扶植具有重要作用	2003 年 3 月开始执行
2004 年 4 月	内容专业调查委员会	《内容产业振兴政策——软实力时代的国家战略》报告书	将内容产业作为国家软实力的重要源泉，致力于从公共外交层面为提升国家形象、促进国际关系良性发展做出贡献	
2004 年 5 月	知识产权战略本部	《知识产权推进计划 2004》报告书	强调“专利、软件、电影、游戏等内容知识产权是国富的源泉，最大限度地发挥它们的作用，以早日实现‘知识产权立国’的理想，这才是我国经济能持续保持增长最为重要的课题”	
2004 年 5 月	日本政府	《关于促进创造、保护及应用文化产业的法律案》	基于《知识产权基本法》的基本理念，综合而有效地促进内容的创造、保护及使用等，对提高国民生活和国民经济健全发展做出贡献①	该法律文献涵盖《信息技术基本法》和《文化艺术振兴法》（统称“文化产业促进法”）

① 《关于促进创造、保护及应用内容产业的法律案》（简称“内容促进法”）规定“内容”是指电影、音乐、戏剧、文学、摄影、漫画、动画、计算机游戏，及其他文字、图形、色彩、声音、动作或影像，或由这些元素组成的，或使这些元素通过电子计算机来表现的程序，源于人类的创造性活动，具有知识、品位和艺术价值或者娱乐功能的事物。

续表

年代	发布主体	战略构想及相关政策	主要内容	备注
2005 年 3 月	厚生劳动省下属的独立行政法人劳动政策研究与研修机构	《内容产业的就业与人才培养——动漫产业实情调查》	通过对动漫企业的访谈调查，就动漫产业的就业条件、人才培养及存在的问题等进行考察，并对动漫企业所在地政府实施的援助措施等进行调查	
2005 年 6 月	知识产权战略本部	《知识产权推进计划 2005》报告书	进一步指出，"漫画家、动画片制作者等内容创造者与出版社、动漫制作企业之间的签约关系，对所谓相关人员自愿签约的做法应该予以改善和更加透明化。对此，政府于 2005 年度也应该继续予以鼓励和支持"	
2006 年 2 月	内容专业调查委员会	《数字内容振兴战略》报告书	制定了日本今后数字内容产业的战略目标，并提出"要使日本成为世界先进数字内容大国，……实现创意大国的目标，创造出让创意工作者能充分发挥能力的环境""大力支持创意工作者能力的发挥，使创意工作者得到应有的待遇，促进内容产业人才的培养，促进数字内容的研发"	
2006 年 4 月	外相麻生太郎	在东京数码大学发表题为《文化外交新设想》的演讲	主张通过日本漫画书和动画片，使外国读者和观众一听到日本动漫就联想到"魅力日本"，从而赢得各国民众的心，他建议向全世界推广日本漫画	正式提出了动漫外交
2006 年 11 月	安倍晋三内阁	"亚洲前景战略"构想	专门设置了"亚洲前景战略会议"，负责制定日本未来文化产业发展战略	

续表

<table>
<tr><th>年代</th><th>发布主体</th><th>战略构想及相关政策</th><th>主要内容</th><th>备注</th></tr>
<tr><td>2007 年 3 月</td><td>内容专业调查委员会</td><td>《以实现世界最发达文化内容大国为发展目标》报告书</td><td>“为了使更多的日本文化内容制作企业走进海外市场，日本优秀的导演、动漫大师、音乐家等人才就必须具备能活跃于海外的能力，……政府从资金等层面支持文化内容的制作。”
“日本的动漫、游戏等文化产品在海外受到很高的评价，这些产业今后在世界上还有很大的发展潜力。日本必须充分发挥自己的强项，积极推进以海外市场为主的内容产业发展战略的转变，提高内容产业的国际竞争力。”</td><td></td></tr>
<tr><td>2007 年 5 月</td><td>“亚洲前景战略会议”委员会</td><td>《日本文化产业战略——充实孕育文化产业的感性丰富的沃土及文化产品的战略性的传播》</td><td>指出动漫等流行文化获得了世界好评，改善了 20 世纪 90 年代日本“失去的十年”的国家形象，并进一步提出日本文化产业的发展不仅可以带动经济增长，还可以扩大国家影响，提高国家软实力，打造国家形象</td><td>关于日本文化产业的纲领性文件</td></tr>
<tr><td>2007 年</td><td>日本政府</td><td>设立“国际漫画奖”</td><td rowspan="2">动漫外交不仅成为文化外交的重要手段之一，更极大地促进了日本动漫产业的国际化进程</td><td rowspan="2"></td></tr>
<tr><td>2008 年</td><td>日本政府</td><td>任命机器猫为“动漫文化大使”</td></tr>
<tr><td>2008 年 2 月</td><td>内容产业与日本品牌专业调查委员会</td><td>《数字时代内容产业振兴综合方案》</td><td>提出要“营造世界创意工作者所向往的创作环境。以日本科技为手段进行文化内容创作，支持能应对一亿创意工作者时代的创作活动，接受海外人才等”
“应尽早应对内容产业环境的急剧变化，最大限度地发挥内容产业所拥有的优势并积极开发海外市场”</td><td></td></tr>
</table>

续表

年代	发布主体	战略构想及相关政策	主要内容	备注
2009 年	日本首相麻生太郎	演讲《面向新增长》	“日本的动漫、电子游戏和流行时尚吸引了全球目光。如果将这些与海外产业挂钩，可在 2020 年以前创造总值高达 30 兆日元的市场，以及 50 万个新职位”	
2010 年			“东京国际动漫展”仅两个公开日就吸引了 13 万海内外游客，盛况空前	
2011 年 8 月	日本经济产业省	“‘酷日本’战略”构想	“‘酷日本’战略”包含的内容庞大，但是其核心内容非动漫莫属。动漫不仅可以输出文化，还能带来庞大的市场，通过衍生品、游戏、电影等带动整个文化产业链	

资料来源：根据经济贸易东北亚学刊龚娜《日本发展动漫产业的战略与措施》2014 年 3 月第 2 期及网络资料整理。

日本作为世界范围内的文化产业大国，在促进其动漫产业发展的过程中，尤其注重产业发展方向的引导和政策推动。现今日本动漫产业已成为日本经济的重要支柱，在全球背景下的日本文化传播和渗透过程中具有不可忽视的强大国际竞争力。可以说，日本动漫产业的繁荣和成功发展离不开日本动漫产业政策的支持。

分析日本动漫产业的发展历程和产业政策可以给我们一个启示，一个国家动漫产业崛起并在世界之林崭露头角，正是其政府充分重视、运用政策扶持且加杠杆调控布局的结果。若发展理念和政策不完善，必将严重影响整个国家动漫产业发展的整体水平，转变政府职能，利用政策杠杆最大限度地有效发挥政府宏观调控和引导作用，积极营造和完善动漫产业发展的政策环境，制定科学合理的动漫产业整体发展战略，制定和完善相关产业扶持政策，为动漫产业的发展积极搭建完善公平的公共服务平台。根据本国国情对动漫产业、市场及受众群体进行定位，从国家政策层面确立了动漫产业在社会经济发展中的特殊地位，努力创造公平竞争的市场环境，根据本国国情不断制定与完善相关政策与规则，对动漫产业发展和动漫品牌给予税收、融资、人才等全方位的扶持，才有利于动漫产业的健康有序发展与竞争力的提升，才能建立、健全动漫产业知识产权保护体系，营造健康合理的动漫产业知识产权环境，为增强本国动漫产业积极性与可持续发展创造良好条件。

日本动漫产业成功发展和对外传播的经验证明，通过政府政策规制、扶持、干预和有效引导，可以及时弥补市场的缺陷，这在很大程度上能对本国动漫产业发展扬长避短，推动动漫产业快速发展。

6.3.3 韩国动漫产业政策

从1994年增设文化产业局开始到1998年韩国总统金大中上任时提出“文化立国”方针，提出“韩国文化世界化”，并将韩国21世纪发展国家经济的战略性支柱产业定为文化产业优先发展，韩国政府为改善和优化文化产业的发展环境，在法规政策制定等方面做了大量工作，法律、经济与行政手段三者齐头并进，使起步比日本晚20年，早期主要做来料加工，制作靠模仿美、日动漫形象的韩国动漫彻底摆脱了对日、美的结构性依赖，继美、日之后成为当今世界动漫输出大国的三巨头之一。韩国动漫产业的发展历程就是韩国文化产业成功崛起的一个缩影。

1998年，文化产业被定为战略性支柱产业以来，韩国政府先后制定了《国民政府的新文化政策》(1998年)、《文化产业振兴基本法》《文化产业发展5年计划》(1999年)、《21世纪文化产业的设想》(2000年)、《文化韩国21世纪设想》(2001年)、《文化产业发展推进计划》、《影像振兴基本法》、《著作权法》(2002年)、《卡通振兴5年计划》、《漫画产业发展中长期计划(2003—2007年)》(2003年)、《动画产业中期增长战略》(2006年)等一系列动漫产业相关的法律法规及相关规划文件。2000—2005年，又对《文化产业振兴基本法》中整合投资与文化产业振兴设施的相关条文，数字内容、文化产业设施、文化产业园地相关条款，关于文化产业定义的相关法律条款进行了修订；在文化产业定义的相关法律制度的名称方面新增了成立、支援专门流通公司相关的条款(14条)，关于指定优秀工艺文化商品和标志的相关条款(15条)及加强关于罚款的条款等相关内容。对《影像振兴基本法》《著作权法》《电影振兴法》《演出法》《广播法》《唱片录像带暨游戏制品法》等法律法规根据文化产业作为国家支柱产业的发展需要及国情进行了部分或全面修订。

在众多法规中，韩国政府于1999年2月颁布的《文化产业振兴基本法》是一部宏观指导和调控的最重要的有关文化产业的综合性法规，这些专为文化产业大发展制定的法律条文明确了文化产业的产业性质，对文化生产、流通、消费内容和范围进行了界定，首次把漫画正式列入文化产业范畴，很多条文与动漫产业相关，对动漫产业的发展提供了法律支持依据，对文化产业运作中可能出现的问题进行了规制，明确了文化产业具体行业种类，为韩国文化产业的产业机构及振兴基金的建立和税收优惠提供了法律保障；成为文化产业的发展较全面的政策依据与制度环境。《文化产业振兴基本法》于1999年2月制定以来，为更符合本国文化产业发展要求，先后根据国内外经济背景和产业竞争环境变化做了6次修正，对韩国文化产业的振兴、扶持、规制、调控和发展起到了重要作用

从和韩国动漫产业密切相关的《卡通振兴5年计划》《漫画产业发展中长期计划(2003—2007年)》《动画产业中期增长战略》及动漫产业发展过程来看，政府在《文化产业振兴基本法》宏观指导下制定和修改的一系列法律法规及规划文件无不围绕建立健全完善的法律法规体系和良好的制度环境；成立专门的组织机构加强对动漫产业的管理；根据国情和国家文化优势确定动漫产业未来发展的突破口；加速相关基础设施开发，专门拨款建立具备动漫产业教育培训、研究开发、产业孵化及国际交流等功能的国家级动画漫画产业基地，为动漫企业和相关部门创意、创新提供宽广的发展平台；制订文化产业人才培养计划，建立健全人才培养机制，加快动漫产业紧缺人才培养，建立专门人才数据

库,完善行业人才管理;制定和实施对动漫产业发展起到重要推动作用的一系列奖励性政策措施和激励机制,提升和鼓励本国动漫作品原创能力,增强国际竞争力;加强国内动漫市场管理,畅通本土动漫产品的流通渠道,为动漫产业提供良好的生存发展土壤;鼓励动漫企业开展国际交流合作,参与国际竞争,鼓励开发出有市场竞争力的世界级动漫品牌、卡通形象和产品等。

表 6-33 韩国政府成立的扶持动漫产业发展的相关组织机构

时间	机构名称	组建部门	主要职责
1994 年	文化产业局	文化观光部	主管文化产业
1997 年	文化内容振兴院	文化观光部	负责扶持工作,推动产业发展
1999 年	游戏产业开发院	文化观光部	主管政策、规划等
	游戏技术开发支援中心	文化观光部、产业资源部、信息通信部合作	主管游戏产业园区建设和管理
	游戏技术开发中心	文化观光部、产业资源部、信息通信部合作	主管游戏产业技术开发
	韩国卡通形象文化产业协会	文化观光部、产业资源部合作	负责创作等
	富川漫画情报资料中心	首尔市政府	负责市场情报资料收集
	首尔动画中心		负责首尔地区动漫产业发展
2000 年	韩国卡通形象产业协会	文化观光部、产业资源部合作	负责市场开发
	韩国文化产业振兴委员会	文化观光部及其他部门	制定产业政策方向,发展计划及文化产业振兴基金运营方向,检查政策执行情况,开展有关调查研究及其他相关工作
	文化产业支援中心	文化观光部	负责文化产业具体扶持工作
2001 年	文化产业振兴院	文化观光部	负责文化产业具体扶持工作,侧重音乐、动画、漫画和卡通形象产业的发展
2002 年	文化产业支援机构协议会	文化产业振兴院、广播影像振兴院、电影振兴委员会、游戏产业开发院、国际广播交流财团 5 个部门组建	加强各部门信息交流、避免业务重复

资料来源:牛维麟. 国际文化创意产业园区发展研究报告[M]. 北京:中国人民大学出版社,2007.

另外,韩国政府一直认为韩国国内市场规模有限,要取得动漫产业快速发展,必须瞄准国际大市场,将中国、日本为重点的东亚地区作为登陆世界的滩涂和台阶,大力开发,促进出口,利用国内市场收回制作成本,通过海外市场盈利。为此采取了一系列措施,如加强调研,开发适销对路产品,通过驻外文化院、一些机构和企业的办事处以及网络等多种手段,进行调研,针对地区特点,开发不同的符合目标国国情、能够被目标国接受和欢迎的动漫产品;在文化出口战略地区设立办事处。通过这些"前沿据点",加强海外市场调研和开发,开展市场发布、宣传、促销等营运活动;积极举办和参加国际性展销洽谈活动,开展国际合作,大力提倡与鼓励同其他国家共同开发制作动漫产品,不断学习前沿先进技术,实现打入国际市场的目的;设立出口奖励制度,专门拨款设立专项奖金,对获奖企业提供国内外经营出口的多种优惠;实现以创作为主的产业结构调整,大幅提高民间自身的产业发展能力,扩充高品质动画创作人才队伍;实现创作、制作系统互联网+数字化、移动化;开展数字内容出口信息系统的服务,提供数字内容之海外市场信息及支持,建立国际营销网络增加对外出口等多项完善和强化动漫产业国际营销的措施,从另一个角度推动了动漫产业的健康快速发展。

6.3.4 总结国外政府支持动漫产业的措施

6.3.4.1 国外政府资本支持动漫产业措施

(1)政府直接拨款。这是最常见的一种资金支持方式,即政府直接拨出大量款项用于支持动漫产业的发展。在法国,法国电影总局规定,对每部符合规定条件的动画片,政府都会划拨额度相当于600万~1 000万元人民币的专项款项给制作公司;在韩国,韩国文化观光部在2005年就投入125亿韩元(约1 250万美元)用于扶持漫画、动画片、动画形象创作产业。

(2)设立产业基金。产业基金是另一种官方或半官方的资金支持形式。例如,韩国设有文化产业发展基金和游戏产业发展基金。

(3)为企业贷款提供担保。这是韩国政府扶持动漫产业的方式之一。与前面两种方式相比,政府为动漫企业提供投资担保是更实际的一种支持方式。这种方式能在一定程度上减轻政府的资金压力,同时又能起到激励动漫企业、为其解除后顾之忧的作用。

(4)为企业提供长期低息贷款。帮助动漫企业顺利解决贷款问题是政府扶持动漫产业的重要举措,除了采取政府为动漫企业提供贷款担保的方式以外,为动漫企业提供长期低息贷款也是切实可行的做法。对于创业初期的企业来讲,这种帮助是其生存与发展的重要力量。

(5)为企业减免税收。对动漫企业减免税收是有效的政府扶持方式之一。尽管这并不是直接的资金支持,但对动漫企业来讲,却是十分实惠的产业激励政策。减免税收能使动漫企业尽快收回投资,进入良性的产业运转。只有先舍弃小利,让动漫企业尝到甜头,国家才能源源不断地从动漫产业中获取经济利益,使之逐渐成为国家的支柱产业。

(6)通过投资组合或投资联盟向动漫企业提供资金支持。政府牵头,通过投资组合或投资联盟向动漫企业提供资金支持是很好的投资形式。如,韩国大型数字音像产业投资组合就曾筹资500亿韩元重点支持动画制作。

(7)通过政府代理机构间接资助动漫企业。还有一些政府代理机构可以对动漫产业给予间接的资助。这些代理机构是政府直接兴办或者授权委托的,他们对资助对象进行评估认定,提出动漫项目的可行性分析,对考察合格的动漫企业根据项目的实际制作成本和运营经费给予补助和支持。

6.3.4.2 国外政府利用行政手段支持动漫产业的措施

(1)购买本国动漫版权。以日本政府为典型,日本外务省利用"政府开发援助"中的24亿日元"文化无偿援助"资金,从动漫制作商手中购买动漫片播放版权,并将这些购来的动漫片无偿地提供给发展中国家的电视台播放,使不能花巨资购买播放权的发展中国家也能够播放日本的动漫片。但对这些发展中国家来讲,这种"免费的午餐"只是暂时的,等到其对日本动漫产品形成依赖后,从免费到低价位再到正常价位,这一营销策略将逐步实施。

(2)保护知识产权。版权、形象权等知识产权是动漫产业最核心的竞争力。只有对创意成果给予严格的法律保护,才能建立利益回报机制,从根本上维护动漫产业的正常运转。

(3)颁布修订法律法规。法律条文在明确动漫产业的产业性质,为其健康发展提供有力法律保障的同时,也对动漫产业运行中某些容易出现的问题进行了规范和约束。

(4)进行产业辅导。海外一些国家通过官方或半官方机构对动漫企业进行产业辅导。在韩国,文化内容振兴院、富川漫画情报资料中心、首尔动画中心、韩国游戏产业开发院等机构都对动漫企业进行从创意、制作到发行、销售一条龙的产业辅导。

(5)派遣"职业学生"到海外留学。以韩国政府为典型。韩国政府派遣"职业学生"到 Cal – Art 等世界动画名校留学。这不仅可以培养大量原创企划、提案、行销、管理等方面的人才,完善动漫产业人才结构,还可以与国外建立很好的人脉关系。这对加强韩国与其他动画产业先进国家的沟通与合作、进一步进军国际市场不无好处。

(6)建立产业信息服务体系。全球化的背景下,海量、及时的产业信息是动漫企业快人一步的必要条件,建立产业信息服务体系,可以巩固产业优势、不断推进产业发展。

(7)加强基础设施建设。海外政府十分注重对动漫产业基础设施的建设。韩国政府投入大量资金建立漫画博物馆、韩国动画片制片厂;为了给游戏产业提供良好的硬件环境,韩国政府在网络建设方面也是不遗余力。

(8)搭建孵化和交流合作平台。在市场经济背景下,为动漫企业提供发育成长的空间,帮助其提高成活率和市场竞争力是政府的当务之急。为此,政府为新生的动漫企业搭建产业孵化平台就显得十分必要。动漫企业被"孵化"出来以后还需"经风雨、见世面",在实践中成长,这就需要政府为他们搭建交流合作平台。

(9)设立研究培养机构。动漫产业对大多数国家来讲是新兴产业,政府和业界对这一产业普遍缺乏全面的了解,尤其是对产业运营中的具体操作模式,还都处在学习与摸索阶段。为了少走弯路,一些国家成立了相应的研究机构,为政府和业界的决策进行论证,为其提供统科学系统的参考意见。

6.3.5 中国的动漫产业政策

我国2000年召开的党的十五届五中全会,把动漫正式纳入国家战略发展层面,从行业领域升级为产业，确立了其产业性质。第十个五年规划也将动漫产业正式列入并提出了在 5～10 年里将动漫产业产值至少提升至占 GDP1%。2006 年 9 月，党中央又发布了标志我国文化建设和发展的新起点的《国家“十一五”时期文化发展规划纲要》，专门提出要着力发展我国数字内容和动漫产业，加快发展民族动漫产业，大幅度提高国产动漫产品的数量和质量，实施国产动漫振兴工程。

21 世纪开始，党和国家对动漫产业扶持力度的持续加强，连续对动漫产业定位、各职能部门间协作、动漫产品市场的需求与拓展、动漫产品原创、金融和财税政策、兴建动漫基地、打造产业集群、动漫公共技术服务平台、动漫产业出口等制定、修订和发布了一系列扶持、激励、规制政策，为我国动漫产业的发展营造了良好的制度环境，对我国动漫产业及发展给予了明确的战略定位和前瞻性的战略指导。明确影视动漫产业的定位，确立发展方向；提升产业地位；对软、硬件建设提供实施指导意见；规范市场环境，对国产影视动漫产品的播出比例、播出时间、题材规划等做出详细规定；制定实施行之有效的扶持政策，提高了动漫企业创新创意和生产积极性 4 个方面，从国家层面制定和发布相关政策扶持、激励和规制。在政府的引导、调控和扶持下，动漫产业在我国深化改革和经济发展过程中的重要作用不断显现，成为我国文化产业的重要组成部分和市场经济亮点与新的经济增长点。

我国动漫产业 20 世纪 90 年代起就一直存在一些问题：动漫市场化进程缓慢；作品以代工和模仿承接外包为主，高质量的有国际竞争力的原创产品不够；动画制播体制改革不到位，制播分离后制播关系不清晰；动漫制作水平和工艺落后，原创企业和项目普遍处于亏本状态；动漫产业发展理论滞后，经济效益和意识形态双重因素发展底线不明晰，没有形成有效的中国特色的动漫产业发展模式；综合推进动漫产业措施缺乏，衍生品的开发、设计、生产和销售等相关产业关联度不够等。政府相关部门采取了大量的措施来应对许多问题：积极构建国产动画片播映体系；积极培育影视动画交易市场；鼓励多种经济成分共同参与我国影视动画产业的开发；实施国产动画精品工程；推进国产动画产品走出去工程，继续鼓励我国优秀动画产品的出口；开拓和创建国产动画产品海外营销机构和发行网络，鼓励参与国际动画市场的竞争，将国产动画片及其衍生品打入国际市场等方面作为切入点和突破口，制定了一系列加快发展我国动漫产业的宏观调控、市场规制、税收优惠、金融扶持、鼓励出口、人才培养、激励机制、市场监管和知识产权保护等相关政策及措施。见表 6－34。

表 6－34　我国动漫产业相关政策表①

时间	发布	文件	内容	备注
2000.10	中央十五届五中全会	《中共中央关于制定国民经济和社会发展第十个五年计划的建议》	把我国动漫正式纳入国家战略发展层面，从行业领域升级为产业，确立了其产业性质。同时提出了在 5～10 年里将动漫产业产值至少提升至占 GDP 的 1%	国家对动漫产业扶持力度加强，为我国动漫产业的发展营造了良好的制度环境

① 资料来源：根据 2000 年至今中共中央、国务院及各部委发布的主要政策整理。

续表

时间	发布	文件	内容	备注
2004.2	中共中央、国务院	《关于进步加强和改进未成年人思想道德建设的若干意见》	明确提出要"积极扶持国产动画片的创作、拍摄、制作和播出,逐步形成具有民族特色、适合未成年人特点、展示中华民族优良传统的动画片系列"	
2004.4	广电总局	《关于发展我国影视动画产业的若干意见》	对我国动漫产业发展的基本思路、目标、对策和措施做了总体规划,并在体制、政策、市场管理方面提出了较为具体的建设性意见	这是我国政府把动画事业转型升级为动画产业的第一个官方文件
2005.4	广电总局	《关于促进我国动画创作发展的具体措施》	通过行政指令为国产动画片保障播映平台,要求各频道黄金时段必须播出国产动画片,限制进口动画片播出	同年9月,广电总局发出关于禁止以栏目形式播出境外动画片的紧急通知
2006.4	国务院	《关于推动我国动漫产业发展的若干意见》	关于进一步发展我国动漫产业政策措施在意见中再次被强调和调整,该《意见》里程碑式地把制定动漫产业支持政策提上国家的战略规划高度,并制定了详细的政策措施用来促进动漫产业发展	
2006.8	广电总局	《广电总局关于进一步规范电视动画片播出管理的通知》	从17~20点,禁播国外动漫节目,必须播放国产动漫节目	进一步强调国产动漫在播出平台及播出时段上的保障
2006.9	中共中央、国务院	《国家"十一五"时期文化发展规划纲要》	特别强调"十一五"期间将加大省、市等各级政府在动漫行业中的引导扶持作用,提出积极发展数字内容产业,拓展网络文化产业,发展民族动漫,提高国产动漫产品的数量和质量	

续表

时间	发布	文件	内容	备注
2008.2	广电总局	《广电总局关于加强电视动画片播出管理的通知》	禁播国外动漫节目的时间段，从17～20点延长至17～21点，加大了对国产动漫播出时段的支持	
2008.8	文化部	《关于扶持我国动漫产业发展的若干意见》	全面阐述文化部扶持我国动漫产业发展的政策主张	动漫产业被进一步提升到“国家振兴工程”的高度
2008.12	文化部、财政部、国家税务总局	《动漫企业认定管理办法（暂行）》	文件在前期财税政策的基础上，对扶持企业的资质进行了规范，只有符合资质的企业才能享受政策优惠	
2009.7	国务院	《文化产业振兴计划》	将动漫产业列为国家重点发展的八大文化产业门类之一，对日后我国动漫产业示范基地建成，动漫领域财税纳收、金融政策出台提供了政策引导与支持	
2009.6	文化部	《关于加强动漫游戏会展交易节庆等活动管理的通知》	明确各类动漫游戏交易会展交易活动的审批程序，要求控制、压缩政府参与主办的动漫会展交易活动	
2009.7	财政部、国家税务总局	《关于扶持动漫产业发展有关税收政策问题的通知》	对我国动漫企业的优惠项目、优惠类别进行细化，加大了扶持力度，降低了企业负税水平	
2009.8	文化部	《文化产业投资指导目录》	将动漫产业列入鼓励投资类项目，鼓励社会资本进入	
2009.9	广电总局	《关于进一步加强电视动画片播出管理的通知》	深化规范国产动漫播映平台，要求各播映平台必须延长国产动画片播出的黄金时段，再度为国产电视动画片注入强心剂	

续表

时间	发布	文件	内容	备注
2011.3	中共中央、国务院	《国民经济和社会发展第十二个五年规划纲要》	第一次将动漫产业提升至国民经济和社会精神文化发展的高度,这表明大力发展动漫产业已然成为我国社会新一轮经济增长的强大引擎,助推社会转型的不竭动力、国家经济结构优化调整的新方法	
2011.5	财政部、海关总署、国家税务总局	《动漫企业进口动漫开发生产用品免征进口税收的暂行规定的通知》	对符合资质的动漫企业免征进口税进行了详细规定,覆盖了动漫企业的主要税种,这是动漫产业首次获得减免进口税收的优惠政策	
2012.2	文化部	《"十二五"时期文化产业倍增计划》	将动漫产业列为重点发展行业,提出产业结构调整是未来动漫产业发展的主线,应通过市场化机制实现产业链条的转型升级	
2012.6	文化部	《"十二五"时期国家动漫产业发展规划》	明确将优化动漫产业布局结构作为未来五年动漫产业发展的重要任务,提出产业布局的主要原则是"统筹协调和可持续发展",目标是"布局合理、特色突出、集聚效应明显、资源高效利用"等,提出引导动漫企业探索创新产业盈利模式,发挥市场机制积极作用	
2013.12	财政局、税务部	《关于动漫产业增值税和营业税政策的通知》	在增值税和营业税方面给予动漫产业相关优惠政策	
2014.2	国务院	《国务院关于推进文化创意和设计服务与相关产业融合发展的若干意见》	深入挖掘优秀文化资源,推动动漫游戏等产业优化升级,打造民族品牌。推动动漫游戏与虚拟仿真技术在设计、制造等产业领域中的集成应用	

续表

时间	发布	文件	内容	备注
2014.3	文化部	《关于 2014 年动漫企业认定工作有关事项的通知》	进一步做好动漫企业认定管理工作,推动落实动漫企业税收优惠政策	
2014.8	文化部	《关于开展 2014 年弘扬社会主义核心价值动漫扶植计划申报工作的通知》	评审优秀动漫创意和作品,采取多种形式扶持创作生产,加大推广力度	2014 年,国内动漫界举行了包括全国动漫原创作品大赛、全国第四届动漫真人秀大赛等在内的评奖活动 20 余项,对推动国产动漫的创作、生产起到了较好的鼓励作用

资料来源:根据 2000 年至今中共中央、国务院及各部委发布的主要政策整理。

6.4 案例:2015 年电影《小黄人大眼萌》分析

作品概况

- **票房**

2015 年,美国照明娱乐公司和环球影业联合出品,由凯尔·巴尔达、皮艾尔·柯芬执导的动画喜剧电影《小黄人大眼萌》受到了观众的热烈追捧。这部动画是著名动画《卑鄙的我》系列的衍生作品,由于前作的人气和口碑积淀,《小黄人大眼萌》自上映初日票房就一路走高,美国上映首周票房即破 1.16 亿美元。最终成绩为全球票房 11.573 亿美元,其中,北美票房 3.36 亿,海外票房 8.213 亿,在全球影史上票房位列第十一、动画史上票房第二。

- **剧情简介**

闻名世界的小黄人原本是一种单细胞体生物,之后逐渐进化为专为超级坏蛋提供服务的得力助手。它们服务过的超级坏蛋包括:霸王龙、拿破仑、吸血鬼、北极熊……小黄人总是忠诚地为主人提供各种服务,兢兢业业,毫无怨言。直到它们失手"害死"每一任主人。在痛苦地失去一个又一个主人后,被困在冰洞之内小黄人们愈发焦躁不安,于是小黄人凯文、鲍勃、斯图尔特决定挺身而出,去外面的大千世界寻找可以效劳的主人。

小黄人三人组无意间看到了"坏蛋大会"广告,该大会声称世界第一女坏蛋斯嘉丽·杀人狂会出席大会并发表演讲。为了尽快见到斯嘉丽,三个小黄人搭上了银行抢劫犯的顺风车去参加坏蛋大会,经历了一系列的坎坷之后,小黄人终于成为斯嘉丽的助手。它们为斯嘉丽执行的第一个任务就是盗取英国伊丽莎白女王的皇冠，任务进展十分顺利，甚至鲍勃竟然莫名其妙地成为新任国王，斯嘉丽得知后盛怒，于是一系列的麻烦接踵而至，最后他们终于遇到了理想的主人——《卑鄙的我》主人公格鲁。

地位

小黄人原本只是系列电影《卑鄙的我》中的背景人物，然而这些外形酷似黄色胶囊状的怪人们却抢尽了主角的风头，并且已经成为流行文化元素，从玩具到文具、衣服、饰品，大街小巷随处可见小黄人形象的产品。

电影的受欢迎程度甚至让编剧都吃了一惊，影片的联合编剧辛科·保罗在接受《洛杉矶时报》采访时表示："我们从来没想到，小黄人会这么受欢迎，已经成为一股自然之力。"小黄人简单的图形属性的外表轻易地跨越了文化和年龄族群间的障碍，"孩子们都可以把他们画出来"《洛杉矶时报》的记者贝丽卡·基根在报道中这么写。

全球的社交媒体平台上，充斥着成千上万的粉丝自制小黄人周边，从美甲到万圣节服饰，无一不有。

优点总结

- **人物形象**

导演皮埃尔·柯芬在采访中表示，他当初设计的格鲁的手下是肌肉健硕的兽人形象，后来残酷的预算问题让他们不得不放弃这样野心勃勃的设定，随后艺术总监克里斯·雷诺灵光一现，提议"干脆我们把手下做成小工人的样子吧"，这个省钱又省事的想法立刻赢得了整个创作团队的支持。"别那么像人啦""干脆全画成黄色""给他们戴上眼镜"……随着各种各样的想法萌生出来，小黄人的形象渐渐丰满明晰，最终一群穿着背带裤、带着护目镜、呆萌的小黄人诞生。

除了富有创意的外形，小黄人的语言也是独一无二的，它们的语言其实杂糅了法语、英语、西班牙语、意大利语、德语、日语等多个国家的词汇。动画中小黄人打招呼用的"Bello"就改编自英文"Hello"；把一直要寻找的主人称为"Boss"，直接用了英文；斯嘉丽抢夺王冠失败被格鲁冷冻后，鲍勃把女王加冕给自己的小熊的王冠给斯嘉丽的时候说了中文"给"。

小黄人的外形和语言都是主创人员无数次头脑风暴后的智慧结晶，十分具有个性和特色，尤其是以各国语言为基础创造的"小黄人语"更是开创了一种新形式，给台词的设计提供了更多可能。

- **幽默搞怪技巧**

美国好莱坞动画占据世界领先地位，在动画电影票房方面，世界其他国家也无人能出其右。不同于日本、欧洲的动画，好莱坞动画更多地还是欢乐成长的风格，对幽默美学的应用已经非常成熟。小黄人作为《神偷奶爸》系列电影中的配角，以搞笑呆萌而出名，最终"媳妇熬成婆"，成为电影主角。这部单独为小黄人制作的电影无疑要充分展现小黄人呆萌搞怪的特点，也可以说这部电影并没有什么核心价值观作为卖点，看小黄人怎么搞砸事情，轻松娱乐地渡过 90 分钟才是观众们买单的主要目的，因此，幽默技巧就显得格外重要。

惊奇和幽默情感的产生刚好是相反的。当一件看似微小的事引出一件更大的事时，往往产生惊奇、惊讶的感觉，而当聚精会神期待大事发生最后却以小事结尾，过剩的精力就会发泄为笑。比如，小黄人在恐龙时代把霸王龙当成主人，当大家期待他们跟随霸王龙做什么事情时，霸王龙就因小黄人摘一个香蕉而踩着石头掉进火山中。斯嘉丽把凯文等三个小黄人扔进刑房，斯嘉丽的丈夫赫布对小黄人用绞刑时，由于小黄人没有脖子所以绞刑无法实施，牢房瞬间变成小黄人们的娱乐场。

日常的琐细造成的挫折就是滑稽。在当今动画电影中，笑点的产生更多来自于细节，是对影片中已有道具的巧妙应用，开发出他们潜在功能，或者进一步造成多米诺骨牌效应。例如，电影中一群小黄人们去英格兰找凯文三人，坐在袋鼠育儿袋中跳过澳大利亚，把袋鼠育儿袋作为交通工具就是开发了袋鼠的功能，结尾爆炸后小黄人凯文把背带裤当降落伞成功着陆，凸显了小黄人背带裤服装又为获救安排合适的道具，萌点和笑点兼备。小黄人们把事情搞砸也通常是出于很小的原因，比如，影片末尾斯嘉丽杀人狂举行加冕仪式时，两个小黄人因为蜜蜂的追逐在螺旋吊灯顶上奔跑，最终将吊灯弄断掉下来砸到斯嘉丽，引发斯嘉丽疯狂的追杀。这些小细节的大运用既能创造滑稽感，又能给观众惊艳的冒险感。

小黄人多套装扮，玩转 Cosplay。在恐龙时代开始，小黄人们每追随一个主人，服装都会有所变。恐龙时代是草裙和水草做的眼镜框；石器时代是兽皮裙，头上还模仿人类拿骨头来做头饰；拿破仑时代则穿着法国士兵的军装，戴高帽。为了偷取皇冠，小黄人们叠在一起扮成女人混进博物馆，小黄人的护目镜成了女人的胸部，而且还可打开。原本小黄人造型简单，可以不穿衣服，但是这种服装上的戏仿和小黄人们对服饰的重视反而增添了喜剧感，又给人丰富的视觉享受。

• 新卖点：人性的复杂

在看惯诸多褒扬正义善良的动画电影后，《神偷奶爸》开创的以坏蛋为主角的动画让人眼前一亮。当然，主角格鲁最后并没有变成完全的大坏蛋，而是在与三个小女孩的生活中扮演爸爸的角色，得到心灵的温暖，从某种意义上讲是成人的成长。这系列动画电影的成功可能体现了每个人心中都有一个“坏小孩”，坏小孩聪明，做事有预谋，充满自信，会用稀奇古怪的方法，但是不是每种“坏”都会受欢迎。格鲁那样高冷但内心温暖的，小黄人那样呆萌没心眼的，就会比表面看起来像好人的坏人更让人喜欢。

“小黄人”从一开场就讲明它们存在的目的：寻找世界上最邪恶的老大为他们服务。这个目标看起来一点都不正能量，但是电影展现的小黄人，勤劳勇敢，任劳任怨，对主人极其顺从。主人的任何要求它们都努力去完成，对目标很执着，不过过程中极易分心，时常在工作中寻找乐趣，尽管拥有把事情搞砸的天赋，但是任何一点点小事都会让它们开心，只要化险为夷，就会立马放松，总是保持着一种怪诞、乐观的样子，潜移默化的给观众带来“正能量”。其次，由于小黄人搞砸事情的天赋，观众也不用担心他们真的能做成坏事。做坏事总是会给人兴奋紧张感，但只要结局是正的，那么心理上就不会有罪恶感的负担，所以观众可以在这部电影中放松地经历一场有趣的冒险。

• 情怀

不只是小黄人在卖萌和搞笑，这部动画还充满了“情怀”，动画中有多处剧情或反映历史或致敬经典。《小黄人大眼萌》的故事始于 1968 年，这一年正值美国总统大选，因此三只小黄人在纽约登陆后，首先映入眼帘的便是悬挂在写字楼上的印着尼克松竞选口号

“Finally a name you can trust.”的广告牌。1968 年也是美国国内民众反越战的高潮时期，在纽约、华盛顿等大城市都有民众示威游行，要求美国立即撤兵。爱凑热闹的小黄人也加入了游行队伍，那句著名反战口号“Make Love Not War”也借由游行民众之口说出。

斯嘉丽与其丈夫赫布的发型和着装都是20 世纪60 年代最时尚的模样。斯嘉丽的蓬蓬裙搭配摩登长手套，再加上高耸的发型都是那个年代时尚女性所追求的，是奥黛丽·赫本与杰奎琳·肯尼迪的结合体。而赫布则是典型的摇滚青年打扮——紧身西装搭配牛仔裤，他的发型更是与当时还算青涩的滚石乐队成员们如出一辙。

三个小黄人试图窃取女王皇冠时，斯图尔特唱了一首“洗脑歌”成功蛊惑了三位壮硕的侍卫，而他所唱的就是米洛斯·弗曼执导的音乐电影《毛发》中的“Hair”，该电影于1979 年上映，根据 1967 年初次上映的同名音乐剧改编。这部剧作堪称 20 世纪 60 年代嬉皮士反主流文化以及性解放运动的产物，其中的多首歌曲更成为反越战运动的代表歌曲。影片中，三位侍卫在听完此曲后纷纷长出秀丽长发令人忍俊不禁，切题又搞笑。

小黄人后备大军在找寻三个小伙伴的时候途经美国，巧遇摄影棚摆拍美国宇航员登月，关于美国是否于 1969 年真正登陆月球一直存在争议，动画讽刺了人类伟大的首次登月也许只是个谎言。

三个小黄人逃离斯嘉丽，欲从马路中央的下水道井盖爬出，却遭到四个路人的踩踏，从背景到着装都明显是对被《滚石》杂志读者评为披头士乐队最佳专辑的披头士乐队第11 张专辑“Abbey Road”的封面设定情境以及这个流行音乐史上的不朽传奇乐队的致敬。

• 公司自身、3D 大制作

2007 年，曾经参与制作《冰河世纪》的 Chris Meledandri 离开老东家 20 世纪福克斯动画创立了照明娱乐。在照明娱乐什么作品都没有拿出来的情况下，环球影业就于 2008年宣布收购照明娱乐，并从 2010 年开始每年出品 1 ~2 部动画电影，就此进入动画电影制作。

2010 年，《神偷奶爸》制作成本6 900万美元，2013 年《神偷奶爸 2》成本7 600万美元，2015 年，《小黄人大眼萌》成本为7 400万美元。环球眼光精准，照明娱乐也没有让环球失望，依靠出其不意的“怪”风格，迅速在好莱坞开创市场。2012 年，改编自儿童故事书《老雷斯的故事》同名动画电影虽然毁誉参半，但片中大量的歌舞场面以及逼真的 3D 视觉效果，还是显示了照明娱乐公司的实力，加上环球充足的资本，《小黄人大眼萌》精美的场景、酷炫的特效，从技术上保证了 3D 大制作水平。

• 营销

(1)番外动画预热。2010 年《卑鄙的我》播出后，小黄人迅速取代了主人公的地位，成为这部动画里最受瞩目的存在。自那以后，环球影业陆续推出了《小黄人换灯泡》《收发室惊魂》《小黄人和小紫人的故事》等以小黄人为主角的番外动画，动画最长只有五分钟，但简短精美，给人留下深刻的印象，最重要的是这些动画使小黄人持续被人们关注着，从未淡出人们的视线，为动画电影《小黄人大眼萌》的播出做了有效地预热。《神偷奶爸 2》播出后，小黄人人气继续飙升，并持续活跃在观众视野，照明娱乐制作了许多小黄人短片，而且对应圣诞节节日不时推出一些应景的视频，内容仍然是小黄人们卖萌耍贱的游戏和恶作剧。2015 年共有 3 部番外：Minions Competition（比赛）、Minions Cro Minion（原始的保姆）和 Binky Nelson Unpacified（不消停的宾齐·尼尔森），番外中的人物都是

《小黄人大眼萌》电影中会出现的配角,短短几分钟就讲了一个很有意思的故事,让观众对这部电影产生期待。那些可能不适合作为长故事一部分的有趣笑点都可以用在小黄人身上制作短片。网络上共几十个小黄人番外,虽然每个短片时间 30 秒到几分钟不定,但是每一个都可看出小黄人在恶搞方面的脑洞。

(2)同名游戏。2014 年 1 月,《卑鄙的我:小黄人快跑》正式上市,这是一款跑酷游戏,对格鲁忠心耿耿又喜欢胡言乱语的小黄人在游戏中将面临最残酷的挑战。游戏中的小黄人要不断向前奔跑,并努力收集地图中的香蕉。玩家必须扮演其中一个小黄人,与其他人争跑,努力收集地图中的香蕉,努力获得超级坏蛋格鲁的赏识。

游戏的画面角度由系统自由切换,增加了游戏的难度和趣味性。与电影中高相似度的游戏背景刻画,小黄人逼真的形象设计,奔跑时一脸兴奋的模样,偶尔回头做个鬼脸的俏皮,配合小黄人可爱的声音,成功博得众多玩家的欢心。《卑鄙的我:小黄人快跑》游戏上市后很长一段时间其下载量都在安卓和 iOS 的 APP 商店高居榜首,为动画电影积累了人气。

(3)IP 营销。小黄人风靡全球,小黄人们自身的魅力是非常重要的原因,但这也与生活中无处不在的小黄人相关。环球影业负责全球品牌营销及合作的执行副总裁 David O'Connor 表示:“小黄人已经充分渗透到流行文化中,从 3 岁的孩子到 84 岁的老人无不被它吸引。我们与各国分支机构一起合作,开展这场‘全球合作营销’,现在我们已经开始听到来自世界各地品牌商反馈的声音。这是环球有史以来最大、也最全面的推广。”据《彭博商业周刊》报道,光是电影的几个合作伙伴,就在广告和宣传上贡献了 5.93 亿美元。

庞大的经费让小黄人占领了全世界。小黄人“山寨”蒙娜丽莎、凡·高和蒙克《呐喊》中一角色的油画装扮出现在街转角的涂鸦墙上;现身美国大热门综艺节目超级碗、NBA 大赛,在 TheVoice(美国好声音)决赛集上放出独家片段,还攻占了中国台湾的地铁。

此外是环球与其他品牌商的合作。美国亚马逊在《小黄人大眼萌》上映前开始送小黄人外包装的包裹,这是亚马逊头一回和电影合作。TicTac 糖推出了香蕉味的小黄人限量版,据说每颗糖上都有不同表情。全球最大的香蕉公司金吉达(Chiquita)把香蕉上的贴纸都换成小黄人限定版,广告也请小黄人来拍。百年老店 Selfridges,英国最著名的高端百货公司之一,推出设计师与小黄人限量联名服装系列,并邀请了伦敦当地的设计师与 SJYP 品牌合作。日本潮牌 ABathingApe 也推出了与小黄人的合作款潮服,这些服装都价格不菲。

小黄人规模最大的 IP 营销是与麦当劳合作,全球麦当劳门店推出各种小黄人套餐,消费者购买套餐后可以加价获得小黄人玩具,小黄人正是通过这种方式占领了中国的大街小巷。

除此之外,全家便利店推出了小黄人随身杯,屈臣氏推出了小黄人太阳伞,国产手机品牌 VIVO 则选择小黄人为其代言。小黄人 IP 营销团队的机智之处在于,商业合作与电影营销推广两不误,小黄人不断被安排在 TVC 电视广告中露脸,这同时促进了电视推广与电影的宣传。据环球影业称,有 7 个品牌合作方制作了 10 个和小黄人有关的电视宣传片,包括 VIVO 手机和麦当劳,这些宣传片往往是电影预告片与品牌广告的二合一。

不足

- **剧情单薄**

小黄人的语言虽是亮点，但是放在长篇故事中，无人能懂也没有台词字幕，因此要铺设完整的故事线或者展现小黄人的性格特点困难而有风险。小黄人在剧中的恶作剧更多时候都是由“心情”决定，逻辑推动上较弱，电影更专注的是用一个个搞笑行动展现小黄人“萌”的特点，以此弥补影片叙事不足、硬料不够的特点，并保证小黄人是真正的主角。另外，电影中女坏蛋斯嘉丽的笑点、气势、性格独特性都比不上《神偷奶爸》中的格鲁，所以并没有成功打造一个惊心动魄的故事。美国《娱乐周刊》评论说：“小黄人的萌度是毋庸置疑的，只是这群小家伙还是没法主演一部长片。”当小黄人与一个气场强大的坏蛋主人搭配时故事会更精彩，而它本身的恶搞特质可能更适合搞笑短片，毕竟要让恶作剧来构建长片，需要各个环节的精妙设计，而这不是一件易事。

- **角色形象不丰满**

虽然小黄人的性格很有特点，但是单从这群角色来看，它们呆萌没心眼，很容易选取主人，也完全服从主人，对于主人要求做的事基本上没有自己的判断，实际上是一群没有个人追求和思想、听话但搞笑的小工人。正如前文所述，小黄人在电影中许多恶作剧般的行为都相当“看心情”，正是因为它们不会深入思考，才会有那么多违背常理的搞笑事件。但也正是如此，小黄人做主角的电影注定是没有什么核心价值观，电影是纯娱乐而缺乏内涵。如果这部电影不是斯嘉丽而是其他人，那么对故事可能还是同样的发展。小黄人的性格让他们在任何一个主人手下都是差不多的状态，不会辨别哪个主人更好，不会因主人不同做事态度就不同，他们仍然会努力做然后无心地搞砸一些事情。所以小黄人长篇电影就像把那些恶搞短片给接在一起，再出小黄人为主角的续集，恐怕后劲不足。

中国借鉴

- **动画形象**

包括《小黄人大眼萌》在内的美国动画的角色形象都特点鲜明，小黄人像香蕉又像胶囊的外形，亦正亦邪的性格更是有革命性的颠覆。反观国内的动画片，所有角色都能一眼看出其原型——人或动物，而且形象具有固定的象征意义，比如狗的形象一定代表正义与忠诚，狐狸一定是奸诈狡猾无恶不作的。

动画是比真人影视更多样、更能把不可能变为可能的一种表现形式，中国的动画有必要抛弃刻板动画形象，在角色形象上进行改进和创新。

突破仅是人或动物的局限是，可以考虑静物拟人化，如《赛车总动员》是一群会说话、能恋爱的赛车的故事。很多国产动画中的人物说话时只有嘴在动，如果配合表情和动作的变化，角色形象立刻就会生动起来了。

另外，如何让形象易传播。“小黄人”的造型简洁，让人过目难忘。简洁的形象越容易使人分辨，这是我们大脑记忆的特点。造型简洁的另一个好处就是适合大规模生产的需要，而且很容易模仿自制，粉丝们将小黄人 DIY 在衣服上、指甲上等，或者自己画同人图（以商业动漫作品中的人物为基础进行的二次创作），都因小黄人本身简洁而变得容易。因此在动画形象设计时，就应考虑到今后衍生品生产的需求。

• 周边（玩具公司）

参考日本和美国动画制作流程，可以看出他们的动画剧本定稿前有多方利益参与，其中就有衍生品开发公司。关于角色形象如何设计有利于传播和生产，哪些道具需要补充等问题，衍生品开发方会提出他们的意见，也就是在创作时期即考虑此后的周边开发事宜。衍生品开发应该是从创作开始的而不是在动画完成后开始的，中国由于动画产业体系的不完善，周边开发公司和创作公司没有很好的合作，有的动画完全是为卖周边而制作，如当年风靡中国一时的《蓝猫淘气三千问》，有的则是制作播放有影响力后再制作周边，如《西游记之大圣归来》。

但是小黄人更多的开发是在小黄人热起来之后，因为这些小角色的爆红是出乎意料的。但是环球让小黄人保持长时间热度的方式值得借鉴——联合其他品牌进行营销。让小黄人成为诸多品牌代言人，提升曝光度，而且周边的设计也扩展到其他行业，相比设计玩偶、服饰一类的衍生品，种类大大丰富。

中国动画也可以尝试让动画形象出现在电视上，如综艺类、体育类节目，尤其是定位在全年龄段的动画，更不应该局限在少儿电视领域。当动画形象获得更广的影响力后，和品牌的合作也会相对容易。

• 预告片

在预告片上下功夫在外国影片营销中是很常见的。中国通常用电影中的片段拼接做预告，传统、中规中矩，但实际上预告片还有更多玩法：结合电影中原有的片段或场景，构造一个新故事，预告本片亮点特色。动画电影在小番外上有天生优势，它适合一些小剧场和短小精悍的故事，在电影中没展现的创意都可以放在番外中。所以中国动画电影预告片上应该再多一些创新尝试。

• 人才培养（动画：细化分工；管理层：金融、文化、互联网跨界人才）

（1）动画人才细化分工。现在的中国动画产业缺少创造型人才，好的创作是好作品的灵魂，是吸引观众眼球的重要条件。中国的整个动画产业缺乏原创意识、原创人员和拥有高技术的动画师，所以中国动画产业要加大对人才培养的投入。

据统计，我国的大学中有1 200多所都开设了动画专业，但开设的时间大多在近十年左右，而且很多都是从传媒和计算机专业划分过来的。所以，我国动画产业的教育还在初级阶段，增强师资力量刻不容缓，要培养高水平的教师，针对具体的动画制作具体教学方案。

虽然应秉承培养全能型人才的方针，但是在具体制作时，动画制作公司要细化人员的分工，将每个工作人员的工作落实到位，编剧将想象力发挥到极致来完成剧本，技师潜心制作，再现剧本中的一切场景。

（2）重视配音人员。外国动画或科幻电影在构造一个新物种或新世界时，总会不惜花费精力重新构建一门语言。小黄人的成功不仅在有自己的语言，更在于配音的独特。几百个小黄人都由两位导演配音，不管是笑声还是说话声，总能轻易让人发笑，一首《香蕉之歌》风靡世界，喜感音质绝对功不可没。

一直以来，中国的动画配音演员都还没有形成专门产业，许多动画都是请一些明星配音并以此作为宣传点，但实际上，明星们的配音质量是参差不齐的。动画不同于真人电影，人物形象上更夸张，配音所需的张力更大，如果没有专业的配音技能，角色可能变得平凡无味。比起一个明星的配音,观众更期待的是一个名不见经传的人物有让人印象深刻的声音。

(3)培养跨界人才。电影产业是文化产业的一部分,透过小黄人的成功,让我们看到了互联网巨大的价值,也看到了电影产业乃至文化产业与金融融合的美好前景。但现实却是,无论是我国的互联网还是金融业,尚不能充分为电影产业乃至文化产业服务。究其原因,主要是这三个产业之间的“跨界人才”缺失所导致。

作为人口大国,经过多年的发展,我国并不缺乏各方面的专业人才,稀缺的是精通双产业甚至多产业知识的多维人才。文化产业正处于与其他产业全面结合的时期,“跨界人才”是时代的召唤、发展的趋势。短期来看,加快相关人才的引进是当务之急;而长远来看,我国自己培养、储备这样多维人才,才是根本之路。

近年来,国家在教育方面投入巨大人力、物力,取得了较大的成绩,培养出一大批各行各业的人才,为国家发展建设做出了巨大的贡献。不过,这种借鉴苏联教育体系,尤其是“以单科院校为主的大学体制”在当今越来越显现出诸多问题。最突出的就是人才市场“学术太专攻”、缺乏跨界综合性人才。为了弥补这种人才缺口,更为了电影产业乃至文化产业能蓬勃发展,培养跨金融、文化、互联网三界的人才势在必行。

参考文献

[1] 日本动画协会. 日本动漫产业报告[R]. 2015 年 9 月.

[2] 动漫蓝皮书:中国动漫产业发展报告(2015).

[3]中华人民共和国国家统计局. 中国统计年鉴 2015[M]. 北京:中国统计年鉴出版社,2015.

[4] 张立,王飚,孟晓明,郝园园. 中国动漫游戏产业年度报告[J]. 出版发行研究, 2015.

[5] 文化部. 通过国家认定的国家级动漫企业达 500 家//2013—2014 年中国动漫游戏产业年度报告[R].

[6] 孙家正. 2006 年文化政策选编　国务院办公厅转发财政部等部门关于推动我国动漫产业发展若干意见的通知[M]. 中国文化年鉴, 2007.

[7] 王资博. 美英韩文化强国建设的三种模式探析[J]. 重庆邮电大学学报(社会科学版), 2015.

[8] 韩晓宁. 中国动漫产业国际竞争态势及对策分析[J]. 对外传播, 2014.

[9]中国新闻出版研究院数字出版研究所孟晓明. 中国动漫进入黄金发展期[N]. 中国新闻出版报, 2014.

[10] 龚娜. 日本发展动漫产业的战略与措施[J]. 东北亚学刊, 2014.

[11] 李谋冠. 韩国发展文化产业的经验与启示[J]. 长春工业大学学报(社会科学版), 2012.

[12] 董佳佳,王树义. 日本动漫产业的政策分析及借鉴[J]. 经济导刊, 2011.

[13] 程晓龙. 中国原创动漫出版扶持计划启动[N]. 中国新闻出版报. 2009.

[14] 王启超. 中日动漫产业政策比较分析[J]. 声屏世界,2009.

[15] 刘轶. 话语霸权、亚意识形态与全球化下的动漫产业[J]. 社会科学, 2009.

[16] 陈博. 韩国发展动漫产业的政策措施评析[J]. 当代韩国, 2008.

[17] 刘斌. 日本电视动画片的生产与竞争[J]. 电视研究, 2008.

[18]王珏殷,辛晓彤,杨威. 2014 年度中国动漫产业发展报告[J]. 北方传媒研究,2015(3).

[19]2013 中国文化及相关产业统计年鉴[M]. 北京:中国统计出版社,2013.

[20]丁国炎. 政府工作报告　坚持以科学发展观为统领又好又快地推进新一轮跨越式发展[M]. 厦门经济特区年鉴,2007.

[21] 牛维麟. 国际文化创意产业园区发展研究报告[M]. 北京:中国人民大学出版社,2007.

[22]姚建春,雷兴长. 美国知识产权保护制度的特点分析[J]. 社科纵横,2007.

[23]2015 年中国动漫游戏产业发展报告[OL]. 中国出版网. http://www.chuban.cc/cbsd/201606/t20160627_174573.html.

[24]"动漫+"实现跨界优化 - 千龙网[OL]. 中国首都网. http://culture.qianlong.com/2015/1026/48975.shtml.

7 国际艺术品市场①

7.1 国际艺术品市场发展状况

7.1.1 国际艺术品市场规模

2015 年,全球艺术品市场的交易量和交易额相较于上一年均有所下降,但是从总体上看,国际艺术品市场全年发展态势良好。根据调研机构艺术经济(Arts Economics)发布的《TEFAF2016 全球艺术品市场报告》(TEFAF Art Market Report 2016)可知,2015 年全球艺术品市场销售额为 638 亿美元,同 2014 年的 682 亿美元相比,下降了 7%,交易量为 3 810万件,低于 2014 年的3 880万件,同比下降 2%(见表 7-1)。其中,艺术品市场销售额排名前三位的国家分别是美国、英国和中国:美国的市场销售额为 273 亿美元,增长了 4%,同时占据全球市场份额的 43%;英国市场销售额为 135 亿美元,下跌了 9%,占据全球市场份额的 21%;中国市场销售额下滑趋势明显,同比下跌 23%,为 118 亿美元,市场份额为 19%。此外,法国、德国、瑞士、意大利、西班牙共占据全球艺术品市场份额的 12%,由此可见,西方艺术品市场在全球艺术品市场中处于主导地位(见图 7-1)。

表 7-1 2005 年至 2015 年全球艺术品市场交易额与交易量

年份	交易额(百万美元)	交易量(百万件)
2005 年	35 903	28.2
2006 年	54 425	32.1
2007 年	65 875	49.8
2008 年	62 020	43.7
2009 年	39 511	31.0
2010 年	57 025	35.1
2011 年	64 550	36.8
2012 年	56 698	35.5
2013 年	63 287	36.5
2014 年	68 237	38.8
2015 年	63 756	38.1

资料来源:《TEFAF2016 全球艺术品市场报告》[R].艺术经济,2016.

Artprice 集团和雅昌艺术市场监测中心(AMMA)合作发布的《2015 年度全球艺术市场报告》(The Art Market in 2015)显示,在 2015 年经济不景气的大环境下,年度纯艺术拍

① 本文撰稿:李洁,中国传媒大学经济与管理学院博士研究生,研究方向:国际文化贸易。

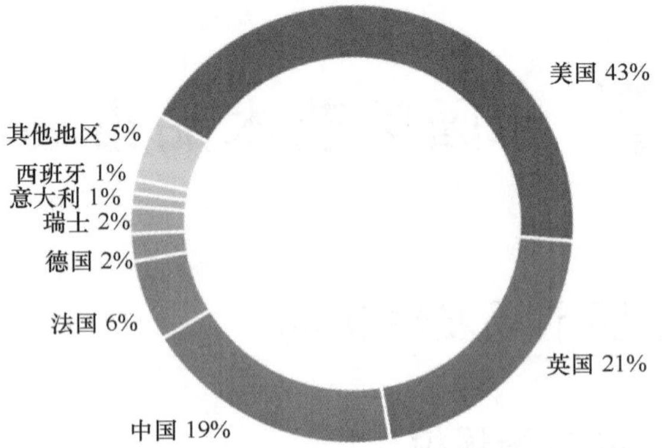

图 7-1　2015 年全球艺术品市场份额配比图

资料来源:TEFAF2016 全球艺术品市场报告[R]. 艺术经济,2016

卖总额为 160.95 亿美元(含佣金)。其中,西方艺术品市场发展平稳,全年总成交额为 112 亿美元,与 2014 年持平,而中国艺术品市场由于持续调整的原因出现了缩水现象,由 2014 年的 66 亿美元总成交额下降至 2015 年的 49 亿美元(见图 7-2)。其中,美国拍卖成交总额为 61 亿美元,重新成为全球最大的艺术品市场,中国市场拍卖成交总额为 49 亿美元,下滑至第二位,而英国市场排名世界第三位,拍卖成交总额为 30 亿美元。除了这三国市场之外,拍卖成交总额排名前十的国家仍然以西方国家为主,分别是法国、德国、意大利、瑞士、奥地利、澳大利亚(见图 7-3)。

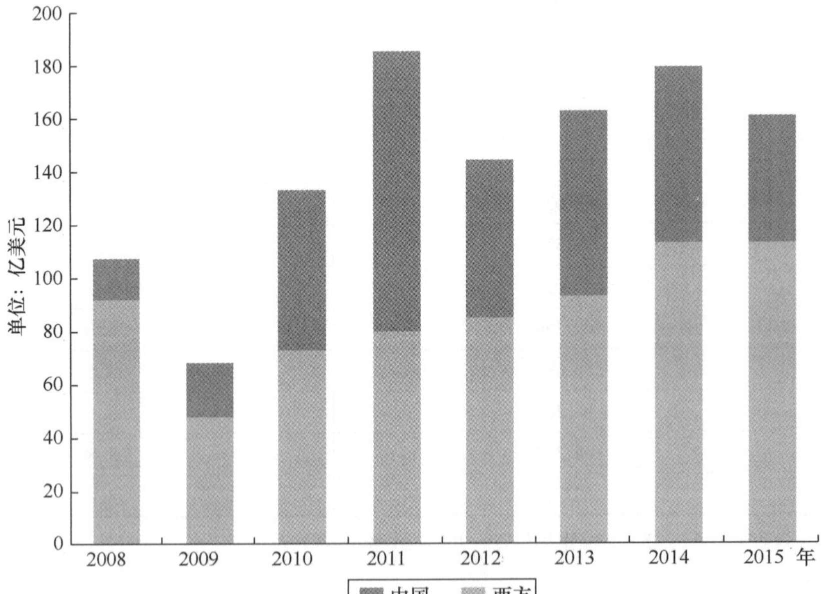

图 7-2　2008 年至 2015 年拍卖成交总额

资料来源:2015 年度全球艺术市场报告[R]. 雅昌艺术市场监测中心,Artprice 集团,2015

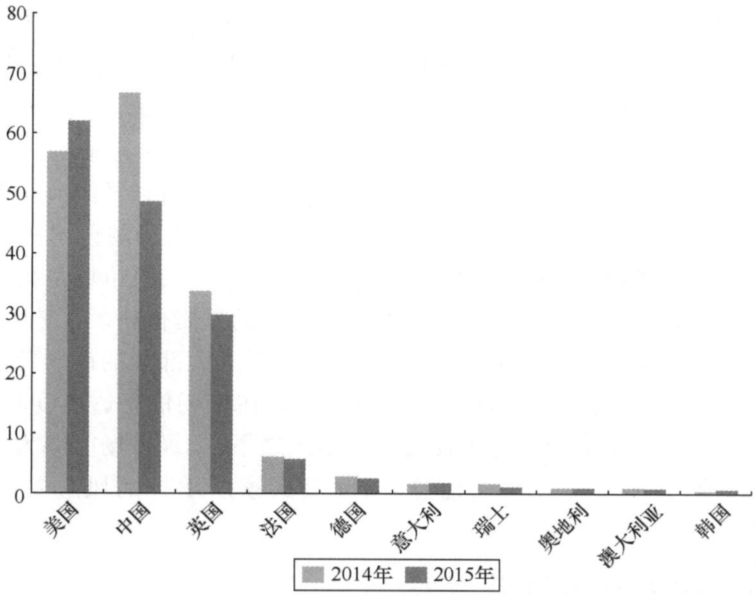

图 7-3 2014 年至 2015 年拍卖成交总额前十强国家(单位:亿美元)

资料来源:2015 年度全球艺术市场报告[R]. 雅昌艺术市场监测中心,Artprice 集团,2015

7.1.2 国际艺术品市场结构

随着全球化趋势的加强,艺术品市场建立了全球化市场结构,艺术品、金钱和财富在这个由新兴艺术品市场和原有艺术品市场组成的全球市场中流通。在艺术品市场中被用于消费、收藏和投资的艺术品种类繁多,可以按照两种标准进行分类。一种标准是按照艺术品的类型划分,分为纯艺术品、装饰艺术品和古董。纯艺术品是指绘画、雕塑、水彩、素描、摄影、版画等。装饰艺术品除了家具和各种材质的装饰品之外,还包括服装、珠宝、针织品以及明信片、海报、公交车票之类的短时效收藏品。古董涵盖的范围十分广泛,是指具有年代久远性、稀有性、历史价值性等特点的物品。另一种标准则是按照艺术家出生时期对艺术品进行划分,共分为 5 种类型,分别是:古典艺术大师时期艺术,是指 1760 年之前出生的艺术家的作品;19 世纪时期艺术,是指 1760—1860 年出生的艺术家的作品;现代艺术,是指 1860—1920 年出生的艺术家的作品;战后艺术,是指 1920—1945 年出生的艺术家的作品;当代艺术,是指 1945 年后出生的艺术家的作品。

国际艺术品市场从不同的角度可以分为两种结构,一种是从地理位置和空间角度来看,国际艺术品市场是由不同国家和地区的艺术品市场构成,比如,美国艺术品市场、中国艺术品市场等。另一种则是从艺术门类和艺术家的角度来看,国际艺术品市场是由不同的艺术家或者艺术流派市场构成,比如,波普艺术品市场、先锋派艺术品市场等。国际艺术品市场并不是一个简单的同质化整体,而是由不同市场构成的混合体①。艺术品市场不过是这些艺术品子市场的总称,其实每个艺术品子市场都是独立运转并且具有自己

① Clare McAndrew. Fine Art and High Finance [M]. New York: Bloomberg Press, 2010.

的特点和发展速度。这些艺术品子市场不仅各自有专业的艺术家、代理商、收藏家、专家和学者,有的甚至有专门的拍卖行,而且存在市场内部的价格运行机制和相应的风险。

尽管这两种艺术品市场结构有所不同,却有一个共同的特点,即艺术品市场是在一个由初级市场和二级市场构成的两级市场体系中运转。初级市场是两级市场体系的基础,主要包括画廊、艺术展销会、艺术节、艺术家工作室等。初级市场的艺术家基本上都是刚入行的新人和还没有出名的艺术家,他们通过专业代理商和经纪人代理销售的模式将自己的作品直接出售给艺术品交易商或收藏家。当初级市场的艺术家作品获得市场认可并且有一定的市场价值的时候,才可以进入二级市场。二级市场是指代理商和拍卖行,主要销售和拍卖知名的艺术品,产生了不少创新高的拍卖价格。在艺术品市场中,二级市场在成交量和价格方面都处于领先地位,并且占据了大部分的市场份额。在成交价格方面,二级市场的成交价格要远远高于初级市场。在市场信息透明度和风险方面,初级市场关于艺术品和艺术家的信息比较匮乏。相比之下,二级市场能够为买家提供较全面的有关艺术家和艺术品等相关的信息,因此其买家所承担的风险要低于初级市场买家。

7.1.3 国际艺术品市场参与者

国际艺术品市场有众多的参与者,这些参与者不仅扮演着不同的市场角色,发挥着各自的功能和作用,而且彼此之间的互动也带动了全球艺术品贸易和艺术品市场产业链的发展。国际艺术品市场参与者如图 7 -4 所示。

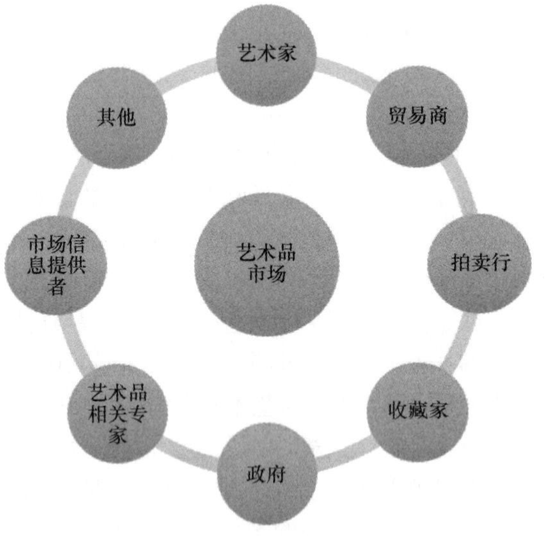

图 7 -4 国际艺术品市场参与者

7.1.3.1 国际艺术品市场的"三驾马车"

艺术家、贸易商、收藏家这三者直接影响着艺术品市场的供给与需求,带动了艺术品市场价格的波动,因此,他们被视为国际艺术品市场的"三驾马车"。其中,艺术家处于艺术品市场的中心地位，主要是为市场需求提供艺术作品。与此同时，市场也为艺术家提供了展示自己作品和自身才能的机会和渠道，扩大了其收入来源。每位艺术家在其职业生涯不同阶段创造的作品价格是不一样的，最有价值的作品一般是其独立风格形成时期的作品。《2015 年度全球艺术市场报告》列举了当年成交总额最高的前十名艺术家，他们的总成交额超过了 30 亿美元，占艺术品市场份额超过了 18%。这十位艺术家的作品都属于现代艺术和战后艺术，其中，巴勃罗·毕加索以 6.5 亿美元总成交额排名榜首，然而没有一位中国艺术家年度成交总额进入前十(占见表 7-2)。而根据《TEFAF2016 全球艺术品市场报告》可知，2015 年，5% 的艺术家作品几乎占据了拍卖市场总成交额的 75%，其中 1% 的艺术家作品占据了拍卖市场总成交额的 57%。受到艺术品市场商业化趋势的影响，现代艺术家的创造动机发生了改变，变得更具有投机性，为了追求艺术而进行创作已经不再是其唯一的目标。艺术家为了让作品能够更容易被市场接受，开始有目的地通过和代理商合作来规划自己的职业生涯，通过建立作品的需求市场来努力提高作品的价格。因此，他们的作品也出现了新的变化，例如，作品创作变得更加标准化、识别度更高等。

表 7-2 2015 年度总成交额排名前十的艺术家

排名	艺术家	年成交总额(亿美元)
1	巴勃罗·毕加索	6.5
2	安迪·沃霍尔	5.23
3	克劳德·莫奈	3.38
4	阿米地奥·莫迪里阿尼	2.51
5	阿尔贝托·贾科梅蒂	2.47
6	弗朗西斯·培根	2.32
7	塞·托姆布雷	2.23
8	马克·罗斯科	2.19
9	鲁西奥·芳塔纳	2.14
10	罗伊·利希滕斯坦	2.12

资料来源：2015 年度全球艺术市场报告[R]. 雅昌艺术市场监测中心，Artprice 集团，2015

国际艺术品市场的贸易商主要分为两类：代理商和拍卖行。艺术品市场的代理商包括艺术经纪人、艺术家代理商、小型画廊、平价艺术品和古董的代理商等。18 世纪，艺术品代理商在艺术品交易中扮演着重要的角色。当时的欧洲国王和贵族对纯艺术品和装饰艺术品需求量很大，但是受到当时地理、交通和通信等因素的影响，艺术品和艺术家相关的信息十分匮乏，因此只能通过专业的代理商来完成艺术品的购买和收藏。这就要求代理商除了具备专业的艺术知识之外，还需要具有一定的鉴赏能力和交际能力。然而，随着互联网等移动通信的快速发展，国际艺术品市场信息流通畅达，交易方式变得多样化，收藏家也变得多元化，代理商仍然在国际艺术品交易中扮演着重要的角色。全世界大约4 000名艺术品代理商，创造了艺术品代理市场 75% 的价值，其中，不足1 000人创造了一半以上的市场价值①。

艺术品代理商是沟通艺术家和艺术品买家的中介。一方面,通过与艺术家建立较为紧密的合作关系,艺术品代理商对艺术家的职业生涯进行规划、管理和发展,不仅对艺术家的作品进行销售,建立其艺术品的市场价格标准,而且通过调整艺术品的供给量来扩展市场。另一方面,代理商通过参加国际艺术节、艺术品展销会等,接触到数量众多的国际客户,了解他们的需求,扩大自己的客户资源。此外,代理商在国际艺术品交易中可以获得很大的利润,在艺术品市场中的主动性也较高,能够根据市场的变化控制艺术品的价格、销售和供给量,并且对艺术品交易细节的保密性很强。

另一类艺术品贸易商就是拍卖行,国际艺术品市场的许多成交额都是在拍卖市场上完成的。艺术品拍卖市场总体上呈一个金字塔式结构,在金字塔最顶端的是国际知名的拍卖行:佳士得(Christie's)和苏富比(Sotheby's)。这两个顶级拍卖行拥有大规模市场份额,占据1/3的拍卖市场份额和1/2的艺术品市场份额。② 金字塔结构的第二层是国家级拍卖行,例如,英国的邦瀚斯拍卖行(Bonham's)和菲利普斯拍卖行(Philips de Pury)等。尽管这些拍卖行的规模和销售额无法与国际级拍卖行相比,但是其在国际艺术品交易中仍然取得了不错的销售成绩。这些拍卖行在一些国家的艺术品二级市场占据了重要地位,有些拍卖行在一些国家和地区市场甚至可以与佳士得和苏富比相竞争。第三级拍卖市场则是地区级拍卖行,这些拍卖行规模不大,主要针对本国艺术品和本国市场。

根据《TEFAF2016 全球艺术品市场报告》,2015 年,拍卖销售与私洽交易的比重基本未变。有趣的是,艺术经纪人及私洽交易占据了市场份额的53%,而拍卖只占47%,相比2014 年的48%略有下跌③。而《2015 年度全球艺术市场报告》列举了年度拍卖成交总额前十强的拍卖行,排名前两位的分别是佳士得和苏富比。这两大拍卖行巨头共拍出3.4万批次拍品,总交易额为95 亿美元,占据全球拍卖市场交易量的7%。④ 值得关注的是,在前十强拍卖行中,有六个来自中国的拍卖公司,分别是保利拍卖(排名第三位)、中国嘉德(排名第四位)、北京匡时(排名第六位)、上海嘉禾(排名第七位)、西泠印社(排名第八位)和北京瀚海(排名第九位)(见表7-3)。

表7-3 2015 年拍卖成交总额前10 强拍卖行

	拍卖公司	总成交额(美元)	拍出件数(件)
1	佳士得	4 968 338 763	19 238
2	苏富比	4 570 332 893	14 805
3	保利拍卖*	833 136 882	9 922
4	中国嘉德	553 020 191	7 695
5	菲利普斯	397 524 395	3 311

① Clare McAndrew. Fine Art and High Finance [M]. New York: Bloomberg Press, 2010.

② Clare McAndrew. Fine Art and High Finance [M]. New York: Bloomberg Press, 2010.

③ 数据来源:TEFAF2016 全球艺术品市场报告[R]. 艺术经济,2016.

④ 数据来源:2015 年度全球艺术市场报告[R]. 雅昌艺术市场监测中心, Artprice 集团,2015.

续表

	拍卖公司	总成交额(美元)	拍出件数(件)
6	北京匡时	294 044 650	3 720
7	上海嘉禾	160 679 547	1 893
8	西泠印社	199 486 812	3 140
9	北京翰海	147 791 657	4 492
10	邦瀚斯	143 121 888	8 949

* 含北京保利、保利香港、保利山东、保利厦门及广东保利。

资料来源:2015 年度全球艺术市场报告[R]. 雅昌艺术市场监测中心,Artprice 集团,2015

大型拍卖行一般会在固定的地点定期举行拍卖会,并且是针对不同领域的专业拍卖,如印象主义专拍、战后艺术专拍等,但是这并不是绝对的。2015 年 5 月,佳士得举办的名为“展望过去(Looking Forward to the Past)”的拍卖专场是将约 25 件从 1902 年到 20 世纪末创作的作品放到一起进行拍卖,最终获得 7.05 亿美元的总成交额。除了定期组织拍卖会以外,拍卖行还会对即将拍卖的艺术品进行估价、宣传、展览、预售等方面的工作。在每次拍卖举办之前,拍卖行会出版介绍拍品信息的图册供买家了解拍品的信息,图册里面的内容包括艺术家的信息、艺术品的来源、专家对艺术品的估价等,但是不会提供卖家的预计估价。拍卖行一般是按一定比例向卖家和买家双方收取佣金,而拍卖市场上的信息大多是公开的,因此拍卖市场更加透明化。

收藏家可以分为私人收藏家和团体收藏家两种。国际艺术品市场发展至今,私人艺术品收藏家的角色已经发生了改变。在过去,艺术品收藏家主要是有名望的贵族和宗教人士。而在现代社会,艺术品收藏家主要是进行高端艺术品收藏的高净值人群。与此同时,私人收藏家购买艺术品的目的也发生了变化,除了进行收藏之外,还将其作为一种投资手段。不过,将购买艺术品作为投资手段的这部分收藏家其实对艺术品并不了解,更注重的是艺术品投资所带来的经济利益。团体收藏家有两种:一种是像博物馆、美术馆之类的公共机构和组织收藏;另一种是私人机构和公司收藏。这两种团体收藏的目的和方式是不同的,公共机构和组织通过收藏和展览艺术品发挥自身的社会、文化和公共服务的功能。而私人机构进行收藏更多地是为了其自身的发展,比如:一些在艺术基金会支持下运转的组织,通过投机性地购买艺术品,从中为投资者带来资本收益;或者是公司和银行这类机构将艺术品作为其品牌和形象的代表,用来宣传本机构。

7.1.3.2 国际艺术品市场中政府的多面角色

政府在国际艺术品市场中扮演着多重角色。首先,政府是艺术品市场和贸易发展的有力支持者,通过财政支持和政策制定等不同方式,直接或者间接促进艺术品市场的发展。例如,降低艺术品进口关税、减免收入税等。其次,政府也是艺术品市场的管理者,不仅要避免国家遗产级别的艺术品流失到国外,还需要制定和出台一系列法律法规和政策对艺术品市场进行管理和规范,确保艺术品市场的有序发展。再次,政府也是艺术品市场中不可缺少的消费者和投资者,国家级的画廊、博物馆和美术馆等基于本身的社会和文化等功能,需要收藏数目可观的各种类型的艺术品,因此对艺术品有一定的收藏和购买需求。最后,政府是艺术品市场和贸易发展的保护者,在跨国界合作中发挥着重要的作用。政府通过加入联合国教科文组织等国际组织,积极参与到国际艺术品市场规则和政策的制定以及执行工作中,为本国艺术品在国际市场上的发展提供保障。

7.1.3.3 艺术品市场衍生行业:艺术专家、市场信息提供者及其他

国际艺术品市场的发展为其周边产业带来了一定的经济和社会效益,《TEFAF2016全球艺术品市场报告》显示,尽管艺术品市场销售萎缩,但是全球艺术品交易在与其直接相关的周边产业上的花费约为178亿美元,同比增长了3%。2015年,全球艺术品和古董市场共有31.04万家企业,有超过320万人受雇于拍卖行、画廊、经销商等艺术品和古董交易领域以及与艺术行业直接相关的周边产业。

艺术品市场衍生行业包括艺术品相关专家、市场信息提供者以及为艺术品市场贸易提供后续服务的机构和组织,这些衍生行业和艺术家、贸易商、收藏家、政府一起形成了完善的艺术品市场机制。艺术品相关专家并不直接从市场上获得利益,但是他们对艺术品的选择和判断会影响艺术家的商业价值和艺术品的艺术价值。艺术专家和评论家曾经在艺术品市场上发挥着重要作用,不仅传递与艺术品相关的信息,而且其关于艺术家和艺术品的专业评价为买家购买艺术品时提供了参考。不过,他们对市场的影响力在逐渐减弱,艺术品的价值开始通过其经济价值表现出来。目前,艺术专家还帮助一些缺乏专业艺术知识的收藏家进行艺术品投资。

除了艺术专家之外,一些专业出版物和网站也提供与艺术品交易有关的信息和数据。这些出版物包括期刊等,其内容和品质参差不齐。有些出版物较专业,内容大多是报道与全球艺术品市场相关的新闻,发布艺术品巡展信息和评论。而一些出版物则以广告为主,附带一些与艺术品市场相关的评论、文章、特写和采访等。随着互联网的发展,艺术品市场还出现了网上数据供应商,通过免费或者收费的形式向公众提供拍卖数据以及艺术家和艺术品的信息等,提高了艺术品市场的信息透明度。此外,网上数据库借助互联网的快速发展和不断完善的数据搜索功能发展出了新的服务,比如,网上数据库提供查询失窃艺术品信息的服务,帮助追踪失窃艺术品等。

艺术品市场产业链发展较完善,除了市场主要角色互动带动艺术品贸易发展之外,还有为其提供相关后续服务的行业,从而保证艺术品市场贸易的顺利开展。这些艺术品市场附属机构或组织可以分为3类:第一类是提供与艺术品相关服务的组织,如金融机构、保险公司、银行等。这些组织和机构一般提供有关艺术品收藏、艺术品抵押等咨询服务。第二类是为艺术品市场交易提供服务的机构和公司,主要的服务包括艺术品保险、艺术品修复、艺术品邮寄、艺术品估价、艺术品包装等。第三类是为艺术品市场交易活动,如艺术品博览会、展销会等提供服务的专门机构,如活动的组织者、经纪人等。

7.1.4 国际艺术品市场热点趋势

7.1.4.1 美、英、中三足鼎立,新兴国家后来居上

纵览当代国际艺术品市场发展史,英国在18世纪已经是国际艺术品市场和贸易的中心,美国直到20世纪初才开始在全球艺术品交易中占据主导地位。尽管巴黎在19世

纪一度成为世界文化艺术的中心，但是受到其国家政策、法郎贬值和时局环境的影响，最终让位于纽约和伦敦。纽约和伦敦是世界上主要的艺术品市场和交易中心，受人瞩目的高端艺术品拍卖每年都在此举行，知名艺术品屡屡拍出天价。尽管艺术品拍卖数量少，却创造了巨大的市场收益。根据《2015 年度全球艺术市场报告》可知，美国和英国在 2015 年拍品成交总件数占全球拍卖总件数的 20%，然而总成交额占全球总成交额的 57%，共 92 亿美元（见图 7 - 5）。而在国际艺术品市场的其他方面，以美国和英国为代表的欧美国家也是市场的主要参与者。例如，来自欧美国家的艺术家作品占据主要市场份额，欧美地区的画廊和拍卖行是市场运转的主力，国际知名艺博会上的艺术品代理商也大多来自欧美国家，西方艺术品代理商主要是为本国艺术家和买家提供服务，来自欧美地区的收藏家更倾向于收藏本国的艺术品等。

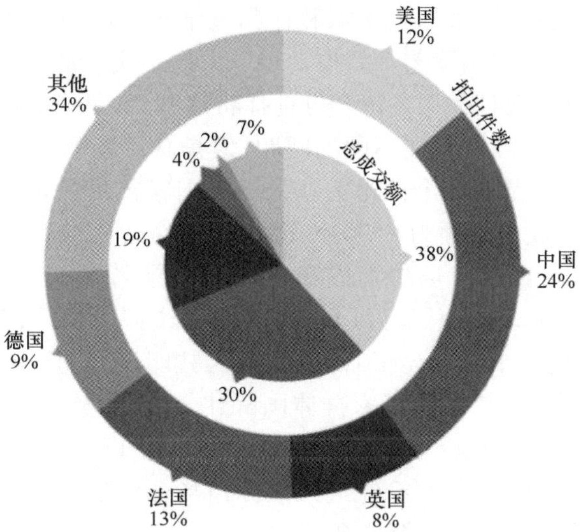

图 7 - 5　2015 年全球拍卖市场地理位置分布——依拍卖成交总额及拍品总成交件数划分

资料来源：2015 年度全球艺术市场报告[R]. 雅昌艺术市场监测中心，Artprice 集团，2015.

中国作为国际艺术品市场上的新兴国家代表，与英美两国呈现"三足鼎立"的局面。美国、英国和中国贡献了国际艺术品市场的主要销售额，根据《2015 年度全球艺术市场报告》，2015 年，美国、英国和中国三国拍卖成交总额为 140 亿美元，占据市场 87.5% 的份额。而《TEFAF2016 全球艺术品市场报告》显示，2015 年，全球艺术品市场销售总额为 638 亿美元，美国、英国和中国的市场份额排名前三位，分别是 43%（273 亿美元）、21%（135 亿美元）和 19%（118 亿美元）（见图 7 - 1）。随着中国经济的迅速发展及人均国民收入水平的提高，对艺术品的购买需求不断增加，中国在国际艺术品市场上所占的份额也在不断扩大。从表 7 - 4 可知，2006—2015 年 10 年间，美国每年都占据了 1/3 以上的全球艺术品市场份额，英国的市场份额变化幅度较小，始终保持在 20%—30% 之间，而中国艺术品市场份额增长幅度很大，从 2006 年仅为 8% 市场份额到 2015 年 19% 的市场份额，不仅超过了其他地区所占市场份额的总和，而且在 2011 年，中国艺术品市场交易总额超过美国，跃居世界第一。如今，受到国内市场调整的影响,中国艺术品市场增速放缓。

表 7-4 2006 年至 2015 年美国、英国及中国占比全球艺术市场份额

	2006 年	2007 年	2008 年	2009 年	2010 年	2011 年	2012 年	2013 年	2014 年	2015 年
美国	46%	38%	35%	31%	34%	29%	33%	38%	39%	43%
英国	27%	27%	34%	23%	22%	22%	23%	20%	22%	21%
中国	8%	9%	9%	18%	23%	30%	25%	24%	22%	19%
其他	20%	26%	22%	28%	21%	18%	19%	18%	17%	17%

资料来源:TEFAF2016 全球艺术品市场报告[R]. 艺术经济,2016

除中国以外,还有其他的新兴经济体国家艺术品市场发展态势良好,如俄罗斯、印度、中东国家等。这些新兴国家的艺术家和作品逐渐进入主流艺术品市场中,而来自这些国家的买家也积极参与到国际艺术品拍卖中。大型拍卖行通过开设办事处、分部等方式开拓这些国家的市场,而且大型艺博会也选择将这些新兴国家作为举办地点。尽管这些新兴经济体艺术品市场发展存在不同的问题,但是其后续的发展不容小觑。《2015 年度全球艺术市场报告》提及了几个值得关注的亚洲国家艺术品市场:韩国艺术品市场在 2015 年表现良好,拍卖成交总额为7 500万美元,涨幅高达 77%,全球排名第 10 位,其单色画派受市场的青睐。日本市场拍卖成交总额全球排名第 11 位,平均拍品价格低于6 000美元。印度市场拍卖成交总额为4 890万美元,涨幅为 112%,全球排名第 12 位。印度艺术品市场国际化趋势十分明显,不仅佳士得入驻印度,而且印度裔的艺术家已经融入纽约和伦敦艺术品市场,艺术品买家群体国际化。菲律宾拍卖成交总额为3 280万美元,增长了 92%,而拍卖成交量不足1 200件,全球排名第 17 位。菲律宾的现代艺术和当代艺术板块发展良好,年轻艺术家已经进入国际市场,并且开始利用地理位置优势发展当代艺术板块,如举办菲律宾艺术博览会。

7.1.4.2 高端艺术品拍卖是国际艺术品市场的主力

《2015 年度全球艺术市场报告》显示,2015 年,约有 86.75 万批次的纯艺术品在全球公开拍卖,其中超过 56.4 万批次来自西方国家,同比 2014 年增长 3%。在这些艺术拍品中,约有 1/3 的拍品在拍卖前退出竞拍或流拍,最终剩余 35.1 万件批次在西方交易市场分别在 5 美元至 1.79 亿美元的价格区间内成交。而在全球艺术品市场中,两极化现象更加明显:高价艺术品数量少,拍卖成交额高;平价艺术品数量多,拍卖成交额低。高端艺术品拍卖是国际艺术品市场的主力,尽管其拍卖成交量少,但是贡献了大部分的艺术品市场销售额。平价艺术品则是市场上重要的组成部分,与高端艺术品相比,平价艺术品种类繁多且数量众多。不过这些平价艺术品拍卖成交价普遍不高,其销售额无法与高端艺术品相比。《TEFAF2016 全球艺术品市场报告》显示,2015 年,超高端拍卖板块(艺术品价格超过1 000万美元)只占艺术品拍卖市场总量的 0.1%,却贡献了 28% 的销售额。2005—2015 年,该板块整体涨幅超过 1000%。高端拍卖板块(艺术品价格超过 100 万美元)占整体交易量的 1%,占总销售额 57%。2005—2015 年,此板块销售额增长幅度是中低价位作品的 4 倍。而艺术品拍卖市场中 90% 的作品成交价低于 5 万美元,占总销售额

的 12%。

在国际艺术品市场上,高端艺术品的拍卖地点相对集中,特别是超高端的艺术品拍卖,仅局限于国际型大都市和顶级拍卖行之间。由 2015 年拍卖行高端拍品成交情况排行榜可知(见表 7 -5),2015 年,成交总额在1 000万美元以上的艺术品共有 160 件,其中 97 件艺术品是在纽约由佳士得、苏富比和菲利普斯拍出,占总成交量的 61%,这三家拍卖行在伦敦共拍出了 43 件高端艺术品,占总成交量的 27%;其他 20 件高端艺术拍品也都是在北京、香港等国际型城市由知名拍卖行拍出。与此同时,根据《TEFAF2016 全球艺术品市场报告》,全球三大艺术品市场几乎垄断了所有千万美元级别的拍品,其中,美国市场表现尤其突出。2015 年,在超过1 000万美元成交的作品中,美国占 72%,英国占 21%,中国占 7%。然而,在其他国家艺术品市场中,以千万美元级别成交的作品几乎没有。

表 7 -5 2015 年拍卖行高端拍品成交情况排行榜

作品成交金额≥1 000 万美元 件数

拍卖公司	城市	2015 年	2014 年
佳士得	纽约	54	55
苏富比	纽约	41	31
苏富比	伦敦	29	20
佳士得	伦敦	13	23
中国嘉德	北京	7	1
保利北京	北京	6	1
北京传是	北京	2	
保利香港	香港	2	2
菲利普斯	纽约	2	3
苏富比	香港	1	2
佳士得	香港	1	
西泠印社	杭州	1	
菲利普斯	伦敦	1	
苏富比	巴黎		1
北京九歌	北京		1

资料来源:2015 年度全球艺术市场报告[R]. 雅昌艺术市场监测中心,Artprice 集团,2015

无论是高端艺术品还是平价艺术品,其价格都是在艺术品市场上通过拍卖交易获得,体现了艺术品本身的价值。从经济学角度来看,艺术品价格是供给与需求之间相互作用的结果。艺术品市场的供给是可控且定量的,而市场需求则与市场主要参与者的特点有关,具体影响艺术品价格的因素有主观和客观两个方面。主观因素主要是和艺术品买家有关,包括其收藏动机、收入和审美喜好等。艺术品买家的购买动机和审美喜好会影响其购买艺术品时的支出，有些艺术品买家购买艺术品只为了收藏和欣赏，并不进行任何投资，因此他们在购买艺术品的时候不会考虑艺术品的价格和经济价值，只一味地追求其艺术价值。而艺术品买家的收入也会影响艺术品价格的变化，收入越多，能用于购买艺术品的钱也就越多，对艺术品的需求也就越大。影响艺术品价格的客观因素主要是一些定量因素，如艺术品的来源、艺术家的知名度、材质、尺寸、之前持有人的记录、产权、真伪、稀有性等。

艺术品价格并不是一层不变的，同一个艺术品在不同时期的价格也有所不同，即使是知名艺术家风格相似的作品，其拍卖价格也是不一样的。艺术品价格变化与当时艺术品市场的情况、全球经济形势、流行艺术品味趋势等因素相关。首先，艺术品价格变化与当时艺术品市场的情况有关。例如，古典大师时期和 19 世纪时期的艺术品由于创作时间较早、数量有限且在市场中的流动性较慢等因素，在艺术品拍卖市场上属于稀缺的艺术品，因此，每当这部分艺术品出现在艺术品拍卖会上，很容易获得较高的成交价。其次，艺术品的价格和全球的经济形势有着密切的联系。全球经济的快速发展促使国际艺术品市场规模的壮大和格局的形成，因此，全球经济的衰退也会带动艺术品市场的下滑，市场销售额、艺术品价格和盈利都会随之下降。最后，艺术品的价格和当时市场上的流行艺术品趋势有关，例如，2015 年，韩国单色画派作品受西方艺术品市场的青睐，通过在艺术博览会和展览会等进行大量的宣传，单色画派的作品最终获得了很高的成交价。

7.1.4.3 现代艺术板块、战后艺术和当代艺术板块是拍卖市场的重要销售板块

在国际艺术品拍卖市场上，现代艺术板块、战后艺术和当代艺术板块是重要销售板块，其年度成交额占据了主要的拍卖市场份额。《2015 年度全球艺术市场报告》显示，现代艺术板块是拍卖市场中最大的板块，年度总成交额为 52 亿美元，占总成交额的 47%，占拍品成交总量的 41%，其中 622 件拍品成交价超过百万美元。排名第二位的是战后艺术板块和当代艺术板块，这两个板块占总成交额的 35%，占拍品总成交量的 38%，共计成交了 483 件百万美元级拍品。其中，战后艺术板块年度总成交额为 28 亿美元，占交易额的 25%，2006—2015，该板块涨幅高达 308%。当代艺术品板块年成交额为 12 亿美元，成交量超过 4.56 万件。排名第三位的是 19 世纪艺术板块，年度总成交额超过 13 亿美元，占据了 12% 的市场总成交额，同比增长了 62%。销售额第四位的是古典艺术大师板块，年度总成交额降至 5.383 亿美元，成交的百万美元级别的拍品仅 69 件，77% 的拍品成交价不到5 000美元（见图 7－6、图 7－7）。

由于数据来源不同，《TEFAF2016 全球艺术品市场报告》与《2015 年度全球艺术市场报告》关于艺术品市场销售板块的结论存在异同。相同的结论是：2015 年度成交量主要集中在战后和当代艺术板块、现代艺术板块，并且在这两个板块中，超高价位成交的作品比例较大。不同的结论是：由调查机构艺术经济发布的报告显示，战后和当代艺术板块是最大的销售板块。2015 年，该板块成交总额为 68 亿美元，约占总销售额的 46% 和总成交量的 41%，其销售额和成交量分别下跌 14% 和 20%。这一板块长期由美国市场主导，美国市场贡献了 61% 的销售额，英国市场为 25%，中国市场为 10%。排名第二位的是现代艺术板块，年成交总额为 45 亿美元，占总销售额的 30% 和总成交量的 27%，其销售额和成交量分别下跌 1% 和 20%。此外。这两份报告关于古典大师板块的结论有所不同，

《2015 年度全球艺术市场报告》认为，古典艺术大师板块几乎在西方市场销声匿迹，而《TEFAF2016 全球艺术品市场报告》显示，2015 年，古典大师板块占拍卖市场总成交量的 6%，占总成交额的 4%。特别是欧洲古典美术大师的私洽交易非常重要，在总销售中占比较大。

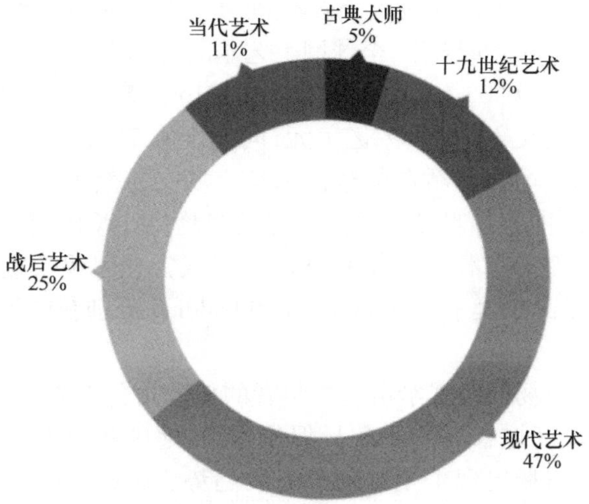

图 7－6　纯艺术各时期的成交总额(2015 年)

资料来源：2015 年度全球艺术市场报告[R]. 雅昌艺术市场监测中心，Artprice 集团，2015

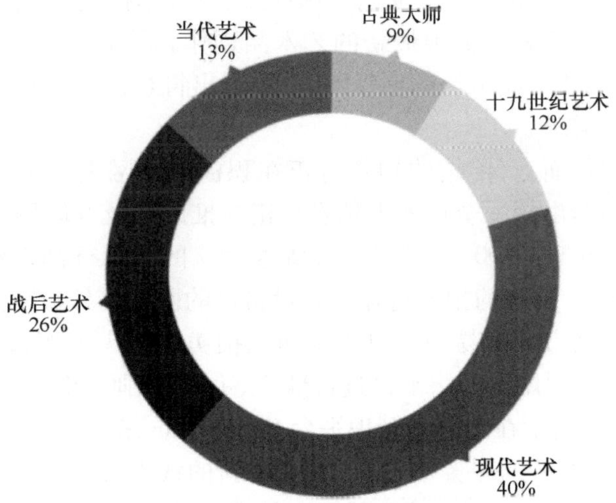

图 7－7　西方艺术市场各创作时期作品成交件数占比

资料来源：2015 年度全球艺术市场报告[R]. 雅昌艺术市场监测中心，Artprice 集团，2015

7.1.4.4 网上艺术品市场发展迅速

随着互联网热潮的到来,网上艺术品市场得到快速发展,不仅成为一个新的艺术品交易平台,增加了艺术品市场的营销渠道,而且对传统艺术品市场产生了较大的影响,促使其进行调整,以适应市场环境的变化。

首先,网上艺术品市场发展前景十分被看好,年交易额逐年增长。《Hiscox 2015 年度网上艺术品交易报告》显示,2013 年,全球网上艺术品市场交易总额为 15.7 亿美元,预计到 2019 年,交易总额会达到 63 亿美元。《TEFAF2016 全球艺术品市场报告》显示,2015 年,网上艺术品交易总成交额约为 47 亿美元,同比上涨 7%,占全球艺术品销售总额的 7%。尽管网上艺术品市场交易额在全球艺术品市场交易额中占比较小,但是艺术品市场的投资者已经注意到网上艺术品市场的良好发展趋势。2015 年德勤"艺术与金融"报告显示,收藏家中的 77%、艺术从业者中的 69% 对线上艺术品交易的未来抱有信心①。而在 2015 年,国外艺术品拍卖平台 Auctionata 和 Paddle8 分别获得了4 500万美元和3 400万美元的 C 轮融资②。

其次,网上艺术品市场的发展给市场参与者的传统角色带来了新的变化和发展。互联网的全球普及化和不断增长的网民数量促使国家、地区和个人之间的联系日益紧密。与此同时,国际艺术品市场出现了全球化的发展趋势。因此,互联网成为国际艺术品市场全球化发展的介质,促使艺术品市场发生了新的改变。而艺术品市场的新特点也会影响传统艺术品市场参与者。对艺术家而言,网上艺术品市场是一个新的平台和渠道。通过网络这个新的媒介,艺术家可以直接接触到更多的大众,增加展示自己作品的途径,并且获得额外的收入。特别是对不知名或者新的艺术家而言,通过画廊和经纪人代理销售的模式不再是唯一的选择,网上艺术品市场销售成为可选择的替代方式。同时,艺术家还可以通过网络随时了解和接触到最新的艺术品创作趋势和方法来补充自己的艺术素养,确保自己能够把握艺术品市场的创作潮流,创造出符合艺术品市场需求的艺术品,扩大自己艺术品的市场需求。

对交易商和拍卖行而言,传统的拍卖行正在积极融入网上艺术品市场,而新的线上拍卖行和交易平台不断出现。全球各大拍卖行正在推广普及互联网,并将其作为全球拍卖市场的核心战略。全球4 500家拍卖行中,高达 95% 的拍卖行都创建了相关网站,2005 年这一数据仅为 3%③。传统的拍卖行除了开设自己的网站之外,还通过合作或者并购的方式参与到网上艺术品市场交易中。以国际两大拍卖行巨头为例,2014 年,苏富比和知名购物网站 eBay 合作,利用其网络平台进行珠宝、手表、绘画、摄影灯艺术品和古董的拍卖。2015 年,佳士得收购了在线收藏管理平台 Collectrium 来加强自身的内部收藏管理系统,并借此扩展对其他顾客的服务产业链。此外,新的线上交易平台层出不穷,如 Heritage Auction, Auctionata, Paddle8 等,这些线上交易平台发展迅猛,据《Hiscox2015 年度网上

---

① 艺术品电商:大而全 vs 小而美[OL]. http://collection. sina. com. cn/yjjj/2016 - 06 - 12/doc - ifxszkzy5113808. shtml.

② 国外两家 C 轮艺术拍卖平台合并,中端艺术品市场会是互联网更好的着力点吗?[OL]. http://36kr. com/p/5046926. html,2015 - 05 - 12.

③ 2015 年度全球艺术市场报告[R]. 雅昌艺术市场监测中心,Artprice 集团,2015:6.

艺术品交易报告》统计，在2014年一年中，网上艺术品拍卖和交易的数量呈三位数的增长，Paddle8和Auctionata在2014年的线上销售分别增长了148%和146%（见图7-8）。2016年，这两个艺术品拍卖平台宣布合并。合并之后，双方联合销售总额超过1.32亿欧元，注册用户将近80万①。

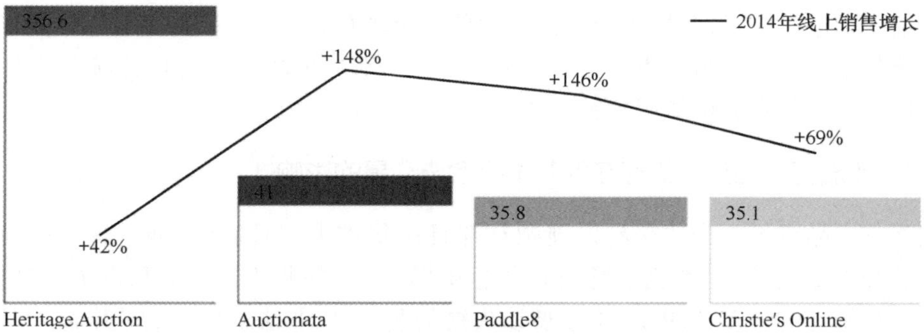

图7-8 2014年网上艺术品交易情况（单位：百万美元）

数据来源：The Hiscox Online Art Trade Report 2015[R]. Hiscox, 2015.

对收藏家而言，网上艺术品市场为他们提供了更多的购买选择，也让他们购买艺术品变得更加便捷，对艺术品收藏家的购买习惯产生了重要影响。越来越多的人选择在网上购买艺术品，花费在艺术品相关网站上的时间不断增多。尽管收藏经验丰富的收藏家更倾向于采取传统方式，即通过画廊、代理商和拍卖行购买艺术品，但是新手收藏家特别是随着互联网普及成长起来的新一代年轻买家，更愿意通过网上购买的方式开始自己的艺术品收藏。与传统艺术品购买方式相比，网上艺术品购买的自由度更高，也没有艺术品拍卖所带来的紧迫感。不过买家在网上艺术品市场大多还是购买平价艺术品。《TEFAF2016全球艺术品市场报告》显示，97%的线上艺术品销售产生在5万美元以下的价位。

再次，社交媒介在网上艺术品市场上的影响力不断扩大。互联网在艺术品市场的使用为对艺术品感兴趣的人或者收藏家提供了许多便利。比如，通过互联网搜索有关艺术品和艺术家的相关信息变得更加便捷，网络上的艺术品种类更多、范围更大，网上购买艺术品的步骤和支付方式更加简单等。因此，选择通过网络这一途径进行艺术品交易的人越来越多，网络社交媒介所发挥的作用逐渐扩大。社交媒介在网上艺术品市场上具有引导作用，在国外，社交媒介Facebook和Instagram成为人们用来寻找有关艺术品销售和艺术品展示信息的平台。而社交平台上来自其他买家的评论和推送则影响了买家的艺术品购买选择。博物馆和画廊这些在传统艺术品市场具有重要影响的机构也开始通过设立自己的移动客户端应用软件展示自己的艺术品收藏，扩大影响力，吸引艺术基金的投资。

最后，网上艺术品市场虽然有许多传统艺术品市场不具备的优势，但是它不能取代

① 国外两家C轮艺术拍卖平台合并，中端艺术品市场会是互联网更好的着力点吗？[OL]. http://36kr.com/p/5046926.html,2016-05-12.

传统艺术品市场。网上艺术品市场还存在许多让买家担忧的问题，比如，购买到的实物和网络上展示的照片并不一致，网上的艺术品图片不能完全体现艺术品的质量、网购艺术品的真伪无法保证、艺术品估价和价格方面的信息缺失、无法提供有关保险修复和邮寄方面的后续服务、无法保证网络艺术品平台的可靠性等。这些问题如果不能得到很好的解决，必将影响网上艺术品市场的发展。而在整个国际艺术品市场中，高端艺术品仍然通过拍卖行进行拍卖，其销售额占据了大部分市场份额，传统专家的角色并没有消失，并且传统艺术品市场的结构更加完整，所以网上艺术品市场不能替代传统艺术品市场，但是可以对国际艺术品市场起到补充作用。

7.1.4.5 非法艺术品交易的存在对艺术品合法交易的影响

国际艺术品市场上合法交易发展顺利并且逐年扩大，与国际其他市场一样，必然存在艺术品和古董交易的“黑色市场”和“灰色市场”。这些非法艺术品和古董交易市场十分复杂且交易种类繁多，“黑市”上主要以失窃的艺术品、非法进出口的艺术品、假冒艺术品和艺术品的伪造品为主。“灰市”上则主要是那些来历不明的艺术品、所有权存在争议的艺术品，还有在一个国家可以合法交易但是到另一个国家却被禁止交易的艺术品等。由于非法艺术品交易的隐秘性，无法获知这个市场交易每年创造多少商业价值，有些人预计，非法艺术品市场可能每年创造超过 60 亿美元的交易价值①。非法艺术品交易的存在和当下艺术品市场全球化以及全球财富分布不均衡有很大的关系。艺术品交易是在艺术品市场供给和需求的相互作用中进行的。来自西方国家且十分富有的收藏家对艺术品和古董的需求很大，并且他们的兴趣爱好随着艺术品和古董的流行趋势不断变化，因此他们对其他地区的艺术品和古董的需求是不断增长的。而拥有数量众多的艺术品和文化遗产的国家，特别是经济极度不发达的国家没有足够的能力保护本国的文化遗产，并且本国艺术品古董相关的管理和规定缺失，加之政府机构监管的松懈，这些都会造成本国文化遗产的失窃和流失，成为非法国际艺术品和文化遗产市场的资源供给。加上中间有第三方组织发挥中转作用以及各国之间对文化遗产规定的不同，导致非法艺术品市场交易始终存在。非法艺术品市场交易的艺术品和古董存在真伪性和所有权不明的情况，但是有时候这些艺术品和古董会通过其他途径出现在合法的艺术品拍卖市场，对合法艺术品交易造成影响。如果买家在购买的时候不能确定艺术品真伪性和所有权归属等具体情况，未来可能会遇到有关艺术品和古董所有权及真伪性的纠纷问题。例如，犹太人在第二次世界大战中被纳粹德国所掠夺走的艺术品，有些艺术品几度易手之后出现在拍卖市场或者收藏于博物馆和私人机构中，这些艺术品的买家和收藏家遭到了原来拥有这些艺术品家族的诉讼和退还要求。

7.2 国际主要艺术品市场分析

按照地理区域划分，国际艺术品市场由不同国家的艺术品市场构成。每个国家和地区的艺术品市场发展规模不同，拥有自己本地域特色的艺术品产业和市场发展规律，在

① Clare McAndrew. Fine Art and High Finance [M]. New York: Bloomberg Press, 2010.

艺术品市场上的地位也不尽相同。下面对主要的国家艺术品市场进行介绍和分析。

7.2.1 主要艺术品市场

7.2.1.1 美国艺术品市场

《TEFAF2016 全球艺术品市场报告》显示,在 2015 年全球艺术品市场销售额总体下滑的形势下,美国市场的销售额却增长了 4%,共计 273 亿美元,是全球第一大艺术品市场。美国市场占据 43% 的全球艺术品市场份额,同时还占据 40% 的全球拍卖市场份额(见图 7-9)。美国市场一直处于国际艺术品市场的核心地位,特别是在现代艺术、战后艺术和当代艺术板块表现突出。纽约作为艺术品市场主要的贸易中心之一,随着国际艺术品市场的发展,逐渐形成了自己的特色,在当代艺术、印象派和后印象派等方面处于领先地位。2015 年,美国仅凭 12% 的成交批次占据了全球 38% 的收益①,而几乎全部的美国市场销售额都集中在纽约,2014—2015 年,纽约当代艺术作品的总成交额为 6.31 亿美元,占美国市场的 97%②。

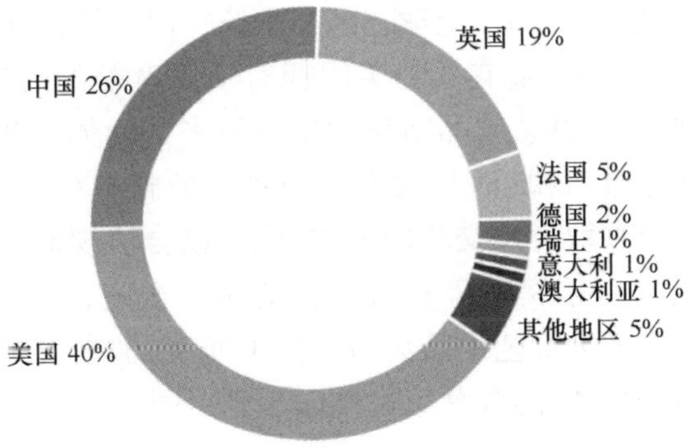

图 7-9 2015 年全球拍卖市场份额比重

资料来源:TEFAF2016 全球艺术品市场报告[R]. 艺术经济(Arts Economics),2016.

美国一直能够处于艺术品市场霸主地位有以下几个原因:

第一,与美国运转成熟的艺术品市场机制有关。首先,美国艺术品市场的运作十分成熟,初级市场和二级市场之间界线明确。不同的市场在艺术品交易中发挥着自己的作用,并且进行良好的市场互动,确保市场的健康发展和有序运转。位于初级市场的画廊除了展示和代售艺术品之外,还积极发掘和培养自己专属的艺术家,通过打造其专属的画风和特色以及积极进行市场宣传和推广,从而形成专门的收藏圈。经过长时间的培养,艺术家的作品具有了一定的艺术价值,才可能进入二级市场。其次,美国的艺术品市场配套基础设施完善,不仅有能够为收藏家提供艺术品信息的机构和顾问专家,而且还能提供艺术品交易相关服务,如艺术品评估和鉴定、艺术品保险和修复、艺术银行等。

---

① 数据来源:雅昌艺术市场监测中心,Artprice 集团. 2015 年度艺术市场报告.

② 数据来源:雅昌艺术市场监测中心,Artprice 集团. 2015 年当代艺术品市场报告.

第二,与美国特别是纽约国际大都市的地位有关。纽约是世界上知名的国际大都市,吸引了大量的艺术家、艺术品收藏家、画廊、拍卖行等汇聚于此。首先,纽约拥有丰富的艺术资源和健全的艺术网络,艺术家在此能够获得更多的发展机会。因此,大量的艺术家汇聚到纽约,为美国艺术品市场提供了多样化、各具特色的艺术品资源。其次,目前艺术品市场上高端艺术品的收藏者主要是高净值人群。根据《2016 全球财富报告》可知,在纽约分布了世界上最多的超高净值人群,共5 600名。这些超高净值人群对本国艺术品购买力十分旺盛,促进了美国高端艺术品成交额的增长。最后,纽约不仅有许多顶尖画廊,如高古轩画廊、佩斯画廊等,还有佳士得和苏富比等国际拍卖行的分行。每年两大拍卖行在纽约进行的拍卖都能获得很高的盈利,创造不错的拍卖纪录。例如,2015 年 5 月,佳士得在纽约举办的名为《展望过去》拍卖专场总成交额为 7.05 亿美元①。

第三,与纽约的全球金融中心地位有关。纽约是全球著名的金融中心,对全球商业和金融的发展发挥着巨大的影响力。纽约拥有众多金融机构,这些金融机构为美国艺术品市场提供各式各样的金融服务。比如,一些金融机构为艺术品拍卖提供一定数额的担保金,不仅增强了艺术品卖家的信心,增强其资金的流动性,而且提高了艺术品拍卖行的实力,吸引了更多的全球客户。充分合理利用这些金融机构和服务,可以促进整个艺术品市场的发展,确保纽约拍卖市场在全球艺术品市场中保持领先地位。

第四,与美国国内政策和环境有关。美国拥有十分宽松的进出口贸易政策、低廉的关税和有限的管制,这些都为其艺术品市场的发展带来了优势。各国文物进出口美国只需支付千分之三的象征性进口税,而且没有任何管制措施。在税务方面,买家只需出具专业经纪人的商业执照或采取异地交货的方式,就可以合法规避交易所在地规定的地方零售税②。除此之外,美国对拍卖行等有着严格的法律规定,很少出现虚假艺术品的拍卖。这些都为收藏家和卖家进行艺术品交易提供了便利,加之美国一直支持文化产权跨境自由交易,许多来自其他国家的收藏家也倾向于到美国市场购买艺术品。

7.2.1.2 英国艺术品市场

《TEFAF2016 全球艺术品市场报告》显示,2015 年英国市场销售额为 135 亿美元,同比下跌9%,是全球第二大艺术品市场。英国市场在全球艺术品市场的份额为21%,并且占全球拍卖市场份额的 19%。英国在欧洲艺术品市场占比很高,2015 年,英国在欧洲艺术品市场的份额为 64%(见图 7-10)。不过,英国艺术品市场的排名在《2015 年度全球艺术市场报告》中有所不同。这份报告显示,英国艺术品市场在 2015 年成交总额为 30 亿美元,是全球第三大艺术品市场。虽然低于美国和中国,但是英国的拍卖市场在欧盟国家中仍居首位,仅有 8% 的总成交数获得了全球 19% 的总成交拍卖额,而法国和德国的总成交件数分别为 13% 和 9%,均高于英国,其总成交拍卖额仅为 4% 和 2%。2015 年,英国拍卖成交总额虽然低于 2014 年的拍卖成交总额,但是仍然高于排名前十的其他欧盟国家拍卖成交总额之和③。

---

① 数据来源:雅昌艺术市场监测中心, Artprice 集团. 2015 年度艺术市场报告.

② 中国艺术品的美国市场[OL]. http://art.china.cn/market/2013-01/22/content_5690298.htm.

③ 数据来源:雅昌艺术市场监测中心, Artprice 集团. 2015 年度艺术市场报告.

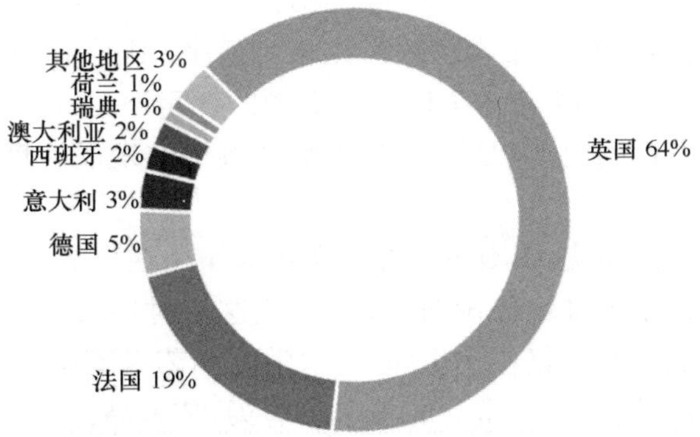

图 7－10　2015 欧洲艺术市场份额配比图

资料来源：TEFAF2016 全球艺术品市场报告[R]. 艺术经济(Arts Economics),2016.

英国是欧盟地区最大、最多样化的艺术品市场，也是欧洲最大的艺术品进出口贸易中心，这主要归功于其自由跨国境贸易和税收政策带来的优势。比如，英国对艺术品进口采取零关税政策。可是与英国艺术品市场相比，买家和卖家更愿意选择美国艺术品市场的原因有二：一是欧洲国家对艺术品交易的监管过严；二是欧盟规定，每笔艺术品交易都需要交纳“艺术家转授权(Artists Resale Right)”费用，即拍卖行和买家转售在世及去世未满 70 年的艺术家的作品时要抽取 4% 的税返还给艺术家或其继承者[①]。虽然这笔“再销售税”会保护艺术家的利益，但是也会增加艺术品交易商的成本，导致许多高端艺术品选择在美国拍卖和销售。艺术品市场为英国的经济做出了很大的贡献，艺术品产业及其周边产业的发展直接或者间接创造了许多就业机会和税收，增加了国家的财政收入。同时，英国艺术品市场与旅游业相结合，将艺术空间，如博物馆、艺术画廊等作为景点吸引高消费的游客来英国。

一直以来，伦敦都是世界上主要的艺术品交易中心之一，也是古典大师作品、英法 18 世纪艺术品和亚洲古董的艺术中心。除了纽约，佳士得、苏富比和菲利普斯等拍卖行在伦敦拍卖市场也能获得很好的拍卖成绩。伦敦作为国际艺术品中心之一，拥有悠久的艺术品市场发展历史，是收藏家和艺术家的汇聚地，两大拍卖行巨头苏富比和佳士得成立于此。此外，伦敦的画廊文化也十分发达，不到 20 年间，伦敦的画廊数量已增长了 10 倍，至少达到 300 家[②]，其中包括许多顶级画廊及其分画廊，如佩斯画廊、里森画廊和高古轩画廊等。

7.2.2　新兴艺术品市场

7.2.2.1　俄罗斯艺术品市场

作为新兴经济体之一，俄罗斯通过石油出口带动了本国经济的增长，其艺术品市场也随之获得了一定的发展。与此同时，来自俄罗斯的收藏家对俄罗斯艺术品极高的需求

① “脱欧”与英国艺术市场[OL]. http://comment.artron.net/20160625/n847324.html,2016－06－25.

② 2015 年度艺术市场报告[R]. 雅昌艺术市场监测中心，Artprice 集团，2015:24.

和旺盛的购买力也促使其艺术品市场的巨大潜力获得了全世界的关注。尽管在国际艺术品市场上,俄罗斯艺术品市场拍卖总额占比相对微小,根据 artnet 指数分析报告可知,俄罗斯艺术品拍卖市场在 2014 年占全球总成交额的比重不足 2.5%①,无法进入艺术品成交总额前十位的国家行列内,但是俄罗斯艺术品市场的发展速度不容小觑,特别是当代艺术品市场的发展。

俄罗斯拥有悠久的艺术史,其建筑、油画等艺术作品在世界上享有盛名。俄罗斯当代艺术品市场最早开始于苏维埃俄国时期,但是在这一时期,艺术品市场受到国家的严格管理,基本上处于停滞状态,仅在文化部、艺术学院和艺术家协会三部门之间运转。政府完全掌控艺术品市场的发展,艺术品的预定和购买、艺术品价格的制定、发行和保管均由政府进行,市场上基本没有艺术品交易行为发生。斯大林去世以后,苏维埃俄国对艺术品市场的严格管制才开始放宽,与国际艺术品市场交流增加,在苏联的公共图书馆开始有国际性杂志,艺术家们可以获得有关国际展览的信息、艺术展览的举办等。到了 20 世纪 80 年代末,俄罗斯现代艺术品市场才开始发展起来。1988 年,苏富比和当时文化部合办了一场历史性拍卖,标志着俄罗斯当代艺术品进入国际艺术品市场中,但是直到苏联解体之后,俄罗斯当代艺术家才真正地出现在国际艺术品市场上。20 世纪 90 年代,俄罗斯艺术品市场并不活跃,不过艺术品市场发生了许多新变化,比如,建立了许多画廊、举办艺博会、引入外国资本和投资等,这些新的发展和改变缩小了俄罗斯艺术品市场与西方艺术品市场的差距。

进入 21 世纪,俄罗斯当代艺术品市场进入了繁荣期。在国际艺术品市场上,大型画廊和拍卖行展示并且出售俄罗斯艺术品,苏富比、佳士得、邦瀚斯等拍卖行还设立了俄罗斯艺术专场拍卖。2004 年,主营俄罗斯艺术的麦克杜格尔拍卖行(MacDougall's)在伦敦成立。这一时期,特别是从 2000 年到 2008 年,俄罗斯艺术品的销售额和价格快速增长,国际买家对俄罗斯艺术品也十分关注。artnet 价格数据库显示,2007 年和 2008 年,俄罗斯艺术拍卖总额超过了 6 亿美元,相比 2003 年增长了 730%。受全球经济衰退的影响,俄罗斯当代艺术品市场在 2009 年以后发展速度减慢,艺术品成交额下滑。近几年,俄罗斯艺术品市场销售额逐渐增长,2013 年,市场销售额上升到 4 亿美元以上②。

经过不到 30 年的快速发展,俄罗斯现代艺术品市场体现了以下几个特点:一是已经成名的现代艺术家和新的现代艺术家在市场份额和价格方面的差距较大。尽管 1950 年之前出生的艺术家和 1950—1970 年出生的艺术家作品的平均价格相差不大,但是 1950 年之前出生的艺术家总成交额是其他艺术家的 4.5 倍③。而且 artnet 报告显示:"尽管全球战后及当代艺术收藏市场蓬勃发展,但是俄罗斯当代艺术的销售名存实亡。实际上,1950 年之后出生的俄罗斯艺术家在艺术品拍卖市场里所占的比重还不足 1.5%。"二是年轻一代艺术家的发展缺乏制度支持,而且画廊对年轻艺术家的支持并没有覆盖整个现

---

① artnet 分析报告:俄罗斯艺术市场[OL]. http://money.163.com/15/0928/13/B4JSAEK800253B0H.html, 2015-09-28.

② artnet 分析报告:俄罗斯艺术市场[OL]. http://money.163.com/15/0928/13/B4JSAEK800253B0H.html, 2015-09-28.

③ Renata Sulteeva. The Market for Russian Contemporary Art: An Historical Overview and Up-to date Analysis of Auction Sales from 1998 to 2013[D]. Sotheby's Institute of Art, 2013: 58.

代艺术品市场的范围。三是俄罗斯国内艺术品市场正处于调整期。2009 年以后,俄罗斯艺术品市场进入了后危机时代,艺术品成交额下滑,影响了艺术品画廊和艺博会的发展。再加上移动互联网所带来的艺术品市场全球化影响,俄罗斯的艺术品画廊模式需要进行调整来适应新的形势。四是俄罗斯现代艺术品规模已经覆盖全球。俄罗斯现代艺术品的交易出现在世界上大部分国家的市场上,而主要的拍卖行也将俄罗斯艺术品纳入拍卖物品行列中。五是俄罗斯买家的收藏习惯发生了改变,除了俄罗斯艺术品之外,来自俄罗斯的买家开始购买外国艺术品来让自己的收藏变得更加多元化。

7.2.2.2 中东艺术品市场

近些年,中东艺术品市场在国际艺术品市场上表现出色,尽管其成交额和成交量在全球艺术品市场上占比不多,但是中东艺术品市场发展迅速,是新兴艺术品市场代表之一。其实早在 2001 年,伦敦苏富比就举行过阿拉伯艺术品专场拍卖。传统的中东艺术品市场主要在德黑兰、贝鲁特和开罗等城市,如今,以迪拜为核心的海湾国家凭借其地理位置优势、经济转型发展机遇、极其优惠的税收政策以及强有力的购买力,成为中东艺术品市场新中心。

中东地区艺术品市场发展比较完善,由画廊市场、艺术博览会市场和拍卖市场组成。随着中东艺术品市场的兴起,成立了一批高端艺术品画廊,涉及的艺术品范围十分广泛,有以盛洪画廊为代表的中东画廊,有以乡村画廊为代表的现代艺术画廊,还有以第三线画廊为代表的新型画廊。此外,中东艺术博览会也得到了不错的发展,如阿布扎比艺术博览会、迪拜当代艺术博览会等,吸引了许多来自国际市场的参与者,在国际艺术品市场上的影响力不断扩大。而在中东艺术品拍卖市场上,大型拍卖行如佳士得、苏富比、英国宝龙等在中东国家开设办事处,形成了三足鼎立的局面。从拍品的种类来看,中东艺术品拍卖市场主要分为 4 大艺术品板块,分别是现当代艺术板块、钟表及珠宝板块、东方艺术板块、伊斯兰艺术板块。其中,现当代艺术板块的成交额最多,是中东艺术品市场的主体部分。

中东艺术品市场的发展对中东国家十分重要。对内,艺术品市场属于文化产业,除了发展文化贸易以外,艺术品市场还能带动旅游业和会展业的发展,提高国家的经济收入。对外,艺术品市场不仅已经成为中东国家和世界各国加强文化交流的平台,加强了彼此间的了解,减少了误会和冲突,而且其对艺术品的展览、消费和收藏等能够起到提升国民文化素质、加强国家凝聚力的作用。随着国际艺术品市场的发展趋势,中东艺术品市场有了新的变化:一是中东艺术品收藏家购买艺术品变得多样化,年轻的收藏家开始对其他艺术品市场的当代艺术品感兴趣,在本国艺术品和西方艺术品之间摇摆不定。二是中东艺术品的买家们开始使用网络在线竞拍的模式购买艺术品。三是部分中东国家的艺术家开始进入国际艺术品市场中,并且具有一定的影响力,作品价格逐渐升高。值得注意的是,来自中东地区的买家对购买艺术品有着不一样的选择。例如,与古董相比,买家更愿意购买新的家具和工艺品;中东买家还喜欢通过拍卖购买艺术品来获得胜利的成就感。另外还有一些宗教因素的影响,中东地区买家在购买艺术品时有所禁忌,不会选择购买较为裸露和以动物为主题的艺术品。

7.2.3 其他艺术品市场

7.2.3.1 澳大利亚艺术品市场

《2015 年度全球艺术市场报告》显示,澳大利亚在 2015 年拍卖成交总额为 1.036 亿美元,略微低于 2014 年拍卖成交总额,排在全球第八位。根据《TEFAF2016 全球艺术品市场报告》可知,2015 年,澳大利亚市场占全球拍卖市场 1% 的份额。从澳大利亚的拍卖成交总额和排名前三的美、中、英三国相比可知,澳大利亚艺术品市场的规模不大。与大多数西方国家一样,澳大利亚的艺术品市场结构和国际艺术品市场基本相同。下面就介绍一下澳大利亚艺术品市场自身所具有的特点:

特点一:澳大利亚的艺术品市场可以分为原住民艺术品市场和非原住民艺术品市场。澳大利亚的原住民有很长的发展历史,而非原住民的历史则比较短暂。原住民艺术和非原住民艺术之间的差别在于艺术作品创作的时间和价格。目前,国际艺术品市场很青睐原住民艺术,一些原住民艺术家的作品受到国际型博物馆、画廊和交易市场的认可。尽管原住民艺术品在拍卖成交额中占有很高的比重,但是在澳大利亚,大部分人都不是原住民,所以非原住民艺术品市场的规模要大于原住民艺术品市场。

特点二:和艺术品有关的犯罪严重危害到原住民艺术家的生存。澳大利亚的艺术品犯罪主要是绘画作品伪造和盗窃,这与澳大利亚艺术品市场规模较小、地理位置相对独立有关。伪造和盗窃绘画作品对澳大利亚艺术市场产生了十分不利的影响,特别是原住民艺术品市场。原住民的艺术品被伪造之后,会降低投资者对其的信心,导致被伪造的艺术家的艺术品销售量下降,最终会影响艺术家的职业生涯。由于艺术品交易是原住民艺术家的主要生活来源,因此艺术品伪造会直接影响到艺术家的生存。

特点三:原住民艺术社区中心独立于其他原住民社区运作是澳大利亚艺术品市场的一个独特现象。原住民艺术社区中心主要是在确认艺术品真伪方面发挥重要的作用,通过对每位艺术家的所有作品进行编号,同时提供查询工具来进行艺术品真伪的鉴别。此外,原住民艺术社区中心是原住民和非原住民艺术市场之间的桥梁,为原住民艺术家提供有关非原住民市场的信息并且适当地给予建议。同时,原住民艺术社区中心还为偏远地区各个社区的艺术家的创作提供资源,包括创作作品时需要的材料,如颜料和画布等,并且通过制作有艺术家简历信息的图册和发放证书等形式积极帮助艺术家进行艺术品的销售,对艺术品销售收入进行分配。

7.2.3.2 加拿大艺术品市场

加拿大艺术品市场规模小,其市场销售额根本无法和全球三大艺术品市场相比。除了市场主要结构和国际艺术品市场一致以外,加拿大艺术品市场有着自己的特点,即有一系列能够为当代艺术发展提供基金的公共机构。这些用于当代艺术发展的公共基金具有直接性和多重性的特点,在包括联邦政府、省级政府和地区政府在内的三层机构之间运转,并且由政府机构和艺术委员会共同管理。之所以具有这样的特点,和加拿大自从 1867 年成立以来形成的国家特点有关。加拿大的国家特点是受到多方力量影响的结果,比如,加拿大的政治和经济力量较为集中,尽管其地理空间辽阔,但是主要人口和经济力量都在多伦多、渥太华和蒙特利尔地区;加拿大还是英语和法语双语区,国内会受到多元文化的影响;由于和美国相邻,它受美国的影响也比较大;而且在《英属北美法》里面并没有和艺术特别是艺术权限有关的规定和限制。

加拿大能够接受公共基金的机构有艺术学校、艺术家中心、不具备收藏功能的展览中心和艺术博物馆。这些机构代表了加拿大当代艺术从生产到消费的各个环节:主要的艺术学校作为艺术家进入艺术领域的门槛;艺术家中心和不具备收藏功能的展览中心则通过展示和理解当代艺术来支持新的艺术家;而艺术博物馆是存储艺术家最终理想的空间。为当代艺术发展提供基金的做法并不会影响国家非营利组织和私人商业组织之间的关系,也没有削弱艺术代理商在市场中的作用。

不过加拿大艺术品市场的体系也存在一定的缺陷,这些缺陷导致政府在支持当代艺术发展时所能发挥的作用受到限制,不过艺术品市场经济交易还是吸引了许多成功的艺术家。尽管在艺术品交易中需要艺术品代理商在艺术家和收藏家之间扮演中间人的角色,但是许多优秀的加拿大艺术家更愿意和外国的知名代理商合作,毕竟加拿大本国的代理商没有足够的经济实力去参加顶尖的当代艺术品博览会,其所能发挥的中介效果有限。

7.3　中国艺术品市场如何走出去

文化产业是我国经济发展的支柱产业,国家和政府对发展文化产业的支持力度不断加大,特别是积极鼓励文化“走出去”。当前我国在文化“走出去”的过程中遇到了许多问题,也存在许多不足,而艺术品市场作为文化产业的一个重要组成部分,在“走出去”和国际艺术品市场融合的过程中出现了许多困难。因此,对我国艺术品市场的情况进行研究,分析其存在的问题,探讨其与国际艺术品市场的不同,才能对我国艺术品市场“走出去”提出合理的建议和解决办法。

7.3.1　中国艺术品市场概况

我国艺术品市场发展势头强劲,已经成为世界上拍卖成交总额最高的三个国家之一,甚至一度超越了美国和英国的领先地位。不过从 2012 年开始,我国的艺术品市场进入了持续调整的时期,加上国内反腐行动的影响,导致礼品市场的回落,艺术品市场交易规模缩小。从图 7 - 11 可以看出,2011 年,我国纯艺术品拍卖总成交件数、上拍量和总成交额都达到了历史最高。在经过了 2012 年的下滑之后,纯艺术品拍卖出现了回温的迹象。不过在 2015 年,纯艺术品拍卖的总成交件数、上拍量和总成交额再次下跌,甚至低于 2012 年。《TEFAF2016 全球艺术品市场报告》显示,2015 年,中国艺术品市场销售额锐减 23% ,为 118 亿美元,占全球艺术品市场份额的 19% ,占全球拍卖市场份额的 26% ,是世界上第三大艺术品市场。而在《2015 年度全球艺术市场报告》中,中国拍品总成交件数占比 24% ,总成交额为 49 亿美元,占全球总成交额的 30% ,排在世界第二位。这两份报告关于中国艺术品市场排名的结论有所不同,主要原因在于其统计数据来源不同。由调研机构艺术经济发布的报告除了拍卖市场数据之外,还参考了艺术经销商、收藏家及业内其他专家提供的数据。尽管中国艺术品市场排名有所不同,但是总体来说,我国的艺术品市场仍处于平稳发展阶段。

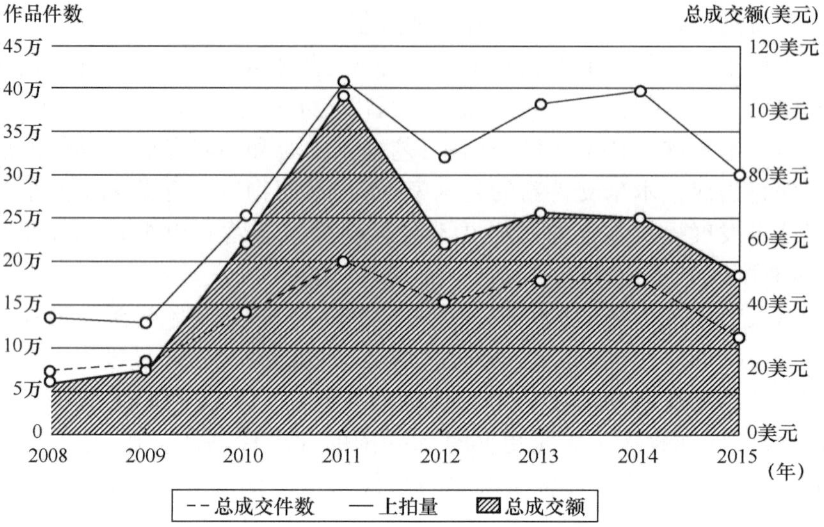

图 7-11　2008 年至 2015 年中国纯艺术拍卖成交额变化图

资料来源:2015 年度艺术市场报告[R]. 雅昌艺术市场监测中心,Artprice 集团,2015.

7.3.1.1　中国艺术品市场的发展历史

中国艺术品市场有着悠久的发展历史。从最早在新石器时代后期用于物物交换的艺术品,到汉代出现的“佣书”市场,再到唐代出现的小型手工作坊和宋代买卖字画的摊位,一直到明代出现的专门经营书画的店铺,我国古代的艺术品市场在漫长的历史进程中逐渐发展起来,形成了各式各样的艺术品种类,比如,瓷器、玉器、书法、绘画、古籍等,这些艺术品种类的划分形成了现代中国艺术品拍卖中的不同板块。

和古代中国艺术品市场相比,近代中国艺术品市场的发展历史对认识和研究当今中国艺术品市场更为重要,因为它的变化和调整直接影响了中国艺术品市场的形成。近代中国艺术品市场的发展历史可以从 1840 年中国近代史的开端算起,从 1840 年到新中国成立之前,中国艺术品市场主要是效仿西方和日本的模式发展。新中国成立到 1979 年改革开放前,由于历史事件、国家政策环境等因素的影响,我国的艺术品市场发展基本停滞。从 20 世纪 80 年代开始,我国艺术品市场开始进入正常发展时期,大致可以分为 5 个阶段:第一阶段从 1980 年到 1990 年,是艺术品市场的缓慢发展时期。这一时期,艺术品市场规模较小,市场经营模式仍然按照计划经济体制。第二阶段从 1991 年到 1997 年,是艺术品市场快速发展时期,市场上艺术品的需求和供给增多,各种拍卖公司出现,拍卖成交额增加,市场规模扩大。第三阶段是从 1997 年到 2003 年,是艺术品市场的调整时期,受国际金融危机的影响,加上市场管理规范的缺失,艺术品市场出现下滑趋势。第四阶段从 2003 年到 2011 年,是艺术品市场快速发展时期,市场结构日益完善,规模迅速扩大,拍卖成交额快速增长。第五阶段从 2011 年至今,是艺术品市场的调整时期,市场交易规模缩小,艺术品投资更加谨慎。通过罗列改革开放以来中国艺术品市场的发展历史可知,我国艺术品市场的发展是在发展时期和调整时期相互交替下进行的,艺术品市场发展的每一个阶段和国际艺术品市场的发展历史基本一致,也与全球经济形势和我国经济发展的兴盛和衰落时间基本重合。

7.3.1.2 中国艺术品市场的结构

和国际艺术品市场一样,我国艺术品市场也分为初级市场和二级市场。初级市场主要有画廊、艺术博览会、文物商店、古玩城等,二级市场则以拍卖行为主。发展成熟的两层结构市场体系运转规律应该和国际艺术品市场一致,即由初级市场的画廊承担经纪人的角色,负责挖掘和培养艺术家,帮助艺术家树立自己的创作风格。只有当艺术家的作品有一定的市场价值之后,才可以进入二级市场。然而,我国的艺术品市场结构和欧美国家存在明显不同,欧美国家艺术品销售以私洽和零售为主,而中国拍卖销售额占到艺术品总成交额的近70%①。

在中国艺术品拍卖市场中,艺术品被分为中国书画、瓷玉杂项、油画及当代艺术、古籍碑帖、邮品钱币、其他门类等板块。其中,中国书画板块是中国艺术品市场的主要部分,占据的市场份额最多,2014 年,其市场份额为 65.29%②。中国书画板块又可以分为近现代书画、古代书画和当代书画三部分,在这三部分中,成交额最多的是近现代书画部分,其次分别是古代书画部分和当代书画部分。从中国艺术品拍卖市场上看,成交额最高的板块依次是中国书画、瓷玉杂项、油画及当代艺术。

从地理区域来看,中国艺术品市场较多集中在京津地区、长三角地区、珠三角地区和其他地区。《2014 年中国文物艺术品拍卖市场统计年报》显示,不将港澳台地区考虑在内,在行业规模、市场规模和运营质量 3 个方面,京津地区始终处于领先地位。在行业规模方面,京津地区占据了全国 1/3 以上的份额,不仅拥有数量最多的文物拍卖企业和最多的注册资本金,而且其从业人员人数也是最多的。在市场规模方面,仅北京地区的成交额就占全国总成交额的 62.73%。值得注意的是,中国文物艺术品拍卖主要集中在直辖市和各省省会。

7.3.1.3 中国艺术品市场的发展趋势

(1)高价位区间拍品数量减少,中低端价位区间波动较大。2015 年,中国艺术品市场规模锐减,总成交额下滑趋势明显。受到市场整体不景气的影响,艺术品市场也进行了一定的调整。在艺术品市场供给侧方面,拍卖行所能收集到的艺术拍品数量减少,主要原因有两点:一是在之前市场过热时期,对艺术品资源的挖掘过度;二是艺术品卖家倾向于保留艺术品度过市场调整期。因此,拍卖行不得不转变拍卖策略来应对供给侧方面的变化,一些小拍卖行由于没有收集到足够的拍品而不得不取消春季拍卖会,而大型拍卖行则采取"量少而精"的方式,通过举办某一类艺术品专场拍卖,着重增加精品的数量。这些拍卖行的拍卖策略获得了不错的反响,仍然拍出了许多高价艺术品。这其实也反映了艺术品收藏家在不景气的市场环境下艺术品购买选择的变化。相较于购买普通艺术

---

① 中国艺术品市场的地位和结构[OL]. http://art.china.cn/market/2016-06/06/content_8817139.htm.

② 数据来源:中国拍卖行业协会. 2014 中国文物艺术品拍卖市场统计年报.

品，艺术品收藏家更愿意购买热门且具有很高价值的高端艺术品。

近些年，华人收藏家在艺术品市场上的影响力逐渐增加，在美国《艺术新闻》（*Art News*）杂志公布的 2015 年“顶级藏家 200 强”（200 Top Collectors）名单中，有 14 位华人收藏家入选，包括王中军、王健林、王薇与刘益谦、余德耀、刘銮雄、陈泰铭等[①]。其实，中国买家的收藏习惯已经发生了改变。首先，买家在购买收藏品时，除了关注其经济投资收益之外，开始关注收藏品所体现的文化价值。其次，买家的收藏变得更加多元化。除了购买中国艺术品，中国收藏家开始转向西方艺术品市场，通过购买西方艺术品来丰富自己的藏品。其中，企业家是收藏的主力，不少企业家在西方拍卖会上花高价拍得艺术品。例如，华谊兄弟传媒股份有限公司董事长王中军在 2015 年 5 月举行的纽约苏富比拍卖会上以 1.85 亿人民币拍得毕加索的油画作品《盘发髻女子坐像》；刘益谦在 2015 年末举行的纽约佳士得拍卖会上以 1.7 亿美元（约合人民币 10.84 亿元）拍得莫迪利安尼的作品《侧卧的裸女》。

2015 年，中国艺术品市场成交价格两级分化明显：高端艺术品数量少但成交价格高，平价艺术品数量多但成交价格低。受到供给侧方面的影响，高价位区间拍品数量减少，不过还是占据了主要的艺术品市场份额。2015 年，100 万美元以上的高端作品贡献了 35.79% 的市场份额，同比提高了 10.55%，但是这一价格区间的作品数量比 2014 年度少了 138 件。其他价格区间的市场份额呈全面下滑态势，其中，5 万 ~50 万价格区间降幅最大，占 33.56% 的市场份额，同比下降 5.7%[②]（见图 7－12）。

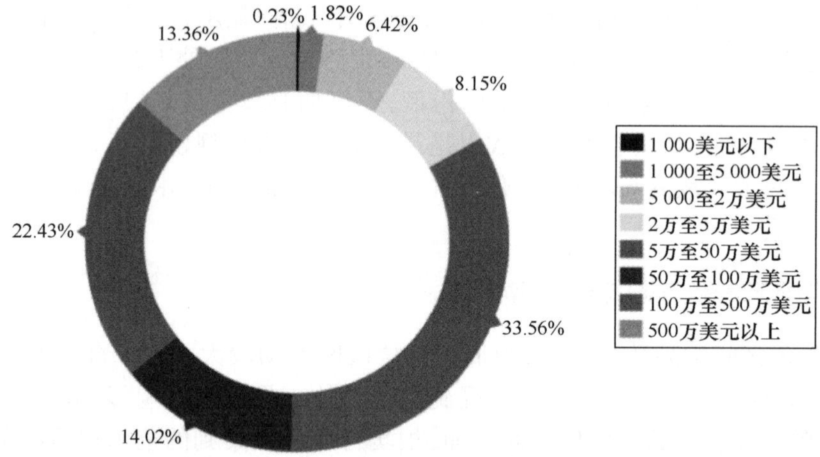

图 7－12　2015 年中国纯艺术作品成交额占比图

资料来源：2015 年度艺术市场报告[R]．雅昌艺术市场监测中心，Artprice 集团，2015

（2）内地拍卖行情下滑，港澳台地区表现相对稳定。《TEFAF2016 全球艺术品市场

---

① 方翔，2015 年顶级藏家 200 强榜单带给我们的启示[OL]．[2015－08－14]．http://collection.sina.com.cn/plfx/2015－08－14/doc－ifxfxrav2199905.shtml

② 2015 年度艺术市场报告[R]．雅昌艺术市场监测中心，Artprice 集团，2015：29，30.

报告》显示,2015 年,中国内地市场总销售额占比 64%,市场份额同比下降 12%,而中国香港市场总销售额占比 36%,香港和内地拍卖市场的差额逐渐缩小。从 2015 年纯艺术品成交额前十位城市的对比表(见表 7-6)可以看出,除香港以外,其他 9 座城市的纯艺术品成交额在 2015 年均有所下降。除了台北,剩下 8 座城市都位于中国内地,因此内地拍卖行情在 2015 年总体处于下滑态势,特别是京津地区,下跌幅度最大,降幅达 36%。而港澳台地区表现相对稳定,市场份额有所上调①。同 2014 年比,济南的总成交额下滑幅度最大,下跌了 53.20%。北京地区的总成交额为 20.42 亿美元,同比下降 33.62%,市场份额为 42.04%,同比下滑 4.04%。尽管北京仍然是我国艺术品市场成交总额最高的城市,但是其优势地位相对不足。香港是 2015 年成交总额唯一上涨的城市,总成交额为 11.57 亿美元,上涨9 175万美元,同比上涨 8.61%,市场份额为 23.82%,全国排名第二位。广州地区成交总额为 2.99 亿美元,同比下降 29.27%,市场份额为 6.15%,同比提升 1.52%。

表 7-6 2015 纯艺术品成交额城市 TOP10 对比图

城市	总成交额(百万美元)	总成交额同比 2014 年	市场份额
北京	2 042.80	-33.62%	42.04%
香港	1 157.20	8.61%	23.82%
上海	440.30	-48.34%	9.06%
广州	298.80	-29.27%	6.15%
杭州	222.50	-3.53%	4.58%
南京	159.20	-19.05%	3.28%
天津	70.30	-52.97%	1.45%
台北	68.10	-50.34%	1.40%
济南	63.90	-53.20%	1.31%
郑州	51.70	-2.12%	1.06%

资料来源:2015 年度全球艺术市场报告[R]. 雅昌艺术市场监测中心,Artprice 集团,2015

(3)中国书画、油画及当代艺术板块成交缩水。2015 年,中国艺术品拍卖市场中,中国书画板块、油画及当代艺术板块的成交额和成交量均出现缩水现象。其中,中国书画板块市场降幅最为明显,其市场份额为 47%,销售额和成交量同比分别下跌了 31% 和 40%。油画和当代艺术板块市场份额为 11%,销售额同比下跌 17%,成交量下降 24%。瓷玉杂项板块发展平稳,销售额同比上涨不到 0.5%②。

从 2008 年至 2015 年中国书画市场走势图(见图 7-13)可以看出,中国书画板块在 2015 年的总成交额和总成交件数在连续增长两年之后均出现下滑,甚至低于 2012 年艺术品市场"深度调整"时期。中国书画板块占中国纯艺术市场总额的 81.77%,同比下降

① 2015 年度艺术市场报告[R]. 雅昌艺术市场监测中心,Artprice 集团,2015:30.

② TEFAF2016 全球艺术市场报告公布,中国滑至全球第三,2015 年全球下跌 23%[OL]. http://www.art-ba-ba.com/main/main.art? threadId=89390&forumId=8,2016-03-14.

了 2.17%，成交量和成交总额同比分别下降 38.75% 和 29.21%。其中，当代书画板块下降幅度最大，成交额下跌 58%；近现代书画板块成交量和成交额同比分别下降了 40% 和 24%；只有古代书画板块市场表现较好，虽然成交量同比下降 14%，但是成交额同比增长了 10%。而在油画和当代艺术板块，2015 年的总成交额和总成交件数下跌趋势明显，低于 2012 年的数值(见图 7-14)。油画和当代艺术板块年度成交额为 8.86 亿美元，同比下跌 16.91%，总成交量为8 376件，同比下跌 26.44%。

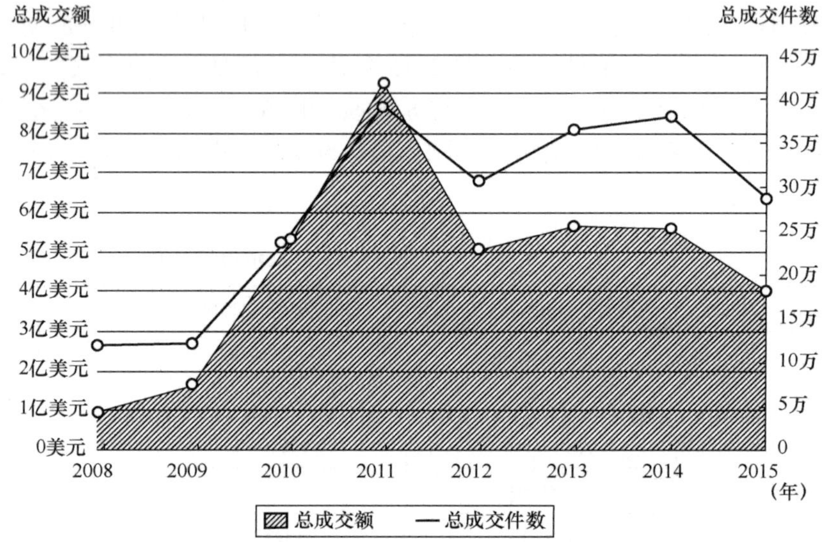

图 7-13　2008 年至 2015 年中国书画市场走势图

资料来源:2015 年度全球艺术市场报告[R]. 雅昌艺术市场监测中心,Artprice 集团,2015

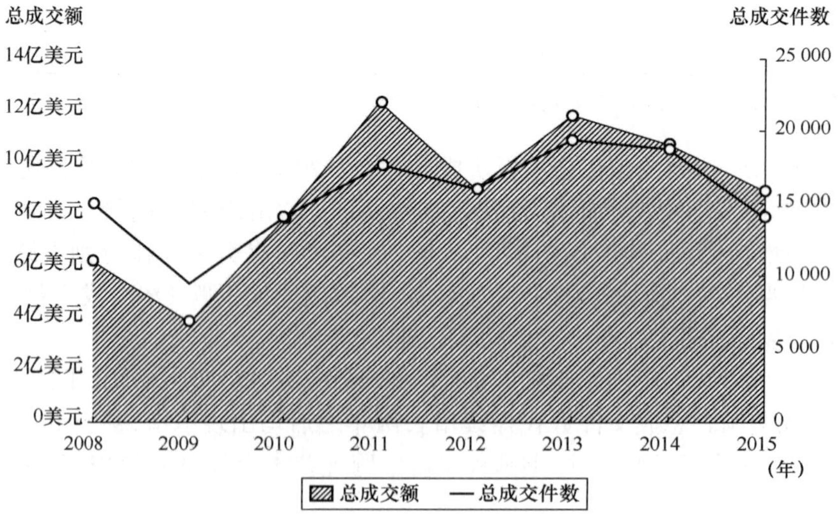

图 7-14　2008 年至 2015 年油画及当代艺术市场走势图

资料来源:2015 年度全球艺术市场报告[R]. 雅昌艺术市场监测中心,Artprice 集团,2015

(4)网上艺术品市场快速发展,新的艺术品交易模式不断出现。中国网上艺术品市场发展很快,据估计,2014 年中国内地的在线艺术品交易额为 20 亿元人民币(约合 31 亿美元)①。网上艺术品市场是由众多艺术品网站组成,这些艺术品网上交易平台主要出售平价艺术品、艺术品的复制品、业余的收藏品、古董等。根据《2014 中国文物艺术品全球拍卖统计年报》可知,目前,中国具有相当规模的在线交易平台近 10 家,这些网站均有多种拍卖门类,并提供在线拍卖、直营和分销零售服务②。

随着高新技术的发展和互联网的迅速普及,新的艺术品电商层出不穷,中国网上艺术品市场出现了新的艺术品交易模式,比如,线上线下同步竞拍模式、网络竞拍等。以主打艺术收藏品网上交易的"赵涌在线"为例,其在 2013 年联合泓盛拍卖推出艺术频道,所有专场首次实现网络实时竞投,买家可以通过网络观看在线直播,并与线下买家同步竞买。这些艺术品电商的发展模式也有所不同,比如"赵涌在线"的定位是以综合业务为主,致力于发展艺术品交易的全产业链。通过打造线上交易平台、艺术品鉴定机构、艺术品托管平台、艺术品金融服务平台等来不断完善艺术品交易的产业链,促使其产生更高的经济效益。而另一家艺术品电商"文奇首艺"则主要以微信作为推广平台,主要经营与版画艺术相关的产业,涉及版画作品销售、版画活动策划、版画收藏顾问等。目前,网上艺术品电商已经转向移动端方向发展。以翰墨千秋艺术交易中心为例,作为国内首家艺术品移动电商,其在 2014 年 10 月推出"手机在线拍卖"业务,截至 2015 年 12 月初,平台在线交易总额超过2 100万余元③。

此外,许多拍卖行和画廊也开始加入到网上艺术品市场交易的行列中,通过开设网上画廊、与购物平台网站合作、建设网上交易网站等方式发展线上交易市场,比如,保利网上画廊、嘉德在线等。而与艺术品市场相关的其他行业也将发展方向转移到了互联网,比如,网上艺术品数据提供商依托自身优势打造线上商场平台。以雅昌艺术网为例,雅昌艺术网在其丰富的艺术品市场数据基础上推出了名为"兜藏"的手机应用软件,致力于打造一个线上藏品交易服务平台,创造新的艺术品市场运营模式,通过引入数据库以及专家和权威机构来解决艺术品交易中存在的鉴定难、估价难等问题,还通过建立和扩大每一个收藏者的"爱好圈",进一步拓展艺术品收藏的衍生范围。

随着"互联网 +"概念的提出,互联网 + 艺术品的模式发展更加普及,不仅整合了艺术品市场的产业链,提供艺术品营销平台,而且补充和推动了线下艺术品交易的发展。而艺术品收藏除了用于观赏的目的之外,大多数购买艺术品的动机是将其作为和股票、房产一样的投资方式。"互联网 +"模式促使艺术品金融等新的交易方式出现,互联网中艺术品投资方式不断推陈出新,形成了许多新的艺术品交易方式,比如艺术品信托、艺术品单位交易、艺术银行、文化产权交易所、艺术众筹、艺术家公盘、艺术微拍等(见表 7 - 7)。

---

① TEFAF2015 全球艺术品市场报告[R]. 艺术经济(Art Economics). 2014.

② 2014 中国文物艺术品全球拍卖统计年报[R]. 中国拍卖行业协会,artnet 全球有限公司. 2015:17.

③ 盘点 2015 年艺术品电商市场的发展现象[OL]. [2016 - 01 - 13]. http://news.artxun.com/1481632.shtml.

表 7-7 艺术品交易模式介绍

艺术品交易模式	介绍
艺术品信托	艺术品信托是艺术品金融化的鼻祖，在创建初期发展迅猛，适合中产阶级群体； 从产品设计来看，艺术品信托产品的投资门槛一般为 100 万元人民币，期限在 1 至 2 年，年收益可达 8% 至 10.5%，超额收益按照 3:2:5 在投资者、受托人、投资顾问之间分配，但也有部分封闭时间较长的信托产品，期限长达 5 年，收益高达 13% 至 15%； 艺术品信托曾以较高收益引发投资者追捧，然而，后来爆出的艺术品鉴定黑幕以及拍卖行行情逐年走弱，都让这一“华丽丽”的品种蒙上阴影
艺术品单位交易	艺术品单位交易诞生于 2013 年，2014 年逐渐兴起。该交易模式入市门槛低，操作方式类似股市 T+0 交易，日涨跌幅为 15%； 凭借这些优势，交易所吸引了众多交易商开户入场，而该交易模式亦给普通投资能力的群体参与艺术品交易开通了便利通道
艺术银行	艺术银行泛指集合一定数量的艺术品，通过银行运作模式，以租赁方式，将艺术品租赁给单位和个人，获取相应的租赁费用，模式与花木公司花木租赁类同，以此诞生出多种交易融资模式； 艺术银行分为两类：公益类艺术银行和商业类艺术银行
文交所 （文化产权交易所）	基于互联网，以现货为基础的交易模式。目前国内文交所可分为两大类：一类是以上海文化产权交易所和深圳文化产权交易所为代表，主要从事文化产权交易和相关投融资综合服务的文化产权交易所；另一类是以天津文化艺术品交易所和山东泰山文化艺术品交易所为代表，主要从事文化艺术品新型交易模式的文化艺术品交易所； 此前，文交所推出的所谓艺术品份额化交易，是把艺术品的产权进行等额拆分，再将拆分后的份额合约上市交易。在艺术品份额化交易被叫停之后，各大文交所开始探索新的发展方向。例如：展销会是国内很多文交所推出过的交易模式之一。2013 年 10 月，南京文交所的钱币邮票实物挂牌交易平台正式上线，国内文交所开始探索电子化交易模式。2014 年，成都文交所推出“文交所 + 电商”的新模式，采取线下推广与线上交易相结合的方式。但是，由于被此前的种种乱象所累，文交所重建信任之路漫长而艰难
艺术众筹	这是一种“预消费”模式，以“团购 + 预购”的方式，向公众募集项目资金，在通过互联网进行募集时，大众同步了解到艺术家的创意和其他信息，进而获得资金支持。众筹是对收藏模式的颠覆，也是艺术家推广、宣传的一种方式，艺术众筹平台将成为新一代艺术家的“造梦工场”

续表

艺术品交易模式	介绍
艺术家公盘	产生于2015年,依托于国际版权交易中心这个第四方平台,由艺术家、投资收藏人群、专业机构及专业服务平台共同组成新型艺术品推广交易平台; 主要由4大部分组成:与艺术家签约,并进行专业服务的经纪机构,承担艺术家项目运营和管理;承担艺术家项目投资的专营机构;针对艺术家公盘签约艺术家,进行项目投资的运营的投资机构;以及拓展"艺术家公盘"作品投资收藏的渠道机构。目前,"艺术家公盘"项目仅有10余位艺术家参与,新模式仍需实践检验
艺术微拍	区别于传统线下拍卖方式。诞生于2013年,2014年高速发展。它没有门槛,不论是个人还是机构,都不需要取得拍卖许可证等资质,只要有微信群,就可以把艺术品晒出来,只要有人喜欢,就可以竞买,靠的是朋友间的"信任",而且价格集中在几千到几万元为主,非常适合大众投资收藏者。参与微拍,只需要一部手机,非常便捷

资料来源:艺术品交易模式知道多少[OL]. 新浪收藏. http://collection.sina.com.cn/invest/tzlc/2015-09-23/doc-ifxieyms4013775.shtml

网上艺术品市场的快速发展为艺术品交易提供了许多便利的同时,也遇到了不少问题。线上艺术品交易无法确保艺术品质量的问题,也无法为艺术品交易提供如艺术品保险、艺术品估价等相关服务,更无法为买家提供购买艺术品的后续保障。尽管网上艺术品市场存在很多不足,但是网上艺术品市场的发展前景仍然被看好。网上艺术品拍卖市场被普遍认为可以辅助线下艺术品拍卖,提高其成交额和成交量。不过,我国网上艺术品市场除了上述问题之外,还受到艺术品市场环境的影响。一个发展健全的艺术品市场有利于其线上艺术品交易的发展,而我国艺术品市场还存在许多问题,比如,监管力度不足、市场诚信缺失、赝品伪品居多等,都会阻碍网上艺术品市场的发展。

7.3.2 中国艺术品市场中存在的问题

7.3.2.1 艺术品私下交易方式扰乱正常市场结构的建立

中国艺术品市场交易方式和国际艺术品市场交易方式大致相同,各类艺术品可以通过画廊、艺术品代理商、拍卖行、艺术品博览会、艺术品电商和其他新的交易模式等进行交易。不过,在中国艺术品市场中一直存在私下交易的方式,这种私下交易方式有两种表现形式:第一种表现形式是艺术家直销,即艺术家不经过画廊、代理商、拍卖行等中介机构,直接将艺术品卖给收藏家。这种直接销售模式是国内艺术品市场最普遍的销售方式。艺术家直销的方式不仅忽视了画廊和经销商等作为艺术代理所发挥的中介作用,而且忽略了艺术品初级市场在艺术品销售中的作用。第二种表现形式是拍卖公司的"私下洽购",即拍卖公司不通过正常的拍卖程序,私下在艺术品买家和卖家之间达成交易,并向双方收取一定比例的佣金。对拍卖行来说,"私下洽购"有许多好处,能够对其拍卖业务进行补充，还能避免艺术品流拍现象的发生，提高艺术品成拍率等。不过，拍卖行在进行“私下洽谈”的时候，其实是承担了画廊在一对一交易中所承担的中介角色，无形中和初级市场的画廊、经销商等业务发生重合，会扰乱艺术品市场的秩序。因此，艺术品私下交易的方式会架空艺术品初级市场，导致初级市场中画廊、艺术品经销商、艺术博览会等艺术品代理销售机构和平台无法发挥其代理和中介作用，也无法进行优秀艺术家和艺术品发掘和培养的工作，不利于初级市场的发展。而初级市场是艺术品两级市场体系的基础，为艺术品二级市场的拍卖提供了资源。如果初级市场没有得到很好的发展，最终会影响整个艺术品市场结构的建立和运转。

7.3.2.2 艺术品市场机制混乱，初级市场和二级市场界线模糊

中国艺术品市场经过近 30 年的发展，艺术品两级市场结构基本建立，但是艺术品市场机制较为混乱，主要表现在我国初级市场和二级市场之间界线模糊，导致初级市场和二级市场在艺术品市场中所扮演的角色发生重合，甚至出现市场倒挂现象。我国的艺术品市场主要是以拍卖交易为主，占据了将近 70% 的市场总成交额，其余份额主要来自画廊交易[①]。这样的结构和其他以画廊与零售交易为主体的艺术品市场完全不同。这种市场倒挂现象出现的原因在于，我国的画廊和拍卖行都是在改革开放以后同时期发展起来的，它们的经营机制还不够完善和成熟，彼此之间的分工还不够明确。再加上大部分国内画廊经营观念和模式比较落后，并没有采用西方画廊的代理制，仅发挥了代售作品和提供展览场地的作用。而西方画廊对新手艺术家的培养需要投入大量的时间和金钱，许多国内画廊只着眼于眼前利益，追求短期获利，并不乐意将时间和金钱投入到艺术家的培养上。因此，艺术品市场没有形成有序的机制，初级市场和二级市场之间没有形成良性互动，最终不利于艺术品市场的整体发展。

7.3.2.3 礼品市场和雅贿导致艺术品市场价格膨胀，影响艺术品市场价格体系的建立

中国人有送礼的习惯和传统，因此我国有着庞大的礼品市场需求。而艺术品由于在估价方面具有主观性，其价格极容易被操作，因此成为礼品市场上买家的主要选择。在 2012 年国家大力提倡反腐之前，我国还存在艺术品“雅贿”现象，即行贿者通过在艺术品市场购买受贿者拍卖的艺术品来达到行贿受贿的目的。礼品市场和雅贿现象导致在艺术品交易中不考虑正常影响艺术品价格的因素，如尺寸、来源、艺术家等，而是一味盲目地抬高艺术品的价格，超过了艺术品本身的价值，造成艺术品市场价格的膨胀，严重扰乱了艺术品市场价格体系的形成。此外，我国艺术品市场中造假现象严重，赝品、伪造品数量众多，礼品市场上充斥着大量的假货和赝品，而礼品的购买者对艺术品的专业知识缺乏，无法鉴别艺术品的真伪性，再加上购买平价艺术品的人居多，这些人习惯性选择到一些出售书画、古玩、字画的店铺去购买艺术品，其买到的艺术品大多数是仿冒的。这种礼品市场上流通的假冒品和赝品会导致艺术品真迹价格发生波动，不利于市场价格体系的建立。

① 2014 中国文物艺术品全球拍卖统计年报[R]. 中国拍卖行业协会，artnet 全球有限公司. 2015：8.

7.3.2.4 市场诚信的缺失严重危害了艺术品市场的发展

外国艺术品市场能够健康、正常运转，除了国家制定法律法规进行监管以外，市场诚信也是很重要的一个因素。然而我国艺术品市场诚信缺失问题十分突出，已经严重影响了艺术品市场的发展。首先，艺术品市场造假风气盛行，从艺术品的生产到流通环节，频繁出现艺术品造假现象，导致艺术品市场上充斥着大量的赝品和仿造品。其次，艺术品鉴定和估价方面没有公信力高的专家和专门机构，市场上对艺术品的鉴定和估价大多是为了达到一定的目的，无法保持其公正客观性，这就导致各种艺术品诈骗事件层出不穷。比如，利用鉴定报告将赝品当做真品从银行获取贷款，或者利用赝品进行自买自卖来抬高艺术品的价值，还有利用艺术品份额化交易制造骗局。最后，艺术品拍卖中还存在拍得艺术品之后拖欠或者拒绝支付款项的情况。这种情况在纽约和伦敦的拍卖市场中也会发生，不过相比之下，中国拍卖市场情况比较严重。2015 年，中国内地拍卖行以1 000 万元人民币成交的拍品中，在 6 个月内付清款项的仅为 64%。在中国嘉德、保利和北京匡时三家拍卖行中，嘉德的结算情况最为明朗，2015 年仅有 28% 的拍品在 6 个月内未付清；保利则有超过一半的拍品在竞拍 6 个月后仍在等待支付；虽然北京匡时拍出的所有拍品均进入了支付环节，但 6 个月内完全付清款项的仅有 1/3[①]。这种成功竞拍而不付款的情况为拍卖行的发展带来了难题，大型拍卖行能够承担拍品未付款所带来的风险，但是小型拍卖行本身资金量小，成功竞拍但不付款会增加其运营成本，对其正常经营造成困难。

7.3.3 中国艺术品市场“走出去”措施

作为新兴经济体的代表之一，我国艺术品市场表现出色，不仅艺术品成交额屡创新高，而且在 2015 年成为世界上第三大艺术品市场，仅次于美国和英国。这只体现了我国艺术品拍卖市场的发展情况，但是从整个国际艺术品市场上来看，特别是在主要的艺术品交易中心纽约和伦敦，除了中国收藏家有较为活跃的购买行为之外，我国的艺术家、拍卖行、艺术品等在国际艺术市场并不占优势。仅有少数中国艺术家如齐白石、张大千、曾梵志等的作品受到国际市场的青睐；我国的拍卖公司数量众多，但是在高端艺术拍卖市场上和国际顶级拍卖行存在较大的差距；而我国的艺术品虽然已经在主要的拍卖行中出售，但并不是拍卖市场上的主流。

虽然艺术是全人类共同的财富，人们在欣赏各国艺术品的时候不会受到“文化折扣”的影响，但由于人们成长于不同的文化背景，会受到不同审美教育的影响，对艺术品的选择会有自己的喜好和偏爱。尽管国际艺术品市场呈现全球化的发展趋势，但是这种全球化发展的趋势是相对的。来自西方国家的买家比较倾向于在西方拍卖行或者艺博会购买收藏西方的艺术品，而我国的艺术品大多也是由国内的收藏家购买。艺术品市场所表现出来的这一特点会影响我国艺术品市场“走出去”。

我国艺术品市场“走出去”需要努力提高我国艺术品、艺术家、拍卖行、画廊等的国际

---

① TEFAF2016 全球艺术市场报告公布，中国滑至全球第三，2015 年全球下跌 23%[OL]. http://www.art-ba-ba.com/main/main.art? threadId=89390&forumId=8,2016-03-14.

艺术品市场份额,扩大国际影响力,传播中国文化。除了"走出去"之外,我国艺术品市场还要"引进来",成为国际艺术品市场中有影响力的贸易进出口中心,吸引各国艺术家、收藏家、拍卖行等选择中国作为艺术品贸易的地点。因此,从国内市场和国际市场两个方面采取措施,将"走出去"和"引进来"结合起来,才能提升我国艺术品市场的国际化程度。

7.3.3.1 艺术品国内市场"引进来"

(1)依托保税区和自贸区的优势,积极发展国际艺术品贸易中心。我国主要的艺术品拍卖都集中在直辖市和省会城市,但是没有一座城市能够发展成为像纽约和伦敦一样的国际性艺术品贸易中心。以北京为例,北京是我国国内艺术品贸易中心,其艺术品拍卖量和拍卖成交额全国最高,艺术品拍卖公司数量全国最多,并且在宋庄、798 等艺术园区聚集了大批的艺术家。不仅如此,国际拍卖行如苏富比和佳士得还在北京开设了分行,而在北京进行的拍卖中,西方艺术品的比重逐渐增多,愿意购买西方艺术品的中国买家也逐渐增多。这些艺术品市场的条件与纽约和伦敦基本差不多,但是北京却不能被称为国际艺术品贸易中心,原因在于北京艺术品市场国际化程度不高。主要体现在以下几个方面:一是我国艺术品市场发展不够规范且存在诚信问题,无法和国际艺术品市场相比。二是艺术品拍卖的买家以本国买家为主,不够多元化。三是北京艺术品拍卖主要以中国艺术品为主,拍品品种较单一。

为什么北京艺术品市场不够国际化呢?下面将通过对比中国香港和北京艺术品市场进行分析。中国香港是除了纽约和伦敦之外的第三大艺术品交易中心,其艺术品市场结构发展完善,一级市场和二级市场分工明确且配合默契,顶级画廊和拍卖行在此开设分店,所拍卖和交易的艺术品种类丰富,吸引了来自世界各地的收藏家和投资人。中国香港艺术品市场之所以获得成功,除了具有专业的人才和完善的物流服务之外,最重要的原因是其免税政策。艺术品进入中国香港完全免税,吸引画廊和拍卖行选择中国香港作为艺术品交易地点。与中国香港相比,艺术品在进入我国内地艺术品市场的时候需要交纳关税和增值税,比如,对超过一百年的古物,关税为零,但需征收 17% 的增值税;对绘画、雕塑类作品,征收 6% 的关税和 17% 的增值税[①]。尽管中国部分艺术品进口关税已经降低,但是加上增值税等,艺术品进口仍需要交纳高额税费,这导致中国内地大量艺术品交易转移到中国香港以避税。进入中国内地的艺术品交易减少,购买艺术品的外国收藏家也相应减少,这些都不利于北京艺术品市场的国际化发展。

对进口艺术品征收关税和增值税的规定在短时期内是不可能取消的,但是税收是目前影响艺术品市场快速发展的主要因素。如果不能想办法解决税收的问题,最终会影响中国内地艺术品市场在国际上的竞争力。目前,中国内地为了发展对外贸易,设立了自由贸易区和保税区。在这些自贸区和保税区中进出口贸易都享受免税政策和退税政策。中国内地艺术品市场可以利用这些免税退税优势吸引艺术品来此进行交易和拍卖,缩小和中国香港等艺术品交易中心在税费方面的差距。除了免税退税优势之外,自贸区和保税区都在积极发展和艺术品贸易相关的产业和服务。例如,上海自贸区开设国际艺术品

---

① 自贸区艺术板块究竟能做什么?[OL]. http://finance. sina. com. cn/roll/20151116/005923772105. shtml, 2015-11-16.

交易中心，在仓储物流、展览展示、交易洽购、评估鉴定、金融方面为艺术品产业的发展提供服务和保障。因此，我国艺术品市场特别是在发展国际艺术品贸易中心的时候，还可以积极利用自贸区和保税区艺术品产业链平台提供的服务，吸引外国的艺术品、艺术家、画廊、拍卖行进入中国艺术品市场。

(2)制定完善的政策法规，提高行业自律，加强艺术品市场的监管力度。我国艺术品市场存在许多问题：市场内部发展十分混乱、市场机制发展不健全、初级市场和二级市场界限模糊、艺术品造假贩假情况频发、诚信严重缺失等。这些问题产生的原因在于我国艺术品市场没有统一的法律法规和监管部门进行管理，市场监管不足。对艺术品市场进行管理和监督主要还是需要国家政府机关作为主体来制定并执行相应的法律法规。不过，我国艺术品市场并没有专门的部门对其进行管理和监督，其他部门，比如文化、文物、商务、版权、海关、工商、公安等，都是按照各自的管理权限和范围对艺术品市场进行管理，所制定的规章制度也不一致，因此，我国对艺术品市场的管理和监督较为分散和片面。而在政策法规方面，目前我国针对艺术品市场管理的法律法规比较少，有《文物保护法》《拍卖法》，还有文化部出台的《艺术品经营管理办法》等。可是这些已制定的法律法规针对的范围比较广泛，对艺术品市场的管理也比较笼统，并不能涉及艺术品市场的方方面面。更何况如今艺术品市场发展速度很快，各式各样的市场经营模式层出不穷。这些已制定的法律法规在实际操作中并不能完全适用于艺术品市场的新变化。

因此，为了加强对艺术品市场的管理，应首先明确各个管理部门的职责，在各部门之间形成信息共享和联动机制，共同对艺术品市场进行监管。而在政策法规方面，必须定期对现有的法律法规进行详细补充和修改，加强其对艺术品市场各方面管理的针对性。2016年，文化部发布并实施了新修订的《艺术品经营管理办法》，根据艺术品行业发展的实际情况，对原来的《艺术品经营管理办法》进行修改，比如，将"美术品"改为"艺术品"；对管理范围进行了修改，去掉与艺术品产业关联不大的内容；同时将监管范围扩大到网络艺术品、艺术品鉴定评价等方面，加强了对艺术品市场的监管力度。除了修改原有的政策法规之外，还要加快制定新的法律法规，专门用于管理和规范艺术品市场的新发展和变化，以便弥补已有法规所忽视的部分，使整个艺术品市场相关的法律体系更加完善。另外，仅依靠国家对市场进行管理和规范是远远不够的，难免出现漏洞。艺术品市场的发展还需要行业自律，即艺术品市场的各个行业通过制定自己的规范章程对自身的市场行为进行自我约束，比如，中国拍卖行业协会在2014年发布了《文物艺术品拍卖从业人员职业守则》《文物艺术品拍卖标的审定规范》《文物艺术品拍卖标的保存管理指导规范》，这3个规范不仅对文物艺术品拍卖从业人员提出了明确的职业道德要求，而且确定了拍卖标的审定的基本原则、要求和主要程序，进一步完善了艺术品拍卖市场的规范体系。

7.3.3.2 艺术品市场"走出去"

(1)充分利用海外艺博会等平台，打造本国艺术品牌形象。我国艺术品市场"走出去"，就是要让中国艺术家、艺术品和艺术品相关机构都进入国际艺术品市场中，并且不断提升它们在国际艺术品市场上的地位和竞争力，从而扩大中国文化的国际影响力。目前，我国艺术家、艺术品和相关艺术机构还不能达到这个目标。尽管西方的收藏家和投资者对中国艺术品有着浓厚的兴趣，但是中国艺术家、艺术品和市场机构在国际拍卖市场仍处于被动地位，市场表现不够活跃，市场影响力不大。因此，我国艺术品市场“走出去”需要充分利用海外艺博会等艺术品交易平台，通过推广宣传本国艺术品，打造本国艺术品牌形象，加强和来自其他国家的艺术品买家的交流，加深其他艺术品市场参与者对中国艺术品的印象，进一步扩大在国际艺术品市场的影响力。以韩国为例，2015 年韩国单色画先后在伦敦佛里兹艺术博览会、迈阿密巴塞尔艺术博览会以及威尼斯双年展上进行展出并且颇受西方艺术品市场的欢迎，通过在这些艺博会等平台对单色画的推广、宣传，最终使其获得了高额的成交价，还在国际艺术品市场上推广了本国的艺术家，提高了国际市场对单色画的需求，从而打造了日益成熟的单色画交易市场。

我国目前在利用海外艺博会等艺术品交易平台介绍宣传本国艺术品方面也颇有成效。2015 年亮相美国洛杉矶艺博会的“中国国家展”就取得了不错的效果，通过展示中国具有代表性的传统艺术和当代艺术品，与其他国家收藏家交流艺术品的创作和创新观念，增进其对中国艺术发展现状的了解。这种通过国际主流艺术平台推广中国艺术品的方式不仅展示了中国文化的整体实力和形象，为中国文化搭建起通往国际市场的平台，扩大艺术品市场的文化交流，而且将中国艺术品整体介绍到西方主流艺术市场，起到了很好的宣传作用。最重要的是，“中国国家展”已经成为一个艺术贸易品牌，为打造中国艺术品形象提供助力，有助于中国艺术品市场“走出去”。

(2)积极发挥政府的多面角色，为艺术品市场“走出去”保驾护航。政府在艺术品市场中承担着支持者、保护者、消费者和投资者等多重角色，在艺术品市场“走出去”的过程中，政府应积极发挥各种角色的作用，为艺术品市场“走出去”保驾护航。在支持者角色方面，政府不仅要积极培养和支持艺术家，而且要鼓励国营企业和民营企业到国际艺术品市场上发展，主动帮助其搭建平台和策划项目，还要牵头组织优秀画廊和企业参加国际知名博览会，宣传推广中国艺术品形象。在保护者角色方面，政府不仅要在国内制定一系列相关政策保护规范艺术品市场秩序，对艺术品市场进行全方位的监管，而且在国外应当积极为企业、艺术家、艺术品等提供保障和支持，保护其在国外的相关合法权益不受侵害。同时通过参加国际相关组织、国际行动和参与国际条约的制定等，提高在国际上的话语权，为艺术品市场“走出去”提供保障。在消费者和投资者角色方面，国家级的博物馆和美术馆应适当增加西方艺术品收藏的数量，使馆藏艺术品多元化，提升博物馆和美术馆的国际化程度，同时还可以通过与国外博物馆展开合作和交流，举行艺术品巡展等各种活动，推广宣传中国文化和中国艺术品。

(3)注重艺术品创新，关注国际艺术品市场发展趋势。中国艺术品市场的主体部分是中国书画市场，而西方艺术品市场主要以现代艺术和战后艺术作品为主，特别是油画，占据了很大的市场份额。然而油画和当代艺术板块在我国艺术品市场的份额仅排第三位，因此，我国艺术品市场和西方艺术品市场的主流重点存在差异。从销售种类方面来看，中国内地、中国香港地区和美国市场又有所不同。中国内地艺术品市场交易中，成交量最大的是书法作品，而美国的中国艺术品市场则是瓷器和各种杂项成交量最大。在每一个艺术品板块中，这三个国家和地区市场的重点也有所不同。在瓷器和各种杂项部分，中国香港地区以明清官窑为主，而美国市场以汉唐陶俑、宋瓷等高估品类为主。在书画交易部分，内地和中国香港地区的近现代书画成交额最高，而美国则是中国古代书画。

基于上述国际艺术品市场的情况，我国艺术品市场“走出去”的时候一定要对国际艺术品市场有全面的认识和分析,关注国际艺术品市场的发展趋势,在其他国家的中国艺术品市场的发展要有侧重点,积极发挥自身的文化资源优势。同时,还需要注重艺术品创新,创新在艺术品市场的发展中是十分必要的。政府在制定推动艺术品市场"走出去"政策法规时要有创新,艺术家在进行艺术作品创作的时候也要有创新,不能拘泥于传统艺术创作,应当了解当今国际艺术品市场的发展趋势,努力塑造属于自己的拥有现代感和创新感的作品风格。而市场机构在国际市场上的发展也要创新,借助"互联网+艺术品金融"等模式,不断探索和发展新的交易模式和方式,还可以在组织拍卖会时大胆推陈出新,努力吸引海外收藏家。只有不断创新,才能提升我国艺术品市场"走出去"的竞争实力。

7.4 小结

当今国际艺术品市场变化日新月异,全球化、金融化和市场化趋势加强,新兴经济体国家艺术品市场发展态势迅猛。国际艺术品市场产业链完整,市场机制完善。随着互联网的发展,网上艺术品交易形式出现并且迅速得到普及。艺术品金融方式不断创新,新的营销方式不断出现。尽管在2015年国际艺术品市场出现下滑态势,但是在拍卖市场中仍然取得了比较好的拍卖成绩,数量较少的高端艺术品拍卖在总成交额中占据较多的份额。

文化产业是我国经济发展的支柱产业,而艺术品市场作为文化产业的一部分,更是我国重点发展的方面。对艺术品市场的发展,不能仅局限于国内市场,而是要着眼于国际市场,努力扩大我国艺术品市场的国际影响力。这些年,政府一直在鼓励文化"走出去",将我国的文化产品和文化服务推广到国际市场上。所以艺术品市场也要"走出去",我国的艺术家、艺术品和艺术机构要能够融入国际艺术品市场主流中去。

因此,通过对国际艺术品市场各方面发展的把握以及主要艺术品市场的分析,结合我国艺术品市场的发展现状,总结艺术品市场发展的问题,提出艺术品市场"走出去"措施是十分必要的。不过,在提出可行性建议的时候,要考虑到可操作性问题,必须切合艺术品市场的现状,能够真正解决问题,促使艺术品市场健康有序的发展,积极"走出去"。

7.5 案例:私人美术馆

华谊兄弟董事长王中军预计2017年在北京建立私人美术馆,美术馆的藏品主要基于其个人丰富的艺术收藏品。之前他因为在西方拍卖会上拍下了毕加索、梵高、莫迪利安尼等艺术家的作品而受到媒体的关注,还有一位来自中国的收藏家刘益谦,因其购藏艺术品时的"大手笔",也频频出现在新闻报道中。他已经高价购买了许多高水准的艺术品,比如,玫茵堂鸡缸杯、明朝佛经、莫迪里安尼作品《侧卧的裸女》等,并且和妻子王薇共同创建了上海龙美术馆(Long Museum)。王中军和刘益谦这两位收藏家都进入了美国《ART news》杂志公布的2015年"全球顶级收藏家200强"(Top 200 Collectors)名单。而这些顶级收藏家建立私人美术馆的行为引起了人们对私人美术馆建立的动机、发展情况、运营机制等方面的关注。雅昌艺术市场监测中心和收藏研究机构Larry's List在2016年1月共同发布的《私人美术馆调研报告》中介绍了全球私人美术馆的发展现状。

7.5.1 私人美术馆概况

《私人美术馆调研报告》显示,截至报告统计日,全球共有317个私人创建的当代艺术博物馆。这些私人美术馆主要分布在欧美地区,占据了全球私人美术馆一半以上的份额。在欧洲,共有全球45%的私人美术馆,北美洲有全球15%的私人美术馆,在世界范围内分别排在第一位和第三位。亚洲地区则以33%的私人美术馆份额位居第二(见图7-15)。其中,拥有私人美术馆数量最多的前三位国家分别是韩国(45个)、美国(43个)、德国(42个)。排名第四位的是中国,拥有26个私人美术馆(见表7-8)。而拥有私人美术馆数量最多的前三位城市则分别是首尔(13个)、北京(9个)、柏林(9个)(见表7-9)。从私人美术馆创建年份上可以看出(见图7-18),71%的私人美术馆创建于2000年以后。21世纪前10年,美术馆创建的数量最多,达到了53%的全球份额,而近5年内共建立了18%的私人美术馆。由此可见,新兴私人美术馆正在蓬勃发展,未来数量还会增加。

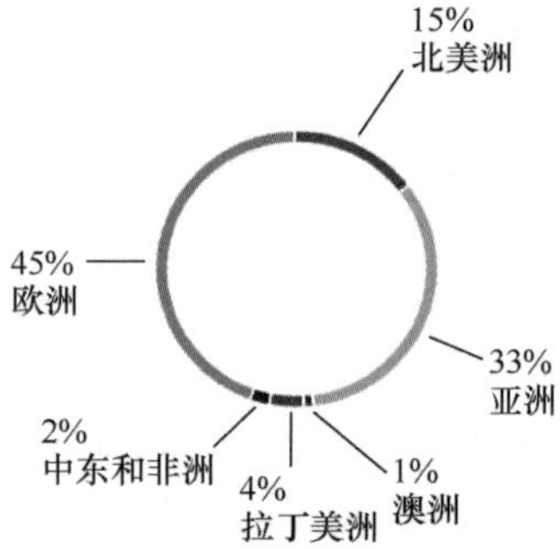

图7-15 私人美术馆在各洲的分布

资料来源:私人美术馆调研报告[R]. 雅昌艺术市场检测中心,Larry's List. 2016

表7-8 全球十大私人美术馆所处国家

排名	国家	博物馆数量
1	韩国	45
2	美国	43
3	德国	42
4	中国	26
5	意大利	19
6	日本	11
7	法国 西班牙	10 10
9	俄罗斯	8
10	奥地利 希腊	7 7

资料来源:私人美术馆调研报告[R]. 雅昌艺术市场检测中心,Larry's List. 2016

表 7-9 全球十大私人美术馆所处城市

排名	城市	博物馆数量
1	首尔	13
2	北京 柏林	9 9
4	迈阿密	8
5	雅典	7
6	广州 莫斯科	6 6
8	纽约	5
9	布鲁塞尔 伊斯坦布尔 伦敦 济州岛 上海	4 4 4 4

资料来源:私人美术馆调研报告[R]. 雅昌艺术市场检测中心,Larry's List. 2016

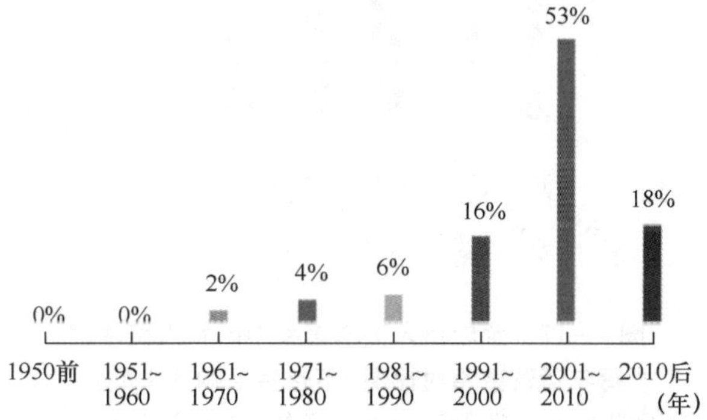

图 7-16 私人美术馆创建年份

资料来源:私人美术馆调研报告[R]. 雅昌艺术市场检测中心,Larry's List. 2016

7.5.2 私人美术馆的创建

收藏家建立私人美术馆的主要动机可以分为 4 种:一是通过向公众展示自己的艺术藏品来获得分享所带来的满足感。二是充分发挥艺术收藏品的文化功能,特别是在一些公共基础设施落后或是没有公立美术馆的地区,通过建立私人美术馆来弥补公立美术馆的缺失,并且代替公立美术馆推动当地文化艺术事业的发展,同时还承担了教育公众和提高其艺术审美水平的责任。三是享受税收优惠政策。私人美术馆属于非营利机构,一些国家和地区会通过税收优惠政策来支持它的发展,不过在中国并没有这方面的政策优惠。四是其他原因,比如,在私人美术馆里,收藏家对其藏品的掌控力更大;再比如,建立私人美术馆可以增加收藏家和知名艺术家接触的机会等。

私人美术馆有两种创建形式：一种是私人收藏家自己创办；另一种是通过基金会创办。同私人创办的形式相比，基金会形式建馆更有利于美术馆的长期经营，并且在一些国家还享受税收政策优惠。因此，英美国家倾向于基金会建馆形式，而我国以这种形式建立的私人美术馆比较少，只占 10%①。

7.5.3 私人美术馆的经营

私人美术馆属于非营利机构，需要投入大量的资金进行运营。《私人美术馆调研报告》显示，44% 的全球私人美术馆的年运营费用在 25 万美元以下，1/3 以上的私人美术馆的运营费用在 25 万美元到 100 万美元之间，仅有 4% 的私人美术馆的运营费用在 500 万美元以上。在中国，仅有 10% 的私人美术馆年运营费用低于 25 万美元，运营费用在 25 万美元至 100 万美元的私人美术馆有 58%，11% 的私人美术馆投入运营资金在 500 万美元以上，比例高于运营费用超过 500 万美元的全球私人美术馆（见图 7－17）。

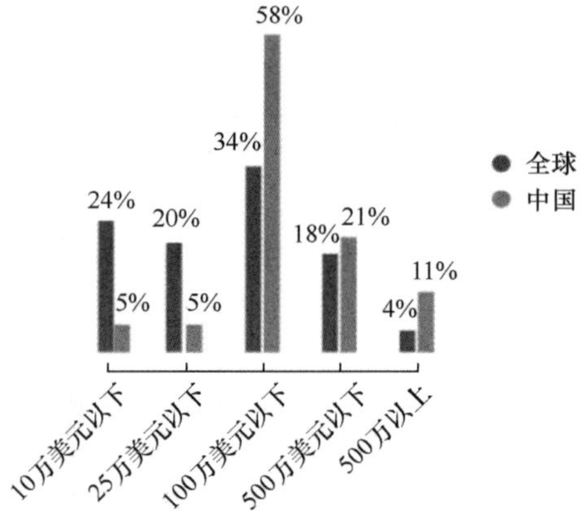

图 7－17 全球私人美术馆和中国私人美术馆每年运营费用对比图（不包括采购艺术品）

资料来源：私人美术馆调研报告[R]. 雅昌艺术市场检测中心，Larry's List. 2016

私人美术馆资金来源可以分 4 个方面：创办人资金、自创收入、捐赠人出资和政府补贴。其中，创办人资金是大部分私人美术馆资金的主要来源。而自创收入来自美术馆的门票、场地租赁、馆内其他设施以及衍生服务的收入。在门票方面，私人美术馆为了吸引更多的人进馆参观，一般都是免费向公众开放。45% 的全球私人美术馆收取门票，门票价格在 5～10 美元的居多②。部分收取门票的私人美术馆也会对老人和儿童免费开放或者是给予学生群体优惠。在美术馆设施方面，除了基本的展示空间之外，一些美术馆还建立了其他设施，比如，艺术品储存空间、礼品商店或书店、咖啡馆、餐厅、户外雕塑园等。这些设施不仅可以帮助加强参观者的艺术体验，还可以增加私人美术馆的盈利收入。

私人美术馆运营的主要模式就是举办展览，举办展览的次数不尽相同。16% 的全球

① 数据来源：雅昌艺术市场检测中心. 私人美术馆调研报告.

② 数据来源：雅昌艺术市场检测中心. 私人美术馆调研报告.

私人美术馆只是常设展览，15%的私人美术馆则每年举办10场以上的展览，一年内举办1～3场展览的美术馆数量最多，占比为36%①。由此可见，每年办展1～3次是全球基本平均值。从图7－18可以看出，在中国，有37%私人美术馆每年举办10场以上的展览，举办4～6场展览和7～10场展览的私人美术馆分别为26%和21%，而仅有16%私人美术馆每年举办1到3场展览。大部分私人美术馆每年举办展览的数量都超过全球平均值，这也说明我国私人美术馆举办展览较为频繁。

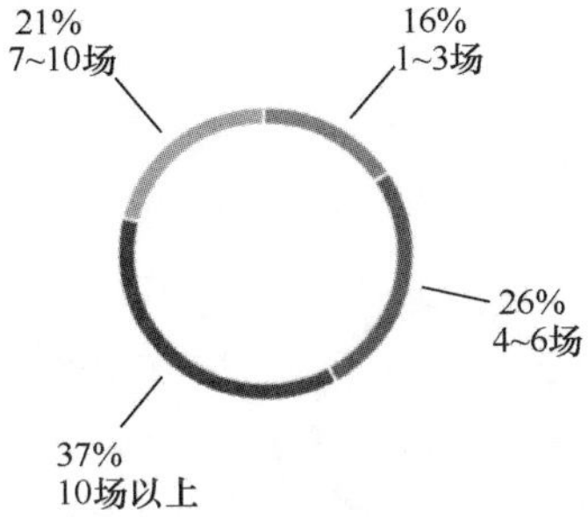

图7－18　中国私人美术馆每年举办展览数量对比

资料来源：私人美术馆调研报告[R]. 雅昌艺术市场检测中心，Larry's List. 2016

私人美术馆除了展出收藏品之外，还举办各种活动来发挥其公共教育的功能，比如举行公开讲座、设置奖金、艺术家驻地项目等。通过这些活动，私人美术馆为公众提供接受美术教育的机会，提高其艺术素养，支持艺术家的发展，充分发挥美术馆在建设当地文化艺术事业中的推动作用。而在中国，70%的私人美术馆专门设立了公共教育专项经费。例如，外滩美术馆、民生现代美术馆、喜马拉雅美术馆和尤伦斯艺术中心等都设有专门的公共教育部门，举办各种与公共教育有关的活动。这些活动既有针对成年人的美术馆参观和艺术讲座，也有针对儿童的艺术体验项目。

7.5.4　中国私人美术馆发展概况

中国私人美术馆的发展滞后于西方，不过我国私人美术馆的发展速度十分快。从最早由企业和机构投资建造的美术馆，到由外国私人基金出资建造的公益性质的当代艺术机构尤伦斯艺术中心（UCCA），再到上海的龙美术馆、余德耀美术馆、北京M WOODS、今日美术馆等，私人美术馆的数量不断增加。目前，我国共有26个私人美术馆，私人美术馆数量全球排名第四位。这些私人美术馆主要分布在一线和二线城市，北京的私人美术馆数量最多，共有9所，广州排名第二位，有6所私人美术馆，上海有4所私人美术馆，位列第三。北京、广州、上海三个城市的私人美术馆数量占据了全国份额的73%②。

目前，中国私人美术馆中仅有37%的每年参观人数在2万人以上，63%的美术馆参

① 数据来源：雅昌艺术市场检测中心. 私人美术馆调研报告.

② 数据来源：雅昌艺术市场检测中心. 私人美术馆调研报告.

观人数在2万人以下,其中,10%的美术馆年参观人数不超过2 500人(见图7-19)。和其他国家私人美术馆参观人数相比,我国私人美术馆参观人数比较少,这直接反映出其知名度、宣传力度和影响力都不大。我国影响力较大的私人美术馆,比如龙美术馆,其创始人刘益谦多次高价拍下艺术品的报道引起了公众对龙美术馆的关注。可是其他的美术馆并没有很好的宣传渠道。随着移动互联网的发展,社交媒体平台成为众多美术馆推广宣传自己的工具,促进了公众和美术馆的交流与互动。而国外的美术馆除了使用社交媒体之外,还采取精准电子邮件推送、广告宣传的方式与公众之间建立联系,这也值得我国私人美术馆学习和借鉴。

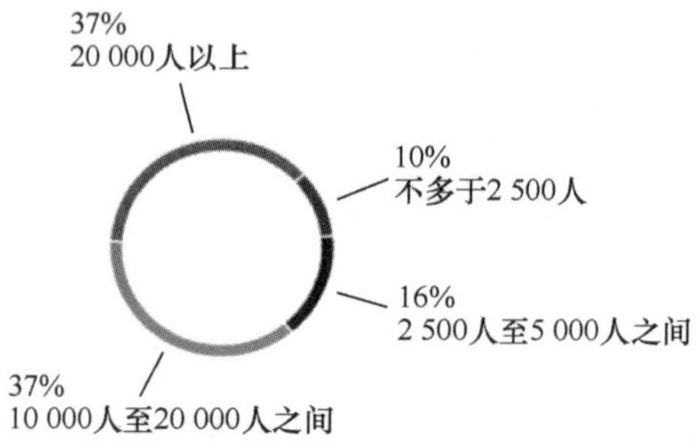

图7-19 中国私人美术馆每年观众数量

资料来源:私人美术馆调研报告[R]. 雅昌艺术市场检测中心,Larry's List. 2016

7.5.5 中国私人美术馆发展困境

中国私人美术馆发展困境主要是政策、资金、人才的缺乏。困境一是私人美术馆缺乏政府政策支持,我国并没有专门针对私人美术馆的扶持和优惠政策,也没有制定与博物馆、美术馆相关的法律法规,特别是对艺术品捐赠没有税收优惠,捐赠者甚至还需要缴纳税金。私人美术馆在举办展览时如果要出借或借入艺术品,还需要缴纳高额的保证金,对其经营造成压力。困境二是私人美术馆缺乏运营资金。私人美术馆运营成本很高,除了创建人和基金会的资金投入之外,还要依靠自身经营和企业赞助。比如尤伦斯当代艺术中心的艺术商店收入已经占到美术馆总收入的55%,还有今日美术馆,在2012年有大约30个赞助商,其赞助金额一度达到美术馆收入的70%①。无论是衍生产业收入还是企业赞助,都不能完全保证美术馆的长期正常运营。目前,私人美术馆自我经营的能力仍然不足,运营资金缺乏是其发展的制约因素。困境三是专业人才的缺乏。专业人才是美术馆发展的关键,主要负责艺术馆展览策划、公共教育、文化交流、学术梳理等方面的工作。特别是在策划有价值的艺术品展览时,对策展人的专业性要求很高,不仅要了解艺术藏品和艺术史,还要有空间把握能力。目前,我国缺乏这方面的人才,而现有的学校教育暂时无法培养出所需要的人才。如果美术馆自己进行人才培养,则会增加运营成本,再加上可能无法提供稳定的收入保障,最终可能留不住人才。

① 盛立宇. 中国私人美术馆兴起[OL]. http://www.ftchinese.com/story/001053814,2013-12-20.

7.5.6 小结

全球私人美术馆的数量不断增加,所收藏的艺术品具有极高的欣赏价值,不仅能够弥补公立美术馆藏品空白的问题,而且在公众教育方面扮演了重要的角色。我国的私人美术馆虽然比欧美国家受到更多的监管,但是仍然出现了“美术馆兴建运动”,新兴私人美术馆不断建立。虽然我国私人美术馆发展中存在许多问题和困难,但是随着对私人美术馆新发展模式的探索、国外发展经验的借鉴和政策环境的改善,我国私人美术馆在将来必然会在公共教育、文化交流、区域经济发展等方面发挥重要的作用。

参考文献

[1]詹姆斯·古德温. 国际艺术品市场(上、下)[M]. 敬中一,赖靖博,裴志杰,译. 北京: 中国铁道出版社, 2010.

[2]黄隽. 艺术品金融—从微观到宏观[M]. 北京:中国金融出版社,2015.

[3] 2015 年度全球艺术市场报告[R]. 雅昌艺术市场监测中心, Artprice 集团, 2015.

[4] 2015 当代艺术市场报告[R]. Artprice 集团, 2015.

[5]2014 中国文物艺术品拍卖市场统计年报[R]. 中国拍卖行业协会, 2015.

[6] 2015 年春中国艺术品拍卖市场调查报告[R]. 雅昌艺术市场监测中心,2015.

[7] 2015 年秋中国艺术品拍卖市场调查报告[R]. 雅昌艺术市场监测中心, 2015.

[8]私人美术馆报告[R]. 雅昌艺术市场监测中心, Larry's List, 2016.

[9] 2014 中国文物艺术品全球拍卖统计年报[R]. 中国拍卖行业协会,artnet 全球有限公司, 2015.

[10] Clare McAndrew. Fine Art and High Finance [M]. New York: Bloomberg Press, 2010.

[11] Michael Findlay. The Value of Art: Money, Power, Beauty [M]. New York and London:Prestel, 2012.

[12] Don Thompson. The $12 Million Stuffed Shark: The Curious Economics of Contemporary Art [M]. New York: St. Martin's Press, 2008.

[13] Sarah Thornton. Seven Days in the Art World [M]. New York: W. W. Norton & Company, Inc. , 2008.

[14] Haidy Geismar. What's in a Price? An Ethnography of Tribal Art at Auction [J]. Journal of Material Culture, Vol. 6 (1): 25 -47.

[15] Lisette Aarons. Art Theft: An Exploratory Study of the Illegitimate Art Market in Australia [J]. The Australian and New Zealand Journal of Criminology, Volume 34, 2011: 17 -37.

[16]Meaghan Wilson - Anastasios. Joining the Dots: Analysing the Sustainability of the Australian Aboriginal Art Market [J]. Diogenes, 58(3): 22 -34.

[17]Hans Hoeken, Lenneke Ruikes. Art for Art's Sake? An Exploratory Study of the Possibility to Align Works of Art with an Organization Identity [J]. Journal of Business Communication, Volume 42, Number 3, July 2005: 233 - 346.

[18] Emmanuel Coblence, Valérie Sabatier. Articulating Growth and Cultural Innovation in Art Museums: The Louvre's Business Model Revision [J]. Int. Studies of Mgt. & Org., Vol 44, no. 4, Winter 2014 - 15: 9 - 25.

[19] Julie Guidry Moulard, Dan Hamilton Rice, Carolyn Popp Garrity, Stephanie M. Mangus. Artist Authenticity: How Artist's Passion and Commitment Shape Consumers' Perceptions and Behavioral Intentions across Genders[J]. Psychology and Marketing, Vol. 31 (8): 576 - 590.

[20] Sheldon H. Lu. Artistic Interventions in Contemporary China [J]. China Information 2015, Vol. 29(2): 282 - 297.

[21] Elisabetta Lazzaro, Nathalie Moureau. Auctioneers vs. Commissaires - priseurs: The Carnival Mirror of Profession Regulation in the International Art Market [J]. The European Journal of Comparative Economics, Vol. 10, n. 2: 159 - 176.

[22]Marta Herrero. Auctions Rituals and Emotions in the Art Market [J]. Thesis Eleven, 103(1). 2010: 97 - 107.

[23] Constance S. Bates. An Unexplored International Market—The Art Market [J]. Academy of Marketing Science, Summer 1983: 240 - 249.

[24] Sanda Miller. Art and Money [J]. European Business Review, Vol. 14 Iss: 6, 2002.

[25] Andrew C. Worthington, Helen Higgs. Australian Fine Art as an Alternative Investment[J]. Accounting Research Journal, Vol. 21 Iss1, 2008: 55 - 66.

[26] Douglas J. Hodgson, Aylin Seckin. Dynamic Price Dependence of Canadian and International Art Markets: An Empirical Analysis[J]. Empir Econ. 2012: 867 - 890.

[27] Olav Velthuis. The Contemporary Art Market between Stasis and Flux [OL]. http://www.bamart.be/files/BKveldanalyseOlavVelthuis.pdf.

[28] David C. Lane, David G. Bromley, Robert D. Hicks, John S. Mahoney. Time Crime: The International Organization of Art and Antiquities Theft[J]. Journal of Contemporary Criminal Justice. Volume 24 Number 3, August 2008: 243 - 262.

[29] Annamma Joy, John F. Sherry, Jr. Disentangling the Paradoxical Alliances between Art Market and Art Word [J]. Consumption, Markets and Culture, Vol. 6 (3), 2003: 155 - 181.

[30] Alan Stanbridge. Display Options Discourses of Art and Context in the Contemporary Museum [J]. International Journal of Cultural Policy, Vol. 11, No. 2: 2005.

[31] Mike Leggett. Electronic Space and Public Space: Museums, Galleries and Digital Media [J]. Journal of Media & Cultural Studies, Vol. 13, No. 2: 1999.

[32] Emanuele Teti, Pier Luigi Sacco, Tecla Carlotta Galli. Ephemeral Estimation of the Value of Art [J]. Empirical Studies of the Arts, 32 (1), 2014: 75 - 92.

[33] John Pallas, Anastasios A. Economides. Evaluation of Art Museums' Web Sites Worldwide [J]. Information Services & Use, 28, 2008: 45 -57.

[34] Carmen Camarero, Ma José Garrido. Fostering Innovation in Cultural Contexts: Market Orientation, Service Orientation, and Innovations in Museums [J]. Journal of Service Research, 15 (1), 2012: 29 -58.

[35] Annamma Joy, John F. Sherry Jr. Framing Considerations in the PRC: Creating Value in the Contemporary Chinese Art Market [J]. Consumption, Markets and Culture, Vol. 7, No. 4, December 2004: 307 -348.

[36] Scott McQuire, Natalia Radywyl. From Object to Platform – Art, Digital Technology and Time [J]. sagapub. co. uk/journals, Vol. 19, No. 1, 2010: 5 -27.

[37] Ellen C. Huang. From the Imperial Court to the International Art Market: Jingdezhen Porcelain Production as Global Visual Culture [J]. Journal of World History, Vol. 23, No. 1, 2012: 115 -145.

[38] Alain Quemin. Globalization and Mixing in the Visual Arts – An Empirical Survey of "High Culture" and Globalization [J]. International Sociology. Vol. 21 (4), July 2006: 522 -550.

[39] Robyn Sloggett. "Has Aboriginal Art a Future?" Leonhard Adam's 1944 Essay and the Development of the Australian Aboriginal Art Market [J]. International Journal of Cultural Studies. Vol. 18 (2), 2015: 167 -183.

[40] Bernad Batinic. Information Strategies of Fine Art Collectors, Gallerists, and Trendsetters [J]. Empirical Studies of the Arts. Vol. 23 (2), 2005: 135 -152.

[41] Alain Quemin. International Contemporary Art Fairs in a "Globalized" Art Market [J]. European Societies. 15:2, 2013: 162 -177.

[42] Russell W. Belk, Ronald Groves. Marketing and the Multiple Meanings of Austral ian Aboriginal Art [J]. Journal of Macromarketing. Vol. 19, No. 1, June 1999: 23 -33.

[43] Georg Simmel. On Art Exhibitions [J]. Theory, Culture & Society. Vol. 32 (1), 2016: 87 -92.

[44] Peter J. Schneemann. Paradigms of the Beholder. The Perception of Art in a Global Age: Over Here—Over There [J]. Diogenes. 58 (3): 112 -120.

[45] Derrick Chong, Elisabeth Bogdan. Plural Public Funding and Canada's Contemporary Art Market System [J]. Cultural Trends. Vol. 19, Nos. 1 -2, March - June 2010: 93 -107.

[46] Ruby Roy Dholakia, Jingyi Duan, Nikhilesh Dholakia. Production and Marketing of Art in China [J]. Arts and the Market. Vol. 5, No. 1, 2015: 25 -44.

[47] Pascal Ughetto. Scholars and Poor Communicators? Old Master Exhibitions as a Scientific Practice and Communication Activity for Art Museum Curators [J]. Current Sociology. 2015: 1 -19.

[48] Codignola Federica. The Art Market, Global Economy and Information Transparency, Symphonya [J]. Emerging Issues in Management. n. 2, 2003: 73 -93.

[49] Chloe Preece. The Branding of Contemporary Chinese Art and Its Politics [J]. Arts Marketing: An International Journal. Vol. 4 Iss 1/2, 2014: 25 - 44.

[50] Raymonde Moulin. The Construction of Art Values [J]. International Sociolody. Vol. 9, No. 1 March 1994: 5 - 12.

[51] William Housley. Visions of Wales: Visual Artists and Cultural Futures [J]. Cultural Sociology. Volume 3 (1), 2009: 147 - 164.

[52] Orley Ashenfelter, Kathryn Graddy. Auctions and the Price of Art [J]. Journal of Economic Literature. Vol. XLI, September 2003: 763 - 786.

[53] Bronwyn Simone Coate. An Economic Analysis of the Auction Market for Australian Art: Evidence of Indigenous difference and Creative Achievement [D]. RMIT University, 2009.

[54] Renata Sulteeva. The Market for Russian Contemporary Art: An Historical Overview and Up - to date Analysis of Auction Sales from 1998 to 2013 [D]. Sotheby's Institute of Art, 2013.

[55] The Hiscox Online Art Trade Report 2015 [R]. Hiscox, 2015.

[56] The British Art Market [R]. Arts Economics, 2009.

[57] Middle Eastern Art Market Report 2014 [R]. Kingston Smith, 2014.

[58] Australian Art Market Report 2013 [R]. Kingston Smith, 2014.

[59] TEFAF2016 年度全球艺术市场报告出炉,揭示全球艺术产业走向 [OL]. http://art. ifeng. com/2016/0311/2780035. shtml.

[60] TEFAF2016 全球艺术市场报告公布,中国滑至全球第三,2015 年全球下跌 23% [OL]. http://www. art - ba - ba. com/main/main. art? threadId = 89390&forumId = 8.

[61]王歌. 英国脱欧,伦敦 vs 巴黎的欧洲艺术市场就此倾斜? [OL]. http://auction. artron. net/20160625/n847315. html.

[62] 富人买艺术品时如何避税 [OL]. http://money. 163. com/15/0226/08/AJC9SLLD00253G87. html.

[63]外媒:俄罗斯艺术品市场已经遭遇天花板 [OL]. http://finance. qq. com/a/20141203/006203. htm.

[64] artnet 分析报告:俄罗斯艺术市场 [OL]. http://money. 163. com/15/0928/13/B4JSAEK800253B0H. html.

[65]探寻中东艺术市场的崛起 [OL]. http://art. china. cn/haiwai/2011 - 03/24/content_4085982. htm.

[66]方翔. 2015 年顶级藏家 200 强榜单带给我们的启示[OL]. http://collection. sina. com. cn/plfx/2015 - 08 - 14/doc - ifxfxrav2199905. shtml.

[67]景晓萌. 艺术品电商:大而全 vs 小而美 [OL]. http://www. ipooi. com/sitefiles/services/cms/page. aspx? s = 1&n = 116&c = 8734.

[68]艺术品交易模式知道多少 [OL]. http://collection. sina. com. cn/invest/tzlc/2015 - 09 - 23/doc - ifxieyms4013775. shtml.

[69] TEFAF2016 全球艺术品市场报告:中国艺术品市场份额保持全球第三[OL].

http://news. artxun. com/m/detail/1486944. html.

[70]Clare McAndrew:《TEFAF2016 全球艺术品市场报告》写了什么? [OL]. http://www. ljzfin. com/news/info/31807. html.

[71]2016:中国艺术品市场又是一年风雨蹉跎 [OL]. http://art. china. cn/market/2016-05/31/content_8805687. htm.

[72]黄隽:中国艺术品市场的地位和结构 [OL]. http://art. china. cn/market/2016-06/06/content_8817139. htm.

[73]革命尚未成功艺术品电商仍需努力[OL]. http://news. artxun. com/taoci-1767-8833664. shtml

[74]自贸区艺术板块究竟能做什么? [OL]. http://finance. sina. com. cn/roll/20151116/005923772105. shtml.

[75]私立美术馆:数据漂亮却难掩尴尬问题[OL]. http://collection. sina. com. cn/yjjj/2016-02-21/doc-ifxprucs6299822. shtml.

[76]私人美术馆的生财之道[OL]. http://www. artsbj. com/Html/art/msxy/231707. html

[77]私人美术馆缺钱缺人缺政策[OL]. http://finance. sina. com. cn/stock/t/2016-02-19/doc-ifxprupc9431899. shtml

[78]私人美术馆在中国可以怎么做? [OL]. http://money. 163. com/16/0623/16/BQ8RP9EM00253B0H. html

[79]私人美术馆:烧钱的空盒子[OL]. http://www. design. cn/zx/201406/t20140609_43930. html

8 国际音乐市场报告[①]

8.1 当前世界主要发达国家音乐产业的发展现状

8.1.1 全球音乐市场概述

2015年,全球音乐收入增长3.2%,其中实体唱片下降了4.5%,数字音乐收入超越实体唱片收入,占全球音乐产业收入的45%,增长了10.2%。流媒体收入上涨了45.2%,占数字音乐收入的43%。[②] 如今发达国家的音乐产业基本上都是有多种收入来源的综合性产业,从基于拥有的音乐模式向基于使用的音乐模式方向转变,总体体现出实体持续下滑、音乐流媒体持续激增、下载市场趋于成熟饱和等特征。

2014年,全球音乐产业的实体收入在产业总收入中的占比首次低至不到一半,但不同国家之间有着显著的差异,如法国(57%)、德国(70%)、日本(78%)等国家仍保有强大的实体市场份额。黑胶唱片销量复苏态势仍在继续。数字音乐产业保持稳健增长,首次实现占比与实体音乐持平。数字时代的到来使音乐产业开始了从仅有一两个主要收入来源到拥有许多不同业务模式的多元化过程。

2015年,录制音乐总收入增长了3.2%,达150亿美。数字音乐总值达67亿美元,增长主要源自流媒体收入的大幅上升,大大抵消了下载和实体收入的下滑。流媒体收入,包括付费服务和受广告支持服务上升了45.2%,占数字收入的43%,几乎接替下载收入(45%)成为主要数字音乐收入来源。录音制作者和表演者的表演权收入[③]增长了4.4%,达20.9亿美元。同步使用收入[④] 2015年增长了6.6%,2014年为7.6%。[⑤]

8.1.1.1 北美

北美地区2015年音乐行业收入增长了1.4%,数字音乐收入增长了4.3%,流媒体收入增长了46.6%,下载音乐销售下降了12%。以市场为导向的美国音乐产业在版权保护开发、艺人经纪演出、数字化生产与服务等领域都有着先进的经验。美国是世界上最大的录制音乐市场,数字音乐占录制音乐市场近3/5的份额。2015年,数字渠道的收入在市场中的占比高达66%。随着科技的发展,美国音乐产业逐步建立起了成熟的版权保护制度和行业协会,有力地保护了版权人的利益。

---

① 本文撰稿:佟雪娜,中国传媒大学艺术学部教授,研究方向:音乐产业管理。

② 数据来源:国际唱片业协会(IFPI):2015年全球数字音乐报告。

③ 即录制音乐在广播和其他公共场所使用中获得的收入。

④ 即音乐在广告、电影、游戏以及电视节目中的使用中获得的收入。

⑤ 数据来源:国际唱片业协会(IFPI).2015年全球数字音乐报告。

8.1.1.2　欧洲

2015 年,欧洲地区音乐产业总体增长了 2.3%,并呈现高度多样化的特点,流媒体收入大涨 43.1%,弥补了下载音乐和实体音乐销售的下滑(分别下滑 11.8% 和 6.0%)。英国音乐产业净出口收益比钢铁工业还要高,英国通过音乐演出和音乐的出版出口增长进行产业化升级。在音乐销量方面,英国市场居世界第三;音乐产量方面仅次于美国,位居第二;录制音乐市场方面排名第四。音乐的核心收入领域有音乐出版、现场音乐和录制音乐在内的产业内所有收入,英国的音乐产业中现场音乐最亮眼。法国是排名第五的录制音乐市场,将数字化的网络服务即流媒体服务做到极致,并配以政府大力提倡、引导和支持。法国每年举办众多艺术节及各种类型的展览活动。德国是世界上第三大录制音乐市场,实力雄厚的实体音乐市场与快速发展且竞争激烈的流媒体市场并存。2014 年,德国实体音乐销售仍占到音乐市场的 70%,2015 年占 60%。德国的实体音乐零售基础设施非常健全,音乐消费者的平均年龄是 46 岁,高于其他大多数国家,这也反映出德国传统曲目的流行,同时也反映出其向数字化音乐的过渡相对缓慢。瑞典按人均计算是流行音乐出口第一大国,按流行音乐总出口量计算是第三大国。瑞典的音乐市场中,2014 年 80% 和 2015 年 67% 的收入来自流媒体音乐。目前,瑞典每年大大小小的音乐节有四五十个,这些音乐节涵盖了众多的音乐领域。

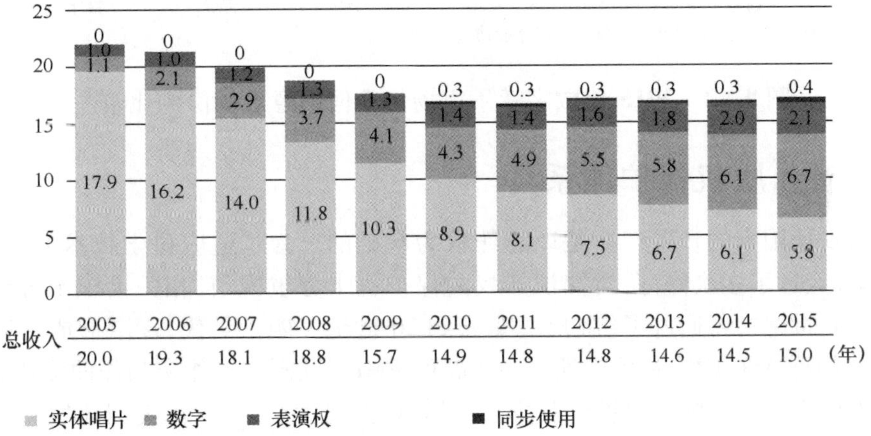

图 8－1　全球录制音乐产业收入(2005—2015)(单位:十亿美元)①

数据来源:国际唱片业协会(IFPI)。

8.1.1.3　亚洲

2015 年,亚洲地区录制音乐收入增长 5.7%(2014 年下降 1.6%),流媒体收入增长 29.5%,下载音乐收入增长 2.1%,实体音乐收入增长 1.0%。日本是亚洲地区的主要市场,占整个亚洲地区音乐贸易额的 76%。2015 年,日本音乐市场在两年的连续下滑后重回增长轨道,涨幅为 3.0%。② 韩国是较早开始由官方提出"文化产业"概念的国家之一。

---

① 数据来源:国际唱片业协会(IFPI).2015 年全球数字音乐报告。

② 数据来源:国际唱片业协会(IFPI).2015 年全球数字音乐报告。

2015 年,韩国音乐产业增长 12.4%。韩国文化产业的销售现状每年保持着相当高的增长势头。对本地曲目的保护使韩国的实体销量仍保持强劲,占整体收入的 38%。20 世纪 90 年代,韩国开始大力发展音乐产业,在全球掀起了一股"韩流"热潮。韩国在幼儿园阶段便开设传统音乐教育,唤起民族自豪感。

发达国家音乐产业的发展各具特色,跨平台的服务集成和云存储技术使音乐产业带给消费者硬件、技术和旅游业数十亿美元的收入。智能手机和移动设备是音乐产业增长的关键驱动因素,新的商业模式和已有的商业模式并行,音乐行业与服务提供商的合作之风风靡全球。合作主要遵循两种模式:一是音乐服务提供商开发自有品牌的音乐服务;二是与现有的音乐服务结合。

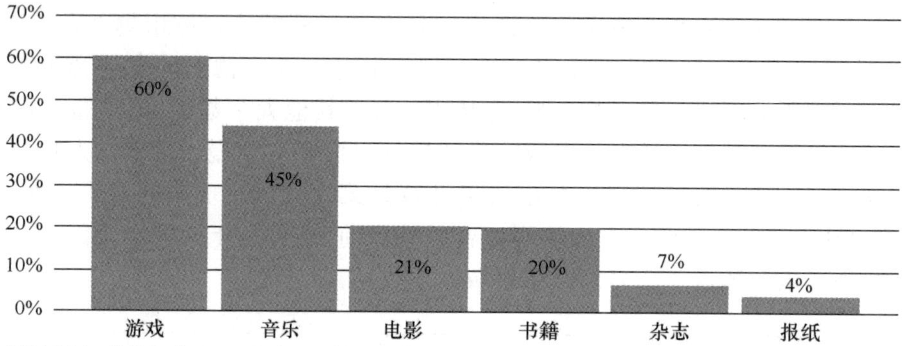

数据来源:普华永道(PWC)和国际唱片业协会(IFPI)。

图 8-2　2015 年数字音乐市场与其他创意市场份额比较①

8.1.2　音乐版权保护体系

首先,发达国家的音乐产业是以著作权为基础的。为了适应科学技术的发展,著作权法基本都经过了多次修订,对知识产权的保护也十分重视,且相关措施十分到位。如美国早在 20 世纪初就通过了《版权法案》,到 20 世纪三四十年代,逐渐形成了以美国著作权协会(简称 ASCAP)、音乐广播公司(简称 BMI)、欧洲舞台作家与作曲家协会(简称 SESAC)为代表的音乐版权保护行业协会。到 20 世纪六七十年代,美国还发起成立了世界知识产权组织(简称 WIPO),并于 20 世纪九十年代中期通过了《世界知识产权公约》。面对数字音乐的发展,美国于 1998 年通过了《数字千年版权法案》,除了给予作者和邻接权人基本权利之外,还规定了私人录音、录像补偿金制度。

其次,发达国家音乐著作权人的权利得以实现,最重要的途径是通过著作权集体管理组织。英、美、法等发达国家一般有两家以上的音乐著作权集体管理组织,这些组织非政府控制、非官方,进行良性竞争,分配版税机制公平、透明,它们根据不同的用途来进行细分与管理,使分散的版权得以集中管理,降低了直接定价的高昂成本,本质上是一种节约交易费用的合约安排。音乐消费者对这些组织非常认同,为音乐著作人提供了丰富、多元的利益源泉,有效激励了音乐作品的生产创作。

① 数据来源:国际唱片业协会(IFPI):2015 年全球数字音乐报告。

再次,针对数字时代科技的快速发展,发达国家采取了积极有效的防止侵权措施。如美国、法国、瑞典和韩国等国家的版权持有人与互联网接入服务商(ISP)建立了针对互联网用户的侵权行为,开发了会自动发出警示的“版权提醒”系统,针对网络环境和数字技术的特点,采取分阶段响应措施,为音乐产业提供数字化版权保护,一定程度上有效打击了数字音乐侵权行为,并设立了版权信息中心和争端解决部门来保证该系统的运行。韩国政府要求网盘要向政府机关注册并实施过滤措施,以删除侵权文件;英国制定新法律《数字经济法案》,规定可以向数字音乐侵权者发送侵权通知,如果侵权未明显减少,网络服务商按照要求对重复侵权者实施包括技术手段在内的处罚。法国设立了一个新的独立的行政机构(HADOPI),专门针对数字音乐侵权行为进行管理和处罚,并加强了对网上广告商的规范,减少盗版网站,联合整个文化产业的参与者及所有的利益相关者共同加强对知识产权的保护,召开欧盟委员会关于在线音乐平台经济作用的研讨会。法国2010年颁布的《创新与互联网法》旨在打击非法下载,其特点是重在预防、快速审判。在向侵权者发出3次警告提醒后再犯者,将按侵权程度轻重处以断网、罚款以至最高3年的监禁;中国香港有知识产权署,还有音乐版权集体管理组织——中国香港作曲家及作词家协会(CASH)和中国香港音乐出版人协会(MPA),中国香港民间自发版权监督组织是中国香港“版权及二次创作关注联盟”;中国台湾在“经济部”下设智慧财产局,将专利、商标、著作权等业务集中运作,提升审查质量与效能,加强产权保护。中国台湾长期以来对知识产权的保护十分重视,且相关措施十分到位。

发达国家的音乐产业版权保护制度和行业协会建设十分健全和完善。为了更好地保护数字音乐版权,将背景音乐、公共表演权、音乐的发行与复制都纳入版权保护的范围。这样既保护了音乐创作者的版权利益,也保护了音乐版权相关方的利益,投入大量资金支持音乐产业进行海外展示和开拓,形成良性循环,从而推动了整个音乐产业的健康、持续发展。

8.1.3 音乐聚集区

最能代表美国演艺业光辉历史的莫过于“百老汇”,它已经成为纽约市文化产业中的支柱之一,出产过许多伟大的音乐家,如韦伯,他创作的百老汇音乐剧许多都是传世之作,其中以“猫”“歌剧魅影”“芝加哥”最为著名。纽约每两年都会举办一次纽约交响乐双年展,通过实际演出,评选出最具时代代表性的作品。这是目前世界原创音乐的顶级赛事,建立了通过市场功能进行原创音乐选择的机制。另外,美国奥斯汀市已成功将自己打造为世界现场音乐之都,每年都会举办South by Southwest(SXSW)音乐节和电影节。美国还拥有目前世界上最大的在线创作与分享平台——诺福来特,该平台目前拥有近150万音乐爱好者和音乐教育者用户,通过在线云服务,将音乐创作与教学有机地结合在一起,极大地促进了原创音乐的积累和传播。

英国伯明翰领导着世界新兴音乐的潮流,它每年都举办国际爵士乐节。法国国家音乐中心仿效国家电影中心的模式,将处于一盘散沙状态的音乐界联合起来,维护音乐界各方在法国和世界上的共同利益。瑞典的斯德哥尔摩被业内专家和经济地理学家称为“产业集群”的故乡,集中了瑞典90%的音乐工业。

四季剧团是日本最知名的剧团之一,每年演出3 000多场次,演出剧种主要以音乐剧和话剧为主。围绕四季剧团及其在日本各地所经营的剧场,形成了一个庞大的音乐剧产业族群,同时四季乐团的成功也带动了整个日本音乐剧产业的蓬勃发展。

发达国家都意识到音乐聚集区对本国音乐产业发展的重要作用,并建立了完善的商业运营模式,大力推动音乐演艺业的集群化发展,既有效地促进了原创音乐的发展,又增加了本国音乐产业的知名度。

8.1.4 政府对原创音乐的鼓励政策

发达国家和地区的政府为了鼓励原创,发展音乐产业,做了大量实际而卓有成效的工作,音乐产业从单纯的传统唱片所有权模式逐渐转变为数字所有权模式、音乐访问模式和服务互动模式的相互补充。

(1)英国在全球最早提出"创意产业"概念,也是世界上第一个政府出台政策推动创意产业发展的国家。英国政府设立了全国性的创意产业委员会,负责组织、协调、指导全国的创意产业,包括制定创意产业的各项产业政策、规划创意产业发展蓝图、预算和划拨创意产业资金等。

(2)日本音乐产业和动漫产业有高度的融合,很大一部分原因是日本动漫产业非常发达,拥有庞大的生产和受众人群。例如,在音乐剧市场,日本近几年出现了一种通过演员真实的表演和演唱来还原经典动漫剧情的音乐剧形式,这种以动漫为题材的原创音乐剧被取名为"2.5 次元音乐剧"。

(3)韩国一直都是音乐产业的一个成功案例,它的全球排名从 2007 年的第十九位跃升至 2014 年的第八位。它的成功与政府的扶持密切相关。韩国政府大力加强和完善韩国的版权框架,政府先后制定或者修订了《文化产业振兴基本法》《影像振兴基本法》《著作权法》《电影振兴法》《演出法》等,还建立了文化产业局、文化产业振兴委员会、韩国工艺文化产业振兴研究院、文化产业振兴中心等机构。韩国政府高度重视对文化产品的系统研发,如果发现某种文化产品在市场中可以获取优势效益,便迅速追加少量的投入,实施立体型经营,形成具有高效益的附加值产业。另外,韩国音乐产业所独有的一套产业化造星机制,是韩国音乐产业发展的内在动力。

(4)中国香港给予音乐产业大力支持,中国香港优秀的原创乐队对中国香港音乐产生了重要影响。当前中国香港音乐产业主抓两个方面:一方面是"全球化",另一方面是"本土化"。中国香港特区政府对音乐等文化产业的发展给予了资金支持,并兴建文化艺术产业园区。

发达国家和地区的音乐产业中,传统唱片不再是核心产品,政府借力互联网,降低国际市场开发成本和投资风险,遵循政府规划、政策引导、行业管理、骨干企业主导、市场培育的原则,优化音乐文化产品的国际竞争力,建立音乐产业新生态。

8.2 美国音乐产业

8.2.1 美国音乐产业体系概述

美国作为全球文化最发达的国家之一,其音乐产业的市场规模十分庞大,保护机制也很健全,在音乐版权保护与开发、艺人经纪、数字化生产等领域都处于领先地位,主要原因在于其雄厚的经济基础、独特的技术创新以及宽松的社会环境,这些都为美国音乐产业的发展提供了良好的条件。

在美国,处于音乐产业链上的各个组织、机构存在着供给和需求的关系,从唱片生产到消费者最终消费要涉及各个不同的产业部门,他们之间的关系,既是供应与需求的关系,也是上下游之间的关系。根据产业经济学原理,产业链最基本的属性就是供需关系。在这种关系的维持与发展中逐渐形成了音乐产业的价值增值链,即音乐产业不但要使音乐产业链中的各个机构和部门赢利,还要使音乐产业链有可持续发展能力,产业链上的各个环节相互配合与协调发展,最终形成了互补与互动的产业链,从而产生价值的增值。随着技术的进一步发展以及音乐版权法律地位的明确,美国的音乐产业链日渐完善,这种完善的产业链既是美国音乐产业形成与发展的产物,也是音乐产业赖以生存的基础。

8.2.1.1 竞争格局

2014 年,美国数字音乐收入突破了 35 亿美元,占现在录制音乐市场近 3/5 的(71%)的份额。总的订阅流媒体收入增加了 33.5%,受广告支持的流媒体收入上升了 21.4%。下载销售下跌 7.2%,占数字市场的 55%。对录制音乐产业而言,美国是世界上最大的录制音乐市场,2014 年收入达 49 亿美元,占全球录制音乐收入的 33%。美国的数字订阅收入增长迅猛,而下载和实体销售(12.5 亿美元)则有所下降。

整体数字音乐收入为 34.6 亿美元。根据国际唱片业协会(IFPI)提供的报告,全球数字音乐市场中 53% 的收入来自下载,流媒体订阅和受广告支持的流媒体收入分别为 23% 和 9%。细分领域增速不一,2014 年增速最快的是订阅流媒体和受广告支持流媒体,增速分别是 39% 和 38.6%,永久下载的规模下降了 8%。总的数字音乐市场增速为 6.9%。

由市场研究公司尼尔森(Neilsen)发布的《美国 2015 年音乐消费年中报告》显示,2015 年上半年,美国音乐消费比去年同期增长 14%,其增长动力主要来自 3 个方面:第一,流媒体订阅。2015 年上半年,美国人通过流媒体服务播放的歌曲和视频次数为1 350 亿,较去年同期增长 92%。第二,黑胶唱片。黑胶唱片的销量同比增长 38%,占全部实体唱片销售的近 9%。第三,源于流行歌手泰勒·斯威夫特,她的《1989》被评为去年同期以来一年中最畅销的专辑,2015 年上半年的专辑销量达到 132.8 万张。加拿大说唱歌手德雷克的专辑《当你看到它的时候已经晚了》排名第二,卖出 96.5 万张,通过流媒体服务播放的次数达 4.09 亿。2015 年上半年共有 7 张专辑的销量超过 60 万,而去年同期只有 4 张。调查数据突显美国消费者获取音乐方式的转变。2015 年上半年,数码单曲销量与去年同期相比下滑 10.4% 至 5.316 亿首,包含 CD 与数码专辑的专辑总销量则下降 4% 至 1.16 亿张。

以上数据足以说明(图 8-3),流媒体已经成为音乐消费最主要的形式。根据 Nielsen Music 的数据,在整个 2015 年中,总共在流媒体上播放的音乐数量达到了3 172亿次。更惊人的是,这个数字比去年的1 645亿次提升了将近一倍。如果按照 Neilson 的惯例,每1 500次流媒体播放可以被折算为一张专辑销量,那么,2015 年这些流媒体播放数据可

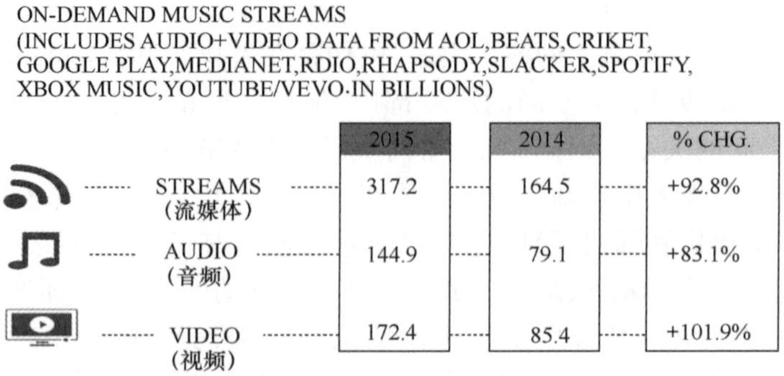

图 8－3　2015 年美国音乐流播服务的整体播放量统计①

以被折算为 2.11 亿张专辑销量，占全年专辑销量的近 4 成。在流媒体的带动下，整个美国唱片行业的销售量上升了 15.2%，由 2014 年的 4.77 亿张专辑上升到 2015 年的 5.49 亿张。但这并不意味着唱片行业收入的增加，一方面，因为流媒体的消费可能是免费的，例如在音频端的 Spotify 和 Pandora 以及在视频端的 Youtube 和 Vevo。另一方面，可能是人们付同样的包月费用，但是听的歌更多了。

2015 年，与流媒体相比，数字下载和实体唱片销量都有所下滑，尽管在年末阿黛尔（Adele）的新专辑《25》打破了许多销售纪录，并且《25》的实体专辑销量占全年实体专辑销量的 3.6%，但是 2015 年的实体唱片销量仍下降了 8.3%。阿黛尔的最新专辑《25》仅仅在六周之内就获得了 740 万销量的原因是：阿黛尔没有在 Spotify、Apple Music 或 Deezer 等任何一家音乐流播服务提供自己的新专辑。斯威夫特在之前也采取过类似的行动——她从各大流播服务撤下了自己的专辑《1989》，虽然她后来在 Apple Music 上架了这张专辑，不过条件是苹果需要在 Apple Music 免费试用期间继续向艺人支付报酬，因为阿黛尔和泰勒·斯威夫特（Taylor Swift）的影响力大得足以无视流播服务的存在。在实体唱片中，黑胶唱片的销量在 2015 年呈逆势增长，黑胶唱片的销量增幅达 30%，占实体唱片总销量的 9%，为1 190万张。但是这并不意味着黑胶唱片前景广阔，因为黑胶唱片仍然只是整个唱片行业中一种相当小众的消费形式。相比之下，数字唱片的销量表现要更好一些。2015 年和 2014 年的数字唱片销量同比跌幅仅为 2.9%，具体是从 1.065 亿下降至 1.033 亿。所幸的是，“流播折合”唱片销量得到了增长。根据 Billboard 的统计数据，2015 年增加的歌曲流播数量可以转化为 2.115 亿张流播折合唱片。它采用的统计方法是将1 500次歌曲流播折算成一张唱片。数字下载无论是单曲还是专辑，都有明显下滑，单曲下载量下降了 12.5%，专辑的下载量下降了 2.9%，流播服务的普及肯定会排挤掉部分传统唱片的销量，这就是 2014 年唱片整体销量持续下降的原因，受到冲击最大的还是苹果和它所创立的 iTunes。根据 Business Insider 的数据，iTunes 中音乐下载所带来的收入比例已经从 2012 年第一季度的 82% 下降到 2015 年第一季度的 62%。

关于美国唱片公司，现如今三大唱片公司仍然占据了唱片行业中最大的份额。环球唱片占 38.5%，索尼唱片占 29.5%，再加上华纳唱片占 18.7%，加在一起达到了 86.7%。但是这并不是说这三大唱片公司生产了美国 86.7% 的音乐，因为以上的市场份额是按照

① Nielsen：2015 年度音乐产业报告。

唱片发行来统计的,也就是说,有 86.7% 的音乐是经过它们的手发行的。如果从制作的角度来看,那么,独立音乐能够占据 34.4% 的市场份额,比这三大唱片公司的每一家都要高。事实上,大部分音乐人都会找上三大唱片公司来做发行,比如,Taylor Swift 签约的唱片厂牌叫作 Big Machine Records,但是发行找的却是环球唱片。又比如,Adele 签约的唱片厂牌是 XL Recordings,承担发行工作的却是索尼唱片。这种模式形成的原因是:三大唱片公司的体量够大,历史也足够悠久,在宣传和发行方面的资源和经验都相当丰富,尤其是像 Adele 这样重量级的音乐人,只靠独立唱片来做发行和宣传多少会有些吃力,交给大唱片公司来做其实是一件双赢的事情。

8.2.1.2 消费者特征

在传统的音乐产业格局中,唱片公司签约艺人,垄断版权,掌控市场,从音乐、歌手的挑选,到音乐的制作,到包装、宣传、定价和发行,都是根据市场营销学理论完成的商业活动,具有完善的垂直产业链及广阔的营销渠道。唱片公司是传统音乐产业中最重要的主体,它们不仅能够控制分销、零售,还利用媒体集团下属的各种宣传媒介来影响大众的音乐品位与偏好。

根据 Neilsen 发布的最新数据,2015 年,美国超过一半的音乐消费支出在音乐现场。在音乐相关支出方面,演唱会(32%)和音乐节(10%)等现场音乐仍然占据了大部分的支出。卫星广播账户所占的支出比例为 11%,而付费流播服务的支出比例仅为 7%,位列实体销售(13%)和数字下载(11%)之后。美国音乐消费者平均每年在音乐方面的消费为 152 美元/人。所以,大部分音乐消费资金最终都流向了几个现场演出巨头,例如,Live Nation、AEG Live。另外,像 Magnifi、Bandsintown、Songkick 和 Jakprints 这些公司也都在这一趋势中获得了发展。不过青少年(13~17 岁)和千禧一代(18~34 岁)的付费流播服务支出占比要稍微高出一些,分别为 8% 和 9%,千禧一代消费高于青少年主要缘于其资金支配更加自由。由此可见,年轻人无疑会为音乐现场贡献更多的音乐消费(见图 8-4)。①

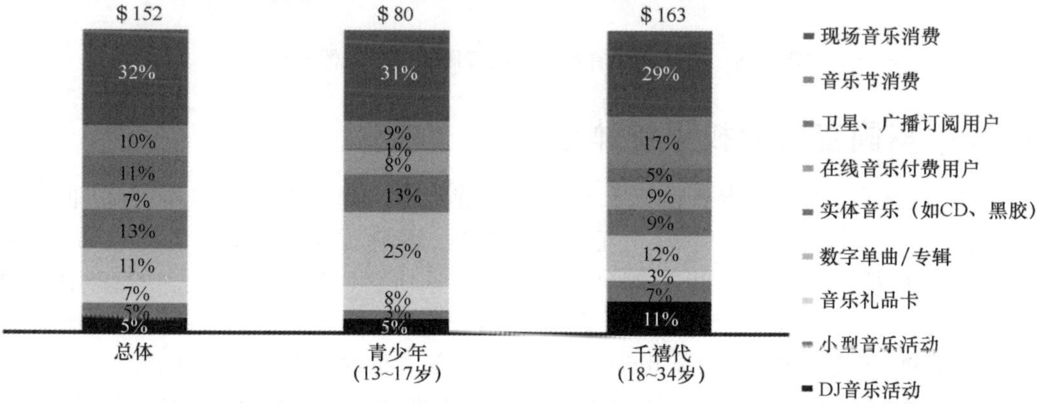

图 8-4 美国地区消费者关于音乐消费支出图

---

① Nielsen:2015 年度音乐产业报告。

在音乐流播方面,2015 年,音乐流播服务的整体播放量得到了巨大的增长,其中来自视频服务的流播增长也尤其迅猛。2015 年,音乐视频的点播量为1 724亿次,同比增长 101.9%,而音频点播量为1 449亿次,同比增长 83.1%。虽然音乐流播服务的增长惊人,但是它们仍然没有取代广播电台成为人们发现新音乐的首要方式。事实上,61%的受访者表示,他们是在 AM、FM 或卫星电台上收听新歌的;45%的受访者是通过他人推荐发现新歌;还有 31%会从电影或原声带中听到新音乐;而流播服务只能位居第四——有 27%的受访者表示他们是在流播网站或应用上听到新歌。当消费者被问到选择订阅付费服务的原因,价格似乎是一个相当重要的因素,83%的受访者表示服务的价格是他们选择注册的首要因素,其次是易用性和曲库大小。在决定不订阅某项服务的时候,价格也是最主要的问题。46%的受访者表示自己不会订阅定价过高的服务。另外一个值得注意的因素是,许多消费者都会免费流播音乐,所以他们看不到付费收听有什么好处。

除了各种与音乐流播相关的参数以外,Neilsen 的报告显示,美国地区的消费者平均每周会在听音乐上花费 24 小时。91%的美国人都有听音乐的习惯,75%的美国人每周都会在线收听音乐,44%的美国人会在智能手机上听音乐(见图 8-5)。

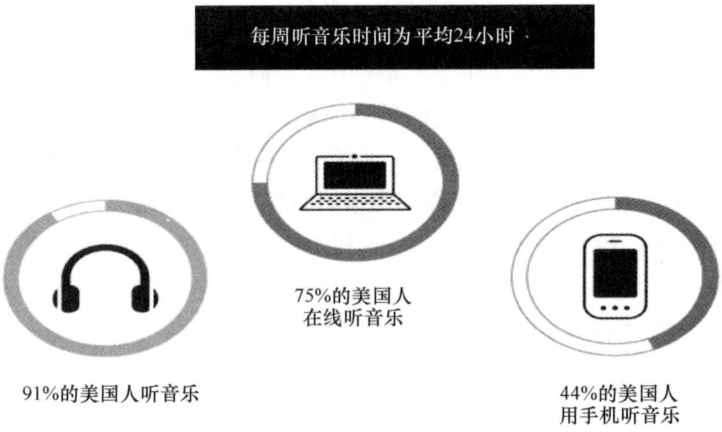

图 8-5　美国地区消费者平均每周听音乐习惯分析图①

8.2.2　美国音乐版权保护体系

美国的音乐产业版权保护制度和行业协会建设十分健全和完善。早在 20 世纪初,美国就通过了《版权法案》,到 20 世纪三四十年代,逐渐形成了以美国著作权协会(ASCAP)、音乐广播公司(BMI)、欧洲舞台作家与作曲家协会(SESAC)为代表的音乐版权保护行业协会。到 20 世纪六七十年代,美国还发起成立了世界知识产权组织(WIPO),并于 20 世纪 90 年代中期通过了《世界知识产权公约》。面对数字音乐的发展,美国于 1998 年通过了《数字千年版权法案》,明确提出不论是否造成事实上的版权侵害,任何试图绕过版权保护措施的技术、设备或服务的生产和传播均视为犯罪,并将版权侵犯处罚延伸到互联网上。为了更好地保护数字音乐版权,美国版权持有人与互联网接入服务商

① Nielsen:2015 年度音乐产业报告。

(ISP) 建立了针对互联网用户的侵权行为，开发了会自动发出警示的“版权提醒”系统，并设立了版权信息中心和争端解决部门来保证该系统的运行。

今天看来，美国的音乐版权制度已经非常完善，殊不知美国的版权之路也是经过了几百年漫长的发展。美国音乐产业是以著作权为基础的，没有音乐著作权对作品的保护，其音乐产业价值链就不可能持续健康的发展。美国著作权法受英国《安娜女王法》的影响颇深。美国第一部联邦著作权法于 1790 年制定，为了适应科学技术的发展，在之后的 200 多年中，美国著作权法经过了多次修订。“版权”这一概念首先是出现在文学作品中的，美国也不例外。

8.2.3 美国政府给予音乐产业的政策支持

为集中展示世界范围内最新的原创音乐发展趋势，从 2014 年起，纽约每两年都会举办一次纽约交响乐双年展(NY Phil Biennial)，自 5 月底到 6 月初共 11 天时间，集中上演 20 余场不同主题的音乐会，演出数百部世界范围内最新创作的音乐作品。代表世界最高水平的各国交响乐团和作曲家汇集纽约共襄盛举。经过实际的演出，评选出最具时代代表性的作品，并编辑成书出版发行。这是目前世界原创音乐的顶级赛事，建立了通过市场功能进行原创音乐选择的机制。所演奏的作品已经事前做过了网络出版，事后所选择的优秀代表作品，以纸版的形式由世界知名的音乐出版商再次隆重出版。第二届赛事于 2016 年 5 月底在纽约再次上演。此外，美国奥斯汀市已成功将自己打造为世界现场音乐之都，每年都会举办 South by Southwest (SXSW)音乐节和电影节。

现如今，美国拥有目前世界上最大的在线创作与分享平台——诺福来特(Noteflight)，此平台隶属于世界最大的音乐出版商好兰德公司(Hal Leonard Corporation)。该平台目前拥有近 150 万音乐爱好者和音乐教育者用户，向他们提供在线的专业乐谱编辑器来创作和编辑音乐、在线播放和复听乐谱、分享自己创作的乐谱、输入输出 MusicXML 和 MIDI 格式的文档、使用 85 种专业录制的乐器进行编写和聆听、外接 MIDI 设备并直接将演奏转换为乐谱、使用混音控制器调整音量、使用多种预置的模板快速进行创作，并能够输出打印并编辑自己所需的专辑等强大的功能，通过在线云服务，将音乐创作与教学有机地结合在一起，极大地促进了原创音乐的积累和传播。

由此可见，美国政府给予的政策支持大大推动了美国音乐文化产业的发展，把音乐文化根植于社会文化之中是极为重要的。

8.2.4 美国音乐产业运营模式对我国的启示

8.2.4.1 我国与美国音乐产业运营模式对比①

(1)服务内容层面。基于对美国在线音乐运营模式的观察，可见发达国家的主流在线音乐付费服务主要包括数字单曲购买和订阅服务两种模式，其中，单曲购买的市场占比极高，重点依托苹果、亚马逊、谷歌等数字巨头开发的在线音乐商店，随着曲库资源与“云技术”等全新服务的整合，用户可将所购买的音乐添加至自己的音乐库，并用该品牌

① 佟雪娜. 从产业价值链角度看美国音乐产业[J]. 新闻爱好者(下半月)，2010.

任意终端设备进行音乐串流播放，为用户提供了极大便利，是未经授权的服务难以复制的。在订阅服务方面，尽管其市场占有率低于单曲购买，但近年来的增长态势却更为显著，其优势主要体现为价格较为低廉、重视与 SNS 平台的合作、推出多方位跨平台的电台服务及应用服务。

对比我国在线音乐市场，我国以互联网广告收入、游戏音乐及软件音乐收入作为最主要的盈利模块，而付费服务部分仅占整体市场营业收入的 5% 左右。不同于发达国家的音乐付费下载，我国最主流的在线音乐服务模式为“免费音乐下载 + 付费订阅服务/增值服务”的捆绑模式，各大数字音乐服务平台为用户开放经过合法授权的普通品质音乐试听及下载服务，以确保足够的用户流量及广告效益，再针对分众化消费者推出诸如高品质音乐、广告过滤、云存储等多样化的付费订阅或增值类服务，吸引用户升级为平台的高级付费会员。由于借鉴了国外经验，我国在服务内容上同样注重体现在线音乐的特色，即社交性、互动性、个性化。

(2)资费策略层面。国外在线音乐服务提供商在对付费业务进行定价时，主要考虑的是市场承受能力和部署业务的投资。单曲付费下载方面，在线音乐商店倾向于根据歌曲受欢迎程度制定分档定价策略，如 iTunes Music Store 和 Amazon 数字音乐商店近年均改变了统一售价方式，对一般歌曲仍保持 0.99 美元/首的价格，热门新歌的售价提升至 1.29 美元，部分冷门歌曲则降至 69 美分，目的是给予内容提供者更大的定价自由，使其有针对性地通过价格手段执行营销和促销策略，提高其积极性。订阅方面，以 Spotify 为例，采用地区分档策略，欧美地区分别为 4.99 欧元/美元和 9.99 欧元/美元两档，对于新拓展的亚洲地区资费，则根据当地消费水平调整后定制：马来西亚 4.9 美元(14.9 马来西亚元)，中国香港地区 6.18 美元(48 港币)，新加坡 7.99 美元(9.9 新加坡元)。由于所在国家和地区的市场竞争程度以及运营商在网络投资和运营成本上的差别，服务提供商在不同地域的在线音乐服务资费上也存在一定差异。

对比中国在线音乐市场，“免费 + 增值”服务提供商采取的资费策略类似国际订阅服务，多以包月形式定价，价格集中于 10 ~ 20 元之间，购买包年服务有一定优惠；采用单曲付费下载模式的服务平台较少，价格基本保持在 1 元/首左右。从以上比较可知，欧美国家的服务费用普遍比我国的服务费用高，但其在线音乐付费业务吸引的用户群远比我国付费用户数量庞大，除了平台自身的资源和服务优势外，还有很大一部分原因在于发达国家的在线音乐市场立足于法制基础，而我国则更偏重市场自身调节，在缺乏法律和政策规制的情况下，更易滋生非法下载、市场垄断、用户版权意识淡薄等问题，导致付费行为发生率降低。

(3)利益分配层面。依据国际一般情况，发达国家数字音乐产业链的内容提供商与数字渠道方(包括服务提供商和电信运营商)的分账比例普遍保持在 7:3 左右，其中，亚洲日韩地区版权方的产业分账比例甚至高达 90%。以 iTunes 和 Amazon 为例，服务平台将约 70% 的在线音乐商店业务营收分成给唱片公司等音乐内容提供商，唱片公司再向音乐发行人支付每首音乐 9 美分的版权税费。流媒体订阅模式则依据每首歌曲的点击量进行播放统计，按照一定金额对音乐内容提供商进行分成(见表 8 - 1)。

表 8-1 国际在线音乐平台内容提供商收入分配所得① (单位:美元)

	单曲 0.99/首	专辑 9.99/张
iTunes	0.69	6.90
Amazon MP3	0.69	6.90
Spotify	单曲播放 0.005/次	专辑播放 0.05/张
Pandora	根据版权机构制定的版税	

对比中国在线音乐市场,中国台湾地区的利益分成情况与国际水平基本持平,内容提供商与渠道方分成比例约为6:4,呈现相对健康、稳定的状态;反观我国内地市场的情况,产业链的绝对话语权几乎全部掌握在电信运营商和在线音乐服务平台手中,音乐版权方的分账比例仅占市场总营业收入的2% ~3%。部分歌曲付费下载的在线音乐平台采用"保底 + 分成"的利益分配方式,用户交纳的下载音乐费用将在音乐网站、唱片公司、音乐创作者之间进行分配,目前,收益分配并没有统一模式。然而,由于版权拥有者没有有效的管道对自身歌曲的下载数据进行监控核实,音乐人无法从运营商及音乐网站获知透明、真实的试听及下载量,从而也损失了相当一部分应得的版权收入,这也是我国在线音乐产业中为人熟知的潜规则。

相比而言,我国的音乐产业现状则是政府监控不力、法制不完善、产业价值链缺失、盈利模式畸形、音乐水平下降,再加上数字音乐产品的无损耗性及可复制性等物理特性,导致盗版泛滥,传统唱片业及在线音乐很难获得盈利。但是通过笔者在美国的实地考察,发现美国人使用数字音乐,尤其是移动音乐的频率并不如中国人高,美国的数字音乐消费者倾向于使用 MP3 来听音乐,他们更注重音乐质量和优质服务(iPod 普及率非常高),美国消费者对需要额外付费的移动音乐的热情度也不如中国人,在移动音乐领域,美国甚至是落后于我国的。虽然我国的传统音乐产业链存在诸多问题,但数字音乐的迅速发展无疑为我国音乐产业带来了曙光,毕竟我国的人口基数庞大,若有 1/10 的人口转向正版消费的话,我国的音乐产业毫无疑问将是世界第一,尤其是我国移动音乐产业链已经较完善,若在政府的监控及指导下加强音乐著作权建设,通过建立数字音乐产业发展模式,理清音乐产业的发展思路,使音乐产业走上健康发展的道路,想必我国音乐产业的市场潜力及发展前景将极为广阔。

8.3 英国音乐产业

8.3.1 英国音乐产业体系概述

8.3.1.1 英国音乐产业音乐报告分析

(1)年度音乐产业报告 Measuring Music 2015。2014 年,英国的音乐产业为英国经济贡献了 41 亿英镑的收入,其中,现场音乐最为亮眼,它占整个英国音乐产业总收入的

① 佟雪娜. 数字音乐传播价值链分析[J]. 重庆大学学报(社会科学版),2013.

1/4。这一数据来自英国最近发布的第三份年度音乐产业报告 Measuring Music 2015。该报告涵盖音乐出版、现场音乐和录制音乐在内的所有核心领域带来的收入。而在 2013 年，英国音乐产业对英国经济的贡献为 38 亿英镑，比 2014 年少了 3 亿英镑。在 2014 年，现场音乐的收入与去年同比增长了 17%，收入为 9.24 亿英镑，几乎是录制音乐 6.15 亿英镑收入的两倍。而现场音乐也是英国在经济贡献和就业贡献方面增长最快的领域。数据显示，2014 年，现场音乐旅游给英国经济带来了 31 亿英镑的收入。

音乐出版在 2014 年为英国经济贡献了 4.1 亿英镑的收入，但是，其音乐产业最大的贡献还是来自于“音乐人、词曲作者”们创造的收入，2014 年，这一部分收入达到 19 亿英镑，相当于音乐出版的 3 倍。值得注意的是，“音乐人、词曲作者”和现场音乐带来的收入与去年同比均有所增长，而出版和录制音乐都有所下降。英国音乐界似乎将下降原因归结于货币的汇率问题。报告中以固定汇率计算收入后，显示出这两大领域的收入与去年同比也有所增长。特别值得注意的是，以下 4 个阶段以及围绕这 4 个阶段衍生出来的业务是英国音乐行业的核心业务：一段纸上的旋律或者歌词；一支作品的录音；作品的现场表演；歌手/乐队的名气与形象。

这份英国音乐产业报告也关注音乐产业的就业问题。其中，音乐产业在 2014 年提供了 11.7 万个全职工作岗位。大部分岗位为独立岗位，但是现场音乐提供了 2.5 万个岗位。此外，音乐产品出口带来了 21 亿英镑的收入，其中，“音乐人、词曲作者”贡献了 9.26 亿英镑。音乐出版出口收入（5.19 亿英镑）超过了录制音乐出口收入（3.32 亿英镑）。

英国音乐（UK Music）首席执行官 Jo Dipple 说：“2014 年是英国音乐产业又一非常成功的一年，整个产业的成绩超过了英国经济的其他产业部门，与去年同比增长了 5%。今年是 Measuring Music 的第三年，它为大家从全球视角来展现英国音乐产业的实际商业状况，帮助我们更加深入地认识英国音乐产业的文化意义，以及音乐行业对就业的巨大作用，因为这一产业为 11.7 万人解决了就业问题。英国音乐产业将继续与政府合作，创造发展更加多样化的音乐业务领域。”值得一提的是，音乐产业为英国经济带来了 41 亿英镑的收入，其中，出口收入就达到了 21 亿英镑，出口同比增 17%，令人印象深刻。该报告解释道，2014 年，出口收入占据英国音乐出版业总收入的很大比例，与以往相比有很大比例的增加。这主要是受到全球成功的英国艺人的大力推动，比如 Sam Smith 、Ed Sheeran、Pink Floyd、Ellie Goulding、One Direction 和 Calvin Harris，英国的音乐文化影响和软实力正在不断增强。

而按照英国音乐贸易组织 BPI 和 MPA 发布的数据，2014 年，英国投资了接近 5 亿英镑，用于制作新作品、签约并推广新艺术家，在投资“新兴音乐内容”方面，英国向来很大方。其中，唱片公司/厂牌投资在 A&R 方面的金额为 1.78 亿英镑，高于公司用于推广方面的资金（1.57 亿英镑）。在词曲作者的职业发展方面，音乐出版商们更是不遗余力，投入了 1.62 亿英镑。

此外，按照 BPI 的数据，2014 年，环球音乐、索尼音乐、华纳音乐签约的新艺人数量同比上升 30%，达 156 位，而在 2013 年，3 大公司签约的新人数量为 120 位。①

---

① 看看英国音乐产业给国家贡献了多少收入？[OL]. http://mt.sohu.com/20151109/n425807102.shtml

(2)《英国核心音乐产业的经济贡献》报告。2013 年,英国音乐协会发布了名为《英国核心音乐产业的经济贡献》报告。报告显示,2012 年,英国音乐产业总增加值(英国音乐产业企业的利润及所发工资总和)为 35 亿英镑(折合人民币约 350 亿元),其中,词曲作者和歌手 16 亿英镑,代理商和经纪人 1.51 亿英镑,音乐出版 4.02 亿英镑,唱片 6.34 亿英镑,实况音乐 6.62 亿英镑。

音乐出口是英国音乐产业的新亮点,出口内容包括填词、写歌、录制、发行等一系列音乐制作过程,以及实况音乐(音乐节、音乐会)、音乐经纪人服务等。2012 年,英国音乐出口总额达 14 亿英镑,占总增加值的 40%。该报告认为,该成绩与英国歌手艾梅丽・桑德、阿黛尔和艾德・希兰的专辑在海外大卖分不开。这些歌手不仅提升了英国音乐的声誉,更强化了英国音乐的国际品牌,所带来的收益约达7 200万英镑。英国音乐协会负责人乔・迪普尔表示,报告有力地证明了英国音乐产业对经济的重要贡献。"音乐也许只是为了让人们开心,但它也是英国令人敬畏的财富之一。"迪普尔说。

当时曾一度猜测英国政府会鼓励以及支持英国音乐发展走向更加"产业化"的道路,在看到 2015 年的第三份年度音乐产业报告的数据时,其明显说明了各方面的提升,包括现场音乐表演与旅游业的经济带动,包括音乐唱片出口量以及销售量的提升,乃至带动的国内就业岗位需求增加,都充分彰显出音乐产业发展对一个国家依靠软实力和文化产业带动经济增长的重要性。

8.3.1.2 实体唱片以及流媒体服务趋势探索

英国唱片业协会(BPI)公布了一份 2015 年英国音乐市场的报告,其中包括唱片销售情况、流媒体服务趋势以及音乐收入状况。①

在音乐零售业方面,2015 年销售额为 10.6 亿英镑,同比 2014 年增长了 3.5%,收入中包含所有形式的专辑销量、单曲销量和流媒体付费服务收入。英国唱片业协会还推算出了 2015 年的专辑销量数量,2015 年所有专辑销量中(含数字、实体、流媒体),专辑销量同比 2014 年增长了 3.7%,数量为 1.172 亿张。

流媒体付费服务销售额为 268 亿英镑,同比 2014 年实现了大幅度增长,增长比例为 81.7%。2015 年,英国消费者在 Youtube 和 VEVO 等音乐视频网站上观看了 269 亿个音视频内容,其中,观看的视频内容总量比音频内容超出 1 个亿的数量,但是 2015 年下半年,点击的音频内容超过视频内容。

专辑总销量里流媒体付费试听占 22.1%,同比 2014 年增长了 12.6%;同比 2013 年增长了 6.2%。黑胶专辑同比 2014 年增长了 64%,达到 210 万张;专辑数字下载量为 2 600万张,下降了 13%;单曲下载量为 1.33 亿首,同比下降了 15%。

英国唱片业协会在公布这份报告前,专门强调了一个纪年算法。过去的报告都是按照每年 53 周为一个年度做的,但是 2015 年自然年只有 52 周,所以不妨多考虑一周的数据。务必记住,从技术上考量,2015 年的计算周期其实应该比自然年长 1.9% 的总天数。2015 年,英国的全部音乐销量同比 2014 年增长了 3.5%,其中,专辑的年度销量(含数

① 从十个不同角度读懂 2015 年英国音乐产业[OL]. http://mini.eastday.com/keji/160118/130611453.html.

字、实体、流媒体)同比2014年增长了3.7%。在持续了10年的滑坡后,2015年所呈现出来的数据值得庆贺,只有两项数据同比上一年有所下滑。

2014年的音乐总销售额为10.2亿,同比2013年下降了2.3%,年度专辑销量为1.172亿张,也下降了2.1%。根据前面给出的数据,这就意味着2015年对音乐厂牌来说是一个令人印象深刻的翻身年。

流媒体数据的计算取决于评判标准。英国唱片业协会的所有数据都不包含Soundcloud、Youtube、VEVO的数据。比如,2 680万的专辑流媒体点击是包含付费和免费用户的点击总量的,主要数据提取来源来自于Spotify。

但是这个规则不适用于音乐的年度零售销量。2.51亿英镑的试听收入来自付费的订阅用户,而不包括Spotify的非付费用户。英国唱片业协会的官员透露,之所以不计算非付费用户的数据,主要是因为技术手段上不太能确定非付费用户的数据准确性。

全球有3/4的Spotify用户为非付费用户,那么,到底有多少钱在英国唱片业协会的这个"不计入"规则里被忽略掉了呢?2014年,Spotify在英国的广告收入超过1 100万英镑,是它当年总收入的9%(现在我们还没有拿到它2015年的数据)。可以肯定地说,Spotify中的免费用户至少带来了100万~300万英镑的收入(那1 100万的广告收入里,再扣除Spotify的提成,都是归入音乐发行方的,也就是说,它应该被计入年度音乐销售额)。这就是2015年英国的流媒体试听量增长了82%而销售额仅增长了50%的重要原因。2015年的付费流媒体服务销售额增长了8 300万,但是专辑销售额下降了2 600万,单曲下降了2 100万。付费用户弥补了那下降的4 700万,同时还给总体增长了3 600万。这不仅意味着流媒体服务的增长,还意味着CD唱片远没有到消亡的境地。英国消费者2015年的CD购买量为5 360万张,同比2014年下降了3.9%,但是CD销量仍然占据了专辑所有渠道销量的66%,2014年比2013年的CD购买量下降了7.9%,2012年更甚,同比2011年下降了20%,但如今回升的趋势非常明显。

8.3.2 音乐版权保护体系

8.3.2.1 版权保护有"所为"

2014年10月之前,英国从自己购买的CD拷贝音乐到自己的设备都属于违法。目前,虽然版权法对私人拷贝的限制适度放宽,尤其是曾经的"电脑到iPod格式转换",但将个人购买的音像制品拷贝给他人仍旧违法,私自拷贝计算机程序亦不被法律允许。

英国也有类似于我国"音著协"的音乐版权管理机构,英国音乐表演版权协会(PRS for Music)和录音表演有限公司(PPL)从广播、唱片公司和各个有音乐的场所收取音乐播放版权费,再把版权费发给作曲家、音乐家和音乐发行人。而PRS for Music集合了两大著作权集体管理机构:一个是MCPS(Mechanical Copyright Protection Society),针对的是机械复制,就是你写的歌被录成CD、DVD出版;另一个是PRS(Performing Rights Society),针对的是公共播放,两者对比,显然公共播放部分更需要集体管理,比较难统计。PRS针对两个群体,一个是音乐公播使用者,他们向PRS交钱;一个是音乐创作者,PRS收了钱把钱发给他们。PRS管理的音乐公播使用方式与国内的管理类别基本相同,一类是广播和在线,包括电视、电台、网络、手机;另一类是商业场所,包括酒吧、理发店、商店、演出、酒店、饭店甚至办公场所。

广播和在线基本上是根据电台、电视台、网站的收入,然后收一个固定百分比。电台、电视台交了这个钱,才能够获得公播执照。比如,一家商业电台,根据各电台营业额的不同,这个百分比在3% ~5.25%之间,如果这个电台音乐播放率在15%以下,那么就只用交1%。在线音乐服务比较复杂,下载还是在线听,在线点播还是电台形式,都有不同的百分比,一般在6% ~10%左右。当然,这只是针对创作者的钱。这些服务还要给唱片公司钱,就是录音制品的使用,这是另一个代表唱片公司的版权集体管理机构——录音表演有限公司(PPL)来收的。商业场所基本上是交一个固定的钱。比如理发店,如果你放的是CD,任何CD,你需要一年交一笔固定的费用才能有放CD的执照。如果你的理发店只有5个理发师和5个理发座,一年需要交70多磅,以此为基础,每多5个理发座就再加27磅多,以此类推。精确至此的收费细则源于良好的调查数据的支持。PRS在网站上也有数据支撑——调查表示,61%的顾客会因为理发店音乐好而再来这个理发店。如此一来,真正可以做到在了解市场具体情况的基础上进行音乐的合理收费,把应该付给音乐创作者的钱收回来,也并不会让商家有太大的压力,真的能够在合适的范围内给予商家和音乐作品再发展的双赢策略。

相比之下,现场就复杂得多,分不同规模的演唱会、音乐节等。以流行音乐为例,演出方每场演出后两天之内需要向PRS交:演唱会可卖票位数乘以票价,扣去税,乘以3%再乘以75%。比如,一个大型体育场演出,比如那英,500块钱门票,10000人,假如税是10%,扣税之后4 500 000,乘以3%再乘以75%,就是101 250元。这10万块钱交给PRS。PRS再去给袁惟仁之类的。不过英国音乐表演版权协会(PRS)需要从里面扣掉20%的手续费。手续费的问题,各种服务不一样,流行音乐现场演出是20%,电台、电视台一般是12% ~16%。

现在说创作者这块,PRS怎么给创作者发钱:前面讲到PRS从众多公播渠道把钱收回来了。那怎么发出去:这就需要各电台、电视台、演出场馆、网络服务上传曲目单。PRS根据曲目单、播放次数付款。以电台为例,每次付你多少钱,取决于这个电台收入如何,电台收入越高,你每次播放拿到的钱就越多。在目前的价目表中,BBC 1每分钟16.84磅,但是像Absolute Radio这种小电台,每分钟只有0.62磅。至于商业场所的播放就很麻烦。PRS的做法是:随机取样,并结合电台、电视台的播放率,预估一个音乐使用率。

PRS每年发钱4次,分别在4月、7月、10月和12月。每次发钱都有详细的收据明细。而作为数据追踪,如果你是PRS的会员,登录到你的会员账户就可以查到你的音乐在哪里被使用。[①] 这些都在一定程度上体现了音乐使用的透明度,加快了音乐人对其音乐使用情况的管理,并且可以比较方便稳妥地得到收益,而对音乐创作来说,能够第一步的首要前提就是可保证其正常收入。从这一层面上,英国音乐著作权管理机构做得不错。

---

① 说说英国的"音著协"[OL]. http://blog.sina.com.cn/s/blog_5ff513430100xtcm.html.

8.3.2.2 版权保护有所“不为”

英国音乐著作权管理机构 PRS 依然有一些不足的地方，比如，系统还不是很完善，有些人没有签约 PRS，就会有一些发不出去的钱，而且有些场所不会按规定提交预播单（Setlist），以及音乐人各种埋怨 PRS 统计、发钱实在是太慢了。不仅如此，对公播收取费用的价格的合理性也是需要不断磨合与调整的。2015 年下半年，英国最大的平价零售商 Poundworld 就宣布停止在其商店播放需付授权费的公播音乐，它表示停止的原因就是因为承受不了每年要支付给版权组织 PRS 和 PPL 的高昂费用。取而代之的是，这家在英国和爱尔兰拥有 300 家门店、6 000名员工的零售品牌选择从一家名为“FreedomMusic”的公司购买免交版权费的“现成背景音乐”。

同时，FreedomMusic 也提供了更方便的音乐播放功能，它具有极高的灵活性，可以提供适合不同时段的音乐，这是 Poundworld 选择 FreedomMusic 的另一个重要原因。FreedomMusic 还与多家商店或其他场所有着合作关系，包括文具商 Ryman 的门店和 Selco 的建筑工地等，帮助他们降低运营成本。FreedomMusic 成立于 1996 年，一直专注于生产并提供店内背景音乐及电台服务，它们家的音乐来自全球新艺术家们生产并制作的音乐，这些艺术家直接把音乐卖给它，多年来，这家公司根据它所积累的音乐编制了数量庞大的播放列表，适用于酒店、饭店、商店、百货超市等几乎所有顶级品牌所需要的环境。据 FreedomMusic 官网的新闻资料，Poundworld 与 FreedomMusic 这 3 年的合作将为他们节省超过 45 万英镑的成本，也就意味着每年节省 15 万英镑的成本。

在英国，公播音乐版权主要掌握在英国版权机构 PRS 和英国录音制品有限公司 PPL 手中，公共场合所播放的音乐皆需向拥有公播版权的公司上交版权费用。2014 年，PRS 收到来自商店的公播费用为1 960万英镑，占其总公播版权收入的 11.6%。PPL2014 年的总公播版权收入为7 670万英镑，而在其年度财务报告上也表示，由于目前市场的缩水，许多零售商不得已关门。

FreedomMusic 的员工 Nick Findlay 说：“2005 年，PPL 增加了一些零售商 192% 的公播版权的收费，从那之后，零售商不得不为它们的顾客和店内员工享受音乐支付过高的版权费用。”

8.3.3 政府给予原创的政策支持

英国自 20 世纪 90 年代开始发展文化产业起，就强调用政策来打造“创意”，推动文化产业的发展。经过 10 多年的发展，文化创意产业已成长为英国仅次于金融服务的第二大产业，每年创造超过 7% 的国内生产总值，其年均增速达 5% 以上，远高于其他产业。

被誉为“英国文化创意产业之父”的英国经济学家约翰·霍金斯认为，英国文化产业之所以大获成功，除了文化积累之外，注重开发创意是一个重要推动。创意产业因投资少、见效快、利润高著称，互联网技术的进步则为文化创意产业的发展提供了重要契机。以伦敦为例，目前伦敦文化创意产业每年产值达 210 亿英镑，成为伦敦市第二大支柱产业。英国的做法总结为以下三点：

一是重视教育，打造创意英才。英国政府推动成立文化创意产业高等教育论坛，为相关高校和文化产业界建立合作纽带，充分利用高校资源为业界培养创意英才。英国产业技能委员会还在高校为电影、电视和多媒体行业举办为期三年的人才再造工程。实施"人民网络"计划,为4 200家公共图书馆接入互联网,实行公共图书资源的数字化。在英国旅游目的地开办博物馆和画廊,新建100多座艺术建筑,并指导政府常规资助的文化艺术机构开展艺术教育工作,使英国青少年从小就被纳入创意合作伙伴计划中,以实现创意人才的可持续发展。

二是为文化创意产业提供融资支持。英国政府出版了"Banking on a hit"手册,指导相关企业或个人如何从金融机构或政府部门获得投资援助,英国政府还与行业共同推动成立了众多基金,建立政府、银行和行业基金及创意产业之间紧密联系的融资网络,帮助创意产业解决最初的融资困难。另外,在政府融资支持下,英国的私人资金也为创意产业的发展提供了重要融资来源,使银行贷款和私人基金成为英国创意产业融资的主渠道。

三是帮助文化创意企业开拓国际市场。英国政府为推动文化产品出口,成立了创意产业输出顾问团,对创意产业的发展提供咨询建议,并就促进创意产品出口、打造英国文化产业品牌等提供政策意见。在政府政策扶持下,2006年,英国创意产品出口总额达160亿英镑,占当年英国货物和服务贸易出口总额的4.3%。创意产品的国际化帮助英国打造了许多世界级文化产品品牌,如享誉全球的"哈利·波特"系列文化产品等。

8.3.4 英国音乐产业运营模式对我国的启示

从上面的分析我们能够认识到,在英国良好的音乐产业市场贡献下,依然或多或少存在很多问题。尤其版权以及分账和业内人士的直接收益并不能以宏观的产业发展大数据来衡量,正如这两年中国音乐产业发展报告也相继做得越来越完善,却并不能说数据显示良好,处于这个工作链条上的人员可以有不错的收益一样。由此可见,很大层面上,文化性的东西还受到全球化发展的影响,例如,本国音乐人的发展空间大大被流行音乐产业化运作熟练的美国与韩国等国家所占领,如此就不能很好地显现出本国音乐从业者和音乐人的生活状态和本国产业的实际收益以及良好的氛围。

也就是说,在具有良好的宏观指导政策——创意产业的诸项具体策略下,虽然政府在帮助创意产业从教育层面的重视到公司融资方面的支持以及开拓国际市场的辅助性政策等宏观调控层面都非常有效,但还会遇到很多问题,比如,版权总是需要多种方法和措施来维持并需要与时俱进、不断更新的,再比如,本土产品可以借力外推出口,而本地市场也可以借宏观性质的类似于国家"文化壁垒"来进行保护调控,但是大环境的竞争力是需要逐步提升的。

由此反观我国,同样可以从英国音乐产业的发展步调中寻找一些可以学习的地方。

首先,我们也需要全新的宏观性的定位和发展规划,此类规划更应该有明确的标识性,也可以从文化产业这个更广泛的角度来进行规划和定义。在具体实施层面,不妨试着从教育抓起,这里尤其是指艺术类音乐教育。现今,中国对音乐教育的普及已与10年之前有了很大的转变,从学生们对音乐专业学习的向往,对音乐学习和音乐聆听以及与音乐相关的事情都普遍有好感来看,再多为音乐教育乃至艺术教育增添一些好处去推动艺术教育,应该可以有相当显著的推动产业的发展效果。另外,在国内音乐行业就业不太景气的情况下,更应该像鼓励大学生和小型创意文化企业那样去鼓励现在的青年们,尤其是在艺术类文化研究层面的创意创业。此举既可提供更多的就业岗位和机会,更是对青年创意思维的把握和利用,其不仅符合这个互联网高速运转的信息时代,更可以提升文化艺术在社会上的影响力和传播力,是具有良好积极社会意义的一项举措。

其次,就版权问题而言,同样是相似的版权管理机构,我国有中国音乐著作权协会和中国音像著作权管理协会,相当于英国的音乐表演版权协会(PRS for Music)和录音表演有限公司(PPL)。但在同样的情形下,却不得不考虑我国音著协与音集协在初级发展阶段的一些不合理性,这些在服务观念和出发点就不太相同的地方是急于去调整的,而只有在出发点和服务性运作模式建立之后,才能够涉及其他技术性是否达标、合宜,也才能涉及其更远大的发展规划,从而真正能够探索出更适合中国音乐版权现状以及促进音乐产业发展的基础服务性机构。

8.4 法国音乐产业

8.4.1 法国音乐产业体系概述

法国是将音乐数字化的网络服务,即流媒体服务做到极致,并配以政府大力提倡、引导和支持。正如我们印象之中法国的浪漫是以其对文化产业的保护和重视作为稳固基础的。根据全球发达国家音乐产业的现状调查,音乐市场的发展情况在各个国家均有所不同,在欧洲市场是有下跌倾向的,然而增长中的是德国和一些规模较小的欧洲市场,但是显著下滑的是英国(-2.8%)和法国(-3.4%),也就是说,相比之下,法国的音乐产业下跌得较严重,而即使同样的趋势都是实体销量的下滑以及流媒体收益的上升,显然法国虽然在流媒体收益方面可以与德国和英国的实体销量方面进行比较就逊色很多,也正因为如此,法国可能在未来流媒体服务方面有更多的追求,做出一些发展和创新。

法国为全球排名第五的录制音乐市场。其2014年市场总收入为8.42亿美元,其中,实体收入4.82亿美元,数字收入为2.32亿美元,表演权收入1.07亿美元,同步收入2 220万美元。表演权收入占法国音乐总收入的13%。英国也是仅居其前排名第四的录制音乐市场,总收入为13.33亿美元。德国虽在实体音乐市场依然发展稳健,占据销售市场的70%,2014年仅微降了1.5%,低于8.1%的全球实体销售的降幅。但是德国数字收入的市场份额仅为22%,说明德国实体销售到数字模式销售的转变比较缓慢。

由此可见,第一,法国作为较早注重音乐流媒体发展的国家,在数字音乐领域会有更好的发展,第二,法国的表演权收益占据法国音乐总收入的13%,且通过与德国和英国的对比,我们也能得知法国的表演权收益与英国几乎相当,这既可感知法国法律保障体系的完整性,也一定程度上得知法国政府对音乐产业发展的重视。除此之外,法国每年都举办众多艺术节及各种类型展览活动,有著名的法国戛纳国际音乐博览会(MIDEM)、音乐颁奖礼(NRJ)。

8.4.1.1 音乐艺术氛围浓重

每年的6月21号是法国的音乐节,这天,只要在法国,无论大城小镇、大街小巷,你都能见到人们自发组成的乐队在尽情高歌。当然,他们是以业余音乐爱好者和年轻学生为主。法国音乐节素有"全球唯一一个跨越国界、语言和文字障碍的节日"之称,这是一项每个人都可以参加的群众性活动。在这一天,无论是职业的音乐人还是非职业的音乐爱好者,都可以在街上演出,而且你还可以有幸见到你喜欢的音乐家、著名的歌星、音乐界名人,他们都将在音乐节上免费为公众演唱。法国音乐节的来源是这样的:从 1981 年起,由于每年 6 月 21 日都是法国宣布夏季开始的日子,而法国前文化部长贾克朗(Jack Lang)决定在这一天举办一个真正属于全民的音乐节。自此,每到这一天,所有专业、非专业的音乐人或团体都走上街头,向公众免费展示自己的音乐艺术。这一习惯沿袭至今,音乐节已成为法国最受大众欢迎的节日之一。目前,全球五大洲 340 多个城市都成为法国音乐节的分会场。这一天,无论是业余音乐爱好者还是专业音乐人,都会走上街头,举办露天音乐会,整个城市都沉浸在各种音乐之中,从古典音乐到流行音乐,悠扬的音乐将一直持续到第二天凌晨。

法国戛纳国际音乐博览会(MIDEM)始于 1967 年,集贸易展览、会议、竞赛、联络活动及现场表演于一体,是专注发展新音乐生态体系(New Music Ecosystem)的年度国际性行业展会,被誉为音乐界的奥林匹克,每年在法国戛纳举办一届,为期 4 天,观众包括来自 93 个国家、覆盖各种音乐类别和所有产业细分市场的10 000多名音乐界专业人士。每年均有来自全球上百个国家的录音、出版、发行、版权、演唱会、数字媒体、移动 IT 行业的精英汇聚于此,构建人脉网络,就音乐界普遍关心的问题及音乐潮流走向等信息进行为期一周的交流。①

MIDEM 是一项国际性的 B2B 展览会,致力于为国际音乐产业提供交易、联络、交流,发现新音乐风格与人才,吸取资讯的贸易展会平台。该展会通过每日会议、圆桌论坛、音乐会与在线音乐产业数据库等多种形式为业界提供更多增值服务。它是音乐制作人、先进技术及品牌和艺人的盛大聚会,致力于丰富人与音乐间的激情互动,变革听众参与方式,并打造新的商业关系。而 NRJ 音乐奖有法国"格莱美"之称,是法国年度最具影响力的音乐盛会,英国灵歌天后阿黛尔(Adele)、加拿大人气小天王贾斯汀 · 比伯(Justin Bieber)以及 R&B 人气歌手蕾哈娜(Rihanna)都曾斩获该奖项。

8.4.1.2 法国流媒体服务发展超越唱片下载

法国巴黎的音乐流服务 Deezer 是目前欧洲最流行的在线音乐分享网站。据最新的外媒 MBW 数据显示,法国的流媒体音乐市场在 2015 年上半年有了持续的增长,与去年同期相比增长了 36%,首次实现流媒体服务超过唱片下载。② 法国政府对文化事业及相关产业给予不同形式的财政支出或赞助:中央政府直接提供赞助、补助和奖金给从事文化活动的企业或民间协会;地方政府(省、市、镇)财政支持文化事业发展的财政预算;政府通过制定减税等规章,鼓励企业为文化发展提供各类帮助(2003 年,企业可享受约 3%的税收优惠)。

2014 年,流媒体音乐的发展和增长也是整个世界音乐市场的一个显著趋势。法国唱片工业工会称,法国流媒体音乐的增长比以往更加显著,这也为法国的音乐产业带来了

---

① 法国戛纳国际音乐博览会(MIDEM)简介[OL]. http://www.docin.com/p-4673105.html.

② 法国政府挽救音乐产业的七个方法[OL]. 中国音乐财经.

更多的热情。法国对流媒体音乐的发展如此乐观主要有两个原因。第一,法国唱片工业工会一直以来都对流媒体音乐抱有很大的希望,认为流媒体音乐的发展是带动音乐市场发展的重要方式。同时,2015 年上半年的数据也更加证明了其想法的正确性。第二,法国的流媒体音乐正在带来比音乐下载更多的收入。iTune 登陆法国 4 年以后,也就是在 2008 年,法国的数字音乐收入(不包括流媒体音乐)达到了最高,大约为7 300万欧元。这个数字包括数字唱片和单曲的收入。但是在 2014 年,全年的流媒体音乐收入达到了 7 260万欧元,几乎要超过 2008 年数字唱片下载的最高音乐收入。

然而最重要的原因还要从内外两个方面来看,从英国与法国数字音乐市场以及流媒体市场产值来对比分析可以发现,英国数字音乐下载无论是单曲还是专辑,都更加稳健,反观法国却不然,法国自从音乐下载市场在 2012 年达到了最高的4 400万张的销售记录后,从未超越此纪录。与法国相比,英国在 2012 年售出了18 800万张数字唱片。由此可见,此现象的出现很大一部分原因是来源于法国数字音乐下载的数据本就不高,数字音乐下载市场不甚繁茂所致。其次,音乐流媒体服务却做得与英国可相媲美,David Guetta 的《Dangerous》于 2014 年年底第一次在一周内达到了 100 万的播放流量。再次,从 2015 年 4 月开始,越来越多的单曲都超过了原先的播放流量纪录。最后,Major Lazer 的《Lean On》也在一周内超过了 200 万的播放流量。而根据近期 BPI 公布的数据显示,英国的流媒体音乐市场在收入上也有显著的增长和发展。但在 2015 年上半年,英国的 59 首单曲流量超过了1 000万,法国的 26 首单曲流量也超过了1 000万。英国 2015 年上半年播放流量最高的歌曲为 Mark Ronson 的《Uptown Funk!》,达到了4 500万流量。而法国的播放流量最高歌曲为 Omi 的《Cheerleader》,达到了2 650万流量。同时在英国有 115 亿流量被记录,在法国这一数据是 75 亿。所以即使在英国音乐流媒体服务方面亦或是数字下载方面都一度超越法国的情况下,法国流媒体服务却有赶超之势也是实情。

8.4.1.3 竞争格局

国际唱片协会的数据显示,法国是 2014 年世界第五大音乐市场,在流媒体收入方面也排名第五。在英国音乐流媒体服务方面亦或是数字下载方面都一度长期超越法国的情况下,法国流媒体服务却有反向赶超之势也是可见的趋势。另外,对于法国知名的音乐流媒体服务 Deezer 进驻美国音乐市场以及与其发展的竞争对手对比情况分析也有很多评论和报道。

腾讯科技讯曾发出过 Deezer 在同类产品中竞争格局的态势对比,主要以 Spotify 和苹果音乐为竞争对象的对比情况分析,从而可以看出法国以 Deezer 为代表的数字音乐市场在全球以及美国的发展情况如何。苹果公司一经推出"苹果音乐",导致全球音乐流媒体行业(在线听歌)温度骤升,竞争进一步加剧。一些中小规模公司面临更大的压力。据英国路透社报道,在欧洲以及发展中国家用户较多的全球性音乐流媒体服务商 Deezer,将考虑在年内上市。通过上市获取融资,增强和 Spotify 以及苹果的竞争能力。和全球排名第一的 Spotify 相比,Deezer 公司的用户规模并不大,订户总数为 630 万人,音乐版权库包括 3500 万首歌曲,每月收费 9.99 欧元。Deezer 计划在法国巴黎股市上市,分析师估值了该公司的市值在 10 亿欧元左右。具体上市融资规模尚不得而知。

Deezer 的音乐流媒体服务已经进入全世界 180 多个国家和地区,全部用户中大约有

480 万人是通过和移动运营商捆绑进行销售获得，该公司的合作运营商包括欧洲沃达丰、德意志电信以及法国 Orange 公司。在音乐流媒体行业，来自瑞典的 Spotify 占据了行业老大的位置，其服务覆盖全球各地，在美国也处于领先位置。

面对 Spotify 在欧洲和全球的优势地位，Deezer 采取了回避竞争的策略，除了在法国和部分欧洲国家拥有优势之外，它主要关注亚洲和非洲发展中国家市场。在美国市场，Deezer 处于边缘化的位置，主要是通过小规模移动运营商 Cricket（隶属于 AT&T）以及音响制造商 Bose 推广音乐服务。

数字音乐行业正在快速演变，以苹果公司为代表的音乐下载业务逐渐被消费者淘汰，基于智能手机的在线不限量听歌成为主流服务。美国唱片工业协会最新统计显示，音乐流媒体的收入呈现将近三成的高增长，作为对比，音乐下载业务正逐年萎缩。2015 年，在音乐流媒体领域几乎处于行业倒数第一名的苹果，通过"苹果音乐"进入在线听歌领域。依靠手机和平板的捆绑，苹果服务已经获得了超过千万的免费试听用户，但是多少用户能够成为正式付费用户仍是疑问。虽然音乐流媒体行业发展迅猛，但是许多公司仍然不盈利。Spotify等公司为了吸引用户，推出了插入广告的免费音乐服务，付费业务在总业务中占比并不大，此外，厂商还需要把超过一半的收入作为版权费交给音乐行业和歌手。

在音乐流媒体行业，Deezer 也有其自身的特点，它在全世界与 40 多家移动运营商进行合作发展用户，另外也向一些手机制造商和音箱厂商提供音乐服务的捆绑预装。该公司首席执行官 Hans - Holger Albrecht 表示，音乐流媒体行业不会是一个赢家通吃的市场，他们将会挖掘出一个细分市场，获得发展空间。

据报道，2015 年上半年，Deezer 的总营收增长了四成，达到了 9 320 万欧元，公司计划在 2018 年实现盈利，营收总额达到 7.5 亿欧元。上述高管表示，通过在法国上市，公司将获得融资，可以用于音乐产品开发和服务推广。不过这位高管尚未披露上市发行的股票数量等信息。据报道，有关 Deezer 公司的竞争实力有一部分是源于其股东实力的，最大股东是出生于俄罗斯的亿万富豪 Len Blavatnik 旗下的 Access 工业公司，持股 27%。法国电信运营商 Orange 持股 11%。另外，华纳音乐、索尼音乐和环球音乐公司一共持有 Deezer 公司 15% 的股权。据报道，美银美林银行、法国巴黎银行将作为 Deezer 公司上市的承销商，另外，参与承销的还包括花旗集团和法国兴业银行。①

8.4.2 音乐版权保护体系

8.4.2.1 重视文化产权保护

法国是世界上较重视著作权保护的国家之一。法国分别在 1957 年、1985 年、1992 年、2004 年和 2006 年对有关保护著作权的刑事法律条款进行修改。法国现行对著作权的刑法保护条款主要规定在《知识产权法典》中。该法典设定了侵犯著作权以及邻接权的犯罪与刑罚。法国在刑法层面对著作权的保护规定比较全面，制度也比较完善。在这种著作权保护严格的大环境下，法国的标准版权保护也较完善。

① 晨曦. 音乐流媒体服务商 Deezer 拟上市估值 10 亿欧元[OL]. 人民网，http://www.wj001.com/news/jishu/2015-09-23/900227.html? eidk0.

法国标准化协会(AFNOR)作为一个经国家批准的、非营利民间机构,成立于1926年,接受法国经济、工业和就业部的监督管理。根据法国政府1984年1月26日颁布的法令框架,AFNOR创立了现行的法国标准化体系。AFNOR在该体系中处于核心地位,负责确定标准化需求、制定标准化战略、协调并指导行业标准化机构的活动,确保各标准化委员会能体现各方利益,批准法国标准。2004年12月23日,法国标准化协会(AFNOR)与法国质量协会(AFAQ)合并,组成法国标准化协会集团。AFNOR集团包括法国标准化协会和3个下属机构,即AFNOR认证公司(提供NF、AFAQ认证服务)、AFNOR竞争力公司(提供咨询、培训等相关服务)和AFNOR出版公司。AFNOR集团是一个以服务为导向的机构,为便于会员之间的信息交流、咨询和培训,AFNOR集团设立了14个地方代表处及28个国外办事机构。根据法国6/16/2009法令,AFNOR是标准的独家发行商,AFNOR拥有标准的版权。AFNOR在标准购买、标准复制、标准格式、标准共享权等方面做了详细的规定。

8.4.2.2 针对音乐产业变化给予相应法律政策支持

法国政府针对数字音乐产业也实行了一些治疗措施,尤其是在不同的网络发展背景下新兴起的数字音乐产业。比如,加强了对网络广告商的规范,减少盗版网站。早在2010年,为了适应网络正版音乐的发展,颁布了《创新与互联网法》,旨在打击非法下载,其特点是重在预防、快速审判。在向侵权者发出3次警告提醒后再犯者,将按侵权程度轻重处以断网、罚款以至最高3年的监禁。此后不到一年,又有针对习惯免费享用网络音乐的12~25岁青少年群体,政府提供补贴推出“音乐卡”,使其能够半价购买网络音乐,进而培养其合法网络消费的习惯。在培养正版音乐消费,尤其是网络音乐与实体音乐在购买形式和使用形式都大不相同的情况下,更应该培养良好的消费习惯,而法国在这方面做得非常周密、翔实,也更加明确应该从对网络有依赖性且需要着重培养合法网络消费习惯的青少年入手。

法国对音乐版权问题是很重视并且措施实施到位的,而且对国内外的侵权案件也格外关注。相较于我们所知的法国对本国语言以及文化知识的保护,音乐也属于文化体系的关键部分,而且由于数字音乐以及流媒体服务日益受到人们的喜爱和关注,使音乐更成为相关版权发展的针对解决问题的目标之一。

8.4.3 政府给予原创的政策支持

法国政府对文化事业及相关产业给予了不同形式的财政支出或赞助。中央政府直接提供赞助、补助和奖金给从事文化活动的企业或民间协会;地方政府(省、市、镇)财政支持文化事业发展的财政预算;政府通过制定减税等规章,鼓励企业为文化发展提供各类帮助(2003年,企业可享受约3%的税收优惠)。国家力量不仅体现在给予法律制度如版权保护一类的政策性支持上,政府的积极性又体现在利用减少税收来鼓励原创内容的发展方面,并利用一系列新的行为规范协议去调整迅速变化的数字音乐产业环境。

新的数字音乐产业的行为规范协议也是由法国政府出台的,甚至法国总统萨科奇(Nicolas Sarkozy)在2011年希望能够成立一个“国家音乐中心”来辅助提升音乐产业发展,也通过减少对法国网络服务业者(ISP)的税收实现。国家音乐中心将依循现有的法国国家戏剧中心(National Cinema Center)模式建构。要成立国家音乐中心的想法是由文化部长密特朗(Frédéric Mitterrand)提出的,特别的地方在于,它的经费将由一笔针对法国网络服务业者特征的"特殊税"来资助。法国总统萨科奇曾说,向网络业者征税来资助法国艺术界的做法只是刚好而已。全球化已经让网络巨擘赚走太多法国音乐市场的钱了,萨科奇解释道,而这种说法与法国一贯的网络内容保护政策相吻合。

8.4.4 法国音乐产业运营模式对我国的启示

免费和版权原本是互不矛盾的话题,美国数字音乐运营良好便是鲜明的佐证,免费是交易策略的表现,版权保护是音乐产品重要性的根本。除去音乐版权,对音乐著作权人的基本保障是最浅显、短见的商业运作模式。而观念的转变也包括新一代教育对个体的影响,尤其是指尊重知识劳动的成果,并因此引导自愿听音乐付费的行为转变,这些其实都是需要建立在人们观念和意识上升到一个层面从而形成良性循环之后才可以逐步建立的,是一个缓慢的过程。法国音乐市场对版权的保护也是早就建立起来的。欧洲国家与美国等西方国家对法律的完整和完善要求都会高于本国一个比起"理"更倾向于"情"的国家对待问题更严谨,而这就需要我们逐步完善一系列有关版权的问题。

更重要的是,在这个转变期要处理好种种磨合问题,比如,"三大三小"数字音乐公司的整合新趋势。2015 年,在用户不掏钱以及版权费用高的双重压迫下,中国的数字在线音乐出版和音乐服务商开始走向被收购的命运,形成了三足鼎立的局面。海洋集团收购酷狗、酷我,腾讯拥有 QQ 音乐,阿里收购虾米,而百度音乐出其不意地与太合音乐合作。看似情况多样,笔者看来却也是某种意义上的各取所需。现在的这种大资金集团与小音乐服务商的结合可以看作资本对音乐市场转折与发展的看重,也是音乐服务商对无法转换的危机和无法承受的未知压力的求助。但无论如何,部分映证了"延伸产业链和跨业态合作共赢"的畅想,音乐产业走出了各产业间横向拓展的第一步。① 除此之外,笔者还认为,一方面,音乐著版权等法律严抓措施才刚刚有所眉目,在不断完善的过程中"摸着石头过河",另一方面,被来自上下的双向层面剥削和挤压的公司空间和利润骤减,使市场局势大变,两者看似存在紧密的承接关系,但变换角度来看却也保证了音乐内容的根本地位,而或许也正是因为在这种经济形势紧迫的考验下,才能"去伪存真",保留那些真正对音乐市场有热情、真正喜爱热爱音乐的数字音乐服务商留存下来。而真正压迫到的并不是根基性的著作人权益和唱片公司以及转型的数字音乐出版商们,所以在根本上是保护了音乐多样化、品质化发展的,而新型的"二合一"式公司也会在这样的机会下翻新和转型,实现与当下市场最贴合的发展形式。

诸如此类的问题应该还有很多,都是亟待解决的迫切问题,参考法国的音乐产业状况,我们或许不能直接在盗版问题方面找到直接可借鉴的方法。因为法国早在一开始就把互联网出现所必然带来的版权问题消灭在版权政策建设和国家扶持支持调节等活动之下。尽管如此,我们依然可以发现法国的音乐产业尤其是流行音乐依然与中国音乐走出国界有一些共同的特殊性,即自身语言保护与国际流行之间的矛盾,在这种背景下应该怎样发展自己的音乐产业,尤其是在一个想要走向全世界的目标之下怎样发展。同

① 肖洋,谢红焰. 比较视域下的在线音乐出版盈利模式研究[J]. 出版科学,2014(6):78-82.

时，法国也是实体销售不够发达的国家之一，中国更是在实体音乐方面处于落后且没有多少竞争力这样的处境之中，更可以从观测法国音乐产业的发展状况中，尤其是其音乐流媒体服务的典型代表性以及一些流行音乐盛会，了解更多的发展空间和可能性，并设想如何在全球建立我国自己的音乐代表性标志。

8.4.4.1 政府对盗版音乐的把控以及政策实施

我们深知，我国的音乐版权问题如今仍处于夯实基础的环节，而英、法、美早在网络刚一兴起之际就展开了知识文化尤其是数字音乐版权的保护。不仅给予了相关政策的支持，在实行方面政府也给予了极大的支持，包括去税，使互联网时代获得不菲收益的音乐服务商的有能力来建立"国家音乐中心"，其目的是更好地保障音乐内容提供方的权益以及保障音乐文化和活动能够继续延续。如果说我国同样是作为政府对新兴产业的控制力度较大的国家，那么，无论法律建设的宏观层面还是实施政策的微观层面，都或多或少有所欠缺。再者，同样是对待时代新产物增值极大的存在于互联网的数字音乐产业，法国政府可以进行合法网络消费的培养，尤其是针对最需要培养的对象——青少年。而反观我国，在政策层面就没有良好的、个性化的针对于本国的合理设计，更没有实施的具体措施出台，不仅在网络发展起来的时候不能对盗版音乐的使用进行合理掌控，而且在之后的处罚措施中也一直没有将其提升为一个较高层面的错误进行严厉处罚。但我们知道，在法国，如果你侵犯版权，是要受刑事处罚的。

8.4.4.2 良好的文化产业以及音乐环境氛围

虽然中国和法国同样是"非主流"音乐文化的输出国，也就是不是像英国和美国这样的主要音乐输出国，但是中国在文化保护、音乐版权保护等方面的法律确实是一直以来较缺失的。且不说文化、历史等遗留原因，就光比照法国良好的文化展示以及艺术表演氛围，就能很好地说明其中的差异。法国早有举国欢庆的音乐节，与商业贸易相连接的法国戛纳国际音乐博览会（MIDEM），还有法国的"格莱美"之称的流行音乐盛典音乐颁奖礼（NRJ）等。

尽管中国在早先的文化关注和版权约束层面还做不到与早就是发达国家的法国相提并论。但是，显而易见，这样的音乐产业发展趋势和文化素养的全民培育是发展的新方向。毕竟，无论是以前的音乐表演、音乐唱片，还是接下来会继续发展的互联网音乐、数字音乐、音乐流媒体，音乐内容都将是不可忽视的重要基础，我们或许以前对音乐内容还有一些资源保留，但是对如何找寻属于中国的这个时代宝贵的、典型的音乐内容以及未来该何去何从总还是需要再多加思考。另外，法国对我国的启示意义更在于如何把自己国家的音乐和语言共同传播出去，并且能够对全球的音乐产业有一定的影响力。这也是法国之所以称为中国流行音乐发展的导路者的原因所在。

8.4.4.3 数字音乐方面的强势品牌树立

音乐可以促成经济的发展，不仅对中国是重要的增值机会，对法国也是一样。尽管法国位于发达国家之列，但其在音乐产业方面仍有很多不足，例如，其音乐产业远不如英国发展得更扎实、更稳健，但它知道如何寻找和培养自己音乐产业可增值的地方，并树立品牌。显然,数字音乐平台以及音乐流媒体服务等数字化的虚拟性平台是很容易建成的,也更容易和可塑造成人们所熟知的品牌。例如,Deezer 对法国音乐产业的发展就有极大的支柱力量,并且可以引导法国音乐走向世界,同时也是法国经济增长的关键因素和依靠。

从 Deezer 近十年的发展可以看出,它还会解决好现在版权支出过多的公司高额亏损与收益不对等的矛盾问题。就像它曾多次从盗版公司关闭之后走上正轨以及盈利过低而不能正常运行的情况下自己经营媒体广告代理 Deezer Media,亦或是像它曾经不得不依靠 Orange 等移动运营商才能运营下去,而如今至少可以有独立生存和发展的能力和基础了。不得不说,Deezer 作为一个全球认知的音乐流媒体平台,是法国音乐产业在近几年可以得到全球认可的必备产物,也是其未来音乐产业发展的标榜和希望。在 Deezer 的发展轨迹中不能缺少整个法国政府的支持以及全民对音乐产业重要地位的认同,当然,企业除去在纳税方面对本国文化产业基础存留的那份配合和努力营造的合法有序的网络环境,都是法国音乐产业能够发展到今天这个阶段不可或缺的重要因素,而这都是我国音乐产业想要不断向前走所需要学习和观察的。

一个国家的经济不能仅是依靠短期的市场混乱而赚取极大的利润,一个企业和公司更是不可能通过这样的方式来做文化产业和音乐产业的生意。当然,更重要的是,今天中国音乐产业的环境氛围已开始走向更积极的层面,合法化的收费标准呼之欲出,音乐服务商们的整合梳理也进入了一个新阶段,真正需要的还是政府的支持和全民性的引导。如果说,中国在很多方面都有引导性的提议和措施,那么,真正最应该引导的反而是精神层面和文化层面具有价值的内容。如果文化具有经济性,那么其艺术性就很难把控,而国家精神是需要文化来维持的,而音乐又是文化所必不可少的重要组成部分。

8.5 澳大利亚音乐产业

8.5.1 澳大利亚音乐市场概况

在此,我们主要研究分析音乐市场中与音乐产业相关的部分。音乐产业主要归属于文化产业中的艺术类,包括音乐图书的出版、印刷、批发和零售;音乐表演艺术,如演唱会、器乐演奏、音乐剧和歌剧等其他音乐表演;音乐创作与音乐作品出版,以唱片公司、分销商和独立音乐人为主体的唱片销售、数字音乐销售、流媒体服务等;另外还有乐器零售、音乐教育、录音录像类媒体制作等。澳大利亚约有近 500 个表演艺术团体,在艺术界享有盛誉的团体有澳大利亚芭蕾舞团、澳大利亚歌剧院、悉尼交响乐团、墨尔本交响乐团、澳大利亚室内乐团、黑天鹅剧院等。这些表演团体不仅活跃在澳大利亚本土的舞台上,也常年在国际舞台崭露头角。澳大利亚的表演团体也有着自己的特点,他们的剧目创新多、更新快,与国外合作的节目有很多,并且演出频率非常高。大部分音乐演出团体每年都有一半多的时间在进行演出活动,如澳大利亚歌剧院每年都要上演 19 部作品,悉尼交响乐团每年要举办 180 多场音乐会。

但是,纵观近几年澳大利亚的音乐市场情况,总体来说并未呈现出一个积极发展的状态。澳大利亚音乐产业在全球所占份额仅为 1.5% ~2% ,而且相比美国、英国等发达国家,澳大利亚音乐产业中的进口数额远小于出口数额,而且进出口交易的进行主要依赖于跨国娱乐公司。① 值得一提的是,亚洲逐渐开始成为澳大利亚音乐出口的重要地区,例如,在中国的城市中,澳大利亚艺术家在广州、深圳、中国香港等地的音乐演出越来越频繁。

根据普华永道(PWC)的年度展望来看,整个澳大利亚音乐市场,包括传统唱片、数字音乐和现场音乐市场等,将会在未来的5年进入发展停滞期。预计到2018年,澳大利亚音乐市场年收会有0.3%的增长,截至2019年会有0.5%的小幅度增长(见图8-6)。②

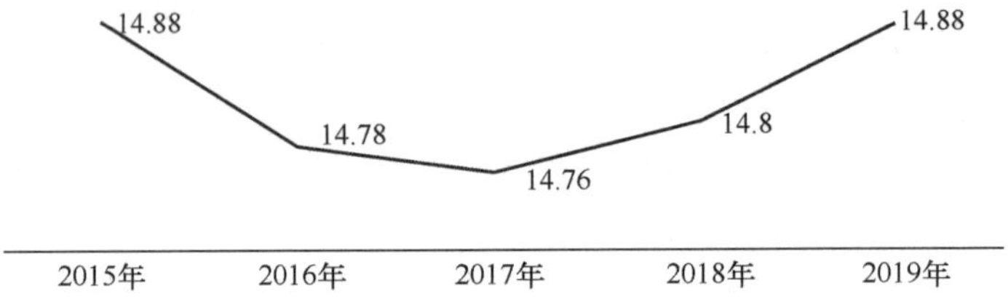

图8-6 澳大利亚音乐市场收入③

据澳大利亚唱片业协会(ARIA)统计,2013年,唱片市场的收入下滑了11.6%。CD销售继续以15%的速度下降。④ 2014—2015年,澳大利亚实体唱片的收入大跌15%,从而导致整个音乐市场的总体收入下降了9.6%。澳大利亚唱片业的这种低迷状态在未来可能会持续下去。

就数字音乐市场来看,澳大利亚数字音乐在2014年的收入约为4.6亿美元,预计到2019年将增长至5.37亿美元。⑤ 普华永道(PWC)执行董事及年度展望总编辑 Megan Brownlow 表示,这项数据同澳大利亚的媒体与娱乐市场预计前景是相同的,因为澳大利亚的媒体与娱乐市场之前已经经历了5年的零增长。

另外,澳大利亚的音乐流媒体服务在2014—2015年发展态势良好,例如,2014年,澳大利亚音乐流媒体服务收入就大幅增长118%,但是由于流媒体服务在总体收入中只占10%(实体唱片占41%),实体唱片的收入大跌15%,从而导致市场的总体收入下降9.6%。所以,尽管澳大利亚的流媒体发展迅猛,也无法挽救澳大利亚音乐市场的整体局面。⑥

与此同时,澳大利亚的音乐节也在近两年达到饱和,以曾在多城市举办"未来音乐"电子音乐节的 Mushroom Group 公司为首的音乐节组织者们认为:"在未来举办大规模音乐节的日子将屈指可数。"一些音乐节不久后会在澳大利亚的音乐市场陆续面

① Guy Morroe, John Fangjun Li. 首届音乐产业高端论坛海外分论坛:澳大利亚音乐产业[R]. 2014(11).
② 董露茜,李斌. 澳大利亚音乐市场将在未来五年内发展滞缓[J]. 音乐财经周刊,2015(4),7.
③ 普华永道(PWC). 2015—2019年全球娱乐及媒体行业展望[R]. 2015(6).
④ Chris Cooke. Australian Record Industry Reports Revenue Slide for 2013[J]. CMU Music Business, 2014(2).
⑤ 普华永道(PWC). 2015—2019年全球娱乐及媒体行业展望[R]. 2015(6).
⑥ 许梓烁. 盘点全球八大音乐市场[J]. 中国音乐财经 CMBN, 2015(3).

临失败。

但是,澳大利亚的现场音乐演出依然会在未来 5 年的音乐市场总收入中占据一定份额。澳大利亚有着充满生机的现场音乐市场,许多知名的国际艺人经常到访南澳,尽管不是每一场演出都会有很好的反响,但是一些规模大的国际公司依旧会在澳大利亚寻求市场,比如,埃米纳姆(Eminem)、贾斯汀·汀布莱克(Justin Timberlake)、麦莉·赛勒斯(Miley Cyrus)、凯蒂·佩里(Katy Perry),这些艺人都会在他们的巡演中到访澳大利亚的场馆,且取得了不错的票房成绩。仅仅凯蒂·佩里一个人就卖出了 35 万张票。预计至 2019 年,澳大利亚音乐市场消费总额将占据消费者总消费额的 5.5%。[①]

8.5.2 竞争格局

8.5.2.1 唱片产业

澳大利亚音乐产业中的唱片产业主要以当地独立唱片公司为主导。1960 年,澳大利亚的一些"音乐粉丝"开始经营音乐管理及演唱会推广。1970 年,澳大利亚的音乐产业开始真正起步:头牌唱片公司因为发现澳大利亚市场蕴含着巨大潜在商机,开始在澳大利亚境内设立子公司;澳大利亚当地艺人通过发唱片,开始占据重要的市场份额;青少年们则开始通过消费唱片的方式来表达对音乐的热爱,这些都成为澳大利亚音乐产业发展的助推力。经过 1980 年一段时间的市场基础巩固,1990 年,澳大利亚音乐市场中,头牌唱片公司的地位基本稳固,同时产业内各个环节也走上了更加专业化的道路。[②] 2000 年后的澳大利亚唱片业已经趋于稳定,一直发展至今。但是,如今数字音乐正大行其道,再加之近两年外来流媒体和本地流媒体服务的冲击,澳大利亚的唱片产业进入了滞缓衰竭阶段。

8.5.2.2 音乐演出

在澳大利亚人的文化生活中,表演艺术占据着十分重要的地位。音乐演出是包含在表演艺术行业中的,它是指与音乐现场演出有关的所有经营和表演活动。澳大利亚现场表演行会(LPA)和安永会计师事务所联合出具的《现场表演行业规模调查报告》对表演艺术进行了具体的分类,包括以下 10 个门类,其中涉及音乐演出的有:古典音乐演出、演唱会和音乐节等非古典音乐演出,音乐剧以及歌剧。[③] 澳大利亚演出行业的产值占整个文化产业总产值的 17.31%。

在澳大利亚最有市场、最容易营销的表演艺术门类是非古典类现场音乐和音乐剧,主要受众群体是年轻人。因为古典音乐演出的票价比较高,高水平演出也往往会出现一票难求的情况,所以主要受众群体是澳大利亚的中产阶层。

据统计,现场音乐、非古典音乐演出对其他经济领域也有较大影响,比如,大型流行音乐活动就会吸引很多国际游客游访澳大利亚。另外,澳大利亚本土还有很多户外音乐

---

① 2014 年澳洲现场音乐收入 115 亿美元. 中国演出行业协会, 2015(8).

② Ben O'Hara. Ben O'Hara 教授讲述澳大利亚音乐产业, 2014(11).

③ 澳大利亚现场表演行会(LPA),安永会计师事务所. 现场表演行业规模调查报告[R].2010.

节，例如，深受爵士乐和蓝调爱好者喜爱的澳大利亚蓝调音乐节、墨尔本国际爵士乐节；独立、另类和摇滚乐爱好者绝对不能错过的 Big Day Out 音乐狂欢节和未来音乐节等。① 根据有关数据统计，25% 的现场音乐演出参与者均为外来游客。德勤会计师事务所在维多利亚州的调查结果显示：现场音乐的演出能够提升所在饭店、咖啡店、酒店及周边商业圈的人气。②

纵观这几年澳大利亚表演艺术行业的发展，整体来说还是处于健康发展的态势，大部分观众愿意付费观看演出，而且澳大利亚当地政府对演出行业的扶持力度也非常大，由此可以大致认为整个演出市场处于良性状态。澳大利亚本土市场也预计：在未来数年内，澳大利亚表演艺术行业将维持 2% 的年增长率，直至 2017 年，可能会达到 14.6 亿澳元的产值。③

8.5.2.3 数字音乐以及流媒体服务

澳大利亚除了唱片产业和音乐演出外，近几年发展势头较好的就是数字音乐产业了。虽然数字音乐从 2015 年开始也进入了一个发展缓慢的阶段，但相对唱片业来说，数字音乐还是保持着小幅度的收入增长。从普华永道（PWC）出具的“全球娱乐及媒体行业展望”中可以看到：2014 年，澳大利亚数字音乐的总收入约为 4.6 亿美元，并且预计到 2019 年将增长至 5.37 亿美元。④

澳大利亚音乐市场的发展步伐基本和国际保持一致，音乐流媒体服务从 2014 年开始成为冲进澳大利亚音乐市场的一匹黑马。据音乐财经调查数据显示：澳大利亚 2014—2015 年度音乐流媒体发展态势良好，其中，2014 年，澳大利亚音乐流媒体服务收入就大幅增长 118%。⑤ 但是就目前澳大利亚的音乐市场来说，流媒体服务在市场总体收入中只占据 10% 的比重，所以音乐市场的整体状况暂时还不能凭借流媒体收入的增长扳回一局，但是 2016—2019 年，澳大利亚音乐流媒体服务的发展前景是值得期待的。

8.5.3 消费者特征

从一些消费行为中可以窥探到消费者特征，音乐消费行为是指为满足个体精神文化需求而消费音乐产品的活动。音乐消费的实质是一种观念上的消费，可以称为精神文化消费。但音乐消费也必须通过某一载体表现出来，即音乐商品。消费者所消费的音乐商品大概有以下几种：相对独立的物态性音乐文化消费品，如音乐磁带、唱片、音乐书刊、音乐贺卡、音乐文物、音乐软件、相关的音响器材、乐器等；一些音乐服务，如音乐表演、音乐作品有偿创作、音乐广播和电视频道的点歌服务等；还有依托大众娱乐消费的音乐服务，如 KTV 歌厅、舞厅、音乐雅座等；最后是附加值形式或隐含在其他商品中的音乐服务，如商场、公园、餐厅、茶馆的背景音乐、影视作品中的音乐。

---

① 澳大利亚的音乐节[OL]. http://www.australia.cn/explore/music-festivals/.

② 澳大利亚现场表演行会（LPA）. 澳大利亚表演艺术行业数据[R]. 2014(10).

③ 陈瑶. 观众购票意愿强 非古典音乐产值大[N]. 中国文化报，2014(10).

④ 普华永道（PWC）. 2015—2019 年全球娱乐及媒体行业展望[R]. 2015(6).

⑤ 许梓烁. 盘点全球八大音乐市场[J]. 中国音乐财经 CMBN，2015(3).

另外,从一个国家市场的年人均音乐消费额也可以看出这个国家音乐产业的真正价值和消费者状态。全球音乐产业网(Music Business Worldwide)根据国际唱片协会此前公布的2014年唱片收入前20名国家的人口规模统计出了不同国家市场的年人均音乐消费额。2014年人均音乐消费额最高国家排名中:澳大利亚位居第8位。①

随着数字音乐付费下载和流媒体服务的快速发展以及音乐演出行业的稳步发展,唱片业却进入了停滞状态,澳大利亚也不例外。《先驱太阳报》报道称,2011年,澳大利亚人在唱片上共消费3.82亿美元,相比2010年的3.84亿美元有所下滑,与2005年的5.28亿美元相比更是大幅下降;1/4的澳大利亚人都在访问盗版网站。② 对唱片业来说,消费者的这种心理状态也是除去市场客观因素外的主要问题。

8.5.4 澳大利亚音乐版权保护体系

近年来,版权产业尤其是核心版权产业,已经成为整个文化产业中相当重要的一部分。版权产业庞大而快速发展的技术构成、经济规模与效益、经营方式,都是当代国际文化产业发展的重要动力。根据世界知识产权组织2014年发布的对42个国家的调查数据显示:版权产业占这些国家GDP和就业率的平均值分别为5.18%和5.32%。③

8.5.4.1 澳大利亚音乐版权概况

20世纪80年代后期,版权产业在发达国家国民生产总值(GNP)中所占的比重大概是2%~3%。其中,澳大利亚是3.09%。到20世纪90年代初期,这些国家版权产业占国民生产总值(GNP)的比例上升到了3%~6%。世界知识产权组织将版权产业划分为核心版权产业、相互依存的版权产业、部分版权产业、非专用支持版权产业。核心版权产业包括:书籍出版、唱片、音乐、报纸和期刊、电影、无线电广播和电视广播、计算机软件(包括商用和娱乐软件)。

澳大利亚在版权产业研究和版权立法方面都曾处于世界领先地位。第二次世界大战后,随着美国版权产业全球霸主地位的确立,澳大利亚因为国家利益的需要,版权法由受英国影响逐渐转变为受美国影响。当今澳大利亚的版权法反映了国际最高水准,澳大利亚的现代知识产权保护体系在世界排名前十。④

澳大利亚实行现代版权制度的时间较长,版权立法也较完善。首部《版权法》颁布于1905年,之后曾适用1911年英联邦议会通过的《版权法》。现行《版权法》由澳大利亚联邦议会于1968年制定,该法案中,为了制衡版权人与大众的权利,还特别明确了一些侵权豁免。

为适应数字网络背景下的版权管理需要,澳大利亚在2000年9月颁布了《版权法修正案(数字议程)》,这部法案修改了1968年《版权法》的诸多内容,包括为文学、戏剧、音乐、艺术作品的版权所有者规定了一项新的专有权——"将作品向大众传播"的权利,法

---

① 许梓硕. 2014人均音乐消费哪家强?挪威领跑,中国垫底[J]. 音乐财经, 2014(9).

② 澳大利亚音乐行业呼吁各方协助打击盗版. 辽宁省对外贸易经济合作厅:贸易应对产业预警, 2012(3).

③ 世界知识产权组织对版权产业经济贡献调查报告[R]. 2014(1).

④ 王玲玲. 外国版权产业的发展对中国的启示[J]. 中国科学技术信息研究所, 2006(7).

案对“传播”制定了相当详尽的定义。“新型的传播权”中认为：有必要考虑权利类型、网上传播版权作品的主体，以及传播发生的时间和地点等问题。澳大利亚的新型传播权包括两部分，一个是向公众提供权，另一个是电子传输权。传播的主体应为上载人，向公众提供的时间应为作品被上载到公众可以访问的网络服务器上的时间；电子传输的时间则为作品从网络服务器对外发送的时间，传输的地点就是供下载的网络服务器所在地。澳大利亚新型传播权具有域外效力，包括外部域外效力和内部域外效力。① 在网络传输版权作品的时候，只有极少数情况是澳大利亚传播权没有覆盖的。一种情况是网络服务器位于澳大利亚，但澳大利亚公众不能访问该服务器，也没有证据显示已经有任何人访问了；另一种情况是网络服务器位于澳大利亚境外，澳大利亚公众无法访问该服务器，这种情况虽然有可能发生，但是非常少见，也许永远都不会发生。如果这一假设是正确的，那么，澳大利亚传播权就具有完全的域外效力。不能否认，这样的结论会在未来对澳大利亚版权法产生十分显著的政策影响。新的传播权取代了仅限于无线通信的广播权和仅适用于作品而不包含其他形式客体的有线传播权，与公开表演权有着明显的区别。澳大利亚立法明确传播权是版权所有者的专有权利，但是与专有许可权相区分。所以，版权所有者既享有传播作品的权利，又有授权第三人传播作品的权利。此法律于2001 年3 月4 日生效，其核心内容——“向公众传播的权利”实际填补了之前澳大利亚版权法的许多空白。②

自 2014 年起，澳大利亚发生了一些网络侵权案件，针对这种情况，在本国提出了一系列版权执法变革。澳大利亚政府计划对 1968 年《版权法》进行再次修改，提出了《版权法修正案（在线侵权）》，以便“提供一个法律框架，在这一法律框架中，权利人、互联网服务提供商和消费者代表可以制定灵活、公平和可行的方式，从而达到减少在线侵权的目的”。2016 年，澳大利亚政府发布了《版权法案》修正案，计划实施适应数字世界的合理使用条款，在《版权法案》中加入合理使用和安全港条款。③

澳大利亚的版权刑事立法相当严格，明知或应知是侵权复制品而进口、为商业目的而持有侵权复制品、未经许可在公共场所公开播放唱片或放映电影以及明知或应知作品受版权保护而故意在公共场所公开表演等均被认定为犯罪行为。④

从法律运行与实现的角度来看，澳大利亚版权保护主要是依靠各种集体管理以及司法裁决。在澳大利亚，版权集体管理组织作为非营利组织，享受国家的免税政策，并且在获取权利人授权方面享受政府的资助，会员入会无须缴纳费用。

在澳大利亚，版权作品有政府作品与非政府作品之分。政府作品的版权保护期为创作完成之日起 50 年；非政府作品的版权保护期为作者有生之年加死后 70 年，佚名、假名出版或作者生前未出版的作品，版权保护期则为出版后 70 年。

另外，依据澳大利亚的现行版权法，所有版权豁免规定仅适用于非营利性图书馆。

---

① 安德鲁·克雷斯帝，伊洛易丝·戴爱斯，李静. 网络时代澳大利亚版权法中的新型传播权［J］. 暨南学报（哲学社会科学版），2008（5）

② 安德鲁·克雷斯帝，伊洛易丝·戴爱斯，李静. 网络时代澳大利亚版权法中的新型传播权［J］. 暨南学报（哲学社会科学版），2008（5）

③ 澳大利亚政府在《版权法案》中加入合理使用和安全港条款［OL］. 中国保护知识产权网，2016（1）.

④ 陈瑶. 澳大利亚的版权产业［N］. 中国文化报，2015－09－07.

图书馆可以为读者研究与学习之用复制一份已出版的视听资料之外的文学、戏剧、音乐或美术作品(内容不超过1/10)。如果图书馆无法在"合理时间"内以正常的商业价格获得相应作品,则可以对其整体进行复制。图书馆可以向读者收取成本费用,但不得借此营利,同时要将相应版权信息告知读者,并将有关复制记录保存4年,以供权利人及其代表随时查询。① 在数字网络环境下,图书馆不仅可以向以研究、学习为目的读者通过本馆局域网或电子邮件传输复制件,而且可以对其他图书馆馆藏以读者学习与研究为目的进行馆际互借,制作并通过电子邮件向其他图书馆传播相应出版物的数字复制件。但是,图书馆要在发送成功后立即销毁该复制件,并且不允许在内部计算机终端上复制或交流以电子形式向公众提供的作品。②

按照之前出台的《版权修正案(数字议程)》,在澳大利亚,破坏版权保护技术措施的行为本身并不违法,但是制造、销售、出租、以商业方式在公共场所展示规避版权保护措施的设备,以及基于规避版权保护措施目的而进口相应设备都是不被允许的,除非行为人能够依法证明其提供规避设备获取规避服务的行为是为了实现权利人所许可的目的。③

8.5.4.2 澳大利亚的音乐版权管理

音乐版权属于知识产权的范畴,音乐作品是音乐创作者、艺术家、制作者等集体智慧和劳动的结晶,在使用和播放这些音乐作品时,为音乐创作生产者支付劳动报酬是理所应当的。只有合法保护音乐创作者的应有权益,为其创作提供更好的社会环境,他们才会创作更多优秀的音乐作品来回馈社会;只有不断的创新,才是保持文化事业不断发展的鲜活动力。

目前,澳大利亚共有6家著作权集体管理组织,分别是:澳大利亚表演权协会(APRA)、澳大利亚机械复制权协会(AMCOS)、澳大利亚版权代理公司(CAL)、澳大利亚影视播放权协会(SCREENRIGHTS)、澳大利亚录音著作权协会(PPCA)、视觉艺术协会(VISCOPY)。澳大利亚的总检察署负责行使对这些著作权集体管理组织的监督权,可以根据情况要求所有集体管理组织提供相关的财务报告和年报,也可公开征求意见,对著作权集体管理组织进行评估。④

在澳大利亚,对音乐版权进行监管的组织是APRA(Australian Prudential Regulation Authority),即澳大利亚审慎监管局。澳大利亚审慎监管局成立于1926年,是代表澳大利亚和新西兰境内的音乐创作者和音乐出版商收取、分配音乐作品表演权、使用费的非营利性组织。目前,该组织拥有65 000多名会员以及300多家出版商会员,与全球80多个集体管理组织均有合作。再加之在1997年已经并入该组织的澳大利亚机械复制权协会(AMOS),该组织2010年的版权费收入就已经超过了2.2亿澳元。⑤ 另外,该组织拥有3万多澳大利亚本土会员,并接受海外联160万左右词曲作者和出版商的委托,收取音乐

① 李静.澳大利亚图书馆使用著作权的规范与评价[J].现代情报,2009(6).

② 陈瑶.澳大利亚的版权产业[N].中国文化报,2015-09-07.

③ 张凤杰.澳大利亚版权产业、版权保护及其对我国的启示[J].环球瞭望,2011(4).

④ 马继超.浅谈澳大利亚版权集体管理概况[J].中国新闻出版报,2013(10).

⑤ 张凤杰.澳大利亚版权产业、版权保护及其对我国的启示[J].环球瞭望,2011(4).

表演权使用费。其收取使用费的对象包括:播放背景音乐的场所、电台、电视台和使用音乐作品的网络等。并且,澳大利亚审慎监管局(APRA)在1997年与澳大利亚机械复制权协会(AMCOS)合并后,同时管理了澳大利亚和新西兰的词曲作者和全世界众多音乐作品的复制权。①

在澳大利亚,尽管本土人口非常有限,但澳大利亚的版权集体管理组织却非常活跃、发达。以音乐版权保护组织澳大利亚表演权协会为例,目前,该组织拥有8.7万多个会员以及1 000多家出版商会员。2014年,该组织收取的版权费高达2.528亿澳元。

8.5.5 澳大利亚政府给予原创的政策支持

8.5.5.1 资金支持

20世纪90年代初期,澳大利亚联邦和各州政府的拨款是澳大利亚文化产业资金的主要来源。随着文化产业的发展,各级政府对文化事业的投入虽然有所减少,但整体的资金支持还是保持着一定的强度。

为了进一步促进现场音乐演出、古典音乐和非古典音乐的发展,联邦政府艺术部于2013年7月29日宣布成立国家现场音乐办公室,在之后的3年内提供了56万澳元的专项资金用于鼓励现场音乐的发展。②

澳大利亚政府还出资扶植文化出口产业,与此同时也达到了刺激原创生产的目的。1996年,为支持文化出口,澳大利亚艺术委员会成立了"观众与市场发展部"负责相关的事务,并拨专款用于支持文化出口。1999年,澳大利亚联邦政府外交兼外贸部长和艺术部长共同宣布了政府促进艺术出口的计划,联邦政府拨款1 000万澳元用于之后3年扶植文化出口产业。从2004年起,在此基础上,除了一次性专项拨款外,每年还增加了30万澳元用于加强艺术出口计划。澳大利亚外交与外贸部也通过澳大利亚国际文化理事会主办的文化外宣项目资助澳大利亚文化产品的出口。此外,澳大利亚外贸促进会也有一些经费用于奖励从事文化产品出口的企业。③

除此以外,澳大利亚艺术理事会大型演艺机构委员会划定了28家澳大利亚大型演艺机构,涵盖歌剧、交响乐、芭蕾舞、戏剧、现代舞、马戏和流行乐7个门类。联邦政府和地方政府每年都会拨出一定资金,给予这28家大型演艺机构相应的支持,这些大型演艺机构的运营同时也受到澳大利亚艺术理事会和地方政府艺术部门的监督和指导,它们承担着相当一部分的社会服务职能和原创生产责任,在艺术教育、艺术发展创新及艺术普及活动方面都起着引领作用。④

自1999年起,这28家机构组成了澳大利亚大型演艺集团(AMPAC),作为一个整体与政府协商资助事宜、调查会员机构经济状况以及在全国范围内协调集团内的业务合作。根据2013年的数据,2012年,澳大利亚大型演艺集团(AMPAC)取得了4.72亿

---

① 吕丹布恩:详解音乐版权国外管理经验声音[OL].中国产权法律网,2012(7).

② 陈瑶.观众购票意愿强,非古典音乐产值大[N].中国文化报,2014(10).

③ 葛瑞瑞.澳大利亚文化产业政策对我国的启示[J].美与时代·城市,2013(11)

④ 陈瑶.观众购票意愿强,非古典音乐产值大[N].中国文化报,2014(10).

澳元的收入(其中,政府资助占35%);360万澳大利亚人通过AMPAC举办的演出、校园活动或者其他活动参与到表演艺术中,其中,演出观众达320万人次;接近800万人次通过广播、电视、银幕观看了AMPAC的演出;共有108部新的艺术作品通过AMPAC面世。

澳大利亚政府还对澳大利亚国家音乐学院等8家全国性专业艺术培训机构提供支持,力争为澳大利亚创意产业培养更多优秀的人才。针对创意人才和企业在创业之初面临的困难,澳大利亚政府制订了"艺术启动"计划,通过澳大利亚委员会,每年向从事创意产业的艺术专业毕业生、艺术家个人及专业机构提供创业资助。澳大利亚政府还通过资助当地澳大利亚音乐巡演、土著音乐和当代音乐创作等措施,加大对本国原创音乐的推动。

8.5.5.2 政策支持

澳大利亚政府对原创文化、艺术的商业赞助实行赞助免税制度,澳大利亚还成立了隶属于通信艺术部的文化团体注册局,专门审批各类文化团体是否可以享受捐赠减免税待遇。文化团体获得的私人捐赠已经成为澳大利亚文化产业资金的一个重要补充渠道。另外,政府还批准成立了澳大利亚人文基金会,设立了商业艺术基金,以此来扶持澳大利亚本土的原创文化、艺术。①

澳大利亚政府还制定了鼓励文化产品出口的战略,为原创文化产品出口创造良好的环境和条件。政府规定,任何企业和个人都可以从事文化产品的进出口,无须任何审批手续。在文化贸易领域,政府的职责不是审批,而是通过制定政策来引导其发展。对代表国家最高艺术水平的团体和具有澳大利亚文化特色的原创项目,政府都给予政策倾斜支持。澳大利亚对外文化宣传也主要通过促进文化产品出口来进行,"在国际上推广澳大利亚文化"战略计划的目标是:提升澳大利亚的国际形象,促进外交和外贸发展,促进澳大利亚原创文化产品的出口。该计划的主要任务包括6个方面:集中力量在国际上宣传澳大利亚本土文化和艺术;通过协调各方资源,向海外推出高质量的原创艺术展演和合作项目,以提高澳大利亚正面和鲜明的国家形象;推动政府、文艺机构和企业的合作与协调,共同促进国际文化交流;积极改进服务工作,向国际和澳大利亚文化界提供有关澳大利亚文化艺术产品的信息;通过贸易促进和发展一些原创项目,扩大澳大利亚本土文化艺术产品在海外的市场;促进与潜在的赞助者、海外承办机构、有影响力的艺术家和作家的联系,疏通联络渠道。②

澳大利亚在全世界各个地区主要依靠其驻外使馆开展文化外宣活动。澳大利亚外贸促进会也帮助企业在各个地区开拓文化产品市场。澳大利亚通信、信息技术、艺术部和澳大利亚艺术委员会等部门还为澳大利亚文化网站的建设进行了大量投入,现在这些网站已经成为推广澳大利亚文化产品的舞台和文化企业进行国际促销的有效渠道。澳大利亚外贸促进会直接为文化企业提供信息服务,为文化产品的出口提供咨询、市场调查、帮助选择合作伙伴等服务。

---

① 葛瑞瑞. 澳大利亚文化产业政策对我国的启示[J]. 美与时代·城市, 2013(11)

② 葛瑞瑞. 澳大利亚文化产业政策对我国的启示[J]. 美与时代·城市, 2013(11)

为了从源头上促进原创人才的产生，澳大利亚课程、评估与报告管理局已启动全澳艺术教育课程的制定，旨在将音乐、舞蹈、戏剧、视觉艺术和新媒体等内容纳入日常课程表，培养更多创意产业相关人才，以带动澳大利亚艺术原创的产生。

8.5.5.3 法律支持

2015 年，澳大利亚音乐行业迎来了被描述为打击网络盗版的"有效工具"的新立法。澳大利亚参议院 2015 年 6 月通过了《版权修正案(网络侵权)2015》，该法案将使版权拥有者可以寻求法院禁令，迫使互联网服务提供商阻止境外托管的侵犯版权的网站，比如，Pirate Bay① 和 Kickass Torrents 这两个网站。该法案在参议院以 37 票赞成、13 票反的结果对得以通过，并由总督签署成为法律。对澳大利亚的用户来说，盗版网站被封锁也许只是一个时间上的问题。②

澳大利亚政府对网络服务提供商反盗版草案也开始提上日程，澳大利亚音乐维权公司总经理 Vanessa Hutley 在发表到《公告牌》的声明中表示：音乐产业是由发展支撑的。该游说组织(前身为音乐产业盗版调查公司)通过澳大利亚唱片工业协会(ARIA)代表 125 家唱片公司，并且通过与澳大利亚机械版权所有者协会(AMCOS)的联系，代表了超过2 000位歌曲作家和音乐出版商。③

澳大利亚政府和在野党对这项重要立法的支持表现出了他们对在澳大利亚文化和经济生活中占据重要地位的创意产业的支持。该法案的第 115A 章节给予了创意社群有效的工具来打击境外非法网站，这些网站通过广告赚取了高额利润，大规模、系统性地利用了艺术家们的作品，却没有给予艺术家任何相应的回报。澳大利亚网络用户拥有超过 30 个被许可的在线音乐网站，并有多种平台和价位可供选择，包括免费的广告支持服务。这些非法网站之所以可以持续、蓬勃地发展，并为运营商赚钱，就是因为到目前为止版权拥有者在本地没有任何办法阻止这些网站的运行。

澳大利亚机械版权所有者协会总裁 Brett Cottle 认为："该法案将给予创意产业一个反击手段，这将有助于改变澳大利亚的消费者行为，并且最为重要的是，它将带给澳大利亚的艺术家和创作者们一个强大的、实用性的和象征性的抗击渠道。"④

澳大利亚的创意产业已经等待了很长的时间，相信在政府法律逐渐完善，以及对创意产业的不懈支持下，澳大利亚的原创音乐也会越来越好、越走越远。

8.5.6 澳大利亚音乐产业运行模式对我国的启示

较之于我国，澳大利亚版权立法具有一定的本土特色，在前面已经系统地阐述过了，而这些对中国未来版权产业的发展有一定的启示。

由于版权产业的文化属性，中国一直以来更多地是从意识形态的角度加强监

① 一个专门储存、分类及搜寻 BT 种子的网站，并自称"世界最大的 BT 种子服务器"，曾因涉及版权问题，多次遭到取缔。

② 澳大利亚的音乐行业欢迎新的反盗版立法[OL]. 中国保护知识产权网, 2015(6).

③ 澳大利亚的音乐行业欢迎新的反盗版立法[OL]. 中国保护知识产权网, 2015(6).

④ 澳大利亚的音乐行业欢迎新的反盗版立法[OL]. 中国保护知识产权网, 2015(6).

管，却很少从优化经济结构、发展经济的层面强调版权作为产业的意义，而这恰恰是欧美国家特别重视的。例如，澳大利亚国内早已出现了版权产业的概念和分类方法，并且对版权产业一直在进行持续而深入的研究。而中国在业内对版权产业的研究只是近些年的事情，深入、系统的探讨也是从 2015 年才开始的。因此，借鉴国外版权产业发展的成功经验，对我国版权产业的发展乃至整个国民经济的发展都具有重大的意义。①

首先，我国应该明确版权产业在国民经济发展中的地位及其对国民经济发展的影响，以及我国版权产业与国际版权产业在发展中相互制约和相互依存的关系。有效的版权集体管理也是促进澳大利亚版权产业持续快速发展的关键因素。而我国各类版权集体管理组织成立的时间都不算长，版权集体管理事业整体来说还不是十分发达。在这样一个权利人的权利意识、维权能力、相关市场中介服务都相对较弱，和版权行政执法和司法保护力量有限的情况下，强化版权集体管理可能是快速提升版权保护水平的一个有效途径。尤其是在数字网络环境下，面对大量的传播需求，版权集体管理更有其天然的优势。②

其次，各类版权集体管理组织应该严格遵守相关法律，需要先获取权利人的授权，之后才可以代表权利人进行转授。监督版权集体管理组织应该依法向权利人转付版权费用，引导版权集体管理组织逐步加大向权利人转付版权费的比率，从而不断获得权利人和社会的信任，营造一个健康、和谐的版权产业发展大环境。③

最后，我们也可以通过作品保管的方式促进版权的发展。作品保管具有方便快捷、即时高效、安全私密等特点。通过作品保管服务，可以聚集和扩散各种作品的创作和使用，促进版权相关群体的交流，为创作者和使用者提供交易安全保障，扩大交易量，从而实现并提升作品的价值。作品保管业务的直接受益者是我国广大的创作者、企事业单位、科研机构和其他权利人。新型的作品保管方式可以更好地提升版权公共服务质量，促进版权产业的国际化发展。

8.6 日本音乐产业现状

8.6.1 音乐产业体系概述

8.6.1.1 日本音乐产业现况

国际唱片业协会（IFPI）统计数据显示，2015 年，日本录制音乐的生产总值（音频和音乐视频）与 2014 年的2 542亿日元相比出现了略微的增长，为2 544亿日元，这是近 3 年来出现的首次增长，同时产量同比下降 1%，为 2.34 亿张（见图 8－7）。

---

① 张凤杰. 澳大利亚版权产业、版权保护及其对我国的启示[J]. 环球瞭望，2011(4).

② 刘朝. 数字环境下版权的失衡与再平衡——从澳大利亚制度起[J]. 网络法律评论，2005(7)

③ 王玲玲. 外国版权产业的发展对中国的启示[J]. 中国科学技术信息研究所，2006(7).

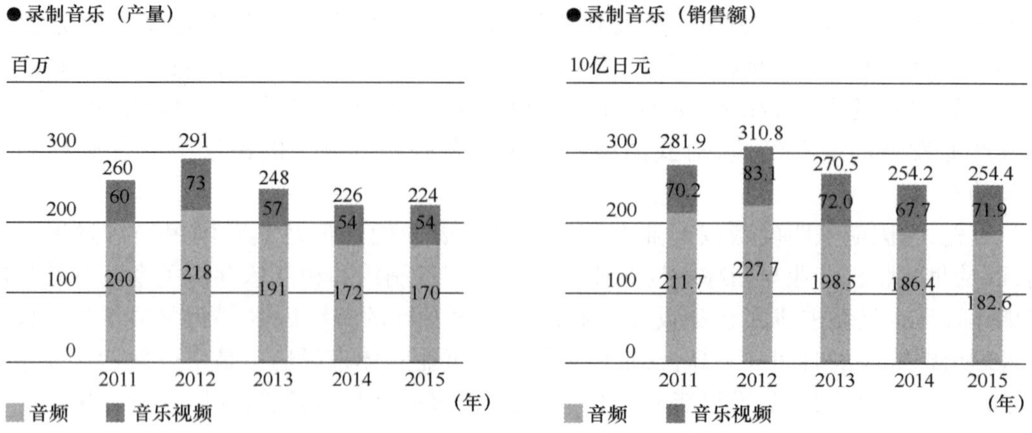

图 8-7　日本 2011—2015 年音频实体唱片产量和销量图

资料来源：RIAJ YEARBOOK，2016

相比之下，数字音乐销量比上一年增长了 8%，为 471 亿日元，连续两年出现增长。因此，综合算下来，2015 年，日本录制音乐的销售总额（实体和数字）与上一年相比增加了 1%，为 3 015 亿日元，与 2012 年的3 651亿日元相比下降了 17%。

表 8-2　日本 2015 年音乐制品生产及销售情况

	产量（百万）	与上年相比	销售额（10 亿日元）	与上年相比
音频	170	98%	182.6	98%
音乐视频	54	101%	71.9	106%
录制音乐（包括音频、音乐视频）	224	99%	254.4	100%
数字音乐	178	91%	47.1	108%
录制音乐和数字音乐总计	—	—	301.5	101%

资料来源：RIAJ YEARBOOK，2016

表 8-3　日本 2011—2015 年音乐制品情况

（Millions/Billions of yen）

		音频	音乐视频	录制音乐（包括音频、音乐视频）	数字音乐	录制音乐和数字音乐总计
2011	产量	200	60	260	367	
	销售额	211.7	70.2	281.9	72.0	353.9
2012	产量	218	73	291	272	
	销售额	227.7	83.1	310.8	54.3	365.1

续表

		音频	音乐视频	录制音乐（包括音频、音乐视频）	数字音乐	录制音乐和数字音乐总计
2013	产量 销售额	191 198.5	57 72.0	248 270.5	216 41.7	312.1
2014	产量 销售额	172 186.4	54 67.7	226 254.2	197 43.7	297.9
2015	产量 销售额	170 182.6	54 71.9	224 254.4	178 47.1	301.5

资料来源：RIAJ YEARBOOK，2016

在音频实体唱片方面（见图 8－8），2015 年产量为1.696 5亿张，比 2014 年下降了2%，销售额为1 826亿日元，比 2014 年下降了 2%。具体来说，CD 专辑产量为 1.127 亿张，同比下降了 2%，销售额为1 384亿日元，同比下降 3%。而 CD 单曲产量与上年相比下降了 1%，为 55.14 百万张，销售与上一年基本持平，为 417 亿日元。其中，日本国内录制音乐和国外录制音乐占比分别为 87% 和 13%，国内音乐的需求比例占绝对优势。此外，黑胶唱片的产量和销量增长为 65%，与上一年相比有了显著的增长。

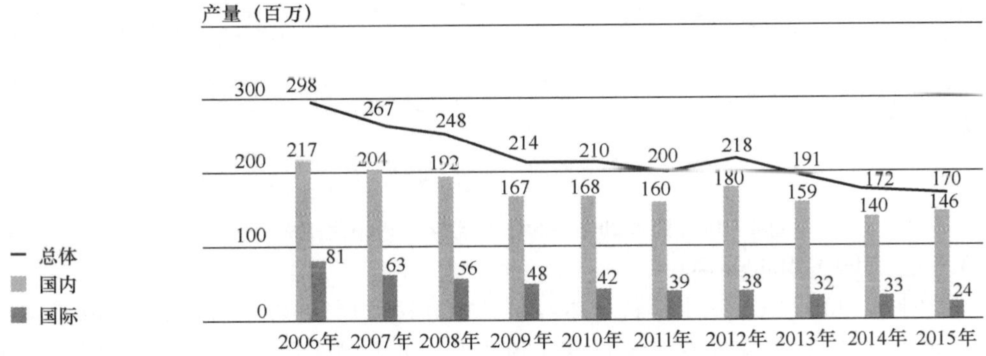

图 8－8 日本 2006—2015 年音频实体唱片情况图

资料来源：RIAJ YEARBOOK，2016

2015 年，日本音乐视频的产量和上年相比上升了 1%，分别为5 407万张，销售额为719 亿日元，增长了 6%。其中，DVD 的产量下降了 7%，为4 372万张，销售额为 473 亿日元，下降了 4%。蓝光光盘的音乐市场稳步扩大，大涨 57%，同比增长 32%，达到了1 034万张，销售额到达 246 亿日元，从而弥补了 DVD 销量下降的损失。

得益于个人电脑和智能手机的销量持续走好，自 2009 年以来，日本数字音乐销售额第一次两年连续增长，其中，2014 年达到 437 亿日元，比上年上涨了 5%，2105 年为 471 亿，增长率为 8%，这还要归功于同比增长 58% 的流媒体订阅服务。其中，数字单曲的下载量下降了 5%，销售额下降了 8%，为 190 亿日元。而数字专辑的下载量增加了 9%，为

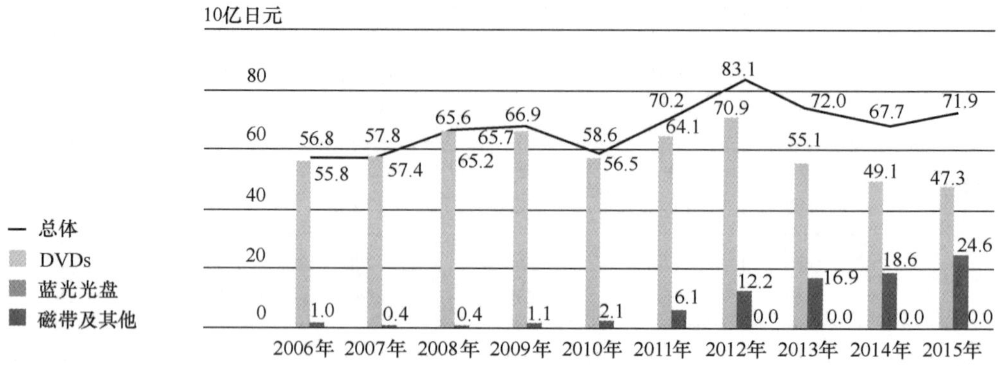

图 8 -9　日本 2006—2015 年音乐视频情况图

资料来源:RIAJ YEARBOOK,2016

844 万次,销售额上升了 10% ,达 92 亿日元。另外,2015 年,音乐订阅市场得到了巨大的发展,增产率高达 58% ,金额达到 124 亿日元(见图 8 -10)。①

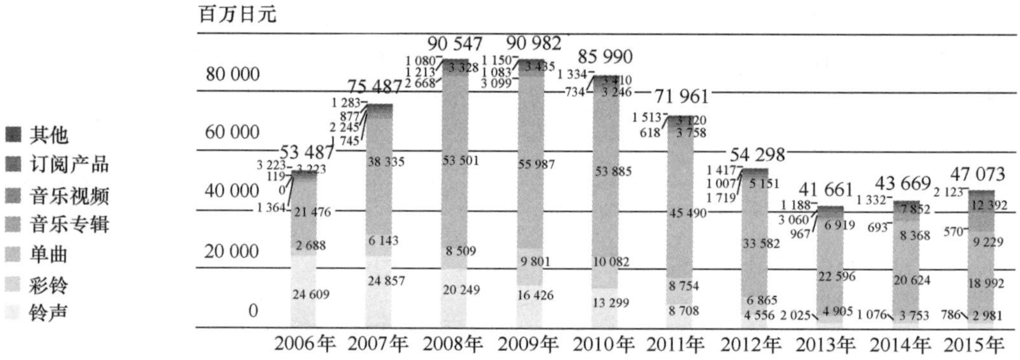

图 8 -10　日本 2006—2015 年数字音乐销售组成情况图

资料来源:RIAJ YEARBOOK,2016

总的来说,20 世纪五六十年代日本经济开始高速发展,在经济、政治上与欧美国家关系日益紧密,同期高水准的欧美流行音乐流入并影响日本,20 世纪 70 年代开始,日本的本土流行音乐团体逐渐冒头,20 世纪 80 年代规模化产业化,最终在 20 世纪 90 年代达到巅峰,进入 21 世纪之后,随着通信设备的改进和互联网的发达,消费者的娱乐方式越来越多样化,日本的音乐产业受到一定程度的冲击,但产值任然仍然位居世界前列。国际唱片业协会(IFPI)统计数据显示,日本 2012 年度音乐软件(包括 CD、DVD 和网络下载)销量约为 42.82 亿美元,首次超过美国成为世界第一。包括音乐的二次使用费用(如电影主题曲,广告曲等)在内的市场销售总额为 44.22 亿美元 ,排名仅次于美国名列第二。② 日本唱片协会(RIAJ)最新年度度报告(RIAJ YEARBOOK 2015)显示,2014 年,日本录制音乐的生产总值(音频和音乐视频)与前一年相比下降了 6% ,为2 542亿日元,同

① RIAJ YEARBOOK 2016[OL]. http://www. riaj. or. jp/f/pdf/issue/industry/RIAJ2016E. pdf

② Internationl Federation of Phonographic industry ,Recording Indstry in Numbers 2013

时,产量同比下降9%,为2.26 亿张。相比之下,数字音乐销量比前一年增长了5%,为437 亿日元,这是从2009 年开始5 年来的第一次增长。因此,综合算下来,2014 年,日本录制音乐的销售额下降了5%,为2 979 亿日元。①

表8-4 日本2014 年音乐制品销售情况

	产量(百万)	与上年相比	销售额(十亿日元)	与上年相比
音频	172	90%	186.4	94%
音乐视频	54	94%	67.7	94%
录制音乐(包括音频、音乐视频)	226	91%	254.2	94%
数字音乐	197	91%	43.7	105%
录制音乐和数字音乐总计	—	—	297.9	95%

资料来源:RIAJ YEARBOOK,2015

在音频唱片方面,2014 年产量为1.723 1亿张,比2013 年下降了10%,销售额为1 864亿日元,比2013 年下降了6%。具体来说,CD 专辑单位产量为1.149 3亿张,销售额为1 423亿日元,同比下降了7%。而CD 单曲单位产量和销售额分别为55.46 百万张和418 亿日元,与上一年相比分别下降了8%和3%。2014 年,日本音乐视频的产量和销售额和上一年相比下降了6%,分别为5 368万张和677 亿日元,其中,DVD 产量下降了8%,为4 707万张,销售额为491 亿日元,下降了11%。然而蓝光光盘的产量比上一年增长了16%,达到660 万张,销售额到达186 亿日元,同比上涨10%。得益于个人电脑和智能手机的销量持续走好,自2009 年以来,日本数字音乐销售额第一次出现增长,达437 亿日元,与2103 年相比上涨了5%。其中,数字单曲的产量和销售额分别增长了19%和18%,数字专辑的产量和销售额分别上扌了17%和21%。PC 端的数字音乐销售占72%,而手机端则是72%。另外,音乐订阅市场每年都在扩大,2014 年增产率高达157%,金额达到79 亿日元。②

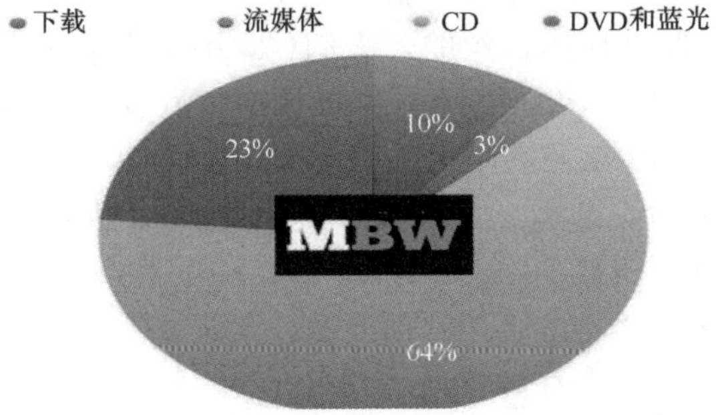

图8-11 日本2014 年录制音乐市场销售比例图

资料来源:RIAJ/MBW analysis

① RIAJ YEARBOOK 2015[OL]. http://www.riaj.or.jp/riaj/pdf/issue/industry/RIAJ2015E.pdf

② RIAJ YEARBOOK 2015[OL]. http://www.riaj.or.jp/riaj/pdf/issue/industry/RIAJ2015E.pdf

8.6.1.2 日本音乐产业发展的特点

虽然日本数字音乐市场增长迅速,但是从图 8 – 11 可以看出,传统唱片仍然占据市场的主要份额,流媒体只占到3%,整个数字音乐也只占市场份额的13%。这与世界各国传统唱片销量严重下滑、数字音乐占据市场主导、流媒体快速增长的大环境相比显得有些格格不入,这也是日本音乐产业的特色之一。而日本数字音乐版权收取使用费状况,据日本唱片业协会著作权合同部部长楠本靖介绍说,2009 年,日本数字音乐版权使用费收取规模曾达到910 亿日元。近年来,日本数字音乐下降到顶峰时的一半,数字音乐版权使用费的收取规模在同步减小,这种状况和世界其他国家正好相反。2014 年后,日本数字音乐产业规模开始止跌并呈现增长势头,版权使用费收取规模也随之企稳回升。关于这一现象,MTV 日本台主管创意与内容的副总裁 Alan Swarts 给出了以下几个方面的解释:

(1)在日本,一切都很昂贵。出租车起步价为 710 日元(约 44 元人民币或 7 美元),看一场电影得要1 800日元(约 111 元人民币或 18 美元),而一张 CD 专辑均价则在3 000日元左右(约 186 元人民币或 30 美元)。可以看到,CD 等实体形式在日本卖得更加昂贵,而数字产品也是如此。iTunes 商店里歌曲的平均售价为 250 日元(约 13 元人民币或 2.5 美元)。虽然其歌曲销量也不可胜数,但真正造就如此庞大的市场的原因在于其居高不下的产品价格。如今,日本不仅是世界上规模最大的音乐市场,同时也是世界上最昂贵的音乐市场。

(2)稳定的 CD 销售价格。日本的 CD 价格在 10 年甚至更长的时间内都没有什么变化,尽管近年来发行的 CD 还包含诸如 DVD 或写真别册一类的福利(这也许能部分说明唱片为什么卖得这么贵)。在日本,音乐产品的价格总是被合法保护以避免其降价打折——价格总是被直接打印在产品上,因此一直以来都没发生过竞争降价的零售战争。日本的百思买或沃尔玛也无法通过低价销售来吸引顾客。日本的书籍与 DVD 价格同样固定不变不打折,这也是我认为当今日本音乐界能够在实体销售方面取得强劲稳步增长的原因。

(3)狂热型收藏者促使市场持续通胀。如今许多 CD 都会额外赠送一些福利,如 CD/DVD 双套装。那些拥有狂热粉丝的艺人们(如男孩组合、女性偶像以及 K – pop 团体)会赠送得更多,或是为同一产品发行多种版本——例如,一张单曲也许会发行以下 3 个不同版本的实体专辑:CD 以及演唱会 DVD 全长纪实、CD 以及音乐录音带 DVD 与拍摄花絮、CD 以及 40 页的写真别册。那些忠实粉丝们会为满足收藏而集齐 3 种不同版本的专辑,而每一个版本都至少要 30 美元或更多(宅男的战斗力在这里充分展现了)。有时,他们甚至只是为了另一版本的不同封面而花钱购买。所以说,在日本,做一个乐迷一点都不便宜。像东方神起,这个在日本最受欢迎的 K – pop 团体,就为其 2013 年的专辑《Time》发行了 3 个不同的版本。而 2011 年,他们也为当年的专辑《Tone》发行了 3 个不同的版本。女子组合 AKB48 则包揽了日本 2012 年销量最高的五首单曲,她们的成功案例也很值得研究——她们的 CD 专辑不仅包含了音乐内容,同时也包含一些其他无关音乐的资格券,例如,艺人与粉丝见面会的入场券,或是为组合选出下一张单曲 Center 的年度投票券。

可以理解，日本的唱片业协会将会对日本成为全球唱片界龙头老大而感到高兴，但这并不意味着未来不会出现危机。如今的市场规模很大程度上是由少数几个艺人拥有大量极度狂热粉丝导致的扩张——他们会愿意去购买一张专辑的3种不同版本，或是仅仅是为了在年度选举中为他们最爱的成员投出100票而一次性购买AKB48的100张专辑。而这样的市场也会随着这些艺人不再走红以及那些具有附加价值的CD不再具有销售吸引力而开始出现萎缩。

(4)日本从未发生过非法下载革命。在日本，诸如Napster、BitTorrent或是其他音乐共享方式从未在日本年轻人中获得欢迎。这也许是因为日本人比较诚实(日本人也许会比较喜欢这个说法)，也或者是因为日本年轻人上网的方式往往是通过手机，而手机并不易于资源分享或传输。

不管是什么原因，非法下载在日本从未像其他国家那样对唱片业产生过致命的冲击。大多数人都会通过合法渠道购买(或是租赁)音乐——还是全价音乐。日本当然也未能幸免于实体唱片的销量萎缩，但在相当长的时期内，这样的不景气都会被移动音乐下载销量所弥补——一首移动下载的完整音乐大约售价为4美元。如今，这样的不景气也转移到了数字音乐市场，功能手机下载业务正因智能手机的普及而陷入低谷，同时智能手机的下载量却未能取得与衰落速度一致的增长。

(5)数字音乐尚处于襁褓期，实体音乐仍统治市场。有种阴谋论这样说道：日本的唱片公司从未想要构建一个真正的数字音乐市场，他们不想让数字音乐威胁到现仍有利可图的实体音乐市场。当移动网站以4美元的价格出售精选单曲，这尚且可以接受，但让iTunes或其他网站构建一个在线音乐图书馆与实体零售商们分庭抗礼也许就不太妙了。iTunes于2005年就已进入日本市场，但直到2012年，索尼音乐日本区才向苹果公司开放其日本分部的全部作品，这意味着iTunes日本在过去若干年里都未能成功收录日本音乐界相当重要的一大部分作品，而订购业务也面临着重重障碍。如今多种音乐订购业务都已进入日本市场，但它们也都遇到了来自主流市场的顽强抵抗。索尼音乐建立了海量的全球音乐目录，其中包括索尼日本的内容，但并没有包括日本主流唱片公司艾回的作品。艾回唱片在与其他平台的合作中总是表现出相对消极的态度，这也许是因为它拥有自己的音乐/电影流媒体业务Uula，而Uula也未收录任何来自索尼唱片的作品。日本的Recocoku网站由日本的唱片公司联合建立，这也使其成为乐迷数字下载的首选网站，但其收录的音乐作品相对较少——仅约合100万首歌，这也使它更专注于收录辨识度较高的J-pop热门单曲。

总之，日本目前尚未出现发展完备的数字服务，这使人们不愿意放弃现有的CD形式转而投向数字音乐的怀抱，而这也许正是整个日本音乐界乐于看到的。[①]

此外，日本音乐产业还有一个重要特点，就是日本本土音乐占据了87%的市场，海外音乐所占的份额比较小。

---

① 日本音乐产业处于繁荣期的五个原因[OL]，http://musicianguide.cn/information-figure-behind-the-viral-music.

8.6.2 日本的音乐版权保护

日本是世界上对版权保护最好的国家之一。通过政府的大力支持以及相关法律法规的保护,日本版权机制完善,市场盗版率不到1%。日本唱片业协会主要从事3个方面的事务:第一,从事和政府进行沟通的工作,做一些有利于权利人和著作权法修订的工作;第二,对广播组织、广播电台、电视台所播放的唱片二次使用征收著作权使用费;第三,维权。日本唱片业协会每年征收的版权使用费可达103亿日元,主要来自向电台、电视台征收的唱片二次使用费。日本唱片业协会是受日本文化厅的指定,从事向广播组织、广播电台、电视台所播放的唱片二次使用征收著作权使用费业务。日本法律规定,广播组织将日本唱片制作者(唱片公司)生产制作出来的唱片用于播放,在这个过程中所产生的音乐版权使用费只能由日本唱片业协会征收。它不仅接受日本国内唱片公司委托征收广播的二次使用费,还接受海外唱片行业的委托收取这方面的费用。海外方面,除了海外唱片机构外,还接受国际唱片公司的委托收取广播的二次使用费。日本唱片业协会和日本NHK以及各家民间网络电视组织之间达成协议,收取唱片二次使用费,然后将收取的使用费再分配给权利人——唱片公司。

在日本有一种特殊现象——有很多用户通过租赁唱片的方式欣赏音乐。目前日本大概有2 500家唱片出租店。日本唱片业协会对它们进行集体管理。唱片公司作为邻接权人,根据日本法律,拥有50年邻接权人的权利,即唱片出租许可权是发行后一年,在剩下的49年中享有报酬请求权。唱片出租权集体管理就是向这一领域征收版权使用费,即日本唱片业协会接受唱片制作者(唱片公司)的委托收取出租权的报酬,然后再从唱片出租店收取出租唱片的使用费,再分配给唱片公司。现在的收费模式已经非常简化了,即消费者在购买唱片时,在原价格基础上加上他们所需要支付的金额。为了区分个人用户在一般商店里买的唱片和唱片出租店出租的唱片,唱片协会发放了出租唱片标志,并在日本各地设置了管理部门,对各地唱片出租店进行巡查,检查它们的营业状况。由于检查工作不断细化,最近几年已经杜绝了唱片出租店中的侵权行为。

值得注意的是,日本还有一个集体管理类型,即针对私人录音收取补偿使用费。日本唱片业协会代表会员进行集体征收,音乐用户可以往自己购买的音乐记录媒体(如磁带、CD)中输入、存储音乐。但是唱片制作者是通过销售自己生产出来的唱片进行赢利的,为了使音乐使用者和生产者之间达成平衡,日本制定了音乐补偿金制度。这个模式主要是在音乐存储媒体以及数字录音机器原价基础上附加一定的费用,然后在市场中进行销售,向私人录音补偿金机构征收附加费,然后再分配给各个方面的权利人。

此外,日本音乐著作权集体管理的规范甚至延伸到一些冷门领域——婚礼音乐管理。在日本的婚礼现场,在新人入场和切蛋糕的时候肯定要播放音乐。另外,在仪式中所使用的一些视频中也会使用音乐作为其背景。在婚礼现场,双方还会请音像制作公司把婚礼过程录下来然后制作成DVD。过去,在婚礼当中使用唱片公司音乐的时候都要向各家唱片公司进行单独申请,商量一首音乐付多少钱、怎么付,手续非常繁杂。就此,日本唱片业协会就婚礼上使用音乐现象接受了各家唱片公司的委托,并制定了1 200首曲目的清单,即允许1 200首音乐在婚礼上使用。该协会还制定了价格,一首歌使用一次2 000日元(约合102元人民币)。这项收费业务从去年夏天开始。

随着数字网络技术的发展,违法上传以及网络销售盗版行为等侵犯知识产权的行为也发生着变化。特别是智能手机的迅速普及,各种侵犯知识产权的行为不仅跨越了国界,也跨越了年龄层。另外,随着无偿使用和侵犯著作权行为逐渐增多,也使盗版行为在全世界蔓延。

日本文化海外流通部促进机构(CODA)担当部长渡部清隆分析,目前网上侵权行为可归为4类:第一,视频分享网站;第二,P2P文件共享;第三,智能手机应用;第四,存储服务,多出现在日本境外的网站上。日本著作权法对这4类违法行为都明确规定了处罚措施。当前日本唱片业协会针对上述行为主要采取以下4个方面措施。一是向侵权盗版网站发送删除通知。2014年,日本唱片业协会共向全球互联网发送了92万个删除通知。目前删除率将近90%。日本利用一些技术监测手段对全世界主要音乐网站实行24小时不间断监测。监测以及发送删除通知由日本著作权协会所属的著作权保护促进中心来完成。该中心有10多位工作人员,他们平时的主要业务就是向全球发送删除通知。二是针对P2P违法下载,锁定侵权人,然后搜集证据,并向日本警方提供信息,甚至向侵权人提出赔偿要求。楠本靖说,日本每年针对70~90位侵权人进行维权,主要请求警方协助,向侵权人提出赔偿要求。特别是随着近年来智能手机的普及,通过智能手机应用的侵权行为大幅度增加。三是开展对政府部门的"法律公关"。过去日本著作权法中没有针对个人非法下载行为的罚则。通过日本唱片业协会两年的努力,日本政府终于在2012年对著作权法进行了修改。新修改的著作权法规定,对存在违法下载行为的个人也可以采取刑事措施。新法公布后,非法下载用户数以及非法下载数量大幅度减少。四是开展宣传活动。如针对电影偷拍行为,在电影院放映影片之前放映反盗版宣传片,接受初高中学生或者唱片公司到协会参观。此外,日本队唱片业协会还与各家唱片公司合作,在学校里设置著作权教育课程。①

8.6.3 日本音乐产业运营模式对我国的启示

8.6.3.1 粉丝经济的运用

打造偶像明星,利用歌迷对明星的崇拜来盈利,这是全球音乐市场惯用的营销伎俩,日本人却把粉丝经济玩到了极致,这成为日本音乐营销策略上的最大特征。唱片公司正是运用了粉丝对偶像的喜爱,结合巧妙的运作,让粉丝心甘情愿甚至盲目地为偶像去消费,偶像团体唱片的销售几乎占据了日本唱片市场的大半江山,在音乐产业中的地位极其重要。

杰尼斯事务所和AVEX是两家集艺人选拔、培训和经纪以及唱片生产制作为一体的综合性娱乐公司,也是近几年日本培养偶像明星最成功的两家公司。杰尼斯事务所旗下的艺人及团体基本为男性,几乎垄断了男性艺人和男子偶像团体的生产,如火遍日本的顶级男团:岚、SMAP、KAT-TUN、山下智久等,均由杰尼斯事务所一手栽培。AVEX是日本最大的唱片公司,旗下的艺人有滨崎步、安室奈美惠、幸田未来等日本一线歌手。

---

① 赖名芳.日本唱片业如何逆境求生[OL] http://www.gapp.gov.cn/chinacopyright/contents/4509/253125.html.

AKB48 是日本当下最火的女子偶像团体,该团体由 77 名正式成员和 12 名后补成员组成,其经纪公司利用市场的长尾理论战略,挑选各具特色的成员,有美女型、可爱型、机智型、搞笑型等多种类型的成员,以满足消费者不同的喜好和需求。通过这一战略,AKB48 取得了巨大的成功,进入 21 世纪之后,日本销量破 100 万的专辑均出自该团体。AKB48 还有一重大特色,即粉丝们可以参与到偶像的成长过程中。由于团体人数众多,公司特意营造出互相竞争的态势,让粉丝们自发地为各自的偶像进行消费及宣传,粉丝一旦购买到一定的专辑数量,还有机会获得和偶像面对面交流甚至握手的机会。此外,唱片公司还会把同一张专辑换成不同的包装进行销售,每一张专辑中都附带不同的赠品,如握手券、个人写真、投票权等,因此,很多粉丝会购买同一专辑的不同包装版本来支持偶像,这也是日本偶像团体惯用的销售策率之一。从 2009 年起,每年年中,AKB48 都会举行单曲选拔总选举,根据个人单曲销售和观众投票的情况来确定成员的人气排名,并由此决定下一张单曲的录制阵容,因此,粉丝会竟可能地购买艺人的单曲来支持自己喜爱的偶像,并通过购买专辑获得的投票券为其喜爱的艺人投票。据 AKB48 官方统计,2015 年,选举总票数超过 328 万,每一票都是粉丝用钱砸出来的,以最低人民币 50 元一张计算,光是选举便产生了 1.6 亿元的消费。[①] 在 AKB48 已经成为日本国民偶像的今天,总选举已经成为日本社会高度关注的社会现象。Oricon 公信榜 2013 年度 CD 单曲销售排行榜上,第一名到第四名均被 AKB48 所占据,此外,前 10 的上榜名单的还有 EXILE、岚以及 AKB48 的姐妹团体 AKE48 和 NMB48[②],可见粉丝经济在日本音乐产业中所占据的重要地位。

中国近年来也出现了很多本土的偶像团体,但是不管是质量还是其带来的经济效益,都十分有限,一些偶像团体虽然迅速蹿红,但因缺乏整体清晰的运营模式和质量,知名度难以持久,只能成为市场的一种现象级的表现。与日本的偶像团体相比,我们的偶像团体专业能力和整体性上都有着巨大的差距,这与我们的选拔和培养制度有很大的关系。我们也会通过选秀或者比赛来选拔人才,但是我们缺乏后期的培养,选秀比赛往往注只重节目本身的影响力,对选出来的歌手的培养也缺乏耐心,只注重眼前利益,忽略了长期的效应。赛事的举办方往往都是电视制作媒体而不是专业的音乐娱乐公司,在艺人培训上缺乏专业性,很多选秀歌手由于缺乏后期的规划,逐渐淡出了大众的视野,这造成了艺人资源的浪费。因此,我们对艺人的培养应该有充分的耐心,给予更大的投入和长期的规划,不能急于求成,日本音乐产业在偶像团体的培养、推广和经营方面的成功经验值得我们学习和借鉴。

8.6.3.2 日本演唱会运营模式

我们已经习惯了国内演唱会的形式,尽管内容有所区别,但操作方式、盈利模式都大同小异。放眼全球,日本的演唱会模式在亚洲乃至世界都有很大优势。日本爱贝克斯(艾回)音乐公司每年举办的旗下歌手全国演唱会近 20 场,每次演出都盛况空前,许多新奇之处令人感叹不已。下面笔者以日本爱贝克斯(艾回)音乐公司为例,谈谈日本演唱会

---

① 张明萌,神坛上的粉丝:AKB48 总决选下的中国粉丝群像[OL]. http://news.qq.com/a/20150706/055171.htm.

② 吴丹红,熊杨. 日本音乐产业营销策略[J]. 产业经济,2014(26).

运营值得借鉴的地方。

(1)主办者实力雄厚。爱贝克斯音乐公司是日本较大的音乐公司,实施多元经营,在艺人经纪、唱片制作、包装推广、手机电视、演艺培训等行业都有不俗表现,实力雄厚。该公司旗下拥有签约品牌组合 20 多个,同滨崎步、东方神起、阿兰等知名艺人都有演艺签约。经验丰富的爱贝克斯音乐公司塑造了“红白歌会”“爱贝克斯年度演唱会”等演唱会品牌。

(2)管理有序。日本的演唱会管理已经趋于成熟。每个大型演唱会的文件手册堆起来高达近两尺,有总策划案、分策划案、舞台管理手册、舞美技术方案、宣传推广方案、票务手册、招商方案、现场集会市场方案、安全方案、风险应对方案、普通观众观赏手册、嘉宾观赏服务手册、道具运输方案、现场服务方案、现场商务回报方案等,方案详细,岗位职责清晰。在方案实施阶段,流程和任务计划对应,实施起来如行云流水。例如,东京味之素体育场的某次演出,演出时间长达 7 个小时,共有 20 多个组合队伍献艺,而舞美道具的轮换、运输几乎没有任何差错,一个组合演完,相应的道具就会在 5 分钟内运离场地。

(3)盈利模式多样。我国大型演唱会的收入来源无非就是赞助和票房,而日本的大型演唱会除此之外,还有版权收入、集会市场收入、餐饮分成收入、歌迷会管理收入、手机电视台收入、衍生品收入等。日本的大型演唱会往往伴生一个会展区,用来销售唱片、衍生品、纪念品以及艺术培训招生、招募歌迷会会员等。

(4)操作模式成熟。日本大型演唱会市场已经形成了独立的操作模式。在策划、制作、招商、宣传推广、票务销售、现场管理、舞台搭建、版权销售策划、现场集会活动、衍生品销售等环节都形成了比较成熟的经营模式。例如,舞台的搭建大量采用机械化设备,灯光塔车、音响拖车等都非常先进,既保证了装台速度,又保证了观众视线不受影响;场地座位的布置也非常科学;票务销售采取相同价格、先买先得的原则,加快了票房销售的速度。

(5)互动宣传方式独特。除了传统宣传方式外,日本爱贝克斯音乐公司还广泛采取互联网、手机电视台的互动宣传,并依靠歌迷会进行深度营销宣传。公司旗下的手机电视台采取手机包月的收费方式,大量发展客户。客户只有通过手机、电视台才能看到演艺明星的最新信息及最新歌曲 MV,歌迷会的网站成为演唱会最好的互动平台,甚至演唱会的部分节目单都来自歌迷的讨论。这种宣传不仅保证了演唱会的票房收入,还深度满足了歌迷的心理需求,既节省了成本,又扩大了宣传。

(6)成熟的歌迷会运营方式。日本的歌迷会运营方式处于良性发展态势。在日本演艺界,歌迷会有着举足轻重的作用。如果歌星到外地或国外演出,歌迷会包车、包飞机集体捧场的现象并不新鲜,歌迷会每年大约对歌迷收费5 000日元,约 400 元人民币左右。歌迷会向歌迷提供购票优惠、衍生品销售、集体活动等信息和服务。歌迷会的网站也运营得风生水起。

日本大型演唱会的组织和运营确实步入了良性发展的轨道,并且体现出明显的产业化特征。品牌化经营体现了大型演唱会运营模式的完整,同时保证了演唱会的商业价值,吸引了更多企业为品牌演唱会提供赞助。①

---

① 魏银久. 日本大型演唱会组织与运营的启示[N]. 中国文化报,2012 - 03 - 27.

8.6.3.3 Live house 运营模式

Live house 起源于欧洲，诞生于20 世纪50 年代末期的日本。在日文里，Live house 的写法是ライブハウス，也常常念作 rai - bu house，直译为中文是“展演空间”。Live house 是具备专业演出场地与高质量音响设备的室内演出场馆，主打原创乐队的现场演出。它与大型演唱会相比，价格更便宜，演出门槛更低，在策划制作和操作上也更加灵活。

1956 年，日本兴起了一股摇滚和新浪潮旋风，部分音乐人开始将日本传统的流行音乐和摇滚乐融合起来，摇滚潮流在 1959 年达到最高峰。然而因为太多乐团都依照美国的脚步来走，日本摇滚乐随着美国摇滚乐的衰落相继走下坡路。1966 年，披头士世界巡演到访日本武道馆举行公演，又掀起了另一波摇滚乐的新高潮。传统的表演场地没有办法满足这群新兴的音乐人，爵士音乐已经占领了绝大数的酒吧、俱乐部，传统歌舞伎表演的场所又不适合，于是他们开始找一些废弃的仓库还有工厂进行表演。1973 年，日本第一家真正意义上 Live house——Coffee House Jittoku（中文翻译为“拾得”）在京都诞生。这之后，东京和大阪地区相继成立了大量的 Live house，随着市场的不断发展和完善，日本的 Live house 逐渐形成一套标准的操作理念与经营模式，到今天，大大小小的 Live house 有1 000多家，东京有 300 多家，由 Sony Music 旗下的子公司运营的 Live house 分布在日本札幌、仙台、东京、名古屋、大阪、福冈一共 6 所。Live house 已经成为日本演出市场上的一个重要组成部分。一些娱乐公司经常到这些场所去发掘有潜力的乐队，也会安排一些知名乐队或者艺人到 Live house 演出，与乐迷面对面的交流，满足那些没有经济能力去看演唱会的乐迷的需求，长期以往，使演出资源得到了很好的保证。同时，Live house 对乐队来说也是很好的试金石，近距离的现场演出，实力及调动现场气氛的能力都一目了然。①

在日本，Live house 一般场地在 200 平方米到2 000平方米，能容纳 200 人到2 000人左右，分为有座位的场地和无座位的场地，为安全起见，规定每平方米不能容纳超过 3 个观众。Live house 的舞台为宽 5 ~ 7 米，台深 5 米，与观众席距离是 1 米。当一些著名的 Artist 表演时，就会自行在台前加建栏杆，保证安全。观众在 Live house 是可以拍照和摄影的（签了大牌唱片公司的 Artist 除外）。演出之后会发放调查问卷，观众可以填写对该 Live house 的意见和对演出者的感想。通常 Livehouse 的票上面都会有整理番号，根据番号的顺序入场，如果没有番号，就得排队入场，先到的可以占据好的位置，一些有名的乐队的演出，观众为了得到好的位置，常常出现提前好几个小时队的情况。在日本，Live house 大多都处于商业中心，为了控制租金成本，多数建在大厦里，很少有单独的 Live house 建筑，有时甚至是用货柜改建的，一般 Live house 就是一个小小的房子，有时候大一点的会有二楼。

在日本，Live house 的盈利点很多，门票是其主要收益来源，价格大多在在2 000—10 000日元不等，一般包括一杯饮品。场地出租也是一个非常重要的收益来源。一些 Live house 很少自己组织演出，主要通过把场地出租给乐队来获得收益，乐队或者艺人会租用 Live house 场地进行演出或者举办歌迷见面会，很多 Live house 会在平日没有演出的

① 言之 eyelight，当我们谈论 Live house 时我们在谈论什么[OL]，http://www.luoo.net/essay/524，2015 - 09 - 09。

时间段,把场地出租给乐队练习使用,这样既取得了收益,也避免了场地的空置浪费。如果租用 Live house 演出,每一项服务都是要付费的,包括灯光、调音师、布景、设备、录像、录音,演出者可以根据自己的需要来选择相应的服务,同时也要支付相应的费用。还有演出周边产品。在日本,很多去 Live house 听演出的观众都是其演出乐队的忠实粉丝,因此乐队专辑、纪念品、当晚演出的视频、音频销售也是其运营的重要收入来源。日本人平时工作、生活压力很大,很多人都有下班后去喝酒放松的习惯,因此特色的酒水也能给 Live house 带来不菲的收入。

反观中国的 Live house 行业,近年来虽然数量逐渐增多,但是经营情况不容乐观,很多知名的 Live house 纷纷倒闭,这其中有消费人群不足、演出资源缺乏等原因,但根本原因还是盈利模式过于单一,运营能力不足。日本作为 Live house 的发源地,为我国 Live house 行业今后的发展提供了很多可以学习和借鉴之处。

8.7 案例:阿黛尔·阿德金斯

阿黛尔·阿德金斯(Adele Adkins),1988 年 5 月 5 日出生于英国伦敦托特纳姆,英国流行女歌手。阿黛尔毕业于伦敦表演艺术与技术学校,2008 年,阿黛尔发行首张专辑《19》;2009 年,阿黛尔获得格莱美最佳新人和最佳流行女歌手;2011 年,阿黛尔推出第二张录音室专辑《21》,专辑在 30 多个国家和地区的音乐排行榜上位居榜首;2013 年 2 月,阿黛尔凭借《Skyfall》获奥斯卡最佳原创歌曲奖;12 月,她获得大英帝国员佐勋章。阿黛尔·阿德金斯是一名优秀的流行歌手,她曾获得第 51 届格莱美奖最佳流行女歌手、年度新人,第 54 届格莱美奖年度最佳专辑、最佳单曲、最佳流行专辑、最佳流行歌手,第 55 届格莱美奖最佳流行歌手,第 70 届金球奖最佳电影原创歌曲,第 85 届奥斯卡最佳电影原创歌曲等多项大奖。2016 年 2 月,阿黛尔·阿德金斯出席第 58 届格莱美颁奖礼。北京时间 2016 年 2 月 25 日,阿黛尔获得全英音乐奖最佳女歌手、最佳单曲、年度最佳专辑和全球成就奖。

据国外媒体报道,年轻的英国女歌手阿黛尔已经成为英国有史以来最富有的女歌手。在这份最新评出的英国及爱尔兰地区音乐人财富排行榜上,阿黛尔依靠8 500万英镑的总收入名列第 30 位,比她去年3 500万英镑的资产有了不少的提升。在这份榜单当中,唯一总收入高于阿黛尔的女歌手是爱尔兰仙音女歌手恩雅(Enya),她的个人总资产高达9 100万英镑。

与此同时,阿黛尔连续第 5 年当选 30 岁以下最富有的音乐人。阿黛尔 2015 年财富值的猛增主要得益于她的全新录音室唱片《25》,这张去年 11 月份面世的大碟是她 4 年来的首张正式专辑。2011 年,阿黛尔首次入围 30 岁以下音乐人财富榜就名列第九位。2012 年,阿黛尔已经成功升至榜首,在此后的 4 年里,阿黛尔一直高居榜首。

毋庸置疑,阿黛尔的新专辑是 2015 年英国市场里销量最好的,6 周之内卖出了 250 万张,这是传统渠道方面的销售数据。阿黛尔的专辑销量是 2015 年最大的焦点,虽然她可以凭借她的新专辑一跃成为最富有的女歌手,当然我们也不能忽视制造出如阿黛尔一样闻名世界的流行音乐女歌手绝对会大大推动英国音乐产业向着更光明和辉煌的方向发展,但是,事实上她的专辑销量在 6 周之后并没有剧烈的增长,而且仅仅计算她的音乐销量并不能代表2015年的英国音乐产业。

按照英国唱片业的标准,2015年的专辑销量为1.216亿张,同比2014年增长了3.75%。如果我们减掉阿黛尔贡献的250万张,那么剩余的是1.191亿张,所以这意味着即使没有阿黛尔,同比2014年还是有1.6%的增长。阿黛尔的新专辑在2015年的英国专辑销量中占据了3.1%,这是一个非常可观的成绩。但是我们往大了看,这张专辑在2016年还会有销量上的增长。

由此,英国音乐产业中的唱片协会自然会在各类音乐产品中再去寻找新的“可投入点”以及寻找新的发展路径。

8.7.1 黑胶复兴

由于CD销量和数字下载总体上都呈下降趋势,英国唱片业协会非常清楚地知道要找一个平衡点:那就是黑胶复兴。2015年,共有210万的黑胶专辑被消费,同比2014年增长了64.2%,这个数据是最低点时期2007年的十倍,那时候黑胶的销量仅为20.5万张。

单张黑胶的零售价大约为15~30英镑,这个就有数算了。英国唱片业协会曾经说过,2014年,英国的黑胶产量比Youtube同年的原创音乐内容还多,但是2015年至今还没有消息公布这个趋势是否还在延续。也就是说,2015的英国音乐产业既不是阿黛尔的一枝独秀,也不是黑胶销量的无可匹敌。1.22亿专辑销量里,黑胶贡献了1.7%。没错,对于艺人、厂牌和歌迷来说,这都是一件好事。

8.7.2 视频、音频需共同发展

如前所述,英国唱片业协会并没有把Youtube和Vevo的数据计入年度流媒体收入数据,但是他们也单独给这两者做了数据。从中可以发现,视频和音频的半年数据基本持平,这也成为大家关注的焦点。

音乐视频内容从2014年的14.3亿上升到2015年的26.9亿,音频内容则是从2014年的14.8亿上升到2015年的26.8亿,你可能会认音乐视频确实正在超越音频内容。但是当我们把全年一分为二之后,你们会发现,其实并不是这样。视频内容:上半年12.5亿,下半年14.4亿;音频内容:上半年11.5亿,下半年15.3亿。视频内容在上半年确实超过了音频内容,可是下半年音频内容却杀了回马枪。而之所以这样,原因在于AppleMusic的启动,正好时间在7月末期。同时,AppleMusic的强劲对手Spotify在2015年下半年做了很多的市场推广,这两个因素都非常关键。

我们非常谨慎地对AppleMusic保持观望,虽然它确实在流媒体市场的销售上扮演着一个重要角色。因为有iTunes,所以Apple统治着下载市场,但是这是一家不把肥水流外人田的公司,看看iphone是怎么导流给ipod的就知道了。显然,AppleMusic未来也会采用同样的方式。

尽管如此,2015年下半年对AppleMusic来说还是意义重大的,9月末终止了免费试用期,在年末也启动了它的安卓版。这就是我们不看好AppleMusic在2016年有什么大作为的原因,毕竟AppleMusic的市场推广任务比提高它的服务更重,对消费者而言,AppleMusic 也还需要时间。①

8.7.3 “唱反调”成为亮点

有报道称,用超级巨星来形容时下的泰勒・斯威夫特与阿黛尔毫不为过,前者的单曲“Bad Blood”MV 在 Vevo 的 24 小时点击量达到2 010万,而后者的新单“Hello”更是打破这一纪录,达到2 770万,并在 28 国的 Billboard 榜单上登顶,成为阿黛尔迄今为止最成功的一首单曲。

然而,超级巨星似乎都有一种怪脾气,他们喜欢与主流商业模式“做对”,这种举措却往往带来意想不到的来自于粉丝的“欢迎”效果。正如,2013 年年底,碧昂斯突然毫无征兆地在 iTunes 上一次性上架包含 14 首新歌与 18 部 MV 的全新视觉同名专辑 Beyoncé,被认为创下了流行音乐营销的传奇。此行为毫无疑问开创了与主流宣传渠道唱“反调”的先例,因为在此以前从来没有任何歌手会在零宣传的情况下发行新专辑。

在此之后的 2014 年,泰勒・斯威夫特在发行新专辑《1989》后没几天便做出一个影响后人的决定——撤下全球最大流媒体音乐平台 Spotify 上的所有作品,新专辑也不会在 Spotify 上上架。歌手为了争取自己的权益,自愿放弃了最好的推广平台。一年后,另一位超级巨星阿黛尔也这样做。在两位“勇气极佳”的流行歌手与主流媒体“唱反调”之后,阿黛尔的新专辑《25》2015 年 11 月 20 日在全球发售。然而阿黛尔的团队决定新专辑不会在 Spotify 上提供播放,就连苹果的 Apple Music 也是如此。如果你想获得这张专辑,就只能在 iTunes、Google Play 等音乐商店购买。放弃流媒体被认为是阻止侵权行为的一种手段,阿黛尔所在的品牌 XL Recordings 以及发行公司哥伦比亚均支持这一决定,阿黛尔本人也是赞成者之一。

对于失去像阿黛尔这样又一位超级巨星,Spotify 似乎显得相当焦躁。之前有传闻称,阿黛尔的团队与 Spotify 想就专辑上线达成一份协议,前者希望新专辑《25》能仅提供给那些付费用户。目前 Spotify 的付费用户数量达到2 400万,总用户则为7 500万左右。但是 Spotify 拒绝了这一要求,导致最终《25》无法在 Spotify 上线。当然,Spotify 矢口否认这一说法,并表示双方并没有进行过协议的谈判。

不过 Spotify 后来又回应道:“我们喜爱且尊敬阿黛尔,Spotify 上那些2 400万用户亦是如此。我们希望阿黛尔能尽快给那些喜欢她的粉丝们一个欣赏《25》的机会,正如 Spotify 上的《19》与《21》一样。”

相比之下,Apple Music 的发言人则显得比较平静,这或许与苹果 iTunes 已经争取到《25》的发行权有关。其发言人在一封邮件中称:“对于阿黛尔的新专辑《25》将上架 iTunes 这件事,我们感到无比兴奋。她的全新灵魂音乐单曲‘Hello’已经与其他作品一道在 Apple Music 上线,还有一段与 Zane Lowe 在 Beats 1 上的采访呢。”一不缺钱;二不缺销量。也就只有泰勒・斯威夫特与阿黛尔才敢如此与流媒体唱反调了吧,而另一位超级巨星碧昂斯早就和他老公经营起另一家流媒体公司 Tidal。

① 从十个不同角度读懂 2015 年英国音乐产业[OL]. 新音乐产业观察,http://mini. eastday. com/keji/160118/130611453. html.

在经历由模拟介质向数字音乐的转变后，音乐行业又面临一场洗牌。① 一定程度上是歌手、品牌、唱片公司与运营商之间的利益分配情况决定着歌手如何运营自己的音乐产品。不可否认的是，无论是阿黛尔还是人气也很火的泰勒·斯威夫特与碧昂斯，都是在流媒体播放软件中得不到最佳的收益而选择自行发布与小型宣传，这在某种程度上与独立音乐品牌等小型音乐艺人唱片是选择让大型主流唱片公司来进行宣传推广，还是仅是铺货一样的抉择，简单来看就是利益的抉择，可保证自身推出音乐产品可以达到稳赚的收益时，自然会选择“独立门户”，反之，才需要借助流媒体的宣传力量。

参考文献

[1]熊扬，日本文化创意产业发展模式研究——以音乐产业为例[D]. 北京：对外经济贸易大学，2014.

[2]吴丹红，熊杨. 日本音乐产业营销策略[J]. 产业经济，2014(26).

[3]李晓天. 当代日本音乐教育及其启示[J]. 戏曲艺术，2005(4):93 - 100.

[4]Internationl Federation of Photographic Industry ，Recording Indstry in Numbers 2013.

[5] RIJA YEARBOOK 2015 [OL]. http://www. riaj. or. jp/riaj/pdf/issue/industry/RIAJ2015E. pdf.

[6]日本音乐产业处于繁荣期的五个原因[OL]. http://musicianguide. cn/information - figure - behind - the - viral - music.

[7]赖名芳. 日本唱片业如何逆境求生[OL]. http://www. gapp. gov. cn/chinacopyright/contents/4509/253125. html.

[8]王越. 日本人用那些办法保护版权[OL]. http://tv. zol. com. cn/504/5049794_all. html.

[9]日本的新版权保护制度[OL]. http://www. sipo. gov. cn/wqyz/gwdt/201501/t20150122_1065527. html.

[10]陈冲. 日本音乐产业规模全球第二 加速拓展海外市场[OL]. http://finance. huanqiu. com/world/2013 - 08/4209820. html.

[11]张明萌. 神坛上的粉丝：AKB48 总决选下的中国粉丝群像[OL]. http://news. qq. com/a/20150706/055171. htm.

[12]魏银久. 日本大型演唱会组织与运营的启示[N]. 中国文化报. 2012 - 03 - 27.

[13]言之 eyelight. 当我们谈论 Livehouse 时我们在谈论什么[OL]. http://www. luoo. net/essay/524.

[14]松田诚. 日本音乐剧现状与 2.5 次元音乐剧的发展[J]. 歌剧，2014(7).

[15]郑洁，裴秋菊. 日本四季剧团：艺术与经营的秘密[N]. 中国文化报，2014 -

① 为何阿黛尔拒绝 Apple Music 等流媒体原因简单[OL]. http://tech. sina. com. cn/mobile/n/n/2015 - 11 - 22/doc - ifxkwuwy7055700. shtml.

01 - 18.

[16]董为民. 国外文化产业现状、发展措施与经验[J]. 经济研究参考,2004(10).

[17]董露茜,李斌. 澳大利亚音乐市场将在未来五年内发展滞缓[J]. 音乐财经周刊04期,2015(7).

[18]陈瑶. 观众购票意愿强 非古典音乐产值大[N]. 中国文化报, 2014(10).

[19]许梓烁. 盘点全球八大音乐市场[J]. 中国音乐财经,2015(3).

[20]张凤杰. 澳大利亚版权产业、版权保护及其对我国的启示[J]. 环球瞭望,2011(4).

[21]王玲玲. 外国版权产业的发展对中国的启示[J]. 中国科学技术信息研究所,2006(7).

[22]安德鲁·克雷斯帝,伊洛易丝·戴爱斯,李静. 网络时代澳大利亚版权法中的新型传播权[J]. 暨南学报(哲学社会科学版),2008(5).

[23]李静. 澳大利亚图书馆使用著作权的规范与评价[J]. 现代情报, 2009(6).

[24]马继超. 浅谈澳大利亚版权集体管理概况[N]. 中国新闻出版报, 2013(10).

[25]吕丹布恩:详解音乐版权国外管理经验声音[EB/OL]. 中国产权法律网,2012(7).

[26]葛瑞瑞. 澳大利亚文化产业政策对我国的启示[J]. 美与时代·城市,2013(11).

[27]柳斌杰. 中国版权相关产业的经济贡献[M]. 中国书籍出版社, 2010.

[28]刘朝. 数字环境下版权的失衡与再平衡——从澳大利亚制度起[EB/OL]. 网络法律评论, 2005(7).

[29]杜亚雄. 澳大利亚土著居民的音乐文化[N]. 音乐周报,2013(3).

[30]杨佩桦. 保存、吸收和归化——澳大利亚土著音乐身份的追寻与确立[D]. 上海:华东师范大学,2007(4).

[31]史蒂芬·怀尔德, 李幼平. 澳大利亚土著音乐的延续与变化[J]. 黄钟:武汉音乐学院学报, 1998(1).

[32]张月月. 澳大利亚音乐的发展对中国民族音乐传承的启示[J]. 牡丹江师范学院学报:哲学社会科学版,2014(3).

[33]许梓硕. 2014 人均音乐消费哪家强? 挪威领跑,中国垫底[J]. 音乐财经, 2014(9).

[34]陈瑶. 澳大利亚的版权产业[N]. 中国文化报, 2015(9).

[35]法国戛纳国际音乐博览会简介[OL]. http://www.docin.com/p-4673105.html.

[36]中国音乐财经. 法国政府挽救音乐产业的七个方法[J]. 百度百家. 2015-10-19.

[37]法国流媒体收入首次超过唱片下载[OL]. 2015. 8. 25http://mt.sohu.com/20150825/n419730986.shtml.

[38]晨曦. 音乐流媒体服务商 Deezer 拟上市估值 10 亿欧元[OL]. http://www.wj001.com/news/jishu/2015-09-23/900227.html? eidk0.

[39]浅谈法国标准销售管理及版权保护政策研究[OL]. http://www. fanwen. org/lunwen/law/xingfa/20150826/19782. html.

[40]Deezer. [OL]. https://en. wikipedia. org/wiki/Deezer. 2014. 12.

[41]音乐财经. 法国音乐流媒体服务 Deezer 正寻求融资[OL]. http://internet. chinaso. com/detail/20150818/1000200032865081439898569803830213 _ 1. html, 2015 - 08 - 18.

[42]腾讯科技. 流音乐 Deezer 拟募资 3 亿欧元[OL]. http://tech. qq. com/a/20151016/006288. htm,2015 - 10 - 16.

[43]于墨林. Deezer 上市延期,内外因素多面来袭. 音乐财经[OL]. http://mp. weixin. qq. com/s? _ _ biz = MjM5NzQyMjkyOQ = = &mid = 402470752&idx = 1&sn = a5f6a4f20397e369911d0859200c32ed&3rd = MzA3MDU4NTYzMw = = &scene = 6#wechat_redirect,2015 - 10 - 29.

[44]新仔. 新音乐产业观察. Deezer 上市喊停,单一业务音乐服务怎么跟卖机狂魔苹果拼? [J]. http://mp. weixin. qq. com/s? __biz = MjM5MzA0MDQ2NQ = = &mid = 400144511&idx = 1&sn = a57d563715b240c7739d6754d906a953&3rd = MzA3MDU4NTYzMw = = &scene = 6#wechat_redirect,2015 - 10 - 28.

[45]肖洋,谢红焰. 比较视域下的在线音乐出版盈利模式研究[J]. 出版科学,2014(6):78 - 82.

[46]欧洲文化(产业)及音乐巡游[OL]. http://www. wordwendang. com.

[47]看看英国音乐产业给国家贡献了多少收入? 现场音乐. 中国音乐财经网. http://mt. sohu. com/20151109/n425807102. shtml.

[48]从十个不同角度读懂 2015 年英国音乐产业[OL]. http://mini. eastday. com/keji/160118/130611453. html.

[49]说说英国的“音著协”[OL]. http://blog. sina. com. cn/s/blog _ 5ff513430100xtcm. html.

[50]英国创意产业[OL]. http://baike. baidu. com/view/15203323. htm.

[51]王涛. 英国:“创意”推动文化产业发展. 百度百科. http://www. hm169. com.

[52]英国创意产业[OL]. http://baike. baidu. com/view/15203323. htm.

[53]王雨檬(编译). 英国音乐产业:数据喜人 实情堪忧[OL]. http://blog. sina. com. cn/s/blog_6a2cabd30100kpcz. html.

[54]为何阿黛尔拒绝 Apple Music 等流媒体 原因简单[OL]. http://tech. sina. com. cn/mobile/n/n/2015 - 11 - 22/doc - ifxkwuwy7055700. shtml.

[55]199IT 中文互联网数据[Z]盛尚坤.《论 MP3 网络音乐作品的著作权保护》[D].

[56]郑苒. 美 2015 年上半年音乐消费增长 14% [N]. 中国文化报. 2015 - 08 - 24.

[57]2015 年度音乐产业报告[z].

[58]Nielsen:2015 年度音乐产业报告[z].

[59]刘佳 杨永忠. 美韩印三国音乐产业发展的比较分析及对我国的启示[J]. 科技管理研究,2014(15).

[60]纽约中文网 http://www. usnyk. com/lvyou/niuyuegonglue/2012/0614/620. html.

[61]刘佳,杨永忠.《美韩印三国音乐产业发展的比较分析及对我国的启示》.

[62]佟雪娜.《数字音乐版权利益平衡机制探讨》[J].重庆大学学报,2011(4).

[63]佟雪娜.数字音乐的产业价值链研究[M].北京:清华大学出版社,2012.

[64]高富平. Napster 案的影响[J].电子商务世界,2001(9):76—77.

[65]梅臻.美国 Napster 案评析一兼论我国著作权法中的合理使用制度[J].法学,2001(5).

[66]Carl Shapiro, Hal Varian R. Versioning: The Smart Way to Sell Information[J]. Havard Business Review. 2008,(11):106 – 114.

[67]David Blaekburn. Online Piracy and Recorded Music Sales[D]. WorkingPaper Department of Economies, Harvard University, 2004.

[68]AndyOram. Peer – to – Peer: HarnessingthePower of Disruptive Technologies[M]. O' Reilly & Associates, 1st edition, 2001, (3): 16.

[69]Mobile & Internet Business Consulting, Case Study – KDDI(Japan), 2007, 6 – 10.

[70]Makadok R. Toward. A Synthesis of the Resource – based and Dynamic – capability Views of Rent Creation[J]. Strategic of Management Journal, 2001(27):625 – 641.

[71] Susan Walsh Sanderson, Mustala Uzumeri. Managing Product Families, U. S. Irwin, 1997.

[72]M. E. Porter. Competitive Advantage: Creating and Sustaining Superior Performance [M]. New York: The Free Press.

[73]E. Romanelli, O. M. Khessina. Regional Industrial Identity: Cluster Configurations and Economic Development[J]. Organization Science. 2005,(16):344 – 358.

[74]M. A. Hitt, D. Ahlstrom, M. T. Dacin, Edward Levitas, Lilia Svobodina. The Institutional Effects on Strategic Alliance Partner Selection in Transition Economies: China vs. Russia [J]. Organization Science. 2004,(15):173 – 185.

[75]Z. Lin, H. Yang, I. Demirkan. The Performance Consequences of Ambidexterity in Strategic Alliance Formations: Empirical Investigation and Computational Theorizing [J]. Management Science. 2007, 53(12):1984 – 1989.

[76]M. C. Moldoveanu, R. M. Bauer. On the Relationship between Organizational Complexity and Organizational Structuration[J]. Organization Science. 2004,(15):98 – 118.

[77]J. N. Lee, S. M. Miranda, Y. Kim. IT Outsourcing Strategies: Universalistic, Contingency, and Configurational Explanations of Success[J]. Information Systems Research. 2004, (15): 110 – 131.

[78]Donald S. Passman. All You Need to Know About the Music Business [M]. Rev. Ed. Hal Leonard Corp, 2008.

[79]Tad Lathrop. This Business of Global Music Marketing. Billboard Books, 2007.

[80]Mark Halloran, ESQ. The Musician ' s Business and Legal Guide[M]. 4 edition. Pearson Prentice Hall, 2007.

[81]Susan Gedutis Lindsay. Making Music Make Money: An Insider' s Guide to Becoming Your Own Music Publisher[M]. Berklee Press, 2003.

[82] David Baskerville. The Music Business Handbook and Career Guide[M]. 8 edition. Sage Publications, Inc, 2005.

[83] Randall D. Wixen. The Plain and Simple Guide to Music Publishing. Hal Leonard, 2008.

[84] Steve Gordon. The Future of The Music Business [M]. 2 edition . Hal Leonard Corp, 2008.

[85] Tom Hutchison. Web Marketing for The Music Business[M]. Focal Press, 2008.

[86] Tom Hutchison, Amy Macy, Paul Allen. Recording Label Marketing[M]. 2 edition. Focal Press, 2009.

[87] Paul Allen. Artist Management For The Music Business[M]. Focal Press, 2007.

[88] M. William Krasilovsky, Sydney Shemel, John M. Gross, Jonathan Feinstein. This Business of Music[M]. 10 edition. Billboard Books, 2007.

[89] Bob Baker. Guerrilla Music Marketing[M]. Encore Edition. Bob Baker, 2006.

[90] Ray D. Waddell, Rich Barnet, Jake Berry. The Business of Concert Promotion and Touring[M]. Billboard Books, 2007.

[91] Robert A. Gorman, Jane C. Ginsburg, R. Anthony Reese. Copyright Cases and Materials[M]. 7 edition. Foundation Press, 2009.

[92] Kent Wertime Ian Fenwick. DigiMarketing: The Essential Guide to New Media and Digital Marketing[M]. Wiley, 2008.

[93] Voqel Harold. Entertainment Industry Economics: A Guide for Financial Analysis [M]. 7 edition, Cambridge University Press, 2007.

[94] Eric M Dobrusin, Ronald A Krasnow . Intellectual Property Culture: Strategies to Foster Successful Patent and Trade Secret Practices in Everyday Business[M]. Oxford University Press, 2008.

[95] Vicki Mayer , Miranda J. Banks, John T Caldwell. Production Studies: Cultural Studies of Media Industries[M]. Routledge, 2009.

[96] Jeff Ulin. The Business of Media Distribution: Monetizing Film, TV and Video Content in an Online World[M]. Focal Press, 2009.

[97] Brian Halligan, Dharmesh Shah, David Meerman Scott. Inbound Marketing: Get Found Using Google, Social Media, and Blogs (New Rules Social Media Series)[M]. Wiley, 2009.

[98] Jennifer Holt, Alisa Perren. Media Industries: History, Theory, and Method[M]. Wiley - Blackwell, 2009.

[99] Lucy Keung. Strategic Management in the Media: Theory to Practice[M]. Sage Publications Ltd ,2008

[100] Richard Stim. Music Law: How to Run Your Band's Business[M]. 6 edition, NOLO,2009.

[101] 国际唱片业协会(IFPI)2013 -2014 年数字音乐报告.

相关网站

[1]www. ifpi. org　国际唱片业协会 IFPI 官方网站
[2]www. riaa. com　美国唱片工业协会官方网站
[3]www. bpi. co. uk　英国唱片业协会官方网站
[4]www. disqueenfrance. com　法国唱片出版业公会官方网站
[5]www. riaj. or. jp　日本唱片工业协会官方网站
[6]www. 12530. com　中国移动音乐门户网站
[7]www. mcprc. gov. cn　中国文化部官方网站
[8]www. mcsc. com. cn　中国音乐著作权协会官方网站
[9]www. cavca. org　中国音像著作权集体管理协会官方网站
[10]www. ncac. gov. cn　中华人民共和国国家版权局官方网站
[11]www. gapp. gov. cn　中华人民共和国新闻出版总署官方网站
[12]ww. ccnt. gov. cn　中华人民共和国文化部官方网站
[13]www. sipo. gov. cn　中华人民共和国国家知识产权局官方网站
[14]www. stats. gov. cn　中华人民共和国国家统计局官方网站
[15]www. chinaav. org　中国音像协会官方网站

9 国际电视市场

9.1 国际电视市场发展现状

9.1.1 国际电视市场的总体情况

如今的电视业正在经历一场大的变革,而且其变革的决心、力度与速度均是前所未有的。其中的主要原因或驱动因素是,广大电视用户即视频消费者希望能够自主地决定自己在何时、于何地、以什么类型的终端设备进行电视节目或视频内容的消费,并希望能随时随地与自己的家人、好友就视频内容进行分享与讨论,还希望能够自由地选择电视/视频服务提供商。因此,国际电视市场正处在风起云涌的变革时代。传统的电视媒体面临新媒体强有力的竞争,在不断地调整,与新媒体融合;新媒体本身也面临着更新媒体的涌现和冲击,在迷茫中找寻未来发展的方向,所以融合、跨界、创新是当今电视市场的主旋律。

9.1.1.1 国际电视市场用户情况

总体来看,全球电视用户数基本保持稳定,并呈小幅增加的态势,截至 2014 年,全球共有电视用户 15.54 亿户。但各细分市场的变化不尽相同,数字有线电视、付费卫星电视、数码地面电视、免费卫星电视、付费网络电视用户数在 2010 年到 2014 年间不断上升,其中,数字有线电视、数码地面电视、付费网络电视用户数增长尤为显著;而模拟信号电视、模拟信号有线电视用户数在 2010 年到 2014 年间明显下降(见图 9-1)。

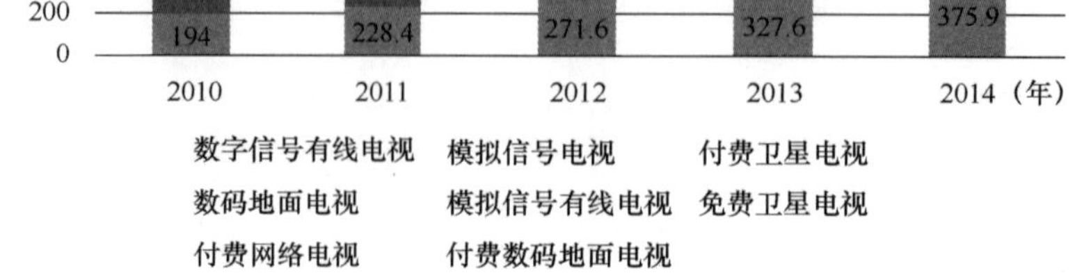

图 9-1 2010—2014 年全球电视用户数量(单位:百万户)

数据来源:statista 2015.

分地区来看,2012 年,全球电视用户数最多的是亚太地区,拥有 8 亿多的电视用户;其次是欧洲、拉丁美洲、北美、中东和非洲,分别拥有电视用户数为 2.8 亿、1.29 亿、1.27 亿和6 500万户(见图 9 - 2)。

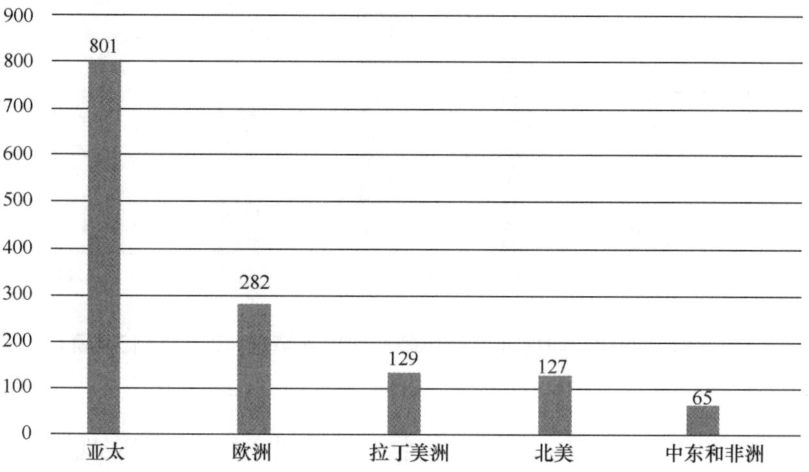

图 9 - 2　2012 年全球电视用户数(分地区,单位:百万户)

数据来源:statista 2015

根据《全球数字电视市场:拥有家庭数报告》预测,到 2021 年,全球数字电视用户将达到 16.7 亿,全球数字电视到达率也将达到 98.3% ,比 2010 年的 74.6% 增长了 23.7% 。其中,亚太地区数字电视用户数到 2021 年比 2015 增长了 3.14 亿,届时亚太地区数字电视用户数将占全球数字电视用户数的 3/4。中国 2021 年将拥有 4.5 亿户数字电视用户。到 2021 年,中国、印度和美国三国的数字电视用户将占全球数字电视用户总数的 46.2% 。

全球付费电视用户在 2021 年将达到 10.74 亿户,比 2010 年增长 7.16 亿户。付费电视的到达率为 63.4% ,比 2015 年的 57.8% 增加 5.6% 。到 2021 年,亚太地区付费电视用户将达到 6.47 亿户,占全球总数的 60% ;中国将成为全球付费电视用户最多的国家,2021 年,预计中国付费电视用户将达到 3.29 亿,第二位是印度,为 1.78 亿,第三位是美国,为 0.95 亿。[①]

9.1.1.2　国际电视市场收入总体情况

2010 年到 2014 年,全球电视产业收入持续小幅增加,从 2010 年的2 060亿英镑增加到 2014 年的2 440英镑,增长了 18.45% ,平均每年增长 4.6% ,高于同期世界经济增长速度(见图 9 - 3)。

从全球电视产业的收入来源来看,全球电视产业主要收入来自于付费电视、广告和公共基金 3 个渠道。其中以付费电视收入和广告收入为主,占整个电视产业收入的 70%

① http://www.giichinese.com.tw/report/dtv247506 - digital - tv - world - household - forecasts.html.

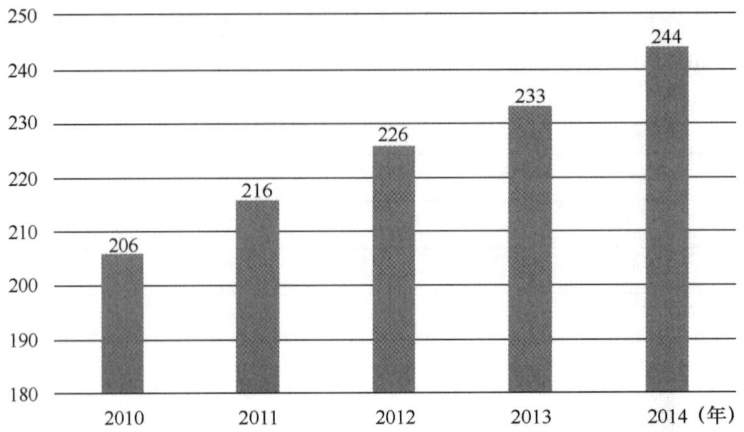

图 9－3　2010—2014 年全球电视产业收入情况（单位:10 亿英镑）

数据来源:statista 2015

以上。2010 年到 2018 年(预计),付费电视收入和电视广告收入都表现为稳中有升,而公共基金收入基本保持稳定(见图 9－4)。

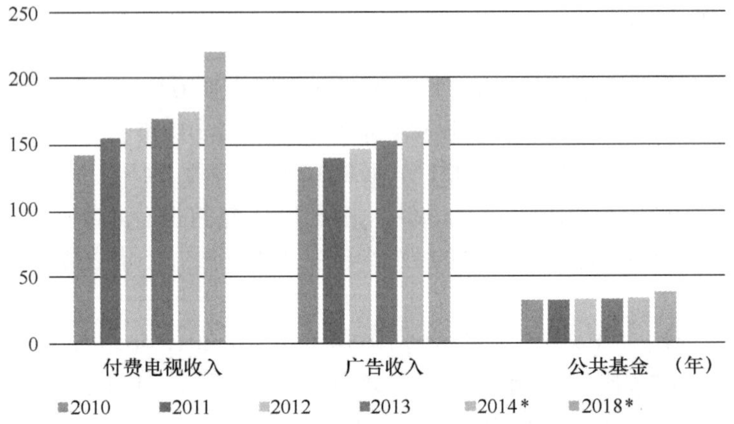

图 9－4　2010—2018 年全球电视收入情况（单位:10 亿欧元）

数据来源:statista 2015.

9.1.1.3　国际电视各子市场的发展现状

(1)有线电视市场发展现状。如图 9－5 所示,有线电视的收入主要是数字有线电视收入,这与近些年有线电视大规模数字化息息相关。目前,全球主要国家有线电视数字化已经基本完成。数字信号有线电视收入占整个有线电视收入的 95% 以上,而且随着有线电视数字化进程的推进,数字有线电视收入逐年增加;而模拟信号有线电视收入逐年减少。预计到 2020 年,全球有线电视数字化基本完成后,模拟信号有线电视收入将下降到 15 亿美元左右。

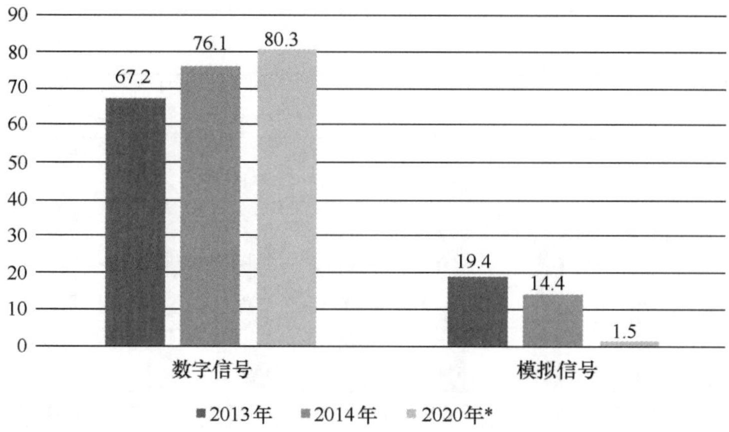

图 9 -5　2013—2020 年全球有线电视收入情况(单位:10 亿美元)

数据来源:statista 2015.

(2)电视广告市场发展现状。随着传统媒体与新媒体间的界限愈发模糊,受众在接触媒体内容时更看重消费的灵活性、自由度和便捷性。由于数字新媒体在满足受众个性化需求方面更胜一筹,其市场规模迅速扩大;与之相应的广告市场的资金投入也逐渐向数字新媒体倾斜。以电视为首的传统媒体广告正经历着缓慢增长的低迷期(见图 9 -6)。据普华永道统计预测,到 2019 年,全球电视广告总收入中传统电视媒体广告收入占比将从 2014 年的 32.5% 降至 2019 年的 30.6% 。

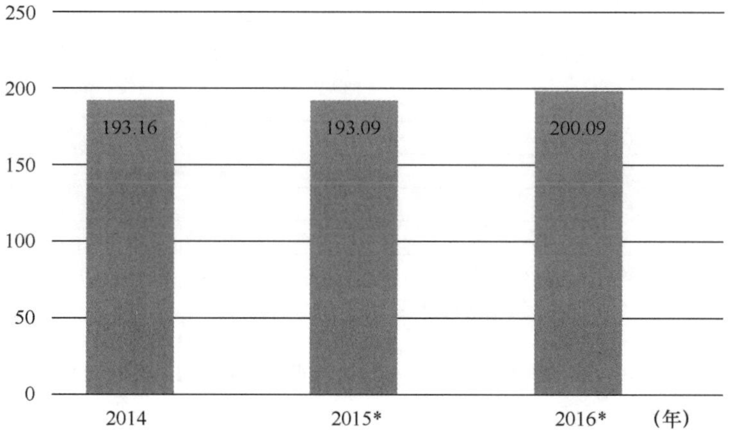

图 9 -6　2014—2016 年全球电视广告收入情况(单位:10 亿美元)

数据来源:statista 2015.

与传统媒体广告市场增长乏力的情况截然相反,新媒体广告收入呈现高速增长的态势。如图 9 -7 所示,从 2012 年到 2018 年(预计),全球数字广告年平均增长率高达 21.06% 。在电视媒体细分市场中,在线电视(OTT)等在线视频服务发展势头大好,广告复合年均增长率将近 20% 。

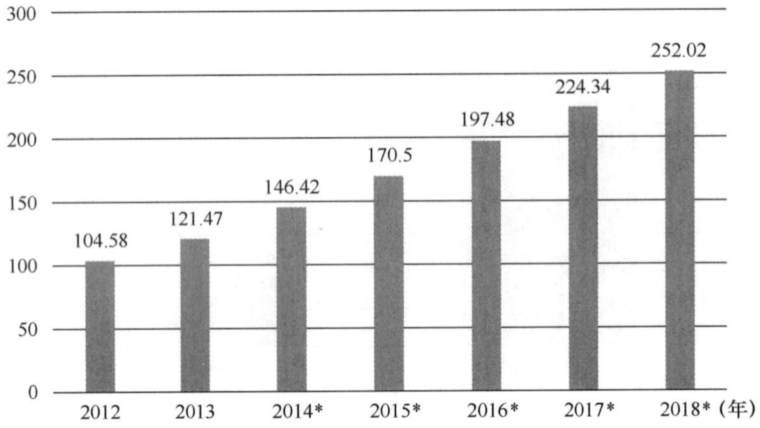

图 9－7　2012—2018 年全球数字广告支出情况（单位:10 亿美元）

数据来源:statista 2015.

按市场类型划分,电视收入分为有线电视收入、家庭录像收入和视频点播收入。由图 9－8 可以看出,2014 年到 2018 年（预计）间,有线电视收入占电视总收入的 80% 以上,并逐年缓慢递增;视频点播收入虽占比很小,但逐年显著增加;而家庭录像收入逐年降低。这也反映了全球电视观众观看电视行为的转变。

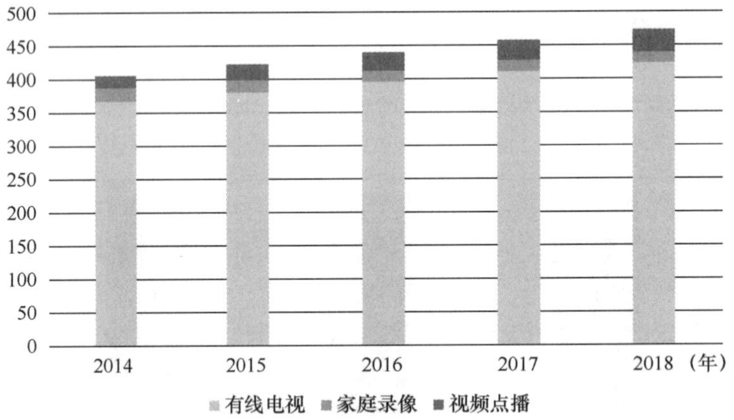

图 9－8　2014—2018 年全球电视收入（单位:10 亿欧元）

数据来源:statista 2015.

全球范围内,越来越多的观众通过时移或点播的方式收看电视节目。2014 年,Eurodata TV 出版的《全球电视年报》中提到,有 26 个国家提供了时移收视的测量数据,比上一年增加了 3 个百分点,说明更多的欧洲观众选择时移或点播方式观看电视节目;美国 Deloitte 公司出版的第 9 版《数字民意调查》（*Digital Democracy Survey*）中指出,美国收看时移或点播电视内容的观众人数比例达 53%,已经超过了收看电视直播节目观众的比例（45%）。因此,2014 年至 2018 年,全球视频点播收入呈显著增长的态势（见图 9－9）。

（3）国际网络电视（IPTV）、在线电视（OTT）市场发展现状。国际网络电视和在线电

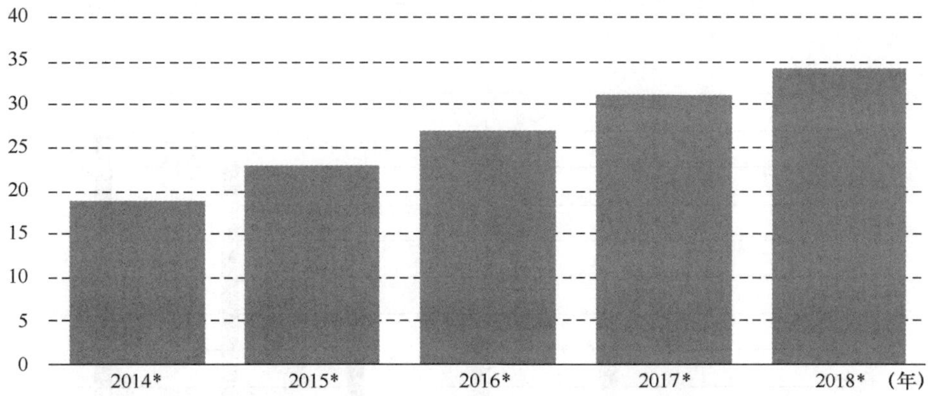

图 9－9 2014—2018 年全球视频点播收入(单位:10 亿欧元)

数据来源:statista 2015.

视产业发展现状用一句话总结就是:IPTV 进一步扩大市场渗透率,OTT 拓展高质量的内容服务。据 Point Topic2015 年的数据,全球 IPTV 用户在 2015 年三季度超过 1.23 亿。

从图 9－10 来看,全球各地区 IPTV 注册用户市场分布中,东亚地区遥遥领先,以 48.32% 位列首位;其次是欧洲(除去东欧地区),占 28.24%,再次是北美地区,占 12.65%。欧洲 IPTV 市场的发展得益于光纤宽带产业的布局。美国、荷兰、德国、西班牙等国家积极推动数字化高速网络的部署,百兆以上网速宽带覆盖范围较广,这为 IPTV 和 OTT 等视频服务用户提供了绝佳的收视体验。

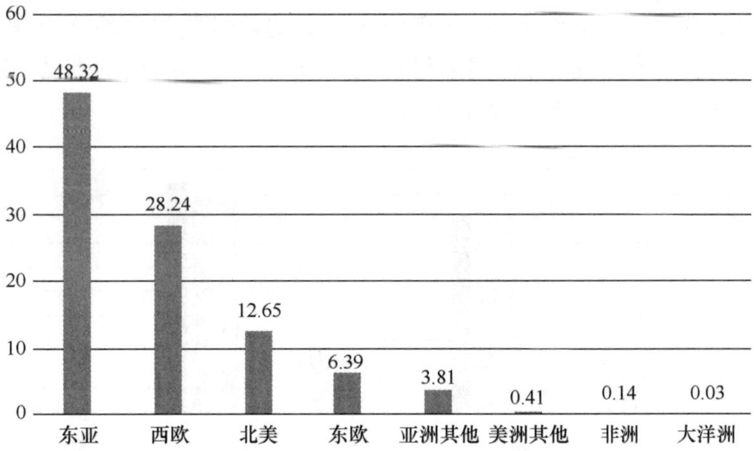

图 9－10 2015 年三季度全球网络电视 IPTV 注册用户分布情况

数据来源:statista 2015.

全球在线电视和视频的收入来源有:订阅费收入、收费电视、下载收入、广告收入。到目前为止,在线电视和视频最主要的收入来源是广告收入和订阅费(或会员费)。对在线电视和视频市场来说,高质量的内容服务成为其发展的有效途径。从图 9－11 可以看出,在接下来的几年里,全球在线电视和视频市场将持续发展,收入也逐年显著增加。预计到2020年,全球在线电视市场总收入将达到425亿左右,其中主要的收入来自订阅和广告收入。

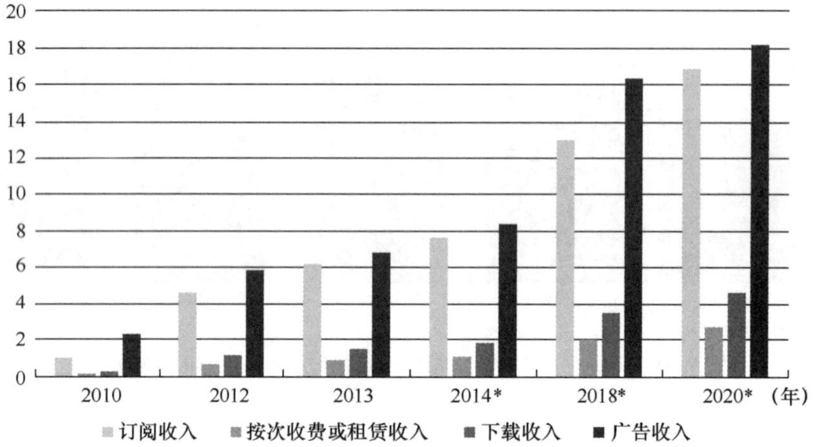

图9-11 2010—2020年全球在线电视和视频收入(单位:10亿美元)

数据来源:statista 2015.

综上所述,2016年以后,全球IPTV和在线电视及视频服务的覆盖范围将进一步扩大和深化,服务的方式也逐渐多样化,便捷的非线性收视服务使人们的收视选择更加灵活,视频消费也将稳步前行。

(4)国际付费电视市场现状。付费电视按平台可分为模拟信号有线电视、数字信号有线电视、网络付费电视、付费卫星电视和付费数码地面电视。其中,付费卫星电视各年收入最高,其次是数字信号有线电视;各年收入最低的是付费数码地面电视。跨年来看,数字信号有线电视、付费卫星电视、网络付费电视收入呈逐年递增的态势,而模拟信号有线电视由于技术的更新,呈逐年下降的态势(见图9-12)。

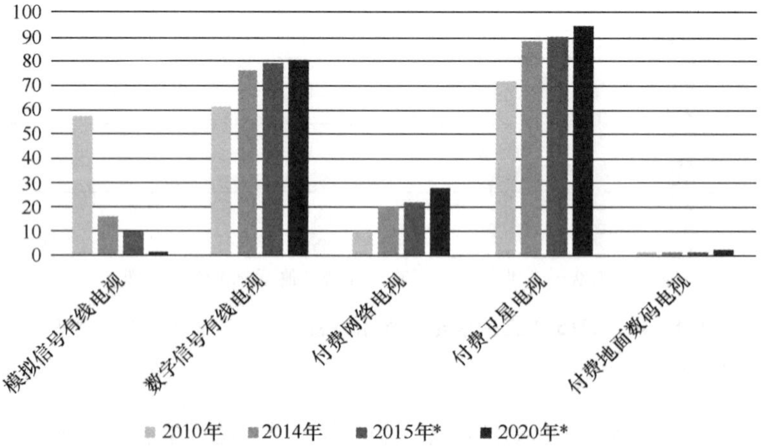

图9-12 2010—2020年全球付费电视收入情况(单位:10亿美元)

数据来源:statista 2015.

其中,亚太地区付费电视的收入情况与全球趋势基本相符。随着有线电视数字化，数字信号有线电视收入增长显著；与此同时，模拟信号有线电视的收入急剧下降。从图 9－13 同时也能看出亚太地区近几年高清数字直播电视和网络电视也呈显著增长的态势。

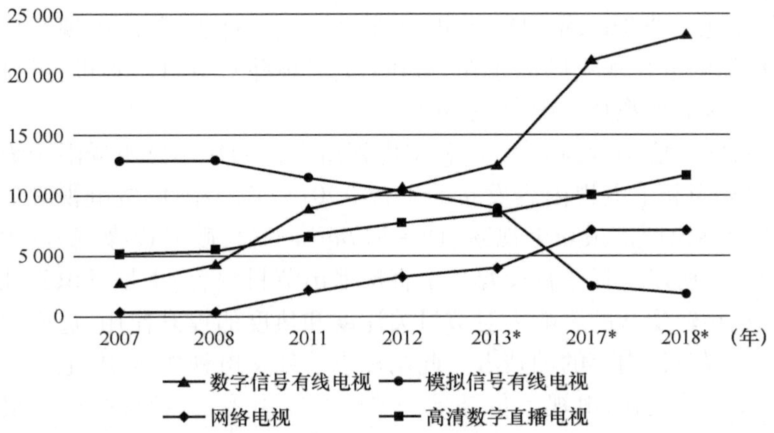

图 9－13　2007—2018 年亚太地区付费电视收入（单位：百万美元）

数据来源：statista 2015.

全球付费电视市场呈垄断竞争的态势，主要由 5 家大型电视传媒集团控制，其中最大的两家是美国的康卡斯特集团和美国电报电话公司，其收入均占全球付费电视收入的 18%。其次是约翰·马龙公司、默多克集团和阿尔提斯公司，其收入分别占全球付费电视总收入的 9.5%、7% 和 3.1%（见图 9－14）。

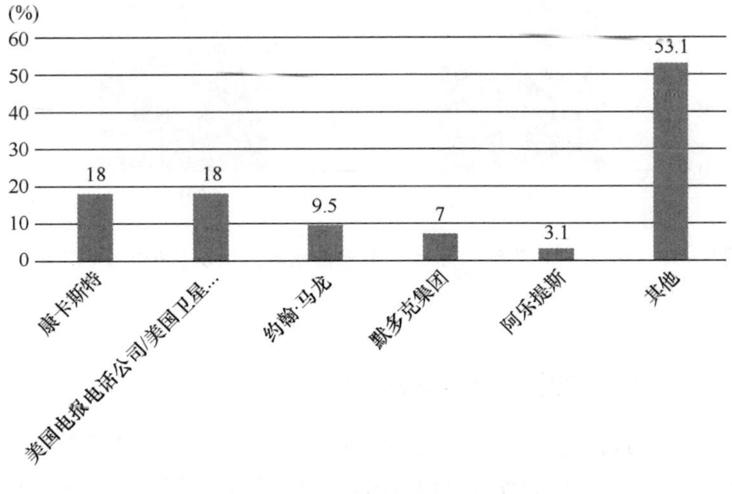

图 9－14　2015 年全球付费电视市场份额

数据来源：statista 2015.

（5）国际社交电视市场现状。早在 2010 年，社交电视即被誉为"看电视方式的革命"，并被美国学术杂志《麻省理工科技评论》评为 10 大新兴科技之一。这种电视收视与在线社交互动的媒介消费形式为新时代的受众提供了丰富的信息支持和交流体验。近几年,随着电视内容与社交网络的不断交融,社交电视不仅在互动层面强化了电视内容的传播和影响,更在电视内容发布层面提供了革新的可能。

美国咨询公司 Ipsos Media CT 报告指出,有高达 44% 的 Twitter 用户自身认定为"电视内容专家",相比于非 Twitter 用户高出 12 个百分点。这表明,对电视节目浸入程度更高、了解程度更深的电视观众倾向于在 Twitter 上聚集并对节目内容进行讨论。因此,社交媒体被称为资深电视观众集中、分享的平台。

随着受众跨媒体使用行为的深入,社交电视所发挥的作用已不局限于为电视内容建立口碑效应,更充当起了电视内容发布的平台。2015 年,美国付费电视频道 HBO 宣布,将在 Facebook 上播出两部最新电视剧《球手》(*Ballers*)和《政局边缘》(*The Brink*)的首集内容。电视媒体之所以选择在社交媒体上直接播出节目内容,正是意识到社交媒体强大的用户基数和在年轻受众的影响力对节目关注度和热度的提升作用,进而引流社交网络用户成为后续电视节目内容的消费者。此剧标志着社交电视领域中,电视与社交网络之间的融合方式正悄然变化,电视不再是唯一的内容输出平台,社交媒体也很可能不再是唯一的互动平台。未来,随着更多合作渠道的打通,社交电视新的发展路径和模式必然得以确立和深化(见图 9 – 15)。

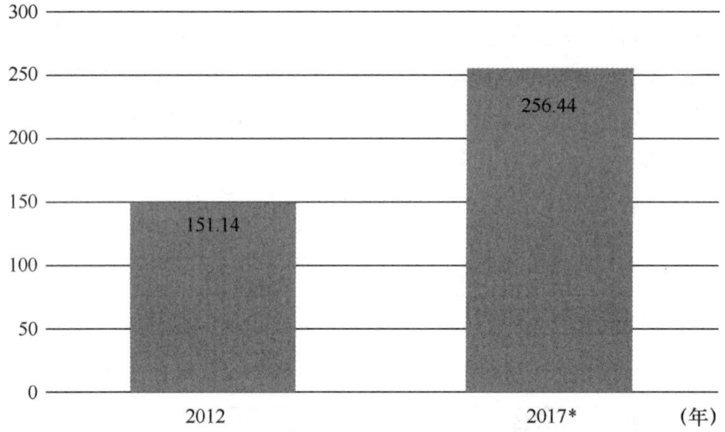

图 9 – 15　2012—2017 年国际社交电视市场收入情况(单位:10 亿美元)

数据来源:statista 2015.

9.1.1.4　国际电视市场主要电视节目及满意度

2015 年,全球电视节目创新不断,优秀的电视节目内容频出,尤其是多数国家在挑战自我极限和公布真相、注重与观众互动等节目内容方面进行了深度挖掘,取得了不俗的收视成绩。

从图 9 – 16 可以看出,全球主要国家电视节目满意度最高的国家中以欧洲国家居多,其中又以英国最高,满意度达到了 72% 。其次是沙特阿拉伯和美国,满意度分别是 69% 和 61% 。

至于最受欢迎的节目类型,依然是电视剧。Eurodata 数据公司汇聚了全球 67 个国家和地区 2014 年收视排名前 10 位的节目,结果显示,电视剧以 25.2% 的比重力压真人秀

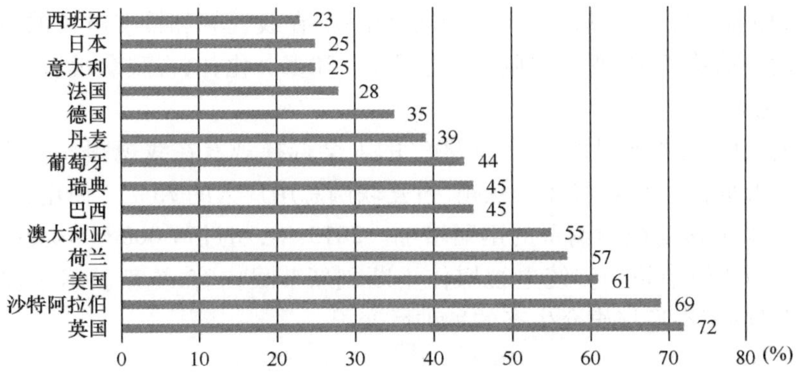

图 9－16　2013 年全球各国（选择国家）电视节目观众满意度

数据来源：statista 2015.

及新闻类节目在，18 个类别中排名第一。2015 年到 2016 年，电视剧以悬疑、惊悚题材引领风潮。阴谋、诡计、腐败……这些充满悬疑色彩的元素成为 2015 年到 2016 年秋季档中热门的灵感来源。例如，由英、法、美三国联合打造的超级巨制《美洲豹》（*Panther*）便改编于声名狼藉的巴尔干珠宝大盗"粉红豹"案件。犯罪和阴暗实力的描写是该剧最引人注目的看点。

其他电视节目类型在 2015 年到 2016 年也佳作频出，游戏及娱乐节目以跨界为重点创新。据 Eurodata TV 最新出版的 2015 年到 2016 季度国际电视节目发展趋势报告提供的特点来看，2016 年，欧洲电视节目内容创新主要表现在以下两个方面：

一是"你一直被监视着"这个被影视作品大肆使用的悬疑题材在 2016 年被多档电视节目借鉴，制作成不同节目类型的作品。例如，瑞典就在 2015 年下半年推出了一档 90 分钟的周播游戏竞技类目《RUN!》。这是一档实时互动追捕游戏，10 对参赛选手要在 8 周内跨越瑞典全境，并躲避"猎犬"——明星们的追捕。

二是"在电视荧屏上做真实的自己"，这个原本属于纪实节目的元素被综艺类节目拿来发挥出不同于冷静写实的娱乐精神。例如，比利时在 2015 年下半年推出了一档 60 分钟的周播电视杂志类节目《BE YOU》，这档节目只有一个话题：女人和她们的身体。每一集都有一个不同的主题，邀请女性朋友们来讨论身体的某个部分，比如，尺码、习惯、美容程序等，向观众展现真实自己的同时使观众产生共鸣。①

9.2　国际电视市场发展趋势

在过去的几年中，全球媒体行业经历了急剧的变革。目前，全球媒体行业正处于变革与转型的关键阶段。根据最新版的 BBS（Big Broadcast Industry）Broadcast Industry Global Trend Index，全球电视广播与数字媒体技术行业目前正面临着一系列重大的发展趋势：基于多平台发展（即传统电视广播网络、互联网、移动宽带接入网络等多平台均能实现电

① http://www.mlzhongguo.com/Pages/NewsDetail.aspx? id=92&cid=2011&pid=704.

视节目内容的传输和分发)基础上的全球网络电视、在线视频和社交电视的迅猛发展;观看电视节目设备的移动化(平板电脑和智能手机)和多屏化;电视观众观看行为的时移或点播化、碎片化等。

最新研究表明,互联网用户当中有90%的人会选择观看在线视频。以美国为例,现有180 000 000互联网用户观看在线视频,占互联网总用户数的75%。使用移动互联设备人数的增加带来了移动视频消费的迅猛增加。2013年,超过74 000 000美国移动用户使用移动设备观看视频节目。传统电视媒体不断创新节目内容,更新技术手段,拓展媒介渠道,也以积极的姿态迎接媒介生态的种种巨变。①

9.2.1 在线电视及网络视频市场迅猛发展

9.2.1.1 全球在线电视及网络视频市场规模

Statista 研究预测表明,全球在线电视和视频收入在2020年将达到423.4亿美元,比2010年的39.6亿美元增长了969.19%。可谓增长迅猛!

全球在线电视和视频的收入来源有:订阅费收入、收费电视、下载收入、广告收入。从图9-17可以看出,在线电视和视频的4项收入来源在2010年到2020年(预测)间有显著的增加。其中,最主要的收入来源广告收入和订阅收入(或会员费)的增长尤为迅速,广告收入2020年比2010年增长了664.98%,年均增长66.5%,订阅收入2020年比2010年增长了惊人的1 482.07%,年均增长148.21%。这充分证明在线电视和视频代表着未来电视发展的方向和趋势。其中,亚太地区在线电视和视频收入的主要来源和全球相同,依然是广告收入和订阅收入(见图9-18)。而且有数据表明,亚太地区将来会成为全球最大的在线电视和视频市场。

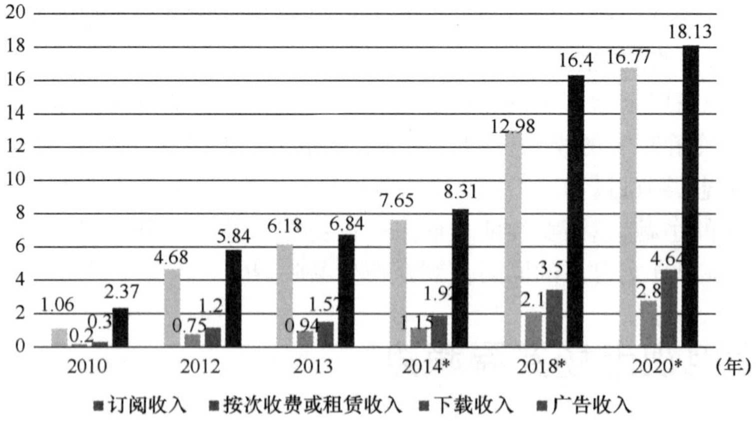

图9-17 2010—2020年全球在线电视和视频收入(单位:10亿美元)

数据来源:statista 2015.

① 李远东,2015年全球广播电视与数字媒体技术行业发展趋势[EB/OL]. http://www.libnet.sh.cn:82/gate/big5/www.istis.sh.cn/list/list.aspx? id=8692.

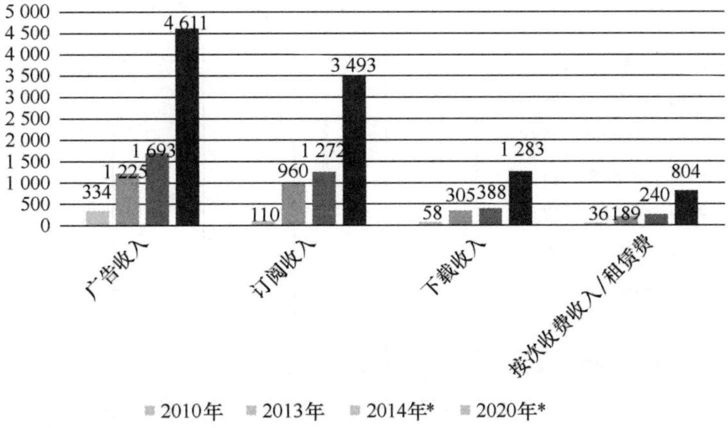

图 9－18 2010—2020 年亚太地区在线电视和视频收入情况（单位:百万美元）

数据来源:statista 2015.

9.2.1.2 全球各国在线电视及网络视频市场发展现状

按市场规模排名,全球最大的在线电视和视频市场依次为美国、日本、英国、德国和中国。从图 9－19 可以看出,全球在线电视市场规模在 2010 到 2020 年间会显著增加。美国依然是在线电视和视频收入最高的国家,但其总收入的比例将从 2014 年的 49.44% 下降至 36.68%。中国在线电视和视频收入预计增长最快,到 2020 年能达到 30.3 亿美元,超过英国和德国,居第三位。

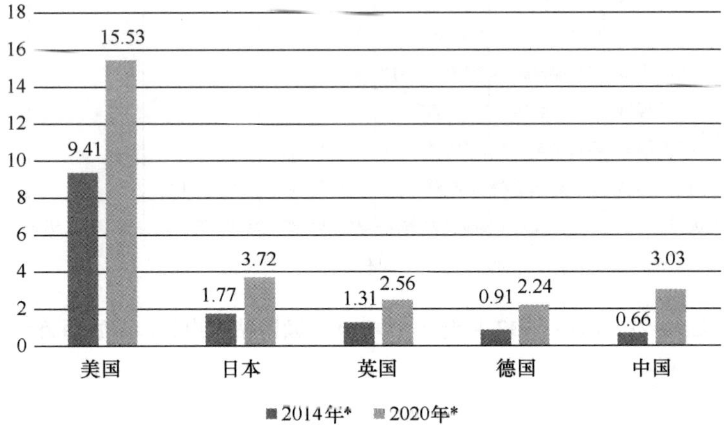

图 9－19 2014 年和 2020 年全球最大的在线电视和视频市场（单位:10 亿美元）

数据来源:statista 2015.

如果按在线电视和视频的观众人数排名,早在 2012 年,中国在线视频市场人数已达到世界最多,其次是美国、日本、俄罗斯和印度。但从市场收入来看,中国在线电视和视频收入全球排名第五,这说明中国观众在线收看视频的付费习惯还没有养成,中国视频网站的商业模式及盈利模式还不成熟(见图 9-20)。

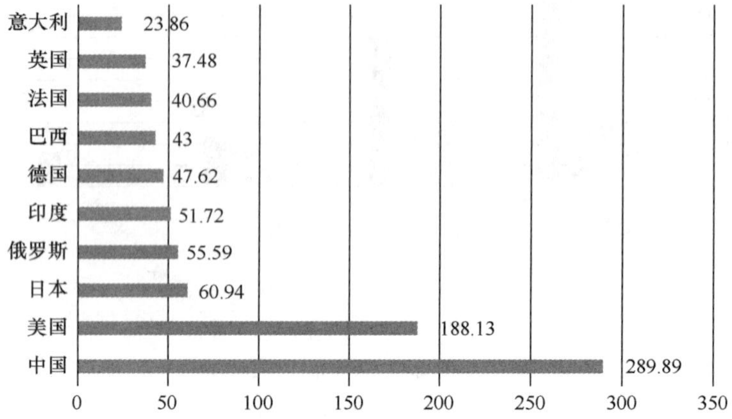

图 9-20　2012 年全球最大的在线视频市场(按观众数排名,单位:百万人次)

数据来源:statista 2015.

按观众人数排名,全球最受欢迎的视频网站排名前 10 位的有:Google Sites、Facebook、搜狐视频、乐视网、Broadband TV、VEVO、Warner Music、Teads Sites、腾讯视频、LiveRail。从图 9-21 可以看出,排名前两位的:Google Sites 和 Facebook 有绝对的优势。

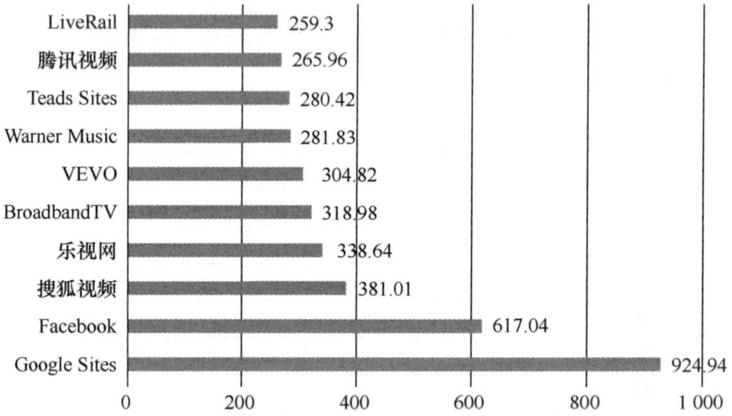

图 9-21　2015 年 12 月全球 TOP10 视频网站用户数(单位:百万)

数据来源:statista 2015.

9.2.1.3　在线电视及视频市场观众的观看行为分析

(1)在线视频及电视的观看规模。图 9-22 显示了 2014 年全球主要国家互联网用户观看在线视频的占比排名。分国别来看,排名第一的韩国有 95.9% 的互联网用户使用互联网观看在线视频,排名第二的西班牙有 92% 的互联网用户观看在线视频,意大利这个数据是 91%,中国是 89.6%。即便是排名第 15 位的德国,也有 71% 的互联网用户观看在线视频。这一数据说明,观看在线视频已经成为人们使用互联网所做的主要事项之一。

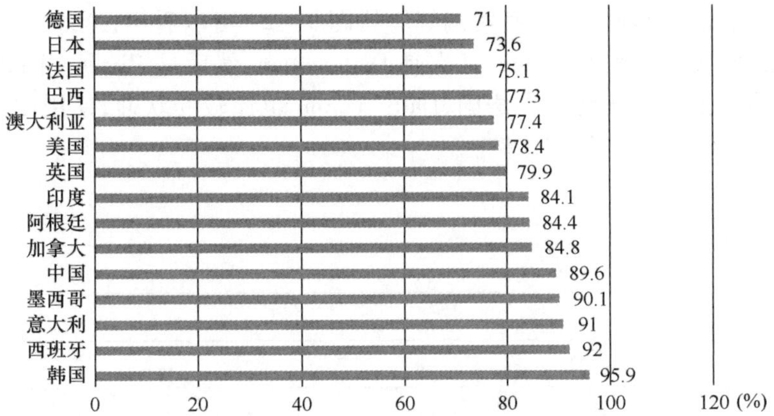

图 9－22 2014 年主要国家互联网用户观看在线视频的占比情况

数据来源：statista 2015.

(2)在线电视及视频的观看频率。Hub Research 的调查显示，2015 年第三季度，有 76% 的观众观看在线视频的频率为每周一次，而 16—24 岁的观众观看频率为每天一次，观众观看在线视频的平均时长为每周 8 小时。该调查指出："作为娱乐的一种形式，在线视频正在流行，它给观众提供大量的节目资源、高度针对性的节目类型和子类型，并且时长较短，这些因素使用户愿意活跃地观看在线视频——而这一切吸引了大量针对年轻消费者的广告商。"

从图 9－23 可以看出，越来越多的观众在线观看电视节目和视频，而且相对于老年人来说，年轻人更倾向于在线观看电视节目和视频。如图 9－23 所示，千禧一代(18～36 岁)更愿意选择在线观看电视，有 37% 的千禧一代比一年前观看更多的在线电视节目和视频；对于 X 一代来说(37～48 岁)，在线观看还是传统方式观看电视无所谓、没区别，有 44%(占比最大)的 X 一代在线观看电视节目和视频与前一年一样多；对于老年人(69 岁以上)，他们更愿意选择传统方式观看电视，有 56% 的老年人从没有看过在线电视和视频。

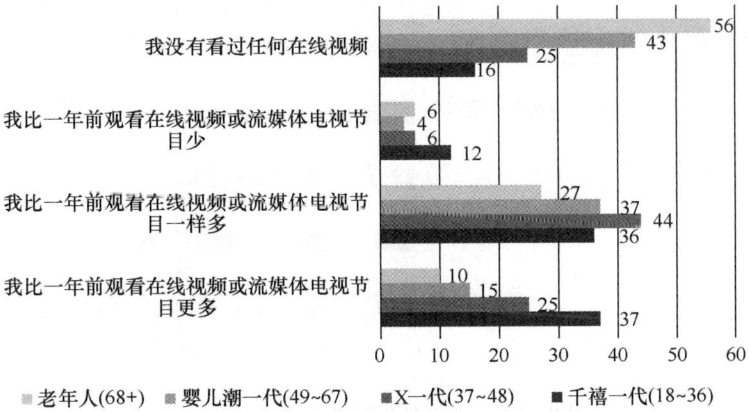

图 9－23 观众观看在线视频和流媒体电视节目情况(按年龄分)

数据来源：statista 2015.

(3)在线电视及视频网站的使用偏好。从图 9-24 可以看出,全球主要国家的观众最经常使用的视频网站是 YouTube,其次是 Dailymotion,然后是 Vimeo。而且 YouTube 在所有视频网站中占绝对优势。在法国,Daily motion 也比较受欢迎,使用比例达 23%,远高于其他国家 4% ~7% 的使用比例。

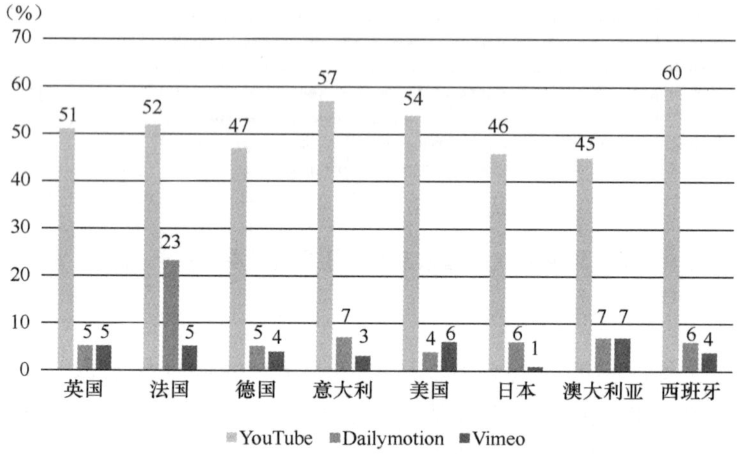

图 9-24　2015 全球特定国家视频网站使用情况

数据来源:statista,2015.

(4)电视观众在线观看电视及视频节目的偏好。具体表现在以下几方面:

第一,观众付费观看在线电视和视频的影响因素。观众观看在线电视和视频有免费和付费两种方式,是什么因素影响观众是否愿意付费观看电视及视频。由图 9-25 可知,高清的画质和广告量少是观众选择付费在线观看视频的主要原因,占 35%;其次是因为可以主动选择观看内容,占 33%;海量的视频资源占 25%;能够享受跨平台的服务(电视、个人电脑、移动设备)占 20%;但仍有 28% 的观众不愿意因此而支付更高的费用。

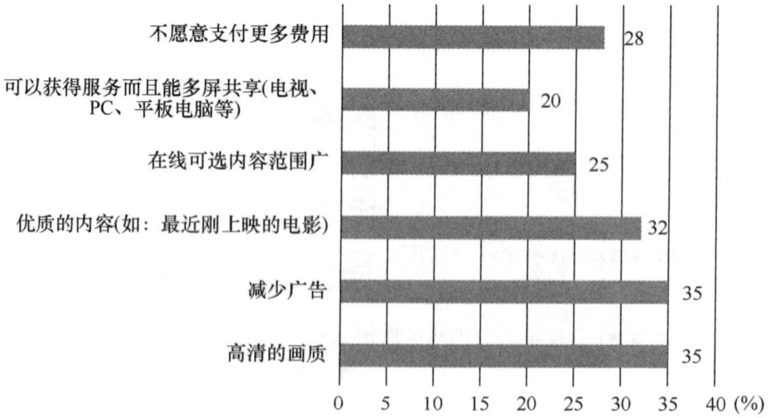

图 9-25　付费观看在线视频的影响因素

数据来源:statista,2015.

第二,最受欢迎的在线电视及视频节目。2014 年,Facebook 上最受欢迎的在线电视是 The Simpsons,观看人数达7 440万人次;第二是 Mr. Bean,观看人数达6 040万人次;排名第三的是 Sponge Bob Square Pants,观看人数达5 820万人次。它们都是比较经典的电视剧(见图 9 - 26)。

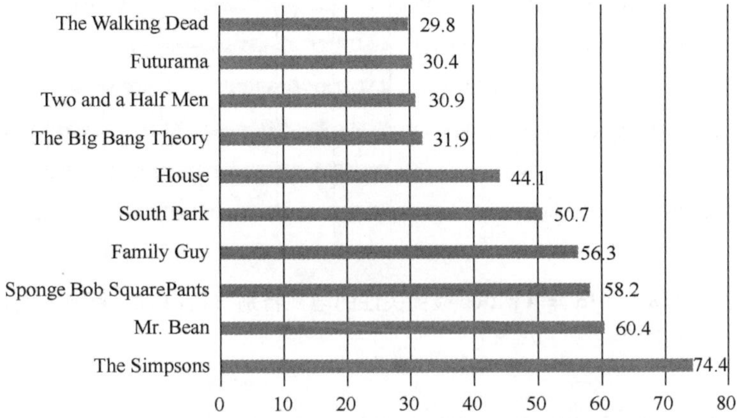

图 9 - 26 2014 年 Facebook 最受欢迎的电视节目(单位:百万人次)

数据来源:statista,2015.

而在 Twitter 上,2015 年最受欢迎的电视剧排名前三的分别是:Ellen DeGenres,观看人数达3 070万人次;Sports Center,观看人数达 840 万;106&Park,观看人数为 560 万。与 Facebook 明显不同(见图 9 - 27)。

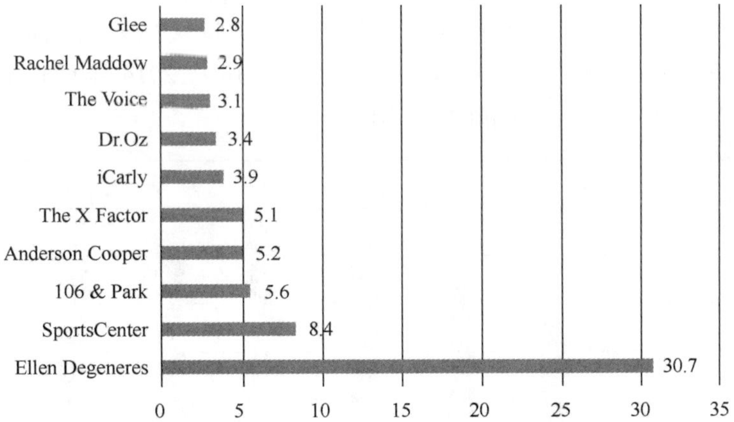

图 9 - 27 2015 年 Twitter 最受欢迎电视剧(单位:百万人次)

数据来源:statista,2015.

在 Twitter 上,2015 年最受欢迎的电视节目排名第一的是 The 57 th Annual Grammy Aeward(CBS),观看人次达13 320万;其次是 The Oscar(ABC),观看人次达13 020万;第三名是 2015 MTV Video Music Award(MTV),观看人次达11 820万。从图 9 - 28 可以看出,2015 年 Twitter 上最受欢迎的电视节目大都是重大奖项的颁奖典礼或重大政治事件,如美国总统竞选者之间的公开辩论。

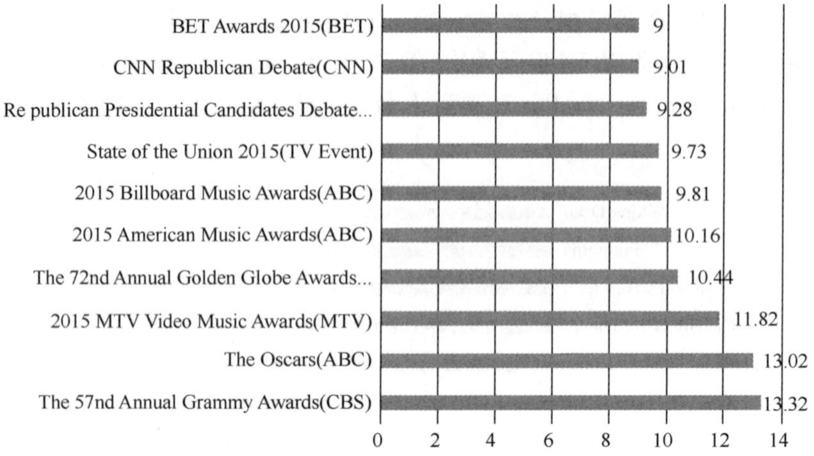

图 9 - 28　2015 年 Twitter 最受关注的电视特别节目(单位:百万人次)

数据来源:statista,2015.

9.2.2　移动视频市场是后起之秀

Strategy Analytics 最新研究报告《2010—2021 年全球移动视频预测》指出,全球移动视频市场规模将在 2021 年达到 250 亿美元;移动视频收益最大的增长将来自广告。这是由于用户与日俱增的移动视频消费为广告商提供了机遇。未来 5 年,移动视频广告收益的年复合增长率将达到 28%。报告还提到,截至 2021 年年底,移动视频的预测用户数量将翻两倍多,达到 20 亿,等同于全球移动用户 36% 的渗透率。①

以美国为例,2013 年至 2019 年,手机视频的观众数量从7 670万增加到13 690万(预计),6 年间增长了 78.49%,平均每年增长 13.08%。其中,2014 年增长最快,2014 年比 2013 年增长 22.6%(见图 9 - 29 和图 9 - 30)。

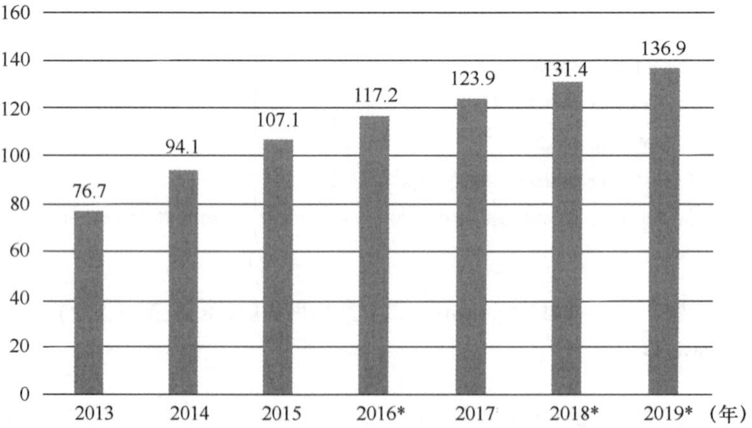

图 9 - 29　2013—2019 年美国手机视频观众数量(单位:百万)

数据来源:statista,2015.

---

① http://www.199it.com/archives/492801.html.

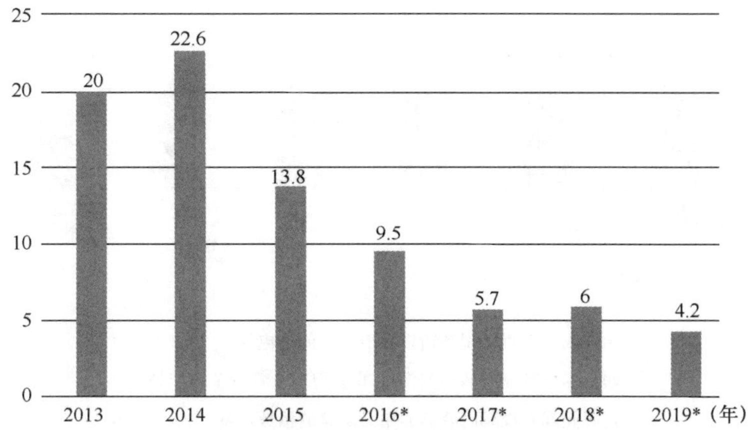

图 9 - 30　2013—2019 年美国手机视频观众人数增长率(单位:%)

数据来源:statista,2015.

2011 年至 2017 年,美国移动视频收入也随着移动视频用户的飞速增长迅猛增加,从 2011 年的 7.35 亿美元增长到 2017 年的 40.15 亿(预计),6 年间,美国移动视频收入增长了 4.46 倍,年平均增长 81.63%,远高于移动视频用户的增长速度(见图 9 - 31)。

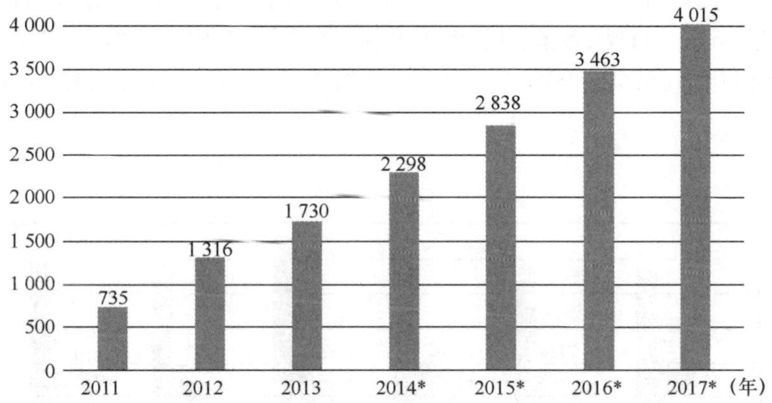

图 9 - 31　2011—2017 年美国移动视频收入(单位:百万美元)

数据来源:statista,2015.

全球智能手机用户在什么情况下选择观看视频节目?调查发现,大多数手机用户只会在有 Wifi 的情况下观看移动视频,这一比例达到 40% ~47%;而且有 34% ~46% 的手机用户说,自己比一年前更多使用手机观看视频,其中,美国和加拿大的手机用户比一年前更多用手机观看视频的比例最高达 46%;有 27% ~35% 的手机用户认为,如果长时间观看视频,他们会选择专用的大屏幕播放设备,这也意味着更多的手机用户使用手机观看的是时间较短的视频节目;有 14% ~31% 的手机用户认为,如果不打乱原有的时间安排,会用手机看更多的视频;有 16% ~25% 的手机用户认为,因为用手机观看视频而减少了看电视的时间。移动视频的普及明显地对传统电视观众有分流作用(见图 9 - 32)。

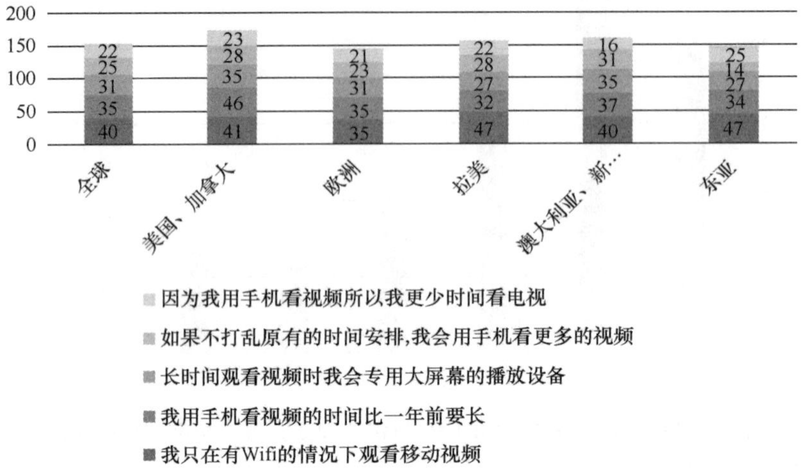

图 9－32　2015 年全球智能手机用户对移动视频的使用偏好

数据来源:statista 2015.

全球移动视频观众如何观看移动视频,图 9－33 给出了答案。各国智能手机用户大都通过移动视频 APP 观看视频,占比在 44% ～52%;其次是用智能手机,既通过网页也通过 APP 观看视频,这一比例达 20% ～26%;再次是使用智能手机,只通过浏览网页观看视频,这一比例达 16% ～21%;没有用手机观看视频的用户占比在 10% ～13%。由此可见,大多数智能手机用户(87% ～90%)都通过手机观看视频,移动视频市场的飞速发展势不可挡。

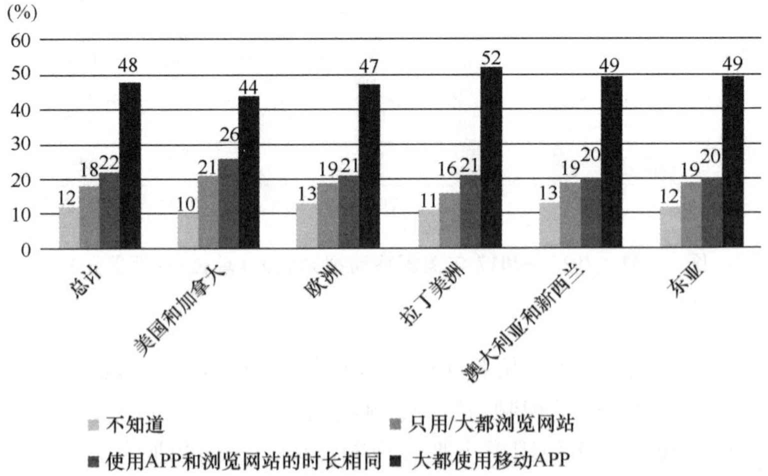

图 9－33　2015 年 5 月全球手机用户每日视频消费情况(按时长)

数据来源:statista 2015.

以美国为例,移动视频观众最喜欢的智能手机视频 APP 依次是:YouTube,市场份额 64%;Netflix,市场份额 19%;CNN,市场份额 5%;其他的 APP 市场份额都在 5% 以下(见

图 9 - 34)。

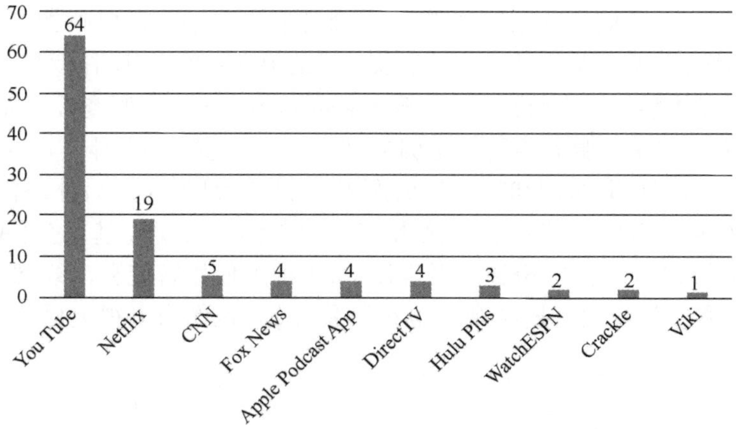

图 9 - 34 2014 年美国最受欢迎的智能手机视频 APP 排名(单位:%)

数据来源:statista,2015.

在是否愿意为移动视频付费这个问题上,全球移动视频用户的表现各不相同。在东亚,有 26% 的手机用户愿意为观看移动视频付费,这个比例在全球各地区之间最高;其次是美国和加拿大,有 23% 的手机用户愿意为观看移动视频付费;排名第三的是澳大利亚和新西兰,有 18% 的手机用户愿意为观看移动视频付费(见图 9 - 35)。由此可见,全球移动视频的付费习惯还需要培养,或寻找其他的移动视频盈利模式。现阶段移动视频运营商主要的收入来源是广告收入而不是观众付费。

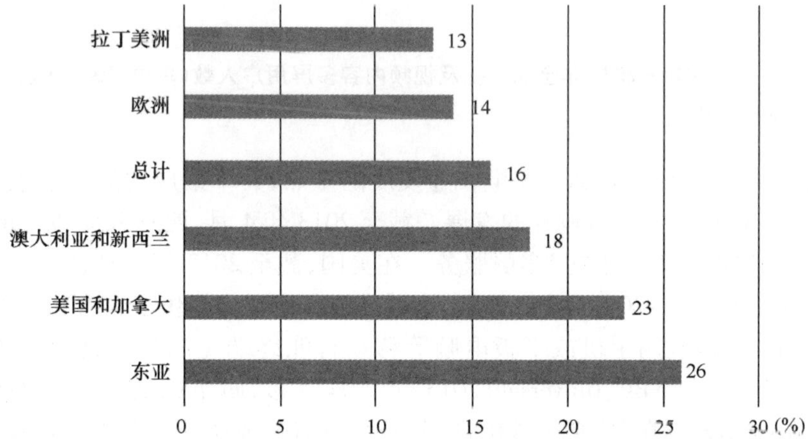

图 9 - 35 2015 年全球为移动视频付费用户与智能手机总用户数的占比情况

数据来源:statista,2015.

9.2.3 国际电视的多屏化趋势

电视观众收视方式的多屏化特征主要是基于多屏(multiscreen)技术的发展。多屏技术突破了传统电视播放的空间距离，实现了视频节目同步在电视机、手机、平板电脑等终端播放。具体而言，它是指通过无线网络，不同的操作系统（iOS、Android、Windows7、Windows XP 、Vista 等）和不同的移动智能终端（智能手机、智能平板、电脑、电视）之间可以相互兼容、协同操作，实现电视节目的传输和播出（见图 9 – 36）。摩托罗拉公司 2013 年 3 月公布的年度《媒体参与度指数》（Media Engagement Barometer）调查报告显示，全球主要国家在家庭以外使用多屏服务的用户比例达到了 38%。其中，土耳其最高（48%），阿联酋位居第二（41%），英国、法国和德国分别为 21%、22% 和 23%。另外，每天都会在家庭以外通过其他终端收看电视节目的比例为 27%。美国广告研究基金会（Advertising Research Foundation）2013 年的一份调查报告显示，美国人使用智能移动终端收看电视节目的首要原因是“方便”，其次是连续观看电视剧集，最后是作为电视上播放广告时的一种临时替代。

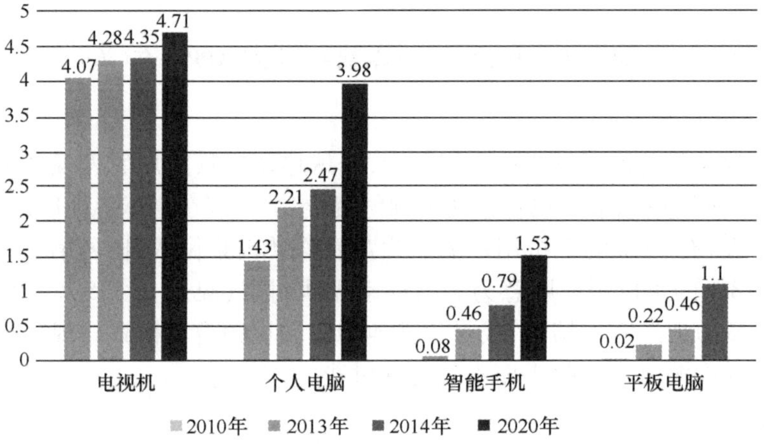

图 9 – 36　2010—2020 年全球电视及视频内容多屏用户人数（单位：10 亿人次）

数据来源：statista 2015.

近年来，多屏技术成为发达国家电视业发展的重点，其中最成功的一个案例就是“电视无处不在”（TV Everywhere）业务的发展。截至 2013 年 4 月，西欧 70% 以上的付费电视用户都可以使用“电视无处不在”多屏服务。在美国，截至 2013 年 4 月，“电视无处不在”业务的用户规模增长了 120%。“电视无所不在”服务为用户提供了收看更多电视节目的多种方法。用户可以利用手机或平板电脑等移动智能终端在汽车里收看电视节目。全国广播公司环球公司（NBC Universal）2013 年 7 月宣布，旗下的美国电视网（USA Network）提供“电视无处不在”服务。该电视网表示，目前电视观众习惯于时移收看方式，同时喜欢通过多种终端使用多屏业务，美国电视网需要适应观众在收看习惯上的变化。在与美国电视网合作的有线电视、卫星电视或交互式网络电视运营商的多终端播出平台上，观众通过电视服务账号订阅付费即可登录美国电视网网站或应用软件，通过多种移动智能终端收看节目。据预测，到 2016 年，美国和加拿大将有 1.15 亿付费用户享受运营商提供的多屏服务。在西欧，这一数字为9 000万，在东欧和亚太地区将有5 000万。这意味着，“电视无处不在”将成为付费运营商的一项标准业务。

9.3 国际主要国别电视市场分析

9.3.1 美国电视市场

9.3.1.1 美国电视市场现状

2015 年 4 月 2 日,美国联邦通信委员会(FCC)向美国国会提交了《第十六版视频竞争报告》,报告中说,自 2013 年 7 月 22 日上一版报告(即《第十五版视频竞争报告》)提交以来,美国视频节目内容传输市场呈现的最显著的发展趋势是:消费者观看视频内容的时移特点及位移特点更加明显;数字电视以及高清视频节目获得了更加广泛的市场普及;线上视频行业发展势头更迅猛。

基于以上发展趋势,《第十六版视频竞争报告》将视频节目内容传输服务提供商分为 3 大类:多频道视频节目内容传输/分发商(MVPDs)、广播电视台站/地面无线电视台(broadcast television stations)、线上视频节目内容传输/分发商(OVDs)。

2013 年,多频道视频节目内容传输/分发商(MVPDs)的订阅用户总量开始出现有史以来首次全年持续下降:2012 年年末的相关数据为 1.01 亿,而 2013 年年末的数据为 1.009 亿,一共流失了 10 万家庭用户。其中,更具体的情况是:有线电视网络运营商的订阅用户总量,2012 年年末为3 410万,2013 年年末为3 420万;电信基础网络运营商的订阅用户总量,2012 年年末为 990 万,2013 年年末为1 130万。

为了应对有线电视订阅总数减少以及越来越多观众选择观看在线视频节目内容传输/分发商所提供的 OTT 视频节目的情况,多频道视频节目内容传输/分发商也创建了相关平台,部署与在线视频节目内容传输/分发商类似的视频服务。这里的视频服务通常被称为“电视无处不在”(TV Everywhere),使广大用户能够通过各类具有互联网接入功能的移动智能终端、家庭室内的多个固定视频终端灵活地观看由 MVPDs 提供的线性广播电视节目及视频点播(VoD)节目。最近,已有越来越多的 MVPDs 开始面向户外环境中的用户提供更多可供观看的内容。

总的来说,美国的有线电视网络正经历着一场大的变革,在完成从模拟有线广播电视到数字有线广播电视的整体转换后,美国有线电视网络正在向全 IP 架构逐步演进。在全 IP 架构下,MVPDs 在用户家里向除了电视机外的移动智能型终端提供电视服务。全 IP 有线电视还可以利用云计算技术、云存储技术等在住宅之外的户外公共场所提供电视服务,并极大改进了用户界面的效果。①

目前,美国有线电视网络运营商所面临的一大压力来自于多年以来它与电视广播商一同执行的“频道包”商业模式——电视广播商要求有线电视网络运营商在传输其很受欢迎的频道同时,也打包传输其不受欢迎的电视频道。这样,消费者如果要订阅自己喜爱的电视频道,就必须订阅相关的频道包,而其中含有很多他们不感兴趣的电视频道。过去,由于人们没有选择的余地,所以只能忍气吞声。如今,基于美国 OTT 视频/网络视

① http://www.libnet.sh.cn:82/gate/big5/www.istis.sh.cn/list/list.aspx? id=8680.

频的高度发达，人们可以选择放弃订阅有线电视频道包，转而订阅自己喜爱的 OTT 付费电视/视频内容，有线电视"频道包"这种商业模式遭到了前所未有的冲击。另外，美国政府的立法部门及通信监管部门也已经注意到消费者的不满，站在消费者的一边。美国电视业界的高层相信，在内外压力下，这一商业模式终将瓦解，那些小的、不受欢迎的电视频道不再会被有线电视网络传输，而可能会成为 YouTube 的一个频道。

美国有线电视网络运营商所面临的另一大压力来自于 OTT 视频。越来越多的人开始放弃订阅由有线电视网络所传输的电视、视频节目，转而从互联网收看电视新闻及娱乐节目，导致有线电视运营商从电视服务中所获得的盈利不断减少。甚至近一两年，美国参议院或众议院针对"修改 1996 年《电信法》，承认 OTT 视频运营商与有线电视、IPTV、卫星电视平等竞争地位"召开了多次听证会。各大有线电视网以及电视广播也已经或者准备将其节目通过互联网传播。可以预见，在未来几年，有线电视网络所提供的基础视频业务将遭受更大的冲击。所以，目前美国的有线电视网正在努力尝试进行收益模式变革。

美国有线电视网络在为人们提供互联网接入服务方面处于领先地位，拥有全美最大的 ISP 市场份额。全球最大的有线电视网络运营商 Concast Cable 是美国最大的 IPv4 固网运营商，基于 IPv6 的下一代网际网络建设也在美国甚至全球位居前列。事实上，有线电视网络从提供互联网接入及固话服务所获得的利润要高于电视服务。同时，考虑到 OTT 视频流量的猛增，他们也开始建设智能型互联网接入管道，实施基于流量使用量的计费方案，以获得更多的利润并减小底层网络的数据承载压力。①

从图 9－37 可以看出，美国有线电视运营商在面临诸多压力的条件下，不断调整、变革，从而实现了自 2005 年以来有线及其他电视节目订阅收入持续、稳定增长，年均增长 10.64%，态势明显好于欧洲各国（欧洲各国电视也收入基本稳定，个别年度有下降，具体见下文）。

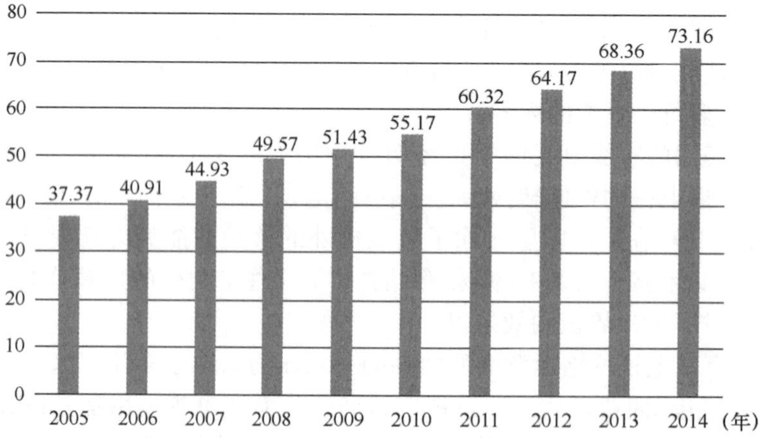

图 9－37　2005—2014 年美国有线及其他电视节目订阅收入估计值（单位：10 亿美元）

数据来源：statista，2015.

① http://www.libnet.sh.cn:82/gate/big5/www.istis.sh.cn/list/list.aspx? id＝8680.

2012 年,美国电视观众最喜欢的电视频道见图 9 - 38,它们依次是:History 频道、Discovery 频道、National Geographic 频道、Food 频道、Planet Green 频道等,排名前五的都是专业频道。

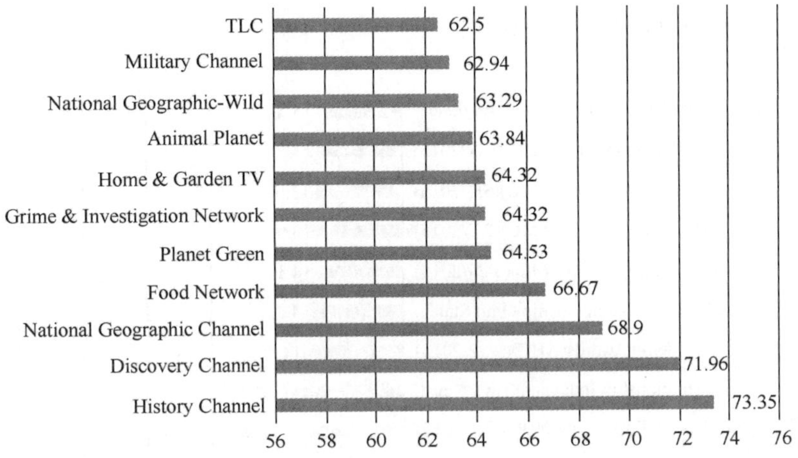

图 9 - 38 2012 年美国电视观众最感兴趣的电视频道品牌排名(按品牌价值)

数据来源:statista,2015.

9.3.1.2 美国的电视节目分析

2015 年,美国所有时段最受欢迎的广播电视节目排名前五的都是 ESPN 播出的,它们分别是:大学生橄榄球冠军赛,有3 340万观众观看;大学生橄榄球半决赛(1),有2 827万观众观看;大学生橄榄球半决赛(2),有2 816万观众观看;Auburn 和 Oregon 比赛直播,有2 732万观众观看;Notre Dame 和 Alabama 比赛直播,有2 638万观众观看。所以 2015 年美国最受欢迎的广播电视节目前五名均是体育节目——橄榄球赛(见图 9 - 39)。

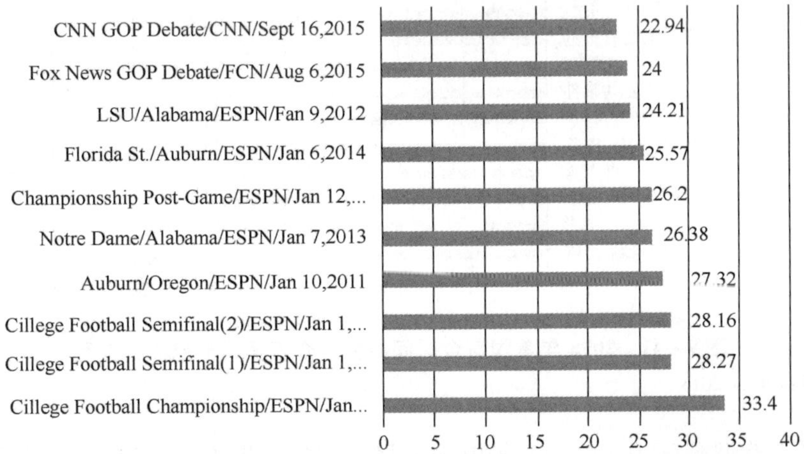

图 9 - 39 2015 年美国所有时段最受欢迎的广播电视节目(单位:百万人)

数据来源:statista,2015.

而按观看人次排名的话,2015 年,黄金时段最受欢迎的电视节目排名前五的,除了第四位的奥斯卡金像奖颁奖典礼(观看人数1 450万)外,其他都是美国国内重要的橄榄球赛事,它们分别是:第 49 届超级碗——新英格兰对西雅图的比赛,观看人次5 010万;超级碗赛后,观看人次3 370万;美国橄榄球联合会冠军赛,观看人次1 770万;大学生橄榄球冠军赛,观看人数1 420万(见图 9 -40)。

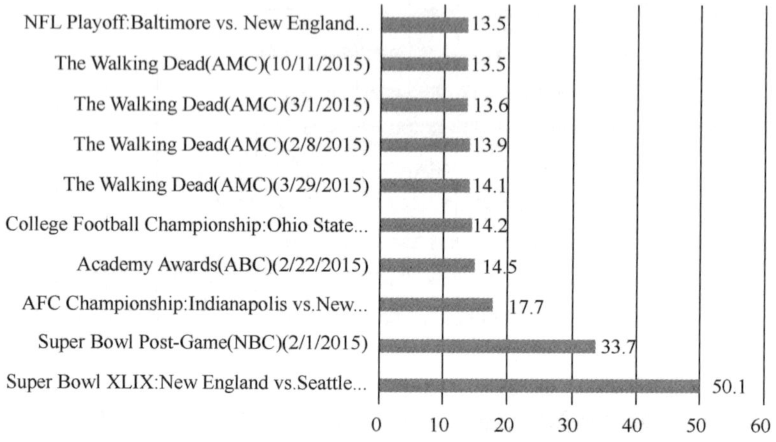

图 9 -40　2015 年黄金时间美国最受欢迎的广播电视节目(单位:百万)

数据来源:statista,2015.

据 Statista 的调查统计,2015 年,美国黄金时段最受观众喜好的电视节目类型排名第一的是情景剧/喜剧,其次是电影,然后是电视剧、真人秀等(见图 9 -41)。

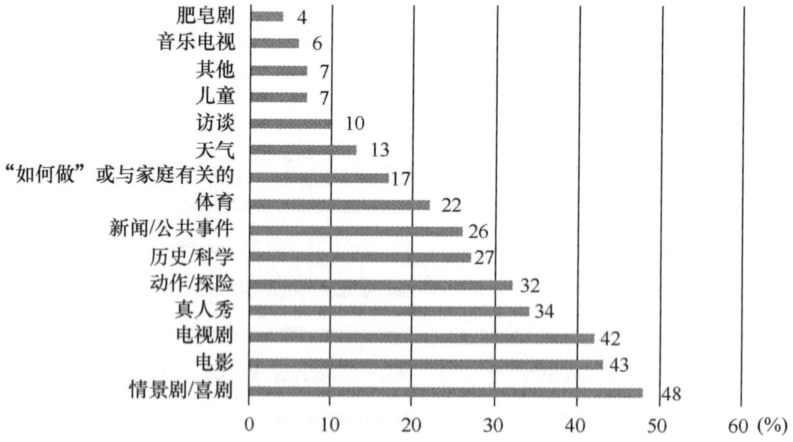

图 9 -41　2015 年美国黄金时间最受观众喜爱的电视节目类型

数据来源:statista,2015.

与受观众欢迎程度相应的是各种电视节目类型的广告收入。2013 年,美国广告收入最多的电视节目类型排名见图 9 -42。电视剧以 120 亿美元的广告收入位居榜首;第二是一般新闻 90 亿美元的广告收入;第三是情景剧 60 亿美元;真人秀、专题片和特别新闻节目以 50 亿美元的广告收入并列第四。

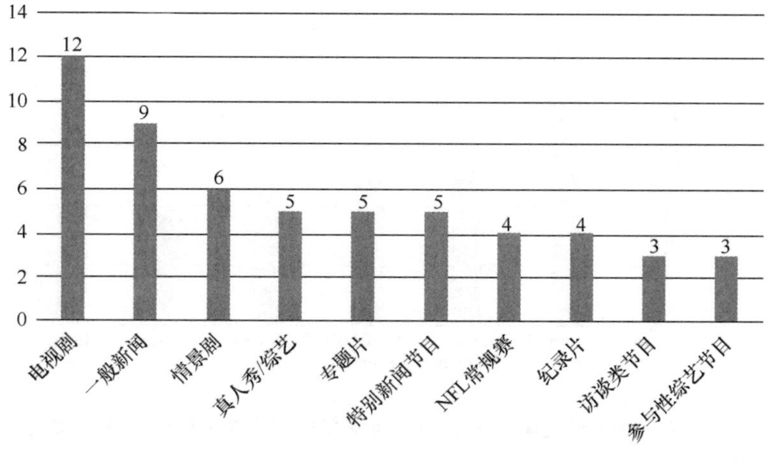

图 9 - 42　2013 年美国广告收入最多的电视节目类型(单位:10 亿美元)

数据来源:statista,2015.

图 9 - 43 显示了 2007 年到 2014 年美国有线及付费电视节目估算的制作成本,呈逐年上升的态势,年均增长 7.67%,略低于同期有线电视订阅收入的增长速度 8.98%。

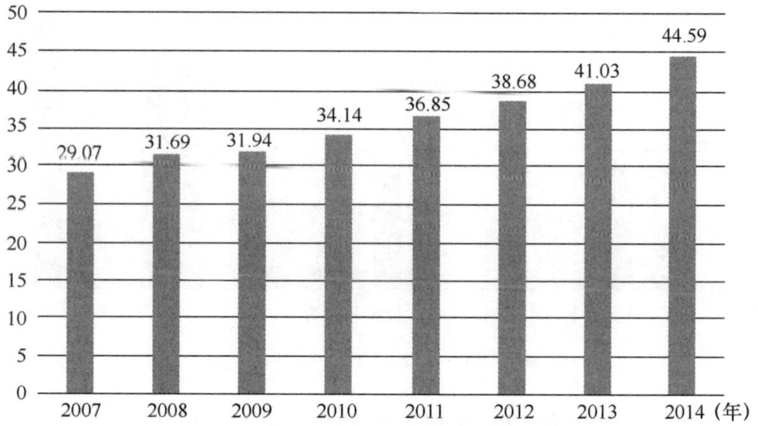

图 9 - 43　2007—2014 年美国有线及其他付费电视节目的估算制作成本(单位:10 亿美元)

数据来源:statista,2015.

而广告收入排名最高的最受美国观众关注的电视剧每集制作成本,从图 9 - 44 来看,差异较大。最高的《六人行》(*Friends*)每集制作成本达到1 000万美元,而排名第七的《迷失》(*Lost*)每集制作成本为 400 万美元,不及《六人行》的一半。

一般来说,美国电视网播出的电视节目来源无外乎两种:一种是外购,即从其他制作商或辛迪加手中购买;另一种是自己原创制作。以 HBO 为例,2011 年到 2015 年 4 年间,外购电视节目的成本基本保持一定,2014 年和 2015 年略有增加,每年都在 10 亿美元以下;原创和体育节目成本则呈逐年小幅上升态势,而且近几年来自制节目和外购节目的

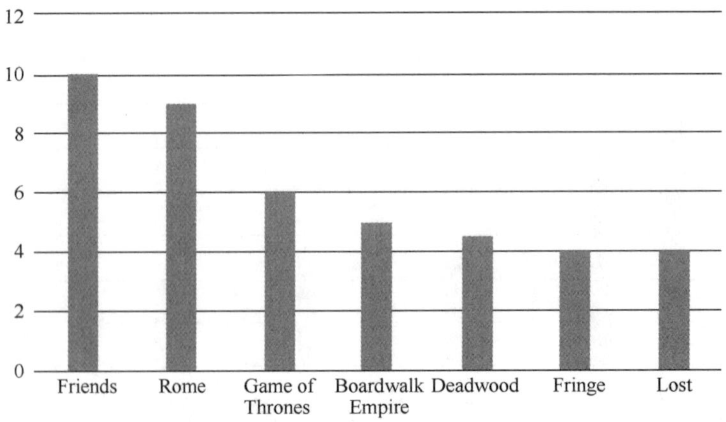

图 9-44 2015 年美国受关注的电视剧每集制作成本(单位:百万美元)

数据来源:statista,2015.

支出成本差距在逐步缩小,到 2015 年,原创和体育类的节目支出已略高于外购支出,而以前年度原创类电视节目支出要小于外购类的电视节目支出(见图 9-45)。

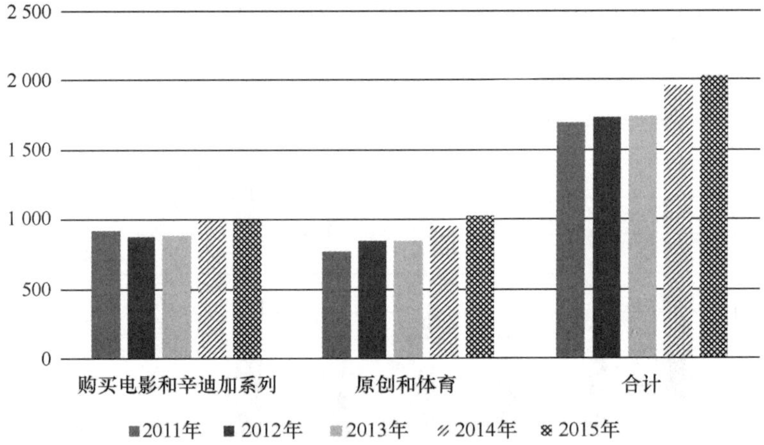

图 9-45 2011—2015 年 HBO 电视成节目制作成本(按类型分,单位:百万美元)

数据来源:statista,2015.

9.3.1.3 美国电视市场观众行为分析

(1)观看时长。Statista 2015 年的数据显示,2014 年第二季度,美国电视观众每周观看传统电视的时间是1 850分钟,平均每天 264.28 分钟,即 4.4 个小时;每周观看时移电视(视频点播)184 分钟,平均每天 26 分钟;观看在线视频 71 分钟,平均每天 10 分钟;观看 DVD 或蓝光碟65 分钟,平均每天 9 分钟。由此可见,虽然越来越多的电视观众选择观看时移电视或在线电视。但到目前为止,传统电视依然是美国电视观众的主要观视选择(见图 9-46)。

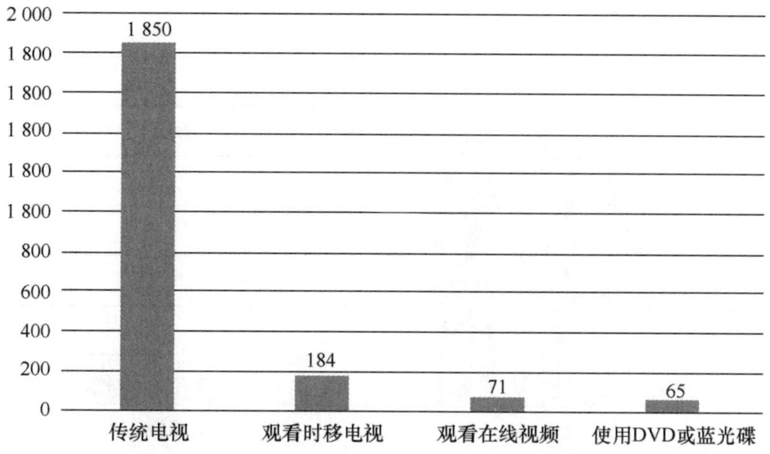

图 9－46　2014 年第二季度美国观众每周视频消费情况(单位:分钟)

数据来源:statista,2015.

而且图 9－47 显示,2010—2012 年,美国 18～24 岁的年轻电视观众平均每周观看电视的时间在减少,女性每周减少 7 分钟左右,男性减少得更多,达到 10 分钟;25—54 岁的男性电视观众每周观看电视的时间也在减少,不过减少得相对缓慢,每周平均减少 1 分钟,而 25～54 岁的女性电视观众每周观看电视的时间保持不变;50 岁以上的老年观众平均每周的观看时间无论男女,都略有增加,每周多看 1 分钟。

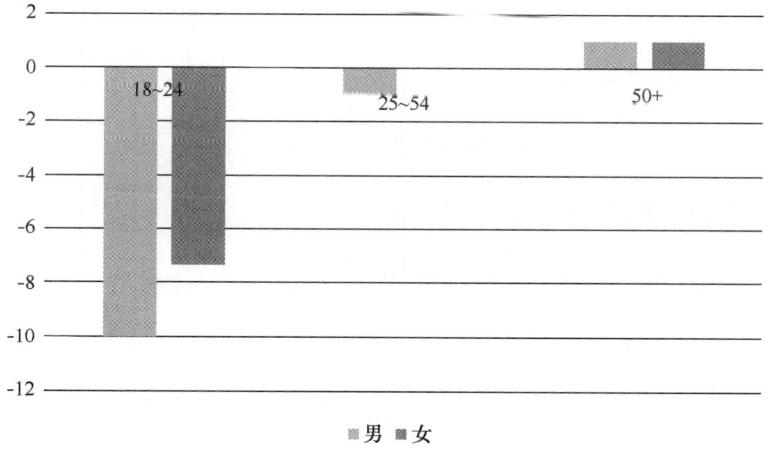

图 9－47　2010—2012 年美国观众平均每周观看时间的变化(单位:分钟)

数据来源:statista,2015.

2012 年至 2014 年,美国电视观众平均每天观看电视直播的时间由 2012 年第三季度的 290 分钟下降到 2014 年第三季度的 272 分钟,与此相反,美国电视观众平均每天观看时移电视的时间从 2012 年三季度的 24 分钟增加到 2014 年第三季度的 30 分钟(见图 9－48)。越来越多的电视观众选择观看时移电视,而且观看时间也越来越长,这是近几年美国电视观众观看电视行为转变的一个重要趋势。

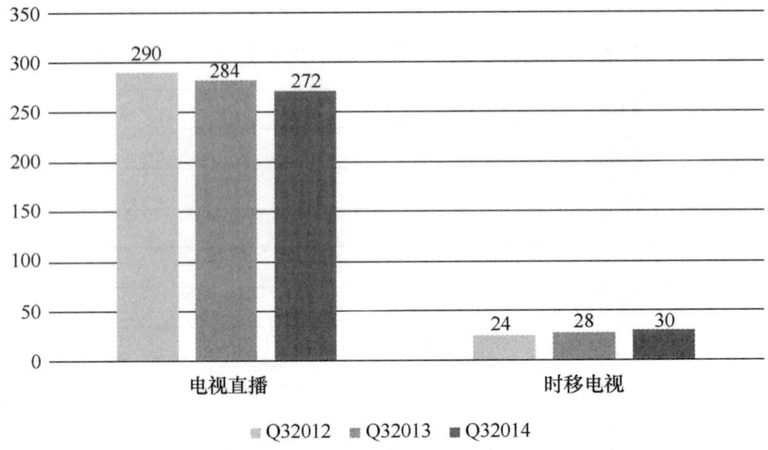

图 9-48　2012—2014 年美国电视观众每天观看电视时长(单位:分钟)

数据来源:statista,2015.

(2)观看方式。2015 年,美国电视观众黄金时间观看电视的方式如图 9-49 所示,有 61% 的观众依旧选择传统的电视网收看电视节目;22% 的电视观众选择观看录像机录制的节目;11% 的观众在线观看电视节目;3% 的观众选择观看视频点播节目;2% 的观众选择观看 DVD 或蓝光碟;1% 的观众选择除 Netflix、Hulu 和 Amazon 之外的流媒体在线观看电视节目。

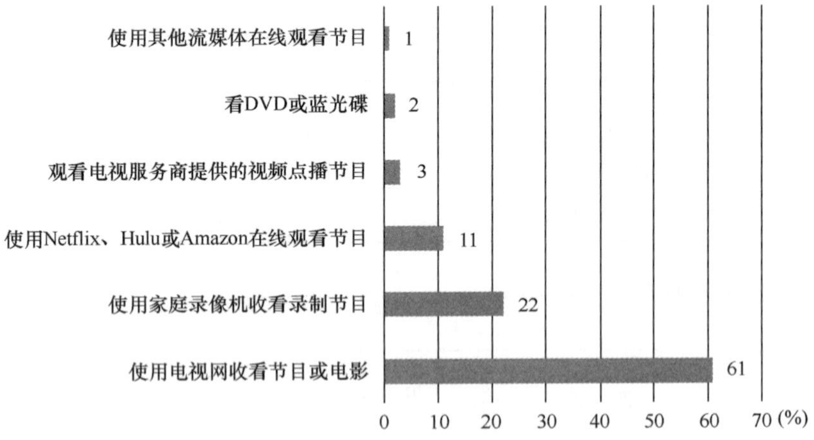

图 9-49　2015 年美国电视观众黄金时间观看电视方式

数据来源:statista,2015.

(3)收视偏好。哪些因素会影响美国电视观众选择观看某一电视节目呢?这是每一个电视节目制作和播出者都想知道的。从图 9-50 来看,决定某一电视节目是否受欢迎的因素一是电视节目形式,是系列剧还是单独剧,占受访者的 56%;二是追剧或现场直播,占 44%;三是电视节目类型,是戏剧、喜剧还是惊险剧,占 43%;四是系列剧的新一季开始之前对以前季的回顾，占 36%；五是电视节目每一集的时长，占 34%；六是社会接受程度，如朋友等的观点，占 13%。

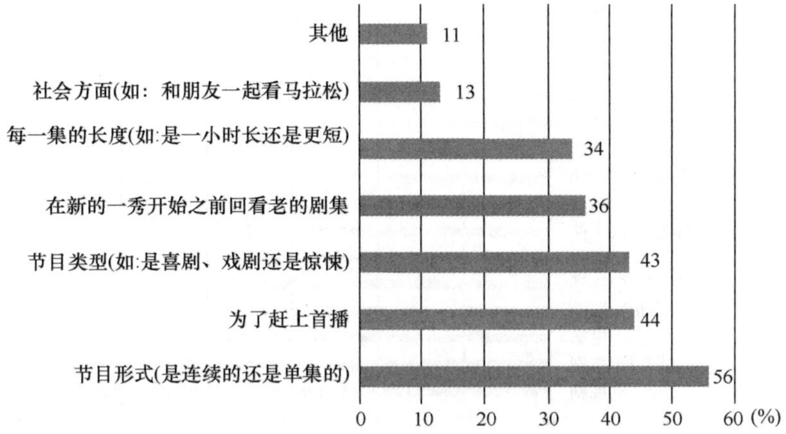

图 9－50　美国电视观众喜爱某一电视节目的影响因素

数据来源：statista，2015.

各方面数据显示，越来越多的观众选择在线观看电视节目或视频。是什么原因促使电视观众放弃传统观看电视的方式转而在线观看呢？如图 9－51 所示，调查发现，在线观看电视节目时间更灵活、更便捷、更少的广告或可以跳过广告、可以一次看很多集、比传统有线电视更便宜等。从图 9－51 可以看出，在线电视与传统电视相比的确有时间更灵活、不受地点限制、更少广告、更便宜的优势，因此越来越多的电视观众选择观看在线电视和视频，这也是近几年美国电视观众观看电视行为转变的一个重要趋势。

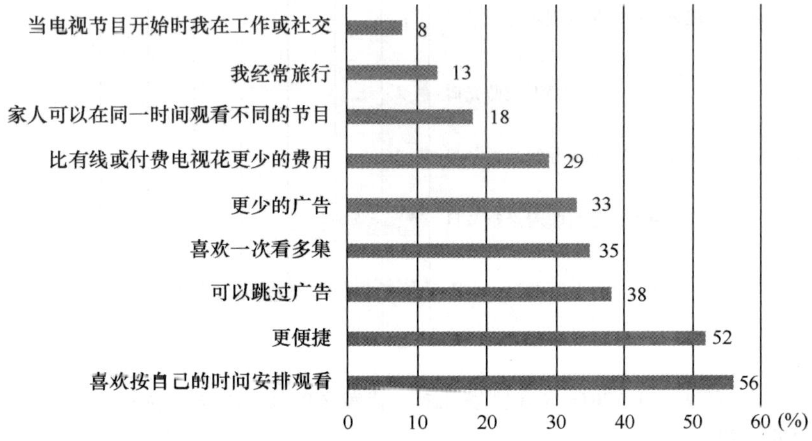

图 9－51　2014 年美国电视观众选择在网上观看原创电视节目的原因

数据来源：statista，2015.

(4)不同年龄段的观众有不同的偏好。具体表现在以下几个方面：

第一，婴儿潮一代电视观众的收视特点。婴儿潮一代是指二战后 1946 年到 1965 年出生,现在 50 岁以上的老年人。由图 9 - 52 可以看出,婴儿潮一代出生的老年人最喜欢看的是电视剧、情景剧,其次是电影,然后是动作/探险、历史/科学、真人秀等。

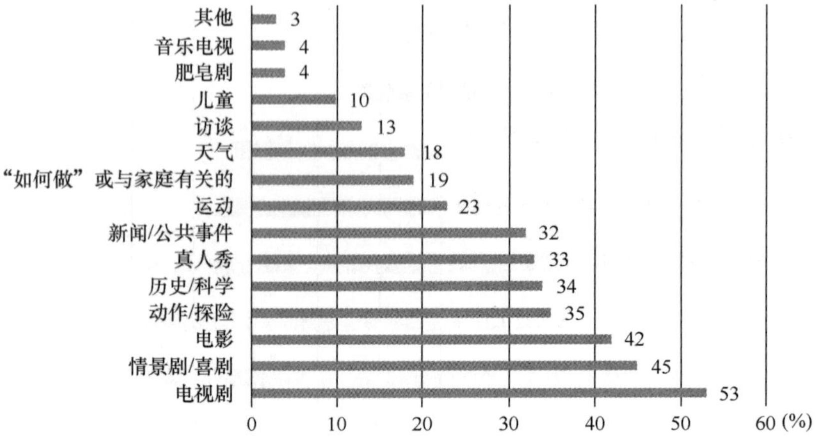

图 9 - 52　2015 年美国婴儿潮一代黄金时间喜好的电视节目类型分布

数据来源:statista,2015.

在选择收视方式方面,婴儿潮一代相当传统,有 72% 的人使用传统电视网收看电视节目,23% 使用家庭录像机收看录制节目。只有 4% 的婴儿潮一代选择在线观看电视节目或观看视频点播节目(见图 9 - 53)。由此可以看出,婴儿潮一代是传统电视网的忠实观众。

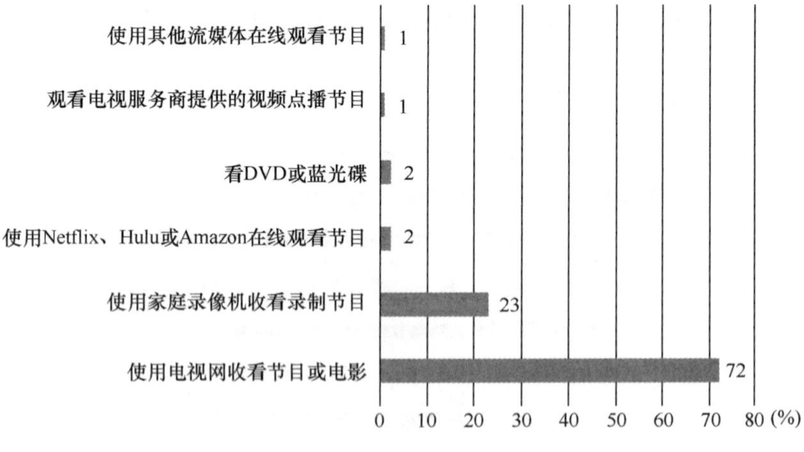

图 9 - 53　2015 年美国婴儿潮一代黄金时间观看电视的方式

数据来源:statista,2015.

第二,X 一代电视观众的收视特点。X 一代是指 1966 年至 1980 年间出生,现在 36 ~ 50 岁的中年人。与婴儿潮一代最喜欢看电视剧不同,X 一代最喜欢看情景剧、电影,其次是电视剧。X 一代对真人秀也比婴儿潮一代更喜欢,排名第四,而婴儿潮一代真人秀类节目排名第六(见图 9 - 54)。

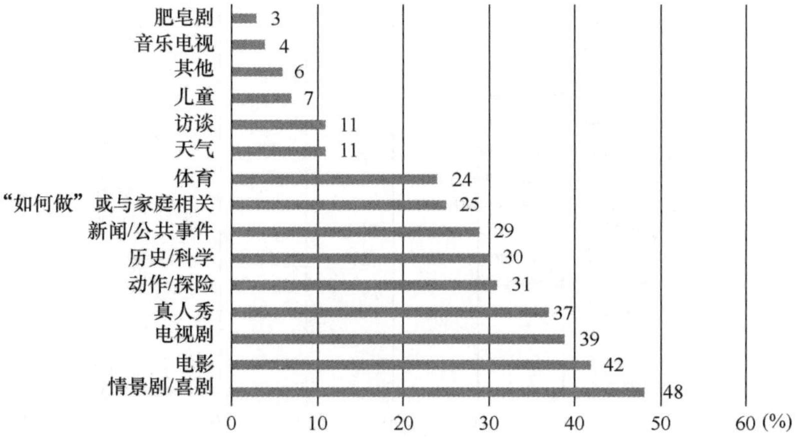

图 9-54 2015 年美国 X 一代黄金时间喜好的电视节目类型分布

数据来源:statista,2015.

在收视方式的选择上,X 一代也最主要使用传统电视网观看电视节目,占比为 63%,比婴儿潮一代的 72% 少 9%;其次是使用家庭录像机收看录制节目,占比 25%,比婴儿潮一代高 2%;有 8% 的 X 一代选择在线观看电视节目或视频点播这些新兴的观看方式,这一比例比婴儿潮一代的 4% 高一倍(见图 9-55)。

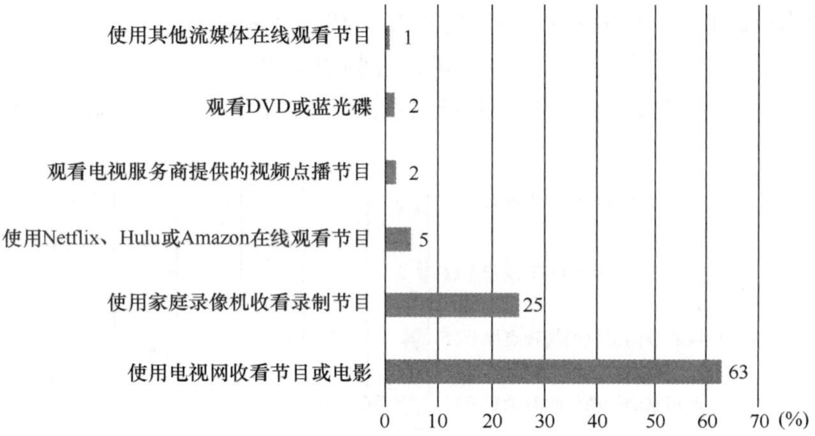

图 9-55 2015 年美国 X 一代黄金时间观看电视的方式(单位:%)

数据来源:statista,2015.

第三,Y 一代电视观众的收视特点。Y 一代是指 1981 年至 2000 年出生的、现在 16~35 岁之间的年轻人。与 X 一代相同,Y 一代最喜欢的电视节目类型排名前五的是:情景剧、电影、电视剧、真人秀、动作/探险。不同的是,Y 一代对体育或运动的喜爱超过婴儿潮一代和 X 一代,排名第六,而婴儿潮一代把运动排第 8 位,X 一代把运动排第 9 位。还有一个显著不同的是音乐电视,Y 一代把它排在第 11 位,婴儿潮一代和 X 一代都把音乐电视排第 14 位,即倒数第 2 位(见图 9-56)。

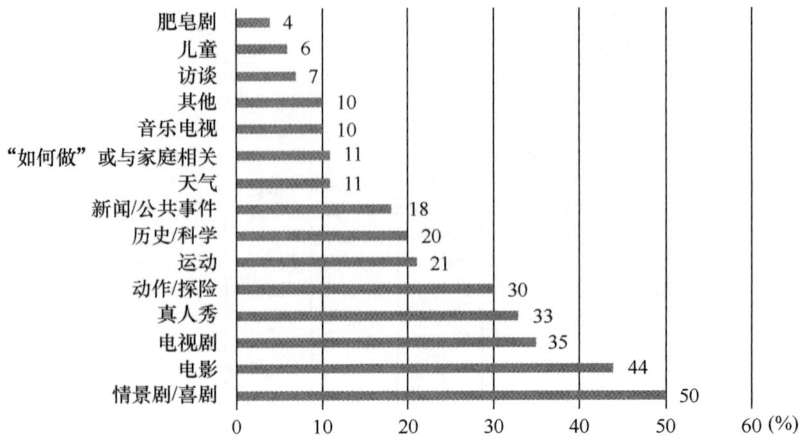

图 9-56　2015 年美国 Y 一代黄金时间喜好的电视节目类型分布

数据来源：statista，2015.

在收视方式的选择上，Y 一代也最主要使用传统电视网观看电视节目，占比为 52%，比 X 一代的 63% 少 11%，比婴儿潮一代的 72% 少 20%；其次是使用 Netflix、Hulu 或 Amazonza 在线观看，占比为 21%，远远高于婴儿潮一代的 2% 和 X 一代的 5%；Y 一代的第三位选择是使用家庭录像机收看录制节目，占比 19%，比婴儿潮一代低 4%，比 X 一代低 6%；有 6% 的 Y 一代选择除 Netflix、Hulu 或 Amazonza 的网站在线观看电视节目或视频点播，这一比例比婴儿潮一代的 4% 高两倍，比 X 一代的 3% 高一倍（见图 9-57）。这些数据再一次证明，在线观看电视、视频以及观看视频点播节目是美国电视观众行为改变的重大趋势，而且以上数据也有力地证明，随着观众年龄的年轻化，这一趋势愈加明显。

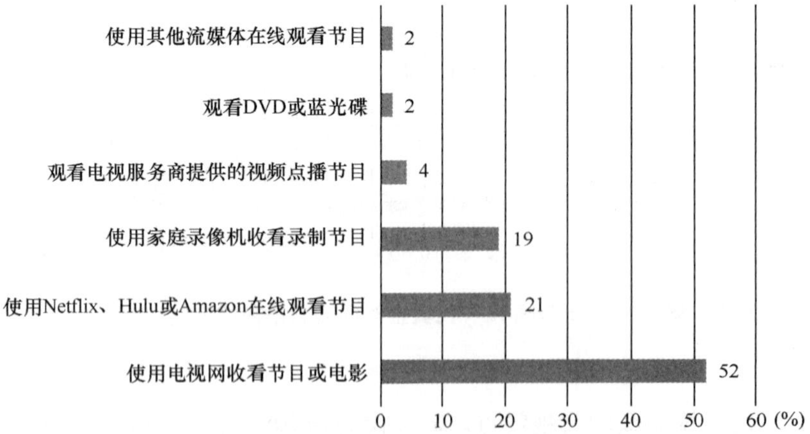

图 9-57　2015 年美国 Y 一代黄金时间观看电视的方式

数据来源：statista，2015.

9.3.1.4 美国电视市场的结构

2009—2015 年 6 年间,美国电视剧的生产呈持续上升的态势。基本有线频道和广播给美国电视观众提供了最多的电视剧。在 2012 年以前,广播提供的电视剧多于基本有线,但在 2012 年以后,这种状况有所变化,基本有线取代广播成为美国电视剧市场最大的供应商,广播位居第二。排名第三的是付费有线电视。其中不容忽视的是流媒体的电视剧供应量的迅猛增长,从 2012 年的 2 集迅速增加到 2015 年的 44 集,6 年间增加了 21 倍。由此可见流媒体的飞速发展(见图 9-58)。

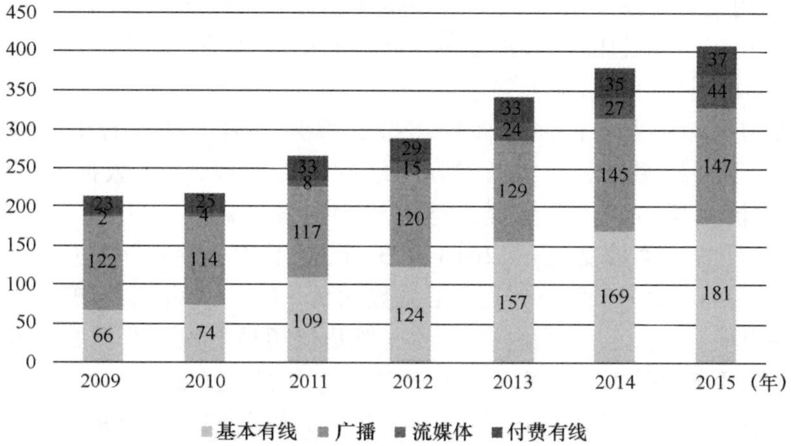

图 9-58 2009—2015 年美国各个平台提供原创电视剧集数

数据来源:statista,2015.

图 9-59 显示了 2008 年到 2022 年(其中,2015—2022 年是预测数据)14 年间美国最大有线电视网康卡斯特公司的市场份额。可以看出,康卡斯特公司的市场份额除个别年份外,逐年减少。从 2008 年的 23.8% 减少到 2022 年的 21%,市场份额减少了 11.76%。这除了其他有线电视网的竞争外,更多的是在线电视及视频等流媒体的冲击。

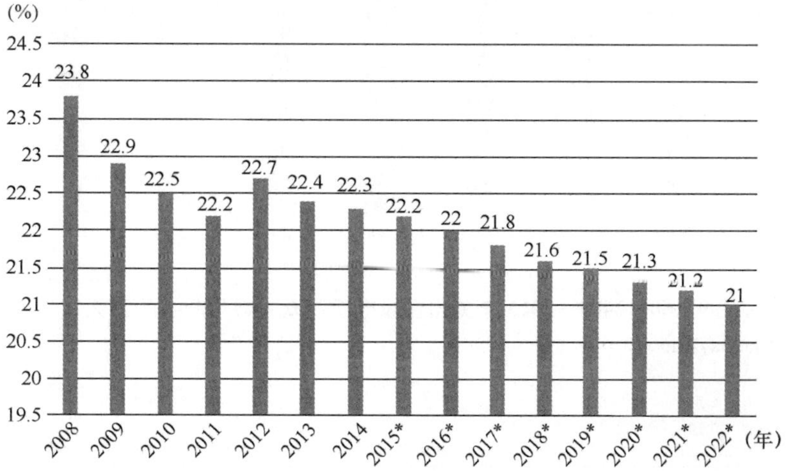

图 9-59 美国最大有线电视网康卡斯特公司 2008—2022 年市场份额

数据来源:statista,2015.

9.3.1.5 美国在线电视及视频市场

2013 年到 2014 年间,美国线上视频节目内容传输/分发商(OVDs)行业在持续快速向前发展的同时也呈现出一些新兴的发展趋势:①通过自制原创型的视频节目(如 Netflix 的《纸牌屋》)与传统的电视节目内容制作商签订新的许可/授权协议,OVDs 不断进行内容建设,提高其视频内容的丰富程度。②为了提高网络视频传输/分发的品质,诸如 Netflix 等 OVDs 自建服务器、内容传输/分发网络(CDN,Content Delivery Networks)以及其他基础设施。如 Netflix 自建的 CDN 的品牌名为"Open Connect"。目前,不仅自用,还出租给其他基础网络运营商使用。③诸如 Amazon、Apple、Google 以及 Microsoft 等全球知名的美国技术公司正在向其用户/客户提供互联网基础设施、软件、终端设备以及线上视频节目/传输的端口到端口的解决方案。①

此外,美国视频消费者们通过多种类型的视频终端设备观看由 OVDs 提供的视频节目趋势也越来越明显。在美国网际网络的峰值时段,总体数据流量中,由 OVDs 所产生的数据流量所占的比重呈现出越来越大的发展趋势。比如,知名市场调研机构 Sandvine 提供的相关数据显示,2014 年 3 月,对上述相关比例数值,仅 Netflix 一家就占到 34.2%,而在 2013 年下半年,相关数据为 31.6%,可见其增长幅度较大。②

(1)市场规模。上文已反复说过,在线电视及视频是电视产业发展的方向和趋势之一,近几年发展迅速。图 9-60 显示了美国在线电视迅速发展的一个方面。2009—2015 年 6 年间,美国在线电视观众的人数从 4 400 万人次增长到 9 920 万人次,增长了 125.45%。

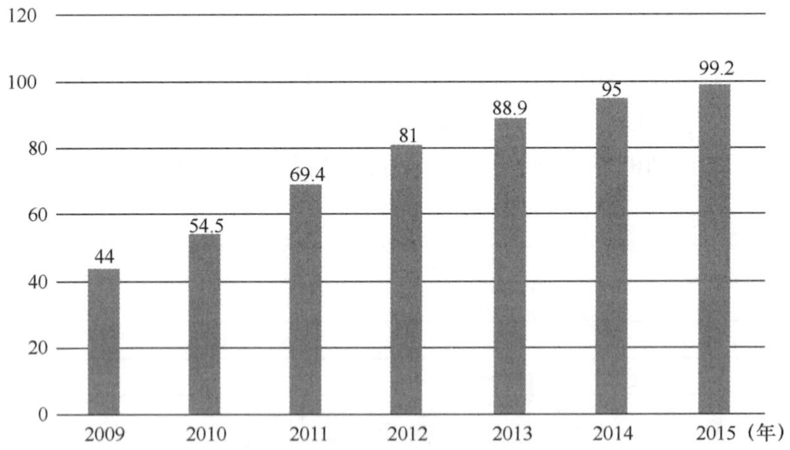

图 9-60 2009—2015 年美国在线电视观众人数(单位:百万人次)

数据来源:statista,2015.

① http://www.libnet.sh.cn:82/gate/big5/www.istis.sh.cn/list/list.aspx? id=8680.

② http://www.libnet.sh.cn:82/gate/big5/www.istis.sh.cn/list/list.aspx? id=8680.

从2006年到2013年,美国互联网用户使用互联网观看在线视频的比例逐年递增。从2006年的33%增长到2013年的72%(见图9-61)。

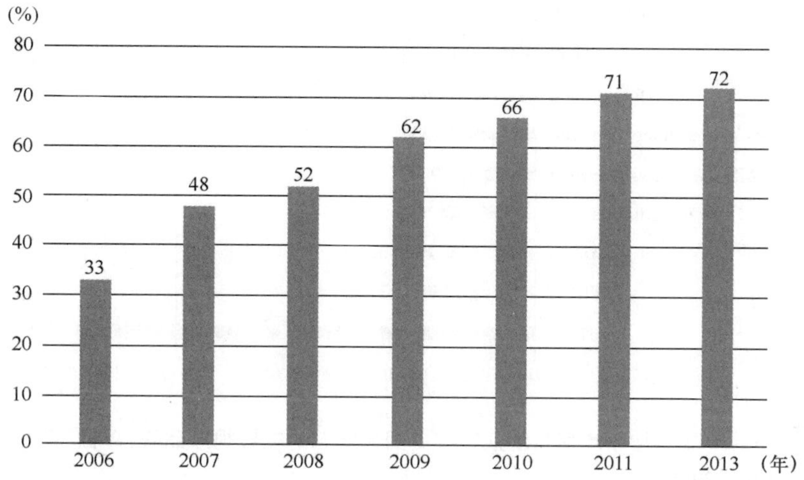

图9-61 2006—2013年美国互联网用户观看在线视频的占比

数据来源:statista,2015.

随着美国线上电视观众人数的飞速增加,也吸引了广告商投入的迅猛增加。如图9-62所示,2014年到2016间两年间,美国在线视频广告支出从44.4亿美元增加到91.4美元,两年增加了105.86%!

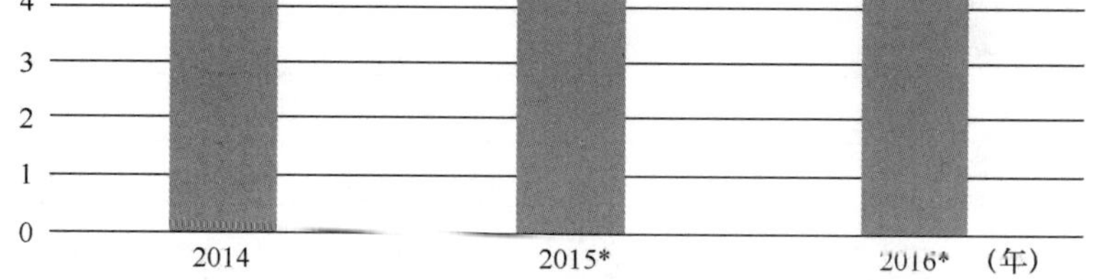

图9-62 2014—2016年美国在线视频广告支出(单位:10亿美元)

数据来源:statista,2015.

(2)市场份额。2013年,美国最知名的在线视频品牌分别为:Youtube,平均每月观众人次12 844万,占据绝对优势;第二位是VEVO,平均每月观众人次3 721万;第三位是Yahoo，平均每月观众人次 35.41 万（见图 9-63）。

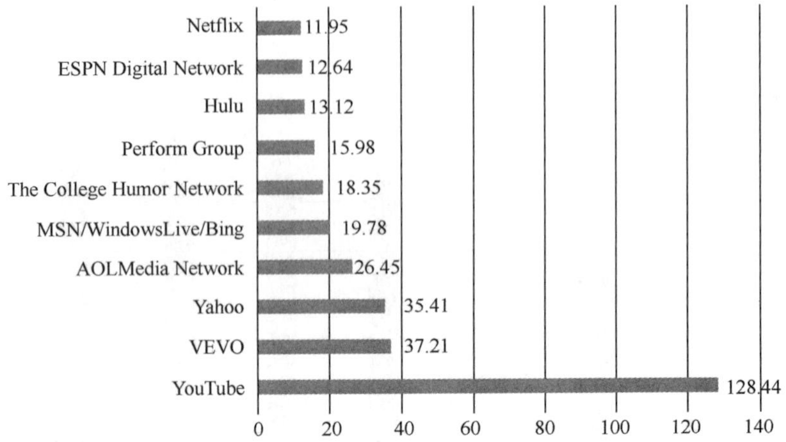

图 9-63　2013 年按平均每月观众数排美国最知名的在线视频品牌（单位：百万人次）

数据来源：statista，2015.

2014 年，美国最受欢迎的视频网站分别为：Youtube，市场份额为 58.77%，保持绝对的第一位优势；第二位是 Netflix，市场份额为 6.73%，与 2013 年相比，Netflix 上升迅猛（这也是选择 Netflix 作为本章案例的原因）；排名第三的是老牌媒体 CNN，市场份额为 2.34%（见图 9-64），这也反映了传统媒体与新媒体的融合以及传统媒体的转型。作为传统媒体代表之一的 CNN，在做好传统媒体之外，也顺应行业发展的趋势和要求，进入在线视频这一新的领域，并取得了不错的成绩。图 9-65 展示的正是美国主要的传统电视网进入视频网站这一新领域的市场份额。

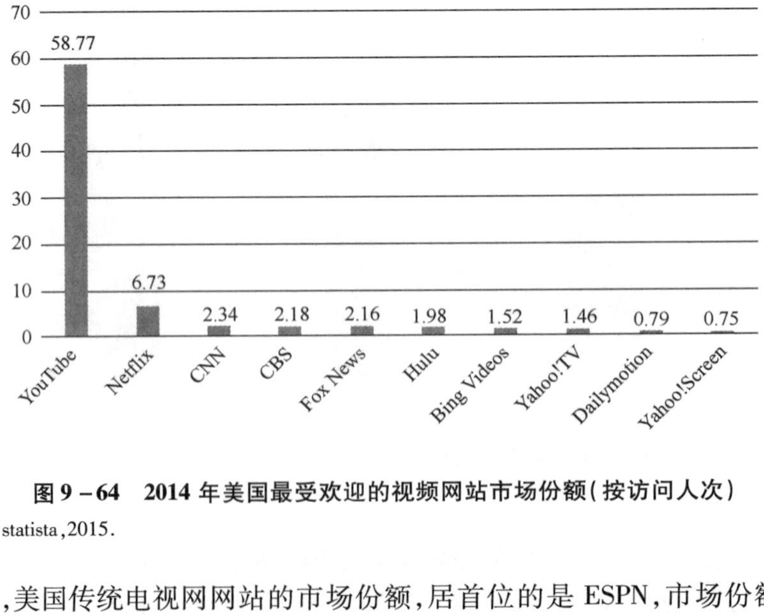

图 9-64　2014 年美国最受欢迎的视频网站市场份额（按访问人次）

数据来源：statista，2015.

2015 年，美国传统电视网网站的市场份额，居首位的是 ESPN，市场份额为 13.5%；

其次是2014年在所有视频网站市场份额居第三位的CNN,2015年的市场份额为9%;排名第三的是The Weather Channel US,市场份额是7.6%(见图9-65)。虽然传统电视网网站的市场份额与Youtube和Netflix这些新兴的视频网站仍不可同日而语,但毕竟传统电视网已经开始了向新媒体的转型,并取得了初步的成绩。

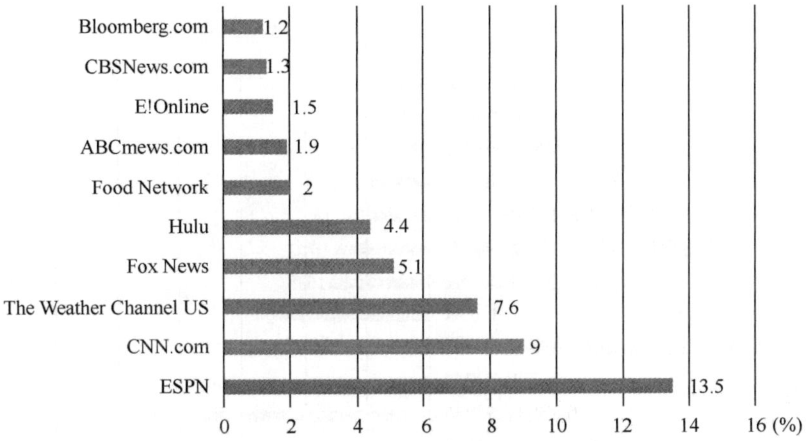

图9-65 2015年美国传统电视网网站的市场份额(按访问量)

数据来源:statista,2015.

(3)在线电视及视频观众的行为偏好。具体表现在以下几方面:

第一,观众年龄。从图9-66可以看出,美国在线电视节目的主要观众年龄在18~54岁之间,其中,25~34岁观众人数最多,占29%;其次是18~24岁及35~44岁的观众,分别占21.5%和20.5%;而45~54岁的观众则占14.9%。总而言之,在线观看电视节目的观众主要是中青年观众,特别是青年观众。

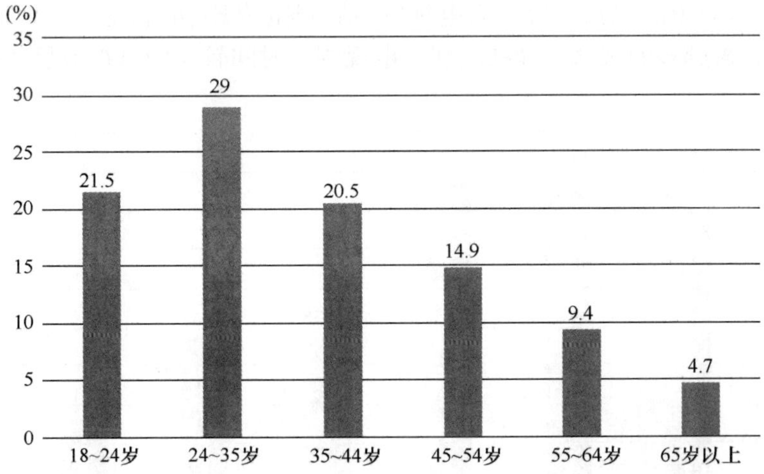

图9-66 2014年美国成年观众观看在线电视节目月度市场份额

数据来源:statista,2015.

第二，在线观看电视及视频观众的收视偏好。2015 年第三季度调查显示，美国电视观众之所以选择在线观看电视和视频的原因主要是：要看错过的电视节目（49%）、为了看付费视频（39%）、为了看短视频（36%）、为了看自己家没有购买的电视频道或节目（31%）。从图 9－67 可以看出，美国观众之所以选择在线电视或视频主要是为了内容，如错过的传统电视网的节目或传统电视网没有的节目；其次才是为了省钱或便捷，这与全球的调查结果有所不同。

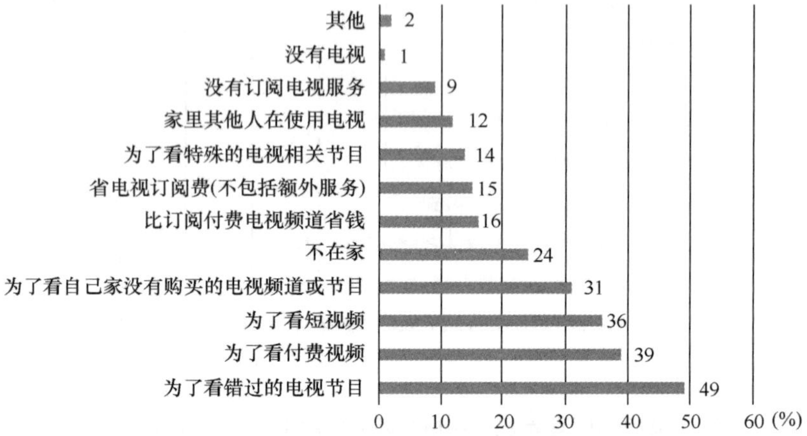

图 9－67　2015 年第三季美国观众观看在线视频的原因

数据来源：statista，2015.

美国观众在线观看电视或视频，最喜欢的节目类型是：喜剧、幽默，如何做，音乐，卡通，体育，成人。这与美国观众最喜欢看的电视节目大有不同，美国观众最喜欢看的电视节目，排名前三的是：电视剧、情景剧/喜剧、电影（见图 9－68）。这与人们在线观看电视节目的方式有关。由于在线电视、视频有时间灵活、地点灵活的特点，也就是说，随时随地都能在线观看视频，因此，很多观众是用碎片时间来观看在线电视、视频的，故在选择的内容上偏好时间短的视频内容。而电视剧、情景剧/喜剧、电影花费的时间相对较长。有数据显示，越来越多的观众选择在线观看电视剧等时间较长的电视节目和视频。

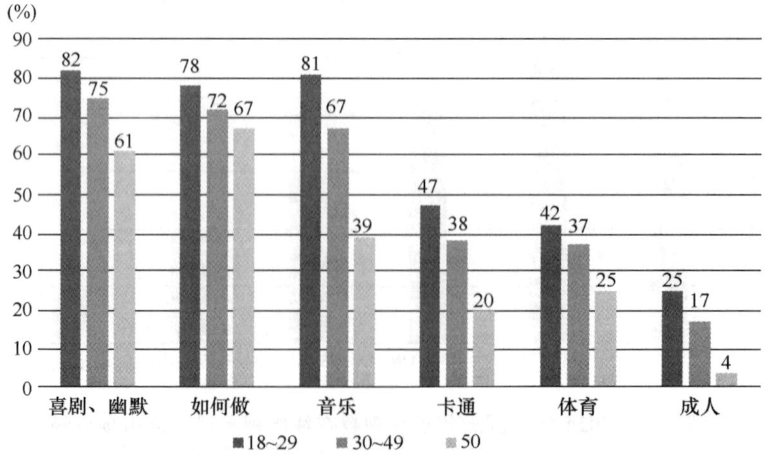

图 9－68　2013 年美国观众观看在线视频类型占比（按年龄分）

数据来源：statista，2015.

另外，图 9－68 还显示，无论哪一类电视节目，年纪越小，选择下线观看的比例越高。因为年轻人观看电视的方式和内容代表了未来电视产业发展的方向和趋势。因此，下面特别分析美国年轻人观看在线电视和视频的方式以及最喜欢的视频网站。

图 9－69 显示了美国“00 后”观众观看数字视频的方式。排名第一的是使用视频 APP 在平板电脑或智能手机上观看，分别占比 91% 和 89%，用平板电脑观看的略高于用手机观看的；其次是打开网页视频，用平板电脑或智能手机观看，占比分别是 75% 和 76%，智能手机略高于平板电脑；最后是下载视频保存在移动设备里观看，占比分别为平板电脑 42%、智能手机 51%。

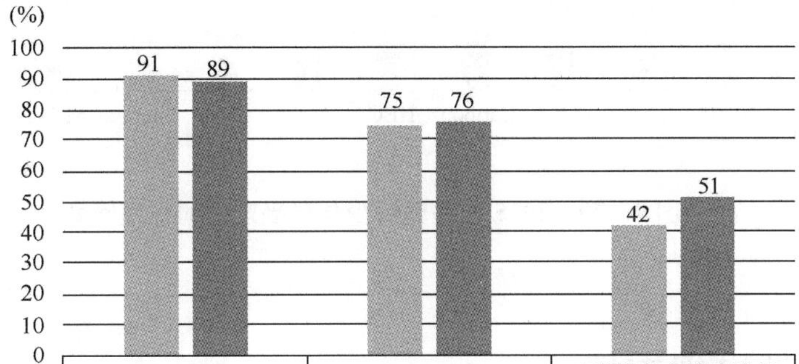

	视频APP	网页视频	下载保存在移动设备里的视频
平板电脑	91	75	42
智能手机	89	76	51

■ 平板电脑 ■ 智能手机

图 9－69　2013 年美国“00 后”观众观看数字视频方式

数据来源：statista，2015.

与前文所有年龄段都参与调查 YouTube 排第一、Netflix 排第二的结果大大不同的是，2015 年，美国青少年最受欢迎的视频网站前五名分别是：Netflix、Nick、Disney、Cartoon Network、HBO（见图 9－70）。其中，Nick、Disney、Cartoon Network 都是美国本土最受青少年欢迎的青少年专业电视频道，它们同时也在线上提供相应的电视节目内容。HBO（Home Box Office 的缩写，直译为家庭票房）是美国的一个付费有线和卫星联播网，为时代华纳公司所拥有，是全美国第二大的付费频道。HBO 主要播出曾在戏院放映的电影和独立制播的电视剧。而 Netflix 无论是所有年龄段还是青少年，都排在前两位，足见其吸引力。

按目前的发展趋势，美国的部分 OTT 视频服务提供商可能会变得与有线电视、IPTV、卫星电视一样具有公平竞争地位。随着流媒体、CDN 等相关技术的长足进步，加之网际网络视频的付费型商业模式逐步巩固，在美国，互联网已成为有线电视、IPTV、卫星电视等传统电视传输形态的一个重要的竞争渠道。①

① http://www.libnet.sh.cn:82/gate/big5/www.istis.sh.cn/list/list.aspx? id=8680.

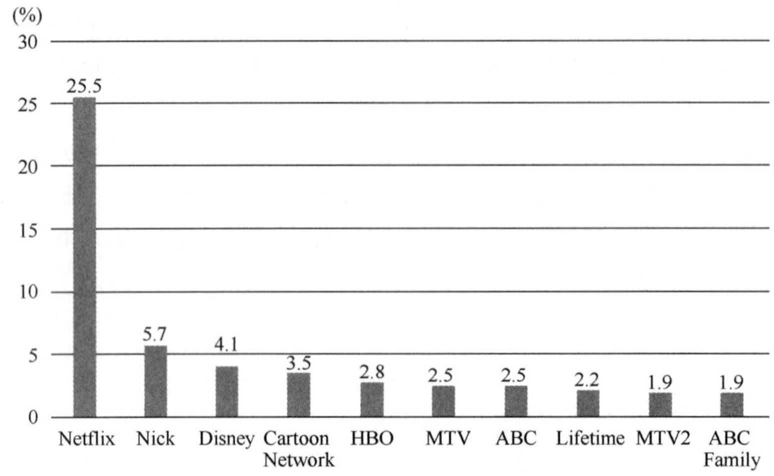

图 9－70　2015 年美国青少年最受欢迎的视频网站

数据来源:statista,2015.

9.3.2　欧洲电视市场

9.3.2.1　欧洲电视市场概况

(1)欧洲电视市场现状。欧洲试听观察中心最新发布的研究成果称,2011 年到 2014 年,欧洲各国的电视分发市场变得越来越集中。伴随着企业的跨国合并,电信公司与有线公司之间的并购也在增加。

2008 年至 2014 年 6 年间,欧洲电视用户数基本稳定,有小幅增加。从 2008 年的 24 070万户增加到 2014 年的 25 160 万户,6 年增长了 4.53%(见图 9－71)。

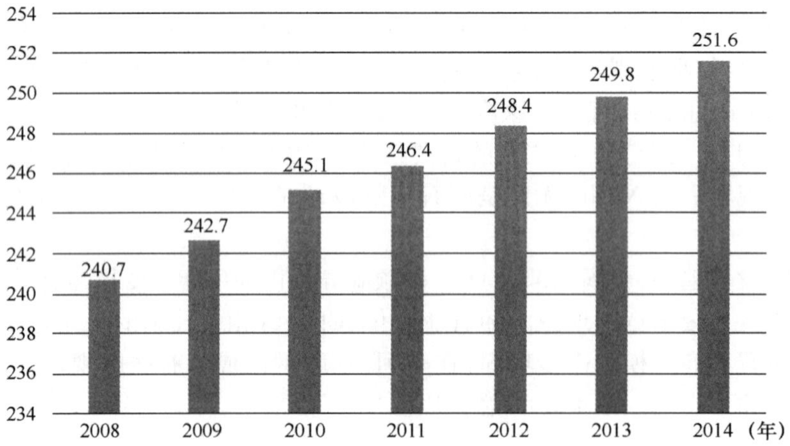

图 9－71　2008—2014 年欧洲电视用户数(单位:百万户)

数据来源:statista,2015.

其中,电视接入用户最多的国家是德国,有1 143万电视用户;第二梯队是是英国、法国和俄罗斯,分别有 649 万、642 万、637 万电视用户;然后是第三梯队意大利、荷兰、西班牙和土耳其,分别有 292 万、255 万、230 万、206 万电视用户(见图 9 – 72)。因此,德国、英国和法国是欧洲最大的 3 个电视市场。下面将专门分析德国、英国和法国电视市场。

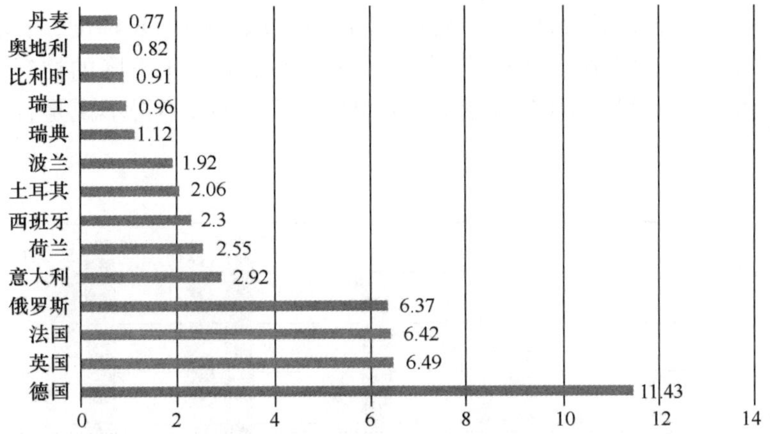

图 9 – 72　2013 年欧洲各国电视接入情况(单位:百万户)

数据来源:statista,2015.

从收入来看,2010 年至 2014 年 4 年间,欧洲广播电视公司的收入整体呈先下降后回升的态势。自 2010 年开始到 2013 年,欧洲广播电视公司的收入持续下降,从 2010 年的 33.62 亿欧元下降到 2013 年的 32.31 亿欧元,下降了 4.19%;2014 年又回升到 33.15 亿欧元,但还是没有回到 2010 年和 2011 年的收入水平。从图 9 – 73 可以看出,欧洲广播电视业自 2010 年后,比同期的美国电视产业表现要弱。

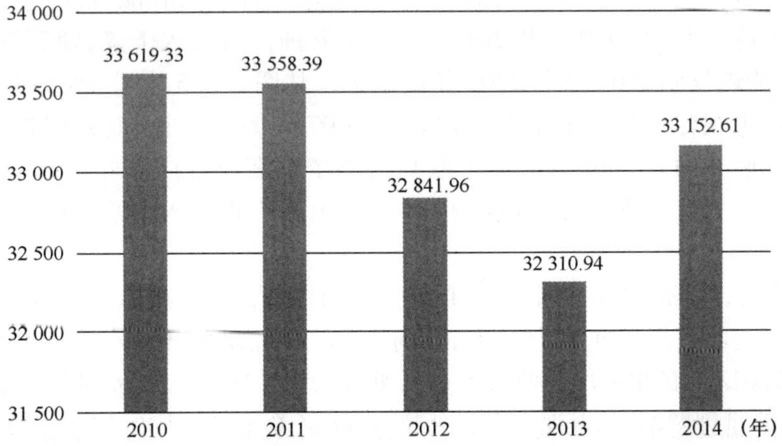

图 9 – 73　2010—2014 年欧洲广播电视公司收入情况(单位:百万欧元)

数据来源:statista,2015.

上面提到,2011—2014 年,欧洲各国的电视分发市场变得越来越集中。伴随着企业的跨国合并,电信公司与有线公司之间的并购也在增加。对欧洲主要私营电视集团来说,其收入状况要好于欧洲各广播电视公司的整体情况(见图 9 - 74)。从 2009 年到 2013 年,欧洲主要私营电视集团合并收入基本稳定且有小幅增长。从 2009 年的 48.72 亿欧元增加到 2013 年的 56.59 亿欧元,4 年增长了 16.15%。而持续运营收入除 2011 年下降外,也保持基本稳定和小幅增长的态势。从 2009 年的 48.86 亿欧元增加到 2013 年的 56.2 亿欧元,4 年增加了 15.02%,略低于集团合并收入的增长幅度,表明并购的确能给电视集团带来收入。特别是 2011 年持续运营收入比上一年下降的情况下,集团合并收入保持持续增长,而且增幅比较显著,一年增加了 4.95%,不得不说是合并的成绩(见图 9 - 74)。

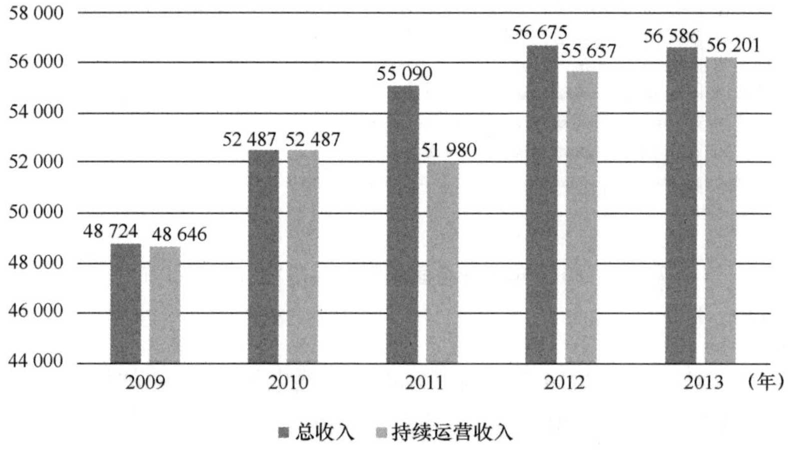

图 9 - 74　2009—2013 年欧洲主要私营电视集团合并收入(单位:百万欧元)

数据来源:statista,2015.

就电视广告收入而言,2007 年到 2016 年,电视广告收入有涨有跌,基本保持稳定且略有小幅下降。其中 2009 年和 2012 年,整个欧洲广告收入下降,随后反弹,但预计到 2016 年才能恢复到 2007 年和 2008 年的水平。从图 9 - 75 来看,西欧的电视广告收入占整个欧洲电视广告收入的绝对主体。以 2007 年为例,西欧电视广告收入占整个欧洲电视广告收入的 85.56%;而中东欧只占整个欧洲电视广告收入的 14.44%。这一情况在近几年内有所改变,到 2014 年,中东欧电视广告收入占欧洲电视广告总收入的 18.18%。

分国别来看,欧洲电视广告收入可以分为 6 个梯队:第一梯队是英国和德国,它们 2013 年电视广告收入均超过 50 亿美元,分别为 58.07 亿和 52.96 亿;第二梯队是意大利和法国,它们 2013 年的电视广告收入超过了 40 亿美元,分别是 46.69 亿美元和 40.22 亿美元;第三梯队是俄罗斯,其电视广告收入超过 30 亿美元,达到 33.12 亿;第四梯队是西班牙,其电视广告的收入超过 20 亿,达到 21.28 亿美元,第五梯队是土耳其、荷兰和奥地利,它们 2013 年电视广告收入超过 10 亿美元;第六梯队是波兰、比利时、瑞士、瑞典、希腊和挪威,它们 2013 年电视广告收入均不足 10 亿美元(见图 9 - 76)。

从运营收入来看,2014 年,欧洲运营收入最高的电视公司是英国的 BBC,达到 48.22

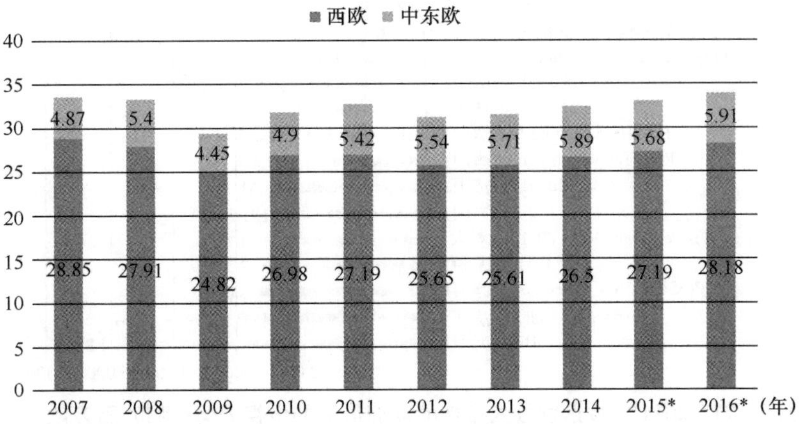

图 9－75　2007—2016 欧洲电视广告收入(单位:10 亿美元)

数据来源:statista,2015.

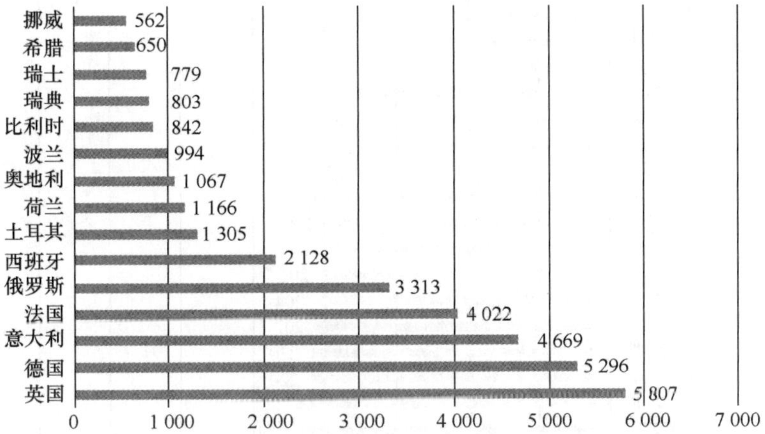

图 9－76　2013 年欧洲各国电视广告收入情况(单位:百万美元)

数据来源:statista,2015.

亿欧元;第二是法国的 France Televisions,全年的运营收入达到 41.47 亿欧元;第三是德国的 ProSiebenSat 1. Media,其全年的运营收入达到26.31 亿欧元。在2014 年运营收入排名最高的前 15 名欧洲电视公司中,有 3 家英国电视公司、3 家法国电视公司、6 家德国电视公司、2 家意大利电视公司和 1 家瑞士电视公司(见图 9－77)。

2014 年,欧洲各国电视观众平均每天观看电视的时长统计显示(见图 9－78),罗马尼亚的电视观众每天观看电视的时间最长,达到 340 分钟,也就是 5.67 个小时;其次是塞尔维亚,306 分钟,合 5.1 小时;第三是葡萄牙,296 分钟,合 4.93 小时。从图 9－78 看,排名前 5 的国家有罗马尼亚、塞尔维亚、葡萄牙、匈牙利和马其顿,每天的收视时间均超过 4.4 小时,超过美国电视观众每天的观看时间。欧洲每天观看电视时间最少的国家是瑞士(德国)为 128 分钟,合 2 个小时左右。

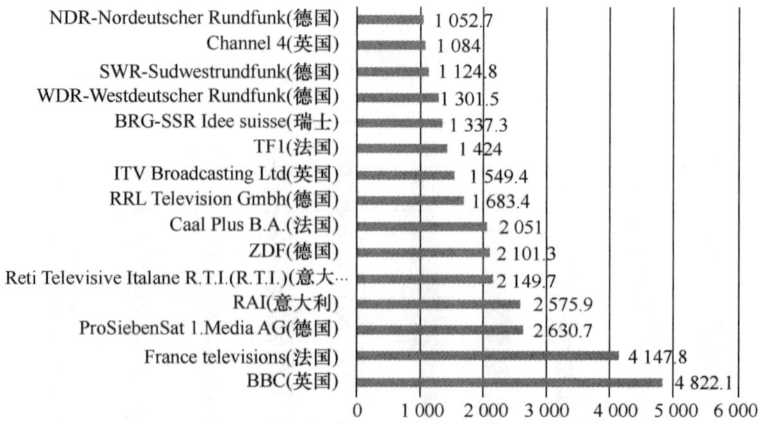

图 9-77　2014 年按运营收入排名的欧洲最大的电视公司（单位：百万欧元）

数据来源：statista，2015.

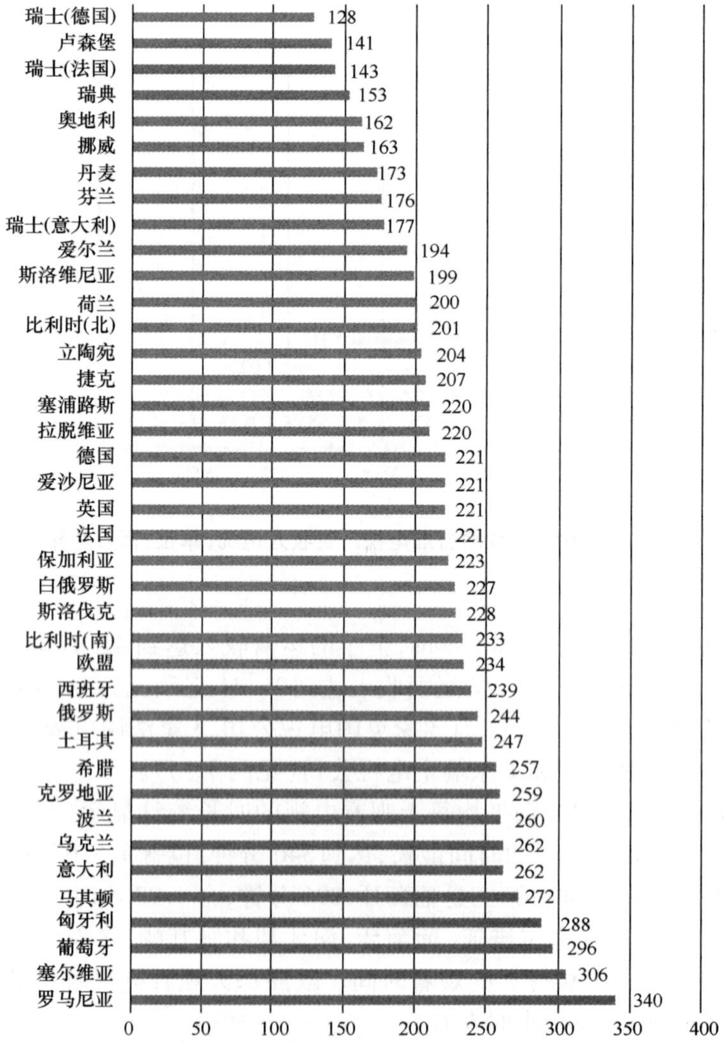

图 9-78　2014 年欧洲各国电视观众平均每天观看电视时长（单位：分钟）

数据来源：statista，2015.

在全球电视观众由观看电视直播转向观看时移或视频点播大趋势下,2018 年到 2014 年,欧洲视频点播的消费量也迅速增加,从 2008 年的 4.1 亿欧元增加到 2014 年的 8.67 亿欧元,6 年间增长了 111.46%,平均每年增长 18.58%(见图 9 - 79)。

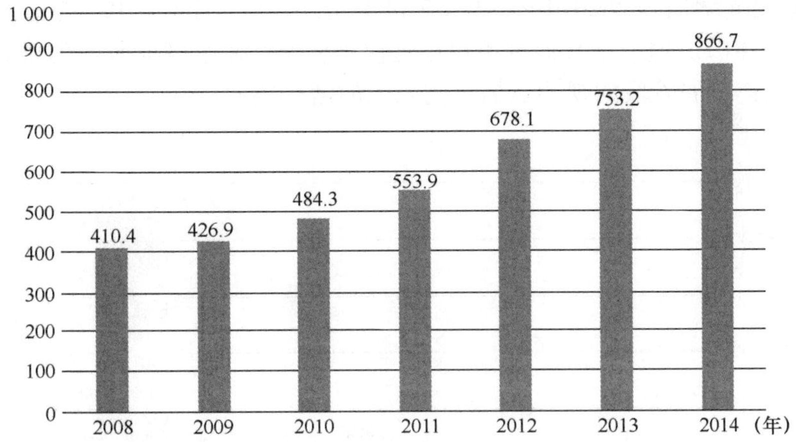

图 9 - 79　2008—2014 欧洲视频点播的消费量(单位:百万欧元)

数据来源:statista,2015.

根据 Statista 的预测,到 2020 年,欧洲视频点播订阅收入将从 2010 年的 1.16 亿美元增加到 2020 年的 5.5 亿美元,10 年间,欧洲视频点播订阅收入将增长 5 倍,平均每年增长 50%(见图 9 - 80)。

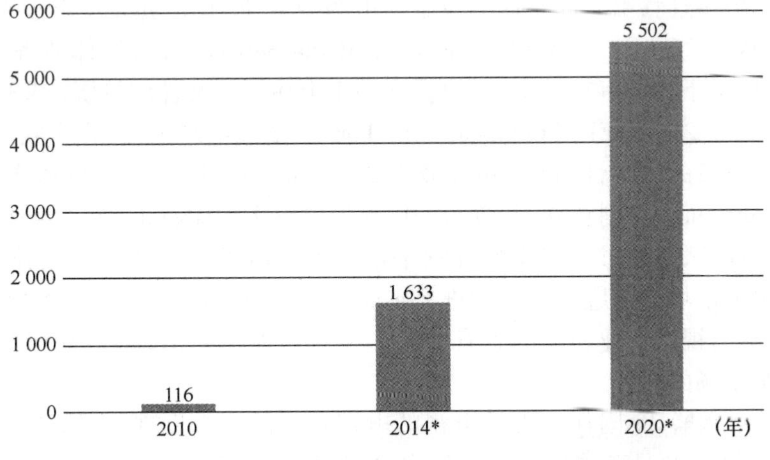

图 9 - 80　预计到 2020 年欧洲视频点播订阅收入(单位:百万美元)

数据来源:statista,2015.

(2)欧洲在线电视及视频市场现状。当下正在进行的"数字革命"已经对视听行业产生了深刻的影响,出现了电影院、线性视听媒体业务(如电视直播)以及非线性视听媒体业务(如视频点播 VoD、OTT TV/互联网电视)并存的繁荣局面。与此同时,由于 OTT TV/互联网电视的出现与迅速普及,使线性视听媒体业务与非线性视听媒体业务之间的界限越来越模糊。①

正是在这一趋势下,预计欧洲从 2010 年到 2020 年,在线电视和视频收入将从 2010 年的 9.23 亿美元增加到 2020 年的 128.72 亿美元,10 年间增长了 12.95 倍,年均增长 1.29 倍(见图 9-81)。这一增长速度不仅远远快于传统广播电视业收入的增长速度,也快于同样处于飞速发展阶段的视频点播订阅收入的增长速度。

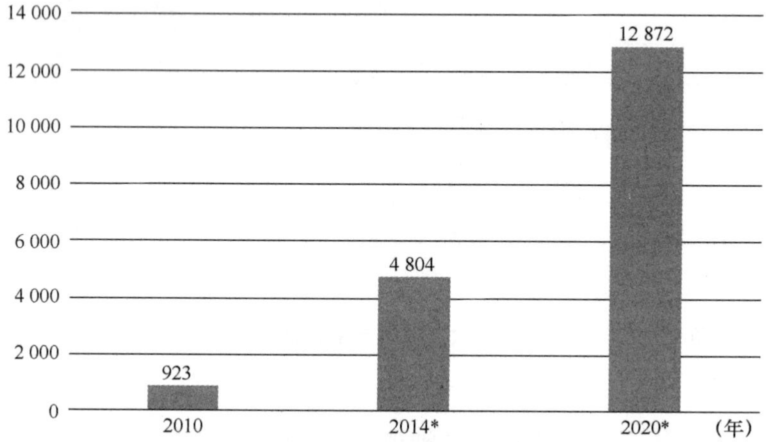

图 9-81　预计 2020 年欧洲在线电视和视频的收入(单位:百万美元)

数据来源:statista,2015.

正是鉴于数字迁移引起的快速的技术与市场变革,欧盟委员会决定接下来要做 3 件事:①尽快完成对 2010 年 AVWS(Audiovisual Media Service,视听媒体业务)发展方针的重新审查;然后基于相关审查结果,尽快提交关于上述政策文件修订版(基于"辅助性"原则)的建议文档。②通过 EFF(European Film Forum,欧洲电影论坛)在全欧洲范围内进行关于电影发展政策的结构性对话,并将最终结果同时用于针对旨在重塑作用线的 Creative Europe Programme("创意欧洲"项目)中 MEDIA Sub-programme("媒体"子项目)的中期进展进行评估,并通过国家支持计划来增加各国电影发展的优势互补性,同时增强其对不断变化的市场的适应性。③促进 Erasmus +、the Horizon 2020 以及 COSME 这 3 大项目的实施,对与视听行业相关的教育、培训、研究以及创新活动给予财政支持,进一步促进欧洲视听市场的发展。②

2014 年,对欧盟 28 国在线观看电视的电视观众的调查发现,在欧盟 28 国中,在线观看电视占比最大的是瑞典(16%);其次是马耳他和芬兰(15%);再次是塞浦路斯、英国和丹麦(13%)。欧盟 28 国中,在线观看电视观众占比最少的是斯洛伐克(4%)(见图 9-82)。

---

① http://www.istis.sh.cn/list/list.aspx? id=8519.

② http://www.istis.sh.cn/list/list.aspx? id=8519.

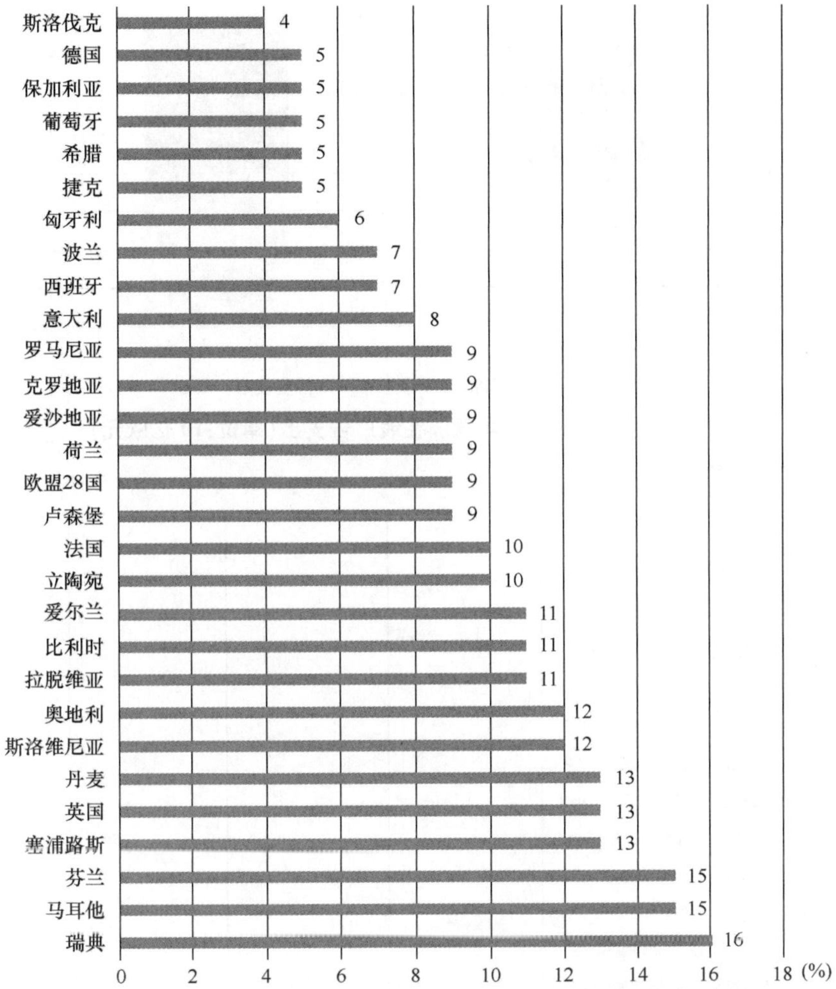

图 9－82　2014 年欧盟 28 国在线观看电视的受访者所占份额

数据来源：statista，2015.

随着在线电视和视频市场的迅猛发展，欧洲在线广告支出也迅速增加，图 9－83 显示了 2014 到 2015 年欧洲在线广告支出。2014 年上半年，欧洲在线广告支出 145 亿欧元，2015 年上半年增加到 160 亿欧元，增长了 10.34%。其中，付费搜索类广告是欧洲在线广告的主要形式，2015 年占整个在线广告支出的 49.38%；其次是陈列式广告，2015 年占整个在线广告支出的 35%；其余是分类广告，2015 年占整个在线广告支出的 15.62%。

具体到欧洲每个国家来看，2014 年，欧洲在线视频广告增长最快的是希腊，增长了 187.5%；第二是匈牙利，增长了 143.5%；第三是奥地利增长了 115.3%；第四是玻利维亚，增长了 100%。图 9－84 充分显示了欧洲在线视频广告市场飞速发展的态势。

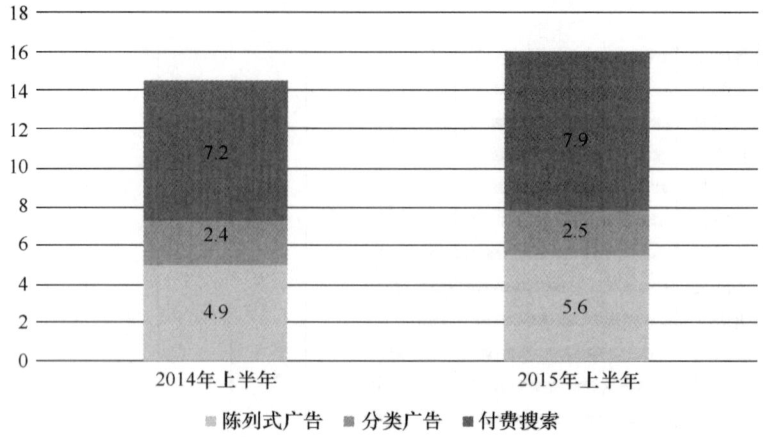

图 9－83　2014—2015 年欧洲在线广告支出（单位：10 亿欧元）

数据来源：statista，2015.

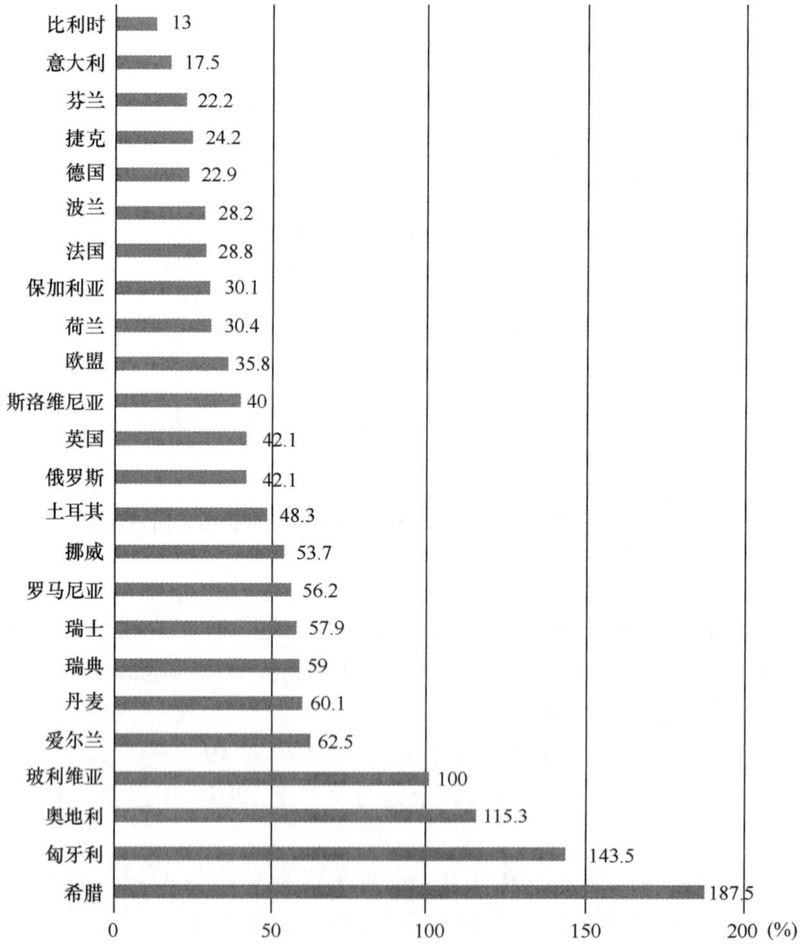

图 9－84　2014 年欧洲在线视频广告市场增长率排名

数据来源：statista，2015.

9.3.2.2 德国电视市场

(1)德国电视市场现状。自20世纪80年代开始,德国电视业一直沿用二元体系,即在公共电视机构的基础上引入私营电视机构,并且两者的地位同样重要。除了公共电视机构德国电视一台和德国电视二台之外,德国最具影响力和市场号召力的私营电视台主要隶属于卢森堡广播电视传媒集团(RTL Group)和ProSiebenSat.1这两大传媒集团。其中,卢森堡广播电视传媒集团是欧洲最大的电视播出机构。

2008年到2020年,德国广播电视业的收入略好于欧洲整体情况,除个别年份下降外,基本保持稳定并略有上升。从2008年的159.23亿美元预计增长到2020年的182.87亿美元,12年间增长了14.85%,平均每年增长1.24%。其中,2009年和2010年由于全球性的金融危机,欧洲整体经济增速下滑,导致德国广播电视业收入下降幅度最大,2011年开始回升,2012年就回到全球金融危机之前的水平(见图9-85)。

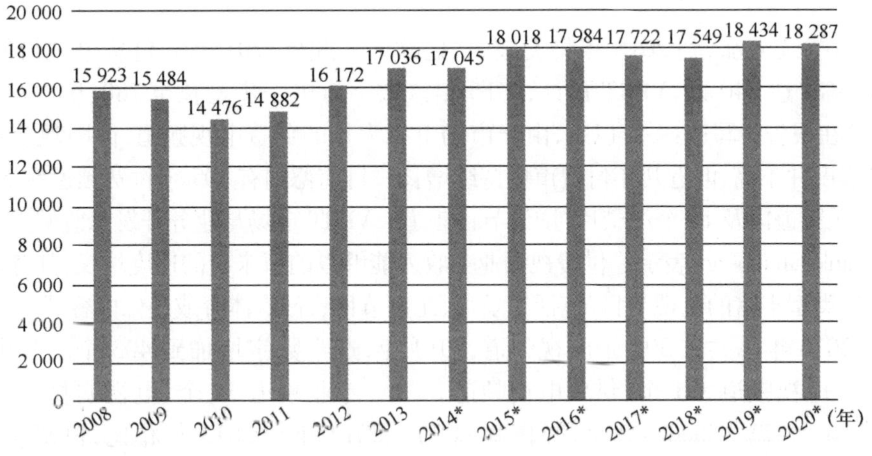

图9-85 2008—2020年德国广播电视业收入情况(单位:百万美元)

数据来源:statista,2015.

如前所述,德国从20世纪80年代开始,电视业一直沿用二元体系,即在公共电视机构的基础上引入私营电视机构,并且两者的地位同样重要。其中,德国公共广播电视台由于法律严格限制广告的数量和时间,所以其最主要的收入来源是收视费收入。由图9-86可以看出,2003年到2019年间,德国公共广播电视收视费收入总体保持基本稳定,有小幅增加。从2003年的41.67亿欧元预计到2019年将上升到51.24亿欧元,16年间增长了22.97%,平均每年增长1.44%。

与此截然不同的是德国付费电视和付费点播市场的发展。德国商业广播公司协会(VPRT)数据显示,德国付费电视与付费点播市场2015年增长超过10%,而且预计2016年将继续维持两位数的增长。

VPRT发布的报告表明,相较于2014年22.2亿欧元的收入,2015年,付费电视与付费视频点播服务收入增长了12%,达24.9亿欧元。此外,VPRT发布的报告还表明,2016年,德国付费电视与付费视频点播服务预期收入最高增长比例可达到11%。与此类似,欧洲德语国家(德国、奥地利和瑞士)付费视频市场也将出现类似增长。2015年,27亿欧

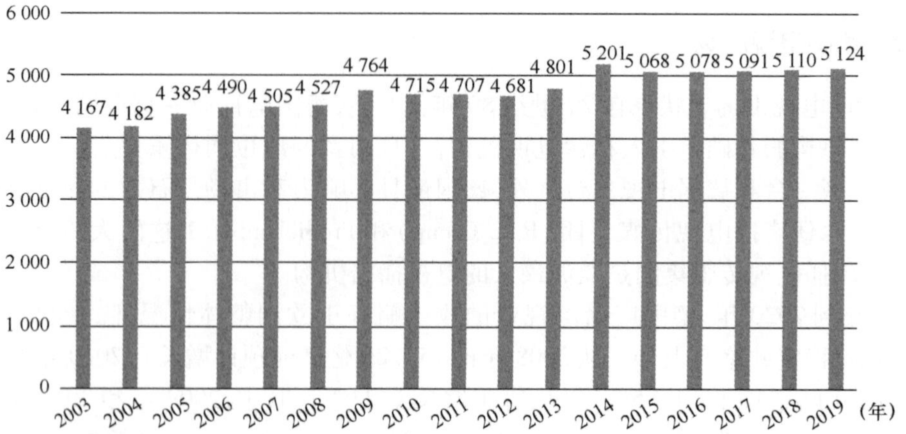

图 9－86　2003—2019 年德国公共广播电视收视费收入（单位：百万欧元）

数据来源：statista，2015.

元的收入将持续上涨，到 2016 年将突破 30 亿欧元。此外，2015 年，付费电视订阅用户数量上涨了 6%，达 740 万，VPRT 预计，2016 年该数字将进一步增长至 780 万。

VPRT 在报告中写道：一直以来，由于市场上有大量的免费电视频道，德国观众对付费电视的接受程度并不高，但近几年付费市场持续增长。目前德国有 105 个付费频道在播，其中包括 43 个娱乐频道以及 16 个纪录片/增设节目频道。VPRT 市场与业务开发总监佛兰克·吉尔斯伯格（Frank Giersberg）表示："付费视频业务收入能够以前所未有的速度增长，其背后的主要功臣是大量类型丰富的电视节目，包括纪录片、儿童节目、音乐、体育或娱乐内容。"①

德国 2013 年总共有 394 个电视频道，2014 年，这个数字增加到 403 个。其中，联邦、地区和地方电视频道 231 个，付费电视频道 80 个，专业频道 54 个，电视购物频道 20 个，综合频道 16 个，TV windows 2 个（见图 9－87）。2014 年与 2013 年相比，付费频道、专业频道和电视购物频道的数量增加，而其他类型的频道数量减少，这也与前面所述德国付费视频业务发展迅速的状况相符。

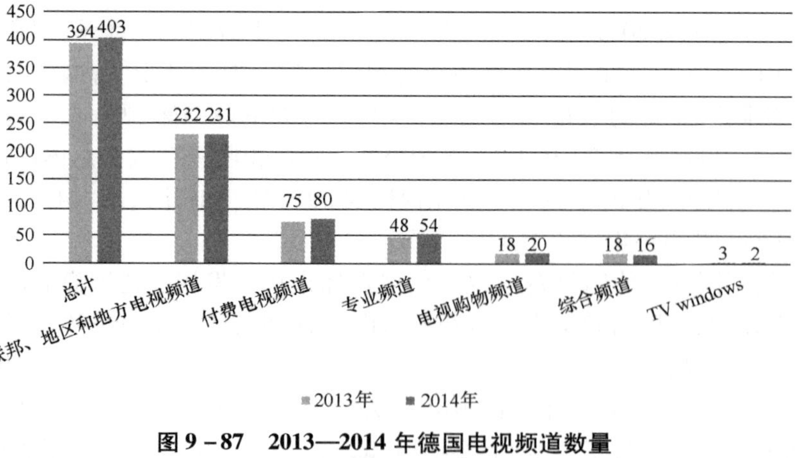

图 9－87　2013—2014 年德国电视频道数量

数据来源：statista，2015.

---

① http://www.contentchina.net/html/qt/201607/6886.html.

2015 年,在德国所有的400 多个频道中,市场份额最高的频道是 ZDF 和 ARD Dritte ,市场占有率为 12.5% ;排名第二的是 ARD,市场占有率为 11.6% ;第三是 RLT,市场占有率为 9.9% 。由图 9 - 88 可以看出,德国各电视频道的市场占有率相对比较分散,属于垄断竞争的市场格局。

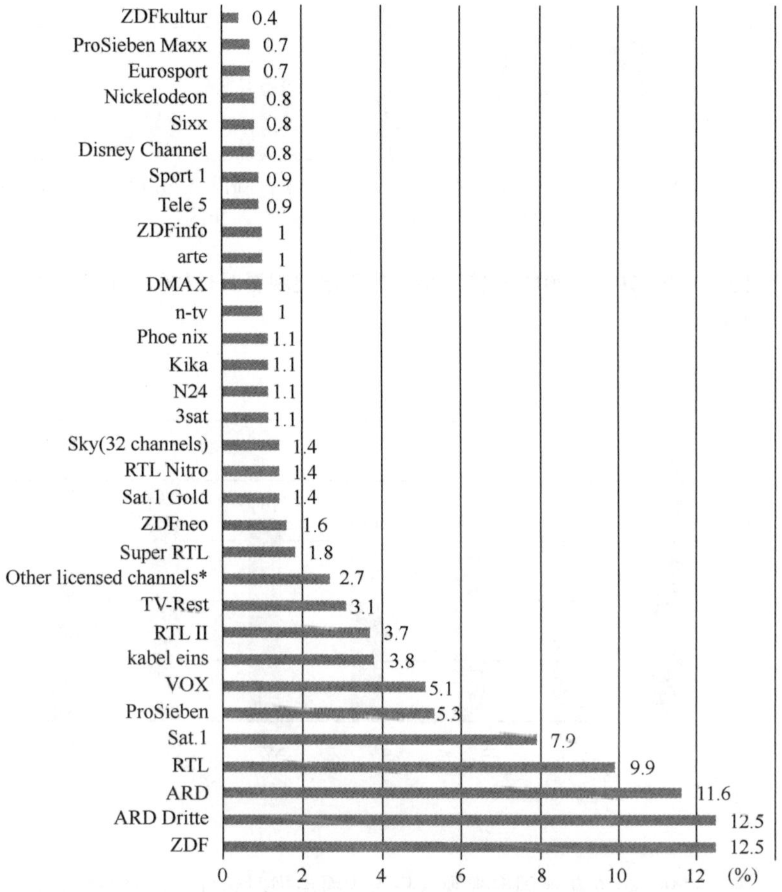

图 9 - 88　2015 年德国各电视频道的市场份额

数据来源:statista,2015.

(2)德国电视观众的行为偏好。从图 9 - 89 可以看出,相对于其他国家而言,德国人不太喜欢看电视,大多数德国人平均每周观看电视的时长在 2 ~ 3 小时。2012 年到 2015 年,德国电视观众平均每周观看电视的时间在减少。4 小时以上、4 个小时和 3 个小时长时间观看电视的人数逐年减少;而 2 小时、1 小时以下的观众人数在增加。所以整体来看,德国电视观众平均每周观看电视的时间在减少。

从年龄结构来看,2016 年,德国电视观众随着年龄的增加,平均每天观看电视的时间也增加。3 ~ 13 岁的电视观众每天观看电视的时长是 70 分钟,14 ~ 69 岁的观众每天观看电视的时长增加到 219 分钟(见图 9 - 90)。

(3)德国有线电视的发展状况。据 Broadband TV News 报道,2015 年,德国有线运营

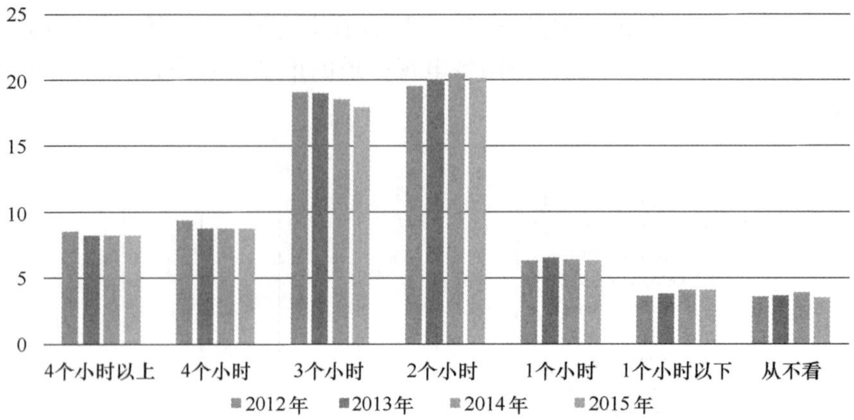

图 9－89　2012—2015 年德国平均每周电视观看时长(单位:百万人)

数据来源:statista,2015.

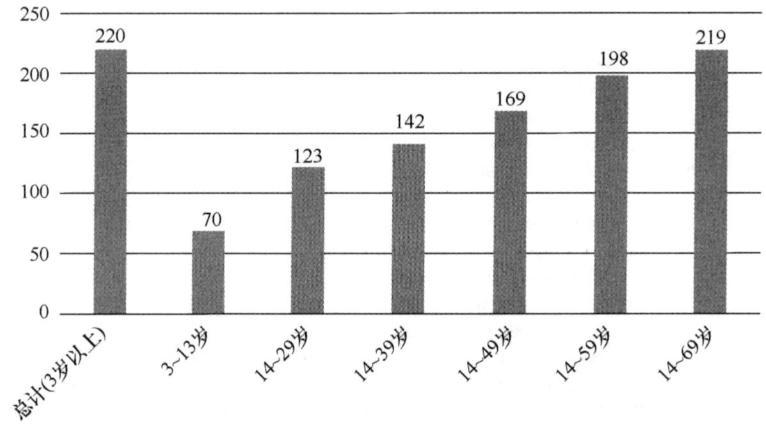

图 9－90　2016 年德国电视观众每天观看电视时长分布(单位:分钟)

数据来源:statista,2015.

商新增网络用户大约 60 万,宽带网络接入家庭总量达到 660 万。

德国有线运营商行业协会 ANGA 数据显示,有线用户倾向于订阅高数据速率网络:目前,每 3 个有线网络用户会选择 100Mbps 或更快的网速。ANGA 主席 Thomas Braun 表示:“2016 年,随着网络传输速度高达 400Mbps,家庭接入率也达到 72%,有线运营商在宽带网络市场处于快车道。同时,DOCSIS 3.1 标准也即将于 2017 年发布,这也将再次大幅提高有线网络的承载能力。”

有线公司的数据显示,付费电视需求也在不断增长。2015 年,付费电视新增用户 26 万,有线付费电视家庭总量增至 376 万,较 2014 年增长了 7%。有线电视家庭总量保持不变,为1 790万。接收数字电视信号的有线电视家庭达 72.5%。ANGA 表示,德国将于 2018 年年底完成全国范围内的有线电视网络的模数转换。德国第一大有线运营商 Unitymedia 将在 2017 年 6 月 30 日关闭有线模拟电视广播信号。①

（4）德国在线电视及视频市场现状。由市场调查和咨询公司 Goldmedia 为权威媒体 BLM 以及 LFK 汇编的《2015 年网络视频监测报告》的数据显示，德国的互联网视频消费在持续增长。

视频点播是德国在线视频行业最受欢迎的服务，而直播流媒体的流行度也有所提升。点播视频平均观看时长是 8 分钟。直播流媒体的平均观看时长相对较长，约为 39 分钟。该报告来自对9 000家网络视频服务以及 YouTube 各频道进行监测得到的数据。在众多视频点播平台中，YouTube 一家独大，Facebook 的影响力也在逐步扩大。移动端的视频消费也在不断增长，尤其是在智能手机端和平板电脑端，YouTube 的各频道在移动端的收视率已经超越了电脑端。

然而，大量的网络视频运营商仍然入不敷出。只有 16% 的运营商表示，它们已经开始盈利。2016 年，在线视频运营商预期其接入量要比 2015 年提高 80%。在未来 5 年，这些运营商预期该数据能增长为原来的 7 倍。

调查显示，在线视频观看最大的障碍就是观众可用数据流量的限制。市场中有将近 2/3 的用户，其可用的数据流量是有限的，其中包括移动端手机的流量。

2012 年和 2014 年，德国数字视频收入的市场份额如图 9－91 所示。目前来看，德国数字视频收入占比最高的是真视频点播，2012 年占 45%，2014 年占 41%；其次是电子零售服务，2012 年占 38%，2014 年占 33%；最后是流媒体视频点播，2012 年占 18%，2014 年占 26%。从发展趋势来看，真视频点播和电子零售服务呈下降趋势；而流媒体视频点播呈快速上升趋势。结合其他市场表现我们可以推论，流媒体视频点播是未来在线视频业务的一个趋势。

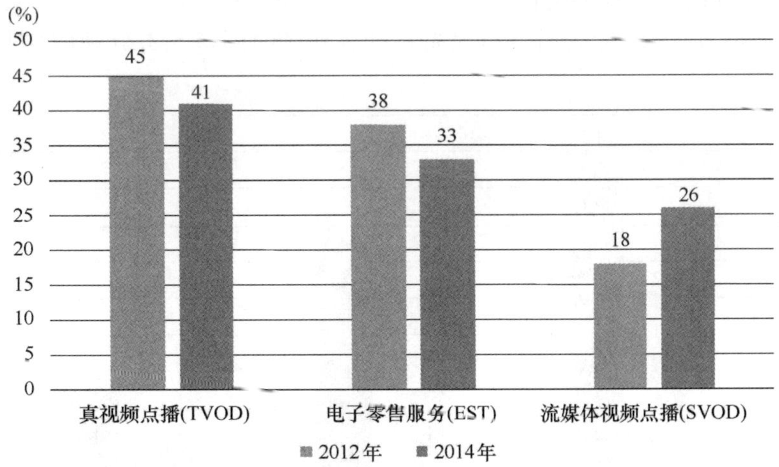

图 9－91　2012 年和 2014 年德国数字视频收入的市场份额

数据来源：statista，2015.

① http://www.lieku.tv/topic/3745.html.

2013 年至 2015 年间，德国在线观看和下载视频的人数也在持续增加，从 2013 年的 393 万人增加到 2015 年的 478 万人，两年增长了 21.63%，每年增长 10% 以上（见图 9 - 92）。

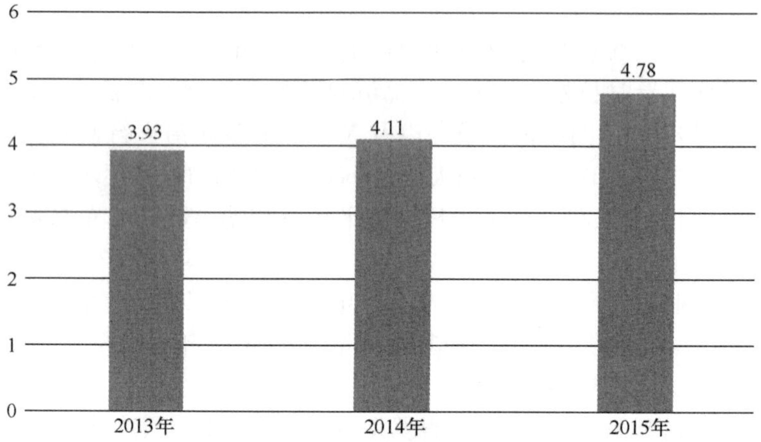

图 9 - 92　2013—2015 年德国在线观看和下载视频的人数（单位：百万人）

数据来源：statista，2015.

2014 年，德国观众平均每天在线观看视频的时间：14 岁以上是 10.2 分钟，14 ~ 49 岁是 18.2 分钟。换言之，49 岁以上观众每天观看在线视频的时间在 18.2 分钟以下，比 14 ~ 49 岁观众每天在线观看视频的时间短。其中，德国观众观看免费在线视频的时间要长于部分付费的在线视频时间。14 岁以上观众每天观看免费在线视频的时间为 7.5 分钟，观看部分付费在线视频的时间是 2.7 分钟；14 ~ 49 岁的观众平均每天观看免费在线视频的时间是 13.1 分钟，而观看部分付费在线视频的时间是 5.1 分钟（见图 9 - 93）。

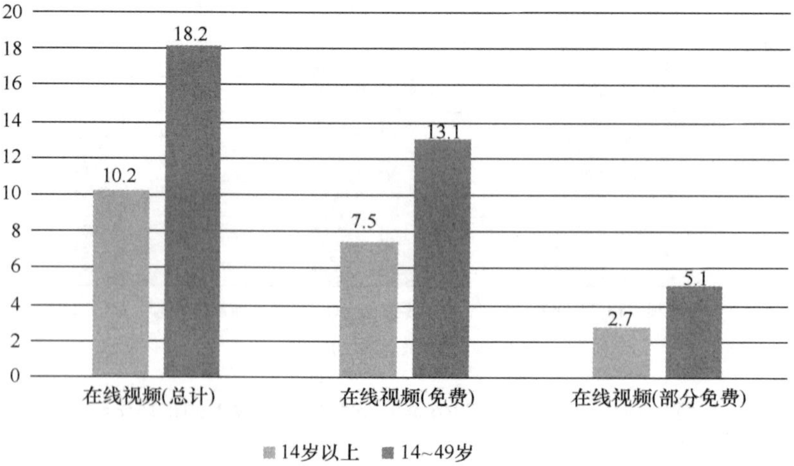

图 9 - 93　2014 年德国观众平均每天在线观看视频的时间（单位：分钟）

数据来源：statista，2015.

随着在线视频业的飞速发展，在线视频广告收入也呈现迅速增加的态势。图 9－94 显示了 2012 年到 2015 年德国在线视频广告收入从 2012 年的 1.76 亿欧元增加到 2015 年的 3.35 亿欧元，3 年间增长了 53%，平均每年增长 17.7%。

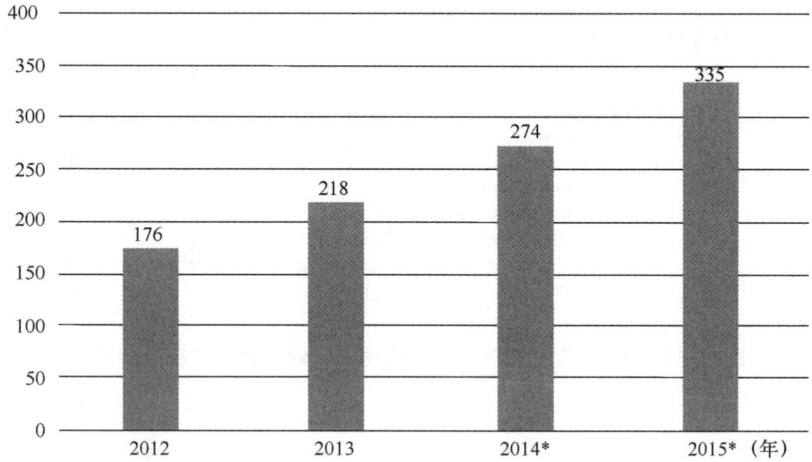

图 9－94　2012—2015 年德国在线视频广告收入（单位：百万欧元）

数据来源：statista，2015.

2012 年，德国各大视频网站的市场占有情况见图 9－95。排名第一的是 Google sites，观众人数达 402.2 万人；第二的是 Adconion Media Group，观众人数达 147 万人；第三的是 Facebook，观众人数达 141.1 万。从图 9－95 可以看出，在德国各视频网站中，Google sites 一家独大，市场占有份额明显高于其他视频网站。

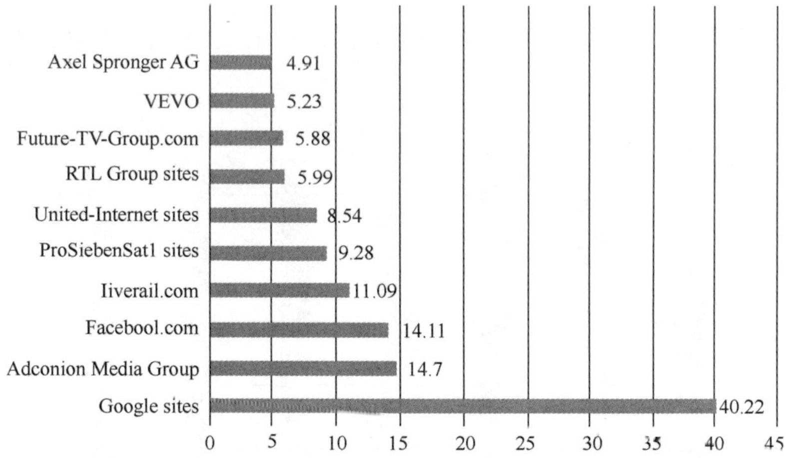

图 9－95　2012 年德国最大的在线视频网站（按用户数排名，单位：百万人）

数据来源：statista，2015.

从观众在线观看的视频类型来看，2015 年，德国电视观众最喜欢的在线视频类型是音乐，占 39%；其次是喜剧，占 27%；再次是电影，占 18%（见图 9－96）。这与美国观众最喜欢的在线视频类型显著不同。美国观众在线观看电视或视频最喜欢的节目类型依次是:喜剧、幽默,如何做,音乐,卡通,体育,成人。

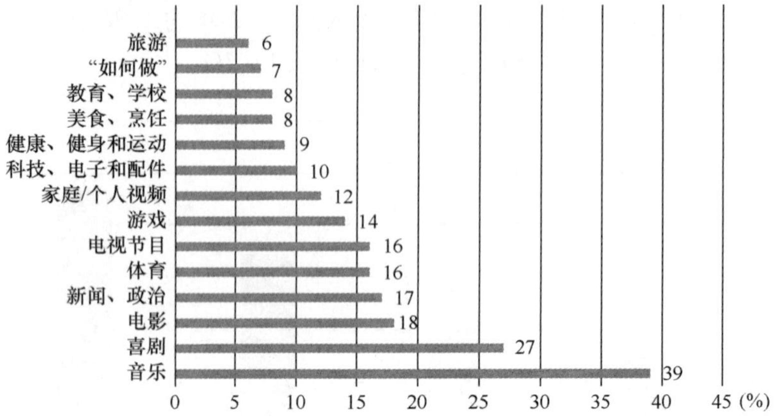

图 9 - 96　2015 年过去一周受访的德国观众观看在线视频的类型

数据来源:statista,2015.

9.3.2.3　法国电视市场

(1)法国电视市场现状。法国是世界上电视业最发达的国家之一,电视市场竞争的激烈程度和技术水平都比较高。法国的电视媒体与德国类似,也可分为私营商业台和公共电视台两类。有全国性影响的综合频道主要包括私营的法国一台、法国六台和公共的法国二台、法国三台。此外,以体育和电影为主的 CanalPlus 私营收费频道、国营的教育培训专题频道、法国五台以及法国与德国合办的 ARTE 文化台也是法国人所熟悉的频道。除此之外,法国还有大量的通过有线或卫星频道传送的 100 多个主题台。①

2008 年到 2014 年 6 年间,法国电视用户数保持稳定,总电视用户达到2 800万户(见图 9 - 97)。

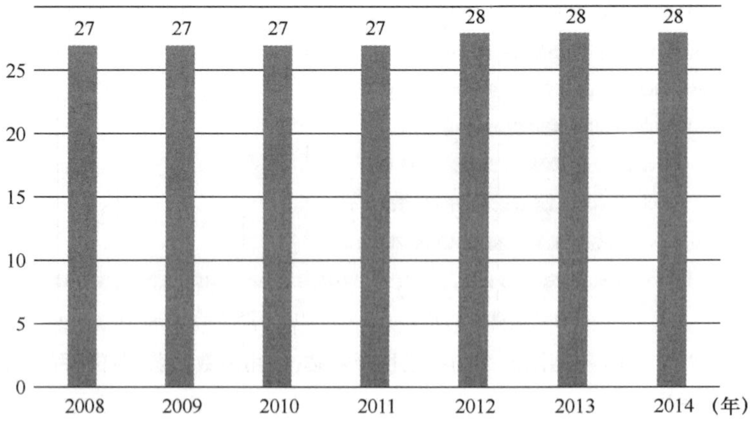

图 9 - 97　2008—2014 年法国电视用户数(单位:百万户)

数据来源:statista,2015.

① http://www. myfrfr. com/frfr/view. asp? id = 2046.

同期法国广播电视总收入除个别年度(2010 年和 2012 年)外,基本保持稳定且小幅持续增长。从 2008 年的 126.23 亿美元增加到 2014 年的 130.38 亿美元,预计到 2020 年将增长到 136.35 亿美元,12 年间预计增长 8%,年平均增长 0.67%(见图 9-98)。

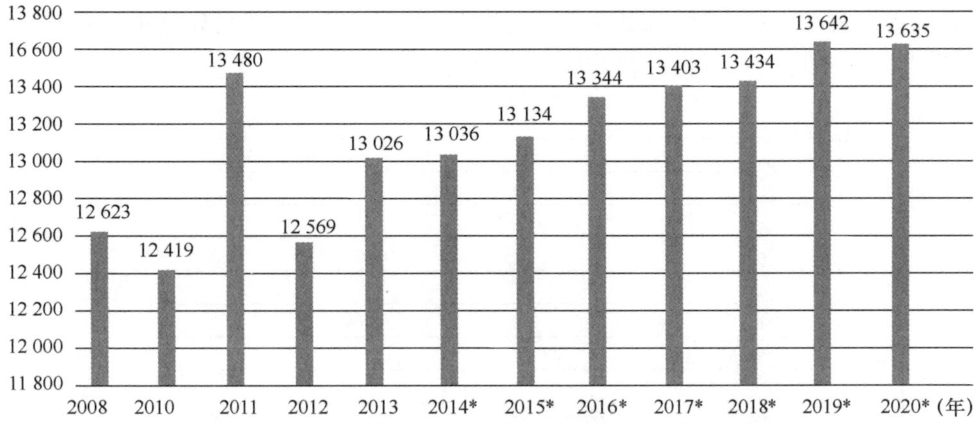

图 9-98 2008—2020 年法国广播电视收入(单位:百万美元)

数据来源:statista,2015.

其中,2009 年到 2013 年,法国电视广告收入呈基本稳定、小幅增长的态势。在法国主要的电视台中,TF1 广告收入的市场份额最高,占 35%~43%;其次是 DTT,占 19%~30%;排名第三的是 M6,占 17%~18%。从趋势来看,2009 年到 2013 的 4 年间,TF1 的电视广告市场份额逐年减少,而 DTT 的电视广告市场份额却逐年增加;M6 的电视广告市场份额基本稳定(见图 9-99)。

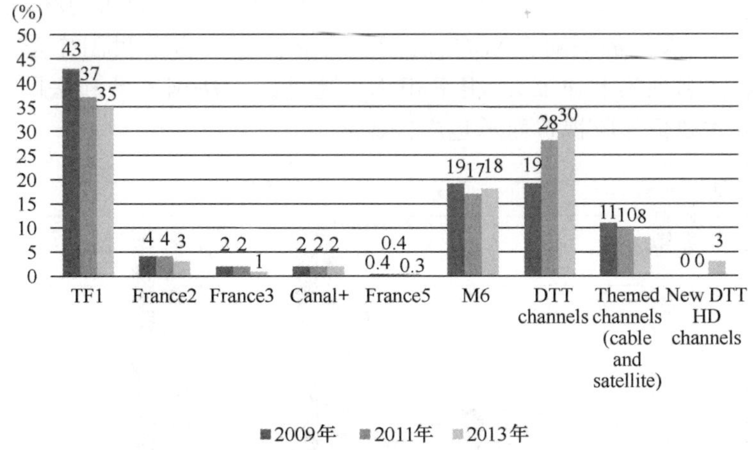

图 9-99 2009—2013 年法国电视广告收入市场分布(按频道)

数据来源:statista,2015.

就法国电视观众的收视行为来看,2014 年,法国电视观众主要的选择依然是传统电视,其次是通过个人计算机、手机和平板电脑。在观看电视节目方式的选择上,2014 年,法国电视观众依然主要选择观看电视直播，其次是电视回放，最后是视频点播、流媒体、下载等新兴方式。从具体数据来看，法国电视观众通过传统电视机主要观看电视直播；通个人计算机主要观看电视回放和视频点播、流媒体和下载；通过平板电脑观看电视直播、电视回放和视频点播、流媒体和下载的份额基本相当；通过手机观看直播的份额略高于观看电视回放和视频点播、流媒体和下载（见图 9－100）。这充分显示了手机的便携性，更适合随时随地能观看自己喜欢的电视节目。

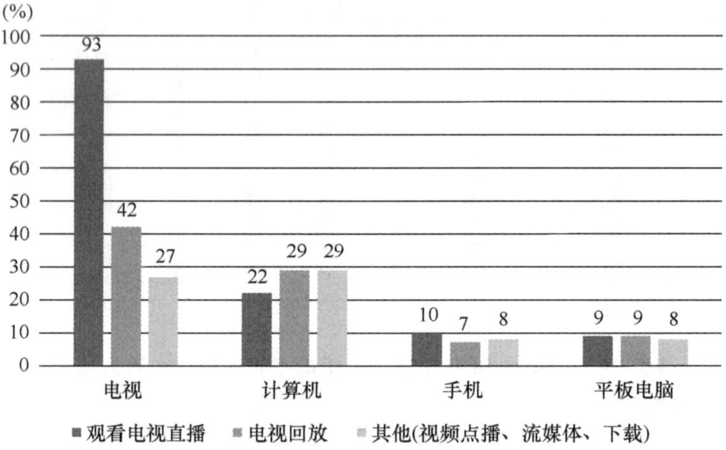

图 9－100　2014 年法国人观看电视和视频的设备类型分布

数据来源：statista，2015.

2010 年到 2013 年，法国主要电视频道的节目制作成本基本保持稳定。其中，TF1 的节目制作成本最高达到 9.05 亿～9.5 亿欧元；其次是法国三台，其节目制作成本达到 8.28 亿～8.67 亿欧元；第三位的是法国二台，它的节目制作成本达到 8 亿～8.28 亿欧元。M6 的节目制作成本是 3.2 亿～3.47 亿欧元（见图 9－101）。与前面 2009 年至 2013 年法国电视市场广告收入份额图对比来看，法国三台和法国二台节目制作费名列第二和第三，但其广告收入名列第七和第五，很不相称。这是因为法国三台和法国二台是公共电视频道，其收入主要依靠收视费而不是广告收入。

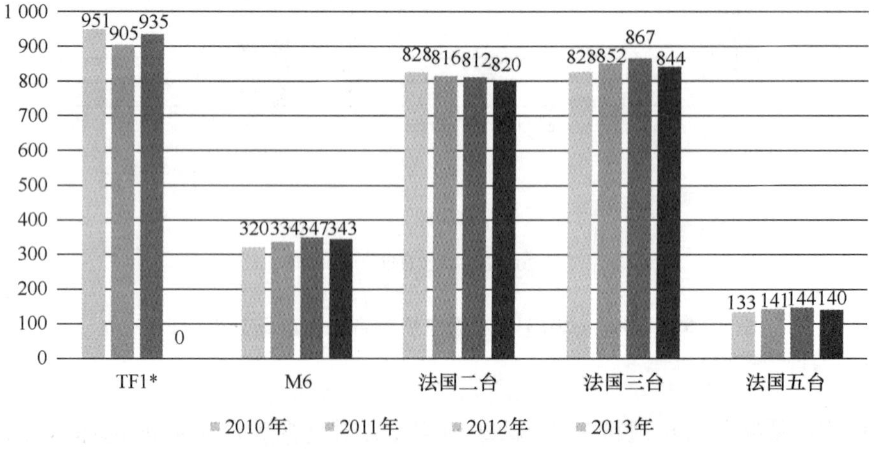

图 9－101　2010—2013 年法国主要频道的节目成本（单位：百万欧元）

数据来源：statista，2015.

与法国三台和法国二台情况截然不同的是M6,其广告收入位列第三,而节目制作费却位列第四位,有很好的利润空间。

(2)法国在线电视及视频市场现状。2011年到2014年,法国在线电视和视频行业与世界其他国家一样飞速发展,在线广告视频广告收入迅猛增加,从2011年的0.67亿欧元增长到2014年的2.24亿欧元,增长了2.34倍,平均每年增长78%(见图9-102)。

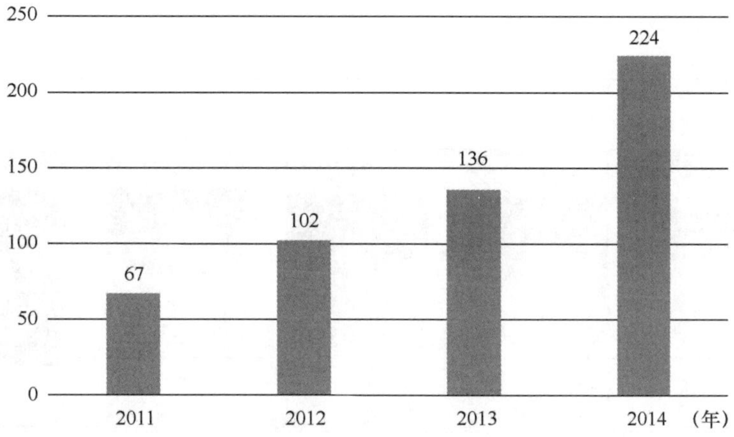

图9-102 2011—2014年法国在线视频广告收入(单位:百万欧元)

数据来源:statista,2015.

2011年到2015年,法国电视观众通过电脑在线观看电视节目的份额显著下降;通过电视在线观看电视节目的份额在连续3年上升后基本稳定在34%~37%;通过手机等移动设备在线观看电视的份额显著上升,从2011年的5.7%上升到2015年的26.9%(见图9-103)。这表明越来越多的观众使用移动设备观看在线视频。

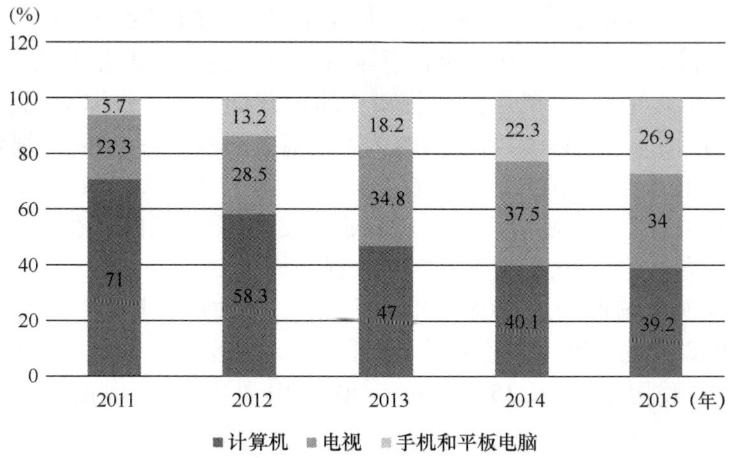

图9-103 2011—2015年法国在线电视接入端口选择情况

数据来源:statista,2015.

据调查,2011 年到 2015 年,法国最受欢迎的在线电视节目类型是娱乐节目,其次是小说、青少年节目、直播、杂志、咨询、体育、电影、纪录片。其中,娱乐类节目、咨询类节目、直播节目和小说的份额在近 3 年有显著下降;而青少年节目所占份额明显上升(见图 9-104)。这与美国、德国观众最喜欢的在线节目类型截然不同。究其原因,笔者认为,各国观众喜欢收看哪一类的电视节目,与其国家的文化及收视传统密切相关,所以各国观众喜欢收看的节目类型差异很大,不可一概而论。

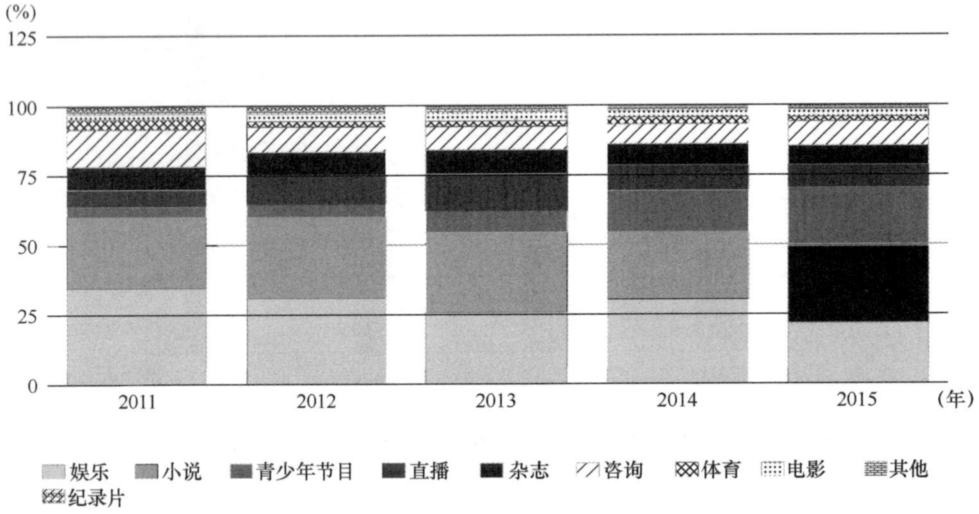

图 9-104 2011—2015 年法国最受欢迎的在线电视节目类型

数据来源:statista,2015.

9.3.2.4 英国电视市场

英国是世界上广播电视事业发展最早,也是最发达的国家之一。伦敦是欧洲乃至世界的传媒中心,电视、广播、报纸和杂志在英国人的日常生活中占有极其重要的位置。对 72% 的英国全国人口来讲,电视是他们获知新闻的首选途径。在欧洲,英国是除意大利外最爱看电视的国家。英国有大名鼎鼎的英国广播公司(BBC)、独立电视台(ITV)、天空电视台(SICY)。传统上,英国人认为电视和广播原则上是对大众负责的公共服务设施,并通过国会对其进行监督。随着广播电视事业的发展,当今英国也在广播电视事业中引入了商业机制和竞争,为受众提供了更多的收视选择。

(1)英国电视市场现状。2008—2020 年,英国广播电视节目收入基本稳定且略有增长。从 2008 年的 130.15 亿美元,预计 2020 年增长到 165.29 亿美元,12 年间增长了 27%,年平均增长 2.25%。这一增长率要好于德国的 1.44% 和法国的 0.67%。

其中,截至 2014 年,英国电视广告收入已经连续 6 年迎来增长。据统计,2014 年,多达 800 家新老广告商出现在公众视野。英国商业电视广播公司 Thinkbox 提供的数据显示:英国广告收入全年增长 6%,总收入已创新高,达到 49.1 亿英镑(见图 9-105)。

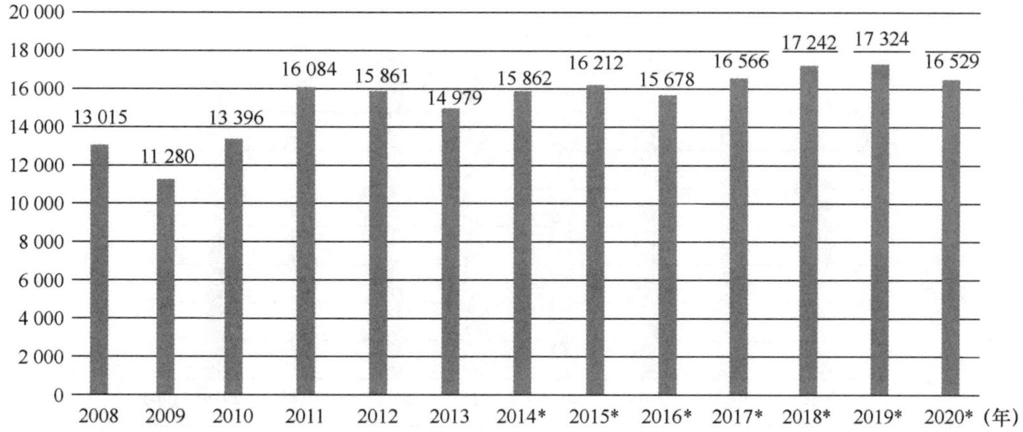

图 9 - 105　2008—2020 年英国广播电视节目收入情况(单位:百万美元)

数据来源:statista,2015.

值得注意的是,这个 49.1 亿英镑具体包括:2014 年,广告商们在包括线性直播赞助、广播电视 VOD(视频点播)业务和植入性广告等商业电视领域投入的广告费用总和。2015 年,电视广告投资也有望继续迎来增长。相关机构(The Advertising Association/Warc)预测,在 2015 年,英国电视广告收入将增长 5.5%。对此,Thinkbox 公司首席执行官 Lindsey Clay 表示:"这证明了由英国广播公司投资制作的节目内容十分精良,也证明了电视作为媒介的确具有独特之处。目前尚没有其他形式的广告可以获得像电视广告这样的影响力。" Lindsey Clay 认为:"随着电视观看方式向越发灵活的方向进化,品牌商们将拥有更多新机会利用电视广告的影响力为自己的商品造势。"

目前,广告商们在诸如 Amazon、Google 及 Netflix 等这类在线品牌和业务方面的投资越来越多,而这也已经成为电视广告领域的明显趋势。尼尔森公司在广告投资方面的分析数据显示,当在线品牌和业务组合在一起时,它们将成为第二大电视广告投资种类。事实上,自 2010 年起,这方面的投资规模已实现翻番,超过了 4 亿英镑。

2014 年,英国民众 65.8% 的电视观看来自于商业电视频道,而这意味着平均每人每天会观看长达 2 小时 25 分钟的商业电视节目。①

2012 年到 2019 年,英国数字视频观众人数持续增长,从 2012 年的3 260万,预计到 2019 年增加到4 560万,7 年间增长了 39.88%,每年平均增长 5.7%,这一增长率高于同期英国广播电视节目收入的增长率(见图 9 - 106)。英国数字视频观众的持续增长得益于英国电视网的大规模数字化改造。

与此同时,自 2000 年到 2015 年,英国拥有多频道电视的家庭数量显著增加,从 2000 年的 754 万户家庭增加到 2015 年的3 393万户。其中,数码地面电视 DTT 的家庭用户数

① http://m.tvoao.com/news/174991.html.

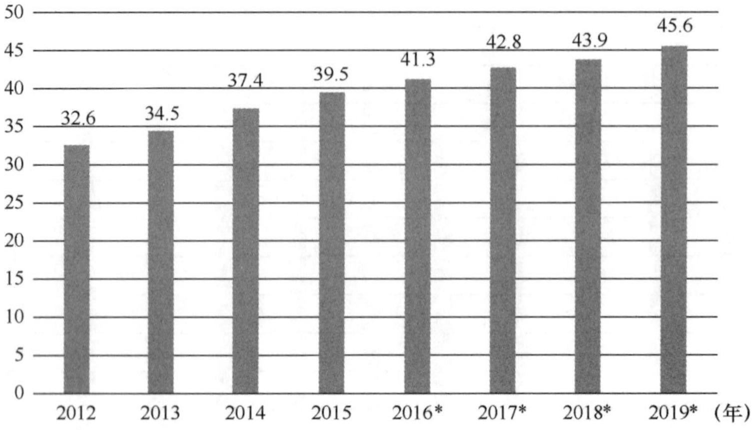

图 9－106　2012—2019 年英国数字视频观众人数增长情况（单位：百万人次）

数据来源：statista，2015.

增加最为显著，从 2000 年的 24 万户增加到 2015 年的1 889万户，15 年增长了 77.71 倍，平均每年增长 5.18 倍（见图 9－107）。

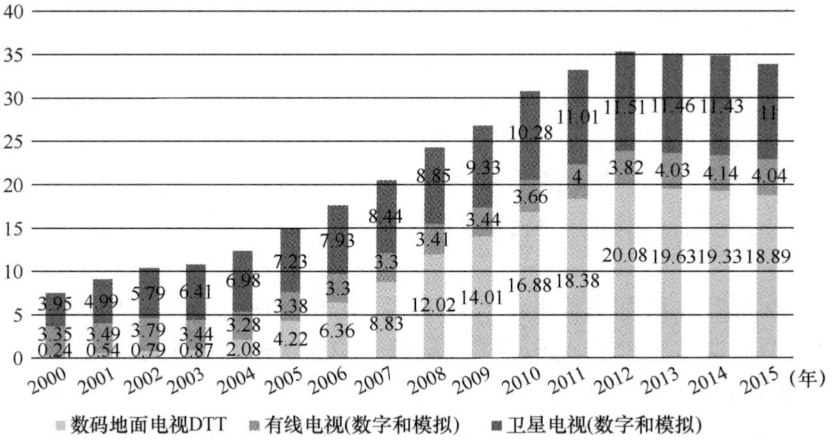

图 9－107　2000—2015 年英国拥有多频道电视的家庭数量（单位：百万家庭）

数据来源：statista，2015.

2015 年，负责广播、电视、无线通信的英国通信公司 Ofcom 近期对外发布了 2014 年数字电视与广播市场专项研究报告。报告显示，2014 年，英国观众对付费电视的认可和接受程度已经达到了 61%，换句话说，61% 的用户开始使用付费电视服务。这项调查是针对英国常住的本国居民进行的，年龄段为 18 岁以上的成年人，在调查中，有 61% 的用户在 2014 年曾经或者正在使用付费电视节目，这一比例相比 2013 年有了很大的提高。①

（2）英国不同类型电视节目成本与收入情况。以 Channel 4 频道为例，2013 年和

① http://toutiao.com/a3891877940/.

2014 年,Channel 4 频道投资购买和自制的电视节目总投资额分别是 5.87 亿英镑和 5.93 亿英镑。其中,购买和自制投资排名前 5 的电视节目类型是:事实、娱乐、电视剧、电影和喜剧。与 2013 年相比,2014 年加大了对新闻事实类、娱乐类、电影、体育的节目购买和自制的投资额,而减少了对电视剧、喜剧和实事类节目的投资额(见图 9 - 108)。

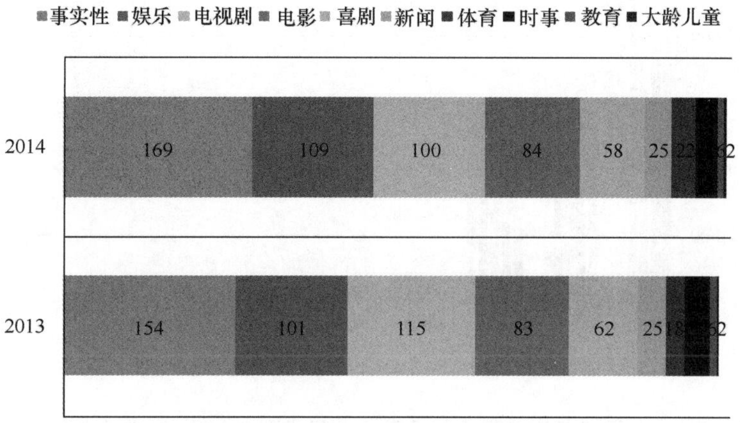

图 9 - 108 2013—2014 年英国电视 Channel 4 频道购买和自制电视节目的总投资(单位:百万英镑)

数据来源:statista,2015.

其中,2014 年购买各类型电视节目首轮播出权的成本如图 9 - 109 所示。在各种类型的电视节目中,体育类节目首轮播出权最昂贵,总额达到 5.45 亿英镑;其次是电视剧和肥皂剧的首轮播出权,总额达到 5.16 亿英镑;最后是娱乐和戏剧类,首轮播出权达到 5.04 亿英镑。首轮播出权最低的是教育类节目,总额为 700 万英镑。

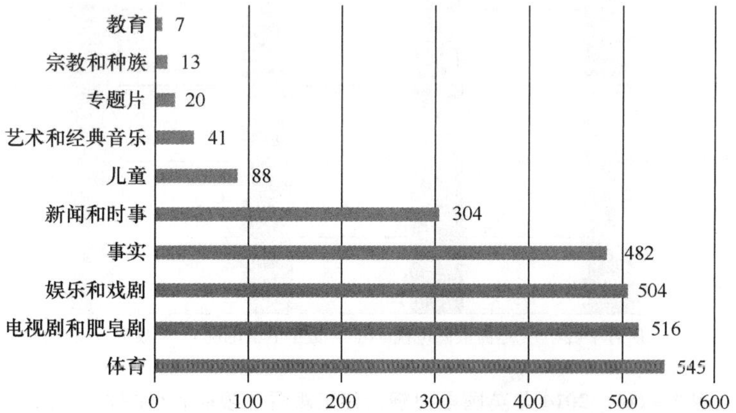

图 9 - 109 2014 年英国电视节目首轮播出的支出情况(单位:百万英镑)

数据来源:statista,2015.

2010 年到 2014 年,英国收入最高的节目类型依次是:体育、娱乐、电影、事实、儿童、音乐、新闻和休闲。其中,体育、娱乐、电影和事实类节目收入逐年增加,特别是体育和娱乐类节目收入的增加更为显著(见图 9－110)。这与这三类节目投资额的增加相对应。儿童、音乐和休闲类节目的收入基本保持稳定。新闻类节目的收入近 3 年有所上升,但占总收入的比例依旧较低。

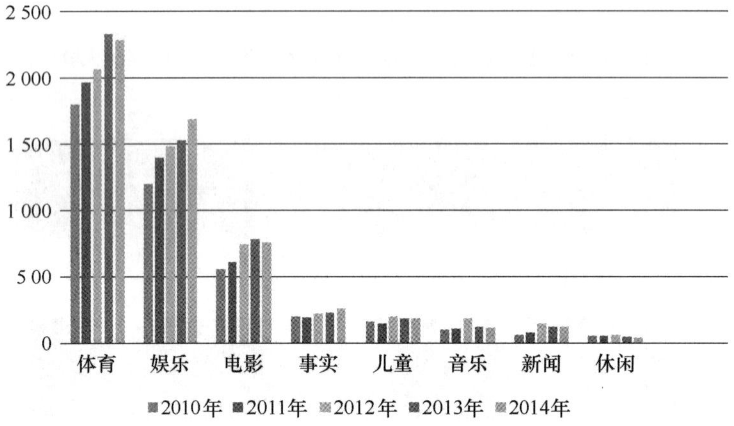

图 9－110　英国多频道广播电视运营商节目类型收入分布(单位:百万英镑)

数据来源:statista,2015.

(3)英国电视观众的行为偏好。Statista 2015 的数据表明,2014 年,英国电视观众平均每天观看电视的时间为 220 分钟。其中,观看地面数码电视的时间最长,达到 231 分钟;其次是观看数字卫星电视的时间,达到 219 分钟;最后是观看数字有线电视的时间,达 207 分钟(见图 9－111)。

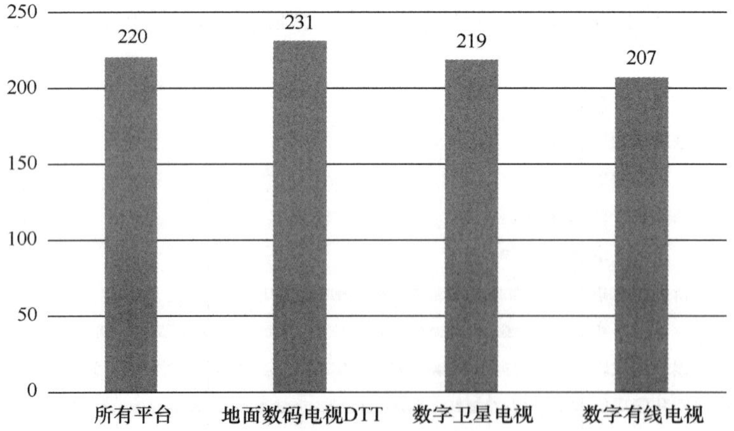

图 9－111　2014 年英国电视观众每天观看电视时长(单位:分钟)

数据来源:statista,2015.

2014 年,英国电视观众的年龄分布如图 9－112 所示。从图 9－112 可以看出,英国电视观众主要的年龄分布是在 25 岁到 64 岁之间。16～44 岁的观众更倾向于观看数字卫星电视,45～64 岁的观众更倾向于观看数字有线电视,而 65 岁以上的观众更倾向于观看地面数码电视。

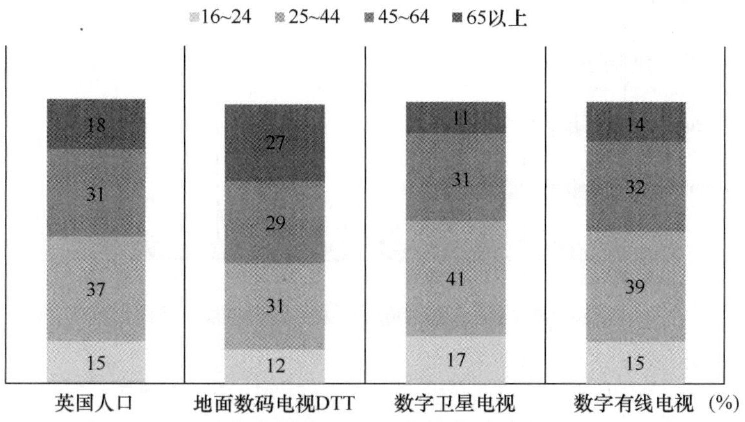

图 9－112　2014 英国电视观众年龄分布

数据来源：statista，2015.

2014 年到 2015 年，英国电视观众观看电视的方式依然主要是电视直播，占 70%—80% 左右；其次是使用个人录像机观看录制节目，占 7%—9%；第三位的是在线观看电视节目回放，占 2%—5%。从发展趋势来看，2014 年到 2015 年，观看电视节目直播的观众比例在逐渐下降，而使用个人录像机看录制节目、在线观看电视节目回放、流媒体电视点播和在线租借的观众比例越来越高（见图 9－113）。

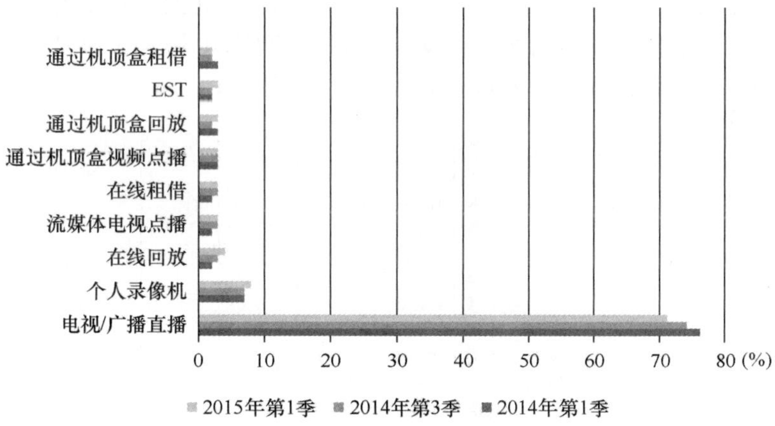

图 9－113　2014—2015 年英国电视使用情况分布

数据来源：statista，2015.

2014 年，最受英国电视观众欢迎的电视平台分别是：Free view，用户为1 120万；Sky，用户为 970 万；Vigin Media，用户为 400 万；YouView，用户为 190 万；Free sat，用户为 140 万；BT TV，用户为 70 万（见图 9－114）。

根据英国通信公司 Ofcom 近期对外发布的 2014 年数字电视与广播市场专项研究报告，有 31% 的用户只观看 Freeview 频道（即大家熟悉的免费电视频道）。另外，调查报告

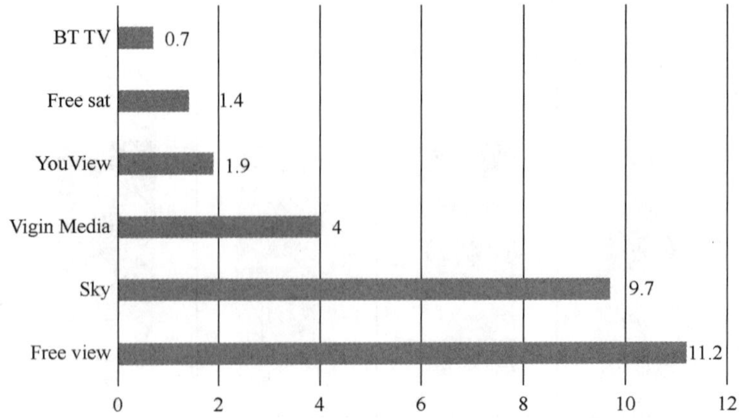

图 9－114　2014 年英国最受欢迎的电视平台（单位：百万用户）

数据来源：statista，2015.

还公布了接入互联网的智能设备对电视的影响，因为有一些用户并不使用电视观看免费节目，而是用其他设备观看在线视频。结果显示，使用笔记本电脑观看在线视频的用户从 66% 降至 63%，而使用智能手机观看视频的用户则从 56% 提高至 63%，用平板电脑观看视频的用户提高最多，从 29% 大幅攀升至 46%。[①]

与此同时，2014 年，英国电视观众最喜欢的电视节目类型分别是：娱乐（19.55%）、电影（15.09%）、电视剧（14.56%）、纪录片（11.25%）等（见图 9－115）。由此可见，英国电视观众最喜欢的电视节目类型与美国电视观众最喜欢的电视节目类型有很大的不同。美国电视观众最喜欢的电视节目类型排名前 3 的是喜剧、电影和电视剧（因年龄段不同排名不同）；而英国电视观众最喜欢的节目类型是娱乐节目。

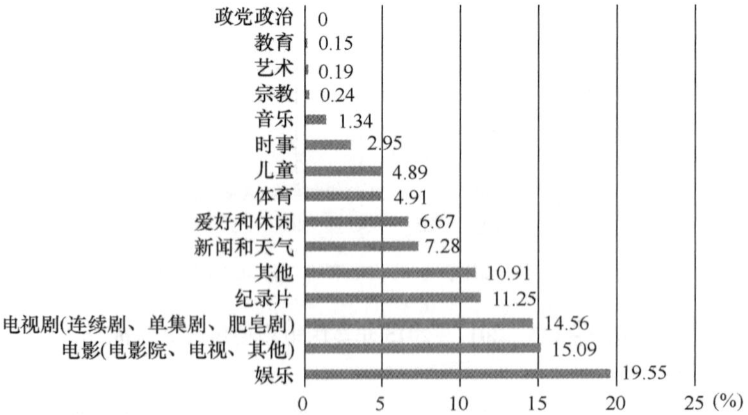

图 9－115　2014 年英国电视观众最喜欢观看的电视节目类型

数据来源：statista，2015.

① http://toutiao.com/a3891877940/.

2015 年,英国最受欢迎排名前 5 的电视节目依次是:Great British Bake Off, 拥有 11 240万观众;New Tricks,拥有 700 万观众;Partners in Crime,拥有 620 万观众;Britain's Spending Secret,拥有 600 万观众;The Trails of Jimmy Rose,拥有 510 万观众(见图 9－116)。

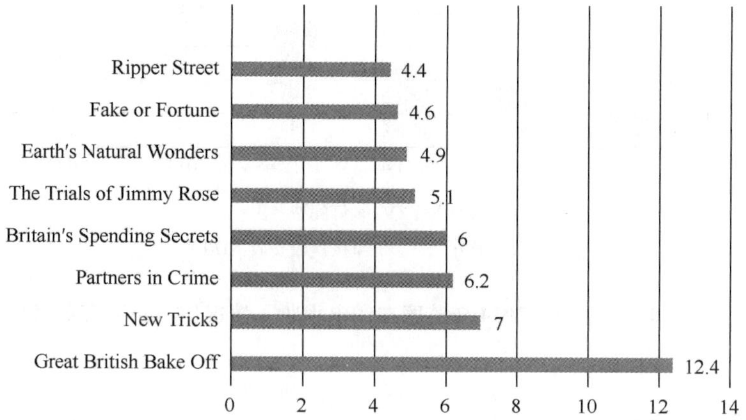

图 9－116　2015 年英国最受欢迎的电视节目(单位:百万人)

数据来源:statista,2015.

(4)英国在线电视及视频市场现状。2015 年,英国知名的市场调查公司 Mintel 公布了一组对在线视频节目的统计数字,预测至 2019 年,英国在线视频市场将达到 10 亿英镑,值得关注。在 Mintel 公司看来,在线视频的影响力极大,就像 DVD 和蓝光光盘取代了 VHS 录像一样。随着用户收视习惯的改变,越来越多英国民众开始青睐使用智能电视和平板电脑等设备观看在线视频。5 年前,该公司公布的数据显示,英国在线视频市场总值仅为 280 万英镑,而 2014 年,其市值达到了 4.37 亿英镑,预计至 2019 年,英国全境在线视频市场可以到达 10 亿英镑,折合人民币大约为 92.74 亿元。①

调查报告还显示,有 1/3 的英国观众对付费视频点播节目进行了订阅,其中,使用在线视频平台较多的是 Netflix,占 1/5。除此之外,亚马逊 InstantVideo 也占据了一定的市场份额。不过值得关注的是,很多用户还是喜欢观看免费的在线视频节目,例如,YouTube、BBC iPlayer,免费服务也是英国民众所青睐的。②

第一,在线市场规模。2009 年到 2014 年,英国在线电视蓬勃发展,其收入从 2009 年的9 500万英镑增加到 2014 年的 7.93 亿英镑,5 年间增长了 7.34 倍,平均每年增长 147%。其中,增长速度最快的是在线电视的订阅费收入,平均每年增长 317.23%;其次是免费电视广告收入,平均每年增长 129.07%;再次是下载收入,平均每年增长 73.94%(见图 9－117)。

与此同时,2008 年到 2015 年,英国在线广告支出从 2008 年的1 200万英镑增加到 2015 年的 7.11 亿英镑,7 年间,英国在线广告支出增加了惊人的 58.25 倍,平均每年增长

① http://info.broadcast.hc360.com/2015/03/231553625085.shtml.

② http://info.broadcast.hc360.com/2015/03/231553625085.shtml.

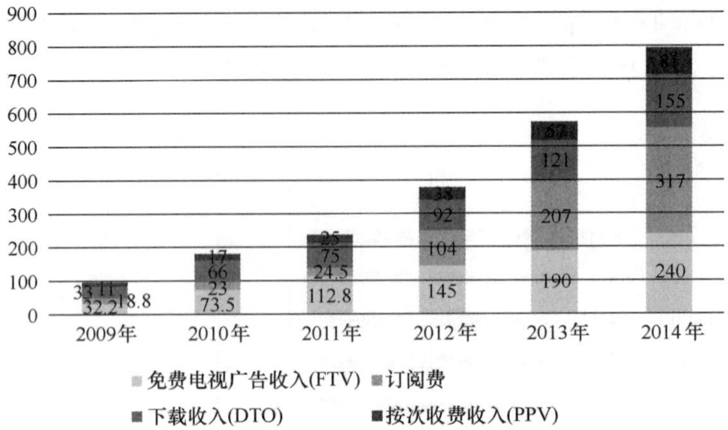

图 9－117　2009—2014 年英国在线电视收入情况(单位:百万英镑)

数据来源:statista,2015.

832.14%(见图 9－118)。

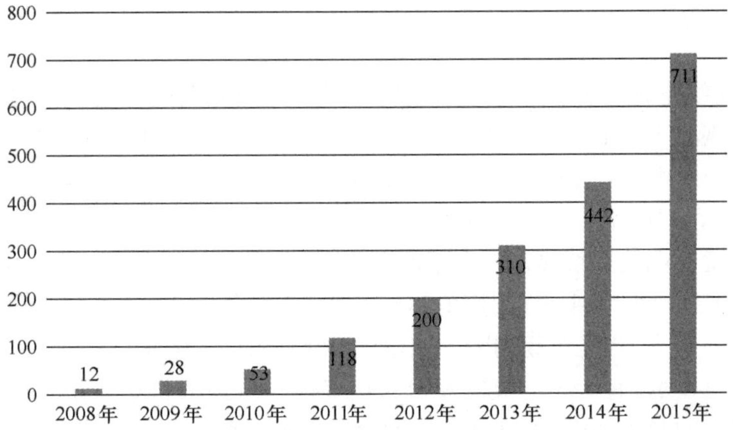

图 9－118　2008—2015 年英国在线广告支出(单位:百万英镑)

数据来源:statista,2015.

2011 年到 2016 年,英国互联网电视拥有量占整个电视拥有量的比例也逐年增加。从 2011 年的 11% 增加到 2016 年第一季度的 25%(见图 9－119)。

第二,观众在线观看电视及视频的行为偏好。2013 年,英国电视观众至少每月一次通过个人计算机、平板电脑或智能手机在线观看电视或视频。观看的方式主要有:在线观看短片或下载、在线观看电视回放或下载、使用 Netflix/Love Film 之类在线视频提供商提供的服务。从图 9－120 来看,英国电视观众主要通过个人计算机在线观看电视或视频,其次是平板电脑,然后是智能手机。在观看方式上,英国观众在线最多看的是短片或下载,其次是电视回放或下载,最后是使用 Netflix/Love Film 之类在线视频提供商提供的服务。

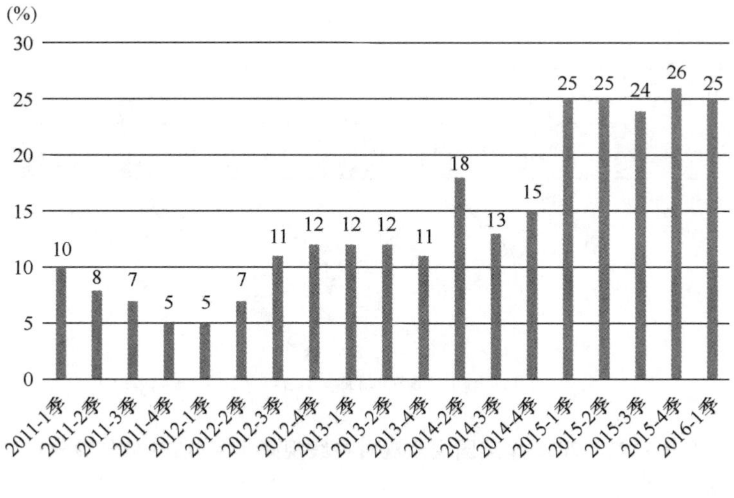

图 9－119　2011—2016 年英国互联网电视拥有量占整个电视拥有量比

数据来源：statista，2015.

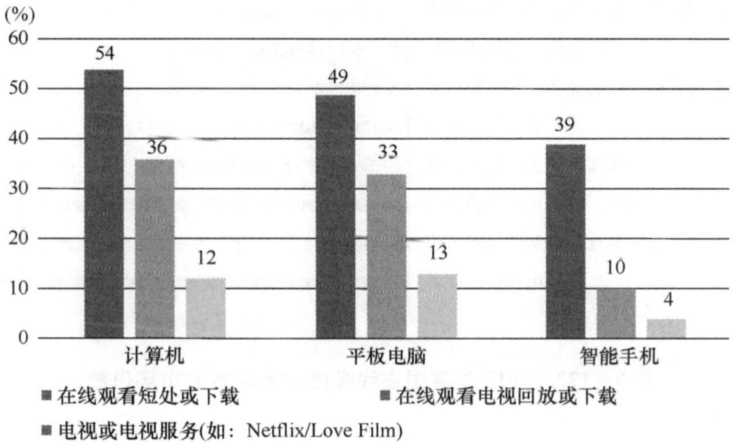

图 9－120　2013 年英国至少每月一次在线视频消费类型

数据来源：statista，2015.

图 9－121 显示了 2015 年英国观众观看在线视频的频率分布，从图 9－121 可以看出，观众年纪越小，在线观看视频的频率越高，有 66% 的 16～24 岁的年轻人每天观看在线视频；年纪越大，在线观看视频的频率越低，有 50% 的 55 岁以上的观众最近一年都没有看过在线视频或从没有看过在线视频。

2015 年，英国观众在线观看的最多的视频内容是电视回放，占 57%；第二是发布在 YouTube 以外的社交网站上的视频内容，占 51%；第三是通过朋友、家人或其他 YouTube 用户上传的视频，占 45%；第四是新闻网站上的视频内容，占 34%；第五是熟悉的 YouTube 里的品牌或社会组织的频道视频等（见图 9－122）。

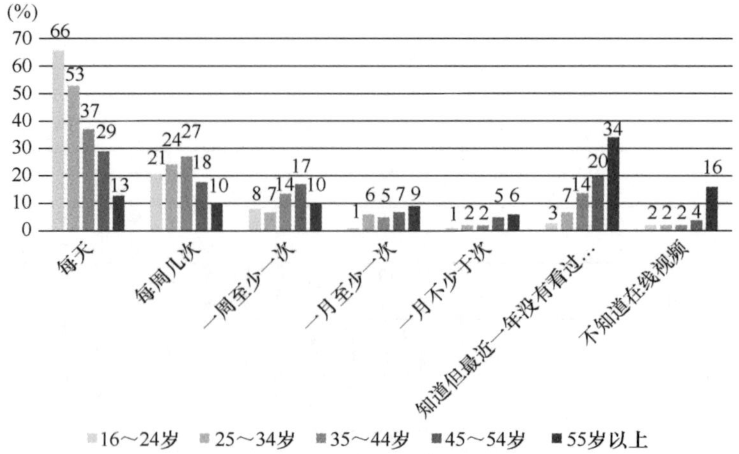

图 9－121　2015 年英国观众观看在线视频频率分布(按年龄分)

数据来源:statista,2015.

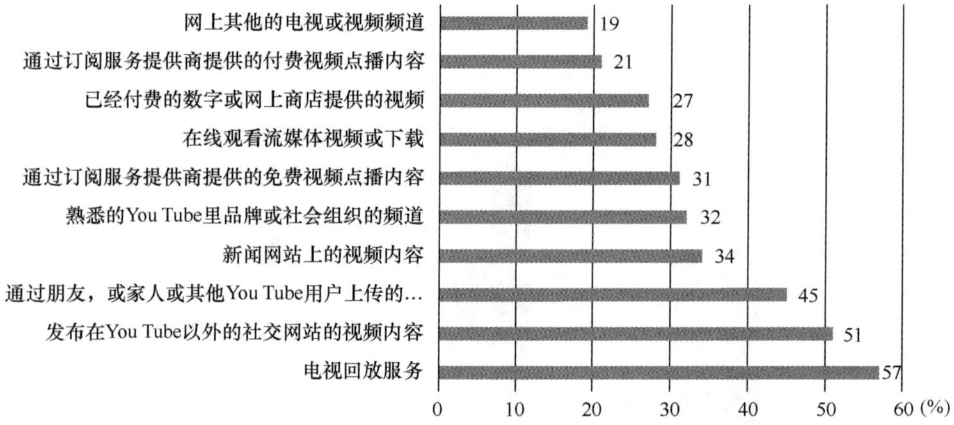

图 9－122　2015 年英国在线视频观看内容的市场份额

数据来源:statista,2015.

(5)英国电视节目进出口情况分析。2011 年到 2014 年,英国电视节目的出口收入持续增加。具体来说,从 2011 年的 6.17 亿英镑增加到 2014 年的 7.22 亿英镑。其中,数字版权、电视节目模式及合作生产的出口收入也都持续增加,但许可收入、电视相关产品和 DVD 的出口收入 2014 年比上一年有所下降(见图 9－123)。

从出口地区来看,2014 年,英国电视节目最主要的出口地是北美,出口收入达 460 百万英镑左右,而且出口类型多样,主要出口电视节目、电视相关产品及数字版权。英国电视节目第二大出口地是欧洲,出口收入达 370 百万英镑左右,出口类型主要是电视节目(见图 9－124)。

根据英国《卫报》2016 年 6 月 12 日的报道,英国电视节目海外销售 2015 年一年增长了 5%,达 12.8 亿英镑。《x 元素》《唐顿庄园》《神探夏洛克》等电视真人秀和电视剧等在全球受到欢迎。2016 年 6 月 13 日发布的一份年度报告中称,中国已经连续两年成为

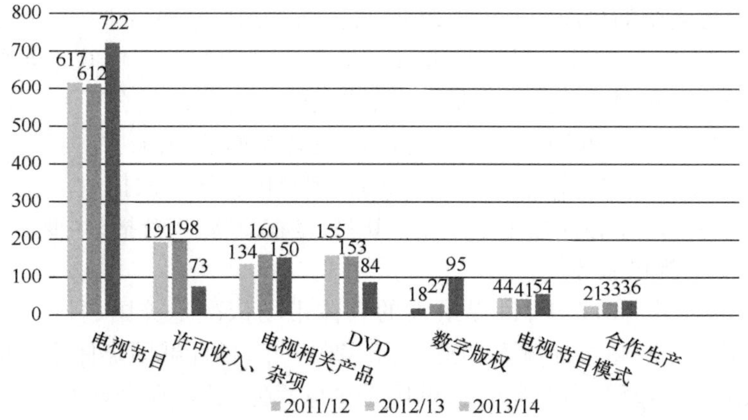

图 9－123 2011—2014 年英国电视节目出口收入(单位:百万英镑)

数据来源:statista,2015.

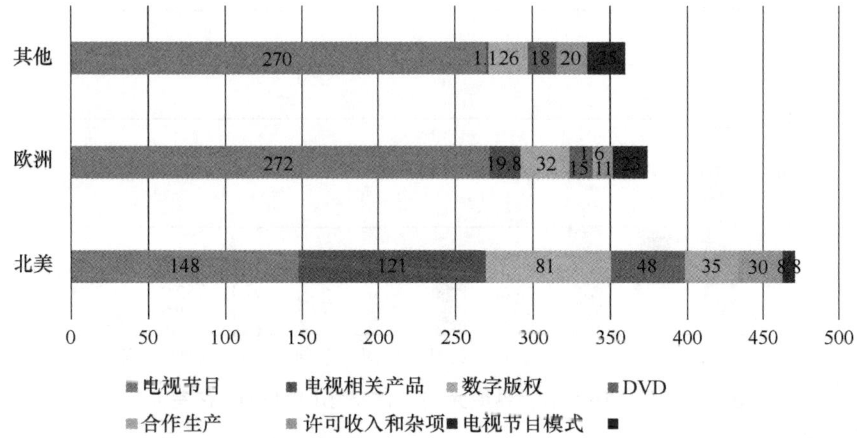

图 9－124 2014 年英国电视节目出口收入(按类型和地区)(单位:百万英镑)

数据来源:statista,2015.

英国电视节目出口增长最快的市场,年均增幅约 40%。英国数据收集机构负责人士说,中国对英国电视行业来说,是"发展最快、规模最大、尚待开发的市场",对英国电视业者来说,无疑会对中国市场产生极大兴趣。英国电视业者则表示,这份报告让他们看到了外界对英国电视节目的巨大需求,而新的市场和全球性的平台对英国电视行业的发展来说是一个"绝佳的机会"。

9.3.3 韩国电视市场

9.3.3.1 韩国电视市场现状

韩国是一个实行公共广播体制的国家。1980 年 11 月 14 日,韩国新闻协会和广播电视协会发表《培养和发展健康新闻业的决议》,要求确立公营体制,增强广播电视的公益性,全面完善制度体系。1990 年,民营的 SBS(Seoul Broadcasting System,首尔广播电视公司)作为唯一的商业电视台获得营业执照,代表民营广播电视再次被纳入广播电视业,但韩国广播电视市场公营高度集中的局面没有根本改变。此后，韩国广播电视业一直在公营与民营并存的二元结构中成长，也在公益性与商业性的竞争中寻求平衡。电视市场则由两强——KBS（韩国广播公司）和 MBC（文化广播公司，非民营的文化广播公司）格局，逐渐演变为 KBS（包括两个频道 KBS1 和 KBS2）、MBC 和 SBS 三家垄断的局面，并一直延续至今。

韩国有线电视第一次播放是在 1995 年 3 月，卫星电视第一次播放是在 2002 年，KT 通信公司利用 SKY - Live 单独播放卫星电视。IPTV 是在 2008 年首播，主要由 3 个通信公司（KT、LGU 和 PLUS）提供服务。

据 Statista 的预计，2017 年，世界最大的媒体市场依次是美国、日本、中国、德国等。其中，韩国名列第 8 位，超过加拿大和意大利。2017 年，预计韩国媒体市场的规模将达到 571 亿美元（见图 9 - 125）。由此可见，韩国是全球媒体大国，在全球有一定的影响力，特别是韩国的电视媒体，在亚洲地区有很大的影响力。

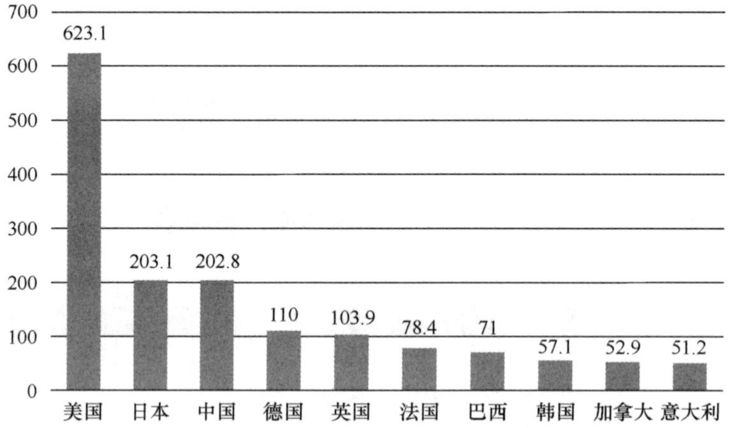

图 9 - 125　2017 年世界最大的媒体市场（单位：10 亿美元）

数据来源：statista，2015.

2008 年到 2015 年，韩国电视广告的收入除 2009 年下降外，基本稳定在每年 30 亿美元左右的市场规模（见图 9 - 126）。

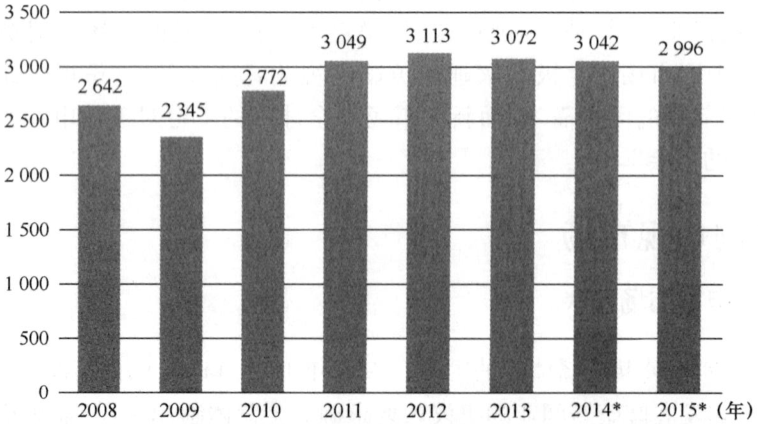

图 9 - 126　2008—2015 年韩国电视广告收入（单位：百万美元）

数据来源：statista，2015.

2008 年到 2015 年,韩国电视广告占整个广告市场的份额逐步降低,从 2008 年的 39.4% 降至 2015 年的 34.2%,7 年间降低了 5.2 个百分点。特别是在 2011 年以后,韩国电视广告在整个广告市场的份额持续、显著下降(见图 9-127)。结合图 9-126,韩国在电视广告收入保持稳定的情况下,电视广告在整个广告市场的份额却持续减少,说明韩国整个广告市场规模在增加。

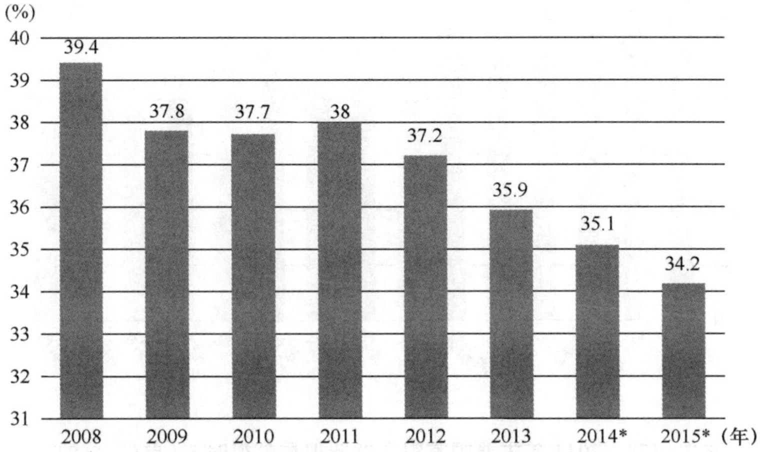

图 9-127 2008—2015 年韩国电视广告市场份额

数据来源:statista,2015.

目前,韩国多频道收费电视非常普遍,而且韩国有线电视的普及率很高。从图 9-128可以看出,截至 2015 年,韩国是全球付费电视集中度最高的国家,达到 99.5%。这表明韩国电视观众有良好的付费习惯。而 KBS、NBC、SBS 等地面电视的接收率比较低。从数据上看,2013 年,韩国有线电视占 69.1%,卫星电视占 8.1%,IPTV 占 18.1%,地面电视仅占 7.9%。①

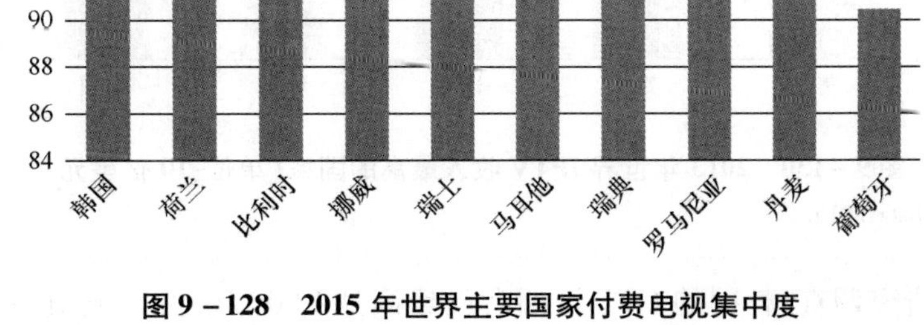

图 9-128 2015 年世界主要国家付费电视集中度

数据来源:statista,2015.

① http://m.tvoao.com/a/149373.aspx.

虽然韩国是世界上互联网普及率最高的国家，但电视媒体依旧深受广大观众的欢迎。2014 年，韩国电视观众每天观看电视的时长是 196 分钟，低于美国、日本、德国、法国、英国等国家电视观众每天看电视的时长，高于中国观众每天看电视的时长。尤其是在黄金时段，电视的收视率达到 60% 以上(见图 9－129)。①

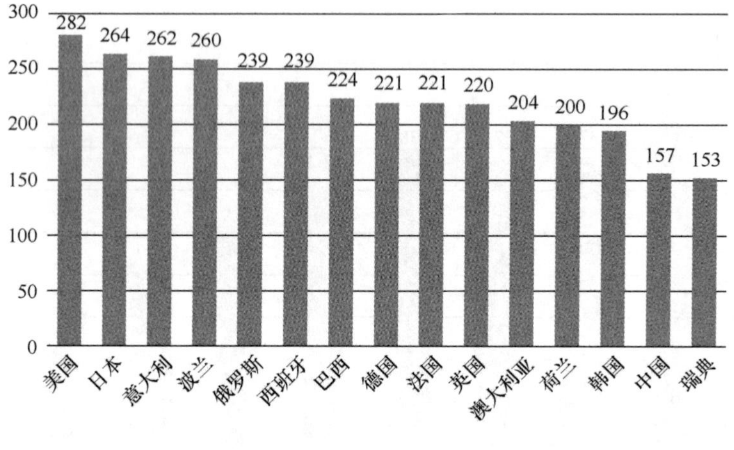

图 9－129　2014 年主要国家观众每天观看电视时长(单位:分钟)

数据来源:statista,2015.

韩国 IPTV 发展迅速，市场规模已位居世界前列。2013 年，全球 IPTV 收入最高前 3 名的国家依次是:美国(64.3 亿美元)、法国(15 亿美元)、日本(13.7 亿美元)。韩国以 10.7 亿美元位列第 4，高于位居第 5 位中国的 8.8 亿美元(见图 9－130)。

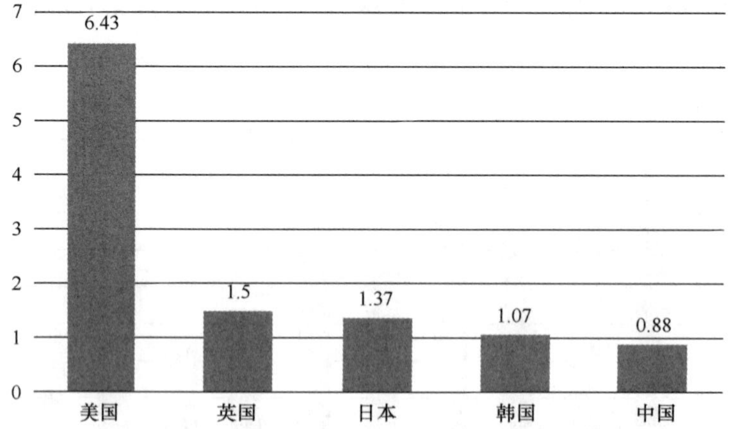

图 9－130　2013 年世界 IPTV 收入最高的国家(单位:10 亿美元)

数据来源:statista,2015.

根据一项研究调查，韩国的 OTT 订阅者已经高达2 000万，付费成员占总数的 10%，

① 段广红. 韩国电视广告产业现状综述[J]. 广告研究,2013(4).

大概是 20 万人口左右。在韩国,80.6% 的家庭用户使用的是光纤,而且移动设备使用者的比例也越来越大,21.6% 的移动用户使用的是 IPTV,有些专家预言,相较于美国,韩国在这方面的发展速度会更快。①

相应地,2012—2014 年两年间,韩国 IPTV 的订阅数量也持续增加,从 2012 年一季度的 528 万户增加到 2014 年四季度的1 060万户,两年内韩国 IPTV 订阅数量增加了 1.01 倍(见图 9 - 131)。

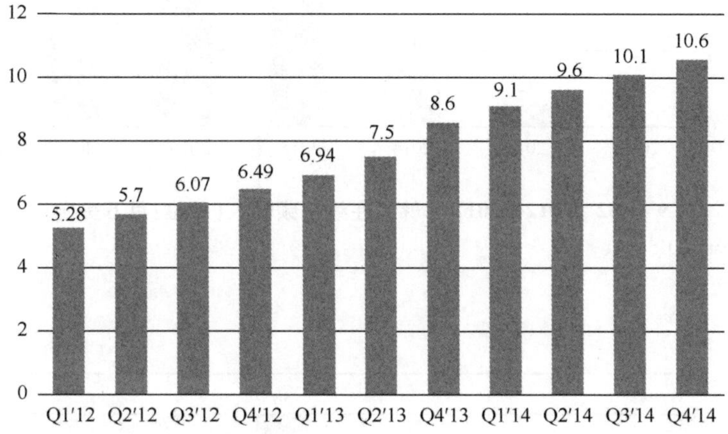

图 9 - 131 2012—2014 年每季韩国 IPTV 订阅数量(单位:百万户)

数据来源:statista,2015.

9.3.3.2 韩国在线电视和视频市场

韩国的在线电视和视频市场主要是由移动电视驱动的。韩国在全球范围内拥有最高的智能手机渗透率,达 73%,这意味着韩国 73% 的民众会用智能手机来看视频。根据韩国信息社会发展机构的研究,目前,韩国市场移动电视的用户从 2011 年的 30% 上升到了 2012 年的 53.1%,而且这主要是基于韩国的高普及率,而且越来越多的韩国用户开始使用移动手机来看视频,韩国的在线电视和视频领域还在不断的发展过程当中。②

2012—2017 年 5 年间,韩国在线视频收入从 2012 年的 200 万美元迅速增加到 2017 年(预计)的 2.03 亿美元,增长了 100.5 倍,年平均增长 20.1 倍(见图 9 - 132)。发展速度之快,令人咋舌。

2014 年,韩国观众在线观看视频的时间主要在下午和晚上,有 30% 的观众选择下午在线观看视频,27% 的观众选择晚上在线观看视频,还有 15% ~16% 的观众喜欢午餐时间或深夜在线观看视频,甚至还有 2% 的观众早上起来的第一件事就是观看在线视频(见图9 - 133)。

---

① http://www.icntv.tv/archives/13036.

② http://www.icntv.tv/archives/13036.

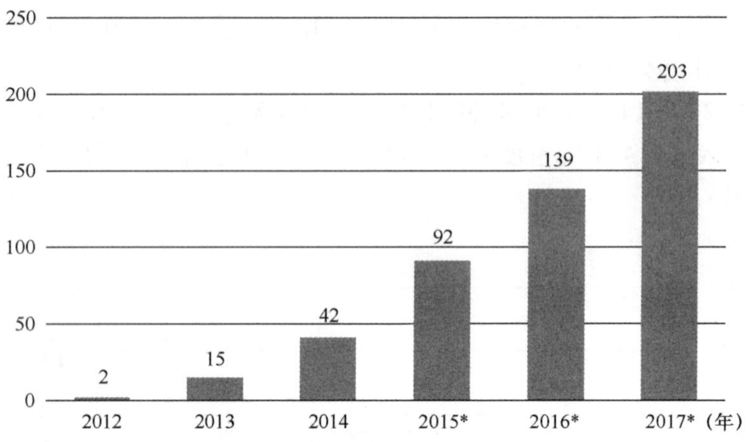

图 9－132　2012—2017 年韩国在线视频收入（单位：百万美元）

数据来源：statista，2015.

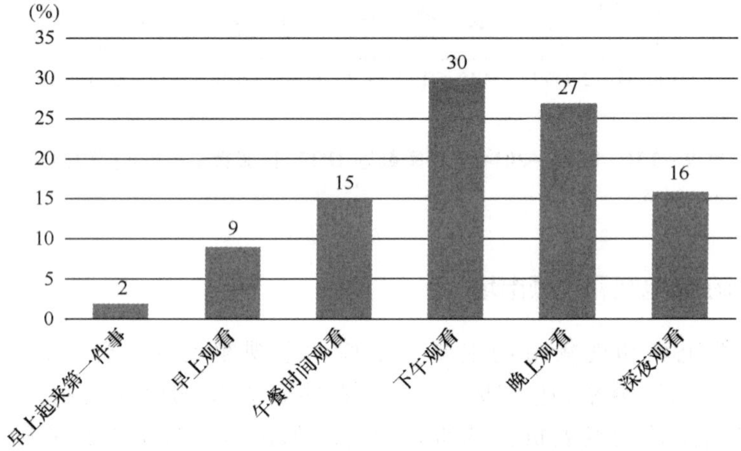

图 9－133　2014 年韩国在线视频消费情况

数据来源：statista，2015.

根据调查，2014 年，韩国观众之所以选择在线视频的原因，首先是娱乐（51%），其次是爱好、放松和逃避（均占 39%），再次是学习（21%），最后是获取产品信息（6%）（见图 9－134）。

同时，2014 年，韩国观众观看在线视频大都是短视频，在 5 分钟以内（39%）和 5 到 10 分钟（39%），观看长视频（10 分钟以上的视频）的占 31%（见图 9－135）。这与前面提到的韩国观众倾向于使用移动设备观看在线视频有关，具有时间碎片化的特点，所以更多地是观看短视频。

2014 年，韩国观众观看在线视频最经常的场所是在家里，占 82%；其次是在工作和学习场所，占 36%；在交通工具上，占 28%。其余是在各种公共场合，如公园、酒吧、餐厅、电影院、商场，占 25%（见图 9－136）。从上述观看在线视频的场所也可以看出，人们大

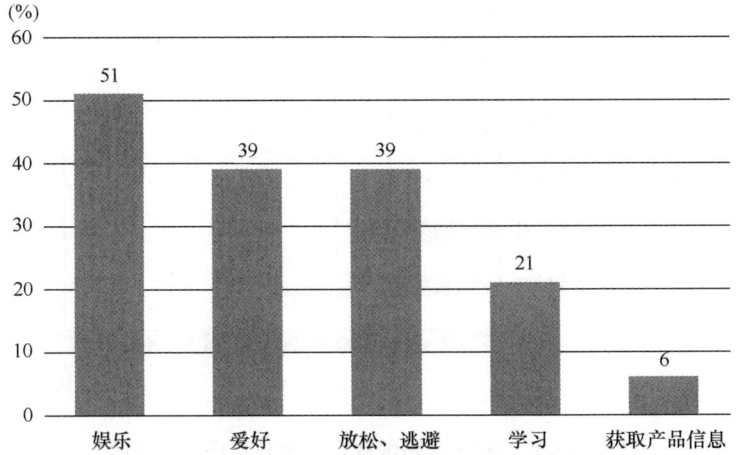

图 9－134　2014 年韩国观众观看在线视频的动机（单位：%）

数据来源：statista，2015.

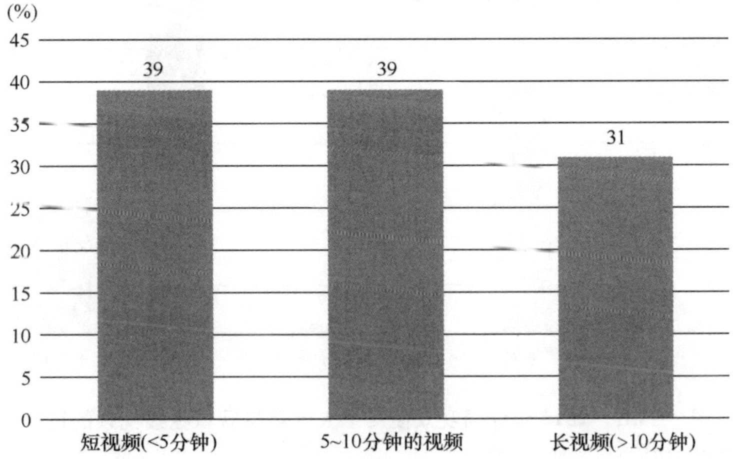

图 9－135　2014 年韩国观众上一周观看在线视频的时间

数据来源：statista，2015.

都利用一些零星、闲散的时间观看在线视频节目，这与图 9－135 显示的韩国观众观看在线视频时长相吻合。

至于 2015 年韩国电视观众使用何种设备观看在线视频这个问题，图 9－137 至图 9－139给出了明确的答案。

2015 年，有 12% 的韩国观众每天使用个人计算机观看在线视频，有 26% 的观众每周使用个人计算机观看在线视频，8% 的观众每月一次使用个人计算机观看在线视频，还有 37% 的观众从不使用个人计算机观看在线视频（见图 9－137）。从以上数据可以看出，个人计算机不是韩国观众观看在线视频的最主要设备。

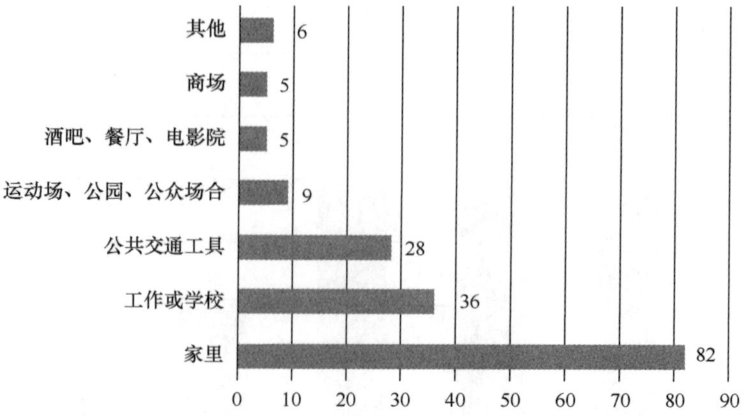

图 9－136　2014 年韩国观众观看在线视频的场所

数据来源：statista，2015.

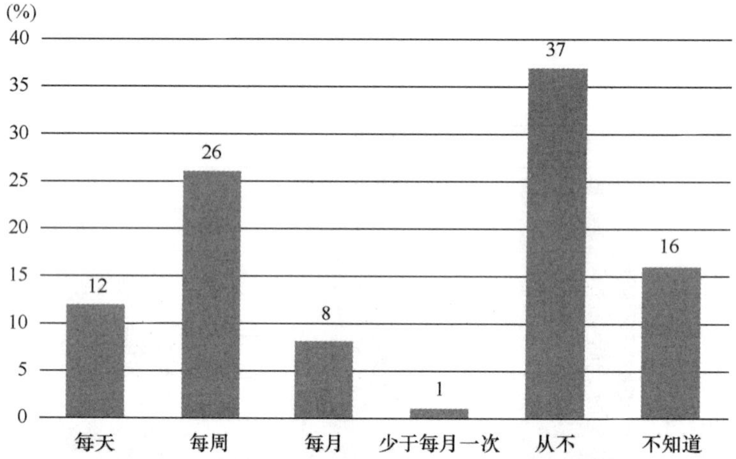

图 9－137　2015 年韩国观众使用个人计算机观看在线视频的情况

数据来源：statista，2015.

与个人计算机相对应的是平板电脑和智能手机。2015 年，韩国电视观众每天都使用平板电脑观看在线视频的比例为 16%，每周都观看的占 34%，每月观看的占 10%；从不使用平板电脑观看在线视频的比例是 27%（见图 9－138）。与图 9－137 相比，使用平板电脑观看在线视频的观众比例要高于使用个人计算机观看在线视频的比例。

而 2015 年，韩国电视观众使用智能手机每天观观看在线视频的比例为 25%，每周观看的占 28%，每月观看的占 11%，从不使用手机观看视频的占 34%（见图 9－139）。由此可知，韩国电视观众观看在线视频使用最多的设备是智能手机，其次是平板电脑，最后是个人计算机。而且使用频率最高的也是智能手机。这与其他国家的情况有所不同。这与韩国智能手机的普及以及韩国互联网的高速发展密不可分。

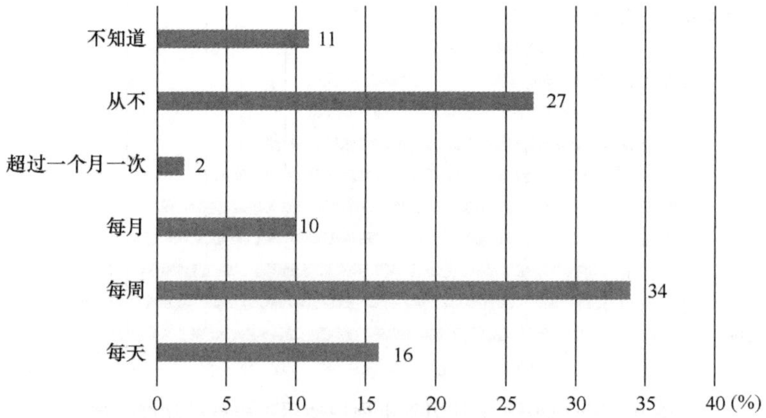

图 9－138　2015 年韩国观众使用平板电脑观看在线视频的情况

数据来源：statista，2015.

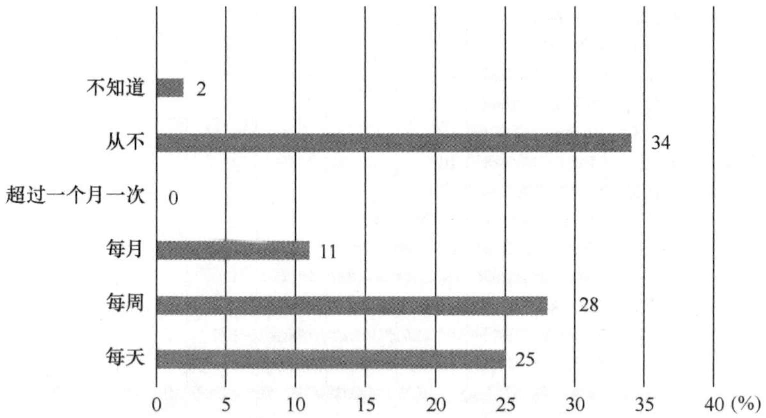

图 9－139　2015 年韩国观众使用智能手机观看在线视频的情况

数据来源：statista，2015.

韩国手机用户使用手机的主要功能也和其他国家不同。如图 9－140 所示，2015 年，韩国用户使用手机最多的功能是拍照片、看视频和提醒闹钟，其次是听音乐，再次是看新闻等。

由图 9－140 也可以看出，全球各国使用手机的主要功能无论是使用社交软件、浏览网页、听音乐、看新闻、看天气，还是像韩国用户一样是拍照片、看视频，都反映出一件事，那就是手机再已不是传统意义上打电话的通信工具，而早就转变成了娱乐工具。

据调查，2014 年，韩国电视观众最喜欢的在线视频类型排名前 5 位的分别是：音乐（38%）、体育（28%）、电影（28%）、喜剧（25%）和电视秀（24%）（见图 9－141）。

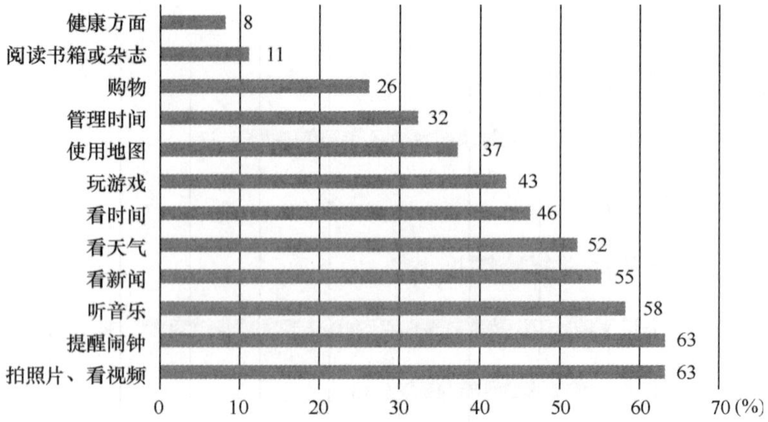

图 9-140 2015 年韩国手机用户使用手机各种功能情况

数据来源：statista，2015.

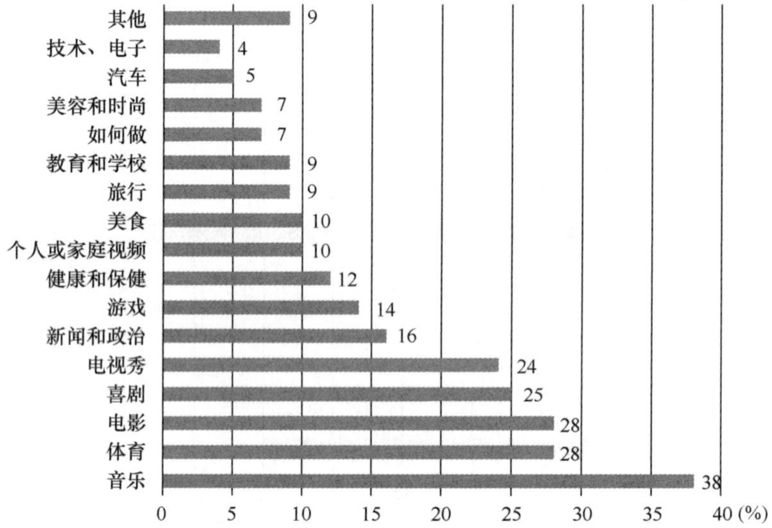

图 9-141 2014 年韩国观众上一周在线观看视频的类型

数据来源：statista，2015.

9.3.3.3 韩国电视节目的出口——韩流的影响力

影视业实际数据调查显示，2013 年，韩国影视业海外出口中，地面广播系统和广播电视频道使用运营商的出口总额为2.877 5亿美元，比去年增长了 32.6%。韩国自 2011 年以后，影视文化产业出口呈持续增长状态，主要出口地集中在日本、中国内地、中国台湾等东亚国家和地区。

出口日本的地面广播系统产品由 2011 年的 59.9% 上升至 2012 年的 61.3%，2013 年又回落到 57.9%，这种趋势雷同于频道使用运营商的情况，由于韩、日间历史性、政治性的原因，导致日本出现反韩流现象，直接影响到韩国影视文化产业的出口。位于进口韩国影视节目前 3 位的是：KNTV（22 个节目），KBS World（16 个节目），Home Drama Channel（10 个节目）。

面向中国的出口情况是，地面广播系统2013年占11.4%，频道使用运营商占8%，都呈增长趋势。但是由于中国对外国影视文化产业进行了进口限制，2010年，韩国对中国的出口规模不算大，随着2010年后中国视频网站大规模开通和扩大，对中国的出口规模呈增长势头。优酷、土豆、爱奇艺等视频网站上的韩国影视作品人气飙升。优酷网上2015年最受欢迎的韩国电视剧有《不要恋爱要结婚》《海德、哲基尔与我》《玩偶骑士》《没关系，是爱情啊》《皮诺曹》《摩登农夫》等，点击率均很高，好评如潮。

2014年9月，中国出台的《关于加强有关广播电视节目、影视剧和网络视听节目制作传播管理的通知》规定，自2015年1月起，所有的在线视频网站播放的外国电视剧必须以成品的形式接受广电总局的审核，导致视频网站和韩国国内播放的电视剧不能实时播放，所以韩国影视作品的人气有所下降。但是，通过优酷电视剧人气顺序来看，排名在前面的都是2015年最新播放的韩剧，或者是正在播放的韩剧，这说明韩国的电视剧未经过正式的审核批准程序，而是通过不合法的手段在中国上映。另外，2015年，韩流在中国的热度也是只增不减。电视剧方面，通过邀请韩国明星倾情加入，如由陈铭章、吴强执导，韩国明星郑智薰和中国演员唐嫣、罗晋、迪丽热巴领衔主演的《克拉恋人》先后在浙江卫视和安徽卫视上映，腾讯、爱奇艺、乐视、优酷、土豆等在线播放视频上也收获了较高的人气。除此之外，韩国明星孙艺珍出演由孙浩导演的电影《坏蛋必须死》；韩宝凛将出演由徐程执导的电影《海明威》，并担任女主角。K-Pop方面，CrayonPop组合在2015年1月1日参演了湖南卫视的"天天向上"节目，SHINee组合在2015年1月17日作为唯一的韩国明星阵容参演了2015年辽宁卫视的春节晚会，让观众大饱眼福。此外，由韩中共同合作的综艺节目《韩流带你去旅行》，由韩国人气少女组合CrayonPop担任"导游"，在每集里为观众介绍包括EXO在内的诸多韩星的真实生活轨迹，获得2015年2月优酷网视听最多节目第一名。韩国影视作品向中国进口的最大的变化是：向视频网站直销电视剧的同时，加大了综艺节目的销售比重。①

2014年，中国对韩剧感兴趣的学龄儿童占比见图9-142。

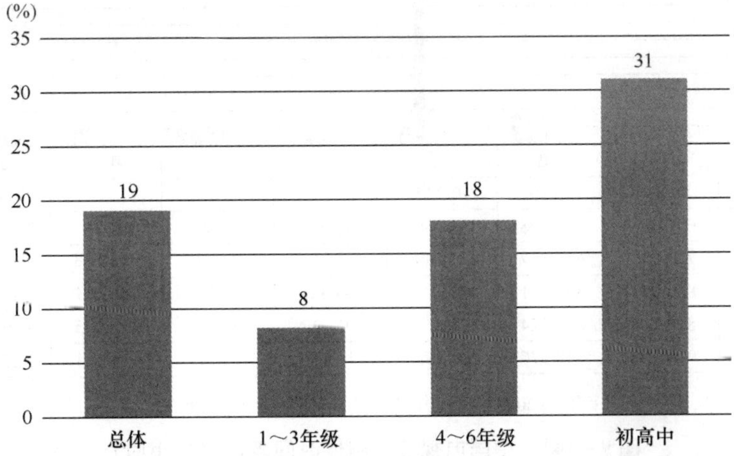

图9-142 2014年9月中国对韩剧感兴趣的学龄儿童占比

数据来源：statista，2015.

① http://www.goldqikan.com/yingshi/2885.html.

中国台湾地区也是韩国影视文化产业的主要出口对象，但自 2010 年后呈现停滞状态，这是因为台湾地区"政府"为了振兴发展本地区的影视文化产业，实行了各种保护和发展政策。

在出口的影视作品中，电视剧占有较高比重，在地面广播系统节目出口中，电视剧 2011 年占 94.9%，2012 年稍微有所下降，占 84.2%，2013 年又增至 89.4%。频道使用运营商用户的情况则是，2011 年 42.4%，2012 年 42.9%，2013 年增至 84.0%。除了电视剧外，销售量显著增加的是娱乐节目。地面广播系统用户 2011 年占 3.8%，2012 年占 5.6%，2013 年占 4.17%。频道使用运营商中，娱乐节目的版权销售所占比重较高，2011 年占 40.2%，2012 年占 38.7%，2013 年占 13.4%。地面广播系统节目中最具人气的出口节目有《两天一夜》《奔跑吧兄弟》《我是歌手》《爸爸去哪儿》等，频道使用运营商中的《Hide Singer》《The Genius》《Super Diva》等在其他国家和地区畅销。①

9.4 中国电视市场

9.4.1 中国电视市场现状

中国国家统计局的数据显示，2014 年，中国电视节目的综合覆盖率达到 98.6%，比 2011 年增加了 0.98 个百分点；有线电视用户23 458万户，比 2010 年增加了4 586万户，增长了 24.3%；其中，数字电视用户 2015 年有19 143万户，比 2010 年增加了10 273万户，增长了 115.82%。②

1995 年到 2014 年 20 年间，中国电视节目的制作时间总体趋势是大幅增加后，近几年微幅回落。其中，新闻、专题、综艺和其他类节目每年制作时间总体都有所增长，2013 年或 2014 年有所回落，与整体趋势相一致。特别是 2013 年，综艺节目制作时间迅猛增长，之后 2014 年理性回落。广告每年的制作时间基本保持稳定，在500 000小时到 550 000小时左右。20 年间制作时间波动最多的是电视剧，涨跌互现（见图 9－143）。

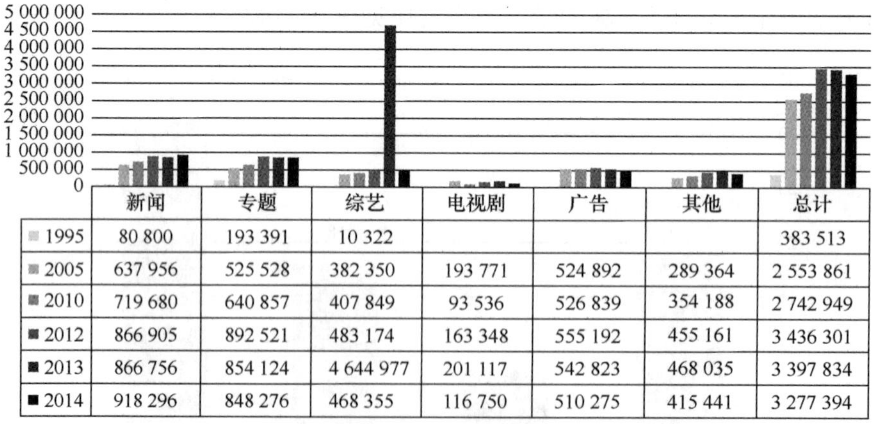

	新闻	专题	综艺	电视剧	广告	其他	总计
1995	80 800	193 391	10 322				383 513
2005	637 956	525 528	382 350	193 771	524 892	289 364	2 553 861
2010	719 680	640 857	407 849	93 536	526 839	354 188	2 742 949
2012	866 905	892 521	483 174	163 348	555 192	455 161	3 436 301
2013	866 756	854 124	4 644 977	201 117	542 823	468 035	3 397 834
2014	918 296	848 276	468 355	116 750	510 275	415 441	3 277 394

1995年 2005年 2010年 2012年 2013年 2014年

图 9－143　中国电视节目制作时间表（单位：小时）

数据来源：《中国统计年鉴（2015）》。

① http://www.goldqikan.com/yingshi/2885.html.

② 中国国家统计局：《中国统计年鉴（2015）》.

2004 年到 2014 年间,中央电视台每年电视节目的播出时间稳步增长,但其占整个电视节目播出时间的比例很小。主要是地方台的电视节目播出时间,从图 9 - 144 可以看出,地方台的电视节目播出时间在 2004 年到 2014 年 10 年间波动幅度很大,其中,2008 年和 2010 年有两次大幅的下降,在 2008 年以前,地方台的播出时间保持稳步增长;2010 年后,地方台的播出时间基本稳定。结合中国电视节目制作时间和播出时间来看,会发现基本上每年电视剧的制作时间均长于播出时间,也就是说,有些电视节目制作出来就没有被播出过(这还没有考虑重播节目的情况,如果考虑重播节目,则有更多的电视节目没有播出)。以 2013 年为例,电视节目的制作时间比播出时间长了889 762个小时。

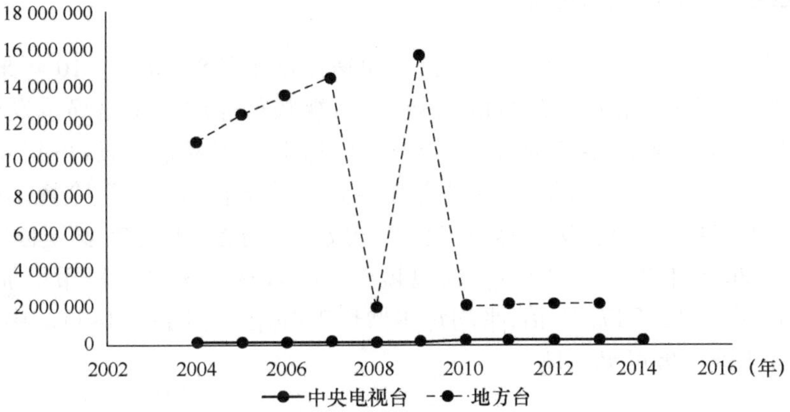

图 9 - 144 中国电视节目播出时间表(单位:小时)

数据来源:《中国统计年鉴(2015)》。

近 5 年来,人均收看时长不断下降。2015 年上半年,中国电视观众人均日收视时长为 156 分钟,相比 2011 年上半年的 168 分钟,下降了 12 分钟,下降较明显。2015 年上半年观众结构特征表明,45 岁及以上的观众是电视的重度观众,其中,45 ~ 54 岁观众占比最高,而且收看倾向性较强。25 ~ 64 岁的观众是整体电视市场的主力收视群体,其收视量占总量的 69.8% 。①

在当今多元媒体环境下,中国电视观众的收看习惯呈现两大变化:①终端多屏化。根据 TNS 公司 2014 年对全球55 000名互联网用户的调查,25% 的受调查者每天都会在计算机、笔记本电脑、平板电脑或手机等终端上收看视频节目内容。②收视社交化。据 TNS 公司 2014 年对全球55 000名互联网用户的调查,48% 的受调查者在晚间收看电视节目的同时,会参与社交媒体、查看邮件或网上购物等活动。

伴随着电视观众收视终端的多屏化和社交化,传统电视的收视人群被分流,导致电视广告收入整体出现了下降趋势。央视市场研究股份有限公司(CTR)研究数据显示,2015 年上半年,电视广告花费同比减少 3.4% ,时段广告资源量也同比减少 1 成。一方面,在强大的竞争压力下,能够胜出的媒体凤毛麟角,多数电视台的平淡成绩对整体的影响更大。另一方面,2015 年上半年省级卫视广告花费 TOP20 品牌,最近 4 年同期在一线卫视的广告花费占比多数都在减少,如康师傅、伊利、清扬、欧莱雅、肯德基都表现明显。

① http://www.cnadtop.com/focusNews/2015/11/19/a632fe85 - cdaa - 41b4 - ac61 - 3952a3e70ee5.htm.

就内容来看,综艺节目仍是各大卫视的宠儿,"一剧两星"政策又催生出"920 节目带" + "22 点综艺档"。但综艺节目的同质化使观众一定程度上产生视觉疲劳,势头不及前两年那般迅猛,收视甚至呈现严重的两极分化。而电视剧表现持续低迷,在综艺大潮的挤占下,2015 年上半年,卫视电视剧收视率中超过 3% 的只有《武媚娘传奇》,其他收视率多集中于 1% 左右,而且多集中在湖南卫视的独播剧中。在如此不景气的市场环境下,电视剧市场也在寻求突破,找寻出路。①

9.4.2 中国在线电视及视频市场

9.4.2.1 在线电视及视频市场现状

自 2005 年以来,我国网络视频行业已经快速发展了整整 10 年。10 年来,随着网络技术的不断进步、视频收看设备的推陈出新,网络视频行业的生态格局也发生了深刻的变化,新的视听形式与业态不断涌现,从传统的广播电视到网络视频,再到互联网电视、移动视频、IPTV、互动数字视听等,网络视频服务正向跨平台、多屏幕、全媒体的大融合时代迅速迈进,网络视频受众也从内容的接受者变成了参与者、体验者,甚至创造者。

2009 年到 2016 年 7 年间,中国在线视频产业收入从 1.8 亿人民币增加到 33.2 亿(预计)亿人民币,增长了 17.44 倍,平均每年增长 2.49 倍(见图 9 - 145)。中国在线电视和视频产业的飞速发展可见一斑。

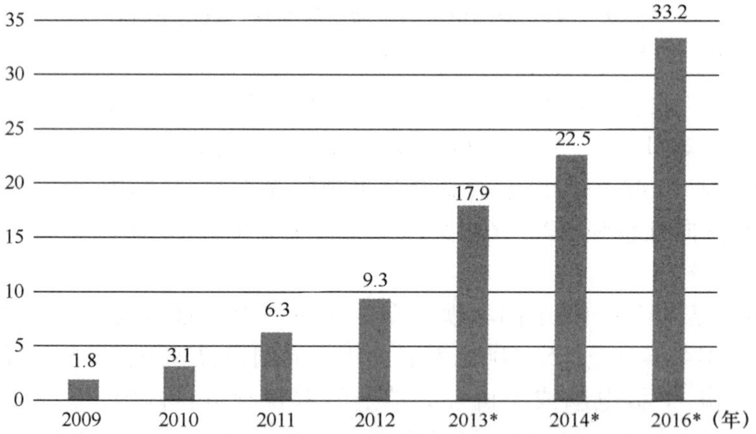

图 9 - 145 2009—2016 年中国在线视频产业收入(单位:亿人民币)

数据来源:statista,2015.

其中,中国在线视频产业的市场规模在 2010 到 2012 年以 80%—100% 的速度增长;在 2012 到 2014 年间以 25.6% ~41.8% 的速度增长(见图 9 - 146)。

中国在线视频产业的收入主要来源有:视频增值服务、其他增值服务、版权转让和广告收入。具体来说,2009—2014 年,广告收入占比逐渐减少后,在 2012—2014 年基本保

① http://www.cnadtop.com/focusNews/2015/11/19/a632fe85 - cdaa - 41b4 - ac61 - 3952a3e70ee5.htm.

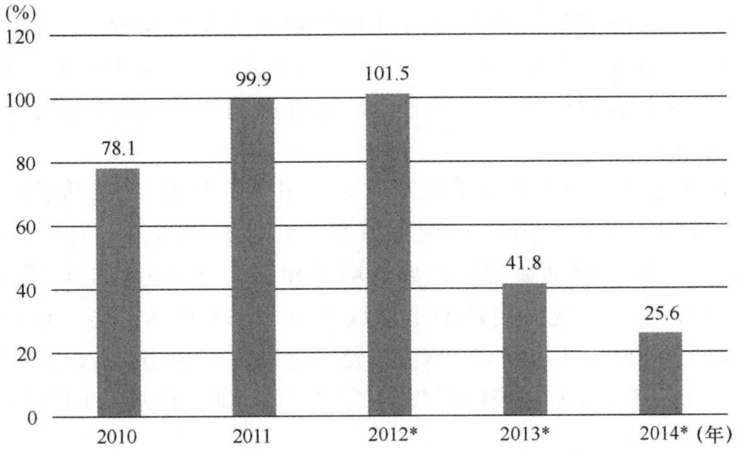

图 9－146　2010—2014 年中国在线视频产业市场规模增长率

数据来源：statista，2015.

持稳定（见图 9－147）。

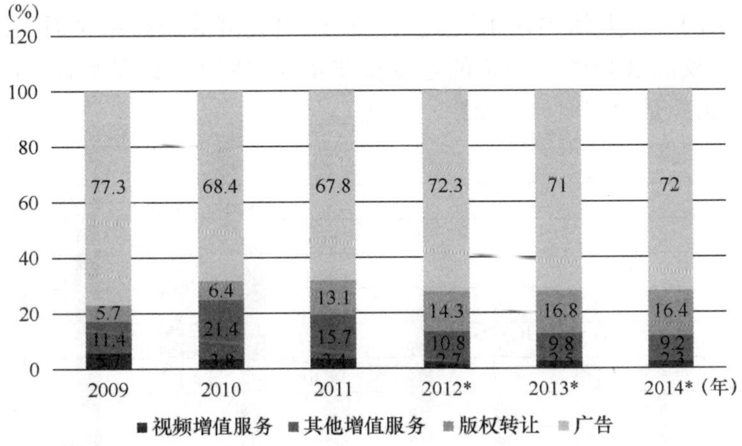

图 9－147　2009—2014 年中国在线视频产业收入分布

数据来源：statista，2015.

由图 9－147 可以看出，广告依然是中国在线视频产业收入的主要来源，至少占总收入的 67% 以上，而且网络视频广告向移动端转移。截至 2015 年，各大视频网站基本完成了从 PC 端向移动端的布局，用户在移动端的视频使用率已经超过 PC 端，适合移动端的广告传播方式和效果评估模型也都准备就绪，目前移动端广告收入在各大视频网站收入中的占比在 30% 左右，最近一两年内，这一数字预计会增长到 50%。①

版权转让收入占比 5 年间显著增加，从 2009 年的 5.7% 增加到 2014 年的 16.4%。

① 中国网络视听节目服务协会. 2015 年中国网络视听发展研究报告［R］.

这是因为版权购买费用高,视频网站难以负担,因此很多视频网站在购买影视节目独家版权后,又将该节目的网络播放权销售给视频搜索网站和其他视频平台,甚至反向输出给电视台。近两年,各大视频都在树立各自的差异化品牌,主推独播剧战略,在版权分销方面的力度减小,这对靠版权分销盈利的网站来说影响不小,版权分销收入在整体收入中的占比也逐渐缩小。

目前视频网站的增值服务主要是指针对会员用户付费服务,包括点播、包月收看、在线演唱会、高清直播等模式。所以视频增值服务占比从图 9 - 147 来看逐年降低。但 2015 年上半年以来,随着移动端观剧人数的增加和移动支付习惯的形成,再加上国家对盗版打击力度的加大,主要视频网站的增值服务收入都有较大增长,腾讯视频好莱坞影院收费业务取得了 600% 的增幅,合一集团、爱奇艺的用户业务收入与 2014 年同期相比都增长了 7 倍以上。目前,爱奇艺的月度付费用户达 500 万以上,用户付费模式仍有较大的增长空间。

视频网站的其他收入来源主要包括终端硬件产品的销售收入、游戏联运收入等,这一部分收入相对比较稳定,占在线视频市场收入的 10% ~20% 。对于部分进军硬件产品的视频网站来说,这部分收入占比较大。①

自 2008 年以来,网络视频行业的用户规模一直呈增长趋势,截至 2015 年 6 月,网络视频用户规模达 4.61 亿,用户使用率为 69.1% ,比 2014 年年底上升了 2.4 个百分点,是仅次于网络音乐的第二大休闲娱乐类应用。从用户规模的增长率来看,2009—2013 年,网络视频用户规模都以 15% ~20% 的速度稳步增长,达到一定程度后,近两年的增长速度有所放缓,但仍然是稳中有升(见图 9 - 148)。

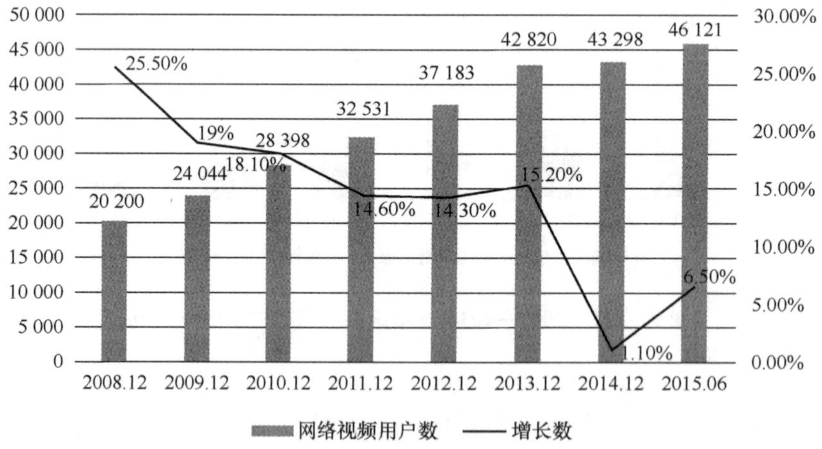

图 9 - 148　2008.12—2015.06 中国网络视频用户规模和增长率

数据来源:中国互联网络发展调查统计。

截至 2015 年 6 月,手机网络视频用户规模为 3.54 亿,使用率为 59.7% ,比 2014 年年底增加了 3.5 个百分点,手机视频用户的增长依然是网络视频行业用户规

① 中国网络视听节目服务协会,2015 年中国网络视听发展研究报告[R]。

模增长的主要推动力量。从用户规模的增长率来看,手机网络视频用户在 2012 年和 2013 年得到迅猛增长,2014 年用户达到一定规模后,增速放缓,但增长率仍保持在 10% 以上。①

从用户数量来看,2012 年,中国最大的在线视频网站依次是:优酷、土豆,腾讯视频、优酷、搜狐、土豆和爱奇艺(见图 9 - 149)。

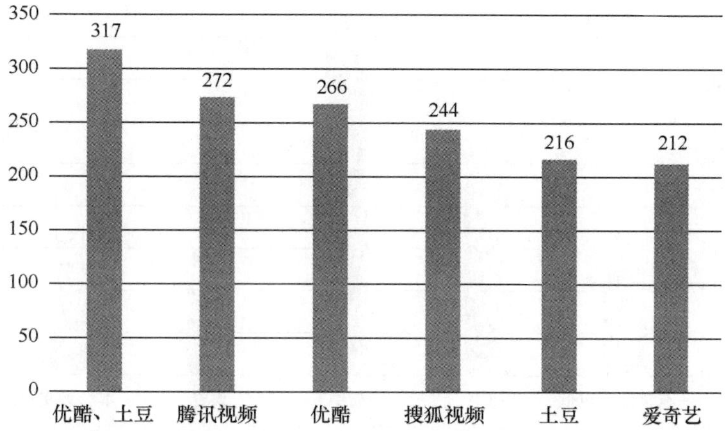

图 9 - 149　2012 年中国最大的在线视频网站(单位:百万用户)

数据来源:statista,2015.

9.4.2.2　在线电视及视频市场观众行为分析

2013 年,中国在线电视及视频用户中,男性网民占 59.3%,女性网民占 40.7%,手机网络视频用户中,男性网民占比略高(见图 9 - 150)。

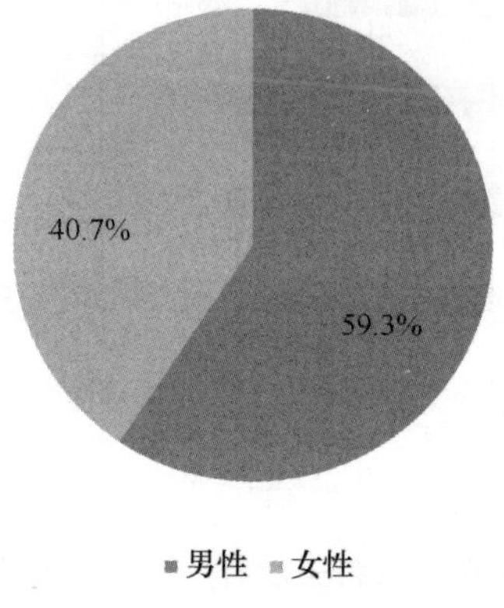

图 9 - 150　2013 年中国在线观看视频观众性别分布

数据来源:statista,2015.

---

① 中国网络视听节目服务协会. 2015 年中国网络视听发展研究报告[R]。

2013 年,观看在线电视和视频的中国观众最多的是高中生,占 38.6%;其次是初中生,占 24.2%,再次是本科或更高以及基本教育或更低,各占 13.3% 和 13%,最后是大专 10.8%(见图 9-151)。由此可见,中国观看在线电视和视频的观众大都是年轻人,是初高中生。

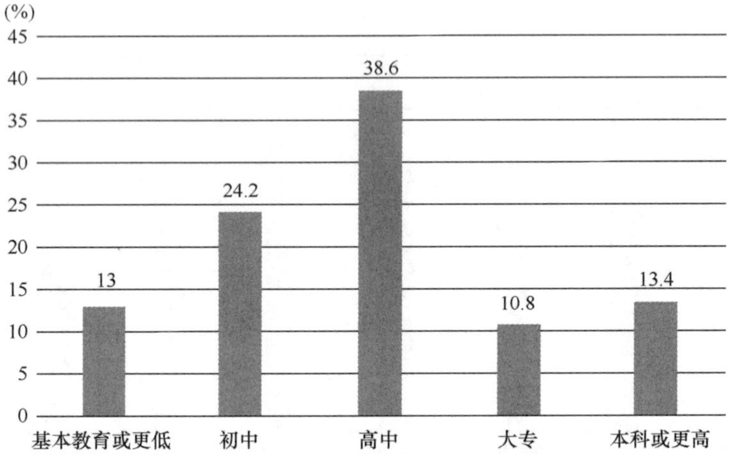

图 9-151 2013 年中国在线视频观众的学历分布

数据来源:statista,2015.

2013 年,中国观众每天观看时间最长的视频网站是腾讯视频,达 57.32 分钟;其次是爱奇艺,47.96 分钟;接着是优酷、土豆,40.96 分钟(见图 9-152)。

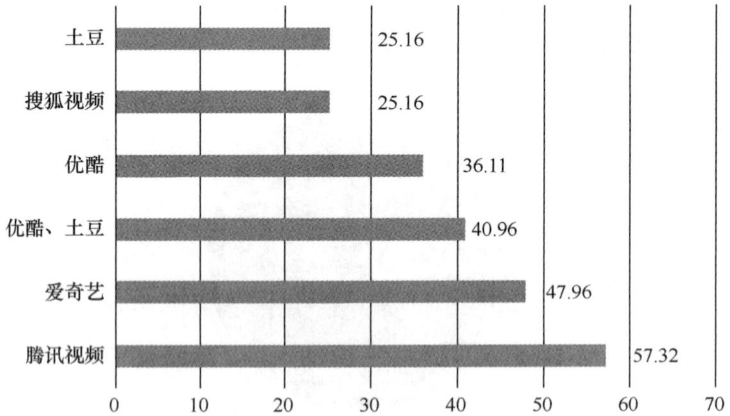

图 9-152 2013 年中国观众每天观看主要视频网站的时长(单位:分钟)

数据来源:statista,2015.

2013 年,中国在线电视和视频观众在观看在线视频时遇到广告最多的选择是"换频道,过一会儿再回来",占 32.3%;其次是"不换频道,看广告",占 24.2%;最后是"不换频道,但不看广告"和"换频道,不一定会换回来",各占 21.8% 和 21.7%(见图9-153)。

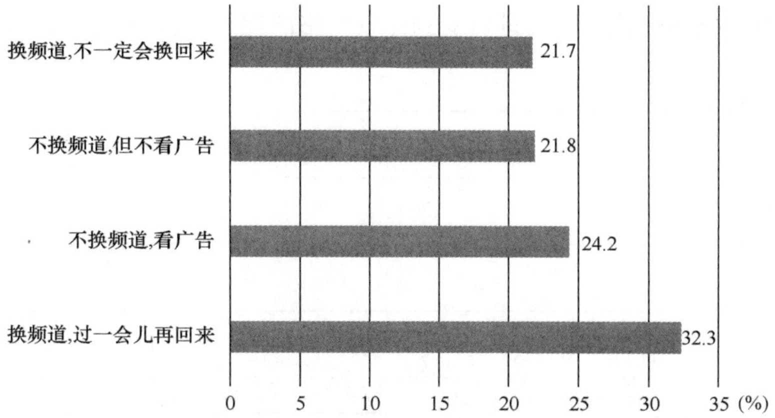

图 9 - 153 2013 年中国视频网站广告时间观众行为情况

数据来源:statista,2015.

2013 年,中国在线观看电视和视频愿意付费最主要的原因是"可获得更多的内容",占 57.1%;其次是"免费的内容获取不到",占 40.7%;第三是"没广告",占 28.5%。其他的原因还有"价格便宜"、"更好的观看效果"和"其他"(见图 9 - 154)。从付费原因来看,中国在线观看电视和视频的观众与其他国家类似,无外乎是更多的内容、更便宜、没广告、更好的观看效果等。中国的调查没有单独列出"更方便"这一原因。从中国在线电视观众愿意付费的原因排名来看,中国观众更关注内容本身,希望看到更多更好的内容是他们付费最主要的原因。

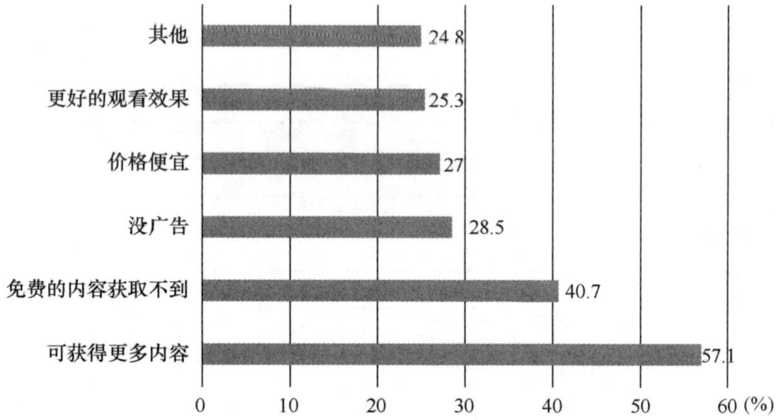

图 9 - 154 2013 年中国观众在线观看视频付费的原因

数据来源:statista,2015.

9.4.3 中国电视节目贸易的发展状况

2008 年到 2014 年,中国电视节目进出口金额均呈上升趋势,其中,进口比出口增长速度快,特别是 2014 年,进口金额猛增到209 024万人民币。从图 9 - 155 也可以看出,

2008 年到 2014 年,中国电视节目贸易一直呈逆差状态,逆差金额除 2014 年外,基本保持稳定。这是因为我国电视节目的进口受到比较严格的控制,所以逆差金额保持稳定。

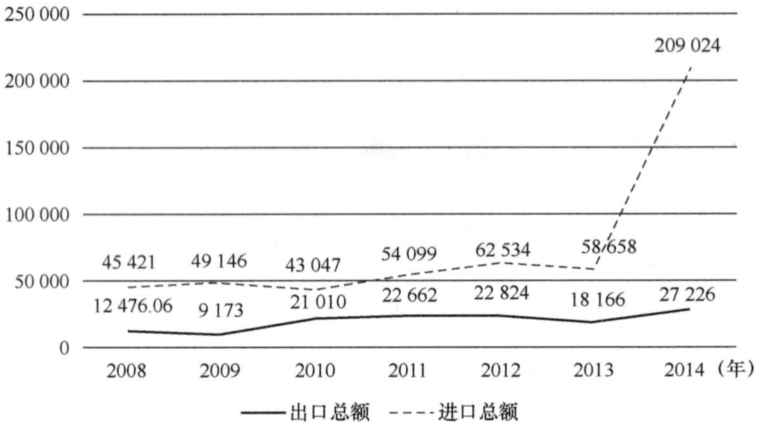

图 9 - 155　2008 年到 2014 年中国电视节目进出口情况(单位:万元人民币)

数据来源:《中国统计年鉴》。

占中国电视节目进出口绝大比重的电视剧,在 2008 年到 2014 年的贸易状况与电视节目的总体贸易状况相似,如图 9 - 156 所示。2008 年到 2014 年,中国电视剧的进出口总体上呈上升趋势,特别是 2014 年,电视剧进口额迅速从 2013 年的24 498万人民币增加到169 807万人民币。而且 2008 年到 2014 年间,中国电视剧的贸易也呈逆差状态,逆差金额除 2014 年外基本保持稳定。

图 9 - 156　2008 年到 2014 年中国电视剧进出口情况(单位:万元人民币)

数据来源:《中国统计年鉴》。

9.4.3.1　中国电视节目出口现状

2014 年,中国全年电视节目出口27 226万元人民币,其中,电视剧出口20 795万元人民币，占整个电视出口总额的76.38%；动画电视出口3 190万元人民币，占整个出口总额的11.72%；纪录片出口746万元人民币，占整个出口总额的2.74%。

从出口国家和地区来看，2014年，中国电视节目出口到欧洲、非洲、美洲、亚洲和大洋洲。其中，出口最多的是亚洲，达21 669万元人民币，占79.59%；第二的是美洲，达3 225万元人民币，占11.85%；第三的是欧洲，达2 178万元人民币，占8%；第四的是大洋洲，达125万元人民币，占0.46%；最后一位的是非洲，达28万元人民币，占0.1%。出口最多的国家或地区是：中国台湾（7 773万元人民币），第二位的是中国香港（6 514万元人民币），第三位的是东南亚（3 189万元人民币），第四位的是美国（2 306万元人民币），第五位的是日本（1 934万元人民币），第六位的是韩国（833万元人民币）（见图9－157）。

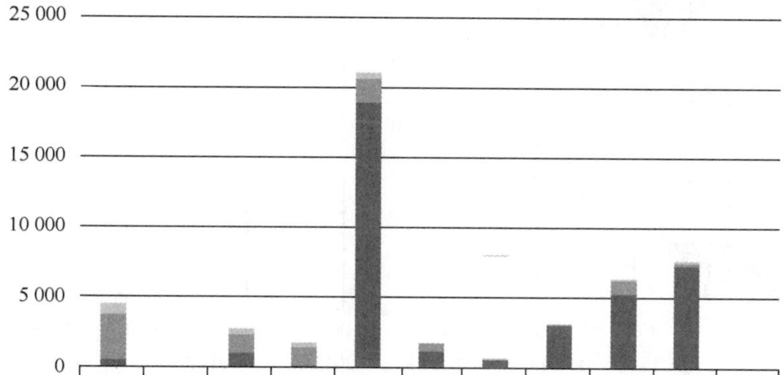

	欧洲	非洲	美洲	美国	亚洲	日本	韩国	东南亚	中国香港	中国台湾	大洋洲
纪录片	746	13	390	378	322		43		88	186	
动画片	3 190	1	1 244	1 238	1 810	617	23	22	951	102	92
电视剧	678	7	1 210	319	18 879	1 314	767	3 152	5 403	7 439	22

■电视剧 ■动画片 ■纪录片

图9－157 2014年中国电视节目出口情况（单位：万元人民币）

数据来源：《中国统计年鉴》。

从图9－157的分析可以看出，电视剧是中国电视节目出口的先锋，正逐步融入全球传媒经济市场体系。中国电视剧，尤其是中国现实题材的电视剧继古装戏之后已经走出国门，在世界文化交流和电视节目流通市场上构建起了自己的销售网络，占据了世界电视剧市场的一席之地。因此，下面主要分析电视剧的进出口情况。

9.4.3.2 中国电视剧出口发展状况

从图9－158可以看出，2011年到2014年，中国电视剧出口依然以中国台湾、中国香港和东南亚3个地区为主；居于第二梯队的是日本、韩国和美国；第三梯队的是欧洲、大洋洲和非洲。

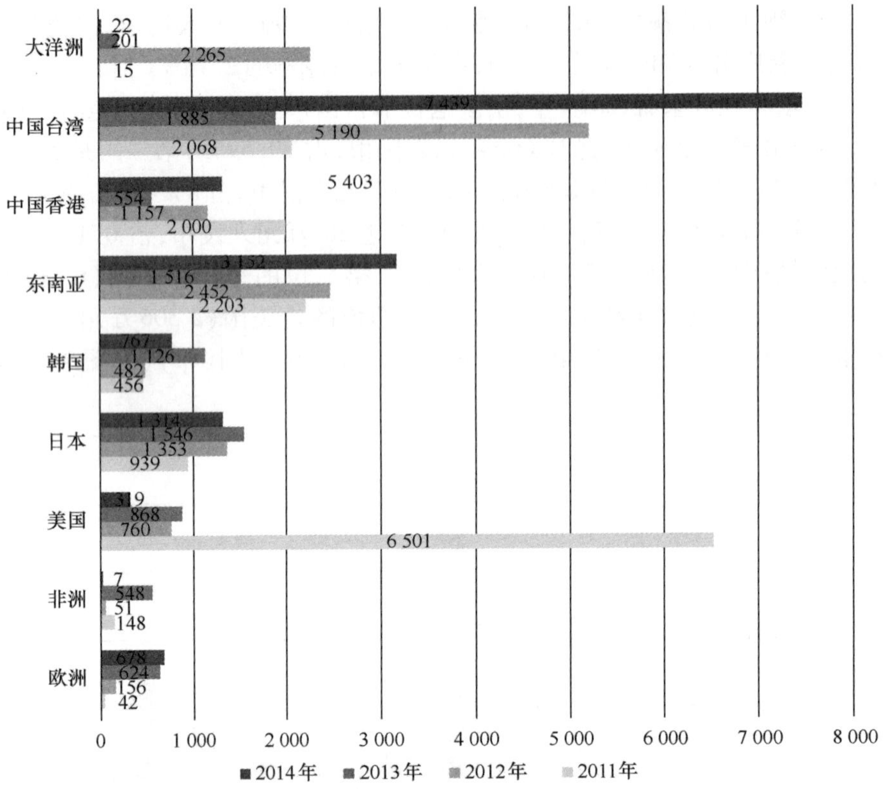

图 9-158　2011—2014 年中国电视剧出口情况(单位:万元人民币)①

数据来源:《中国统计年鉴》。

亚洲地区与中国具有地缘的接近性以及由此带来的文化接近性。加之东南亚国家老侨民比较多,很多老华侨已经是当地国民,繁衍几代人,依然会使用中国语言文字,非常认同中华传统文化。因此,中国的电视节目在亚洲国家更容易进入主流播放渠道。

具体来说,中国电视剧出口最多的是中国台湾,而且总体呈上升趋势,到 2014 年,出口中国台湾的电视剧已达7 439万元人民币;第二是中国香港,在 2012 年和 2013 年出口下降后,2014 年迅速增加到5 403万元人民币;第三是东南亚地区,除 2013 年短暂下降,总体呈上升趋势,2014 年达3 152万元人民币,但增长速度低于中国台湾和中国香港地区;第四是日本,中国电视剧对日本的出口也呈小幅上升的态势,只是增长缓慢,增长速度低于位列前三的国家和地区;中国电视剧对韩国的出口在2013 年有显著的增加,从 2010 年和 2011 年的 400 多万元人民币增长到 2013 年的1 126万元人民币,2014 年小幅回落。

中国对欧洲和非洲两个地区的电视剧出口虽然量小,但也呈逐年上升的良好态势。而且随着中国和非洲国家关系的进一步密切,中国电视剧出口到非洲的前景十分广阔。

但中国电视剧出口到美国和大洋洲的量却逐年减少,出口到美国的电视剧从 2012 年的 760 万元人民币下降到 2014 年的 319 万元人民币(2011 年,中国对美电视剧出口异常的高,其余前后两年的数据相差很大,因此在分析中将其剔除,特此说明),下降了 58.03%;同样,中国出口到大洋洲的电视剧也从 2012 年的2 265万元人民币下降到 2014

① 由于统计口径不一致,本报告只选取了 2011 年至 2014 年的数据。

年的 22 万元人民币。具体原因有待进一步深入研究。

9.4.3.3 中国电视节目进口现状

图 9－159 展示了 2014 年中国进口电视节目的国家和类型状况，从进口大区来看，中国从亚洲进口的电视节目最多，达175 848万元人民币，占进口总额的 84.13%%；其次是美洲，达21 271万元人民币，占 10.18%；第三是欧洲，为9 962万元人民币，占 4.77%%；第四是大洋洲，为1 838万元人民币，占 0.88%；最后是非洲，约 105 万元人民币，占 0.05%。

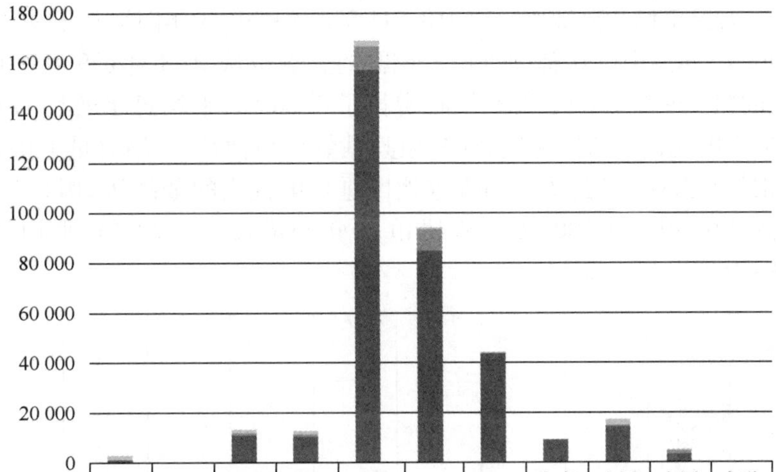

	欧洲	非洲	美洲	美国	亚洲	日本	韩国	东南亚	中国香港	中国台湾	大洋洲
纪录片	1 472	105	1 221	1 078	2 190	3	4		2 175	8	287
动画片	229		1 019	1 019	9 789	8 384			249	1 147	
电视剧	1 371		11 053	10 784	157 383	85 462	44 129	9 330	14 800	3 662	

■电视剧 ■动画片 ■纪录片

图 9－159 2014 年中国电视节目进口情况（单位：万元）

数据来源：《中国统计年鉴》。

具体到国家或地区来说，中国进口电视节目最多的地区是日本，达93 940万元人民币，占 44.94%；第二是韩国，为44 295万元人民币，占 21.19%；第三是中国香港，为21 435万元人民币，占 10.25%；第四是美国，为20 059万元人民币，占 9.6%；第五是东南亚国家，为11 072万元人民币，占 5.3%。

从进口的电视节目类型来看，中国进口的绝大部分电视节目是电视剧，其次是动画片，最后是纪录片。2014 年，中国进口电视剧169 807万元人民币，占整个电视节目进口总额的 81.24%；其次是动画片，为11 028万人民币，占 5.27%；最后是纪录片，为5 275万元，占 2.52%。

9.4.3.4 中国电视剧进口发展状况

2011 年到 2014 年，中国主要从韩国、东南亚国家、中国香港和中国台湾进口电视剧；日本和美国是第二梯队；欧洲和大洋洲属于第三梯队。

从趋势来看,中国从韩国、中国香港和美国进口电视剧总体呈上升趋势。从日本进口电视剧的金额虽然总体也呈上升趋势,但各年间变化过于剧烈,如 2013 年,中国没有从日本进口电视剧,而 2014 年进口金额剧增到85 462万元人民币,是中国当年进口电视剧最多的国家,这种突变的数据理论上不能反映未来变化趋势。同时,中国从东南亚国家、中国台湾和欧洲国家每年进口电视剧的金额各年涨跌互现,基本稳定。而 2011 年到 2014 年,中国没有从非洲国家进口电视剧。

具体来说,中国从美国、韩国、中国香港进口电视剧的金额总体呈上升趋势,特别是从美国和韩国进口电视剧的金额,上升相对较快。中国从美国进口电视剧的金额从 2011 年的1 036万元人民币增加到 2014 年的10 784万元人民币,3 年间增长了 9.41 倍,平均每年增长 313.64%;同期中国从韩国进口电视剧的金额也从 2011 年的9 487万元人民币增加到 2014 年的44 129万元人民币,3 年间增长了 3.66 倍,平均每年增长 121.86%,虽然中国从美国进口电视剧增长的速度最快,但其基数较小,所以从绝对量上讲,中国从韩国进口的电视剧的总金额更高;从中国香港地区进口电视剧的金额从 2011 年的5 837万元人民币增加到 2014 年的14 800万元人民币,3 年间增长了 1.54 倍,平均每年增长 51.18%(见图 9 - 160)。

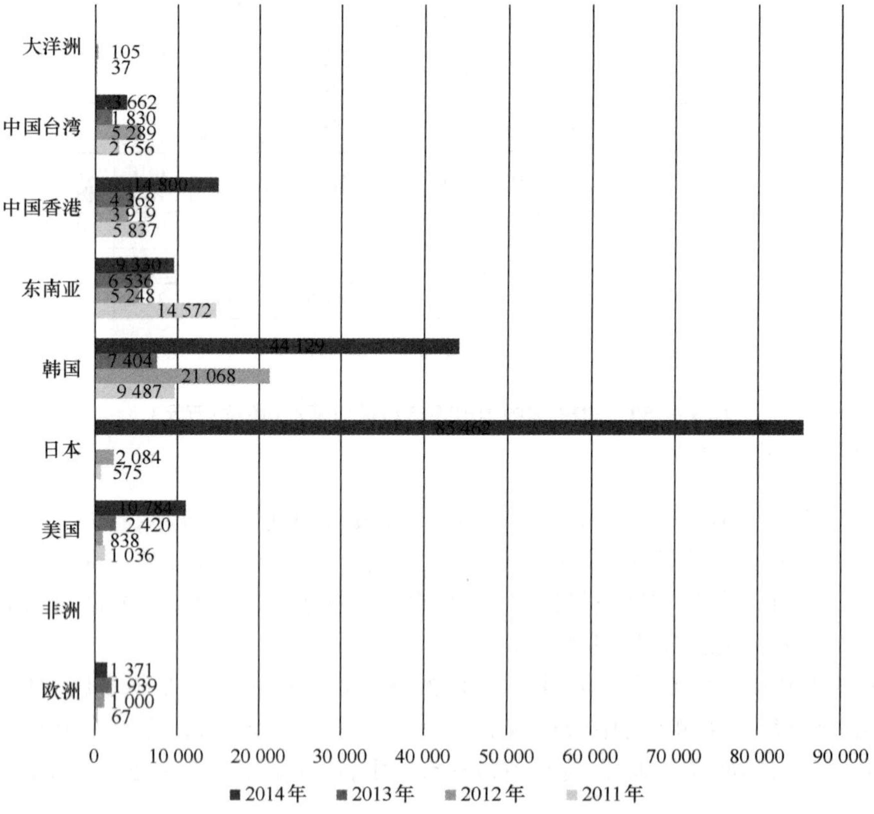

图 9 - 160 2011—2014 年中国电视剧进口情况(单位:万元人民币)

数据来源:《中国统计年鉴》。①

① 由于统计口径不一致,本报告只选取了 2011 到 2014 年的数据。

9.5 案例:Netflix

提到 Netflix,相信国内用户并不陌生,2015 年,知名美剧《纸牌屋》让这家公司声名鹊起。Netflix 是一家美国公司,成立于 1997 年,总部位于加利福尼亚州洛斯盖图。最初 Netflix 为美国用户提供 DVD 在线租赁业务,能够让顾客快速方便地挑选影片,同时免费递送。经过 20 多年的发展,Netflix 除了 DVD 在线租赁业务外,还发展了互联网流媒体播放业务。Netflix 是全球十大视频网站中唯一收费的网站,已经连续 5 次被评为顾客最满意的网站。

9.5.1 Netflix 概况

从 2002 年到 2015 年 13 年间,Netflix 年收入从 1.508 亿美元增加到67.795 1亿美元,增长了 43.96 倍,平均每年增长 3.38 倍(见图 9-161)。如此迅猛的增长速度使 Netflix 成为在线电视和视频以及流媒体行业的新星和佼佼者,吸引了众多资本的追逐以及业界的关注。

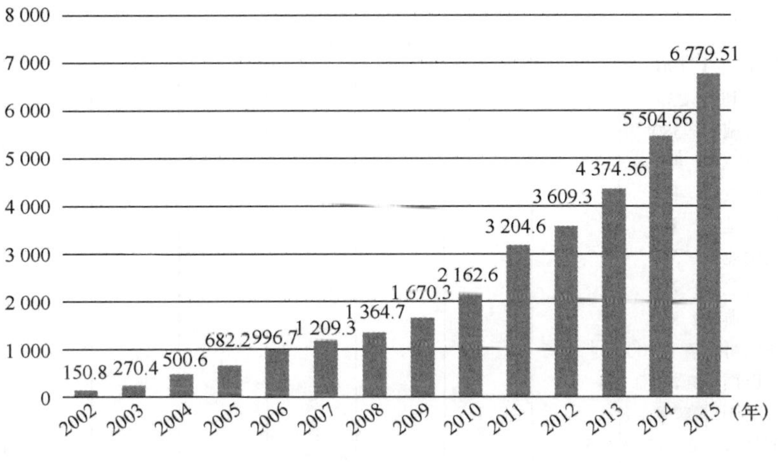

图 9-161 2002—2015 年 Netflix 年收入(单位:百万美元)

数据来源:statista,2015.

截至 2015 年第三季度,Netflix 在世界市场的份额见图 9-162。这些数据充分证明了 Netflix 作为全球流媒体巨头的地位。其中,Netflix 在美国本土所占市场份额最高达到 51%,其次是墨西哥(47%)、巴西(44%)、加拿大(37%)、爱尔兰(30%)、英国(29%)等。可以看出,北美是 Netflix 全球市场份额最高的地区,其次是南美的巴西,欧洲市场份额又次之。

2014 年第三季度,Netflix 付费用户订阅最多的国家是美国,达到 352.65 万户;其次是加拿大,(3.475 万户);第三是英国,(2.85 万户);第四是巴西,(2.174 万户);第五是墨西哥,1.2 万户;等等(见图 9-163)。从图 9-163 可以看出,目前 Netflix 的订阅费收入主要来自美国本土。

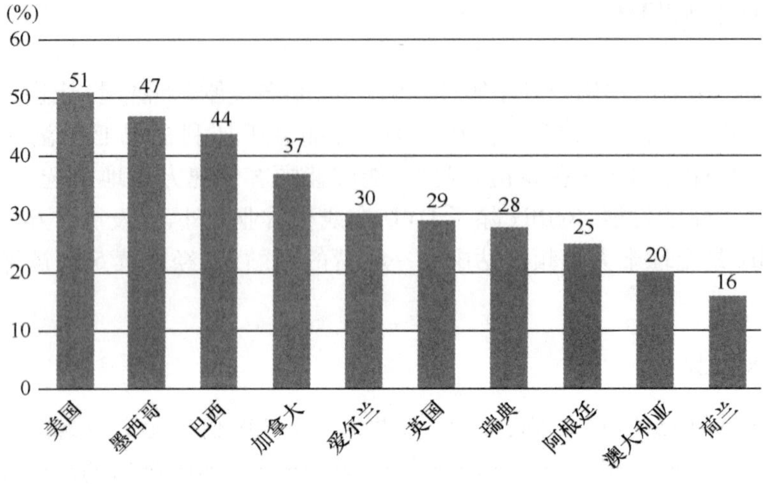

图 9－162　2015 年第三季度 Netflix 世界市场份额

数据来源:statista,2015.

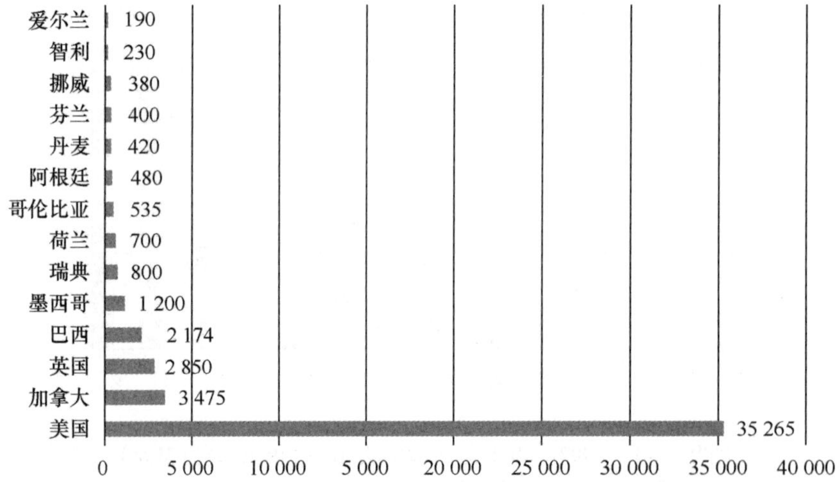

图 9－163　2014 年第三季度世界主要国家 Netflix 付费用户订阅数(单位:千户)

数据来源:statista,2015.

2015 年 5 月,美国电视观众最喜欢的流媒体就是 Netflix,其市场占有率为 40%;其次是 YouTube,市场占有率为 28%;第三是 Amazon Prime,市场占有率为 13%(见图 9－164)。

2015 年第一季度的数据显示,Netflix 用户在互联网用户中的占比最高的是 16～24 岁的观众,占 65%;其次是 25～34 岁的观众,占 58%;第三是 35～44 岁的观众占,48%(见图 9－165)。这一数据说明,Netflix 更受年轻观众的喜爱,而年轻观众就是视频产业

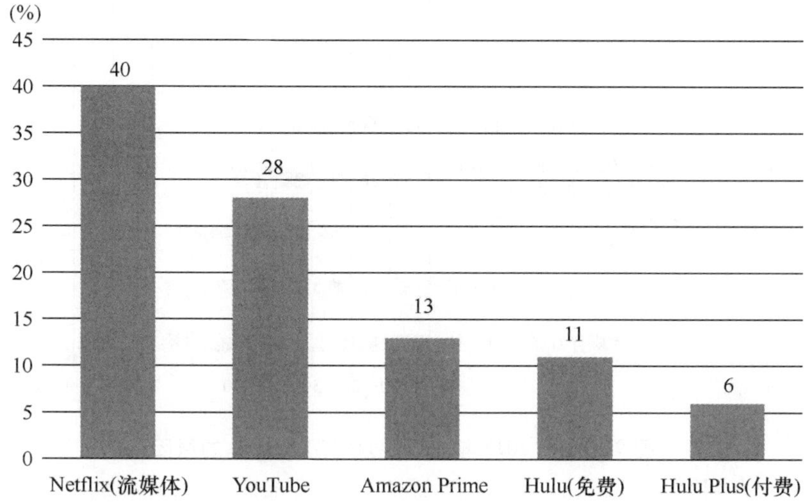

图 9－164 2015 年 5 月美国电视观众流媒体使用情况

数据来源：statista，2015.

的未来，这也说明 Netflix 已经抓住了未来。

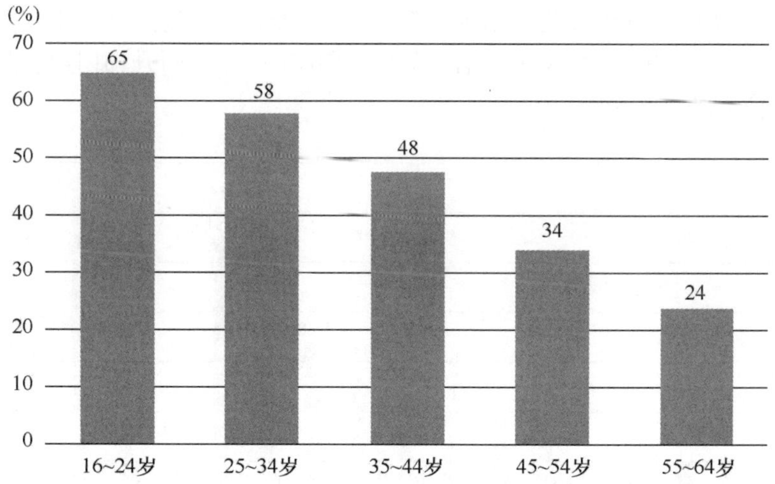

图 9－165 2015 年第一季度 Netflix 用户在互联网用户中的占比

数据来源：statista，2015.

美国观众为什么会付费订阅 Netflix？2015 年的一项调查发现，最主要的原因有：流媒体点播节目方便，占 82%；成本低，占 67%；丰富的内容库，占 64%；多设备转换方便，占 50%；家庭和儿童节目，占 37%；原创节目，占 23%（见图 9－166）。其中，流媒体点播方便、成本低和多设备转换方便是流媒体共有的优良特性，丰富的内容库和原创节目是 Netflix 所特有的，也是其在激烈的竞争中脱颖而出的制胜法宝。

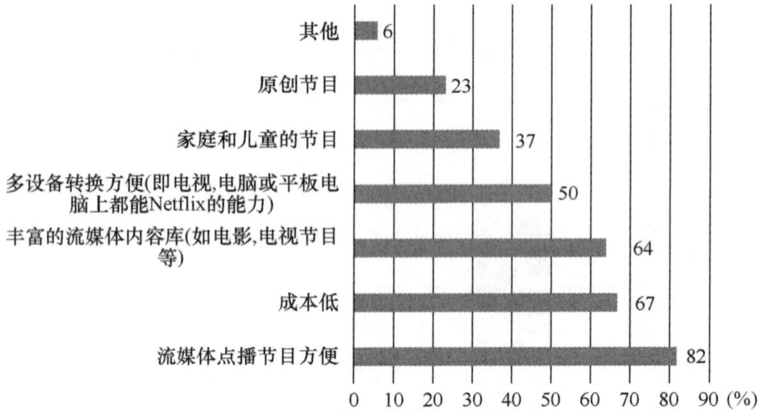

图 9－166　2015 年美国观众订阅 Netflix 的原因

数据来源：statista，2015.

9.5.2　Netflix 的运营

9.5.2.1　Netflix 的盈利状况

由图 9－167 可知，Netflix 从 2003 年开始盈利，而且 2003 年到 2011 年 9 年间，Netflix 的净收入持续增加，从 700 万美元增加到2.261 3亿美元，增长了 31.3 倍，平均每年增长 3.48 倍。2012 年，Neflix 的净收入大幅下降后于2013 年开始回升，并且超过2011 年的历史高点，达到2.668 亿美元。

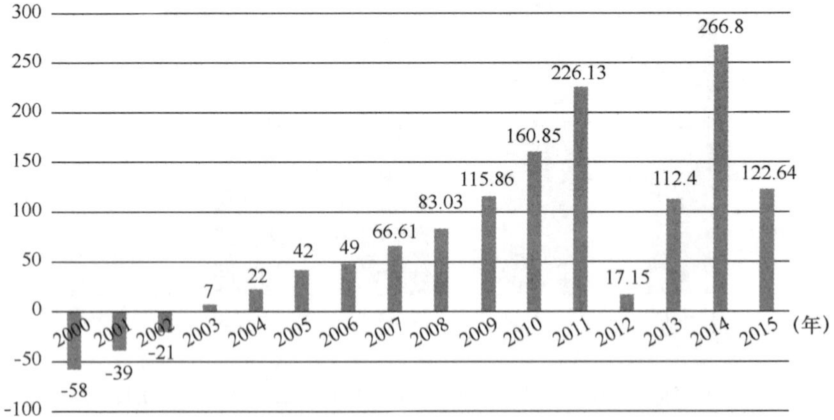

图 9－167　2000—2015 年 Netflix 年净收入（单位：百万美元）

数据来源：statista，2015.

从 2002 到 2015 年 13 年间 Netflix 的净收入可以看出，Netflix 的发展并非一帆风顺。其重要的转折点是 2012 年。2012 年，Netflix 净收入大幅下降的原因主要有以下两个：

第一是 Netflix 传统业务——DVD 租赁业务的营收和利润持续萎缩。从 2012 年 Netflix 的年报可以看出,2011 年开始,Netflix 传统业务——DVD 租赁业务的营收和利润持续萎缩。为了应对这一变化,Netflix 计划从 DVD 向流媒体过渡的策略调整。事实证明,公司的调整计划实行得很成功,从 2011 年第四季度开始,来自美国国内流媒体业务的运营利润率持续提升,2012 年第四季度已上升至 18.5%,较上年同期的 10.9% 和第三季度的 16.4% 均大幅提升。Netflix 公司在季报中将国内流媒体利润率大幅提升的原因解释为会员数和营收增长均超过预期,且实际内容成本低于预期。事实上,到 2013 年第一季度,来自美国国内流媒体业务的利润规模首次超过 DVD 业务。2013 年第四季度,北美流媒体业务实现 1.09 亿美元利润,接近 DVD 业务 1.28 亿美元利润。[①] 至此,Netflix 由一个 DVD 在线租赁公司成功转型为流媒体,为观众提供在线电视、视频等服务。

第二是 2012 年 Netflix 大规模向海外扩张业务,导致内容及营销方面的扩张成本增加。2012 年,Netflix 流媒体服务成功扩张至北欧地区。由于包括内容及营销方面的扩张成本增加,使该季度海外流媒体业务亏损规模较上个季度继续扩大,为 -1.05 亿美元,但实际亏损数额低于公司此前预期的海外亏损范围中间值 -1.13 亿美元。公司预计,未来一年,随着海外会员数的增速超过内容成本增速,以及公司计划在 2013 年上半年不再进行海外市场扩张,海外亏损数额将降低,公司预计 2013 年 Q1 海外亏损规模将降低至约 8 700万美元。[②]

伴随着转型、调整、海外扩张,Netflix 已成长为代表电视产业未来发展方向——流媒体的典范。

9.5.2.2 Netflix 作为流媒体商业模式的转变

(1)外购节目的商业模式。2012 年以前,Netflix 在线提供的电视和视频内容大都是从电视台外购的,自制电视节目很少,2012 年,Netflix 自制电视节目的成本为 50 亿美元,而同期外购电视节目的成本为18 310亿美元,是自制电视节目成本的 366.2 倍(见图 9 - 168)。

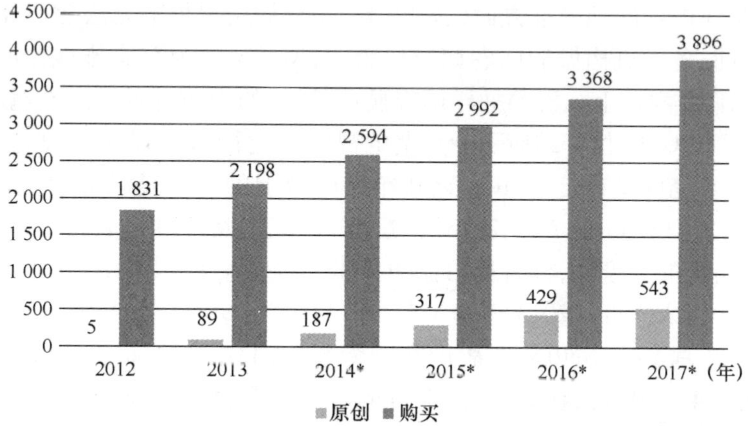

图 9 - 168 2012—2015 年 Netflix 流媒体节目成本(按类型)(单位:百万美元)

数据来源:statista,2015.

① http://news. imeigu. com/a/1359019873758. html.

② http://news. imeigu. com/a/1359019873758. html.

毕竟 Netflix 不是节目制作公司出身,对电视节目制作一开始它们是陌生的,而且外购节目模式简单、风险低。因此,Netflix 开始做流媒体,向用户提供在线视频服务时,所提供的大部分节目内容都是外购的,只有一小部分是自制的。

最初,大的影视公司,如 Time Warner, Sony, Disney 均把 Netflix 作为一个出租 DVD、帮助自己增收的小小的传播渠道。大家都没想到 Netflix 会做这么大,出租业务这么火,以至于 DVD 销售收入因此开始萎缩。近几年,Netflix 让越来越多的影视录像在网上播放,观众可能会放弃传统的付费有线电视,那就会伤害影视公司的重要利润来源了。

2008 年,Netflix 和付费电视公司 Starz 达成协议,每年支付3 000万美元的版权费用,让 Netflix 用户可以在网上直接观看大量 Sony/Disney 的电影。而协议 2011 年到期时,Starz 要把收费涨到 3 亿美元,双方谈不拢,这些影视作品订户也就看不到了。

其他影视公司意识到 Netflix 对其的潜在威胁,因此每当重新谈判续费时,绝不放弃多从其身上挤出一滴奶的机会。2011 年,Netflix 支付了 7 亿美元的版权费,2012 年,这个数字达到 13 亿美元,2014 年更是突破了 20 亿美元。①

Netflix 慢慢意识到自己原创的影视剧对未来扩张的重要性,Netflix 逐渐有意识地从外购模式开始向外购 + 自制——突出"独家性内容"的模式转变。

(2)外购 + 自制——突出"独家性内容"的商业模式。毋庸置疑,Netflix 经过多年的积累,在视频内容储备量方面十分傲人,如果要看完 Netflix 上所有的内容,不吃不喝不睡 7 天 24 小时不停地刷剧,也需要花将近 4 年的时间。但比起 2014 年,目前 Netflix 的内容总量萎缩了 32%。2014 年 1 月,Netflix 向美国用户提供6 468部电影和1 609部剧集;但到 2016 年 3 月,这个数量下降到4 335部电影和1 197部剧集。

Netflix 对此的解释是:它们排除了大量非独家的内容而尽量保持内容的纯洁性。比如,*The Hunger Game*(《饥饿游戏》)系列由于 Amazon 上也有提供,所以 Netflix 在版权到期后就没有再续期,而是让 Hulu 捡了去。所以我们看到 Netflix 目前的重心不在于量而在于质;尤其是在内容的独家性方面,这让"上了瘾"的用户根本无法变节,因为许多内容别无分店。目前,各大机构做的问卷调查也表明,Netflix 的内容有排他性的。比如,Morgan Stanley 针对 18 岁以上人群的抽样调查显示,29% 的受访者表示内容翘楚非 Netflix 莫属,18% 认为是 HBO(时代华纳旗下的付费电视网),这两家公司遥遥领先于其他竞争对手。从图 9 – 168 也可以看出,Netflix 近几年在内容上的投入是激进的。2012 年,Netflix 在内容上的投入是 18.36 亿美元,2015 年是 33.09 亿美元,3 年增长了 81.98%。②

想要保持内容的独家性,没有比自制更好的方法了。所以从 2013 年开始,Netflix 加大了自制内容的投入力度。2013 年全年自制节目投入 890 亿美元,是上一年的 17.8 倍。正是在 2013 年 2 月 1 日,Netflix 独家上线 13 集自制内容"House of Cards",使其在全球声名大振。同年 4 月 19 日,独家上线"Hemlock Grove",5 月上线"Arrested Development"第四季,"Orange is the New Black""Lilyhammer"也在 2013 年年底前上线。"House of Cards"的发行在 2013 年第一季度帮助 Netflix 新增了超过 300 万个流媒体用户,其中包括

---

① 王川. Netflix 的前世与今生[EB/OL]. http://wallstreetcn.com/node/218172.

② 李研. 解读:美国流媒体业务高增长推动 Netflix 超预期[EB/OL]. http://www.leiphone.com/news/201608/hTA7i5CXc3lihX8N.html? _t_t_t=0.8291900255885754.

203 万个美国用户。“Arrested Development”导致 2013 年第二季度 Netflix 新增了 63 万美国付费用户。

随着自制内容加速上线，Netflix 的内容库将更加充实，并且一定程度上减轻对第三方购买内容的依赖，如果这些自制内容获得全球观众的认可，对 Netflix 本身的品牌也将起到很大的提升作用。①

除了自制内容，Netflix 将继续加强与第三方影视公司的内容合作，从而能够为会员提供更多、更及时的内容选择。2015 年年底，Netflix 与迪士尼公司签订了多年的内容独家播放协议，从 2016 年起，Netflix 将通过首轮收费电视窗口，第一时间独家观看迪士尼公司的影视作品。此前，受制于收费关系，Netflix 会员必须比其他收费渠道多等待几个月才能观看影视内容。Netflix 表示，将加大与影视公司的这类合作。②

（3）技术与大数据的应用。Netflix 看起来在娱乐业，但其实它是一个科技公司。从一开始与 Blockbuster 竞争，Netflix 靠的就是 O2O 的理念，通过公司经营获取大量的用户数据，在深入分析用户数据后，尽可能地为每一个用户提供最适合他的服务。互联网信息技术发展到今天更是如此。Netflix 是出了名的开着业内最高薪水、雇用世界最好的 IT 工程师的公司。公司还在官网专门开设 Netflix Tech Blog，讨论各种尖端技术问题。

作为流媒体公司的 Netflix 最想解决的问题就是：①如何提升用户观看体验？②如何在内容上对用户投其所好？

对于第一个问题，不管用户的带宽和网速是快是慢，用户最基本的体验需求就是两点：高清、流畅。要流畅，就需要视频提供商有足够的吞吐量，在高峰时段不会有网页打不开、视频卡住时断时续的情况出现。这一点 Netflix 做到了。数据显示，在高峰时段，Netflix 占据北美全互联网 1/3 的带宽，吞吐量颇为惊人。为用户观看流畅的视频提供了保障。但更高的画质与更少的带宽往往是一个悖论，这就需要 Netflix 用到流媒体带宽节省的技术。Netflix 的算法小组花了 4 年时间来重新编码，不再进行统一粗暴的一刀切，而是根据每一个资源的特征量体裁衣（Title by Title Basis），精细化处理，每一部片子都会得到不同的算法。这项技术可以在为用户节省 20% 的带宽的同时提高画面的质量，解决带宽与画质的悖论。Netflix 的工程师愿意做到多精细？他们认为，即使是同一个剧集，每一集都是不同的，每一集都应该有自己的编码。

对于第二个问题“如何在内容上对用户投其所好？”Netflix 的答题思路就是被媒体传得神乎其神的大数据分析，并以此为出发点来进行用户推荐和自制原创内容，以大数据拍“大数剧”。但自制内容的大数据分析具体能做到哪一步并没有定论。现在看来，其宣传的意味比实操的意味更强。同时我们也相信，Netflix 正在做这方面的尝试，试图通对大规模的用户信息进行分析，在尽力找到每一个用户的特殊需求并提供相应服务的路上行进着。

总而言之，Netflix 正是因为对内容独家性的执着追求，以及满足用户需求的精益求精，才从激烈的流媒体业竞争中脱颖而出！

---

① 陈达. 读懂 Netflix：从崛起走向辉煌之后进入了何种困局？［EB/OL］. http://www.leiphone.com/news/201608/hTA7i5CXc3lihX8N.html?_t_t_t=0.8291900255885754.

② http://news.imeigu.com/a/1359019873758.html.

参考文献

[1]Statista database. http://www. statista. com/.

[2] Statista. Cable and Online Television in the United Kingdom (UK) - Statista Dossier. 2015.

[3]Statista. Digital Video in the US(StatistaDmo) - Statista Dossier. 2015.

[4]Statista. Digital Video Market in Germany - Statista Dossier. 2015.

[5]Statista. Mobile Video in the United States - Statista Dossier. 2015.

[6]Statista, Television Industry in Europe - Statista Dossier. 2015.

[7] European Audiovisual observation. Yearbook 2015. Television, Cinema, Video and On - demand audiovisual services in Europe, 2015 Edition.

[8]Strategy Analytics. Global TV Replacement and Ownership 2008 -2018.

[9]Strategy Analytics. Home Video and OTT video Forecast: Global 2010 -2021.

[10] Strategy Analytics. Diftal Television Operator Performance Benchmarking: Europe Q3 2015.

[11]Eurodata TV. TV Worldwide - April 2016.

[12]Deloittee. Digital Democracy Survey 10th edition. 2015.

[13]Motorola. Media Engagement Batometer 2013.

[14]Federal Communications Commission of United States of American. 16th Video Competition Report. 2015. 2016.

[15]Goldmedia. Online Video: Web - TV - Monitor 2015. 2016.

[16]OFCOM. Digital TV and Broadcasting Market Report 2014. 2015

[17] 中国国家统计局. 中华人民共和国统计年鉴 2006 -2015.

[18]中国网络视听节目服务协会,2015 中国网络视听发展研究报告,2015.

[19] 风景独好. 2016 年世界电视发展十大趋势:融合与竞争并存[J]. 收视中国. 2016. 02. 17.

10 全球版权相关产业的经济贡献[①]

10.1 中国版权产业的经济贡献

2014 年,中国版权产业健康发展,产业增加值和就业人数实现较快增长,在我国经济发展中发挥着日益重要的作用。中国版权产业的产业增加值为 46 287.81 亿元人民币[②],占全国 GDP 的 7.28%;城镇单位就业人数为 1 664.71 万人,占全国城镇单位就业总人数的 9.11%;商品出口额为 2 944.92 亿美元,占全国商品出口总额的 12.57%。

10.1.1 中国版权产业的经济贡献

10.1.1.1 产业增加值

2014 年,中国版权产业的行业增加值为 46 287.81 亿元人民币(见表 10-1),占全国 GDP 的 7.28%,比 2013 年增加了 3 561.88 亿元人民币,增长了 8.34%。其中,核心版权产业的行业增加值为 27 260.73 亿元人民币,占全国 GDP 的 4.29%,比 2013 年增加了 1 934.90亿元人民币,增长了 7.64%。

其他产业组的行业增加值分别是:相互依存的版权产业 8 721.33 亿元人民币,占全国 GDP 的 1.37%;部分版权产业 3 671.13 亿元人民币,占全国 GDP 的 0.58%;非专用支持产业 6 634.62 亿元人民币,占全国 GDP 的 1.04%。

10.1.1.2 就业人数

2014 年,中国版权产业的城镇单位就业人数为 1 664.71 万人(见表 10-1),占全国城镇单位就业总人数的 9.11%,比 2013 年增长了 20.90 万人,增长了 1.27%。其中,核心版权产业 847.21 万人,占全国城镇单位就业总人数的 4.64%,比 2013 年增长了 19.85 万人,增长了 2.40%。其他产业组的就业人数分别是:相互依存的版权产业 423.52 万人,占全国城镇单位就业总人数的 2.32%;部分版权产业 212.99 万人,占全国城镇单位就业总人数的 1.33%;非专用支持产业 150.99 万人,占全国城镇单位就业总人数的 0.83%。

---

① 本文撰稿:方英,中国传媒大学经济与管理学院教授,研究方向:国际文化贸易世界知识产权组织于 2003 年发表了《版权相关产业经济贡献调查指南》,按照版权在相关产业中作用的大小,把版权产业分为"核心版权产业""相互依存的版权产业""部分版权产业""非专业支持产业"4 类。版权在这四类产业价值创造中的地位和作用各有不同,它们对版权保护的依赖程度逐渐递减。版权相关产业所包含的产业门类与各国文化产业、创意产业细分门类大体一致,而且世界知识产权组织在《调查指南》中也明确说明,版权产业的称谓与文化产业、文化创意产业可以相互替代。因此,本章根据世界知识产权组织关于版权产业经济贡献指标来衡量各国文化产业经济贡献,主要介绍中国、澳大利亚、美国、日本、欧盟、英国、荷兰、芬兰、土耳其等国家和地区版权相关产业的经济贡献,数据来源于世界知识产权组织发布的各国最新年度报告。

② 本节数据来源于《2014 年中国版权产业的经济贡献报告》。

表 10-1　2014 年中国版权产业的经济贡献

指标分类	行业增加值		就业人数		商品出口额	
	数值(亿元)	比重	数值(万人)	比重	数值(亿元)	比重
核　心	27 260.73	4.29%	847.21	4.64%	45.65	0.19%
相互依存	8 721.33	1.37%	423.52	2.32%	2 670.64	11.40%
部　分	3 671.13	0.56%	212.99	1.33%	229.24	0.98%
非专用支持	6 631.63	1.04%	150.99	0.83%	—	—
合　计	46 287.81	7.28%	1 664.71	9.11%	2 944.92	12.57%

10.1.1.3　商品出口额

版权产业的商品出口额依据海关统计,服务贸易出口额依据国家外汇管理局的国际收支统计。《中国国际收支平衡表》中服务贸易项下的数据,仅能估算核心版权产业服务贸易出口额,其他 3 个版权产业组的服务贸易出口额因缺乏相应数据,未进行估算。

2014 年,中国版权产业的商品出口额为 2 944.92 亿美元(见表 10-1),占全国商品出口总额的 12.57%。其中,核心版权产业 45.65 亿美元,占全国商品出口总额的 0.19%;相互依存的版权产业 2 670.04 亿美元,占全国商品出口总额的 11.40%;部分版权产业 229.24 亿美元,占全国商品出口总额的 0.98%。

10.1.2　中国核心版权产业的经济贡献

核心版权产业是完全从事创作、制作和制造、表演、广播、传播和展览或销售和发行作品及其他受保护客体的产业,具体包括文字作品;音乐、戏剧制作、曲艺、舞蹈和杂技;电影和音像;广播电视;摄影;软件与数据库;美术与建筑设计、图形和模型作品;广告服务;版权集体管理与服务 9 组产业。这些产业是版权产业最重要、最核心的组成部分,因而被称为核心版权产业。

10.1.2.1　产业增加值

2013 年,中国核心版权产业的产业增加值为 25 325.83 亿元人民币,占全国 GDP 的 4.31%,占全部版权产业的 59%,是中国版权产业最重要的组成部分。在核心版权产业中,软件和数据库、新闻出版、广播影视、文化艺术等产业保持了较快增长的态势,对版权产业增加值的贡献较高(见表 10-2)。

表 10-2　2013 年中国核心版权产业行业增加值

	数值(亿元人民币)	占全国比重
文学作品	5 319.90	0.90%
音乐、戏剧制作、曲艺、舞蹈和杂技	373.44	0.06%
电影和影带	159.77	0.03%

续表

	数值(亿元人民币)	占全国比重
广播电视	1 210. 59	0. 21%
摄影	47. 30	0. 01%
软件和数据库	11 268. 71	1. 92%
美术与建筑设计、图形和模型作品	4 906. 82	0. 83%
广告服务	1 752. 77	0. 30%
版权集体管理与服务	286. 53	0. 05%

说明:文学作品包含数字出版。

2014 年,中国核心版权产业的行业增加值为 27 260. 73 亿元人民币,占全国 GDP 的 4. 29% ,占全部版权产业的 59% 。在核心版权产业中,软件和数据库、新闻出版(新闻出版与版权产业分类中的"文学作品"的范围基本一致,下同)、设计、广告等行业保持了较快增长态势,对版权产业行业增加值的贡献较高,占核心版权产业的 91% 。

10. 1. 2. 2 就业人数

2013 年,中国核心版权产业的城镇单位就业人数为 827. 36 万人,占全国城镇单位就业总人数的 4. 57% ,占全部版权产业的 50% 。在核心版权产业中,软件和数据库、新闻出版、广播影视、文化艺术等产业保持了较快增长的态势,对版权产业就业人数的贡献较高(见表 10 -3)。

表 10 -3 2013 年中国核心版权产业就业人数

	数值(万人)	占全国比重
文学作品	123. 56	0. 68%
音乐、戏剧制作、曲艺、舞蹈和杂技	22. 48	0. 12%
电影和影带	10. 51	0. 06%
广播电视	46. 12	0. 25%
摄影	1. 44	0. 01%
软件和数据库	487. 65	2. 69%
美术与建筑设计、图形和模型作品	94. 90	0. 52%
广告服务	33. 95	0. 19%
版权集体管理与服务	6. 76	0. 04%

说明:文学作品包含数字出版。

2014 年,中国核心版权产业的城镇单位就业人数为 847. 21 万人,占全国城镇单位就业总人数的 4. 64% ,占全部版权产业的 51% 。在核心版权产业中,软件和数据库、新闻出版、设计、广告等行业保持了较快增长态势,对版权产业就业人数的贡献较高,占核心版权产业的 90% 。

10.1.2.3 出口额

（1）海关统计商品出口额。2014 年，中国核心版权产业的商品出口额为 45.65 亿美元，占全国商品出口总额的 0.19%，占全部版权产业的 1%。

（2）服务贸易出口额。2014 年，中国核心版权产业的服务贸易出口额为 114.50 亿美元（见表 10－4），占全国服务贸易出口总额的 6.00%。限于数据来源，这里仅包括软件和数据库、版权使用费、广告与宣传、电影与音像 4 项，其出口额分别为 61.33 亿美元、1.17亿美元、50.00 亿美元、2.00 亿美元。

表 10－4　2014 年中国核心版权产业服务贸易出口额

分　类	服务贸易出口额（亿美元）
软件和数据库	61.33
版权使用费	1.17
广告、宣传	50.00
电影、音像	2.00
合　　计	114.5
占全国服务贸易出口总额比重	6.00%

资料来源：国家外汇管理局《中国国际收支平衡表》。

通过以上数据可以看出，2014 年，中国核心版权产业的商品出口额、服务贸易出口额及其占当年商品出口总额、服务贸易出口总额的比重都较低。2014 年，中国核心版权产业对外出口总额（货物贸易和服务贸易）为 160.15 亿美元，占全国对外贸易出口总额的 0.63%。其中，货物出口额占核心版权产业对外出口总额的 29%，服务贸易出口额占 71%。

10.1.3　近 6 年中国版权产业的纵向比较

2009 年至 2014 年 6 年间，中国版权产业对国民经济的贡献一直保持平稳增长的态势，行业增加值、城镇单位就业人数连年递增，其中，2012—2013 年增速明显加快。

10.1.3.1　产业增加值的比较

2009 年，中国版权产业的产业增加值为 22 297.98 亿元人民币，占 GDP 的 6.55%，2014 年增长到 46 287.81 亿元人民币，占 GDP 的 7.28%，总量增加了 32 798.48 亿元人民币，平均年增速 18%。其中，2014 年，中国版权产业的产业增加值比 2013 年增加了 7 051.78亿元人民币，增长率为 20%（见图 10－1）。

核心版权产业发展较快，明显高于其他产业组。2009 年至 2014 年 6 年间，中国核心版权产业的产业增加值从 11 928.04 亿元人民币、占 GDP 的 3.50%，增长至 27 260.73 亿元人民币、占 GDP 的 4.29%，总量增加了 20 789.17 亿元人民币，翻了一番多，平均年增速为 21%。可以看出，中国核心版权产业对全部版权产业的经济贡献最大，发展速度最快。

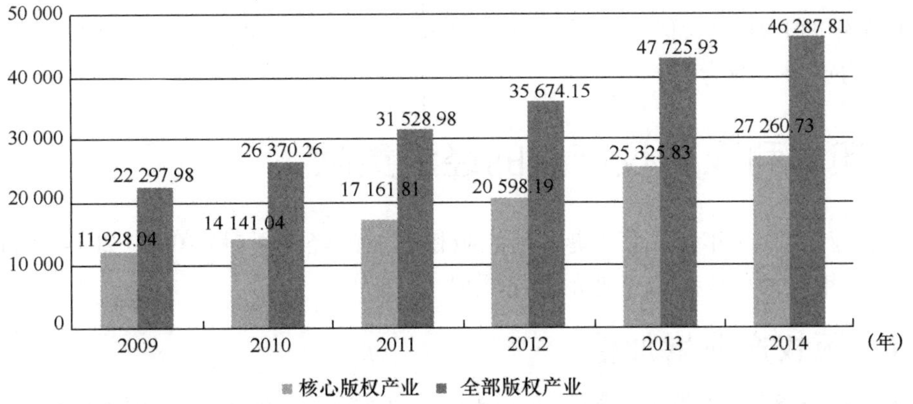

图 10－1　2009—2014 年中国版权产业的产业增加值(单位:亿元)

10.1.3.2　就业人数的比较

2009 年,中国版权产业的城镇单位就业人数为 991.40 万人,占全国城镇单位总就业人数的 7.89%,到 2014 年增长至 1 664.71 万人,占全国城镇单位就业总人数的 9.11%,总量增加了 901.79 万人,平均年增速 10%(见图 10－2)。

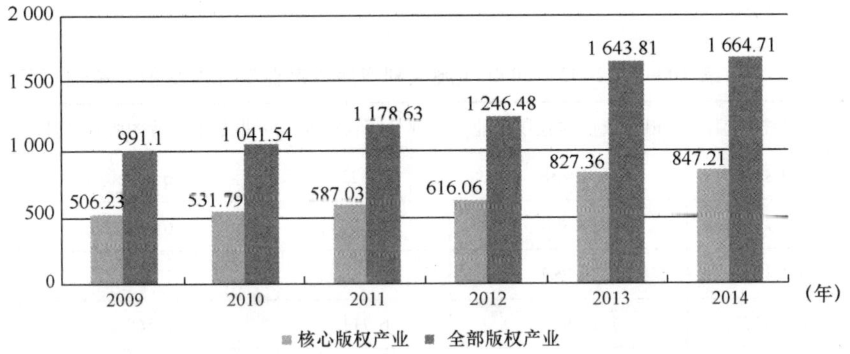

图 10－2　2009—2014 年中国版权产业的就业人数(单位:万人)

核心版权产业的城镇单位就业人数从 2009 年的 506.23 万人、占全国城镇单位总就业人数的 4.03%,增长至 2014 年的 847.21 万人、占全国城镇单位就业总人数的 4.64%,增加了 479.30 万人,平均年增速 13%。从就业人数上看,核心版权产业对全部版权产业的贡献最大。

10.1.3.3　商品出口额的比较

2009 年,中国版权产业的海关统计商品出口额为 2 103.17 亿美元,到 2014 年增长至 2 944.92 亿美元,5 年间增加了 841.75 亿美元,平均年增长率 8%。总体来看,近年来受国际市场影响,中国版权产业的商品出口额增速开始放缓,甚至在 2009 年和 2013 年出现了下降。

相互依存的版权产业商品出口额贡献最大，占全部版权产业商品出口额的 90% 以上，从 2009 年的 1 917. 90 亿美元增长至 2013 年的 2 648. 23 亿美元，5 年间增加了730. 33 亿美元，平均年增长率为 8%。

10. 2 澳大利亚版权产业的经济贡献

澳大利亚于 2015 年公布了《澳大利亚版权产业的经济贡献(2002—2014)》，该报告公布了 2014 年澳大利亚版权产业的经济贡献。

10. 2. 1 版权产业增加值

2002—2008 年，澳大利亚版权产业的实际产业增加值(剔除了价格因素影响)从 895 亿美元增加到 1 111 亿澳元，2008 年全球金融危机后，澳大利亚经济平稳增长，但版权产业的增长不明显，2014 年，澳大利亚版权产业增加值为 1 114 亿澳元①(见表 10 - 5)。版权产业对 GDP 的贡献率已经从 2008 年的 8. 2% 降至 2014 年的 7. 1%(见表10 - 6)。版权产业占比的下滑反映了其他几个主要的非版权产业在这一周期的真正增长。2014 年，核心版权产业的产业增加值为 734. 02 亿澳元，占全国 GDP 的 4. 7%，相互依存的版权产业的产业增加值为 218. 95 亿澳元，占全国 GDP 的 1. 4%，部分版权产业的产业增加值为 84. 37 亿澳元，占全国 GDP 的 0. 5%，非专用支持产业的产业增加值为 76. 92 亿澳元，占全国 GDP 的 0. 5%。

表 10 - 5 2002—2008 年澳大利亚版权产业实际增加值(单位:百万澳元)

	核心版权产业	相互依存的版权产业	部分版权产业	非专用支持的版权产业	总值
2002 年	59 813	17 436	5 522	6 719	89 491
2003 年	59 796	18 894	6 015	6 992	91 697
2004 年	62 484	19 282	6 368	7 245	95 378
2005 年	65 022	19 972	6 711	7 565	99 270
2006 年	66 560	20 856	7 186	7 745	102 347
2007 年	69 866	21 644	7 542	8 104	107 156
2008 年	72 113	22 595	7 994	8 435	111 137
2009 年	72 042	22 152	8 307	8 059	110 560
2010 年	71 744	21 431	8 030	7 763	108 968
2011 年	72 001	21 563	8 485	7 912	109 959
2012 年	73 242	22 407	8 686	8 077	112 412
2013 年	73 208	22 762	8 606	8 021	112 566

① 本节数据来源于澳大利亚版权委员会 2015 年发布的 *The Economic Contributionof Australia' s Copyright Industries 2002 - 2014*。

续表

	核心版权产业	相互依存的版权产业	部分版权产业	非专用支持的版权产业	总值
2014 年	73 402	21 895	8 437	7 692	111 427

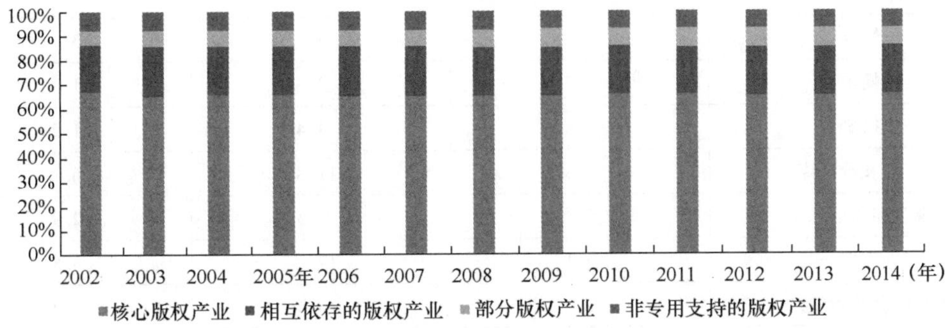

表 10 - 6 澳大利亚版权产业对 GDP 的贡献率

	核心版权产业（%）	相互依存的版权产业（%）	部分版权产业（%）	非专用支持的版权产业（%）	总值（%）
2002 年	5.5	1.6	0.5	0.6	8.2
2003 年	5.3	1.7	0.5	0.6	8.1
2004 年	5.3	1.6	0.5	0.6	8.1
2005 年	5.3	1.6	0.6	0.6	8.2
2006 年	5.3	1.7	0.6	0.6	8.2
2007 年	5.4	1.7	0.6	0.6	8.2
2008 年	5.4	1.7	0.6	0.6	8.2
2009 年	5.3	1.6	0.6	0.6	8.1
2010 年	5.1	1.5	0.6	0.6	7.8
2011 年	5	1.5	0.6	0.6	7.7
2012 年	4.9	1.5	0.6	0.5	7.6
2013 年	4.8	1.5	0.6	0.5	7.4
2014 年	4.7	1.4	0.5	0.5	7.1

澳大利亚版权相关产业相比整体经济增速相对缓慢。2002 到 2014 年，版权产业年复合年增长率为 1.8%，核心版权产业的复合年增长率为 1.7%（见表 10－7），而同期 GDP 年复合年增长率为 3.0%。在核心版权产业中，“软件和数据库”行业的产业增加值增长较快，增长最快的时期是在全球金融危机之前的几年（11.8%），2008 年至 2014 年降至 6.1%。

表 10－7 澳大利亚版权产业增加值复合年增长率

版权产业分类	2002—2014 年(%)	2002—2007 年(%)	2008—2014 年(%)
核心版权产业	1.7	3	0.3
文献报刊	0.4	2.5	－1.2
音乐、戏剧	4.5	6	3
电影录像	4.2	5	3.3
广播电视	1.7	2.3	1.1
摄影	2.8	4.4	1.2
软件和数据库	9.3	11.8	6.1
视觉和图形艺术	5	7.3	2.9
广告	9.4	17	3.8
相互依存的版权产业	1.9	4.4	－0.5
部分版权产业	3.6	6.4	0.9
非专用支持的版权产业	1.1	3.8	－1.5
总值	1.8	3.7	0

通过与其他几个国家的比较研究发现，澳大利亚的经济发展相对而言更加依赖于版权产业，版权产业成为 GDP 增长的发动机（见图 10－3），图 10－3 中的几个国家都采用世界知识产权组织框架体系评价版权产业的经济贡献。

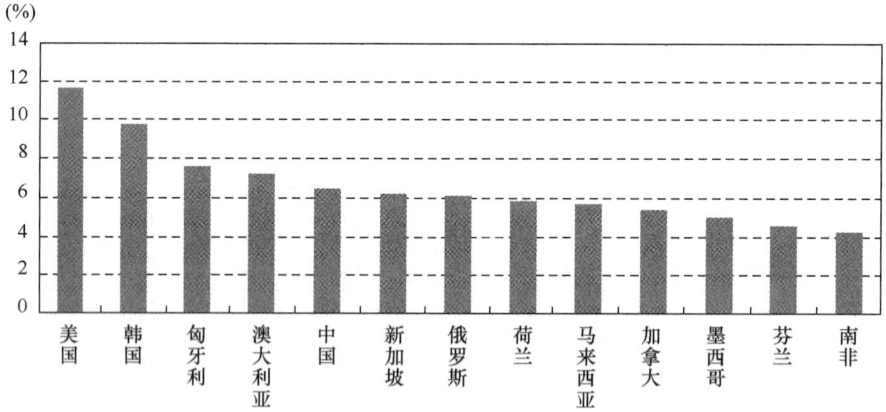

图 10－3 各国版权产业增加值对 GDP 贡献的比较

在澳大利亚的国民经济中，版权产业已经从 2011 年的第 7 大产业提升到 2014 年的第 4 大产业（见图 10－4），成为经济发展的支柱产业。与其他主要行业相比，版权产业过去 5 年一直以 0.2% 的年增长率低速增长（见图 10－5）。

10.2.2 版权产业就业情况

版权产业历来被视为劳动密集型产业，反映了个人劳动和创意对知识产权的贡献，但是有数据研究发现，这个假设可能不成立。2014 年，版权相关产业就业人数为 100 万

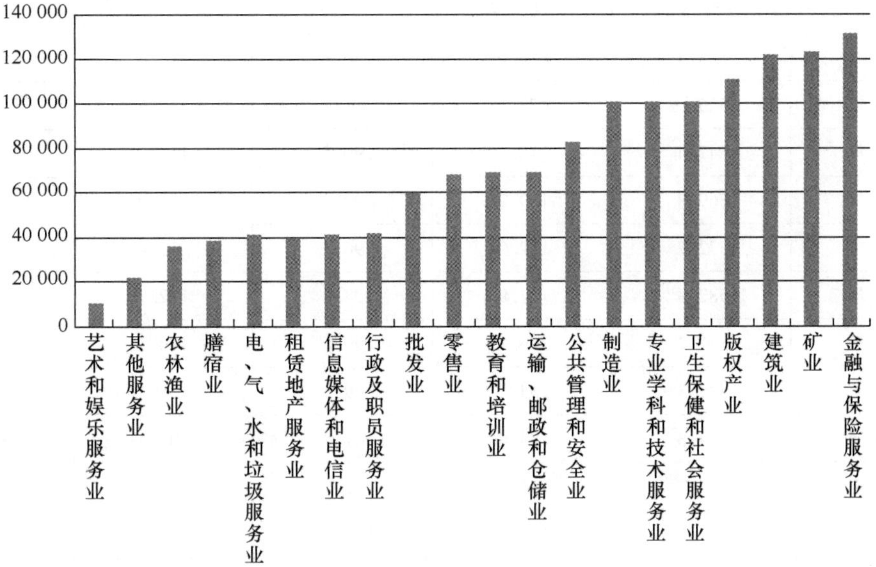

图 10－4　2013—2014 年澳大利亚主要行业的产业增加值(单位:百万澳元)

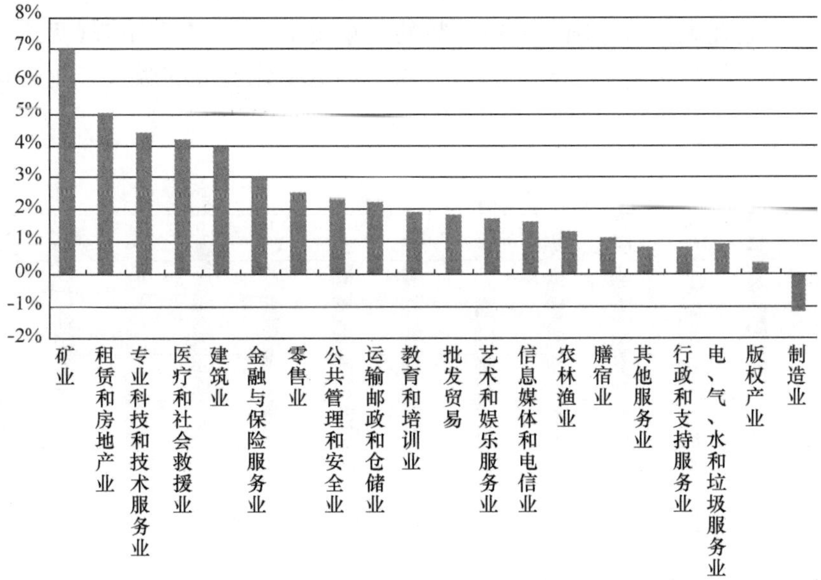

图 10－5　2013—2014 年澳大利亚主要行业的产业增加值年复合增长率

人,这一数字在过去 12 年不断增长,2002—2014 年,平均就业人数为 97 万人(见表 10－8)。其中,核心版权产业的就业人数为 60.64 万人,相互依存的版权产业的就业人数为 18.33 万人,部分版权产业的就业人数为 10.32 万人,非专用支持产业的就业人数为 10.73 万人。

表 10-8　2002—2014 年澳大利亚版权专业就业人数　　(单位:百人)

	核心	相互依存	部分	非专用支持	合计
2002 年	513.4	186.9	76.6	113.4	890.3
2003 年	535	173.9	88	112.5	909.4
2004 年	547.4	178.6	90.5	114.2	930.8
2005 年	569.8	179.2	92.4	114.9	956.2
2006 年	572.7	182.9	96	113.4	965.0
2007 年	582.9	187.9	98.2	112.9	981.9
2008 年	587.2	189.4	99.6	110.3	986.5
2009 年	588.3	184.7	99.6	108	980.6
2010 年	594.8	184.9	101.2	108.8	989.6
2011 年	601.7	181.1	102	105.6	990.4
2012 年	607.6	184.9	102.4	107	1 001.90
2013 年	601.7	184.2	102.7	105.8	994.4
2014 年	606.4	183.3	103.2	107.3	1 000.20

除了 2009 年金融危机期间有小幅下降外,2002—2014 年,版权产业就业人数一直增长,但版权产业就业人数占全国总就业人数的比重较 10 年前有所下降(见图 10-6),从 2002 年的 9.8% 降到 2014 年的 8.7%,这反映了因数字化造成的版权产业劳动生产率的提高。

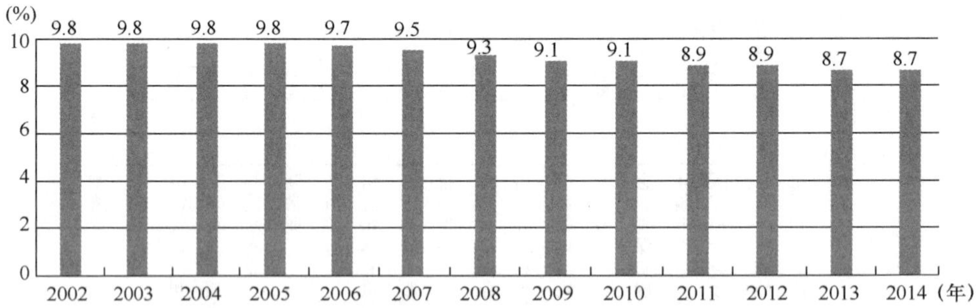

图 10-6　澳大利亚版权产业就业人数占总就业人数比例

版权产业就业人员的报酬差距较大,与所处行业有关,软件和数据库行业的年平均报酬为 96 000 澳元,出版和文学行业为 63 000 澳元,视觉艺术行业为 54 000 澳元。2002—2014 年,版权产业就业人员平均报酬见图 10-7。

与其他国家相比,澳大利亚版权产业的劳动密集度较高,主要是因为澳大利亚版权产业就业人数占总就业人数比重较高(见图 10-8)。但澳大利亚版权产业的劳动生产率较低,劳动生产率指数(产业增加值占 GDP 比重/就业人数占总就业人数比重)低于 100(见图 10-9)。

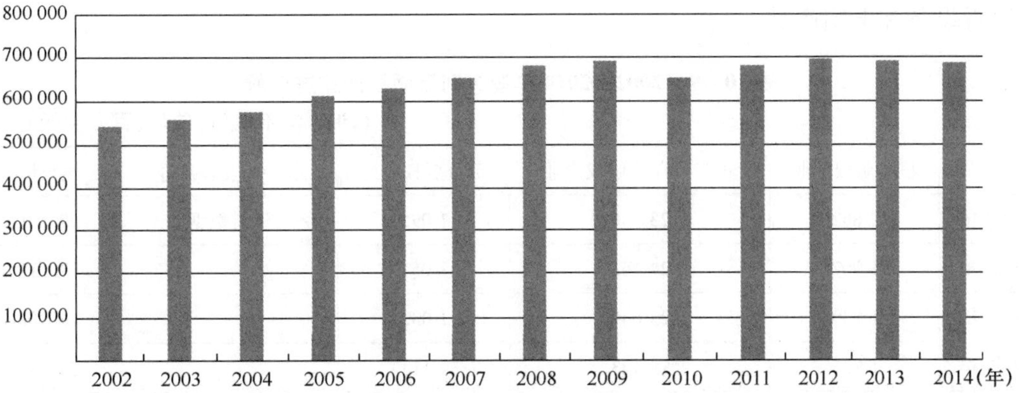

图 10－7 2002—2014 年澳大利亚版权产业就业人员平均报酬(单位:澳元)

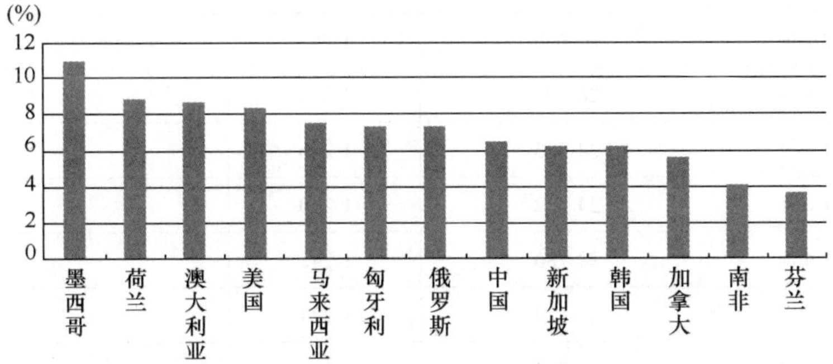

图 10－8 各国版权就业人数占总就业人数的比重

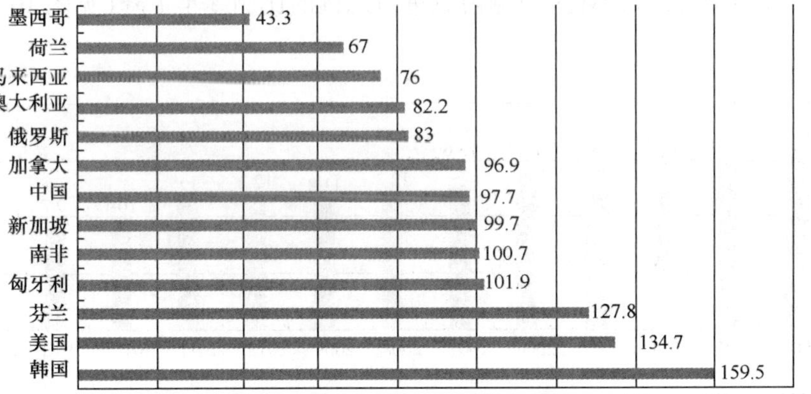

图 10－9 各国版权产业劳动生产率比较

10.2.3 版权产业贸易

10.2.3.1 进口

扣除物价因素影响,版权产业相关产品实际进口额 2002—2007 年稳定增长,2009—2014 年逐步下滑(见表 10－9)。版权产业进口主要集中在相互依存的版权产业,包括电子视听设备和电脑产品。

表 10－9 2002—2014 年澳大利亚版权产业进口额

（2014 年不变价，单位：百万澳元）

	核心版权产业	相互依存的版权产业	部分版权产业	非专用支持产业	合计
2002 年	2 892	23 140	1 095	没有数据	27 127
2003 年	1 907	24 168	1 051		27 125
2004 年	1 930	23 649	1 032		26 611
2005 年	1 927	25 123	1 114		28 163
2006 年	2 027	25 482	1 214		28 723
2007 年	2 138	26 238	1 244		29 620
2008 年	2 248	25 659	1 253		29 160
2009 年	2 049	26 092	1 245		29 386
2010 年	1 849	24 583	1 256		27 689
2011 年	1 621	24 582	1 260		27 463
2012 年	1 464	22 786	1 242		25 491
2013 年	1 207	21 127	1 274		23 608
2014 年	1 110	20 733	1 329		23 172

自 2002 年以来，版权产业进口额占总进口总额的比例逐年下降（见图 10－10）。

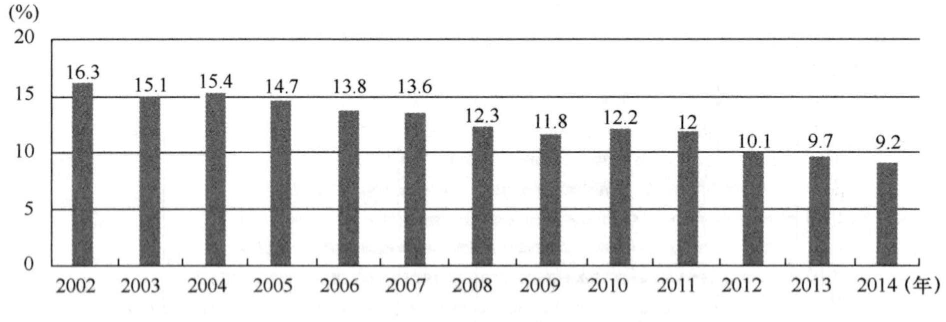

图 10－10 澳大利亚版权产业进口占总进口总额的比例

10.2.3.2 出口

自 2002 年以来，版权产业出口一直下降（见表 10－10），核心版权产业的出口由 2002 年的 7.72 亿澳元降至 2014 年的 1.56 亿澳元。与版权产业进口一样，出口也是由相互依存的版权产业主导，包括电子视听设备和电脑。

自 2003 年以来，版权产业出口占总出口的比重逐年下降，2014 年版权产业出口占总出口的比重为 1.8%，与 10 年前的 4.1% 形成了鲜明对比（见图 10－11）。

表 10-10 2002—2014 年版权产业出口额

(2014 年不变价,单位:百万澳元)

	核心版权产业	相互依存的版权产业	部分版权产业	非专用支持产业	合计
2002 年	772	5 713	246	没有数据	6 732
2003 年	502	5 811	195		6 507
2004 年	452	5 284	190		5 925
2005 年	452	5 078	186		5 716
2006 年	423	5 180	194		5 797
2007 年	363	5 465	200		6 028
2008 年	344	5 531	192		6 068
2009 年	374	5 634	229		6 237
2010 年	303	4 616	208		5 126
2011 年	291	4 729	205		5 225
2012 年	260	4 642	262		5 165
2013 年	181	4 450	224		4 855
2014 年	156	4 424	213		4 793

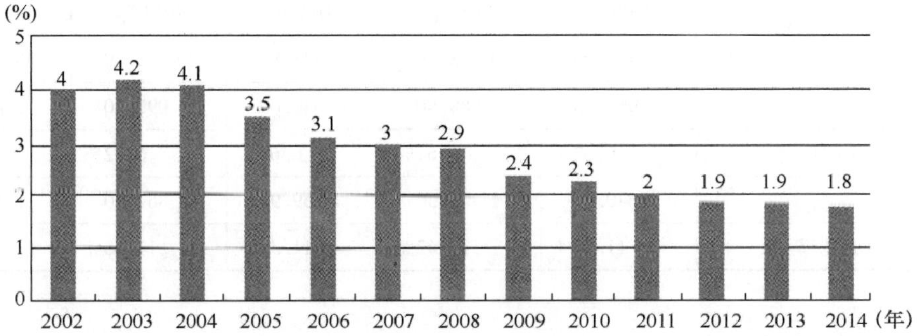

图 10-11 2002—2014 年版权产业出口占总出口的比重

10.3 美国版权产业的经济贡献

美国于 2014 年 12 月公布了其版权产业调研的第 15 份报告《美国经济中的版权产业(2014)》,发布了 2013 年美国版权产业的经济贡献数据。2013 年,美国版权产业的产业增加值为 19 217 亿美元①,占美国 GDP 的 11.44%,其中,核心版权产业的产业增加值为 11 266 亿美元,占美国 GDP 的 6.71%。2013 年,美国版权产业的产业增加值超过建筑行业(6 114 亿美元)、健康和社会援助行业(12 009 亿美元)、金融和保险行业(11 146 亿美

① 本节数据来源于世界知识产权组织发布的 *Copyright Industries in the U. S. Econnomy—The* 2014 *Report*。

元)等。2009—2013 年,核心版权产业年复合增长率为 3.9% ,而整个美国经济在这一时期的年复合增长率仅有 2.25% 。在对外出口方面,美国版权产品对世界的出口一直在不断增长。2013 年,美国核心版权产业的 4 个主要行业部门——图书报纸期刊产业、录音产业、电影电视录像产业、计算机软件产业对外销售和出口额为1 563亿美元,高于其他主要行业的出口额,包括化学产品、航空航天产品及配件、农产品、食品及类似产品、药品等。

10.3.1 版权产业的产业增加值

2008—2009 年经济衰退对美国宏观经济的负面影响到 2013 年几乎已经消失,而且在这期间,大部分产业的销售和利润都得到了增长。在这样的背景下,版权产业为美国 GDP 增长做出了重要贡献。如表 10－11 所示,2013 年,按现行价格核算的美国核心版权产业的增加值为 11 266 亿美元,当年美国 GDP 总量为 16.799 万亿美元。因此,2013 年,核心版权产业增加值占美国 GDP 的 6.71% 。美国全部版权产业增加值为 19 217 万亿美元,占美国 GDP 的 11.44% 。2009 年以来,美国版权产业发展迅速,核心版权产业增加值从 2009 年的 9 543.7 亿美元增加到 2013 年的 11 266 亿美元(见图 10－12),非核心版权产业增加值从 2009 年的 6 857.5 亿美元增加到 2013 年的 7 951.0 亿美元。2009 年到 2013 年,核心版权产业增加值在经济中的占比从 6.62% 增加到 6.71 %(见图 10－13)。

表 10－11 2009—2013 美国版权产业增加值 (单位:10 亿美元)

	2009 年	2010 年	2011 年	2012 年	2013 年
美国 GDP 总值	14 417.90	14 958.30	15 533.80	16 244.60	16 799.70
核心版权产业	954.40	988.80	1 030.00	1 092.20	1 126.60
核心版权产业占 GDP 比率	6.62%	6.61%	6.63%	6.72%	6.71%
版权产业	1 640.10	1 708.30	1 769.90	1 862.30	1 921.70
版权产业占 GDP 比率	11.38%	11.42%	11.39%	11.46%	11.44%

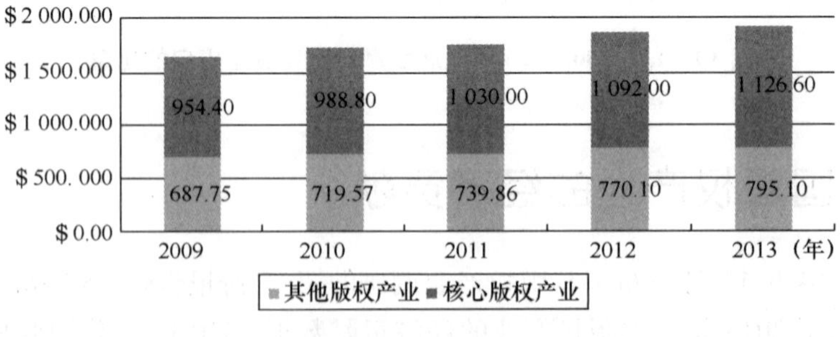

图 10－12 2009—2013 年美国版权产业增加值(单位:10 亿美元)

美国版权产业与其他产业经济贡献的比较见表 10－12,2012 年,美国联邦政府的增加值为 6 989 亿美元,低于 2013 年全部版权产业的产业增加值。2013 年,州和地方政府的增加值为 14 870 亿美元,这个数字比全部版权产业的产业增加值低 23% 。从表 10－12 中也可以看到版权产业 2012 年和 2013 年的产业增加值与美国其他部门产业增加值

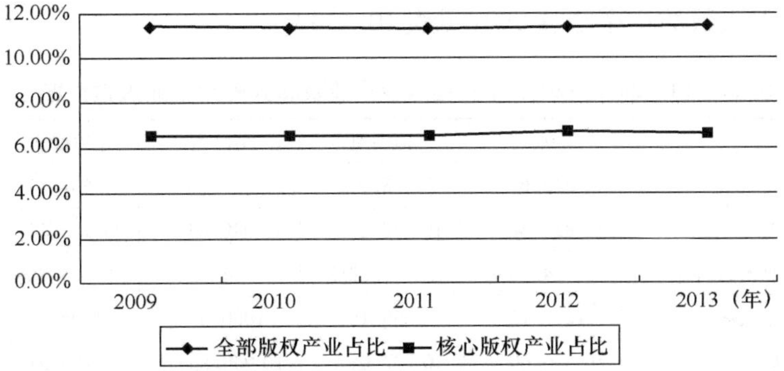

图 10－13 美国版权产业占 GDP 的比重

的对比。这些对比清晰地说明，版权产业如今在美国经济中的地位和重要性。

表 10－12 美国版权产业增加值与其他部门增加值比较 （单位:10 亿美元）

	2012 年	2013 年
核心版权产业	1092. 17	1 126. 59
全部版权产业增值	1 862. 29	1 921. 69
联邦政府增值	698. 9	711. 7
洲和地方政府增值	1 474. 50	1 487. 00
建筑业	581. 10	611. 40
医疗护理和社会救助	1 157. 40	1 200. 90
金融和保险增值	1 078. 20	1 114. 60

2009—2013 年，美国版权产业增加值年平均增长率为 3. 45%（见表 10－13），核心版权产业增加值年平均增长率为 3. 9%。表 10－13 还比较分析了版权产业与 GDP 的真实增长情况（以不变价衡量的增加值），不论是全部版权产业还是核心版权产业，它们在 2009—2013 年间每年的增速都高于 GDP 的增速。

表 10－13 美国版权产业增长率和 GDP 增长率

	2009—2010 年	2010—2011 年	2011—2012 年	2012—2013 年	2009—2013 年平均增长率
核心版权产业	4. 00%	3. 81%	5. 45%	2. 37%	3. 90%
全部版权产业	4. 32%	3. 23%	4. 16%	2. 12%	3. 45%
美国 GDP	2. 51%	1. 85%	2. 78%	1. 88%	2. 25%

10. 3. 2 版权产业的就业

2009 年，美国核心版权产业总就业人数为 512. 63 万人，占全国就业总人数的 3. 92%。而在 2013 年，核心版权产业就业人数增加到 547. 07 万人，增长了 34. 44 万人，占 2013 年就业总人数的 4. 03%。2009 年，全部版权产业就业人数超过1 070 万人。2013

年，全部版权产业就业人数超过 1 120 万人。2009 年至 2013 年间，版权产业的就业总人数占全国就业总人数的比率超过 8%（见表 10－14）。

表 10－14　2009—2013 年美国版权产业及私人雇用就业人数情况　（单位：万人）

	2009 年	2010 年	2011 年	2012 年	2013 年
核心版权产业就业人数	512. 63	518. 03	527. 28	537. 17	547. 07
私人企业就业人数	10 830. 60	10 742. 01	10 940. 83	11 182. 21	11 378. 90
核心版权产业就业人数占比	4. 73%	4. 82%	4. 82%	4. 80%	4. 81%
全部版权产业就业人数	1073. 15	1059. 16	1080. 35	1098. 13	1120. 68
私人企业就业人数	10 830. 60	10 742. 01	10 940. 83	11 182. 21	11 378. 90
全部版权产业就业人数占比	9. 91%	9. 86%	9. 87%	9. 82%	9. 85%

2009 年至 2013 年，私人企业的就业人数增长情况与美国经济总体增长情况相似。如表 10－14 所示，美国私人企业就业人数从 2009 年的 10 830. 60 万增长到 2013 年的 11 378. 90 万，这期间，美国核心版权产业大体上占私人企业总就业人数的 4. 8%，而全部版权产业的占比一直保持在 10% 左右的份额。

表 10－15 显示，2009 年至 2013 年间，核心版权产业和全部版权产业劳动者的平均报酬水平都不断增长，核心版权产业劳动者的平均报酬在 2013 年达到 87 859. 69 美元，比全国劳动者平均报酬高 34%（65 723. 45 美元）。2013 年，版权产业平均年报酬为77 942. 35美元，超过全国劳动者平均报酬大约 19%。图 10－14、图 10－15 分别为 2009 年至 2013 年美国版权产业人均报酬与全国劳动者平均报酬对比、版权产业人均报酬与私人企业人均报酬对比，全部版权产业和核心版权产业人均报酬均高于美国私人企业劳动者人均报酬水平。

表 10－15　美国版权产业劳动者报酬情况　（单位：美元）

	2009 年	2010 年	2011 年	2012 年	2013 年
核心版权产业人均报酬	78 199. 80	80 444. 01	83 515. 77	86 255. 34	87 859. 69
美国工人人均报酬	59 572. 93	61 390. 80	63 016. 27	64 455. 12	65 723. 45
核心版权产业人均报酬/美国工人人均报酬	1. 31	1. 31	1. 33	1. 34	1. 34
全部版权产业人均报酬	69 692. 68	71 941. 43	74 383. 20	76 502. 33	77 942. 35
美国工人人均报酬	59 572. 93	61 390. 80	63 016. 27	64 455. 12	65 723. 45
全部版权产业人均报酬/美国工人人均报酬	1. 17	1. 17	1. 18	1. 19	1. 19

版权产业的全国平均报酬同样高于私人企业。如图 10－14 所示，总体上，核心版权产业劳动者全国平均报酬高于私人企业劳动者全国平均报酬 39% 左右，且 2013 年高达 40%。同样，全部版权产业劳动者全国平均报酬也比私人企业劳动者全国平均报酬高 24%。

10. 3. 3　版权产业出口贸易

世界市场对美国版权产业的产品和服务的需求保持旺盛，极大地促进了美国核心版权产业产品和服务的出口。2013 年，美国核心版权产业的 4 个主要行业部门——图书报

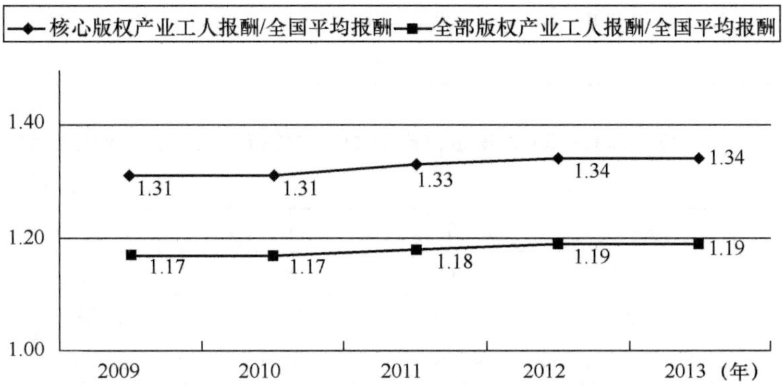

图 10－14　2009—2013 年美国版权产业人均报酬与全国平均报酬对比

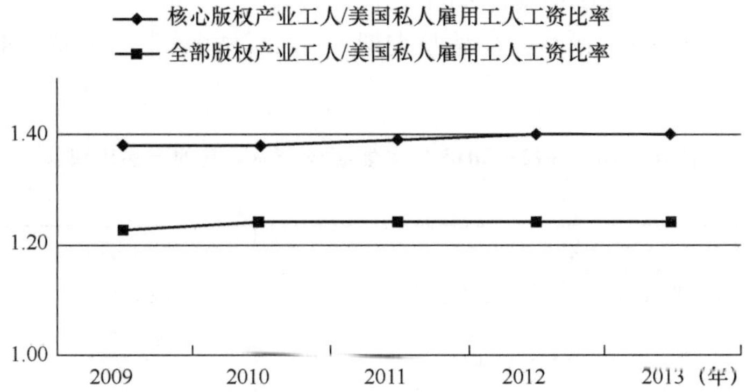

图 10－15　2009—2013 年美国版权产业人均全国平均报酬与私人企业人均报酬对比

纸期刊产业、录音产业、电影电视录像产业、计算机软件产业对外销售和出口额为 1 563 亿美元（见图 10－16），美国核心版权产业的对外销售和出口额一直保持着增长态势，2009 年到 2013 年的年实际增长速度见表 10－16，4 个主要行业的对外销售和出口额见表 10－17。

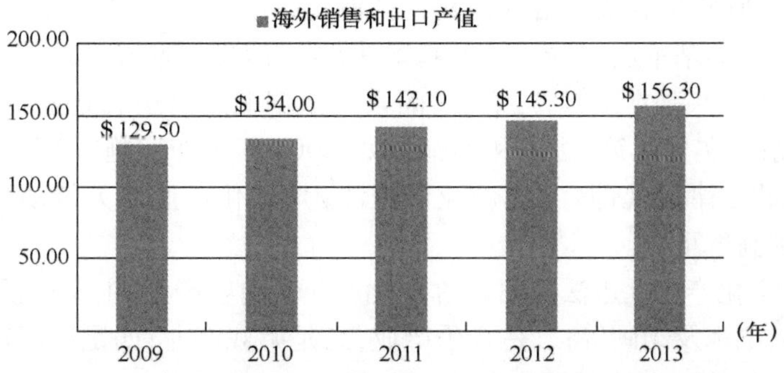

图 10－16　2009—2013 年版权产业重要部门的海外销售和出口的产值（单位：10 亿美元）

表 10－16　2009—2013 年版权产业 4 个主要行业出口增长率

	2009—2010 年	2010—2011 年	2011—2012 年	2012—2013 年
增长率	3.46%	6.00%	2.31%	7.56%

表 10－17　2009—2013 年版权产业 4 个主要行业对外销售和出口额

（单位：10 亿美元）

产业	2009 年	2010 年	2011 年	2012 年	2013 年
音乐录音	7.07	6.60	6.41	6.43	6.06
电影电视	23.25	23.89	24.56	24.78	25.35
计算机软件	94.30	98.70	106.40	109.70	120.20
出版产业	4.91	4.82	4.68	4.42	4.71
合　计	129.53	134.01	142.05	145.33	156.32

此外，美国版权产业的出口额远高于其他产业的出口额（见表 10－18），包括化学产品、航空航天产品及配件、农产品、食品及类似产品、药品等，为美国贸易收支平衡做出了较大贡献。

表 10－18　2012—2013 年主要版权产品和其他产品出口额

（单位：10 亿美元）

产　业	2012 年	2013 年
主要版权产品（图书报纸期刊、录音、电影电视录像、计算机软件）	145.30	156.30
化工产品（不包含药品）	146.30	147.80
航空产品及部件	118.40	128.30
农业产品	70.90	68.90
食品及类似产品	64.90	68.80
药品	51.20	51.60

10.4　日本创意产业发展状况

日本政府从 2000 年后就开始重视文化产业，首先由国会立法，批准通过了《形成高度情报通信网络社会基本法》（统称《IT 基本法》或《信息技术基本法》），2001 年又批准通过了《文化艺术振兴基本法》。之后，内阁政府依据上述两法成立了“知识财富战略本部”，制定了一系列文化政策、法规和实施计划，2004 年公布实施了《关于促进内容的创造、保护及应用的法律案》（即《文化产业促进法》），文化产业作为带动日本经济增长的新型产业而受到高度重视。

根据日本《文化产业促进法》，日本称文化产业为内容产业，主要包括 4 大类：一是影像业，包括电影、电视及动画等；二是音乐产业；三是游戏产业；四是出版产业，包括报纸、期刊、绘画等。2014 年，日本的国家政策研究所（National Graduate Institute for Policy Studies，GRIPS）发布了《日本创意产业发展状况及趋势报告》，该报告主要分析了日本创意产业近年来的发展状况，报告借鉴了联合国教科文组织和英国文化传媒和体育部(DCMS)对创意产业的定义(见表10－19)。

表10－19 日本创意产业的定义

联合国教科文组织			英国(DCMS)	日本	
核心文化产业	A. 自然文化遗产	博物馆	广告	创意产业中的服务业	广告
		考古和历史遗迹	建筑		建筑
		文化景观	视觉表演艺术		表演艺术
		自然遗产	艺术品		艺术
	B. 表演和节庆	表演艺术	设计		设计
		音乐	电影、录像和摄影		电影
		节庆活动	音乐		音乐 & 影像
	C. 视觉艺术和工艺品	美术	广播电视		广播电视
		摄影	软件和电子出版物		软件 & 计算机服务
		手工艺品	出版		出版
	D. 图书和出版物	书籍	时装设计		纺织品服装
		报纸杂志	手工艺品		工艺品
		其他印刷品	数字 & 娱乐媒体	创意产业中的制造业	玩具
		图书馆			家具
		书展			餐具
	E. 试听与交互媒体	电影和音像			珠宝
		广播电视			办公用品
		网络播客			皮革制品
		电子游戏			
	F. 设计与创意服务	时装设计			
		平面设计			
		室内设计			
		园林设计			
		建筑服务			
		广告服务			
相关领域	G. 旅游业	旅行和旅游服务			
		住宿餐饮业			
	H. 体育及健康产业	运动产业			
		健身和休闲			
		娱乐和主题公园			
		赌博			

注：该表格内容参考于UNESCO－UIS (2009，p.24)，英国DCMS(2011，p.6)

10.4.1 日本创意产业的规模

据估计,1999 年日本创意产业的销售额为 51 万亿日元,2004 年为 45.2 万亿日元(2010 年估计),2011 年为 44.0 万亿日元①(见表 10-20)。创意产业的销售额占所有行业销售额的比重约为 6.6%(约 44 万亿日元)。在创意产业中,服务行业占主要部分(总计 38 万亿日元,占创意产业总销售额的 86.2%),"软件和计算机服务"是创意产业中销售额占比最高的行业(总计 17 万亿日元,占比 39%),具体数据见图 10-17。

表 10-20 日本创意产业的销售额 (单位:10 亿日元)

	1999 年	2004 年	2011 年	增长率(2011/1999)
所有产业	619 655	621 762	667 828	7.8%
创意产业	51 525	45 235	44 135	-14.3%
创意产业中的制造业	11 155	6 908	6 070	-45.6%
纤维服装	6 199	3 866	3 587	-42.1%
家具用品	1 415	1 067	929	-34.3%
皮革制品	694	430	238	-65.7%
餐具	635	480	359	-43.5%
玩具	1 310	436	417	-68.2%
珠宝首饰	305	219	169	-44.6%
工艺品	328	208	146	-55.5%
办公用品	269	202	225	-16.4%
创意产业服务	40 370	38 326	38 064	-5.7%
软件和计算机服务	10 334	12 936	17 197	66.4%
广告	10 190	8 986	7 328	-28.1%
出版	4 988	5 502	3 636	-27.1%
建筑	7 138	4 600	3 012	-57.8%
电视 & 广播	3 436	3 136	4 027	17.2%
音乐 & 视频	885	917	724	-18.2%
电影	1 807	860	1 007	-44.3%
表演艺术	916	764	744	-18.8%
设计	665	621	387	-41.8%
艺术	11	7	4	-63.6%

* 所有行业的统计数据都是根据对日本企业结构和活动的基本调查:调查对象为那些拥有 50 人及以上员工的企业,以及资本或投资基金超过 3 000 万日元的企业。由于这项调查排除了较小的企业,所以实际销售额会大得多。

* 由于官方统计资料的修订,我们使用了 2000 年的数据,而不是 1999 年的数据,并且假设产业结构没有发生重大变化。

① 本节数据来源于日本的国家政策研究所 2014 年 4 月发布的 *Creative Industries: Reality and Potential in Japan*。

表 10 – 21 日本创意产业的就业人数 （单位：千人）

	1999	2004	2011	增长率(2011/1999)
所有产业	45 450. 5	40 128. 6	55 838. 3	22. 9%
创意产业	2 387. 4	2 154. 9	2 053. 2	–14. 0%
创意制造产业	921. 8	620. 4	456. 4	–50. 5%
纺织服装	629. 8	389. 0	293. 4	–53. 4%
家具	90. 9	87. 1	60. 2	–33. 8%
皮革制品	52. 6	35. 1	18. 6	–64. 6%
餐具	33. 6	27. 2	19. 3	–42. 6%
玩具	41. 6	28. 5	22. 8	–45. 2%
珠宝首饰	15. 2	11. 0	8. 1	–46. 7%
工艺品	45. 6	32. 5	23. 8	–47. 8%
办公用品	12. 3	10. 0	10. 1	–17. 9%
创意产业服务	1 465. 6	1 534. 5	1 596. 8	9. 0%
软件和计算机服务	455. 7	618. 8	795. 4	74. 5%
广告	146. 6	144. 5	128. 0	–12. 7%
印刷	118. 7	121. 0	117. 0	–1. 4%
建筑	429. 3	357. 7	294. 2	–31. 5%
电视 & 广播	68. 5	62. 9	68. 1	–0. 6%
音乐 & 视频	105. 6	107. 1	83. 0	–21. 4%
电影	68. 6	43. 5	49. 1	–28. 4%
表演艺术	26. 4	31. 0	28. 0	6. 1%
设计	44. 4	46. 3	32. 7	–26. 4%
艺术	1. 7	1. 8	1. 2	–29. 4%
创意产业	243. 4	211. 9	178. 0	–26. 9%
创意制造产业	107. 4	78. 5	53. 4	–50. 3%
纺织服装	71. 3	47. 6	32. 2	–54. 8%
家具	10. 2	10. 9	7. 2	–29. 4%
皮革制品	8. 2	5. 6	2. 8	–65. 9%
餐具	2. 7	2. 1	1. 5	–44. 4%
玩具	4. 2	3. 2	2. 4	–42. 9%
珠宝首饰	2. 5	1. 7	1. 4	–44. 0%
工艺品	7. 8	6. 7	5. 5	–29. 5%
办公用品	0. 6	0. 5	0. 4	–33. 3%
创意产业服务	136. 0	133. 4	124. 6	–8. 4%
软件和计算机服务	14. 4	20. 1	25. 4	76. 4%

续表

	1999	2004	2011	增长率(2011/1999)
广告	11.7	10.9	10.5	-10.3%
印刷	3.6	2.6	7.0	94.4%
建筑	59.2	53.8	46.7	-21.1%
电视 & 广播	1.7	1.6	2.2	29.4%
音乐 & 录像	27.8	27.2	20.0	-28.1%
电影	4.6	4.4	3.0	-34.8%
表演艺术	2.2	2.3	2.0	-9.1%
设计	9.6	9.4	7.0	-27.1%
艺术	1.1	1.1	0.6	-45.5%

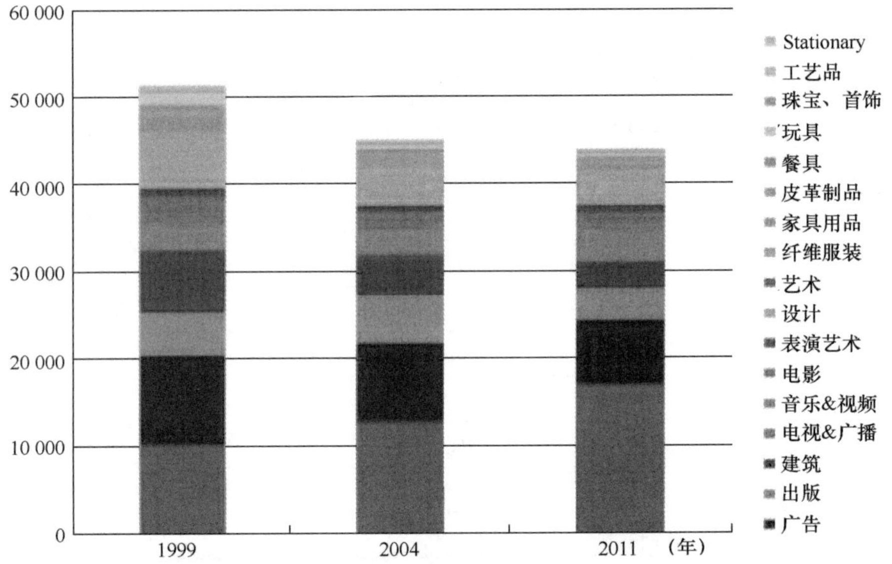

图 10-17　日本基于不同行业的创意产业销售明细(2010 估计,日本经济产业省,2012C)(单位:10 亿日元)

10.4.2　创意产业的产业增加值

销售额是反映一个行业规模和实力的重要指标之一,但是从价值创造的角度来看,产业增加值也是一个重要指标。2010 年的估计不涉及产业增加值,但我们在 2012 年经济普查的基础上考察产业增加值,统计的对象是所有企业和机构(不包括政府)。

创意产业就业人数占总就业人数的 4.2%,销售额占总销售额的 3.3%,产业增加值占 GDP 的 5.3%(见表 10-22)。此外,创意产业每名员工的产业增加值约为 628.2 万日元,而全行业员工的产业增加值为 498.2 万日元。因此,我们认为创意产业可以创造更多的就业机会,特别是创意产业中的服务行业,在每一单位的销售中能够创造更多的附加值。

表 10－22　日本产业增加值及员工数量

产　业	每个员工的增加值（千日元）	员工数量（占总数百分比）	销售额（百万日元）（占总数百分比）	增加值（十亿日元）（占总数百分比）
所有产业	5 032	48 761 693	1 336 872 217	245 355
创意产业	6 282	2 053 217（4. 2%）	44 134 549（3. 3%）	12 898（5. 3%）
制造业	6 071	9 305 701	343 326 819	56 498
创意制造业	5 522	456 407（4. 9%）	6 070 201（1. 8%）	2 521（4. 5%）
服务业	4 830	35 660 977	905 589 213	172 237
创意服务业	6 499	1 596 810（4. 5%）	38 064 348（4. 2%）	10 378 110（6. 0%）

图 10－18 表明了不同行业单位雇员的产业增加值，创意产业处于较高位置，位于电力、信息和金融产业之后。创意产业虽然只占日本经济中相对较小的一部分，但在价值创造上与所有行业的平均水平相比仍很强大。

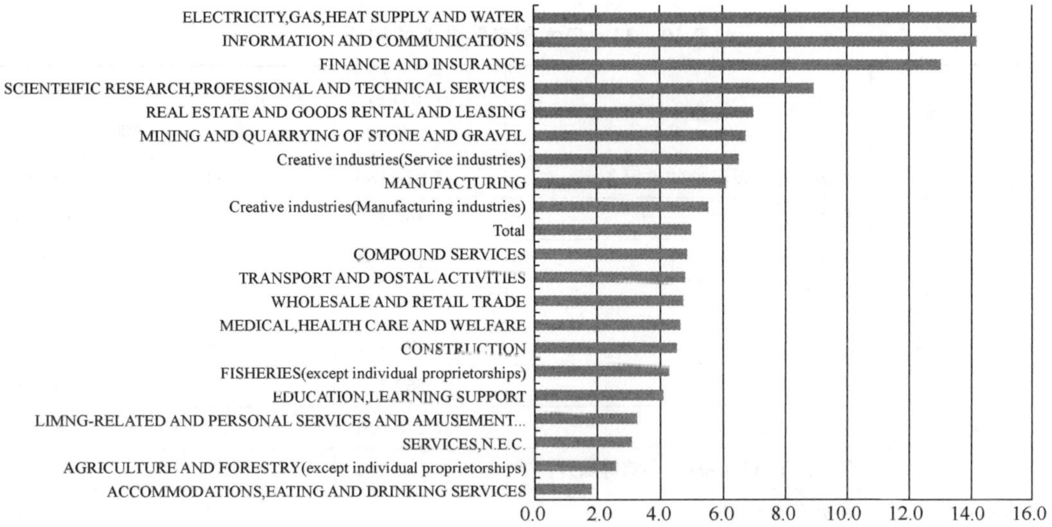

图 10－18　日本不同行业单位雇员的产业增加值

10. 4. 2. 1　日本创意产业中的制造业

表 10－22 中的产业增加值包括创意产业中的营利和非营利机构，为此，我们做了进一步的调查分析。日本的制造业包含有 532 个细分行业，平均每个行业中的每一家机构至少雇用了 49 名员工，平均每名员工带来 1 199. 7 万日元的产业增加值（中间位数是 20 名员工、944. 8 万日元的产业增加值）。

创意产业中有近 40 个制造业的细分行业，这些行业的企业规模较小，表现为员工数量和每年产业增加值较小，处于制造业平均水平之下，如图 10－18 所示。因此，创意产业在制造业的竞争中处于弱势。只有部分行业，如"体育和运动产品"、"毡制品和黏合织物"以及"自来水笔、钢笔和铅笔"等处于制造业的中间位置。纺织和服装行业是创意制造业的重要组成部分，近几十年来，该行业的企业数量、员工数量和产业增加值都在下降，而同期纺织品和服装的进口却持续增长，从 1990 年到 2010 年增长了近 10 倍，人均服装和鞋帽的消费额也大幅下滑，从 1990 年到 2010 年下降了 40%。在纺织服装行业中，有竞争优势的是毡制品和粘合织物行业，主要生产非羊毛类的人工合成和印制的毡制品，每个员工的产业增加值都超过 1 000 万日元。在这些行业中，超过 75% 的劳动者从事生产过程，而专家（如设计师和工程师等）占员工总数的 2%（MIC，2010）。

10.4.2.2 日本创意产业中的服务业

创意产业中的服务业比制造业更具竞争力，服务业平均每名员工的产业增加值为 475.5 万日元，而创意产业中的服务业平均每名员工创造 649.9 万日元增值（见表10－22）。“软件和计算机服务”是创意服务业中最大的产业部门，容纳了一半以上的雇员和产业增加值（见表 10－23）。此外，广播电视、互联网基础服务和广告业单位员工的产业增加值也较高，虽然它们的总量相对较小。艺术家和音乐指导这两个行业每名员工的产业增加值是高附加值行业的 10%。

表 10－23 日本创意服务业的细分

行业划分	行业分类	产业增加值（百万日元）	每个企业的雇员数	每名员工的产业增加值（千元）
软件和电脑服务	电脑编程以及其他软件服务	5 024 180	33	6 611
	互联网基础服务	369 518	15	10 410
广告	商业艺术与平面设计	110 398	9	4 940
	广告	1 069 542	13	10 122
出版	报纸出版	390 155	18	8 124
	其他出版	562 539	16	8 158
建筑	工程和建筑服务	1 276 620	6	4 340
音乐 & 录像	信息记录材料（报纸、书籍等除外）	106 962	52	21 172
	音乐指导和培训	46 648	2	1 431
	视听产品的租赁	77 533	12	1 709
电视 & 广播	播出	817 551	31	11 998
电影	电影生产制作、发行	240 267	14	6 880
	电影院	25 203	30	1 776
表演艺术	演出、戏剧公司	147 672	14	5 269
设计	设计服务	111 529	5	3 408
艺术	作家和艺术家	1 793	2	1 489

10.4.3 日本创意产业的进出口贸易

创意产业对一国经济发展的重要影响主要体现为它对进出口贸易的促进作用，例如，英国大约 10% 的服务出口由创意产业提供（DCM，2011），创意产业在英国经济中占有重要地位。

虽然日本经济面临国际和国内环境的波动，但在 2011 年大地震和核事故发生前的近 30 年，日本一直是贸易顺差，2011 年的核事故导致日本停止核发电并增加化石燃料进口量（见图 10 - 19），贸易开始出现逆差。过去 10 年，服务业出口占日本出口总额的 13% ~15%，服务业进口占日本进口总额的 17% ~18%。

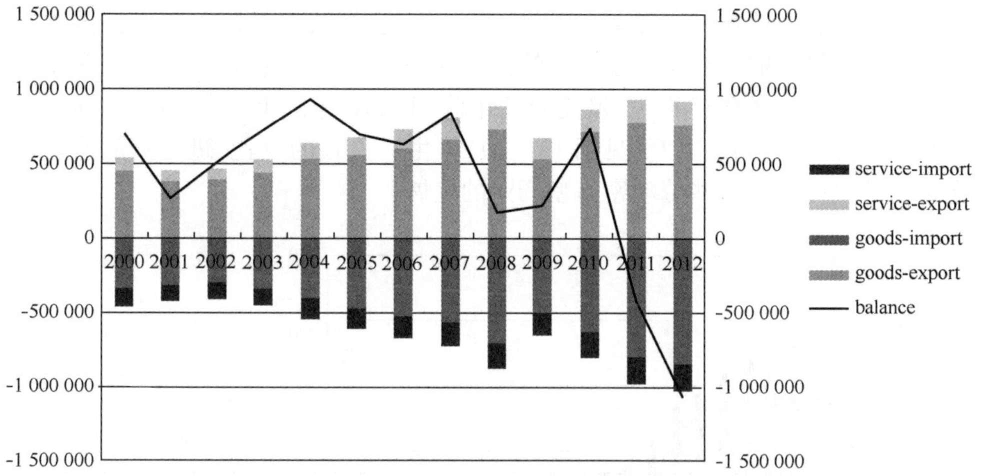

图 10 - 19 日本近年来的进出口贸易状况（单位：百万美元）

2012 年，日本的货物出口贸易中，化工产品、机械制品、材料、运输设备、电子设备等的出口占出口总额的近 80%，而纺织品的出口仅占 1%。2012 年，日本的服务出口中，运输、许可权使用费和许可费、其他商业服务及旅游占服务出口总额的 80%，“个人文化和娱乐服务”仅占日本服务出口的 0.1%。应当关注的是，特许权使用费和许可费近 10 年明显增加了，有助于改善近年来贸易收支的不平衡。

10.4.4 行业分析

由前面的分析可知，创意产业只占日本经济中一个相对较小的部分，对出口的贡献也不大。但是，创意产业对就业的贡献较大，多数创意企业雇用了很多的技术工人、生产工艺工人、文书及销售人员。单从雇员的创造力来说，很难辨别“创意产业”和其他产业的区别。为此，我们在这部分主要深入考察“传统手工艺行业”以及“内容行业”这两个行业，因为这两个行业中的创意工人（即艺术家和创作者）是劳动力的主要组成部分

10.4.4.1 传统手工艺行业

为了唤醒人们对传统手工艺的重视，以及促使人们在心理上对传统文化以及手工艺品的回归意识，1974 年日本出台了《传统手工艺产业振兴法》，自此，传统手工艺行业得到了政府的保护和扶持。根据这一法律，由日本工业技术联络会、工业技术院制品科学研究所和传统工艺品产业振兴协会组成的传统工艺技术调查实行委员会，于 1975 年先后两次进行了全国性的工艺品产业调查，并于 1976 年出版了调查报告，对指导和推动各

地工艺美术的发展起到了重要作用。《传统手工艺产业振兴法》实施中最重要的是,首先要获得通商产业大臣进行的"传统工艺品"认定,认定条件为:①主要作为供给日常生活使用的东西;②制造过程的主要部分为手工制作或手工业生产;③根据或运用传统的技术和技法制造;④传统使用的原材料;⑤在一定地域上形成产地——一般是百年以上的历史,产地具有 10 个以上企业或 30 人以上从业人员。

根据该法,大约有 200 多个细分的行业被认定为传统手工艺行业,尽管这些传统手工艺行业只占创意制造业的一小部分,并且行业比较分散,但对振兴和保护传统文化具有重要意义。尽管政府出台了一系列政策措施保护传统文化,但传统工艺行业还是有明显的下降,销售额从 1990 年的 5 080 亿日元下降到 2010 年的 1 180 亿日元,同一时期员工人数从 20. 5 万减少到 7. 3 万(见图 10 - 20)。生活方式的变化、进口商品的增加以及员工老龄化趋势影响了这些劳动密集型产业的发展。

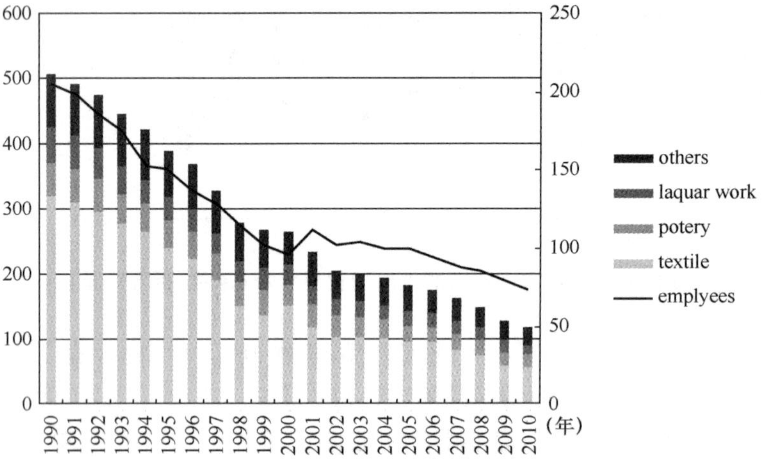

图 10 - 20 传统工艺行业的销售趋势(单位:亿日元)和员工数量(单位:千人)

10. 4. 4. 2 内容产业

内容产业的总销售额(包括数字文本、传统文本、游戏、数字音乐、音乐、数字图像、图像、动漫、漫画等)在这 10 年里大约达到 12. 0 万亿日元,并呈轻微下降趋势。一个显著的变化特征是音乐销售额的减少,数字内容特别是游戏和图像销售额的大幅增加(见图 10 - 21)。

在内容产业中,最古老的产业之一就是电影业。1895 年,世界上第一部电影诞生在法国巴黎,1896 年进入日本市场。20 世纪上半叶,日本电影产业逐渐步入最辉煌的时期。但是自 20 世纪 50 年代末开始,日本经济高速发展,社会环境也发生了很大的变化,电视机的普及,各种亚文化层面影响的扩大,美国好莱坞电影的强大攻势,使日本电影从昔日的领地中节节败退。进入 21 世纪以来,日本年均电影票房(包括外国电影和日本电影)约 2 000 亿日元,2012 年的票房收入约为 1 950 亿。自 2006 以来,日本电影票房的一半来自于日本本土电影,(2012 年,日本本土电影票房占比为 65. 7%)。日本电影的生产制作、发行和票房(电影院)主要由东宝、松竹、东映三大公司组成,同时也有多个中小独

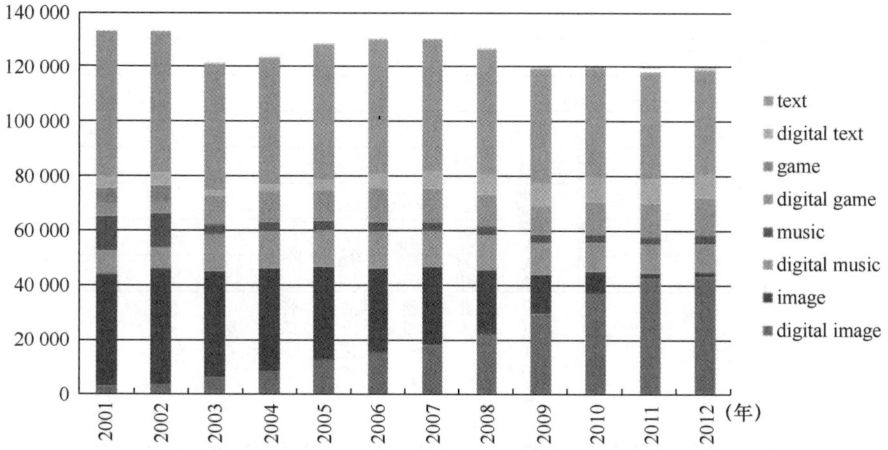

图 10－21 内容产业的销售趋势(日本数字内容协会,2013)(单位:10 亿日元)

立电影公司。

2012 年,电影及衍生品的出口总计约 53 亿日元,仅占电影业总销售额的 2.7%,可能因为日本国内市场规模比较大以及很多大公司不愿意承担海外销售产品的风险,而小型独立电影公司资金困难,无力拓展海外市场。此外,为了进一步促进出口,应该反对盗版,要对海外市场的产品进行修改,并且有必要采取有针对性的营销策略。

10.5 欧盟文化创意产业对经济的贡献

安永和 GESAC 共同合作于 2014 年 12 月发表了《2012 年欧盟地区创意和文化市场评估报告》,报告分析了 28 个欧盟国家文化创意经济发展现状和趋势,包括图书出版、报纸和杂志、音乐、演出、电视、电影、广播、视频游戏、视觉艺术、建筑和广告 11 个行业,同时系统总结了欧盟层面和各个国家层面文化创意产业对经济的贡献。

10.5.1 欧盟文化创意产业发展概览

10.5.1.1 销售额

2012 年,欧盟 28 国文化创意产业总销售收入为 5 359 亿欧元①,占欧盟 GDP 的 4.2%,11 个分行业的销售额见图 10－22。

10.5.1.2 就业

超过 700 万的欧洲人直接或间接从事着文化创意产业领域的工作,占欧盟总就业人口的 3.3%。演出、视觉艺术和音乐行业的就业人数超过 100 万人,以下是各行业 2012 年就业人数(见图 10－23)。

---

① 本节数据来源于安永和 GESAC 共同合作于 2014 年 12 月发表的 *Creating Growth—Measuring Cultural and Creative Markets in the EU*。

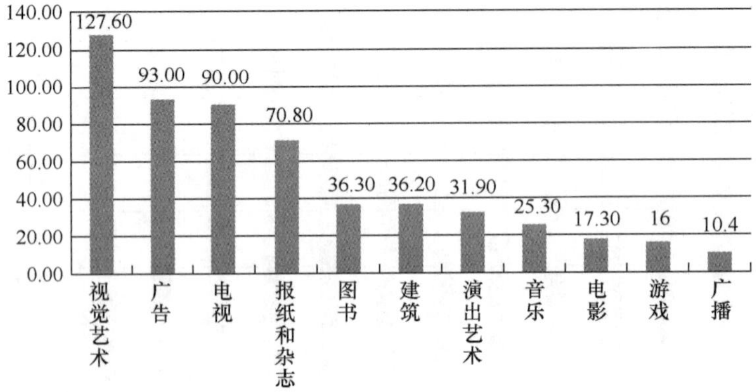

图 10－22　2012 年欧盟 28 国文化创意产业销售额(单位:10 亿欧元)

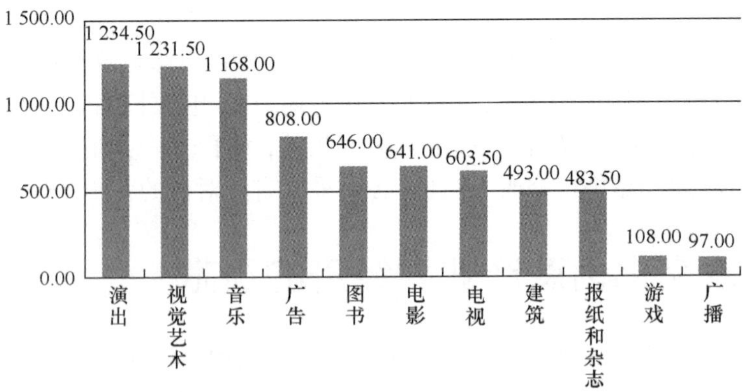

图 10－23　2012 年欧盟 28 国文化创意产业就业人数(单位:千人)

欧盟 28 国文化创意产业的就业人数相当于食品和饮料行业的就业人数,大概比汽车制造行业就业人数多 2 到 5 倍,比化工行业就业人数多 5 倍(见图 10－24)。

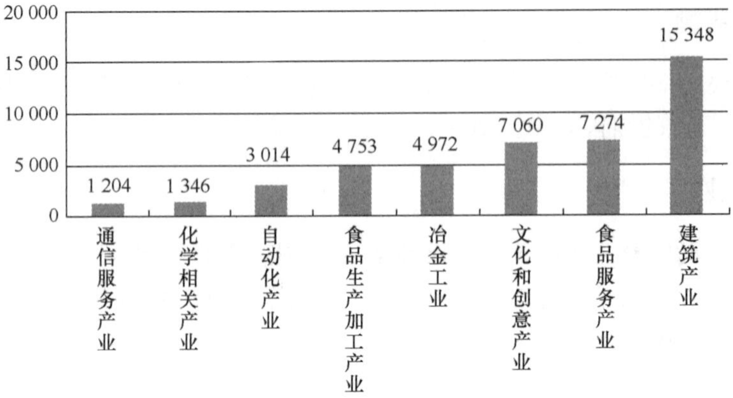

图 10－24　欧盟 28 国文化创意产业与其他产业就业人数比较(单位:千人)

文化创意产业一直是充满活力的高速发展的产业，即使是在金融危机时期依旧保持着增长势头。2000—2007 年，文化创意产业就业年增长率为 3.5%，而同期欧盟总体就业年增长率为 1%；2008—2012 年，文化创意产业就业年增长率为 0.7%，而同期欧盟总体就业年增长率为 -0.7%（见表 10-24）。文化创意产业中的音乐、视觉艺术和演艺行业是最大的雇主，它们在 2012 年雇用了文化创意产业 700 万工作者中的一半。

表 10-24 欧盟文化创意产业就业增长率

	2000—2007 年	2008—2012 年
文化和创意产业就业年增长率	+3.5%	+0.7%
欧盟总体就业年增长率	+1%	-0.7%

10.5.2 欧洲文化创意产业市场主体

欧盟国家人口相对集中，有强大的文化消费市场，有世界级文化遗产和极富才华的创意人群，因此，欧洲一直是世界文化创意产业的领军者。欧洲拥有许多国际知名的文化企业，它们中有大型的跨国公司，有中小企业，也有初创公司。

（1）图书：培生集团（Pearson）、里德・埃尔塞维尔集团（Reed Elsevier）、兰登书屋（Random House）、威科（Wolters Kluwer）、法国阿歇特图书出版集团（Hachette Livre）、西班牙出版集团（Grupo Planeta）、德国霍尔茨布林克集团（Holtzbrinck）。

（2）报纸和杂志：古纳亚尔（G+J）、RCS 传媒集团、邦尼集团（Bonnier）、艾格蒙特（Egmont）。

（3）音乐：环球（Universal）、Deezer 在线音乐、声破天（Spotify）。

（4）演出：多瑙河音乐节（Donauinselfest Music Festival）、匈牙利 Sziget 音乐节、阿维尼翁戏剧节（Avignon Festival）、爱丁堡国际电影节（Edinburgh International Festival）、史卡拉大剧院（La Scala），巴黎大剧院（Opera de Paris）。

（5）电视：恩德莫（Endemol）、天空广播（BSkyB）、法国电视（France televiseon）、法国国家电视台（TF1 internatioanl），RTL 集团（RTL Group），英国广播公司（BBC）。

（6）电影：高蒙公司（gaumont）、诺德电影（Nordisk Film）、百代电影（Pathe）法国电影公司（Wild Bunch），丹麦电影制片和出品公司（Zentropa）、比利时电影公司（Kinepolis）。

（7）广播：英国广播公司（BBC）、法国国际广播电台（Radio France International）。

（8）视频游戏：育碧娱乐（ubisoft）、King Rovio 娱乐。

（9）视觉艺术：范汉姆（Van Ham）Christie's，Dorotheum，Van Ham。

（10）建筑：凯达环球（Aedas）、诺曼福斯特（Foster and Partners）、Sweco。

（11）广告：WPP 集团、阳狮集团（Publicis）。

10.5.3 欧盟 11 个文化创意行业发展状况

10.5.3.1 图书业

图书业是欧盟文化创意产业的支柱之一，但是近 5 年图书销售额在下降。2012 年，欧盟图书业的销售额超过 363 亿欧元（见表 10-25），图书产业吸引就业人数为 646 000

人，在文化创意产业领域排名第5，其中，各领域就业情况见图10－25。欧盟大约有15万名作家。

表10－25　2012年欧盟28国的图书销售额　（单位：百万欧元）

欧盟内部的销售额	33 621
欧盟28国图书出口贸易额	2 637
总计	36 258

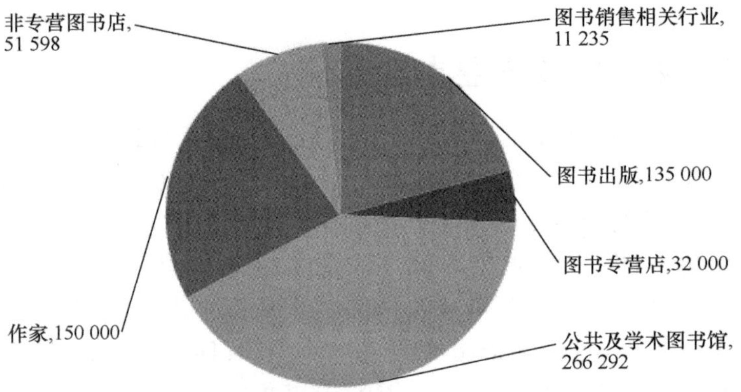

图10－25　2012年欧盟图书行业就业人数分布情况（单位：人）

2008—2012年，欧盟图书销售额下降了5%，一方面是金融危机的影响，另一方面是数字出版和销售带来的价格下降影响了销售额。尽管数字平台可能通过有吸引力的定价来提高图书的销售额，但同时也影响着文化的多样性，因为数字化平台不仅提高了畅销书的销量，而且有助于推广那些小众图书。对广大欧盟居民来说，读书是第二大文化休闲活动（见图10－26）。

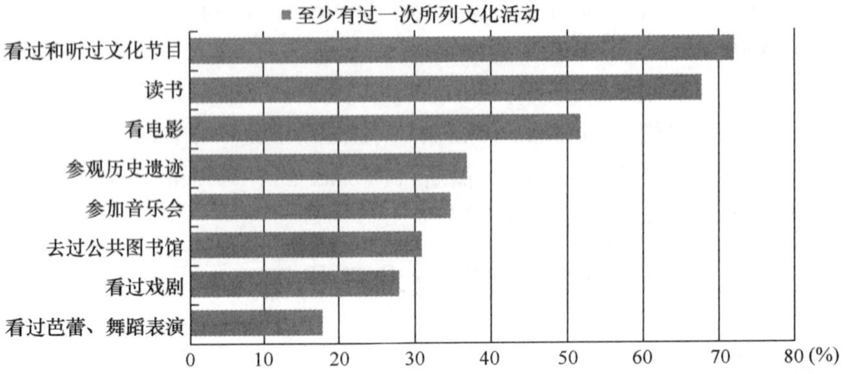

图10－26　2013年欧盟居民文化活动参与程度

10.5.3.2 报纸杂志业

2012 年,欧盟地区报纸杂志产业就业人数 483 500 人,其中,各板块就业情况如图 10－27 所示。报纸杂志行业是欧盟第四大文化创意产业,报纸出版商一半的收入来自广告(见表 10－26),杂志对广告的依赖较小,因为杂志的价格较高,广告只占其收入的 1/3。然而自 2008 年以来,报纸杂志总收入经历了连续下跌,每年下跌近 5.7%,新媒体的发展冲击了传统的出版业,但幸运的是,报纸杂志产业找到了新的出路,未来报纸杂志产业将更多地与数字产业相结合。

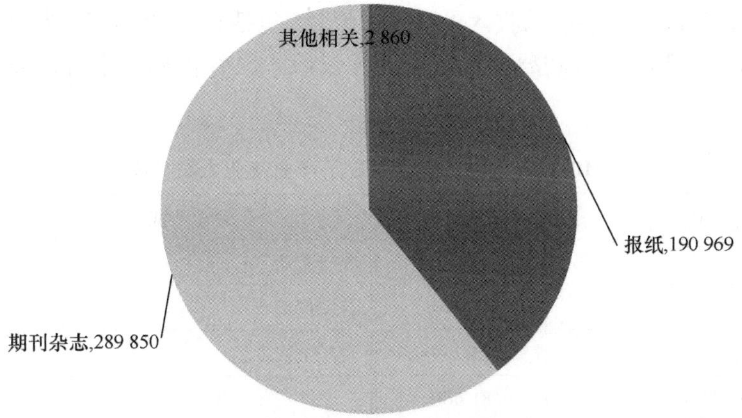

图 10－27 欧盟报纸杂志就业人数分布(单位:人)

表 10－26 2013 年欧盟报纸杂志行业收入 (单位:百万欧元)

报 纸		39 307
其 中	报纸广告收入	19 260
	报纸直接销售和在线收入	20 047
消费类杂志(B2C)		24 358
其 中	杂志广告收入	8 642
	杂志直接销售和在线收入	15 715
B2B 杂志(直接销售、广告收入和其他)		6 600
其他相关类		525
总 计		70 790

欧洲是报纸杂志产业的主导市场,欧盟 28 国是全球最大的报纸杂志市场,2012 年,全球将近一半的杂志在这里被售出,超过了美国市场(占比 24%)和日本市场(占比 11%)。亚洲是全球报纸杂志的第三大市场,过去的 5 年里销售量增长了 16%,而西欧和北美的销量同期下降了 17%。世界上两家最大的新闻通讯社——法新社(AFP)和路透社(Reuters)都来自于欧洲。世界上出版界新的成功的商业模式也大多来自欧洲,例如,《Der Spiegel 周刊》成功地由传统出版转向数字出版,它的网页版雇用了 60 名记者,每个

月有560万访问量，而且从2005年就开始盈利。

10.5.3.3 音乐产业

2012年，欧盟地区音乐产业从业人数116.8万人，其中，各板块就业情况见表10-27，音乐产业销售收入约253亿欧元（见表10-28）。音乐产业在就业方面名列文化创意产业的第3位，欧盟还有数千家大中型音乐公司，它们每年发行大量的新歌和唱片，全球十大音乐市场中有4个在欧盟，它们是德国、英国、法国和意大利。2009—2013年，欧盟数字音乐市场的销售额增长了109%（见图10-28），而实体音乐销售出现了缓慢下滑。据国际唱片协会统计，2013年全球数字音乐收入占音乐产业总收入的39%，而欧洲的占比为32%，音乐下载占数字音乐收入的69%，流量（包括订阅费和广告收入）收入占数字音乐收入的27%。2013年，欧洲音乐产业的流量收入已经占到数字音乐收入的38%（见图10-29）。

表10-27　2012年欧盟音乐产业就业人数分布　　（单位：人）

音乐产业	就业人数	音乐产业	就业人数
录音和音乐出版	44 660	非专营店	9 133
音乐家、作词、作曲家	650 000	音乐广播	5 714
娱乐工作者（盈利部门）	375 239	音乐电视频道	1 884
娱乐工作者（非盈利部门）	81 466	合　计	1 168 000

表10-28　2012年欧盟音乐产业销售额　　（单位：百万欧元）

音乐产业渠道	销售额	音乐产业渠道	销售额
实体销售	3 693	同步音乐	93
数字音乐销售	1 686	音乐广播台	3 175
唱片出口	439	音乐电视频道	1 722
现场音乐收入（盈利部门）	7 793	版权使用费（背景音乐等）	1 880
现场音乐（公共出资/非盈利部门）	4 860	总　计	2 5341

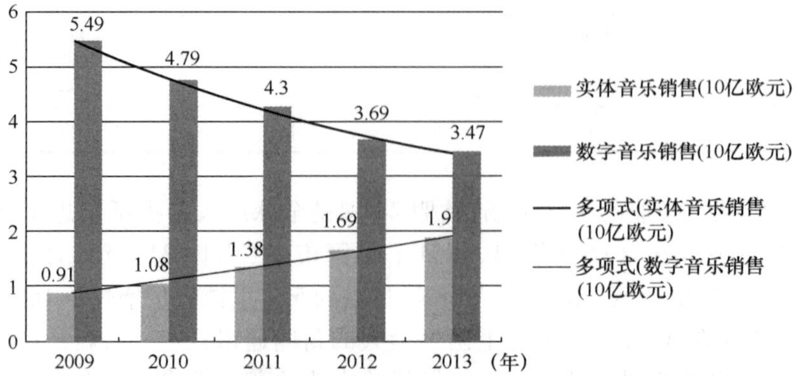

图10-28　2009—2013年欧盟音乐产业销售收入

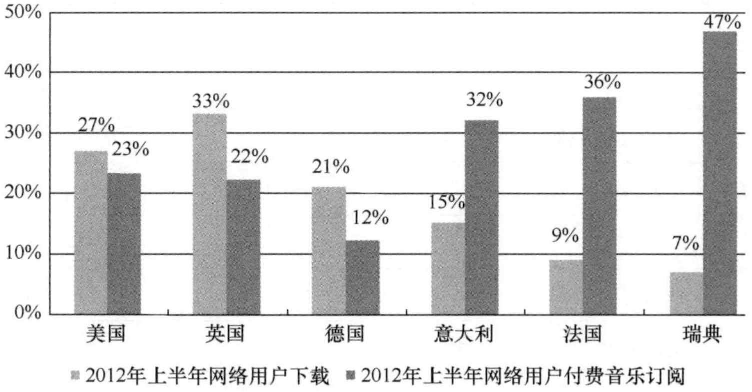

图 10－29 欧盟音乐产业的流量收入

10.5.3.4 演出产业

2012 年,欧盟地区演出艺术产业就业人数 123.45 万人,其中,各板块就业情况见表 10－29,欧盟演出产业总收入约 318.8 亿欧元(见表 10－30)。由于欧债危机后欧州经济增长乏力,导致家庭收入减少,演艺观众减少,影响了演艺产业的发展。2011 年,全球音乐会和音乐节收入约占演艺收入的 1/3,欧州演艺产业中现场音乐会和户外音乐节表现非常好,逐步回归到危机前水平。根据 MTV 音乐电视网排名,全球十大最卖座的音乐节有 5 个在欧盟地区举行:

- 多瑙河音乐节(Donauinselfest),奥地利(参与人数:320 万,2013 年)
- 伍德斯托克音乐艺术节(Przystanek Woodstock),波兰 (参与人数:55 万,2012 年)
- 岛音乐节(Sziget Festival),波兰 (参与人数:38.5 万,2012 年)
- 泥地音乐节(Paleo Festival),瑞士 (参与人数:23 万,2013 年)
- EXIT 音乐节(EXIT Festival),塞尔维亚 (参与人数:38.5 万,2012 年)

表 10－29 2012 欧盟演出行业就业情况 (单位:人)

部门		就业人数
非营利机构		271 554
其中:	演出活动——生产创作部分	213 122
	演出艺术相关的支持活动	40 247
	场地演出	18 185
营利机构		962 784
其中:	演出活动——生产创作部分	755 613
	演出艺术相关支持活动	142 694
	场地演出	64 476
合计		1 234 500

表 10 – 30　2012 年欧盟演艺产业收入　　（单位：百万欧元）

部门		就业收入
非营利机构		14726
其中：	演出艺术活动	10 014
	场地演出	4 712
营利机构		17 153
其中：	演出艺术活动	11 664
	场地演出	5 489
合　计		31 879

10. 5. 3. 5　电视产业

2013 年，欧盟地区电视产业就业人数 603 500，其中，各板块就业情况如图 10 – 30 所示。欧盟电视产业在 2010 年占全球电视产业收入的 29. 2%。这使欧洲成为全球第二大电视产业市场，仅次于北美（37%）。英国、德国和法国是欧盟电视市场的三强，占总收入的 53%。2012 年，欧盟电视产业收入近 900 亿欧元（见表 10 – 31），付费电视是欧盟电视产业收入的主要来源，电视产业营业额的增长主要来自于对付费电视的支出，2008 年以前，广告一直是电视产业收入的主要来源，占总收入的 47%，同时 44% 的广告收入来自于付费电视频道，9. 4% 的广告收入来自于公共频道。但从 2009 年开始，情况发生了变化，2010 年付费频道的收入占 48%，而 43% 又来自广告收入。2010 年以来，政府对电视产业的拨款已增加了 6. 9%，但仅占电视产业收入的 10%。由于经济危机，部分国家的公共广播电视服务受到了很大的影响，政府财政预算对公共广播电视机构以及为它们制作节目的中小企业非常重要。

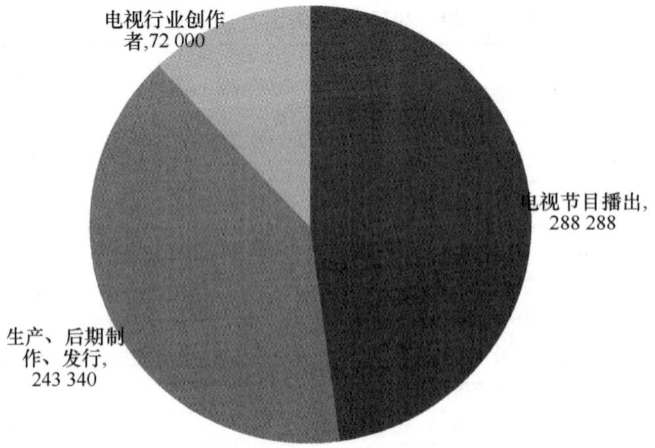

图 10 – 30　2013 年欧盟电视产业就业情况（单位：人）

表 10－31 2012 年欧盟电视产业收入 （单位：百万欧元）

产业项目	产业收入	产业项目	产业收入
付费电视和公共电视许可证费用	60 479	出口收入	1 058
广告收入	27 934	合 计	89 955
视频点播（VOD）	484		

欧盟还是仅次于美国的电视节目出口地区，90% 的欧盟电视产业的出口收入来自英国，2012 年，英国电视节目内容输出达到 12 亿欧元，比 2004 年翻了两番。

10.5.3.6 电影产业

2012 年，欧盟电影产业就业人数 641 000，其中，各板块就业情况如图 10－31 所示，总收入达到 172.7 亿欧元（见表 10－32）。

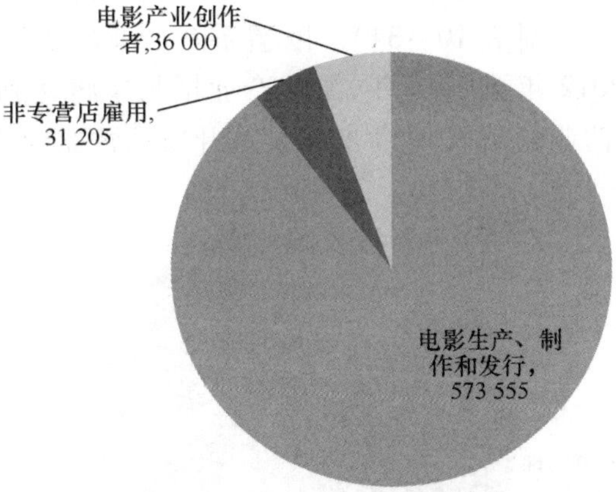

图 10－31 2012 年欧盟电视产业就业情况（单位：人）

表 10－32 2012 年欧盟电影产业收入 （单位：百万欧元）

收入来源项目	收入	收入来源项目	收入
票房总收入	6 298	视频点播（VOD）	1 380
家庭娱乐（DVD 和蓝光租赁和销售）	6 747	出口额	2 176
广告收入	671	总 计	17 272

电影产业在欧盟文化创意产业中排在第 9 位，收入主要来源于票房，2012 年，欧盟电影产业票房收入占比为 36.5%。自 2008 年以来，欧盟电影产业的票房收入小幅增长，但不足以抵消 DVD 租赁和销售收入的减少，DVD 租赁和销售收入占比从 2008 年之前的 50% 降到 2012 年的 32%。

2012 年，20 部在欧洲最受欢迎的电影中有 17 部来自美国，尽管美国电影在欧盟市场占据了票房优势，但欧洲电影仍占有一定的市场份额。2009 年，欧洲电影市场份额占比为 26%，到 2012 年，这一数字已经上升至 33.6%，同时美国电影的市场份额由 2009 年的 67.1% 降到 2012 年的 62.8%。从国家区域来看，法国电影占 13.6%，英国电影占

8%，意大利电影位列第三，占2.9%。

10.5.3.7 广播产业

2012年，欧盟地区广播产业就业人数为96 897人，广播产业总收入约为104亿欧元（见表10－33）。

表10－33 2012年欧盟广播产业营业额 （单位：百万欧元）

广告收入	4 810
其他收入（公共广播许可证费用）	5 597
总营业额	10 407

10.5.3.8 游戏产业

2012年，欧盟地区游戏产业就业人数108 000人，其中，各板块就业情况如图10－32所示，总收入约160亿欧元（见表10－34）。欧盟游戏产业增长迅速，也是文化领域最活跃的产业之一，预计从2012年至2015年，游戏产业增长率将达到9%。2013年，两个最大的欧洲游戏开发商的营业额是2012年所有游戏开发商营业额的总和。

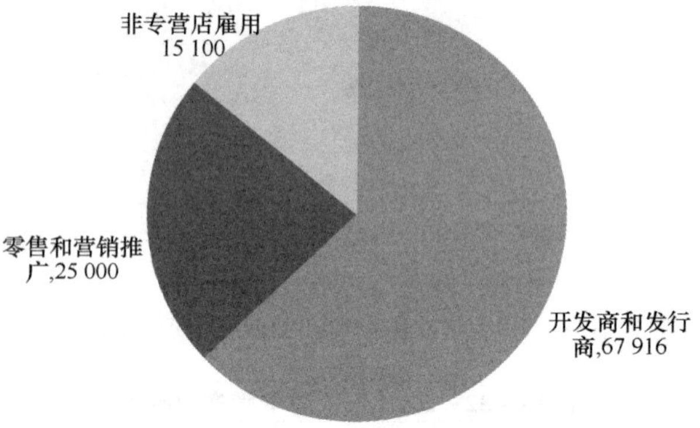

图10－32 2012年欧盟游戏产业就业情况（单位：人）

表10－34 2012年欧盟游戏产业收入 （单位：百万欧元）

2012年	百万欧	2012年	百万欧
电子游戏机	3 965	手机游戏	2 016
掌机游戏	1 594	出口额	2 727
离线计算机软件市场	601	总　计	15 990
在线计算机软件市场	5 087		

10.5.3.9 视觉艺术产业

2011年，欧盟地区视觉艺术产业就业人数1 231 500人，其中，各板块就业情况如图10－33所示，视觉艺术产业总收入约1 275.5亿欧元（见表10－35），在全球艺术品市场占有率约为34%(见图10－34和图10－35)。

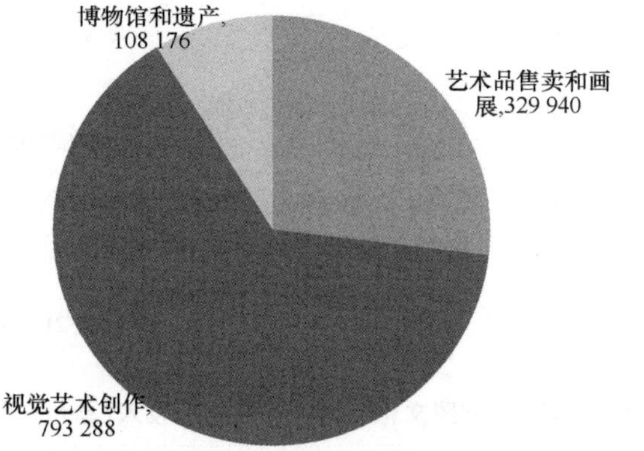

图10－33　2011年欧盟视觉艺术产业就业情况(单位:人)

表10－35　2011年欧盟视觉艺术产业收入　　　(单位:百万欧元)

视觉艺术产业项目	收入	视觉艺术产业项目	收入
摄影	8 689	艺术品和手工制品	46 337
设计	19 294	视觉艺术创作	29 907
博物馆收入	7 717	版权	10
艺术品售卖和画展	15 600	总计	127 554

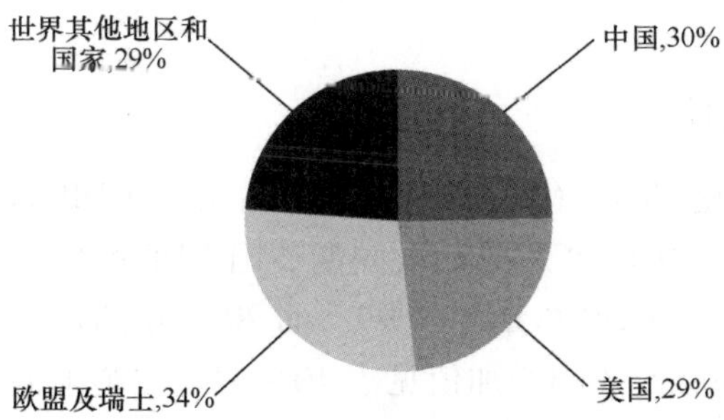

图10－34　全球视觉艺术市场占有率

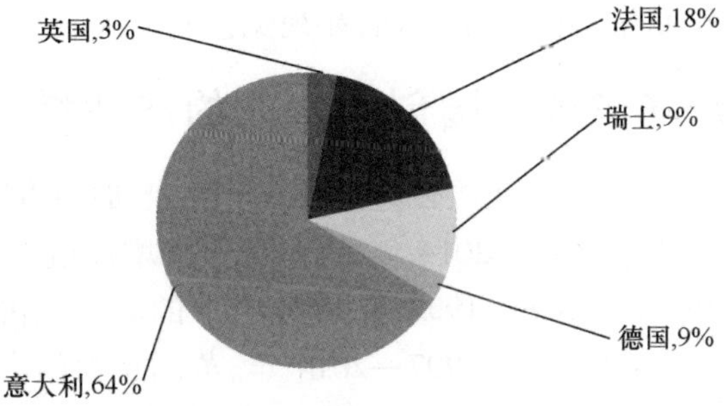

图10－35　欧盟国家及瑞士艺术品市场占有率

10.5.3.10　建筑产业

2013年,欧盟地区注册建筑师总计492 930人,2012年,建筑业总收入为362亿欧元,主要包括建筑设计、空间规划设计和监理收入。欧盟建筑业的2/3主要集中在下列5个国家:德国、英国、法国、意大利和西班牙。

10.5.3.11　广告产业

2012年,欧盟地区商业广告公司从业人员有818 000人,商业广告代理收入930亿欧元。广告收入对很多文化创意产业的生存至关重要,2012年,欧盟地区包括电视、互联网、报纸、杂志、户外、广播、影院 7 大媒介的广告收入共计 876.29 亿(见图 10-36)。

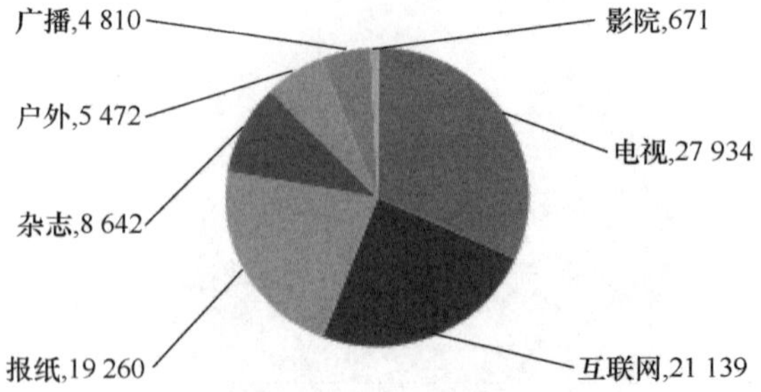

图 10-36 2012 年欧盟文化创意产业的广告收入(单位:百亿欧元)

10.6 英国创意产业的经济贡献

10.6.1 英国创意产业的界定

英国将版权及相关产业称为创意产业,根据英国经济活动标准产业分类的界定,创意产业是源于个人的创意思想、技能和才华,通过生成和发挥其经济特性,从而具有潜在的形成财富和创造就业效应的产业部门,它包括 9 大类子行业:广告和营销,建筑,工艺品,设计,电影、电视、录像、广播和摄影,信息技术、软件与计算机服务,出版,博物馆、画廊和图书馆,音乐、表演和视觉艺术。

10.6.2 英国创意产业的产业增加值

2014 年,英国创意产业的产业增加值 841 亿英镑①(见表 10-36),占英国 GDP 的 5.2%。1997—2014 年,创意产业的增加值平均每年增幅为 6.0%,同期英国 GDP 的年均增幅为 4.3%。1997 年,创意产业的附加值占英国 GDP 总量的 3.9%,而 2014 年的占比增长至 5.2%。1997—2014 年,英国 9 大门类创意产业的增加值见表 10-37。在英国创意产业的 9 大门类中,信息技术、软件和计算机服务是创意产业的最大组成部分,2014 年该行业的产业增加值约占创意产业总附加值的 43.5%(见表 10-38);设计行业的产业增加值总值最大的增幅出现在 2013—2014 年,增长率为 16.6%;2013—2014 年,电影、电视、录像、广播和摄影行业的产业增加值增长了 13.8%,这是由于近年来广播影视行业的快速发展,而此前 2012—2013 年下降了 3.0%。

表 10-36 2009 年到 2013 年英国创意产业的就业水平、增加值总额和服务出口

	2009 年	2010 年	2011 年	2012 年	2013 年	2014 年
就业数(万人)	143.0	142.5	155.1	168.4	170.8	180.0

① 本节数据来源于英国文化传媒和体育部 2016 年 1 月发布的 *Creative Industries Economic Estimates*。

续表

	2009年	2010年	2011年	2012年	2013年	2014年
产业增加值(单位:亿英镑)	576	598	652	700	769	841
服务出口(单位:百万英镑)	13 303	14 719	15 503	17 258	—	

表 10－37　1997—2015 年英国 9 大门类创意产业的增加值

(单位:百万英镑)

年份 创意产业群	1997年	1998年	1999年	2000年	2001年	2002年	2003年	2004年	2005年
广告和营销	3 677	3 890	5 859	6 588	6 032	5 833	5 722	6 162	7 364
建筑	1 392	1 470	1 437	1 571	1 653	1 552	1 805	1 868	2 132
工艺品	243	311	289	289	350	326	327	294	229
设计:产品、图形和时尚设计	905	887	993	1 177	1 062	1 095	1 173	1 380	1 507
电影、电视、录像、广播、摄影	5 985	6 035	7 333	8 802	8 982	9 427	9 258	10 473	8 487
信息技术、软件与计算机服务	9 846	14 591	15 218	14 790	17 825	16 144	18 269	20 838	22 469
出版	6 341	6 991	7 733	7 983	8 165	8 135	8 390	9 072	9 198
博物馆、画廊和图书馆	—	—	—	—	—	—	—	—	—
音乐、表演和视觉艺术	2 669	2 904	3 140	3 257	3 124	3 360	3 542	3 626	3 312
总计	31 205	37 160	42 002	44 480	47 225	45 985	48 620	53 833	54 951
占英国 GDP 的份额	3.96%	4.50%	4.90%	4.88%	4.98%	4.60%	4.56%	4.79%	4.62%
年份 创意产业群	2006年	2007年	2008年	2009年	2010年	2011年	2012年	2013年	2014年
广告和营销	6 067	7 118	8 347	6 967	6 840	8 128	9 339	10 248	13 250
建筑	2 161	2 518	3 565	3 205	2 638	3 235	3 497	3 592	4 326
工艺品	263	341	195	218	268	264	248	172	288
设计:产品、图形和时尚设计	1 608	1 684	1 856	1 886	2 049	2 504	2 500	3 094	3 235
电影、电视、录像、广播、摄影	5 973	5 349	8 222	6 296	7 973	9 987	9 821	9 308	10 807
信息技术、软件与计算机服务	22 267	26 296	26 018	26 403	26 991	27 672	30 552	35 073	36 578
出版	9 011	9 196	9 255	8 968	9 580	9 286	9 624	9 938	10 180
博物馆、画廊和图书馆	—	—	—	—	—	—	—	—	—
音乐、表演和视觉艺术	3 517	3 913	3 740	3 779	3 434	4 184	4 581	5 453	5 444
总计	50 955	56 601	61 145	57 618	59 753	65 180	70 012	76 909	84 067
占英国 GDP 的份额	4.05%	4.26%	4.47%	4.28%	4.27%	4.52%	4.74%	5.04%	5.19%

创意产业 2011—2014 年保持持续高速增长,2012—2013 年的增长率达到最高值 10.53%,2013—2014 年,增长率降为 8.9%,但仍高于同期英国 GDP 的增长率(4.6%)。作为英国 GDP 的重要组成部分,创意产业增加值占 GDP 的份额从 2008 年的 4.5%下降

到2010年的4.3%,2014年又增加到5.2%(见表10-38)。这反映了一个事实,即2008—2009年,创意产业增加值减少的幅度大于英国总体经济的降幅,2009—2010年,其复苏稍微慢于英国经济,然后在2010—2014年经历了比英国经济更强劲的增长。

表10-38 创意产业9大门类的产业增加值占比

类 型	2008年	2009年	2010年	2011年	2012年	2013年	2014年
1. 广告和营销	13.7%	12.1%	11.4%	12.5%	13.3%	13.3%	15.8%
2. 建筑业	5.8%	5.6%	4.4%	5.0%	5.0%	4.7%	5.1%
3. 工艺	0.3%	0.4%	0.4%	0.4%	0.4%	0.2%	0.3%
4. 设计:产品、图形和时装设计	3.0%	3.3%	3.4%	3.8%	3.6%	4.0%	3.8%
5. 电影、电视、录像、广播、摄影	13.4%	10.9%	13.3%	15.3%	14.0%	12.1%	12.9%
6. 信息技术、软件与计算机服务	42.6%	45.8%	45.2%	42.5%	43.6%	45.6%	43.5%
7. 出版业	15.1%	15.6%	16.0%	14.2%	13.7%	12.9%	12.1%
8. 博物馆、美术馆和图书馆	—	—	—	—	—	—	—
9. 音乐、表演和视觉艺术	6.1%	6.6%	5.7%	6.4%	6.5%	7.1%	6.5%

10.6.3 就业与出口

英国于2015年6月发布了创意产业的就业和出口统计数据。2014年,创意产业共提供了180万个就业岗位(包括创意和辅助支持的岗位)(见表10-39),比2013年增加了5.5%。英国创意产业的就业总人数在2013—2014年增加了5.0%(从260万增加到280万人),同期英国总就业人数增加了2.1%。表10-39是2011—2014年英国创意产业的劳动生产率,表10-39中的数据反映出英国创意产业的生产率低于总体生产率,主要原因是创意产业拥有大量的兼职工作人员,而在计算生产率的时候并不区分兼职人员和全职人员。

表10-39 2011—2014年英国创意产业的劳动生产率

	2011年	2012年	2013年	2014年
创意产业增加值(百万英镑)	65 180	69 849	77 187	84 067
创意产业就业人数	1 561 691	1 691 112	1 713 004	1 808 001
创意产业生产率(百万英镑/人)	41 737	41 304	45 059	46 497
CI生产力指数(2011=100)	—	99	108	111
英国总生产率(百万英镑/人)	47 908	48 991	50 481	51 718
英国生产力指数(2011=100)	—	99	108	111

注:生产率是指人均产业增加值。

2013年,英国创意产业的服务出口达173亿英镑(见表10-40),比2012年增加了3.5%。2009—2012年,英国创意产业各行业的服务出口额见表10-41。

表 10－40　2009—2013 年创意产业服务出口额　　（单位：百万英镑）

	2009 年	2010 年	2011 年	2012 年	2013 年
服务出口额	13 303	14 719	15 503	17 258	17 900

表 10－41　2009—2012 年创意产业 9 大门类服务出口额　（单位：百万英镑）

	2009 年	2010 年	2011 年	2012 年
广告和营销	2 136	1 861	2 013	2 343
建筑	319	384	362	373
工艺品	—	—	—	—
设计：产品、图形和时尚设计	116	122	131	190
电影、电视、录像、广播、摄影	3 826	4 658	4 257	4 345
信息技术、软件与计算机服务	5 811	6 286	7 210	8 011
出版	806	1 032	1 245	1 415
博物馆、画廊和图书馆	—	—	—	—
音乐、表演和视觉艺术	286	357	275	574
创意产业总计	13 303	14 719	15 503	17 258
英国出口总额	169 514	176 241	190 268	195 593
创意产业服务出口在英国总出口中的比重	7. 80%	8. 40%	8. 10%	8. 80%

10. 6. 4　与其他产业的比较

创意产业在英国的经济统计中不是一个独立的产业部门，而是一个交叉行业。2013—2014 年，英国创意产业产业增加值的增长速度位居第二（增长率为 8. 9%），仅次于建筑业（增长率为 10. 2%。）。创意产业的产业增加值在 2008—2014 年增长了 37. 5%，这一增加率超过了同期其他产业，房地产业以 34. 7% 的增加率位居第二（见表 10－42）。

表 10－42　英国创意产业与其他产业增长率比较

	2013—2014 年增长率	2013—2014 年增长率
建筑业	10. 20%	9. 70%
创意产业	8. 90%	37. 50%
总的专业性和支持性产业	7. 30%	22. 60%
其他服务业	7. 10%	30. 60%
金融和保险业	7. 00%	21. 60%
快递、交通运输、酒店和餐饮业	5. 50%	16. 30%
房地产业	3. 70%	34. 70%
农业、林业和渔业	2. 50%	11. 90%
信息和通信业	2. 20%	13. 30%

续表

	2013—2014 年增长率	2013—2014 年增长率
政府、医疗和教育业	2.20%	12.70%
制造业	-0.20%	11.70%
英国经济总量	4.60%	18.20%

注：变化是基于当前的价格（即未考虑通货膨胀因素）。

10.6.5 英国创意经济的产业增加值

2014 年，创意经济的总产业增加值为 1 333 亿英镑（见表 10－43），占英国经济总量的 8.2%。在 1 333 亿的创意经济产业增加值中，63% 来自创意产业（841 亿英镑），37%（492 亿英镑）来自非创意产业中的创意部分。英国创意经济的产业增加值自 2011 年以来增长了近 1/4，比同期英国总体经济增长速度（12.1%）更快，这一增长主要是由创意产业所贡献，图 10－37 显示了 2011—2014 年英国创意经济中创意产业和非创意产业的贡献。

表 10－43　2011—2014 年英国创意经济的产业增加值（单位：百万英镑）

产　业	2011 年	2012 年	2013 年	2014 年
创意产业	65 180	69 849	77 187	84 067
非创意产业创意比例	41 506	42 850	46 200	49 213
创意经济	106 686	112 699	123 387	133 280
英国 GDP	1 443 281	1 485 776	1 546 914	1 618 346
占英国 GDP 的比重	7.39%	7.59%	7.98%	8.24%

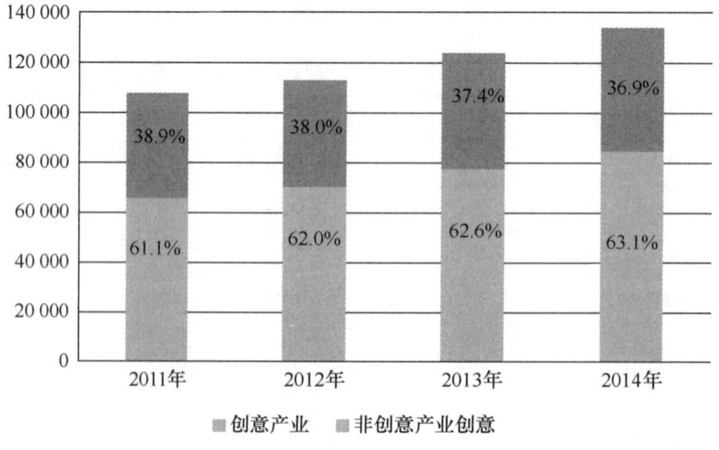

图 10－37　英国创意产业和非创意产业对创意经济产业增加值的贡献

注：图中数据显示了相关组产业增加值占英国创意经济的百分比。

10.7 荷兰版权产业的经济贡献

10.7.1 荷兰版权产业的产业增加值

2011 年,荷兰版权相关产业的产业增加值达到359 亿欧元①,占荷兰 GDP 的6%(见表10-44)。核心版权产业增加值占版权产业增加值的77%;其次是非专用支持行业,为11%;相互依存的版权产业为7%;部分版权产业占比为5%。

表10-44 荷兰版权相关产业的产业增加值(2011 年)

类别	产业增加值 欧元(百万)	占 GDP 百分比(%)
核心版权产业	27 639	4.60
相互依存的版权产业	2 446	0.40
部分版权产业	1 878	0.30
非专用支持行业	3 890	0.60
版权相关产业	35 853	6.00
荷兰经济总量	599 047	100.00

10.7.2 版权产业的就业

荷兰版权相关产业就业人数为529 000 人(全职),662 000 个工作岗位(见表10-45)相当于荷兰总就业人数的7.4%(以工作岗位数来计算时,占比为6.9%),雇员和自雇人士都包括在这些统计数据中。

表10-45 荷兰版权相关的就业(2011)

类 别	就业总数(单位:千人)		占全民就业百分比(%)	
	工作岗位	全职人数	工作岗位	全职人数
核心版权产业	503	413	5.20	5.80
相互依存的版权产业	35	30	0.40	0.40
部分版权产业	52	36	0.50	0.50
非专用支持行业	71	49	0.70	0.70
版权产业总计	662	529	6.90	7.40
荷兰全国总计	9 608	7 167	100.00	100.00

表10-46 和图10-38 显示了荷兰版权产业中雇员和自雇人员的就业人数,以及在总就业人数中所占的份额。版权产业中,自雇的工作岗位有146 000 个,占版权相关工作

① 本节数据来源于荷兰经济事务部2014 年5 月发布的 *Economic Contribution of Copyright - RelevantIndustries in the Netherlands*。

岗位的22%。自雇人员占比最高的是核心版权产业(26%),占比最低的是相互依存的版权产业(7%)。此外,自雇人员占比在4个版权相关的类别之间的差异是相当大的。例如,摄影行业的就业中,80%是自雇。此外,占比较高的还有相互依存的版权产业中的内部设计行业(接近70%)和非专用支持行业中的零售行业(接近60%)。

表 10-46　雇员和自雇就业人数(2011)

类　别	雇员(单位:千人)		自雇人员(单位:千人)	
	工作岗位	全职人数	工作岗位	全职人数
核心版权产业	373	311	130	102
相互依存的版权产业	32	28	3	2
部分版权产业	45	31	7	5
非专用支持行业	65	45	6	4
版权相关产业	516	415	146	114
荷兰经济总量	8 604	6 418	1 004	749

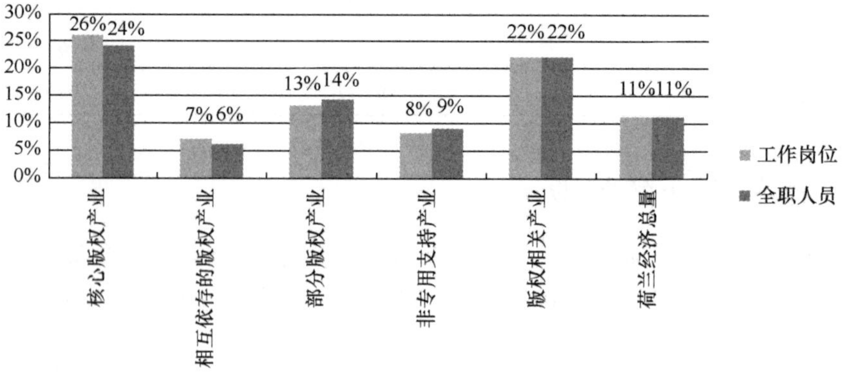

图 10-38　荷兰版权产业中雇员和自雇人员的就业人数

10.7.3　版权产业的贸易额

荷兰版权相关产业2011年贸易顺差为12亿欧元,占该国总贸易顺差的2.7%(见表10-47)。核心版权产业的出口额占版权产业出口总额的一半,这也是总贸易顺差中贡献最高的行业,占比为4.2%。

表 10-47　2011 年荷兰版权相关产业贸易额　　(单位:百万欧元)

类　别	出口	进口	贸易差额	占总贸易差额的比重
核心版权产业	9 208	7 332	1 877	4.2%
相互依存的版权产业	5 750	4 525	1 226	2.8%
部分版权产业	1 208	1 564	-356	-0.8%
非专用支持行业	2 919	4 478	-1 559	-3.5%
版权产业总计	19 086	17 898	1 188	2.7%
荷兰总计	409 358	364 922	4 4437	100.0%

荷兰的贸易中有一大部分属于转口贸易。转口贸易又称中转贸易或再出口贸易，是指外国商品进入荷兰以后未经加工制造又出口到其他国家。转口贸易占荷兰货物出口额的44%，占荷兰货物进口额的49%。剔除了转口贸易后，荷兰版权产业的贸易额见表10－48。

表10－48　2011年荷兰版权产业（剔除转口贸易）的贸易额

（单位：百万欧元）

类别	出口	进口	贸易额	占总贸易额比重
核心版权产业	2 592	716	1 877	4.2%
相互依存的版权产业	1 437	211	1 226	2.8%
部分版权产业	365	720	－356	－0.8%
非专用支持行业	1 076	2 635	－1 559	－3.5%
版权产业总计	5 469	4 282	1 188	2.7%
荷兰总计	231 064	186 627	44 437	100.0%

剔除了转口贸易后，荷兰版权产业的出口额和进口额减少了70%，分别降至55亿欧元和43亿欧元。也就是说，原产于荷兰的货物进出口额仅占荷兰进出口总额的30%。核心版权产业和相互依存的版权产业中，转口贸易份额最高，最低的是非专用支持行业。

10.7.4　核心版权产业

图10－39给出了2011年荷兰核心版权产业各门类的产业增加值占比，软件和数据库几乎占到核心产业产业增加值的一半，其次是新闻出版、文学和广告。图10－40和图10－41显示，这些行业在就业方面表现尤为突出，但是各行业的劳动生产率（单位员工的产业增加值）是不同的。下面具体分析这9个行业的经济表现。

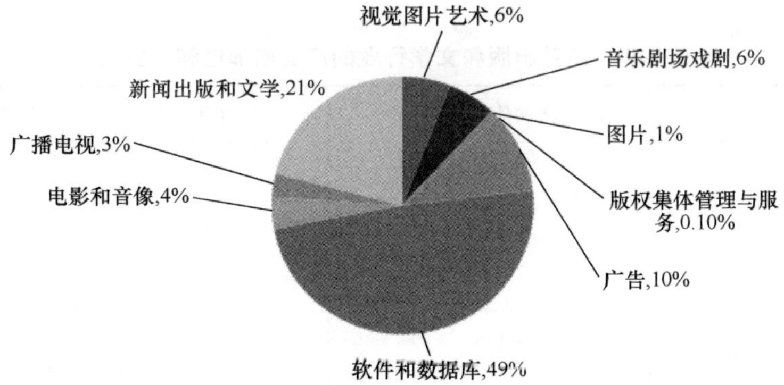

图10－39　2011年荷兰核心版权产业各门类的产业增加值占比

10.7.4.1　出版和文学

出版和文学业作为核心版权产业的第二大门类，2011年的产业增加值为58亿欧元（占GDP的1%），全职就业人员为83 100人（占全国总就业人数的1.2%）（见表10－49）。

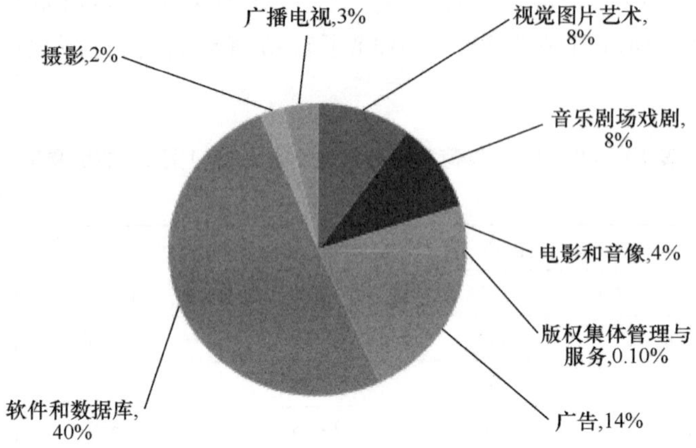

图 10－40 按就业岗位数衡量的核心版权产业各门类就业占比

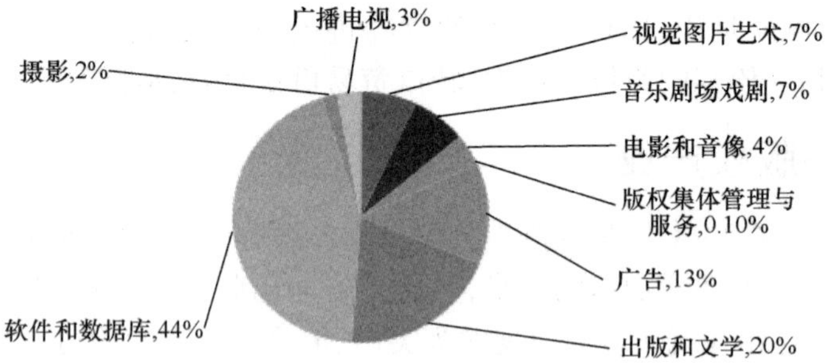

图 10－41 按全职就业人数衡量的核心版权产业各门类就业占比

表 10－49 荷兰出版和文学行业的产业增加值和就业人数

经济活动	产业增加值(百万欧元)	岗位(千人)	全职人数(千人)
作者、作家、译者	499	13	10. 1
报纸	858	13. 6	11
新闻机构	45	1. 4	1. 2
杂志/期刊	1 178	11. 6	10. 1
图书及其他出版资料	690	9. 5	8
印刷	1 240	25. 4	22
出版物的批发和零售	721	19. 5	13
图书馆	538	10. 9	7. 8
总　计	5 768	105	83. 1

10.7.4.2 音乐和戏剧

表10－50显示，音乐和戏剧行业产生了15亿欧元的产业增加值（占GDP的0.3%），有接近4万个就业人员（27 500名全职员工，占全国总就业人数的0.4%）。表演活动和剧院运营行业的经济贡献最大。

表10－50 荷兰音乐和戏剧行业的产业增加值和就业人数

经济活动	产业增加值（百万欧元）	岗位（千人）	全职人数（千人）
艺术创作（作家、演员、导演等）	226	5.5	4
剧院运营	409	11.8	7.3
音乐作品印刷出版	78	2.1	1.7
音乐录制	23	0.5	0.3
唱片批发零售和出租	283	6.1	4.4
表演活动	521	13.7	9.8
总计	1 539	39.6	27.5

10.7.4.3 电影和音像

2011年，荷兰电影和音像行业产生总计8.38亿欧元产业增加值（占GDP的0.14%）和近1.6万个全职就业岗位（见表10－51）。电影和音像制作与发行约占该行业经济贡献的一半。

表10－51 荷兰电影和音像行业的产业增加值和就业人数

经济活动	产业增加值（百万欧元）	岗位（千人）	全职人数（千人）
编剧、导演、演员	213	5.5	4
电影和音像制作与发行	436	10.6	8.7
电影展	119	4	1.8
音像租赁和销售、视频点播	48	1.5	0.9
相关服务	23	0.5	0.3
总计	838	22.1	15.9

10.7.4.4 广播电视

据统计，2011年，荷兰广播电视公司（包括独立制片人）产生11亿欧元（占GDP的0.2%）的产业增加值，拥有1.09万名全职员工（见表10－52）。

表 10-52 荷兰广播电视行业的附加值和就业人数

经济活动	产业增加值(百万欧元)	岗位(千人)	全职人数(千人)
电视节目制作	252	3.5	3.1
广播电视播出公司	824	8.7	7.1
独立制片公司	68	0.8	0.7
总　计	1144	13.1	10.9

10.7.4.5 摄影

2011 年共有 8 100 名员工从事摄影记者和其他相关工作，产生了 2.07 亿欧元的产业增加值(见表 10-53)。

表 10-53 荷兰摄影业的产业增加值和就业人数

经济活动	产业增加值(百万欧元)	岗位(千人)	全职人数(千人)
摄影工作室和商业摄影	207	11.2	8.1

10.7.4.6 软件和数据库

软件和数据库行业是核心版权产业的最大子类别，表 10-54 显示，2011 年该行业产生了 136 亿欧元的产业增加值(占所有核心版权产业的 2.3%，占 GDP 的 49%)，拥有 186 200 个全职就业人员(占全国总就业人数的 2.5%)。

表 10-54 荷兰软件和数据库行业的产业增加值和就业人数

经济活动	市场价格(百万欧元)	岗位(千人)	全职人数(千人)
编程、开发与设计、制造	10 812	167.1	152.4
批发和零售软件(商务软件、视频游戏、教育软件等)	2 054	19.5	17.4
数据库处理与发布	748	15.0	12.7
总　计	13 614	201.7	182.6

10.7.4.7 视觉艺术

视觉艺术行业产生了 18 亿欧元的产业增加值，带动了近 3 万人的就业，设计和艺术创作(包括印刷相关服务)对该行业的贡献率最大(见表 10-55)

表 10-55 视觉艺术业的产业增加值和就业人数

经济活动	产业增加值(百万欧元)	岗位(千人)	全职人数(千人)
平面设计、视觉艺术和与印刷相关的服务活动	1 327	27.8	21.7

续表

经济活动	产业增加值(百万欧元)	岗位(千人)	全职人数(千人)
艺术画廊和其他销售服务	446	11.8	7.3
图框和其他相关服务	31	0.7	0.5
总 计	1 804	40.3	29.6

10.7.4.8 广告

2011 年,共有 5.5 万名员工从事广告和广告购买服务(包括市场调研)类工作,产生了 27 亿欧元的附加值(占 GDP 的 0.5%)(见表 10-56)。

表 10-56 荷兰广告行业的产业增加值和就业人数

经济活动	产业增加值(百万欧元)	岗位(千人)	全职人数(千人)
广告代理、媒介购买服务	2 701	69.6	55.1

10.7.4.9 版权集体管理与服务

版权集体管理与服务包括与版权相关的职业和交易组织机构,2011 年,该行业雇用了 330 名全职员工,产生近 2 200 万欧元的产业增加值(见表 10-57)。

表 10-57 版权集体管理与服务行业的产业增加值和就业人数

经济活动	产业增加值(百万欧元)	岗位(千人)	全职人数(千人)
版权行业协会等社会组织	22	0.4	0.3

10.8 芬兰版权产业的经济贡献

10.8.1 芬兰版权产业的产业增加值

2009—2012 年,芬兰版权产业的产业增加值不断增长,版权产业的增加值从 2009 年的 81.2 亿欧元增长到 2012 年的 91 亿欧元[①],其中,核心版权产业的产业增加值由 2009 年的 65.61 亿欧元增长到 2012 年的 72.54 亿欧元(见图 10-42)。2009—2012 年,芬兰版权产业的增加值对芬兰 GDP 的贡献基本保持稳定,2009 年的贡献度为 4.71%,2012 年则为 4.73%(见图 10-43)。2009 年到 2012 年间,核心版权产业的经济贡献从 3.81% 下降到 3.77%,非专用支持的版权产业也有轻微下降,而相互依存的版权产业则从 0.43% 上升到 0.5%,上升的主要原因是造纸行业产业增加值的增长。造纸行业是芬兰经济的主要产业之一,因此,尽管只有造纸行业增加值的一部分计入版权产业,造纸行业

① 本节数据来源于芬兰教育和文化部 2014 年发布的 *Economic Contribution of Copyright-based Industries in Finland 2009—2012*。

的发展还是很大程度上影响了相互依存的版权产业。2009—2012 年，芬兰的核心版权产业对 GDP 的贡献超过了食品、金属和机器制造业（见图 10－44）。

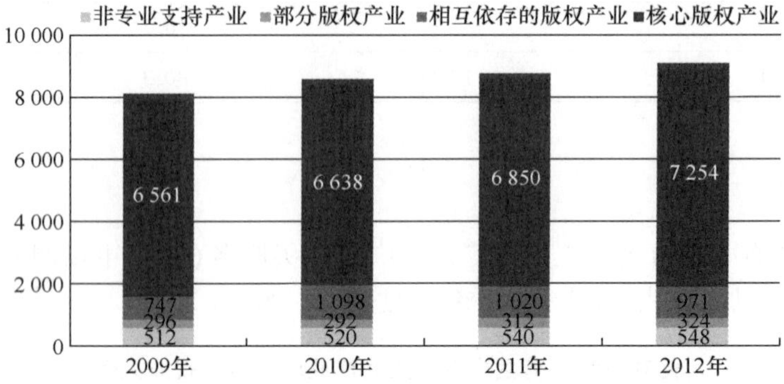

图 10－42　芬兰版权产业的产业增加值（单位：百万欧元）

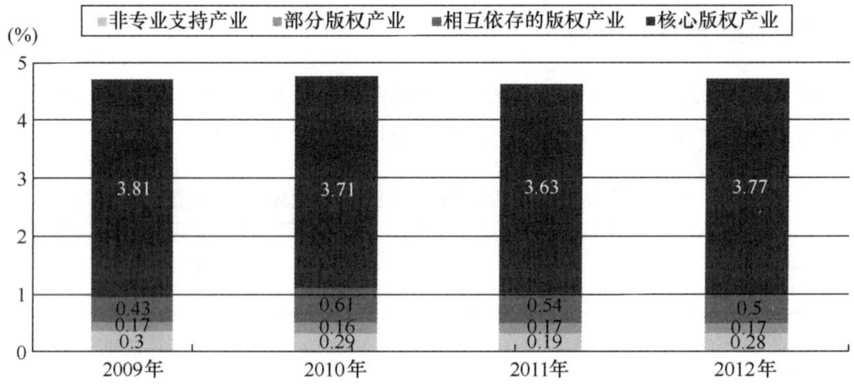

图 10－43　芬兰版权产业的产业增加值占 GDP 的比重

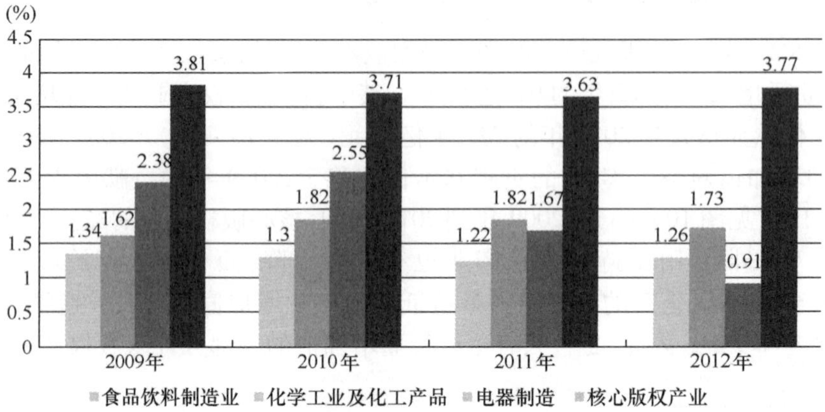

图 10－44　芬兰核心版权产业对 GDP 的贡献与其他产业对比

2012 年，计算机软件及数据库和出版业两大核心版权产业的产业增加值占到核心版权产业的 84%（见图 10－45）。计算机软件及数据库的贡献最大，占 60.6%，其次是出版业，占 23.1%，广告业紧随其后，约占 7%。

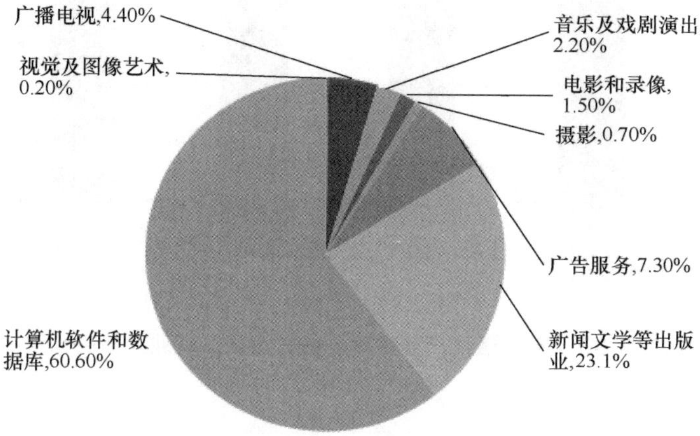

图 10－45　2012 年芬兰核心版权产业增加值的行业构成

10.8.2　芬兰版权产业的就业

芬兰版权产业的就业人数在 2009 年达到 125 601 人（占劳动力市场总数的 5.11%），2012 年的劳动力数量达到 124 052（占劳动力市场总数的 5.14%）（见图 10－46 和图 10－47）。图 10－47 显示了 2009—2012 年版权产业的就业人数占总就业人数的比例变化。在此期间，版权产业就业人数在下降，但所占劳动力市场的比例却轻微上升。芬兰全部版权产业的就业人数占比上升了 1.1%，同时核心版权产业就业人数占比上升了 2%，核心版权产业就业人数占比上升的主要部分是计算机软件及数据库和音乐行业。

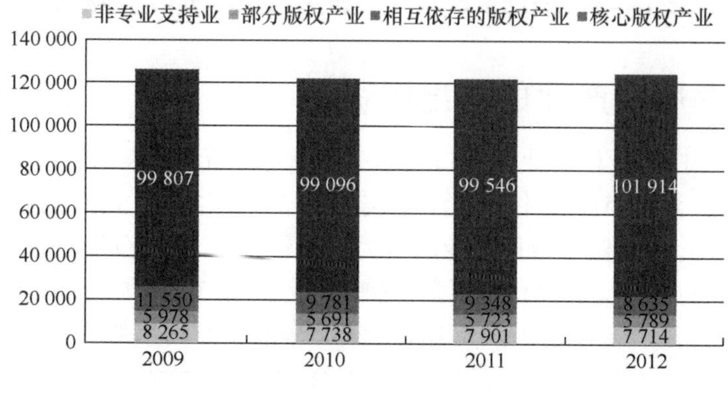

图 10－46　芬兰版权产业的就业人数（单位：人）

2012 年，计算机软件及数据库行业就业人数占核心版权产业就业总人数的 52.5%（见图 10－48），出版业占 25.5%，广告服务和广播电视分别占 9% 和 5%。

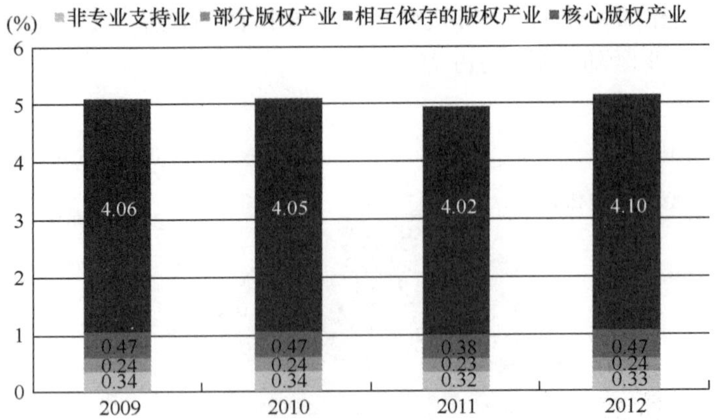

图 10－47　芬兰版权产业就业人数占全国总就业人数的比重

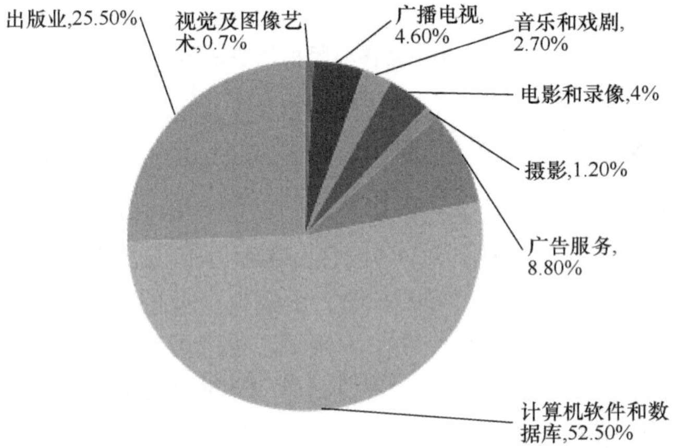

图 10－48　2012 年芬兰核心版权产业就业人数的行业构成

10.8.3　芬兰版权产业的进出口贸易

2012 年,芬兰核心版权产业的出口额达 75.45 亿欧元(见表 10－58),占芬兰出口总额的 13.3%,进口额为 51.95 亿欧元(见表 10－59),占进口总额的 8.7%,贸易顺差 23.50 亿欧元。2009 年,核心版权产业的贸易顺差额是 12.51 亿欧元(见表 10－60)。出口主要来自计算机服务①、版税和授权费,这些行业在进口贸易中也同样重要。2012 年,广告和相关服务的进口额远大于其出口额,在计算机服务和出版方面,出口额略微高于进口额。

① The foreign trade in services statistics are based on the survey on foreign trade in services carried out by Statistics Finland. In exports the changes are visible especially in the exports of computer services and in royalties and licence fees.

表 10－58 2009—2012 年芬兰核心版权产业的出口 （单位：百万欧元）

	2009 年		2010 年		2011 年		2012 年	
	出口额	比重	出口额	比重	出口额	比重	出口额	比重
新闻和文学等出版业	176	2.6%	178	2.5%	187	2.5%	183	2.4%
唱片、CD、DVD	11	0.2%	19	0.3%	19	0.3%	13	0.2%
视觉及图像艺术	3	0.0%	2	0.0%	4	0.1%	2	0.0%
电脑服务	5 067	75.8%	4 873	69.8%	4 882	64.2%	4 495	59.6%
信息服务	9	0.1%	12	0.2%	12	0.2%	49	0.6%
广告及相关服务	165	2.5%	133	1.9%	116	1.5%	173	2.3%
视听服务	3	0.0%	3	0.0%	54	0.7%	25	0.3%
其他相关的人员、文化及娱乐服务	2	0.0%	4	0.1%	13	0.2%	18	0.2%
版税及许可费	1 252	18.7%	1 755	25.1%	2 316	30.5%	2 587	34.3%
总　计	6 688	100%	6 980	100%	7 602	100%	7 545	100%

来源：Finnish Board of Customs Foreign Trade Statistics。

表 10－59 2009—2012 年芬兰核心版权产业的进口 （单位：百万欧元）

	2009 年		2010 年		2011 年		2012 年	
	出口额	比重	出口额	比重	出口额	比重	出口额	比重
新闻和文学等出版业	189	3.5%	204	4.3%	196	4.6%	181	3.5%
唱片、CD、DVD	105	1.9%	95	2.0%	94	2.2%	52	1.0%
视觉及图像艺术	6	0.1%	11	0.2%	9	0.2%	8	0.2%
电脑服务	2 366	43.5%	1 576	33.5%	1 577	36.6%	1 794	34.5%
信息服务	55	1.0%	34	0.7%	32	0.7%	46	0.9%
广告及相关服务	1 762	32.4%	1 806	38.4%	1 383	32.1%	1 585	30.5%
视听服务	30	0.6%	18	0.4%	57	1.3%	109	2.1%
其他相关的人员、文化及娱乐服务	12	0.2%	14	0.3%	25	0.6%	34	0.7%
版税及许可费	912	16.8%	944	20.1%	934	21.7%	1385	26.7%
总　计	5 437	100%	4 702	100%	4 307	100%	5 195	100%

来源：Finnish Board of Customs Foreign Trade Statistics。

表 10－60 2012 年芬兰核心版权产业贸易收支表 （单位：百万欧元）

	出　口	进　口	差　额
新闻和文学等出版业	183	181	2
唱片、CD、DVD	13	52	－40
视觉及图像艺术	2	8	－7

续表

	出　口	进　口	差　额
电脑服务	4 495	1 794	2 701
信息服务	49	46	3
广告及相关服务	173	1 585	-1 412
视听服务	25	109	-84
其他相关的人员、文化及娱乐服务	18	34	-16
版税及许可费	2 587	1 385	1 202
总　计	7 545	5 195	2 350

来源:*Finnish Board of Customs Foreign Trade Statistics.*

从相互依存的版权产业的贸易结构可以发现,除了造纸行业是巨大的贸易顺差外,其他类别均是贸易逆差。其他相互依存的版权产业的产品中,只有计算机有少量出口,而且进口额明显高于出口额。芬兰相互依存的版权产业的国际贸易主要集中在纸制品(见表 10-61)。

表 10-61　2012 年相互依存的版权产业贸易收支表　(单位:百万欧元)

	出　口	进　口	差　额
电视机、收音机、录像机、CD 与 DVD 播放器等	89	369	-279
电脑及周边设备	276	1022	-745
乐器	1	26	-24
照相及摄影器材	29	148	-119
影印机	2	37	-35
空白录音录像介质	8	35	-27
纸张	1 487	80	1 407
总　计	1 893	1 715	178

来源:*Finnish Board of Customs Foreign Trade Statistics.*

表 10-62 至表 10-65 是 2009—2014 年版权相关产业对芬兰的经济贡献情况,从中可以看出芬兰版权相关产业的发展情况。

表 10-62　2009 年版权相关产业对芬兰的经济贡献

	产值(百万欧元)	增加值(百万欧元)	占 GDP 比重(%)	就业人数(人)	占芬兰总就业比重(%)
核心版权产业					
新闻文学刊等出版业	4 697	1 742	1.01	28 319	1.15
音乐和戏剧演出业	390	94	0.05	3 186	0.13
电影和录像	408	139	0.08	2 719	0.11

续表

	产值（百万欧元）	增加值（百万欧元）	占 GDP 比重（%）	就业人数（人）	占芬兰总就业比重（%）
摄影	139	48	0.03	1 310	0.05
视觉及图像艺术	54	13	0.01	680	0.03
广播电视	955	355	0.21	5 189	0.21
计算机软件和数据库	7 217	3 665	2.13	48 823	1.99
广告服务	1 686	504	0.29	9 581	0.39
版权集体管理与服务组织	n/a	n/a	n/a	n/a	n/a
核心版权产业合计	15 546	6 561	381	99 807	4.06
相互依存的版权产业					
电视机、收音机、录像机、CD 与 DVD 播放器以及电子游戏设备	415	40	0.02	1 045	0.04
电脑及周边设备	1 162	162	0.09	2 375	0.10
乐器	21	4	0.00	103	0.00
照相及摄影器材	237	28	0.02	394	0.02
影印机	94	28	0.02	394	0.02
空白录音录像介质	30	2	0.00	48	0.00
纸张	2 904	482	0.28	7 190	0.29
相互依存的版权产业总计	4 864	747	0.43	11 550	0.47
部分版权产业					
纺织品服装与鞋类	85	19	0.01	534	0.02
珠宝与钱币	117	33	0.02	866	0.04
其他工艺品	n/a	n/a	n/a	n/a	n/a
家具	88	18	0.01	533	0.02
家用物品、瓷器及玻璃	62	36	0.02	598	0.02
墙纸与地毯	0	0	0.00	3	0.00
玩具与游戏	102	2	0.00	27	0.00
建筑、工程和测量	375	188	0.11	3 417	0.14
部分版权产业总计	831	296	0.17	5 978	0.24
非专用支持产业					
大宗销售及零售	767	28	0.02	266	0.01
交通运输	11 800	363	0.21	7 171	0.29
电话及互联网	284	120	0.07	829	0.03
非专用支持产业总计	2 231	512	0.30	8 265	0.34
版权产业总计	23 472	8 115	4.71	125 601	5.11

表 10－63　2010 年版权相关产业对芬兰的经济贡献

	产值（百万欧元）	增加值（百万欧元）	占 GDP 比重（%）	就业人数（人）	占芬兰总就业比重（%）
核心版权产业					
新闻文学刊等出版业	4 588	1 757	0. 98	27 271	1. 11
音乐和戏剧演出业	338	97	0. 05	3 532	0. 14
电影和录像	422	129	0. 07	2740	0. 11
摄影	148	49	0. 03	1 296	0. 05
视觉及图像艺术	56	12	0. 01	681	0. 03
广播电视	972	346	0. 19	4 932	0. 20
计算机软件和数据库	7 411	3 726	2. 09	49 394	2. 02
广告服务	1 739	521	0. 29	9 250	0. 38
版权集体管理与服务组织	n/a	n/a	n/a	n/a	n/a
核心版权产业合计	15 675	6 638	371	99 096	4. 05
相互依存的版权产业					
电视机、收音机、录像机、CD 与 DVD 播放器以及电子游戏设备	347	36	0. 02	800	0. 04
电脑及周边设备	1 207	177	0. 10	2 203	0. 10
乐器	20	4	0. 00	102	0. 00
照相及摄影器材	165	29	0. 02	387	0. 02
影印机	92	29	0. 02	387	0. 02
空白录音录像介质	25	2	0. 00	47	0. 00
纸张	3 502	821	0. 46	5 863	0. 29
相互依存的版权产业总计	5 357	1 098	0. 61	9 789	0. 47
部分版权产业					
纺织品服装与鞋类	88	19	0. 01	518	0. 02
珠宝与钱币	121	34	0. 02	856	0. 04
其他工艺品	n/a	n/a	n/a	n/a	n/a
家具	89	19	0. 01	462	0. 02
家用物品、瓷器及玻璃	68	35	0. 02	545	0. 02
墙纸与地毯	0	0	0. 00	2	0. 00
玩具与游戏	109	2	0. 00	33	0. 00
建筑、工程和测量	364	183	0. 1	3 275	0. 14
部分版权产业总计	839	292	0. 16	5 691	0. 24
非专用支持产业					
大宗销售及零售	828	29	0. 02	295	0. 01
交通运输	1 232	370	0. 21	6 748	0. 29
电话及互联网	288	121	0. 07	695	0. 03
非专用支持产业总计	2 347	520	0. 29	7 738	0. 34
版权产业总计	24 218	8 547	4. 78	122 312	5. 10

表 10－64 2011 年版权相关产业对芬兰的经济贡献

	产值（百万欧元）	增加值（百万欧元）	占 GDP 比重（%）	就业人数（人）	占芬兰总就业比重（%）
核心版权产业					
新闻文学刊等出版业	4 636	1 721	0.91	26 385	1.07
音乐和戏剧演出业	426	106	0.06	3 855	0.16
电影和录像	435	155	0.08	2 852	0.12
摄影	157	50	0.03	1 331	0.05
视觉及图像艺术	60	14	0.01	719	0.03
广播电视	1 000	367	0.19	4 883	0.20
计算机软件和数据库	7 835	3 905	2.07	50 231	2.03
广告服务	1 777	532	0.28	9 290	0.38
版权集体管理与服务组织	n/a	n/a	n/a	n/a	n/a
核心版权产业合计	16 325	6 850	363	99 546	4.02
相互依存的版权产业					
电视机、收音机、录像机、CD 与 DVD 播放器以及电子游戏设备	336	41	0.02	796	0.03
电脑及周边设备	1 243	177	0.09	1 914	0.08
乐器	19	3	0.00	98	0.00
照相及摄影器材	147	30	0.02	382	0.02
影印机	98	30	0.02	382	0.02
空白录音录像介质	24	4	0.00	51	0.00
纸张	3 606	734	0.39	5 725	0.23
相互依存的版权产业总计	5 473	1 020	0.51	9 348	0.38
部分版权产业					
纺织品服装与鞋类	94	21	0.01	525	0.02
珠宝与钱币	131	37	0.02	867	0.04
其他工艺品	n/a	n/a	n/a	n/a	n/a
家具	91	20	0.01	418	0.02
家用物品、瓷器及玻璃	69	35	0.02	545	0.02
墙纸与地毯	0	0	0.00	2	0.00
玩具与游戏	107	2	0.00	34	0.00
建筑、工程和测量	391	197	0.10	3 332	0.13
部分版权产业总计	883	312	0.17	5 723	0.23
非专用支持产业					
大宗销售及零售	927	33	0.02	312	0.01
交通运输	1 355	387	0.21	6 929	0.28
电话及互联网	296	120	0.06	661	0.03
非专用支持产业总计	2 579	540	0.29	7 901	0.32
版权产业总计	25 260	8 722	4.62	122 518	4.95

表 10 - 65　2012 年版权相关产业对芬兰的经济贡献

	产值（百万欧元）	增加值（百万欧元）	占 GDP 比重（%）	就业人数（人）	占芬兰总就业比重（%）
核心版权产业					
新闻文学刊等出版业	4 626	1 674	0. 87	26 038	1. 05
音乐和戏剧演出业	470	109	0. 06	4 034	0. 16
电影和录像	467	157	0. 08	2 734	0. 11
摄影	169	50	0. 03	1 208	0. 05
视觉及图像艺术	58	15	0. 01	714	0. 03
广播电视	904	321	0. 17	4 733	0. 19
计算机软件和数据库	8 594	4 395	2. 28	53 501	2. 15
广告服务	1 743	533	0. 28	9 852	0. 36
版权集体管理与服务组织	n/a	n/a	n/a	n/a	n/a
核心版权产业合计	17 031	7 254	3. 77	101 914	4. 10
相互依存的版权产业					
电视机、收音机、录像机、CD 与 DVD 播放器以及电子游戏设备	340	38	0. 02	824	0. 04
电脑及周边设备	1 151	150	0. 08	2 098	0. 10
乐器	19	3	0. 00	90	0. 00
照相及摄影器材	145	31	0. 02	388	0. 02
影印机	96	31	0. 02	388	0. 02
空白录音录像介质	24	3	0. 00	50	0. 00
纸张	3 537	714	0. 37	4 796	0. 29
相互依存的版权产业总计	5 313	971	0. 50	8 635	0. 47
部分版权产业					
纺织品服装与鞋类	94	21	0. 01	516	0. 02
珠宝与钱币	132	33	0. 02	816	0. 03
其他工艺品	n/a	n/a	n/a	n/a	n/a
家具	96	19	0. 01	463	0. 02
家用物品、瓷器及玻璃	69	35	0. 02	501	0. 02
墙纸与地毯	0	0	0. 00	2	0. 00
玩具与游戏	104	2	0. 00	34	0. 00
建筑、工程和测量	425	214	0. 11	3 457	0. 14
部分版权产业总计	920	324	0. 17	5 789	0. 24
非专用支持产业					
大宗销售及零售	979	34	0. 02	296	0. 01
交通运输	1 394	395	0. 21	6 757	0. 29
电话及互联网	286	119	0. 06	662	0. 03
非专用支持产业总计	2 659	548	0. 28	7 714	0. 33
版权产业总计	25 923	9 096	4. 73	124 052	5. 14

10.9 土耳其版权相关产业的经济贡献

10.9.1 土耳其版权产业的经济规模

2011 年，土耳其版权产业的产业增加值为 354.64 亿里拉①，占 GDP 总量的 2.73%，其中，核心版权产业的增加值为 161.44 亿里拉，占 GDP 总量的 1.24%（见表 10－66）。版权产业对就业的贡献为 5.4%，部分版权产业对就业的贡献最大（2.53%），造成这一现象的主要原因是，纺织、服装和家具行业属于部分版权行业，同时也是劳动密集型产业。尤其是纺织、服装业、在土耳其经济中占有非常重要的地位。家具行业的版权系数相对较高，这表明，土耳其有能力进行原创家具设计。

表 10－66 2011 年土耳其版权产业经济规模（当前价格）

版权产业	营业额（亿里拉）	产业增加值（亿里拉）	GDP 占比（%）	就业人数（万）	占总就业人数比重（%）
核心版权产业	594.19	161.44	1.24	42.22	1.75
相互依存的版权产业	446.21	50.66	0.39	17.25	0.72
部分版权产业	727.92	116.92	0.9	61.12	2.53
非专用支持行业	204.04	25.62	0.2	9.56	0.4
全部版权产业	1 972.35	354.64	2.73	13.02	5.4
土耳其经济		12 977.13	100	2 411	100

图 10－49 显示的是 2011 年土耳其核心版权产业、相互依存的版权产业、部分版权产业和非专用支持行业占版权产业总增加值的比重。从图 10－49 中可以看出，核心版权产业对国内生产总值的贡献率最高。部分版权产业在版权产业中具有最高的营业额，说明核心版权产业的产品与部分版权产业的产品相比，具有更高的附加值。这种情况再次凸显了核心版权产业对经济的重要意义。与其他行业的产品相比，版权产业的产品具有较高的价值。因此，消费核心版权产业的产品对本国的经济增长来说是非常重要的。

需要注意的是，不同于很多国际研究的结论，本书中部分版权产业增加值高于相互依存的版权产业增加值，这与土耳其的经济和产品结构有关。部分版权产业的产品（尤其是纺织、服装、家具等家居用品）的生产和消费高于相互依存的版权产业的产品。另外，与相互依存的版权产业产品相比，土耳其部分版权产业的产品有更高的相关产品价值。从另一个角度看，在相互依存的版权产业中的本土内容，也就是附加值，并不是很高。

① 本节数据来源于世界知识产权组织 2014 年发布的 *Study on the Economic Contributionof Copyright Industriesin Turkey*。

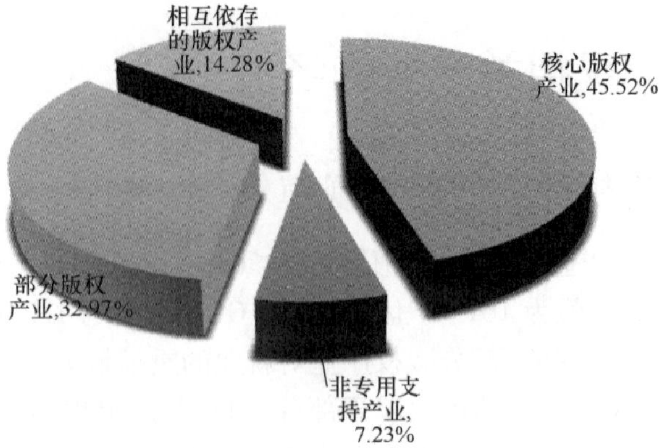

图 10－49　2011 年土耳其版权产业增加值占比

10.9.2　土耳其版权产业的营业额

2011 年,土耳其版权产业的营业额是 1 972.35 亿里拉,4 大类版权行业的营业额见表 10－62,各行业营业额占版权产业营业额的比例见图 10－50。在土耳其的所有版权产业中,部分版权产业的营业额最高,因为属于部分版权产业的纺织、服装和家具行业在土耳其经济中占有重要位置。这两个行业都得益于原创设计,并拥有相对较高的版权因素。此外,这两个行业在消费者中有相对较高的消费率,也是土耳其主要的出口产品。然而,2011 年,土耳其公布的核心版权产业和相互依存的版权产业营业额占到版权营业额总额的 52.75%。其他国家的研究结论认为,核心版权产业的营业额应在版权产业总营业额中占主导地位。而土耳其核心版权产业的营业额只有版权产业营业额的 1/3,与上述结论不符。这表明核心版权产业的产品和服务没有得到消费者的充分利用,说明未来核心版权产业有较大的发展潜力。

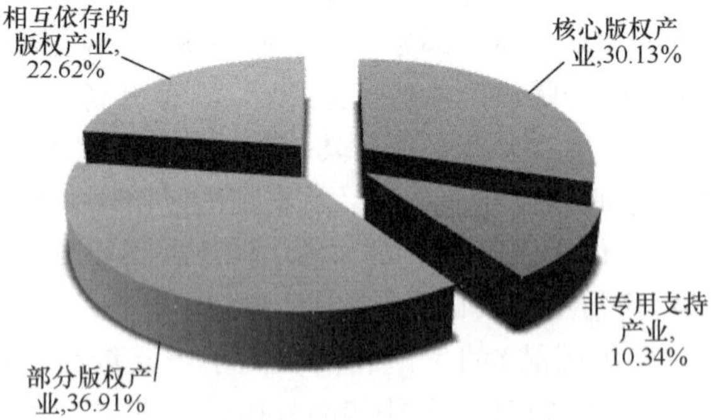

图 10－50　2011 年各类版权产业营业额占版权产业营业额百分比

10.9.3　土耳其版权产业的就业

2011 年,土耳其版权相关产业就业者 1 301 527 人,这个人数相当于土耳其总就业人数的 5.4%,2011 年土耳其总就业人数为 24 110 000 人。表 10－67 显示了2011年不同版权产业的就业人数，以及占2011年土耳其总就业人数的比重情况。

表10－67 土耳其版权相关产业的就业情况（2011年）

类　别	就业人数（万人）	占总就业人数百分比（%）
核心版权产业	422 229	1.75
非独立版权产业	172 491	0.72
部分版权产业	611 174	2.53
非专用支持行业	95 632	0.40
版权相关产业	1 301 527	5.40

图10－51显示的是2011年土耳其核心版权产业、相互依存的版权产业、部分版权产业和非专用支持行业就业人数占版权产业总就业人数的比重。从图10－51可以看出，部分版权产业的就业对版权产业就业的贡献率最大。如之前提到的，纺织、服装和家具制造业属于劳动密集型产业，对就业有较大的促进作用，因为相互依存的版权产业属于资本密集型产业，对就业的贡献能力有限。相比于其他版权产业，核心版权产业对就业做出了巨大的贡献。

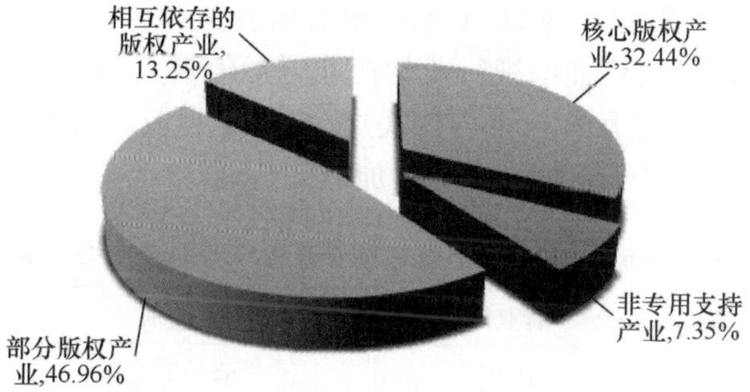

图10－51 2011年土耳其版权产业就业人数占比

10.9.4 土耳其核心版权产业的经济贡献

10.9.4.1 土耳其核心版权产业的营业额

2011年，土耳其核心版权产业的营业额为594.19亿里拉，占版权产业总营业额的30.13%。核心版权产业细分行业2011年的营业额见表10－68。图10－52为2011年核心版权产业各个行业营业额占核心版权产业总营业额的比重。出版和文学业的营业额最高，其次是广告、软件和数据库、广播电视、音乐戏剧和歌剧等。

表 10－68　2011 年核心版权产业营业额　　（单位：亿里拉）

类别	营业额	类别	营业额
软件和数据库	110. 12	音乐和戏剧	21. 38
出版和文学	186. 12	电影和音像	12. 13
广告	159. 23	广播电视	95. 99
视觉艺术	4. 60	摄影	4. 63

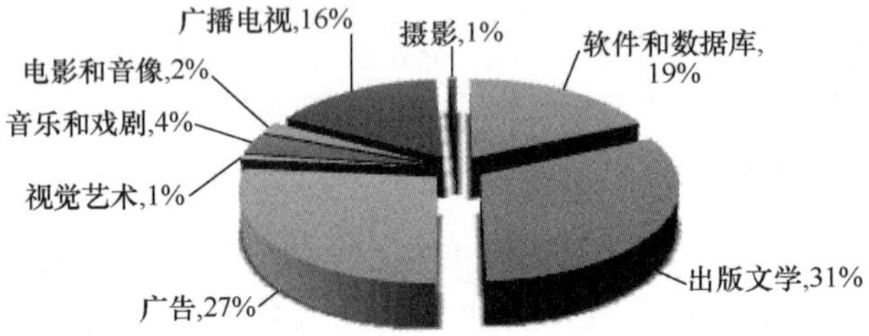

图 10－52　2011 年核心版权产业各行业营业额占比

10. 9. 4. 2　土耳其核心版权产业的产业增加值

2011 年，核心版权产业增加值为 161. 44 亿里拉，占版权产业总增加值的 45. 52%。表 10－69 显示的是核心版权产业 2011 年产业增加值，图 10－53 为核心版权产业各行业产业增加值占比。2011 年，广播电视行业的产业增加值最大，其次是出版文学、软件和数据库以及广告服务。在核心版权产业各门类中，广播电视业的营业额居第 4，产业增加值居第 1 位，显示出广播电视行业是一个高附加值的行业。

表 10－69　2011 年土耳其核心版权产业的产业增加值　　（单位：亿里拉）

类别	营业额	类别	营业额
软件和数据库	35. 01	音乐和戏剧	6. 71
出版和文学	40. 99	电影和音像	3. 79
广告	22. 02	广播电视	50. 62
视觉艺术	1. 11	摄影	0. 98

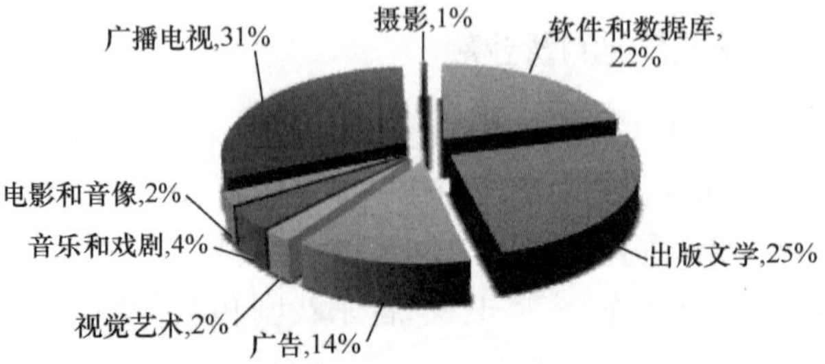

图 10－53　2011 年核心版权产业增加值占比

10.9.4.3　土耳其核心版权产业的就业

2011年,核心版权产业带动了422 229人的就业,达到版权产业总就业人数的32.44%。表10－70显示的是土耳其核心版权产业2011年的就业人数,图10－54为土耳其核心版权产业各门类就业人数占核心版权产业总就业人数的比重。出版文学行业的就业人数最多,其次是广告、软件和数据库、广播电视行业。虽然广播电视行业的产业增加值最多,但是就业人数排名第4,说明该行业的劳动生产率较高。

表10－70　2011年土耳其核心版权产业的就业人数　　(单位:人)

类别	就业人数	类别	就业人数
软件和数据库	71 110	音乐和戏剧	32 833
出版和文学	150 764	电影和音像	6 444
广告	83 752	广播电视	43 107
视觉艺术	8 046	摄影	25 893

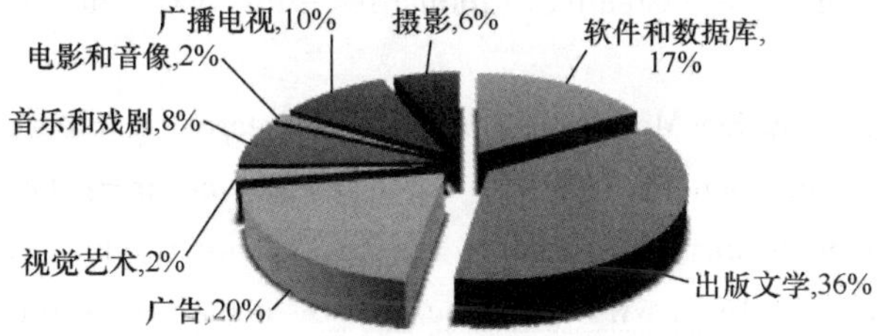

图10－54　2011年土耳其核心版权产业各门类就业人数占比

参考文献

[1]WIPO. Guide on Surveying the Economic Contribution of the Copyright－based Industries[EB/OL]. http://www.wipo.int/edocs/pubdocs/en/copyright/893/wipo_pub_893.pdf.

[2]WIPO. Copyright Industries in the U.S. Economy—The 2014 Report[EB/OL]. http://www.wipo.int/export/sites/www/copyright/en/performance/pdf/econ_contribution_cr_us_2015.pdf.

[3]UNESCO. 2009 UNESCO Framework for Cultural Statistics[R]. Canada: UNESCO Institute for Statistics,2009.

[4]Department for Culture Media and Sports of UK. Creative Industries Economic Estimates[EB/OL]. https://www.gov.uk/government/uploads/system/uploads/attachment_data/file/77959/Creative－Industries－Economic－Estimates－Report－2016－update.pdf.

[5]UNCTAD. Creative Economy Report 2013: The Challenge of Assessing the Creative Economy: Towards Informed Policy－making[R]. New York: UNCTAD,2014.

[6] Finnish Copyright Institute, Ministry of Education and Culture, Turku School of Economics. Economic Contribution of Copyright - based Industries in Finland 2009—2012 [EB/OL]. http://www.wipo.int/export/sites/www/copyright/en/performance/pdf/econ_contribution_cr_fi_2012.pdf, 2014.

[7] Australian Copyright Council. The Economic Contribution of Copyright - Based Industries in Australia 2002—2014 [EB/OL]. http://www.wipo.int/export/sites/www/copyright/en/performance/pdf/pwc_report_2014_australia.pdf, 2015.

[8] The Ministry of Economic Affairs of Netherlands. Economic Contribution of Copyright - relevant Industries in the Netherlands [EB/OL]. http://www.wipo.int/export/sites/www/copyright/en/performance/pdf/econ_contribution_of_cr_ind_nl_2014.pdf, 2014.

[9] WIPO. Study on the Economic Contribution of Copyright Industries in Turkey [R/OL]. http://www.wipo.int/export/sites/www/copyright/en/performance/pdf/econ_contribution_cr_tr.pdf.

[10] TERA Consultants. The Economic Contribution of the Creative Industries to EU GDP and Employment 2008—2011 [EB/OL]. http://www.teraconsultants.fr/en/issues/The - Economic - Contribution - of - the - Creative - Industries - to - EU - in - GDP - and - Employment, 2014.

[11] EY. Creating growth—Measuring Culturaland Creative Markets in the EU [EB/OL]. http://www.cdc - ccd.org/Generer - de - la - croissance - mesurer? lang = en, 2014.

[12] National Graduate Institute for Policy Studies. Creative Industries: Reality and potential in Japan [EB/OL]. http://www.grips.ac.jp/r - center/en/discussion_papers/14 - 04/, 2014.

[13] "中国版权相关产业的经济贡献调研"课题组. 2014 年中国版权相关产业的经济贡献[R/OL]. http://www.catis.org.cn/E_ReadNews.asp? NewsID = 4964, 2016.

11 中日韩文化创意市场概览

11.1 韩国创意产业市场和新创意经济的崛起[①]

11.1.1 引言

自从金大中总统政府当选以来,韩国流行文化的跨国传播(又称为"韩流")逐步使韩国从亚洲的"一潭死水"变成了一个充满活力、引领潮流、超现代化和超级网络的社会。通过"软实力"的应用,在中国内地、中国台湾、越南和日本等国家和地区出现了跨国的潮起潮落。韩流的扩张振兴了包括电影、电视、戏剧、食品、时尚、游戏和流行音乐产业(K-pop)在内的韩国重点文化产业,提升了韩国在国际市场上的影响力和竞争力。

根据"面向21世纪网络韩国"(Cyber Korea 21)计划,韩国金大中政府建立了先进的互联网技术基础设施,为韩流的传播提供了技术支持。韩国的愿景宣言是领导国家作为在信息传播技术(以下简称ICT)方面的超级强国进入21世纪。该计划明确提出建立一个透明的政府与社会,提升韩国国民的生活质量,强调政府应该在这场信息化革命中身先士卒,并为技术的长远发展规划与实施应用发挥领导性作用,使韩国成为世界上信息网络最发达国家。在2005年前后,真正先进的下一代移动通信和互联网骨干技术的创新以及革命性的"智能手机"和数字多媒体技术的应用促进了韩国文化产业的发展。反过来,韩国流行音乐(K-pop)快速跨国传播和"韩流2.0"关键组成部分之一的游戏推动了韩国音乐产业远远超出了由主要国际音乐公司主导的传统生产、分配和消费渠道。

许多国际学者认为,韩国电影业是世界上最具创新的产业之一,并且韩国政府称之为"全球韩流"助推器的就是韩国的文化创意产业。自从轰动一时的动作片《生死谍变(Shiri)》(1999)超过好莱坞超级大片《泰坦尼克号(Titanic)》(1999)的票房,在韩国获得意想不到的成功之后,一大群创意从业者和企业已经改变了韩国全球媒体和数字文化产业,并且在本国和国际观众中吸引了一大批追随者。他们的努力已经产生了带有韩国声音的容易理解的内容,从而打开了韩国文化表达的新空间。

然而,类似于韩国电影业在当代世界电影舞台上的显著位置,韩国文化产业振兴院(以下简称KOCCA)作为一个为构筑文化产业的创作基础,人才培养,活跃对韩国文化的开发制作、流通和市场营销,促进对国外市场的开拓而设立的综合产业支援机构,在全球范围内同样具有影响力。这一组织自从2001年创建以来,通过推行"走出去"战略支持韩国媒体和文化产业的全球化发展。今天,KOCCA和占主导地位的希杰集团(CJ Group)以及其他媒体公司正在推动韩国创意产业作为全球经济和文化营销战略的一部分,这一

---

① 本文撰稿:Professor Brian Yecies, Department of Communication and Media Studies, University of Wollongong(澳大利亚卧龙岗大学,媒体传播系)。本文翻译:李洁,中国传媒大学经济与管理学院博士研究生。

策略已经成功扩展了中国这个世界最大的市场。中国票房最高之一(利润为 5.42 亿美元)且特效众多的奇幻爱情电影《美人鱼》(*The Mermaid*)(2016)由韩国特效公司 Macrograph 完成其壮观的数字化影像。包括 Macrograph、Dexter Digital 和 Digital Studio 2L 在内的至少 11 家韩国特效公司参与制作了较早的中国热门电影《西游记之大闹天宫(*The Monkey King*)》(2014)。考虑到两个国家的文化接近性,韩国和中国股东的红利也是十分可观(Yecies,2016)。中国是"新的蛮荒边境",韩国电影和数字媒体公司正陆陆续续地进入中国市场开发新的机会。2015 年 9 月,杰希集团(CJ Group)宣布将扩大经营范围,涵盖韩剧、电视广播模式、韩国流行音乐、手机游戏、连载网络漫画和电影等行业,使其到 2020 年成为一个收入达 130 亿美元的生产者,位列全球前十(Kim,2015)。中国市场的崛起不仅是 KOCCA 和 CJ 全球(CJ Global)实现持续的经济和文化成功的关键,也是韩国作为一个国家实现持续的经济和文化成功的关键。

为了提供一些新的见解给中国读者和其他有兴趣可能和韩国伙伴合作的人,此处提供了精选的行业和有关于韩国创意产业支柱的政策历史信息,专门探讨了电视广播、游戏、动漫、网络漫画、流行音乐(也称为 K - pop)和时尚部分的关键发展。笔者一开始是对管理创意和文化内容在国内国际市场上发展的韩国主要政府机构韩国文化产业振兴院进行概述,然后在一些细节方面覆盖了上述提到的每一部分。希望本章节将提供一个更深入的探讨,来理解韩国日益扩大的创意产业的未来格局和范围,现在韩国创意产业以创新中心、创业加速器和联合办公空间为特色。

11.1.2 韩国从国家战略的高度出发组建文化产业振兴院

20 世纪 60 年代到 80 年代,韩国文化产品,如故事片、电视节目和广播节目,被韩国政府用于作为传播国家政策、推广政府信息、维护国家权利的工具。然而自从 1988 年军事时代结束之后,卢泰愚(1988—1993 年)、金泳三(1993—1998 年)和随后的金大中(1998—2003 年)政府开始积极将国家转变为一个"以知识为基础的经济",在这个经济体里,文化产品被视为一种值得保护和支持的国家财富,特别是那些有商机和经济价值的产品。① 所有韩国主要家族企业集团和其他较小的行业参与者开始探索前所未见的全球化战略,并且逐渐意识到国际文化市场的重要作用。作为对后军事政府社会里这种扩展的世界观的回应,韩国文化产业——主要是电影、音乐和游戏业得到了不断增加的政府财政支持,这反过来促进了韩国文化创意产业和韩国经济的发展。韩国政府看到了积极的文化政策的颁布是支持和鼓励创意产业的关键机制,因而将其看作韩国政治、经济和社会领域的主要驱动力。

韩国在遭遇亚洲金融风暴袭击后,重新认识文化产业,将其作为 21 世纪国家发展经济的战略性支柱产业,并于 1998 年正式提出"文化立国"方针,2001 年成立了韩国文化产业振兴院。1999 年年初,金大中总统政府修订了《文化产业振兴基本法》(*Culture Industry Promotion Law*)并推出了文化产业振兴基金。从这一年起,韩国政府拨出国家全部预算的 1% 给文化产业,用于在国际上促进和扩大韩国文化产品的出口,并在全国的大学里创建了越来越多的创意和文化产业系。2000 年之后,"韩流"的风行说明韩国文化创意产

① Yim 2002; Otmazgin 2011; Kwon and Kim 2014.

业引起了全球的关注,这很大程度上得益于积极的政府政策支持。KOCCA 现在是这个支持框架的支柱,KOCCA 是监督韩国创意产业在国内国际发展和扩展的政府机构。

2009 年,韩国国会修订了《文化产业振兴基本法》,明确规定"政府为了有效扶持文化产业的振兴和发展,特设立韩国文化产业振兴院"。随后,韩国政府将原韩国文化产业振兴院与广播影像产业振兴院、游戏产业振兴院、文化产业中心、软件产业振兴院数字事业团共 5 家单位整合重组为目前的韩国文化产业振兴院,作为韩国政府设立的事业单位,隶属于韩国文化体育观光部,统领支持全国文化产业的发展。同时,韩国的 16 个道、市也都建立了自己的文化产业振兴院,负责促进本地区文化产业的发展。

韩国文化产业振兴院设立以来,主要在文化产品创作支持、文化产业政策研究分析、文化产业海外进军支持、文化产业基础设施建设、下一代文化产业技术开发支持 5 个方面开展工作,取得了显著成果。目前,它在全球设立了 5 个代表处:中国(北京,自 2001 年起)、日本(东京,自 2001 年起)、美国(洛杉矶,自 2004 年起)、伦敦(自 2004 年起)以及最新的阿拉伯联合酋长国办公室(阿布扎比,2016 年 3 月开设)。每一个代表处执行组织的上述主要功能,2017 年年初还将在中国重庆、巴西圣保罗和印度尼西亚雅加达设立代表处,扩展其全球运营能力。亚洲是 KOCCA 的主要目标市场,美国和英国紧跟其后。

KOCCA 每个国际办事处的代表都积极尝试向当地的企业和从业者推广韩国动漫、卡通人物授权、音乐、移动媒体和故事片/电影短片所生产的内容,他们在促进与当地的合作中也发挥着重要的作用。代表处的主要功能有:①收集当地创意产业政策措施、市场和分销渠道、技术发展、法律/合同要求、就业趋势和主要公司和机构市场发展状况等信息;②支持在韩国与当地企业和从业者之间产业关系网的建设;③促进在本地和全球市场中推广和销售韩国文化创意产品和文化创意内容;④支持在各国举办的博览会和其他文化活动展览,促进韩国和当地创意产业的交流。这样,KOCCA 位于全球韩流的最前线,其驻外韩国文化院的官员帮助韩国政府和韩国创意产业人员预测未来政策和市场趋势,促进韩国文化创意产业进入国际市场。每个 KOCCA 本地网站主要是关于韩剧、电视广播模式、韩国流行音乐、手机游戏、网络漫画和电影趋势以及创意产业活动的详细情况和最新消息。

11.1.3 韩国传统的广播电视业

韩国有 4 个免费播出的频道:韩国教育放送公社(ESB)、韩国放送公社(KBS)、韩国文化广播公司(MBC)、首尔广播公司(SBS)。ESB 和 KBS 归韩国政府所有并且被视为公共广播公司。KBS 是运营最久的广播公司,于 1927 年在日本殖民时期作为一家无线电广播公司成立。它在 1961 年拥有第一家电视台,之后朴正熙发动军事政变并在独裁主义统治下控制国家数十年。1973 年,KBS 从国家广播公司转变为公共广播公司。然而,韩国政府仍持有 KBS 股份,并且继续通过收取观众许可费和商业广告创造收入。另外,MBC 所有权的 70% 由政府资助的广播文化基金会(FBC)持有,30% 由圣珠基金会所有。MBC 在 1961 年作为一家无线电广播公司成立,并且在 1969 年进入电视业。[①] 韩国广播通信委员会(KCC)管理广播和电信业,负责落实政策,调查违法行为,防止违法和有害信

① 见 Kwak,2012.

息的发布(包括通过网站),并且促进媒体多样化、朝韩交流以及国际同行间的合作。

从 1990 年开始,韩国《广播法》规定,所有电视节目中,绝大多数(80%)必须来源于国内,这是一个保护本地市场的新时代的开始,这种类型的国内配额制度至今仍然存在。免费播送的商业电视频道,比如首尔广播公司(SBS)拥有创作自由,远离从前军事政府时期常见的灌输强烈"国家信息"的内容类型。① 一年之内,韩国开始出口商业电视剧,比如出口 MBC 的《动荡的岁月》(Eyes of the Dawn)到土耳其国家广播公司(Türkiye Radyo Televizyon)。1993 年,有线电视(又叫作收费电视)在新当选的金泳三政府领导下加入了公共广播频谱,由主要财团三星、大宇和现代拥有并运营。为了促进有线电视的发展,韩国仍然采用强大的保护主义,政府规定了最多 30% 的国外内容的数量限制。然而,由于本土行业人士制作能力有限,因此许多广播公司仍然引进外国节目。外国节目质量更高,更吸引韩国观众,并且许可证比生产原创内容更便宜。2001 年,韩国政府修改法规,增加了国外内容的比例。到目前为止,韩国市场对国外广播内容完全开放。

KBS、SBS、MBC 和 EBS 免费播送电视广播公司的主要转折点出现在 2005 年,韩国数字多媒体广播(DMB)作为下一代网络发布——无须额外费用便可接入普通韩国人正使用的许多最先进的移动设备。DMB 是一个数字无线电广播传送系统,可以传送电视、广播和数据(即多媒体)内容到移动手机、手提电脑和汽车导航设备上。它开始引起全球的关注是因为其全部的生态系统完全由韩国生产者和国产内容控制。因为不同的播放频谱频率,外国主要传媒巨头如美国的媒体和电信企业无法进入韩国 DMB 波段。因此,国内内容生产者能自由支配播放"韩流"的内容,如今"韩流"内容用它们高产值、不断变化的类型、普世价值观、明星效应等来吸引国内观众。近年来,没有订阅费以及交互式网络电视(IPTV)服务和移动应用程序开始削弱 DMB 的市场力量,虽然如此,其大卫和歌利亚的故事充分说明,韩国信息技术(IT)、信息通信技术(ICT)以及创意产业与外部同行竞争的能力。在顶级的韩国综艺节目和电视剧之中,通过 DMB 传统播放频道推动韩流的是:《大长今》(Jewel in the Palace)、《冬季恋歌》(Winter Sonata)、《蓝色生死恋》(Autumn in My Heart)、《来自星星的你》(My Love from the Star)和《跑男》(Running Man)。由韩国两大互联网门户网站 Naver 和(或)Daum 进行网络播放的新网络剧包括《恋爱侦探夏洛克 K》(Love Detective Sherlock K)和《皇太子的王子》(Prince's Prince)现在正通过具有世界上最高消费渗透率的移动播放平台和设备促进韩流人气的延续。② 总之,韩国传统和下一代广播电视业的发展使其成为全球文化创意产业领导者之一。反过来,它促进了移动技术和数字技术的实践以及数字移动电视广播、在线游戏和社交网络的创新。

自 2012 年以后,越来越多的中国广播公司和韩国广播公司建立了良好的关系。从 2012 年起,它们积极购买韩国电视节目模式,包括《我是歌手》(I Am a Singer)(2012 年,湖南卫视)、《跑男》(Running Man)(2014 年,浙江卫视)、《爸爸去哪儿?》(Dad! Where are We Going?)(2013 年,湖南卫视)、《我们结婚了》(We Got Married)(2015 年,江苏卫视)、《真正的男人》(Real Men)(2014 年,湖南卫视)、《花样爷爷》(Grandpa Over Flowers)

① Shim,2002.

② 见经济合作与发展组织(OECD)宽带统计更新,http://www.oecd.org/sti/broadband/broadband-statistics-update.htm. Accessed 1 June 2016。

(2014年,东方卫视)、《无线挑战》(Infinite Challenge)(2015年,中央电视台)和《非首脑会谈》(Abnormal Summit)(2015年,江苏卫视)。这些节目的本地化中国版本通常是中国公司和韩国公司联合制作的,韩国公司指导中国公司为本地观众制作内容。由韩国电视节目导演金荣希(Kim Young - hee)制作并在湖南卫视播出的《旋风孝子》(The Greatest Love)在中国内地大受欢迎。韩国导演在中国制作节目一般可以获得较多的制作预算。在韩国由于有限的本地市场规模的限制,不可能有很高的预算资金。较高的制作费用使电视制作者积极寻求创意机会,比如,2015年由JYP娱乐有限公司(韩国)和优酷土豆发布的韩中合作网络剧《玩偶骑士》(Dream Knight)以及韩中合作网络剧《Dr. 一安》(Dr. Mo Clinic)。2016年,长期担任《跑男》(Running Man)节目的导演林亨泽(Im Hyung-Taek)离开这个节目而去制作了该节目的中国版本《奔跑吧兄弟》(Hurry Up, Brother),MBC宣布帮助中国翻拍其受欢迎的电视剧《她很漂亮》(She was Pretty)的计划。这些方面的合作清楚地表明中国和韩国协同国际化战略背后的动力。

11.1.4 韩国的流行音乐产业

近年来,韩国流行音乐(又名K - pop)已经成为最明显的和影响深远的发展韩流的创意产业媒介,并积极提升了韩国的软实力。韩国流行音乐是由青少年和二十多岁的年轻人表演(和消费)的一种有各式各样题材的当代音乐。根据外国评论家所说,引领潮流和炫目编舞设计的韩国流行音乐偶像明星更年轻、更有活力、更会打扮、更好看,而且比其他国家的歌手更能够传达朗朗上口的曲调。已经在国外制造了特别大的流行浪潮的韩国组合包括男子团体东方神起(又名TVSQ)、Bigbang、2AM、2PM、Infinite、SHINee和EXO以及女子组合少女时代(Girls' Generation)、2NE1、Wonder Girls、KARA、Miss A、After School和f(x)。这些组合名声的迅速崛起引起了《时代周刊》的关注,《时代周刊》在2012年3月7日的期刊上把韩国流行音乐称为"韩国最大的出口产业"。

然而,一些人抱怨韩国流行音乐表演缺乏韩国传统文化的传播,例如,缺乏传统服装和配件、可辨识的风景和地点以及植入式广告中韩国流行音乐的使用,韩国流行音乐产业以让渴望成功的组合成员体验挑战身体极限的军事化训练管理体制而出名,这反映了国家私人机构所提供教育的狂热风格。它涉及一种被韩国流行音乐的练习生和他们家长所接受和默许的狂热,他们意识到行业采取的军事风格管理体制对他们梦想的实现是必需的。

企业家李秀满(Lee Soo - man)在1989年创办了SM娱乐有限公司,他是各种偶像组合背后的主要制作人之一。在21世纪的前十年,SM娱乐有限公司成为韩国音乐产业"三巨头"的领导者(其次是YG娱乐有限公司和JYP娱乐有限公司),开拓了韩国流行音乐(K - pop)的产业化及其明星克隆过程。在20世纪中后期到2005年左右,SM娱乐有限公司的韩国流行音乐歌手的主要目标市场是亚洲。例如,"韩国流行音乐皇后"权宝儿(一般以BoA为人熟知)在日本这个除了美国之外第二大音乐市场中获得显著的成功。她在韩国以外的推广源于SM娱乐有限公司确信日本是一个巨大的有利可图的市场,并且是韩国市场规模的20倍。2000年,她在韩国出道之后,BoA接受了两年严格的语言培训,使她精通日语并且在表演的时候能够和日本粉丝现场交流。在韩国之外推广BoA所使用的多语言和多国家营销战略已成为SM娱乐公司用于其他歌手,比如东方神起

(TVXQ)、Super Junior、少女时代(Girls' Generation)和 EXO 的模板。

到 2006 年,SM 娱乐公司从韩国以外选拔人员加入其国内人才库,这一新颖的全球海选过程的结果是招募了歌手 SuperJunior – M 的 Henry,以及 f(x)的 Amber 和 EXO 的 Chris,这三位都成为他们各自 K – pop 组合的关键成员。从这一点看,SM 娱乐公司管理的每一个组合包括了至少一名从韩国以外招来的成员,这已是公司全球战略的一个显著特点。如今,SM 全球海选在 7 个国家的 18 座城市举行,包括中国、日本、美国、加拿大、印度尼西亚、泰国,当然还有韩国。

2006 年以后,SM 娱乐公司成为韩国最大的音乐公司,某种程度上由于其和大型视频分享社交网络服务商 YouTube 有开创性的紧密联系,为粉丝提供了一系列动态的各种样式和语言版本的音乐录像带,以及艺人的新闻、现场表演的片段和官方发布一个新歌手/组合之前的预告视频。SM 娱乐公司使用 YouTube 作为其主要分销渠道的策略给韩国流行音乐产业提供了向全球宣传的一个直接通道,避开了主要的国际音乐唱片公司,如环球音乐集团(Universal Music Group)、索尼音乐娱乐公司(Sony Music Entertainment)和华纳音乐集团(Warner Music Group)。作为一个新媒体平台,YouTube 提供了可支付得起且无访问限制的视觉内容,超越了韩国流行音乐公司网站提供给粉丝的宣传资料。自那以后,SM 娱乐公司在线运营产生的收入已经占到其总销售额的绝大多数,主要来自包括 Youtube 在内的在线下载和流媒体服务所得的海外版税。

然而,行业使用 YouTube 的行为部分是出于需要,但音频内容数字化所带来的持续盗版和非法下载的结果如今仍然困扰着业界。

在全球宣传和消费方面,2012 年是韩国流行音乐的一个分水岭。PSY 于 2012 年 7 月发行的单曲《江南 Style》一夜之间爆红,登上美国公告牌单曲榜(Billboard Hot 100)第二名,将韩国流行音乐带到了国际中心舞台。迄今为止,《江南 Style》依然是 YouTube 历史上观看次数最多的视频,有超过 20 亿次点击量。趁着这一势头,KOCCA 发放一笔专门资金用于支持所有类型的音乐人的海外节目亮相,并让音乐人的国际旅行变得比以往任何时候都便捷。很快,韩国音乐家不仅成为音乐产业的文化大使,而且更普遍地成为韩流和国家的文化大使。在韩国国内,KOCCA 主办了第一届首尔国际音乐博览会(又名 MU:CON)来促进韩国音乐全球扩展和发展,并且为音乐产业提供了非常宝贵的建立关系网的机会。由文化体育观光部赞助的 MU:CON 包括业务洽谈项目、会议、全球音乐展示和建立关系网的项目来促进韩国音乐业务。2012 年,韩国财团子公司希杰娱乐(CJ E&M)和 Koreaboo(宣传韩国内容的英语在线网站)在美国主办了首次韩国 K – pop 大会(KCON),KCON 现在是同类型中最大的文化活动之一[如今,KCON 已经超越美国(洛杉矶和纽约)扩展到包括在日本、阿联酋(阿布扎比)和欧洲(巴黎)的活动]。

到 2013 年年底,9 人韩国女子组合少女时代凭借《I Got a Boy》战胜了受欢迎的 Lady Gaga、单向组合(One Direction)和麦莉·塞勒斯(Miley Cyrus),获得了 YouTube 音乐奖的年度音乐录影带奖,震惊了全球音乐产业。另外,SM 娱乐公司因其 SM 家族(SM Town)频道收到了 YouTube 合作伙伴竞赛金奖,作为其达到 100 万以上订阅者所获得的赞赏。这个奖证明了 SM 娱乐公司的国际化和保持大量在线业务的双重战略的成功。迄今为止,YouTube 上韩国流行音乐视频节目剪辑在超过 230 个国家已被观看了超过 70 亿次。在主要的节日和贸易展览,例如,西南偏南音乐节(SXSW,德克萨斯州奥斯汀)、加拿大音乐周(多伦多)、Music Matters(新加坡)和法国戛纳世界音乐博览会(MIDEM,法国戛纳)上,由 KOCCA 赞助的 K - pop 夜晚活动已经成为向全球观众介绍新歌手的一个非常重要工具,并且成为一项韩国和其他国家之间长达数十年之久的双边友谊的庆祝活动。

早在 2008 年,韩国流行音乐乐坛在中国通过一系列重要且数量不断增加的合作推进。2008 年,Super Junior - M(M 代表普通话)首次推出第一首热门单曲《U》及其音乐录像带。2010 年,Wonder Girls 进军中国市场,推出了她们的单曲《Nobody》、《Tell me》和《So Hot》的中国版本。2012 年,EXO - M(M 代表普通话)通过发行《什么是爱》的中国版本,扩大了中韩流行音乐的接触。2014 年,中国电影传奇人物成龙通过成龙集团韩国唱片公司成立了男子说唱偶像组合 JJCC 并进入了韩国音乐界。2016 年,韩国音乐产业公司"三巨头"之一的 YG 娱乐有限公司随着来自中国的直接投资,进入了一个前所未有的扩张时代:腾讯投资了 3 000 万美元,而微影时代投资了 5 500 万美元,使 YG 娱乐公司成为同类公司中最大的全球韩国流行音乐公司。[①]《江南 Style》明星 PSY 正在卷土重来,不过是在中国而不是韩国。PSY 作为导师参加了一档中国综艺节目《盖世音雄》(Heroes of Remix),这档节目将歌手和唱片骑师(DJ)联系起来,并且现场展示了中国电子舞曲。许多其他有中国成员的知名韩国偶像组合包括(或曾经包括):Super Junior - M (韩庚和周觅); EXO 和 EXO - M (吴亦凡、鹿晗、黄子韬、张艺兴); Miss A (王霏霏、孟佳); 以及 f(x)(宋茜)。

韩国流行音乐是一个支柱引擎,它带动了韩国(和中国)创意产业的改变,获得了"新韩流(new Hallyu)"(韩文为 shinhallyu)的绰号,并且写下了韩流充满活力的新篇章,同时让韩国一直保持在全球音乐产业的前列。

11.1.5 韩国的游戏产业

韩国被称为亚洲最大的游戏中心之一。在线游戏和手机游戏职业玩家拥有名人的地位(Feijoo 等人,2012;Fung 和 Ho,2016)。在 PC bangs(韩国网吧)、大型竞技场馆里和游戏专用电视频道(如 OnGamenet,OGN;MBC 游戏台)上玩电子游戏以及看别人玩电子游戏已经是多年来一种常见的做法。自 2004 年起,韩国政府赞助了各种奖项用于鼓励国内游戏产业的发展,包括"本月最佳游戏(Best Games of the Month)"、"韩国游戏大奖(Korea Game Grand Awards)"和"最佳游戏情节委托竞争(Best Game Scenario Commission Competition)"。根据 KOCCA 在 2015 年发布的一项民意调查,最具影响力的韩国在线游戏包括:《天堂》(Lineage)、《穿越火线》(Crossfire)、《地下城与勇士》(Dungeon and Fighter)、《冒险岛 Online》(Maple Story) 和《天天富翁》(Modoo Marble)(Jackson,2015)。

韩国游戏产业的历史可以追溯到 1996 年,金泳三政府通过颁布《唱片录像带暨游戏制品法》来发展这一领域。根据韩国立宪法院所说,该法案宣布唱片和视频产品的制作处于言论和新闻自由的保护下。在两年内,游戏产业本身被认为是一个真正强大的文化产业。1999 年,金大中政府发布了其"面向 21 世纪网络韩国"的愿景宣言,阐述了韩国成为世界上网络最发达的国家和精通信息通信技术的社会的愿望,准政府机构韩国游戏研发与促销协会成立(2012 年改名为韩国游戏产业局)。韩国实行以知识为基础的经济,

① 见《中国日报》2016.

在线游戏是这种环境的一部分,就像足球世界杯一样重要和受欢迎。① 事实上,为了提高其全球竞争力,韩国游戏研发和促销协会在日本开设分会,比 KOCCA 在日本开设其驻外文化院早两年。

随着韩流 2000 年左右开始在全球市场上留下印记,韩国游戏产业逐步走向国际市场。特别是文化体育观光部设立了韩国电子竞技协会来管理播放电子竞技的复杂工作、组织持续不断的活动、监管工作人员/程序员就业条件、促进风险资金投资以及向公众宣传游戏。世界电子竞技大赛(The Word Cyber Games,WCG)是一个竞争性的电子竞技赛事(由三星电子和微软赞助),创立于 2001 年。中国举办了 3 次决赛:2009 年在成都、2012 年以及 2013 年在江苏昆山。到 2003 年,韩国游戏产业局已经培养了 100 多家新的国内游戏公司,并且监督管理游戏产业的所有方面,包括游戏的评级、培训认证的标准以及韩国大学和其他职业院校游戏教育课程的设置。最后,2009 年,韩国游戏产业局成为 KOCCA 的一个分机构,游戏产业现在从整个 KOCCA 生态系统创造的协同效应中获利。一些顶级的韩国移动/社交媒体(和在线)游戏开发者包括:Com2uS(《魔灵召唤:天空之役》),网石游戏(《漫威:未来之战》、《Raven/EvilBane:钢铁王者》),娱美德娱乐有限公司(CandyPang、《传奇》、《反恐精英》、《星际争霸:母巢之战》和《星际争霸 III》),SundayToz(《Anipang 消除》),Gamevil(《黑暗重生》),JoyCity(《炮艇战:3D 战舰》),Nexon(《统治》),NHN PixelCube(《乌帕鲁好友》),以及 NFLY Studio(《挑战巅峰》)。支持移动和社交游戏的发展以及实施游戏产业国际化战略是韩国创意产业和国家优先考虑的关键部分,它目前正在密切关注着虚拟现实、增强现实、人工智能软件和硬件应用方面的创新。显然,翻译支持将继续作为在多个国际市场中本地化韩国游戏和应用程序的关键策略。

根据 2015 年《韩国游戏产业白皮书》,韩国游戏产业市场在 2014 年增长了 2.6%。看似很小,但是从 2013 年起,这是一个明显的变化。2013 年,韩国游戏产业遭受了自 2007 年以来首次亏损。2014 年,在线游戏占整个市场的 55.6%,其次是手机游戏(占 29.2%)和 PC 网吧(占 12.3%)。这三部分占据了全部游戏产业的 97.2%,占韩国创意产业出口的比重最大,目前超过 50 亿美元。②

中国现在是韩国网络游戏最大的出口市场,是帮助韩国游戏产业国际化的关键合作伙伴。然而,韩国在中国的市场渗透率因为综合因素开始下滑。首先,中国公司收购国外游戏公司已经成为一个显著的推动力。例如,2014 年,韩国游戏开发商 Actoz 软件公司出售给中国盛大游戏有限公司。这次收购之前,盛大已授权了来自 Actoz 的韩国游戏《传奇》(Legend of Mir),使韩国游戏企业前所未有地进入中国市场。具有讽刺意味的是,盛大在这笔交易中获得的巨大财富足够使其在纳斯达克交易所成为一家上市公司,反过来它完整收购了 Actoz 软件公司。随后,中国国内游戏公司开始崛起,现在绝大多数世界上最好的游戏玩家来自中国。中国企业的其他联合投资继续将韩国和中国市场连接起来。2014 年,腾讯向韩国手机游戏开发商 PATI Games 投资将近 2 000 万美元,成为 PATI

① Levy,2014.

② KOCCA 2016; Yonhap 2016.

Games 的第二大股东。[①] 腾讯还以 5 亿美元购买了将近 1/3 的韩国希杰游戏公司(CJ Games Corporation),并且在 2016 年向网石游戏(Netmarble Games)投资 5 300 亿韩元,向 4:33 Creative Lab 投资 1 300 亿韩元。最后,2016 年,中国掌趣科技股份有限公司计划收购 NHN 娱乐有限公司视频游戏开发部门网禅(Webzen)的重要股份。NHN 娱乐有限公司是韩国一家主要的互联网公司,以先进的支付、游戏、购物和文化 IT 解决方案服务而闻名[②]。简言之,国际化战略给韩国企业带来了许多挑战和机会成本,比如,商业机密和知识产权的共享,以及如何留住本地和全球观众,然而这可能是把"双刃剑"不过付出的代价并不大。

当前,KOCCA 在阿联酋阿布扎比的活动正展示了其向中东创意产业领域的渗透。在这里,韩剧已经流行了一段时间。2014 年年底,当笔者拜访迪拜的时候,浪漫历史奇幻喜剧《屋塔房王世子》(Rooftop Prince)(2012)的海报醒目地出现在整个数字媒体的广告牌上,庞大的迪拜购物中心的电子商店在电视和投影机上播放 PSY 的《江南 Style》音乐录像带作为其促销活动的一部分。2016 年 3 月,KOCCA 和阿布扎比媒体自由区管理委员会签署了一项历史性的谅解备忘录,加强了韩国和中东之间产业和学院的联系。根据该协议,KOCCA 将提供一系列由韩国创意专家开办的职业培训项目以及一系列中小型企业创意经济创业的商业配套措施,同时为创意和文化内容的韩国生产者打开了新大门,KOCCA 和韩国政府现在密切关注在阿联酋更大的能够进军沙特阿拉伯的市场机遇。在沙特阿拉伯,萨勒曼·本·阿卜杜勒-阿齐兹·阿勒沙特国王最近公布的"沙特愿景 2030"(Saudi Vision 2030)概述了一个前所未有的培育文化和娱乐产业的计划,以及一个将沙特阿拉伯转型成为连接亚洲、欧洲和非洲的战略中心的更大目标。[③] 韩国及其创意产业以及它们的中国合作伙伴现在有机会直接为这个"中东梦"做出贡献。

在韩国国内,KOCCA 赞助了韩国创意内容实验室(CKL),它是一个为有兴趣创业的企业提供指导和培训的旗舰孵化器。第一家 CKL 于 2014 年开设,KOCCA 雄心勃勃的计划是除了在首尔、釜山、大邱、仁川、京畿道和全罗北道现有的 6 家实验室之外,到 2017 年开设至少 10 家以上的实验室。为了帮助企业创业,实验室提供如下促进策略:①初步想法的共享和先进理念的整合;②原型制作;③共同工作空间、研讨会和活动;④跨越整个创新生态系统的全方位指导、商业化和推广建议(即管理、投资/融资、公共关系/营销、全球化战略、法律、会计和版权服务)。年龄介于高中毕业生和中年人之间并且有行业经验(也许正在寻找转行或学习新技能机会)的普通群众有资格加入创意经济领袖学院计划的"创新训练营",这个创新训练营是一个文化和创意融合的区域,成员可以使用两年免租金的办公区域以及直接与创业的策划、营销和管理活动有关的咨询服务。在教育和职业培训方面,训练营的成员可以学习到讲故事、表演艺术、广播电视、会展管理以及动画和角色设计等各个方面。随着他们进入创业生态系统空间,KOCCA 及其项目正致力于推动韩国文化创意产业进入下一个世纪。

---

① KOCCA,2014.

② Lee,2016.

③ "沙特愿景 2030"英文版本,http://vision2030.gov.sa/en.

11.1.6 韩国的时尚产业

韩国的时尚产业尽管不像其他文化产业那样引人注目，但是它在韩国国内舞台和同中国的"文化外交"中占据着重要的地位。2008 年，首尔设计基金会（Seoul Design Foundation）举办了第一届首尔时装周（Seoul Fashion Week），获得了首尔市政府的大力支持。首尔市政府正尝试将首尔转型为一个现代时尚热点。2010 年，KOCCA 为了推进这一目标，设立了概念韩国（Concept Korea）这一项目，目标是在所有顶级国际时尚活动和市场上资助和宣传韩国时尚设计师。2012 年，韩国国际风格展以及由 SBS 主办的韩国流行音乐登陆日本东京。首尔韩国时尚（K－pop：K－Collection in Seoul），将韩国流行音乐演唱会和时装展结合起来在广播电视、时尚和韩国流行音乐中产生协同效应。参加的名人包括热门歌手和组合：Tiger JK、少女时代（Girls Generation）、IU、Infinite、Secret、Miss A、MBLAQ、9Muses 和 Bigbang。

韩国时尚产业不断在中国扩张，主要是通过韩剧、故事片和韩国名人谈话节目以及各种电视节目推广。韩国电视偶像作为在中国消费者中主要时尚潮流的领导者而受到追捧，不仅增加了韩国时尚产业的信心，而且直接促进了韩国时尚产业进军中国市场。[①] 自从《太阳的后裔》（Descendants of the Sun）在中国播出之后，电视剧明星使用的化妆品、衣服和时尚配饰成为爱奇艺在线购物网站最畅销的商品。同样地，《来自星星的你》（My Love From the Stars）在中国播放期间，全智贤（Jun Ji－hyun）穿戴的 Jimmy Choo 鞋子和赛琳（Celine）服装的销售急剧增长。这导致几个国际奢侈品牌，比如香奈儿（Chanel）、古驰（Gucci）和路易威登（Louis Vuitton）利用在韩剧中植入式广告增加在中国的销售额。[②] 其他国家正尝试"兑现"中国市场的韩国影响力。2016 年，英国时装协会（The British Fashion Council）和韩国时装设计师协会（Korean Council of Fashion Designer）签署了一份谅解备忘录，为英国和韩国时尚产业之间的合作和协作开创了新途径。[③]

11.1.7 韩国的动漫产业

动漫领域是韩国创意产业最令人兴奋和充满活力的部分，并且是下一代韩流明显的领导者，或者称之为漫韩流（m－Hallyu）。具体地说，在线和手机网络漫画正成为韩流最明显和最有利可图的部分，并处于一个不断变化的数字化韩流环境中。

韩国有悠久的、活跃的和丰富多彩的漫画书和动漫文化历史，代表了网络漫画和国家的潜在创造力。2009 年，位于首尔的国家当代艺术博物馆举行了一场庆祝韩国漫画一百周年的综合展览，展出了 250 位艺术家的 1 500 多件作品，最早的图像是在纸上的木版印刷漫画。早期，漫画主要出现在报纸上，报纸在日本殖民时期（1910—1945 年）的现代

---

① 见 Fenn，2011 和 Mundy，2014.

② 见 Gu，Wei 2014a. 奢侈品牌依赖韩国提高中国销售．华尔街日报（3 月 20 日）：www. wsj. com/articles/SB10001424052702303802104579450812059067876；和 Gu，Wei 2014b. 韩国流行音乐明星推出新品牌在中国消费者中获利．华尔街日报（9 月 12 日）：http://blogs. wsj. com/chinarealtime/2014/09/12/k－pop－stars－launch－new－brands－to－cash－in－on－chinese－consumers/.

③ 韩国时装设计师协会和英国时装协会谅解备忘录：www. gov. uk/government/uploads/system/uploads/attachment_data/file/507023/MOU_CFDK_BFC_EN_for_BFC_. pdf.

化报业中蓬勃发展。直到1937年，日本全面战争运动迫使韩国社会的所有方面关注军事议程。韩国在1945年8月获得独立之后，讽刺政治的漫画和儿童教育漫画受到读者的欢迎，漫画经历了狂热的复兴。正如人们所能想象的，20世纪50年代中期，朝鲜战争的爆发影响了漫画的商业化生产，但是一小部分漫画书在釜山和大邱等韩国国民远离冲突的城市中出版。20世纪50年代后期，漫画开始重新受到大众的欢迎，并且一些漫画咖啡馆（韩国网吧前身）出现，在此读者接触并且借/租各式各样流行的图书。在整个20世纪60年代，Hapdong成为漫画的顶级出版商之一，其行业垄断加上朴正熙政府的审查制度，阻碍了较小的出版商和本地艺术家的发展，明显减少了该领域的创意潜力。在这个时候，漫画被政府视为消极地干涉青少年教育和腐化年轻人思想的有害材料。

漫画书的转折点出现在20世纪70年代期间，之后韩国社会开始经历快速工业化，以不同漫画种类（儿童、运动、爱情、成人情色）为特色的流行杂志开始吸引更广泛的读者。韩国在20世纪90年代经历了民主化之后，漫画成为流行文化形式之一，开始经历一个重要的复兴时期。2013—2014年，在4本杂志被登记为"国家资产"之后，作为创意产业支柱的漫画的价值被证实。①

动画在韩国也有一个漫长的历史，虽然比漫画书的历史要短，但是可以追溯到20世纪60年代。最知名的动画是《蚂蚁和蚱蜢》（The Ant and the Grasshopper）（1961）。② 基于它的成功，朴正熙军事政府不久开始使用动画片作为传播政府意识形态和教育公众的工具。1966年，朴正熙政府的公共信息部规定，大约30%～50%的电视动画片必须来自国内，而电视动画片当时在韩国变得越来越流行并且充斥着美国内容。③ 动画行业立即被鼓舞。一年后，韩国第一部彩色动画片《洪吉童》（Hong Gil－dong）（1967）的制作出现了一项技术性突破。后来的动画片以革命英雄为主角，其中最有名的是《机器人跆拳V》（Robot Taekwon V）（1976），它产生了许多续集，并且1986年在美国发布了英语配音版本的录像带（名字为Voltar the Invincible）。

在整个20世纪80年代中后期（直到2005年左右），韩国动画工作室和动画师主要承接美国和日本动画产业的委托生产（OEM）工作。在韩国政府的鼓励下，这种类型的活动有益于国家经济的发展。④ 韩裔美国人尼尔森·申的AKOM制作有限公司制作了电视系列剧《辛普森一家》，而其他制作公司协助福克斯电视网的《X战警》、华纳兄弟和史蒂文·斯皮尔伯格的安培林娱乐联合制作的《乐尼通大冒险》（Tiny Toon Adventures）和《狂欢三宝》（Animaniacs）系列。这个时候，韩国动画工厂承接了世界上大约一半的动画外包业务。为了提高利润率，一些韩国动画工作室分转包了它们的委托生产工作给朝鲜的动画工作室，比如朝鲜科学教育电影制片厂（SEK工作室，以其为奇幻动画电影《王后沈清》（Empress Chung）而闻名）。

1993年以后，越来越多的独立电影人开始在没有政府的支持和干预或者商业压力下制作他们自己的电影。商业电影业之外的潮流引导者享受着在票房上的有限成功。然

① 位于富川的韩国漫画博物馆展现了这个传统历史，它是韩国拥有最多漫画和网络漫画收藏之一的永久大本营。

② Kim，2006.

③ Yim，2002.

④ Jin，2016.

后在 1995 年,金泳三政府的文化观光部开始认识到创意和文化产业的商业价值,并且实施了资助和推进动漫产业的新战略。受益于这一战略的最早活动之一是首届首尔国际动漫节(SICAF),其在 2016 年仍作为同类顶级全球活动之一,1999 年首次举办的富川国际动漫节(BIAF)是在亚洲专门面对学生的为数不多的节日之一。

另一个决定性的时刻出现在 2003 年,随着儿童动画系列《波鲁鲁》(Paroro)在 EBS 的首次播放,其角色带动了包括铅笔盒、笔记本、背包和人偶玩具在内的一源多用(OS-MU)特许生产线的后续发展。一源多用(OSMU)是指从单个创意源或项目中作为副产品生产出各种产品和搭售活动的生产和推广策略。《波鲁鲁》(Paroro)已经出售并且授权给全球 100 多个国家的广播公司,使这一系列成为最受欢迎的韩国儿童动画片之一。如今,一源多用整合营销策略是 KOCCA 和 MCST 的主要准则之一。因为动画项目通过一整系列商品全球化其角色的潜能增加,亚洲不断增多的中产阶级大量购买这些商品。2009 年,KOCCA 和首尔市政府建立了一系列职业动画工作室和教育培训中心,试图在《波鲁鲁》(Pororo)成功的基础上培育下一代动画师。

由于政府对动画产业的扶持和帮助,越来越多的商业公司开始积极加入这个行业。Myung 电影公司的一部动画电影《鸡妈鸭仔》(Leafie, a Hen into the Wild)(2011)在韩国国内和中国掀起波澜,打破了之前由《洪吉童》(Hong Gil - dong)(1967)创下的上座率。Myung 电影公司和韩国媒体巨头乐天娱乐公司(投资方和发行方)合作制作的《鸡妈鸭仔》是 Myung 电影公司的第一部故事片长度的动画片,它在同类型电影中获得了前所未有的票房成绩。《鸡妈鸭仔》是极少数正式出口到中国的故事片之一,并且是在中国数量日渐增多的电影屏幕上播放的第一部韩国长篇动画片。《鸡妈鸭仔》获得国际称赞,在 2011 年西班牙锡切斯电影节上获得了最佳锡切斯家庭片奖项,在 2011 年澳大利亚的亚太电影节上获得了最佳动画片奖。可以预见的是,随着《鸡妈鸭仔》的成功,MCST 宣布对动画产业增加资金支持,特别是对能够在国际市场受到更广泛观众喜欢的家庭动画片。2013 年以后,国产动画项目获得了前所未见的资金支持。2015 年,韩国政府承诺在动画产业投资了大约 3.5 亿美元用来协助其海外市场扩展,特别是在中国。

自 2002 年以来,韩国动画在中国已经出现了显著的增长。例如,2002 年,《太空嘻哈族(Space Hip Hop Duck)》是第一部官方联合制作的电视动画片发布,2007 年《小巫师淘(Little Wizard Tao)》是由韩国 G&G 娱乐有限公司和中国幻维数码影视有限公司联合制作。5 年之后,电视动画系列和电影《绿森林家族》(Curucuru and Friends)由韩国 Ffango 娱乐公司和中国电影集团公司联合制作。2015 年,第一届韩中动画联合制作论坛在首尔召开,由韩国电影振兴委员会和中国国家新闻出版广电总局的电影局主办。2016 年,《大鱼海棠》(Big Fish &Beognia)由北京彼岸天文化有限公司和韩国动画工作室 Studio Mir 联合制作,并且双方的业界代表已经建立了全球动画合作伙伴关系平台,成为一个有 8 家韩国动画公司和 19 家中国动画公司的联合组织。3 部韩国动画片:《百变孙悟空(Flying Superboard)》、《Asianosaurus》和《Capsule Boy》已经被选为第一批联合投资的项目。

未来网络漫画将会是韩国动画创意产业中高速发展的行业,韩国 7 大发布网络漫画访问量的商业平台和网站是:NAVER LINE webtoon、Daumwebtoon、Nate webtoon、Tstorewebtoon、T tale、Lezhin Comics 和 Olleh Market,还有超过 25 个其他较小的频道。韩国漫画映像振兴院(KMCA,原名为富川漫画信息中心,2009 年由 KOCCA 设立)在发展整个产业以及代表网络漫画艺术家和这些商业平台进行谈判中发挥着核心作用。KMCA继续扩大并且将漫画和所有 KOCCA 包括的文化和信息技术领域以及电影、动画、电视剧和游戏联合在一起。今天,漫画艺术形式正被推向未知的移动媒体领域,从而演变成它自己的一种独特文学和美学流派。网络漫画现在被韩国创意产业的领导者视为一个一源多用策略的理想核心内容。在过去,韩国儿童动画角色如波鲁鲁(Pororo)作为一个品牌,在韩国受到欢迎,很大程度上是由于其遵循了一源多用(OSMU)模式。

据韩国漫画映像振兴院的代表所说,每三个人中就有一个人每周在智能设备上看网络漫画,并且许多人为此支付了订阅费。① 这一稳定的高消费量使网络漫画家身价倍增,知名网络漫画家每个连载发行都能赚到大约 5 000 美元。一年内,这个工资相当于电影编剧通常赚钱总额的六倍。换句话说,忙碌的网络漫画家正成为韩国的暴发户。今天,超过 5 000 名艺术家在这个领域工作,并且超过 6 000 本发行物已通过韩国网络漫画平台出版。如果包括国际市场,如美国、澳大利亚、日本、中国、阿联酋的翻译版本,统计数字甚至更大。韩国网络漫画在这些国际市场的日常生活中越来越受欢迎。特别是在中国,当地媒体集团为了创造它们自己的电视剧和电影,已经开始购买某些网络漫画的版权。2015 年年底,Naver 将《奇奇怪怪(GigiGoegoe)》出售给一位中国电影制作人。2016 年年初,韩国最受欢迎的移动社交网站(Kakao Talk)Kakao - Daum 加入了与中国华策集团的合资企业,并在中国不断扩大的移动媒体市场发布了以下韩国网络漫画:《镜子小姐传》(Girl in the Mirror)、《拜托你了,分手鬼》(The Helping Breakup Ghost)、《Just One Shot》和《Cashero》。其他已经成为中国电影和电视节目基础的印刷和电子动漫包括《老千》(Tazza:The High Rollers)(2006)和即将上映的《与神同在》(With God)(2017);电视剧包括《浪漫满屋》(Full House)(2004)、《邻家花美男》(Flower Boy Next Door)(2013)以及《未生》(Misaeng)(2014)。通过这种方式,来自韩国创意产业的内容将继续进入中国新兴的创意产业市场。

11.1.8 结论:韩国与中国创意产业的邂逅

在整个全球创意产业,"Hallyu"和"韩流"都是一个流行词和软实力元素,概述了韩国文化内容目前在制作和出口价值方面获得的令人震惊的成功。大多数全球传媒业参与者都没有预料到韩国电影、流行音乐和网络漫画的急速崛起。此外,通过避开与传统媒体生产和分销渠道相联系的进入壁垒(和成本),韩国成功开发了 YouTube 和其他各种移动媒体平台,促进了韩国文化创意产业的营销推广,也成为这一新商业现象的早期采用者,韩国创意产业在一个竞争激烈的领域中已经成为世界领导者。

在实践和经济层面,KOCCA 使韩国企业和从业者将他们的生产经验和先进技术技能与中国及其他国家的庞大分销网络、生产基地和扩大的现金流结合起来,制造吸引世界的各种文化创意产品。在中国,KOCCA 遵循了一个简单的本地化战略——"入乡随俗",与中国合作伙伴联合制作和/或许可韩国内容,以扩大韩国文化创意内容的影响力。韩国在秉承"如果你不能打败他们,就加入他们"原则的基础上正发展成为"文化变色

① 见 KOCCA 2015. 韩国漫画 & 网络漫画市场趋势. 韩国文化产业振兴院. http://www.koccaeurope.com/2015/01/info - graphics - korea - cartoonwebtoon - market - trend/.

龙”。同时,在美国、日本、中国、英国和阿联酋的 KOCCA 驻外文化院,努力搭建韩国文化产业出口企业与当地政府机关、企业的沟通合作平台,充分调研当地市场需求,以进一步促进韩国文化内容的国际传播。

作为这些发展的结果,韩流已经呈现了新的意义:韩国文化内容的传播不再是一条单行道,而是多方向的文化流动。比如,韩国、中国和日本等其他国家的合作发展。然而,随着韩国流行音乐和网络漫画特别是在不同的地区,如亚洲、欧洲、美国和南美越来越受大众欢迎,韩国流行文化产品的地区“标记”可能不再是必要的,因为对内容创造者和消费者来说,重要的不是东西在哪里生产,而是他们打算卖给谁。

在今天的中国,越来越多的中国制作公司与国际传媒巨头合作,使中国制作公司能够制作较大且技术更精湛的电影和其他数字媒体内容。此外,数字技术和移动互联网的迅速发展,以及从韩国创意公司和从业者那里学习借鉴的专业技术和创新精神,使中国创意产业开始显示其逐渐增强的实力,能同资金较充沛的美国媒介巨头进行竞争。与此同时,中国公司正从它们在韩国和美国市场的投资中逐渐获益。

21 世纪初,韩国和中国创意产业的情况看起来像一个双赢的局面。2015 年 3 月,中国政府发布“互联网 +”战略,目的是整合移动互联网、云计算大数据、物联网和现代制造业,并且鼓励电子商务、产业网络和网上金融在国际市场的健康发展。韩国从业者可能持有一把实现“互联网 + 梦想”的钥匙。正如本章所说,韩国人促进了中国传统媒体和新媒体在类型、主题和故事线以及专门技术改进方面的发展,并且中国媒体公司已意识到韩国创意产业人员能够日益将它们的内容国际化,并推广到海外市场。换句话说,随着中国企业掌握了创新的美学品质和出口导向型的专业知识,韩国和中国创意产业正经历着一个重大的转变。自从 1996 年国内电影审查制度结束之后,韩国企业因为出口导向型的专业知识已在全球变得有名,并且 KOCCA 在 2009 年扩大了其实力。韩国“创意经济”中包括了创业生态系统、中小创业风险企业以及信息通信技术(ICT)、科学技术研究和开发、超高速宽带基础设施的部署,韩国自己风格的品牌和技术实力的全球经验和成功证明了与中国发展合作关系是有利的,并且也帮助了中国文化创意产业的提升。

11.2 日本文化创意产业发展状况①

日本自然资源贫乏,除煤炭、天然气、硫黄等极少量矿产资源外,其他工业生产所需的主要原料、燃料等都要从海外进口,但是在文化资源上,日本却堪称“文化资源强国”,尤其是 20 世纪 90 年代期间,虽然经济发展逐渐减速,文化产业却继续保持快速增长的态势,并发展成为仅次于美国的世界第二大文化产业大国。此外,日本素有“动漫王国”之称,是世界上最大的动漫制作和输出国之一。据统计,2014 年,全球文化产品的市场规模为 550 亿美元,其中,日本产品的销售额为 13.8 亿美元,占到全球市场比重的 2.5%,其中,日本虽然面临少子化、人口高龄化等挑战,但是电影、动画、电视节目、游戏、书籍等文化产业市场规模在 12 兆日元(约合人民币 6 000 亿)左右,且近年来基本维持在比较稳定

① 本文撰稿:魏晓阳,中国传媒大学文化发展研究院教授、博士生导师,研究方向:文化产业政策。朱文馨,中国传媒大学传媒政策法规中心研究生。

的水平,这一市场规模仅次于美国,位居世界第二。[①] 本章将详细梳理日本电影市场、漫画出版市场、动画市场、游戏市场、音乐市场以及广播电视市场 6 个主要文化产业的市场规模以及发展现状,展现日本文化市场的整体发展现状,同时剖析日本文化产业发展的政策背景。

11.2.1 日本电影市场

11.2.1.1 日本电影市场概况

2014 年,日本与影像领域相关的市场规模总计 4.5 兆日元,其中,电影 0.2 兆日元。全球电影市场产品销售额 57 亿美元,其中,日本产品销售额 0.1 亿美元,占全球市场的 0.1% 。[②]

近年来,日本电影产业主要面临电影人口减少的挑战。从日本电影观影人数(见图 11 -1)可以看出,2001—2010 年,平均每年观影人数达 1.65 亿人次,保持较高水平,2010 年,观影人数高达 1.74 亿人次。然而 2011 年,观影人数仅 1.45 亿人次,降至十年最低。此后几年,年均观影人数虽有所增长,但增长速度十分缓慢。

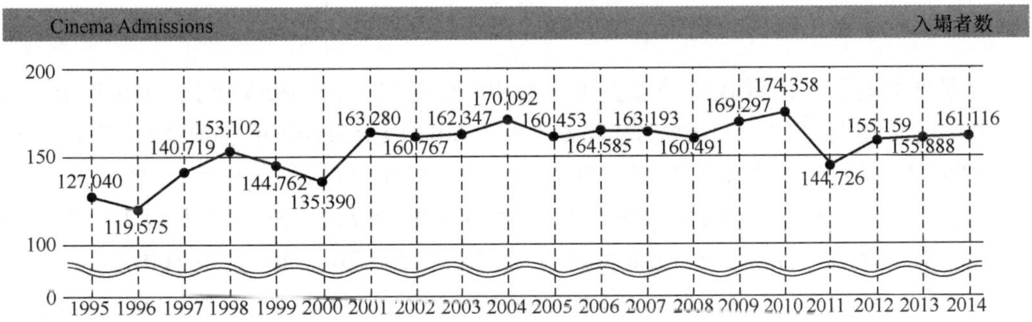

图 11 -1 日本电影观影数据[③](单位:百万人)

日本电影市场观影人数的变化对日本电影票房收入(见图 11 -2)有直接的影响,电影观影人数的减少导致票房收入也随之减少。2001 年至 2010 年 10 年间,电影票房平均年收入超过 0.2 兆,2010 年,票房收入达到顶峰。2011 年,日本票房收入创 10 年来最低,尽管近两年有回暖趋势,但均未能超过 2010 年的票房收入。

从日本电影观影数据和日本电影票房收入统计中均可以看出,日本电影市场的增长遭遇了瓶颈,缺乏更大的刺激增长的动力。

---

① デジタルコンテンツ白皮书(2014)。

② 日本经产省、商务情报政策局、文化情报关联产业课:《コンテンツ産業の現状と今後の発展の方向性》(2016 年)。

③ 日本映画製作者連盟(映連):《映画業界統計情報》,https://www.unijapan.org/reference/statistics.html,最后访问日期:2015 年 12 月 6 日。

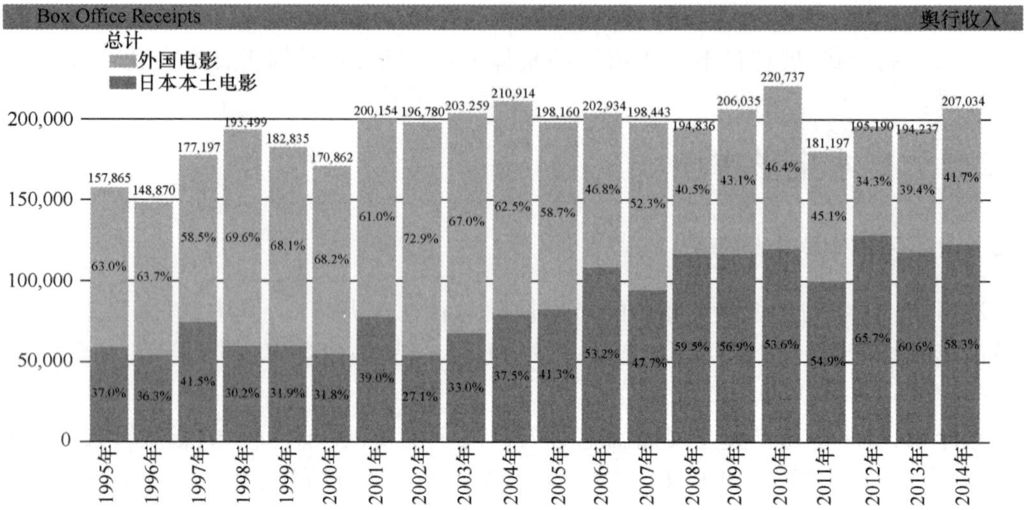

图 11－2　日本电影票房收入统计①（单位：百万人）

11.2.1.2　日本本土电影应对外国电影的冲击

根据日本电影制作者联盟的数据可以看出（见表 11－1），1955 年到 1965 年 10 年是日本电影的全盛期，日本本土电影的票房收入占 60% 以上，1960 年达到高峰，高达 78%，但是 1970 年之后，日本本土电影陷入低迷。20 世纪 70 年代，外国电影占票房收入超过本土电影。泡沫经济崩溃之后的 2002 年，日本本土电影仅占票房总收入的 27.1%，并陷入最低谷。2006 年，日本本土电影重新开始逆转，直到 2012 年，占所有电影总发行的 65.7%，而外国电影仅占 34.3%。可以说，本土电影时隔 43 年后，在发行收入方面又重新恢复到了 1969 年 60% 的水平。

表 11－1　1955 年到 2015 年日本电影产业发展情况表②

	电影馆	放映电影数量			入场人数	发行收入	平均入场费	票房收入			シェア	
		本国电影	国外电影	合計				本国电影	国外电影	合计	邦画	洋画
西暦	个	场	场	场	千人	百万日元	円	百万日元	百万日元	百万日元	%	%
1955 年	5 184	423	193	616	868 912	54 657	63	20 993	10 923	31 916	65.8	34.2
1956 年	6 123	514	177	691	993 875	61 899	62	23 520	11 317	34 837	67.5	32.5
1957 年	6 865	443	194	637	1 098 882	68 153	62	25 988	11 600	37 588	69.1	30.9
1958 年	7 067	504	169	673	1 127 452	72 346	64	29 971	9 435	39 406	76.1	23.9
1959 年	7 400	493	210	703	1 088 111	71 141	65	30 258	8 865	39 123	77.3	22.7

① 日本映画製作者連盟（映連）:《映画業界統計情報》，https://www.unijapan.org/reference/statistics.html，最后访问日期：2015 年 12 月 6 日。

② 一般社团法人诶本电影制作者联盟，http://www.eiren.org/toukei/data.html，访问时间：2016 年 5 月 26 日

续表

	电影馆	放映电影数量			入场人数	发行收入	平均入场费	票房收入			シェア	
		本国电影	国外电影	合計				本国电影	国外电影	合计	邦画	洋画
1960 年	7 457	547	216	763	1 014 364	72 798	72	31 125	8 606	39 731	78. 3	21. 7
1961 年	7 231	535	229	764	863 430	73 003	85	30 020	8 849	38 869	77. 2	22. 8
1962 年	6 742	375	228	603	662 279	75 983	115	27 834	10 262	38 096	73. 1	26. 9
1963 年	5 696	357	267	624	511 121	77 734	152	25 259	11 456	36 715	68. 8	31. 2
1964 年	4 927	344	259	603	431 454	76 937	178	22 771	11 553	34 324	66. 3	33. 7
1965 年	4 649	487	264	751	372 676	75 506	203	22 528	11 230	33 758	66. 7	33. 3
1966 年	4 296	442	250	692	345 811	75 750	219	20 221	11 771	31 992	63. 2	36. 8
1967 年	4 119	410	239	649	335 067	78 943	236	19 812	12 500	32 312	61. 3	38. 7
1968 年	3 814	494	249	743	313 398	82 026	262	21 232	11 731	32 963	64. 4	35. 6
1969 年	3 602	494	253	747	283 980	83 805	295	21 409	12 014	33 423	64. 1	35. 9
1970 年	3 246	423	236	659	254 799	82 488	324	18 496	12 616	31 112	59. 4	40. 6
1971 年	2 974	421	243	664	216 754	79 280	366	15 613	14 800	30 413	51. 3	48. 7
1972 年	2 673	400	283	683	187 391	76 971	411	14 882	13 837	28 719	51. 8	48. 2
1973 年	2 530	405	252	657	185 324	92 682	500	19 711	15 501	35 212	56. 0	44. 0
1974 年	2 468	344	241	585	185 738	117 107	631	22 832	21 652	44 484	51. 3	48. 7
1975 年	2 443	333	225	558	174 020	130 750	751	22 871	28 665	51 536	44. 4	55. 6
1976 年	2 453	356	245	601	171 020	145 709	852	27 533	29 274	56 807	48. 5	51. 5
1977 年	2 420	337	221	558	165 172	152 373	923	30 841	29 928	60 769	50. 8	49. 2
1978 年	2 392	326	179	505	166 042	160 509	967	32 144	33 969	66 113	48. 6	51. 4
1979 年	2 374	331	196	527	165 088	158 177	958	32 943	28 670	61 613	53. 5	46. 5
1980 年	2 364	320	209	529	164 422	165 918	1 009	34 897	28 557	63 454	55. 0	45. 0
1981 年	2 298	332	223	555	149 450	163 259	1 093	33 690	28 130	61 820	54. 5	45. 5
1982 年	2 267	322	198	520	155 280	169 522	1 092	33 368	31 900	65 268	51. 1	48. 9
1983 年	2 239	317	181	498	170 430	186 300	1 093	41 442	37 331	78 773	52. 6	47. 4
1984 年	2 191	333	232	565	150 527	172 202	1 144	33 120	35 086	68 206	48. 6	51. 4
1985 年	2 137	319	264	583	155 130	173 438	1 118	35 295	34 080	69 375	50. 9	49. 1
1986 年	2 109	311	289	600	160 758	179 428	1 116	36 182	36 454	72 636	49. 8	50. 2
1987 年	2 053	286	351	637	143 935	161 155	1 120	30 638	33 098	63 736	48. 1	51. 9
1988 年	2 005	265	485	750	144 825	161 921	1 118	32 532	32 993	65 525	49. 6	50. 4
1989 年	1 912	255	522	777	143 573	166 681	1 161	31 272	35 883	67 155	46. 6	53. 4
1990 年	1 836	239	465	704	146 000	171 910	1 177	29 407	41 675	71 082	41. 4	58. 6
1991 年	1 804	230	467	697	138 330	163 378	1 181	27 847	38 687	66 534	41. 9	58. 1
1992 年	1 744	240	377	617	125 600	152 000	1 210	28 134	34 227	62 361	45. 1	54. 9

续表

	电影馆	放映电影数量			入场人数	发行收入	平均入场费	票房收入			シェア	
		本国电影	国外电影	合計				本国电影	国外电影	合计	邦画	洋画
1993 年	1 734	238	352	590	130 720	163 700	1 252	25 692	46 119	71 811	35. 8	64. 2
1994 年	1 758	251	302	553	122 990	153 590	1 249	25 711	38 441	64 152	40. 1	59. 9
1995 年	1 776	289	321	610	127 040	157 865	1 243	25 343	43 130	68 473	37. 0	63. 0
1996 年	1 828	278	320	598	119 575	148 870	1 245	23 001	40 337	63 338	36. 3	63. 7
1997 年	1 884	278	333	611	140 719	177 197	1 259	32 567	45 955	78 522	41. 5	58. 5
1998 年	1 993	249	306	555	153 102	193 499	1 264	26 391	60 969	87 360	30. 2	69. 8
1999 年	2 221	270	298	568	144 762	182 835	1 263	26 417	56 377	82 794	31. 9	68. 1

2000—2014 年(见表 11 -2),日本电影市场规模大约在 2 000 亿左右,期间一个巨大的变化是:国外电影的发行收入和人气都在减少,而国产电影的发行收入和人气则在增加,2000 年至 2014 年 15 年间,国产电影的发行成倍增长,2003 年开始与国外电影收入比肩,2006 年开始追上国外电影发行收入,2008 年开始超过国外电影发行收入。此外,从发行数量来看,国产电影也开始于 2005 年和 2008 年超过国外电影。

表 11 -2　2000—2015 年日本电影产业发展情况表①

	映画館スクリーン数(うちシネコン)	公開本数			入場者数	平均料金	興行收入			シェア	
		邦画	洋画	合計			邦画	洋画	合計	邦画	洋画
西暦	スクリーン	本	本	本	千人	円	百万円	百万円	百万円	%	%
2000 年	2 524(1 123)	282	362	644	135 390	1 262	54 334	116 528	170 862	31. 8	68. 2
2001 年	2 585(1 259)	281	349	630	163 280	1 226	78 144	122 010	200 154	39. 0	61. 0
2002 年	2 635(1 396)	293	347	640	160 767	1 224	53 294	143 486	196 780	27. 1	72. 9
2003 年	2 681(1 533)	287	335	622	162 347	1 252	67 125	136 134	203 259	33. 0	67. 0
2004 年	2 825(1 766)	310	339	649	170 092	1 240	79 054	131 860	210 914	37. 5	62. 5
2005 年	2 926(1 954)	356	375	731	160 453	1 235	81 780	116 380	198 160	41. 3	58. 7
2006 年	3 062(2 230)	417	404	821	164 585	1 233	107 944	94 990	202 934	53. 2	46. 8
2007 年	3 221(2 454)	407	403	810	163 193	1 216	94 645	103 798	198 443	47. 7	52. 3
2008 年	3 359(2 659)	418	388	806	160 491	1 214	115 859	78 977	194 836	59. 5	40. 5
2009 年	3 396(2 723)	448	314	762	169 297	1 217	117 309	88 726	206 035	56. 9	43. 1
2010 年	3 412(2 774)	408	308	716	174 358	1 266	118 217	102 521	220 737	53. 6	46. 4
2011 年	3 339(2 774)	441	358	799	144 726	1 252	99 531	81 666	181 197	54. 9	45. 1
2012 年	3 290(2 765)	554	429	983	155 159	1 258	128 181	67 009	195 190	65. 7	34. 3
2013 年	3 318(2 831)	591	526	1 117	155 888	1 246	117 685	76 552	194 237	60. 6	39. 4
2014 年	3 364(2 911)	615	569	1 184	161 116	1 285	120 715	86 319	207 034	58. 3	41. 7
2015 年	3 437(2 996)	581	555	1 136	166 630	1 303	120 367	96 752	217 119	55. 4	44. 6

① 一般社团法人日本电影制作者联盟,http://www.eiren.org/toukei/data.html,访问时间:2016 年 5 月 26 日

日本电影市场总规模和门票价格都没有大的变化，那么，为什么国产电影的受欢迎程度会超过外国电影呢？笔者认为，好莱坞电影在日本的策划发行力相对薄弱，20 世纪 90 年代之后，日本电影的制作环境和机制改革以及复合电影馆（即一个电影馆有多个放映厅）的增加都是主要原因。

（1）电影制作机制的改变。在电影制作机制方面，电影公司开始与电视台强强联合。2012 年，电影发行票房前三位的电影都是由富士电视台制作并由东宝发行的作品。东宝电影策划负责人曾在受访时表示："以电视台为首，出版社、广告代理店等其他企业也共同参与电影制作，在增加出资额的同时，不仅增加了生产出让顾客满意的作品的可能性，电影的策划也可以更加接近顾客关心的领域。此外，共同出资的电视台或出版社也可以利用各自的媒体渠道来宣传电影作品，增加了电影的宣传途径和力度。"此外，电视台与电影公司合作的另一个优势是更便于将受欢迎的电视节目拍成电影，并从策划阶段共同启动项目，并联合宣传该作品，因此，那些以往曾经因为费用高昂而无法制作高成本大片现在因为与电视台合作而变成可能。

（2）提高电影本身的艺术魅力。也有日本学者认为，日本国产电影受欢迎程度超过外国电影的另一个原因是日本电影本身的艺术魅力和受观众喜爱程度有所增加。日本学者对发行收入超过 10 亿元以上的本土电影做了分析，将电影分为真人电影、面向孩子的动漫电影、特效电影。其中，面向孩子的动漫电影、特效电影维持在稳定的水平，而真人电影数量大幅度增加。

电影剧本来源大致分为小说、漫画、原创以及电视剧，漫画和电视剧在发行收入最高的真人电影剧本中所占的比例大幅增长，因此，漫画电影化的作品和连续剧改编的电影作品迅速增加，而原创剧本的电影发行不断减少。将高人气的漫画或电视剧改编成电影，吸引了大批该漫画和电视剧的粉丝进入影院观赏，增加了电影受众。①

11.2.2 日本漫画市场

11.2.2.1 日本图书出版市场概况

据统计，2014 年，包括图书、报纸和教科书等的日本出版产业规模达到了 4.6 兆日元，其中，书籍约 0.8 兆日元，杂志约 1.1 兆日元，广告传单约 0.2 兆日元，报纸约 1.6 兆日元，其他约 0.9 兆日元。日本出版产业的规模甚至高于包括电影电视整个影像产业的市场规模（4.5 兆日元），图书出版市场对日本文化经济的贡献度达到了 38%②，不可不说是一个经济实力巨大的文化领域。

其中，漫画产业在日本出版行业中具有较大影响力，并且一直是日本文化软实力的代表。据统计，2014 年，全球漫画市场的销售额为 6 亿美元，其中，日本产品销售额 1.5 亿美元，占全世界漫画市场的 24.1%。③ 这一数字是所有日本文化产品占世界市场比例

---

① 安藤准："日本映画市場における邦画の人気増大について"，www.sawadalab.se.shibaura-it.ac.jp/kankyo.../br12004.pdf，2016 年 5 月 10 日。

② 参见［日本］経済産業省商務情報政策局文化情報関連産業課：《コンテンツ産業の現状と今後の発展の方向性》，2015，第 2 页。

③ 参见中国传媒大学文化发展研究院赴日考察小组报告：《日本文化产业和公共文化事业报告（2015 年度）》。

中最高的。鉴于此,本章将主要针对代表日本文化魅力的漫画出版物,围绕漫画产业在日本的发展历程以及所呈现的特点展开研究。

11.2.2.2 日本漫画的历史发展

(1)第二次世界大战后:日本漫画商业化的起源。真正意义上的日式漫画开始于第二次世界大战后。1959 年,日本出版商讲谈社推出专门连载漫画的杂志《周刊少年 Magazine》,小学馆推出了《周刊少年 Sunday》,正式开始了日本漫画商业化的历史。由于漫画杂志低廉的价格、有趣的故事情节、每星期连载等特征,迅速在儿童中间流行。但是,因为 20 世纪 50 年代日本社会保守风气等原因,1955 年发生了著名的“恶书追放运动”,该运动开创了对日本漫画内容表达规制的先河。自该运动以后,表达规制就成为伴随漫画产业发展始终的重要问题,经常成为日本社会的舆论焦点。

(2)20 世纪 60 至 70 年代:确立日本漫画风格。手冢治虫是 20 世纪六七十年代最耳熟能详的日本漫画家。许多日本著名的漫画杂志刚出刊时几乎都是以手冢治虫的漫画作品作为最初的连载作品,①他推出的漫画作品诸如《铁臂阿童木》《火之鸟》《怪异黑杰克》等,深深影响了包括中国读者在内的一代人,他开创的小说式漫画叙述方式确立了日本漫画不同于西方讽刺幽默漫画的独立道路。

1964 年,出版商青林堂发行了面向青年读者的漫画杂志《月刊漫画 Garo》。在这本杂志上,连载了大量剧情复杂、富有深度内容的漫画作品,一改过去主要面向儿童创作、略显幼稚的漫画作品风格,得到了包括大学生在内的青年读者的一致好评。自从该杂志以后,日本漫画逐渐成为全年龄阶层的文化消费品。

(3)20 世纪 80 至 90 年代:高速发展时期。在整个 20 世纪 80 至 90 年代,日本漫画杂志的销量一直在增长。1984 年,漫画杂志销售总量已经突破 10 亿册,漫画单行本的销售额也超过了 1 000 亿日元。但这一销量依旧是有增无减。1988 年,漫画杂志和单行本销售额超过了 4 500 亿日元。1993 年,集英社的漫画杂志《周刊少年 Jump》更是以单周 600 万册的销量创下了历史纪录。这一时期的连载作品如《龙珠》《北斗神拳》《幽游白书》《灌篮高手》《圣斗士星矢》等都成为日本文化的经典标志,在世界上引起了巨大反响。

(4)20 世纪 90 年代后半期至今:漫画与其他产业融合。20 世纪 90 年代后半期以来,日本漫画业在保持发展热度的同时,出现了以下许多新的变化:第一,漫画与游戏、轻小说等行业关系性不断加强;第二,漫画不再是一次性消费品,图书馆收藏漫画的情况逐渐增多,热门漫画作品融入了经典文化;第三,少年漫画类作品销量有所下降,青年漫画市场不断发展,漫画的消费年龄层继续上升;第四,由读者创作的一些改编作品、网络作品,即所谓“同人志”的情况增多,在促进漫画产业发展的同时引发了很多著作权问题。

2015 年,持续连载十多年的日本漫画作品《海贼王》凭借日本本土累计发行 3 亿 2 000多万册的销量,被吉尼斯世界纪录官方认证为“世界上发行量最高的单一作者创作

---

① 参见米澤嘉博. 手塚治虫マンガ論[M]. 河出書房新社,2007:21.

的系列漫画”。[1] 这足以见证日本漫画产业的市场规模。

11.2.2.3 日本漫画出版业的主要特征

(1)漫画出版的两种形式:杂志和单行本。日本漫画不单单以书籍的形式,更多地是以期刊的形式出版以承载它的内容。漫画家首先必须向拥有固定出刊期的漫画杂志投稿,获得自己作品的杂志连载资格,如果获得一定的市场好评,出版社才会将连载于该杂志的每期作品汇集成册,向公众出版该作品的漫画书。换言之,日本漫画的出版有两种概念,即漫画杂志和所谓“单行本”,任何一部漫画作品首先必须要获得漫画杂志的连载权,其次才能够积累一定的分量出版单行本。

(2)漫画表现内容丰富。日本漫画从本质上来说与小说无异。从整体上说,日本漫画注重的是故事内容,而不是绘画。这就导致一部漫画作品并不是几幅绘画就能完成的,往往会长期连载数年。人气作品《海贼王》的连载时间已超过18年,至今依然继续着它的故事。[2] 可见,日本漫画拥有很强的故事性,是一种拥有复杂表现能力的文化形态。而正因为漫画作品可以承载复杂而富有表现性的内容,它也成为一种表达某种意见、观点或世界观的很好的手段。

(3)漫画出版具有成熟的流程体系。漫画的创作出版拥有两种模式:作家中心模式和编辑部中心模式。作家中心模式是指漫画家自己对自己的作品进行选题、初步构思并进行最初的故事创作,然后寄给相关杂志社投稿,杂志社再对作品进行审核并讨论决定是否录用;编辑部中心模式是指由杂志社自己进行选题和故事情节的初步构思,再以公开“招标”的形式挑选作者,应召的漫画家根据编辑设定的故事情节画出最初的几话漫画,最后杂志社的编辑们决定采用人选,与他们签订连载合同。

与小说家不同,由于漫画创作需要绘画、情节、加工润色等多项工作流程,漫画家在创作作品的过程中往往并不是一个人完成,而是基于团队合作。在漫画家的创作团队中,剧情设计、绘画、与杂志社编辑联络、漫画宣传推广、权利处理、团队后勤等往往都由团队中不同的人担任。这种漫画创作团队体制与上述杂志社出版体制密切相关,共同推动日本漫画产业的发展。

(4)日本漫画出版业中的“再贩制度”。“再贩制度”是指商品的生产商对销售商进行价格指示,要求销售商必须遵守自己规定的商品定价的行为。简单地说,就是不允许销售商自己定价的行为。在出版行业中,漫画出版社规定了书店的销售价格,书店不可以擅自更改。作为补救,如果某本漫画卖不出去,书店就可以将这批漫画书退给出版社(这一制度主要针对单行本)。

(5)漫画与其他产业紧密结合。日本漫画作品中不仅有面向少年儿童的低龄化作品,也拥有具备复杂剧情和深刻世界观的面向成人的作品,可以说,用漫画的形式表达深度题材是日本漫画的最大特点。如今,日本漫画的分类已经相当细化,书店里往往会将漫画书分为儿童、少年、少女、青年、上班族、职业女性、家庭主妇等各种类型,任何年龄的

---

① 参见产经新闻,http://www.sankei.com/entertainments/news/150615/ent1506150004 - n1.html,2015年10月25日访问。

② 《海贼王》(ONE PIECE)漫画连载开始于1997年8月4日,至今依然连载于《周刊少年Jump》漫画杂志。

读者都可以迅速找到自己喜好的分类。日本漫画产业的显著特征是与其他产业紧密结合,拥有很强的联动性。一部热门的漫画作品往往会改编成为动画、游戏、小说、真人电视、公仔玩偶等其他各种文化形式,一部作品可以横跨出版、电视、电影、影像光盘等各种媒体。正因为这种特点,通常人们会将其统称为 ACGN 产业[即 Animation(动画)、Comic(漫画)、Game(游戏)、Novel(小说)的缩写]。4 种产业联动的结果就是企业关联的强化和收益的多样化。漫画出版业的互动性不仅体现在横向上,其纵向的互动性也值得关注。在日本,由于动漫、游戏、轻小说等文化产品的流行,产生了一种叫作“御宅族”(オタク)的消费群体,是指热衷于以上文化形式、狂热喜爱其中人物角色的人。正是他们撑起了整体日本 ACGN 产业的市场。这些“粉丝”的存在也催生了许多在其他产业、其他国家并不存在的文化现象——同人作品和 cosplay。同人作品是指由普通消费者利用原作品的设定(人物、世界观、场景等)创造的衍生作品。cosplay 是指扮演动漫游戏中的角色以进行摄影或舞台表演等活动。

11.2.3 日本动画市场

11.2.3.1 日本动画市场概况

(1)日本国内动画市场概况。据日本动画协会统计,2002—2014 年,日本动画产业市场在 1.2 兆日元和 1.6 兆日元之间徘徊,2013 年,日本动画市场为 1.476 兆日元,创 10 年来的历史新高,2014 年的市场销售额达 1.6296 兆日元,再次超过 2013 年再创历史新高。可以说,动画已经成为推动日本社会经济发展的一支重要力量。①

(2)日本海外动画市场概况。如图 11-3 所示,从 2002 年至 2012 年 10 年间,日本动漫公司海外销售市场收入在最初的 5 年间呈逐年增长趋势,直到 2005 年和 2006 年超过 300 亿日元,达到 10 年间的最高峰,但是自 2007 年开始至今,呈逐渐减少的趋势,尤其是 2012 年,跌至 150 亿日元,为十年间最低。此外,从 2002 年至 2012 年 10 年间,日本动画电影在美国播放的场次为平均每年 158 次,呈现逐年减少趋势,尤其是 2006 年,降为 0 部,自 2007 年之后又有小幅回升,2012 年不到 200 部。

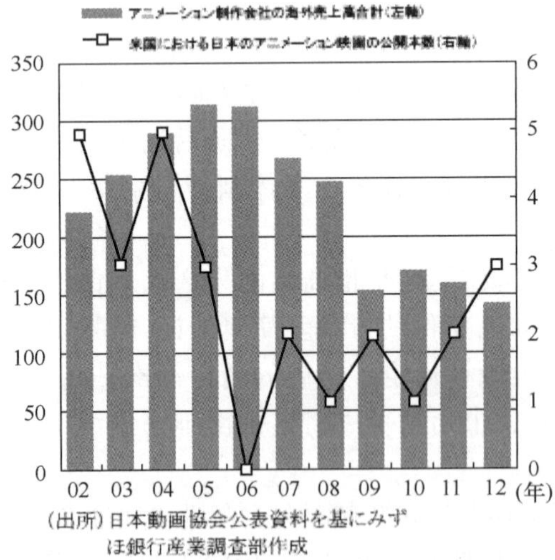

图 11-3 日本动漫公司海外销售市场收入

日本动画在海外尤其是欧美市场遭受较大阻碍的主要原因是当地对少儿节目的诸多法律限制。例如,美国联邦通信委员会从语言、宗教等方面对少儿节目的内容和广告有很多细致的规制,例如:语言方面禁止出现诋毁民族性的语言,类似“混蛋”“呆

① 一般社团法人日本动画协会:《アニメ産業レポート》(2015)。

瓜”等语言，对身体和精神疾病侮辱性的语言；视觉方面禁止出现有关性的语言和画面，禁止出现枪支、流血等画面；在暴力描写形式方面，美国联邦通信委员会规定，无论是对身体、语言还是精神影响方面，都要降到最低程度，电视节目中虽然可以使用非现实的故事叙事方式的暴力，但是不能以暴力为叙事中心，并有可能引发危险行为的诱因，此外，宗教话题方面一定要特别谨慎。与以上规制相对比，日本的动画节目在宪法表达自由的保障下，受到的限制比较少，因此，在美国当地引发了不少基于宗教价值观和文化、历史等方面的反对，并在播放方面遭到严格控制，甚至在 2006 年时被完全排斥进入美国市场。

11.2.3.2 日本动画的历史发展

（1）大正时期：日本动画的起源。1908 年，世界上最早的动画《ファンタスマゴリー》在法国上映；1928 年，迪士尼将米奇搬上大屏幕，最终成为家喻户晓的动画形象；1938 年，世界上第一个彩色完全动画电影《白雪公主》上映。日本最早的动画制作是从大正时代开始的。下川凹天、幸内纯一、北山清太郎等人开创了日本动画制作的先河，日本现存最早的动画电影是 1917 年制作的《なまくら刀》（钝刀），1958 年，东映动画（之后的东映 anime）创作了日本第一部彩色完全动画电影《白蛇传》。

（2）20 世纪 60 年代：动画产业逐渐繁荣。电视动漫开创于手塚治虫的“虫 PRODUCTION”。1963 年，该公司制作了日本第一部连续动漫电视剧《铁臂阿童木》，每周一集 30 分的播放频率在当时几乎不可能。为了节省制作成本和制作时间，手冢治虫引入了限制动画与银行系统（bank system）（即指日本动漫中将画面和背景保存下来，如果碰到类似的场景再次利用的系统，以此减少并再利用动画张数，降低制作成本和减少制作时间的做法）的制作手法，确立了日本独特的动画制作方法，从而使电视动画的成本大幅度降低，大量动漫制作公司开始成立，从而促进了当时日本动画产业的繁荣。

（3）20 世纪 70 年代：多重分包的制作模式出现。然而，由于动漫公司之间竞争激烈，“虫 PRODUCTION”于 1973 年倒闭，动画制作公司的经营也开始恶化，人才不断外流，很多公司为了减少成本，将制作派送给其他公司，于是出现了两类动画制作公司：一类是专门接受其他公司委托制作动画的公司；另一类是只承担特殊制作项目的动画公司，于是形成了多重分包的动画制作模式。20 世纪 70 年代之后，将附加价值很低的制作发送到人工费便宜的中国、韩国和越南等国家，目前动漫制作的低端基本上都依赖海外。

多重分包模式也有弊端，即动画公司的疲惫以及缺乏稳定的人才，发包方和承包方公司为了确保保障金的交付，必然导致动画工作人员的劳动条件非常苛刻，一般来说，一副动画或原漫画的价格为 180—200 日元，而工作人员也处于工资低和长时间劳动的工作状态，发包方由于处于优越地位，常常对承包方制作公司以苛刻的付款条件、延期交付货款或给发包方过度的制作负担。为了应对以上局面，2004 年 4 月，日本政府修改了“防止发包方延迟支付货款法律”，2013 年 4 月制定了“推进动画制作中发包方公平交易纲领”等政策。[①]

① みずほ銀行産業調査部：《コンテンツ産業の展望》，

11.2.3.3　日本动画不同的播放市场

日本的动画有 3 种播放渠道：电影院公开播放的动画电影、电视台播放的电视动画、店铺或租借商铺的光碟动画。此外，还有日本动画产业特有的两种动画：深夜年轻人、成年人动画和面向动画粉丝的电视动画。

（1）日本动画电影市场。动画电影近年来成为日本电影市场的主力军之一，2013 年票房收入前 30 名的作品中，动画电影有 11 部，超过总作品的 1/3，尤其是在有孩子的家庭中更受欢迎。

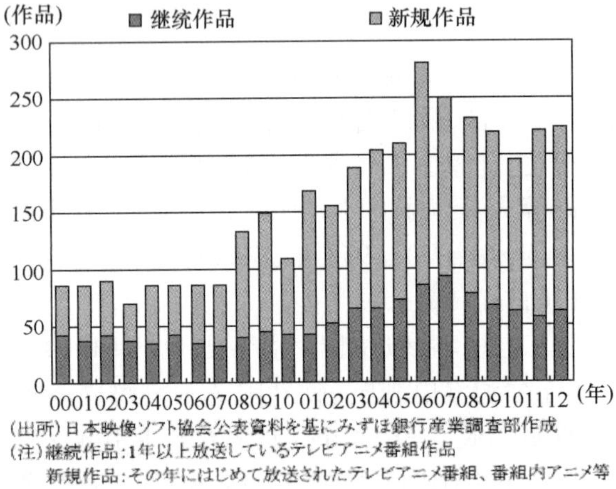

图 4　1990—1997 年日本动漫节目发行量

（2）日本电视动画市场。如图 11－4 所示，从 20 世纪 90 年代至 1997 年大约 7 年间，电视动漫节目每年基本保持横平的发行量，但是从 1998 年起，开始呈现比较大的增长幅度，到 2006 年时达到 20 年来的顶峰。电视动漫节目按照播放时间分为一年以上连续播出的“持续节目”和当年开始播放的“新播节目”，图 11－4 也显示了自 1998 年开始，“新播节目”所占的比例逐渐超过“持续节目”，2012 年时，基本达到每个月平均 13 部的数量，可以说面临供大于求的严重饱和状态。

（3）日本原创动画录像市场。近年来，随着录像市场的萎缩，原创动画录像市场也面临着严峻挑战，目前主要依靠热心的粉丝支持，为了应对以上局面，录像公司除了销售动画光碟之外，还利用其掌握的作品的著作权，将节目的主题歌制作成 CD 销售等方式增加收入来源。此外，录像公司还积极介入深夜动画节目的制作出资委员当中来缓解财政紧张。

11.2.3.4　日本动画企业的资金筹措方式

日本动画企业的资金筹措方式有两种：一种是通过制作委员会筹措资金；另一种则通过广告收入，即电视台以广告收入向动画公司定制电视动画节目，动画公司来制作的方式，这种方式制作出的电视动画节目著作权归动画公司独立拥有，但是如果电视台也参与了该节目的制作，那么，二者共同拥有该节目的著作权。20 世纪 90 年代之前，上述方式是动画制作公司筹措资金的主流方式，很多面向孩子和动画粉丝的节目，如《海贼王》、《名侦探柯南》和《机器猫》等，都是通过这种方式制作出来的。20 世纪 90 年代之后，以深夜动画节目为核心的资金筹措方式改为以制作委员会方式为主，制作委员购买电视台的深夜播出档并放映电视动漫节目之后，以制作成录像等二次利用的盈利方式来回收制作费，在这种方式下，因为制作委员会独立拥有该节目的著作权，所以制作委员会可以向玩具公司、出版社、电影公司、商社等出售该节目的著作权，并以此获得丰厚回报。

具体的两种资金筹措方式如图 11 -5 所示。

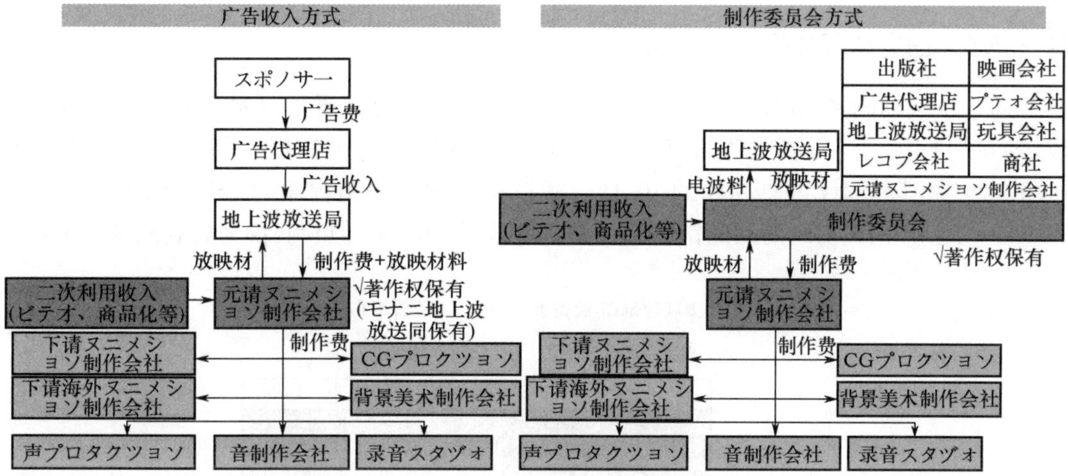

(出所)みずほ銀行産業調査部作成

图 11 -5 日本动画企业两种主要资金筹措方式

如表 11 -3 所示,在资金筹措方面,不同形式的动画节目既有相同的资金筹措方式,也会有不同的资金筹措方式,即所有的动画节目都采用制作委员会方式筹措资金,但是动画电影还另外增加了自筹资金的方式,而电视动画则附加了依靠广告收入来增加筹措资金。

表 11 -3 不同动画形式的资金筹措方式

动画形式	内容	制作费	资金筹措方式
动画电影	影院播放	2 ~ 3 亿日元(一部播放时间 90 分钟)	制作委员会 自行筹措
电视动画	电视台播放 (播放时间:周一—周五 16 点 ~ 20 点或周六日早上) (播放周期:1 年)	1 200 万日元(一集播放时间 30 分钟)	制作委员会 广告收入
深夜电视动画	电视台播放 (播放时间:深夜) (播放周期:3—6 个月)(播放集数:13—26 集)	1 400 万日元(一集播放时间 30 分钟)	制作委员会
原创录像动画	制作成 DVD 或 BD,向音像店出售; 改编成电视动画节目	1 400 万—3 000 万日元(一集播放时间 30 分钟)	制作委员会

近年来,电视动漫节目的资金筹措方式有所改变,原创录像动画的录像市场正在萎缩,制作委员会的资金筹措日渐困难。2000 年后,深夜电视动画的主要收入来源曾经是

将动画制作成录像销售,因此收入也逐渐减少。此外,电视动漫的收视率也有所降低,依靠广告方式筹措资金也变得困难起来,从而越来越依靠制作委员会方式来增加资金。

11.2.3.5 日本动画公司的盈利构成

通过东映动画和IGポート两个动漫公司的业绩情况可以看出日本动画公司的盈利构成。如图11-6所示,东映动画2013年动画节目制作和销售领域销售额占总销售额的44.8%,但是其利润仅占总利润的10.1%,版权销售额占总销售额的33%,相关利润高达83.9%。此外,相关动画商品的销售额占总销售额额17.5%,但利润仅为总利润的2.1%。

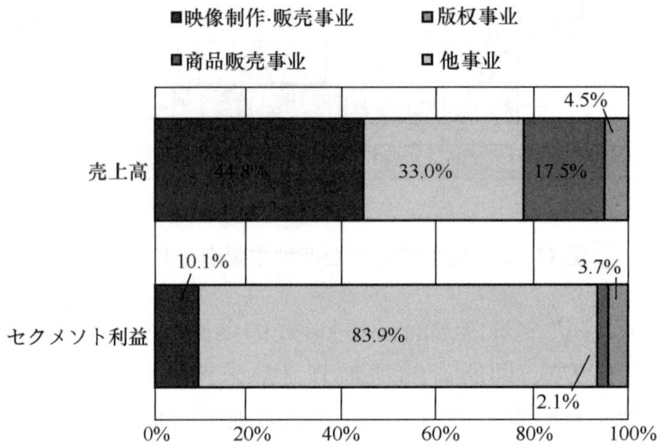

图11-6 东映动画2013年度利润构成

如图11-7所示,IGポート2013年动画节目制作和销售领域销售额占总销售额的57.3%,但是因为电视动画的制作花费时间和精力很多,制作单价和外包费用等负担导致利益非常低,以至于该公司当年此项业务亏损35.2%。来自于版权的销售额占总销售额的22.7%,而相关的利润高达133.8%。此外,出版事业销售额占总销售额的20%,但是利润仅为总利润的2.1%。由此可以看出,版权利润不仅成为该公司利润的主要来源,甚至成为扭亏为盈的利器。

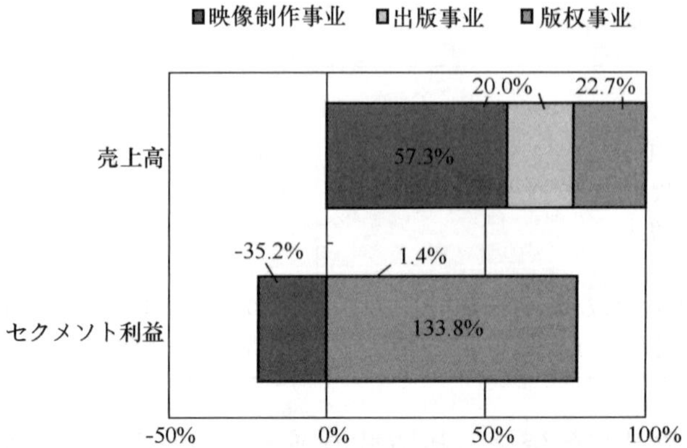

图11-7 IGポート2013年利润构成

如图 11 －8 和图 11 －9 所示，美国梦工厂 2013 年电影制作销售额占总销售额的 70. 8%，其利润仅占总利润的 79. 1%，电视系列收入销售额占总销售额的 15%，利润额占总利润的 9. 0%，消费产品销售额占 9. 5%，利润额占 11. 0%。

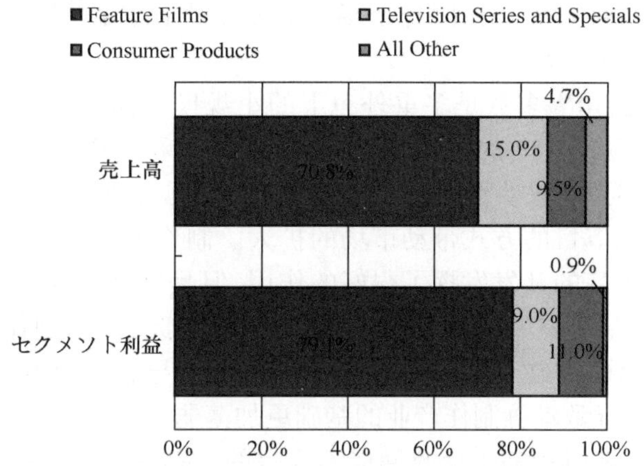

图 11 －8　美国梦工厂动漫公司（DreamWorks Animation SKG）2013 年利润构成

		作品毎の売上高（億円）					（参考）映画興行収入（億円）			
公開年	作品名	2010年度	2011年度	2012年度	2013年度		北米	北米比率	世界	製作費
2013年	Turbo				15	売上高シェア 22%	87	29%	297	142
2013年	The Croods				148		197	38%	521	142
2012年	Rise of the Guardians			6	81		109	34%	324	153
2012年	Madagascar 3			208	100		228	29%	786	153
2011年	Puss in Boots		24	160	25		157	27%	584	137
2011年	Kung Fu Panda 2		152	78	37		174	25%	701	158
2010年	Megamind	27	86	11	26		156	46%	338	137
2010年	Shrek Forever After	257	82	38	18		251	32%	793	174
2010年	How to Train Your Dragon	183	71	39	18		229	44%	522	174
2009年以前	Library	246	198	99	85		–	–	–	–
2009年以前	All other	113	128	150	190		–	–	–	–
合計		826	744	789	744		–	–	–	–

作品毎の配給収入に加え、その後に二次利用収入を獲得

（出所）当社 IR 資料、Box Office Mojo 資料を基にみずほ銀行産業調査部作成

（注 1）作品ごとの売上は、配給収入のほか、テレビ放映権収入、ビデオソフト収入、商品化権収入などの各種ライセンス収入の合計となっている。

（注 2）Library：2009 年以前の劇場公開作品

（注 3）2013 年 12 月 30 日時点の公示仲値 105.40 円/US ドルで換算

图 11 －9　美国梦工厂大片二次收入

11. 2. 3. 6　日本动画公司面临的挑战

日本动画产业基于低成本、热心的粉丝和小说等多样化的出版模式得以迅速发展到今天，但是其进一步发展也面临瓶颈。与美国动画公司相比，日本动画产业制作能力和海外拓展能力都比较薄弱，因而在国外市场的竞争力也比较薄弱，日本动画产业面临着进一步发展的严峻挑战。

日本的 CG 动画公司大多数是多重外包下的小规模制作公司，不具备制作大型作品的能力，可以说，日本动漫产业的基础比较薄弱，在资金和制作体制方面面临挑战，尤其是20 世纪90 年代后期，电视动漫采用广告收入的方式已经难以维系，从而改用制作委员会方式，通过深夜动画节目的方式带动市场的扩大。制作委员会的方式对分散投资公司的风险、增加作品衍生品的开发发挥了很好的作用，但是这种方式有一个致命缺陷，就是动画的著作权主体是制作委员会而非动画制作公司，因此，动画制作公司需要接受制作委员会的委托进行制作，它在策划和制作方面并没有主导权，又面临苛刻的劳动条件和多重分包的分散结构，导致动画制作产业的基础更加薄弱。而作为出资方的动漫企业为了公司自身的资金回流，多以短期迅速收回成本为目的，因而难以形成扩大再生产的产业基础。此外，从人才培养和技术上来说，公司作为产业主体，对加强产业基础具有重要的意义。

11. 2. 4　日本游戏市场

11. 2. 4. 1　日本游戏市场现状

2014 年，日本游戏产业的市场规模达 1. 5 兆日元，其中，游戏软件约 0. 3 兆，网络游戏约 0. 7 兆日元，手机游戏约 0. 1 兆日元，街机游戏约 0. 4 兆日元。全球游戏市场销售额为 57 亿美元，硬件销售最高的两个地区是美国和欧洲，两者占到全球市场的一多半。日本产品销售额 11 亿美元，占全球市场的 19. 3% 。①

据统计，2008 年，日本的主机游戏（包括硬件和软件）向海外的输出规模达到 23 984 亿日元，为史最高，占日本游戏总体销量的 81. 8% 。② 这一优势即使在近几年也毫不逊色。日本游戏厂商任天堂公司和索尼公司的游戏机销量远远超过同时期美国微软公司的产品，在世界游戏市场中独占鳌头。③

11. 2. 4. 2　日本游戏产业的历史发展

（1）20 世纪 70 年代：街机游戏出现。1978 年，日本本土企业 Taito 公司推出了一款名为《太空侵略者》（Space Invaders，即后来国内所称的“小蜜蜂”）的街机游戏，因其简单

---

① 参见中国传媒大学文化发展研究院赴日考察小组报告：《日本文化产业和公共文化事业报告（2015 年度）》。

② 以上数据来自［日本］コンピュータエンターテインメント協会主编：《2013 CESAゲーム白書（2013 CESA Games White Paper）》，コンピュータエンターテインメント協会，2013，第 81 页。

③ 例如，2011 年任天堂公司推出的掌上游戏机——任天堂 3DS，仅 2015 年前 10 个月就已在全世界售出 403 万台，总计销量已突破 5 300 多万台。2013 年，索尼公司推出的家用游戏机——PlayStation 4（即 PS4）在 2015 年售出了 656 万台，总计销量突破 2 477 万台。相比之下，欧美厂商微软公司推出的家用游戏机——Xbox One 在同一时期的销量仅为 289 万台，总计售出量仅 1 356 万台。以上数据参见 http://www. vgchartz. com/yearly/2015/Global/，2015 年 10 月 1 日访问。

的操作和富有魅力的游戏方式在日本大为流行。随后,日本的街机市场越发活跃起来。然而,街机毕竟不是面向个人和家庭使用的设备,有其功能上的局限性。因此,在整个20世纪70年代,游戏产业的发展是有限的。

(2)20世纪80年代:游戏软硬件分离。20世纪80年代初,个人电脑(PC)的出现使游戏产业恢复了一定的生机。整个游戏行业的大变革发生在1983年。这一年,日本任天堂公司发售了著名的红白机(Family Computer),以其低廉的价格和软硬件分离技术(一台游戏机可以结合无数游戏卡带),在全世界受到了爆发式的欢迎。

(3)20世纪90年代:掌上游戏机的发展。红白机之后,日本的游戏产业步入了辉煌时期。需要特别提到的是掌上游戏机的发展史。与传统的家用游戏机不同,掌上游戏机并不需要接入电视来获得影像,而是利用自带屏幕随时随地享受游戏的乐趣,具有相当的便携性。正因为有这一优势,掌上游戏机一经推出,它的人气就丝毫不逊色于家用游戏机。如任天堂公司1989年推出的Game Boy(GB)掌机系列,累计销量1.1869亿台,奠定了掌机在游戏产业中的地位。[①] 索尼公司随后推出的掌上游戏机Play Station Portable(PSP,2004年),在海外也大受好评。不得不提到的是,任天堂公司于2004年推出的掌上游戏机任天堂DS(NDS)以累计1.5387亿台的销量,[②]保持着游戏机销量纪录。

(4)21世纪:网络游戏成为新宠。2010年以后,日本的游戏产业发生了新的变化。与传统的家用游戏机和掌机平台不同的是,随着网络的发展以及智能手机和个人电脑的普及,以手机和电脑为媒介的网络游戏(或称社交游戏)在日本呈现迅猛发展的态势,并成为消费者的宠儿。

11.2.4.3 日本游戏产业的主要特点

(1)硬件开发与销售决定产业动向。当初日本游戏产业的发展始于任天堂公司推出的专业家用游戏机。这种游戏机本身相当于台式计算机的主机,它的运行原理是:依靠接入电视来显示画面,通过插入在主机上的游戏卡带读取游戏程序,并用十字键遥控器给予主机操作指示,主机再依靠这些指令在显示器上播放影像、声音等以实现游戏的运行。从这一运行机制可以发现,承载着游戏内容的软件实际上是以硬件为中心的,因为一台硬件可以通过变换卡片(或光盘)的形式运行没有数量限制的游戏软件,同时,因为硬件一直保持着3—5年更新换代的速度,每一款新的游戏机都有其独有的结构和技术构成,所以同一厂商的不同代硬件或者不同厂商的同代硬件之间游戏软件往往并不兼容。这导致的结果就是,游戏软件必须针对硬件进行开发,而非硬件迎合软件。这样的产业特征明显区别于其他文化业界,因为后者往往都是以内容为中心的,[③]这也造成了硬件厂商在整个产业链中的强势地位。

---

① 数据来自任天堂公司《連結販売実績数量推移表》2015年6月30日時点,http://www.nintendo.co.jp/ir/library/historical_data/pdf/consolidated_sales1506.pdf。

② 数据来自任天堂公司《連結販売実績数量推移表》2015年6月30日時点,http://www.nintendo.co.jp/ir/library/historical_data/pdf/consolidated_sales1506.pdf。

③ 例如音乐市场,尽管硬件经历了从唱录机、磁带机到CD机的飞跃,但是音乐本身的内容、风格等并不受其影响。参见[日本]河島伸子:《コンテンツ産業論 : 文化創造の経済・法・マネジメント》,ミネルヴァ書房,2009,第230页。

(2)内容流通渠道受硬件限制。硬件商在游戏产业中的主导地位意味着,游戏机的性能居于主导地位,换句话说,游戏产业是围绕硬件的开发和销售展开的,如果离开了硬件,游戏也就没有了意义。与电影、音乐这些统一规格市场不同,每一家游戏硬件厂商开发的游戏机规格互不相同,软件也互不兼容,其结果就是游戏软件制作者如果不与这些硬件厂商合作,根本无法发售游戏,因为流通渠道仅限制在特定的机器之间。

(3)硬件商的寡头垄断。硬件在游戏产业中拥有举足轻重的地位。每一款游戏硬件的开发和销售都牵动着业界的神经,硬件商处于整个产业链的上游,它们的一举一动很大程度上决定着游戏产业未来的发展方向。然而不仅如此,日本的游戏硬件商实际上只有两家公司,即任天堂和索尼,属于寡头垄断。历史上其他日本企业,如世嘉、NEC、松下电器等都曾经或多或少地参与到游戏硬件生产制造环节中来。特别是世嘉公司,其推出的主机系列曾一度受到日本甚至欧美市场的欢迎,不过,最终这些公司都在激烈的市场竞争中失败,依次宣告退出家用游戏机市场,当代日本游戏硬件生产商就只有任天堂和索尼两家企业。从世界范围来看,这两家企业与美国微软公司一起构成了游戏机制造商三足鼎立的局面。

(4)硬件商、软件商和消费者之间的双向选择与互动。首先,游戏产业有很强的双向选择性,具有其他产业中不存在的复杂三角关系。[①] 对某一款游戏软件来说,其流通渠道是受限制的,只能在特定厂商的特定硬件中运行。这种产业的特殊性会在硬件商、软件商和消费者之间形成两种双向选择机制。比如,如果消费者需要玩某一款游戏,就必须要有能运行这款游戏的机器,尤其是在一台新款游戏机上发售的游戏,消费者如果想要体验到游戏的乐趣,就必须购买这台游戏机。这就造成了一个连锁效应,即如果一款游戏软件得到了消费者的欢迎,那么,这款软件对应的硬件必然会销量大增,反之,如果某款硬件上相应的游戏都没有得到很好的市场反应,那么,就算这款硬件的性能和质量多么受到市场好评,也不会取得良好的销量。这是消费者与软件商的双向选择影响硬件商的情况。简单地说,就是购买某款游戏机的人数越多,这款游戏机上高质量的有趣游戏数量也会不断增长,从而形成良性循环。反过来,如果这款硬件购买的人少,那么,即使游戏软件多么优秀,也会因为选择在这款硬件平台上发售的缘故而失去消费者市场。这便是消费者与硬件商的双向选择影响软件商的例子。

其次,消费者与经营者之间的互动性相当突出。与前一个双向选择不同的是,这是一种有关游戏内容的互动性。游戏产业却并非如此,它从产业发展的最开始就根据消费者的意向和口味来决定游戏内容。这尤其体现在 galgame(美少女冒险游戏)等领域,软件制作者往往会在制作游戏时和消费者们互动,为了迎合不同消费者的口味,将游戏设计为可以通过玩家自己的选择从而产生不同情节及结局的运行方式。此外,游戏发售以后,作者也会根据消费者的反应和需求制作许多承接原作内容的游戏续篇或改编篇,这种产业特点使消费者能够通过与生产者的互动获得符合自身爱好的游戏作品。

(5)产品开发成本不断攀升。今天的游戏不仅是简单的编程图像,还包括剧本写作、三维处理、配音、多国语言翻译、角色设计、背景音乐、真人演出等方方面面的创作形式。

---

① 近年来,手机程序和手机系统之间也呈现这样的三角关系。但是,由于智能手机系统的特点,同一系统的不同版本都互相兼容各自的程序,因此其特征也并没有游戏产业这样典型。

从一定意义上来说,如今的游戏已经融进了电影、动漫、音乐、小说、广播剧等各种文化表现形式。再者,不仅软件内容本身,游戏硬件技术的不断提高客观上也要求软件制作水平的提高和表现形式的丰富。这会导致产品开发成本的增加,增加的开发成本也直接导致各方面权利处理的复杂化,相关的法律问题也更加突出。

(6)与其他文化产业的联动性不断增强。近年来,由游戏改编的二次创作乃至三次创作越来越丰富。许多拥有很高人气的游戏作品接二连三地被改编成为轻小说、漫画、动画、电影、电视剧等其他形式的文化产品,一款游戏软件的影响力往往会波及许多其他文化产业。据有关学者统计,根据游戏改编的动画在 20 世纪 90 年代仅占全体动画作品的4%,而2000—2010 年10 年间,这一比例已快速上升到11%,且呈不断增长之势。① 再者,游戏作品的改编次数往往没有限制。像《Fate/Stay night》这样的游戏作品,在短短 10 年间被改编成 1 部漫画、2 部电视动画、2 部电影动画以及许多前传外传小说(这些衍生小说也被改编成了漫画和动画),并且根据作品推出的各种玩具周边也受到了消费者的欢迎,经济利润不可估量。另外,游戏产业的这种联动性不仅是单方面的,其他文化产品改编成游戏的情况也不在少数。

(7)游戏产业与未成年人关系密切。游戏明显与未成年人密切相关。据相关统计,在日本游戏人群中,20 岁以下的未成年人占 33.3%。② 正因为游戏产品的消费者中有众多未成年人,因此,未成年人保护问题在这一产业中显得更加突出。以往由于技术的限制,游戏软件仅仅只能输出低像素的图像,所以那时的游戏基本不会给未成年人带来什么不良的影响。但是,随着硬件性能的飞速提高,游戏内容已和电影、电视等表现形式没有差别,随之而来的内容规制问题就变得越来越重要。也就是说,如今的游戏作品完全可以成为传播色情、猥亵、暴力等不良内容的媒介,这给未成年人的成长带来了不利的影响,因此,游戏作品内容的妥当性受到了关注。

11.2.5 日本音乐市场

11.2.5.1 日本音乐市场概况

2014 年,日本音乐、声音相关领域的市场规模达 1.3 兆日元,其中,音乐软件约 0.4 兆日元,卡拉 OK 市场约 0.5 兆日元,音乐会门票 0.2 兆日元,电台广播相关服务 0.1 兆日元,移动电话、互联网通信约 0.1 兆日元。全球音乐产品销售额 17 亿美元,日本产品销售额不足 0.1 亿美元,占全球市场的 0.1%。③

11.2.5.2 日本音乐产业的特征

(1)音乐市场销售额占国家 GDP 比重高。自 1999 年开始,日本唱片协会每年公布《日本唱片产业年度报告》,该年度报告不仅统计实体唱片的销售数字,也统计互联网和

---

① [日本]增田のぞみ等:《日本におけるテレビアニメ放映データの分析 : リストの作成とその概要》,《甲南女子大学研究紀要 . 文学 · 文化編》2013 年第 50 卷。

② 参见 http://www.4gamer.net/specials/questionnaire/2004Q4.shtml,2015 年 10 月 5 日访问。另外,根据日本《民法》第 4 条,成人年龄为 20 周岁。

③ 参见中国传媒大学文化发展研究院赴日考察小组报告:《日本文化产业和公共文化事业报告(2015 年度)》。

智能手机领域的音乐收入；不局限于日本市场，也统计世界范围内音乐市场的发展数据。①

2014 年，日本音乐产业的市场规模（销售额）达到 26.279 亿美元，②依然稳居世界第二的位置，仅次于美国市场的 48.983 亿美元，两个国家的音乐市场规模远超过其他国家，二者相加占据了世界音乐市场的半壁江山。

从 2014 年的数据来看，日本市场和美国市场有非常大的差距，但在日元大幅贬值之前（2012 年），日本音乐市场规模一度达到 44.22 亿美元，和同年的美国市场规模 44.81 亿美元不分伯仲。只是由于随后日元大幅贬值，折换成美元之后的日本市场规模数据也大为萎缩，2013 年减少将近 1/3，为 30.12 亿美元，2014 年再小幅减少 5.5%，为 26.279 亿美元。③ 日本市场规模缩水后仅为美国市场的一半左右，但仍远超其后的德、英、法等国。

在音乐市场的销售额占整个国家 GDP 比重的排行榜上，日本音乐市场占 GDP 的比重是全世界所有国家中最高的。2014 年，日本全年 GDP 是 46 163.4 亿美元，其中，音乐市场的市场规模（销售额）为 26.279 亿美元，占 GDP 总额的 0.056 9%。

（2）以实体唱片作为主要销售方式。至于各国音乐作品的销售方式，2014 年，日本实体唱片的销售额占所有收入的 78%，而通过网络收取歌曲费用的方式仅占所有收入比例的 17%，通过现场演奏以及机械播放等方式获得的收入占剩余的 5%。2014 年全球实体唱片销售榜上，日本以 20.5 亿美元的销售额排名世界第一，占世界实体唱片市场的 30%，美国 12.7 亿美元，以较大差距位列第二，占世界实体唱片市场的 18.6%。而在网络音乐市场，美国以 34.8 亿美元的销售额排名世界第一，占世界网络音乐市场的 51%，具有压倒性优势。排名第二的英国市场销售额达到了 6.6 亿美元，占世界网络音乐市场的 8.8%，日本以 4.5 亿美元的销售额位居第三，占世界网络音乐市场的 6.55%。

日本唱片（CD 等）实体销售规模世界第一，像 TSUTAYA 店开展的唱片租赁业务也具有相当规模的市场，唱片公司担心网络播放歌曲的方式会影响自身 CD 的销量，而唱片租赁店也担心一旦网络歌曲库完备后会对自己的租赁业务产生巨大冲击，导致日本传播网络音乐的服务商无法第一时间获得最新歌曲，消费者想在第一时间听到热门新歌，仍然要通过购买或者租赁 CD，这些因素都限制了日本网络音乐市场的发展。④ 再加上日本音乐著作权管理组织 JASRAC 一家独大，常年管理日本 99% 以上的音乐作品，导致代表权利人一方的势力非常雄厚。⑤

---

① 日本唱片协会关于年度唱片市场的年鉴，参见如下链接：https://www.riaj.or.jp/f/issue/industry/，2015 年 11 月 20 日访问

② 需要注意的是，这里所统计的销售额并不是音乐产品的零售价格，而是音乐制品出厂时的价格。《图表化主要国家音乐销售额动向》。参见如下链接：http://www.garbagenews.net/archives/2149390.html，205 年 11 月 20 日访问。

③ 各国数据在不同年度的比较图表，参见如下链接：http://d.hatena.ne.jp/longlow/20150503/p1，2015 年 11 月 20 日访问。

④ 《"日本音乐产业落后了"—向 KKBOX 的创始人请教难以普及定额制服务的"日本原因"》，参见如下链接：http://www.itmedia.co.jp/news/articles/1404/18/news039.html。

⑤ ［日本］安藤和宏著，顾昕、郭薇译：《简述日本音乐著作权协会 JASRAC》，载《网络法律评论》第 13 卷，北京大学出版社 2011 年 12 月 267-282 页。

11.2.6　日本广播电视市场

11.2.6.1　日本广播电视市场概况

2014 年,日本和影像领域有关的市场规模总计 4.5 兆日元,电视节目及相关服务约 3.5 兆日元。全球电视广播市场销售额为 385 亿美元,日本文化产品销售额为 0.1 亿美元,占全球市场比例接近 1%。近年来,日本电视节目的输出金额在减少,不及韩国的一半(2010 年,日本输出额 63 亿日元,韩国输出额达到 165 亿日元)。日本的电视节目输出比率是 0.15%(国内市场规模约 3.7 兆日元,输出金额约 63 亿日元,韩国国内的市场规模最小仅 0.54 兆日元,但输出比率是 3.03%)。对亚洲输出的电视节目占到了总输出的 5 成,欧洲占 2 成 2,北美占 2 成 5。在类别上,动画节目的输出比率最高,达到全部输出节目的 47%。[①]

卫星电视开播从 1989 年到 2004 年为止,日本境内共有 384 个电视频道。在播放类型上,日本广播电视市场,手机和网络的业务所占比重不足两成,地面有线频道处于强势地位。[②] 除了电台或电视频道之外,随着通信服务的发展,利用网络和手机收看电视节目逐渐增多;在收益的类型方面,公共电视台 NHK 的收入来自观众的收视费,而其他民营电视网的收益主要依靠商业广告。近年来,除了收视费和广告收入,出售电视购物等节目时段也是电视台的创收手段之一。[③]

11.2.6.2　日本广播电视产业历史发展

(1)第二次世界大战之前:广播电视的实验阶段。1930 年 6 月,公共电台 NHK 在年度会议上决定启动电视业务的项目。然而,真正的电视节目播出要等到 1940 年。也就是说,第二次世界大战之前,日本放送产业以广播为主,电视节目的制作和播出尚处于实验阶段。

(2)20 世纪 50 至 60 年代:日本主要电视台成立。日本主要的电视台成立于 20 世纪五六十年代,分别为:1952 年成立的日本首家民营广播电视公司——日本电视广播网股份有限公司(The Japan National Network Company);1953 年 2 月 1 日和同年 8 月 28 日开播的 NHK 东京电视台和日本电视台(NTV);1955 年 4 月成立的广播东京电视台(现 TBS 电视台的前身);1959 年 2 月成立的朝日电视台的前身日本教育电视台;1952 年 3 月成立的日本富士电视台;以及 1964 年 4 月设立的现东京电视台的前身东京 12 频道电视台。直至 1957 年 10 月,日本全国共计 43 家民营电视台获得电视广播业务的准许可。[④]

(3)20 世纪 70 年代:报纸电视产业的集团化改革。进入 20 世纪 70 年代,随着日本

---

① 参见中国传媒大学文化发展研究院赴日考察小组报告:《日本文化产业和公共文化事业报告(2015 年度)》。

② 参见総務省:《通信・广播のあり方に関する懇談会　广播の現状　平成 18 年 2 月 7 日》。http://www.soumu.go.jp/main_sosiki/joho_tsusin/policyreports/chousa/tsushin_hosou/pdf/060606_saisyuu.pdf,最后访问时间:2015 年 12 月 2 日

③ [日本]菅谷实:《総論　日本・中国・韓国のメディア制度と環境》,菅谷实编著《東アジアのメディア・コンテンツ流通》,慶應義塾大学出版会,2005,第 12 页

④ 上述电视台成立初期的历史参见[日]佐藤卓巳:《現代メディア史》,岩波書店,1998,第 220 页。

经济的高速发展，电视在日本家庭中迅速普及。有研究指出，1970 年日本家庭的电视持有率达到 90%。① 同样是在 20 世纪 70 年代，日本政府对广播电视产业进行了重大的改革。1972 年，田中角荣内阁推行报纸电视产业的集团化改革。其改革内容是国内的电视台与报业集团合并，建立"报纸—电视台"媒体集团。改革之后形成的 5 大报纸电视集团分别是：TBS 电视台——每日新闻，日本电视台——读卖新闻，朝日电视台——朝日新闻，东京电视台——日本经济新闻，富士电视台——产经新闻。② 由于这些电视台的总部都在东京，所以被称为在京（东京）核心电视台（key station）。在"报纸—电视台"一体化体制下，日本的主要报纸和主要电视台合作密切，属于同一集团的电视台和报纸之间，从信息源到采编体系在一定程度上共享人力和信息资源。③

（4）20 世纪 90 年代：全面进入卫星电视时代。到 20 世纪 90 年代，日本的广播电视产业全面进入卫星电视时代。1989 年，NHK 为解决偏远地区的收视难问题，在国内率先实施卫星电视。当代日本的通信卫星电视分为两种；第一是利用通信卫星的 CS（communication satellite）频道。通信卫星数字电视广播运营商（通称 CS 服务）不进行节目的制作，直接播放的是电视台所制作的节目。迄今为止，日本的 CS 频道数超过 200 个；第二是使用位于东经 110 度的广播卫星（broadcasting satellite）的 BS 电视频道，2000 年 12 月实施地面模拟电视并行的数字电视节目之后，地面民营电视网各自成立了 BS 数字电视部门。现在，包括 NHK 和民营电视台在内，共有 10 个 BS 电视节目频道，免费提供与地面有线电视节目同步的 BS 节目。④

11.2.6.3 日本广播电视产业的特点

在介绍日本广播电视产业的特点之前，先简要梳理日本电视广播市场的规模及其趋势。图 11－10 是 2014 年日本总务省发布的关于日本电视广播市场的统计结果。根据该数据，截至 2012 年，日本电视广播产业的营业收入共计约 3.8915 兆亿日元，较 2013 年减少 0.5%，收入构成如下：民营地面电视产业规模为 2.2870 兆亿日元，较 2013 年增加 1.6%，占总体的 70.8%；卫星电视产业为 4 510 亿日元（较 2013 年增加 0.4%）；CATV 产业为 4 931 亿日元（较 2013 年减少 4.8%）。而在经营状况方面，截至 2012 年，所有的电视广播产业均实现盈利：2010 年之后，民营地面电视的盈利率呈现持续上升态势，为 6.2%；卫星电视和 CATV 产业的盈利率则分别为 8.5% 和 9.2%。⑤ 以下将介绍日本广播电视产业的特点。

（1）日本电视台之间存在密切的业务合作。由于人员和资金普遍不足，地方电视台为充实节目内容以及维持运营，通常选择与在京核心电视台进行业务合作。日本 5 大主

---

① ［日］佐藤卓巳：《現代メディア史》，岩波书店，1998，第 221 页。

② 关于田中角荣内阁时期的报纸－新闻一元化沿革参见佐藤卓巳：《現代メディア史》，岩波書店，1998，第 223 页。

③ ［日本］鈴木健二：《日米で同時進行する『マスメディア集中排除原則』の見直し》，成蹊大学大学文学紀要 2004 年第 1 期第 53－86 页

④ 关于 CS 和 BS 的历史，参见［日］金井重彦・龍村全：《エンターテインメント法》，学陽書店，2011，第 439－440 页

⑤ 総務省：《平成 26 年版　情報通信白書》。http://www.soumu.go.jp/johotsusintokei/whitepaper/ja/h26/html/nc256110.html，最后访问时间：2015 年 12 月 2 日

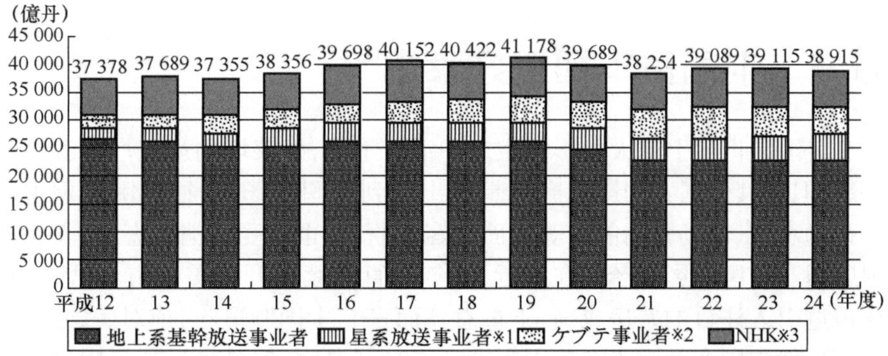

(単位：億円)

年度			12	13	14	15	16	17	18	19	20	21	22	23	24
民間放送事業者	地上系基幹放送事業者		26,466	25,960	24,863	25,229	26,153	26,138	26,091	25,847	24,493	22,574	22,655	22,502	22,870
		(うちコミュニティ放送)	125	137	139	141	140	140	144	148	150	123	116	120	115
	衛星系放送事業者※1		1,891	2,335	2,769	2,995	3,158	3,414	3,525	3,737	3,905	3,887	4,185	4,490	4,510
	ケーブルテレビ事業者※2		2,463	2,718	3,076	3,330	3,533	3,850	4,050	4,746	4,667	5,134	5,437	5,177	4,931
NHK※3			6,559	6,676	6,750	6,803	6,855	6,749	6,756	6,848	6,624	6,659	6,812	6,946	6,604
合計			37,378	37,689	37,355	38,356	39,698	40,152	40,422	41,178	39,689	38,254	39,089	39,115	38,915

※1 衛星系放送事業者は、衛星放送事業に係る営業収益を対象に集計
※2 ケーブルテレビ事業者は、ケーブルテレビ事業を主たる事業とする営業法人で、自主放送を行う登録一般放送事業者（有線一般放送事業者）のみ（旧有線テレビジョン放送法第9条の規定に基づき旧有線テレビジョン放送施設の使用のみで登録一般放送を提供のみで登録一般放送を行う者を除く。）
※3 NHKの値は、経常事業収入
※4 平成9年から11年の地上系放送事業者の内訳については不明
※5 ケーブルテレビ等を兼業しているコミュニティ放送事業者は除く

图 11－10 日本电视广播市场规模

要电视台所播出的节目中95%都是自主制作，而日本的地方电视台自主制作的节目仅为30%左右，其中大多数是当地新闻和天气预报。① 正是基于上述产业背景，日本国内播放的电视节目基本上是由5大主要电视台制作的。

（2）节目制作的外包程度增加。在实际节目制作方面，近年来，节目制作的外包有所增加。② 对电视台而言，与外部制作公司合作可以丰富节目的创意，有时也可以降低制作成本。电视台和外部制作机构的合作分为两种：一种是专业制作公司提供专业内容的节目，另一种是电影以及体育节目的转播。

（3）受众的年龄与性别对节目收视有影响。电视仍然是获取资信的重要方式，受众的年龄以及性别对节目的收视有一定影响。根据东京大学社会信息研究所和日本电通总研共同出版的《日本人的信息行动2012年》，日本民众经常收看的电视节目类型依次为：新闻报道、综艺类节目、电视剧、体育节目、民生咨询类节目、电影以及音乐。其中，女性观众经常收看的分别为综艺节目、电视剧、民生咨询类节目、音乐以及旅游美食，而男性观众则倾向收看体育、电影和动画类的节目。另外，按照年龄层的不同，中老年人多观

① ［日本］鈴木秀美・砂川浩慶・山田健太：《放送法を読み解く》，商事法務，2009，第20－22页

② 实际的交易状况，参见コンテンツ流通促進検討会（総務省）：《コンテンツ流通促進検討会報告書》，2002年6月，第8－9页。http://www.meti.go.jp/policy/media_contents/downloadfiles/0530CON10houkokusho.pdf#search=%27%E3%82%B3%E3%83%B3%E3%83%86%E3%83%B3%E3%83%84%E6%B5%81%E9%80%9A%E4%BF%83%E9%80%B2%E6%A4%9C%E8%A8%8E%E4%BC%9A%E5%A0%B1%E5%91%8A%E6%9B%B8%27，最后访问访问时间：2015年12月2日

看新闻报道、美事旅游以及科教类节目，而青少年则喜欢观看综艺节目和动画节目。[①]

11.3 中国资本初探好莱坞[②]

美国是世界上最大的影视生产和消费王国，好莱坞的影视产品源源不断地销往世界各地，但是其他国家的影视产品想要出口到美国市场，则往往困难重重。这其中既有产品技术水准、市场营销能力等方面的客观原因，也有受众消费态度、文化折扣等方面的主观原因。中国的影视产品在最近 20 年一直持续地开拓美国市场，曾有几部电影在美国获得过引人注目的票房成绩，不过总体而言，“中国制造”目前对美国影视行业影响甚微。

虽然中国产品尚未在美国影视市场打开局面，但是最近几年中国资本在好莱坞频频出手，已经触动了美国影视行业的神经，路透社、《华尔街日报》《彭博商业周刊》《综艺》《好莱坞报道》等纷纷对此大做文章，而美国媒体在分析中国公司的投资行为时，往往指出中国投资好莱坞不仅是为了获取商业利益，也为了学习好莱坞在娱乐产业的操作经验，甚至为中国的“文化输出”铺路。

例如，《综艺》的报道指出：“很多专家都认为万达集团的最新投资（2016 年收购传奇影业）会带动其他中国公司投资好莱坞”，并引用梦工厂 CEO 杰弗瑞・卡森伯格的观点，认为“中国的投资人具有野心勃勃的商业计划”[③]；《华尔街日报》称中国为“好莱坞的新靠山”，并说很多好莱坞专家都认为中国的投资有获取利润之外的利益驱动，因为中国政府将娱乐产业视为文化软实力并推动其发展[④]；《彭博商业周刊》引用美国 Pacific Bridge Pictures 电影联合制作公司合伙人罗伯特・凯恩的观点，指出“在更大的范围内，中国已经在好莱坞获得稳定增长的影响力，你不会再在好莱坞电影里看到一个中国恶棍的形象。”[⑤]

中国资本与好莱坞合作的主要方式有：投资影视项目、合资成立公司、购买好莱坞公司股权。这些投资的效果怎样？有何风险？是否真如一些美国媒体预测的，或中国公司宣布的将为双方带来经济、文化的多重价值？本部分将对此做一些梳理和研究。

11.3.1 投资影视项目

11.3.1.1 投资行为表现

中国影视行业与好莱坞就具体项目开展合作是最常见的合作方式。一方面，合拍片是好莱坞拓展全球区域市场的重要策略；另一方面，合拍片也被我国影视行业视为帮助“中国制造”获得全球市场能见度的最佳路径。自中国加入 WTO 以后，中美合拍的项目逐渐增多。

在 2010 年以前，中美的项目合作更多是寻找双方市场都有可能认可的题材，然后各

---

① 以下调查内容参见［日本］桥元良明编：《日本人の情報行動 2010》，东京大学出版会，2010，第 198 - 199 页

② 本文撰稿：薛华，中国传媒大学经济与管理学院副教授，研究方向：文化产业管理。

③ Wanda's Legendary Buy Is Just the Beginning of China's Investment in Hollywood，http://variety.com.

④ Hollywood's New Backer: China，http://www.wsj.com.

⑤ China Has Hollywood's Attention. It Wants More，http://www.bloomberg.com.

自投入一定比例的资金和制作团队。这种合拍片的形式，对美方而言，主要目的在于获取中国市场的利润，因为一旦项目被中国国家广电总局认定为"合拍片"，便可以在中国市场享受国产影片的待遇，可以不受"引进片"配额限制，而且票房分账比例较高。对中方而言，可以在合拍中学习好莱坞的操作经验，降低独立投资的风险，并且项目更容易进入北美和国际市场。这类合拍片，观众耳熟能详的案例包括：《卧虎藏龙》(2000 年)、《大腕》(2001 年)、《英雄》(2002 年)、《宝葫芦的秘密》(2007 年)、《赤壁》(2009 年)、《金陵十三钗》(2011 年)等。

最近几年，我们开始看到一种新的现象，就是中国资本直接投资好莱坞的电影项目，由于只是资金投入，并不涉及联合制作，所以此类项目并不能算是"合拍片"。例如，2015 年，博纳影业集团宣布向好莱坞 TSG 娱乐金融有限公司(也称为 TSG 娱乐)投资 2.35 亿美金。TSG 娱乐是一家与 20 世纪福克斯长期合作的娱乐金融公司，其运作的投资主要用于 20 世纪福克斯出品的主流商业大片。根据 TSG 与 20 世纪福克斯所签署的协议，博纳影业集团将有权获得所参与项目的同比例全球票房分账。根据 20 世纪福克斯已发布的 2016—2017 年的新片计划，这笔投资将用于《独立日 2》、《X 战警》续集、《猩球崛起》续集等 6 部主流商业大片的制作。对好莱坞而言，来自中国的资金可以缓解融资的压力和投资失败的风险，而且中国的投资方有可能帮助影片更加顺利地打开中国市场。对中国投资者而言，他们看好影片未来在全球市场，特别是中国市场的收益潜力，期待以投资方式分享收益。

11.3.1.2 投资效果分析

(1)中美合拍片的投资效果。从 1997 年第一部中美合拍片《夏日情动》算起，中美合拍至今已有近 20 年历史，虽然其中不乏一些口碑和票房皆佳的电影面世，但回顾大多数的"合拍片"，问题重重才是不争的事实。

首先，要找到与中、美两国电影观众的兴趣、口味都能对接的电影故事就十分不易，加之拍摄过程中因为文化差异而做出的种种迁就与妥协，往往导致成片令观众感觉不伦不类，最后可能在双方市场都无利而返。即便是中美合拍片的典范之作，曾经斩获 4 项奥斯卡大奖、创下美国外语片票房最高纪录的电影《卧虎藏龙》，当年在中国内地和中国香港上映时也引起很多观众的不佳反响，中国内地票房只有 1 400 万元人民币，算上前期拍摄、发行、宣传投入的费用，中国电影合作制片公司等 3 家发行单位亏损 400 万元。① 《功夫之王》的好莱坞制片人李威达曾经感叹，美中合拍最大的问题是缺乏好项目，如果拍摄纯粹好莱坞式的动作片，好编剧早早就写好了剧本，而专门为中国写合拍的项目剧本很少，以至于看到的美中合拍动作片都有天生缺陷。②

其次，中美两国的产业制度有很大差异，在合作过程中各方面的摩擦很多。好莱坞在近百年的电影工业发展过程中已经有了非常成熟的产业制度和配套设施，包括完善的经纪人制度、完片担保制度、投资回报评估机制等。但是中国的电影产业在市场化操作方面尚处于起步阶段，与好莱坞相比，电影项目的操作流程显得粗糙而混乱。好莱坞一

---

① 新浪网，墙外开花墙内亏空《卧虎藏龙》内地亏了 400 万，http://ent.sina.com.cn/m/c/40376.html.

② 侨报，探索金矿：美中合拍电影 18 年，http://ny.uschinapress.com/kong/2015/05-30/71426.html.

家电影投资策略咨询公司的总经理查理·科克尔曾在接受《南方周末》记者采访时坦言：中美电影人合作中的摩擦是从常识开始的。例如，好莱坞在电子化账款支付等方面十分成熟，而中国很多地方还依赖传统支付方式；中方在合同条款、保险意识方面不够强，制片方的财政系统和法律保障不成熟。在成龙的电影项目中，科克尔要特别敦促中方坐下来，在律师陪同下和他们签署一份 45 页的合约。[①] 对于好莱坞盛行的投资人全球分账模式，中国的制片人也坦言难以承受，“现在国内的上市公司，要合拍，要全球分账，那你得有成熟的会计制度。全球分账是复杂的，你有没有这个财务成本去查人家？你的律师是不是够熟悉？你查完了有问题是要打官司的，你有没有法律程序？好莱坞能做一个全球市场，第一，它掌握了游戏规则，大部分地方结算都是用美元。然后它的法律制度、财务制度已经走了这么多年，它在全球各地已经有这么多年合作的地方化经验，这个系统的建设才是中国电影要走向世界的一个基础，这没有几十年你怎么起得来呢？”[②]

虽然存在以上困难，但考虑到中国爆发式成长的电影市场，中美合拍片仍被很多人视为“亟待开发的金矿”，投资人们仍在孜孜不倦地探索中美合拍片的新方法、新方向。

（2）好莱坞主流商业片的投资效果。与其在合拍片中纠结如何调和中美文化，还不如单纯以投资换取利润。这也是最近几年一些中国投资方放弃谋求“合拍片”身份，开始投资好莱坞主流商业片的思路。中国电影市场正在急速增长，而很多好莱坞商业大片在中国市场表现良好，即使以引进片的身份只能在中国市场拿走 25% 的票房分账，也能获得不菲的利润。例如，2015 年上映的好莱坞分账大片《速度与激情 7》（Fast & Furious 7）在中国的票房破 20 亿人民币，甚至超过了它在美国本土市场的 3.2 亿美元（约 19.85 亿元人民币）票房。据《华尔街日报》报道，该片近 10% 的股权被中影集团与康卡斯特（Comcast Corp.'s Universal Pictures）联手收购，这是中影集团投资的第一部没有在中国拍摄的美国影片。[③]

不过事实上，在中国投资的这些好莱坞商业片中，中国投资人还是在更多地发挥从中国市场盈利的能力。例如，中影集团根据中国的进口片引进和发行政策，进口电影只能由中影集团负责引进，并且只有中影股份和华夏电影拥有发行权，中影集团参投的好莱坞电影在中国市场必然具有先天的发行优势。《速度与激情 7》4 月 12 日在中国上映时，一整个月都没有其他好莱坞大片竞争，而且周末的排片占比极高，都在 65% 以上。该片首日还创造了零点场排片纪录，全国排片共计 10 397 场，大大超过《变形金刚 4》零点场的 4 855 场。[④]

阿里影业在 2015 年财报中公布了其在国际影视投资项目收益为 6 870 万元，主要来自公司投资的首部好莱坞大片《碟中谍 5：神秘国度》。该片在中国市场上映时，阿里影业通过自身在互联网领域的影响力及显著的电商优势，成功协调了阿里巴巴集团内外等多平台、多商家，在电影上映前密集展开宣传及营销攻势，最终协助《碟中谍 5：神秘国

---

① 南方周末，都有一本自己的帐中美合拍片纠结中，http://www.infzm.com/content/100328。

② 艺恩网，解读 8 大中美合拍片项目 7 步之路困难重重，http://www.entgroup.cn/news/markets/1116320.shtml。

③ The Wall Street Journal, China Film Group Takes Role in Hollywood, http://www.wsj.com/articles/china-film-group-takes-role-in-hollywood-1429479876。

④ 人民网，《速度与激情 7》内地上映排片极高票房好，http://media.people.com.cn/n/2015/0413/c40606-26837495.html。

度》取得了8.6亿元的票房成绩。这不仅是《碟中谍》系列电影在中国取得的最好票房成绩,同时远超同期上映的《小黄人大眼萌》《暗杀》等进口大片。在票房成绩之外,阿里影业还在电影上映前就针对《碟中谍5:神秘国度》进行了电影衍生品开发,并在电影上映后取得了超过1 000万元的销售额。按照合同约定,阿里影业可以分享《碟中谍5:神秘国度》在全球的票房,不过除中国市场之外的收益究竟能有多少还是未知数。

与大多数中国公司参投好莱坞项目部分股权的做法不同,万达文化产业集团全额投资了2015年7月在北美上映的好莱坞影片《左撇子》(Southpaw)。此次万达集团是与韦恩斯坦(Weinstein)公司合作共同完成该电影项目,万达方面透露,将全程参与到《左撇子》的拍摄,并表示这更多地是一次学习好莱坞电影工业运作模式的机会。从Box office mojo网站提供的信息来看,该片预算为3 000万美元,在北美市场上映时被MPAA(美国电影协会)定级为R级(限制级,建议17岁以上观看),首周末在北美2 772块银幕上映,共上映105天,本土票房收入52 421 953美金,海外票房收入39 287 726美金,全球票房累计达到91 709 679美金。作为一部中等投资规模的商业类型片,《铁拳》的投资收益表现中规中矩。对万达而言,最大的遗憾可能在于《左撇子》尚未能在中国内地上映,而其DVD、网络点播已于2015年10月在北美上线。根据中影数字院线信息显示,《左撇子》已悄然获得放映密钥,并于2016年5月20日登陆内地院线。但与北美市场时隔近一年的放映周期,可能导致该片在中国市场的表现不会给人多少惊喜。

如果中国公司在投资好莱坞项目时更多看重在中国市场的盈利,则项目的选择要充分考虑中国市场的审片标准与观众口味,并结合公司在中国市场的营销能力。在西方市场有明确受众定位的中等成本影片可能并不适合中国的大众市场,而高预算的工业大电影也会因为类型的单调重复逐渐引起观众的审美疲劳。据报道,2015年,好莱坞在中国市场的表现就不甚理想,进口片在全国票房的占比下滑至40.05%(其中,好莱坞电影占比36.32%),达到10多年来最低的份额。①

中国公司如果期待从好莱坞项目的国际市场收入中分一杯羹,那么,面对好莱坞成熟的国际市场营销体系,中国公司从财务制度的建设、法律业务的熟悉、谈判地位的提升等各个方面尚有很长的路要走。

11.3.1.3 中、德投资好莱坞项目之比较

好莱坞的项目从来不乏投资者,虽然好莱坞的电影业也是严守"二八效应"的高风险行业,但是头顶闪闪发光的明星光环,多年来还是吸引了来自日本、欧洲、阿联酋……甚至华尔街的投资人,只是这些投资大多折戟好莱坞,以至于获得了一个并不好听的称谓——"傻钱"(dumb money)。中国的投资人能否打破这个怪圈,真正从好莱坞获利呢?为了分析这个问题,我们可以拿曾经热衷投资好莱坞并最终黯淡离场的德国投资者们的经历来做一番比较分析。

(1)德国资本在好莱坞的投资表现。德国投资人在好莱坞的投资多以项目为主,有时一个好莱坞项目背后会有几千个德国投资人。为什么德国人如此普遍热衷投资好莱

① 搜狐娱乐,2015好莱坞溃败中国市场票房十多年来将首跌破4成,http://yule.sohu.com/20151130/n428814423.shtml。

坞？原因在于德国政府为鼓励文化创意产业发展而颁布的政策。从20世纪90年代末到2005年左右，德国政府为鼓励包括电影行业在内的文化创意产业的发展，制定了税收减免政策。投资者只要投资一部电影，哪怕尚未开拍，也能立即享受100%的减税，而且它不要求影片在德国拍摄，也不必使用德国演员，只要求影片由德国公司制作，影片的版权和未来收益属于这家德国公司。

德国的税收优惠政策吸引了大量好莱坞项目前来洽谈合作，在近5年的时间中，好莱坞片厂从德国公共电影基金中筹得64亿美元的资金，而进入好莱坞的所有德国资金更高达120亿美元，像《碟中谍》《魔戒》等片都有德国人的投资。

好莱坞如何利用德国的免税政策赢利？他们的做法是：在文件中把正在筹拍的影片版权先卖给一家德国公司，再以低于成本的价格把影片租借回来，并在协议中约定未来可买回影片。这个时候，从文件上看，德国公司似乎成为影片的拥有者。接下来，制片厂与德国投资人签订了"生产服务协议"和"发行服务协议"，把德国人的责任局限于表面上的临时所有权。在这个过程中，好莱坞向德国投资方收取6%～8%的手续费，有时高达制作预算的15%；它有效地降低了风险，却没有丧失对影片的控制权。以《古墓丽影》为例，派拉蒙通过慕尼黑电视集团以9 400万美元把它的版权卖给了一群德国投资者。然后，派拉蒙又用8 380万美元租回影片并买回生产发行权。在这笔交易中，好莱坞不仅找到了拍摄电影的资金，还直接赚到先卖出版权，再租回版权中间的差价。而德国的投资人也愿意玩这个游戏，因为他们在这个回合中失去的那笔资金远比做其他投资应缴的税款少，同时，影片拍摄后一旦盈利，他们分享的利润还会免税。在这笔交易中真正遭受损失的是德国的税款和德国公众的利益。

那么，德国的投资人又能否从影片的利润中获利呢？答案并不乐观。

首先，好莱坞一般只把二流影片或风险特别大的项目"卖"给海外投资人，那些它看好会稳赚大钱的，一定会留给自己。好莱坞有许多明星热衷于片厂根本不看好的项目，最可能寻找外国投资人来充当市场的炮灰。因为无论影片是否有票房，明星都可以赚得自己的天价片酬，而对电影市场并不内行的外国投资人误以为明星能成为票房的保障，热衷于投资此类项目。例如，2002年上映的史泰龙主演的《眼睛看着你》(Eye See You)。好莱坞大制片厂不感兴趣的项目却能吸引几千名德国人踊跃掏钱，轻而易举筹集到该片的6 000万美元预算。影片在全球30个市场总共获得区区600万美元的收入，减去各种发行费用，投资人一分钱也赚不回来。

其次，即使是票房大热的电影，想与好莱坞分享利润也不容易。在好莱坞的账本上，一部电影扣除制作费用、发行费用和发行佣金后，净利润可能所剩无几，甚至显示不赚反赔。以《哈利波特与凤凰社》为例，华纳兄弟2009年9月的发行报告显示，尽管这是一部历史上最成功的系列影片之一，但其在影院发行阶段仍然是亏损的。该片票房收入达到了9.382亿美元，华纳兄弟的发行部门在影院分账后所得仅为4.593亿美元。从这笔总数中，还需偿付发行部门的发行费用1.826亿美元，其中包括2 920万美元的胶片洗印费用，1.311亿美元的用以购买电视台、报纸及其他媒介的广告费，800万美元的海外税金，560万美元的配音费用以及350万美元的UPS及其他转运海外的物流费用——从而能够在全球50个国家7 000家影院同一时刻首映。扣除这些费用后还有2.767亿美元，该片的摄制成本为3.159亿美元(其中包括支付给原著作者和其他大腕的酬金)，于是该片在影院放映后，其实仍然是赤字亏损的。[①]

经历了初期的投资热情与盲目乐观，最近几年德国人对好莱坞的投资热情已经降温。最近，德国正在修改相关的法律，以弥补漏洞；而德国媒体企业股价一落千丈，也抑制了"触电"的欲望；另外，投资人也要求真正获得影片的股份，能参与分成。一些新的投资项目包含了租赁和入股两个方面，希望用更多的甜头来吸引感到上当的金主。

（2）中、德投资之比较。中国在开始投资好莱坞之前，已经可以看到很多其他国家的前车之鉴，因此合作方式整体上更加谨慎，与德国相比具有以下不同：

①中国政府为合拍片设定了更多约束条件。很多西方国家都有鼓励国民投资电影的优惠政策，或者提供补助金，或者提供税收减免。好莱坞总是热衷于从各国的政策中寻求可能的好处，以使自己的商业利益最大化。在经济危机阴云笼罩下的欧洲，德国对好莱坞电影业的优惠政策一直保持宽松，德国总理默克尔希望有更多的美国大片来德国参与制作。但是德国的法规没有明确规定德国人投资的电影必须有相当部分在德国拍摄，或者必须雇用多大比例的当地演职人员。这就为好莱坞提供了可以打擦边球的漏洞，而对德国电影业发展的实际益处不大。

中国政府为了推动中国文化的对外传播和中国电影产业的国际化进程，对中外合拍片提供了一定的优惠政策，合拍片基本上可以享受国产片的待遇。包括：在分账比例上可以让制片方获得更多的利益；可以得到国家对国产影片放映时间的保障。另外，根据《国产影片出口奖励暂行办法》，境内外联合摄制的影片出口后还可以获得按照该影片海外票房的千分之一的奖励。[②]

相比德国，中国政府对合拍影片的认定有更严格的标准，包括：双方共同投资，投资低的一方不能低于20%；共同创作，这个故事要跟中国"有机地相关"。在摄制过程中，只有很少一部分内容在中国拍摄是不够的。外方主要演员比例不得超过主要演员总数的2/3。中外合作摄制的电影底片、样片的冲印及后期制作应在中国境内完成。因特殊需要在境外完成的，应报新闻出版广播电视总局批准。

因为以上"苛刻"的条件，有许多当时号称"合拍"，实则并没有太多中国元素或者只将中国元素剪辑成特供中国市场的版本的影片最后失去合拍片身份，被打回进口片原形。比如，2012 年上映的《敢死队 2》《环形使者》，2013 年上映的《云图》《钢铁侠 3》等。

因此，中国资本在投资好莱坞项目之前必须谨慎算账。此片是否适合在中国市场上映？能否在中国市场上映？以及能够以什么身份进入中国市场？

②中国电影市场为中国投资人提供了获利基础。美国电影协会（MPAA）发布的2015 年度电影票房报告显示，全球电影票房增速最大的市场就是中国市场，2015 年增长幅度达 49%，约合 68 亿美元，占亚太市场 50% 的份额，在全球电影市场排名总量第二位（仅次于北美市场的 111 亿美元）。中国市场成为好莱坞片商都觊觎的市场，这就为中国投资人从好莱坞项目中获利提供了基础。而德国的投资人在与好莱坞合作时就缺少这样的优势，2015 年，德国电影票房为 13 亿美元，在全球电影市场总量排名第八位。[③] 即便

---

① Edward Jay Epstein, The Hollywood Economist 2.0, Melville House; Reprint edition (January 24, 2012)。

② 《中外合拍影片简明手册与问答》，中国电影合作制片公司、美国电影协会编制。

③ 《Theatrical Market Statistics》，http://www.mpaa.org/research-and-reports.

好莱坞的电影项目有德国的资金,故事可能依然是美国故事,主要市场依然在北美。

如今,无论是否有中国资本的加入,好莱坞的商业大片都要努力经营中国市场,为了能够顺利进入中国市场并赢得中国观众的好感,好莱坞已经在主动做出"妥协"。英国《金融时报》曾盘点了一些"好莱坞大片中国化"的有趣案例:《僵尸世界大战》(World War Z,2013)的制作人删掉了僵尸大灾难是否源于中国的讨论;在《加勒比海盗3:世界的尽头》(Pirates of the Caribbean: At World's End,2007)以及《黑衣人3》(Men in Black 3,2012)中还删除了华人坏蛋的相关内容;《超级战舰》(Battleship,2012)编剧递交的初稿中,外星战舰只威胁到了美国本土,如此内容预设被指"太过美国化"。如今拍摄的影片中,妖魔鬼怪矛头直指美国西海岸,把旧金山以及菲律宾变成一片废墟,最好是能席卷整个太平洋地区,进而波及夏威夷,今年巨制重拍的《哥斯拉》(Godzilla)以及2013年的怪兽灾难片《太平洋沿岸》(Pacific Rim)都是如此处理——这或许是来势汹汹的好莱坞大片的另一现成符号。①

因为有中国市场的利益做保障,中国投资人在与好莱坞谈判时拥有了一定的主动权,但也往往在合作中表现保守,偏重采取"分割地区发行权"的方式,获取大中华地区的发行权,而对"全球分账"的方式缺乏信心和经验。原中影集团董事长韩三平曾就中美合拍片《功夫梦》的投资失利惋惜总结:因为过于谨慎保守,没有接受美方"全球分账"的提议,而只要了中国内地及港澳台地区的发行权,大中华以外地区的发行权则属于对方……结果,《功夫梦》在全球票房大卖,收入已超过16.35亿人民币,但在中国市场仅获得5 500万元人民币票房。

如今有实力的中国公司在投资好莱坞项目时,已经开始考虑参与全球分账及全产业链利益的分配,争取在影片版权的获取上做更多事情。2014年,中影集团对好莱坞电影《第七子》和《魔兽》的投资宣布"享有这些电影的署名权并参与全球分账"。2014年,华谊兄弟发布公告,将与好莱坞STX ENTERTAINMENT("STX娱乐")在未来3年合作不少于18部影片,华谊兄弟除享有部分合作影片在大中华地区的发行权外,还将享有所有合作影片的全球收益分账,并按份额享有著作权。

11.3.2 成立合资公司

11.3.2.1 投资行为表现

合资成立影视公司体现了中美双方超越单纯项目合作的更具深度和远见的合作意愿。好莱坞目前在全球影视产业中具有领先地位,中国的影视行业期待在与好莱坞的合作中获得工业经验、学习先进技术,能凭此在中国市场获得快速发展,并为进入国际市场打下一点基础。好莱坞期望可以利用中国发展文化产业的优惠政策、廉价的劳动力、越来越活跃的资金,并通过深度合作开发中国市场。

早在2004年,中国政府有条件地对外资开放影视制作产业之后,美国许多大型传媒企业纷纷开始和中国境内的影视制作单位接触,以期组建合资企业。美国索尼影视娱乐有限公司与中国电影集团公司合作,在中国内地创立了第一家中外影视制作合资公司

---

① 汤姆.肖恩.好莱坞大片中国化[N/OL].金融时报:http://www.ftchinese.com/story/001057769?full=y.

"华索影视数字制作公司"。中国电影集团公司旗下的华龙电影数字制作公司持51%的股权,余下股份由索尼影视娱乐有限公司持有。该公司的经营业务主要是开发和制作中文影视娱乐节目,主要面向中国市场。当时中国政府希望通过对外资开放传媒市场,利用外国技术和专业知识来帮助中国影视节目在商业化和技术方面升级换代。将来中国的影视制作水平和商业运营能力能否达到国际水准并源源不断向国际市场输出,则还需在发展中期待。

时至今日,中美成立合资公司已经可以看到中国资本对国际市场的野心,许多合资公司不再以中国市场为唯一目标,而是希望能结合中美双方的优势,从国际市场获利。例如,2015年,由华人文化产业投资基金与美国华纳兄弟共同出资成立的总部位于中国香港的"旗舰影业"宣布其目标为:共同开发华语和英语电影,面向全球市场发行。另外,在运营方向上,中美合资公司不仅是中国公司提供资金和劳动力,美国公司提供技术的简单结合,许多中国公司希望借助合作,利用美方的娱乐资源,学习撬动全产业链的能力。例如,2015年第五届北京国际电影节期间,中信国安集团宣布与美国DCS公司成立合资公司,合作双方将引入美国电影高等院校在中国开展影视教育,合作开发电影衍生品、主题公园,并计划在北京、河北廊坊建影视产业基地。中信国安集团原本是一家实业公司,与好莱坞的合作应该是他们想在文化产业领域实现跳跃式发展的战略举措之一。

11.3.2.2 投资效果分析

(1)中国公司在合资公司中掌握一定的控制权。根据2004年国家广电总局和商务部联合发布的《电影企业经营资格准入暂行规定》和《中外合资、合作广播电视节目制作经营企业管理规定》,允许境外公司、企业和其他经济组织与境内公司、企业和其他经济组织合资、合作设立电影制片、电影技术公司。外资在注册资本中的比例不得超过49%。合营企业中的中方一家机构应在合资企业中拥有不低于51%的股份。法定代表人须由中方委派。

以上规定主要从股权分配的角度确保中方在合资企业中能够掌握控制权。另外,由于大多数的中美合资企业非常重视在中国市场盈利,所以中国投资方凭借在中国市场的资源和运营能力,可以提高对合资企业的控制权。

(2)好莱坞决策、经营的核心体系未必能向中国公司开放。虽然成立了合资公司,但是业界普遍认为好莱坞不会轻易将决策、经营的核心体系向中国公司开放。就像中国在很多行业成立的中外合资公司一样,精明的外方投资者利用中国的市场、资金和廉价劳动力,但保留了核心技术和品牌,成为公司真正的控制者。

以2012年成立的中美合资公司东方梦工厂为例,在该公司成立之初,中美双方最大的争执在于——谁拥有东方梦工厂故事的拍板权?另一个分歧是——东方梦工厂原创的知识产权(业内称为IP)究竟以何种方式产生?东方梦工厂只是一个美国好莱坞梦工厂在新兴市场国家的翻版,还要根据互联网生长环境乃至中国的市场特点,创新IP产生模式?中方要尽最大可能在这家合资公司中争取话语权,直至拥有动漫产业最核心的部分——版权。但精明的美方不会轻易出让自己的核心利益,在谋求中国市场利益最大化

的前提下，才达成一些暂时性的妥协。中美双方的博弈仍在进行中……①

《功夫熊猫 3》的制作被视为东方梦工厂成立后的首个重要项目。东方梦工厂 CEO 方淦表示，公司深度参与了该片从策划到制作的全过程，“东方梦工厂和美国梦工场动画的团队都有着非常紧密的配合，在整个制作过程中也是无缝对接，力图将最原汁原味的中国文化通过好莱坞水准的动画制作技术呈现给全球观众。”②东方梦工厂在国内市场营销方面也取得了突破性的成功，《功夫熊猫 3》在中国内地市场以合拍片身份上映，30 天票房突破 9.6 亿，成为内地动画片票房冠军。该片在全球市场共计获得 5.18 亿美元票房，其中，中国市场票房最高。可以说“功夫熊猫”已经成为一个赚钱的 IP，但遗憾的是，它仍然是一个只属于美国梦工厂的动画品牌，它的核心主创团队仍然是美国人。能否创造属于自己的原创 IP 一直是东方梦工厂发展计划中非常关键的部分。在中美互动、合作的过程中，中方能否逐步摆脱对美方的依赖，提高自身的制作、运营能力，在更大程度上拥有产品版权和品牌，获得可持续盈利的能力，这是中方与好莱坞成立合资公司时面临的挑战。

（3）合资公司的影视项目风险偏高。从好莱坞的逻辑来看，接受中国人的投资成立合资公司，除了看重中国公司在中国市场调动资源、创造盈利的价值，主要原因还在于可以让中国人投资那些好莱坞并不十分看好项目或者未来发展尚不可预估的新公司。这类项目和公司并非完全没有盈利的可能，但是投资风险会更高。好莱坞公司为了规避风险，在这类事情上出资谨慎，而中国“金主”可能更加容易被说服。

从近些年一些宣布成立的中美合资公司案例可以看出来，首先，美方合作者有很多是创业者，他们有人曾是好莱坞大制片厂的高管，如今依然号称握有好莱坞的人脉、资源。但是做大公司的高管与自己创业还是有很大不同，离开了好莱坞大公司的平台，自己创立的新公司究竟能发展得怎样，还有很大的不确定性。也有人曾经是导演或制片人，出过高票房或有知名度的影片，但未必有操盘整个制片公司的经验，所以与之合作制片公司的风险也很大。例如，2015 年宣布与中信国安集团合作的美国独立制片商 DCS（Dick Cook Studios）公司，由前迪士尼影业公司董事局主席迪克·库克（Dick Cook）创立。2016 年，宣布与文投控股有限公司旗下耀莱影视共同成立“寓言（Allegory）”制片公司的是两位导演弗洛里安·亨克尔·冯·多纳斯马（Florian Henckel von Donnersmarck）和山姆·马歇尔·雷米（Samuel Marshall Raimi）。

其次，这些合资公司公布的未来将要投资制作的项目计划有很多属于中等成本的制作。例如，新成立的寓言电影公司计划在未来 5 年内投拍制作 8 ~ 10 部影片，这些影片的预算都在 3 000 万—8 000 万美元。在项目选择上，两位导演手上已经有若干成熟的项目，将会选择合适的好莱坞一线导演执导，并确保每部至少有一名好莱坞一线明星出演。除大中华区外，寓言公司所拍摄影片的全球发行将交由美国 6 大制片公司完成。此外，寓言电影公司亦可与美国 6 大制片公司联合投拍影片。③ 但是从好莱坞目前的制作发行

① 好莱坞中国合伙人：黎瑞刚的盗梦空间[J]. 中国企业家，2013(17).

② 东方梦工厂 CEO 方淦解读“功夫熊猫 3”[EB/OL]. 时光网，http://news.mtime.com/2016/01/27/1551928.html.

③ 文投控股携手全球顶级导演成立电影制片公司，中国新闻网，http://www.chinanews.com/m/yl/2016/04-19/7840318.shtml.

经验来看,这种中等成本又有一线明星出演的电影恐怕是投资风险最大的电影。

由于家庭观影条件的改善和网络选择影片的便捷,西方国家电影观众的观影行为正出现两极分化。高成本、重视效的好莱坞大片选择在影院观看,小成本的剧情片则选择廉价得多的付费电视或网络点播。近年来,好莱坞 6 大制片公司都在全力投资预算超过 1.5 亿美元的工业化电影和超级英雄类电影,这类电影体现了好莱坞领先全球的技术水准,具有适合影院观赏的奇观效果,文化折扣低,适宜在全球市场尤其是增长迅速的发展中国家市场销售,而且周边衍生产品的开发价值高,多为大 IP 系列电影,有利于通过长期盈利降低风险。当好莱坞的制作资源向这种高预算电影集中的时候,能够提供给中等成本影片的制作机会就比较少了,而一线明星能够获得的拍片机会实际也比以前少了。

中国的投资人理想化地认为,目前好莱坞大制片厂的投资行为让很多兼具艺术性和商业性的中等成本影片被大量搁置,其中不乏可能“叫好又叫座”的影片,希望能在对中等成本的影片投资上“捡漏”。除了中美合资的公司外,有很多中国投资者入股的好莱坞制片公司也是这种项目取向。大概为了避开与好莱坞大制片厂的正面竞争,只好在狭缝中寻找自己的发展机会。而这条路注定会是一条风险偏高、更难走的路。

11.3.2.3　中、印与好莱坞成立合资公司之比较

印度吸引到好莱坞的注意,其原因与中国有许多相似之处。首先,印度人口数量多,电影市场大而且增长迅猛。据美国电影协会 MPAA 统计,2015 年,印度电影市场达 16 亿美元,在各国市场总量排名中居第 5 位。其次,好莱坞进入印度市场十分不易,与世界上许多国家的电影市场被好莱坞占据不同,好莱坞电影在印度市场所占份额在 2010 年仅为约 14%。因此,好莱坞迫切希望能够通过与印度本土电影公司的合作,扩大在印度市场的盈利。

一直以来,印度虽然是一个电影生产大国,但并不是电影生产强国。印度的数十个邦都有自己的电影业,而且都有几十年乃至上百年的生产历史。在过去的十几年里,印度几乎保持每年生产 1 000 部以上的电影,是全球电影产量最大的国家。但是产量大不代表质量高,有大量的印度电影投资低廉、制作粗糙,市场仅局限于小范围的农村地区。印度的电影人也希望通过与好莱坞的合作,提高电影产业的投入,引入更为先进的电影生产技术和创作理念,学习国际市场操作经验,最终使印度电影业获得长足发展。

自 2000 年开始,印度政府为了支持电影产业发展,放宽了对外商直接投资、娱乐业减税、商业银行贷款等方面的政策。从此,好莱坞的主流制片公司陆续开始与印度的电影公司合作,他们投拍了一系列以印度导演、演员为主的本土化电影,希望可以扩大在南亚地区的市场份额,同时也获得好莱坞电影无法获得的印度政府的奖励和补贴。

从近 10 年来印度电影产业的发展来看,确实取得了令人瞩目的成就。一方面,印度电影的投资规模、生产技术、故事水准都有显著提升,许多宝莱坞大片显示出令人刮目相看的国际化制作水平;另一方面,印度电影在中东、非洲,乃至欧美地区的国际市场份额逐年提升,宝莱坞已经成为印度文化品牌,在世界各地发挥越来越大的影响力。能否由此推断,与好莱坞的合作为印度本土电影产业的发展带来了积极的影响呢?印度与好莱坞的合作为中国提供了哪些借鉴呢?下面试做详细分析:

(1)印度与好莱坞成立合资公司后的运营特点。印度与好莱坞成立的合资公司具有

十分鲜明的“本土化”特征，他们将美国的资金、技术与印度的人力资源、创意相结合，最终生产出印度风味浓郁又有国际市场竞争力的影片。印美合资公司能达成这种运营模式，有其历史与现实的原因：

一是印度种族、语言众多，而且观众对母语电影有很殷切的需求。印度民族和种族众多，号称“民族博物馆”。印度各个民族都拥有各自的语言，仅宪法承认的官方语言就有22种之多，其中，印地语被定为国语，讲英语的精英阶层大概只占人口的10%。印度电影业高度细分，专门针对本土市场。印地语宝莱坞电影占不到总数一半的市场。泰米尔语电影的份额也差不多，而其他地方语电影如泰卢固语电影则瓜分了剩余的市场。好莱坞电影要在印度取得好成绩，需要译制成多种地方语言，即便如此，依然难以被印度观众普遍接受，

印度观众对母语电影有殷切的需求，不仅因为语言的亲近性，也因为本土电影更符合多年以来形成的观影习惯。有研究者把印度主流商业电影称为“马沙拉①电影”（Masala Film），与西方经典电影相比，它们表现出在一部电影中杂糅多种类型的特征。印度电影里常常同時包含言情、动作、喜剧、戏剧以及必不可少的歌舞。印度导演不太像西方电影导演那样受类型局限，而是想植入什么就植入什么。而且印度电影放映时间一般比较长，中间还有中场休息（给观众喝水、吃零食的时间），所以可容纳更多的内容，电影结构显得一波三折。

皮克斯动画工作室的主席吉姆·莫里斯在印度宣传皮克斯动画长片《恐龙当家》期间曾总结说：“印度电影市场有一个巨大的观众群体，同时也有一个在本土市场非常受欢迎的叙事方式和电影风格。一直以来，非印度本土制作的电影都很难在印度像本土电影那样吸引大量观众走进影院观看。相比于在其他海外市场的表现，好莱坞电影在印度市场迄今的表现算不上成功。所以即便考虑到印度规模巨大的人口数量，我们（美国电影公司）很想获得印度观众的青睐，但必须面对的现实是：印度观众就是喜欢印度本土公司制作的电影。”②

从这种历史渊源与现实处境来看，印美合资公司要想在印度市场站稳脚跟，只能大力开发印度本土电影，而这种本土化非常依赖印度电影业的人力资源（如导演、编剧、明星）和创意。好莱坞更多地扮演将是投入资金、技术和国际市场营销的角色。

二是印度电影业中的本地势力强大，好莱坞需依赖其运营印度市场。从印度整体的产业环境来看，印度经济领域的一大特点是缺乏正规的制度，如有效和可强制执行的知识产权或合同法和可供产品或劳动力、资本等要素投放的海外市场。在印度，家族企业十分普遍，印度最大的500家公司75%都由家族掌控。印度家族企业经营多元化、产业链控制力强大，有很强的财富创造力。

印度电影工业也呈现出与西方发达国家电影工业的显著不同，它在更大程度上依然是以非正式的家族联盟为主的产业集群。在这种产业集群中，制片人与电影明星、电影导演，以及其他关键角色这三种主要的社会关系类型对宝莱坞电影工业有巨大的影响。

① 马沙拉（Masala）是印度特有的一种调料，被广泛地使用在几乎全部的印度菜肴中。

② 印度观众有多爱本土电影？《头脑特工队》票房仅120万，凤凰娱乐，http://ent.ifeng.com/a/20151020/42511541_0.shtml。

有数据显示,2003—2005 年,每年在印度跻身前 10 名的电影中,有 21 部的融资发行是在家庭关系的联结中实现的。而在美国排名前30 位的电影中,只有7 部是通过一定的家庭关系进行融资或发行。在印度,社会关系网络就是商业网络,例如,印度影星的一个显著特点是他们出演时签署的协议是通过非正式的社会关系达成的,既不通过代理人和律师,也很少使用书面合同。从印度明星制度开始至今,影星们更喜欢建立在个人信任的基础上工作,即使在今天,个人信任也是在任何书面协议中一个重要的补充。由于印度电影界这种社会网络的封闭性、排他性,导致其他行业的人或外国公司进入印度电影业困难重重。①

作为发展中国家,印度电影业明显与好莱坞在商业化、正规化、法制化等方面拉开了距离,但也正是因为这个距离,让好莱坞不敢独自涉水印度市场,而必须依赖印度本土企业,这反而使印方在合资公司中获得更多的控制权。

三是印度电影的国际市场已清晰成型,好莱坞愿意在全球发行印度电影。印度电影具有十分鲜明的风格特点,包括:模式化的故事情节、用心设计的打斗场景、壮观的歌舞表演、感情丰富的闹剧、夸张的英雄以及杂糅的类型。长期以来,印度电影除了牢牢吸引着本国的观众,在与印度文化相近的南亚、西亚以及印裔较多的欧美地区也有不少观众。

近年来,印度电影的品质有了迅速的提升。如今,印度的电影制作基地同时也是 IT 企业的聚集地,掌握高科技的 IT 企业为印度电影提供影像数字特效业务,使印度电影的视觉效果更加绚丽。而且印度电影也不再局限于传统的电影情节,而是在影片中融入了更多现代观众喜欢的元素和情调,以致宝莱坞成为有一定国际影响力的文化潮流,其电影、音乐、明星在东南亚、中东、非洲、拉丁美洲以致欧美和澳洲都有一定规模的市场。印度电影出口协会秘书长南德库马尔·贝莱表示:"国际市场对印度电影尤其是宝莱坞电影的需求在增加。海外市场希望看的是爱情故事、家庭主题和情节剧。"

由于印度电影在国际市场上吸引了具备一定规模又不同于好莱坞口味的观众,因此,好莱坞也心甘情愿把与印度合作的电影发行到世界各地,以使自己的边际效益最大化。有数据显示,美国 AMC 院线瞄准了不断增长的印度裔人群,2015 年上半年就上映了 53 部印度电影,获得了 700 万美元(约合人民币 4 452 万元)的票房收入。这样有利于印度电影的国际营销进入良性循环。一方面,好莱坞的营销体系帮助印度电影获得更大的国际知名度,另一方面,印度更投入制作有国际卖相的本土电影,使合作双方从国际市场盈利。

(2)印、美合作给中国电影界的启示。前面分析了印方为何能在印美合资公司中掌握主动权,用好莱坞带动本土电影业的成长。对比中美合资公司的现状与发展趋势,我们可以从印度电影业的经验中获得一些启示:

一是中国公司要用"接地气"的电影项目培养、满足中国观众本土化的观影口味,从而在合资公司中发挥创意与生产的主导权。

二是未来在中国市场的商业运营中要牢牢把握控制权,并向好莱坞学习、提高自身的商业运营能力。

三是在国际市场找到自己的定位,逐步扩大"中国品牌"的影响力,培育细分市场。

---

① 付筱茵,董潇伊. 宝莱坞产业集群中的社会网络[J]. 当代电影,2012(12).

11.3.3 购买好莱坞影视公司股权

11.3.3.1 投资行为表现

近年来，中国资本进入好莱坞最引人注目的行为还是几次投资案例，其中既包括对好莱坞公司的部分注资，也包括全额购买。前一种案例包括：弘毅注资美国好莱坞 STX 电影工作室；复星国际投资好莱坞制片公司 Studio 8；奥飞动漫入股美国电影娱乐公司 451 媒体集团等。后一种案例包括：小马奔腾携手印度的信实传媒收购好莱坞视觉特效制作企业 Digital Domain（数字王国）；万达集团并购美国第二大院线 AMC 影院公司，并于 4 年后再次出资收购好莱坞电影制作公司传奇影业。

11.3.3.2 投资效果分析

中国电影企业投资好莱坞已成为一股热潮，这两年来尤其热闹。除了已经宣布投资的几家公司之外，中国的阿里巴巴、腾讯、华谊、博纳等企业巨头也在好莱坞与多家影视公司洽谈投资事宜。华谊兄弟董事长王中军认为，买大公司是实现国际化的一种方式，但就像击鼓传花，到自己手里时一定很贵，只是参股并不能叫国际化。那么，中国在好莱坞的投资效果究竟怎样呢？业内人士不忘提醒，好莱坞规则复杂，外来者仍需谨慎。

Digital Domain 除了拥有詹姆斯—卡梅隆这位顶级创办人外，还曾经被包括好莱坞另一位专擅特效的著名导演迈克尔—贝（Micheal Bay）的财团收入囊中，制作过《真实的谎言》《泰坦尼克》《第五元素》《后天》《加勒比海盗》《变形金刚》《特种部队》《钢铁侠》《X 战警》等多部国内观众耳熟能详的大片。Digital Domain 后因债台高筑，在 2012 年宣布破产，并于同年 9 月被来自中国的小马奔腾（占 70% 股权）和来自印度的信实传媒（占 30% 股权）的合资企业以总价 3 020 万美元收购。

当初，小马奔腾挑选信实传媒联手闯荡好莱坞，算盘打得也是很精明。Digital Domain 作为最顶尖的好莱坞特效制作企业，拥有品牌、团队、技术等优质核心资产，收购 Digital Domain 不但可以打响小马奔腾的名字，同样也可以为小马奔腾在日益蓬勃的中国电影市场中带来更多竞争优势。随着中国电影观众消费水平的逐年攀升，在内容顽疾短期无法改变的局面下，花哨诱人的视觉效果往往是博取高票房的必杀利器之一。同时，中国（包括信实传媒所处的印度）拥有大量廉价的电影特效初级技术和制作人员，如果可以结合好莱坞的先进资源，难说 Digital Domain 就一定无法咸鱼翻身。

据悉，小马奔腾买下 Digital Domain 后，并未对其进行有效重组，只是简单进行了一些诸如利用 Digital Domain 的名气在国内开展特效制作培训等尝试。可 Digital Domain 此时需要的并非此类小打小闹，而是一次涅槃重生。小马奔腾收购 Digital Domain 并没有为双方带来预期的收益，小马奔腾对 Digital Domain 历时短短半年的买入、卖出，虽然在财务上可能是笔划算的交易（2 114 万美元买入/3.92 亿港元卖出），但对小马奔腾自身在文创产业的发展而言，无异于一次失败的好莱坞幻灭之旅。

11.3.3.3　中、日购买好莱坞公司之比较

日本挥金好莱坞的豪举发生在20世纪80年代末，当时正值日本战后经济的巅峰，人均收入攀升至世界第二位，而美国经济则处于低谷。当时，典型的案例就是索尼收购哥伦比亚电影公司，使其名噪一时。索尼创始人盛田昭夫认为，要将索尼生产的硬件与最流行的内容相结合，才能掌握市场，最终制定行业规则，于是决定以60亿美金的"天价"买下哥伦比亚电影公司，成为当时日本最大的海外并购之举。60亿美金是当年索尼现金流的22倍，索尼支付27美金/股购买一家当年股价为12美金的公司，这笔投资实在太贵。投资最初的5年，索尼一直在承担这笔昂贵投资的代价和损失，直到1994年，不得不宣布27亿的投资亏损，外加5个多亿的经营亏损。与德国不同的是，索尼并没有因此退出电影行业。20世纪90年代中期管理层变动后，这笔投资才开始逐渐盈利。2004年11月，索尼收购米高梅公司，变身全球第一大电影公司。到2006年，索尼的全球总票房加上DVD销售和电视版权贡献了100亿美元以上的收入。在付出高昂学费后，索尼终于开始享受好莱坞真正的光环。

(1)日本在好莱坞扭亏为盈的逻辑具体来看有以下几方面：

一是不是为投资而投资，重点在产业链布局。索尼的前身是"东京通信工业株式会社"，曾开发出日本第一部晶体管收音机和引爆全球的抢购热潮的彩色映射管电视机。20世纪50年代中叶，索尼成为美国市场最大的录音设备出口商。到20世纪50年代末，索尼成为世界领先的彩电、收音机、和其他家庭娱乐设备的出口商。

1975年4月16日，索尼发表了全球第一个针对民用市场开发的录影系统Betamax，同时推出了第一款机型——SL-6300，一举让其成为全球消费性电子映射大厂。在录像带格式战中，由于VHS透过牺牲画质达到比Betamax更长的录制时长，以及Betamax在索尼不愿意开放规格授权的情况下，VHS以Betamax三倍的速度迅速扩张市场，最后索尼不得不于1988年开始生产VHS录影机。

索尼在Betamax与VHS影像纪录竞争中惨败后，索尼盛田昭夫认为有必要将最高档的硬件与最尖端的内容相结合，才能掌握市场。收购哥伦比亚(CBS)是因为其拥有多年积累的数量丰富的影视节目库。对内容的占有确实帮助了索尼在日后的硬件竞争中取胜。

二是积极融入好莱坞文化，启用好莱坞管理团队。好莱坞一直是犹太人的天下。盛田昭夫与犹太商人Adolph Gross成为好友，并通过他与犹太商界建立了长达一生的友好往来。盛田昭夫强调犹太文化与日本文化有诸多相似之处，索尼后来的高层管理人员也大多是犹太人。

三是版权投资是长期盈利的根本。索尼先后收购哥伦比亚与米高梅，都是旨在获取影视节目版权，而非硬件设施。

(2)日本投资好莱坞与中国之比较。具体有以下几方面：

一是"中国轴心"式战略投资。从复星投资Studio 8和马云收购美国6大制片厂之一的传闻来看，现在中国的投资方式更接近日本式"买下好莱坞"，而非德国式"在好莱坞花点钱"风格。不过，在好莱坞业内人士看来，中国投资最大的特点是一切以中国市场、人才、规则为中心，其次是大多数公司的投资都是为了完善自己产业链的战略需求。

与其他国家不同，中国拥有得天独厚的巨大国内市场。因此，中国的投资人最在意的是拥有影片在中国的独家发行权，或是翻拍好莱坞大片中国版本的版权，“拿来”好莱坞的人才、技术和制作经验应用在中国电影中。总之，一切以满足中国市场为核心。而即便是有意打通中美两国市场的合拍电影，也必须强调中国演员、中国取景、中国文化等中国特色。

二是中国尚没有实力和机遇投资好莱坞百年老店。万达收购传奇影业，该公司旗下所拥有的电影版权大多是和其他片场一起分享，大约每部片子只有 1/4 的版权，其实力与好莱坞大制片厂相差甚远。

三是未来的企业管理有很大挑战。万达并购美国 AMC 不涉及影片的制作和发行，仅限于剧院、电影城等物业的运营管理，其性质属万达主业的商业地产投资管理。并购后，经营管理由 AMC 原管理团队负责，万达集团在运营中将遵守美国市场准则和公司治理规则，尊重 AMC 公司的企业文化和管理团队等，这是万达方促成此投资案，并使之最终成功应严守的底线。但中方与好莱坞在宗教信仰、意识形态等方面有很大不同，未来的企业管理还有很大挑战。

11.3.4 总结

虽然近些年中国投资好莱坞的雷声很大，但是据美国媒体的观察，中国有些投资人与其说对真正投资做生意感兴趣，倒不如说是对让自己在外人看来在好莱坞有生意感兴趣，目的是抬高他们的股票价格或身价。当然，美国电影公司也愿意被认为在中国有生意。“在许多情况下，公开宣布某项交易是符合共同利益的，不管它最终能不能实现。交易的平均成功率不是很高。”①这种声东击西的投资表现对中国电影产业的发展并没有正面价值。

当然，有许多务实的公司确实希望通过投资好莱坞提升自身的产业竞争力，他们已经在与好莱坞打交道的过程中迅速成长起来，获得了一定的投资经验和国际视野，并展现出进一步谋求产业发展的野心。但是面对好莱坞操纵全球市场多年的经验以及他们的精明算计，中国资本能否摆脱在好莱坞沦为“傻钱”（dumb money）的陷阱，仍处于摸着石头过河的探索阶段。

参考文献

[1]S Korea music Giant Attracts Chinese Investors[N/OL]. China Daily, 2016 - 5 - 31: http://www.china.org.cn/arts/2016 - 05/31/content_38568881.htm.

[2]Chua BH, Iwabuchi K, eds. East Asian Pop Culture: Analysing the Korean Wave [M]. Hong Kong: Hong Kong University Press, 2008.

[3]Feijoo, C., J. Gómez - Barroso, J. Aguado, S. Ramos. Mobile Gaming: Industry Chal-

① 美媒称好莱坞与中企合作失败多：签完合同易生变，参考消息，http://www.cankaoxiaoxi.com/finance/20150910/933912.shtml

lenges and Policy Implications[J]. Telecommunications Policy,2012,36(3): 212 –221.

[4]Fenn,A. Korean TV Idols Set Tone among Chinese Fashion Consumers[J/OL]. Korea Times,2011 –5 –25,www. koreatimes. co. kr/www/news/art/2011/05/135_87679. html.

[5]Fung,Anthony,Y. H. ,Ho,Vicky. Game Industries in Asia: Towards an Asian Formation of Game Culture[M]//Larissa Hjorth, Qlivia Khoo, eds. Routledge Handbook of New Media in Asia,London and New York: Routledge,2016:337 –390.

[6] Hong, EY. The Birth of Korean Cool: How One Nation is Conquering the World through Pop Culture[M]. Picador: New York,2014.

[7]Jackson,J. The Best of Hallyu in 2 Decades: Survey Reveals Top 5 Acts in K –pop, Drama and Other Fields of Korean Wave[EB/OL]. Korea Herald,2015 –10 –20; http:// www. koreaherald. com/view. php? ud =20151020000975.

[8]Jin,Dal –yong. Hybrid Local Animation's Global Appeal,New Korean Wave: Transnational Cultural Power in the Age of Social Media[D]. Chicago: University of Illinois,2016: 91 –110.

[9]Kim,J. Critique of the New Historical Landscape of South Korean Animation[J]. Animation: An Interdisciplinary Journal,2006,1(1): 61 –68.

[10]Kim,Kyung Hyun. Virtual Hallyu: Korean Cinema of the Global Era[M]. London: Duke University Press,2011.

[11]Kim M. Past and Future CJ Goes Public about Long – term Vision BusinessKorea [EB/OL]. www. businesskorea. co. kr/english/features/focus/11926 – past – and – future – cj – goes – public – about – long – term – vision,2015 –9 –3.

[12]Kim, Y. , ed. The Korean Wave: Korean Media Go Global[M]. London and New York: Routledge,2013.

[13]KOCCA. 2013 Guide to Korean Games Industry and Culture: White Paper on Korean Games[R]. Ministry of Culture, Sports and Tourism and Korea Creative Content Agency, Seoul, Korea,2013.

[14]KOCCA. $19. 7M in Korea's PATI Games, Korea Creative Content Agency, 19 November. Available at: http://www. koccaeurope. com/2014/11/tencent – invests – 19 –7m – in – koreas – pati – games/.

[15]KOCCA. Korea Cartoon &Webtoon Market Trend[OL]. Korea Creative Content Agency, 21 January, viewed 23 June 2016, http://www. koccaeurope. com/2015/01/info – graphics – korea – cartoonwebtoon – market – trend/.

[16]KOCCA 2016,'2015 Whitepaper on Korean Games: Game Industry Trends – Market Summary', Korea Creative Content Agency, 18 January. Available at: http:// www. koccaeurope. com/2016/01/game – industry – trends – market – summary/.

[17]Kwak,K. 2012,Media and Democratic Transition in South Korea[M]. London and New York: Routledge.

[18]Kwon,S. ,J. Kim. The Cultural Industry Policies of the Korean Government and the Korean Wave[J]. International Journal of Cultural Policy,2014,20(4): 244 –439.

[19] Lee, C. 2016, 'Chinese Investment, Double - edge Sword for S. Korean Gamemakers', Yonhap News Agency, 10 March. Available at: http://english. yonhapnews. co. kr/national/2016/03/10/7/0301000000AEN20160310003951320F. html.

[20] Levy, Karyne 2014, 'In South Korea, Competitive Video Games are Almost as Popular as Soccer', Business Insider, 20 October. Available at: http://www. businessinsider. com. au/e - sports - are - popular - in - south - korea - 2014 - 10.

[21] Mundy, S. 2014, 'Overseas Success of S Korean music and TV Opens Doors for Fashion', Financial Times (28 March). Available at: https://next. ft. com/content/7f9c4a5e - b631 - 11e3 - b40e - 00144feabdc0.

[22] Otmazgin, N. A Tail that Wags the Dog? Cultural Industry and Cultural Policy in Japan and South Korea [J]. Journal of Comparative Policy Analysis: Research and Practice, 2011, 13(3): 307 - 325.

[23] Shim, D. South Korea media Industry in the 1990s and the Economic Crisis [J]. Prometheus, 2002, 20(4): 337 - 350.

[24] Shim, A. Korean Soft Power's Animated Ambitions in China [J/OL]. Creative Transformations Asia, http://www. creativetransformations. asia/2012/12/korean - soft - powers - animated - ambitions - in - china/.

[25] Yecies, B. Chinese Transnational Cinema and the Collaborative Tilt Toward South Korea [M]//M. Keane (ed.) The Handbook of China's Cultural and Creative Industries. Cheltenham: Edward Elgar.

[26] Yecies, B., A. Shim, 2016. Contemporary Korean Cinema: Challenges and the Transformation of "Planet Hallyuwood" [J]. Acta Koreana, 2011, 14 (1), 1 - 15.

[27] Yecies, B., A. Shim. The Changing Face of Korean Cinema, 1960 - 2015 [M]// Routledge Asia's Transformations series. New York: Routledge, 2016.

[28] Yim, H. Cultural Identity and Cultural Policy in South Korea [J]. International Journal of Cultural Policy, 2002, 8(1): 37 - 48.

[29] Yonhap. Export of Korea's Content Industry Exceed US $5 billion in 2014 [N/OL] Yonhap News Agency, 2016 - 01 - 26, http://english. yonhapnews. co. kr/business/2016/01/26/0501000000AEN20160126006200315. html.

后　　记

经过十几年的辛勤耕耘，中国传媒大学经济与管理学院已建立起国际文化贸易本科、硕士和博士人才培养体系，并一直以建设政策咨询型、理论研究型、人才培养型、社会服务型四位一体的高质量教学科研机构为目标，积极开拓，不断进取。近年来，该专业的师生承担了中宣部、文化部、商务部、广电总局以及地方政府和企业委托的一系列与文化贸易相关的理论研究与政策咨询课题，同时也开展了一系列有针对性的社会服务工作，以便形成理论研究与实践发展的良性对接。

《国际文化市场报告》的编写工作一直得到文化部外联局领导的大力支持。2014 年《国际文化市场报告》第一部出版后受到了广大读者的欢迎。为贯彻落实国务院发布的《关于加快发展对外文化贸易的意见》，进一步统筹国际与国内两个市场、两种资源，加快发展对外文化贸易，推动文化企业在更大范围、更广领域和更高层次上参与国际文化合作和竞争，文化部外联局领导决定继续委托课题组进行国际文化市场的研究，并编写《国际文化市场报告 2017》。在文化部外联局谢金英局长、李健钢副局长和于华音处长的直接指导、支持下，课题组历时两年多的时间调研、分析、访谈、查阅文献，最终完成了 2017 版的报告。

本书由李怀亮担任主编、方英担任副主编，汇聚了中国传媒大学经管学部师生的研究力量编写而成，是课题组师生共同努力的结果，全书写作具体分工为：第一章：李怀亮、方英；第二章：闫玉刚、马明；第三章：虞海侠；第四章：王娟；第五章：刘静忆；第六章：魏婷、葛欣航；第七章：李洁；第八章：佟雪娜；第九章：王锦慧；第十章：方英；第十一章：Brian Yecies（韩国创意产业市场和新创意经济的崛起），魏晓阳、朱文馨（日本文化创意产业发展状况），薛华（中国资本初探好莱坞）。

由李怀亮教授牵头的“国际文化市场研究”课题组，对有关国际文化贸易理论与政策措施、国际文化市场、文化产业管理等领域相关课题开展了专门化、系列化的研究工作。这个研究团队具有相当强的研究实力和深厚的学术积累，团队成员各有所长。

方英，博士、教授，国际文化贸易专业带头人、硕士研究生导师，曾在加拿大布鲁克大学商学院做访问学者，主要从事文化经济和国际文化贸易理论和政策的研究。

闫玉刚，博士、副教授，2005 年中国人民大学博士毕业后到中国传媒大学文化贸易研究所工作，作为主干力量参与了中宣部、文化部、商务部等部委委托的文化贸易和文化产业方面的研究课题，文化产业管理学科带头人，主要从事城市品牌管理和文化产业园区的策划。

马明，副教授，曾在中国传媒大学经济与管理学院师从李怀亮教授攻读国际文化贸易博士学位，现任北京舞蹈学院人文学院副院长，美国辛辛那提大学访问学者，主要从事演艺产业管理和国际演艺市场的研究。

虞海侠，博士、副教授，曾在美国西北大学做访问学者，出版专著《中国电影产业投融资机制研究》，主要从事电影产业投融资和电影贸易的研究。

王娟，博士、副教授，主要从事国际图书版权贸易的教学与科研，出版专著《中国图书对外贸易问题研究》。

刘静忆，博士、讲师，主要从事文化产业和文化贸易研究，重点关注游戏市场。

魏婷，博士、副教授，美国杜肯大学访问学者，主要从事动漫产品国际贸易的研究，其博士论文《中日韩动漫产业及国际贸易比较研究》出版后获得学术界好评。

葛欣航，在读博士，主要从事国际动漫市场和动漫政策的研究。

李洁，在读博士，曾在美国密苏里大学哥伦比亚分校做过一年的访问学者，主要从事艺术品市场和艺术品贸易的研究。

佟雪娜，博士、教授，曾在美国中田纳西州立大学研究美国音乐产业，主要从事音乐产业管理和音乐版权贸易研究，其博士论文《数字音乐的产业价值链研究》填补了我国音乐产业的研究空白。

王锦慧，博士、副教授，曾在美国北卡教堂山分校做访问学者，主要从事影视版权贸易、影视版权证券化的研究。

布赖恩（Brian Yecies），澳大利亚卧龙岗大学媒体传播系教授，主要从事韩国文化产业研究。

魏晓阳，教授，博士生导师，新加坡国立大学、加拿大维多利亚大学和日本北海道大学高级访问学者，主要从事文化政策法规研究，参与全国人大委托项目《公共文化服务保障法》立法研究及草案起草以及 10 余项国家级科研项目。

薛华，博士、副教授，经济与管理学部文化产业管理系副主任，曾在美国乔治华盛顿大学做访问学者，有丰富的业界实践经验，主要从事文化产业管理、影视产品“走出去”的研究。

感谢国际文化贸易专业博士研究生巩育华，2014 级企业管理专业研究生王萌，2014 级中国古代文学专业研究生冯慧超，2015 级企业管理专业研究生吴博宁、马芮，2015 级传媒经济研究生杨岚、孙飞，2015 级传媒音乐研究专业研究生王宇，2015 级传媒音乐应用专业研究生孟瑛瑶、陈盈学、贾木青，2013 级贸易经济（国际文化贸易）班的白敬璇、黄越、马宇、马佳寅、幸丽娟、葛玉兰、马牧宇、王博、季铭强、王丹、赵雪薇等同学，他们为本报告收集和翻译了大量的数据资料。

本书主要介绍了全球文化产品贸易和文化服务贸易发展的概况，分析了影响国际文化贸易发展的因素，阐述了国际演出市场、国际电影市场、国际图书出版市场、国际游戏市场、国际艺术品市场、国际动漫电影市场、国际数字音乐市场和国际电视市场的发展历史、发展规模和竞争格局，对国际文化市场运行机制进行了国别和区域比较，最后对中日韩三国文化创意产业和创意经济发展的特色进行了介绍。

由于研究主题比较前沿，国内外相关研究资料缺乏，研究内容可能存在一些不足，敬请读者批评指正，有待后续研究的进一步深化和完善。

方　英

2017 年 1 月